Peter Sprengel

Geschichte der deutschsprachigen Literatur
1870–1900

Geschichte der deutschsprachigen Literatur 1870–1900

Von der Reichsgründung
bis zur Jahrhundertwende

von

Peter Sprengel

Verlag C. H. Beck München

Dieser Band ist zugleich Band IX, 1 der
Geschichte der deutschen Literatur
von den Anfängen bis zur Gegenwart
begründet von
Helmut de Boor †
und Richard Newald †

PT
3 95
. 576
1998
Dec. 1999

Die Deutsche Bibliothek – CIP-Einheitsaufnahme
Sprengel, Peter:
Geschichte der deutschsprachigen Literatur 1870–1900 :
von der Reichsgründung bis zur Jahrhundertwende /
von Peter Sprengel. – München : Beck, 1998
(Geschichte der deutschen Literatur von den Anfängen
bis zur Gegenwart ; Bd. IX,1)
ISBN 3-406-44104-1

ISBN 3 406 44104 1

© C.H. Beck'sche Verlagsbuchhandlung (Oscar Beck), München 1998
Satz: Fotosatz Otto Gutfreund GmbH, Darmstadt
Druck und Bindung: Parzeller, Fulda
Gedruckt auf säurefreiem,
aus chlorfrei gebleichtem Zellstoff hergestelltem Papier
Printed in Germany

INHALTSVERZEICHNIS

Vorwort XI

PORTRÄT EINER EPOCHE

I. Tendenzen der Zeit 3
  1. Deutsches Reich und k. u. k. Monarchie 3
    Eine wirkungslose Lektion: der Krieg 1870/71 3 · Trauma Reichsgrün-
    dung und österreichische Identität 9 · Zweierlei Kulturkampf 13 · Vom
    Eisernen Kanzler zum Neuen Kurs 18
  2. Großstadt und Technik 22
    Annäherungen an die Großstadt 22 · Faszinosum Eisenbahn 25 · Moloch
    Technik 28
  3. Emanzipation 30
    Arbeiterbewegung 30 · Frauenbewegung 35 · Juden zwischen Assimila-
    tion und Zionismus 38
  4. Kollektivsymbol Flut/Nixe 44
  5. Wahrheit und Lüge 49
  6. Was heißt Moderne? 53

II. Geistige Grundlagen 60
  1. Pessimismus 60
  2. Real-Idealismus und Historismus 64
    Real-Idealismus oder die Synthese von Bismarck und Goethe 64 · Ästhe-
    tischer Historismus und Historismus-Kritik 67
  3. Individualismus und Kunst-Metaphysik 70
  4. Biologie und Naturphilosophie 74
    Darwinismus 74 · Vererbungs- und Degenerationslehre 77 · Monismus
    und Allsexualität 80
  5. Positivismus und Empiriokritizismus 84
    Gesetzesbegriff 84 · Erkenntnisgrenzen und Erkenntniskritik 87
  6. Psychologie 89
    Hypnose, Hysterie, Nervenkunst 89 · Traumdeutung und Traumdich-
    tung 94 · Parapsychologie und Okkultismus 96

III. Stile und Richtungen 99
  1. Realismus 99
  2. Gründerzeit 102
  3. Naturalismus 107
  4. Impressionismus 113

5. Ästhetizismus und Symbolismus 116
6. Décadence und Fin de siècle 119

IV. Institutionen des literarischen Lebens 123
  1. Zentren, Gruppen, Vereine 123
  2. Zeitschriften und Verlage 130
  3. Autoren zwischen Markt und Förderung 137
    Tasso oder Lohnarbeiter? 137 · Literaturpreise 141
  4. Zensur und Strafverfolgung 145

ERZÄHLPROSA UND VERSEPIK

  I. Allgemeines 153
    1. Buchmarkt 153
    2. Erzähltheorie 158

 II. Erzählformen 162
    1. Novelle, Kulturbild, Prosaskizze 162
    2. Entwicklungsroman 170
      Männer zwischen Boheme und «Tat» 170 · Frauen zwischen Neurose
      und Emanzipation 174
    3. Historischer Roman 176
    4. Berliner Roman 185
    5. Heimatroman und -erzählung 192
    6. Kriminalroman und -novelle 199
    7. Unterhaltungs- und Abenteuerroman 202
    8. Politischer Tendenzroman, sozialistische Erzählprosa . . . 210
    9. Utopie und Science Fiction 214
   10. Epische Dichtung 218
      Mythos 219
      Germanischer Mythos, Mittelalter-Tradition, Lokalsage 219 · Anti-
      ker Mythos und moderne «Seele» 224
      Geschichte 227
      Ansichten der Menschheit 227 · Nationalgeschichte 230
      Gegenwart 233
   11. Bildergeschichte 237
   12. Kinder- und Jugendliteratur 241

III. Schweiz 246
    1. Keller 246
    2. Meyer 254
    3. Siegfried 264

IV. Österreich 267
    1. Marie von Ebner-Eschenbach und Ferdinand von Saar . . 267
    2. Sacher-Masoch und Franzos 278

3. Erzähler des Jungen Wien 283
Schnitzler *283* · Bahr *287* · Beer-Hofmann *289* · Hofmannsthal *291* ·
Andrian *294* · Altenberg *296*

V. Deutschland 299
   1. Freytag und Vischer 299
   2. Spielhagen 305
   3. Storm 310
   4. Raabe 325
   5. Fontane 342
   6. Heyse und Voß 363
   7. Sudermann 372
   8. Jünger Zolas? 375
      Kretzer *375* · Conrad *378* · Alberti *380* · Keyserling *382* · Ruede
      rer *384* · Clara Viebig *385*
   9. Hauptmann 387
  10. Holz und Schlaf 389
  11. Isolde Kurz und Ricarda Huch 395
  12. Heinrich und Thomas Mann 398
  13. Przybyszewski und Scheerbart 405

DRAMATIK

I. Theaterformen und Theaterreform 415
   1. Festspiele und Festspielkultur 415
      Patriotische und sozialistische Festspiele *416* · Modell Bayreuth *420*
   2. Repräsentatives Theater 422
   3. Volks- und Unterhaltungstheater 426
   4. Die Meininger oder der Historismus auf der Bühne 429
   5. Freie Bühne 431
   6. Arbeitertheater und Volksbühnen 434

II. Alte und neue Gattungen 437
   1. Historisches Drama 437
   2. Gesellschaftsdrama 444
   3. Einakter und lyrisches Drama 449

III. Schweiz 457
   1. Widmann 457

IV. Österreich 459
   1. Anzengruber 459
   2. Schnitzler 467
   3. Hofmannsthal 475

V. Deutschland 485
  1. Wildenbruch 485
  2. Sudermann 488
  3. Hauptmann 491
  4. Holz und Schlaf 510
  5. Weitere naturalistische Dramatiker 514
  6. Wedekind und Panizza 519

LYRIK

I. Lyrikmarkt im Umbruch 533
  1. Höhere-Töchter-Poesie? 533
  2. Epigonentum mit Bewußtsein 539
  3. Ballade 545
  4. Politische Lyrik 551
    «Hurra, Germania» 551 · *«Germania, mir graut vor dir!»* 554
  5. Großstadtlyrik 559

II. Schweiz 565
  1. Dranmor, Leuthold, Keller 565
  2. Meyer 569
  3. Spitteler 580

III. Österreich 582
  1. Saar 582
  2. Ada Christen und Felix Dörmann 587
  3. Hofmannsthal 592
  4. Rilke 601

IV. Deutschland 604
  1. Liliencron, Falke, Hille 604
  2. Storm und Fontane 611
  3. Busch 616
  4. «Moderne Dichter-Charaktere» und andere naturalistische
    Lyriker 619
  5. Holz und Holz-Schule 626
  6. Nietzsche 634
  7. George und sein Kreis 643
  8. ‹In Phanta's Schloß›: Dauthendey, Morgenstern, Scheer-
    bart 654
  9. ‹Erlösungen›: Dehmel, Mombert, Evers 658
  10. ‹Im Irrgarten der Liebe›: Hartleben, Bierbaum, Wedekind . 665

NICHTFIKTIONALE PROSA

I. Autobiographische und biographische Werke 675
   1. Autobiographien 675
   2. Biographien 683

II. Aphorismen und philosophische Prosa 688
   1. Von der Lebensweisheit zur Moralkritik 688
   2. Im Reiche Zarathustras 693

III. Politische Publizistik und Satire 699
   1. Linke und rechte Rhetorik 699
   2. Deutsch/germanisch versus jüdisch 703
   3. Antiwilhelminischer Journalismus und satirische Moderne-Kritik 705

IV. Essay und Feuilleton 711
   1. Essay-Tradition 711
   2. Feuilleton 714
   3. Neue Tendenzen 718

ANHANG

Bibliographie 725
Register 783

VORWORT

«Es gilt, ein Unternehmen zu begründen, dessen Besonderheit unter anderem darin besteht, daß es durch seine bloße Zugehörigkeit zu einem besonderen Typus literaturwissenschaftlicher Betrachtung gewisse Zweifel zu wecken vermag.» Dieser vornehm formulierte Satz steht am Anfang einer Geschichte der deutschen Literatur vom 18. Jahrhundert bis zur Gegenwart, deren erster Band 1978 erschien. Die Berührungsangst des modernen Literaturwissenschaftlers gegenüber dem Genre der Literaturgeschichte mag durch die Publikation und Verbreitung zweier umfangreicher Sozialgeschichten der deutschen Literatur in den darauffolgenden Jahren verringert, vielleicht aber auch verstärkt worden sein. Dem Verfasser einer Literaturgeschichte der Zeit des letzten deutschen Kaiserreichs steht es jedenfalls gut an, sich der Fragwürdigkeit seines Bemühens bewußt zu sein.

Das ergibt sich schon aus der Geschichte der Literaturgeschichte. Zwischen 1871 und 1881, im ersten Jahrzehnt des neugegründeten Deutschen Reiches also, erschienen fünfzig Gesamtdarstellungen der deutschen Literaturgeschichte, außerdem mehr als einhundertdreißig Neuauflagen älterer Bücher desselben Typs. Nie zuvor und nie danach hat es eine solche Konjunktur nationaler Literaturgeschichtsschreibung im deutschen Sprachgebiet gegeben. Das Motiv scheint klar; die Deutschen glaubten ihre nationale Geschichte mit der von Bismarck arrangierten Reichsgründung an ein Ziel gelangt, von dem aus sich nun erst der ganze Weg ihrer Nation-Werdung überblicken ließ. Und daß sich die Herausbildung der deutschen Nation primär in der einheitlichen Sprache und der nationalsprachlichen Dichtung vollzog, gehört zu den Grundprämissen des deutschen Selbstverständnisses seit der Romantik, ist eine der Voraussetzungen für den Aufstieg der Germanistik und übrigens auch die leitende These eines der bedeutendsten literarhistorischen Werke des ganzen 19. Jahrhunderts: der *Geschichte der poetischen National-Literatur der Deutschen* (1842) von Georg Gottfried Gervinus. Der engagierte Liberale glaubte allerdings mit der Goetheschen Klassik den absoluten Höhe- und Endpunkt jener Linie erreicht und die Phase abgeschlossen, in der sich die nationale Identität primär literarisch artikulieren sollte – statt Dichtung waren für ihn fortan Taten angesagt.

Eine teleologisch angelegte Nationalliteraturgeschichtsschreibung dürfte prinzipiell ein problematisches Verhältnis zur Gegenwartsliteratur haben. Sie steht vor der Wahl zwischen ihrer Verachtung (wie von

Gervinus praktiziert) und ihrer Überforderung. Eine solche Überforderung war denn auch in der Erwartung zahlreicher Zeitgenossen enthalten, die sich von der Herstellung der nationalen Einheit einen spürbaren Aufschwung des Geisteslebens und speziell der Dichtung erhofften. Literatur und Nation waren für das damalige Bewußtsein anscheinend so eng miteinander verknüpft, daß auch in umgekehrter Richtung eine unmittelbare Wirkung erwartet wurde; hatte die Literatur die Nation antizipierend ausgebildet, so würde doch wohl die realexistierende Nation der Literatur auf die Sprünge helfen, eine neue Klassik einleiten oder ähnliches mehr.

Als diese Wirkung ausblieb und statt des ersehnten großen nationalen Dramas französische Gesellschaftsstücke die Bühnen beherrschten, statt eines neuen Homer die Versepen von Julius Wolff oder Robert Hamerling in Prachtausgaben erschienen, war die Enttäuschung zunächst groß. Die also Enttäuschten merkten freilich oft gar nicht, daß sich seit den achtziger Jahren zögernd ein neuer Literaturtyp ausbildete, der zwar den Erwartungen an nationale Repräsentanz wenig entsprach, aber gerade in dieser Verweigerung und der daraus resultierenden neuartigen Konsequenz und Unabhängigkeit von bestehenden Normen Anspruch auf historisches Format erheben konnte. Es ist diese sich bald unter dem Begriff der Moderne zusammenschließende Literatur, der das primäre Interesse späterer Literaturgeschichten galt.

Samuel Lublinski zog 1904 eine erste *Bilanz der Moderne*. Im Geiste völkischer Opposition hatte Adolf Bartels schon 1897 das Gericht über *Die deutsche Dichtung der Gegenwart* (Untertitel: «Die Alten und die Jungen») eröffnet. Den Prozeß der eigentlichen auf das Kaiserreich, und zwar unter dem speziellen Blickwinkel der Moderne, bezogenen Literaturgeschichtsschreibung leitete pünktlich zum Jahrhundertwechsel Adalbert von Hanstein ein mit seinem aus unmittelbarer Anschauung gespeisten Buch *Das jüngste Deutschland* (1900). Albert Soergel legte ein Jahrzehnt später unter dem Titel *Dichtung und Dichter der Zeit* einen dickleibigen namens-, bilder- und anekdotenreichen Band (1911) vor, der demonstrativ mit der Hinwendung zum Naturalismus um 1880 einsetzt. Curt Hohoff hat Soergels Buch 1961 radikal gekürzt und zugleich die späteren Folgen eingearbeitet; in dieser aktualisierten Version hat es keine unwichtige Rolle bei der Wiederaneignung der Moderne in der alten Bundesrepublik gespielt.

Wie fern der Literaturwissenschaft der Jahrhundertmitte – einer Zeit, in der der Berliner Senat für das Abschlagen gründerzeitlicher Stuckfassaden Prämien zahlte und man die Zerstörung ganzer Altbauviertel durch den Bombenkrieg in eine städtebauliche Sanierungschance umdeutete – der historische Kontext der kaiserzeitlichen Moderne gerückt war, zeigt Claude Davids Pariser Dissertation über Stefan George von

1950, die in erweiterter Fassung 1967 auf deutsch erschien. Darin heißt es über die Situation der deutschen Literatur vor George: «1890 ist das Jahr, in dem die deutsche Dichtung aus einem langen Schlaf erwacht. [...] Seit 1850 sinkt die Dichtung ab, und die Literatur zieht sich, allgemein gesehen, in zwei Randgebiete der deutschsprachigen Länder zurück, nämlich in die Schweiz und ins friesische Küstengebiet, um dort liebenswerte Erzähler ohne Genialität hervorzubringen.» Sehen wir einmal von der verklausulierten Herabstufung Kellers, Meyers und Storms und von der eigentümlichen Komik der Metapher eines Dornröschen-Schlafs ab, der gleichzeitig am Kopf- und Fußende des Bettes stattfindet – die Botschaft ist eindeutig: Die deutsche Dichtung ist demnach eine Prinzessin, die erst von Stefan George und Hofmannsthal, vielleicht noch von Hauptmann wachgeküßt werden mußte. Raabe und Fontane, Marie von Ebner-Eschenbach und Ferdinand von Saar spielen aus der Sicht Davids, die nicht unbedingt repräsentativ ist, für die es damals aber doch manche Parallele gab, zumindest bis 1890 keine Rolle. Ganz zu schweigen von anderen Zeitgenossen, die seinerzeit das literarische Geschehen bestimmten: Spielhagen und Freytag, Heyse und Liliencron – nur Beispiele für den Schlaf der Literatur?

Seit den Studien Hamann/Hermands und Hans Schwertes (eig. Schneider) sind auch Gründerzeit und Wilhelminismus als die eigentliche Folie der modernen Literatur ins Bewußtsein gerückt. Wissenschaftliche Dokumentationen haben – aus der Sicherheit eines hundertjährigen Abstands heraus – diverse Dokumente jener repräsentativ-historistischen Kunsthaltung wieder zugänglich gemacht, von der sich der Naturalismus in der Theorie so lautstark und in der Praxis oft so halbherzig absetzte. Auf das Geschäft der Literaturgeschichtsschreibung haben diese Erkenntnisse nur begrenzten Einfluß genommen. In dem unlängst erschienenen umfangreichen Band einer *Sozialgeschichte der deutschen Literatur* mit dem Titel *Bürgerlicher Realismus und Gründerzeit* wird das Hauptwerk des gründerzeitlichen Romans, Freytags populärer Romanzyklus *Die Ahnen*, gerade zweimal en passant erwähnt; von Wildenbruchs zahlreichen Dramen erfahren wir zwei Titel, von den Romanen der Marlitt lediglich einen (und zwar auch nur den Titel). Müßte aber nicht gerade eine Sozialgeschichte der Literatur Werken und Autoren minderen ästhetischen Ranges, jedoch hochsymptomatischer ideologischer Funktion und großen Verbreitungsgrades, eine gewisse Aufmerksamkeit schenken?

Der vorliegende Versuch einer Literaturgeschichte der Kaiserzeit versteht sich nicht als Sozialgeschichte, sondern stellt die Texte und ihre Eigenart in den Vordergrund. Er versteht sich aber auch nicht als Literaturgeschichte mit teleologischer Zielsetzung, heiße diese nun die Nation oder die Moderne. Er sieht den Auftrag des Literarhistorikers in der

Genauigkeit und Ausgeglichenheit der Vermittlung eines kulturellen Gedächtnisses, das sich nicht auf das beschränken darf, was uns heute gut, wichtig und vorwärtsweisend erscheint. Er weiß, daß diese Ziele nur in annähernder Weise erreicht werden können und daß sich vor allem jeder Anspruch auf Vollständigkeit angesichts der schier unendlichen Materialflut von vornherein verbietet. Selbstverständlich mußte auch hier ausgewählt oder richtiger gesagt: es konnte gar nicht erst alles zur Kenntnis genommen werden, und der Verfasser verzichtet bewußt auf das topische Argument, wonach seiner Selektion zum Ausgleich ein exemplarischer Charakter zukomme. Auch diese Literaturgeschichte ist bestimmt von bestehenden Kanonisierungen und kann und will diese nur in Grenzen korrigieren: durch größere Ausführlichkeit bei unbekannteren Autoren, die vielleicht verstärktes Interesse verdienen, einerseits, durch stärkere Raffung bei solchen, die dem Verfasser als weniger charakteristisch gelten, andererseits.

Sie bemüht sich um Aktualität im Hinblick auf den Kenntnisstand der Literaturwissenschaft und hat dankbar von der Fülle rezenter Editionen, Monographien und anderer wissenschaftlicher Arbeiten Gebrauch gemacht. Entsprechend dem narrativen Grundgestus der literaturgeschichtlichen Gesamtdarstellung verzichtet sie allerdings im laufenden Text auf die Nennung von Autoren oder Titeln der Sekundärliteratur; der interessierte Leser wird statt dessen auf die Bibliographie am Schluß des Bandes verwiesen, die selbstverständlich gleichfalls keinen Anspruch auf Vollständigkeit erhebt. Andererseits sucht der Verfasser Abstand zu wahren zum wissenschaftlichen Methodenstreit und solchen Erscheinungsformen der einschlägigen Terminologie, die in besonderer Weise dem Zeitgeschmack unterliegen.

Einer gewissen Vorsicht befleißigt sich diese Darstellung – vielleicht zum Befremden manches Lesers – auch im Umgang mit den bekannten Richtungs- oder Epochenbegriffen, als da sind Naturalismus, Symbolismus, Ästhetizismus und viele mehr. Die Begriffe werden benutzt, wo sie sinnvoll sind, und im ersten Kapitel auch erläutert. Sie werden jedoch nicht zur Gliederung größerer Komplexe dieser Literaturgeschichte verwendet. Grund dafür ist die Befürchtung, durch eine derartige Strukturierung der Arbeit sachliche Zusammenhänge zu zerreißen und eine problematische Überbetonung jener Werke (bzw. jener Züge einzelner Werke) zu bewirken, die sich vorrangig zur Illustration eines Stilbegriffs eignen. Mißtrauen gegenüber der Verselbständigung von Richtungsbegriffen ist grundsätzlich auch für andere Stadien der Literaturgeschichte zu empfehlen, im Falle der Literatur der Jahrhundertwende ist solches Mißtrauen schon insofern angezeigt, als diese durch einen Pluralismus konkurrierender Richtungen und Begriffe geprägt ist, wie er in früheren Zeiten wohl ohne Beispiel ist. Stellt man sich die divergierenden Stile als separate Fronten oder Lager vor, die gesondert aufzumarschieren haben, so müßte man die meisten Autoren mehreren Kolonnen zugleich zuordnen bzw. als Überläufer oder Doppelagenten kennzeichnen, was der Realität des damaligen literarischen Lebens und dem Bewußtsein der Autoren in keiner Weise entspräche. Die Masse der literarischen Texte wird also in konventionell-äußerlicher Manier nach Grundgattungen gegliedert, d. h. es wird zwischen Erzählprosa, Dramen und Lyrik unterschieden; ein kürzeres Kapitel weist in geraffter Form auf die unter literarischem Gesichtspunkt interessantesten Typen nichtfiktionaler Prosa hin. Selbstverständlich sollen mit dieser Einteilung keine Grundbegriffe der Poetik beschworen werden; es geht vielmehr um eine Klassifikation nach Textsorten, die im wesentlichen auch unterschiedlichen Distributionsmechanismen unterliegen (Buchausgabe bzw. Fortsetzungsdruck, Theateraufführung, Anthologie). Auch darf darüber keineswegs die spezifische Tendenz moderner Literatur zur Infragestellung bzw. Überschreitung traditioneller Gattungsgrenzen in Vergessenheit geraten. Mit einem experimentellen Text wie der Prosaskizze *Die papierne Passion* überschreiten Holz und Schlaf die Grenze zwischen Erzählprosa und Drama, mit seinen frühen lyrischen Dramen überschreitet Hofmannsthal die Grenze zwischen Drama und Lyrik, Liliencron wiederum hat schon in der Zusammenstellung seiner *Adjutantenritte* die Trennung zwischen Gedicht und Erzählprosa überwunden. Die epochale Beliebtheit der Gattungsbezeichnung «Skizze» hat viel mit der mangelnden Bereitschaft der Moderne zu tun, sich in das Raster des herkömmlichen Gattungsangebots einzufügen. Auf der anderen Seite kann die prekäre Stellung eines Textes zwischen den Genre-Schubladen am besten verdeutlicht werden, wenn diese zunächst einmal thematisiert werden. Und aufs Ganze des literarischen Geschehens gesehen, ist die Zahl solcher Experimente doch eher klein; die wichtigsten Beispiele für das späte 19. Jahrhundert wurden im Grunde schon genannt.

Die großen Gattungskapitel sind in sich zweigeteilt. Auf die Erörterung literatursoziologischer Rahmenbedingungen und charakteristischer Epochentrends folgt die Vorstellung repräsentativer Untergattungen oder Subsysteme wie des historischen Romans, des Einakters oder der Großstadtlyrik. Diese Unterkapitel sind keineswegs abschließend zu verstehen; sie geben Gelegenheit zum Hinweis auch auf Werke weniger bekannter Autoren, während mancher einschlägige ‹kanonische› Text später im Zusammenhang des erzählerischen, dramatischen oder lyrischen Œuvres seines Autors vorgestellt wird. Doppelnennungen von Titeln oder Rückverweise auf frühere Erörterungen erschienen in diesem Zusammenhang vertretbar, ja im Sinne einer intensiveren Vernetzung fast begrüßenswert. Das integrierte Personen- und Titelregister mag dem

Leser beim Auffinden der Stellen, an denen ein bestimmter Text behandelt wird, behilflich sein.

Dieses Register enthält die Lebensdaten aller erwähnten Personen und erfüllt mit dieser biographischen Minimalinformation eine nicht unwichtige komplementäre Aufgabe. Denn mit der Entscheidung für die Ordnung nach Gattungen, von denen die meisten Autoren ja mehr als eine kultivieren, gab es keinen systematischen Ort für die Vorstellung der Dichtervita, auf die denn auch mit wenigen begründeten Ausnahmen (z. B. Ada Christen) weitgehend verzichtet wurde. Einzelne Hinweise auf biographische Umstände, soweit zum Verständnis bestimmter Texte oder Entwicklungen erforderlich, sind von diesem Verzicht natürlich nicht betroffen.

Ein Element jedoch der Biographie, die nationale Zugehörigkeit des Autors, erfährt strukturelle Berücksichtigung: nämlich durch die Position, an der sein literarisches Schaffen innerhalb des Gattungskontextes behandelt wird. Die Zusammenstellung der Schweizer, österreichischen und deutschen Autor(inn)en nach ihrer Herkunft ist ein gewiß rudimentärer und kompromißhafter Versuch, der Ausdifferenzierung staatlich bedingter Teilöffentlichkeiten und der Herausbildung einer (auf die Grenzen von 1866 bzw. 1871 bezogenen) nationalen Identität Rechnung zu tragen. Beide Prozesse befinden sich in der hier behandelten Phase erst im Anfangsstadium, so daß die strikte Separierung oder gar Ausgrenzung beispielsweise einer rein österreichischen Literaturgeschichte die Gegebenheiten unserer Zeit objektiv wie subjektiv weit verfehlen würde. Dennoch schien es sinnvoll, durch ein einprägsames äußeres Mittel auf die Zusammensetzung der Gesamteinheit der deutschsprachigen Literatur aus (mindestens) den drei Teilliteraturen Deutschlands und der deutschsprachigen Teile der Schweiz und der österreichisch-ungarischen Doppelmonarchie hinzuweisen. Dabei kann es natürlich nicht bleiben; in der konkreten Besprechung einzelner Autoren und Texte ist die Prägung durch regionale bzw. nationale Traditionen nach Bedarf zu kennzeichnen. Bei der Beschreibung des literarischen Lebens im ersten Kapitel wird außerdem auf das komplizierte Geflecht von grenzüberschreitenden Kontakten, Kooperationen und Rezeptionsvorgängen und auf den prozessualen Charakter kollektiver Identitäten (wie der ‹Wiener Moderne›) hingewiesen.

Das erste Kapitel nennt sich «Porträt einer Epoche» und verknüpft die Einführung in politische, geistige und institutionelle Rahmenbedingungen bereits mit Hinweisen auf Texte, die auf diese Zeittendenzen in markanter Weise reagieren bzw. selbst als Zeugnis für sie dienen können. Der Gedanke der Vernetzung, der auch die Anlage der Gattungskapitel bestimmt, hat sich hier der Einschätzung des Verfassers nach am nachhaltigsten bemerkbar gemacht und bewährt. In der Einmütigkeit etwa, mit der die Vertreter unterschiedlichster literarischer Richtungen auf bestimmte Erscheinungen der Zeit reagieren und eine übergreifende kollektive Symbolik (z. B. Flut/Nixe) und Begrifflichkeit (z. B. Wahrheit/ Lüge) entwickeln, ist ihm selbst der Sinn seines Vorhabens und seiner Herangehensweise evident geworden: Es gibt so etwas wie einen epochalen Zusammenhang der Literatur des späten 19. Jahrhunderts zwischen Zürich, Wien und Berlin, über die Grenzen der Schulen, Gattungen und Qualitätsstufen hinweg.

Als Anfangspunkt der Darstellung wurde der Ausbruch des deutschfranzösischen Kriegs gewählt, der im Januar 1871 zur offiziellen Reichsgründung führte, in der Öffentlichkeit aber von Anfang an als Akt der kleindeutschen nationalen Einigung verstanden wurde. Als Endpunkt des abschließenden zweiten Bandes wurde das Jahr 1918 ins Auge gefaßt. Gewiß bezeichnen beide Daten gerade in ihrer Zusammenstellung primär eine Perspektive der deutschen Geschichte: von der Anbahnung des letzten Kaiserreichs bis zu seinem Ende. Während dem zweiten Datum aus österreichischer Sicht – als Ende des Vielvölkerstaats – sogar gesteigerte Bedeutung zukommt, ist der Einschnitt von 1870 im Bereich der Donaumonarchie – wie beide Zäsuren aus Schweizer Sicht – weniger spürbar. Dennoch gibt es keine ernsthafte Alternative zu ihnen, wenn man an der Praxis der zuletzt erschienenen Bände des von Helmut de Boor und Richard Newald begründeten Großvorhabens einer Literaturgeschichte von den Anfängen bis zur Gegenwart festhält, nämlich Daten der politischen Geschichte als Anhaltspunkte zu nehmen. Daß solche äußerlich vorgegebenen – für die literarische Entwicklung gleichwohl bedeutsamen – Fixpunkte der vagen Konstruktion stilistischer Epochenschwellen vorzuziehen sind, ergibt sich im Grunde schon aus dem oben zur Problematik einer Gliederung nach Richtungsbegriffen Gesagten. Zwischen der Julirevolution von 1830, Endpunkt des letzten Vorgängerbandes, und dem Ende des Zweiten Weltkriegs 1945, Anfangspunkt des vorläufigen Schlußbandes, boten sich die Eckdaten des deutschen Kaiserreichs zwingend als Rahmen für eine Weiterführung des literarhistorischen Unternehmens an.

Von dieser durch einen politischen Rahmen definierten Einheit wird hier nun der erste Band vorgelegt: von der Reichsgründung bis zur Jahrhundertwende. Das zweite Datum ist freilich kein Politikum, es wird hier lediglich als Hilfskonstruktion zur Unterteilung des Zeitstrahls in Anspruch genommen. Angesichts des Umfangs, den die Bearbeitung schon der ersten drei Jahrzehnte des ausgewählten Zeitabschnitts gewonnen hat, bedürfen die pragmatischen Gründe, die für eine Zweigliederung des Vorhabens sprechen, wohl keiner ausführlichen Erläuterung. Neben der Rücksicht auf die Materialmenge, die ein einzelner noch zu überblicken vermag, läßt sich auch ein darstellungstechnischer Vorteil geltend machen: die größere Homogenität, die die einzelnen Bände dadurch gewinnen, daß hier nicht in einem Atemzug von Dahn und Kafka, Lindau und Toller gehandelt werden muß.

Sekundär schien demgegenüber die Frage, wo nun genau der Trennungsstrich zu ziehen sei. Keinesfalls wollte der Verfasser eine neue Debatte über stilistische Epochengrenzen vom Zaun brechen, und so entschied er sich nach einigem Zögern für die äußerlichste Form der Unterbrechung: just am Übergang vom 19. zum 20. Jahrhundert. Auch das Todesjahr Meyers und Fontanes 1898, mit dem Fritz Martini seine Geschichte der *Deutschen Literatur im bürgerlichen Realismus* enden läßt, wäre in Betracht gekommen; ebenso das Gründungsjahr der Zeitschrift *Jugend* 1896, in dem Hauptmanns Märchendrama *Die versunkene Glocke* mit spektakulärem Erfolg uraufgeführt und so sichtbar die Dominanzphase des Naturalismus auch auf dem Theater beendet wurde. Gegenüber solchen eher Insiderwissen voraussetzenden Binnenzäsuren hat sich dann die simpelste Variante durchgesetzt: die Trennung in die Literatur vor 1900 (erster Band) und nach 1900 (zweiter Band). Daß diese Grenze flexibel gehandhabt und zugunsten von Ausläufern der ersten und Vorläufern der zweiten Phase gelegentlich überschritten wird, findet sicher die Nachsicht der Leser.

Da schon von Jahreszahlen die Rede ist, muß auch gesagt werden, worauf sie sich beziehen. In der Regel orientiert sich diese Literaturgeschichte am Datum des Erscheinens der behandelten Werke. Eine Jahreszahl in Klammern hinter einem Titel bezeichnet also das Jahr der ersten Publikation; bei Theaterstücken kann dies auch die erste Aufführung meinen. Da viele Romane des 19. Jahrhunderts vor der ersten Buchausgabe in Zeitschriften abgedruckt wurden, unterscheidet sich das hier angegebene Datum oft von der Jahreszahl auf dem Titelblatt der Erstausgabe. Im übrigen wurde als Erscheinungsjahr von Büchern aus der Herbstproduktion der damaligen Verlage oft das nächste Jahr ausgedruckt; wo dem Verfasser aufgrund von Rezensionen oder Briefzeugnissen eine frühere Auslieferung bekannt wurde, hat er das Jahr des faktischen Erscheinens genannt. Abweichungen der hier genannten Daten von den Angaben in Literaturlexika und Erstausgaben-Verzeichnissen sprechen also in aller Regel nicht gegen die Richtigkeit des einen oder des anderen Buchs, sondern erklären sich aus den genannten Gründen (vorherige Uraufführung, vorheriger Abdruck in einem Periodikum, Vordatierung der Erstausgabe).

Das Bemühen um Genauigkeit erstreckt sich auch auf die Zitate, mit denen diese Literaturgeschichte der größeren Anschaulichkeit zuliebe nicht geizt. Sie werden in der jeweils ursprünglichsten (d. h. bei Veröffentlichungen zu Lebzeiten der erstpublizierten Fassung nächsten) Form mitgeteilt, die dem Verfasser erreichbar war, und zwar mit allen

Besonderheiten der Orthographie und Interpunktion der Vorlage. Auf Quellenangaben in Form von Fußnoten wurde zwar verzichtet, doch stellen die in den Text aufgenommenen Angaben über den Erscheinungsort, die Stellung im Werk u.ä. sicher, daß die Zitate in der Regel leicht ermittelt werden können.

Eine umfangreiche Arbeit wie die vorliegende macht ihren Verfasser zum vielfältigen Schuldner: bei seiner Familie, bei seinen Kollegen, bei vielen hilfsbereiten Menschen. Ich möchte mich hier namentlich nur bei Elke Austermühl (Darmstadt), Hartmut Eggert, Christian Jäger, Petra Kuhnau, Martin Stern (Basel), Bernhard Tempel und Karl Wagner (Wien) für Rat und Korrekturvorschläge bedanken. Für die Erstellung großer Teile des Registers und bibliographische Hilfestellung danke ich Julia Franck und Victor Otto, für Vorarbeiten zur Bibliographie auch Michaela Schöngart. Mein ganz besonderer Dank gilt den Mitarbeiter(inne)n der Fachbereichsbibliothek Germanistik der Freien Universität Berlin für ihre Kreativität bei der Bewältigung völlig unvorschriftsmäßiger Ausleih-Mengen. In einer Zeit, in der die Etats wissenschaftlicher Bibliotheken in Deutschland vielerorts um die Hälfte gekürzt werden, ist es wohl angebracht, an die Bedeutung zu erinnern, die eine gut bestückte und qualifiziert geleitete Bibliothek für die Erfahrbarkeit von Literatur besitzt.

Berlin, im März 1998   Peter Sprengel

PORTRÄT EINER EPOCHE

I. TENDENZEN DER ZEIT

1. Deutsches Reich und k. u. k. Monarchie

Eine wirkungslose Lektion: der Krieg 1870/71

«Ein großer Kampf war in Sieg und Glück beendet, ein deutscher Kaiser war glorreich gekrönt, dem Traum einer Nation war Erfüllung errungen – Tausende von kraftvollen Männern lagen zerschossen und verwesend unter blutgedüngtem Erdreich.» Gabriele Reuters Roman *Aus guter Familie* (1896) – das Zitat entstammt dem Anfang des siebenten Kapitels – kontrastiert in zeituntypischer Direktheit Gewinn und Verlust des Krieges gegen Frankreich 1870/71. Bei der Formulierung des Positivsaldos lehnt sich die Autorin eng an den offiziösen politischen Diskurs des Kaiserreichs an («glorreich», «Traum einer Nation»), während die Beschreibung der Gegenseite das Konkret-Körperliche des militärischen Massenmords eindringlich hervorhebt. Schon der nächste Absatz widmet sich den Folgen für die Überlebenden und die bei der damaligen Form der Kriegsführung äußerlich weitgehend verschonten Frauen. Es werden die aus Granatsplittern gefertigten Tintenfässer und Blumenschalen erwähnt, mit denen patriotische Damen ihre Boudoirs schmückten oder schmücken sollten: «Das Militär zu ehren war Recht und Pflicht des deutschen Mädchens.»

Eine ungesunde Pflicht! Der Krieg als Grundlage einer Gesellschaftsordnung rächt sich am Leben. Die seelischen Störungen, unter denen Reuters Protagonistin leidet, erhalten eine soziale Begründung, die bis zum Krieg von 1870/71 zurückreicht, wenn gegen Ende des Romans das Heilbad beschrieben wird, das Gabriele Heidling aufsuchen muß: «Frauen – Frauen – nichts als Frauen. Zu Hunderten strömten sie aus allen Teilen des Vaterlandes hier bei den Stahlquellen zusammen, als sei die Fülle von Blut und Eisen, mit der das deutsche Reich zu machtvoller Größe geschmiedet, aus seiner Töchter Adern und Gebeinen gesogen, und sie könnten sich von dem Verlust nicht erholen.»

Die Formel «Blut und Eisen» zitiert natürlich Bismarcks berühmte Erklärung von 1862: «Nicht durch Reden und Majoritätsbeschlüsse werden die großen Fragen der Zeit entschieden – das ist der große Fehler von 1848 und 1849 gewesen –, sondern durch Eisen und Blut.» Ein Bekenntnis zur (antiparlamentarischen) Realpolitik, an das sich Bismarck in den nächsten Jahren strikt gehalten hat. Mit drei Kriegen in schneller Folge führte er tatsächlich die nationale Einigung herbei, die die Demokraten des Vormärz – freilich in anderer Form – vergeblich erstrebt hatten. Der weitgehende Konsens, der über dieses politische Ziel in der deutschen Öffentlichkeit bestand, war einer kritischen Auseinandersetzung mit dem Frankreichfeldzug als dem größten und verlustreichsten dieser Kriege nicht günstig. Zu selbstverständlich sah man diesen als den Preis an, der für das höchste Gut der Nation zu zahlen war, wenn er nicht geradezu als praktische Bewährung der Einheit, Auferstehung des deutschen Wesens oder göttliches Strafgericht über den Erbfeind gefeiert wurde.

Die patriotische Kriegslyrik, deren massenhafte Produktion kurz nach der französischen Kriegserklärung im Juli 1870 einsetzt und bei fleißigen Autoren wie Karl Gerok (*Deutsche Ostern. Zeit-Gedichte*, 1871) und Oskar von Redwitz (*Das Lied vom neuen deutschen Reich*, 1871 – ein Sonettenkranz aus 500 Gedichten!) binnen Jahresfrist einen ganzen Gedichtband füllt, zeichnet sich denn auch durch eine merkwürdige Mischung von offen deklarierter Blutrünstigkeit – «Ein furchtbar Würgen wird es sein» (Adolf von Schack) – und mythologisch-religiöser Verbrämung aus. Beide Tendenzen verbinden sich exemplarisch in einem seinerzeit populären Gedicht, das der sonst so sensible Schweizer Conrad Ferdinand Meyer 1871 an die Presse gab und leicht verändert in *Huttens letzte Tage* aufnahm: *Der deutsche Schmied*. Aufgrund der Handschrift ist übrigens anzunehmen, daß es zu einem erheblichen Teil auf seine Schwester Betsy zurückgeht:

> Hell klingt der Ambos, kurz der Spruch:
> «Drei Schläge thu’ ich mit Segen und Fluch!
>
> Der erste schmiedet den Teufel fest,
> Daß er den Welschen nicht siegen läßt.
>
> Den Erbfeind trifft der zweite Schlag,
> Daß er sich nimmer rühren mag.
>
> Der dritte Schlag ertöne rein,
> Er soll für die deutsche Krone sein!» –

Man kennt ähnlich martialische Töne aus der Lyrik der Befreiungskriege und begegnet ihnen in der Kriegslyrik-Epidemie von 1914 wieder, dort gleichfalls amalgamiert mit heilsgeschichtlichen Denkmustern christlicher und insbesondere pietistischer Herkunft. Während sich in der Lyrik des Ersten Weltkriegs neben den affirmativ-propagandistischen Wortmeldungen bald auch skeptische und kritische Stimmen bemerkbar machten und es vor allem bei expressionistischen Autoren zu einer grundsätzlichen Infragestellung des Kriegs und der modernen Kriegstechnik kam, blieb das Bild des Kriegs von 1870/71 im Bewußtsein der deutschen Öffentlichkeit frei von nennenswerten Flecken. Insbesondere wurde das traditionelle Klischee vom heroischen Einzelkampf durch die literarische Aufarbeitung des Frankreichfeldzugs nicht oder nicht nachhaltig genug korrigiert und konnte somit noch im August 1914 die Erwartungen vieler Kriegsfreiwilliger bestimmen. Dabei ist die Militärgeschichte längst zur Erkenntnis gelangt, daß schon der Verlauf des früheren Krieges wesentlich durch den Einsatz moderner Technik bestimmt wurde, wobei sich die Überlegenheit der preußischen Artillerie letztlich gegenüber der modernen französischen Gewehrtechnik (Chassepotgewehr, Vorformen des Maschinengewehrs) durchsetzte. Die Industrialisierung des Tötens hatte längst begonnen.

Richard Voß' pazifistische *Nachtgedanken auf dem Schlachtfelde von Sedan* (1871) verhallten ungehört. Liliencrons *Adjutantenritte* (1883) mit ihrer drastischen Schilderung der Turbulenzen des Kriegsgeschehens, die es gegebenenfalls auch einmal notwendig machen, die Batterie über einen Weg in Stellung zu bringen, der mit Toten und Verwundeten gepflastert ist («Haare, Gehirn, Blut, Eingeweide, Uniformstücke in den Speichen»), waren nicht kriegskritisch gemeint und wurden auch nicht so aufgenommen. Unbeirrt von solchen Realitätserfahrungen, entwerfen die frühen Kriegsepen Wildenbruchs ein wahrhaft homerisches Schlachtengemälde. In hochpathetischer – oft genug in unfreiwillige Komik umschlagender – Bildlichkeit werden die Schlachten bei Vionville und Sedan besungen; die darin integrierten Namen der einzelnen Truppenteile und (im Sperrdruck) ihrer Kommandanten lassen diese neue Ilias allerdings eher wie einen versifizierten Zeitungsbericht wirken:

> Im wilden Rosselauf herangezogen
>   Kommt da Stöphasius' Batterie gestürmt;
> Entgegen wirft sie sich den Unheilswogen
>   Wie Schwimmers Brust sich gegen Wellen türmt.
> Bis Schwarz im Feindesaug' er trennt vom Weißen
>   Stürmt er voran, hoch wirbelt auf sein Schwert,
> Vom Protzennagel die Geschütze reißen,
>   Dem Feinde sind sie klirrend zugekehrt;
> Nah ist das Ziel, die Todesbringer krachen,
> Heiß in den Feind beißt sich ihr grimmer Rachen.

Wildenbruchs «Heldenlied» *Vionville*, aus dessen erstem Gesang das Zitat stammt, erschien 1874 mit einer genehmigten Widmung an Kaiser Wilhelm I. Nun wird man von einem so stark dynastisch orientierten Dichter wohl am wenigsten innovative Einsichten in die moderne Kriegswirklichkeit erwarten. Immerhin zeichnet sich Wildenbruchs Novelle *Die Danaide* (1885, entstanden 1883), die tragische Gestaltung einer Episode aus dem Franktireur-Krieg, durch einen erheblichen Zuwachs an Komplexität aus. Heinrich Harts Tragödie *Sedan* (1882) enttäuscht die Erwartungen, die sich an den Ruf ihres Verfassers als Wegbereiter des Naturalismus knüpfen; ebenso wenig dringt Karl Bleibtreus Schlachtenbericht *Dies irae* (1882) zu einer kritischen Auseinandersetzung mit dem Krieg vor.

Karl Bleibtreu war der Sohn des beliebten Schlachtenmalers Georg Bleibtreu, der erste Erfahrungen mit dem Krieg als Sujet im deutsch-dänischen Krieg von 1864 sammelte und sich nach dem Frankreichkrieg vor Aufträgen kaum zu retten wußte. Georg Bleibtreus vielgerühmter Realismus war jedoch stets der Perspektive der militärischen Leitung untergeordnet; auf seinem Gemälde der Schlacht bei Sedan für den preußischen Kronprinzen waren dreißig bis vierzig Fürsten und Generalstabsoffiziere porträtiert.

Karl Bleibtreu entwickelte sich zum literarischen Pendant seines Vaters, indem er über Jahrzehnte hinweg mehrere Dutzend z. T. mehrbändige Kriegs- und Feldherrnbücher veröffentlichte. Das bekannteste davon gab unter dem Titel *Dies irae. Erinnerungen eines französischen Offiziers an Sedan* eine so plastische Darstellung der kriegsentscheidenden Schlacht, daß man in Frankreich die französische Übersetzung für das Original hielt; die *Kölnische Zeitung* veranstaltete geradezu eine Rückübersetzung des in Deutschland zunächst unbeachtet gebliebenen Berichts. Auch abgesehen von der fiktiven Perspektive seines *Dies irae*, vertritt Bleibtreu in seinen Kriegsbüchern nur einen gebremsten Realismus. Daher seine harsche Kritik an Zola (den er sonst glühend bewunderte) nach dem Erscheinen von dessen Roman *La débâcle* (Der Zusammenbruch, 1892), übrigens sicher dem bedeutendsten Niederschlag, den der Krieg von 1870/71 in der Weltliteratur gefunden hat. In der Zeitschrift *Die Gesellschaft* erklärt er: «[Zola] zieht alles auf ein gleiches Niveau herab. Im Krieg für das Vaterland weilt sein Forscherblick auf den wunden Füßen und dem beschmutzten Hosen der Soldatenherde.» Bleibtreu unterscheidet scharf zwischen dem «Kleinen, Persönlichen, Endlichen» und der «schrecklichen Erhabenheit» des Kriegs: «Das Historische bedeutet das Große, Allgemeine, Philosophische.»

Auf deutscher Seite hat der Krieg keine mit Zolas Roman im künstlerischen Niveau und in der veristischen Tendenz auch nur halbwegs vergleichbare literarische Darstellung gefunden. Dabei waren zwei der bedeutendsten deutschen Romanciers als Kriegsberichterstatter an der Front. Gustav Freytag verbrachte die ersten Wochen des Kriegs im Gefolge des Kronprinzen in der Nähe des Hauptquartiers und berichtete aus dieser privilegierten Position heraus über die laufenden Ereignisse für die *Grenzboten*. Seine Hoffnungen auf unmittelbaren Einblick in die politischen und militärischen Planungen wurden freilich enttäuscht, wie auch der Broschüre zu entnehmen ist, die er zwanzig Jahre später − nach dem Tod Kaiser Friedrichs III. − veröffentlichte (*Der Kronprinz und die Kaiserkrone*, 1890). Sowohl in dieser Broschüre als auch in den ursprünglichen *Grenzboten*-Artikeln wird ausführlich, aber in merklich verklärender Weise und nicht ohne einen höchst parteilichen antifranzösischen Blick über die militärischen Aktionen berichtet. Die poetisierende Perspektive findet ihre theoretische Rechtfertigung in Freytags Autobiographie (1887); demnach sei der Krieg durch seinen «hohen sittlichen» – und politischen! – Zweck geheiligt worden, und zwar schon im Bewußtsein der Betroffenen und Beteiligten selbst:

> «Es gab nie einen Kampf mit größerem idealen Inhalt, als diesen letzten; vielleicht niemals schlug die Nemesis so erschütternd die Schuldigen zu Boden; vielleicht niemals hatte ein Heer so viel Wärme, Begeisterung und so tief poetische Empfindung dafür, daß die grause Arbeit der Schlachtfelder einem hohen sittlichen Zweck diente [...]. Solche Poesie des geschichtlichen Verlaufs wurde von Hunderttausenden genossen, sie war aus zahllosen Feldbriefen einfacher Soldaten zu erkennen.»

Der Krieg, den Freytag derart massiv als heilig und poetisch verklärte, ist dennoch ohne eigentlichen Niederschlag in seinem dichterischen Schaffen geblieben. Entgegen seiner Behauptung, die Konzeption der *Ahnen* sei ein Reflex der «mächtigen Eindrücke jener Wochen», hat Freytag die Grundidee des Romanzyklus offenbar schon vor Kriegsbeginn ausgebildet.

Der andere Romancier als Kriegsberichterstatter hieß Fontane. Er war noch mit der Korrektur der Fahnen seines zweiten Kriegsbuchs (*Der deutsche Krieg von 1866*, 1870/71) beschäftigt, als der neue Krieg ausbrach, und als Fontane schließlich Ende September 1870 Berlin in Richtung Frankreich verließ, war die spannende Anfangsphase mit den täglichen Siegesmeldungen längst vorüber. Fontane verschaffte sich seine eigene Dramatik, indem er sich auf nichtbesetztes Gebiet vorwagte und als mutmaßlicher Spion festgenommen und zwei Monate lang interniert wurde. Nur dank Bismarcks persönlicher Intervention blieb ihm Schlimmeres erspart. Fontane nahm den ungeplanten Verlauf seiner Frankreich-Expedition zur Grundlage seines Erlebnisberichts *Kriegsgefangen* (1871), dem er ein Jahr darauf unter der Überschrift *Aus den Tagen der Okkupation* einen zweibändigen Bericht über seine Frankreichreise im Frühjahr 1871 folgen ließ. Erst sechs Jahre nach Kriegsausbruch war die fast 1900 Seiten umfassende Dokumentation abgeschlossen, für die er ursprünglich vor Ort hatte recherchieren wollen (*Der Krieg gegen Frankreich 1870/71*, 1873–1876); sie kam freilich zu spät – und entsprach wohl auch zu wenig der monumentalischen Geschichtsauffassung der Zeit –, um größeres Interesse zu finden.

Man hat Fontanes Kriegsbücher vielfach geringschätzig als Brotarbeit oder Schreibübung des angehenden Romanciers betrachtet. So begrenzt ihr literarischer Wert sein mag, so unbestreitbar ist doch das Zeugnis, das diese Arbeiten von der Befassung des Autors mit dem militärischen Aspekt der Geschichte der deutschen Einigung ablegen. Fontane hat nie seine fundamentale Genugtuung über die erlangte nationale Einheit oder seine Hochschätzung der Kernwerte einer preußisch-soldatischen Tradition geleugnet – bei aller Kritik, die er später-hin an diversen Erscheinungsformen eines übersteigerten Nationalismus und Militarismus übte. Bis hin zum Alterswerk *Der Stechlin* bleibt ein Stichwort wie «die Garde bei St. Privat» aktuell. Der alte Stechlin spielt es als Trumpf in der Diskussion über Heldentum aus, die er im 38. Kapitel des Romans mit dem sozialreformerisch eingestellten Pastor Lorenzen führt. Dieser repliziert: «Der Bataillonsmut, der Mut in der Masse (bei allem Respekt davor), ist nur ein Herdenmut.» Der junge Graf von Haldern in *Stine* ist ein Invalide des deutsch-französischen Kriegs, Opfer eines ähnlichen Sturmangriffs wie desjenigen auf St. Privat. Pauline Pittelkow bezeugt Respekt davor, allerdings nicht ohne einen für sie charakteristischen demokratischen Vorbehalt:

> «Un denn, Graf, man nich immer jleich mit die Halderns. Ich habe welche gekannt, die waren auch erst neunzehn und keine Halderns und saßen *nich* zu Pferde, nein, immer bloß auf Gebrüder Benekens, un mußten auch immer vorwärts. Un zuletzt, als es bergan ging un sie nich mehr konnten, da hielten sie sich an die Kusseln, weil sie sonst rücklings runtergefallen wären, un immer die verdammten Dinger dazwischen, die so quietschen un sich anhören wie 'ne Kaffeemühle. Ne, ne, Graf, die Halderns haben es nich alleine gemacht un der junge Graf auch nicht. Aber er hat seine Schul-digkeit getan [...].»

Der dritte große deutsche Romancier des Realismus war *nicht* an der Front. Mitten im Trubel der Mobilmachung zieht Wilhelm Raabe von Stuttgart nach Braunschweig um, den Fortschritten der Politik gleich-sam den Rücken kehrend und doch, wie seine damaligen Briefe bezeu-gen, voll nationaler Begeisterung: «Krieg bis zum Messer gegen die Fran-zosen!» Auf einer Dänemarkreise im September 1870 besucht er die Stät-ten des deutsch-dänischen Kriegs von 1864 als den «welthistorischen Ausgangspunkt unseres Volksglücks», das aktuelle Kriegsgeschehen gewissermaßen im ersten der Einigungskriege spiegelnd. In dem Brief vom Oktober 1870, in dem sich die zitierte Formulierung findet, wünscht er seinen «Theil von allem Guten u[nd] Bösen, was der Nation beschieden ist», und gibt der Hoffnung Ausdruck, «daß mit allem Andern auch das literarische Leben in unserm Volk von jetzt an einen [...] Aufschwung nehmen wird». Raabes Enttäuschung in diesem letz-ten Punkt ist die entscheidende Ursache dafür, daß seine Blicke auf die gründerzeitliche und wilhelminische Gesellschaft zunehmend skep-tischer, die Witze immer bitterer werden. «Wie es aber dem gesamten deutschen Volke erst später klar wurde, daß es nicht so aus dem Kriege herausgekommen war, wie es hineingegangen war» – so lautet ein typi-scher Satzanfang Raabes aus den folgenden Jahren (*Deutscher Adel*, 1878/79).

Ungeachtet der wachsenden Verbitterung Raabes über die Entwicklung nach 1871 bleiben die erkämpfte Einheit selbst und die Reihe der darauf zuführenden Kriege für diesen Autor sakrosankt. Bei den positiven Figuren, die im Kosmos seines Erzählwerks fast durchweg als gesellschaftliche Außenseiter gekennzeichnet werden – und doch mit der Fähigkeit und Bereitschaft versehen sind, anderen substantiellen Gestalten zu helfen –, handelt es sich häufig um Kriegsveteranen von 1864, 1866 oder 1870/71. In *Villa Schönow* stirbt Gerhard Amelung, zehn Jahre nach dem Krieg, an seiner Verletzung aus dem Frankreichfeldzug – der sonderlingshafte Berliner Unternehmer Schönow, der seinerseits die Schlacht von Königgrätz mitgemacht hat, hilft ihm bei der Verteidigung seines Hab und Gut gegen den Egoismus der Nachbarn. In *Deutscher Adel* wird der Frankreichkrieg für den jungen Ulrich Schenk – nach dessen eigener Aussage – zur Lebensschule; «die Herren zu Versailles sollen mich nicht umsonst hier in die Kälte zur Abkühlung hingestellt haben», heißt es in seinem winterlichen Feldpostbrief aus einer Belagerungsstellung vor Paris, dessen humoristischer Schilderung von der Verheizung eines französischen Interieurs zwecks Wärmung «germanischer Erbswurstsuppe» ein zweifelhafter Beigeschmack anhaftet. Und noch in den neunziger Jahren läßt Raabe seine Erzählung *Kloster Lugau* (1894) regelrecht in den Frankreichkrieg münden. Die letzten Kapitel vollziehen Tag für Tag die Kriegskrise vom Juli 1870 nach; das Schlußkapitel gibt einen Ausblick auf den Krieg und sein Ende: «Der Bogen des Friedens, der durch die Tränen flimmerte, der steht wohl heute noch von jenen Jahren her über der Welt.» Für den nötigen Ernst sorgt die Nachricht vom Tod des «treuen, wackeren» Landwehrmannes Mamert. Über alle private und nationale Ungewißheit legt sich im abschließenden Dialog die «traumsichere Siegesgewißheit» eines jungen Mädchens.

Trauma Reichsgründung und österreichische Identität

Auf Anton von Werners Monumentalgemälde der Kaiserproklamation im Spiegelsaal zu Versailles war bekanntlich kein Volksvertreter zu sehen. Die Konstituierung des neuen Deutschen Reichs vollzog sich jenseits demokratischer Legitimationen. Der Traum des Liberalismus, die nationale Einheit, wurde in einer Weise verwirklicht, die gerade für die engagierteste Fraktion des Bürgertums zum Trauma werden mußte. Gustav Freytag z. B., der seit den Tagen der Märzrevolution in vorderster Front den publizistischen Kampf für einen liberalen Einheitsstaat geführt und dabei – nach erheblichem Widerstreben – 1866 auch den Weg Bismarcks akzeptiert hatte, erlebte die Wiedereinführung des Kaisertums geradezu als persönliche Enttäuschung. In seiner schon erwähnten Broschüre *Der Kronprinz und die Kaiserkrone* (1890) führt er sie auf einen plötzlichen Gesinnungswandel des Kronprinzen Friedrich Wilhelm zurück, der Freytag und seinen Freunden bis dahin als Hoffnungsträger des Liberalismus gegolten hatte:

«Betroffen sah ich auf den Herrn, er hatte einen Generalsmantel so umgelegt, daß er wie ein Königsmantel seine hohe Gestalt umfloß und um den Hals die goldene Kette des Hohenzollern geschlungen, die er doch sonst [. . .] nicht zu tragen pflegte, und schritt gehoben auf dem Dorfanger dahin.»

Andere Autoren des liberalen Lagers machten eher die Handlungsschwäche des Bürgertums für die fremdbestimmte Form verantwortlich, in der der liberale Einheitswunsch schließlich verwirklicht wurde. Wilhelm Raabe, der schon in verschiedene frühere Werke (u. a. *Die Chronik der Sperlingsgasse*, 1857; *Abu Telfan*, 1867) markante Hinweise auf die liberale Tradition seit 1813 eingebaut hatte, thematisierte die Gründungsgeschichte des Reichs zweimal – in zwanzigjährigem Abstand – in indirekter Form, nämlich unter Rückgriff auf frühere Stationen der nationalliberalen Bewegung. Die noch während des Kriegs entstandene Erzählung *Der Dräumling* (1871) gibt ein satirisches Bild der Schillerfeiern von 1859, in denen seinerzeit die nationale Begeisterung des deutschen Bürgertums kulminierte. «Das Werk ist im geraden Gegensatz zu der jetzt oft so widerlich hervortretenden Selbstverherrlichung des deutschen Philisterthums geschrieben», erklärt Raabe im April 1871, und noch 1884 hält er sich etwas darauf zugute, daß er «damals über all' dem Augenblickspathos gelassen den Dräumling habe schreiben können». Die politische Perspektive bleibt freilich ambivalent, so deutlich auch der Sumpf von Paddenau am Schluß als der Sumpf enthüllt wird, in dem Autor wie Leser stecken. Wird die idealistische Rhetorik dem Gelächter preisgegeben, weil sie verlogen oder weil sie folgenlos war bzw. ist? Verbirgt sich im Spott auf die Festredner möglicherweise eine Verbeugung vor dem Mann der Tat?

Als «Bismarckiade» hat Raabe ausdrücklich den humoristischen Roman *Gutmanns Reisen* (1891) bezeichnet, den er drei Monate nach Bismarcks Entlassung begonnen hatte. Auch hier verbindet er eine Heiratsgeschichte mit der Schilderung einer öffentlichen Veranstaltung. In diesem Fall ist es die Generalversammlung des Nationalvereins in Coburg von 1860, an der Raabe selbst teilgenommen hat; der Autor kann auf eigene Tagebuchaufzeichnungen zurückgreifen. In den Reden dieses Romans ist freilich die spätere geschichtliche Perspektive deutlich spürbar – etwa wenn der künftige nationalliberale Reichstagsabgeordnete Johannes Miquel erklärt: «Was wir also hier beschließen, wird von sehr geringer Bedeutung für die Verhältnisse sein. Wir können nicht absehen, welches der letzte Ruck sein wird, der angesetzt werden muß, um zur Einheit zu gelangen.» Auch die Liebesgeschichte selbst erhält historisch-politische Bedeutung, nimmt den Charakter einer ironischen Allegorie an. Denn es ist der norddeutsche Bewerber (Willi Gutmann), der die süddeutsche Braut (Klotilde Blume) bekommt, nachdem sein österreichischer Nebenbuhler (Alois Pärnreuther) verzichtet hat, also vom Habsburger Prinzip des «nube et impera» abgewichen ist. So sind in die Liebeshandlung gewissermaßen schon Hinweise auf Königgrätz und Versailles eingewoben.

Aus österreichischer Sicht war die durch die Schlacht bei Königgrätz (1866) besiegelte Niederlage im Krieg gegen Preußen zweifellos das wichtigere Datum und die Reichsgründung von Versailles nur noch die Vollstreckung eines bereits feststehenden Urteils – des Todesurteils nämlich für alle Hoffnungen auf eine großdeutsche Form der nationalen Einheit, in der allein Österreich eine integrale und dominierende Funktion hätte übernehmen können. Für die deutsch(sprachig)e Bevölkerung in der Vielvölkermonarchie war diese Ausgrenzung noch mit einer weiteren Hypothek verbunden; ohne den Rückhalt durch einen größeren deutschen Bundesstaat oder Staatenbund konnte sie auf absehbare Zeit nicht mehr den unangefochtenen Primat im polyethnischen und multikulturellen Gebilde der k. u. k. Monarchie behaupten, drohte sie langfristig zu einer ‹Minderheit› neben anderen herabzusinken. Die daraus resultierende langwierige Identitäts- und Legitimationskrise gehörte mit zu den Bedingungen für die außerordentliche geistige Kreativität des Jungen Wien um 1890 und hob sich durch den identitätsstiftenden Effekt dieses kulturellen Entwicklungsschubs letzten Endes selber auf. Denn das spezifische Profil der Wiener Moderne sollte künftig als einleuchtendes Argument für eine spezifisch österreichische kulturelle Identität dienen, obwohl noch die wichtigsten deutschösterreichischen Autoren der Jahrhundertwende durchaus Schwierigkeiten damit hatten, sich dezidiert als Österreicher (und nicht als Vertreter einer umfassenden deutschen Kultur) zu verstehen.

Um wieviel heikler und konfliktreicher mußte sich für die ältere Generation österreichischer Schriftsteller die Antwort auf die Frage nach ihrem nationalen Standort gestalten! Ein unbeirrtes Festhalten an großdeutschen Positionen war mit dem Makel der Prussophilie belastet und kaum noch mit den politischen Realitäten vereinbar. Trotzdem ergriffen in der Ära der Reichsgründung die alten Vormärzliberalen Ferdinand Kürnberger und Adolph Fischhof, aber auch der «Wiener Spaziergänger» Daniel Spitzer – der den Ausbruch des Krieges in Paris erlebte – unverhohlen im Sinne einer nationaldeutschen Politik Partei. Am lautesten erhob wohl Robert Hamerling die Stimme. In seinem Beitrag für eine Studentenvorstellung in Graz im Oktober 1870 («zum Besten der Witwen und Waisen gefallener deutscher Krieger») feiert er die Eintracht deutscher Stämme im Krieg, um zu fragen: «Und wir?»:

> Wie stand's mit uns in Deutschlands Schlachtentagen?
> «Neutral» war Östreichs Hand und Östreichs Erz –
> Neutral? Nicht ganz! das Herz hat mitgeschlagen,
> Das Herz Deutschösterreichs, das deutsche Herz!

«Mitgeschlagen» ist bewußt doppeldeutig; Hamerling geht es vor allem um die zweite Bedeutung: «mitgekämpft»!

Sehr viel differenzierter äußerte sich Grillparzer in einem Brief an die deutsche Kaiserin Augusta vom Februar 1871. Dennoch führte sein alsbald publik gewordener Text in der österreichischen Öffentlichkeit zu erheblichen Irritationen, war es doch der Großmeister einer habsburgischen Geisteswelt, der hier seinen Standort in einer neu geordneten politischen Landschaft definierte und sich dabei um ein Haar zum Untertan der frischgebackenen Berliner Kaiserin erklärte. Aber doch nur um ein Haar oder bei sehr ungenauem Lesen! Grillparzers Danksagung für Grüße der preußischen Königin zu seinem 80. Geburtstag am 15. 1. 1871 – drei Tage vor der Proklamation im Spiegelsaal von Versailles – bezeugt zunächst seine «Ehrfurcht» vor der (inzwischen avancierten) «Kaiserin, Königin». In Anspielung auf deren Herkunft aus Weimar – als Tochter des Großherzogs von Sachsen-Weimar – fährt Grillparzer fort:

> «Dann ist aber noch etwas, was hundertfach in meinem Herzen wiederklingt: die Tochter Weimars. Ja, Majestät, dort ist trotz Main- und Rheinlinie das wahre Vaterland jedes gebildeten Deutschen und als solchen mich erachtend, unterzeichne ich mich gewissermaßen als Ihr Untertan, ehrfurchtsvoll Franz Grillparzer.»

Die Mainlinie bezeichnete bis 1871 die Grenze zwischen dem Norddeutschen Bund und den Südstaaten. Indem Grillparzer sich ausdrücklich über sie hinwegsetzt, bekennt er sich zu einem rein ideellen Deutschtum jenseits staatlicher Hoheitsansprüche. Seine Loyalität als Österreicher war damit nicht in Frage gestellt, allerdings sah Grillparzer auch keine engere Verbindung zwischen seiner staatsbürgerlichen Zugehörigkeit und der Kultureinheit, als deren Vertreter er sich verstand. Für die österreichische Kulturpolitik der Folgezeit vielleicht kein absolut befriedigender Sachverhalt, und so sah sich schon Burgtheaterdirektor Dingelstedt (übrigens ein geborener Hesse) bei der vielbeachteten Trauerfeier für Grillparzer im Jahr darauf veranlaßt, dem Dichter – gleich mehrfach und beschwörend – ein Wort entgegenzuhalten, das dieser «eherne Wächter an Oesterreichs Bewußtsein» seinerzeit für Feldmarschall Radetzky geprägt hatte: «In deinem Lager ist Oesterreich!»

Trauerfeiern haben es in sich. Nach dem Tod Richard Wagners 1883 veranstaltete die deutsche Studentenschaft Wiens einen Trauerkommers, der einiges Aufsehen erregte aufgrund der antisemitischen und deutschnationalen bzw. großdeutschen Töne, die hier laut wurden. Für letztere zeichnete insbesondere der damals neunzehnjährige Hermann Bahr verantwortlich; in seiner Rede nannte er Wagner einen großdeutschen Politiker und Österreich in Anspielung auf den *Parsifal* eine «schwerbüßende Kundry», «die sehnsüchtig des Erlösers harrt». Bahr wurde relegiert und ging nach einem Zwischenaufenthalt in Graz nach Berlin.

Derlei jugendlichem Leichtsinn steht die Schwermut gegenüber, mit
der sich der alte Ferdinand von Saar zur nationalen Frage äußert:

> Oestreichs Söhne, man zählt kaum zu den Deutschen sie mehr.
> Aber nicht deshalb neig' ich die Stirn jetzt in bangender Trauer,
> Weil du, mein Vaterland, ganz auf dich selber gestellt.
> [. . .]
> Aber, o Schmerz! Du bist auch getrennt von den eigenen Gliedern,
> In Verblendung, mit Haß wüthen sie gegen das Haupt.

Es sind der Sprachenstreit und der sich abzeichnende Separatismus in
den von Wien regierten Ländern, die das lyrische Ich der *Wiener Elegien* (1893) – das Zitat entstammt der 15. Elegie – in gattungsgemäße
Melancholie versetzen. Auch in seiner Ode *Austria* hatte Saar erklärt:
«Trauernd senk ich das Haupt, o du mein Österreich, / Seh' ich, wie du
gemach jetzt zu zerfallen drohst». Die Ode *Germania* enthält keine politische Alternative. Sie beklagt die Umwandlung des Volkes der Dichter
und Denker in ein waffenstarrendes Siegerdenkmal und den Verlust von
«deutscher Liebe» und Herzlichkeit.

Zweierlei Kulturkampf

Die erste von Nietzsches *Unzeitgemäßen Betrachtungen* (1873) liefert
gleich zum Einstieg eine der skeptischsten Einschätzungen, die Krieg
und Reichsgründung von 1870/71 je erfahren haben. Nietzsche befürchtet nicht mehr und nicht weniger als das Umschlagen des deutschen
Siegs in eine Niederlage: «in die Niederlage, ja Exstirpation des deutschen Geistes zugunsten des ‹deutschen Reiches›». Wer diese gern zitierte Äußerung ohne ihren originalen Zusammenhang kennenlernt,
könnte sie plausibel finden, ohne sie zu verstehen. Der Bismarcksche
Machtstaat war ja sicher alles andere als eine Pflegestätte reiner Geistigkeit, vieles von dem, was die Gründerzeit in Kunst und Literatur hervorgebracht hat, ist uns fragwürdig geworden – zieht Nietzsche vielleicht
gegen eine Barbarisierung des Geistes unter dem Hohenzollern-Regime
zu Felde? Genau das aber ist nicht gemeint. Vielmehr äußert sich Nietzsche durchaus positiv über die Zucht der deutschen Truppen und die
(schon von Goethe bemerkte) frische Abstammung seiner Landsleute
von den Barbaren. Die wahre Zielscheibe seiner Kritik ist dagegen eine
mißbräuchliche Berufung auf den deutschen Geist, die seit 1870 in kürzester Zeit weite Verbreitung gefunden hatte: die These nämlich, der Sieg
über Frankreich sei wesentlich ein Resultat der deutschen Bildung, auf
dem Schlachtfeld habe sich mithin nicht nur die Überlegenheit der deutschen Waffen, sondern der deutschen Kultur erwiesen.

Es handelt sich dabei um die zentrale Stiftungslegende zur Genese des deutschen Reichs, und ihre geistigen Väter sind ebenda zu suchen, wo die von Nietzsche befehdeten Positionen meistens zu Hause sind: im Lager des liberalen bürgerlichen Fortschrittsdenkens. Eben die oben schon geschilderte Enttäuschung der liberalen Nationalbewegung (u. a. Gustav Freytags) darüber, daß ihr ureigenstes Ideal vom politischen Antipoden Bismarck aufgegriffen und in einer Form realisiert wurde, die so wenig den liberalen Vorstellungen entsprach, weckte das Bedürfnis nach einer ideellen Kompensation. Sie zu erlangen, bedurfte es keines großen Aufwands. Man brauchte nur – wie Johannes Scherr – zu behaupten, «daß das deutsche Schwert, was es im großen Jahre vollbrachte, nur vollbringen konnte, weil das deutsche Buch ihm vorgearbeitet hatte». Oder mit Julian Schmidt zu erklären, die deutsche Einheit sei auch ohne Bismarck in der Idee längst fertig gewesen; der Kanzler habe sich des vorliegenden Gedankens bemächtigt und so zwar «getan, was uns [sc. den Liberalen] zu tun versagt war, aber es ist doch unser Wille, den er ausgeführt hat».

Es braucht wohl nicht ausdrücklich betont zu werden, daß Schmidts Theorie durchaus eine gewisse (Teil-)Wahrheit enthält. Noch Theodor Herzl sollte sich im Rahmen seiner zionistischen Argumentation auf ein analoges Erklärungsmodell der deutschen Reichsgründung berufen – um Einwände gegen die vermeintlich illusionäre Qualität seiner eigenen Utopie eines Judenstaats abzuwenden: «Wissen Sie, woraus das deutsche Reich entstanden ist? Aus Träumereien, Liedern, Phantasien und schwarz-rot-goldenen Bändern. Und in kurzer Zeit. Bismarck hat nur den Baum geschüttelt, den die Phantasten pflanzten.» Die idealistische Gründungslegende des neuen Reichs enthüllt freilich ihre ganze Problematik da, wo sie sich aggressiv nach außen wendet und den Kulturbegriff zur Legitimation kriegerischer Aktionen mißbraucht. Eben das geschieht spätestens 1914, wenn deutsche Soldaten angeblich (d. h. nach den ihnen von den Ideologen zugewiesenen Klischees) für die «Kultur» und gegen die «Zivilisation» in den Krieg ziehen.

In der Neuen Folge seiner *Bilder aus dem Leben unserer Zeit* (1871) erblickt Julian Schmidt im Sieg von 1871 den Endpunkt einer Emanzipationsbewegung des deutschen Geistes, deren Anfänge in Lessings Kritik an der französischen Akademie liegen:

> «Es sind nicht starke und mächtige Barbaren, die das Culturvolk der Franzosen besiegt haben, sondern eine in jeder Richtung der Cultur der Franzosen wenigstens ebenbürtige Nation; in den meisten Punkten, wie wir jetzt wohl ohne Überhebung sagen dürfen, ihnen überlegen.»

Genau das ist die Position, gegen die Nietzsche polemisiert, der sich vergeblich nach einem Sieg der deutschen Kultur, ja überhaupt nur nach einer deutschen «Kultur», die diesen Namen seiner Meinung nach wirklich verdiente, umsieht. Seine «unzeitgemäße» Kritik verhallte freilich damals fast ungehört. Zu sehr entsprach der Glaube an eine superiore nationale Kultur dem Legitimationsbedürfnis des deutschen Bürgertums. Ein Jahrhunderte altes Minderwertigkeitsgefühl gegenüber Frankreich als der spätestens seit den Tagen des Sonnenkönigs dominierenden Kulturmacht Europas konnte abgeschüttelt werden, wenn man den aktuellen Sieg nicht primär als Ergebnis politischer, strategischer oder wirtschaftlicher Faktoren, sondern als Offenbarung einer deutschen Kultur begriff, die zwar in letzter Zeit besondere Fortschritte gemacht hatte, sich eigentlich aber seit jeher des «welschen» Wesens eindrucksvoll zu erwehren wußte. Der seinerzeit beliebte Rückgriff auf die Germanenzeit – auf die Kriege germanischer Stämme gegen die Kelten und vor allem gegen die Römer (von der Schlacht im Teutoburger Wald bis zum Gotensturm auf Rom) – hat in derartigen Ideologemen seine Basis.

Die Konfrontation zwischen germanischer und romanischer Kultur verbindet sich im Bewußtsein der Gründerzeit-Generation vielfach mit der Opposition protestantisch-katholisch, und das hat seinen guten Grund. Und zwar nicht nur im politischen Bündnis zwischen Frankreich und, dem Kirchenstaat, der bis zum September 1870 von französischen Soldaten gegen die Truppen der italienischen Einheitsbewegung geschützt wurde. Der eigentliche Grund ist vielmehr innenpolitischer Natur; er liegt in den Auseinandersetzungen zwischen säkularem Staat und katholischer Kirche, für die sich der Begriff «Kulturkampf» ein gebürgert hat. Diese Auseinandersetzungen betrafen alle drei deutschsprachigen Länder, wobei Österreich vorausging. Im sog. Konkordatssturm wurden dort zwischen 1868 und 1870 mehrere Gesetze zur Religionsfreiheit, zur Schulaufsicht und zum Eherecht erlassen, die die Kompetenz der Kirche entscheidend einschränkten. Auf die Verkündung des Unfehlbarkeitsdogmas durch das Vatikanische Konzil 1870 folgte noch im selben Sommer die Kündigung des Konkordats. In der Konfrontation von Pfarrer Hell und Graf Finsterberg – man beachte die sprechenden Namen – in Anzengrubers Volksstück *Der Pfarrer von Kirchfeld* (1870) findet der aufklärerische Impetus des österreichischen Kirchenkampfs seinen schwungvollsten Ausdruck.

Im Deutschen Reich dagegen vermischte sich das Modernisierungsprojekt der Trennung von (katholischer) Kirche und Staat sogleich mit machtpolitischen Erwägungen der Bismarck-Regierung und protestantischen Ressentiments. Der eigentliche Kulturkampf vollzieht sich hier in den Jahren 1871–1878 und erreicht seinen Höhepunkt mit der Ausweisung oder Inhaftierung aller katholischen Bischöfe in Preußen 1876. Das innenpolitische Ziel Bismarcks wurde freilich nicht erreicht; die als «ultramontan» verdächtigte Zentrumspartei ging gestärkt aus den Auseinandersetzungen hervor.

Diese bestimmten gleichwohl das kulturelle Klima der siebziger Jahre in Deutschland in einem heute nur noch schwer nachvollziehbaren Ausmaß. Wahrscheinlich war es gerade die Verknüpfung des eigentlichen Kulturkampfs mit dem oben referierten neuen kulturellen Superioritätsanspruch, die zu dieser erstaunlichen emotionalen Aufladung führte. In den Kampf gegen die katholische Kirche konnten gewissermaßen nationalistische Energien übergeleitet werden, die sich während des Kriegs gegen Frankreich und aus Anlaß der Reichsgründung angestaut hatten.

So verbindet sich in einem Gedicht Rudolf Gottschalls, das 1873 in der *Gartenlaube* erschien («*Wie ein Leichnam sollt ihr werden!*»), die aufklärerische Licht-Dunkel-Metaphorik mit dem Gegensatz zwischen den Nationen; Frankreich, Spanien und Italien seien der Suggestivwirkung des Jesuitismus weitgehend erlegen – Deutschland dagegen behaupte sich als feste (und hellerleuchtete) lutherische Burg:

> In der Völker bang Gewissen
> Schleicht von Neuem alter Wahn;
> Denn von Sonnenfinsternissen
> Dunkelt's um den Vatican. –
> «Wie ein Leichnam sollt Ihr werden,»
> Tönt Loyola's Zauberspruch.
> Deutsches Reich, du neugebor'nes,
> Trotzest diesem Bann und Fluch.
> In der Heimath eines Hutten
> Zünden Eure Strahlen nicht,
> Und wir leuchten dunklen Kutten
> Unverzagt in's Angesicht.

Der Jesuitenorden wurde 1872 im Deutschen Reich verboten. Die Zahl der kulturkämpferischen Jesuitenromane und -dramen vor und nach diesem Datum ist Legion. Nur der Kuriosität wegen sei hier Sacher-Masochs Erzählung *Zur Ehre Gottes* (1872) hervorgehoben, in der ein Chirurg im Wirtshaus dem Bürgermeister und Schulmeister das schädliche Wirken der Jesuiten im deutschen Reich anhand eines von Maden zernagten Käsestücks erklärt; wie das Mikroskop die Maden sichtbar macht, so ermöglicht die moderne Wissenschaft die Aufklärung über die Jesuiten.

Die eigentliche Domäne der Kulturkampf-Literatur ist aber die historische Dichtung. In durchsichtiger Verkleidung werden die aktuellen politischen Konflikte an unterschiedlichsten Phasen der Kirchengeschichte, z. T. sogar an Stoffen aus der ägyptischen oder antiken Geschichte verhandelt. Andererseits ist die besondere Affinität einzelner Epochen oder historischer Konflikte zur Problematik des Kulturkampfs nicht zu übersehen; von dieser Affinität profitiert nicht zuletzt die Geschichte des mittelalterlichen Kaisertums in seinem Spannungsverhältnis zum römischen Papst, das in dem Gang Heinrichs IV. nach Canossa den populärsten Ausdruck gefunden hat. Die zahlreichen Salier- und Stauferdramen wie -romane des Kaiserreichs bekräftigen einerseits den Anspruch der Hohenzollern-Dynastie auf unmittelbaren Anschluß an die mittelalterliche Reichstradition (wie er sich u. a. in der eigenartigen Benennung des Neunundneunzigtage-Kaisers Friedrich

Wilhelm von Preußen als Friedrich III. dokumentierte). Andererseits verstehen sie sich eindeutig als Beiträge zur gegenwärtigen politischen Auseinandersetzung und nehmen dabei mehrheitlich für die Seite der Moderne, d. h. eines von kirchlicher Bevormundung befreiten Staatswesens Partei. Selten allerdings geschieht das so ausdrücklich wie im Schlußwort des zweiten Bandes von Hans von Zollerns Roman *Nach Canossa* (1885):

> «Wir sind der Ansicht, in dem vorliegenden Werke die Aufgabe, die wir uns gestellt hatten, den Leser durch die Schilderung einer der merkwürdigsten Epochen der Geschichte in das Verständniß des geflügelten Wortes unseres großen Kanzlers ‹Nach Canossa gehen wir nicht!› eingeführt und ihm die Entstehung des Kampfes zwischen dem Kaiserthum und dem Papstthum, d. h. zwischen Deutschland und Rom, der auch heute noch erbittert fortwährt, an der Hand geschichtlicher und kulturgeschichtlicher Forschung klargelegt zu haben.»

Weit entfernt von solch direkter politischer Funktionalisierung, erweist sich auch ein so hochrangiges literarisches Œuvre wie dasjenige Conrad Ferdinand Meyers in großem Umfang durch Frontlinien des Kulturkampfs geprägt. Mehrere Balladen Meyers und ein großer Teil seines erzählerischen Werks behandeln historische Auseinandersetzungen zwischen Protestanten und Katholiken, und zwar in durchweg antikatholischer Perspektive. Darüber hinaus erhält die Opposition germanisch-romanisch oder nordisch-südlich (auch: protestantisch-katholisch) bestimmende Bedeutung für seine Lyrik. Das gilt selbst für scheinbar weltabgewandte Naturgedichte wie *Die Schlacht der Bäume*:

> Arvbaum ist der deutschen Bande
> Bannerherr, der düsterkühne,
> Üppig Volk der Sonnenlande,
> Rebe führt's, die sonniggrüne.

In einem anderen Gedicht (*Das Heiligtum*) läßt Meyer römische Soldaten vor dem deutschen Nationalsymbol der Eiche fliehen: «Die heilgen Eichen drohen Baum an Baum, / Die Römer lauschen bang und atmen kaum». Um die Spannung zwischen römischem Süden und germanischem Norden geht es auch im Gedicht *Die alte Brücke*, das sich auf die alte Teufelsbrücke auf der Straße zum Gotthard bezieht. «Du warst nach Rom der arge Weg», heißt es dort, und weiter mit unüberhörbar kulturkämpferischem Zungenschlag:

> Du brachtest nordwärts manchen Brief,
> Drin römische Verleumdung schlief,
> Auf dir mit Söldnern beuteschwer
> Schlich Pest und schwarzer Tod daher!

Vom Eisernen Kanzler zum Neuen Kurs

Die starke Verbreitung von Kulturkampfthemen gerade in den für ein breites Publikum bestimmten Literaturformen signalisiert ein hohes Maß an Übereinstimmung weiter Kreise der bürgerlichen Leserschaft mit Bismarcks Innenpolitik. Das begann sich 1878 zu ändern. Mit dem damals eingeleiteten konservativen Kurswechsel, der Erhöhung der Schutzzölle und einer gegen die Sozialdemokratie gerichteten Sozialgesetzgebung verlor der Kanzler einen Großteil der liberalen Sympathien. Vor allem junge Autoren aus dem Spektrum des sich formierenden Naturalismus solidarisierten sich in den achtziger Jahren mit der durch das Sozialistengesetz (1878–1890) geknebelten Sozialdemokratie und befanden sich dadurch in einer natürlichen Opposition zu Bismarck.

Der Mythos des Reichsgründers freilich konnte durch die drakonische Politik des «Eisernen Kanzlers» allenfalls oberflächlich beschädigt werden. Indem die zeitgenössische Bismarck-Verehrung schon vorher grundlegende Ambivalenzen (konservativ-revolutionär, realistisch-idealistisch) betont hatte, erhielt sie durch seine überraschende Abkehr vom Liberalismus möglicherweise sogar neue Nahrung. Es bildete sich ein regelrechter Bismarck-Kult aus, von dem auch die späteren Autobiographien markanter Exponenten der Moderne zu berichten wissen. Der junge Hermann Bahr fühlte sich nach seiner Ankunft in Berlin wie ein Pilger beim Betreten einer heiligen Stätte: «Hier also wandelte Bismarck, Bismarck!, leibhaftig unter Menschen herum!» Und der einundzwanzigjährige Gerhart Hauptmann mußte bei einer Bahnfahrt nach Hamburg 1883 bemerken, daß seine Verlobte plötzlich ihr Interesse an ihm verlor. Denn der Salonwagen Bismarcks befand sich am Zug, und in Friedrichsruh stieg der Kanzler aus: «In diesem Augenblick war unsere Liebe nicht mehr. Der Recke Bismarck löschte sie aus.»

Wilhelm Raabe erwarb im Epochenjahr 1871 eine Bismarck-Büste. Sie zierte fortan sein Arbeitszimmer; da die Pickelhaube abnehmbar war, wurde der Kopf auch als Schlüsselbehälter benutzt. Die Romanliteratur der Zeit belehrt uns über weitere – offensichtlich nicht untypische – Varianten des Bismarck-Kultes. Im zweiten Teil (1885) von Julius Stindes weitverbreitetem Roman *Familie Buchholz* liest Vater Buchholz – nach der Heimkehr der Familie von einer Feier zu Ehren von Bismarcks 70. Geburtstag (1885) – aus Ernst Scherenbergs im gleichen Jahr erschienenem «Charakterbild» *Fürst Bismarck* die Kaiser-Proklamation von Versailles vor. Karl Bleibtreus *Größenwahn* (1888) enthält ein umfangreiches Gespräch über Bismarck zwischen dem Berliner Schriftsteller und Kritiker Leonhart (einer Art Selbstporträt des Autors) und dem ungarischen Grafen Krastinik; Leonhart nennt Bismarck «die mächtigste Erscheinung Deutschlands in diesem Jahrhundert» und schickt Krastinik ein Gedicht «An den Reichskanzler» («geschnitten Du aus Nibelungenholz»).

Die Zahl der Bismarck-Gedichte zur Zeit des Kaiserreichs ist Legion. Selbst der skeptische Wiener Ferdinand von Saar hat dem toten deutschen Staatsmann 1898 ein verehrungsvolles Gedicht gewidmet. Von Wildenbruchs Gedichten führen nicht weniger als fünf den Namen des Kanzlers im Titel. Eines heißt direkt: *Bismarck für immer*, ein anderes: *Jung Bismarcks Bild*. In der Anspielung auf Jungsiegfried und den Bild-Bezug berührt es sich erstaunlich eng mit Fontanes Gelegenheitsgedicht *Jung-Bismarck* (*In Begleitung eines Bildes, das ihn in seinem 19. Jahre darstellt*). Fontane hat zwei weitere Bismarck-Gedichte geschrieben und in seine Romane vielfältige mehr oder weniger diskrete Bezüge auf Bismarck eingebaut. In einem Brief an Maximilian Harden vom März 1894 bekennt er geradezu: «In fast allem, was ich seit 70 geschrieben, geht der ‹Schwefelgelbe› um und wenn das Gespräch ihn auch nur flüchtig berührt, es ist immer von ihm die Rede.»

Schwefelgelb heißt Bismarck nach seiner Uniform (derjenigen der Halberstädter Kürassiere), aber natürlich auch in Anspielung auf den Teufel. Ambivalenz ist die durchgängige Signatur der Äußerungen Fontanes zu Bismarck; für den Bismarck-Kritiker Duquede in seinem ersten Gesellschaftsroman *L'Adultera* ist die grundlegende Doppeldeutigkeit des Kanzlers denn auch der eigentliche Stein des Anstoßes. Er hasse die Taten, erklärt Duquede, «wenn sie die Begriffe verwirren und die Gegensätze mengen, und wenn wir es erleben müssen, daß sich hinter den altehrwürdigen Formen unseres staatserhaltenden Prinzips, hinter der Maske des Konservatismus, ein revolutionärer Radikalismus birgt». Eben das gilt natürlich für den «unter falscher Flagge» segelnden Bismarck.

Auffällig dicht sind die Bezüge auf die Hintergrundfigur Bismarck im anderen großen Ehebruchsroman Fontanes: *Effi Briest*. Effis Mann Innstetten steht im Dienste Bismarcks, der viel von ihm zu halten scheint. Auf einem gemeinsamen Ausflug speist man im Gasthof «Zum Fürsten Bismarck» und kommt auf Bismarcks Besitztum Varzin zu sprechen, zu dem eine Papiermühle gehört. Dem Wirt scheint das angesichts von Bismarcks Abneigung gegen die Presse paradox; Innstetten erwidert: «aus solchen Widersprüchen kommt man im Leben nicht heraus. Und da hilft auch kein Fürst und keine Größe.» Wieder erscheint Bismarck im Zeichen der Widersprüchlichkeit; daß gerade der Prinzipienreiter Innstetten ihn in dieser Hinsicht verteidigt, wirkt erstaunlich und nähert die oft unterschätzte Figur Fontanes eigener Perspektive an, der in einem Brief vom Januar 1894 bemerkte: «Bismarck ist der größte Prinzipverächter gewesen, den es gegeben hat und ein ‹Prinzip› hat ihn schließlich besiegt [. . .].» Auch Innstetten besiegt ja ein Prinzip.

Übrigens ist Harden natürlich nicht zufällig Adressat eines Briefbekenntnisses Fontanes zu Bismarck. In seiner konsequenten Gegnerschaft zu Kaiser Wilhelm II. hat der Publizist Harden gezielt das Bündnis mit dem Alten vom Sachsenwald gesucht. Im fiktiven Lande «Phrasien», das er in seiner gleichnamigen Satire von 1890 beschreibt, erscheint Bismarck als Riese «Antiphrasius». Sein erzwungener Rücktritt wird als verlogene Inszenierung beschrieben, die keine der damit in der Öffentlichkeit verbundenen Hoffnungen auf ein Mehr an Freiheit oder Humanität rechtfertige. Von einem «neuen Kurs», wie ihn Wilhelm II. verkündete, der als Enkel Wilhelms I. nach dem kurzen Interregnum Friedrichs III. im Dreikaiserjahr 1888 den Thron bestieg, könne nicht die Rede sein:

> «Aber der Kurs blieb der alte. Neue Soldaten, neue Steuern und altes Elend. Was macht das den Phrasiern? Sie waren unter sich, ungestört, ohne den Riesenschatten, sie konnten reden und reden und ihr Versöhnungswerk munter fortsetzen. Erreicht wurde damit nichts; aber man hatte einen neuen Begriff erfunden, den ‹moralischen Erfolg›. Und es verging kein Tag, an dem nicht ein moralischer Erfolg erzielt worden wäre, daheim oder in Sansibar oder am Kap der Guten Hoffnung. Und man verwünschte den gestürzten Giganten [. . .].»

Indirekt wird noch in dieser gegen Wilhelm II. gerichteten Satire das Hoffnungspotential deutlich, daß sich für einen Teil der naturalistischen Generation mit seiner Thronbesteigung verband. Michael Georg Conrad und Conrad Alberti etwa erhofften sich von Wilhelm II. weitgehende soziale Reformen, auch und gerade zum Besseren der Autorenschaft. Die Vorbilder dafür suchten sie in der Vergangenheit. Während Conrad, der zwischen Sozialismus und Nationalismus schwankende Herausgeber der Münchner Zeitschrift *Die Gesellschaft*, in seinem Artikel *Deutschlands junger Kaiser und seine Friedenspolitik* (1888) so etwas wie literarische Schutzzölle im Dienste einer auf die deutschen Geistesarbeiter ausgedehnten Sozialpolitik ins Auge faßt, orientieren sich die «zeitgemäßen Anregungen» für eine soziale Besserstellung der Schriftsteller, die Alberti in seiner Broschüre *Was erwartet die deutsche Kunst von Kaiser Wilhelm II.?* (1888) formuliert, eher am Modell der höfischen Gesellschaft. Alberti fordert nichts anderes als die «vollständige höfisch-gesellschaftliche, etikettemäßige Emanzipation der Kunst»!

In seinem Roman *Die Alten und die Jungen* (1889) deutet Alberti den politischen Wechsel des Jahres 1888 im Sinne eines Generationenmodells. Wilhelm I. steht für die Patrioten von 1813, Friedrich III. für die Liberalen von 1848, Wilhelm II. für die Kinder des neuen Reichs von 1870. Die negativste Wertung erfährt die mittlere Generation als «Geschlecht der Phrasen, der Heuchelei, der Lüge, das Freiheit schreit und Alles unterdrückt, was ihm nicht zu Willen ist [. . .] das nur ein Ziel kennt: Geld verdienen!» Der in Berliner Kunstkreisen spielende Roman exemplifiziert diese Generation der «Alten», die er für den kulturellen Niedergang der Nation verantwortlich macht, am jüdischen Kapitalisten Jarociner, am Erfolgskomponisten Stinkert sowie an dem Architekten Hoffmeister und dessen Frau; ihnen gegenüber steht der junge Musiker Franz Treumann (!), in dem sich die Hoffnungen des Autors auf eine künstlerische Erneuerung verkörpern und der seinerseits am Schluß des Romans durch den Einzug des jungen Kaisers Wilhelm II. ermutigt wird: «Du bist von unserem Geschlechte, und du scheinst mir zu seinem Führer geboren.» Eine Art Wachablösung scheint sich vorzubereiten; noch zwei Jahrzehnte später spielt Alberti mit dem Roman *Ablösung vor!* (1911) auf diese historische Erwartung an.

Es entbehrt nicht einer gewissen Ironie, daß gerade der von einer jungen Schriftstellergeneration begrüßte und selbst mit künstlerischen Interessen ausgestattete Monarch binnen weniger Jahre zum Feindbild und aktiven Gegner der Moderne werden sollte. Der Konflikt wurde vor allem auf dem Gebiet der bildenden Kunst ausgetragen, auf dem sich Wilhelm II. als Mäzen (u. a. mit den von ihm finanzierten Denkmälern der Siegesallee im Berliner Tiergarten) stärker engagierte. Aber auch auf literarischem Sektor waren die Frontlinien bald geklärt: mit der Kündigung der Königsloge im Deutschen Theater aus Protest gegen die Aufführung von Hauptmanns *Webern*, der zweimaligen Ablehnung der Vergabe des Staatlichen Schillerpreises an Gerhart Hauptmann (1896 und 1899), schließlich mit der berüchtigten Kunstrede von 1901 und – auf der Seite der Autoren – mit verschiedenen satirischen Attacken ab Mitte der neunziger Jahre.

Ludwig Quiddes *Caligula*, 1894 in Conrads Zeitschrift *Die Gesellschaft* erschienen – von der Buchausgabe wurden im gleichen Jahr 29 Auflagen gedruckt –, diagnostizierte in verschlüsselter Form die Labilität des monarchischen Systems und zugleich die der psychischen Verfassung seines obersten Repräsentanten. Die Kaiser-Kritik der meisten Vertreter der literarischen Moderne richtete sich dagegen primär gegen das repräsentative Auftreten des Kaisers, das als Bekenntnis zu einem überholten Feudalismus, Geltungssucht oder schlicht als falscher Geschmack abgelehnt wird. Paul Scheerbart leitet 1897 seinen «arabischen Kultur-Roman» *Tarub, Bagdads berühmte Köchin* mit einigen Bemerkungen über den selbstherrlichen Einzug Prinz Alis auf einem grünen (!) Schimmel ein, die unmißverständlich auf die prunkvollen Aufzüge des deutschen Kaisers verweisen.

Unter Verwendung von Zeitungsmeldungen über einen solchen Auftritt verfaßt Arno Holz im Jahr darauf das gleichfalls in einem exotischen Niemandsland angesiedelte «Niepepiep»-Gedicht in Mittelachsenform, das später seiner *Blechschmiede* integriert wird; den vorübergehend erwogenen Plan einer Veröffentlichung im *Simplicissimus* hatte Holz aus Angst vor einer Anklage wegen Majestätsbeleidigung fallengelassen. Die Angst war keineswegs unbegründet, denn Wedekind hatte die Veröffentlichung von Spottgedichten auf die Palästina-Reise des Kaisers 1898 in derselben Zeitschrift tatsächlich mit einer achtmonatigen Haftstrafe büßen müssen. Ironisch werden in den *Simplicissimus*-Versen die Entbehrlichkeit des Kaisers in der Heimat sowie die Befriedigung gelobt, die er – «Sei es in Seemannstracht, im Purpurkleide, / Im Rokoko-Kostüm aus starrer Seide, / Sei es im Jagdrock oder Sportgewand» – dem Bewunderungs-Durst der Menschheit gewähre. Durchaus unironisch heißt es aber auch: «Oft ist leer wie Schall und Wind / Größtes Festgepränge.» Weit aggressiver sind die gegen den Kaiser gerichteten Gedichte in Oskar Panizzas *Parisjana* (1899), mit denen sich der vom Verfolgungswahn bedrohte Autor zum Objekt einer internationalen Fahndung machte.

Von einer eigentlich politischen Auseinandersetzung mit Wilhelm II. und den imperialistischen Tendenzen seiner Politik wird man gleichwohl nicht sprechen können. Auch da nicht, wo einzelne Elemente durch die spätere Entwicklung, vor allem den vom Kaiser mitverschuldeten Weltkrieg, beglaubigt zu werden scheinen. In diesem Sinn fällt allerdings Hermann Conradis «zeitpsychologische Betrachtung» *Wilhelm II. und die junge Generation* (1889) auf. Sie mündet in die Vorhersage des Endes der jetzigen «Generation der Uebergangsmenschen» auf dem Schlachtfeld: «– und unser junger Kaiser hat sie in den Tod geführt.»

2. Großstadt und Technik

Annäherungen an die Großstadt

Technisierung, Industrialisierung, Urbanisierung gehörten zu den bestimmenden Erfahrungen des 19. Jahrhunderts in ganz Mittel- und Westeuropa. Im geeinigten Deutschland beschleunigten sich diese Prozesse nach 1870. Um 1900 lebten 16,2 Prozent der Bevölkerung in Städten mit mehr als 100 000 Einwohnern (1875 waren es noch 3,5 Prozent). Die Einwohnerzahl Berlins verdoppelte sich zwischen 1871 und 1890 (von 826 000 auf 1,57 Millionen) und wuchs bis 1905 auf zwei Millionen an. Auch jenseits der sozialen Probleme, die damit verbunden waren (der Herausbildung eines städtischen Proletariats und seiner menschenunwürdigen Lebensbedingungen), muß die Entstehung der modernen Großstadt die Erfahrungen und Wahrnehmungsformen nicht nur ihrer eigenen Bewohner entscheidend verändert haben.

Selbstverständlich ist auch die Literatur der Zeit durch diese Umwälzungen geprägt, auch wenn sich die offensichtlichen Reflexe zunächst in Grenzen halten. Vor der Folie der avantgardistischen Großstadtdichtung des 20. Jahrhunderts fällt vor allem auf, daß sich die literarische Auseinandersetzung mit den spezifischen Bedingungen einer großstädtischen Lebensweise überaus zögerlich anläßt. Vielleicht haben sich bestimmte Phänomene, die uns heute als charakteristische Erfahrungen des Großstadtlebens erscheinen (die Anonymität des einzelnen, der beschleunigte Rhythmus des Verkehrs etc.), erst mit einer gewissen Verzögerung bemerkbar gemacht. Von größerer Bedeutung ist aber wohl die Haltung der Autoren, die sich in ihrem Umgang mit der neuen Realität von bestimmten programmatischen Vorstellungen leiten lassen, die z. T. geradezu auf eine Negation, in anderen Fällen auf eine innerliche ‹Überwindung› der modernen Stadtwirklichkeit hinauslaufen.

So wird man in Texten der Wiener Moderne vergeblich nach einem direkten Niederschlag technisch-industrieller Verstädterungsprozesse suchen. «Siehst du die Stadt, wie sie da drüben ruht, / Sich flüsternd schmieger in das Kleid der Nacht?», beginnt ein Gedicht Hofmannsthals von 1890; in seinem weiteren Verlauf heißt es verräterischerweise: «Die dunkle Stadt, sie schläft im Herzen mein». Die Stadt im Herzen des lyrischen Ich weiß sich prinzipiell unabhängig von den Gegebenheiten der äußeren Realität. Andererseits ist natürlich jener – gut symbolistisch gesprochen – «Seelenstand», der hier auf die Stadt projiziert wird, nicht unabhängig von bestimmten urbanen Erfahrungen. Die Präsenz barocker Architekturtradition in der Wiener Innenstadt gehört sicher dazu; sie ermöglicht es Hofmannsthal, seinen aktuellen Verkehr mit anderen Mitgliedern der Wiener Moderne im Prolog zu *Der Tor und der Tod* in ein utopisches Gestern zu transponieren: «In dem alten Wien mit Thürmen, / Mit Basteien, Pagen, Läufern, / Lebten viel berühmte, grosse / Gänzlich unbekannte Dichter [...]». Aber auch jene elementare Verunsicherung ist Teil dieser Stadterfahrung, die alle dichterischen Zeugnisse des Wiener Kreises durchzieht. Sie äußert sich etwa in einer Aufzeichnung Hofmannsthals über den Blick auf die Lichter der Stadt vom Kahlenberg bei einem Gewitter: «man ahnt etwas Orientalisches, Gefährliches, Tückisches».

Auch die Vertreter des Realismus nähern sich der Großstadt gewissermaßen nur auf Abstand und unter Vorbehalt. Dabei ist freilich auch in Rechnung zu stellen, daß diese Autoren durchweg einer älteren Generation angehören und ihre soziale Prägung noch vor dem großen Urbanisierungsschub erhalten haben. Heyse und Raabe lassen größere Teile eines ihrer jeweils bedeutendsten Romane in exponierter Citylage, nämlich in der Berliner Dorotheenstraße, spielen, die direkt auf das 1885 eingeweihte Reichstagsgebäude zuläuft. Von urbaner Verkehrshektik ist jedoch hier wie dort nichts zu spüren. Heyses Roman *Kinder der Welt* (1872) beschreibt Haus und Hof des Schuhmachermeisters Feyerabend im Stile einer dörflichen Idylle; das bescheidene Gelaß der beiden

Hauptfiguren im Hinterhaus wird von ihnen als «Tonne» bezeichnet –
in offensichtlicher Anspielung auf die Bedürfnislosigkeit des Diogenes.
Damit ist aber zugleich ihre eigene innere Unabhängigkeit von den
sozialen Gegebenheiten der Stadt ausgedrückt.

Ganz entsprechend schildert Raabe in *Die Akten des Vogelsangs*
(1896) das Stübchen der Frau Fechtmeisterin im Hinterhaus und das
kostbare Interieur der Familie des Beaux im Vorderhaus desselben
Grundstücks der Dorotheenstraße als Rückzugsorte, Asyle der Innerlichkeit «mitten in diesem Berlin» und den «menschenvollen Gassen der
Stadt». «Dem seligen Diogenes seine Tonne wünsche ich mir», hatte der
Held dieses Romans in seiner Kindheit erklärt – in jenem kleinstädtischen Idyll des Stadtteils Vogelsang, das zum Zeitpunkt des Erzählens
längst der Industrialisierung zum Opfer gefallen ist. Dazu der Kommentar des Erzählers Krumhardt, der in diesem Punkt wohl Raabes eigene
Empfindung mitteilt:

> «Unsereinem, der noch eine Nachbarschaft hatte, geht immer ein
> Schauder über, wenn er hört oder liest, daß wieder eine Stadt im
> deutschen Volk das erste Hunderttausend ihrer Einwohnerzahl
> überschritten habe, somit eine Großstadt und aller Ehren und Vor-
> züge einer solchen teilhaftig geworden sei, um das Nachbarschafts-
> gefühl dafür hinzugeben.»

Fontanes Romane, die ja überwiegend in Berlin angesiedelt sind und
zum Ansehen des sogenannten Berliner Romans nicht wenig beigetragen haben, bekennen sich zwar nicht zu einem derartigen Ressentiment
gegen den aktuellen Trend zur Großstadt. Doch entziehen sie sich ihm
auf andere Weise. Das Berlin seiner Romane, das man auch als «Fontano-
polis» bezeichnet hat, ist – bei aller Treue im topographischen Detail
– eine künstliche Stadt, in der bestimmte Sphären und Zuspitzungen
sozialer Konflikte schlicht ausgespart, andere Punkte (vor allem solche
mit geschichtsträchtiger Bedeutung, Denkmäler etwa, aber auch Natur-
enklaven) eher überrepräsentiert sind, so daß sich insgesamt das Bild
einer nostalgisch verklärten Preußen-Stadt ergibt.

Selbst die Naturalisten, die ja die Zuwendung zur sozialen Wirklichkeit auf ihre Fahnen geschrieben hatten, werden dem Anspruch einer
modernen Großstadtdichtung nur mit erheblichen Einschränkungen
gerecht. Ihre Beiträge zur Großstadtlyrik – das Genre ist eine Errungenschaft des Naturalismus – enthalten zwar zahlreiche Hinweise auf soziale Mißstände sowie auch manches Bekenntnis zum Fortschritt. Die
Großstadt selbst wird aber überwiegend aus der subjektiven Perspektive
des Mansardenstübchens oder des einsamen Flaneurs wahrgenommen,
der sich – etwa nachts auf der Weidendammer Brücke am Bahnhof
Friedrichstraße – nach dem Glück ländlicher Natur-Eintracht sehnt (so

in Holz' Gedicht *Großstadtmorgen*). Der «poetische Stimmungsgehalt», den Bölsche der Großstadt zuspricht, ist aus jener inneren Distanz gewonnen, die sich auch in der Ansiedlung der Mitglieder des Friedrichshagener Kreises am Müggelsee «hinter der Weltstadt» (wie ein Buchtitel Bölsches lautet) zu erkennen gibt. Karl Henckells Berlin-Gedicht *Am Brückenrande* spricht diese Grundhaltung exemplarisch aus:

> Der Weltstadt Wirbel braust an mir vorüber,
> laut donnernd rollt's vor meinem Ohr hin,
> die Schifferlampen flimmern trüb und trüber,
> in Nacht und Nebel weht mein Sinn.

Wer nach Texten aus jener Zeit sucht, die sich direkter mit den spezifischen Gegebenheiten der Großstadt auseinandersetzen, sieht sich wohl nicht zufällig auf zwei Beschreibungen Londons verwiesen. Ein Jahrhundert, nachdem diese größte europäische Metropole Lichtenberg zu einer euphorischen Schilderung inspiriert hat, in der man mit gewissem Recht die erste Großstadtdarstellung der deutschen Literatur erkennt, inspiriert sie wiederum Besucher aus Deutschland zu literarischen Experimenten vor Ort – während Paris, von Walter Benjamin als die Hauptstadt des 19. Jahrhunderts gewürdigt, eher auf dem Wege künstlerischer Vermittlungen (Baudelaire!) die deutsche Dichtung beeinflussen sollte.

Als erste Folge seiner «Wanderstudien» veröffentlichte Karl Bleibtreu 1886 die Prosaskizze *Nacht und Morgen in London*. Im Takt der Stunden von sechs Uhr morgens bis Mittag und von sechs Uhr abends bis Mitternacht wird hier der Rhythmus des städtischen Lebens in einer Fülle sinnlicher, humoristisch aufgelockerter Details entfaltet; jenseits einer individuellen Handlung stiftet der vitalistische Grundduktus dieser Ereigniskette eine neuartige Totalität, die auf Walter Ruttmanns legendären Berlin-Film von 1927 («Sinfonie einer Großstadt») vorausweist.

Fünf Jahre später publiziert der in Schottland geborene, in Deutschland aufgewachsene John Henry Mackay seinen Roman *Die Anarchisten*, in dem er Eindrücke seines London-Aufenthalts von 1887 verwertet. Er gipfelt in der Schilderung einer Straßenschlacht zwischen Demonstranten und Polizei und visionären Bildern des «riesigen London». Dessen «schneller und schneller» schlagende Pulse verbinden sich mit dem Freiheitsgefühl des Helden, der als anarchischer Einzelkämpfer freilich das Gegenteil einer großstädtischen Massenexistenz verkörpert.

Faszinosum Eisenbahn

Die Industrialisierung von Raum und Zeit wurde von den Menschen des 19. Jahrhunderts vor allem anhand der Eisenbahn erfahren, deren Ausbau in Deutschland nach der Reichsgründung rapide zunahm. Seit der Eröffnung der ersten Eisenbahnlinie auf deutschem Boden 1835 hatte sich in Zustimmung und Besorgnis eine reichhaltige Literatur um das

neue Fortbewegungsmittel gebildet, das ja übrigens auch neue Lektüre-
möglichkeiten freisetzte, auf die der Buchhandel mit dem Verlag von
Eisenbahn- und Reisebibliotheken prompt reagierte. Der Technikschock
der beschleunigten Industrialisierung nach 1870 führte zu einer verstärkten Thematisierung des gesamten Bahnkomplexes, die sich aus
naheliegenden Gründen vielfach mit der Großstadtdarstellung verschränkt. Bleibtreus Roman *Größenwahn* z. B. feiert die Ankunft des
Grafen Krastinik in Deutschland (zu Beginn des II. Buchs) mit einem
eigenen Abschnitt «Berlin!». Darin verschmilzt die Bahn mit der künstlich beleuchteten Großstadt; die angestrahlten Eisenbahn-Rauchwolken
figurieren als «Dämon des elektrotechnischen Dampf-Jahrhunderts»,
und die «Schlachtmusik» der «Lokomotivräder» scheint «zu rüstigem
Fortwürgen im Daseinskrieg» aufzumuntern, «der in der Reichswelt-
stadt seine entscheidende Hauptschlacht schlägt».

Ähnlicher Logik entspringt die Verknüpfung von Bahnfahrt und
Großstadtthema in Julius Harts bekanntem Gedicht *Auf der Fahrt nach
Berlin* (1882). Die Fahrt in die Metropole wird zum Anlaß einer biographischen Reflexion, einer programmatischen ‹Weichenstellung› in bezug
auf die Haltung, die das lyrische Ich nach dem Abschied von einer träu-
merischen Jugend im Spannungsfeld der großen Stadt einnehmen soll:

> Vorbei die Spiele, durch den Nebelschwall
> Des grauenden Septembermorgens jagen
> Des Zuges Räder, und vom dumpfen Schall
> Stöhnt, dröhnt und saust's im engen Eisenwagen ...
> Zerzauste Wolken, winddurchwühlter Wald
> Und braune Felsen schießen wirr vorüber,
> Dort graut die Havel, und das Wasser schwallt,
> Die Brücke, hei! dumpf braust der Zug hinüber.
>
> Die Fenster auf! Dort drüben liegt Berlin!
> Dampf wallt empor und Qualm, in schwarzen Schleiern
> Hängt tief und steif die Wolke drüber hin,
> Die bleiche Luft drückt schwer und liegt wie bleiern ...
> Ein Flammenherd darunter – ein Vulkan,
> Von Millionen Feuerbränden lodernd, ...
> Ein Paradies, ein süßes Kanaan, –
> Ein Höllenreich und Schatten bleich vermodernd.

Die religiös-mythologische Bildlichkeit, die hier auf die Großstadt appliziert
ist, wird anderwärts direkt mit der Eisenbahntechnik verbunden. In Hauptmanns Gedicht *Im Nachtzug* (1887), das in Henckells *Nachtfahrt* (1888) ein
schwächeres Echo findet, ist das bahnfahrende Ich widerstreitenden Eindrücken
ausgesetzt; die Romantik der Landschaftsbilder wird vom Ächzen der Zyklopen

verdrängt, mit deren «schwieligen Händen und Herzen» der technische Fortschritt erkauft ist. Sie formulieren die Moral des Liedes, eine Maxime des engagierten Naturalismus:

> Willst lernen, Poetlein, das heilige Lied,
> so lausche dem Rasseln der Schienen,
> so meide das schläfrige, tändelnde Ried
> und folge dem Gang der Maschinen; [...]

Daß Fahrten im Nachtzug zu ganz anderen Resultaten führen können, belegt ein Text aus Stefan Georges *Pilgerfahrten* («Wir jagen über weisse Steppen»). Die «rollenden Gedanken» des Einschlafenden münden bei Sonnenaufgang in die Vision einer kristallinen Palmenlandschaft (Eisblumen am Fenster?). Richard Dehmel andererseits nimmt dieselbe Situation zum Anlaß, die Gefährdung des Subjekts durch eine Transporttechnik zu zeigen, die keine autonome Wahrnehmung mehr zuläßt. Sein Gedicht *Drohende Aussicht* (1895) beginnt mit der Strophe:

> Der Himmel kreist, dir schwankt das Land,
> vom Schnellzug hin und her geschüttelt
> saust Ackerrand um Ackerrand,
> ein Frösteln hat dich wachgerüttelt:
> die Morgensonne kommt.

Wie eine Erlösung wird in Wilhelm Raabes *Meister Autor* das vorzeitige Ende einer Bahnfahrt beschrieben, verursacht durch den Unfall eines anderen Zuges. Im elften Kapitel des kleinen Romans bedarf der Erzähler – eine jener nichtauthentischen Erzählerinstanzen, wie sie der späte Raabe liebt, daher müssen wir ihm nicht jedes Wort glauben – nur weniger Schritte in die freie Natur (und einer Zigarre), um im Kontrast zum «wirresten Lärm, dem Rasseln der Räder» die «tiefste Stille» zu genießen. Mit sichtlicher Befriedigung blickt er auf den «schwarzen langen Wagenzug» wie auf ein «verendendes Ungeheuer [...] mit dem nur noch leise auskeuchenden Kopfe des Drachens, der Lokomotive». So kraß hat sich kein Naturalist vom seinerzeit fortschrittlichsten Verkehrsmittel zu distanzieren gewagt.

Die Tier-Bildlichkeit findet sich allerdings auch in zahlreichen naturalistischen Bahn-Darstellungen, nicht zuletzt im berühmtesten Beispieltext, Gerhart Hauptmanns «novellistischer Studie» *Bahnwärter Thiel* (1887). Der tragische Unfall, auf den diese Erzählung zusteuert – der kleine Sohn des Bahnwärters wird vom Zug überfahren –, ist nur der Schlußpunkt einer symbolischen Inanspruchnahme der Bahntechnik für die seelische Katastrophe, die sich in Thiel vorbereitet. Dessen am Schluß in offenen Wahnsinn ausbrechende psychische (nicht zuletzt sexuell bedingte) Problematik wird dem Leser schon vorher in der Wirkung gegenwärtig, die der vorbeibrausende Schnellzug auf den Bahnwärter ausübt. Die Metaphorik der Beschreibung macht hinreichend deutlich, welches Gewaltpotential in Beobachter und Beobachtetem enthalten ist. «Ein rasendes Tosen und Toben erfüllte den Raum, die Geleise bogen sich» – hier ist der Wahnsinn im Bilde der Technik schon greifbar.

Moloch Technik

Technik und Katastrophe zusammenzudenken ist für die Zeitgenossen der großen Erfindungen und Entdeckungen nicht selbstverständlich. Anzengrubers Steinklopfer-Märchen *Die Gschicht von der Maschin* (1874) ist noch von ungebrochenem aufklärerischen Optimismus erfüllt. Der Steinklopferhanns bekennt zunächst seine Beteiligung an einem Maschinensturm. In der anschließenden Walpurgisnacht sei ihm die zerstörte Werkmaschine im Traum erschienen; er habe auf ihr reiten dürfen und von oben die Welt betrachtet – wie sie heute ist und wie sie später sein wird. So erblickte er die verkrüppelten «Arbeitsleut» der Gegenwart und die «neuchen» Menschen von morgen:

> «und an den Maschinen sind sie gstanden, die neuchen Leut, unverkrüppelt, unverkrümmt, schön groß, stark, und hat ihnen die Gesundheit und die Gscheitheit aus dö Augen gleucht, ist jeder wie ein König an der Maschin gstanden, die er gemeistert hat bis aufs letzte Radl.»

Das genaue Gegenteil dieses Wunschtraums zeigt uns Conrad Albertis Roman *Maschinen* (1895). Die Spinnmaschine des Fabrikanten Segonda bedroht nicht nur die Existenz des Handwebers Schurig – ein Thema, das schon Max Kretzers Roman *Meister Timpe* behandelt hatte; als herrschsüchtige «Tyrannin» scheint sie sich die Menschen schlechthin unterwerfen zu wollen. Im Maschinenraum glänzt sie «schneeweiß» auf einem gemauerten «Divan»:

> «und einer der Wärter, über und über voll Ruß und Flecken, lag auf dem Bauche vor seiner Herrin, mit peinlichster Sorgfalt einen winzigen Flecken entfernend, den er tief unten, fast in ihren Eingeweiden bemerkt hatte. Ja, sie war streng und eitel, diese Seele des Ganzen, verwöhnt und unerbittlich auf die zuvorkommendste Behandlung achtend.»

Der Mensch als Sklave der Maschine! Albertis Darstellung mythisiert die Maschine, indem er sie quasi persönlich für die sozialen Probleme verantwortlich macht, die sich durch ihren Einsatz in einem bestimmten ökonomischen Umfeld ergeben. In mythisierender Perspektive wurde auch ein spektakulärer Unfall verarbeitet, der in jenen Jahren eines scheinbar unaufhaltsamen technischen Fortschritts kurzfristig das Vertrauen in die Leistungsfähigkeit der Ingenieure erschütterte: der Einsturz der Brücke über den Firth of Tay am 28. Dezember 1879. Neun Tage später war Fontanes bekannte Ballade *Die Brück' am Tay* fertig, die sogleich in der Zeitschrift *Die Gegenwart* erschien und im Publikum (nach Fontanes eigenen Worten) «eine Art Sensation» machte – wohl nicht zuletzt deshalb, weil die mythische Perspektive des Gedichts auf die Katastrophe einem weitverbreiteten Bedürfnis entsprach. Mit der Verabredung der Hexen aus Shakespeares *Macbeth* ist das Urteil über die Brücke und den über sie rollenden Zug gefällt: «Tand, Tand / Ist das Gebilde von Menschenhand!»

Fontane konnte damals nicht wissen, daß gravierende Konstruktionsfehler und mangelnde Wartung für den Unfall verantwortlich waren. Hinter dem Versagen der Ingenieure wiederum stand eine kommerzielle Kalkulation, die ausschließlich an der billigsten Lösung interessiert war. Merkwürdigerweise kommt die zweite literarische Gestaltung von einigem Rang, die das schottische Unglück in der deutschen Literatur gefunden hat, jedoch zu einer ähnlich irrationalen Deutung wie Fontane – obwohl der Verfasser ein Mann vom Fach war, die Untersuchungsberichte kannte und inzwischen fast zwei Jahrzehnte seit dem Ereignis vergangen waren. Auch in Max Eyths Erzählung *Berufstragik* (1899) erscheint die Katastrophe als höherer Wille, genauer: als Rache der Natur für die Anmaßungen menschlicher Hybris. Das Bedürfnis des Ingenieurs Eyth, seinem eigenen Berufsbild tragische Weihen zu geben, erwies sich bei der Ausarbeitung der Erzählung stärker als die Kenntnis der Quellenlage. Sein Held, der mit dem Zug abstürzende Ingenieur Stoß, wird schuldig durch seinen konstruktiven Ehrgeiz, der grundsätzlich die riskanteste Variante begünstigt; er ist ein zweiter Faust, der zu hoch hinauswill und deshalb (ganz wörtlich) tief fallen muß.

Der gelernte Schlosser Max Eyth war 1861 im Alter von 25 Jahren nach England gegangen, wo er zum Experten für Dampfpflüge wurde, für deren Verbreitung er sich später in Ägypten, Amerika, Polen, Rumänien und Rußland persönlich einsetzte. 1882 nach Deutschland zurückgekehrt, gründete er 1884 die Deutsche Landwirtschaftsgesellschaft, deren Vorsitz er bis 1896 innehatte. Danach widmete er sich der literarischen Vermittlung von Erfahrungen bzw. Problemen aus Arbeitswelt und Technik: in den zweibändigen «Skizzen aus dem Tagebuch eines Ingenieurs» *Hinter Pflug und Schraubstock* (1899, der zweite Band enthält die Erzählung *Berufstragik*) und im Roman *Der Schneider von Ulm* (1906).

Ein Gegenbeispiel für Eyths literarische Offensive zugunsten der Technik bildet die Schriftstellerexistenz seines ‹Kollegen› Heinrich Seidel (des Schwiegervaters der Schriftstellerin Ina Seidel). Der Ingenieur, der u. a. für die Dachkonstruktion des Anhalter Bahnhofs in Berlin verantwortlich war, zog eine strikte Trennungslinie zwischen seiner Berufswelt und den humoristischen Erzählungen, denen er sich in seiner Freizeit und ab 1880 – nach einem Arbeitsunfall – ausschließlich widmete. Seinen größten literarischen Erfolg errang er mit dem Roman *Leberecht Hühnchen* (1882). In einem Spruch für das Album der Berliner Gewerbeausstellung versucht er 1902 eine Synthese seiner beiden Lebens- und Wesenshälften, indem er erklärt: «Konstruieren ist Dichten!» und «Dichten ist Konstruieren!»

Ihren eigenartigsten Ausdruck findet die – bei Eyth stärker als bei Seidel ausgeprägte – Identifikation des Ingenieurs mit der Technik in Wilhelm Hegelers Roman *Ingenieur Horstmann* (1900). Die Technik erscheint dort geradezu als natürliche Physiognomie des Ingenieurs: «Die Natur hatte ihn geformt und das Schicksal dazu auserkoren, einer Errungenschaft der Menschheit zu dienen. Blind wie die Lokomotive, die nicht weiß, zu welchem Endziel sie über die Schienen dahinrast, hatte er seinen Weg gemacht, mit seinem Eisenschädel alle Hindernisse zertrümmernd.» Konsequenter- oder ironischerweise sucht Horstmann den Freitod unter den Rädern einer Lokomotive!

Ein Kenner der technischen Arbeitswelt war auch der Fabrikleiter und langjährige Beamte der Arbeiter-Unfallversicherung Philipp Langmann in Brünn (später Wien). Seine Erzählung *Ein Unfall* (1891) beschreibt minutiös den Tod eines jungen Arbeiters, der vom Schwungrad einer Maschine erfaßt wird. Die anteilslose Objektivität, mit der hier die Zerstörung eines Menschen durch den Mechanismus wiedergegeben wird, wirkt wie ein Vorgriff auf Kafkas Erzählung *In der Strafkolonie*.

3. Emanzipation

Arbeiterbewegung

Im Zuge der Hochindustrialisierung stieg die Zahl der lohnabhängigen Arbeiter sprunghaft an, in Deutschland von 4,8 Millionen im Jahre 1882 auf 10,6 Millionen 1907. Rechnet man die alten Gruppen der Land- und Heimarbeiter und Dienstboten hinzu, so entfällt ein Anteil von über 50 Prozent aller Erwerbstätigen des Kaiserreichs auf die Arbeiterschaft. Bei langsam steigenden Reallöhnen (knappe Verdoppelung 1871–1913) kann man nicht von einer absoluten Verelendung sprechen, doch waren die sozialen Probleme vor allem in den großstädtischen Massenquartieren unübersehbar. Hier hatte auch die politische Organisation der Arbeiterbewegung ihre eigentliche Basis: die SPD, die ihren Stimmenanteil im Reichstag von 2 Sitzen bei der Wahl von 1871 auf 110 Sitze 1912 steigern konnte, im Laufe dieser Zeit allerdings auch viel von ihrer ursprünglichen Radikalität verlor.

Angesichts der beträchtlichen Unterschiede zwischen einzelnen Regionen, Berufszweigen und Betriebsformen und der unübersehbaren sozialen Differenzierung innerhalb der Arbeiterschaft ist die Annahme einer einheitlichen Arbeiterklasse, erst recht der marxistische Begriff des Proletariats problematisch. Auf der anderen Seite ist eine erhebliche kollektive Identität jedenfalls der städtischen Arbeiterschaft zu konstatieren, die sich auf politischen Versammlungen, aber auch in einem regen Vereinsleben dokumentierte. Kulturelle Aktivitäten wie Gesang, Deklamation, Theaterspiel bildeten einen wesentlichen Teil dieses Vereinslebens, dessen äußere Formen in mancher Hinsicht wie eine Kopie damaliger bürgerlicher Gemeinschaftskultur wirkten.

Das gilt bis zu einem gewissen Grade auch für die literarischen Gattungen und Stile, die in der proletarischen Festkultur ebenso wie in den Zeitschriften, Kalendern und Buchreihen dominierten, mit denen sich die Arbeiterbewegung eine eigene (Gegen-)Öffentlichkeit aufbaute. Ähnlich wie in weiten Teilen der Gründerzeitlyrik wurde hier das Pathos Schillers und der Vormärzlyrik weitergeschrieben. Gleichwohl war die politische Zielsetzung unverwechselbar: nicht nationalistisch, sondern sozialistisch. Das anonyme Gedicht *Die Arbeiterpoesie*, 1893 im *Süd-Deutschen Postillon* erschienen, deklariert:

> Im Sturm ist sie geboren,
> Die neue Poesie,
> Den Heuchlern und den Toren
> Wird sie gefallen nie.

Die letzte Strophe lautet:

> Mit Rosen nicht und Myrten
> Buhlt sie um geile Gunst,
> Zum Kampfe muß sich gürten
> Die Proletarierkunst.

In dieser einseitigen Absage an die Schönheit («Rosen») zugunsten des Kampfes liegt freilich ein gewisser Widerspruch; denn die Absage selbst ist ja ästhetisch formuliert, als Gedicht. Unter dem Motto «Brot und Rosen!» proklamierten Teile der Arbeiterbewegung eine gleichmäßige Förderung der kulturellen und politischen Belange, während wichtige Führerpersönlichkeiten der Partei den eindeutigen Primat des politischen Kampfes behaupteten – so wiederholt Franz Mehring und schon 1890 Wilhelm Liebknecht in seinem *Brief aus Berlin* (veröffentlicht im führenden Organ der Sozialdemokratie, der *Neuen Zeit*): «das kämpfende Deutschland hat keine Zeit zum Dichten.»

Liebknechts Absage richtete sich nicht zuletzt gegen den Naturalismus bzw. gegen eine stärkere Öffnung der Sozialdemokratie gegenüber den Bestrebungen naturalistischer Autoren. Als gefährlich erschien ihm der Naturalismus offenbar gerade deshalb, weil er sich seinerseits der sozialen Frage annahm, mithin Themen besetzte, die sonst der Arbeiterdichtung vorbehalten waren, und dies durchaus in einer reformerischen, humanitären oder sozialkritischen Absicht. Tatsächlich gibt es – vielleicht von Bleibtreu abgesehen – kaum einen Naturalisten von Bedeutung, der nicht zur Zeit des Sozialistengesetzes (1878–1890) in der einen oder anderen Weise Sympathien für die Sache des Sozialismus bekundet hätte: durch Teilnahme an einschlägigen Vereinsaktivitäten, durch allgemeine Proklamationen, durch literarische Werke mit entsprechender Botschaft oder thematischem Bezug etc. Man kann es geradezu als das zentrale ideologische Projekt des deutschen Naturalismus bezeichnen, unter Wahrung des Kunstanspruchs einen dichterischen Tribut an die bedrängte Arbeiterschaft zu entrichten.

Schon aus zeitlichen Gründen sind dabei die Brüder Hart hervorzuheben, die sich bereits 1877 in Berlin für die Arbeiterbewegung begeistert haben. In seiner Revolutionsdichtung *Lucifer* (1877 in Franzos' Zeitschrift *Deutsche Dichtung* veröffentlicht) läßt Heinrich Hart Babeuf dem «hungernden Volk» der Arbeiter zurufen:

> Warum gebrauchst du nicht des Armes Wucht,
> Den Unglücksbau der Welt entzwei zu schlagen!
> Steh auf, du armes Volk, und denk an dich,
> Auch dir gehört der hellen Häuser Pracht …

Acht Jahre später nimmt Heinrich Hart in seine kurzlebige Zeitschrift *Berliner Monatshefte für Literatur, Kritik und Theater* einen umfangreichen Artikel von Ernst Henriet Lehmann auf, der sich demonstrativ «Die Kunst und der Sozialismus» nennt und mit der Aussicht auf eine neue Blüte der Literatur durch Hinwendung zum Gedankengut und Stoffkreis des Sozialismus endet.

Der Roman *Die Sozialisten*, den Harts Freund Peter Hille 1886 vorlegt, entspricht diesen Erwartungen allerdings nur bedingt. Abgesehen von der nur angedeuteten Handlung und Figurenzeichnung in diesem zunehmend aphoristisch zerfasernden Textgebilde, ist das Bemühen des späteren Bohemepoeten um Wahrung seiner individuellen Autonomie doch zu dominant, als daß den streikenden Arbeitern oder den sozialistischen Funktionären, die hier unter echtem (Most) oder entstelltem Namen (Liebknecht als Triebknecht!) auftreten, Gerechtigkeit widerführe.

Wenn Hilles stark autobiographisch gefärbter Held im Kapitel «Ein Brief» an den Vater schreibt: «Mit dem Sozialismus ist es nichts», bietet sich eine direkte Parallele zum jungen Hermann Bahr, der nach Abklingen seiner Bismarck-Begeisterung als Verteidiger des Sozialismus hervortrat (*Die Einsichtslosigkeit des Herrn Schäffle*, 1886), zugleich aber in einem Brief an seinen Vater (vom 14. 3. 1887) bekannte: «Ich bin ein lebhafter Anhänger der gegenwärtig sich vorbereitenden sozialen Revolution, aber ich bleibe dieser Anhänger nur, solang sie unterdrückt ist und vergeblich nach Sieg ringt.»

Nicht zufällig kam es zur Krise im Verhältnis von Naturalismus und Sozialdemokratie just im Jahr 1890, als das Sozialistengesetz auslief. Bruno Willes Initiative zur Gründung einer Freien Volksbühne zielte in bewußtem Gegensatz zu Liebknechts Veto auf eine ästhetische Erziehung der Arbeiterklasse, von der sich Wille, der dabei mit der parteiinternen Linksopposition der ‹Jungen› kooperierte, zugleich eine fortschreitende Individualisierung versprach. Seiner Niederlage auf dem Erfurter Parteitag im Herbst 1890 folgte 1892 die Entthronung als Vorsitzender der Freien Volksbühne, die hinfort von Mehring regiert wurde. Wille und seine Friedrichshagener Kollegen (von Holz später in der Komödie *Socialaristokraten* karikiert) gaben jedoch keineswegs auf. Mit der sezessionistischen Gründung der Neuen Freien Volksbühne machten sie dem parteikonformen Theaterverein erfolgreich Konkurrenz, und in den *Sozialistischen Monatsheften*, dem Organ der Revisionisten in der SPD, gaben Autoren wie Bölsche, Julius Hart und Wille ab 1895 den Ton an. Man war gewissermaßen von der Links- zur Rechtsopposition übergegangen und hatte doch an fundamentalen Positionen wie der Autonomie der Kunst und der Persönlichkeit festgehalten.

Wie schwer sich die organisierte Arbeiterbewegung mit der Umgarnung durch die Friedrichshagener Ex-Naturalisten tat, zeigte sich in der sogenannten Naturalismusdebatte des Gothaer Parteitags der SPD 1896. Edgar Steiger, der Redakteur der Unterhaltungsbeilage *Die Neue Welt*, die kostenlos allen sozialdemokratischen Zeitungen beigegeben wurde, hatte sich hier (wie schon im Vorfeld des Kongresses) heftiger Attacken zu erwehren wegen des Abdrucks zweier Romane, deren Autoren direkt dem Friedrichshagener Kreis angehörten: Wilhelm Hegelers *Mutter Bertha* (1893) und Hans Lands *Der neue Gott* (1891). Die weithin konzeptionslose Debatte hielt sich jedoch an Äußerlichkeiten wie einzelnen Dezenzverstößen auf, ohne zur grundsätzlichen Frage vorzustoßen, welchen Anspruch auf ideologische Übereinstimmung die Partei bei literarischen Texten erheben wollte, die sie solchermaßen zum Teil ihrer eigenen Kultursphäre erhob. Eine Frage, die sich vor allem bei Lands Roman stellen mußte, der gerade die innere Abkehr des Helden vom Parteibetrieb zum Thema hatte. Waren die Mitglieder des Gothaer Parteitags selbst schon dermaßen vom Geist des Individualismus angekränkelt, daß sie an dieser grundlegenden Tendenz des Romans keinerlei Anstoß nahmen, oder blendeten sie bei der Rezeption von moderner bzw. bürgerlicher Literatur ihren Parteistandpunkt von vornherein aus?

Wie man es wendet, das Ergebnis bleibt unbefriedigend im Hinblick auf die zukünftigen Chancen einer sozialistischen Kulturpolitik. Auch Franz Mehrings nachträgliche Stellungnahme in der *Neuen Zeit* (unter dem Titel *Kunst und Proletariat*) bietet da wenig Trost, so sehr die Anstrengung anzuerkennen ist, mit der hier ein marxistischer Literatur-

kritiker der Parteidebatte im nachhinein theoretisches Niveau zu geben
versucht. Mit dem Resümee, «daß die moderne Kunst einen tief pessimistischen, das moderne Proletariat aber einen tief optimistischen
Grundzug hat», zieht Mehring einen Schlußstrich auch unter seine eigenen Bemühungen um eine Verständigung zwischen Naturalismus und
Sozialismus. Nunmehr ist die «moderne Kunst» schon deshalb obsolet,
weil sie «bürgerlichen Ursprungs» ist. Drei Jahre zuvor hatte Mehring
noch konzediert, daß der Naturalismus der «Widerschein» sei, «den die
immer mächtiger auflodernde Arbeiterbewegung in die Kunst wirft». So
stand es im ersten Jahrgang der von ihm selbst begründeten Zeitschrift
Die Volksbühne; inzwischen hat sich Mehring von der Volksbühnen-
Leitung und -Idee verabschiedet und wartet auf die «Weltwende der
Kunst», die der ultimative «Sieg des Proletariats» herbeiführen wird.

Im Unterschied zu Liebknechts *Brief aus Berlin*, der noch ein heftiges
Echo bei führenden Vertretern der Moderne wie Brahm und Conrad
ausgelöst hatte, focht Mehrings Verdikt 1896 keinen der potentiell
betroffenen Autoren mehr an. Das ideologische Projekt eines ästhetischen Brückenschlags über die Klassengrenze hinweg war spätestens
Ende 1890 aufgegeben worden. Soweit sich Autoren des (erweiterten)
naturalistischen Lagers fortan noch direkt mit der sozialen Lage und
politischen Aktivitäten der Arbeiterschaft auseinandersetzten, taten sie
es satirisch – wie Wilhelm von Polenz in der Erzählung *Die Zielbewußten* (1892) – oder mittels metaphorischer Strategien, die auf eine
Denunziation des scheinbar loyal beschriebenen Phänomens hinauslaufen.

Beispielhaft dafür sind die Veränderungen, die Johannes Schlaf an seiner frühen Reportage *Am Wahlabend in Berlin N.* vornimmt, als er sie 1897 unter dem
Titel *Volksversammlung* in den Novellenband *Sommertod* aufnimmt. In der
ursprünglichen Fassung, die im Februar 1890 in der *Freien Bühne* erschien, wird
die proletarische Veranstaltung aus der Distanz des bürgerlichen Voyeurs, aber
nicht ohne Sympathie beschrieben. Nur momentweise flackert im Betrachter die
Angst auf: «Am anderen Ende des Saales verschwimmen die Gruppen in Tabaks-
rauch und alles scheint in eine compakte, dunkle, sich regende, tosende Masse
zusammengewachsen.» In der späteren Fassung verschlägt es dem Bürger in dem
Riesensaal mit dunkelroten – in seiner Phantasie sogleich «mit Blut beschmier-
ten» – Wänden vor «Staub und Dunst und stickiger, trüb-roter Schwüle», angesichts von «Gebrüll, Gekreisch, Gelächter und Bierseidelgeklirr, von Stampfen
und Schleifen, Schwirren und Tosen einer tanzenden Menge, [. . .] von schweiß-
roten, rohen Gesichtern, von derben Witzen und Zoten» schier den Atem: «Mir
ist, als wenn sich das alles mit einer dicken, schwülen Schmutzschicht um mich
zu legen begänne und mir den Atem versetzen wollte – – –».

Noch beliebter war die religiöse Überhöhung, die Vergeistigung des
sozialen Konflikts zur spirituellen Erlösung. Hier liegt die Wurzel für
die erstaunliche Aktualität der Jesus-Thematik in der naturalistischen

Prosa. In Kretzers Roman *Das Gesicht Christi* (1896) erscheint der Gekreuzigte zunächst armen Kindern – wie auf den Bildern Fritz von Uhdes –, dann einem glaubenslosen Arbeiter und schließlich allen möglichen Figuren, die im Widerspruch zur christlichen Botschaft stehen und handeln. Schon in seinem Roman *Die Bergpredigt* (1890) hatte sich Kretzer auf das Neue Testament bezogen, dort allerdings ohne Inanspruchnahme des Wunderbaren und aus gegebenem Anlaß. Handelte der Roman doch von einem freigeistigen Pfarrer, der von der kirchlichen Orthodoxie aus seinem Amt gedrängt wird. In ähnlicher Funktion, als Mittel zur Stilisierung einer bürgerlichen Missionarsgestalt, greifen auch Hans Land und Felix Hollaender auf die Christus-Figur zurück – jener mit dem schon genannten *Neuen Gott*, dieser in seinem Erstlingsroman *Jesus und Judas* (1891). Der von den bürgerlichen Autoren im Verhältnis zum Sozialismus selbsterlebte Zwiespalt findet seine mythische Überhöhung, wenn der schwärmerische Held aus besseren Kreisen, der den Arbeitern ein Heiland sein möchte, den Opfertod Jesu stirbt oder als reuiger Judas endet.

Frauenbewegung

Ende 1879 fand in Kopenhagen die Uraufführung von Ibsens *Nora* statt; im selben Jahr erschien in Leipzig (wegen des Sozialistengesetzes auf dem Titelblatt durch das Schweizer «Hottingen» ersetzt) August Bebels Buch *Die Frau und der Sozialismus*. Beide Werke wurden zu Bannern der sich formierenden deutschen Frauenbewegung; das Drama vom Aufbegehren der domestizierten Ehefrau, die aus ihrem Puppenheim ins Freie drängt, ergänzte die sozialgeschichtlichen und ethnologischen Einsichten, die Bebels Hauptwerk über den Zusammenhang von Eigentumsverhältnissen und Frauenrolle vermittelte.

Zugleich markiert das Nebeneinander beider Leitsterne aber auch die fundamentale Spannung, ja Spaltung, in der sich der Kampf um die Frauenemanzipation im späten 19. Jahrhundert vollzog. Der proletarischen Frauenbewegung (auch: Arbeiterinnenbewegung), die ihr Sprachrohr in Clara Zetkin und der von ihr herausgegebenen Zeitschrift *Gleichheit* fand und vorher wichtige Impulse duch die Gräfin Gertrud Guillaume-Schack und ihre (1886 verbotene) Zeitung *Die Staatsbürgerin* erhalten hatte, stand die bürgerliche – stark von Skandinavien beeinflußte – Frauenbewegung gegenüber, die zunächst das Recht auf qualifizierte Erwerbsarbeit einklagte und die Formen der sexuellen Partnerschaft neu zu definieren suchte. Auch hier lassen sich wiederum zwei Flügel unterscheiden: Der von Helene Lange und ihrer Zeitschrift *Die Frau* repräsentierten gemäßigten Fraktion, die das herkömmliche Geschlechterverhältnis im Grunde nur den Bedindungen der modernen Gesellschaft anpassen wollte, opponierte der radikale Flügel um Minna Cauer und Anita Augspurg, die strikt egalitär argumentierten. Erstere gab die Zeitschrift *Die Frauenbewegung*, letztere die *Zeitschrift für Frauenstimmrecht* heraus.

Es hängt wohl nicht zuletzt mit der literarischen Sozialisation der bürgerlichen Frauen jener Zeit zusammen, daß die Auseinandersetzung um die Emanzipation der Frau in so hohem Grade zum Objekt literarischer Verarbeitungen und Dispute wurde. Viele führende Frauenrechtlerinnen waren selbst begabte Publizistinnen und traten auch als Lyrikerinnen und Erzählerinnen hervor – in der sicher richtigen Einschätzung, daß sie auf diesem Wege ihr weibliches Publikum am besten erreichen konnten. So ließ Hedwig Dohm ihren geistsprühenden Kampfschriften zur Frauenemanzipation (*Die wissenschaftliche Emancipation der Frau*, 1874; *Der Frauen Natur und Recht. Zwei Abhandlungen über Eigenschaften und Stimmrecht der Frauen*, 1876) eine Reihe von Erzählungen und Romanen folgen (u. a. *Schicksale einer Seele*, 1899; *Christa Ruland*, 1902), die sich eher einfühlsam-melancholisch um die Psychologie der modernen Frau bemühten. Auch vielgelesene Erzählerinnen wie Gabriele Reuter und Helene Böhlau machten sich Themen und Ziele der (bürgerlichen) Frauenbewegung zu eigen.

Unfreiwillige Berühmtheit erreichte die aus Österreich stammende Maria Janitschek mit einem Gedicht ihres ersten Lyrikbands *Irdische und unirdische Träume* (1889). Unter dem Titel *Ein modernes Weib* wird dort die Auseinandersetzung zwischen einer in ihrer Ehre verletzten Frau und dem Mann, der sie tödlich beleidigt hat, geschildert. Ganz dem Comme il faut der Männergesellschaft entsprechend, erscheint die Gekränkte eines Abends mit einem Pistolenkasten bei dem Beleidiger und fordert ihn zum Duell heraus. Auf seine lachende Zurückweisung unter Berufung auf das Herkommen, nach dem «ein Weib / Sich nimmer schlagen kann mit einem Mann», reagiert sie so entschlossen wie programmatisch:

> «So wisse, daß das Weib
> Gewachsen ist im neunzehnten Jahrhundert,»
> Sprach sie mit großem Aug', und schoß ihn nieder.

Der literarische Diskurs um die angemessene Stellung der Frau wurde freilich auch von Schriftstellerinnen bestritten, die in deutlichem Gegensatz zur organisierten Frauenbewegung standen und von Hedwig Dohm in ihrem gleichnamigen Buch von 1902 als «Antifeministen» angegriffen wurden; hier sind vor allem Laura Marholm und Lou Andreas-Salomé hervorzuheben. Letztere, auch bekannt als Vertraute Nietzsches und Rilkes, veröffentlichte in der *Neuen Rundschau* 1899 einen Essay mit dem Titel *Der Mensch als Weib*, in dem sie in weitgehender Übereinstimmung mit Georg Simmels Aufsatz *Zur Psychologie der Frauen* (1890) eine ontologische Geschlechterdifferenz behauptete; das Weibliche wird definiert als das Undifferenzierte, Ganzheitliche, Geschlossene und Mütterliche und damit in einen Gegensatz zur männlichen Kultur gebracht, der zugleich regressive und utopische Züge trägt. In der zeitgenössischen Rezeption mußte allerdings der konservative Aspekt überwiegen.

Das gilt in vielleicht noch größerem Ausmaß für die Schriften der aus Riga stammenden Laura Marholm, Frau des schwedischen Schriftstellers Ola Hansson. In zahlreichen Essays und Büchern proklamierte sie ein Bild der Frau bzw. des «Weibs» als reines Triebwesen, das seine Erfüllung nur durch den Mann finden könne und ansonsten seelisch und physiologisch nichts sei als «eine Kapsel über einer Leere». Die Kritik der Frauenrechtlerinnen war einstimmig; Minna Cauer schlug vor, man solle Marholms *Buch der Frauen* (1895) richtiger in «Das Buch der Frau für die Männer» umbenennen.

Schon mit ihrer Essayfolge *Die Frauen in der skandinavischen Dichtung* (erschienen im Frühjahr 1890 in der neugegründeten *Freien Bühne*) hatte Laura Marholm eine heftige Debatte ausgelöst. Die Verabsolutierung der Strindbergschen Perspektive auf die Frau als rätselhaftes Geschlechtswesen provozierte Paul Ernst zu einer marxistischen Gegendarstellung, der wiederum von Hermann Bahr widersprochen wurde. Da Friedrich Engels dem jungen Ernst die erbetene Unterstützung verweigerte, behielt Laura Marholm das letzte Wort. Ihm voraus geht ein vermittelnder Artikel von Josepha Krzyzanowska, die neben Laura Marholm als Vorbild für die Gestalt der emanzipierten Intellektuellen Anna Mahr in Hauptmanns Drama *Einsame Menschen* dienen sollte.

Wie man sieht, öffnet sich zwar das Hauptorgan des Berliner Naturalismus in einer entscheidenden Phase der Diskussion der «Frauenfrage», aber die konservativen und distanzierenden Aussagen überwiegen. Auch die umfangreichen und gelehrten Beiträge zum Thema, die Irma von Troll-Borostyáni zur *Freien Bühne* und zur *Gesellschaft* beisteuert, können am Eindruck nichts ändern, daß sich die von männlichen Autoren dominierte literarische Moderne um 1890 überwiegend skeptisch oder gleichgültig zur Frauenbewegung verhielt. Michael Conrad, der Herausgeber der *Gesellschaft,* verfaßte zusammen mit seiner Frau sogar eine dramatische Satire auf die Frauenbewegung (*Die Emanzipirten*, 1888), und die zynischen Kommentare in Albertis Romanen bleiben weithin unwidersprochen. Repräsentativ ist eine Briefäußerung Wallraffs in Albertis *Das Recht auf Liebe* (1890): «da reden die Schwärmer von Frauenemanzipation! Als ob die emanzipierte Frau, welche die Welt kennt, noch lieben würde! Rechnen allein würde sie, nüchtern rechnen.»

Dennoch haben die neuen Literaturströmungen des späten 19. Jahrhunderts — auch der Naturalismus mit seiner Hinwendung zu tabuisierten Themen — der weiblichen Selbstartikulation assistiert. Das gilt letzt-

lich auch für denjenigen Autor, in dessen Werken damalige wie spätere
Gegner der Frauenbewegung am ehesten ein passendes Zitat suchten
und fanden: Nietzsche. Es ist geradezu auffällig, wie häufig sich führende Frauenrechtlerinnen der damaligen Generation auf Nietzsches
radikalen Individualismus beriefen. So Hedwig Dohm (u. a. mit dem
Titel *Werde, die du bist*, 1894), aber auch Helene Stöcker, die in einem
Beitrag zur *Freien Bühne* von 1893 ausdrücklich die Vorstellung des
Selbstmenschentums für die Frauenbewegung reklamiert, wenn sie auf
eine Synthese der egalitär-bürgerrechtlichen und der subjektiv-eroti-
schen Komponente der Emanzipation dringt:

> «Sie [sc. die moderne Frau] denkt nicht, dem Manne absolut
> ‹gleich› zu werden – aber sie will ein glücklicher – und das bedeu-
> tet auch für sie: ein freier Mensch werden und sich zugleich in
> ihrer Weibart immer höher entwickeln. [...] Dazu das Bewußtsein
> des Selbstmenschentums – ihr Zukunftsgefühl, da sie noch etwas
> Seltenes, Alleinstehendes ist, das in keine der Kategorien mehr
> paßt, das noch ganz die Wonne des Individuums empfinden darf.»

Juden zwischen Assimilation und Zionismus

1896 erschien in Wien Theodor Herzls zionistisches Manifest *Der Judenstaat*; ein Jahr darauf veröffentlichte Hardens Berliner Zeitschrift *Die
Zukunft* einen anonymen Artikel Walther Rathenaus, dessen Titel ein
altes hebräisches Gebet zitiert: *Höre, Israel!* Doch ist die Tendenz dieses
Artikels alles andere als traditionsbewußt oder religiös; Rathenau fordert die kulturelle Erziehung seiner jüdischen Glaubensgenossen zum
Zwecke einer optimalen Integration in die deutsche Gesellschaft. So
unterschiedlich die Positionen Rathenaus und Herzls sind – Exodus
hier, Assimilation dort –, so haben sie doch manches gemeinsam. Beide
erstreben ein Aufbrechen des jüdischen ‹Ghettos›, auch im Sinne einer
Ghetto-Mentalität, einer Fixierung auf bestimmte Berufe und Verhaltensweisen; und beide haben den Ernst eines epochalen Phänomens
begriffen: des modernen Antisemitismus.
    Die rechtliche Gleichstellung der jüdischen Staatsbürger war in Öster-
reich 1868, im Norddeutschen Bund 1869 vollzogen worden und wurde
mit der Reichsgründung auf ganz Deutschland ausgedehnt. Das jüdische
Bürgertum, das – im Deutschen Reich und im österreichischen Stamm-
gebiet – bereits weitgehend akkulturiert war, nahm sich in seiner großen Mehrheit nunmehr die vollständige Assimilation zum Ziel; das
Judentum wurde in dieser Perspektive zu einer bloßen Konfessionszuge-
hörigkeit, von der man sich unter bestimmten Umständen auch trennen

konnte. Daß diese Entwicklung nicht vollständig ans Ziel gelangte und später durch gegenläufige Tendenzen abgelöst wurde, ist nicht zuletzt Folge des massiven antisemitischen Ressentiments, das sich in Deutschland wie Österreich unter dem Eindruck des Gründerkrachs von 1873 und der anschließenden Wirtschaftskrise ausbildete.

Die populäre *Gartenlaube* veröffentlichte 1874 eine Artikelserie von Otto Glagau über den «Börsen- und Gründungsschwindel in Berlin», in der die Juden als Urheber und Schuldige angegriffen wurden; aus den Artikeln wurde bald ein Buch, das 1876 in vierter Auflage erschien und 1877 durch einen zusätzlichen Band ergänzt wurde, der die Darstellung auf andere Teile Deutschlands übertrug. Inzwischen hatte sich schon der rassische Antisemitismus zu Wort gemeldet: mit Carl Wilmanns' Broschüre *Die «goldene Internationale» und die Notwendigkeit einer sozialen Reformpartei* und den Büchern von Wilhelm Marr (*Der Sieg des Judenthums über das Germanenthum*, 1879; noch im gleichen Jahr zwölf Auflagen) und Eugen Dühring (*Die Judenfrage als Racen-, Sitten- und Culturfrage*, 1881).

Die öffentliche Kampagne des Berliner Hofpredigers Stoecker und eine fatale Äußerung des konservativen Historikers Treitschke, auf die im Zusammenhang der Geschichte der Publizistik noch zurückzukommen ist (siehe unten S. 703), gaben der antisemitischen Debatte in Deutschland zusätzlichen Schwung. Eine ganze Reihe einschlägiger Parteien und Organisationen wurde gegründet, die sog. Antisemitenpetition von 1880 fand eine Viertelmillion Unterschriften, und in ländlichen Gebieten gingen populistische Agitatoren mit judenfeindlichen Klischees auf Stimmenfang. Auch und zumal die Burschenschaften entwickelten sich zu einer regelrechten Brutstätte antijüdischer Voreingenommenheit. Zu einer beherrschenden Kraft wurde der politische Antisemitismus im Deutschen Reich jedoch nicht; sein öffentlicher Einfluß flaute mit der wirtschaftlichen Belebung der neunziger Jahre ab, während sich die Situation damals in Österreich erst zuspitzte. Die Deutschnationale Partei Georg von Schönerers, deren Programm seit 1885 die «Beseitigung des jüdischen Einflusses auf allen Gebieten des öffentlichen Lebens» forderte, stellte 1895 mit Karl Lueger den Wiener Bürgermeister! Manche jüdische Familie in der österreichischen Hauptstadt fürchtete seinerzeit – wie Herzls Tagebuch notiert – «eine neue Bartholomäusnacht».

Die Gegenreaktion blieb nicht aus. Nichtjüdische Liberale gründeten 1890 in Deutschland, 1891 in Österreich den Verein zur Abwehr des Antisemitismus. Auf jüdischer Seite entstand 1893 auf breiter Basis der «Central-Verein deutscher Staatsbürger jüdischen Glaubens» (mit 40 000 Mitgliedern im Jahr 1914). Die Satzung bekräftigte den schon in der Namensgebung erkennbaren Willen zur sozialen Integration: «Der Central-Verein bezweckt, die deutschen Staatsbürger jüdi-

schen Glaubens ohne Unterschied der religiösen und politischen Richtung zu sammeln, um sie in der tatkräftigen Wahrung ihrer staatsbürgerlichen und gesellschaftlichen Gleichstellung, sowie in der unbeirrbaren
Pflege deutscher Gesinnung zu bestärken.» Dies ist die Position der
Majorität des deutschen Judentums vor der Jahrhundertwende, wie sie
auch von der *Allgemeinen Zeitung des Judentums* unter den Herausgebern
Ludwig Philippson (bis 1889), Gustav Karpeles (1890–1909) und Ludwig Geiger (ab 1909) vertreten wurde. Ihr assimilatorischer Optimismus wurde freilich nicht nur durch die künftige geistige und politische
Entwicklung, sondern auch schon durch die Gestaltungen der deutsch-
jüdischen Problematik in der zeitgenössischen Literatur in Frage gestellt.

Jahre bevor Wolfgang Kirchbach in seinem Romanzyklus *Kinder des
Reiches* (1883) kritisch die «unerhörte Feindschaft» des neuen Antisemitismus feststellte, nahmen Pogrom-Darstellungen in der deutschen Literatur einen auffälligen Platz ein. Wie das Beispiel Wilhelm Jensens zeigt,
war es zunächst ein liberales Fortschrittspathos, das den (nichtjüdischen) Autoren dabei die Feder führte. Als «Darstellung eines einzelnen
akuten Falles am Krankenbett der Menschheit» hatte Jensen ursprünglich die Verarbeitung des Kölner Judenpogroms von 1349 in seiner historischen Novelle *Die Juden zu Cölln* (1869) begründet. Der Neuauflage
von 1897 gab er ein Vorwort bei, das ratlos-resignierend den Wandel des
Zeitgeistes konstatiert:

> «Damals dachte wohl kaum jemand, das Raubtiergelüst könnte,
> von Pfaffen mit und ohne Kutten genährt, wieder im deutschen
> Volk aufwachen, dem ‹Kultur›-Fortschritt gemäß in der Tonart des
> 19. Jahrhunderts nach seiner alten Beute brüllen. Damals glaubten
> wir überhaupt nicht, das anbrechende helle Tageslicht der Erkennt-
> nis könnte wieder vom Trug, der Heuchelei und Dummheit nächtig
> verdunkelt werden. Wir haben damals nicht mehr für möglich
> gehalten, was uns heute als wirklich vor Augen und Ohren steht.»

Der Darstellung eines mittelalterlichen Juden-Pogroms im neunten Gesang von
Schacks patriotischem Versepos *Die Nächte des Orients* (1874) liegt noch ein
ähnlicher aufklärerischer Impetus zugrunde. Der Held, der sich für ein bedroh-
tes jüdisches Mädchen einsetzt, geht mit diesem im Blutbad unter, das die
Kreuzritter den Straßburger Juden bereiten (nachdem sie sich ihre Ausrüstung
von ihnen haben finanzieren lassen). Entsprechend dem Gesamtplan dieser Versdichtung handelt es sich dabei jedoch nur um einen – allerdings sehr realistischen – Traum, und der Sprecher kann zu Beginn des zehnten Gesangs aufat-
mend feststellen: «O wohl mir, daß ich diesem Mittelalter, / Für das ich einst
geschwärmt, entronnen bin!»
    Weniger selbstgewiß greift Raabe auf die Pogrom-Thematik in einer Erzäh-
lung zurück, die er 1873 wahrscheinlich als Gegenstück zur Novelle seines

Freundes Jensen entworfen hat. Nicht nur ist der Abstand zwischen dem Beginn der Arbeit an *Höxter und Corvey* (1875) und den darin verarbeiteten historischen Ereignissen wesentlich kürzer – er beträgt genau zweihundert Jahre –; Raabe versäumt es auch nicht, einleitend auf die Arbeit und Geduld zu verweisen, die Fortschritte der Humanität und die Wiedergutmachung eines punktuellen Rückfalls in Unmenschlichkeit erfordern: «Wehe dem, welcher von neuem frevelhaft die Hand bietet, die Wände abermals einzustoßen, die Dächer abermals abzudecken und die Türen und Fensterscheiben von neuem zu zertrümmern.»

Um aggressiv-eliminatorischen Antisemitismus geht es auch in einem dramatischen Scherz Ludwig Anzengrubers aus dem Jahr 1878. Freilich ist nicht leicht zu sagen, gegen wen sich eigentlich die Satire richtet: gegen den Judenfresser Dr. Semitophage oder gegen den «kewigen Jud», der dem Stück den Titel gibt. «Kewig» heißt soviel wie «aufmüpfig» und stellt zugleich natürlich eine Anspielung auf den ewigen Juden dar. Als unverwüstlich erweist sich denn auch Anzengrubers Hauptfigur; wie ein umgekehrter Ikarus fällt der Jude beim Börsenkrach auf die Füße (der Kaftan bewährt sich als Fallschirm), und der antisemitischen Verfolgung entzieht er sich letztlich dadurch, daß er selbst zum Vorsitzenden eines antisemitischen Vereins mutiert. Eine verbreitete antijüdische Pointe! Selbst wenn man unterstellt, daß Anzengruber in diesem Scherz die Judenfeindschaft eines persönlichen Bekannten karikieren wollte, bleibt ein unguter Nachgeschmack zurück.

Dieser steigert sich noch angesichts von Robert Hamerlings satirischem Epos *Homunculus* (1888). Zu den zahlreichen Metamorphosen der identitätslosen Titelfigur, die übrigens gleichfalls mit dem Gründerkrach verbunden wird, gehört auch ein Auftritt als Messias der Juden im achten Gesang, überschrieben «Im neuen Israel». Es gibt wenige antijüdische Klischees, die in dieser Schilderung eines präzionistischen Exodus nicht zu finden wären. Die Direktheit und Offenheit, mit der in der österreichischen Literatur jener Jahre die Kontroverse um die jüdische Integration ausgetragen wird, bezeugt noch – auf ungleich höherem Niveau – Ferdinand von Saars Novelle *Seligmann Hirsch* (1888).

Als typische Verkörperung des Ostjuden, wie er auch aus der Ghettogeschichte des 19. Jahrhunderts bekannt ist, gerät der alte Hirsch nicht nur in Konflikt mit verschiedenen Vertretern der nichtjüdischen Gesellschaft, sondern auch unter den Druck seiner eigenen assimilationswilligen Kinder. Sein freiwilliger Tod läßt sich als Anklage gegen den Rigorismus des Anpassungszwangs verstehen. Der Bericht des jüdischen Salonspötters andererseits, in dem uns am Schluß Hirschs unglückliches Ende mitgeteilt wird, ist dermaßen dicht mit antisemitischen – insbesondere gegen den Aufstieg der Juden zur gesellschaftlichen Oberschicht gerichteten – Ressentiments gespickt, daß der moralisch-politische Standort des Textes wieder fragwürdig wird.

Auch die vier von jüdischen Autoren verfaßten Darstellungen von Problemen der Akkulturation bzw. Assimilation, auf die hier exemplarisch hingewiesen werden soll, enden tragisch. Eine Sonderstellung nimmt dabei Karl Emil Franzos' Roman *Der Pojaz* ein. Der leidenschaftliche Wille des damaligen mitteleuropäischen Judentums zur Integration in die deutsche Kultur hat sich wohl nirgends ergreifender niedergeschlagen als in dieser «Geschichte aus dem Osten», entstanden zwischen 1878 und 1893 und in russischer Übersetzung 1894 publiziert, in deutscher Sprache aber erst 1905 nach dem Tod des Autors veröffentlicht. Zu prekär empfand Franzos selbst wohl die Schilderung des orthodoxen Judentums seiner Heimat, an dessen Widerstand gegen westliche Bildung der jugendliche Held zerbricht. Ungleich den großen Vorbildern des 18. Jahrhunderts – Moritz' *Anton Reiser* und Goethes *Lehrjahren* – ist das Theater in diesem jüdischen Bildungsroman nicht Irrweg oder Umweg. Die Bühne ist das Ziel, dem Sender Glatteis, ein ‹geborener› Schauspieler (Bajazzo, Pojaz), mit der ganzen Kraft seiner natürlichen Anlage und seines bewußten Willens zustrebt. Doch erweist sich die Kluft zwischen dem ostjüdischen Milieu seiner Sozialisation und der Kulturinstanz des Theaters als unüberwindbar; Glatteis, der sich bei seiner heimlichen Lektüre in ungeheizten Räumen eine Lungenkrankheit zugezogen hat, erliegt den Folgen seines Erwerbs deutscher Sprach- und Literaturkenntnisse – ein Opfer des Akkulturationsprozesses noch in den östlichen Vorzimmern des deutschen Sprachraums.

In den Werken von Jacobowski, Mauthner und Herzl dagegen sind es die widerständigen Verhältnisse der deutsch(-österreichisch)en Gesellschaft und seine Fremdheit in ihr, an denen der jüdische Held scheitert. So bleiben die erotischen Konflikte in Ludwig Jacobowskis Roman *Werther, der Jude* (1892) einigermaßen äußerlich; sie sollen wohl nicht zuletzt die *Werther*-Parallele abrunden – bis hin zum Selbstmord durch Erschießen. Die Gemeinsamkeit mit Goethes Vorlage ist aber eher in der inneren Entwurzelung der Hauptfigur Leo Wolff begründet. Der Sohn eines jüdischen Provinzbankiers studiert Philosophie in Berlin, wo er sich verschiedenen antisemitischen Beleidigungen ausgesetzt sieht. Er glaubt sie durch ethische Anforderungen kompensieren zu können, die er so hoch schraubt, daß er ihnen kaum noch genügen kann, und entwickelt einen Schuldkomplex gegenüber der ganzen Welt: «Das Wort ‹Jude› machte ihn stets geradezu nervös. Er war durch seine Selbstpeinigung so überreizt, daß er es überall witterte, aus jeder Miene, aus jedem Blick herauslas. Das hatte sich bei ihm zur Manie ausgebildet.»

Jacobowski selbst war wie sein Held aus Posen nach Berlin gekommen, wo er im Kreis der «Kommenden» eine wichtige Rolle spielen sollte. Auch Fritz Mauthner teilte den Weg seines Helden von Prag nach Berlin. Mauthners Roman *Der neue Ahasver* (1882) zeigt die Konflikte, auf die der jüdische Arzt Heinrich Wolff in der Reichshaupstadt angesichts antisemitischer Agitation und moralischer Korruption stößt. Sein sinnlos-sinnvoller Tod im Duell mit einem niederträchtigen Adligen demonstriert die tragische Einsicht, daß der integrationswillige Jude im Zeitalter des Antisemitismus weder echter Jude bleiben darf noch echter Deutscher werden kann. Die Antinomie des Deutschen und des Jüdischen wird übrigens in der Einleitung anhand der allegorischen Figuren Wuotan und Ahasver veranschaulicht.

Einen Duelltod stirbt auch der Held von Herzls Drama *Das neue Ghetto*. «Hinaus – aus – dem Ghetto!», sind die letzten Worte der Identifikationsfigur Jacob Samuel. Es geht dabei um die Befreiung von der Geldmentalität der Ghettozeit, wie Jacob sie vorgelebt hat, der sich für die Verhinderung eines kriminellen – Arbeiterleben gefährdenden – Wirtschaftskomplotts aufopfert. Seinem nichtjüdischen Freund Franz, der sich abrupt von ihm abwendet wird, hat Jacob die Schwierigkeiten des deutsch-jüdischen Verhältnisses wie folgt erläutert: «Mit Gewalt habt Ihr uns auf das Geld geworfen – und jetzt sollen wir auf einmal nicht am Geld kleben! [. . .] Ja, wir dürfen nicht einmal die Durchschnittsfehler haben, die jeder hat – sonst sind wir die elenden Juden!» Das Drama entstand 1894 noch vor dem Paris-Aufenthalt, der Herzl mit der Dreyfus Affäre konfrontieren und so zur Ausarbeitung seines zionistischen Programms anregen sollte. Bei der Uraufführung des Stückes 1898 in Wien war Herzl schon als Begründer des modernen Zionismus bekannt; die Parole «Hinaus aus dem Ghetto!» mußte für das Publikum eine neue Bedeutung gewinnen.

Karl Kraus' gegen Herzl gerichtete Satire *Eine Krone für Zion* (1898) machte freilich umgehend deutlich, wie wenig die zionistische Position dem Selbstverständnis der damaligen deutsch-jüdischen Intelligenz entsprach. Von den wichtigsten Vertretern der Wiener Moderne, in deren Reihen der Anteil von Autoren jüdischer Herkunft besonders hoch war, haben sich Beer-Hofmann, Schnitzler und später auch Kraus offen mit ihrer jüdischen Identität auseinandergesetzt – mit dem größten Anspruch auf Verallgemeinerung wohl Schnitzler in seinem zahlreiche Details aus dem Freundeskreis verarbeitenden Roman *Der Weg ins Freie* (1908). Hofmannsthal hat sich noch in den zwanziger Jahren dagegen verwahrt, aufgrund eines jüdischen Großvaters als jüdischer bzw. deutsch-jüdischer Schriftsteller eingeordnet zu werden. Es muß wohl offenbleiben, was genau sich Hermann Bahr dabei dachte, als er ihm 1893 ein Exemplar seines «internationalen Interviews» *Der Antisemitismus* dedizierte mit der Widmung: «Meinem lieben Loris zur Bildung von Gemüth und Stil».

4. Kollektivsymbol Flut/Nixe

Jede Zeit hat ihre Lieblingsbilder oder Kollektivsymbole. Aus dem aufklärerischen Diskurs ist der bildliche Gegensatz von Licht und Dunkel ebensowenig wegzudenken wie die Metaphorik des Wachsens und Blühens aus Texten der Klassik und Romantik. Auch für das letzte Drittel des 19. Jahrhunderts läßt sich ein Bildfeld benennen, das richtungsübergreifend die verschiedensten literarischen Werke bestimmt und zugleich in nichtliterarischen Äußerungen der Epoche auffällig präsent ist: nämlich die Kollektivsymbolik der gefährlichen Flut, die oft weiblich konnotiert oder geradezu als Nixe vorgestellt wird.

In der Bismarckbiographie von Hermann Jahnke (1890) heißt es mit Bezug auf den Ausbruch der Märzrevolution:

«Da weht plötzlich über Nacht der laue Westwind herein und führt den milden Frühlingsregen über die winterliche Erde. Welch eine Wandlung in der Natur! Wie in den Tagen der Sintflut scheinen die Brunnen der Tiefe aufgethan; Sturzbäche brechen aus allen Schluchten hervor: [...] in weite Wasserflächen verwandelt erscheinen Fluren und Thäler. Die Flüsse und Ströme sprengen die sie fesselnde Eisdecke und brausen mit wildem Ungestüm dahin. Wehe den Landen, wo diese Wasserwogen freie Bahn finden, wo Dämme und Deiche der seichten Ufer nicht hoch und fest, nicht sorgsam bewacht sind! Mit wütender Gewalt durchbrechen sie ihre Schranken und ergießen sich verheerend, vernichtend über weite Gebiete.

Ein Bild, diesem Naturvorgang gleich, bot das Vaterland damals, als der Deichhauptmann von Schönhausen, Otto von Bismarck, den Schauplatz der politischen Kämpfe betrat. In gewaltiger Flutwelle durchbrach der Wille des Volkes die Schranken, in welche ihn eine strenge Zwangsherrschaft jahrzehntelang eingedämmt hatte.»

Die historisch belanglose Deichhauptmannschaft des jungen Bismarck auf dem Erbsitz seiner Familie an der Elbe erhält in dieser Darstellung hochsymbolische Funktion; sie verweist auf die Fähigkeit und Entschlossenheit dieses Politikers zur Regulierung bedrohlicher Fluten. Dabei ist auch keineswegs nur an die Vorgänge der 48er Ära zu denken; die eigentliche Leistung Bismarcks liegt ja in der Zukunft: in der ‹Eindeichung› des Deutschen Reiches und seiner Verteidigung gegen die rote (?) ‹Flut›.

Kollektivsymbole wären nicht so langlebig und so suggestiv, wenn sie eindeutig wären. Im Schreckbild der Flut vereinigen sich für die Menschen des späten 19. Jahrhunderts höchst unterschiedliche Erfahrungen und Ängste, für die es großenteils doch einen gemeinsamen Begriff gibt: Modernisierung. Das Erlebnis der Großstadt, die Entstehung eines Massenproletariats, die Infragestellung der herkömmlichen Geschlechterhierarchie durch die Frauenbewegung, schließlich die Aufstiegsdynamik und kapitalistische Konkurrenzfähigkeit jüdischer Mitbürger – alle diese im Vorstehenden schon beleuchteten Epochenerfahrungen bilden Facetten des Modernisierungsprozesses und lassen sich jeweils im Bild einer heraufkommenden Flut imaginieren.

Eine weitere epochale Erfahrung ist nachzutragen, die bis jetzt nur gestreift wurde: der sogenannte Gründerkrach von 1873, in dem die durch die französischen Reparationszahlungen in Höhe von fünf Milliarden Francs angeheizte Nachkriegshausse ihr jähes Ende fand. Der Zusammenbruch zahlreicher neugegründeter Aktiengesellschaften führte bei Anlegern und weiten Teilen des Kleinbürgertums zu einem Kapitalismus-Schock; die mit liberalem Optimismus begrüßte Kapitalspekulation hatte sich als unberechenbar und anfällig für Katastrophen, ja selbst als katastrophisch erwiesen.

Es bedurfte somit nur der Erinnerung an die verheerende Ostsee-Sturmflut des Jahres 1872, um die Grundidee eines Schlüsseltextes der Epoche zu erzeugen. Spielhagens Roman *Sturmflut* (1877) endet mit dem historischen Naturereignis, dessen Wahrscheinlichkeit vom Helden schon zu Beginn des ersten von sechs Büchern vorausgesagt wird. In derselben Unterhaltung auf dem Schloß des Grafen Golm findet auch schon die Übertragung auf die wirtschaftliche Ebene statt; der Präsident spricht von «einer andern Sturmflut» infolge der «Aufstauung von Fluten [. . .], die sich in einem ungeheuren Strom – einem Goldstrom [. . .] von Westen nach Osten ergossen haben». Die Börsenkatastrophe gewinnt erhebliche Bedeutung für die weitere Handlung des Romans; ihre ideologische Funktion im Bedeutungsgefüge ergibt sich allerdings erst aus der Verbindung mit der Sturmflut-Symbolik.

Denn diese erfordert offenbar eine Art «Deichhauptmann»; in unserem Fall ist es der Kapitän (!) Reinhold Schmidt, der vom Autor als Mann der Zukunft und Synthese aus den gesellschaftlichen Gegensätzen aufgebaut wird, die seit 1848 zwischen Konservativen und Liberalen bestanden (verkörpert im alten General von Werden, dem Schwiegervater des Helden, und dem Marmorfabrikanten Schmidt, seinem Onkel). Für die neue Generation von Flut-Experten à la Bismarck und Reinhold sind derlei Gegensätze Geschichte und die Dynamik der Aktienmärkte keine Gefahr. Sie haben – wie der Realist Spielhagen es generell für Romanfiguren fordert – «immer festen Boden unter den Füßen und die Hand am Steuer und die Augen auf bestimmte Sternbilder gerichtet». Eine typische Formel des Real-Idealismus, der uns später noch beschäftigen wird! Das bedrohliche Element der Flut wird in *Sturmflut* jedoch nicht ausschließlich auf die ökonomische Ebene bezogen; mindestens zwei weitere Bedeutungsbereiche zeichnen sich daneben ab. Der eine ist die Großstadt Berlin mit den «entfesselten Menschenwogen» des Straßenverkehrs und den «Strudeln des gesellschaftlichen Lebens»; der andere die Sphäre des Erotischen, die sich vor allem für Reinholds Cousine, die Künstlerin Ferdinande, als verhängnisvoll erweist. Sie bezeichnet ihre Liebe selbst als eine «Flut, die heranrollt, vernichtend, verschlingend, was nicht in die Wolken ragt». Die metaphorische Stigmatisierung weiblicher Sexualität ist alles andere als zufällig. Zahlreiche weitere

Texte belehren darüber, daß der Gegensatz von Flut und Deich im Bewußtsein der Epoche von einer Geschlechterdifferenz überlagert war; es heißt offenbar nicht umsonst *«die* Flut» und *«der* Deich» bzw. «Deichhaupt*mann*».

Novellen des Schweizers Walther Siegfried und des Friesen Theodor Storm haben Deichhauptleute zum Helden: *Um der Heimat willen* (1897) den (äußerlich erfolgreich dem Hochwasser trotzenden) Flußbaumeister Erni Baldwin, *Der Schimmelreiter* (1888) den tragisch scheiternden Deichvogt Hauke Haien, dessen heroischer Kampf gegen die Fluten der Nordsee im Laufe der Wirkungsgeschichte verschiedentlich mit Bismarcks Vorbild in Verbindung gebracht wurde. Noch aufschlußreicher für eine Betrachtung der Kollektivsymbolik ist Storms Novelle *Carsten Curator* (1878). Die dramatisch ausgestaltete Flutkatastrophe, in der der verkommene Sohn des Curators untergeht, wirkt einigermaßen aufgesetzt. Der Bankrott des Sohnes steht ohnehin fest, sein Tod oder Selbstmord erscheint fast unvermeidlich. Wenn Storm trotzdem alle Kräfte der Natur in Bewegung und halb Husum unter Wasser setzt, so offenbar darum, um mit den Mitteln der Bildlichkeit eine Deutung dieses ‹Untergangs› zu unternehmen und nochmals die Differenz zwischen Heinrichs Haltlosigkeit und der soliden Existenz des Vaters sowie der anderen Bürger zu unterstreichen, die in ihren festen und gut abgeschotteten Häusern sicher vor der Flut sind.

Gerade wegen dieser Differenz überzeugen diejenigen Interpretationsversuche nicht, die das Schreckbild der hereinbrechenden Fluten bei Storm (ähnlich wie bei Spielhagen) direkt auf die Dynamik des Kapitalismus beziehen – ganz abgesehen davon, daß Heinrich weniger als Geschäftsmann denn als Spieler, Trinker und Verschwender charakterisiert wird. Er ist der Sohn seiner leichtfertigen Mutter, Produkt und Opfer eines Vererbungsdeterminismus, den Storm gern in das Bild des Blutstropfens faßte, den uns frühere Generationen gespendet haben. Heinrichs Untergang in den Fluten steigert die Vorstellung des Tropfens ins Gigantische. Aber auch einer philosophischen Lektüre ist sein Tod in den Wellen zugänglich; das Scheitern des Kahnfahrers und die Hilflosigkeit, mit der er in seiner letzten Stunde schreiend auf einem wellenumspülten Pfahl Zuflucht sucht, erinnern an Schopenhauers Gleichnis vom ohnmächtigen Scheitern des principium individuationis im Ozean des «Willens».

Die Vorstellung von einer unsoliden, da unkontrollierbaren weiblichen Sexualität, in *Carsten Curator* nur indirekt (nämlich über die Familiengeschichte) mit dem Flut-Komplex vermittelt, gewinnt konstitutive Bedeutung für eine Erzählung Wilhelm Raabes, die gleich den Namen eines Harzflusses im Titel trägt: *Die Innerste* (1876):

> «Und die Innerste wurde sehr schlimm im Laufe des nächsten Monats. Gewaltige Regenstürme brachen mit dem rasenden Winter über das Gebirge herein, und alle Waldwasser schwollen auf wie seit

Menschengedenken nicht. [. . .] Greulich wälzte sich den ganzen
November durch die trübe Flut in das Hildesheimische [. . .].»
Der Fluß erscheint als lebendes Wesen, das den Tod von Menschen
beschreit, ja fordert. Der aus dem Siebenjährigen Krieg zurückgekehrte
junge Müller fühlt sich in besonderer Weise bedroht. Zugrunde liegt
seine einstige Leidenschaft für eine attraktiv-leichtlebige Müllerstochter,
die von ihm und anderen stets mit der Innersten gleichgesetzt wird
(«die Innerste, die Doris»), die sich aber auch selbst mit dem wilden Fluß
identifiziert: «wenn ich wie das wilde Wasser, die Innerste da vorm Fenster, bin, so kann ich's nicht ändern —». Bei einem nächtlichen Überfall
geht die nichtdomestizierte Frau selbst im Eis des Flusses unter, solchermaßen dem philiströsen Eheglück des Müllers und einer künftigen allgemeinen Befriedung Raum gebend.

Wesentlich diskreter, aber in recht ähnlicher Funktion handhabt der alte Fontane das Motiv der Wasserfrau. Nach der Aufgabe früherer Pläne einer Melu-
sinendichtung, von denen noch zwei Erzählfragmente zeugen (*Melusine*; *Oceane
von Parceval*), beschränkt er sich in *Effi Briest* und *Der Stechlin* auf wenige, allerdings hochbedeutsame Andeutungen. Effi ist als Tochter der Luft oder Elementarwesen angelegt; sie stirbt am offenen Fenster beim Geräusch des Regens. Ihre
Verführung durch Crampas wird erzählerisch aufs eindringlichste mit dem
Naturphänomen des Schloons verbunden: einer Unterspülung des Sands durch
die Flut. – Melusine von Barby andererseits, die vom jungen Stechlin wohl
begehrte, aber dann doch nicht geheiratete Schwester Armgards, steht in offensichtlicher Beziehung zum See Stechlin und seinen revolutionären Mysterien. So
wehrt sie sich gegen jedes «Eingreifen ins Elementare» wie z. B. ein Aufschlagen
der winterlichen Eisdecke: «Ich würde glauben, eine Hand führe heraus und
packte mich.»

Der Gegensatz zwischen Bürgerlichkeit oder zielgerichteter männlicher Tätigkeit einerseits, emotional besetzter Flut bzw. Weiblichkeit
andererseits strukturiert viele Texte der Epoche, auch jenseits des von
Spielhagen, Storm, Raabe und Fontane vertretenen Poetischen Realismus. Hauptmanns Märchendrama *Die versunkene Glocke* (1896) greift
unbefangen auf die Figur der Nixe oder Wasserfrau zurück; als solche
entfremdet Rautendelein den Glockengießer seiner bürgerlichen Bindung und erfüllt ihn mit neuem Schaffensdrang. In Bölsches fünf Jahre
älterem Roman *Die Mittagsgöttin* erscheint die Begegnung (und das
gemeinsame Spreebad) mit der nixenhaften Lilly noch als gauklerische
Verführung, die den männlichen Helden seiner gegenwartsbezogenen
Arbeit zu entfremden droht. Erst die Heimfahrt in die Großstadt und
die lokomotivendampfumhüllte Begrüßung seiner Verlobten bringen ihn
auf den Boden der Rationalität und Moderne zurück.

Aber gerade Phänomene der Modernisierung – und nicht zuletzt
die Großstadt – werden von der Mehrheit der damaligen Autoren ja im

Bilde einer bedrohlichen Flut verarbeitet. In ihrer programmatischen Hinwendung zur Großstadt muten manche Naturalisten freilich wie Schwimmer an, die den Sprung ins Wasser fürchten. Stellvertretend lassen sie ihre Romanhelden das Schicksal erleiden, das sie als Auftrag und Schrecknis empfinden. So heißt es beispielsweise in Conrad Albertis Roman *Wer ist der Stärkere?*: «Das Großstadttreiben schließt sich über ihm zusammen wie ein ungeheures Wellengrab, und er schwimmt mit dem überstarken Strom, mechanisch, willenlos, getrieben von den unwiderstehlichen Fluten der Pflicht und der Gewohnheit, die jeden Widerstand brechen.» Das Beste, was dem Helden dieses Romans bleibt, ist noch, die Einsamkeit inmitten der brandenden Masse zu genießen: «Er kam sich dann vor wie eine Klippe mitten im Ocean.»

Julius Harts Gedicht *Nebeltag in Berlin* (1886) gibt der ambivalenten Beziehung der Naturalisten zur Großstadt – einer Ambivalenz, bei der die negativen Empfindungen überwiegen – im gleichen Bild des Ozeans Ausdruck; die untergegangenen Kähne könnten eine Reminiszenz an Schopenhauers schon erwähntes Gleichnis vom Scheitern des principium individuationis darstellen:

> Dort drüben tost der dumpfe Ocean
> Der Riesenstadt in ewig düstrem Brausen;
> Ich weiß es nun, wie in der Fluthen Sausen
> Hinunter spült zerrissen Kahn um Kahn

Sofern die naturalistischen Autoren mit dem Sozialismus sympathisierten, stand es ihnen nicht zu, nach einem «Deichhauptmann» zu rufen. Mutig begrüßt daher Karl Henckell das Meer des Proletariats; sein Gedicht *An das Proletariat* (1890) läßt allerdings auch erkennen, daß die Distanz zwischen bürgerlichem Sänger (Nachtigall im Buchenwipfel) und massenhaftem «Wogenheer» nicht aufgegeben wird. Zwischen den Zeilen glaubt man sogar die Einsicht zu vernehmen, daß das Lied der sympathisierenden Nachtigall im Donnern der Brandung untergehen und vom Adressaten kaum gewürdigt werden wird:

> Riesig rollst du mir zu Füßen –
> Laß vom Buchenwipfel grüßen
> Dich, du dröhnend Wogenheer!
> Schüchtern in dein Donnerklingen
> Wag ich hell mein Lied zu singen,
> Kleine Nachtigall am Meer.

5. *Wahrheit und Lüge*

«Es ist viel Lüge in unserer Litteratur, und ich werde auch für mein armes Theil nach Kräften das meinige dazu tun, sie herauszubringen» – Wilhelm Raabe schlägt mit diesem Bekenntnis (im Brief an Adolf Glaser vom Februar 1866) ein Grundthema der nachfolgenden Epoche an und antizipiert dabei fast schon einen Buchtitel von Karl Kraus (*Literatur und Lüge*, 1929). Das Verhältnis von Wahrheit und Lüge ist auch eine Dominante seines eigenen Werks, dem Inhalt und der zeitgenössischen Wirkung nach. In der herben Würdigung, die Wilhelm Jensen 1879 dem Freund in *Westermanns Illustrierten Monatsheften* angedeihen läßt, nennt er Raabe einen «Philosophen», der «nach der Erkenntniß der Wahrheit des Menschenlebens» strebe und dabei weder Täuschung noch Selbstbetrug dulde. Jensen steigert die Objektivität dieses Wahrheitsanspruchs noch, wenn er Raabe anschließend mit einem Anatomen oder Physiologen vergleicht, der «am Secirtisch des Lebens» stehe und «mit scharfem Messerschnitt die geheimsten Nervenverzweigungen» bloßlege: «Er scheut sich nicht, die vererbte Lüge einer altersehrwürdigen Hülle zu berauben und die Blasen allgemeingültiger Phraseologie hohl zerplatzen zu lassen.»

Dennoch läßt Raabe auch der Lüge Gerechtigkeit widerfahren; zu der Konsequenz seines Wahrhaftigkeitswillens gehört offenbar auch die Einsicht in die Lebensnotwendigkeit der Illusion. «Man muß [...] die Menschen nicht in ihren Illusionen stören», erklärt der gescheiterte Held seines Romans *Die Akten des Vogelsangs*. Velten Andres begründet damit die «Komödie» ökonomischen Erfolgs und emotionaler Erfüllung, die er der sterbenden Mutter vorspielt – um nach ihrem Tode seiner faktischen Ernüchterung durch Vernichtung aller persönlichen Besitztümer um so radikaleren Ausdruck zu verleihen. Dennoch bleibt es offen, ob der äußeren Leere, die Velten noch in seinem eigenen Tode um sich herum herstellt, auch wirklich – wie von ihm beansprucht – eine vollkommene innere Leere, nämlich «Gefühllosigkeit», entspricht. Mit dem Motiv des gescheiterten Heimkehrers aus der Ferne, der die Illusionen seiner sterbenden Mutter schont, zitiert Raabe übrigens ein Hauptwerk der Epoche: Ibsens Versdrama *Peer Gynt* (1867, deutsch 1881). Sein erster Satz «Peer, du lügst» charakterisiert den Helden als Phantasten und Schwärmer und eröffnet zugleich das Beziehungsgeflecht von Wahrheit und Lüge, das das weitere Dramenschaffen Ibsens durchzieht und im Zuge der damaligen Ibsen-Mode weit in die europäische Kultur ausstrahlte.

Prägend für den kämpferisch-sozialkritischen Akzent, mit dem die Antithese von Wahrheit und Lüge vor allem in der deutschsprachigen

Literatur der achtziger Jahre gehandhabt wurde, wirkte Ibsens Schauspiel *Stützen der Gesellschaft* (1877, deutsch 1878). Die gesellschaftliche
Position, die der reiche Schiffsreeder Konsul Bernick darin bis kurz vor
Schluß behauptet, beruht auf Lug und Trug; Wahrheitsfindung in diesem Drama ist somit identisch mit der Infragestellung sozialer Autoritäten und Hierarchien – eben der vermeintlichen «Stützen der Gesellschaft». Die wahren «Stützen der Gesellschaft» dagegen seien – so Lona
Hessels idealistische Maxime, die von den angehenden Naturalisten
begeistert aufgenommen wurde – «der Geist der Wahrheit und der Geist
der Freiheit». Von dem militanten Optimismus dieses Wahrheitsbegriffs
ist Ibsens *Wildente* (1884, deutsch 1887) bereits weit entfernt. Auch hier
fehlt es nicht an einer dunklen Vorgeschichte, die aufzudecken wäre. Der
Idealist und Wahrheitsfanatiker Gregers Werle stürzt mit seinen detekti-
vischen Aktivitäten die Familie Ekdal, der er helfen will, jedoch nur ins
Unglück; er beraubt sie der Illusionen, die sich im fiktiven Jagdrevier
des Dachbodens vergegenständlicht haben, und damit der «Lebenslüge»,
die nach Auffassung des Arztes Relling das «stimulierende Prinzip» ist.

Mit dieser Relativierung des Wahrheitsbegriffs begibt sich Ibsen in
bemerkenswerte Nähe zu Nietzsches gleichzeitiger Neubestimmung der
Wahrheit als einer Funktion des Lebens bzw. des Willens zur Macht.
Den Ausgangspunkt bildet Nietzsches radikale Verleugnung einer objektiven Erkenntnis in der frühen (erst postum veröffentlichten) Abhandlung *Ueber Wahrheit und Lüge im aussermoralischen Sinne*. Als grundlegend setzt Nietzsche darin nicht einen Wahrheitstrieb, sondern einen
vitalen Verstellungstrieb an; nur durch gesellschaftliche Verabredung
werden bestimmte Auffassungen oder Bezeichnungen als «wahr» definiert:

> «Was ist also Wahrheit? Ein bewegliches Heer von Metaphern, Me-
> tonymien, Anthropomorphismen kurz eine Summe von mensch-
> lichen Relationen, die, poetisch und rhetorisch gesteigert, über-
> tragen, geschmückt wurden, und die nach langem Gebrauche
> einem Volke fest, canonisch und verbindlich dünken: die Wahrhei-
> ten sind Illusionen, von denen man vergessen hat, dass sie welche
> sind [. . .].»

Der intensive Rekurs auf die Opposition Lüge–Wahrheit im Umfeld
der Moderne bewegt sich zwischen Nietzsches totaler Bezweiflung eines
objektiven Wahrheitsbegriffs und der reformerischen Berufung auf eine
unterdrückte Wahrheit, wie sie in Ibsens *Stützen der Gesellschaft* begegnet und in Max Nordaus kulturkritischem Buch *Die conventionellen
Lügen der Kulturmenschheit* (1883, 14. Auflage 1889) noch eine erhebliche Ausweitung erfuhr. Als Replik auf Nordau veröffentlichte Karl
Bleibtreu 1885 anonym (ab der 6. Auflage 1888 unter seinem Namen)

die *Paradoxe der konventionellen Lügen*. Auch in seinem Roman *Größenwahn* mangelt es nicht an polemischen Spitzen gegen Nordau und einen einseitigen – in «Unwahrheit» umschlagenden – «Fanatismus der Wahrheit». «Ein Herr Nordau hat gegen ‹Conventionelle Lügen der Culturmenschheit› gedonnert. Auch das ist aber nur eine Lüge. ‹Culturmenschheit›, eine Humbugphrase wie so viele. Die ganze Welt ist nur eine einzige Lüge und bei dem Worte ‹Idealismus› lachen die Auguren» – so heißt es in Krastiniks Zeitungsartikel nach Leonharts Freitod. Von diesem Standpunkt aus läßt sich auch der «Größenwahn», in dem der Autor eine Grundtendenz der Moderne (nicht nur im literarischen Bereich) erkennt, als Variante der allumfassenden Lüge verstehen und relativieren.

Unberührt von Bleibtreus Skepsis, besingt der junge Johannes Schlaf unter der Überschrift *Revolution* 1886 «der Wahrheit heil'ge Märt'rerkronen». In seinem Roman *Junge Leute* (1890) gibt er schon einen Rückblick auf diesen kämpferischen Optimismus und die ihm zugrundeliegende Gleichsetzung von Wahrheit und Freiheit: «Sie fingen an, wie jedesmal, wenn sie hier zusammenkamen, sich im Voraus an dem ‹Kampfe› zu begeistern, den sie mit der ‹Lüge› aufnehmen würden, sobald sie nur erst einmal ‹frei› sein würden, ganz ‹frei›.» In Helene Böhlaus Roman *Herzenswahn* (1888) drückt sich ein ähnliches Lebensgefühl aus. «Ich passe nicht in die Gesellschaft – ich will leben», sagt die Protagonistin Käthe Reichlin: «Hier im Garten, wenn ich pflanze oder grabe, oder im Gewächshaus arbeite, oder mit Dir rede, da sehe und fühle ich auf der Welt nichts von Lüge, nichts von Kränkung, nichts von Lieblosigkeit.» Die Gesellschaft ist die Sphäre der Lüge, von der sich der einzelne befreien muß, wenn er sie schon nicht als ganze verändern kann.

Insofern entbehrt es nicht einer gewissen Ironie, daß Michael Georg Conrad die Zeitschrift, mit der er ab 1885 einen neuen Wahrheitsanspruch in der Literatur durchzusetzen versuchte, just «Die Gesellschaft» nannte. In direktem Anschluß an die programmatische Einführung, in der Conrad den «Kulturlügnern» und dem «Schwindel» den Kampf ansagt, folgt im ersten Heft ein fiktiver Dialog *Wahrheit und Lüge* aus der Feder Bertha von Suttners. Es handelt sich um ein Streitgespräch zwischen einem Verfechter der Wahrheit und einem Verfechter der Lüge. Letzterer ist der bessere Redner, gibt sich aber gern geschlagen, weil er eigentlich auch auf der Seite der Wahrheit steht. In einer Skizze, die Berthas Mann Arthur Gundacar von Suttner fünf Jahre später zum ersten Heft der Zeitschrift *Moderne Dichtung* beisteuerte, nannte er Conrad einen «Kämpfer für die Wahrheit, einen Bekämpfer der Lüge».

Offenbar hatte das Bekenntnis zur Wahrheit 1890 noch nichts von seiner strategischen Bedeutung verloren. Im Gegenteil – die beiden pro-

grammatischen Erklärungen zur Moderne, mit denen Otto Brahm und
Hermann Bahr zu Beginn des Jahres hervortraten, beziehen sich zentral
auf das Ideal der Wahrheit und seinen Gegensatz zur Lüge. Wie bald zu
zeigen sein wird (S. 55), geschieht das aber in unterschiedlicher Akzentuierung. Im Kontrast zwischen der individuellen Wahrheit Brahms und
dem subjektiven Wahrheitsbegriff Bahrs zeichnet sich schon die Differenz zwischen der Berliner und der Wiener Moderne ab.

Ein Aspekt, der dabei für die Wiener Autoren in den Vordergrund
tritt, ist die Unterscheidung verschiedener Bewußtseinsebenen, verbunden mit der Einschätzung, daß das wache Verstandesbewußtsein nur de-
fizitär an der eigentlichen Wahrheit teilhabe. In seinem Essay *Die neue
Psychologie* (1890) fordert Bahr eine neue künstlerische Technik, die «die
Wahrheit des Gefühls» noch vor der Schwelle der rationalen Verarbeitung aufspürt – «während alle alte Kunst sich ins Bewußtsein versperrte,
das in alles Lüge trägt». In spielerischer Weise reflektiert auch Schnitzlers
Anatol die Differenz zwischen den Bewußtseinsstufen und die sich aus
ihr ergebende Relativierung des Wahrheitsbegriffs. In der Episode «Die
Frage an das Schicksal» hat Anatol Gelegenheit, seiner hypnotisierten
Geliebten ein Geständnis über ihre Treue zu ihm zu entlocken. Doch er
bricht die Befragung ab, weil er der Logik des Tiefenbewußtseins nicht
traut und ihr die begrenzte Wahrheit eines konventionellen Treue-
schwurs vorzieht oder, wie Freund Max es ausdrückt, weil ihm seine
«Illusion doch tausendmal lieber ist als die Wahrheit». Die Abhängigkeit
des menschlichen Bewußtseins von Triebregungen wird zum Generalthema vor allem des Erzählers Schnitzler. Die absolute Priorität des
Geschlechtlichen, die sich dabei ergibt, verweist alle andersgerichteten
Bewußtseinsinhalte in den Bereich der – gesellschaftlichen, kulturellen,
moralischen – Lüge.

Auch Hofmannsthal geht von dem zeitgenössischen Wahrheit-Lüge-
Diskurs aus; bei näherem Hinsehen zeigt sich, daß wesentliche Tendenzen seines Werks auf diesen Ausgangspunkt zu beziehen sind. Man
mag vielleicht den Begleitbrief belächeln, mit dem der Gymnasiast 1890
einige Gedichte an den Herausgeber der *Modernen Dichtung* übersandte,
sich selbst zu einem leidenschaftlichen Parteigänger des «Kampfblattes»
in seinem Ringen «nach neuen, lebensvollen Formen, dem lebensquel-
lenden Ausdruck, der ungeschminkten subjektiven Wahrheit, der Befreiung von konventioneller Lüge in ihren tausend tödlichen Formen» stili-
sierend. Doch noch Hofmannsthals Besprechung einer Mitterwurzer-
Monographie von 1896 beschreibt das kulturelle Klima der Gegenwart
im Zeichen lebensbedrohender Verlogenheit: «Die unendlich complexen
Lügen der Zeit, die dumpfen Lügen der Tradition, die Lügen der Aemter,
die Lügen der Einzelnen, die Lügen der Wissenschaften, alles, das sitzt
wie Myriaden tödlicher Fliegen auf unserm armen Leben.» Von hier zur

Beschreibung der Sprachkrise des Lord Chandos in *Ein Brief* (1902) ist es nur ein Schritt: «Dies alles erschien mir so unbeweisbar, so lügenhaft, so löcherig wie nur möglich. [...] Die einzelnen Worte schwammen um mich; sie gerannen zu Augen, die mich anstarrten und in die ich wieder hineinstarren muß.» − Es sind übrigens die großen Worte, an denen auch der Unbekannte leidet, von dem eine kurze Erzählung Thomas Manns (*Enttäuschung*, 1898) berichtet; weil keine Erfahrung die Intensität bietet, die ihm eine sprachlich verfertigte Erwartung davon verspricht, ist ihm das ganze Leben eine einzige «Enttäuschung». Nur aus «Feigheit und Lüge», erklärt er, würden die Menschen «in die großen Wörter der Dichter einstimmen».

In ihren Anfängen ist Hofmannsthals Sprach- und Erkenntniskritik stark von Nietzsche beeinflußt. Mit einem Nietzsche-Zitat als Motto sollte das Gedicht *Gedankenspuk* in Eduard Michael Kafkas Zeitschrift erscheinen; es sieht den «flammenden Genius» unseres Innern einerseits durch «tröstende Lüge» und «süßen Selbstbetrug», andererseits durch den «blöden Mönchsfleiß» des deutschen Professors gefährdet, der der «schmerzenden Wahrheit» Gräber schaufelt. Hofmannsthals erstes Drama *Gestern* handelt vom − scheiternden − Versuch, die «flammende» Subjektität, auch in ihrer zeitlichen Dynamik, zur alleinigen Richtschnur des Daseins zu erheben. Die Maxime des Protagonisten lautet:

> Das Gestern lügt und nur das Heut ist wahr!
> Laß dich von jedem Augenblicke treiben,
> Das ist der Weg, dir selber treu zu bleiben;
> Der Stimmung folg, die deiner niemals harrt,
> Gib dich ihr hin, so wirst du dich bewahren,
> Von Ausgelebtem drohen dir Gefahren:
> Und Lüge wird die Wahrheit, die erstarrt!

Am Ende sieht sich Andrea selbst betrogen; er wird seine Geliebte anklagen, daß sie «den warmen, lichten Schein» über der Zeit ihrer Gemeinsamkeit zerstört habe. Auch der Dogmatiker der Wahrheit hat seine Illusionen.

6. Was heißt Moderne?

In der Entschlossenheit von Hofmannsthals Andrea-Figur, ganz dem Heute zu leben, spiegelt sich eine Grundtendenz der Epoche. Führende Vertreter der jungen Generation um 1890 haben sich emphatisch zu der «Moderne» bekannt − dem Unikum einer Literaturrichtung oder Welthaltung, die durch nichts anderes definiert war als eben ihre Neuheit, ihre Ausrichtung auf das Neue. So formuliert es auch der Prolog, den

Otto Julius Bierbaum zur Eröffnung des Sommerfestes der «Gesellschaft für modernes Leben» in München im Juli 1891 dichtete. Die «moderne Muse» stellt sich darin folgendermaßen vor:

> Ja, seht mich nur an, gelehrte Herrn!
> Ihr möchtet wohl was Klassisches gern,
> Allein, vom Scheitel bis zum Fuße
> Bin ich modern, modern, modern!
> Ohne Kothurn und Tunika,
> Steh ich, ein Mädel von heute, da
> Und laß mir mein Heute, mein Heute nicht nehmen,
> Will mich in gar nichts Vergang'nes bequemen.
> Heut leb ich und lieb ich und heut bin ich jung,
> Dem Heute entatm' ich Begeisterung.

Bierbaums Prolog zitiert zwei Vorbilder: Arno Holz' Verse «Modern sei der Poet, / Modern vom Scheitel bis zur Sohle» (*Das Buch der Zeit*, 1885) und die Personifikation der Moderne als «vom modernen Geiste erfülltes Weib, [...] mit flatterndem Gewand und fliegendem Haar, mit vorwärtsschreitender Geberde», die Eugen Wolff 1888 in einer Broschüre mit dem Titel *Die jüngste deutsche Literaturströmung und das Prinzip der Moderne* entwarf – oder entwerfen ließ, denn die Schrift ist als Dialog angelegt, und es fällt der Figur des Historikers zu, dieses «neue Götterbild» zu beschreiben. Im Bild des fiktiven Herrenabends spiegeln sich die Diskussionen des Berliner Vereins «Durch!», an denen der Germanist Eugen Wolff selbst teilgenommen hat. Tatsächlich findet sich das erste Bekenntnis zur Moderne in unserem Epochenzusammenhang in den Thesen, die der Verein «Durch!» 1887 in die *Allgemeine Deutsche Universitätszeitung* einrücken ließ. Darin heißt es unter Numero 6: «Unser höchstes Kunstideal ist nicht mehr die Antike, sondern die Moderne.»

Die Gegenüberstellung von Antik und Modern ist allerdings alles andere als originell; sie findet sich schon in der Theorie des französischen Klassizismus und – mit neuem Akzent auf der «Moderne» (wie es gelegentlich schon bei Friedrich Schlegel heißt) – in den ästhetischen Schriften Schillers und der Romantiker. Allerdings hat man den Eindruck, daß es den Mitgliedern des Vereins «Durch!», zu denen ja alle prominenteren Berliner Naturalisten gehörten, weniger um eine Distanzierung von der Antike als von einer klassizistisch-epigonalen Orientierung ging. Man sagte Antike und meinte vielleicht Geibel, Heyse oder Wilbrandt. Entsprechend meint auch der Begriff der Moderne anderes als in der traditionellen «querelle des anciens et des modernes»; es geht nicht um die Gesamtheit der nachantiken Literatur, sondern um eine dem wirklichen Leben zugewandte – durch «unerbittliche Wahrheit» ausgezeichnete – zeitgenössische Dichtung.

Der Begriff der Wahrheit gewinnt zentrale Bedeutung in drei theoretischen Proklamationen vom Januar 1890, mit denen die Debatte um die Moderne in der deutschsprachigen Literatur ihren Höhepunkt erreicht; allerdings handelt es sich bei genauerem Hinsehen um drei verschiedene Wahrheitsbegriffe. Das erste Heft der in Brünn erscheinenden Zeitschrift *Moderne Dichtung* bringt zwei untereinander bereits extrem divergierende Manifeste von Wilhelm Bölsche und Hermann Bahr. Bölsches Aufsatz *Wege und Ziele der modernen Ästhetik* erblickt im Prinzip des «Realismus» eine natürliche Konsequenz des «Wahrheitstriebes der Menschheit», der die literarische Entwicklung ebenso wie den Fortschritt der Wissenschaften bestimme. Völlig konträr bestimmt Bahrs aphoristisch angelegter Artikel *Die Moderne* die Subjektivität als Basis der neuen Kunst-Wahrheit: «Wir haben kein anderes Gesetz als die Wahrheit, wie jeder sie empfindet.» Erst mit der Hingabe an diese subjektive Wahrheit kann die Entfremdung des erstarrten Geistes vom immerfort sich wandelnden Leben aufgehoben und so auch eine Versöhnung von Ich und Welt hergestellt werden; in messianisch-revolutionärer Symbolik heißt es:

«Wir wollen das Fenster weit öffnen, daß die Sonne zu uns komme, die blühende Sonne des jungen Mai. Wir wollen alle Sinne und Nerven auf-thun, gierig, und lauschen und lauschen. Und mit Jubel und Ehrfurcht wollen wir das Licht grüßen, das zur Herrschaft einzieht in die ausgeräumten Hallen.»

Zwei Wochen später eröffnet Otto Brahm das erste Heft der Berliner Zeitschrift *Freie Bühne für modernes Leben* mit einem Geleitwort (*Zum Beginn*), das den «Bannerspruch der neuen Kunst» gleichfalls in der «Wahrheit» findet, jedoch nicht in der sensualistischen Gourmet-Wahrheit Bahrs, sondern in der «individuellen Wahrheit» des überzeugten Kämpfers: der «Wahrheit des unabhängigen Geistes, der nichts zu beschönigen und nichts zu vertuschen hat». Mit liberalistischem Pathos wird die «Unendlichkeit der Entwicklung» gefeiert, die sich durch keinen «Schlagbaum der Theorie» aufhalten lasse – gewissermaßen eine Reminiszenz an das Deutschland vor der Zollunion. Unter dem Vorbehalt eines offenen evolutionären Dynamik wird ein befristetes Bündnis mit dem Naturalismus geschlossen, mit dem man gleichsam bis zur nächsten Wegbiegung gemeinsam marschieren wolle: «allein es soll uns nicht erstaunen, wenn im Verlauf der Wanderschaft, an einem Punkt, den wir heute noch nicht überschauen, die Strasse plötzlich sich biegt und überraschende neue Blicke in Kunst und Leben sich auftun.» Die Überwindung des Naturalismus wird hier vom führenden naturalistischen Literatur- und Theaterkritiker schon ins Auge gefaßt; als Theaterleiter allerdings sollte Brahm der Richtung Hauptmanns bis zu seinem Tod (1912) die Treue halten.

Wie man sieht, implizieren die Bekenntnisse zur Moderne grundsätzlich auch Aussagen über die Zukunft; sie sind getragen von einem Weltgefühl, das seine entscheidende Legitimation nicht aus der Vergangenheit und ihren Autoritäten, sondern aus der Aussicht auf kommende Entwicklungen bezieht. *Die Zukunft* hieß die Zeitschrift, die Maximilian Harden 1892 gründete; *Neuland* ist der Titel einer maßgeblichen «Sammlung moderner Prosadichtung» von 1894. Das Vorwort des Herausgebers Cäsar Flaischlen zitiert eingangs eine Wörterbuchdefinition: «– (Neubruch, Rodeland) aus Umrodung von Wald-, Heide- oder Ackerboden gewonnenes Ackerland.» Das Bewußtsein einer Wendezeit kam 1890 nicht von ungefähr. Die Proklamationen der Moderne erreichten ihren Gipfel im selben Jahr, in dem der Rücktritt des «Eisernen Kanzlers» Platz für den «Neuen Kurs» Wilhelms II. machte, in dem die Sozialdemokratie mit dem Auslaufen der Sozialistengesetze in die vollständige Legalität zurückkehrte und übrigens auf ihrem Erfurter Parteitag heftige Flügelkämpfe zwischen der Parteileitung (den sogenannten «Alten») und den anarchistisch gestimmten «Jungen» austrug. Die Hoffnung auf Verjüngung lag in der Luft, wie ja schon Albertis Romantitel *Die Alten und die Jungen* (1888) und die Selbstbenennung der Naturalisten als «Jüngstdeutsche» sowie der Wiener Gruppe als «Junges Wien» zeigen. Noch 1896 gründet Georg Hirth in München eine neuartige Kunst- und Literaturzeitschrift *Jugend*, die schließlich der ganzen Richtung des Jugendstils den Namen geben sollte.

Damit sind wir allerdings schon in einer neuen Phase der Entwicklung der Moderne angelangt, in der sich der programmatische Wahrheitsanspruch von 1890 weitgehend verloren hat. Auch ist der Gesichtspunkt der Jugendlichkeit nicht zu verabsolutieren, denn spätestens seit der Eröffnungsrede zur Wiener Freien Bühne 1891 hatte man sich daran zu gewöhnen, daß Zukunftshoffnung und Untergangsstimmung, Moderne und Dekadenz keinen unüberwindlichen Widerspruch darstellen. Friedrich Michael Fels artikuliert zunächst ein typisch modernes Selbstgefühl, indem er von der «Grenzscheide zweier Welten» spricht, an der «wir» stehen: «Was wir schaffen, ist nur Vorbereitung auf ein künftiges Großes, das wir nicht kennen, kaum ahnen; es wird ein Tag kommen, da wir nicht mehr gelesen werden: freuen wir uns, daß der Tag bald komme!» In dieser masochistisch anmutenden Selbsterniedrigung kündigt sich schon der zweite Bezugspunkt von Fels' Standortbestimmung an: «das dekadente Bekenntnis eines sinkenden, haltlosen, unsicher treibenden Geschlechtes». Dessen einziger Stolz und spezifische Modernität liegen darin, daß es als erste Generation der Weltgeschichte bewußt erkennt und ausspricht: «Wir sind dekadent.»

Von hier ist es nicht weit zu der Definition von «modern», die Hofmannsthal 1893 in einem Essay über d'Annunzio gibt. Er stellt zunächst den Antagonismus zweier gegenläufiger Tendenzen fest: «Heute scheinen zwei Dinge modern zu sein: die Analyse des Lebens und die Flucht aus dem Leben. [...] Man treibt Anatomie des eigenen Seelenlebens, oder man träumt.» Entsprechend paradox sind die Beispielpaare des Katalogs organisiert, an dem Hofmannsthal anschließend die Befindlichkeit der zwei- bis dreitausend Menschen in den großen europäischen Städten illustriert, aus deren Mitteilungen die Geschichte das «Merkwort der Epoche» – nämlich «modern» – entnehme:

«Modern sind alte Möbel und junge Nervositäten. Modern ist das psychologische Graswachsenhören und das Plätschern in der reinphantastischen Wunderwelt. Modern ist Paul Bourget und Buddha; das Zerschneiden von Atomen und das Ballspielen mit dem All; modern ist die Zergliederung einer Laune, eines Seufzers, eines Skrupels; und modern ist die instinktmäßige, fast somnambule Hingabe an jede Offenbarung des Schönen, an einen Farbakkord, eine funkelnde Metapher, eine wundervolle Allegorie.»

Die Moderne-Bestimmungen von Fels und Hofmannsthal tragen ihren eigenen Widerspruch in sich, sind vom Bewußtsein der Exklusivität und des Episoden-Charakters der hier formulierten Moderne bestimmt. Tatsächlich sollte nur ein gutes Jahrzehnt später eine Art Schlußstrich unter die Moderne gezogen werden. Samuel Lublinskis *Bilanz der Moderne* erscheint 1904, im gleichen Jahr wie Hans Landsbergs Buch *Die moderne Literatur*, dessen Titel keineswegs als Ausdruck des Einverständnisses mit seinem Gegenstand zu verstehen ist. Wenn die ersten Geschichten der Moderne geschrieben werden, muß diese – jedenfalls im Sinne des selbstgestellten Anspruchs einer permanenten Innovation – eigentlich zu Ende sein, und tatsächlich läßt die Faszination des Begriffs nach der Jahrhundertwende merklich nach.

Aber auch zu ihren besten Zeiten – Hofmannsthals Schätzung von höchstens dreitausend «modernen» Menschen in ganz Europa macht das deutlich – hatte die selbsternannte Moderne nie flächendeckende Geltung, sondern stets den Charakter einer Minderheiten-Kultur oder -Bewegung, im Widerspruch sowohl zu den Instanzen einer repräsentativen staatlichen Kulturpolitik wie zur trivialen Massenkultur, in Distanz aber auch zu den führenden Vertretern der älteren Autorengeneration. Fontanes späte Begeisterung für die naturalistischen Theaterexperimente bildet da nur eine halbe Ausnahme, denn Fontane hätte sich nie selbst zur «schwarzen Realistenbande» gerechnet. Schließlich gehört es zum kämpferischen oder mindestens provozierenden Charakter der damaligen Moderne, daß sie alsbald eine spezifische Opposition auf den Plan rief; fast gleichzeitig mit der Moderne formierte sich die Antimoderne.

Führendes Organ des antimodernen Protestes ist in den Jahren 1890–1896 Erwin Bauers – regelmäßig vom jungen Heinrich Mann belieferte – Zeitschrift *Das Zwanzigste Jahrhundert*. Allein schon der Titel verrät, wieviel die Gegner der Moderne mit ihr gemein haben; der Zukunftsbezug eines Bahr oder Brahm wird hier sozusagen von rechts demonstrativ überboten. Eben dieser Logik folgt auch ein polemischer Artikel Bauers von 1891 (*Die ‹Modernen› in Berlin und München*), der sich polemisch mit Heinrich Harts kurzlebiger – und inzwischen kaum noch greifbarer – Zeitschrift *Die Moderne* (1891) auseinandersetzt.

Harts Geleitwort, das ganz im Sinne des Friedrichshagener Kreises Perspektiven auf eine Befreiung des Individuums eröffnete, zu der der Sozialismus nur eine – immerhin notwendige – Durchgangsstation bilde, dient Bauer als Beweis dafür, daß die Berliner Moderne die Ideale der Französischen Revolution mit den materialistischen Tendenzen des 19. Jahrhunderts zu verbinden suche und im übrigen jüdisch unterwandert sei. Im Gesicht der Moderne – «wo man die frischen, gesunden Mienen einer aufblühenden Zukunft zu sehen glaubt» – entdeckt der konservative Gegner daher «die hohlen Wangen und fahlen Augen des dem Zeitengrabe zuwankenden demokratisch-materialistischen Kosmopolitismus». Er tröstet sich mit der Aussicht auf den «Sieg der Deutschnationalen und sozialen Idee über die Überbleibsel des neunzehnten Jahrhunderts».

Ist auch aus heutiger Sicht die selbsternannte Moderne der Jahre 1887–1904 ein überwundenes «Überbleibsel» des 19. Jahrhunderts? An der Schwelle zum dritten Jahrtausend ist sicher die historische Distanz unübersehbar, die uns von der Aufbruchstimmung um 1890 trennt. Die Selbsteinschätzung der damaligen Generation, daß erst mit ihr eine moderne Literatur und Kunst einsetze, hat nur in begrenztem Umfang Gefolgschaft gefunden. Zu vage ist die Kategorie des Modernen und zu fundamental und vielfältig sind schon in früheren Jahrhunderten die Ansätze zu einschneidenden kulturellen Innovationen, als daß der Begriff in verbindlicher Weise auf das Ende des 19. Jahrhunderts eingeschränkt werden könnte. Auf der anderen Seite ist nicht zu verkennen, daß von der Literatur jener Jahre tatsächlich wesentliche Impulse auf die Entwicklung des 20. Jahrhunderts ausgegangen sind – allerdings nicht in erster Linie von der damaligen Programmatik und auch nicht ausschließlich von den Autoren, die sich an ihr beteiligten oder in ihr eine zentrale Rolle spielten. Wer heute nach Paradigmen einer zukunftsträchtigen Ästhetik in der damaligen Epoche sucht, wird ebenso in Fontanes *Stechlin*, mancher Erzählung des alten Raabe oder Ferdinand von Saars und einigen Gedichten Conrad Ferdinand Meyers fündig wie bei Holz und Hauptmann, Schnitzler und Hofmannsthal. Das Potential der Moderne um 1900 ist größer als das Kontingent der selbsternannten Moderne.

Abgrenzungsprobleme ergeben sich auch im Verhältnis zum rezenten Begriff der Klassischen Moderne, einer paradoxen Konstruktion, unter der hauptsächlich wohl Autoren bzw. Werke aus dem ersten Drittel des 20. Jahrhunderts verbucht werden – einer Zeit also, in der es längst nicht mehr üblich war, sich emphatisch als «modern» zu titulieren. Grundsätzliche Problemstellungen und Phänomene allerdings – andeutungsweise seien Ich-Dissoziation, Sprachkrise und Selbstreflexivität der Kunst genannt – reichen über diesen ‹klassischen› Bereich hinaus; sie weisen einerseits zurück auf die Zeit des späten 19. Jahrhunderts, anderseits aber auch nach vorn — als Verbindungsglieder zu einer Gegenwart, die sich zunehmend als «postmodern» definiert, ohne daß abschließend Klarheit darüber bestünde, ob dieser Begriff nun eher ein Ende der Moderne voraussetzt oder ihre (gesteigerte? erweiterte?) Fortführung meint.

II. GEISTIGE GRUNDLAGEN

1. Pessimismus

In Heyses Roman *Kinder der Welt* (1873) begegnet ein Schuhmacher, der sich in lauter Phrasen aus Schopenhauers Werken äußert. «Der Wille», so kalauert unfreiwillig dieser Philosophaster, «ist der Meister, die Vorstellung ist schwach, so schwach, daß man oft gar keine Vorstellung davon hat.» Schopenhauers Hauptwerk *Die Welt als Wille und Vorstellung* war in erster Auflage schon ein halbes Jahrhundert zuvor – nämlich 1819 – erschienen, doch setzte die populäre Breitenwirkung Schopenhauers erst mit der Veröffentlichung seiner *Parerga und Paralipomena* (1851) ein. Die Kürze, stilistische Qualität und Lebensbezogenheit dieser Texte mochte daran ihren Anteil haben; ins Gewicht fiel sicher auch das kulturelle Klima der Zeit nach der gescheiterten Märzrevolution. Der resignative Grundzug der Schopenhauerschen Philosophie empfahl sich einer Epoche, die durch die Enttäuschung liberaler Hoffnungen geprägt war. Dasselbe Syndrom scheint sich in Österreich nach 1866 wiederholt zu haben. Der Mangel einer positiven politischen Perspektive für das deutsch-österreichische Bürgertum nach dem unfreiwilligen Ausscheiden aus dem deutschen Einigungsprozeß, die zunehmenden zentrifugalen Tendenzen im Vielvölkerreich und die sich verschärfenden sozialen und antisemitischen Spannungen boten eine hinreichende Motivation für die Zuwendung zu einer Philosophie, deren Grundaussage die Allgegenwart des Leidens und deren zentrale sittliche Maxime die Überwindung des Willens zum Leben war.

Jedenfalls ist eine erstaunliche Häufung von Schopenhauer-Anleihen in der österreichischen Literatur der zweiten Jahrhunderthälfte festzustellen. Sie verbinden sich vielfach mit direkten Bezweiflungen des Fortschrittsdenkens, so in Anzengrubers Parabel *Jaggernaut* aus der Mitte der sechziger Jahre und im Prolog zu Sacher-Masochs unvollendetem Novellenzyklus *Das Vermächtniß Kains* (1870–1877). Dort tritt ein unheimlicher «Wanderer» auf, der «die Liebe, das Eigenthum, den Staat, den Krieg, die Arbeit und den Tod» als die sechs Todsünden bezeichnet und unter Zuhilfenahme sozialdarwinistischer Metaphern näher charakterisiert. Hinter der aktuellen Rede vom «Kampf ums Dasein» verbirgt sich aber offenbar Schopenhauers These von der «dem Willen wesentlichen Selbstentzweiung mit sich selbst». Auch die verschiedenen Formen sexueller Abhängigkeit, die im Zentrum des ersten Novellenbandes wie überhaupt des Erzählwerks Sacher-Masochs stehen, lassen sich auf die Philosophie Schopenhauers, genauer die «Metaphysik der Geschlechtsliebe» in *Die Welt als Wille und Vorstellung*, beziehen.

Ferdinand Kürnbergers Essays der sechziger und siebziger Jahre umkreisen gleichfalls die Problematik des Fortschrittgedankens und nutzen dabei jede Gelegenheit, an die Lehren des «königlichen» oder «herrlichen Schopenhauer» zu erinnern und «die Lehre des Meisters» oder den «geistschweren Wipfel eines Buches wie ‹Die Welt als Wille und Vorstellung›» zu beschwören. In seinem Essay *Die Achsen des Optimismus und Pessimismus* (1867) geht er vom «tragischen Gigantenwitze» aus, mit dem Schopenhauer diese Welt als schlechtestmögliche (d. h. mit einem «Minimum von Gutem und bei einem Maximum von Elend» gerade noch mögliche) gegeißelt habe. Er schließt mit der Empfehlung eines Indifferentismus jenseits von Leidensdiagnose und positiven Sinn-Konzepten: «Aus dem heißen Fieber des Optimismus und aus dem kalten Fieber des Pessimismus ist uns gleicherweise Genesung angebahnt in jenem spezifischen Indifferentismus, welchen die Natur gegen uns selbst an den Tag legt [. . .]. Abstrahieren wir von uns!» Offenbar ist es die Schuld des Subjekts, wenn es an die Welt falsche Forderungen richtet. In diesem Sinn mündet auch Kürnbergers Essay *Am Grabe eines Selbstmörders oder die Verzweiflung der Heiteren und die Heiterkeit der Verzweifelten* (1873) in ein Plädoyer für einen lebenspraktischen «Pessimismus», der jede akute Negativerfahrung durch den Vergleich mit schlimmeren Möglichkeiten relativiert und übertriebenen Wunschvorstellungen entsagt hat.

Als konsequenter Gegner des Fortschrittsdenkens äußerte sich der Lyriker und Publizist Hieronymus Lorm (eig. Heinrich Landesmann), der in Mähren aufwuchs und zweieinhalb Jahrzehnte in bzw. bei Wien lebte, bevor er sich 1873 (bis 1902) nach Dresden begab. Schweres körperliches Leiden (Taubheit seit dem 16. Lebensjahr, Blindheit im Alter) mag die Empfänglichkeit Lorms für Schopenhauers Philosophie bestärkt haben. Allerdings begnügte sich Lorm nicht mit dem Begriff des Pessimismus, sondern ergänzte ihn – schon im Eingangsartikel der *Philosophisch-kritischen Streifzüge* (1873) sowie in seinem späten theoretischen Hauptwerk (*Der grundlose Optimismus*, 1894) – um das Komplement des «grundlosen Optimismus». Es handelt sich dabei – wie in seiner eigenen Lebenserfahrung – um einen Optimismus des Trotzdem, der die weltanschaulichen Grundlagen der Willens-Philosophie keineswegs in Frage stellt. In einem Brief an Marie von Ebner-Eschenbach vom September 1868 nennt Lorm «die Welt die schlechteste aller denkbaren Welten»; eine Naturansicht könne nur insoweit als schön empfunden werden, als man dabei «unter der grünen Decke die sich zerfleischende Thierwelt» und «unter den friedlichen Dächern die sich zerfleischenden Menschenherzen» ausblende. Der Genuß des Kunstschönen habe die Verneinung des Willens zum Leben zur Voraussetzung; in ihr findet auch die «contemplative Lyrik», die Lorm im gleichnamigen Essay von 1874 fordert, ihren metaphysischen Inhalt.

Ihren Gipfel erreicht die Schopenhauer-Rezeption in der österreichischen Literatur aber zweifellos mit Ferdinand von Saar. Verschiedene seiner Erzählungen weisen Berührungspunkte zu Schopenhauer auf; auch auf den hohen Anteil von Werken, die mit dem Freitod des Protagonisten enden, ist in diesem Zusammenhang hingewiesen worden. Hier müssen einige Bemerkungen zur Novelle *Die Geigerin* (1874) genügen, in der die einschlägigen Bezüge besonders klar hervortreten.

Anläßlich des Selbstmords einer jungen Frau wird rückblickend ihr Schicksal entfaltet, das von der Sphäre der Musik (der höchsten Kunstform in Schopenhauers Verständnis) zur tiefsten Erniedrigung, nämlich zu sexueller Hörigkeit und an den Rand der Prostitution, führt. Die Mitteilungen erfolgen aus dem Mund eines Erzählers, der als genialer Junggeselle von asketisch-kontemplativer Eigenart selbst einige Ähnlichkeit mit Schopenhauer aufweist und sich diesem mit dem Schluß seines letzten Satzes vollends anzugleichen scheint:

> «Dann aber, wenn man erkennen wird, daß der Mensch nichts anderes ist, als eine Mischung geheimnisvoll wirkender Atome, die ihm schon im Keime sein Schicksal vorausbestimmen: dann wird man, glaube ich, auch dahinter gekommen sein, daß es, trotz aller geistigen Errungenschaften, besser ist, nicht zu leben!»

Die deterministische Prämisse des Vordersatzes entspricht freilich *nicht* der Position Schopenhauers und auch nicht der des Binnenerzählers. Zu Beginn der Rahmenerzählung wird dieser nämlich gerade mit einem gegensätzlichen Vorhaben verbunden. Er plant «eine Geschichte der Menschheit vom Standpunkte der Ethik» als «Berichtigung» von Thomas Buckles im Geiste des Positivismus und des Fortschrittsglaubens abgefaßter *History of Civilization in England* (1857–1861, deutsch 1862). Seine Erzählung von der Geigerin Ludovica ist als eine solche Geschichte «vom Standpunkt der Ethik» gedacht; wenn sie auf uns trotzdem eher wie eine Bestätigung des Determinismus wirkt, so liegt dies nicht zuletzt an der Intensität, mit der das sexuelle Element hier als Triebkraft menschlichen (und zwar weiblichen!) Handelns vergegenwärtigt wird. Schopenhauers Geschlechter-Metaphysik setzt sich gewissermaßen gegen seine Ethik durch.

Die Schopenhauer-Rezeption im Deutschen Reich wurde durch das Wirken des Berliner Philosophen Eduard von Hartmann gefördert, der sich als Vermittler zwischen Schopenhauers Lehre, dem dialektischen Denken der Hegelschule und dem Erkenntnisstand der modernen Naturwissenschaft verstand. Seine Frühschrift *Philosophie des Unbewußten* (1869) – der er selbst drei Jahre später eine anonyme Gegenschrift folgen ließ (*Das Unbewußte vom Standpunkt der Physiologie und Deszendenztheorie*) – läßt den Anschluß an Schopenhauer besonders deutlich erkennen, wobei die Kategorie des Unbewußten – mit gewissen Veränderungen – dem Begriff des Willens entspricht. In der *Philosophie der Erlösung* (1876–1886) des frühverstorbenen Philipp Mainländer schließlich steigert sich die lebensverneinende Tendenz der Schopenhauerschen Lehre zum Ideal einer Selbstauslöschung der Menschheit durch Fortpflanzungsverweigerung (freiwillige Virginität) und/oder kollektiven Selbst-mord, und zwar unter Einbeziehung der höher organisierten Tiere.

Ein weiterer Kristallisationspunkt der Schopenhauer-Rezeption im damaligen Deutschland war der Bayreuther Kreis um Richard Wagner. Das prägende Schopenhauer-Erlebnis des Komponisten hatte in den fünfziger Jahren stattgefunden und sich unmittelbar in der Konzeption des *Ring des Nibelungen* sowie der späteren Opern – insbesondere *Tristan und Isolde* und *Parsifal* – niedergeschlagen. Der weltanschauliche Pessimismus verbindet sich hier also mit der Form des Musikdramas oder der Tragödie und mittelalterlicher bzw. nordischer Mythologie. Diesen gegenüber der österreichischen Schopenhauer-Tradition durch-aus neuen Gesichtspunkt belegen auch Hartmanns *Aphorismen über das Drama* (*Deutsche Vierteljahrs-Schrift* 1870/71) und Felix Dahns «nordi-scher Roman» *Odhin's Trost* (1880). Für Hartmann bestätigt sich im tra-gischen Erleben die Wahrheit des Pessimismus; «nur im Aufgeben des Kampfes und in der Entsagung ist zu der relativen Seligkeit der Schmerzlosigkeit zu gelangen, welche der erreichbar glücklichste Zustand ist». In heroischer Akzentuierung verkündet Dahns Roman Ähnliches: «Um Weh zu verwinden – dazu ist Helden das Herz gege-ben. Auch den Tod zu tragen, ohne Himmelshoffnung, in muthiger Mannheit, als Zoll ihn zu zahlen für die gelichene Lust des Lebens.»

Gegenüber dem optimistischen Idealismus, der sowohl die offiziöse Ideologie des neugegründeten Reichs als auch die Anfänge der moder-nen Bewegung bestimmte, kommt dem Insistieren auf Schopenhauer-schen Theoremen ein Beigeschmack des Oppositionellen, Nicht-System-konformen zu. So verschiedene Autoren wie Wilhelm Busch, der Vers-epiker Julius Wolff und Wilhelm Raabe lassen maßgebliche Züge des Pes-simismus erkennen. Wieweit dabei eine konkrete Auseinandersetzung mit dem Philosophen zugrunde lag, ist jedenfalls im Falle Raabes umstritten. Immerhin wird der «Weise von Frankfurts bester table d'hote» oder der «Frankfurter Buddha» in *Stopfkuchen* direkt beschwo-ren – Anspielungen, die um so schwerer wiegen, als die kontemplative Welthaltung des Redegenies Stopfkuchen mit dem bürgerlichen Namen Schaumann zentralen Gehalten von Schopenhauers Lehre korrespon-diert. Der monologisierende Binnenerzähler aus Saars *Geigerin* findet hier gleichsam sein reichsdeutsches Gegenstück.

Den Zeitgenossen ist der Pessimismus Raabes vor allem an der Stutt-garter Romantrilogie, bestehend aus *Der Hungerpastor*, *Abu Telfan* und *Der Schüdderump*, aufgefallen. Auf Jensens Würdigung, die die radikale Wahrhaftigkeit dieser Anatomie des Lebens betonte, wurde schon hin-gewiesen (S. 49). Noch bevor sich Raabes Tendenz zur Welt-Absage im Roman *Unruhige Gäste* (1885) weiter verstärkte, bot daher Hans von Wolzogen in den *Bayreuther Blättern* von 1881 unter ausdrücklichem

Bezug auf Jensens Artikel dem Romancier die ausgestreckte Hand der Wagnerianer: «Wer in dieser Weise zu nichts kommt, der muss ‹zu uns› kommen.» Der Freiherr bekundet seine Genugtuung, zum Wirken des Braunschweiger Erzählers «aus unserem Winkel her auch ein Bayreuthisch Ja und Amen sagen» zu können.

Eine der auffälligsten Anlehnungen an Schopenhauer, die sich in der deutschen Literatur jener Jahre finden, dokumentiert ein Blatt aus Bleibtreus Nachlaß. Sein Inhalt klingt wie eine lyrische Paraphrase von Motiven aus *Die Welt als Wille und Vorstellung* oder *Tristan und Isolde*, läßt Leben und Tod ineinander übergehen und zudem die zentrale Willens-Metapher des Meeres ‹einfließen›:

> «Schaurige Vereinzelung, das heißt Leben. Nur die Natur, das Grenzenlose bleibt uns gemeinsam. Und nur sich verlieren, hinüberwallen in das unendliche Meer, sich betten in die allverschlingenden Wogen – nur dies, nur dies kühlt das Herz [...] Tod, der ewige Träger des Lebens, das sich fortwälzt in immer neuen Atomen zuckenden Staubs. Leben! Was ist alles Leben? Nur ein Durchgang zum Großen Geist, der alles Einzelne auflöst in sich, in sich.»

Von hier ist es nicht mehr weit zur Schopenhauer-Lektüre Senator Buddenbrooks bei Thomas Mann und den vielfältigen Niederschlägen der Willens-Philosophie in dessen Novellen (*Der Kleiderschrank*, *Der kleine Herr Friedemann*, *Tristan*).

2. Real-Idealismus und Historismus

Real-Idealismus oder die Synthese von Bismarck und Goethe

Auf dem Gipfel seiner patriotischen Begeisterung zu Beginn des deutsch-französischen Krieges dichtet der jugendliche Held von Spielhagens Roman *Was will das werden?* (1887) drei Sonette mit dem Titel «Goethe und Bismarck». Der Tenor ist vollkommen identisch; Bismarck, der «Mann der That», erscheint jeweils als notwendige Ergänzung, ja als der eigentliche «Erfüller» des Goetheschen idealen Strebens. Beide sind «deutsch bis zu der Seele Grund», und das deutsche Volk erscheint mit diesen beiden Führern zugleich als «ein Sänger und ein Held!»: «wie Faust, zwei Seelen in der Brust». Als ebensolches Doppelwesen versteht sich übrigens auch der Protagonist zu diesem Zeitpunkt.

Seine lyrische Expektoration ist hochsymptomatisch für die weltanschauliche Gemengelage im geistigen Haushalt des deutschen Bürgertums nach 1870. Der idealistische Diskurs, in dem man sich mit der Goethezeit einig wußte, erfuhr durch Bismarcks Realpolitik eine gewisse Relativierung; ein Kompromiß schien angezeigt. Bekanntlich stammt der Begriff der «Realpolitik» von August Ludwig von Rochau, der damit 1853 – ernüchtert von der gescheiterten Utopie der Märzrevolution – die Etablierung eines entmoralisierten, funktionalen Politikkonzepts begründete. Der Erfolg, den Bismarck in der Umsetzung dieser Prinzipien hatte, ist vielfach als Triumph des Realismus (im Sinne einer Absage an hehre Ideale) verstanden worden. «Bismarck, der große Realist», so Theobald Ziegler 1899, «hat uns zu Realisten gemacht.» Aber doch nur in bestimmten Grenzen! Die Reichweite eines solchen Erziehungsprogramms bemißt sich nach dem jeweiligen Verständnis von «Realismus» bzw. «Realisten».

Ernst Wicherts Lustspiel *Die Realisten* (1873) verspricht hier Aufschluß, zumal seine Ausgangskonstellation direkt auf die Folgen der Reichsgründung Bezug nimmt. Roderich Werwein, ein alter Achtundvierziger, kehrt nach der Einigung, die auch sein Wunsch war, aus Amerika in die Heimat zurück. An Stelle des romantischen Deutschland, das er in Erinnerung hat, trifft er jedoch in der Familie seines Bruders, des Fabrikanten Franz Werwein, ausgesprochen realpolitisch-realistische Verhältnisse an. Vater, Sohn und Tochter verfolgen nüchtern materielle Zwecke und scheinen bereit, dafür sittliche oder emotionale Werte zu opfern. Roderich, der sich im folgenden als eine Art Spielleiter betätigt, forciert diese Prozesse scheinbar noch, indem er seine Verwandten auf eine radikalisierte «Realismus»-Probe stellt, die sie – glücklicherweise – nicht bestehen. Sohn Robert z. B. soll statt seiner Verlobten eine reiche Witwe heiraten; er stimmt auch zu: «Du sollst die Deutschen nicht mehr Schwärmer und Träumer nennen –!» Sobald der Oheim jedoch seiner verlassenen Braut einen zynischen Heiratsantrag unter ausdrücklichem Ausschluß von Gefühlen macht, kehrt Robert zu Charlotte zurück. Durch Verschiebung ins radikal-realistische Spektrum werden die vermeintlichen Realisten letztlich für den alten deutschen Idealismus zurückgewonnen.

Um ein Schlagwort Eduard von Hartmanns aufzugreifen, das damals die Runde machte, könnte man die Mitglieder der Familie Werwein am Ende der Lustspielhandlung als Vertreter eines «Real-Idealismus» bezeichnen. Ihm korrespondiert in zeitgenössischen Verlautbarungen zur Ästhetik des Poetischen Realismus die Begriffsvariante «Ideal-Realismus». Daß aber auch maßgebliche Repräsentanten der naturalistischen Bewegung auf der Teilhabe am Reich des Ideellen bzw. an der Vermittlung von Ideal und Realität insistierten, verdeutlicht eine Erzählung Julius Harts mit dem Titel *Kein Ideal* (1878). Edwin und Benedikt vertreten darin unterschiedliche Positionen im Umgang mit der sozialdarwinistischen Prämisse des «Kampfs ums Dasein». Edwin, der sich zu Anfang und zu Ende der Novelle auf diese Phrase beruft, benutzt sie als Rechtfertigung oder Vorwand für skrupellose Verhaltensweisen, ja kriminelle Aktionen, die ihn prompt in Konflikt mit der Polizei bringen. So weit kommt es, könnte man als ‹Moral› formulieren, wenn man das ‹realistische› Prinzip absolut setzt, d. h. seiner idealen Komponente beraubt!

In diesem Zusammenhang ist nochmals an die kulturelle Stiftungslegende des Kaiserreichs zu erinnern. Die Auffassung, daß dessen
Genese weniger den preußischen Waffen als dem deutschen Geist zu
verdanken sei, beschränkte sich keineswegs auf die Anfangsphase des
Reichs und die Generation der Gründer. Auch spätere Protestbewegun-
gen wie Naturalismus und Expressionismus rekurrierten auf den Primat
des Geistigen, allerdings im Sinne einer Anklage der defizitären sozialen
Realität. Im Grunde ist das reformerisch-messianische Selbstverständnis
beider Moderne-Bewegungen zentral durch eine Vorstellung bestimmt,
die sie mit anderen Vertretern der kulturellen Elite jener Jahre teilen:
daß nämlich Männer Geschichte machen und daß just Künstler – als
Anwälte eines höheren Ideals – berufen sind, die nationale Entwicklung
zu fördern.

Im Heroenkult der Gründerzeit amalgamieren sich die Vorstellungen
vom geistig hervorragenden und politisch-militärisch erfolgreichen Menschen in einer Weise, die mit dem Ausdruck «Geistesheros» nur unvollkommen wiedergegeben werden kann. So wurde Bismarck in Schriften
von Otto Lyon (1895) und Michael Georg Conrad (1910) als Künstler
gefeiert – selbstverständlich weniger aufgrund der persönlichen Eigenschaften dieses höchst gebildeten und rhetorisch begabten Politikers,
sondern in Vollstreckung jenes Denkmusters, das wir bereits aus den
Gedichten in Spielhagens Roman kennen. Und Conrad Ferdinand
Meyer widmete die beiden letzten von neun Abteilungen seiner
Gedichtsammlung (1882) den Themenkreisen «Genie» und «Männer».
In der ersteren geht es u. a. um Michelangelo, Kolumbus und den portugiesischen Dichter Camões, aber auch um problematische Renaissance-
gestalten wie Cesare Borgia, in der neunten und letzten Abteilung vorrangig um Kämpfer gegen den Katholizismus, angefangen mit Luther
und Jan Hus. Daß auch die Genies alle männlich sind, sei nur am Rande
bemerkt; der Titel «Männer» wird in leichter Abgrenzung dagegen offenbar im Sinne von «Helden» gebraucht.

Die Differenz zwischen Künstlern und heroischen Führerfiguren,
die bei Meyer noch anklingt, ist in Herman Grimms Perspektive auf
«große Männer» längst verschwunden. Über Goethe erklärt er in einer
Berliner Vorlesung vom November 1874: «Sein Name bezeichnet längst
nicht mehr eine Person allein, sondern den Umfang einer Herrschaft.»
Das geniale Individuum wird von Grimm mit einer «gewaltigen Natur-
erscheinung» verglichen; das Geheimnis der Geschichte besteht seiner
Michelangelo-Biographie von 1860–1863 zufolge geradezu aus den
Kraftfeldern, die sich um bedeutende Persönlichkeiten gruppieren. Die
Tätigkeit des Historikers ist daher der eines Astronomen beim Studium
der Milchstraße zu vergleichen:

«Unser Trieb, Geschichte zu studiren, ist die Sehnsucht, das Gesetz dieser Fluctuationen und der sie bedingenden Kraftvertheilung zu erkennen, und indem sich hier unserem Blicke Strömungen sowohl, als unbewegliche Stellen oder im Sturm gegeneinander brausende Wirbel zeigen, entdecken wir als die bewegende Kraft Männer, große, gewaltige Erscheinungen, die mit ungeheurer Einwirkung ihres Geistes die übrigen Millionen lenken, die niedriger und dumpfer sich ihnen hinzugeben gezwungen sind. Diese Männer sind die großen Männer der Geschichte [. . .].»

Herrschafts- und Machtverhältnisse geben für Grimm also nur ein individuelles Persönlichkeitsgefälle wieder. Der unbedenkliche Aristokratismus dieser Anschauung wird in den siebziger Jahren von so verschiedenen Autoren wie Nietzsche, Treitschke und Hartmann aufgegriffen, allerdings seiner idealistischen Naivität entkleidet und in die Sprache der Realpolitik übersetzt. Herrschaft als Ausbeutung und Unterdrückung rechtfertigt sich demnach durch den Kulturauftrag und die geistige Überlegenheit der Elite. So sieht es Nietzsche, dessen Vorrede zu einem ungeschriebenen Buch über den griechischen Staat von 1872 sich auf «die grausam klingende Wahrheit» beruft, «daß zum Wesen einer Kultur das Sklaventhum gehöre». Die antikische Einkleidung kann den aktuellen Bezug auf die Existenz des Industrieproletariats kaum verdecken. Treitschkes Artikel *Der Socialismus und seine Gönner* (*Preußische Jahrbücher* 1874) bekennt sich offen zum Charakter der «bürgerlichen Gesellschaft eines reifen Volkes» als «Aristokratie» und «Klassenherrschaft». Eduard von Hartmanns *Phänomenologie des sittlichen Bewußtseins* (1879) schließlich erklärt die «immer reicheren und mannichfaltigeren Formen der Ungleichheit» und «immer tiefer greifenden Verschiedenheiten innerhalb einer Staatsgesellschaft» gut darwinistisch aus den Gesetzen der Evolution; je höher ein Organismus steht, desto differenzierter sind eben auch seine Glieder. Wir haben es hier offenbar mit der Kehrseite des Real-Idealismus zu tun; die idealistische Verklärung des neuen Reichs und seiner faktischen und ideellen Väter hat ihre realistische Basis in der Legitimation der bestehenden Gesellschaftsordnung.

Ästhetischer Historismus und Historismus-Kritik

Das 19. Jahrhundert ist nicht nur die Zeit der Herausbildung und höchsten Reputation der historischen Wissenschaften; seine zweite Hälfte ist auch die Ära eines zunehmenden Übergreifens des Historismus auf das zeitgenössische Bewußtsein und die aktuelle Kunstentwicklung. Der eklektische Historismus der Gründerzeitarchitektur zitierte und kombinierte diverse Epochenstile; die Verfügbarkeit des kunstgeschichtlichen Repertoires war mit dem Verlust eines verpflichtenden eigenen Stils erkauft. Berühmtestes Beispiel ist die Bebauung der Wiener Ringstraße 1861–1873; für das Rathaus wurde die Gotik, für die Universität die oberitalienische Renaissance und für das Parlament die griechische Klassik gewählt. In der Wahl der Modelle dokumentiert sich der Wunsch einer weitergehenden Nachfolge, die unter den gewandelten Voraussetzungen der modernen Industriegesellschaft doch nur Maske, im eigentlichsten Sinne Fassade sein konnte. In Saars *Wiener Elegien* (1893) wird die eklektizistische Stilklitterung des modernen Wien mit halbironischem Lob bedacht; der Blick des Dichters schweift dabei von der Votivkirche bis zum Parlamentsgebäude:

Einzig bist du fürwahr! Wer zählt die ragenden Bauten,
    Die sich schließen zum Ring, edel und prächtig zugleich?
Hier, ein steinern Juwel, der jüngste der Dome; zum Himmel
    Strebt des Doppelgetürms zierliches Stabwerk hinan;
Dort, breitfrontig, mit ernsten Arkaden das mächtige Rathaus –
    Und, quadrigengekrönt, attisches Marmorgebälk.

Zweifellos hat auch die historistische Orientierung teil an der idealistischen Tendenz der Epoche, die oben beschrieben wurde; in der Verehrung großer Künstler vergangener Zeiten sind die Zusammenhänge ja mit Händen zu greifen. Albert Ilg feierte in einem Vortrag vor dem Wiener Altertumsverein 1889 den Besitz des «geschichtlichen Sinns» geradezu als «wahren, edlen Aristokratismus» – traditionslos denke nur der Pöbel. Die Verankerung im Historischen wird zur Schutzburg vor den andrängenden Veränderungen der Moderne. In ähnlich kulturkritischer Funktion hatte sich schon Jacob Burckhardt der großen Vorbilder der Antike und Renaissance bemächtigt: als Fluchträume vor den Entfremdungen und Entstellungen der zeitgenössischen – voller «Ekel» abgelehnten – Industriegesellschaft. Auch Carl Justis monumentale Winckelmann-Biographie entsteht in den sechziger Jahren im Geiste der Zeitflucht und des stillen Protestes.

Die Masse der historistischen Fassaden in den Gründerzeitvierteln und der zahllosen und auflagenstarken historischen Romane der Zeit geht freilich von anderen Voraussetzungen aus. Sie sucht Nähe, wo eigentlich Abstand angezeigt ist, und stellt einen unverbindlichen Kontakt zwischen Vergangenheit und Gegenwart her. Insofern wird sie mitbetroffen von der radikalen Kritik, die Nietzsche im zweiten Stück seiner *Unzeitgemäßen Betrachtungen* (1874) an der damaligen Geschichtswissenschaft übt. Ihr positivistischer Objektivitäts- und Vollständigkeitsanspruch bewirke eine Entfremdung vom Leben, die sich bei ihren Adepten als hohle Innerlichkeit und leere Bildung verrate:

«Das Wissen, das im Uebermaasse ohne Hunger, ja wider das Bedürfnis aufgenommen wird, wirkt jetzt nicht mehr als umgestaltendes, nach aussen treibendes Motiv und bleibt in einer gewissen chaotischen Innenwelt verborgen, die jener moderne Mensch mit seltsamem Stolze als die ihm eigentümliche ‹Innerlichkeit› bezeichnet. [...] Unsere moderne Bildung ist eben deshalb nichts Lebendiges [...]: sie ist gar keine wirkliche Bildung, sondern nur eine Art Wissen um die Bildung, es bleibt in ihr bei dem Bildungs-Gedanken, bei dem Bildungs-Gefühl, es wird kein Bildungs-Entschluss daraus.» (Kap. 4)

Die große Persönlichkeit – der eigentliche Motor der Geschichte in Nietzsches Verständnis – falle auf seiten der Historiker und historisch Gebildeten aus; in ihrer Entäußerung an eine fremde Materie verkümmerten sie zu «Denk-, Schreib- und Redemaschinen».

Nietzsches weit über das Feld der Geschichtswissenschaft hinausreichende Kritik an der modernen Bildung verhallte zunächst fast ungehört. Um so auffälliger ist die Übereinstimmung zwischen seinen Grundthesen und der Argumentation eines Buchs, das im Jahr seines anonymen Erscheinens (1890) schon die 29. Auflage erreichte und auszugsweise auch in der *Freien Bühne* nachgedruckt wurde: *Rembrandt als Erzieher. Von einem Deutschen.* Sein Verfasser Julius Langbehn, bald auch «der Rembrandtdeutsche» genannt, geht von einer ganz ähnlichen Zeitdiagnose aus wie Nietzsche:

«Die Wissenschaft zerstiebt allseitig in Spezialismus; auf dem Gebiet des Denkens wie der schönen Literatur fehlt es an epochemachenden Individualitäten; [...] Zudem ist die gesammte Bildung der Gegenwart eine historisch alexandrinische rückwärts gewandte; sie richtet ihr Absehen weit weniger darauf, neue Werthe zu schaffen, als alte Werthe zu registriren. Und damit ist überhaupt die schwache Seite unserer modernen Zeitbildung getroffen; sie ist wissenschaftlich und will wissenschaftlich sein; aber je wissenschaftlicher sie wird, desto unschöpferischer wird sie.»

Bei der Frage nach einer möglichen Abhilfe hört die Gemeinsamkeit zwischen Nietzsche und Langbehn allerdings bald auf. Parallelen mag man noch in Langbehns Berufung auf Aristokratismus und Individualismus erkennen. Schon bei der Begründung des neuen künstlerischen Leitbilds Rembrandt («der Prototyp des deutschen Künstlers») schlägt Langbehn sehr eigene Wege ein. Sie zielen auf eine Nationalisierung und Regionalisierung der Kunststile (der holsteinische Maler soll holsteinisch malen etc.) und laufen letztlich auf das Programm der Heimatkunst hinaus. Der Künstler soll nicht nur mit dem König, sondern beide sollen mit dem Bauern gehen, dem letzten aristokratischen Individuum im Zeitalter der Massengesellschaft.

Wieviel Zeitgenossenschaft in solchen Überlegungen steckt, macht ein Vergleich mit einem Roman Raabes deutlich, der fünf Jahre nach Nietzsches *Unzeitgemäßer Betrachtung* und elf Jahre vor Langbehns Kultbuch erschien und gleichfalls die Lebensferne des professionellen Historikers herausstellt. Dr. Friedrich Langreuter, der Erzähler des Romans *Alte Nester*, hat sich «auf das Auffinden und Nutzbarmachen mittelalterlicher Geschichtsquellen geworfen» und darüber die «Quellen des lebendigen Daseins» aus den Augen verloren. In schroffem Kontrast zu seiner großstädtischen Entwurzelung steht die bäurische Seßhaftigkeit in der alten Heimat, zu der sich sein Jugendfreund Just nach harten Jahren des Auswandererdaseins durchkämpft. Der einsame Historiker spielt den «Biographen des Steinhofs», während dessen rustikaler Bewohner als angehender Familienvater auf «menschliche Schicksale» wartet. Die Entfremdung der Wissenschaft vom Leben könnte nicht in größerer Übereinstimmung mit Nietzsche, der Wert der bäurischen Alternative kaum in größerem Einklang mit Langbehn herausgestellt werden.

3. Individualismus und Kunst-Metaphysik

Als Max Dauthendey Anfang der neunziger Jahre in einer Buchhandlung nach Werken des Philosophen Nietzsche fragte, wurde die Existenz eines solchen Autors vom Buchhändler bestritten. Wenige Jahre später sind die Schlagworte «Übermensch» und «Umwertung der Werte» – will man Fontane glauben – schon bis in die märkische Einsamkeit des Schlosses Stechlin vorgedrungen. In einem Beitrag zur Zeitschrift *Pan* beschäftigt sich Cäsar Flaischlen 1895 mit dem Einfluß Nietzsches – als dritter Anreger nach Ibsen und Zola – auf die moderne Bewegung und gelangt zum Resultat: «Die letzten Jahre der Entwicklung gehören fast ausschließlich ihm.» Vier Jahre später nennt Michael Georg Conrad, übrigens einer seiner ersten Leser und Multiplikatoren, Nietzsche in einem Artikel der *Wage* den «genialsten und stärksten Gährungserreger, den kühnsten Frager und Muthmacher im Moralischen, Intellectuellen und Künstlerischen» der zweiten Hälfte des 19. Jahrhunderts überhaupt.

Der besondere Charakter der Wirkung Nietzsches in der Zeit vor 1900 ist damit zutreffend beschrieben; sie unterscheidet sich noch deutlich von späteren Phasen seiner Rezeption. Eine breitere Popularität Nietzsches setzte überhaupt erst mit dem Jahr seines geistigen Zusammenbruchs (1889) ein; bis zum Todesjahr 1900 standen die exzentrisch-pathologische Persönlichkeit und ihr provozierender Individualismus im Vordergrund des Interesses, in Verbindung damit natürlich auch die *Zarathustra*-Dichtung und die in ihr verkündete Thematik des Übermenschen. Andere Schlagwörter haben erst später prägende Bedeutung für die Nietzsche-Rezeption erhalten: der Begriff des Lebens etwa, mit dessen positiver Wertung sich Nietzsche so entschieden von Schopenhauer absetzte, sowie die Kategorie des Dionysischen oder die Denkfigur des neuen Menschen. Die später politisch arg mißbrauchte Formel vom «Willen zur Macht» konnte ohnehin erst nach dem Erscheinen des editorisch fragwürdigen Nachlaßbandes *Der Wille zur Macht. Versuch einer Umwerthung aller Werthe* (1901) breitere Wirksamkeit entfalten.

Nietzsche selbst hat allenfalls Vorboten seiner Wirkung wahrgenommen. Ihn erreichte noch die Nachricht, daß Georg Brandes in Kopenhagen (erstmals 1888) Vorlesungen über «den deutschen Philosophen Friedrich Nietzsche» abhielt. Auch freute er sich des Vergleichs mit den Dynamitladungen der Gotthardbahn, den der Schweizer Schriftsteller und Kritiker Joseph Victor Widmann 1886 in seiner Rezension von *Jenseits von Gut und Böse* gebrauchte; dieses Buch, schreibt Widmann, der sich später noch mehrfach – teils parodistisch, teils affirmativ – mit Nietzsche auseinandersetzte, müßte gleichfalls mit schwarzen Warnflaggen versehen werden. Nietzsches Moralphilosophie erscheint hier als Bedrohung des Bestehenden, als Ausdruck eines geistigen Anarchismus. Um das Verhältnis der Künste dagegen geht es in dem Brief, den Heinrich Hart aus Berlin im Januar 1877 an den Verfasser der *Geburt der Tragödie aus dem Geiste der Musik* (1872) richtete. Harts enthusiastisches Schreiben – nach zweimaliger Lektüre der Tragödienschrift innerhalb von zwei Tagen bzw. Nächten – steht isoliert als mit weitem Abstand erstes (wenngleich nicht widerspruchsloses) Zeugnis einer Beeinflussung der literarischen Moderne durch Nietzsche.

Nach dessen geistigem Zusammenbruch, der von seinen Anhängern als das Ende eines Märtyrers interpretiert wurde, nahmen die enthusiastischen Zusendungen kein Ende. Dehmel und Morgenstern schickten ihre Erstlingswerke an Nietzsche bzw. seine Mutter. «Der Augenblick, da ich diese Zeilen schreibe, ist einer der feierlichsten und bewegtesten meines Lebens», erklärt Morgenstern; Dehmel dagegen – der sich später recht abfällig über Nietzsche und seine Anhänger äußerte – nimmt in seinem Gedicht *An Friedrich Nietzsche* (1891) die eigene Berufung durch Zarathustra/Jesus/Nietzsche imaginativ vorweg. Zarathustra steigt darin abermals von den Bergen nieder:

> Der Jüngling aber, der ihn liebte,
> stand von ferne,
> und der Meister kannte ihn nicht.
> Und der Jünger trat zu ihm und sprach:
> Meister, was soll ich thun,
> daß ich selig werde! –

Die Antwort des Meisters lautet selbstverständlich: «Folge mir nach!» Im gleichen Sinn verfaßte der junge Heinrich Mann im selben Jahr seine lyrische *Bekehrungsgeschichte*. Von innerer Sehnsucht getrieben, greift darin ein Leser zu

Also sprach Zarathustra; die Lektüre erzeugt zunächst Ängste «vor Eises Hauch, der ihm entgegenweht»:

Doch als ein neuer Tag durchs Fenster glühte,
Er fand gesundet ihn und hart zum Streit,
Fand einen Menschen – mehr noch: Männlichkeit –

Der «Triumph des Uebermenschen», schon 1887 von Hermann Conradi unter diesem Titel besungen, erweist sich in diesen Gedichten primär als Nachvollzug einer im Text selbst angelegten Bewegung. Nietzsches Werk zeigt Zarathustra ja als Prediger, weckt Erinnerungen an das Verhältnis von Jesus zu seinen Jüngern und fordert zu einem neuen herrischen Individualismus heraus. «Ich lehre euch den Uebermenschen. Der Mensch ist etwas, was überwunden werden soll. Was habt ihr gethan, ihn zu überwinden?» Nicht zufällig ist es gerade Bruno Wille, Hauptsprachrohr des Friedrichshagener Individualismus, der in seiner *Philosophie des reinen Mittels* (*Freie Bühne*, 1892) diese Sätze zitiert.

Wie man sieht, sind es Vertreter sehr unterschiedlicher Richtungen der literarischen Moderne, die die erste Welle der Nietzsche-Begeisterung tragen. Auffallen könnte, daß sich darunter auch mehrere Exponenten oder Sympathisanten des Naturalismus befinden. In diesem Zusammenhang ist vor allem auf den Kritiker Leo Berg hinzuweisen, der sich schon 1889 höchst differenziert und kenntnisreich über Nietzsche äußert, und auf die Zeitschriften *Die Gesellschaft* und *Freie Bühne*, die die wichtigsten Foren der frühen Nietzsche-Diskussion in Deutschland bilden. Auch Gerhart Hauptmann hat sich keineswegs erst zur Zeit seiner vermeintlichen Abwendung vom Naturalismus – nämlich mit dem Märchendrama *Die versunkene Glocke*, das offenkundige Berührungspunkte aufweist –, sondern schon in der Zeit um 1890 mit Nietzsche auseinandergesetzt.

Selbstverständlich bestanden in politischer (Nietzsches Verachtung des Sozialismus!) und ästhetischer Hinsicht, und hier sowohl in den bevorzugten Formen als auch in den zugrundeliegenden Anschauungen über das Wesen der Kunst, unüberbrückbare Gegensätze zwischen Nietzsche und dem Naturalismus. Stärker als solche Differenzen empfand man aber offenbar die Affinität zur antibürgerlich-antiidealistischen Protestgebärde Nietzsches sowie zum selbstgewissen Aufbruchspathos des *Zarathustra*. Man ließ sich nicht dadurch irritieren, daß diese Aufbruchsvorstellung durch die Idee der Ewigen Wiederkehr in den späteren Teilen des Werks in Frage gestellt wurde, wie man damals überhaupt nur sehr oberflächlich auf den eigentlichen philosophischen Gehalt von Nietzsches Schriften einging. Als neuer Kolumbus auf der Suche «nach neuen Meeren» (wie ein Gedicht im Anhang der *Fröhlichen Wissenschaft* überschrieben ist) wurde Nietzsche zur Schlüsselfigur einer – grundsätzlich der Idee des Neuen verschriebenen – Moderne.

Kritik an Nietzsche war daher zunächst vor allem von Moderne-Gegnern oder Skeptikern zu vernehmen, von Paul Ernst etwa (aus marxistischer Sicht) oder von Autoren der älteren Generation, denen der neuentdeckte Philosoph allein schon durch seine ungebärdige Anhängerschaft verdächtig werden mußte. In ihren Romanen *Über allen Wipfeln* (1895), *Die Osterinsel* (1895) und *Faustulus* (1898) verspotteten Paul Heyse, Adolf Wilbrandt und Friedrich Spielhagen die Mode des Übermenschen. Robert Steinhausers Novelle *Der Übermensch* (1895) führt den Gegenstand der Satire gleich im Titel. Aber auch Nietzsche wohlgesonnene Autoren nahmen das Übermaß seiner kultischen Verehrung zum Anlaß satirischer Schilderungen. Michael Georg Conrads «Roman-Improvisation aus dem dreißigsten Jahrhundert» *In purpurner Finsterniß* (1895) schildert den Hochstand von Mechanik und Mystik im utopischen Land Teuta. Man verehrt dort den Märtyrer «Zarathustra-Nietzischki», dessen Name allerdings nur einmal im Jahr öffentlich ausgesprochen werden darf, und feiert ihm zu Ehren das «Zarathustra-Fest».

Die Kunsttheorie Nietzsches trat erst nach und nach aus dem Schatten des *Zarathustra* heraus. Für die jungen Brüder Heinrich und Thomas Mann wurde insbesondere seine Kritik des Dilettantismus und der Dekadenz (Prototyp: Richard Wagner) wichtig. Die Kunstmetaphysik der Erstlingsschrift *Die Geburt der Tragödie* gewann dagegen – nach Harts früher Begeisterung – erst wieder für den deutschen Symbolismus Bedeutung: für George, der Nietzsche einen lyrischen Nachruf widmete, und für Hofmannsthal, der sich zwar kaum je öffentlich über ihn geäußert hat, aber im Laufe der neunziger Jahre wiederholt Notizen zu Nietzsche anfertigte; besondere Beachtung verdienen die einschlägigen Notate auf den Entwurfsblättern zum *Tod des Tizian*.

Offenbar ist die dichterische Auseinandersetzung Hofmannsthals mit dem Verhältnis von Kunst und Leben zentral durch Nietzsches Tragödienschrift, ihre These von der nur ästhetisch möglichen Rechtfertigung der Welt und die dort formulierte Auffassung der Kunst als der eigentlichen metaphysischen Tätigkeit bestimmt. In einem Entwurf von 1893 heißt es: «Der Sinn des künstlerischen Lebens; philosophische Rechtfertigung.» Noch 1897 notiert Hofmannsthal: «Ich weiß keine Art von Kunst zu rechtfertigen als diese: die sich aus der Tiefe her der Oberfläche – des Lebens bemächtigt.» Schon die Häufigkeit, mit der seine kunsttheoretischen Reflexionen auf den Begriff des «Lebens» rekurrieren, muß Aufmerksamkeit erregen; allerdings ist die Differenz zu Nietzsches vitalistischem Lebensbegriff unübersehbar. Ihm nähert sich Hofmannsthal eher in seiner Rezeption des Dionysischen, die schon in *Der Tor und der Tod* anklingt und in weiter Fächerung auf sein späteres Œuvre sowie die ihm zugrundeliegende Auffassung der Antike ausstrahlt.

Für die vitalistische Nietzsche-Deutung nach 1900 und die Ausbildung der deutschen Lebensphilosophie überhaupt sollte der Berliner Soziologe und Philosoph Georg Simmel (übrigens ein Freund Stefan

Georges) große Bedeutung erlangen. Er verdient hier schon deshalb
Erwähnung, weil seine frühen soziologischen Studien ab 1888 zentral
auf die Kategorie der Individualität ausgerichtet sind, die in anderer
Akzentuierung ja auch die frühe Nietzsche-Rezeption bestimmt. Statt
der hymnischen Feier des mythischen Individuums findet sich bei Simmel die soziologische Herleitung der Individualisierung als Resultat fortschreitender gesellschaftlicher Differenzierung. Modernisierungspro-
zesse wie Urbanisierung oder Kapitalisierung erscheinen hier nicht so
sehr als Bedrohung des Ich (wie in weiten Teilen der zeitgenössischen
Dichtung) denn als Voraussetzungen einer neuen subjektiven Freiheit.
Die Lehre vom Individuellen Gesetz wird später zum Kernstück von
Simmels Lebensphilosophie.

4. Biologie und Naturphilosophie

Darwinismus

Kaum ein Buch hat die Naturwissenschaft des 19. und 20. Jahrhunderts
so nachhaltig verändert wie Charles Darwins *On the origin of species by
means of natural selection* (1859, deutsch 1860: *Die Entstehung der Arten
durch natürliche Zuchtwahl*). Es enthält die Neufassung der von Lamarck
(*Philosophie zoologique*, 1809) formulierten Abstammungslehre aufgrund der theoretischen Schlußfolgerungen, die Darwin mittlerweile
aus den Beobachtungen auf seiner frühen Weltreise (1831–1836) gezogen
hatte.

Darwin erklärt die Evolution der Pflanzen und Tiere aus zwei Grundvoraus-
setzungen: erstens aus der Tendenz aller Arten, unter günstigen Umweltverhält-
nissen mehr Nachkommen zu erzeugen, als für den Ersatz der Eltern notwendig
wäre, und zweitens aus der Tendenz zur Entstehung von Merkmalsvarianten
innerhalb der Nachkommenschaft. Unter dem Einfluß von Malthus' Bevölke-
rungslehre kombiniert er beide Voraussetzungen im Modell der «natural selection» (natürlichen Zuchtwahl). Danach bedingt es die Begrenztheit der natürlichen Ressourcen eines Lebensraumes, innerhalb dessen die Individuen in
einem «struggle for life» (Kampf ums Dasein) miteinander konkurrieren, daß
sich diejenigen Varianten überproportional durchsetzen, die den gegebenen Verhältnissen am besten angepaßt sind (Darwin übernimmt hier den von Spencer
geprägten Begriff «survival of the fittest», oft verzerrend übersetzt als «Überleben des Stärkeren»). Im Zuge eines ununterbrochenen Prozesses solcher Merk-
mals-Privilegierungen vollzieht sich die Entstehung von Unterarten innerhalb
einer Art, die Entstehung neuer Arten und letztlich die Entwicklung des organischen Lebens von primitiven Formen bis hin zum hochentwickelten Säugetier.

Den naheliegenden Schluß, daß auch die Entstehung des Menschen
nach diesen Prinzipien zu erklären sei, hat Darwin zunächst bewußt

unterlassen. Er bildete jedoch sogleich den Hauptpunkt der erregten Kontroverse um seine Lehre. Darwin selbst reagierte auf diese Diskussion in aller Vorsicht (in der Sache allerdings bestimmt) mit der Schrift *The descent of man, and selection in relation of sex* (1871, deutsch im gleichen Jahr: *Die Abstammung des Menschen*). Zu diesem Zeitpunkt hatte der Jenaer Ordinarius Ernst Haeckel schon weitergehende Konsequenzen gezogen. In seiner Abhandlung *Generelle Morphologie der Organismen* (1866) ist auch der Stammbaum des Menschen einbezogen; unter Auswertung von Erkenntnissen der Anatomie und Embryologie formuliert Haeckel 1872 das bis heute umstrittene «Biogenetische Grundgesetz» von der Rekapitulation der Phylogenese (Entwicklung der Art) in der Ontogenese (Entwicklung des Einzelorganismus). Es wird zu einem theoretischen Hauptpfeiler der monistischen Weltanschauung, für deren Verbreitung sich Haeckel in zahlreichen Vorträgen und Publikationen einsetzt.

Die heftigen Widerstände, auf die die Abstammungslehre in der breiten Öffentlichkeit stieß, illustriert ein satirisches Gedicht Wilhelm Buschs:

> Sie stritten sich beim Wein herum,
> Was das nun wieder wäre;
> Das mit dem Darwin wäre gar zu dumm
> Und wider die menschliche Ehre.
>
> Sie tranken manchen Humpen aus,
> Sie stolperten aus den Türen,
> Sie grunzten vernehmlich und kamen nach Haus
> Gekrochen auf allen Vieren.

Die Mensch-Tier-Gleichung dieser Schlußverse ist freilich eine andere als die vom Darwinismus behauptete Beziehung. Im Dienste humoristischer «transzendentaler Menschenkunde» bezieht sich auch Wilhelm Raabe auf die aktuelle Deszendenzdebatte; in *Der Lar* (1889) erhebt er einen ausgestopften Affen zur Titelfigur, und in den *Akten des Vogelsangs* (1896) läßt er ein kostümiertes «missing link» (das lange vermißte evolutionäre Verbindungsglied in der Primatenkette) auftreten. Eindeutig satirisch ist die Intention, mit der Robert Hamerling in seinem Versepos *Homunculus* (1888) die Gründung eines Affenstaats und einer Affenschule ausmalt. Schmidt-Cabanis greift noch weiter in der Evolutionsgeschichte zurück (und zielt zugleich polemisch auf die literarische Praxis des Naturalismus), wenn er reimt:

> Reinheit verdamm' ich,
> Denn aus dem Pfuhle
> Urschleimhaft-schlammig
> (So lehrt's die jüngst-philosophische Schule!) –
> Vom Schmutze stamm' ich.

Völlig entgegengesetzt ist die Reaktion der naturalistischen Autoren auf die darwinistische Lehre. In einem enthusiastischen Brief vom November 1884 an seinen Freund und Mitautor Oskar Jerschke erklärt Arno Holz zunächst: «Ich huldige der neuen Lehre Darwins und schrecke vor keiner ihrer Konsequenzen zurück.» Im weiteren Verlauf des Briefs wird «diese neue Religion» als Versöhnung mit der Natur und als Ermutigung gefeiert, alles Bestehende in Frage zu stellen: da nämlich «alles was heute ist, einst unvollkommen existiert hat und ergel [d. i. ergo] Anspruch und Aussicht darauf hat, sich in Zukunft noch weit höher zu organisieren». «Wir sind in einer ewigen Entwicklung begriffen», heißt es anschließend, und zu keinem Respekt vor «alten vermorschten Institutionen» verpflichtet. Insbesondere prognostiziert Holz den baldigen «Verfall der sogenannten christlichen Kirche» und zieht eine Parallele zwischen der Ablösung des heidnischen Weltbilds durch die christliche Religion am Ende der Antike und dem gegenwärtigen weltanschaulichen Umbruch.

Mit dem gleichen programmatischen Elan machen sich die Naturalisten an eine Umdeutung der Ästhetik. Das Phänomen des Kunstschönen wird analog zur Schönheit im Tier- und Pflanzenreich evolutionär zu erklären versucht, nämlich analog zu den Gesetzen der «natürlichen Zuchtwahl». Beiträge zu einer darwinistischen Ästhetik stammen von Conrad Alberti (*Natur und Kunst*, 1890) und Wolfgang Kirchbach (*Was kann die Dichtung für die moderne Welt noch bedeuten?*, 1888). Keiner von ihnen erreichte die Breitenwirkung von Wilhelm Bölsches Büchlein *Die naturwissenschaftlichen Grundlagen der Poesie* (1887), das sich im sechsten Kapitel ausdrücklich mit dem Thema «Darwin in der Poesie» auseinandersetzte.

Neben der Idee der Entwicklung, die sich in monistischen Einheitsphantasien fortsetzt, bildet das Schlagwort vom «Kampf ums Dasein» den zweiten Brennpunkt der damaligen Darwinismus-Rezeption. Alberti hat einen ganzen Romanzyklus so genannt, dessen Einzeltitel z. T. gleichfalls darwinistischer Provenienz sind (*Wer ist der Stärkere?*). Mit seinen offenkundigen Sympathien für sozialdarwinistische Gesellschaftsmodelle findet Alberti jedoch selbst im naturalistischen Lager wenig Gefolgschaft. In Julius Harts Erzählung *Kein Ideal* beispielsweise, die schon in anderem Zusammenhang vorgestellt wurde (siehe oben S. 65), bleibt es dem negativen Helden vorbehalten, sich auf den «Kampf ums Dasein» als Richtschnur seines Handelns zu berufen.

Etwas anders liegen die Dinge in Sacher-Masochs Novellenzyklus *Das Vermächtniß Kains*. Der Hinweis auf das Prinzip des Kampfs ums Dasein dient hier nicht einer kritischen Relativierung bestimmter Figuren, sondern ist eine übergreifende Erkenntnis, in der sich Gestalten oder Erzähler einzelner Novellen mit dem mythischen Wanderer des

Prologs treffen. Wenn dieser den Krieg als «Kampf um das Dasein im Großen» bezeichnet, so geschieht dies ohne jede Rechtfertigungsabsicht des Sprechers oder des Autors. Freilich fördert die biologische Metapher eine fatalistische Ontologisierung der so bezeichneten Phänomene. Das gilt erst recht für den gesamten Komplex des Geschlechterkampfs, der für Sacher-Masochs Schaffen ja fundamentale Bedeutung hat. In einer Erzählung aus dem ersten Teil des Kains-Zyklus (*Der Capitulant*) formuliert der Ich-Erzähler die Einsicht: «Alles beugt sich der Nothwendigkeit, jedes Lebendige fühlt wie traurig das Dasein und doch kämpft Jedes verzweiflungsvoll darum und der Mensch kämpft mit der Natur, mit dem Menschen und der Mann mit dem Weibe und ihre Liebe ist auch nur ein Kampf ums Dasein.» Die darwinistische Terminologie verbindet sich hier mit Grundanschauungen Schopenhauers zu einem pseudowissenschaftlichen Pessimismus.

Vererbungs- und Degenerationslehre

«Physiologisch gesehen, zeigen die Rougon-Macquart das langsame Vererben von Nerven- und Blutübeln.» So äußerte sich Emile Zola über den Grundgedanken seines zwanzigbändigen Romanzyklus über die französische Gesellschaft des Zweiten Kaiserreichs. Im letzten Teil des Zyklus (*Le docteur Pascal*, 1893) läßt er einen Arzt auftreten, der in Kenntnis der wichtigsten Vererbungstheorien der Zeit von Darwin über Haeckel zu Weismann eine Art genetischen Stammbaum des Personals aller vorangehenden Romane entwirft, zwischen direkter Vererbung, Vermischung, Verschweißung, Zerstreuung, Verschmelzung, rückgreifender Vererbung und «Vererbung, die auf Einfluß zurückgeht», unterscheidend.

Allein schon die verworrene Begrifflichkeit macht deutlich, wie weit die damaligen Anschauungen vom Erkenntnisstand der modernen Genetik entfernt waren. Es bestand zwar ein zunehmendes Bewußtsein von der Prägung des Menschen durch Erbanlagen; so heißt es z. B. von einer Figur (Hedwig Irmer) in Hermann Conradis Roman *Adam Mensch*: «Zu der und der Grundcombination haben sich die Moleküle ihres Wesens zusammengeschlossen. Sie bleibt, diese Combination; sie bestimmt ihr Leben.» Wie diese Erbinformationen die Entwicklung des Organismus beeinflussen und nach welchen Gesetzen sie sich auf die Nachkommen übertragen, blieb der etablierten Genetik jedoch bis zum Anfang des 20. Jahrhunderts – bis zur Wiederentdeckung der bahnbrechenden Experimente Gregor Mendels (*Versuche über Pflanzenhybriden*, 1865–1869) – ein vollständiges Geheimnis.

Vom spekulativen Charakter der frühen Vererbungslehre sind auch Darwins einschlägige Theorien nicht frei, obwohl festzuhalten ist, daß die Evolutionslehre die Genetik nachhaltig förderte: durch die Reduktion des vererbten Potentials auf angeborene (im Unterschied zu erworbenen) Eigenschaften sowie überhaupt durch die tragende Rolle, die Fortpflanzung und Vererbung im Modell der «natürlichen Zuchtwahl» spielen. Daher läßt sich auch bei vielen Zeitgenossen eine unreflektierte Gleichsetzung von Darwinismus und Vererbungslehre feststellen, die sich auch auf solche Varianten erstreckt, deren theoretische Implikationen mit den Voraussetzungen der Evolutionslehre keineswegs in Einklang zu bringen sind. Das gilt besonders für die Vorstellung von der Vererbung erworbener Eigenschaften und die von Benoit Auguste Morel begründete Degenerationstheorie. Danach steht am Anfang der menschlichen Entwicklung – man erkennt das theologische Denkmuster – ein reiner Urtyp, der sich durch Anpassung in verschiedene Rassen aufspaltet, durch negative Außeneinflüsse aber auch degenerieren kann, indem die erworbenen Schädigungen vererbt und akkumuliert werden. Auf nervöse Reizbarkeit in der ersten Generation folgen Hysteriker, Epileptiker und Hypochonder in der zweiten Generation, die ihrerseits Geisteskranke erzeugen, deren Kinder nur noch unfruchtbare Idioten sind.

In Verbindung mit den Thesen des italienischen Gerichtsmediziners Cesare Lombroso über den Zusammenhang von Verbrechen und Erbanlage einerseits, Genie und Wahnsinn andererseits, erweiterte Max Nordau den Degenerationsbegriff zum kulturpessimistischen Konstrukt einer allumfassenden «Entartung» (*Entartung*, 1892/93). Diese reicht von konkreten somatischen Merkmalen (z. B. Unregelmäßigkeiten des Gesichts, Größe der Ohrläppchen) über psychopathologische Befunde (moralischer Irrsinn, Emotivität, Melancholie) bis hin zu charakteristischen Tendenzen der modernen Lebensweise, Kultur, Literatur, Kunst und Musik. Das Fin de siècle insgesamt erscheint so im Lichte einer medizinisch aufgeputzten Kulturkritik als Krankheitssyndrom. Zum nationalsozialistischen Phantom der «entarteten Kunst» ist es von hier nicht mehr weit.

Die zeitgenössische Wirkung von Nordaus Entartungsbegriff war allerdings komplexer und produktiver, als es der isolierte Blick auf die NS-Rezeption ahnen läßt. So ist beispielsweise noch das Konzept von Thomas Manns *Buddenbrooks* (1900) in wesentlichen Punkten durch Morel und Nordau inspiriert; über mehrere Generationen hinweg häufen und steigern sich in der hier dargestellten Patrizierfamilie pathologische, insbesondere neurotische und hysterische, Züge, bis schließlich mit Hanno Buddenbrook die völlige Lebensunfähigkeit erreicht wird. Sie ist gleichbedeutend mit der Hinwendung zur dekadenten Musik Wagners, des herausragenden Exempels Nordaus für den «Mysticismus» der «Entartung». Grundlegend verändert hat sich allerdings die Wertung; was Nordau als zu überwindendes Krankheitssymptom galt, erscheint bei Mann als Gipfel einer – freilich mit dem Verlust der Vitalität bezahlten – Vergeistigung.

Wie man hier schon sieht, beschränkt sich der Einfluß des Vererbungsgedankens keineswegs auf den Kreis der naturalistischen Autoren, die als Schüler von Taine über «la race» als eine von drei Determinanten menschlichen Handelns (neben «le milieu» und «le temps») belehrt waren. In einer Erzählung Ferdinand von Saars (*Die Troglodytin*, 1889) werden die Mitglieder der ‹asozialen› Familie Kratoschwil ausdrücklich als «Degenerierte» bezeichnet. Die darin enthaltene negative Prognose bewahrheitet sich im Schicksal der Titelfigur, deren ungehemmter Sexualtrieb sie in Verbindung mit Arbeitsscheu und Rachsucht, schließlich auch Alkoholismus zur Mörderin und Brandstifterin macht. Indem Saar ihren Bruder dagegen wider Erwarten eine positive Entwicklung nehmen läßt, schließt er eine simplifizierende deterministische Lesart aus; wichtiger als die Frage der erblichen Veranlagung ist diesem Autor offenbar die Differenz zwischen männlicher Ordnung und weiblich-erotischer Anarchie.

Ganz im Sinne romantischen Schicksalsglaubens, ja eines göttlichen Gerichts verarbeitet dagegen Theodor Storm die Vererbungslehre in seiner Novelle *Carsten Curator* (1877). Der extrem rechtschaffene Carsten hat sich in einem Moment der Schwäche zur Heirat mit der leichtlebigen Juliane verführen lassen. Die Frau stirbt im Kindbett, lebt aber gleichsam in den moralischen Defiziten des Sohnes fort, der sich alsbald als «der geistige Erbe seiner schönen Mutter herausstellt» und den Vater an die Sünden seiner kurzen Ehe gemahnt. Hat er doch eine geistige Ehebrecherin umarmt, die auch im Moment der Empfängnis kaum von ehelicher Liebe erfüllt war:

«Und doch – aus dieser Ehe wurde jener arme Junge dort geboren. Meinst du [. . .], daß die Stunde gleich sei, in der unter des allweisen Gottes Zulassung ein Menschenleben aus dem Nichts hervorgeht? – Ich sage dir, ein jeder Mensch bringt sein Leben fertig mit sich auf die Welt, und alle, in die Jahrhunderte hinauf, die nur einen Tropfen zu seinem Blute gaben, haben ihren Teil daran.»

Wissenschaftliche und religiöse Momente gehen in diesem Bekenntnis zu einem streng deterministischen Weltbild eine unauflösbare Verbindung ein. Die Metaphysik bleibt auch da noch indirekt gegenwärtig, wo eine halbwegs klare medizinische Diagnose erfolgt. So in Ibsens epochemachendem Drama *Gespenster* (1881). Das Stück endet mit dem Ausbruch der Gehirnparalyse bei Oswald Alving, die offenbar als Folge einer Geschlechtskrankheit (Syphilis?) des Vaters zu verstehen ist. Allerdings fehlt es auch nicht an Andeutungen, daß Oswald außerdem den Zug zu einem unsittlichen Lebenswandel vom Vater geerbt hat und insofern Gelegenheit zu einer Primärinfektion besaß. Jedenfalls erweist sich das Erbe der Vergangenheit als unüberwindbar; Frau Alvings lebenslanger Kampf um Verschleierung der Ausschweifungen ihres Mannes scheitert so vollständig wie überhaupt nur denkbar.

Ibsens *Gespenster* wurden zu einem Kultstück des deutschen Naturalismus; mit seiner zweiten Berliner Aufführung wurde 1889 die Freie Bühne eröffnet. Gleich die nächste Inszenierung des Theatervereins galt einem «sozialen Drama», das die Erblichkeit des Alkoholismus und der durch ihn verursachten gesundheitlichen Schäden thematisierte: Gerhart Hauptmanns *Vor Sonnenaufgang*. Womöglich in noch größerer Nähe zu Ibsens Vorbild bewegt sich Wilhelm Weigands Einakter *Der Vater* (1894). Am Ende erschießt der Freiherr von Babenhausen sich und sein behindertes Kind: «Aber das ist furchtbar, sehen zu müssen, wie ein anderes Wesen, das eigne Fleisch und Blut, ins Leben will; wie diese Augen trüb und blöd sind vor allem, was diese Welt reich und sonnig macht –!» Die Mutter des Kindes entstammte einer «müden Familie»; der Freiherr selbst hatte sich längst in einem exzessiven Genußleben verausgabt. Wie in einer klassischen Tragödie erweist sich die Unmöglichkeit, der Vergangenheit zu entfliehen – die strafende Gerechtigkeit holt den Helden ein. «Glauben Sie an eine Nemesis, Herr Professor?», fragt der Protagonist den Arzt, der ihm keine Hoffnung machen kann und während des Gesprächs heimlich die Symptome der Degeneration beim Freiherrn registriert.

Monismus und Allsexualität

«Welt (= Natur = Substanz = Kosmos = Universum = Gott)». So lautet ein Stichwort in Ernst Haeckels auflagenstarker Schrift *Die Welträthsel* (1899). Es gehört in den Kontext der absonderlichen Argumentation, mit der der darwinistische Biologe das Vorhandensein eines spezifischen Äthers im Weltall beweisen will – gewissermaßen als leibgewordener Geist. Denn um eine Versöhnung des cartesianischen Dualismus von Materie und Geist und die Begründung eines weltanschaulichen Monismus geht es in allen philosophischen Schriften des Forschers, der letztlich auch dort weltanschauliche Interessen verfolgte, wo er scheinbar sachlich über biologische Zusammenhänge referiert. Das gilt etwa für sein umstrittenes «biogenetisches Grundgesetz» von der Wiederholung der Phylogenese in der Ontogenese – danach durchläuft die Entwicklung des Embryos die früheren Stadien der Evolution seiner Species –, aber auch für Haeckels energische Verteidigung einer gemeinsamen

Abstammung von Mensch und Affe. In deutlicher Abgrenzung von einem mechanistischen Wissenschaftskonzept und unter wiederholtem Rückbezug auf Goethe trat Haeckel für ein ganzheitliches – eben monistisches – Naturverständnis ein.

In einem Beitrag zur Zeitschrift *Freie Bühne* von 1892 gibt er seiner Überzeugung Ausdruck, «daß ‹ein Geist in allen Dingen› lebt» – die Anspielung auf Eichendorffs bekannten Vers («Schläft ein Lied in allen Dingen») ist unüberhörbar – «und daß die ganze erkennbare Welt nach einem gemeinsamen Grundgesetze besteht und sich entwickelt»:

> «Insbesondere betonen wir dabei die grundsätzliche Einheit der anorganischen und organischen Natur [...] Ebenso wenig als eine scharfe Grenze zwischen diesen beiden Hauptgebieten der Natur zu ziehen ist, ebenso wenig können wir auch einen absoluten Unterschied zwischen Pflanzen- und Tierreich anerkennen, ebenso auch nicht zwischen Tierwelt und Menschenwelt. Dementsprechend betrachten wir auch die ganze menschliche Wissenschaft als ein einheitliches Erkenntnis-Gebäude und verwerfen die übliche Unterscheidung zwischen Naturwissenschaft und Geisteswissenschaft; die letztere ist nur ein Teil der ersteren.»

Umgekehrt ist die Natur bei Haeckel ein Gegenstand geistiger, ja ästhetischer Betrachtung. In seinem Tafelwerk *Kunstformen der Natur* (1899) demonstrierte er die quasi künstlerische Gestalt von Mikroorganismen als Beleg für eine spirituelle Qualität des Kosmos. Sie zu erschließen ist Ziel der «Weltkunstanschauung», die Haeckels Schüler Wilhelm Bölsche in seinem Buch *Hinter der Weltstadt* (1901) mit dem Untertitel «Friedrichshagener Gedanken zur ästhetischen Kultur» – als zentrales Erkenntnisinstrument propagiert.

Ein Beispiel dieser vertiefenden Betrachtungsweise, deren weihevolles Raunen den heutigen Leser wie eine säkularisierte Predigt anmutet, liefert Julius Harts Essayband *Der neue Gott* (1899). Darin wird beispielsweise die Haut des menschlichen Körpers pathetisch als Symbol des Ich-Welt-Verhältnisses gewürdigt – als Sinnbild einer letztlich ephemeren Trennung von Innen und Außen:

> «Ein Schleier ist Deine Haut, der zwischen zwei Welten schwebt. Aber auch diese beiden Welten werden wieder ineinanderfließen und Einheit sein. Dann liegt auch dieser Schleier Deiner Haut zerrissen zu Deinen Füßen. Und sie scheidet nicht mehr wie ein Tempelvorhang das Heilige vom Allerheiligsten. Sondern vereint sie.»

Der Darwinismus habe uns, heißt es im selben Essay, «wieder unmittelbar an die Schwelle jener ältesten Welterkenntnis zurückgeführt»: «Das Problem von der Urzeugung, das dunkelste Problem der Entwickelungslehre, ist eigentlich kein Problem mehr, sobald man das empfindende Molekül zum eigentlichen Eins der Welt erhebt.» Die Materie selbst ist geistig – so lautet die Quintessenz eines Denkens, das man auch als «Philosophie der Zellteilung» bezeichnet hat.

Die literarischen Folgewirkungen dieser «Weltkunstanschauung» waren beträchtlich. Johannes Schlaf spricht in autobiographischen Aufsätzen von 1912 und 1913/14 von dem «entscheidenden Einfluß», den die «moderne Biologie» in den 1880er Jahren auf ihn ausgeübt habe, und hebt zumal die «Großtat des Biologen Haeckel» hervor, dessen *Natürliche Schöpfungsgeschichte* (1868) und *Anthropogenie* (1874) den Gymnasiasten gewaltsam ergriffen hätten. Sein Prosaepos *Frühling* (1894) spricht das Welteinheitsgefühl in einer hymnischen Diktion aus, die den unmittelbaren Einfluß Walt Whitmans bezeugt, aber auch manchen Anklang an die Naturbeschreibungen des jungen Werthers verrät – vom Panentheismus des Sturm und Drang zur monistischen Weltsicht ist es anscheinend kein allzu großer Schritt; wie jener im Weltbild Spinozas begründet war, so diese in den Leitsätzen Darwins und Haeckels.

Originelleren Ausdruck verschafft sich das monistische Weltgefühl der Haeckel-Schule in den Großgedichten von Arno Holz, vorab seinem *Phantasus*. Das zweite Heft (1899) der ersten Buchfassung wird von einem Gedicht eröffnet, das sich bei genauerer Betrachtung als lyrische Paraphrase eines Absatzes aus der letzten Seite von Bölsches *Entwicklungsgeschichte der Natur* (1894–1896) erweist:

> Sieben Billionen Jahre vor meiner Geburt
> war ich eine Schwertlilie.
>
> Meine Wurzeln
> saugten sich
> in einen Stern.
>
> Auf seinem dunklen Wasser
> schwamm
> meine blaue Riesenblüte.

Die Einheit des lyrischen oder epischen Ichs mit den verschiedensten Gestalten der Welt (in unterschiedlichsten Zeiten und Räumen) – und das Postulat dieser Einheit ermöglicht überhaupt erst die Konstruktion dieser Großdichtung – ist letztlich im biogenetischen Grundgesetz Haeckels verwurzelt.

Die Rezeption der Haeckelschen Lehren hat ihren Schwerpunkt im Deutschen Reich, und hier wieder im Berliner Raum (mit Friedrichshagen als heimlichem Zentrum). Dennoch ist die Literatur der Wiener Moderne reich an Zeugnissen für eine ähnliche Verbundenheit des Ichs – eines sich gleichsam auflösenden Ichs – mit der als Ganzheit aufgefaßten Welt. Man hat diese Zeugnisse vielfach als Konsequenz aus jener Krise des Ichs verstanden, in deren Feststellung sich die Wiener Autoren – jedenfalls rückblickend – durch die Lehren Machs bestätigt fanden. Daß aber auch in Wien der Einfluß der monistischen Lehre zu spüren war, legt – neben anderen Gedichten Hofmannsthals, die die Fülle und Einheit des Lebens besingen – insbesondere sein *Sonett der Seele* (1891) nahe. Denn die Vorstellungen eines «Willensdrangs von tausend Wesen» und der «kampfbewährten» «Tiergewalten», die im Menschen – als Erbe – weiterwirken, erinnern doch unüberhörbar an das Paradigma des Darwinismus. Auf dessen Prämissen basiert somit das Welteinheitsgefühl, das die Terzette des Gedichts bekunden, das ursprünglich zusammen mit dem *Sonett der Welt* den gemeinsamen Titel «All-Einheit» trug:

> Wenn wir unsrer Seele lauschen,
> Hören wirs wie Eisen klirren,
> Rätselhafte Quellen rauschen,
>
> Stille Vögelflüge schwirren ...
> Und wir fühlen uns verwandt
> Weltenkräften unerkannt.

Die Engführung von Körperlichem und Geistigem, die Haeckels Monismus betrieb – der sich darin als psychophysischer Monismus erwies –, mußte fast zwangsläufig zu einer Auseinandersetzung mit dem Gesamtkomplex von Erotik und Sexualität führen, da hier die Diskrepanz der herkömmlichen Wertungen (Tabuisierung des Körperlichen versus Hochwertung des Seelischen) besonders eklatant war. Die Antwort auf diese Problemlage gab Bölsche mit seiner wohl bekanntesten Schrift *Das Liebesleben in der Natur* (1899–1902), die in drei Bänden die Verbundenheit des Menschen mit Pflanzen- und Tierwelt in der Teilhabe an der Sexualität demonstriert. Gegenüber der Prüderie des wilhelminischen Erziehungssystems haftete diesem Bekenntnis zum Kreatürlichen durchaus ein emanzipativer reformerischer Impuls an. Im übrigen bleibt die Hierarchie einer teleologischen Schöpfungsgeschichte unangetastet, wenn etwa das Erste Buch den Bogen «Von der Eintagsfliege zur Madonna» (nämlich Raffaels Bild der Sixtinischen Madonna) schlägt und dabei als Zwischenstation die «silberne Liebesinsel der Heringe» einschaltet. Der hymnische Tonfall ist kennzeichnend für das ganze reichlich mit Goethe-Motti ausgestattete Werk; es geht um die Sakralisierung des Erotischen als eines kosmischen Prinzips, als Mysterium der monistischen Naturanschauung.

Lou Andreas-Salomé, die Bölsches *Liebesleben* positiv rezensierte, verfolgt in ihren *Gedanken über das Liebesproblem* (*Neue Rundschau*, 1900) eine ganz ähnliche Tendenz. Sie spart nicht mit evolutionsgeschichtlichen Reminiszenzen und bekennt sich offen zum psychophysischen Monismus: «Dies völlig Analoge körperlicher und seelischer Äußerungsweisen des Liebesempfindens kann nicht stark genug hervorgehoben werden, da es sich dabei nur um die beiden Seiten ein und desselben Prozesses handelt.» Zur Wesensart des Erotischen gehört geradezu eine elementare Kraft, «das physische Moment im Geistigen, und umgekehrt, zu betonen».

Die Überschwenglichkeit der Idealisierung, die Lou Andreas-Salomé im wechselseitigen Verhältnis von Liebenden ausmacht, findet ihr dichterisches Pendant in der pathetischen Liebeslyrik Richard Dehmels, deren weltanschauliches Substrat gleichfalls ein Monismus darwinistischer Prägung bildet. Liebe hat für Dehmel von Anfang an kosmische Dimensionen, wie sich aus einem Brief vom Juli 1887 ergibt: «Auch die Ewigkeit kann man nicht in sich, nur in den Andern, in allen Andern, in der Menschheit genießen, – im ewigen Gefühl der Zusammengehörigkeit mit der ewigen Kraft des Alls.» Zugleich ist diese Liebe aber ein biologischer Akt und der Mann, wie Dehmel in einem Brief an die Freundin Hedwig Lachmann vom Mai 1893 von sich selbst bekennt, ein wehrloses Opfer des «Urgesetzes»: «Das ist das Geschlecht, das brutale Gattungsgesetz, das ewige, das durch tausende von eigenwillig flimmernden Zellenkörperchen immer wieder den organischen Seelenwillen des bewußten Individuums zu brechen strebt und ihn gar noch seinen Dauerzwecken dienstbar macht.» Die Spermazelle als empfindende Monade? «Ich fühle mich stark genug zum rein geistigen Erleben auch meiner Sinnlichkeiten», erklärt Dehmel als überzeugter Monist.

«Am Anfang war das Geschlecht». So beginnt – nach der Vorrede – der eigentliche Text der *Totenmesse* (1893) des mit Dehmel befreundeten deutschpolnischen Schriftstellers Stanislaw Przybyszewski. Der rhapsodische Monolog erweitert das individuelle Erlebnis der Sexualität ins Kosmische und Prähistorische. Das Geschlechtliche erscheint als Grundsubstanz des Lebens und als Motor der Evolutionsgeschichte, als deren Schlußglied – «in der endlosen Kette der Entwicklungstransformationen meines Geschlechtes» – sich der Sprecher selbst auffaßt, hinund hergerissen zwischen sexuellen Allmachtsphantasien («jetzt bin ich die allgewaltige Allsexualität») und Regressionsträumen: «Die rückschreitende Metamorphose kann beginnen …» Nur im Dunkel der Frühzeit scheint das Mysterium der Alleinheit erfahrbar – jenseits der Schwelle der wissenschaftlichen Rationalität (genannt werden Charcot, Darwin und Kant/Laplace), die dieses eigenartige geschmacklos-genialische Werk doch bis in den Wortschatz hinein bestimmt.

5. Positivismus und Empiriokritizismus

Gesetzesbegriff

Die darwinistische Biologie ist im Grunde nur ein besonders effektives Paradigma für den Aufschwung der Naturwissenschaften im 19. Jahrhundert auf der Grundlage einer konsequent empirischen Orientierung am Faktischen (Positivismus). Als geistiger Vater des modernen Positivismus gilt Auguste Comte, Verfasser des sechsbändigen *Cours de philosophie positive* (1830–1842), der von der Mathematik über die Astronomie, Physik, Chemie und Biologie zur Soziologie führt, der die letzten drei Bände gewidmet sind und deren methodische Grundlegung hier eigentlich stattfindet. Comtes Schüler Hippolyte Taine wendet die Methodik seines Lehrers auf den Bereich der Kunst- und Literaturgeschichte an. In der Einleitung seiner *Histoire de la Littérature Anglaise* (1863) erklärt er das Zustandekommen des «état moral élémentaire» auch des künstlerisch produktiven Menschen generell durch drei Faktoren: «la race, le milieu et le moment». Abstammung, soziales wie klimatologisches Umfeld und Epoche sind damit als Determinanten menschlichen Handelns festgelegt und jeder wissenschaftlichen Beschäftigung mit Kultur und Geschichte als primäres Untersuchungsobjekt vorgeschrieben.

Maßgebliche Vertreter des Naturalismus begrüßten die von Taine eingeleitete Verabschiedung der Willensfreiheit als Chance für die moderne Literatur. «Für den Dichter aber scheint mir in der Tatsache der Willensunfreiheit der höchste Gewinn zu liegen», erklärt Bölsche in seiner schon genannten Programmschrift *Die naturwissenschaftlichen Grundlagen der Poesie*. Denn erst jetzt sei er zu einer «mathematischen Durchdringung» der Motive menschlichen Handelns, damit aber auch zu einer vollständig plausiblen Rekonstruktion in der Lage. Auch Conrad Alberti stellt sich in *Natur und Kunst* (1890) mit Emphase auf den Standpunkt, daß der Mensch «in jedem Augenblicke einem physiologischen und milieumäßigen Zwange gehorcht». Beide stehen unter der Wirkung von Zolas epochalem Manifest *Le roman expérimental* (1880). Darin war die Tätigkeit des Schriftstellers weitgehend mit der eines Chemikers parallelisiert worden; wie dieser mit Substanzen experimentiere, so jener mit Charakteren – hier wie dort unterliegen die Reaktionsweisen feststehenden und beschreibbaren Gesetzen.

Zolas bekannte Schrift stellt im wesentlichen eine kommentierende Kompilation von Zitaten aus der methodologischen Abhandlung des Mediziners und Physiologen Claude Bernard dar: *Introduction à l'étude de la médicine expérimentale* (1865). Diese gilt allgemein als Dokument eines positivistischen Wissenschaftsverständnisses; bei näherer Betrachtung wären aber schon für Bernard selbst Einschränkungen zu machen. Zola instrumentalisiert den medizinischen Text einerseits als Aushängeschild für den von ihm geforderten Anschluß der Literatur an die positivistische Naturwissenschaft. Andererseits bleiben wesentliche Elemente des traditionellen Kunstverständnisses erhalten, wenn Zola beispielsweise Bernards Charakteristik des Experimentators als Demiurgen und «Gegen-Machthaber der Schöpfung» übernimmt. Der Künstler als zweiter Schöpfer ist seit Shaftesbury eine – auch und gerade für Goethe wesentliche – Leitvorstellung der neuzeitlichen Literatur.

Arno Holz scheint den subkutanen Idealismus von Zolas Ästhetik gespürt zu haben. Seine eigenen Beiträge zur Literaturtheorie entwikkeln sich in direkter Frontstellung gegen Zola; außer dem einschlägigen Hauptwerk *Die Kunst. Ihr Wesen und ihre Gesetze* (1890) ist hier vor allem der Aufsatz *Zola als Theoretiker* zu nennen, der 1890 in der *Freien Bühne* erschien, aber nach Aussage des Autors schon 1887 in Paris konzipiert wurde. Holz' Polemik gilt vor allem der sogenannten Kunstformel Zolas: «Une œuvre d'art est un coin de la nature vu à travers un tempérament.» Wenn sich die Kunst als Ausschnitt der Natur erklärt, gebrochen durch die Perspektive eines individuellen Temperaments – wo bleibt dann die überindividuelle Gesetzmäßigkeit, der streng positivistische Zugriff? Indem Holz so fragt, spielt er gewissermaßen Zolas eigene Lehrmeister gegen diesen aus. Neben Comte und Taine geht es dabei um die Begründer des englischen Empirismus, mit denen sich Holz schon 1888 auseinandergesetzt hat: «Auf meinem Schreibtisch lagert die halbe Berliner Bibliothek: Taine, Comte, Mill und Spencer sind jetzt meine Schutzheiligen» (an Jerschke im Juli 1888). John Stuart Mill hatte in seinem *System of Logic, Ratiocinative and Inductive* (1843) dem Prinzip der Induktion zum methodologischen Durchbruch verholfen; Herbert Spencer hatte in seinem zehnbändigen *System of Synthetic Philosophy* (1855–1896) dem Gedanken der Evolution fundamentale Bedeutung verliehen; auf Spencers Schrift *The Development Hypothesis* (1852) geht übrigens auch der darwinistische Begriff der Anpassung zurück.

Holz zieht aus seinem Studium der Kronzeugen des Positivismus vor allem einen Schluß: «Es ist ein Gesetz, daß jedes Ding ein Gesetz hat» – so auch die Kunst. In das Kunstgesetz, das Holz schließlich formuliert, gehen die Grundvorstellungen der Evolution und der Anpassung ein – als Höherentwicklung der Kunst nach Maßgabe der Mittel und ihrer Beherrschung, das heißt auch als zunehmende Annäherung der Abbildung an ihr Objekt: «Die Kunst hat die Tendenz, wieder die Natur zu sein. Sie wird sie nach Maßgabe ihrer jedweiligen Reproduktionsbedingungen und deren Handhabung.» Zu dieser Ausgestaltung der Grundformel «Kunst = Natur – x» gelangt der Erzähler (oder soll man «Forscher» sagen?) in der *Kunst*-Schrift durch die Beobachtung eines mit unzureichenden und unzureichend gehandhabten Mitteln (Kreide auf Schiefertafel) malenden Jungen – eine konkrete Beobachtung also liegt zugrunde, aus der induktiv die wissenschaftliche Formel entwickelt wird. So jedenfalls die Fiktion der Schrift, die sich so abstrakt-theoretisch nennt («Ihr Wesen und ihre Gesetze») und doch in einem so lockeren, fast schnoddrigen Tonfall vorgetragen wird. Dieser ist wohl Teil der Provokation, die Holz mit dieser Veröffentlichung bewußt bezweckte – und erreichte. Gerhart Hauptmann, doch immerhin eine Art Weggenosse, ärgerte sich heftig bei der einstündigen Lektüre des Büchleins am 16. November 1890, wie sein Tagebuch bezeugt. Neben die Kunstformel schreibt er an den Rand des ihm von Holz geschenkten Exemplars: «Mit diesem Gesetz kann man Schuhmacher ausbilden.» Aber offenbar keine Dichter!

Erkenntnisgrenzen und Erkenntniskritik

Holz' demonstratives Einverständnis mit der Methode des wissenschaftlichen Positivismus war von begrenzter Dauer. Auch wenn kein eigentlicher Widerruf erfolgte, läßt sich seinem späteren Drama *Ignorabimus* (1913) doch mit einiger Sicherheit entnehmen, daß Holz vom Paradigma des konsequenten Positivismus, das dieser Tragödie den Namen gab, mittlerweile abgerückt ist. Der Titel zitiert nämlich die Schlußwendung einer berühmten Rede, die der Berliner Physiologe Emil Du Bois-Reymond 1872 auf der 45. Versammlung Deutscher Naturforscher und Ärzte gehalten hat. Dessen programmatisches Bekenntnis «Wir werden (es) nicht wissen» richtete sich gegen den umfassenden Erkenntnisanspruch eines Goethe bzw. seines Faust. Solch universalistisch-subjektivem Wissensdurst, der ausdrucklich die Geisterwelt miteinbezieht, setzt Du Bois-Reymond die Tugend wissenschaftlicher Bescheidung entgegen, von der allein praktische Fortschritte und methodische Konsequenz zu erwarten seien. Holz nun legt sein umfangreiches Stück offensichtlich als einen neuen *Faust* an und stattet dabei gerade nicht den Prototyp des Positivisten – hier gleichfalls mit einem Hugenotten-Namen (Dufroy) versehen –, sondern dessen zunehmend erkenntnisskeptischen Schwiegersohn Dorninger mit autobiographischen Zügen aus. Er läßt die Handlung noch dazu in einem spiritistischen Spektakel gipfeln, das freilich als Betrugsmanöver durchschaubar ist und somit eher einen Hinweis auf das subjektive Ungenügen an wissenschaftlicher Rationalität als auf deren prinzipielle Insuffizienz enthält.

Du Bois-Reymonds futurisches Erkenntnisveto ist nicht zuletzt als Zweifel an der angemessenen sprachlichen Umsetzung motiviert. Mißtrauen gegenüber den wissenschaftlich fragwürdigen Prämissen unserer alltäglichen Rede- und Anschauungsformen kennzeichnet auch die theoretischen Veröffentlichungen eines österreichischen Physikers, der 1895 von der Universität Prag nach Wien überwechselte und als Begründer des Empiriokritizismus in die Geschichte der Philosophie einging. In seinen *Beiträgen zur Analyse der Empfindungen* (1885) hat Ernst Mach die ontologische Unhaltbarkeit des Ich-Begriffs vertreten («Das Ich ist unrettbar») und die Vorstellung einer persönlichen Identität als eine bloß denkökonomische Fiktion bezeichnet. In der Realität existierten nur einzelne Empfindungen bzw. Wahrnehmungen; aus ihnen lasse sich erst als sekundäres und instabiles Phänomen der Komplex einer persönlichen Individualität konstruieren. Angeregt wohl durch die Neuauflage von 1903, hat Hermann Bahr Machs Theorie in zwei Essays (*Das unrettbare Ich, Impressionismus*) seines Buchs *Dialog vom Tragischen* (1904) aufgegriffen und mit Nachdruck für Selbstgefühl, Weltbild und dichterische

Praxis der Wiener Moderne in Anspruch genommen. Die neuere Literaturwissenschaft ist ihm darin seit den sechziger Jahren zu großen Teilen
gefolgt, ohne sich nähere Rechenschaft darüber zu geben, in welchem
Umfang oder ob überhaupt es bei den Wiener Autoren eine konkrete
Auseinandersetzung mit Machs Hauptwerk oder auch nur eine Kenntnisnahme seiner zentralen Thesen auf indirektem Wege vor diesem relativ späten öffentlichen Echo gegeben hat.

Philologische Fragen dieser Art fördern eher bescheidenes Material
zutage: so die Lektüre von Machs *Populär-Wissenschaftlichen Vorlesungen*
(1896) durch Beer-Hofmann im Sommer 1898. Wesentliche Beiträge der
Wiener Moderne zur Diskontinuität des Ich finden sich jedoch schon in
Texten Schnitzlers und Hofmannsthals vom Anfang der neunziger Jahre.
Eine wesentliche Hilfestellung bei der Formulierung dieses Ich-Zweifels
scheint Bahr mit einigen frühen Aufsätzen geleistet zu haben, die terminologisch noch in der Nähe des Naturalismus stehen, dessen Authentizitätsanspruch jetzt aber auf das Terrain der Empfindungen übertragen.
Im Essay *Wahrheit, Wahrheit!* (1891) wird der Berliner Philosoph Eduard
von Hartmann ganz gegen seinen Willen als Geburtshelfer der neuen
Anschauungen in Anspruch genommen. In einem von Bahr zitierten
Passus kommt ihm die Aufgabe zu, die Konsequenzen der positivistischen Perspektive aus polemischer Distanz zu beschreiben:

> «es [sc. das Ich] scheint nichts als eine launische und gänzlich
> grundlose Fiktion, die mutig weggeworfen werden muß. Dem
> positiven Philosophen, der sich bloß dem unmittelbar Verbürg
> ten anvertraut und auf seine ungestümen Begierden nicht hören
> will, entschwindet [...] jede Spur des Ich; und aller Besitz
> schrumpft ihm winzig zusammen, zu ‹einer in der Luft schwe
> benden Kette zeitlich verbundener Vorstellungsakte›.»

Bahrs Konsequenz im selben Essay lautet, dicht an Mach streifend:
«Das Ich ist immer schon Konstruktion.» Wie später noch zu zeigen ist,
geht diese These direkt in die Entstehungsgeschichte von Hofmannsthals
dramatischem Erstling *Gestern* ein. Von einer Mach-Rezeption im
eigentlichen Sinne kann man dabei nicht sprechen, wohl aber bestätigt
sich die Vermutung, daß Machs Ideen damals in gewisser Weise ‹in der
Luft lagen›. Allerdings nicht speziell in der Wiener Luft; Bahr brachte
die europäische Avantgarde und die aktuelle deutsche Philosophie im
Reisegepäck mit, als er Anfang der neunziger Jahre nach Wien zurückkehrte. Und Hofmannsthals Empfänglichkeit für Bahrs einschlägige
Anregungen muß auch im Zusammenhang seiner frühen Nietzsche-
Rezeption und ihrer sprach- und erkenntniskritischen Aspekte gesehen
werden. Nur wenn man sich diese überregionalen und interdisziplinären
Zusammenhänge vor Augen hält, gewinnt die Feststellung aus Robert

Musils Berliner Dissertation *Beitrag zur Beurteilung der Lehren Machs* (1908) volles Gewicht auch für die Entwicklung der Moderne um 1890. Statt «Philosophie» und «Philosoph» dürfen wir dabei getrost «Literatur» und «Schriftsteller» einsetzen:

> «Das Wort des Naturforschers wiegt schwer, wo immer heute erkenntnistheoretische oder metaphysische Fragen von einer exakten Philosophie geprüft werden. Die Zeiten sind vorbei, wo das Bild der Welt in Urzeugung dem Haupte des Philosophen entsprang. Die Philosophie sucht heute ihr Verhältnis zu der in so weitem Bereiche aufgedeckten Gesetzlichkeit der Natur [...] mit Berücksichtigung aller Mittel und Ergebnisse der exakten Forschung neu zu gestalten.»

6. Psychologie

Hypnose, Hysterie, Nervenkunst

Seit Wilhelm Griesingers Entwurf *Die Pathologie und Therapie der psychischen Krankheiten* (1845) war die Zuständigkeit der Medizin – einer naturwissenschaftlich verfahrenden, materialistisch verstandenen Medizin – für den gesamten Bereich der psychischen Devianzen unwidersprochen. Für Abweichungen von der seelischen Normalität wurde grundsätzlich eine organische Schädigung des Gehirns unterstellt, auch wenn die Mittel der damaligen Anatomie bzw. Physiologie in den meisten Fällen nicht ausreichten, den konkreten Befund zu ermitteln. Noch Freud ist nach eigener Aussage «bei Lokaldiagnosen und Elektroprognostik erzogen worden wie andere Neuropathologen» und rückte erstmals mit seinem Buch *Zur Auffassung der Aphasie* (1891) von der Annahme der anatomischen Lokalisierbarkeit aller seelischen Störungen in bestimmten Hirnregionen ab.

Eine wesentliche Rolle bei der Vorbereitung der Wende zu einer neuen dynamischen Psychologie spielte die von französischen und Schweizer Gelehrten (Jean Martin Charcot, Hippolyte Bernheim, Auguste Forel) angeführte Hypnose-Forschung. Die Auslösbarkeit einer bestimmten Symptomatik durch mentale Manipulation mußte langfristig einer neuen Bewertung des Psychischen zugute kommen, obwohl die ältere Generation der Hypnose-Forscher, z. B. Charcot, an der Heredität der untersuchten Krankheitsbilder festhielt. Gerhart Hauptmann beschreibt noch in seiner fast fünfzig Jahre später erschienenen Autobiographie die Eindrücke, die er 1888 von den Krankenvorführungen in den Zürcher Vorlesungen Forels und in der von diesem geleiteten Kantonalen Irrenanstalt Burghölzli empfing, darunter auch ein «wahres Wunder» von Hypnose. Hauptmann erklärt, bei Forel «alle hauptsächlichsten Formen des Irreseins» unterscheiden gelernt zu haben (immerhin: den *Bahnwärter Thiel* hat er schon vor seinem Zürich-Aufenthalt geschrieben). Freud geht 1885/86 zu einem Studienaufenthalt nach Paris, arbeitet bei Charcot und übersetzt Bernheims Bücher über Hypnose und Suggestion. Als Rezensent der *Internationalen klinischen Rundschau* bespricht Arthur Schnitzler 1888 und 1892 beide Werke ebenso wie Forels Buch *Der Hypnotismus* (1889). Im selben Jahr veröffentlicht er einen eigenen Aufsatz über den Einsatz von Hypnose und Suggestion bei der Behandlung funktioneller Aphonie. Seinen Lebenserinnerungen *Jugend in Wien* zufolge hat er darüber hinaus auch «nach dem Muster bekannter Hypnotiseure, allerlei psychologische Experimente» durchgeführt und aufgezeichnet. Die Hypnose-Szene zu Beginn seines *Anatol* (*Die Frage an das Schicksal*, 1890) beruht also auf gründlichster Sachkenntnis, allerdings nimmt sie das medizinische Experiment und seine diagnostisch-therapeutischen Möglichkeiten nicht sonderlich ernst, da sie es nur in der Funktion eines Lügendetektors bemüht, der die Treue von Anatols Geliebter testen soll (wovon dieser dann aber lieber doch nicht Gebrauch macht). Erst in Schnitzlers Einakter *Paracelsus* (1899) wird die Hypnose auf der Bühne zur Quelle überraschender, letztlich auch den Hypnotiseur verunsichernder Mitteilungen über das Gefühlsleben einer Frau. Das hier ins Zeitalter der Magie und Alchemie zurückdatierte Verfahren vermittelt den Beteiligten wie dem Zuschauer eine Ahnung von den Abgründen hinter und unter dem alltäglichen Leben:

> Ein Sturmwind kam, der hat auf Augenblicke
> Die Tore unsrer Seelen aufgerissen,
> Wir haben einen Blick hineingetan ...
> Es ist vorbei, die Tore fallen zu. –

Die Krankheit, bei deren Bestimmung und Behandlung die Hypnose damals die bedeutendsten Dienste leistete, war eine oder die Modekrankheit des späten 19. Jahrhunderts und scheint heute so gut wie ausgestorben: die Hysterie. Andere soziale Umstände führen zu anderen neuropathischen Symptomen und, was wohl mindestens so sehr ins Gewicht fällt, andere Beschreibungsmuster führen zu veränderten Zuordnungen. Hysterie, wie man zur Zeit der Jahrhundertwende den Begriff faßte, galt in erster Linie als Frauenkrankheit und wurde zumeist mehr oder weniger direkt mit unerfüllter Sexualität in Verbindung gebracht. Als Krankheitsform vor allem von Frauen aus besseren Kreisen war sie nicht unwesentlich an die damalige Existenzform der vom Arbeitsleben ausgeschlossenen ‹Dame› bzw. ‹höheren Tochter› gebunden. Setzt man eine solche – aus heutiger Sicht formuliert: – psychosoziale

Motivation jedenfalls bei einer Mehrzahl der damals beobachteten Krankheitsfälle voraus, so kann es nicht verwundern, daß die mentale Behandlungsmethode der Hypnose hier besondere Erfolge zeitigte und Freud ausnahmslos eine sexuelle Ätiologie der Hysterie konstatieren konnte.

Die von Freud und dem Wiener Arzt Josef Breuer gemeinsam verfaßten *Studien zur Hysterie* (1895) bilden einen Markstein in der Vorgeschichte der Psychoanalyse. Schon in der «Vorläufigen Mitteilung» *Über den psychischen Mechanismus hysterischer Phänomene*, die Freud und Breuer Anfang 1893 publizierten, wird die kathartische Behandlungsmethode erläutert, bei der Auflösung und Lösung identisch sind; indem der Patient sein frühkindliches Trauma benennt (das hier hauptsächlich in sexuellem Mißbrauch vermutet wird), kann er die gestauten Affekte ‹abreagieren› und gesunden. Die Kernthese eines damals von Freud gehaltenen Vortrags lautet denn auch: «der Hysterische leidet an unvollständig abreagierten psychischen Traumen.»

Ein wesentliches Element der Krankheit wie ihrer Behandlung ist für Freud die Erinnerung. Damit gibt sich seine Theorie in zweifacher Hinsicht als Kind ihrer Zeit zu erkennen. Die Erinnerungssymbole, als die sich ihm die Symptome darstellen, werden von Freud selbst mit Denkmälern verglichen – wann aber standen öffentliche Denkmäler höher im Kurs als im späten 19. Jahrhundert? Wenn Freud die Aufgabe des Psychiaters andererseits, und zwar erstmals in den *Studien über Hysterie*, ins Bild der archäologischen Rekonstruktion einer verschütteten Stadt faßt, so bedient er sich gleichfalls einer epochentypischen – im Zeitalter der großen Ausgrabungen hochaktuellen (und auch von Schnitzler im *Einsamen Weg* aufgegriffenen) – Analogie. Und doch wäre es falsch, angesichts solcher Berührungspunkte Freud einseitig für die Geisteswissenschaften zu vereinnahmen und, wie es beispielsweise Jürgen Habermas getan hat, seine Anleihen bei der Naturwissenschaft als «szientifisches Selbstmißverständnis» abzutun. Die sich in den neunziger Jahren herausbildende Psychoanalyse hat ihr entscheidendes Vorbild (Freud selbst hat mehrfach die Parallele gezogen) im System des Darwinismus, das ja gleichfalls mit dem Anspruch auftritt, Heutiges aus Früherem herzuleiten und eine universelle Entwicklungsformel anzubieten. Es war übrigens die Beeindruckung durch den Darwinismus, die den jungen Freud überhaupt zum Studium der Naturwissenschaften bestimmt hat.

Andererseits hat man wiederholt, und Freud zuerst, die Literaturnähe der Psychoanalyse betont. Im Anschluß an das oben zitierte Bekenntnis zu seiner Ausbildung im Zeichen von «Lokaldiagnosen und Elektroprognostik» erklärt Freud in den *Studien über Hysterie*: «es berührt mich selbst noch eigentümlich, daß die Krankengeschichten, die ich schreibe, wie Novellen zu lesen sind, und daß sie sozusagen des ernsten Gepräges der Wissenschaftlichkeit entbehren. Ich muß mich damit trösten, daß für dieses Ergebnis die Natur des Gegenstandes offenbar eher verantwortlich zu machen ist als meine Vorliebe [...].» Als «eine eingehende Darstellung der seelischen Vorgänge, wie man sie vom Dichter gewohnt ist», kann vor allem das 1905 veröffentlichte, im wesentlichen aber schon Anfang 1901 entstandene *Bruchstück einer Hysterie-Analyse* gelten.

Der Psychiater agiert hier wie der Ich-Erzähler einer Rahmen-Novelle; eingeblendet in seinen Dialog mit der Patientin Dora und seine deutenden Kommentare sind die rekonstruierten Szenen des traumatischen Primärgeschehens und zwei Träume, die als Höhepunkte am Anfang des zweiten und dritten Kapitels und untereinander wiederum in einer ‹kunstvollen› Beziehung stehen. Der eine symbolisiert «die Flucht aus dem Leben in die Krankheit», der andere die Rückkehr zum Leben. Daß es im Laufe der unvollständigen Behandlung, wie Freud am Schluß berichtet, zu einem ‹Übertragungs›-Phänomen unerwarteten Ausmaßes kam, daß also die Kranke ihren Konflikt mit Herrn K. mit einem Mal auf das Verhältnis zum Arzt projizierte, wirkt wie die typische Schlußpointe einer Rahmennovelle in der Tradition von Storms *Schimmelreiter*, wo sich ja gleichfalls verblüffende Übergriffe der Binnenerzählung (hier: der Gespenstergeschichte) auf den Erzählrahmen ergeben.

Wenn man Freuds publizistisch aufbereitete Krankengeschichten in den Kontext der psychologischen Erzählkunst einstellt – auf den sie freilich keinen Anspruch erheben –, wird sogleich ihr formaler Konservatismus erkennbar. Sie sind nämlich traditionell erzählt, wie die Romane Paul Bourgets und alle anderen psychochologischen Romane des 19. Jahrhunderts (mit der einen Ausnahme Flauberts), denen es Hermann Bahr in seinem Aufsatz *Die Krisis des Naturalismus* zum Vorwurf macht, daß in ihnen «nichts gezeigt, sondern jedes bloß erzählt und zwischen uns und die Wahrheit immer der vermittelnde, ergänzende und kommentierende Autor eingeschoben wird, welcher, gerade indem er es verdeutlichen will, alles erst recht verdeckt». Auch Freud gibt nicht die «Folge der Bilder» (nämlich im Bewußtsein des Wahrnehmenden), wie Bahr sich ausdrückt. Umsonst wird man auch bei ihm «das Doppeltsehen, gleichzeitig real und stilisiert» suchen, das Hofmannsthals *Aufzeichnungen* vom Mai 1893 als Errungenschaft von Jacobsens Roman *Niels Lyhne* (1880, dt. 1889) rühmen – und zwar wiederum in Abhebung von der Tradition:

«In den alten psychologischen Romanen (‹Werther›, ‹Adolphe›, ‹Manon Lescaut›) wird der Inhalt des Seelenlebens dargestellt, bei Jacobsen die Form davon, psychiatrisch genau beobachtet; das Sichdurchkreuzen, das Aufflackern und Abirren der Gedanken, die Unlogik, das Brodeln und Wallen der Seele.»

Die Forderung nach einer möglichst authentischen Reproduktion des stream of consciousness, nach einem präzisen Protokoll der Sinneswahrnehmungen und inneren Assoziationen des denkenden Subjekts war der zentrale Gehalt von Bahrs vorwärtsweisendem Essay *Die neue Psychologie* (1890). Schon hier bemüht Bahr die Parallele der impressionistischen Malerei, die er ein gutes Dutzend Jahre später mit Machs Philosophie in Verbindung bringen wird (im Essay *Impressionismus*, 1904). Über seine fachwissenschaftlichen Anregungen dagegen hüllt sich der Autor in Schweigen. Engere Entsprechungen sind jedoch erkennbar zur empirischen Psychologie eines Wilhelm Wundt, deren primäre Gegenstände wenige Jahre später in dessen *Grundriss der Psychologie* (1896) wie folgt definiert werden: «Wahrnehmungen äußerer Gegenstände, Erinnerungen an solche Wahrnehmungen, Gefühle, Affecte, Willensacte sind nicht nur fortwährend in der mannigfaltigsten Weise miteinander verbunden, sondern jeder dieser Vorgänge ist regelmäßig selbst wieder ein mehr oder weniger zusammengesetztes Ganzes.» Wie die erste Aufgabe des wissenschaftlichen Psychologen nach Wundt in der «Analyse der zusammengesetzten Vorgänge» besteht, so die erste Aufgabe des in diesem Sinne empirisch verfahrenden Schriftstellers nach Bahr in der minutiösen Nachzeichnung der unmittelbaren Wahrnehmungen und Assoziationen noch unterhalb der Ebene des generalisierenden und deutenden Bewußtseins.

Von dieser Konzeption einer «Nervenkunst» als Reiz- und Motivprotokoll führt ein direkter Weg zu den Erzählexperimenten Schnitzlers und Beer-Hofmanns. Wegen ihres Bemühens um eine literarische Gestaltung der Einflüsse auch des Un- oder Halbbewußten und die konsequente Perspektivierung des Erzählens im Sinne eines (z. T. pathologischen) individuellen Bewußtseins hat man beide Autoren gern mit Freud in Verbindung gebracht. In historischer Sicht muß eine solche Verbindung für die Zeit bis 1900 entschieden bezweifelt werden – jeden falls, wenn sie mehr als eine interessante Gleichzeitigkeit oder gar einen konkreten Kontakt implizieren soll. Freuds Wirkung auf die Literatur setzt auch bei den Wiener Autoren erst nach der Jahrhundertwende ein. Zur Erklärung der psychischen Phänomene im Frühwerk Schnitzlers und noch weit darüber hinaus reicht weitestgehend das Begriffsinstrumentarium von Krafft-Ebings *Psychopathia sexualis* (erstmals 1886) aus. Die Lehre des Wiener Ordinarius von den sexuellen «Psychoneurosen» kombiniert Elemente aus Griesingers organologischem Pathologiemodell mit Ansätzen der Hereditäts- und Degenerationspsychologie. Der Übergang von einer so definierten «neuropathischen Constitution» zur regelrechten Paranoia (mit der ausgebildeten Wahnidee als Hauptsymptom) steht im Zentrum mehrerer Erzählungen Schnitzlers. Ein besonders einprägsames Beispiel, in dem zugleich die von Bahr geforderte authentische Wiedergabe der unmittelbaren Assoziationskette besonders hervortritt, bietet die erst aus dem Nachlaß herausgegebene Erzählung *Die Nächste* (entstanden 1899).

Traumdeutung und Traumdichtung

Scherzhaft fragt sich Freud in einem Brief an Wilhelm Fließ vom Juni 1900, ob an seinem Sommerhaus Bellevue am Hang des Wienerwalds eines Tages eine Marmortafel des Inhalts prangen werde: «Hier enthüllte sich am 24. Juli 1895 dem Dr. Sigm. Freud das Geheimnis des Traums.» Seinen damaligen Traum hat Freud im zweiten Kapitel der 1899 (mit der Jahreszahl 1900) erschienenen *Traumdeutung* ausführlich beschrieben und einer exemplarischen Deutung unterzogen, die in die These mündet: «Nach vollendeter Deutungsarbeit läßt sich der Traum als eine Wuncherfüllung erkennen.» Über den Traum als geheime Wuncherfüllung finden sich schon einige Hinweise in Schopenhauers Schrift *Transscendente Spekulation über die anscheinende Absichtlichkeit im Schicksal des einzelnen*, wie sich überhaupt feststellen läßt, daß kaum eine der einzelnen Aussagen von Freuds Schrift zum Traum vorher völlig Ungesagtes enthält – die außerordentliche Leistung der Schrift liegt vielmehr in der systematisierenden Synthese, mit der hier das Gedankengebäude der Psychoanalyse errichtet und an konkretem Material veranschaulicht wird.

In Freuds *Traumdeutung* kulminiert gewissermaßen eine epochale Faszination für das Rätsel des Traums, die wichtige Werke der Literatur der neunziger Jahre belegen. Bis zu einem gewissen Grade verbindet sich offenbar das Streben der Moderne nach innovativen Ausdrucksmitteln mit der Entwicklung einer traumnahen Darstellungsform; die Irrationalität des Traums wird zum Paradigma eines grundsätzlicheren Zweifels an der Autonomie des vernunftbegabten Subjekts und seiner Fähigkeit zur verstandesmäßigen Bewältigung der Wirklichkeit. Noch weit entfernt von solchen subversiven Aspekten der Traumthematik sind die prophetischen Träume, denen in der Komposition von Fontanes historischem Roman *Vor dem Sturm* (1878) erhebliche Bedeutung zukommt. Der debütierende Romancier zeigt sich hier offen geprägt durch den Einfluß romantischer Traditionen, von denen er auch in späteren Werken nicht vollkommen abrückt, die er dort aber sehr viel diskreter zur Geltung bringt.

Auch Wilhelm Buschs Büchlein *Eduards Traum* (1891) wird man nur unter Vorbehalt anführen können. Zwar ist die gesamte Erzählung als einheitliche Traumschilderung angelegt – vom Einschlafen bis zum Erwachen –, aber offensichtlich dient die Traumfiktion hier auf weite Strecken nur als Vorwand zur Stiftung eines denkbar lockeren erzählerischen Zusammenhangs zwischen einzelnen satirischen Vignetten und grotesken Reiseerlebnissen im Stile von *Gullivers Reisen*. Auch an Jean Pauls *Giannozzo* fühlt man sich streckenweise erinnert, und nicht nur wegen der Episode vom scheiternden Ballonflug. Das Traum-Ich, dessen Erlebnisse hier von einem nicht näher charakterisierten Familienvater namens Eduard im nachhinein erzählt werden, hat übrigens die Gestalt einer kleinen Kugel angenommen, die sich im Fluge frei bewegen kann – bis hin zu metaphysischen Höhen wie der Pforte des Ewigen Lebens und jenem Bezirk, wo die neuen Erdenbewohner von Störchen abgeholt werden. Größeres Interesse als solche humoristischen Einfälle verdient die Schilderung jenes grotesken Traumreichs, dessen Bewohner durchweg die Form geometrischer Figuren haben (in der Tendenz übrigens eine Eigenart auch der vom Zeichner Busch geschaffenen Figuren). Dort begegnet das Traum-Ich einer «alten Monade», die es schon «bei Leibnizens» kennengelernt hatte. Die ironische Anspielung auf Leibniz' Philosophie markiert den latenten weltanschaulichen Gehalt der vermeintlichen Traumdichtung Buschs, die übrigens auch keine geschlossene Fiktion entfaltet, sondern wiederholt durch schnarrende Entstellung der mündlichen Äußerungen des Ich-Erzählers (gefolgt von dem Zuruf «Eduard, schnarche nicht so!») auf die Grenze zwischen Traum und übergeordneter Realität verweist.

In ähnlicher Distanz zur typischen Qualität echter Träume verharrt der Nußknackertraum in Raabes nachgelassenem Spätwerk *Altershausen* (1910). Geheimrat Doktor Feyerabend verwandelt sich während seines Mittagsschlafs in einen vom letzten Weihnachtsfest übriggebliebenen Nußknacker, der Feyerabends Elternhaus betritt und dort den diesjährigen Nußknacker, seinen Nachfolger, empfängt. Die Problematik des Altersruhestandes, die schon der Hauptfigur ihren Namen gibt, verbindet sich also in höchst durchsichtiger Weise mit der Wiederbegegnung mit den Stätten der eigenen Kindheit im Rahmen der Reise nach Altershausen, auf der sich der träumende Feyerabend gerade befindet. Der Traum erfüllt hier eher die Funktion einer grotesken Allegorie, als daß er als eigenständiger Erfahrungsbereich mit spezifischer Logik und komplexer Symbolik in Betracht gezogen würde.

Pathologische Formen des Träumens im Übergang zum Drogenrausch und zum Fieberdelirium stehen im Zentrum zweier konträrer Veröffentlichungen des Jahres 1893, die einen wichtigen Fortschritt in der Ausbildung einer psychologisch vertieften Traumsprache bezeichnen: Dauthendeys Prosastück *Im Paradies* (aus dem Gedichtband *Ultra Violett*) beschreibt den Weg eines Süchtigen in den Wahn im Anschluß an Motive des französischen Ästhetizismus, die hier aber psychologisiert und einem impressionistischen Gestaltungswillen unterworfen werden. Hauptmanns Traumdrama *Hanneles Himmelfahrt* auf der anderen Seite schlägt den Bogen von der Formsprache des Naturalismus zur Jenseitsvision. Denn die Träume des sterbenden Mädchens sind auf den ersehnten Übergang in eine höhere Sphäre ausgerichtet, für die hier mit einer gewissen realistischen Plausibilität Vorbilder der christlichen Überlieferung eintreten. Hauptmann hat sich später dezidiert zur inneren Verbindung zwischen Traum und Mythos bekannt; von einer inneren Identität beider (wie sie letztlich ja auch in der Perspektive der Freudschen

Traumdeutung angelegt ist) ist ebenfalls die Konzeption des Tempeltraums in Beer-Hofmanns *Der Tod Georgs* (1899) bestimmt. Dieselbe Erzählung stellt wohl einen konkurrenzlosen Höhepunkt in der Annäherung der literarischen Moderne an die eigentümliche Logik und rätselhafte Bildsprache des Traums dar. Sie findet auffälligerweise ihre engste ästhetische Entsprechung in Erzählungen Hofmannsthals, die gerade nicht als Traumdarstellung deklariert sind (*Das Märchen der 672. Nacht*, *Reitergeschichte*) und doch manche ausgewiesene Traumdichtung – wie Hofmannsthals frühe, erst aus dem Nachlaß bekannt gewordene Erzählung *Der Geiger vom Traunsee* (entstanden 1889) – aufgrund der magischen Zwangsläufigkeit des Geschehens und der suggestiven Eindringlichkeit ihrer Bildwelt weit hinter sich lassen. Der Zusammenhang zwischen Literatur und Traum beschränkt sich offenbar nicht auf die Fiktion der Traum-Wiedergabe. In Hofmannsthals Gedicht *Ein Traum von großer Magie* (1895) dient die assoziative Bildsprache des Traums zur Vergegenwärtigung eines umfassenden Weltbezugs und einer ihr entsprechenden Ästhetik.

Parapsychologie und Okkultismus

Eine andere Option für den Umgang mit Erscheinungsformen des Unbewußten boten die «Geheimwissenschaften» der Parapsychologie, des Spiritismus und Okkultismus. Der Erzähler von Storms vorletzter Novelle *Ein Bekenntniß* (1887) beruft sich ausdrücklich auf «die Arbeiten von Perty und Daumer über die dunklen Regionen des Seelenlebens». Wesentlich bekannter wurde Carl du Prel mit seinem – von Dehmel hochgeschätzten – Buch *Die Entdeckung der Seele durch die Geheimwissenschaften* (1894/95). Du Prel geht von der Verwandtschaft des Denkens und des Organisierens aus. Die denkende Seele erweist sich ihm als organisierende Potenz, was sich nicht nur in Kunst und Technik, sondern auch in der Hypnose zeige, in der Suggestionen körperliche Veränderungen hervorrufen. Umgekehrt produziert die organisierende Seele auch Vorstellungen, was du Prel vor allem durch die Diagnosen bestätigt sieht, die somnambule Kranke sich selbst stellen. An diese psychologischen Theorien schließen sich metaphysische Spekulationen über den «Astralleib» an, in dem sich die Seele nach dem Tod verkörpere, und über die Aufhebung der Trennung von Innen- und Außenwelt gemäß der Lehre Gustav Theodor Fechners. Überhaupt ging von Fechners Philosophie der «Allbeseelung» einer der stärksten Impulse für den Irrationalismus der Jahrhundertwende aus; ihr Zentrum fand die Fechner-Rezeption im Friedrichshagener Kreis, dessen monistische

Weltanschauung direkt an den «Panpsychismus» des spekulativen Natur-
forschers anschließen konnte. Richard Dehmel stellte sich «dem Kunstforscher wie dem Seelen-
forscher Carl du Prel» in einem langen Brief vom September 1891 gleich-
sam als Studienobjekt zur Verfügung, indem er mehrere Gedichte seines
Lyrikbandes *Erlösungen* als Wiedergabe von Halluzinationen bezeichnete und ausführlichst weitere Selbsterfahrungen auf dem Gebiet des
Unbewußten schilderte. Du Prels Darlegungen zu seelischen Grenz-
phänomenen erhielten Sukkurs durch die Schriften Max Dessoirs (*Das
Doppel-Ich*, 1896) und des Franzosen Camille Flammarion (*Urania*,
dt. 1894). Selbst ein Befürworter der exakten Forschung vom Range
Eduard von Hartmanns hatte in seiner Polemik gegen spiritistischen
Aberglauben (*Spiritismus*, 1885) materielle Wunder wie beispielsweise
Tischrücken durch Austausch von Nervenkraft plausibel gemacht. Von
hier war es nicht weit zu den spekulativen Annahmen über ‹magische›
Willensübertragung, wie sie verschiedenen Stücken Strindbergs zugrunde liegen. Dieser erklärte in einem Beitrag zur *Freien Bühne* von
1891 unter dem bezeichnenden Titel *Mystik – bis auf weiteres* Heilungen
durch Handauflegen mit der Übertragung von «Nervenströmen».

Literarisch fruchtbar werden diese Denkmodelle u. a. in den ersten
dramatischen Gehversuchen des jungen Rilke (den Psychodramen
Murillo und *Die Hochzeitsmenuett*) und verschiedenen Stücken Johannes
Schlafs aus der Zeit der Jahrhundertwende. Sie zeigen Phänomene wie
die Übertragung seelischer Energie oder die Beherrschung durch den
Willen einer stärkeren Person. Auch die frühen Novellen Heinrich
Manns gehen wiederholt von mysteriösen Koinzidenzen aus, die zu Mut-
maßungen über Telepathie oder Metempsychose Anlaß geben. In *Das
Stelldichein* (1897) reist eine Frau aus der Ferne nach Florenz, um dort –
unwissentlich – den Maler zu treffen, der sie zuvor als Idealbild seiner
Phantasie erschaut und porträtiert hat. *Ist sie's?* (1895) stellt die Frage
nach dem momentweisen Wiedererscheinen einer Toten in ihrer Tochter.
Erst die Ironie, mit der in *Doktor Biebers Versuchung* (1898) die okkulti-
stischen Neigungen des Sanatoriumsleiters behandelt werden, deutet auf
eine Distanzierung von dem Interesse am Unerklärlichen und Sonderba-
ren hin, das Manns Novellistik – wie schon der Titel seiner bekanntesten
damaligen Erzählung verrät (*Das Wunderbare*) – in der Mitte der neunziger Jahre so deutlich dominiert hat. Es findet übrigens im Schaffen des
jüngeren Bruders eine deutliche Parallele: In Thomas Manns Tagebuchnovelle *Der Tod* (1897) stirbt die Tochter des Grafen wenige Stunden vor
seinem eigenen Tod (Freitod?), dessen Zeitpunkt er seit Jahren voraus-
weiß, offenbar durch die Übermacht seines Todeswillens veranlaßt.

Spiritistische Sitzungen spielen eine wichtige Rolle in den Deka-
denz-Romanen von Kurt Martens (*Roman aus der Dekadenz*, 1897) und

Gerhard Ouckama Knoop (*Die Dekadenten*, 1898). «Gern verirrte ich mich in die verschiedenen Theorien okkultistischer Rätsel», gesteht der Ich-Erzähler in Martens' Roman: «[. . .] Da gab es unentdeckte Länder, in denen ich vielleicht eine Zuflucht finden durfte vor der häßlichen Wirklichkeit und der eigenen Verderbnis.» Der junge Wedekind karikiert eine spiritistische Sitzung in der Rahmenhandlung seines *Neuen Vater Unser* (1892), einer Parodie auf Gumppenbergs okkultistisches *Drittes Testament* (1891).

Unter Berufung auf Dehmel und Schlaf und in ausdrücklicher Abgrenzung von den «braven» Psychophysiologen und der «bürgerlichen Psychiaternomenklatur» unternimmt Przybyszewskis Erzählung *De profundis* (1895) den Versuch der Gestaltung einer «seelischen Offenbarung». In der marktschreierischen Vorrede *Pro domo mea* heißt es: «Das Einzige, was mich interessiert, ist also nur die rätselhafte, geheimnisvolle Manifestation der Seele mit all' ihren Begleiterscheinungen, dem Fieber, der Vision, den sogenannten psychotischen Zuständen.» Als Möglichkeit zur Annäherung an das seelische Mysterium, das sich für Przybyszewski am ehesten im Sexuellen ausspricht, dient ihm die Überlieferung des Hexenglaubens. Satanische Meßgesänge rahmen die Erzählung einer erotischen Krise ein, die als rauschhaft erfahrener Inzest-Wahn in kürzester Zeit zur völligen Zerstörung der Persönlichkeit führt. Przybyszewskis Interesse am Satanismus, das sich auch in seiner Schrift *Die Synagoge des Satans* (1897) ausspricht, reflektiert zugleich den Einfluß der − über den französischen Symbolismus vermittelten − ‹schwarzen Romantik›. Dämonologie und Okkultismus bleiben über die Jahrhundertwende hinaus in der deutschen Literatur präsent, so in Meyrinks Roman *Der Golem* (1915) und in Gerhart Hauptmanns Drama *Kaiser Karls Geisel* (1907) sowie seiner Novelle *Der Ketzer von Soana* (1918).

III. STILE UND RICHTUNGEN

1. Realismus

Der Realismus ist die überragende geistige und künstlerische Tendenz des 19. Jahrhunderts. Noch in der ersten Hälfte des Jahrhunderts einsetzend, und dort vor allem als Gegenbewegung zu klassisch-romantischen Kunstauffassungen begründet, erstreckt er sich als international weit ausgreifende Epochenströmung bis gegen Ende des Jahrhunderts. Freilich tritt er dabei unter einer Reihe verschiedener Namen auf, die vielfach in Konkurrenz zu einem ‹eigentlichen› Realismus (im engeren Sinne) stehen, über dessen Grenzen sich Literatur- und Kunstgeschichte erst im nachhinein verständigt haben und z. T. auch heute noch uneins sind. So haben sich z. B. die Naturalisten zunächst und hauptsächlich als Realisten verstanden, was nicht nur einiges über das Selbstverständnis dieser Bewegung verrät, sondern auch beweist, daß der Begriff des Realismus nach dem damaligen Sprachgebrauch noch nicht besetzt, jedenfalls nicht mit der gleichen Verbindlichkeit wie heute als Bezeichnung für eine – im wesentlichen in Distanz zum Naturalismus verharrende – literatur- und kunstgeschichtliche Richtung (inner- oder unterhalb jenes oben umrissenen umfassenden Realismus) etabliert war.

Für diese vom Naturalismus zu unterscheidende Variante des Realismus in der deutschen Literaturgeschichte haben sich die Bezeichnungen Poetischer und Bürgerlicher Realismus eingebürgert. Beide werden vielfach synonym gebraucht – als unterschiedlich akzentuierte, mehr das Ästhetische oder Soziologische betonende Benennungen desselben Phänomens. Wer stärker zwischen ihnen unterscheidet, wird den Bürgerlichen Realismus vor allem mit der Gründungsphase der realistischen Bewegung um die Jahrhundertmitte identifizieren, die auch als Programmatischer Realismus bezeichnet wird. Tatsächlich sind die fünfziger Jahre die einzige Phase, in der es eine lebhafte literaturtheoretische Debatte um Zielsetzung und Wesen einer realistischen Literatur in Deutschland gegeben hat. Sie hat eines ihrer Zentren in der von Gustav Freytag und Julian Schmidt herausgegebenen Leipziger Zeitschrift *Die Grenzboten*; als ein Exempel auf die dort gehegten nationalpädagogischen Erwartungen an einen dezidiert bürgerlichen Realismus kann Freytags populärer Roman *Soll und Haben* (1855) gelten. Das wohl bedeutendste poetologische Manifest aus jener Konstituierungsphase des deutschen Realismus ist Fontanes Aufsatz *Unsere lyrische und epi-*

sche Poesie seit 1848 (1853). In deutlicher Distanzierung von der Ten-
denzkunst des Vormärz wird hier das Ideal einer umfassenden Wirklich-
keits-Repräsentanz formuliert, bemerkenswerterweise in einer parlamentarischen Metapher:

> «Er [sc. der Realismus] ist die Widerspiegelung alles wirklichen
> Lebens, aller wahren Kräfte und Interessen im Elemente der
> Kunst; er ist, wenn man uns diese scherzhafte Wendung verzeiht,
> eine ‹Interessenvertretung› auf seine Art. Er umfängt das ganze
> reiche Leben, das Größte wie das Kleinste: den Kolumbus, der der
> Welt eine neue zum Geschenk machte, und das Wassertierchen,
> dessen Weltall der Tropfen ist [...]. Der Realismus will nicht die
> bloße Sinnenwelt und nichts als diese; er will am allerwenigsten
> das bloß Handgreifliche, aber er will das Wahre.»

In der Unterscheidung zwischen dem Bloß-Wirklichen und dem Wahren
drückt sich ein Grundproblem der realistischen Ästhetik aus, das engstens mit dem Selbstverständnis des realistischen Autors als Künstler
oder Dichter verbunden war. Die deutschen Realisten wollten auf keinen
Fall als Kopisten der Wirklichkeit verstanden werden. Die Option einer
rein mechanischen Mimesis der Realität auf hoher Perfektionsstufe war
mit der Erfindung der Daguerrotypie bzw. Photographie ja in sensationeller Weise praktisch nahegerückt. Grund genug für die herrschende
Ästhetik, sich von der Perspektive einer Ablösung der herkömmlichen
Kunst durch die Photographie vehement zu distanzieren. Ludwig Pfau
bezweckt das mit seinem Aufsatz *Lichtbild und Kunstbild* (1877); Rudolf
Gottschall geht schon einen Schritt weiter, wenn er in einem Beitrag
zur Zeitschrift *Unsere Zeit* 1882 den *Photographischen Zeitroman in
Frankreich* aufs Korn nimmt. An Beispielen aus dem Romanschaffen
von Daudet und Zola kritisiert er die direkte Beziehung der Literatur
auf die zeitgenössische Wirklichkeit, etwa in Form namentlich gekenn-
zeichneter oder anderweitig identifizierbarer Personen, als unzulässige
Überschreitung der Grenze zwischen Kunst und Realität.

Auf der gleichen Ebene liegt Fontanes gleichzeitige Kritik am «Repor-
tertum» Zolas und Alexander Kiellands. Zunächst erklärt Fontane
durchaus im Einklang mit seinem realistischen Credo von 1855: «Ich
erkenne in dem Heranziehen des exakten Berichtes einen ungeheuren
Literaturfortschritt, der uns auf einen Schlag aus dem öden Geschwätz
zurückliegender Jahrzehnte befreit hat.» Ebenso kategorisch ist aber
auch seine Feststellung, daß sich «Meisterstücke der Berichterstattung»
(wie Zola sie liefert) erst dann zur Höhe des Kunstwerks erheben,
«wenn eine schöne Seele das Ganze belebt». Mit dieser organologischen
Metapher greift Fontane letzten Endes auf eine Norm der klassischen
Ästhetik zurück, wie überhaupt in den häufigen Beschwörungen des

«Idealrealismus» auch im literarischen Bereich der Anschluß der damaligen Ästhetikdebatte an die idealistische Tradition unverkennbar ist. Es ist nicht zuletzt dieses idealistische Ressentiment, das das Zurückbleiben des deutschsprachigen Realismus gegenüber der Schonungslosigkeit der Gesellschaftskritik eines Dickens oder Balzac und der unbestechlichen Psychologie eines Flaubert begründet. In seiner Artikelserie *Der realistische Roman* (*Augsburger Allgemeine Zeitung*, 1870) setzt sich Emil Homberger insbesondere mit Flauberts Ideal der Objektivität oder «impassibilité» des Erzählens auseinander. Die Leidenschaftslosigkeit, mit der dieser Erzähler das Seelenleben seiner Figuren zergliedert, erinnert den deutschen Kritiker an einen Anatomen im Seziersaal; wie Fontane vermißt auch Homberger die belebende Seele. Er glaubt sogar, dem französischen Autor einen fundamentalen Irrtum in der Auffassung von «Objektivität» nachweisen zu können; wer wirklich objektiv sein wolle, der müsse auch die Wirkung auf den Leser und die Vielschichtigkeit der Wirklichkeit in Betracht ziehen und dürfe sich nicht einseitig an der Dokumentation einzelner Fakten berauschen. Im Grunde ist hier schon die Debatte vorgeprägt, die der marxistische Kritiker Georg Lukács später unter der Devise *Erzählen oder Beschreiben?* heraufbeschwor und mit der er den sozialistischen Realismus durchzusetzen versuchte.

Am ehesten zeigt sich die Erzähltheorie Friedrich Spielhagens vom Objektivitätsideal des französischen Realismus beeinflußt. Der Forderung seiner *Beiträge zur Theorie und Technik des Romans* nach weitgehendem Zurücktreten des Erzählers entspricht Spielhagens eigene Praxis allerdings nur begrenzt und unter den übrigen Vertretern des Realismus am ehesten wohl die Prosa Meyers. Damit ist ein für die Einschätzung des deutschen Realismus entscheidendes Problem angesprochen. Dieser darf offenbar nicht nur nicht – jedenfalls nicht zu streng oder einseitig – mit den Maßstäben des europäischen Realismus (von Balzac bis Dickens und Flaubert bis Dostojewski) gemessen werden. Er kann offenbar auch nur sehr bedingt auf seine eigene Programmatik bezogen werden, und dies aus zwei Gründen. Erstens sind diejenigen Autoren, die maßgeblich an der Ausbildung einer realistischen Literaturtheorie beteiligt sind (Freytag, Spielhagen, Otto Ludwig – wenn wir von Fontane hier einmal absehen) oder die damals als führende Repräsentanten der Richtung galten (Heyse), nicht mit denjenigen identisch, deren dichterisches Werk heute das Bild des Realismus prägt (Keller und Meyer; Anzengruber, Ebner-Eschenbach und Saar; Fontane, Raabe und Storm). Zweitens liegt zwischen der programmatischen Begründungsphase des Realismus in den fünfziger Jahren und seinen bedeutendsten erzählerischen Hervorbringungen ein Abstand von oft nicht weniger als vier Jahrzehnten. Einige der Genannten sind als Erzähler (Anzengruber auch als Dramatiker) überhaupt erst ab oder nach 1870 hervorgetreten, und auch diejenigen, die früher publizierten, erreichen z. T. erst gegen Ende ihres Schaffens ihr höchstes künstlerisches Niveau. Das gilt völlig zweifelsfrei für Fontane und Raabe, im wesentlichen aber auch für Storm. Im Grunde ist Keller der einzige bedeutende Vertreter des deutschsprachigen Realismus, der seinen produktiven Höhepunkt in den fünfziger Jahren hatte.

Der literarische Realismus vor allem in Deutschland setzt sich also, blickt man auf seine kanonisierten Höchstleistungen, vor allem aus Alterswerken zusammen. Diese Alterswerke entstanden mehrere Jahrzehnte, nachdem ihre Verfasser Anschluß an die realistische Literaturbewegung gefunden haben – unter völlig veränderten sozial- und literaturgeschichtlichen Rahmenbedingungen. Von der Konsolidierungsphase des Bürgertums nach der gescheiterten Märzrevolution war im Zeitalter der Hochindustrialisierung, der Bismarckschen Machtstaatpolitik und des sich anbahnenden Imperialismus wenig geblieben, und die ästhetischen Moden hatten mehrfach gewechselt. Anscheinend sind aber gerade die Defensivposition, in die die Realisten in den achtziger und neunziger Jahre gerieten, und ihr vermeintlicher Rückzug aufs Altenteil ihrer erzählerischen Produktion zum Guten ausgeschlagen. Insbesondere scheint sich das Spannungsverhältnis zum Naturalismus befruchtend ausgewirkt zu haben: indem es einerseits die aktuelle soziale Problematik als literarischen Gegenstand ins Bewußtsein hob und andererseits den alternden Repräsentanten des Realismus die spezifische Eigenart ihrer Auffassung von ‹Wirklichkeits-Kunst› verdeutlichte, wie sie Fontane damals mehrfach im Bekenntnis zur Notwendigkeit der «Verklärung» artikuliert hat. «Ohne diese Verklärung giebt es aber keine eigentliche Kunst», schreibt er seiner Frau im Juni 1881. In einem Brief an Emilie vom Juni 1883 spricht er in Abgrenzung von Zola vom «verklärenden Schönheitsschleier», den man bräuchte, wenn das Leben so wäre wie die naturalistische Darstellung, der aber eigentlich gar nicht erst geschaffen werden müsse, weil die Wirklichkeit der Kunst zuvorkomme: «die Schönheit ist da, man muß nur ein Auge dafür haben».

2. Gründerzeit

Im konkret-historischen Sinn bezeichnet die Gründerzeit die Phase vom Abschluß des deutsch-französischen Krieges im Frühjahr 1871 bis zum Börsenkrach («Gründerkrise») im Mai (Wien) und Oktober (Berlin) 1873. Angeheizt durch die französischen Reparationszahlungen in Milliardenhöhe, vollzog sich in der kurzen Spanne eine überhitzte Wirtschaftsentwicklung, die zur Gründung von über tausend Aktiengesellschaften im Deutschen Reich (u. a. Deutsche Bank 1871), aber auch zu zahlreichen betrügerischen oder rein spekulativen Transaktionen führte, die im Kurseinbruch von 1873 ihr gerechtes Ende fanden. In einem erweiterten, primär kulturgeschichtlichen Sinn bezeichnet man mit Gründerzeit denn auch den protzenhaften Geschmack der damaligen Parvenugeneration, wie er heute noch in überladenen Häuserfassaden oder wuchtigen Buffetschränken überdauert. Die damit verbundene zeitliche Öffnung des Begriffs nehmen neuere literaturwissenschaftliche Arbeiten auf, die den Begriff als Epochenbezeichnung für die deutschsprachige Literatur der Jahre 1871–1890 zu etablieren versuchen.

Erfaßt werden sollen damit die qualitativen Veränderungen des literarischen Markts und des geistigen Lebens im Gefolge des Kriegs und der Reichsgründung bis hin zur Demission Bismarcks, die auch die Trennlinie zur anschließenden Herrschaft des Wilhelminismus bezeichnet. Zweifellos wurden die nationale Einigung und die Gründung des Zweiten deutschen Kaiserreichs von den Zeitgenossen als tiefer geschichtlicher Einschnitt empfunden. Die Zahl der Stimmen, die an dieses Ereignis die Erwartung oder das faktische Eintreten gravierender literarischer Veränderungen knüpften, ist dennoch nicht allzu groß. In einem Zeitungsartikel vom November 1870 *Der Krieg und die deutsche Kunst* erwartet der Historienmaler Friedrich Pecht den Wiedergewinn von «Styl, [. . .] Würde und Haltung» und eine Verlagerung des Stoffkreises von der Privatsphäre auf das öffentliche Leben. Pecht rechnet dabei eher mit einer demokratischen Selbstdarstellung des deutschen Volks als mit einer heroischen Mythisierung großer Einzelner, die seines Erachtens von der kulturellen und medialen Entwicklung überholt ist: «Außer an dem alten Heldenkönig an der Spitze und etwa dem dämonischen Bismarck oder dem geheimnißvollen Moltke hat sich die mythenbildende poetische Kraft des Volksgeistes noch an keinem versucht. Dafür haben wir zu viel Eisenbahnen und Telegraphen, die keinen Mythen Raum lassen.» Es sollte anders kommen.

Pecht unterschätzt nämlich die Konsequenzen, die sich aus dem Repräsentationsbedürfnis des Staats und dessen Defizit an geschichtlicher Legitimation für die Entwicklung der patriotischen Lyrik, des nationalen Epos und des historischen Romans und Dramas bzw. Festspiels in den nächsten Jahren ergeben sollten. Die durch die politische Symbolsprache des neuen Reichs (etwa die Verwendung des alten Goslarer Kaiserthrons bei der Krönungszeremonie) vermittelte Botschaft einer translatio imperii beflügelte die Phantasie zahlreicher Autoren und leitete eine regelrechte Mittelalterkonjunktur in Epik und Dramatik der siebziger Jahre ein. Schon auf halber Strecke des Jahrzehnts sah sich Leopold von Sacher-Masoch zu einer schroffen Distanzierung von den «Idealen unserer Zeit» (so auch der Titel seines Romans) veranlaßt:

«Ein eckelerregender Byzantinismus macht sich, wie in unserem
politischen Leben, auch in unserer Literatur breit. Dem nebelhaf-
ten Zuge deutschen Wesens entsprechend begnügt sich die neueste
Dichtung nicht damit, die großen Todten und die siegreichen
Lebenden, einen Friedrich den Großen oder Bismarck zu verherrlichen, nein, in die Geschichten längstvergangener Zeiten (Freitag,
‹Die Ahnen›) und sogar in unsere alten Heldenlieder (Jordan,
‹Nibelungen›) wird nachträglich die Hohenzollernsche Legende
hineingedichtet, und wie der deutschen Dynastie, wird auch dem
deutschen Volke ebenso blind als geschmacklos gehuldigt.»

Die kulturgeschichtliche Karriere des Gründerzeit-Begriffs seit den sechziger Jahren des 20. Jahrhunderts hat mehr zur Grundlage als die Häufung derartiger dynastisch-devoter Geschichtsklitterungen. Sie stützt
sich auf ein ganzes Arsenal ideologischer Figuren, thematischer Motive
und stilistischer Merkmale, das die Malerei ebenso wie die Literatur der
Epoche auszeichnet – als da sind die Gestalt des großen Einzelnen, die
Lust am Aggressiven, der Wille zur Macht, die Sehnsucht nach dem Elementaren, der bedeutungssteigernde Hintergrund und die Schärfe der
Kontraste. Wie schon die letzten Formulierungen verraten, hat bei vielen
dieser Stichpunkte die bildende Kunst Pate gestanden, und zwar nicht
nur die Malerei offiziöser und mit zahlreichen öffentlichen Aufträgen
überschütteter Künstler wie Hans Makart, Anton von Werner und Franz
Lenbach. Als ergiebiger erweist sich für die hier referierte Sicht das einsame Genie vom Typ eines Arnold Böcklin, Hans von Marées oder
Anselm Feuerbach, das sich gleichsam selbst als ‹Gründer› (nämlich seines eigenen Kunstreichs) versteht und inszeniert. Eine Haltung, wie sie
nicht zuletzt Wagner vorgelebt hat.

Auch Nietzsche kommt in doppelter Eigenschaft in Betracht: als
unbarmherziger Kritiker der Epoche und ihrer Kunst (eben auch Wagners!) und als ihr typischer Repräsentant – in der Theatralik der Selbstdarstellung, in der heroischen Geste und der herrischen Rhetorik.
Andere Autoren, die reichliches Material zur Rekonstruktion einer hero-
isch-monumentalistischen Gründerzeit-Ästhetik bieten, sind Treitschke
und Gustav Freytag, Conrad Ferdinand Meyer, Dahn, Heyse und Storm
(als Schöpfer des einsam-heldischen Schimmelreiters Hauke Haien).
Dennoch ist vor dem Bild einer Gründerzeit als einheitlich von Monu-
mentalisierungstendenzen erfüllter Epoche zu warnen. Neben dem
nationalen Epos im Foliantenformat florierte damals das Goldschnittbändchen mit Lyrik für zarte Frauenhand, neben, ja vor dem pathetischen Geschichtsdrama beherrschte das flotte Gesellschaftsstück französischer Provenienz oder Prägung die Bühne. Wer die siebziger und achtziger Jahre genauer betrachtet, entdeckt eine Epoche von erstaunlicher
Vielgesichtigkeit, ja Stilunsicherheit.

Ein stichhaltiger Begriff der Gründerzeit läßt sich vielleicht am ehesten aus dem stilistischen Eklektizismus der Zeit und dem ihm zugrundeliegenden ästhetischen Historismus gewinnen. Ein denkwürdiges Dokument dieser Grundtendenz der Epoche liefert eine zeitgenössische Beschreibung von Hans Makarts Wiener Atelier. Sie findet sich in Robert Stiassnys Schrift *Hans Makart und seine bleibende Bedeutung* (1886):

> «Da begegnet man auf reichornamentierter, deutscher Renaissancetruhe einem chinesischen Idol oder einem hellenischen Anathema aus Terrakotta; unter einem Baldachin, getragen von zwei spätrömisch gewundenen Säulen, die Armatur eines Geharnischten; in einem Spinde altitalienischer Arbeit prunkt eine Kollektion gold- und perlenbesetzter, orientalischer Hauben; von einem hohen, kaminartigen Aufsatze grüßt aus phantastisch in Holz geschnittenem Encadrement ein weibliches Brustbild nieder, das zwei flott modellierte Allegorien flankieren; [...] Und auf Boulemöbeln und Intarsiengestühl sitzend, umgeben von Büsten, Tierskeletten, Mumien, Oleanderbäumen und Musikinstrumenten, kommt man erst allgemach dazu, in der scheinbar wüst durcheinander wogenden Herrlichkeit die künstlerischen Einklänge zu entdecken.»

Im gleichen Un-Stil eines überquellenden Eklektizismus hat Makart 1879 den Festzug der Wiener Künstlerschaft zu Ehren der Silbernen Hochzeit des österreichischen Kaiserpaars ausgestattet — ein historistisches Gesamtkunstwerk, das die Zeitgenossen tief beeindruckte. Der frühe Tod des Malers (1884) hat verhindert, daß sich die Generation der aufkommenden Moderne direkter mit ihm auseinandersetzen mußte. Als der sezessionistische Kritiker Ludwig Hevesi sich 1906 an ihn erinnert, tut er es fast im Sinne einer nostalgischen Wiederentdeckung: «Makarts malerische Handschrift ist schon ganz fin de siècle.» Hevesi kann sich Makart, wenn er noch lebte und jung wäre, gut als «Haupt irgendeiner Sezession vorstellen», denn die Affinität zum Jugendstil, mithin die Modernität des Gründerzeitmalers, scheint ihm evident: «Es ist eine wesentliche Fähigkeit der Modernen von heute und morgen, daß sie die Natur wieder ornamental sehen können. Sie sagen heute ‹ornamental›, früher sagte man ‹dekorativ›.»

Eine Betrachtung der Gründerzeit, die das Hauptgewicht auf den ästhetischen Historismus legt, führt zur Öffnung der zeitlichen Grenzen in Richtung Gegenwart und läßt überraschende Affinitäten zu Positionen der Moderne erkennen — man denke nur an Hofmannsthals Definition des Modernen («alte Möbel und junge Nervositäten»). Sie führt aber ebenso notwendig zur zeitlichen Öffnung nach vorn. Ein Hauptmangel der bisherigen Diskussion über die Gründerzeit liegt nämlich darin, daß als Merkmale einer ab 1871 datierten Epoche Elemente oder Errungenschaften benannt werden, die auch oder vorrangig in den sechziger Jahren beheimatet sind. Die Wiener Ringstraße als wohl international bedeutsamstes architektonisches Manifest des Gründerzeit-Stils entstand in den Jahren 1861–1873, Jacob Burckhardts *Kultur der Renaissance in Italien* — die Bibel des epochentypischen und bis über die Jahrhundertwende andauernden Renaissancismus — erschien schon 1859 (mit der Jahreszahl 1860), wenig danach Herman Grimms Michelangelo-Biographie, oft und zu Recht als Musterbeispiel des ästhetisch-heroischen Menschenbilds zitiert, und Robert Hamerlings schwülstige Versepen mit ihren prädekadenten Untergangsphantasien 1866 (*Ahasverus in Rom*) und 1869 (*Der König von Sion*).

Der Kult des Tatmenschen und des großen Einzelnen war also längst vorformuliert, als Bismarck die deutschen Staaten zur Nation zusammenschweißte. Die Heroenverehrung der Gründerzeit ist nicht erst Reflex eines vorgängigen politischen Ereignisses, sondern dieses selbst wird in seiner öffentlichen Wahrnehmung offenbar durch schon bereitstehende Deutungsmuster gesteuert. Es geht daher kaum an, das kulturelle Syndrom der Gründerzeit monokausal und monolithisch ins Korsett der kleindeutschen Nationalgeschichte zu pressen. Wenn es so etwas wie eine ästhetische Signatur der Gründerzeit gibt, dann umfaßt sie mehr und weniger als die Bismarck-Ära. Weniger, weil es selbstverständlich zur gleichen Zeit beachtliche kulturelle Leistungen gibt, die sich nicht dem Paradigma des ästhetischen Historismus zuordnen lassen – man denke (innerhalb des deutschen Bereichs) nur an Spielhagens populäre Romane oder ein repräsentationskritisches Werk wie Raabes *Der Dräumling* einerseits, die Anfänge des Naturalismus andererseits. Sie umfaßt andererseits mehr, weil der eklektische Umgang mit Geschichte und die mit ihm verbundene Utopie des handlungsmächtigen Individuums die Regierungszeit des Eisernen Kanzlers ebenso überschreiten wie die Spekulationswelle zu Beginn seiner Herrschaft, die der Epoche ihren Namen gab.

Ein herausragendes Beispiel für die grenzüberschreitende Spannweite des ästhetischen Historismus sowohl in staatlicher und chronologischer Hinsicht als auch in bezug auf die künstlerischen Lager oder Schulen ist die zeitgenössische Wirkung Böcklins. Der Schweizer Maler, in dessen ausdrucksstarken Bildern die heidnische Mythologie eine naturkultisch-mysteriöse Auferstehung feierte, faszinierte eine ganze Generation und kann – obwohl ihm lange die öffentliche Anerkennung verweigert wurde – wohl in einem tieferen Sinne als Makart als künstlerischer Repräsentant der Epoche gelten. Nicht zuletzt aufgrund seiner ‹literarischen› Sujets fand er die begeisterte Verehrung der Dichter: vom Grafen Schack, der ihn sammelte, und Felix Dahn, der auf den Höhepunkten seiner Italienreise immer wieder «Böcklin!» ausruft (wie im fünften Band seiner *Erinnerungen* nachzulesen ist), über Liliencron, der sich von seinem «Heiligen Hain» inspirieren läßt und Böcklins Namen in seinen Briefen mit drei bis sechs Ausrufezeichen versieht, und Gerhart Hauptmann, der Böcklins «Prometheus» zum Vorbild seines *Veland*-Dramas nimmt, zum jungen Hofmannsthal, der ihm postum den *Tod des Tizian* widmet, und Stefan George, der ihm eine lyrische Gedenktafel errichtet.

Die Beispiele ließen sich mehren, aber der Befund kaum steigern: Von Autoren, die mit Fug und Recht als Vertreter der Gründerzeit angesprochen werden können, spannt sich der Bogen der Verehrung über Repräsentanten des Impressionismus (?) und Naturalismus (?) zu solchen des Symbolismus (?) und Ästhetizismus (?). Die Fragezeichen sollen lediglich die Fragwürdigkeit markieren, in die derartige mehr oder weniger konsistente Stilbegriffe angesichts solcher Querschnittbefunde getaucht werden. Erst Julius Meier-Graefe sollte mit seiner Streitschrift *Der Fall Böcklin und die Lehre von den Einheiten* (1905) die Abwendung der Moderne vom Kultmaler des Jahrhundertendes einläuten. Aber noch im Winter 1907 entdeckte der junge Giorgio de Chirico in München die Malerei Böcklins für sich, in dessen Spuren er 1908/09 den «Kampf der Lapithen und Kentauren» malte: eine Zwischenstation auf dem Weg von der Gründerzeit zur «pittura metafisica»?

3. *Naturalismus*

«Naturalismus. Was heisst das Wort auf deutsch», fragt Leo Berg 1892 in seinem Buch *Der Naturalismus. Zur Psychologie der modernen Kunst*. Er findet viele Antworten, von denen jede nur einen Teilaspekt wiedergibt und die er nur in Auswahl mitteilt:

> «Natürlichkeit, Naturwahrheit, Naturgemässheit, Naturempfindung, Naturerkenntnis, Naturkraft, Natursinn, Naturgefühl, Rückkehr zur Natur, Annäherung an die Natur, Liebe zur Natur, Naturfreiheit, Natureinfachheit, Naturreinheit, Naturschönheit, Naturwirklichkeit, Naturwissenschaft, Naturfreude, Kampf gegen die Unnatur u. s. f. u. s. f.»

Eine andere Methode zur Bestimmung des Begriffs, die Berg erprobt, ist die Aufzählung von Gegenpolen; also die additive Bestimmung dessen, was der Naturalismus *nicht* ist — nämlich:

> «Kunst, Convention, Kultur, Gesellschaft, Sitte, Gesetz, Gebundenheit, Formalismus, Schule, Akademismus, Raffinement, Phrase, System, Verhüllung, Romantik, Phantastik, Metaphysik; – Wissenschaft, Philosophie, Idealismus, Personalismus; – das Ueberirdische, Gemachte, Ersonnene, Erfundene, Erlogene, Kranke, Verderbte u. s. w.»

So objektivistisch sich Bergs approximative Begriffsbestimmung gibt, so deutlich ist sie doch von seiner persönlichen Sicht und der konkreten literaturgeschichtlichen Situation bestimmt. Man spürt die grundsätzliche Sympathie des Kritikers, der sich aber nicht auf ein bestimmtes Dogma festlegen will und daher eine offene Umschreibung wählt, durch die sich freilich wie ein roter Faden die rousseauistische Interpretation hindurchzieht: Naturalismus als Rückkehr zur Natur und Befreiung von künstlichen Regeln. Eben eine solche möglichst grundsätzliche Bestimmung, die gewissermaßen die Nichtfestlegbarkeit zum entscheidenden Prinzip erklärt, ist typisch für die Situation, in der Berg damals schreibt:

ein Jahr nach Bahrs Abgesang auf die Naturalismus-Welle (im Essay
Die Überwindung des Naturalismus, 1891), im literaturgeschichtlichen
Stadium jenseits des Naturalismus als führender und sich formierender
Bewegung.

Zum Verständnis der historischen Bedeutung des Naturalismus – gerade auch im Unterschied zum Spätrealismus und der Gründerzeit-Lite-
ratur – ist aber gerade sein Charakter als Sammlungs- oder Protestbewe-
gung unentbehrlich. Man hat von einem kollektiven Protest der Zwan-
zig- bis Dreißigjährigen gesprochen, der um oder wenig nach 1860 Geborenen, die sich in den achtziger Jahren mit reformerischem oder (so
haben sie es selbst gern gesehen) revolutionärem Elan zu Wort melden.
In diesem innovatorischem Impetus, der sich auch in einer Reihe insti-
tutioneller Initiativen niederschlug – von der Gründung eigener Zeitschriften und Vereine bis zur Durchsetzung neuer Theaterorganisatio-
nen – ist nicht zuletzt die Vorreiterfunktion begründet, die man dem
Naturalismus oft für die gesamte neuere Moderne zubilligt. Noch die
antinaturalistischen Bewegungen des Ästhetizismus und Symbolismus
scheinen das Modell des Naturalismus zu kopieren, lassen sich als
Gegen-Reaktionen innerhalb einer von den Naturalisten eröffneten Debatte und damit letztlich als Station eines identischen Prozesses erklären: des Prozesses der literarischen Modernisierung.

Das Pathos des Neubeginns, mit dem die Naturalisten antraten, ist ja schon
vom Wortsinn her verwandt mit «Moderne». Die revolutionäre Gebärde der
Naturalisten wird zu einer Standardattitüde künftiger Avantgardebewegungen.
Auch die für manche Avantgardegruppierung typische Neigung zur Aufstellung
literarischer Programme und Manifeste, denen bisweilen keine weiteren oder
jedenfalls keine gleichwertigen Taten folgen, läßt sich im Ansatz schon im
Naturalismus studieren, der ja eine Reihe bemerkenswerter Programmschriften
hervorbrachte. Unter ihnen hat sich besonders Karl Bleibtreu *Revolution der
Litteratur* (1886) aufgrund des markigen Titels in Erinnerung erhalten. Wer die
eilig aus verschiedenen Artikeln Bleibtreus zusammengeklitterte Schrift aufschlägt, wird leicht enttäuscht sein, weil sich eine schlüssige Neukonzeption, ja
überhaupt nur ein klares Verhältnis zum Naturalismus daraus nicht gewinnen
läßt. Bleibtreus polemisches Naturell führt zu Seitenhieben nach allen Richtungen, so daß man den Verfasser ebensogut als Gegner wie als Vertreter des Naturalismus in Anspruch nehmen könnte. Es gibt offensichtlich Umbruchsituatio-
nen, in denen das Polemisieren selbst schon zum literaturgeschichtlichen Fortschritt beiträgt, und in diesem Sinn ist Bleibtreus Schrift, nicht zuletzt aufgrund ihres Titels, ein symptomatischer Beitrag zum Naturalismus als Beginn
der Moderne.

Diese Ansicht des Naturalismus ist nicht unumstritten, denn indem
die Naturalisten auf dem Grundsatz der Wirklichkeits-Mimesis beharren, ja ihn geradezu perfektionieren, verfehlen sie jedenfalls in ihrer großen Mehrheit jenes Moment der Autonomisierung und der Selbstbezüg-

lichkeit des Textes, das für weite Teile der künftigen Moderne grundlegende Bedeutung gewinnt. In einer bestimmten Phase der Entwicklung des Naturalismus zumindest (darüber gleich Näheres) ist bei seinen führenden Vertretern durchaus das Bewußtsein von der Machbarkeit der Literatur und der Herausforderung durch die besonderen Bedingungen der Gegenwart ausgeprägt. Ihren eigentlichen Beitrag zur Moderne wird man dennoch in zwei anderen Bereichen sehen, die sich bei näherer Betrachtung freilich auch als nicht ganz unproblematisch erweisen.

Da ist zunächst das sozialkritische Engagement der Naturalisten, das lange die Würdigung dieser Bewegung bestimmte. An sich natürlich auch nicht vorbild- oder voraussetzungslos (die Naturalisten selbst sahen sich ja in der Tradition des Jungen Deutschland bzw. des Vormärz), tritt dieses Engagement doch in eine neue Dimension mit der Entstehung eines modernen Industrieproletariats. Parteinahme für die Arbeiterklasse bedeutet in letzter Konsequenz Infragestellung der bürgerlichen Gesellschaft und der Stellung des Künstlers oder Autors in ihr. Gerade vor dem Hintergrund solcher marxistischen Perspektiven ist freilich die Begrenztheit und Beschranktheit des naturalistischen Engagements erkennbar, das in seinem Kern eher humanitär und liberal (insbesondere als Protest gegen die Repressionen des Sozialistengesetzes) motiviert war. Welche Schwierigkeiten und Differenzen es im übrigen im Verhältnis der Naturalisten zur Sozialdemokratie gab, wurde oben angedeutet. Der Rang von Hauptmanns *Webern* als soziales Drama völlig neuen Zuschnitts wird selbstverständlich durch den Umstand nicht geschmälert, daß ihr Verfasser kein Sozialdemokrat war. Allerdings wird ihr revolutionärer Charakter dadurch auf die literarische Qualität reduziert.

Aufschlußreich ist in diesem Zusammenhang die naturalistische Debatte um den Begriff der «Tendenzdichtung». Der Hamburger Lehrer und Dramatiker Otto Ernst, Sohn eines Zigarrenarbeiters und, wie Franz Mehring sich ausdrückt, «aus dem Jungbrunnen der Massen [. . .] selbst heraufgekommen», spottet im *Magazin für die Litteratur des In- und Auslandes* 1890 über die (so auch der Titel seines Beitrags) «Scheu vor der Tendenzdichtung». Jeder Autor und Text habe seinen sozialen Standpunkt, und als Tendenz werde dieser nur von denjenigen wahrgenommen, deren sozialen Interessen er widerspreche. Wilhelm Bölsche versucht die Tendenz der realistischen Dichtung als Entwicklungstendenz der Wirklichkeit zu objektivieren und damit zu legitimieren. Leo Berg schließlich macht sich daran, den Begriff ad absurdum zu führen durch die These, daß höchste Kunst, indem sie sich selbst zum Zweck habe, notwendig tendenziös sei: «Die Kunst ist sich selbst Tendenz!» Auch ein Versuch, könnte man sagen, den Naturalismus aus sich selbst heraus zu überwinden; der Abstand zum Ästhetizismus ist hier nicht mehr groß.

Mit dem zunehmendem Verblassen des heroischen Bilds von einem
sozialkämpferischen Naturalismus schiebt sich ein anderes in den Vordergrund: Darauf sehen wir den Naturalisten im weißen Kittel des
naturwissenschaftlichen Experimentators, über das Mikroskop gebeugt,
durch das er die Abhängigkeit seiner Gestalten von Vererbung und
Umwelt studiert. Wir werden gleich sehen, daß ein solches Porträt –
wenn überhaupt – eher auf Zola als auf seine deutschen Kritiker und
Adepten zutrifft. Richtig ist, daß der Naturalismus entscheidend durch
die Rezeption aktueller naturwissenschaftlicher Theorien geprägt ist
und nach Büchner wohl den ersten konsequenten Versuch zur Umsetzung moderner naturwissenschaftlicher Erkenntnisse in der Literatur
darstellt. Insofern der Darwinismus das zentrale naturwissenschaftliche
Paradigma abgibt, auf das sich die Naturalisten beziehen, stellen sich
jedoch neue Probleme der Bewertung ein.

Denn die monistische Variante des Darwinismus, wie sie vor allem
im Friedrichshagener Kreis kultiviert wurde, hat mit empirischer Rationalität nur noch in Grenzen zu tun. Andere Bedenken resultieren aus der
sozialdarwinistischen Applikation des biologischen Modells und seiner
Anschlußfähigkeit für Rassismus und Eugenik oder, wie es damals hieß,
«Rassenhygiene». Modernität dieser Art kann offenbar in Antimoderne
umschlagen, und es ist nicht das geringste Verdienst von Hauptmanns
Erstlingsdrama *Vor Sonnenaufgang*, anhand der Figur des Loth auf derartige Ambivalenzen – die dem jungen Autor selbst damals wohl kaum
voll bewußt gewesen sein dürften – aufmerksam gemacht zu haben.

Vom Naturalismus allgemein zu sprechen ist freilich kaum möglich.
Man müßte sogleich zwischen verschiedenen Phasen und Flügeln, Regionen und Gattungen unterscheiden, von den einzelnen Dichter-Indivi-
dualitäten ganz zu schweigen. Die ersten theoretischen Verlautbarungen
der Brüder Hart vom Ende der siebziger Jahre liegen natürlich in jeder
Hinsicht weitab von der Spätblüte des naturalistischen Dramas, wie sie
Gerhart Hauptmanns «Berliner Tragikomödie» *Die Ratten* (Uraufführung und Erstausgabe 1911) verkörpert. Zwischen der ‹Freien› und der
‹Deutschen Bühne›, beide in Berlin, gibt es ähnlich heftige Kontroversen
wie zwischen dem Berliner und dem Münchner Naturalismus, desgleichen zwischen Hauptmann und Holz, ja im nachhinein selbst zwischen
diesem und seinem Koautor Schlaf – und so weiter! Statt einer umständlichen und letztlich unscharfen Phasen-Untergliederung soll hier
zunächst nur auf drei verschiedene Impulse hingewiesen werden, die die
Entwicklung des Naturalismus als Bewegung bestimmt haben und insgesamt in etwa den Zeitraum 1877–1892 abdecken.

Am Anfang steht der Ruf nach einer nationalen Literatur von neuer Verbindlichkeit, wie Heinrich Hart ihn in der Münsteraner Zeitschrift *Deutsche Dichtung* 1877 formuliert. Gegen Wilhelm Heinrich Riehls These vom Epigonentum

der Gegenwartsdichtung stellt er die Behauptung, Hamerling und Jordan (zwei Vertreter des gründerzeitlichen Versepos!) seien nicht Epigonen, sondern «Progonen», Vorfahren oder Vorläufer einer neuen Dichtung, die er mit einem pathetischen Zitat aus Margarethe Halms Essayband *Wetterleuchten* (1877) umreißt: «Und ich fühle es tief im Herzen, wie eine neue Dichterschaft entsteht, eine, die in der Wahrheit, die in der Liebe lebt, Mittlerin zwischen Gott und den Menschen, Führerin der ganzen Menschheit empor.» Die universalistische Perspektive, die ja auch Heinrich Harts Epos-Projekt *Das Lied der Menschheit* beherrscht, steht in unübersehbarer Spannung zum nationalistischen Zungenschlag, mit dem vor allem frühe Veröffentlichungen der Brüder eine Dichtung fordern, «in welcher sich germanisches Urempfinden mit moderner Geistesanschauung vermählen» soll (so Heinrich Hart im Essay *Neue Welt*, 1878). Es ist dasselbe nationalistische Ressentiment, das Heinrich und Julius Hart später von der Freien zur Deutschen Bühne wechseln läßt; bei anderen Naturalisten wie Michael Georg Conrad oder Conrad Alberti treibt es noch weit üppigere Blüten.

In denkbar größtem Kontrast zur Idee eines teutonischen Naturalismus steht die Rezeption moderner Literatur vor allem aus Frankreich (Zola, Brüder Goncourts, Daudet), Skandinavien (Ibsen, Björnson, Kielland, Strindberg) und Rußland (Tolstoi, Dostojewski) als treibende Kraft der naturalistischen Bewegung. In einem Artikel des Wiener Kritikers Friedrich Michael Fels über *Naturalistische Literatur in Deutschland* (in: *Die Gegenwart*, 1890) heißt es lapidar: «Ich theile die naturalistische Literatur des heutigen Deutschland in drei Gruppen: die von den Franzosen beeinflußte, die von den Norwegern beeinflußte und die von den Russen beeinflußte.» Am besten in seinem Vergleich schneidet dann übrigens Hermann Bahr als Schüler Dostojewskis ab, und zwar mit dem Roman *Die gute Schule*, der aus heutiger Sicht weit stärker durch französische Vorbilder geprägt ist und dessen Zugehörigkeit zum Naturalismus keineswegs so sicher feststeht! Wie dem auch sei, Fels' Pauschalurteil von außen deckt sich mit der Innensicht eines Arno Holz. In *Zwischen Alt und Neu*, dem Prologgedicht seiner ungedruckt gebliebenen Sammlung *Unterm Heiligenschein*, das später in das *Buch der Zeit* aufgenommen wurde, schwärmt Holz:

> Zola, Ibsen, Leo Tolstoi,
> eine Welt liegt in den Worten,
> eine, die noch nicht verfault,
> eine, die noch kerngesund ist!

Tolstoi wirkte auf den Naturalismus vor allem durch die Unerbittlichkeit, mit der in seinem Werk und durch seine Person über die bestehende Gesellschaft Gericht gehalten wurde; Hauptmann hat sich dankbar zur Vorbildrolle von Tolstois Drama *Macht der Finsternis* für seinen dramatischen Erstling bekannt. Ibsen wurde zum großen Anreger des naturalistischen Dramas und Theaters nicht zuletzt dank des energischen Eintretens von Otto Brahm als Kritiker (u. a. mit dem Essay *Henrik Ibsen* in der *Deutschen Rundschau* 1886) und Organisator. An Wirkungsmächtigkeit und Konfliktpotential wurden beide in der damaligen Rezeption durch Zola übertroffen, der bei Holz nicht zufällig an erster Stelle steht. Auch chronologisch steht sein Einfluß auf den deutschen Naturalismus am Anfang.

Zolas zwanzigbändiges Panorama des Seconde Empire anhand der Geschichte der Familie Rougon-Macquart erschien von 1871 bis 1893; Meilensteine der

deutschen Wirkungsgeschichte bildeten vor allem die Romane *L'assomoir* (1877)
– auf deutsch zunächst unter dem Titel *Der Totschläger*, später: *Die Schnaps-
bude* –, *Nana* (1880) und *Germinal* (1885). Als beispielhaft für die anfängliche
Ablehnung durch die breite Öffentlichkeit kann Gustav Wachts Artikel *Emile
Zola und die Commune in der Literatur* (in: *Die Literatur*, 1880) gelten. Zola
wird darin als ein Kulturrevolutionär geschildert, der das idealistische Erbe der
französischen Literatur verwarf, um «in die Cloaken» hinabzusteigen. Er
«wühlte mit bloßen Händen in dem boue de Paris, er wälzte sich darin wie in
seinem ureigensten Elemente, er beschrieb mit der nackten Gemeinheit auch
noch deren Geruch aufs lebendigste». Wacht, der sogleich die Verbindung zur
«naturalistischen Schule» herstellt, nimmt Stereotype vorweg, die sich in der
Polemik gegen die deutschen Naturalisten – bis hin zum Schlagwort von der
«Rinnsteinkunst» – wiederholen werden. Das gleiche gilt für die politische Aufladung der Kritik durch die denunziatorische Parallele zwischen Zola und der
Pariser Commune.

Wesentlich differenzierter, wenngleich insgesamt auch kritisch, setzt sich der
einstige Vormärzlyriker und Emigrant Ludwig Pfau mit dem französischen
Romancier auseinander. Pfaus umfangreicher Artikel in der Zeitschrift *Nord
und Süd* (1880) ist der ernstzunehmende Versuch einer Gesamtwürdigung, die
freilich «Vielmalerei» und «Schmutzmalerei» beklagt und auf zwei zentrale Irrtümer Zolas zurückführt: «den ästhetischen Irrthum, welcher Wirklichkeit und
Wahrheit, und [. . .] den philosophischen, welcher Stoff und Kraft verwechselt.»
Abgelehnt werden mithin die Emanzipation der Beschreibung im Rahmen einer
positivistischen Ästhetik und die Reduktion der Psychologie auf Physiologie
im Sinne eines deterministisch-materialistischen Menschenbilds.

Mit seinem rigorosen Determinismus und der Fixierung auf die Schilderung
von Triebtätern findet Zola selbst im Lager der deutschen Naturalisten wenig
Gefolgschaft. Anerkennung und Bewunderung seiner seit dem Erscheinen der
ersten Übersetzungen um 1880 schnell wachsenden deutschen Gemeinde gelten
dem sozialkritischen Potential und der Plastizität dieser schier unerschöpflichen
Fabulierkunst, nach Georg Brandes' wegweisendem Essay *Emile Zola* (in: *Deutsche Rundschau*, 1888) zunehmend auch ihren symbolischen Qualitäten. Vor den
literaturtheoretischen Konsequenzen aus Zolas Konzeption dagegen schrecken
auch eingeschworene Verehrer wie Conrad zurück. Das gilt insbesondere für die
Infragestellung des herkömmlichen Kunst- und Geniebegriffs durch die Vorstellung vom Dichter als Experimentator (in *Le roman expérimental*, 1879).

Die Auseinandersetzung mit den Theorien des wissenschaftlichen
Positivismus und Empirismus kann man als den dritten entscheidenden
Impuls ansehen, der die Entwicklung des deutschen Naturalismus
bestimmt. Sie setzt relativ spät, nämlich in der zweiten Hälfte der acht-
ziger Jahre, ein und schlägt sich vor allem in den theoretischen Schriften
von Bölsche (*Die naturwissenschaftlichen Grundlagen der Poesie*, 1887),
Conrad Alberti (*Natur und Kunst*, 1890) und Arno Holz (*Die Kunst.
Ihr Wesen und ihre Gesetze*, 1890) nieder. Sie bildet auch die Basis für
die Ausbildung des sogenannten ‹konsequenten Naturalismus› durch
Holz und Schlaf, vor allem in der unter dem Pseudonym «Bjarne P.
Holmsen» veröffentlichten Erzählung *Papa Hamlet* (1889) und dem

Drama *Die Familie Selicke* (1890). In der ursprünglichen Widmung von *Vor Sonnenaufgang* nennt Hauptmann Bjarne P. Holmsen übrigens noch einen «konsequenten Realisten». Spätestens in der Gemeinschaftsproduktion von Holz und Schlaf ist der Punkt erreicht, an dem den führenden Autoren des Naturalismus der Experimentcharakter ihrer Literatur bewußt wird und diese scheinbar so ausschließlich den Gegenständen zugewandte Schreibweise selbstreflexive Züge entwickelt.

Innerhalb der Geschichte des Naturalismus bedeutet der ‹konsequente Naturalismus› nur eine kurze Phase. Es ist nicht mehr als eine gute Handvoll von Texten, in denen man die Theoreme des Positivismus von der Determination des Menschen durch Milieu und Vererbung inhaltlich und formal vollständig umgesetzt findet. Möglicherweise handelt es sich dabei um ein Ideal, das für Autoren und Leser schwer erträglich ist. Jedenfalls folgt auf diesen Höhepunkt der naturalistischen Entwicklung sehr schnell das Ende der Bewegung. Wohlgemerkt nur das Ende des Naturalismus als selbstbewußter, sich nach außen zusammenschließender Bewegung. Die Errungenschaften seines Stils werden noch für die Dauer von mindestens zwei Jahrzehnten konserviert, bis sie sich in der Zirkulation neuer literarischer Trends verlieren.

Nicht zuletzt wirkt sich das mühsam erkämpfte und scheinbar so revolutionäre naturalistische Theater als konservierender Faktor aus. Mindestens bis zum Tod des Berliner Theaterleiters Brahm (1912) gibt es einen quantifizierbaren und auch in finanzieller Hinsicht nicht zu unterschätzenden Bedarf an naturalistischer Dramatik. Ihm gehorcht nicht nur eine Leitfigur des Naturalismus wie Hauptmann, der zwar auch andere Stilformen erprobt, aber zugleich regelmäßig Brahms Theater beliefert und noch in den zwanziger Jahren ein Familiendrama alt-naturalistischer Prägung vorlegt (*Dorothea Angermann*, 1926). Selbst Paul Ernst, der sich erst in der zweiten Hälfte der neunziger Jahre dem Drama zuwendet, schreibt vor seiner Wende zur Neuklassik mehrere Einakter, deren Naturalismus es in sich hat.

4. Impressionismus

Der in der Geschichte der französischen Malerei so fest verankerte Begriff hat für die Literatur (auch die französische) nie vergleichbare Schlagkraft gewonnen. In seiner Anwendung auf die Dichtung handelt es sich – ähnlich wie bei der Statuierung einer Gründerzeitkunst – um eine Ex-post-Kategorie. Es gibt also keinen Impressionismus als geistige Bewegung oder literarisches Programm, wohl aber kann man in der damaligen Literatur verschiedene Berührungspunkte zur Ästhetik der impressionistischen Malerei erkennen. Je nachdem, welcher Gesichtspunkt dabei eingenommen wird, gelangt man zu höchst unterschiedlichen, ja geradezu kontroversen Begriffsinhalten. Wer die Empfänglichkeit für einen punktuellen Eindruck als inneres Zentrum des Impressionismus auffaßt, kann weite Teile der Literatur der Jahrhundertwende als impressionistische «Stimmungskunst» verbuchen. Aus einer solchen geistes- oder kulturgeschichtlichen Sicht verdienen natürlich jene Texte besonderes Interesse, in denen die Abhängigkeit des Menschen vom Augenblicksempfinden betont oder diskutiert wird (wie z. B. in Schnitzlers *Anatol* und Hofmannsthals *Gestern*). Allzu plakative Feststellungen eines «impressionistischen Lebensgefühls» laufen freilich Gefahr, die kritischen Vorbehalte zu übersehen, die in den betreffenden Texten aus jener Zeit enthalten sind – Anatol beispielsweise ist ja alles andere als ein positiver Held oder eine Vorbildfigur.

Zu einem stark abweichenden Befund gelangt dagegen eine Betrachtungsweise, die sich an die originäre Programmatik und das künstlerische Verfahren der französischen Impressionisten hält. Diese entwikkelten ihr Verfahren der Momentaufnahme und der betrachterunabhängigen Farbwiedergabe ja im Zeichen eines gesteigerten Realismus- oder Objektivitätsanspruchs; nicht zufällig standen führende Pariser Impressionisten in enger Beziehung zu Zola. Die Anwendung eines so verstandenen Impressionismus-Begriffs auf die deutsche Literatur führt zur Selektion von Texten, in denen das lyrische Ich oder der auktoriale Erzähler weitgehend hinter der Wiedergabe einzelner Wahrnehmungen bzw. wahrgenommener Reize zurücktritt. Dergleichen läßt sich etwa in der Lyrik Liliencrons oder Holz' späteren *Phantasus*-Gedichten (vom Kritiker Franz Servaes in der Wiener *Zeit* 1899 ausdrücklich als «impressionistische Lyrik» begrüßt), aber auch in der experimentellen Prosa des *Papa Hamlet* von Holz und Schlaf beobachten. Damit wird eine Ikone der Literaturgeschichte des Naturalismus zum Kronzeugen für eine Stilrichtung, die herkömmlicherweise meist als subjektive Gegenbewegung zum Naturalismus, als Spezifikum etwa der Wiener (im Gegensatz zur Berliner) Moderne aufgefaßt wurde.

Nicht nur für den unbefangenen Leser muß die Verwirrung der Begriffe, die durch die unentschiedene (und meist auch unreflektierte) Konkurrenz so unterschiedlicher Impressionismus-Verständnisse in der Literaturgeschichte erzeugt wird, höchst irritierend wirken. Vor einer umfassenderen Klärung, die abzuwarten bleibt, empfiehlt sich daher größte Behutsamkeit im Umgang mit dem Prädikat «impressionistisch» in Anwendung auf die Literatur. Eine solche Prädikatierung sollte sich vorrangig auf solche Texte konzentrieren, die mehr oder weniger explizit von sich aus den Bezug zum Modell der impressionistischen Malerei herstellen. Das gilt etwa für Bahrs Roman *Die gute Schule* (1890), der nun freilich in Paris spielt und einen Maler zur Hauptfigur hat. Aber auch in Conrads München-Roman *Was die Isar rauscht* wird in auffälliger Weise vom Stichwort «impressionistisch» und «Augenblicksbild» Gebrauch gemacht. Großstadt-Beschreibung und impressionistische Malerei sind im Bewußtsein der Generation um 1890 offenbar eine enge Verbindung eingegangen. Das legt jedenfalls eine Betrachtung einschlägiger Passagen aus Wilhelm Bölsches Roman *Die Mittagsgöttin* (1891) nahe; mehrere von ihnen lassen unwillkürlich an Lesser Urys Momentaufnahmen des hauptstädtischen Verkehrs denken:

«Und diese Fülle der Farben. Der kolossale Platz gerade vor mir braunschwarz, naß, hier und da, wenn die Wolken sich auf Momente zerteilten, mit lichtblauem Reflex. Die Linien der Pferdebahngeleise scharf, dunkel, gleich Einschnitten im Grund. Gegenüber, wie ein Loch ins Unendliche des Raums graublau verdämmernd, die Riesenperspektive der Leipziger Straße. [...] Zwischen den kleinen, durchsichtig verschwimmenden Gaslaternen hier und dort der eckige, weißgraue Klotz einer elektrischen Lampe wie losgelöst vom dunklen Schaft und frei emporschwebend bis in die Balkonhöhe der fernen rotgelben Häuserwand.»

Selbstverständlich ist die Häufung von Farbadjektiva allein noch kein sicheres Indiz für eine impressionistische Schreibweise. Sie kann, wie etwa bei manchen Texten Scheerbarts und des jungen Dauthendey, auch den Einfluß des Ästhetizismus verraten. Das trifft in gewissem Maße selbst für Peter Altenberg zu, der doch nicht zu Unrecht aufgrund der bevorzugten Form der Prosaskizze und des Titels seiner bedeutendsten Sammlung *Wie ich es sehe* (1896) als ein Paradebeispiel des Impressionismus in der Literatur gilt. Tatsächlich stellen seine Texte vielfache Bezüge zur Malerei her («Auf ihrem Antlitz liegen die Farben des ‹plein-air›», in der Skizze *At Home*), ja gelegentlich erzeugt Altenberg sogar eine quasi experimentelle Serie von Lichteffekten in Analogie zu Monets Bildserien des gleichen Objekts (Bahnhof Saint-Lazare, Heuhaufen, Kathedrale von Rouen). In der Skizze *Am Lande* beschreibt Altenberg die ‹Stimmung› bzw. die Farbwerte eines Sees zu sechs verschiedenen Uhrzeiten von fünf bis acht Uhr:

«5 Uhr: blinkend wie scharfgeschliffene Toledaner-Klingen im Gefecht. Das Höllengebirge ist wie leuchtende Durchsichtigkeit.
6 Uhr: hellblaue Teiche und Streifen in bronzefarbigem Wasser. Das Höllengebirge wird wie rosa Glas.»
«8: ein kleiner runder Teich fern am See flimmert wie Silber. ‹Bonsoir› des Mondes – – –.»

Das sind freilich sehr künstliche Vergleiche, die wohl eher auf die affektierte Mentalität des in der Skizze beschriebenen bürgerlichen Paares verweisen als (im Sinne Monets) den objektiven Befund der veränderten Lichtverhältnisse spiegeln. Wenn man hier Impressionismus konstatieren darf, so ist es ein ironisch gebrochener Impressionismus, der dem Autor hauptsächlich Gelegenheit zur Vorführung seiner artistischen Fähigkeiten gibt.

Daß sich die ältere geistesgeschichtliche Auffassung des Impressionismus-Begriffs und eine strengere Anbindung an die Gegebenheiten der damaligen Malerei nicht unbedingt ausschließen, macht nicht zuletzt das Beispiel Hermann Bahrs deutlich. Als Berichterstatter von der Pariser Weltausstellung 1889 verfügte er über privilegierte Kenntnisse der aktuellen französischen Malerei; allerdings läßt sich in seinen damaligen Artikeln noch keine besondere Aufmerksamkeit für die impressionistische Schule feststellen. Das ändert sich schon mit seinem Essay *Die neue Psychologie*, der den malerischen Impressionismus als Vorbild der modernen Erzähltechnik anführt. In seiner Rezension von Beer-Hofmanns Novellen schließlich erklärt er 1894 in der *Neuen Rundschau*: «Was unter den Malern ein Pointillierer», das sei Beer-Hofmann «unter den Erzählern». Das Bewußtsein von der Möglichkeit einer Übertragung der malerischen Kategorie auf die Literatur tritt hier gerade mit Blick auf einen Autor auf, der die Darstellung des schwankenden Wechsels der Bewußtseinsinhalte zur Hauptaufgabe seines künstlerischen Ehrgeizes nahm. Im *Tod Georgs* sollte er sie einer noch konsequenteren – impressionistischeren? – Lösung zuführen als in den frühen Novellen.

5. Ästhetizismus und Symbolismus

Wenn man das Wort «Ästhetizismus» in seinem allgemeinsten Sinn auf das ausgehende 19. und das beginnende 20. Jahrhundert anwendet, so gewinnt man einen möglichen Oberbegriff für die Gesamtheit der antinaturalistischen Stiltendenzen der Jahrhundertwende. Naturalismus versus Ästhetizismus – der leicht faßbare Gegensatz verspricht Übersichtlichkeit in einer schwer überschaubaren Landschaft und entspricht bis zu einem gewissen Grade wohl auch der Ästhetik des 19. Jahrhunderts. Nicht zufällig konnte Flaubert neben der realistischen *Madame Bovary* die exotisch-künstliche *Salammbô* schreiben, kulminierten naturalistische und gegennaturalistische Strömungen in Deutschland und Frankreich etwa gleichzeitig. Georges erster Lyrikband (*Hymnen*) erscheint als Privatdruck 1890, auf dem Höhepunkt der Herrschaft des Naturalismus, und sein *Algabal*-Zyklus (1892) im gleichen Jahr wie Hauptmanns *Weber*. In der vorliegenden Literaturgeschichte wird von dieser summarischen Begriffsverwendung jedoch kein Gebrauch gemacht, weil kaum Bedarf an einer übergreifenden Epochen- oder Richtungsbezeichnung zu bestehen scheint, die in der behandelten Zeit so nicht verwendet wurde, und zudem der Konflikt nicht zu übersehen ist, in den diese abstrakte Ästhetizismusversion mit zwei oder drei konkreteren Bedeutungen des Wortes führt, die nun allerdings in der zur Rede stehenden Zeit höchst aktuell waren.

Eine davon ist die auch heute noch gängige Bezeichnung für eine menschliche Haltung, Existenz oder Weltanschauung, die der ästhetischen Kontemplation oberste Priorität einräumt, auch und insbesondere auf Kosten moralischer Werte (Humanität, Treue) und emotionaler Bindungen (Liebe, Freundschaft). Diese vielfach dem Dandy und Flaneur zugeschriebene und von Oscar Wilde (*The Picture of Dorian Gray*, 1890/91) exemplarisch gestaltete Variante des Ästhetizismus kann hier, wo es primär um künstlerische Konzepte und Richtungen geht, im Hintergrund bleiben. Einschlägig ist dagegen der Ästhetizismus als literarische Tendenz, die sich zuerst im Frankreich der 1830er Jahre in der antibürgerlichen Parole «l'art pour l'art» artikulierte. Zwei Jahrzehnte später prägen die englische Präraffaeliten den Begriff «aestheticism», der noch die Ziele des von Swinburne und Pater, Morris und Ruskin angeführten ‹aesthetic movement› bestimmt, zuvor aber bereits nach Frankreich ausstrahlt, wo sich im Umkreis Flauberts und Mallarmés die Formeln «esthétisme» und «esthéticisme» ausprägen. Sie bezeichnen eine antinaturalistische Kunstauffassung, die den Gedanken der Kunstautonomie übersteigernd aufgreift, nämlich im Sinne eines unversöhnlichen Gegensatzes zwischen (schöner) Kunst und (häßlichem oder verächtlichem) Leben.

Stefan George und der Kreis der *Blätter für die Kunst* stehen diesem französischen Begriff des Ästhetizismus bzw. des «l'art pour l'art» relativ nahe. Von den Mitarbeitern der Zeitschrift sagt Paul Gérardy in einem Beitrag vom Oktober 1894: «Sie sind keine sittenprediger und lieben nur die schönheit die schönheit die schönheit.» Immerhin ist bei George im Ansatz auch das Bestreben erkennbar, über die Kunst ein neues Verhältnis zum Leben zu gewinnen. Diese Tendenzen sind weitaus stärker bei Hofmannsthal ausgeprägt, ja die Differenz zwischen beiden Autoren in diesem Punkt (wie jedenfalls der junge Hofmannsthal sie wahrnahm) dürfte wohl den entscheidenden Grund für den frühen Bruch zwischen ihnen abgegeben haben. Hofmannsthal äußert sich in verschiedenen Essays der neunziger Jahre höchst ambivalent zum Phänomen des «Ästhetismus» (wie er sich zunächst ausdrückt). Die Flucht in künstliche Welten wird als Schwächung des Willens problematisiert, aber auch als ästhetische Opposition gegen eine unsinnliche und unkünstlerische Gegenwart gerechtfertigt.

Eine weiterführende Dimension deutet sich in einer Bemerkung Hofmannsthals über d'Annunzios Versepos *Isottèo* an: «Um die reine Schönheit zu erreichen, muß die Gestalt der Geliebten immer traumhafter werden, muß die Liebe selbst immer mehr einem Haschischrausch, einer Bezauberung gleichen.» Die hier anklingende Aufwertung des rauschhaften Erlebnisses ist offenbar Nietzsches Auffassung des Dionysischen geschuldet. Von Nietzsches Kunsttheorie, insbesondere von seiner Bestimmung des Verhältnisses von Leben und Kunst in der Frühschrift *Die Geburt der Tragödie aus dem Geiste der Musik*, sind denn auch Hofmannsthals weitere Reflexionen über das Verhältnis von Kunst und Leben beeinflußt. Kunst erscheint hier nicht so sehr als simple Antithese zum Leben, sondern als utopisches Mittel, dieses auf höherer Ebene erfahrbar zu machen – Ästhetizismus als künstlerische Rechtfertigung des Lebens!

Der Kreis der deutschsprachigen Autoren des späten 19. Jahrhunderts, die sich intensiver mit der Tradition des Ästhetizismus auseinandergesetzt haben, ist relativ klein. Neben Hofmannsthal und George, denen hier eine führende Stellung zufällt, kommen außerhalb des George-Kreises hauptsächlich Vertreter des Jungen Wien (Altenberg, Andrian, Beer-Hofmann) und der Berliner Boheme (Scheerbart, Przybyszewski, Hille, Hartleben, Dauthendey) in Betracht, und die meisten von ihnen auch nur graduell oder punktuell. Außerhalb dieser Kreise stehen Conrad Ferdinand Meyer als der einzige Vertreter der realistischen Generation, bei dem eine Hinwendung zum Ästhetizismus zu beobachen ist, und Heinrich Mann, der sich in den Jahren um 1900 stark von ästhetizistischen Positionen beeindrucken läßt, um sie später desto heftiger zu befehden. Entscheidende Anregungen verdanken alle Genannten der französischen bzw. frankobelgischen (Flaubert, Huysmans, Baudelaire, Mallarmé, Verlaine, Giraud) und englischen (Swinburne, Pater) Literatur, z.T. auch dem Werk und exzentrischen Auftreten des Italieners d'Annunzio. Letzterer ist maßgeblich durch Nietzsche beeinflußt, so daß man in der damaligen deutschen d'Annunzio-Rezeption fast einen Re-Import von Nietzsches Ästhetizismus erkennen kann.

Es sind im wesentlichen dieselben Vertreter der deutschen und der internationalen Literaturszene – vielleicht um Rilke und Maeterlinck erweitert –, die auch als Exponenten des Symbolismus zu nennen wären. Der in seiner wissenschaftlichen Tragfähigkeit keineswegs unbestrittene Begriff läßt sich am ehesten auf die Ästhetik zurückführen, die in Baudelaires Gedicht *Correspondances* (in *Les Fleurs du Mal*, 1857) entwickelt wird: die Welt als Dickicht von Symbolen («forêts de symboles»), deren Zeichencharakter Zugang zu einer tieferen Erkenntnis gewährt – jedoch nur tendenziell und vage, da der Rätselcharakter der Symbolwelt eine eindeutige Entschlüsselung verweigert. Der hermetische Zug des Symbolismus verstärkt sich noch in Mallarmés Entwurf einer «poésie pure», die diesseits des Rheins vor 1900 (auch George als zeitweiligen Teilnehmer von Mallarmés Dienstagabend-Gesellschaften nicht ausgenommen) allerdings kaum in ihrer ganzen Tragweite erfaßt wurde. Wesentlich wirkungsmächtiger erwies sich die symbolistische Dramatik Maeterlincks, deren erste Aufführungen in Wien und Berlin regelmäßig durch eine «conférence» eingeleitet wurden, die das Publikum an den fremdartigen Charakter der Darbietung heranführen sollte. Auch Rilke stellte seine Kräfte in den Dienst der Maeterlinck-Vermittlung: als Interpret und Nach-Dichter (z. B. in *Die weiße Fürstin*).

Die erste Maeterlinck-Aufführung im deutschsprachigen Raum fand im Mai 1892 im Rahmen der Wiener Freien Bühne statt (es sollte deren einzige Aufführung bleiben). Hermann Bahr, der die «conférence» zur Einstimmung auf *L'intruse* (*Der Eindringling*) besorgte, hat im selben Jahr in der *Nation* den einzigen größeren Aufsatz zum Symbolismus veröffentlicht, der das aktuelle Schlagwort einer größeren Öffentlichkeit vermittelte. Der sonst so erfolgreiche Popularisator tut sich freilich schwer mit der Aufgabe, die Besonderheit der neuen Richtung zu erläutern. Das von ihm erfundene Beispiel (ein Gedicht über den Tod eines Kindes, gekleidet in die Erzählung von einer kleinen Tanne, die als Weihnachtsbaum gefällt wird) hebt sich nicht sonderlich scharf von anderen Formen der bildlichen Darstellung ab. Für Bahr jedoch ist damit «das ganze Geheimnis» gelüftet: «Die alte Technik nimmt das Gefühl selbst oder seinen äusseren Grund und Gegenstand zu ihrem Vorwurfe – die Technik der Symbolisten nimmt einen anderen und entlegenen Gegenstand, aber der von dem nämlichen Gefühle begleitet sein müsste.»

Zur Empfindung dieses Gefühls gehören allerdings feine und – auch im Sinne des Bildungswissens oder der Vorbildung – ausgebildete Nerven; Bahr selbst äußert die Befürchtung, daß der Symbolismus bald in den Ruf einer Kunst für «hysterische Sonderlinge» kommen werde. Die beiden Hofmannsthal-Gedichte (*Die Töchter der Gärtnerin, Mein Garten*), die Bahr zum Abschluß als «handliche Schulbeispiele» für «das Wesentliche der Symbolisten» zitiert, setzen jedenfalls einige Kenntnis der damaligen Diskussion um den Ästhetizismus und Vertrautheit mit der Analogie Kunst–Garten voraus, so unmittelbar sie sich geben. Das zweite Gedicht, von Bahr als besonders reines Beispiel für den Symbolismus hervorgehoben, endet mit einer Beschwörung der schlichten Natur, die aber nicht so schlicht gemeint ist, sondern als Gegenbild zu Georges ästhetizistischer Kunstkonzeption und als «correspondance» zu der von Hofmannsthal erstrebten Erhöhung der Natur durch die Kunst dient. Dem künstlichen Garten aus Metall und Edelsteinen stellt es den natürlichen Garten der Erinnerung gegenüber, der nur im Geruch noch gegenwärtig ist:

> Den Duft der Erde weiß ich, feucht und lau,
> Wenn ich die weichen Beeren suchen ging ...
> In jenem Garten, wo ich früher war ...

Eine einschlägige Notiz Hofmannsthals von 1893 spiegelt zugleich mit der anregenden Funktion Bahrs die spezifische Auffassung dieses Dichters von der Rolle der Kunst: «Bahrs Hypothese. Der französische Symbolismus ist künstlerische Transfiguration der Wirklichkeit.»

6. Décadence und Fin de siècle

Verfall und Endzeit – so etwa wäre der Bedeutungsgehalt von «Décadence» und «Fin de siècle» im Sprachgebrauch des späten 19. Jahrhunderts zu übersetzen. Im gemeinsamen Bezug auf den Vorstellungsbereich des Niedergangs und der Ermüdung liegen die Begriffe dicht beieinander, und auch die Phänomene, die ihnen literaturgeschichtlich entsprechen, sind weitgehend identisch. Der erste Begriff ist freilich wesentlich älter; seit Montesquieus *Considération sur les causes de la grandeur des Romains et de leur décadence* (1734) ist er fest mit dem Verfall des Römischen Reichs verbunden. Hundert Jahre später untersucht Désiré Nisard die «décadence» der römischen Dichtung mit unterschwelligem Bezug auf die romantische Dichtung seiner Gegenwart, bei der er ähnliche Verfallserscheinungen wittert. Baudelaire nimmt den Fehdehandschuh auf, wenn er in der Einleitung zum zweiten Band seiner Poe-Übersetzung (1857) die klassizistische Kritik an der dekadenten Formensprache des 19. Jahrhunderts zurückweist. Damit ist die Bahn eröffnet für eine vielfältige Diskussion, die teils affirmativ, teils ablehnend zum Dekadenz-Charakter der Moderne Stellung nimmt.

Eine regelrechte «Théorie de la décadence» ist in Paul Bourgets *Essais de psychologie contemporaine* (1883) enthalten. Im Zentrum der hier geleisteten psychologischen Zeitkritik steht der Begriff «dilettantisme» als Bezeichnung für die Identitätsschwäche des modernen Menschen, der sich einer Vielfalt von Rollenangeboten gegenübersieht. Der kritische Befund der Gefährdung durch eine derartige «multiplicité du moi» kann ins Positive gewendet werden, wie es Hermann Bahr zu Beginn seiner *Russischen Reise* (1891) unternimmt. Reisen schlechthin erscheint Bahr als Chance zur Vervielfältigung des Ich: «Man ist nicht mehr einfach: man trägt Mehrere in sich und kann sich für jeden Tag der Woche ein neues Ich umschnallen, wie eine neue Cravatte.» Der hier erkennbare Zusammenhang mit der Identitätskrise der Jahrhunderwende verleiht dem Symptomkomplex des Dilettantismus (im Sinne Bourgets) seine erstaunliche Brisanz und Attraktivität für zeitgenössische Autoren von Hofmannsthal bis Heinrich Mann.

Einer der ersten deutschen Leser Bourgets war Nietzsche, der Bourgets psychologische Analyse der Décadence sogleich auf Wagner als den Prototyp der Moderne und damit indirekt auch auf sich selbst anwandte. Die enge Verbindung von Décadence und Wagner-Rezeption, die man auch als ‹dekadenten Wagnerismus› beschrieben hat, findet in Nietzsches Wagnerkritik gewissermaßen ihre theoretische Rechtfertigung. An ihr läßt sich auch paradigmatisch das Doppelgesicht der deutschsprachigen Décadence-Rezeption erkennen. Das Bekenntnis zur Décadence geht regelmäßig mit der Distanzierung von ihr einher, Bejahung und Verneinung, Krankheitsdiagnose und Gesundungstherapie sind fast stets miteinander verbunden. Die Eindeutigkeit, mit der Friedrich Michael Fels, wie oben gezeigt (S. 56), die Wiener Moderne der Dekadenz unterstellt und der Wiener Lyriker Felix Dörmann erklärt: «Ich liebe alles, was krank ist», findet in größeren Werken des deutschsprachigen Raums keine Parallele.

Die Abkehr von der Décadence ist schon in einem ‹klassischen› Zeugnis dieser Zeitströmung angelegt, dem wohl repräsentativsten Dokument der historischen Décadence überhaupt: Joris-Karl Huysmans' Roman *A rebours* (*Gegen den Strich*). Denn sein Held Jean des Esseintes kehrt am Schluß auf ärztlichen

Rat in die Gesellschaft zurück, obwohl er es ablehnt, so zu sein wie die anderen; schließlich empfindet er sogar eine religiöse Erlösungssehnsucht. Das ganze Gewicht der Darstellung liegt jedoch auf der Ausmalung der vorherigen isolierten Existenz des einem ‹dekadenten› Adelsgeschlecht entstammenden Grafen, insbesondere der Schilderung seines Hauses, dessen einzelne Räume als ästhetische Mikrokosmen zur Pflege unterschiedlicher Stimmungen und Neigungen des Hausherrn gestaltet sind. Ästhetizismus verbindet sich hier mit pathologischen Zügen, auch in der Darstellung der erotischen Beziehungen des körperlich geschwächten Helden zu einer Bauchrednerin und einem Knaben, die der Stimulation seiner Nerven dienen bzw. ihren Reiz aus der Verbotenheit einer Neigung gewinnen, die durch gleichzeitige Lektüre theologischer Traktate lustbringend ergänzt wird.

«Interessante Burschen, diese neuesten Franzosen, die ich mitnahm; vor allem Huysmans: er ist fein. Und so besonders. Auch Bourget liebe ich» – so reflektiert der Held mit dem beziehungsreichen Namen Gram in Arne Garborgs Roman *Müde Seelen* (1891), der in der Übersetzung von Marie Herzfeld (1893) zu einem Kultbuch des Fin de siècle wurde. Die ersten Belege für die Epochenbezeichnung «Fin de siècle» stammen aus dem Jahr 1886: aus Zolas Künstlerroman *L'Œuvre* und dem ersten Jahrgang der Zeitschrift *Le Décadent*. Vier Jahre später konstatieren Bahrs *Studien zur Kritik der Moderne* schon: «Fin de siècle war ein hübsches Wort und lief bald durch Europa.» Fritz Mauthner konstatiert im *Magazin für Litteratur* 1891 die Ankunft des Modeworts in Berlin W und glossiert seine Integration in die Konversationssprache der hauptstädtischen Gesellschaft mit dem parodistischen (nicht sonderlich sauberen) Reim: «Wir sind fin de siècle! / Wir sind rechte Ekel! / Wer die Sonne will, der ist verdielt.»

Marie Herzfelds Essay *Fin-de-siècle* (1892) nimmt Garborgs Schilderung «müder Seelen» zum Ausgangspunkt einer quasi medizinischen Diagnose des ausgehenden scheinbar so fortschrittsbewußten Jahrhunderts; an deren Anfang steht das – auch von Hofmannsthal beschworene – Selbstbewußtsein des verspäteten «Erben»:

«Wir sind umgeben von einer Welt absterbender Ideale, die wir von den Vätern ererbt haben und mit unserem besten Lieben geliebt haben, und es fehlt uns nun die Kraft des Aufschwunges, welcher neue, wertvolle Lebenslockungen schafft. [...] Und in diesem müden Gehirn, das sich selbst nicht mehr regieren kann, wachsen Abnormitäten empor; die Persönlichkeit verdoppelt, vervielfacht sich; [...] die überanstrengten Nerven reagieren nur auf die ungewöhnlichen Reize und versagen den normalen den Dienst; – sie erzeugen aufgeregte, überlebendige Paradoxie einerseits, apathische Mutlosigkeit und Weltverzweiflung andererseits: das Gefühl des Fertigseins, des Zu-Ende-gehens – Fin-de-siècle-Stimmung.»

Eine derart zugespitzte Zeitdiagnose konnte nicht unwidersprochen bleiben. Fritz von Ostini, der Herausgeber der Münchner *Jugend*, eröffnete den Jahrgang 1898 seiner Zeitschrift – nunmehr schon wesentlich näher dem eigentlichen Jahrhundertende! – mit einem zornig-aggressiven Aufsatz, betitelt: *Anti-Fin de siècle*. «Wir wollen zu Felde ziehen gegen die Fin de siècle-Philister und gegen die Fin de siècle-Gecken», heißt es darin: «Die große allgemeine Müdigkeitsbrüderschaft der Dekadenten verunglimpft unsere Zeit fast noch mehr als die Gesellschaft der Schimpfer und Nörgler.» Zur Jahrhundertwende gehört die Aufbruchstimmung der Jugendbewegung, der Lebensreform und des Jugendstils ebenso wie das Untergangspathos der Dekadenz, und es ist dem Historiker nicht einmal möglich, durch räumliche Grenzziehung (etwa zwischen Deutschland und Österreich oder Berlin und Wien) eindeutige Zuordnungen zu schaffen. Der Ehrentitel «patschuliwedelnde Dekadenzpintscher» stammt aus der Feder eines Wieners, nämlich des «Nörglers» Karl Kraus; er findet sich in seinem Artikel *Zur Überwindung des Herrn Bahr* (in: *Die Gesellschaft*, 1893).

Wohl wird man im geschichtlichen Rückblick der Selbstanalyse der Fin-de-siècle-Anhänger einen größeren Erkenntniswert für die Diagnose der Moderne zusprechen als der vitalistischen Euphorie manches damaligen Gesundbeters, und zwar nicht nur vor dem Hintergrund unseres Wissens um den bevorstehenden Untergang der wilhelminischen wie der «kakanischen» Gesellschaft im Ersten Weltkrieg. Dennoch gehört die Spannung zwischen beiden Positionen zur Signatur der Epoche, wie ja auch festzustellen ist, daß etwa Hofmannsthal oder Bahr keineswegs auf der Fin-de-siècle-Position vom Anfang der neunziger Jahre beharren und zu neuen (letzterer zu immer neueren) Ufern streben. All das spricht gegen eine Aufwertung des Fin de siècle zu einem übergreifenden Epochenbegriff für die Zeit bis 1900 oder sogar – wie in bewußtem Sich-Hinwegsetzen über den eigentlichen Wortsinn vorgeschlagen wurde – bis hin zum Expressionismus. Die angestrengte Suche nach Gesamtbezeichnungen für epochale Zeiträume und das heftige Engagement zugunsten eines (und zuungunsten eines anderen) von mehreren in der betreffenden Zeit kursierenden bzw. konkurrierenden Richtungs- und Stilbegriffen beruhen auf einem – idealistischen? – Mißverständnis der Aufgabe der Literarhistorikers. Dessen mühsames Geschäft besteht vielmehr im Festhalten der tatsächlichen Vielfalt.

IV. INSTITUTIONEN DES LITERARISCHEN LEBENS

1. Zentren, Gruppen, Vereine

Literarisches Leben bedarf der Knotenpunkte, an denen sich die Produktion und der Austausch, der Kontakt zwischen den Autoren und die Vermittlung zu Publikum und Kritik konzentrieren. Solche Konzentration bewirkt jedenfalls potentiell eine Beschleunigung künstlerischer Entwicklungsprozesse, aber auch der Umkehrschluß gilt: Gerade in Zeiten beschleunigter Veränderungen bedarf es der Vernetzung zwischen ihren Trägern, sind spezifische Plattformen zur Publikation und Diskussion von Literaturformen notwendig, die sich am Hofe des guten Geschmacks oder auf dem Markt der öffentlichen Meinung noch nicht durchgesetzt haben. Alle diese Funktionen lassen sich an den Zentren des literarischen Lebens im deutschsprachigen Raum in der Umbruchphase um 1890 exemplarisch studieren.

Der Plural «Zentren» versteht sich aufgrund der föderalen Struktur des deutschsprachigen Kulturraums, die allerdings mit dem Aufstieg der neuen Reichshauptstadt Berlin zunehmend in die Defensive gerät. Unabhängig davon fällt auf, in welchem Maß sich das kulturelle Leben des ausgehenden 19. Jahrhunderts – mit der einen Ausnahme Bayreuths – auf die großen Städte oder ihre Randlagen konzentriert. Die Zeit der kleinen Musen-Höfe ist definitiv vorbei; der Herzog von Meiningen muß schon auf Reisen gehen, wenn er mit seiner Theatertruppe die Öffentlichkeit erreichen will. Zu bewußten Gegengründungen gegen die Massenkunst der Industriemetropolen kommt es andererseits erst nach der Jahrhundertwende (das ‹neue Weimar›, Ascona, Worpswede). Übrigens ist keine der Städte, die im folgenden in der gebotenen Kürze als Kristallisationspunkte des literarischen Lebens charakterisiert werden sollen, nur Industriestadt; von der alten Handelsmetropole Zürich abgesehen, die in der Geschichte der deutschsprachigen Kultur ja eine ehrwürdige Tradition hat, sind es drei Residenzstädte, die damals vor allen anderen die literarische Intelligenz anziehen: Wien, Berlin, München. (Die einstige Residenzstadt Prag erlangt als Zentrum der Moderne erst nach 1900 Bedeutung.)

Das Zürich der siebziger und achtziger Jahre bietet das Paradox einer Stadt, in der sich bemerkenswert viele bedeutende Schriftsteller aufhalten, ohne daß sich hier charakteristische Organisationsformen der literarischen Moderne entwickeln würden. Keller und Meyer wohnen in und bei Zürich, verkehren allerdings kaum miteinander und noch weniger mit den jungen bzw. angehenden deutschen Autoren, die z. T. vor den Folgen oder dem Geist des Sozialistengesetzes Zuflucht an der Limmat suchen: so Gerhart Hauptmann (für ein knappes Jahr), sein Bruder Carl Hauptmann, der Lyriker Karl Henckell (auf Dauer) und der junge Frank Wedekind, der in der Schweiz aufwuchs. Seinen Ruf als Freistatt vor dem Zugriff der Zensur verdankte Zürich nicht zuletzt dem Verlagsmagazin Schabelitz, in dem ein Großteil der damaligen sozialistischen und sozialkritischen deutschen Literatur erschien. Noch 1897 gründet der in Deutschland steckbrieflich verfolgte Oskar Panizza hier seinen eigenen Verlag und die Zeitschrift *Zürcher Diskußjonen*, die er nach seiner Ausweisung (1898) von Paris aus fortführt. Das Klima vor Ort wurde wesentlich durch die fortschrittliche Universität geprägt, die einzige deutschsprachige Hochschule, an der damals Frauen studieren konnten. Ricarda Huch kam aus diesem Grund 1887 nach Zürich, wo sie 1891 als eine der ersten Frauen promovierte. Von einem einheitlichen literarischen Profil der Zürcher Literatur kann man angesichts der Heterogenität der hier versammelten Autoren kaum sprechen.

Wien andererseits bietet das Paradox einer politischen und kulturellen Metropole von respektheischendem Alter, die zwar über das oder ein führendes deutschsprachiges Theater, aber über keinen bedeutenderen literarischen Verlag und auch über keine dauerhafte überregionale Literaturzeitschrift verfügte (im eigentlichen Sinne war das auch *Die Fackel* nicht). Die Schwäche des damaligen österreichischen Verlagswesens, die nicht zuletzt in der Nichtunterzeichnung des internationalen Urheberrechtsabkommens durch die österreichische Regierung begründet war, veranlaßte zwangsläufig die Hinwendung ambitionierter Schriftsteller zu Verlagen des deutschen Reichs, und zwar zunehmend zu Berliner Verlagen. Ab Mitte der neunziger Jahre hatte S. Fischer (Berlin) fast die gesamte Wiener Moderne unter Vertrag. Ungeachtet dieser buchhändlerischen Schwäche, die natürlich auch eine Stärke war, indem sie die Präsenz der Wiener wie überhaupt der österreichischen Literatur auf dem größeren deutschen Markt förderte, bildete Wien den natürlichen Gravitationspunkt der deutschsprachigen Kultur im gesamten Bereich der Donaumonarchie und entwickelte dabei zunehmend ein eigenständiges literarisches Profil.

Die literarische Moderne, die sich hier um 1890 formierte und bald den Gruppen-Namen «Jung-Wien» davontrug (in Analogie zum naturalistischen «Jüngst-Deutschland»), konnte auf Voraussetzungen zurückgreifen, wie sie in keiner anderen Stadt des deutschsprachigen Raums gegeben waren. Auf der einen Seite existierte im Salon der Josephine von Wertheimstein, der wohlhabenden Mitinitiatorin des Grillparzer-Preises, noch ein Ausläufer jener romantischen Salonkultur, in der sich aristokratische Gesellschaftsformen mit bürgerlichen Kulturidealen verbanden. Eduard von Bauernfeld ging hier ebenso ein und aus wie Ferdinand von Saar, und noch der junge Hofmannsthal war von der ästhetischen Sensibilität dieses Kreises beeindruckt. Die 1894 entstandenen Terzinen *Über Vergänglichkeit* sind von der Erschütterung über den Tod der Hausherrin ausgelöst, die aufs glaubwürdigste eine eigentlich schon der Vergangenheit zugehörige Kulturtradition verkörperte.

Der andere Pol der literarischen Kommunikation in Wien war selbstverständlich das Kaffeehaus; neben das Café Griensteidl am Michaelerplatz, das Anfang 1897 der Spitzhacke zum Opfer fiel, trat das vorher schon von der sozialistischen Fraktion bevorzugte Café Central. Die durch Salon und Kaffeehaus erzeugte Vertrautheit der Teilnehmer des Wiener literarischen Diskurses untereinander (dessen führende Vertreter überdies aus einem sehr homogenen Milieu kamen und durch enge Freundschaften miteinander verbunden waren) läßt es verständlich erscheinen, warum sachliche Differenzen so leicht in persönliche Intimfehden umschlagen konnten, wie es das Verhältnis von Kraus zu Bahr zeigt. Sie erklärt zugleich den geringen Bedarf der Wiener Modernen an zusätzlichen organisatorischen Verbindungen. So erschöpften sich die Aktivitäten der – 1891 nach dem Vorbild der Berliner Freien Bühne gegründeten – Wiener Freien Bühne in der Privatvorführung eines Maeterlinck-Dramas und einem Festessen für Ibsen.

Andere Kristallisationspunkte des Wiener literarischen Lebens waren die seit 1859 bestehende Concordia (vor allem als Zusammenschluß der Journalisten), eine «freie deutsche Gesellschaft für Literatur» namens Iduna und der Kreis um Albert Ilg, der die Flugschriften «Gegen den Strom» herausgab und sich «Montagsgesellschaft» oder «Die letzten Christen» nannte. Frauen und Juden waren nämlich ausgeschlossen. Zu den Autoren der Schriftenreihe gehörten neben Ilg der Journalist und spätere Theaterdirektor Adam Müller-Guttenbrunn, der Schauspieler und Hofmannsthal-Freund Gustav Schwarzkopf sowie der Journalist Edmund Wengraf. Dessen Analyse der Phrasenherrschaft in Literatur und Wissenschaft, Familie und öffentlichem Leben in der Flugschrift *Die gebildete Welt* (1889) nimmt ein Leitthema der Epoche auf, das bei Hofmannsthal wie Kraus produktive Konsequenzen zeitigen wird: «Alle Begriffe sind ins Wanken geraten, man weiss nicht mehr, wem und was man glauben soll. Wahrheit wird Lüge, Lüge Wahrheit.»

Die frühe öffentliche Wahrnehmung des Autoren-Kleeblatts Hofmannsthal – Schnitzler – Salten – Beer-Hofmann als Kerngruppe einer eigenständigen Wiener Moderne ist nicht zuletzt das Werk von Hermann Bahr, der in der publizistischen Konturierung und Förderung dieser Gruppe als einer genuin österreichischen Moderne offenbar eine Chance sah, die von ihm längst propagierte «Überwindung des Naturalismus» dauerhaft durchzusetzen. Nicht zu Unrecht zeigt ihn eine Karikatur im Ballkalender der Concordia von 1897 als Amme, mit den Wickelkindern Schnitzler und Hofmannsthal als Doppelpack im Arm. Darunter stehen die Verse:

> Das ist ein Überwinder
> Mit leichtem und keckem Sinn,
> Man nennt ihn sogar den Erfinder
> Der jungen Schule von Wien.

Zu den erfolgreichsten Maßnahmen Bahrs als ‹Publicity-Manager› der Wiener Moderne gehört die Veröffentlichung von zwei Artikelserien des Berliner Kritikers Franz Servaes über die Berliner und Wiener Moderne unter dem Titel *Jung-Berlin* und *Jung-Wien* in der von ihm geleiteten Wiener Wochenzeitung *Die Zeit* (1896/97). Servaes, der sich damit dem Wiener Publikum zugleich als künftiger Kunstkritiker der *Neuen freien Presse* vorstellte, beschreibt zunächst aus intimer Kenntnis die Entwicklung der Berliner Szene seit den späten achtziger Jahren. Der zweite Artikel über Wien wurde von Bahr in Auftrag gegeben, der den Autor im Vorfeld mit Informationen versorgte – u. a. darüber, wer zum Jungen Wien gehörte und wer nicht (Jakob Julius David z. B. nicht!).

In der Geschichte der Berliner Moderne spielen Gruppenbildungen und Vereinsgründungen schon deshalb eine weit größere Rolle, weil das Bedürfnis nach Erzeugung einer vereinsinternen Halb-Öffentlichkeit stärker ausgeprägt war – teils als Gegengewicht gegen die Isolation der Autoren in einer anonymen städtischen Massengesellschaft, teils und vor allem als Gegengewicht zu Unterdrückungsmaßnahmen der preußischen Behörden. Die Spannweite der möglichen Organisationsformen reicht von polizeilich gemeldeten Vereinen mit Satzung und Kassenwart bis hin zu lockeren Stammtischrunden und der Gemeinsamkeit des nachbarschaftlichen Verkehrs. Dem ersten Typus gehört der Verein «Durch!» an, der 1886 von dem Arzt Conrad Küster (Herausgeber der *Deutschen Academischen Zeitschrift* und der *Allgemeinen deutschen Universitätszeitung*) und dem Germanisten Eugen Wolff (später Professor in Kiel) gegründet wurde und der sich in den rund drei Jahren seines Bestehens zur Wiege des Berliner Naturalismus entwickelte. Eben deshalb wird er in Bleibtreus Roman *Größenwahn* (1888) als «Verein Drauf» und «Verein der ‹Größenwahnsinnigen›» verspottet. Von den recht bürgerlich-akademischen Umgangsformen, die in Wirklichkeit hier herrschten, legt das erhaltene Protokollbuch Zeugnis ab, in dem es unter dem Datum des 17. Juni 1887 in einem von Leo Berg gezeichneten Eintrag heißt:

> «Anwesend sind die Mitglieder Berg, Wolff, Türk, Gerhart Hauptmann und die Gäste, die Herren Dr. Hauptmann, Meyer, Mark, Grosse. Es fehlen Heinrich und Julius Hart, Wille, Lenz, Küster und Waldauer. Der Vorsitzende eröffnet die Sitzung und teilt mit, daß Genosse Wille auf 14 Tage zum Manöver eingezogen sei. Darauf erhält Genosse Gerhart Hauptmann das Wort zu seinem Vor-

trag über Georg Büchner. Nach kurzer Angabe der wichtigsten Lebensdaten des Dichters [. . .] trägt uns G. Hauptmann einige Stellen aus Büchners Dichtungen vor, zunächst aus dem Novellenfragment ‹Lenz›, alsdann einige Szenen aus ‹Dantons Tod›. Die kräftige Sprache, die anschauliche Schilderung, die naturalistische Charakteristik des Dichters erregen allgemeine Bewunderung. Der Vortrag[ende] erntet für seine ausgezeichnete Deklamation und in Anerkennung dafür, daß er uns mit dem Kraftgenie Büchner bekannt gemacht, den Dank der Durcher.»

Ein anderer Protokollbucheintrag verzeichnet einen «Kommers bis zum Morgenrot». Burschenschaftliche Traditionen prägen die Frühgeschichte des Berliner Naturalismus in einem bisher noch kaum wahrgenommenen Umfang. Arno Holz etwa engagierte sich in den Jahren 1883–1885 heftig im kleinen Berliner – mit dem Verein Deutscher Studenten kooperierenden – Verein «Die Wartburg»; die dort angenommenen Decknamen (meist mit Bezug auf den legendären Sängerkrieg) und die dort geknüpften Freundschaften lassen sich noch über Jahre hinweg in seinem Briefwechsel verfolgen. Nationale und konservative Töne und Themen, wie sie in der «Wartburg» an der Tagesordnung waren, bestimmen vor allem die spätere Praxis des Berliner Vereins «Neue Klause» (1892–1897) unter dem Vorsitz des Romanschriftstellers Otto von Leixner.

Mit der folgenreichen Gründung der Theatervereine Freie Bühne, Freie Volksbühne und Neue freie Volksbühne tritt die Berliner Moderne gewissermaßen in ihre pragmatische Phase ein. Die beiden letzten von Bruno Wille initiierten Vereine wurden von einer ganzen Dichterkolonie getragen, die wiederum durch die gemeinsame Arbeit in der Verwaltung der Volksbühne überhaupt erst einen äußeren organisatorischen Zusammenhang erhielt: dem Friedrichshagener Kreis, so benannt nach der kleinen Siedlung am Müggelsee mit Stadtbahnanschluß nach Berlin, in die sich die großstadtmüden Leitfiguren Bölsche und Wille, von den Brüdern Hart gefolgt, 1890 zurückzogen. Der Kontakt zur nahen Stadt blieb gewahrt; Bölsche redigierte von hier aus bis Herbst 1893 die Zeitschrift *Freie Bühne*. Skandinavische Langzeit-Gäste wie Ola Hansson (mit Frau Laura Marholm) und Strindberg brachten sogar einen Hauch internationaler Moderne in die «Einsiedelei» in der «Kiefernhaide» (um einen Gedichtband Bruno Willes zu zitieren). Das gemeinsame Profil des locker gefügten Kreises besteht im ‹volkspädagogischen› Engagement für die Arbeiterschaft, oder richtiger: für den einzelnen Arbeiter (denn nur dessen Individualität, nicht die Klasse hatte man im Sinn), und in einer darwinistisch-monistischen Naturauffassung, die zunehmend irrationale Züge gewann. Satirische Porträts der Weltverbesserer von Friedrichshagen oder «Friedrichshölle» (Strindberg) liefern die Dramen *Das Lumpengesindel* (1892) von Ernst von Wolzogen und *Socialaristokraten* (1896) von Arno Holz. Aus den Reihen des Friedrichshagener Kreises entwickelten sich um 1900 die Neue Gemeinschaft und der Giordano-Bruno-Bund.

Noch lockerer und ephemerer, aber auch ungezwungener und in ihren ästhetischen und politischen Anschauungen radikaler sind jene Berliner Zusammenschlüsse, die sich durch das Weinlokal definieren lassen, in dem man sich regelmäßig trifft und gegebenenfalls auch betrinkt. Um 1888 wurde unter Beteiligung von Wille der Ethische Klub gegründet, der sich einmal wöchentlich im Franziskanerbierkeller in der Behrenstraße traf. Seine Abspaltung ist der «Genie-Konvent» im Café Kuhstall (Invalidenstraße), das Lesungen Heinrich Harts, Bölsches und Willes erlebte. Um die Bohemerunde «Das schwarze Ferkel» in Gustav Türckes Weinhandlung und Probierstube Unter den Linden hat sich mittlerweile ein fast mythischer Nimbus gelegt und ein schwer durchdringliches Dickicht von Legenden gebildet. Sie erhielt ihr Profil durch Richard Dehmel, den exzentrischen Boheme-Dichter Stanislaw Przybyszewski und dessen (spätere) Frau Dagny Juel als «Muse» des Kreises einerseits, Strindberg, Munch, Drachmann und andere skandinavische Schriftsteller und Künstler andererseits. Exzessiver Alkoholgenuß und absonderliche Verhaltensweisen standen hier im Dienste eines Boheme-Ideals, das sich durch den Gegensatz zur bürgerlichen Gesellschaft definierte. Einen Gegensatz, der sowohl ästhetisch als politisch (nämlich im Sinne eines individualistischen Anarchismus) verstanden wurde. Nur im ersteren Sinne hatte Paul Scheerbart, eine Randfigur des Schwarzen Ferkels und eine Zentralfigur der Berliner Boheme, an dieser Opposition teil.

Im Sinne eines ästhetischen Anti-Bürgertums sind auch die zahlreichen Vereinsaktivitäten zu verstehen, die den Lebensweg Otto Erich Hartlebens zieren: von der «Bairisch-Böhmischen Bier-Vetterschaft in Hannover» (ca. 1885) über den Magdeburger «Menschenclub» (um 1890), den «Karlsbader-Idealisten-Klub» in Berlin (um 1891), das Leipziger «Augurenkolleg» (1895/96), die Berliner «Verbrecher» (ca. 1896–1898) und den gleichfalls in Berlin angesiedelten «Montagsabend» (ab 1898) bis hin zur «Halkyonischen Akademie für unangewandte Wissenschaften zu Salò» (ab 1903). Die Tendenz zur Boheme beschränkte sich, wie man sieht, nicht auf Berlin; sie war als virtuelles Element in weiten Teilen der wilhelminischen Gesellschaft angelegt. Zur sichtbarsten Verwirklichung fand sie in Schwabing alias «Wahnmoching» (Franziska von Reventlow) als dominierendes Moment der Münchner Moderne. Die mystische Versiegenheit des Genius loci prägt sich am konsequentesten in dem von Ludwig Klages und Alfred Schuler getragenen Kosmiker-

Kreis (ca. 1897–1904) aus, dem später auch Wolfskehl, vielleicht auch Ludwig Derleth beitraten und in dem nach dem Muster antiker Mysterien Feste organisiert wurden, auf denen George als Cäsar im Faschingskostüm auftrat.

Manche Gegebenheiten der Münchner Situation laden zum Vergleich mit Berlin ein. Hier wie dort führte ein ehrwürdiger Verein, der seine Blüte einer vergangenen Epoche verdankte, eine Art Schattendasein über die Epochenschwelle von 1870/71 hinaus. Dem Dämmerzustand des «Tunnels über der Spree», in dem einst der junge Fontane debütiert hatte, entsprach die Passivität der «Gesellschaft der Krokodile», die formal noch bis 1883 bestand. Hier wie dort schuf sich die junge Generation eigene Vereine und Zeitschriften. Das Münchner Pendant zum Verein «Durch!» war die von Michael Georg Conrad, dem Herausgeber der *Gesellschaft*, angeführte «Gesellschaft für modernes Leben» (gegründet 1890), an der u. a. Otto Julius Bierbaum und Hanns von Gumppenberg teilnahmen. Auch an einem Gegenstück zur Freien Bühne fehlte es nicht, nämlich dem Akademisch-dramatischen Verein, der es freilich aus Geldmangel nur zu wenigen Inszenierungen brachte. Um so weiter reichten die Pläne der Münchener literarischen Gesellschaft, die 1897 – u. a. mit einer Ansprache Ganghofers – ins Leben gerufen wurde. Nach einer Idee Ernst von Wolzogens sollte in diesem repräsentativen Unternehmen die Gesamtheit der Münchner Schriftsteller und Künstler mit der «geistigen Elite der Stadt» vereinigt werden. Drei Jahre später verabschiedete man sich gutgelaunt mit einem Parodienabend. Immerhin hatte man in der Zwischenzeit die Uraufführung von Hofmannsthals *Der Tor und der Tod* zustande gebracht. Die verwirrende Heterogenität der Münchner Szene, in der naturalistische und ästhetizistische, spiritistische und libertinistische, kosmopolitische, heimatkünstlerische und nationalistische Tendenzen miteinander konkurrierten und kooperierten, ist der Produktivität des Standorts keineswegs abträglich gewesen, wie nicht zuletzt die hier entstandenen Werke Wedekinds und Heinrich und Thomas Manns beweisen.

Eine bemerkenswerte Gemeinsamkeit der literarischen Zentren Wien, Berlin und München bestand im nachbarschaftlichen Austausch zwischen den Vertretern der modernen Literatur und einer sich sezessionistisch organisierenden Kunst-Avantgarde. Mit der Gründung eigener Theatervereine hatte die naturalistische Schriftstellergeneration den Exponenten einer neuen Malerei gewissermaßen ein Modell zur Selbstorganisation bzw. zur Herstellung einer separaten Teil-Öffentlichkeit an die Hand gegeben. Der gleichen Logik folgten die Ausstellung der Elf in Berlin 1892 und die Gründung der Münchner (1892), Berliner (1897) und Wiener (1897) Sezession – auch hier mit dem Ergebnis, daß sich die sezessionistische Kunst nach einer Übergangsphase gleichwertig, ja überlegen in der öffentlichen Anerkennung etablieren konnte. Und zwar zunächst in der Anerkennung der liberalen Kritik und privater Käufer; öffentliche Auftraggeber und staatliche Instanzen – vor allem in Preußen bzw. unter dem Einfluß Kaiser Wilhelms II. – trennten sich erst wesentlich später von ihrer Vorliebe für eine historistische bzw. akademische Literatur und Kunst im Stile der Gründerzeit. Im Zuge der weiteren Entwicklung der Moderne sollten die Verbindungen zwischen Literatur und bildender Kunst noch erheblich an Bedeutung gewinnen; Beispiele dafür bietet schon die Zeitschriftenkultur der Jahrhundertwende.

2. Zeitschriften und Verlage

Das ausgehende 19. Jahrhundert erlebt eine Hochkonjunktur des Zeitschriftenwesens. Über die technisch-wirtschaftlichen und literatursoziologischen Voraussetzungen und Folgen der Expansion des Zeitschriftenmarktes, insbesondere die Rolle der marktbeherrschenden sogenannten Familienblätter vom Typ der *Gartenlaube*, aber auch vielgelesener Publikumszeitschriften wie *Nord und Süd* oder *Westermanns Illustrierte Monatshefte*, ist später noch im Zusammenhang der Erzählformen und der Lyrikentwicklung zu sprechen (siehe unten 156 f., 536 ff.). Im folgenden sollen eher die eigentlichen Literaturzeitschriften und ihr Verhältnis zum Buchhandel als Faktor des literarischen Lebens beleuchtet werden.

Dem gebildeten Bürgertum des Kaiserreichs stand eine Reihe hochrangiger allgemeinkultureller Zeitschriften zur Verfügung: so die unter neuer Führung fortgesetzten *Grenzboten*, die statt dessen von Freytag übernommene Neugründung *Im neuen Reich*, die zunächst von Treitschke und später von Delbrück bestimmten *Preußischen Jahrbücher*, die von Paul Lindau gegründete und ab 1881 von Theophil Zolling herausgegebene *Gegenwart* sowie die vor allem durch die Pflege des Essays und Brahms Mitarbeit bedeutsame, ausgesprochen liberal orientierte *Nation*. So prägend diese Blätter für die Meinungsbildung der intellektuellen Elite waren, so begrenzt war doch ihr literarischer Anteil, der sich im wesentlichen auf Rezensionen und kritische Überblicke beschränkte. In diese Lücke stieß Julius Rodenberg mit der Gründung der *Deutschen Rundschau* 1874, die er über volle vier Jahrzehnte leitete und jedenfalls in den ersten anderthalb Jahrzehnten als führendes Literaturblatt im gesamten deutschsprachigen Raum placieren konnte.

Bevor im Oktober 1874 im Berliner Verlag der Gebrüder Paetel das erste Heft der *Rundschau* erschien, waren zwei andere Namen im Gespräch: *Deutsche Revue* und *Berlin und Wien*. Die erste Variante verweist auf das Vorbild der *Revue des deux mondes*, an dem sich der Pariskenner Rodenberg orientierte, die zweite auf seine öffentliche Absichtserklärung vom Juni 1874, «den literarischen und künstlerischen Manifestationen in beiden Metropolen deutschen Lebens, Wien und Berlin, eine gleichmäßige, fortlaufende Berücksichtigung von Monat zu Monat widmen» zu wollen. Drei Jahre nach der Reichsgründung wird also der Versuch unternommen, dem neuen Staatsgebilde ein nationales Leitorgan nach französischem Vorbild zu geben. Dabei werden aber ganz bewußt die Grenzen der kleindeutschen Gründung überschritten – und zwar nicht nur durch die Einbeziehung Österreichs; auch der Pflege der Schweizer Literatur galt ein besonderes Augenmerk Rodenbergs.

Dieser betrieb eine gezielte Autorenpolitik, die auf langfristige Erfolge setzte. So warb er Marie von Ebner-Eschenbach – ein Verfahren, das auch bei Keller und Meyer zum Erfolg führte – durch eine positive Rezension an, die er mit der Bitte um künftige Mitarbeit persönlich übersandte. Trotzdem nahm er sich im Falle Marie von Ebner-Eschenbachs die Freiheit, mehrere Einsendungen bzw. Angebote abzulehnen und fast fünf Jahre zu warten, bis er 1880 die erste aus seiner Sicht vollgültige Erzählung (*Lotti, die Uhrmacherin*) in die *Rundschau* aufnahm. Für die fünfzigjährige Autorin bedeutete diese Veröffentlichung ihre definitive Durchsetzung als Dichterin (subjektiv wie objektiv), und sie hat «dem Gestrengen in Berlin» – wie sie in einem Brief an ihn vom März 1882 eine Freundin zitiert seine Anerkennung mit lebenslanglicher Mitarbeitertreue gedankt.

Auch Meyer verdankt seine öffentliche Geltung als Erzähler nicht zuletzt der Zusammenarbeit mit Rodenberg, in dessen Zeitschrift ab dem *Heiligen* (1879/80) alle seine Erzählungen außer dem *Leiden eines Knaben* erscheinen. Auch in seinem Fall gibt der Briefwechsel Auskunft darüber, wie sich das Bewußtsein, für die *Deutsche Rundschau* zu schreiben, auf die Arbeit der Autoren – gerade auch jenseits der deutschen Grenzen – auswirkt. So betrachtet Meyer in seinem Brief an Rodenberg vom Dezember 1877 den Typ der «Zürcher Geschichte» als ungeeignet für die überregionale Zeitschrift und setzt für den geplanten *Rundschau*-Beitrag ganz auf seine «Hauptforce [...], nämlich auf einen großen humanen Hintergrund». Auch ganz abgesehen von der Rücksicht auf Dezenz, bei der Rodenberg – immer unter Hinweis auf sein Publikum – größte Strenge walten ließ, wirkt Rodenbergs Organ kraft seines Ansehens erzieherisch zugunsten der Ausbildung einer im altertümlichen Sinne «deutschen», d. h. die gesamte deutsche Sprachgemeinschaft einschließenden Erzählliteratur. Es drängt regionalistische Themen und Erzählformen in den Hintergrund, wie es das Erzählen überhaupt auf Kosten der Lyrik und des Dramas privilegiert. Gedichte werden von Rodenberg nur in Ausnahmefällen (Keller) akzeptiert; selbst Meyers lyrische Einsendungen – außer dem nationalistisch gefärbten *Lutherlied* – stoßen auf Ablehnung. Das gleiche gilt für Dramen, von deren Ausarbeitung Rodenbergs regelmäßige Beiträger bisweilen auf dessen Einrede hin Abstand nehmen.

Auch Storm gehört zu den Hausautoren der *Rundschau*, wenn er auch bei umfangreicheren Novellen dem höheren Honorarsatz zuliebe gelegentlich Westermann den Vorzug gibt. Raabe dagegen fehlt ganz in Rodenbergs Zeitschrift (die seinen Roman *Villa Schönow* ablehnt), und auch Fontane erscheint erst spät (1890 mit *Frau Jenny Treibel* und 1895 mit *Effi Briest*) – zu einem Zeitpunkt, als die meisten anderen Vertreter des Poetischen Realismus, auf die sich Rodenberg stützte, durch Tod

oder Erkrankung nicht mehr zur Verfügung stehen. Ist der Rückgriff
auf die Schweizer und österreichischen Erzähler für den Berliner Herausgeber auch ein Mittel, einer direkteren Auseinandersetzung mit der
aktuellen gesellschaftlichen Entwicklung im Reich aus dem Weg zu
gehen? Der Konservatismus seines poetischen Kanons ist nicht zu übersehen, auch wenn Bleibtreus Rede vom «Prokrustesbett altersschwacher
Senilität» wenig angemessen und zumindest zum Zeitpunkt dieser
Äußerung im *Magazin für die Literatur des In- und Auslandes* – Weihnachten 1886 – reichlich verfrüht erscheint.

Mit dem Siegeszug des Naturalismus, zu dem Rodenberg keinerlei
Zugang gewann, war langfristig der Abstieg der *Deutschen Rundschau* in
die Zweitklassigkeit vorprogrammiert. Als sich die *Freie Bühne* des
S. Fischer Verlags 1894 in *Neue Deutsche Rundschau* umbenannte, bedeutete das jedenfalls einen unverhohlenen Konkurrenz-, ja Ablösungs-
anspruch. Fischers Zeitschrift begann als wöchentlich erscheinendes
Kampfblatt und nutzte den Skandal um die Uraufführung von Hauptmanns *Vor Sonnenaufgang* im Berliner Theaterverein Freie Bühne werbe-
wirksam aus: durch den Gleichklang von Vereinsnamen und Titel – die
Zeitschrift hieß allerdings umständlicher: *Freie Bühne für modernes
Leben* (später: *Freie Bühne für den Entwicklungskampf der Zeit*) – und
durch die prononcierte Ausrichtung auf Hauptmann, dessen zweites
Drama *Das Friedensfest* schon vom ersten Heft an vorabgedruckt wurde.

> «Hurra, in Berlin geht's endlich los, wir haben eine Freie Bühne
> gegründet, das Alte kracht in allen Fugen, ein junger Verleger ist
> gefunden, dieser tapfere S. Fischer will eine revolutionäre Zeit-
> schrift gründen, sie soll auch Freie Bühne heißen, Brahm zeichnet
> als Herausgeber, wollen Sie sie mit mir redigieren?»

Holz' Brief an den damals in Paris weilenden Bahr von Anfang 1890
macht den einheitlichen Kommunikationsraum deutlich, der anfangs
durch das Zusammenspiel von Theatervereinspraxis und Zeitschrift hergestellt und in der zweijährigen Personalunion von Vereinsvorsitzendem
und Zeitschriftenherausgeber (Otto Brahm) sichtbar verkörpert wurde.
Eine ähnliche Konstellation wiederholt sich in abgeschwächter Form
1898/99 im Zusammenhang der ersten Berliner Hofmannsthal-Inszenie-
rungen an dem inzwischen von Brahm geleiteten Deutschen Theater.
Die *Neue Deutsche Rundschau* druckt zunächst den Prolog zur *Frau im
Fenster* ab, deren Uraufführung im Mai 1898 noch von der Freien Bühne
organisiert wurde; kurz vor der öffentlichen Aufführung von *Der Abenteurer und die Sängerin* und der *Hochzeit der Sobeide* erscheint im Januar
1899 ein großer Hofmannsthal-Essay aus der Feder Felix Poppenbergs,
und nach der Aufführung (aber noch vor der Buchausgabe im Verlag
S. Fischer) folgt der Vorabdruck des *Abenteurers*.

Die literarische Richtung ist ausgetauscht (statt Naturalismus Symbolismus), oder vielmehr richtiger: die Festlegung auf eine bestimmte Richtung – innerhalb des Spektrums einer weitgefaßten Moderne – ist definitiv aufgegeben worden, das strukturelle Erfolgsrezept aber ist geblieben: die Erzeugung und Verwertung einer institutionell verstärkten literarischen Aktualität und das Verfahren des Vorabdrucks, das dem Verlag
eine billige (Vorabdrucke wurden schlechter oder gar nicht honoriert)
Werbung einbrachte und später auch Satzkosten sparte – nachdem nämlich Fischer im Rahmen der buchgestalterischen Modernisierung der
Zeitschrift (1903/04) den Satz so eingerichtet hatte, daß er in veränder-
tem Umbruch auch für die Buchausgaben verwendet werden konnte.
Erst danach scheint die Zeitschrift, die sich nunmehr *Neue Rundschau*
nannte, in die Gewinnzone gekommen zu sein. Von ihrer (seit 1892
monatlich erscheinenden) Vorgängerin konnten nur wenige Tausend
Exemplare abgesetzt werden. Die führende deutsche Literaturzeitschrift
der Jahrhundertwende – ein Zuschußunternehmen?

In der Gesamtrechnung des Verlags, der sich über die *Neue Deutsche Rundschau* ein handverlesenes Käufer- und Autorenpotential sicherte und sich als
maßgebliche Instanz für moderne Gegenwartsliteratur etablierte, sieht die Bilanz
natürlich anders aus. Im Unterschied zu den übrigen Literaturzeitschriften der
Epoche ist Fischers *Rundschau* mehr eine Verlags- als eine Herausgeber-Zeit-
schrift. Charakteristisch für ihr Profil und Bedingung des langjährigen Erfolgs
ist das diskrete, aber doch bestimmte Regiment Samuel Fischers, der nach dem
Abschied Brahms über Jahrzehnte hinweg keinen neuen Herausgeber berief. Erst
1922 rückte Oskar Bie in diese Position ein, der die Redaktionsgeschäfte schon
seit Mai 1894 mit großer Umsicht und sicherem Gespür für Qualität geführt
hatte.
Bies Redaktion beendete das Interregnum der Friedrichshagener, das mit Bölsches Einstellung als Redakteur im Sommer 1890 begann und der Zeitschrift
vorübergehend – wie ja auch die veränderte Titelgebung indiziert («Entwicklungskampf der Zeit») – eine eher weltanschauliche Ausrichtung gab. Bie
druckte erstmals eindeutig nichtnaturalistische Texte bzw. Autoren (1894 debü-
tieren hier Morgenstern, Przybyszewski sowie Verlaine) und setzte damit unmißverständlich die Emanzipation vom Naturalismus ins Werk, die Brahms
Geleitwort zum ersten Heft schon mit erstaunlicher Offenheit ins Auge gefaßt
hatte: «Dem Naturalismus Freund, wollen wir eine gute Strecke Weges mit ihm
schreiten [...]». Diese Strecke war mit der Trennung von Brahm und den Friedrichshagenern vorbei; die *Neue Deutsche Rundschau* schickte sich an, zu jenem
Olymp der Moderne schlechthin zu werden, dessen kanonische Geltung noch
im Spottvers (von Kerr?) durchklingt:

> Bedenk, o Mensch, daß du vergehst,
> selbst wenn du in der Neuen Rundschau stehst.

Die singuläre Stellung, die der Verlag S. Fischer in der Literaturlandschaft der Jahrhundertwende einnahm, ergab sich aus der Spannweite

und dem Rang der unter seinem Dach versammelten Werke und Autoren. Da es zu den seinerzeit innovativen Prinzipien des Verlegers Fischer gehörte, sich nach Möglichkeit die Rechte am Gesamtwerk der von ihm geschätzten Autoren zu sichern, bedeutete seine Verbindung zu den um 1900 etwa vierzigjährigen Hauptmann und Schnitzler sowie den etwa fünfundzwanzigjährigen Hofmannsthal und Thomas Mann einen außerordentlich erfolgverheißenden Wechsel auf die Zukunft. Den eigentlichen Erfolgsschub, der diese Spitzenstellung begründet hatte, verdankte das 1886 gegründete Unternehmen des Königlich schwedischen Hofbuchhändlers aber eben jener Bewegung, von der sich seine wichtigste Zeitschrift so geschickt lösen sollte: dem Naturalismus. Dabei profitierte der Verlag nicht nur von der Kooperation mit dem Theaterverein Freie Bühne, dessen buchhändlerische Entwicklungsmöglichkeiten der Kassenwart Fischer frühzeitig erkannte und entschlossen nutzte, sondern auch von der Stagnation und den Verfallstendenzen im Leipziger Verlag Wilhelm Friedrich, der in den achtziger Jahren die bedeutendste Plattform für naturalistische bzw. realistische Literatur sozialkritischer Prägung in Deutschland gebildet und damit den Durchbruch des Naturalismus entscheidend gefördert hatte.

In wenigen Jahren hatte Friedrich seinen 1878 gegründeten Verlag (alsbald «Königlich Rumänische Hofbuchhandlung») zu einem führenden Umschlagplatz für realistische und frühnaturalistische Erzählkunst gemacht. Hier erschien 1883 Fontanes *Schach von Wuthenow*; das 1879 vom Verlag erworbene traditionsreiche *Magazin für die Literatur des Auslandes* entwickelte sich unter der Leitung des Berliner Schriftstellers und Publizisten Eduard Engel (1879–1883) – und dem neuen Titel *Das Magazin für die Literatur des In- und Auslandes* – zum wichtigsten Forum der deutschen Zola-Rezeption. Nach der Trennung von Engel und der Berufung Karl Bleibtreus als neuer Herausgeber vollzog sich im *Magazin* und in großen Teilen des übrigen Verlagsprogramms eine aggressive Radikalisierung, die in auffälligem Mißverhältnis zur künstlerischen Qualität stand. Bleibtreu, dessen Kampfschrift *Revolution der Litteratur* (1886) bei Friedrich erschien und in kurzer Folge drei Auflagen erlebte, mißbrauchte die Zeitschrift zu persönlicher Polemik und war alsbald in mehrere Gerichtsverfahren verstrickt. Friedrich trennte sich vom *Magazin* 1888 um so leichter, als er schon zwei Jahre zuvor die damals führende naturalistische Zeitschrift erworben hatte: Michael Georg Conrads 1885 in München gegründete *Gesellschaft*.

Die aussichtsreiche Verbindung von Naturalismus-Verlag und Naturalismus-Zeitschrift wurde jedoch bald durch persönliche Querelen zwischen Verleger, erstem (Conrad) und zweitem (Bleibtreu) Herausgeber getrübt. So mißlang der – von Fischer später so erfolgreich praktizierte – Transfer von Zeitschrift und Verlagsprogramm, als Hauptmann, dessen Novelle *Bahnwärter Thiel* 1888 in der *Gesellschaft* erschienen war, ein Jahr später sein Drama *Vor Sonnenaufgang* bei Friedrich einreichte. Mit der Nichtannahme des Stücks verpaßten Verlag und Zeitschrift den Anschluß an die weitere Entwicklung des Berliner Naturalismus; *Die Gesellschaft* wurde für mehrere Jahre geradezu zum Sammelbecken der Ressentiments gegen die vermeintliche Arroganz der Berliner im allgemeinen und die Repertoiregestaltung der Freien Bühne sowie die Entwicklung des ‹konsequenten Naturalismus› im besonderen. Trotz einer relativ vielfältigen Literaturauswahl und einzelner redaktioneller Sternstunden (Veröffentlichung von Thomas Manns früher Erzählung *Gefallen* 1894, von ersten Gedichten Else Lasker-Schülers 1899) konnte Conrads Zeitschrift nie mehr an die Dynamik ihrer Anfangszeit anknüpfen. Wilhelm Friedrich hat Verlag und Zeitschrift schon 1895 verkauft; das Engagement für die naturalistische Bewegung war ihm durch die Folgen und Begleitumstände des Leipziger Realistenprozesses (siehe unten S. 145 ff.) definitiv vergällt.

Mit den achtzehn Jahren ihres Erscheinens gehörte *Die Gesellschaft* gleichwohl schon zu den langlebigsten jener Literaturzeitschriften, die als Richtungs- und Programmzeitschriften gegründet wurden. Gerade die anspruchsvollsten und programmatisch radikalsten unter diesen Blättern hatten besondere Schwierigkeiten, sich als reguläres Organ auf dem Markt durchzusetzen. Beispiele dafür geben die zahlreichen Zeitschriftengründungen der Brüder Hart, der Wegbereiter des Naturalismus, in Münster und Berlin. Ihr relativ dauerhaftestes Werk war im Grunde gar keine echte Zeitschrift, sondern ein Zwei-Mann-Unternehmen: die von Heinrich und Julius Hart allein geschriebenen *Kritischen Waffengänge* (1883–1885) als vielleicht wichtigstes Dokument der frühnaturalistischen Kulturkritik. Noch kurzlebiger und veränderlicher stellt sich die Geschichte der bedeutendsten Zeitschrift der frühen österreichischen Moderne dar. Sie wurde ab Januar 1890 als Monatsschrift von Eduard Michael Kafka unter dem Titel *Moderne Dichtung* in Brünn herausgegeben und ab April 1891 unter dem neuen Titel *Moderne Rundschau* in Wien fortgesetzt, nunmehr mit halbmonatlichem Erscheinen und Jacques Joachim als zweitem Herausgeber. Das letzte Heft vom Dezember 1891 verweist die Leser auf die *Freie Bühne für modernes Leben* als ideelle Fortsetzung dieser Zeitschrift, die deutlich vom Naturalismus beeinflußt ist und gerade dadurch ein wichtiges Verbindungsglied zwischen der (nord)deutschen und österreichischen Literaturentwicklung darstellt.

Auch wenn die Brüder Hart ihre *Waffengänge* allein schrieben, konnten sie doch auf das Einverständnis einer lebhaft interessierten Gruppe rechnen, die hinter ihren Idealen stand, und ähnliches galt für andere Zeitschriften der frühen Moderne. Gegen Ende der neunziger Jahre begegnet freilich auch der Typ einer anderen Ein-Mann-Zeitschrift, geboren aus dem Widerspruch eines Einzelgängers gegen die Majorität einer opportunistischen Moderne. Kraus' *Fackel* entspricht diesem Typ; das erste Heft erschien im April 1899 in Wien mit dem Leitspruch «Was wir umbringen», und ein gutes Jahrzehnt später war der Herausgeber sein einziger Autor. Aber auch Panizzas *Zürcher Diskußjonen* (1897–1902), zunächst von Zürich, dann von Paris aus herausgegeben, sind als Aufklärungsorgan gegen die herrschende Meinung angelegt, schrecken auch vor persönlichen Angriffen gegen führende Vertreter der Moderne (Michael Georg Conrad in München) nicht zurück und zeigen den Herausgeber in zunehmender Isolation. Am Schluß fand Panizza nicht einmal mehr einen Drucker.

Es gab allerdings auch die Möglichkeit, durch eine Zeitschrift die zugehörige Gruppe überhaupt erst zu konstituieren und den unausbleiblichen merkantilischen Problemen einer avantgardistischen Literaturzeitschrift dadurch zu begegnen, daß man auf den Buchmarkt von vornherein verzichtete. Stefan Georges *Blätter für die Kunst* (Herausgeber: Carl August Klein) stellen den bemerkenswerten Versuch der Erzeugung einer literarischen Halböffentlichkeit – mit Tendenz zur Gruppe – jenseits der Distributionsmechanismen des Buchhandels dar. «Die zeitschrift im verlag des herausgebers hat einen geschlossenen von den mitgliedern geladenen leserkreis», so steht es auf den Heften der ersten vier Folgen (1892–1899). Zusätzlich lagen Exemplare der Zeitschrift in je einer Buchhandlung in Berlin, Wien und Paris (später: München) aus. Es gab keine Honorare und auch keine regulären Preise; Georges Entschlossenheit zum Bruch mit dem herrschenden Literaturbetrieb ging so weit, daß er den Mitarbeitern prinzipiell das Recht zur Publikation in anderen Zeitschriften bestritt – freilich mit geringem Erfolg.

Auch läßt sich die skeptische Sicht nicht von der Hand weisen, wonach eine derartige Verweigerungsattitüde die raffinierteste Form der Selbstreklame darstellt. In einer Gesellschaft, in der sich der Preis nach dem Verhältnis von Angebot und Nachfrage bestimmt, muß an Wertschätzung gewinnen, wer oder was sich selten macht und als Alternative zur Massenkunst präsentiert. Eine solche Georges eigenen Intentionen natürlich kaum gerecht werdende Interpretation hat das Argument für sich, daß sich Georges Publikationsmodus zu dem Zeitpunkt, an dem der Meister ‹an den Markt geht›, nämlich bei den ersten regulären Veröffentlichungen (1899) im Verlag Georg Bondi, Berlin, als außerordentlich zeitgemäß erweist. Die auf erlesenem Papier in besonderer Typographie gestalteten Drucke entsprechen dem bibliophilen Geschmack der Jahrhundertwende und berühren sich mit anderen Tendenzen zur künstlerischen Aufwertung des Zeitschriftenwesens, die in der zweiten Hälfte der neunziger Jahre hervortreten.

Das eindrucksvollste Zeugnis des neuen auf Literatur und Drucktechnik übergreifenden Kunstwollens ist der im Herbst 1895 gestartete *Pan*, getragen von einer Genossenschaft (Sitz: Berlin) mit einem Anfangskapital von 100 000 Reichsmark. Entsprechend aufwendig war die Organisation mit Redaktionsausschuß und größerem Aufsichtsrat. Aufwendig waren aber auch die einzelnen Hefte gestaltet, die zahlreiche Kunstbeilagen enthielten und im Jahresabonnement 75 oder (in der Luxusausgabe auf Japanpapier) 160 Mark kosteten; zusammengebunden wiegt ein Exemplar des ersten Jahrganges immerhin sechseinhalb Kilogramm! Bierbaum als Redakteur der ersten Hefte setzte seinen Ehrgeiz darein, jeden Text in einer anderen Type drucken zu lassen; zusammen mit seinem Nachfolger Flaischlen sowie Dehmel, Holz und Schlaf gehört er in den fünf Jahrgängen, auf die es das Unternehmen brachte, zu den am häufigsten vertretenen Autoren. Der Anspruch auf literarisch-künstlerische Exklusivität und die Integration von Bild und Schrift gehen danach auf die Zeitschriften *Ver Sacrum* (Wien) und *Die Insel* (Leipzig) über.

Doch schon zuvor waren in München – im selben Jahr 1896 – zwei wesentlich populärere und durchsetzungsfähigere Zeitschriften gegründet worden, die das Jugendstil-Ideal der Verbindung von Graphik und Text in den Dienst der Proklamation eines neuen Lebensgefühls oder politisch-satirischer Zeitkritik stellten: die Zeitschrift *Jugend* im Verlag Georg Hirths, die dem Epochenstil überhaupt den Namen gab, und der *Simplicissimus* Albert Langens. Beide Blätter sind nicht an der Trivialisierung zu messen, der sie im Laufe dieses Jahrhunderts und eines über vierzigjährigen Erscheinens unterlagen. Die ersten Jahrgänge beider Blätter werden von einer illustren Künstler- und Autorenschaft bestritten. Der *Simplicissimus* macht sich überdies zum Mäzen und Förderer einer deutschen Kurzgeschichte avant la lettre, wenn er 1897 ein Preisausschreiben «für die beste ganz kurze Geschichte (pointierte Novelle)» im Umfang einer Druckspalte veranstaltet. Den Preis in Höhe von 200 Mark gewann Max Hirschfeld mit *Ja, Mama!*; Heinrich Manns *Das Stelldichein* errang unter 400 eingesandten Arbeiten den 22. Platz und wurde gleichfalls im *Simplicissimus* gedruckt.

3. Autoren zwischen Markt und Förderung

Tasso oder Lohnarbeiter?

Der zweiundsechzigjährige Ferdinand von Saar bezeichnete sich 1895 als einen «im wahrsten Sinne des Wortes armen Dichter». Seit seiner Entlassung aus der österreichischen Armee hatte er mit Geldschwierig-

keiten zu kämpfen; die kärglichen Honorare für seine Gedichte und
Novellen reichten zeitweilig wohl gerade zur Zahlung der Zinsen für
seine Schulden (achttausend Gulden im Jahr 1873). Trotz dieser Bedrängnis hat Saar den leichten Weg einer sozialen Absicherung durch einen
Beamtenposten oder journalistische Arbeiten verschmäht und sich ganz
seiner dichterischen Berufung gewidmet. Daß ihm dies überhaupt möglich war, ja daß er bei seinem Tode sogar eine erkleckliche Summe hinterlassen konnte, verdankt er zahlreichen Unterstützungsmaßnahmen
von öffentlicher und privater Seite. Der Hilfsbereitschaft der wohlhabenden Wiener jüdischen Familien, in denen Saar verkehrte, kam dabei
beträchtliche Bedeutung zu, ebenso aber der mäzenatischen Gnade seiner
«Medizäerin», der Altgräfin und späteren Fürstin Elisabeth Salm-Reifferscheidt. Auf ihrem Schloß Blansko in Mähren scheint Saar eine Stellung
eingenommen zu haben, die der des Torquato Tasso in Goethes Drama
nicht unähnlich war. Saar erklärt es denn auch für seinen Wunsch, seinen «Gönnern zur Befriedigung» zu schreiben (in einem Brief an die
Fürstin Marie von Hohenlohe vom April 1879).

Solche Geborgenheit in aristokratischer Huld ist für die Lage der bürgerlichen Schriftsteller im ausgehenden 19. Jahrhundert durchaus untypisch. Ein vielfach erweiterter Markt lockte eine stark vergrößerte
Zahl von jungen Autoren in die Unsicherheit einer schreibenden Existenz. Wenige Namen beweisen, daß es unter besonders glücklichen
Umständen auch möglich war, beträchtliche Einnahmen und literarisches Ansehen miteinander zu verbinden: Paul Heyse und Gerhart
Hauptmann gehören sicher dazu, Hermann Sudermann nur noch mit
Einschränkungen. Daß sich unter diesen Spitzenverdienern zwei Dramatiker und kein eigentlicher Lyriker befindet, macht die finanzielle Hierarchie unter den verschiedenen Gattungen deutlich. Im übrigen belehrt
ein Blick auf die Werkverzeichnisse dieser Erfolgsautoren über die
Zwänge, denen sich auch die von öffentlicher Aufmerksamkeit verwöhnten Schriftsteller jener Zeit ausgesetzt sahen: Jahr für Jahr ein neues
Drama, ein neuer Roman oder ein Novellenband – Erfolg am Markt ist
nur über ständige Präsenz zu haben.

Das spätere 19. Jahrhundert gilt denn auch mit gewissem Recht als
Epoche der Vielschreiber(ei). Abschreckende Beispiele, schon in den
Augen der Zeitgenossen, boten Friedrich von Bodenstedt und Leopold
von Sacher-Masoch. In seiner Novelle *Mignon* hat Ferdinand von Saar
die Hast und die tragische Vergeblichkeit, mit der letzterer seinen
Schreibverpflichtungen hinterherjagte, in der Gestalt des Schriftstellers Z. karikiert. Der Schützling des Hochadels hatte freilich gut lachen!
Dabei hätte ein Schriftsteller in seiner Lage Texte wie *Venus im Pelz*
kaum schreiben, geschweige denn veröffentlichen können. Andererseits
ist bei Sacher-Masoch kaum zu unterscheiden, wo das künstlerische

Bedürfnis nach literarischer Inszenierung der eigenen ‹Perversion› aufhört und die kommerziell erzwungene Repetition publikumswirksamer sensationeller Motive anfängt.

Der Frühnaturalist Hermann Conradi befand sich zuletzt in vollständiger Abhängigkeit von seinem Verleger Friedrich, der ein monatliches Fixum als Vorauszahlung anwies, das Conradi abzuarbeiten hatte. In welchem Maße sich auch allgemein anerkannte Schriftsteller einem regelrechten Verdien-Zwang unterworfen sahen, zeigt das Beispiel Wilhelm Raabes, der viereinhalb Jahrzehnte lang kontinuierlich den Buchmarkt mit neuen Romanen und Erzählungen bzw. den für ihn charakteristischen Kurzromanen bediente, bis er sich um 1900, zehn Jahre vor seinem Tod, bei guter Gesundheit zur Ruhe setzte. Offenbar war ihm auch erst zu diesem Zeitpunkt eine längere Schaffenspause finanziell möglich. Raabe hat die Misere des sogenannten freien Schriftstellers sehr bewußt erlebt und vielfach kommentiert – nicht zuletzt in seinen Aphorismen:

> «Der Kürschner, der deutsche Literaturkalender, das tränenreichste Sammelwerk der Welt.»
> «Das deutsche Volk preßt seine Zitronen bis zum äußersten aus.»

Wahrscheinlich sind manche Züge im Erzählwerk dieses nonkonformistischen und doch auf regelmäßige Honorareinnahmen angewiesenen Autors aus seiner sozialen Lage zu erklären – etwa das schwankende Niveau seines Œuvres (erlaubte sich Raabe in gewissen Abständen Zugeständnisse an den Publikumsgeschmack, um eine Rücklage für riskantere Experimente zu erlangen?) oder die Anlehnung des Handlungsgerüstes an triviale Muster, um die sich dann – auf einer zweiten Rezeptionsebene – das künstlerisch hochwertige Geflecht seiner humoristisch-satirischen Anspielungen rankt.

Eine noch striktere Trennung zwischen dem ‹eigentlichen› dichterischen Werk und rein kommerziellen Produktionen vollzog Arno Holz 1903, als er mit seinem Jugendfreund Oskar Jerschke die sogenannte «Volkmarfirma» einging. Unter dem zunächst streng gehüteten Pseudonym Hans Volkmar publizierten der konsequente Naturalist und der literarisch dilettierende Rechtsanwalt aus Straßburg eine Reihe z. T. äußerst erfolgreicher Bühnenstücke (u. a. *Traumulus*, 1905), die dem Dichter zu den einzigen nennenswerten Einnahmen aus seiner schriftstellerischen Arbeit verhalfen. Laut einer Aufstellung, die sein Freund und Verehrer Robert Reß 1913 gefertigt hat, setzten sich Holz' Honorare aus drei Jahrzehnten hauptberuflicher Tätigkeit wie folgt zusammen:

Buch der Zeit (drei Auflagen)	Mark 775
Neue Gleise (zusammen mit Schlaf)	150
Der geschundne Pegasus (zusammen mit Schlaf)	750
Die Kunst. Ihr Wesen und ihre Gesetze	300

Socialaristokraten	–
Phantasus	200
Revolution der Lyrik	–
Blechschmiede	–
Sonnenfinsternis	–
Ignorabimus	1200
Dafnis	5000
Fünf Dramen zusammen mit Jerschke	45000

Die nachhaltige Erfahrung mit der wirtschaftlichen Unergiebigkeit seiner avantgardistischen Arbeit läßt Holz schon 1896 – wie später noch oft – zum Mittel des Spendenaufrufs greifen. Maximilian Hardens *Zukunft* machte sich die im Vorwort der *Socialaristokraten* geäußerte Aufforderung an das deutsche Publikum zueigen – eine eigentümliche Mischung von Selbstreklame und Anklage gegen die Kunstferne der bürgerlichen Gesellschaft. Holz hat auch seine späteren Geldschwierigkeiten als Ausdruck des Konflikts zwischen den Aufgaben der modernen Kunst und dem Ungeist der Bourgeoisie gesehen und daraus die Legitimation zu weiteren Sammelaktionen, aber auch das Selbstbewußtsein abgeleitet, ein relativ bescheidenes Stipendium der Deutschen Schillerstiftung als unangemessen abzulehnen. Radikal und systemkritisch, wie sich dieser Schriftsteller auch hier erweist, stellt er zugleich die Förderungskriterien der 1859 ins Leben gerufenen Stiftung in Frage, die sich primär als Versorgungsinstitut für altgediente anerkannte Schriftsteller und ihre Hinterbliebenen verstand und vor der besonderen Problematik der avantgardistischen Moderne weitgehend versagte.

Die Unfähigkeit der konservativ besetzten Entscheidungsgremien der Schillerstiftung zu wirksamen Unterstützungsaktionen für in Not geratene moderne Autoren zeigte sich schon bei der Ablehnung des Antrags einer namhaften Berliner Autorengruppe (u. a. Fontane, Hauptmann, Spielhagen, Wildenbruch) auf Unterstützung für den nervenkranken Johannes Schlaf 1894. Der vom Justizrat Gruner gezeichnete Ablehnungsbrief bewertet Schlafs Schaffen als «Verirrung des widerwärtigsten Naturalismus»; Felix Dahns Votum artet gleichfalls in Polemik gegen die Moderne aus:

> «Ich kann es nur Unbegreiflichkeit nennen, daß man sich an die Schiller(!)-Stiftung zu wenden wagt für einen der schlimmsten Vertreter desjenigen, was Schiller für das scheusslichste Gegentheil von Poesie würde erklärt haben. Seltsam, diese Herren versichern täglich laut, dass sie die Literatur, die Lesewelt beherrschen und Einer nach dem Andern kommt betteln bei Schiller, den sie schänden.»

Schlaf mußte noch siebzehn Jahre warten, bis er eine gewisse Unterstützung durch die Schillerstiftung erhielt. Die Durchsicht der veröffentlichten Akten der Stiftung zeigt, daß sich in den meisten Fällen soziale Argumente letztlich doch – wenn auch oft mit knapper Stimmenmehrheit – gegen ästhetische Bedenken bzw. Parteigesichtspunkte durchsetzen. Vertreter der realistischen Erzählliteratur

(Raabe, Louise von François) haben es jedoch wesentlich leichter, Unterstützung durch die Schillerstiftung zu erlangen, als der «deutsche Zola» Kretzer oder Lyriker der jüngeren Generation wie Falke und Dauthendey, ja selbst als Liliencron (auch ein verschuldeter ehemaliger Offizier!), über dessen literarische wie charakterliche Qualitäten sich die internen Voten recht abschätzig äußern. Paul Heyse sieht in ihm geradezu einen neuen Günther, so daß man es für ratsam hält, die Unterstützungszahlungen in Raten und über einen Freund Liliencrons abzuwickeln.

Liliencron und Kretzer entwickeln übrigens in ihren Schreiben an die Stiftung einen ganz neuen Ton in der Öffentlich-Machung bedrängter Verhältnisse, indem sie gewissermaßen den Stil ihrer literarischen Werke auf sich selbst anwenden – im Falle Liliencrons ist das der Subjektivismus der Selbstaussprache («Ich habe als Schriftsteller im ganzen wohl mehr gelitten als Hebbel, Lindner, Kleist und Platen zusammen genommen»), bei Kretzer das sozialkritische Elendsgemälde:

> «Ich selbst bin verheiratet, lebe so bescheiden als möglich und bewohne in der äußersten Vorstadt nur zwei bescheidene Zimmer nebst Küche. Trotz meines Fleißes kommen Sorge und Kummer nicht von meiner Thür. [...] Meine Möbel sind nur zur Hälfte mein Eigenthum, ein Wucherer hat einen Wechsel in Händen, der durch fortwährende Prolongation von einer kleinen Summe sich bis zur Höhe von 1500 Mark herangesummt hat.»

Literaturpreise

Außer der privatrechtlichen Schillerstiftung ist auch der Preußische Schillerpreis eine Frucht des Schillerjahrs 1859. Prinzregent Wilhelm setzte «für das beste in dem Zeitraum von je drei Jahren hervorgetretene Werk der Deutschen dramatischen Dichtkunst einen Preis von Eintausend Thalern Gold nebst einer goldenen Denkmünze zum Werte von Einhundert Thalern Gold» aus. Der volle Preis (einschließlich Denkmünze) wurde in der vierundfünfzigjährigen Geschichte des Preises überhaupt nur sechsmal verliehen; fast ebensooft, nämlich fünfmal, gelangte die aus Universitätsprofessoren und Hoftheaterintendanten zusammengesetzte Kommission zur Einschätzung, daß gar kein Preis zu verleihen sei. In anderen Fällen begnügte man sich mit der Zuerkennung der Geldsumme an einen oder – wenn die letzte(n) Runde(n) negativ verlaufen war(en) – zwei bzw. drei Kandidaten.

Bei den Preisverleihungen der siebziger und achtziger Jahre stand das gründerzeitliche Historiendrama im Vordergrund. 1878 wurden der Burgtheaterdirektor Adolf von Wilbrandt für das Schauspiel *Kriemhild* und der gleichfalls in Wien ansässige Franz Nissel für seine *Agnes von Meran* mit je tausend Talern ausgezeichnet. Sechs Jahre später kamen Wildenbruchs *Harold* und Heyses *Alkibiades* in die engste Wahl; die Auszeichnung (wiederum nur mit der Geldsumme) wurde beiden Dramatikern für ihr Gesamtwerk zugesprochen. Immerhin war 1878 in gleicher Weise auch Anzengruber (als dritter Wiener!) geehrt worden, dessen sozialkritische Adaption der Volkstheatertradition in deutlicher Distanz zum heroischen Idealismus des damaligen Geschichtsdramas stand. Zum ersten ernsthaften Konflikt kam es bei der Preisverleihung von 1887, als die Kommission mehrheitlich für die Prämierung des Gesamtwerks von Richard Voß votierte, der Kultusminister Goßler dem preußischen König jedoch von einer Auszeichnung des Dramatikers abriet, da dessen Werk – gemeint waren damit in erster Linie die melodramatischen Gesellschaftsstücke *Brigitta* und *Alexandra* – «einer extravaganten Geschmacksrichtung angehört, welche es von Aufführungen auf Bühnen höherer Ordnung ausschließe». Tatsächlich verzichtete Wilhelm I. auf eine Preisverleihung.

Mit dieser letzten einschlägigen Amtshandlung hatte der Stifter des Preises bereits die Weichen in Richtung auf jene unselige Obstruktions- und Zensurpolitik gestellt, die die Vergabepraxis seines Enkels Wilhelm II. zum offenen Skandal machen und das Ansehen des Staatlichen Schillerpreises empfindlich schädigen sollte. Die Konfrontation von Naturalismus und Hoftheater war 1890 bereits so stark, daß sich die Kommission weder zwischen Sudermanns *Die Ehre* und Wildenbruchs *Die Quitzow's* noch für eine gemeinsame Auszeichnung beider Stücke entscheiden konnte. Ersatzweise wurden Fontane und Klaus Groth mit einer Geldsumme bedacht, obwohl bei Groth überhaupt kein Zusammenhang mit dem Theater mehr erkennbar war und seine produktive Phase längst der Vergangenheit angehörte. Der niederdeutsche Dichter diente offensichtlich als Kompromißkandidat, nachdem der mehrheitliche vorgeschlagene Conrad Ferdinand Meyer als Schweizer von Wilhelm II. abgelehnt worden war – ein offener Bruch mit der grenzüberschreitenden Vergabepraxis von 1878! In seinem Brief an den Kultusminister hatte der Kaiser zum Entsetzen der Kommission statt dessen den ehemaligen Offizier Dagobert von Gerhardt (Pseudonym: Amyntor) vorgeschlagen, der mit seiner Erzählung *Die Cis-Moll-Sonate* ein kritisch gemeintes Gegenstück zu Tolstois *Kreutzersonate* vorgelegt hatte.

Bei den drei folgenden Vergaberunden machte der Kaiser noch energischer von seinen Rechten Gebrauch. Er verweigerte schlicht die von der Kommission vorgeschlagene Auszeichnung von Ludwig Fuldas satirischem Märchendrama *Der Talisman* (Preisverleihung 1893), von Gerhart Hauptmanns Traumdrama *Hanneles Himmelfahrt* (Preisverleihung 1896) sowie dessen Märchendrama *Die versunkene Glocke* (Preisverleihung 1899). Da 1896 zugleich Wildenbruchs Tragödie *Heinrich und Heinrichs Geschlecht* vorgeschlagen wurde (wegen der leer ausgegangenen Runde von 1893 waren ja zwei Preise zu vergeben), verdoppelte Wilhelm II. eigenmächtig den vollen Preis für Wildenbruch, was diesen um zweitausendzweihundert Goldmark reicher machte, ihm aber in den Augen der kritischen Öffentlichkeit den unguten Anschein geben mußte, er habe sich auf Kosten seines naturalistischen Konkurrenten bereichert. Der Berliner Germanist Erich Schmidt trat aus Protest gegen die willkürliche Preisvergabe von seinem Posten als Sekretär der Kommission zurück: «Mit der verfluchten Schiller-Kommission will ich nichts mehr zu schaffen haben und bin auch am 10. Nov. vom Secretariat abgetreten. Mögen nun andere travailler pour le roi de Prusse» (an Heyse November 1896).

Erich Schmidt mag der Rücktritt um so leichter gefallen sein, als er seit demselben Jahr in einem ähnlichen Preisrichtergremium mitwirkte, das eine gewisse Kompensation für die kaiserlichen Willkürakte bewirken konnte: nämlich in der Jury des Grillparzer Preises der Wiener Akademie der Wissenschaften. Von ihr wurde der vom deutschen Kaiser demonstrativ übergangene naturalistische Dramatiker sogar gleich dreimal ausgezeichnet: nämlich in den Jahren 1896 (für *Hanneles Himmelfahrt*), 1899 (für *Fuhrmann Henschel*) und 1905 (für *Der arme Heinrich*). Es entbehrt nicht einer gewissen Ironie, daß der in Berlin auf Theatervereins- und Privattheater-Ebene durchgesetzte Bühnennaturalismus solchermaßen seine ersten offiziösen Lorbeeren aus der Heimatstadt Grillparzers und des Burgtheaters erhielt. Hauptmann und seine Anhänger haben in der Serie der Wiener Preise ein Indiz für den internationalen Durchbruch seiner Dramatik gesehen, was bei näherer Betrachtung allerdings nur halb richtig ist, denn der Grillparzer-Preis war dem damaligen Statut entsprechend eher eine gesamtdeutsche Einrichtung.

Als Geldfonds diente die Stiftung eines «Damenkomitees» zu Grillparzers achtzigstem Geburtstag am 15. Januar 1871; die vom Dichter mit der Ausarbeitung der Vergaberegeln betraute Kommission verankerte die Führungsrolle Wiens, indem sie verordnete, daß drei Vertreter des fünfköpfigen Preisrichter-Kollegiums von Wiener Kulturinstitutionen zu stellen waren – nämlich vom Burgtheater, dem Schriftstellerverein Concordia und der Kaiserlichen Akademie der Wissenschaften, der Grillparzer selbst seit 1848 angehörte. Die beiden anderen Sitze sollten jedoch zwei «namhafte Schriftsteller» einnehmen, von denen der eine «Süddeutschland oder Oesterreich», der andere Norddeutschland angehörte. Daß der erstere Sitz dabei regelmäßig von einem Wiener eingenommen wurde, erscheint nur konsequent; denn offenkundig perpetuieren diese Bestimmungen die Zweipoligkeit der deutschen Nation aus jenen Jahrzehnten, als Österreich und Preußen im Deutschen Bund um die Hegemonie rangen. Der Grillparzer-Preis verkörperte sozusagen die großdeutsche Lösung – allerdings mit dem Primat Wiens – in der Literaturlandschaft.

In der Praxis der Grillparzer-Jury spielte der Österreich-Bezug damals eine höchst untergeordnete Rolle. Als Grundlage der Bestimmung des «relativ besten deutschen dramatischen Werks», «welches im Laufe des letzten Trienniums auf einer namhaften deutschen Bühne zur Aufführung gelangt, und nicht schon von anderer Seite durch einen Preis ausgezeichnet worden ist», dienten die Uraufführungen an zwei Wiener (Burgtheater, Deutsches Volkstheater) und zwei Berliner Theatern (Königliches Schauspielhaus, Deutsches Theater). Dem künstlerischen Leiter des Burgtheaters fiel jeweils die Aufgabe zu, eine Vorauswahl zu treffen. In diese gelangte 1896 nur ein einziges österreichisches Stück: Schnitzlers *Liebelei*. Ihm standen je zwei Dramen von Fulda, Hauptmann und Sudermann sowie Halbes *Jugend* gegenüber. Bei der Vergaberunde von 1899 wird in Bericht und Protokoll immerhin Bedauern darüber geäußert, daß man angesichts des Unterschieds im künstlerischen Wert nicht das «junge aufstrebende österr. Talent» Philipp Langmann habe fördern können, dessen Drama *Bartel Turaser* 1897 am Deutschen Volkstheater Wien uraufgeführt worden war. Erst 1908 kommt mit Arthur Schnitzler ein Vertreter der Wiener Moderne zum Zuge. Er blieb auch der einzige, denn Karl Schönherr, den Preisträger von 1911, 1917 und 1920 (den einzigen anderen dreifachen Grillparzer-Preisträger nach Hauptmann), wird man aufgrund seiner Nähe zur Heimatkunst kaum hierher rechnen wollen.

Da Schönherr 1908 auch den Preußischen Schillerpreis erhielt, schnitt er in der Gesamtbilanz beider Dramatikerpreise noch besser ab als Hauptmann, der sich dafür am neugegründeten Volks-Schillerpreis schadlos halten konnte, der ihm in der ersten Vergaberunde (1905) zusammen mit Bruder Carl Hauptmann und Richard Beer-Hofmann zugesprochen wurde. Langmann und Schnitzler gehörten übrigens zu den frühen Preisträgern des 1896 erstmals ausgelobten Bauernfeld-Preises, der mit Geldern aus dem Nachlaß des 1890 verstorbenen Wiener Dramatikers finanziert wurde. Der erste − von Leo Ebermann und Georg Hirschfeld gewonnene − Wettbewerb wurde «für das beste Drama in deutscher Sprache» ausgeschrieben, das zwischen Januar 1894 und August 1895 auf der «deutschen» (d. h. deutschsprachigen) Bühne uraufgeführt worden war.

Wiederum zeigt sich die Fixierung der öffentlichen Literaturförderung auf das Drama als repräsentativste Gattung − eine Einseitigkeit, die auch insofern unrealistisch war, als infolge der Kommerzialisierung der Theaterlandschaft seit den siebziger Jahren selbst hochdotierte Preise für wirklich erfolgreiche Dramatiker finanziell kaum noch ins Gewicht fielen. Die Jury des Bauernfeld-Preises hat diesen Gegebenheiten insofern Rechnung getragen, als sie − was in mehreren Patt-Situationen ja auch beim Preußischen Schillerpreis geschah − zunehmend Autoren aus anderen Gattungen berücksichtigte. So erging bei der ersten Vergaberunde ein kleinerer Preis an die unter männlichem Pseudonym (Emil Marriot) schreibende Romanschriftstellerin Emilie Mataja. Ferdinand von Saar erhielt den Bauernfeld-Preis 1899 für seine *Novellen aus Österreich*, Schnitzler im gleichen Jahr für seine Dramen und Novellen. Unter den insgesamt dreiundneunzig Preisträgern befinden sich späterhin auch Thomas Mann und Hermann Hesse.

4. Zensur und Strafverfolgung

Wenn die Auslobung von Literaturpreisen die Sonnenseite der Kulturpolitik darstellt, so gehören auf die Schattenseite alle Maßnahmen zur
Einschränkung der geistigen Freiheit, insbesondere Zensurmaßnahmen
und Strafandrohungen, denen die Schriftsteller des Kaiserreichs aus verschiedenen Gründen verfallen konnten: wegen Verstoßes gegen den sogenannten Unzucht-Paragraphen, wegen Majestätsbeleidigung oder wegen
Gotteslästerung. Der wilhelminische Staat zeigte sich in solchen Fällen
nicht zimperlich; Wedekind wurde wegen zweier majestätsbeleidigender
Simplicissimus-Gedichte 1899 zu sieben Monaten Gefängnis verurteilt,
die er gnadenhalber großenteils auf der sächsischen Festung Königstein
absitzen durfte. Oskar Panizza büßte die Kühnheiten seines Dramas *Das
Liebeskonzil* mit einer einjährigen Gefängnisstrafe (1895/96) wegen Ver-
gehens gegen die Religion; später lief eine internationale Fahndung nach
ihm wegen Majestätsbeleidigung, deren weiteren Konsequenzen er wohl
nur durch die Einstufung als Geisteskranker entging.

Bestimmende Bedeutung für das Geistesleben eines ganzen Jahrzehnts
erhielt das Sondergesetz zur Bekämpfung der gemeingefährlichen Bestrebungen der Sozialdemokratie (1878–1890), das eine Fülle von Bestra-
fungen und Beschlagnahmungen nach sich zog. Eine neuerliche Rückkehr zu einem drakonischen Zensur- und Strafregiment drohte mit der
sogenannten Umsturzvorlage, die zwischen Dezember 1894 und Mai
1895 im Reichstag beraten wurde und in erster Linie auf das sozialkritische Theater naturalistischer Prägung zielte. Dank breiter öffentlicher
Proteste konnte die geplante Verschärfung des Paragraphen 111 des Straf-
gesetzbuchs, der die «Glorifikation von Verbrechen oder Vergehen» in
öffentlichen Darstellungen unter Strafandrohung stellte, abgewendet
werden.

Der Entscheidung im Reichstag gingen drei vielbeachtete Prozesse
voraus, die den politischen Charakter der damals gegen naturalistische
Werke angeordneten Maßnahmen verdeutlichten und auch bei den invol-
vierten Autoren zu einer Klärung des Selbstverständnisses führten.
Der erste dieser Prozesse war der sogenannte Realistenprozeß, ein Strafprozeß gegen den Verleger Wilhelm Friedrich und drei seiner Autoren
(Hermann Conradi, Conrad Alberti, Wilhelm Walloth), denen Verstöße
gegen den Gotteslästerungs- und Unzuchts-Paragraphen zur Last gelegt
wurden. Der Prozeß, dem großangelegte Beschlagnahmungsaktionen
und mehrere Hausdurchsuchungen vorangingen, endete mit dem Freispruch des Verlegers und Geldstrafen gegen zwei der Autoren; der dritte
(Hermann Conradi) war noch vor der Eröffnung des Hauptverfahrens
gestorben. Größeres Gewicht als dieser relativ glimpfliche Ausgang hat-

ten die diskriminierenden Maßnahmen im Vorfeld und die programmatische Wirkung, die der Leipziger Staatsanwalt durch Bündelung der einzelnen Anklagen erzielte – im offensichtlichen Bemühen, ein Exempel zu statuieren mit der Botschaft: Der Naturalismus insgesamt ist unsittlich!

Conradis Roman *Adam Mensch* erfüllt laut Anklage schon dadurch den Tatbestand der Gotteslästerung, daß es auf Seite 27 von Hedwig Irmer heißt: «Wird es ihr öfter nicht doch zu Sinn, als müßte sie aufspringen, einmal laut – laut aufschreien – aufschreien, wie Jesus, ehe er am Kreuze krepierte –!» Des weiteren erklärt die Anklage zum selben Roman:

> «Die Schilderungen auf Seite 167–175 [...] verletzen das Scham- und Sittlichkeitsgefühl in geschlechtlicher Beziehung gröblich. Verführungsszenen, außereheelicher Geschlechtsverkehr, widernatürliche Befriedigungsakte, unzüchtige Hantierungen werden hier nicht nur nebenher, vielmehr mit erkennbarer Absichtlichkeit berührt hervorgekehrt, geschildert, der Verfasser gefällt sich in ihrer Ausmalung oder – oft nicht minder kitzelnden – Andeutung.»

Schon ein nebensächlicher Vergleich kann für den Autor gefährlich sein; ja es spricht aus der Sicht des Staatsanwalts sogar besonders gegen die Reinheit seines künstlerischen Gewissens, wenn er in einer Selbstmordszene metaphorische Bezüge zur erotischen Sphäre herstellt, wie Walloth in seinem Künstlerroman *Der Dämon des Neides* mit dem Halbsatz: «und starrte verschlafen auf die weißen, wie Weiberbusen schimmernden Hügel.» Vollends belastend wirkt es sich aus, wenn aus beschlagnahmten Briefen die Absicht des Autors hervorgeht, durch ein größeres Maß an «Realismus» (im Gegensatz zu «Anstand») höhere Verkaufszahlen zu erreichen. So schrieb Walloth an Friedrich unvorsichtigerweise: «Preisen Sie den Dämon des Neides an als den einzigen deutschen Roman, der bis an die äußerste Grenze des Realismus streift.»

Im Prozeß trat Walloth als Patient auf. Er hatte sich wegen der mit der Einleitung des Strafverfahrens gegen ihn verbundenen Aufregungen in eine Nervenheilanstalt begeben müssen und war nur bedingt verhandlungsfähig; ein Psychiater stand ihm zur Seite. Dem Genie als Produkt des Wahnsinns, wie eine im Zeitalter Lombrosos verbreitete Anschauung lautete, stand das Genie als Gesinnungstäter und Märtyrer eines höheren Prinzips gegenüber. Mit ebendiesem Anspruch trat nämlich Alberti vor die Schranken des Leipziger Gerichts – wie ein zweiter Luther vor dem Wormser Reichstag:

> «Ich werde fortfahren zu schreiben, wie ich muß, wie es mir der Geist gebietet, und wenn es Staatsanwälte vom Himmel regnete. Gott helfe mir, ich kann nicht anders. Und wäre, als ich die ‹Alten und die Jungen› schrieb, die Muse selbst in eigener Person zu mir herabgestiegen und hätte mir alle Folgen vorausgesagt, Anklage, Strafe, Einziehung – ich hätte doch das Buch wörtlich so geschrie-

ben, wie es da steht. Ich verdiente nicht den Ehrennamen eines Schriftstellers, wenn ich anders dächte.»

Nicht zu Unrecht bezeichnet eine redaktionelle Notiz des Jahrgangs 1891 die im August des Vorjahrs in der *Gesellschaft* abgedruckten Prozeßprotokolle als «ein wichtiges Aktenstück zur Kennzeichnung der kulturellen Zustände im Jahre 1890». Die Literaturgeschichte werde die Verurteilten nicht nur freisprechen, sondern als Befreier des «vaterländischen Kunstgeistes» zu würdigen wissen. Im literaturgeschichtlichen Rückblick beeindruckt an der Verteidigung der Leipziger «Realisten» hauptsächlich der enge Anschluß an vormärzliche Freiheits- und klassisch-romantische Genie-Begriffe. Auch in der zweiten großen gerichtlichen Auseinandersetzung, die der deutsche Naturalismus zu bestehen hatte, bekannte sich der vom Verbot betroffene Autor zu Idealen des 18. Jahrhunderts: Es habe ihm vollständig fern gelegen, eine «sozialdemokratische Parteischrift» zu verfassen, «nur die christliche und allgemein menschliche Empfindung, die man Mitleiden nennt, habe ihn sein Drama schaffen helfen».

Gerhart Hauptmann nimmt mit dieser von seinem Rechtsanwalt Grelling verlesenen Erklärung zum Vorwurf des Tendenz-Charakters der *Weber* Stellung. Für die endgültige Freigabe der Aufführung seines Stücks am Deutschen Theater Berlin durch das Oberverwaltungsgericht am 2. Oktober 1893 – anderthalb Jahre nach dem ersten Verbot einer öffentlichen Aufführung im selben Haus am 3. März 1892 – ist freilich nicht die Gesinnung des Autors, sondern das Preisniveau des Deutschen Theaters ausschlaggebend, das den Besuch der Weber-Aufführung durch eine größere Zahl von Arbeitern und damit auch eine Störung der öffentlichen Ordnung ausschloß. Und nur unter diesem ordnungspolizeilichen Gesichtspunkt war ja das Aufführungsverbot vom Polizeipräsidenten verhängt worden.

Zum Verständnis dieser einigermaßen sophistischen Argumentation ist der Präventivcharakter der preußischen Theaterzensurpraxis zu bedenken. Nach der Hinckeldeyschen Polizeiverordnung von 1851 (in der noch die Revolutionsängste von 1848 nachklingen) galt im gesamten preußischen Staatsgebiet die Vorschrift, daß vor jeder öffentlichen Theateraufführung der Text der Polizei zur Prüfung vorzulegen sei. Die Genehmigung erfolgte individuell für das jeweils einreichende Theater, und zwar z. T. noch mit bestimmten zeitlichen Einschränkungen. Für das Verbot war somit nicht das objektive Faktum einer Ordnungsstörung, sondern ihre hypothetische Wahrscheinlichkeit entscheidend. Das bürokratische Kontrollinstrument der Zensur, in dem wohl kein Theaterdirektor der fünfziger, sechziger oder siebziger Jahre eine schwerwiegende Beeinträchtigung seiner Arbeit gesehen hat, entwickelt sich unversehens zum Stein des Anstoßes, ja zu einer Handhabe der Obrigkeit in der Bekämpfung einer unliebsamen Literaturtendenz, als mit dem Naturalismus eine neuartige Dramatik auf die Bühnen drängte, die gewissermaßen aus Gründen ihrer immanenten Ästhetik zur Thematisierung bedenklicher gesellschaftlicher Sachverhalte gezwungen war.

«Die staatlichen Kunstverbote sind keine Sache des ästhetischen, sondern ausschließlich eine solche des politischen Kampfes, und darum soll man den preussischen Polizeischädeln auch keine Aesthetik einpauken, sondern soll ihnen die Macht des freiheitlichen Volkes zum Bewußtsein bringen.»

Von dieser revolutionären Forderung Erich Schlaikjers aus dem *Vorwärts* vom 25. Oktober 1911 war die naturalistische Zensurdebatte noch weit entfernt. Immerhin wurden zunehmend Zweifel an der Notwendigkeit und Praktikabilität der Präventivzensurverordnung von 1851 laut. Die Hoffnung auf eine höchstrichterliche Infragestellung zerschlug sich jedoch 1892 angesichts der Entscheidung des Berliner Oberverwaltungsgerichts im Zensurprozeß um Hartlebens auf dezente Weise sexualemanzipatorische Komödie *Hanna Jagert*. Zwar wurde der Polizeipräsident zur Freigabe des überarbeiteten Stücks verurteilt. Diesem punktuellen Sieg des Liberalismus stand jedoch die prinzipielle Niederlage in der Zensurfrage gegenüber. Denn Oskar Blumenthal als Direktor des Lessing-Theaters hatte gegen das Aufführungsverbot u. a. mit der Begründung geklagt, daß die herrschende Theatervorzensur gegen die Verfassung verstoße. Demgegenüber bekräftigte das Oberverwaltungsgericht die Gültigkeit der Hinckeldeyschen Polizeiverordnung.

Wohl kein Dramatiker des ausgehenden 19. und frühen 20. Jahrhunderts – vielleicht Oskar Panizza ausgenommen – ist von der Zensurproblematik in und außerhalb Preußens so fundamental betroffen worden wie Wedekind. Und kein anderer Autor – wiederum mit Ausnahme Panizzas – hat die Zensurproblematik in solchem Maß zum integralen Bestandteil seines eigenen Werks gemacht wie Wedekind als der Verfasser von Dramen, an die sich – schon aus Gründen der absehbaren Zensurkonflikte – über viele Jahre kein Theater (so im Falle von *Frühlings Erwachen*) oder Verlag (so im Falle der «Monstretragoedie» *Die Büchse der Pandora*) heranwagte. Es ist in dieser Selbstzensur der Institutionen begründet, daß sich die großen Zensurauseinandersetzungen um Wedekinds Dramatik der neunziger Jahre erst im nächsten Jahrzehnt ereignen. Ironie der Geschichte: Wedekind hätte wohl kaum im Solde Albert Langens ketzerische Gedichte auf den preußischen Monarchen geschrieben, wenn die Zensurbestimmungen in dessen Herrschaftsbereich (und die entsprechenden Vorschriften in anderen deutschen Ländern) seine Theaterkarriere nicht um ein volles Jahrzehnt verzögert hätten.

Panizza verspottet die Verfolgungswut deutscher Staatsanwälte durch Abfassung eines ironischen Gegenstücks zu Krafft-Ebings berühmtem psychiatrischen Handbuch *Psychopathia sexualis*. Unter dem Titel *Psychopatia Criminalis* (1898) gibt es Hinweise «für Ärzte, Laien, Juristen, Vormünder, Verwaltungsbeamte, Minister etc. zur Diagnose der politischen Gehirnerkrankung». Die während der Amberger Haftstrafe entstandenen *Dialoge im Geiste Hutten's* (1897) enthalten einen Dialog «über die Dreieinigkeit»; Gesprächspartner sind ein Staatsanwalt und ein Atheist. Dieser schockiert jenen durch die offene Anzweiflung der Dreieinigkeit – für den Staatsanwalt schon deshalb eine Schreckensvision, weil sich das Trinitätsprinzip juristisch als außerordentlich vorteilhaft erwies. Es erlaubte die Verfolgung aller möglichen Religionsdelikte mit einem einzigen Paragraphen:

STAATSANWALT. [...] Das ist der große, schöne Zug, den ich am Christentum so bewunderte, es war so juristisch gedacht, es war direkt kriminalistisch so brauchbar, man formulierte Eine Anklage – mein Gott! wir haben doch ein monoteïstisches Religionssistem! – man formulirte Eine Anklage, was auch der Betreffende gesagt haben mochte, man warf ihm die Gotteslästerungs-Anklage in's Gesicht, er erbleichte, und man hatte dann seinen Mann – war's nun ein Professor, der sich auf der Rednerbühne hatte gehen lassen, oder ein Bauernflegel, der sein Maul hinter'm Bierglas überfließen ließ – man hatte seinen Mann, und er hatte seine 6–8 Monate oder ein Jahr weg, und Alle, Richter, Gerichtsschreiber, Akzeßisten, waren so zufrieden ... Was machen Sie mir für eine Unordnung?! – Einen Gott aus einem deutschen Reichsgesez-Paragraf hinauswerfen! ...

ATEIST. Es ist ja kein Gott.

ERZÄHLPROSA UND VERSEPIK

I. ALLGEMEINES

1. Buchmarkt

Die literarische Kultur der Jahrhundertmitte entsprach trotz des scharfen Einschnitts, den das Scheitern der Märzrevolution bedeutete, in vielen Zügen noch dem klassischen Modell der bürgerlichen Öffentlichkeit, das durch die Verbindung von politischem Räsonnement und Bildung gekennzeichnet war. Dagegen ist das Buch- und Zeitschriftenwesen des letzten Jahrhundertdrittels durch einen radikalen Kommerzialisierungsschub geprägt, bei gleichzeitigem Verlust der demokratischen Funktion, die noch im Nachmärz das literarische Leben auszeichnete. Grundlage dieser Kommerzialisierung waren vor allem technische Innovationen wie die Erfindung der Rotationspresse, die die schnelle Herstellung billiger Druckerzeugnisse in großer Auflage ermöglichten, aber auch gesetzliche Änderungen wie die Aufhebung des Insertionsmonopols (1850 in Preußen), die einen Wettkampf zwischen den Zeitungen um Anzeigenkunden auslöste.

Kein Bereich der Literatur war von diesen Veränderungen in solchem Maße betroffen wie die erzählende Prosa. Das extreme Beispiel liefert der Kolportageroman, dessen Verbreitung nach 1870 stark zunimmt. Im Unterschied zum heutigen Alltags-Sprachgebrauch, der nur noch auf die reißerische Machart einer bestimmten Form von Trivialliteratur zielt, bezieht sich «Kolportage» im 19. Jahrhundert primär auf die Vertriebsform: den Verkauf am niedergelassenen Buchhandel vorbei durch Hausierer oder eben «Kolporteure», die ihre hauptsächliche Kundschaft in Kreisen bzw. Schichten finden, die aufgrund von räumlicher Entfernung und/oder sozialen Hemmungen nie die Schwelle einer Buchhandlung überschreiten würden. Kolportageromane erscheinen in Heftchen zur Fortsetzung, von denen die ersten oft gratis angeboten werden; mit der Bezahlung eines Heftes hat man schon das Anrecht auf das nächste erworben, und oft wird die Treue des Kunden noch durch einen billigen Kunstdruck oder andere Sonderangebote (von der Damenbrosche bis zum «höchst noblen Besteck») honoriert.

Die seit dem 18. Jahrhundert eingeführte Form des Buchverkaufs an der Haustür erlangt infolge der sinkenden Preise für Massenauflagen und des Wachsens einer städtischen – evasionsbedürftigen – Unterschicht neue Bedeutung. Allein in Berlin ließen sich mehr als zwanzig Kolportage-Verleger nieder, deren straffes Vertriebsnetz nicht selten von ehemaligen Schlossern oder Hausknechten geleitet bzw. betreut wurde, weil es, wie ein Zeitgenosse kritisch anmerkt, in diesem Geschäft mehr auf ein entschlossenes Auftreten als auf korrektes Deutsch ankam. Andere Kritiker wie Otto Glagau (1870) monieren die Herrschaft des Stereotyps schon in den Reklame-Prospekten, mit denen Abonnenten für neue Titel gewonnen wurden:

«als Hauptingredienz dürfen gewisse Kraftworte und erschütternde Wendungen wie: Giftbecher, Todsünden, Kirchenschändung, Folter und Scheiterhaufen, Nacht des Wahnsinns, grauenvolles Grab, blutiges Gespenst, entsetzliches Geripppe, Teufel in Menschengestalt, Höhlen der Verbrecher, Qualen der Unschuld, königlicher Tiger, mordlustige Katze etc. etc. nie fehlen [...].»

Der gleichen Logik folgt die Zusammensetzung der meist zweiteiligen Titel; es müssen möglichst viele derartige Reizwörter darin vereinigt werden. Etwa: *Der rothhandige Hugo, oder die tanzenden Leichen auf dem Rabenstein*; *Das Auge der Basilisken, oder die Nixe auf dem blutigen Moor*; *Das schöne Mädchen von Samos, oder die Schreckensnächte in den Gefängnissen der sieben Thürme zu Konstantinopel*; *Waldröschen oder Die Verfolgung rund um die Erde. Enthüllungsroman über die Geheimnisse der menschlichen Gesellschaft*. Die ersten drei Titel sind Glagaus Kritik entnommen, der letztgenannte stammt von Karl May. Am beträchtlichen Gewinn, den Spezialverleger wie Grosse (Berlin) oder Münchmeyer (Dresden) mit den dickleibigen und roh illustrierten Wälzern auf schlechtestem Papier erzielten, waren die Autoren nur minimal beteiligt. Sie leisteten Knochenarbeit unter oft fabrikmäßigen Bedingungen; Paul Walter alias Guido von Fels schrieb nicht weniger als 72 Kolportage- und 900 Reihenromane auf insgesamt mindestens 200 000 Druckseiten.

Sozialgeschichtlich sind die Erfolge der Kolportage als Hinweis auf die Ausweitung des Lesepublikums zu interpretieren. Angesichts eines geschätzten Anteils von ca. 50 % Nicht-Lesefähigen ist auch die Beschäftigung mit schlichtester Lektüre als kultureller Fortschritt zu bewerten, der zudem die Möglichkeit des Sich-Hinauflesens eröffnet. Gestützt wird eine solche Annahme durch die Abonnements, die ein einziger Kolportagevertrieb 1875 betreute: 24 000 Abonnements der *Gartenlaube*, 5000 von *Über Land und Meer*, 6000 der *Chronik der Zeit*, 4000 des *Buchs für alle* und immerhin 3000 von *Meyers Conversationslexikon*. In den Erzählwerken der damaligen Zeit, die gerade nicht für den Kolportagemarkt verfaßt wurden, kommt selbiger freilich denkbar schlecht weg, zumal mit Blick auf die Autoren; sowohl Max Kretzer (*Die Verkommenen*) als auch Marie von Ebner-Eschenbach (*Lotti, die Uhrmacherin*) thematisieren die Selbstzerstörung des Kolportageschreibers durch seine Tätigkeit; bei Ebner-Eschenbach spielt dabei der Gegensatz zum positiv, nämlich künstlerisch aufgefaßten Handwerk der Uhrmacherei eine zentrale Rolle.

Für die Verbreitung der Belletristik beim bürgerlichen Lesepublikum von ausschlaggebender Bedeutung waren zunächst weiterhin die Leihbibliotheken. Deren Schlüsselstellung ergab sich in früherer Zeit schon aus den relativ hohen Buchpreisen, die für das untere und mittlere Publikum Buchkäufe zur Befriedigung des Unterhaltungsbedürfnisses weitgehend ausschlossen – Romane kaufte man einfach nicht. Als Hauptabnehmer der Romanproduktion gewannen die Leihbibliotheken unmittelbaren Einfluß auf Verlagsentscheidungen und Autorenaktivitäten. Der schon zitierte Otto Glagau konstatierte 1883 in rhetorischer Zuspitzung: «99 Procent der Deutschen Roman- und Novellen-Schreiber verdanken ihren Namen und ihre Existenz nur den Leih-Bibliotheken, zu welchen sie in dem Verhältnis der Fabrikanten [d. h. Warenhersteller] stehen.»

Die Zahl der Leihbibliotheken stieg in Deutschland von 617 im Jahre 1865 auf 1056 im Jahre 1880, was einem Fünftel der gesamten Buchhandelsbetriebe entsprach; gleichzeitig bildeten sich Abhängigkeiten der kleineren von den größeren Leihbibliotheken heraus, die zu einer qualitativen Verschlechterung des Angebots führten. Gleichwohl sollte man die Leistungsfähigkeit dieser Institutionen nicht unterschätzen. Fritz Borstell in Berlin, mit 600 000 Bänden am Jahrhundertende die bedeutendste Leihbibliothek im Deutschen Reich, erwarb in den Jahren 1865–1898 folgende Stückzahlen deutscher Romane:

Gustav Freytag	*Soll und Haben*	2316
	Die verlorene Handschrift	1584
Felix Dahn	*Ein Kampf um Rom*	1688
Viktor v. Scheffel	*Ekkehard*	1317
Eugenie Marlitt	*Goldelse*	1285
Georg Ebers	*Eine ägyptische Königstochter*	1180
Julius Stinde	*Die Familie Buchholz*	1120
Hermann Sudermann	*Frau Sorge*	1085
Paul Heyse	*Kinder der Welt*	1067
Gottfried Keller	*Der grüne Heinrich*	630
Conrad Ferdinand Meyer	*Jürg Jenatsch*	618

Das ist ein anderer Kanon, als wir ihn heute kennen, und eine andere Hierarchie (Marlitt vor Heyse!). Immerhin läßt sich feststellen, daß in dieser Bestenliste mehrere große Namen auftreten, die auch dem nächsten Jahrhundert noch etwas sagen. In der Liste der erfolgreichsten Werke, die das Wiener «Litteratur-Institut E. Last» für die Jahre 1881–1889 aufstellte (mit Stückzahlen zwischen 340 und 70 angeschafften Exemplaren), ist dagegen keiner der Klassiker des Realismus vertreten und Felix Dahn (an sechster Stelle) im Rückblick wohl noch der prominenteste Autor.

Albert Last, der Leiter der eben genannten Bibliothek, trat wiederholt publizistisch als Fürsprecher der Leihbibliotheken in Erscheinung. Sein Artikel *Ueber Romane und Verleger* (1864) ist ausgelöst durch das Erscheinen von Otto Jankes *Deutscher Romanzeitung* und reagiert damit auf ein erstes Sturmzeichen am Horizont. Sein zwanzig Jahre später erscheinender Artikel *Der Einfluß der Leihbibliotheken auf den Roman-*

Absatz (1884) zeigt den Wiener Leihbibliothekar schon in der Defensive. Die neuen Drucktechniken bedrohen die Stellung des Leihbibliothekswesens gleich von zwei Seiten: einerseits durch eine Verbilligung der Buchpreise, jedenfalls bei großen Auflagen, andererseits durch die (erst dank der neuen Druckmaschinen mögliche) Expansion des Zeitungsund Zeitschriftenwesens. Außer den neugegründeten Roman-Zeitschriften bringen in zunehmendem Maße auch Tageszeitungen und Monatsschriften Romane, aber natürlich auch Novellen, zum Abdruck. Das weniger begüterte Publikum kann seinen Lesehunger auch aus diesen preisgünstigen Quellen befriedigen und ist nicht mehr auf die Nutzung von Leihbibliotheken angewiesen, deren historische Rolle denn auch gegen Ende des Jahrhunderts weitgehend ausgespielt ist.

Für die Autoren von erzählender Prosa stellen diese neuen Gegebenheiten eine fundamentale ökonomische Herausforderung dar, die mit neuen Verdienstmöglichkeiten, aber auch mit existentieller Verunsicherung verbunden ist. Der Zugang zum Markt ist leichter, und im Falle optimaler Vermarktung winken opulente Honorare. Spielhagens *Sturmflut* wurde gleichzeitig in fünf verschiedenen Zeitungen vorabgedruckt (*Petersburger Herold*, *Berliner Tageblatt*, *Hannover'scher Courier*, *Breslauer* und *Elberfelder Zeitung*), jeweils für rund 10000 Goldmark Autorenhonorar. Ähnliche Summen erbrachte der Vorabdruck von Marlitt-Romanen in den führenden Familienzeitschriften, etwa der *Gartenlaube*. Die eigentliche Buchveröffentlichung trug dem Autor allenfalls halb soviel ein, wenn man von langfristigen Bestsellern absieht. Ein gutes Beispiel bietet der Briefwechsel zwischen Keller und Storm (zwei ob ihres Renommees relativ gut bezahlten Autoren). Keller vergleicht darin das Vorabdruckshonorar, das er von Rodenbergs *Deutscher Rundschau* erhält (300 Mark pro Bogen), mit dem seiner Buchausgaben (80 Mark pro Bogen bei einer Auflage von 1200 Exemplaren); Storm antwortet, beim Vorabdruckshonorar könne Keller ohne weiteres das Doppelte verlangen – «jedoch ob Sie beim Buchverlag höher oder doch wesentlich höher kommen können als 80 Mark pro Bogen bezweifle ich fast». Legt man Storms Schätzung zugrunde, ergibt sich zwischen dem Honorar für den Vorabdruck in einer Literaturzeitschrift und demjenigen der Buchausgabe ein Zahlenverhältnis von etwa 7 zu 1.

Angesichts solcher Relationen wundert es nicht, wenn E. Peschkau 1884 in der *Gegenwart* konstatiert: «Rechne ich die zwei, drei ersten Namen ab, so verdanken die Schriftsteller in Deutschland die Möglichkeit, von dem Ertrage ihrer Arbeit leben zu können, nur den Zeitungen.» Fontane hat das ähnlich gesehen. «Zeitungen [...] sind doch das Beste», schreibt er im Januar 1887 an Friedlaender; in Parenthese fügt er hinzu: «dahinter bin ich nun gekommen, nachdem ich alles durchprobirt habe». Natürlich beeinflußt eine solche Einschätzung auch Schreibstil und

Themenwahl; Fontanes Hinwendung zu den Mustern des Gesellschaftsromans einschließlich gewisser stofflicher Optionen (Ehebruchskandale
aus der Berliner Gesellschaft) dürfte einiges mit dem in Aussicht genommenen Veröffentlichungsort zu tun haben. Schreiben für die Zeitung
bedeutet in gewissem Grade doch auch Schreiben für das große Publikum und Schreiben für den Tag.

Die Tendenz zum flüchtigen Medium der Zeitung oder Zeitschrift ist
jedoch nur die eine Entwicklungslinie des literarischen Marktes im späten 19. Jahrhundert. Daneben steht die Tendenz zum Monument: zur
Klassikerausgabe, zur vollständigen Serie, zum Prachtwerk. Mit dem
sogenannten Klassikerjahr 1867, in dem die Urheberrechte an den vor
1837 gestorbenen Autoren frei wurden, hatte ein regelrechter Boom von
Klassikerausgaben eingesetzt, die dem Bedürfnis des bürgerlichen Publikums nach vorzeigbarem Bildungsgut entgegenkamen. Damals scheint
sich zugleich das Reihenkonzept auf dem deutschen Buchmarkt durchgesetzt zu haben, wie zahlreiche Projekte der siebziger Jahre verraten:
Familienbibliothek fürs deutsche Volk (1874), *Für Palast und Hütte* (nach
1877), *Für den Feierabend* (ab 1872), *Deutsche Volksbibliothek für Lese-
vereine und Haus* (ab 1872), *Deutsche Handwerker-Bibliothek* (ab 1878).
Für zeitgenössische Autoren wurden vor allem die führenden Roman-
Reihen wichtig: die *Engelhorn'sche allgemeine Romanbibliothek* und die
Collection Spemann, die 1881 als *Deutsche Hand- und Hausbibliothek*
gegründet wurde. Bis 1883 erschienen dort 81 Bände mit einer Gesamtauflage von mehr als einer halben Million Exemplaren; jeder Band in
blauem Leinen mit Goldprägung zum Einheitspreis von einer Reichsmark.

Welche Rolle die Buchausstattung für den Geschmack nicht erst der
eigentlichen Gründerzeit spielte, macht die Buchanzeige des Cotta-Ver-
lags für eine Schiller-Prachtausgabe von 1864 deutlich. Sie sollte mit 43
Zeichnungen gefragter Künstler in fotografischen Reproduktionen und
Holzschnittvignetten sowie folgendem Einband ausgestattet sein:
«Prachteinband in stark en relief gepreßtem Chagrinleder in den Farben
anilinroth, anilinviolett, braun und grün, mit einer Unterlage von Sam-
met für das Medaillon und folgenden in Bronze ausgeführten, auf galva-
nischem Wege echt vergoldeten Ornamenten [. . .].» Verbesserte Repro-
duktionstechniken kamen der zeitgenössischen Vorliebe für realistische
Illustrationen entgegen, allerdings fanden diese primär in populärwis-
senschaftliche Darstellungen und in die großen Zeitschriften Eingang.
Die erzählende Literatur profitierte vom Aufschwung der Illustrations-
technik vor allem in zwei versifizierten, sonst aber sehr verschiedenen
Varianten: der Bildergeschichte Wilhelm Buschs und den seinerzeit so
beliebten epischen Dichtungen. Das Manuskript einer Verserzählung
wurde den Verlagen von einer Agentur 1872 gleich mit dem Zusatz ange-

boten: «Es würde sich namentlich zu Illustrationen eignen und so ein sicher gangbares Weihnachtsbuch abgeben.»

Folioausgaben von Hamerling-Epen mit Illustrationen Paul Thumanns gehörten zu den repräsentativsten Weihnachtsgeschenken der Zeit und bilden ein charakteristisches Dokument der gründerzeitlichen Buchkultur. Daß sie schon damals nicht jedermanns Geschmack waren, zeigt eine Szene Wedekinds. In *Frühlings Erwachen* (II,3) überantwortet Hänschen Rilow «Psyche von Thumann» neben anderen Darstellungen holder Weiblichkeit, die seine Knabenphantasie erhitzt haben – dem Abort.

2. Erzähltheorie

Der zweiten Auflage seines Romans *Der neue Gott* stellt Hans Land, Mitglied des Friedrichshagener Kreises, 1892 eine Vorrede voran, in der er aus der Verteidigung mutmaßlicher Schwächen seines Buchs zur Offensive übergeht und stolz behauptet:

«Ich habe in ihm einen bisher ungewagten Versuch unternommen. Ich habe meinen Roman nicht erzählt. Ich habe ihn dargestellt. Vor den Augen des Lesers geschieht er und seine dreizehn Kapitel sind in Wahrheit dreizehn Akte, in denen die Dinge dramatisch bewegt sich abspielen.»

Der Autor gesteht ein, daß man seinem Roman die «Sprunghaftigkeit der Entwickelung, das Vorherrschen des Stofflichen, den Mangel an psychologischer Analyse» vorwerfen könne. Doch würden diese Defizite zu Vorzügen im Zeichen eines neuen Ideals: der «denkbar größten Belebtheit». «Mein Leser sollte gleichsam zu einem körperlichen Zeugen dieser Geschehnisse werden.»

Der Roman als Drama, als Theaterstück oder – bedenkt man, was das naturalistische Theater sein wollte – als ein Stück Leben! Das neue ästhetische Ideal der «Belebtheit» ist allerdings nur um den Preis einer fundamentalen Paradoxie zu erhalten; der Roman – die größte und populärste Erzählform der letzten Jahrhunderte – darf nicht «erzählt», er muß «dargestellt» werden. Gibt es das überhaupt, Erzählungen ohne Erzählen? Erzählen ohne Erzähler? Auf die letzte Formel laufen einige der Forderungen hinaus, die im späten 19. Jahrhundert diskutiert werden. Dabei zeichnet sich ein Konsens ab, der weit über die Grenzen einzelner Schulen oder Generationen hinausgeht. Denn im Grunde proklamiert der junge Naturalist nichts anderes, als ein Hauptvertreter der realistischen Richtung, dessen Schreiben selber noch stark jungdeutschen Mustern verpflichtet war, seit längerem gefordert hatte: Friedrich Spielhagen nämlich als Apostel der «Objektivität» des Romans.

Mit seinen *Beiträgen zur Theorie und Technik des Romans* (1883) hat Spielhagen sicher die prominenteste Romantheorie seiner Zeit im deutschen Sprachraum vorgelegt. Ihr Grundgedanke ist die Forderung nach Objektivität, verstanden als notwendiges Zurücktreten des epischen Dichters hinter sein Werk. Verpönt ist insbesondere die ‹Einmischung› eines auktorialen Erzählers, wie Spielhagen sie zu seinem Bedauern in Goethes Romanen vorfindet. Als Modell für den «dichterischen Roman», den Spielhagen anstrebt, kommt daher eher das Epos in Betracht. In seiner späten Studie *Die epische Poesie und Goethe* (1895) fordert Spielhagen vom Roman ausdrücklich,

«daß er zuerst – und ich möchte sagen: zuletzt – wie das homerische Epos, nur handelnde Personen kennt, hinter denen der Dichter völlig und ausnahmslos verschwindet, so, daß er auch nicht die geringste Meinung für sich selbst äußern darf: weder über den Weltlauf, noch darüber, wie er sein Werk im ganzen, oder eine specielle Situation aufgefaßt wünscht; am wenigsten über seine Personen, die ihren Charakter, ihr Wollen, Wähnen, Wünschen ohne seine Nach- und Beihilfe durch ihr Thun und Lassen, ihr Sagen und Schweigen exponieren müssen.»

Im Unterschied etwa zu Raabes Werken, die sich hierzu natürlich ganz konträr verhalten, entsprechen Spielhagens eigene Romane diesen Vorgaben in hohem Grade: durch den Primat der Handlung und den großen Anteil szenischer Darstellung, insbesondere der direkten Rede. Verschiedentlich hat sich Spielhagen auch der Form des Ich-Romans bedient, die von seiner Romantheorie favorisiert und ja auch von Keller bei der Überarbeitung des *Grünen Heinrich* gewählt wird. Ihr Vorteil wird darin gesehen, daß es hier eine legitimierte Sprecherinstanz gibt, der auch Reflexionen oder Emotionen zugeordnet werden können, ohne mit den Grundsätzen der Objektivität zu brechen – sofern nur eine psychologische Stimmigkeit bzw. Motivation gewahrt wird.

Spielhagens Tragik lag freilich darin, daß er bei aller Entschiedenheit seines Plädoyers für die Objektivität des Erzählens die meisten seiner Zeitgenossen doch nicht davon überzeugen konnte, daß seine eigenen Werke objektiv seien. Im Gegenteil, sie galten als Tendenzromane (was sie im wesentlichen auch waren) und damit grundsätzlich als subjektiv. Ironischerweise wurde diese Einschätzung am prononciertesten von zwei Propheten des (oft selbst als tendenziös angesehenen) Naturalismus formuliert. Unter der Überschrift *Friedrich Spielhagen und der deutsche Roman der Gegenwart* gingen Heinrich und Julius Hart im letzten Jahrgang ihrer *Kritischen Waffengänge* (1884) sehr grundsätzlich mit dem Romancier Spielhagen ins Gericht, den sie an seinem eigenen Ideal maßen, um festzustellen, daß ihm aufgrund der didaktischen Tendenz

seiner Romane die entscheidende «epische Objektivität» fehle – ungeachtet der Wahrung einer «äußeren Objektivität» des Stiles, d. h. der
Erzähltechnik. Daher kann er der von den Harts aufgestellten Forderung an den «realistischen» Roman, nämlich ein Gesamtbild seiner
Epoche zu geben, noch weniger als der einseitige Negativismus Zolas
genügen.

An dieser Stelle verliert sich die Argumentation der Kritiker ins Par-
teilich-Zeitgebundene. Bemerkenswert dagegen erscheint ihr grundsätzliches Insistieren auf Objektivität des Erzählens – eine Forderung, in
der traditionelle Normen der Hegelschen Ästhetik mit aktuellen Postu-
laten einer naturwissenschaftlich fundierten Moderne zusammentrafen.
Tatsächlich wird sich die Entwicklung der modernen Prosa ab 1890 in
eine Richtung bewegen, die zwar von den Harts keineswegs vorhergese-
hen wurde, aber letztlich auch durch das Streben nach Objektivierung
gekennzeichnet ist, ja in einzelnen Elementen geradezu Spielhagens For-
derungskatalog bestätigt. Die entscheidende Innovation einer ‹konsequent naturalistisch› strukturierten Erzählung wie *Papa Hamlet* von
Holz und Schlaf besteht ja gerade in der weitgehenden Abschaffung des
Erzählers. Die Hinwendung zur erlebten Rede verbindet diesen Text
überdies mit anderen Erzählexperimenten im Übergangsfeld von Naturalismus und Wiener Moderne, insbesondere mit Hauptmanns Novelle
Der Apostel, Bahrs Roman *Die gute Schule* und den strikt personal per-
spektivierten Erzählungen Schnitzlers und Beer-Hofmanns.

Die überragende Bedeutung des personalen Erzählens für die Moderne, die sich bis zu Kafka verfolgen läßt, wirkt wie die halbe Bestätigung einer Grundposition Spielhagens: nämlich seiner Auffassung von
der organisierenden Funktion des «Helden» im Roman und für die Konzeption des Romans. Sie dokumentiert sich in Spielhagens Aufsatz *Wie
ich zu dem Helden von «Sturmflut» kam* und seiner Rezension von
George Eliots *Middlemarch* unter dem Titel *Der Held im Roman*. Haupt-
fehler des englischen Romans ist für Spielhagen die verletzte «Würde»
der Romanheldin; weil sie nicht Mittelpunkt und die dargestellte Welt
mehr als bloßer Hintergrund ist, könne der Roman kein organisches
Kunstwerk bilden. Eine letztlich klassizistisch begründete Kritik, deren
zentrale Forderung doch in auffälliger Weise von den oben genannten
Erzählexperimenten erfüllt wird: Niels Thienwiebel ist der ‹Held› von
Papa Hamlet ebenso selbstverständlich, wie Bahrs ungenannter Maler
den Mittelpunkt der *Guten Schule* abgibt – von Leutnant Gustl ganz zu
schweigen, der sich ja ohnehin für das Sinnzentrum seiner sehr begrenzten Welt hält und es in der monologischen Form von Schnitzlers Erzählung auch auf eine beklemmende Weise ist.

Vielleicht kann man mit der weitreichenden Geltung von Spielhagens
Modell eines personenfixierten Romans auch die Schwierigkeiten erklä-

ren, die verständnisvolle Zeitgenossen bei der Lektüre von Fontanes
erstem Roman hatten. Der historische Roman *Vor dem Sturm* verbindet
Traditionen der Scott-Schule mit jenem Prinzip des Nebeneinander, das
Gutzkow in den *Rittern vom Geiste* erprobt hat, und wird von Fontane
gegen die Kritik seiner Freunde ausdrücklich als «Vielheitsroman» verteidigt. In diesem Sinne schreibt er an Heyse im Dezember 1878:

> «Meinst Du nicht auch, daß neben Romanen, wie beispielsweise
> Copperfield, in denen wir ein Menschenleben von seinem Anbe-
> ginn an betrachten, auch solche berechtigt sind, die statt des Indivi-
> duums einen vielgestaltigen Zeitabschnitt unter die Lupe nehmen?
> Kann in solchem Falle nicht auch eine Vielheit zur Einheit werden?
> Das größere dramatische Interesse, soviel räum' ich ein, wird frei-
> lich immer den Erzählungen ‹mit *einem* Helden› verbleiben, aber
> auch der Vielheitsroman, mit all seinen Breiten und Hindernissen,
> mit seinen Porträtmassen und Episoden, wird sich dem Einheits-
> roman ebenbürtig – nicht an Wirkung, aber an Kunst – an die
> Seite stellen können [. . .].»

Fontanes Prophezeiung eilt seiner Zeit weit voraus. Das Verständnis
des späten 19. Jahrhunderts von der anzustrebenden Objektivität des
Erzählens war einem Romanmodell nicht günstig, dessen mehrsträngige
Anlage einen wiederholten Wechsel der Perspektive notwendig machte
und den auktorialen Arrangeur im Hintergrund allzu deutlich spüren
ließ. Es blieb der Entwicklung der Erzähltheorie im 20. Jahrhundert vorbehalten, derartige offene Bauformen als authentische Umsetzung von
Welterfahrungen anzuerkennen – als ehrlichere Form des Erzählens
vielleicht im Vergleich zu einer in sich geschlossenen Objektivität à la
Spielhagen, deren Objektives letztlich doch nur ein objektiv erzähltes
Subjektives darstellt.

II. ERZÄHLFORMEN

1. Novelle, Kulturbild, Prosaskizze

Keine Gattung hat von der Kommerzialisierung des Buchmarkts im späten 19. Jahrhundert wohl so deutlich profitiert wie die Novelle. Der enorm expandierende Zeitungs- und Zeitschriftenmarkt verlangte stets aufs neue nach unterhaltsamer Lektüre, deren Umfang den Dimensionen des Periodikums entsprach, nach Erzählungen also, die geschlossen in eine Nummer aufgenommen werden konnten oder sich auf nur wenige Fortsetzungen verteilten. Mochte der Verfasser von Erzählungen zu anderen Zeiten gegenüber dem Romanautor ökonomisch im Nachteil sein, so kehrten sich die Verhältnisse in einer Epoche tendenziell um, in der das Honorar für einen Zeitschriftenabdruck das Vielfache eines Buchhonorars betrug. In bilderbuchartiger Entsprechung zu dieser ‹Basis› entwickelte sich der ‹Überbau› einer Gattungstheorie, die der Novelle einen deutlich erhöhten Rang und erweiterte Zuständigkeit für die «Probleme des Menschenlebens» zusprach. Andere Faktoren kommen natürlich hinzu; man wird von einer Affinität zwischen der Formstruktur der Novelle und der Ästhetik des Realismus sowie dem Lebensgefühl einer Zeit ausgehen dürfen, die gern den Ausschnitt für das Ganze nahm und einem gemäßigten Individualismus huldigte. Gerade in der Darstellung einzelner Gestalten und Schicksale liegt aber die besondere Stärke der Novelle.

Das gewachsene Selbstbewußtsein der Gattung bzw. ihrer Autoren und Verleger schlägt sich in einem bemerkenswerten buchhändlerischen Unternehmen nieder: dem vierundzwanzigbändigen *Deutschen Novellenschatz*, den die angesehenen Novellisten Paul Heyse und Hermann Kurz in den Jahren 1871–1876 im Münchner Oldenbourg-Verlag herausgaben. Schon der Titel und jede der 7484 Seiten dieser monumentalen Sammlung zeugen gegen das Mißtrauen, das der konservative Schriftsteller Wilhelm Heinrich Riehl noch 1863 gegen das Fremdwort «Novelle» als vermeintlichen Gegensatz zur «gemüthlichen deutschen Art des Erzählens» äußerte. Die souverän formulierte Vorrede zum *Novellenschatz* verfolgt die Gattungstradition zurück zu Boccaccio und Cervantes, gewinnt aber gerade aus der tiefen Menschlichkeit dieser Vorbilder eine Rechtfertigung für die Weiterentwicklung der Gattung. «Nil humani a me alienum puto – Alles, was eine Menschenbrust bewegt, gehört in meinen Kreis – dieser Losung wird die Novelle mit vollster

Unumschränktheit treu bleiben müssen.» Wenn die Novelle diesem Auftrag gerecht werden und «die tiefsten und wichtigsten sittlichen Fragen der Zeit zur Sprache» bringen will, darf sie sich keine inhaltlichen Einschränkungen auferlegen: «Alles Einzige und Eigenartige, selbst Grillige und bis an die Grenze des Häßlichen sich Verirrende ist von der Novelle dichterisch zu verwerthen.» So frei wie die Stoffwahl sind auch die formalen Optionen in einer Epoche, die sich weit von den einfachen Verhältnissen des *Decamerone* und der *Novelas ejemplares* entfernt hat: «Hier sind alle jene Mittel höchst individueller Vortragsweise nicht nur erlaubt, sondern sogar gefordert, wie sie einigen der französischen Erzähler und in noch höherem Grade dem russischen Meister der Seelenkunde, Iwan Turgenjew, in so bewundernswerthem Maße zu Gebote stehen.»

Die Großzügigkeit der Gattungsbeschreibung, in der man Heyses genuinen Liberalismus wiederzuerkennen glaubt, ist freilich nicht mit Beliebigkeit zu verwechseln. Daß hinter ihr doch eine relativ klare Vorstellung vom Typus der Novelle steht, verrät schon das Bekenntnis, daß bei der Auswahl solchen Texten der Vorzug gegeben worden sei, «deren Grundmotiv sich am deutlichsten abrundet», die gewissermaßen eine «starke Silhouette» aufweisen. Was damit gemeint ist, wird anhand der Inhaltsangabe der Falkennovelle des *Decamerone* (neunte Novelle des fünften Tages) erläutert:

> «Federigo degli Alberighi liebt, ohne Gegenliebe zu finden; in ritterlicher Werbung verschwendet er all seine Habe und behält nur noch einen einzigen Falken; diesen, da die von ihm geliebte Dame zufällig sein Haus besucht und er sonst nichts hat, ihr ein Mahl zu bereiten, setzt er ihr bei Tische vor. Sie erfährt, was er gethan, ändert plötzlich ihren Sinn und belohnt seine Liebe, indem sie ihn zum Herrn ihrer Hand und ihres Vermögens macht.»

Von hier aus fliegt der «Falke» in die Novellendebatten des 19. und 20. Jahrhunderts und entwickelt sich dabei schon bald zu einem lästigen Geflügel. Denn nicht immer erweist sich bei der Beschäftigung mit novellistischen Texten die Frage in gleicher Weise produktiv, die Heyse anhand dieses Exempels angehenden Novellen-Autoren auf den Weg gibt: wo nämlich im jeweils anvisierten Stoff «der Falke» sei, das Specifische, das diese Geschichte von tausend anderen unterscheidet». Schon Heyses Freunde haben die Tyrannei des (dogmatisch verstandenen) «Falken» bisweilen als Belastung empfunden, wie etwa Storms Brief an Keller vom September 1883 zeigt, in dem er über seine Arbeit an der Novelle *Zur Chronik von Grieshuus* berichtet und erklärt: «den Falken laß ich unbekümmert fliegen».

Neben Heyse ist Storm wohl der entschiedenste Verfechter einer poetologischen Aufwertung der Novelle. In einer zurückgezogenen Vorrede

aus dem Jahr 1881 und ebenso in seinem Brief an Eduard Alberti vom
März 1882 nennt er die «heutige Novelle» zur «Aufnahme auch des
bedeutendsten Inhalts» geeignet und bezeichnet sie geradezu als «die
Schwester des Dramas und die strengste Form der Prosadichtung»:

> «Gleich dem Drama behandelt sie die tiefsten Probleme des Men-
> schenlebens; gleich diesem verlangt sie zu ihrer Vollendung einen
> im Mittelpunkte stehenden Konflikt, von welchem aus das Ganze
> sich organisiert, und demzufolge die geschlossenste Form und die
> Ausscheidung alles Unwesentlichen; sie duldet nicht nur, sie stellt
> auch die höchsten Forderungen der Kunst.»

Das Verwandtschaftsverhältnis zum Drama betrifft also einerseits die
Form der Novelle, die denselben Gesetzen einer strengen Tektonik
unterliege wie nach damaliger Vorstellung (greifbar nicht zuletzt in
Freytags *Technik des Dramas*) das Drama bzw. die Tragödie. Andererseits
dient es als Argument für die «Höhe» der erreichbaren Leistung wie
auch der zu erfüllenden Voraussetzungen, als Argument also für den Status der Novelle im Gattungssystem. Der Status der literarischen Gattung
aber entscheidet auch über denjenigen ihres Dichters. Wer wie Storm
von der absoluten Gleichwertigkeit der Novelle mit der traditionell
besonders hoch angesetzten dramatischen Form ausgeht, braucht vor
sich und anderen keine Rechtfertigung dafür, daß er ‹nur› Novellen und
keine Dramen schreibt. Conrad Ferdinand Meyer beispielsweise, der die
meisten seiner Novellen zunächst als historische Dramen plante, war
sich seiner Sache offenbar weniger sicher. Immerhin: auch Meyer hat
sich als Erzähler – mit der einen frühen Ausnahme des *Jürg Jenatsch* –
ausschließlich als Novellenautor betätigt. Auch andere Autoren der Zeit
spezialisieren sich als Erzähler ganz oder vorwiegend auf das Novellen-
Genre: mit Ausschließlichkeit Storm und (in ihren Anfängen) Isolde
Kurz, die Tochter des Mitherausgebers des *Deutschen Novellenschatzes*,
oder der junge Schnitzler; mit starker Dominanz Heyse und Keller
sowie – eher als Vertreter der Unterhaltungsliteratur – ein Publikums-
autor wie Otto Roquette.

Auch Jakob Julius David, der aus Mähren nach Wien zugewanderte deutsch-
jüdische Schriftsteller, errang vor allem als Novellendichter Ansehen. Seine erste
Sammlung (1891) mit dem bezeichnenden Titel *Die Wiedergeborenen* ist vor
allem durch den Einfluß der Renaissancenovellen Conrad Ferdinand Meyers geprägt. In erlesener Sprache wird eine Kette von Extremsituationen vorgeführt.
Die im Ravenna des 16. Jahrhunderts angesiedelte Novelle *Die Tochter Fortunats*
gipfelt in einer kühnen Paradoxie; die fluchbeladene Renata Malespina hegt eine
uneingestandene Liebe zu einem jungen Mann, der ihretwegen zum Mörder
und dazu verurteilt wird, ihr Henker zu sein – mit dem sie sich jedoch in der
Nacht vor der Hinrichtung und auf dem Scheiterhaufen vereinigt. In *Die
Troika*, Titelnovelle eines Sammelbandes von 1901, berichtet der Sohn eines

berühmten Schauspielers (Vorbild: Bogumil Dawison) von der Zerstörung seines Vaters durch die Kunst; das Gespann der platonischen Seelenpferde wird
hier zur (auf Dauer nicht regierbaren) Troika aus Leidenschaft, Sprachbeherr-
schung und Gedächtnis transformiert. Mit der grotesken Pointe, daß ein erfolg-
loser Journalist seinen besten Artikel über den eigenen Selbstmord verfaßt,
endet die pessimistische, dabei stark autobiographisch getönte Novelle *Ein Poet?*
(aus: *Probleme*, 1892). Die Objektivität der Novellenform ermöglicht es dabei
dem Autor, Grundprobleme seiner eigenen Schriftstellerexistenz – die Zerrissenheit zwischen journalistischem Brotberuf und freiem Schreiben, verbunden
mit mangelndem Selbstbewußtsein – ohne Larmoyanz zu thematisieren, ja
geradezu in satirische Beleuchtung zu rücken.

Ein anderes Beispiel für die Leistungsfähigkeit der Novellenform – auch
und gerade in dem von Heyse beschworenen Sinn der Entfaltung neuer menschlicher Dimensionen – bietet die Erzählung *Fenitschka* (1898) von Lou Andreas-Salomé. Auch wenn die Autorin selbst im Titel des gleichnamigen Buches
die Gattungsbezeichnung «Novelle» vermeidet, legen die kunstvolle Komposition und der abrupt-überraschende Schluß eine solche Zuordnung nahe. Die
Titelfigur ist eine emanzipierte junge Russin, die in Zürich promoviert hat und
nach ihrer Rückkehr nach Rußland, wo sie als Lehrerin arbeiten will, ihre erste
große Liebe erlebt, dabei aber auch sogleich in Konflikt mit den Normen der
guten Gesellschaft gerät, so daß sie sich am Schluß vor die Alternative Heirat
oder Verzicht gestellt sieht. Da eine sofortige Heirat für sie die Aufgabe ihres
ganzen auf Freiheit und Selbsttätigkeit gegründeten Lebensplans bedeuten
würde, verzichtet sie auf die Fortführung der Liebesbeziehung. Der Leser erfährt
das auf der letzten Seite in einer überraschenden Veränderung der Perspektive,
die bis dahin strikt an einen jungen österreichischen Gelehrten gebunden war,
der Fenitschka zunächst in Paris kennenlernt und später in Rußland wiedertrifft, zunehmend fasziniert von der natürlichen Grazie, in der sich ihre selbstbewußte Weiblichkeit äußert – und zwar intellektuell-emotional wie körperlich:
«Max Werner fiel ihre eigentümlich schöne Rückenlinie in dieser Haltung mit
gehobenen Armen und vorgeneigtem Kopfe auf, und seine Blicke blieben darauf
ruhen.» Die Schlüsselszene wiederholt sich am Ende, als Fenitschka durch Verzicht auf das Glück einer Zweierbeziehung den Zwiespalt überwindet, in den sie
der Konflikt zwischen Autonomie und Liebe gestürzt hat. Gerade im Vergleich
mit der Sentimentalität der zweiten Erzählung des Bandes (*Eine Ausschweifung*)
fällt der objektivierende Effekt auf, den Andreas-Salomé durch Einführung der
Beobachterfigur Werner und die novellenhafte Zuspitzung auf wenige herausge-
hobene Momente der Begegnung gewinnt.

Novellistisch geprägt sind auch die Kernstücke der *Seelenergüsse*,
eines Zyklus kurzer erotischer Erzählungen, den Frank Wedekind 1897
in den Sammelband *Die Fürstin Russalka* aufnahm und 1906 unter dem
neuen Titel *Feuerwerk* als Buch publizierte. Der ursprüngliche Titel wird
der Eigenart der wichtigsten Texte besser gerecht. Es sind monologartige
Erzählungen, die die sexuelle Autobiographie des Sprechers enthalten,
konzentriert auf Schlüsselerlebnisse und wiederkehrende symbolische
Oppositionen wie Lust/Verweigerung, Kraft/Krankheit, Leben/Tod.
Rabbi Esra (in der gleichnamigen Erzählung, die Wedekind später zu

einer Kabarettnummer umgestaltete) formuliert im Bericht über die Vorgeschichte seiner zweiten Ehe das erotische Glaubensbekenntnis des
Autors oder richtiger: seine religiöse Auffassung und Aufwertung der
Sexualität. In *Der Brand von Egliswyl*, dem Eröffnungsstück der Sammlung, berichtet ein inhaftierter Brandstifter von der wahnsinnigen Verwirrung, in die ihn – der in halber Unschuld mit allen Mädchen des
Heimatdorfs geschlafen hatte – die erste tiefergehende Leidenschaft
stürzte. In der Verzweiflung über sein sexuelles Versagen zündet der
Neunzehnjährige das Dorf an; die Hitze des Brandes soll gleichsam die
Wärme ersetzen, die er als Liebhaber in dieser ersten seelisch begründeten Beziehung nicht zu geben vermochte. Elemente der Dorfgeschichte
und der Kriminalerzählung verbinden sich mit einer genuin novellistischen Ausrichtung auf das Leitsymbol und die «unerhörte Begebenheit».
Als Novelle bezeichnet Wedekind die Erzählung auch in der verdeckten
Selbstinterpretation, die er im fingierten Interview mit Iwan Michailowitsch Rogoschin (einer Maske seiner selbst) 1896 im *Simplicissimus* veröffentlichte.

Neben der Novelle, die durch eine jahrhundertelange Formtradition
definiert war, etablierte sich in der Erzählkultur der zweiten Hälfte des
19. Jahrhunderts ein eher inhaltlich bestimmtes Genre: das sogenannte
«Kulturbild». Karl Emil Franzos veröffentlichte 1876 unter der Überschrift *Aus Halb-Asien* zwei Bände «Culturbilder aus Galizien, der Bukowina, Südrußland und Rumänien». Unter den Titeln *Vom Don zur Donau*
und *Aus der großen Ebene* folgte ihnen 1878 und 1888 eine jeweils zweibändige Fortsetzung. Ebenso wie sein verzögert – mit Widmung an
Leopold Kompert – publizierter Erstling *Die Juden von Barnow. Novellen* (1877) und die themenverwandten Sammlungen Sacher-Masochs aus
der gleichen Zeit (*Judengeschichten*, 1878; *Polnische Ghetto-Geschichten*,
1886; *Polnische Judengeschichten*, 1887) stehen diese Kulturbilder in der
Tradition der Ghettogeschichte, die sich um die Jahrhundertmitte als
regionale Variante der Auerbachschen Dorfgeschichte herausbildete. Die
überschaubare Welt des Schtetl, der traditionsgebundenen ostjüdischen
Siedlung, dient als Spiegel der Gesellschaft, und zwar als optimistischer
oder verklärender Spiegel, denn in der rückständigen Welt des Ghettos
ebenso wie im Schwarzwalddorf Auerbachs finden sich noch intakte
menschliche Strukturen, die eine harmonische Lösung oder jedenfalls
eine poesiefähige Gestaltung sozialer Konflikte ermöglichen.

Sacher-Masochs Erzählung *Der Judenraphael* (1881) handelt von der Wandlung
des Judenhassers Plutin Samjolenko zum Philosemiten durch die unerfüllbare
Liebe zu einem Judenmädchen. Eine tragische Zuspitzung des Konflikts wird
vermieden; der kränkliche Dorfmaler, dessen Hauptgegenstand Judengestalten
sind (ein künstlerisches Pendant zum Verfasser als Autor von Ghettogeschichten!), stirbt versöhnt in der winterlichen Natur. Weniger versöhnlich endet Fran-

zos' letzte *Barnow*-Novelle *Ohne Inschrift*: «zürnet ihnen nicht, denn sie wissen nicht, was sie thun!» Es sind die Worte des sterbenden Jesus am Kreuz, die der einen assimilierten Juden vertretende Erzähler hier auf seine eigenen Glaubensgenossen anwendet. Denn die schöne Lea in dieser letzten – wahrscheinlich durch eine Vorlage Eduard Kulkes angeregten – Erzählung ist an den Strafmaßnahmen des Rabbi gestorben, der es nicht duldete, daß diese Jüdin nach der Heirat ihr Haar behielt (was tatsächlich einen Verstoß gegen den orthodoxen Ritus bedeutete). Außerordentlich perspektivenreich ist die erste Novelle *Der Shylock von Barnow*. Indem ein entscheidender Teil der Geschichte als Tafelgespräch einer heiteren Runde von Nicht-Juden wiedergegeben wird, die sich mehr oder weniger verächtlich über Juden äußern, wird beim Leser Sympathie für den jüdischen Händler geweckt und die Strenge des Vaters, der seiner eigenen Tochter die Aufnahme ins Haus verweigert, eher verständlich. Welche Bedeutung die Auseinandersetzung mit der Judenrolle in Shakespeares *Kaufmann von Venedig* für die Thematisierung des Verhältnisses von Juden und Nicht-Juden besaß, wird neben Franzos' Theaterroman *Der Pojaz* noch Walter Mehrings Drama *Der Kaufmann von Berlin* deutlich machen.

Die meisten der jüdischen Erzählungen von Franzos sind vor dem Aufschwung des öffentlichen Antisemitismus ab etwa 1880 entstanden. Das ist bei der Bewertung des konsequent westjüdischen Standpunkts zu beachten, von dem aus dieser Autor zunächst die Verhältnisse in den ostjüdischen Siedlungsgebieten beschreibt – als quasi mittelalterliche Lebenswelt, die der ‹Aufklärung› durch das Licht der Vernunft bzw. der deutschen Kultur und westlicher Zivilisation bedürfe. In der Einleitung zu seiner ersten Sammlung mit dem vielsagenden Titel *Aus Halb-Asien* gibt er der polnischen Herrschaft Schuld am – nach westlichen Maßstäben – niedrigen Entwicklungsstand der galizischen Juden: «Jedes Land hat die Juden, die es verdient.» Nachdem Franzos die Auswirkungen des gewachsenen Antisemitismus zu spüren bekam, vermied er zwar eine öffentliche Stellungnahme, doch zeigte er erhöhte Sensibilität gegenüber jüdischen Belangen und publizierte zunehmend in jüdischen Zeitschriften.

Der ethnographische Blick des Erzählers, der sich auf eine raumzeitliche Ferne richtet, kann sich natürlich auch der unmittelbaren Umgebung des Autors und seines Publikums zuwenden, so in den «Skizzen», die die Wiener Schriftstellerin Ada Christen 1874 und 1876 unter dem Titel *Vom Wege* und *Aus dem Leben* herausgab, oder in den *Berliner Novellen und Sittenbildern* (1883) von Max Kretzer, der im selben Jahr auch *Gesammelte Berliner Skizzen* publizierte. Der letztere Titel deutet bereits die Feuilleton-Tauglichkeit solcher großstädtischer Miniaturen an, denn ganz ähnlich sind die Sammlungen benannt (*Wiener Skizzen aus dem Gerichtssaal*, 1884; *Der Herr von Niggerl und andere humoristische Skizzen*, 1892), mit denen der Wiener Humorist Eduard Pötzl an die feuilletonistische Wien-Darstellung Friedrich Schlögls anknüpft (*Wiener Blut*, 1873). Das Medium der Presse, das wir oben als ökonomischen Antrieb für die Hochkonjunktur der Novelle kennengelernt haben, schafft sich in der feuilletonistischen Lokal-Skizze gewissermaßen eine eigene Ausdrucksform im Übergangsbereich zwischen Erzählung und Reflexion, ‹höherem› literarischen Anspruch und schlichtem Tagesgeschäft. Das Unfertige und Unabgeschlossene der Skizze kann aber auch zum ästhetischen Programm werden, zum Schibboleth einer modernen Generation, die sich der geschlossenen Komposition einer größeren Erzählung, zumal einer Novelle, bewußt verweigert. Vor allem im Umkreis des Naturalismus sprießen die «Skizzen» und «Studien» hervor. Als «Studien» sind die Prosa-Experimente ausgewiesen, die Holz und Schlaf 1890 in der *Freien Bühne* veröffentlichen (*Die papierne Passion, Krumme Windgasse 20*). «Novellistische Studien» lautet der Untertitel von Hauptmanns erstem Prosaband (*Der Apostel. Bahnwärter Thiel*, 1892). Als «Novellen und Skizzen» qualifiziert Rilke, dessen Anfänge ja stark vom Naturalismus geprägt sind, seine frühen Erzählungen (*Am Leben hin*, 1898). Und schon 1886 gibt Hermann Conradi seinen *Brutalitäten* die Gattungsbezeichnung «Skizzen und Studien».

Conradis Erzählungssammlung *Brutalitäten* trägt ihren Titel nicht umsonst. Der junge Autor hat es bewußt auf das Schockieren des Lesers angelegt. Die soziale Thematik des ersten Stücks, das den Tod eines Arme-Leute-Kindes beschreibt, weicht bald sexuellen Motiven, die in eigentümlich verzerrter, pubertärer Perspektive dargeboten werden – bis hin zur unüberbietbaren Geschmacklosigkeit des letzten Teils *Blut. Eine Szene nach der Natur,* endend mit dem Zusammenbruch der sterbenden Mutter, die sich von ihrem Krankenbett erhebt und den Sohn, der ihr eben noch tröstend die Hand gehalten hat, nunmehr auf dem Sofa des Nebenzimmers in den Armen eines «brunsttollen» halbnackten Weibes findet. Die Dichotomie von Mutter und Dirne, die das (männliche) Frauenbild der Jahrhundertwende bis hin zu Weininger bestimmt, wird hier zu einer extremen Konstellation emporgesteigert, in der sich fast schon die heimliche Identität der Pole zu erkennen gibt (beide Frauen sind im Hemd, beide schreien etc.).

Conradi, der im Vorwort das Fragmentarische seiner «Skizzen» mit dem «sinnverwirrenden Durcheinander» des modernen Lebens rechtfertigt, das sich eben nicht zu einem «einheitlichen Kolossalgemälde» zusammenschließt, entwickelt einen Prosastil fiebriger Subjektivität, eine Art halluzinierendes Stammeln, dessen konsequenteste Gestaltungen wie ein Vorgriff auf die Technik der erlebten Rede bei Schnitzler wirken:

> «Aber ist das nicht sein Zimmer? ... Da steht doch sein Schreibpult – da liegt noch der angefangene Brief – und da sein Bett – aber dort auf dem Sofa – das Weib da – nein! Nein – nein! ... Seine Phantasie narrt ihn nur – er kommt doch vom Totenbett seiner Mutter – nicht? ... Hier hinter dieser Tür liegt seine Mutter – ja – ja! [...] ... Aber wo ist er denn eigentlich? ...»

In der Lockerheit eines solchen nichtauktorialen Erzählens ist Detlev von Liliencron den jungen Naturalisten vorangegangen. Die «militärischen Erzählungen» *Unter flatternden Fahnen* (1887) geben ein ungeschöntes Bild von der Teilnahme des Autors als Berufsoffizier am deutsch-französischen Krieg und erzeugen den Eindruck größter Unmittelbarkeit durch minutiöse Wiedergabe der Wahrnehmungen und Assoziationen des erlebenden Ich. «Los ... Schst ... Katzen auf dem Raubzug ... Kein Geklirr ... Vorsichtig, vorsichtig, langsam schleichend, zuerst lange Zeit in einem Graben, dann längs einer Garteneinfassung [...]» – so inszeniert Liliencron in der Erzählung *Der Narr* ein vom Erzähler befehligtes nächtliches Kommando recht unheroischer Zielsetzung (ein französischer Bauernhof soll in Brand gesteckt werden). Die Nähe des nacherzählten Bewußtseins zu den unmittelbaren Ereignissen schließt wertende Kommentare aus, doch läßt sich das Arrangement des Erzählten als Problematisierung verstehen. Direkt an das erfolgreiche Kommando wird die Krankenwache am Bett eines tödlich verletzten Kameraden beschrieben, bei der sich dem vom Einschlafen bedrohten Erzähler die Harlekinsfigur auf dem Schirm einer Nachttischlampe einprägt und verselbständigt: «Und vor mir tanzt und springt der Narr ho und heidi. [...] Ich will ihn schlagen ... Ich ... kann ... nicht ... von ... der ... Stell ...e ...» Wir sollen verstehen, was aufgrund der Erzähltechnik nicht gesagt werden kann: Krieg ist Narrheit.

Impressionistisches Erzählen dieser Art bedeutet einen erhöhten Verbrauch von Auslassungszeichen oder Gedankenstrichen. Das zeigt sich im Nachtkapitel des *Papa Hamlet* von Holz und Schlaf, wo es auffälligerweise übrigens auch um eine (flackernde und Schatten werfende) Lampe geht und längere Pausen, auch zwischen den fallenden Tautropfen auf der Dachrinne, durch Pünktchen angedeutet werden. Das zeigt sich gleichfalls in Heinz Tovotes «Stimmungsbild» *Fallende Tropfen*, 1890 in der *Freien Bühne* veröffentlicht und zwei Jahre später in die *Nervösen Novellen* aufgenommen. Das «monotone, nicht enden wollende Aufschlagen» der Regentropfen raubt dem Ich den Schlaf und löst eine beunruhigende Assoziationskette aus, in die immer wieder der Rhythmus der Tropfen hineinklingt.

In entspannterer Weise machen sich Schlafs Stimmungsbilder *In Dingsda* (1892) die Spontaneität von Impressionen zunutze. Auch die Kurzprosa Peter Altenbergs, zumal seine erste und bekannteste Sammlung *Wie ich es sehe* (1896), ist häufig als direkter Niederschlag subjektiver Stimmungen verstanden worden; bei genauerem Hinsehen freilich lassen sich sorgfältigste Formungen und Stilisierungen erkennen, die eher auf die Ästhetik des Prosagedichts verweisen als auf die Vorläufigkeit einer ersten «Skizze». Eben dieses Begriffs bedient sich mit Vorliebe Peter Hille, als Vagabund und Bohemien auch biographisch so etwas wie das norddeutsche Pendant zum Wiener Altenberg. Einzelnen seiner kürzeren Prosatexte gibt Hille die Genrebezeichnung «Ostseeskizze», «Londoner Skizze», «Phantastische Skizze», «Artige Skizze aus dem alten Hellas» oder auch (an die maltechnische Ursprungsbedeutung des Wortes erinnernd) «Federzeichnung». Spätere Herausgeber stellen daraus Gruppen mit den Titeln «Gedichte in Prosa», «Skizzen» und «Kinderskizzen» zusammen.

Sie umfassen so unterschiedliche Texte wie die Erzählung von einer Kinderliebe, an deren Ende sich der fünfjährige Paul in den Brunnen fallen läßt (*Kinderliebe*, in: *Neuland*, 1894), und die Traumbeschreibung *Banger Traum*, die in der Handschrift den Untertitel trägt: «Karma. Skizze von Peter Hille». Andeutungsweise läßt sich die Traumvision einer Rückkehr des Gestorbenen in das eigene Vaterhaus erkennen; Vertrautheit und Fremdheit, Wiedererkennen und Grauen überlagern sich darin aufs eigenartigste. Generell läßt sich feststellen, daß Hilles Skizzen bei aller Sinnlichkeit einzelner Details doch stets die Tendenz zur Verallgemeinerung, ja zum Metaphysischen aufweisen. In der «phantastischen Kinderskizze» *Weltwiese* verrät sich diese Tendenz schon im Titel. Das fröhliche Sich-Tummeln kleiner Kinder auf einer Wiese, das vor allem die erste Fassung in größter Unmittelbarkeit und mit Anleihen bei Kindersprache und Mundart gestaltet, ist offenbar eine Allegorie des menschlichen Daseins, wird sozusagen ‹von oben› betrachtet: «Und dann guckt die große Schwester herunter vom tiefen blauen Himmel: die liebe Sonne und schüttelt lachend ihr unbändig Kindergelock.»

Die Verbindung von Kinderton und Spiritualität verweist auf Paul Scheerbart. Es gibt wohl keinen Autor, der mehr verschiedene Gattungsbezeichnungen für seine Erzählwerke benutzt (in der Tat erfindet Scheerbart ja fast für jeden Text einen neuen Genrenamen) und so die Auflösung tradierter Gattungen in der Literatur der Jahrhundertwende sichtbarer gemacht hätte. Unter anderem hat Scheerbart zwei «Mondschein-Novellen» und ein «altkordovanisches Kulturbild» verfaßt, anscheinend aber keine «Skizze»; doch ließe sich ebensogut behaupten, daß fast alle seiner kürzeren Erzähltexte als «Skizze» zu bezeichnen seien.

2. Entwicklungsroman

Männer zwischen Boheme und «Tat»

Das in den vorausgegangenen hundert Jahren deutscher Literaturgeschichte so produktive Modell des Bildungsromans scheint sich gegen Ende des 19. Jahrhunderts überholt zu haben. Mit seiner Überarbeitung des *Grünen Heinrich*, die den erfolglosen Maler überleben und in den Dienst der sozialen Gemeinschaft treten läßt, hat Keller zwar noch einmal das Ideal des Bildungsromans beschworen – doch so resignativ und vorsichtig, gleichsam nur als Abwandlung eines tragischen Künstlerromans der Nachmärzjahre, daß an eine lebendige Ausstrahlung nicht zu denken war. Die historischen Romane Freytags (etwa der letzte Teil der *Ahnen: Aus einer kleinen Stadt*) und die Zeitromane Spielhagens (z. B. *Was will das werden?*) zitieren zwar Muster des traditionellen Bildungsromans, aber funktionalisiert zum Zwecke der Epochen- oder Gesellschaftsdarstellung. Raabe schließlich, der mit dem *Hungerpastor* in den sechziger Jahren den vielleicht populärsten Bildungsroman seiner Zeit vorgelegt hat, rückt vom relativen Optimismus dieses Publikumslieblings immer weiter ab und entwirft mit seinen Spätwerken *Stopfkuchen* und *Die Akten des Vogelsangs* regelrechte Anti-Bildungsromane. Andrians *Garten der Erkenntnis* andererseits liest sich wie eine Erinnerung an einen Bildungsroman, hält am Schluß aber das Scheitern der gattungstypischen Suchbewegung ausdrücklich fest.

Man tut also gut daran, sich auf den nüchterneren und offeneren Begriff des Entwicklungsromans zu beschränken, wenn man die Darstellung von Sozialisations- oder individuellen Wandlungsprozessen in den Romanen jener Jahre betrachtet. Eine konsequente Ausrichtung auf diese Problematik findet sich am ehesten in mehreren Romanen von und über Frauen. In den Werken ihrer männlichen Kollegen fällt dagegen die Verknüpfung mit der Thematik der Boheme als Lebensform und Milieu auf. Sie springt besonders beim ersten und (mit 1200 Seiten) umfangreichsten Roman dieser Art ins Auge: Karl Bleibtreus *Größenwahn* (1888), im Untertitel als «pathologischer Roman» bezeichnet.

Schon das wuchernde Format macht deutlich, daß Bleibtreus *Größenwahn*-Roman von der Tendenz des Titels gewissermaßen selbst ergriffen ist und vieles zugleich will. Unter anderem liefert er – und als solche ist er von den Zeitgenossen vorrangig verstanden und befehdet worden – eine Abrechnung mit den Tendenzen der Berliner Naturalistenszene um die Brüder Hart. Auch wird der Umfang durch zahlreiche lyrische und andere Texte aufgeschwemmt, die im Stile des romantischen Romans in die Erzählung eingelegt sind. All das ist letzten Endes jedoch integriert in den Entwicklungsweg der Hauptfigur: des ungarischen Grafen Krastinik, der zu Anfang als «romantische Natur» charakterisiert wird. Erfüllt vom individuellen «Größenwahn» seiner Berufung zum Dichter, folgt Krastinik dem Maler Rother von London nach Berlin, wo er das größenwahnsinnige Treiben der naturalistischen Moderne, aber auch einen echten Dichter kennenlernt: den von neidischen Kollegen isolierten Leonhart. Dieser begeht am Vorabend der Premiere seines (unter Krastiniks Namen angekündigten) Stücks Selbstmord – wie übrigens auch Rother. Krastinik widersteht der Versuchung, sich als Verfasser des erfolgreichen Dramas feiern zu lassen, und zieht sich auf sein ungarisches Gut zurück. In der Teilnahme an einem bevorstehenden Krieg auf der Seite Deutschlands sieht er die Chance zur Erfüllung seines Lebens: «Noch lag eine Zukunft vor ihm: die That. Mannesthat in welterschütterndem Kampfe.» Nicht verschwiegen sei der ausgesprochen nationalistisch-rassistische und z. T. auch antisemitische Charakter der vorausgehenden

Reflexionen des Helden. Auf den Gedanken freilich, daß es sich auch beim Nationalismus um eine Form des Größenwahns handeln könnte, scheint der von der Ideologie des Tatmenschen erfüllte Autor, ein leidenschaftlicher Verehrer Napoleons und Bismarcks, nicht gekommen zu sein.

Völlig gegensätzlich verhält sich der negative Held in Hermann Conradis Roman *Adam Mensch* (1889), dem durch den Leipziger Realistenprozeß wohl eine übertriebene Aufmerksamkeit zuteil wurde. Dr. Adam Mensch, wie der Protagonist symbolischerweise wirklich heißt, kennt seine Schwäche: «Ich leide an versetztem Thatendrang. Ich finde die Sphäre nicht, in der allein ich wirken könnte. Das ist mein ‹tragisches› Schicksal. Nun ja! – warum auch nicht?» In der lässigen Wendung deutet sich schon das Phlegma an, mit dem Adam Mensch gegen Ende des Romans sein von zahlreichen z.T. parallel laufenden Liebesaffären geprägtes Bohemeleben gegen eine reiche Versorgungsheirat vertauscht. Vom Pathos früherer Zeiten, in denen er dichterisch den Selbstmord feierte, ist er nunmehr weit entfernt. Damals traf auch für Adam Mensch zu, was er abschließend von «solchen verwickelten und verdröselten ‹Persönlichkeiten›, wie Unsereiner nun einmal ist,» bemerkt: «daß man die individuelle Distanz mit der Gesellschaft, der Menge, der Masse festhält, ja erweitert, steigert». Inzwischen ist dem Bohemien die dadurch bedingte «Paralyse des Seelenlebens» unerträglich: «Man wird überhaupt müde und lethargisch. – Das ist schon kein ‹Pessimismus› mehr, das ist regelrechte Décadence und Auflösung des ganzen Menschen.»

Die Resignation des Individuums oder seine Anpassung an die Gesellschaft, die ja zu den Grundgegebenheiten des Bildungsromans gehört, wird hier – wie übrigens auch in Bahrs Roman *Die gute Schule* – als zynische Konsequenz einer Entwicklung dargestellt, deren egozentrischer Individualismus von vornherein mit größter Skepsis zu betrachten ist. Conradis ausdrückliche Berufung auf den Begriff der «Décadence» nimmt sich in der deutschen Literatur des Jahres 1889 bemerkenswert originell aus. Sie lädt zu einem Vergleich mit Kurt Martens' *Roman aus der Dekadenz* (1897) ein, der allerdings völlig anders, nämlich als Gruppenbild einer Reihe bürgerlicher Intellektueller angelegt ist, die im Leipzig des Jahrhundertendes nach innerer Erfüllung suchen. Martens greift dabei auf eigene Eindrücke aus dem anarchistischen Kreis um die von Bruno Schönlank redigierte *Leipziger Volkszeitung* zurück. Zwischen Leben und Roman ist ein literarisches Modell geschaltet: Die Erzählerfigur Just orientiert sich wesentlich am Vorbild des Grafen des Esseintes in Huysmans' *A rebours*. Ob sich in Just am Schluß eine weiterführende Entwicklung anbahnt und sich der dekadente Held wirklich, wie es der Autor später sieht, «zu positiver Verneinung der bestehenden sozialen Mächte» durchringt, bleibt angesichts des Schlußsatzes offen: «Meine Antwort war das Lächeln der Auguren.»

Martens' *Roman aus der Dekadenz* kann also wohl als Boheme-Roman, aber kaum als Entwicklungsroman angesprochen werden. Otto Julius Bierbaums *Stilpe. Roman aus der Froschperspektive* aus dem gleichen Jahr ist beides. Die gezeigte Entwicklung allerdings ist eine negative; man hat auch von einem «Verbildungsroman» gesprochen. Einerseits wird hier das wilhelminische Schulwesen verantwortlich gemacht für die Beschädigung eines kreativen, aber undisziplinierten Charakters. Andererseits scheint Stilpe selbst eine innere Affinität zu Tingeltangel und «Sumpf», jedenfalls zur bohemehaften Zirkelbildung innezuwohnen, wie er sie nach dem Vorbild von Murgers *Scènes de la vie de bohème* an jeder Station seines Lebenslaufs betreibt. Eine Neigung, die er im weiteren Sinn mit seinem Schöpfer teilt, der als Verfasser von *Studenten-Beichten* (1893–1897) und Künstlergeschichten (*Kaktus und andere Künstlergeschichten*, 1898) gewissermaßen aufs unbürgerliche Milieu spezialisiert war.

Die erste Folge von Bierbaums *Studenten-Beichten* erscheint im selben Jahr wie Hartlebens Lore-Geschichten (*Die Geschichte vom abgerissenen Knopfe*, 1893). Hartleben und Bierbaum beschwören das studentische Milieu als Fluchtraum vor der offiziellen Prüderie der wilhelminischen Gesellschaft. Ihre heiteren Boheme-Erzählungen erproben gleichsam den Typus einer emanzipatorischen Unterhaltungsliteratur; ein solcher Anspruch deutet sich vor allem zu Beginn von Bierbaums *Letzter Musterung* an, die mit einem Zitat aus einem Kitschroman eröffnet wird; der nachfolgende freizügige Bericht bietet die Alternative zur sentimentalen Verbrämung des Liebeslebens im Trivialroman. Objekt der «letzten Musterung» (nämlich vor dem Verbrennen) ist übrigens eine Sammlung erotischer Andenken gleich derjenigen, die in einer Szene («Episode») aus Schnitzlers *Anatol* zur Sprache kommt. Es handelt sich mithin um den Abschied des Ich-Erzählers von seiner unbürgerlichen Vergangenheit. Andere Studenten-Erzählungen reflektieren das Tabu einer dauerhaften Boheme-Existenz durch den episodischen Charakter des Erzählten, das als Station einer weiterführenden Entwicklung gedacht werden kann.

Besonderes Interesse hat in *Stilpe* immer der letzte (Berliner) Bohemezirkel gefunden, da Bierbaum hier mit Scheerbart, Przybyszewski, Meier-Graefe und Hille Hauptvertreter der Berliner Boheme aus guter Kenntnis beschreibt. Auch die Darstellung der Kleinkunstszene im Roman verdient Beachtung, nicht zuletzt im Hinblick auf den Aufschwung, den das Kabarett nach französischem Vorbild bald auch in Berlin nehmen sollte. Im Roman ist es allerdings noch nicht so weit. Stilpes Projekt einer «Renaissance aller Künste und des ganzen Lebens vom Tingeltangel her» scheitert; das von ihm gegründete Momustheater erleidet ein vollständiges Fiasko. Ein Jugendfreund findet ihn später auf der Bühne eines Vorstadtvarietés wieder: als Conferencier, der sein eigenes Scheitern inklusive Selbstmord inszeniert und mit letzterem bei einer späteren Aufführung wirklich Ernst macht. Es ist die Rücknahme einer

Entwicklung, die von Anfang an zum Scheitern verurteilt war, mit
Stilpes Worten: «Das Wollen war für mich eine ungesunde Lüge.» Die
Wahrheit seines Charakters ist die Dekadenz.

Frauen zwischen Neurose und Emanzipation

Seit den achtziger Jahren entstehen vermehrt Romane von Frauen, die
das Problem der weiblichen Sozialisation thematisieren. Emilie Matajas
Familie Hartenberg (1882) wäre zu nennen oder Maria Janitscheks
Roman *Aus der Schmiede des Lebens* (1890) sowie die Romane Franziska
von Kapff-Essenthers: *Versorgung* und *Eva's Erziehung* (1895). An drei
herausragenden Beispielen sei im folgenden die Frage diskutiert, wie sich
das in den männlichen Entwicklungsromanen dominierende pathologische Syndrom im Frauenroman darstellt und ob sich hier Alternativen
zu den dort angebotenen Lösungen bzw. Schicksalen abzeichnen.

Gabriele Reuters Roman *Aus guter Familie* (1895) trägt den bezeichnenden Untertitel «Leidensgeschichte eines Mädchens». Seine Bekanntheit in späteren Zeiten verdankt sich nicht zuletzt dem Hinweis Freuds
(*Zur Übertragung der Dynamik*, 1912), daß dieser Roman «die besten
Einsichten in das Wesen und die Entstehung von Neurosen» verrate. Tatsächlich ist Agathe Heidlings Lebensweg ein Weg in die Nervenkrankheit, und das Beunruhigende daran ist gerade der Umstand, daß es im
wesentlichen die ‹Normalität› ihrer Sozialisationsbedingungen und ihre
Bereitschaft zur Anpassung sind, die diese junge Frau aus gutbürger-
licher Familie in die Krankheit treiben.

Agathes eigener Beitrag besteht allenfalls in einer gewissen «krankhaften Hef-
tigkeit», wie sie schon bei der Konfirmationsfeier des ersten Kapitels erwähnt
wird, einer überzogenen Erwartung an die Sensationen des Lebens, die sich ja
auch in ihrer Lieblingslektüre (Byron) spiegelt. Das Lesen wird für Agathe zu
einer Art Ersatzleben, zumal die eigene Mutter sich weigert, den Fragen ihrer
erwachenden Sinnlichkeit den geringsten Anhalt zu geben. Trotzdem wehrte
sich die Autorin gegen eine Festlegung des Romans auf ein Exempel für die Folgen der Unterdrückung weiblicher Sexualität − entsprechend den Vorgaben der
damaligen Hysterieforschung. Immerhin sucht Agathe sexuelle Erfüllung in der
Ehe mit einem (zunächst gehaßten) Mann; doch scheitert die Heirat an der Ver-
untreuung ihrer Mitgift. Den letzten Ausweg in eine wenigstens partielle Selbstverwirklichung schneidet sich Agathe ab, als sie das Angebot ihres Cousins zu
einem Arbeitsbündnis jenseits erotischer Verpflichtungen ablehnt. Statt dessen
überläßt sie sich der tyrannischen Obhut der Familie, aus der es für sie nur noch
die Flucht in die Geisteskrankheit gibt.

Helene Böhlaus Roman *Halbtier!* (1899) ist als der provokanteste
Frauenroman der Jahrhundertwende bezeichnet worden. Seine Heldin

Isolde ist eine Identifikationsfigur mit einem Anflug von nietzscheanischem Übermenschentum. Wenn sie am Schluß den Maler erschießt, der einst ihre Liebe enttäuschte und sie nun vergewaltigen will, so handelt sie «als eine, die die Hälfte der Menschheit in sich faßt», «als der Begriff des ewig bedrückten Weibes, des geistberaubten, unentwickelten Geschöpfes, dem alles geboten werden darf, das alles hinnimmt, waffenlos und rechtlos jeder Erniedrigung gegenüber». So die ‹message› des Romans, von der Erzählerinstanz nur oberflächlich und nachträglich der Protagonistin zugeordnet («Ja, so empfindet sie»). Schon durch den Titel ist ja die Frage nach dem ganzen Menschen gestellt; durch den Kult, den die Siebzehnjährige mit einem ausgegrabenen Menschenschädel treibt, wird sie Teil der Romanhandlung. An deren Wendepunkt (Mengersens Verlobung mit Isoldes Schwester) erlebt die Heldin schmerzlich die herrschende Verachtung der Frau, die mit dem Tier auf eine Stufe gestellt wird. Indem sie den Maler später «wie einen tollen Hund» erschießt, kehrt sie jedoch die Perspektive um, erhebt sie sich zur Retterin einer von «Halbtierseelen» bedrohten Menschheit. Freilich bleibt ihr selbst danach nur der Selbstmord; sie begeht ihn als Fest der Wiedervereinigung mit der Natur, als Eintritt in einen Winterschlaf, von dem sie wiederkehren wird: «So stand sie unerschütterlich, Herrin über Leben und Tod – in der Wonne ihrer großen Kräfte schon entrückt – und wartete auf die Sonne.»

Die gewaltsame Mystifikation deutet ein Ereignis, das im Entwicklungsroman herkömmlich das äußerste Maß des Scheiterns des Individuums bezeichnet, in seinen Triumph um und stellt damit wesentliche Teile der Romanhandlung auf den Kopf. Halbwegs plausibel wird diese Wertung allenfalls durch die Lehren des Philosophen Helwig Gerber, dem Isolde viel von ihrem neuen Selbstbewußtsein und entscheidende Ermutigung auf dem Weg zu eigenem Künstlertum verdankt. Das Modell der geistigen Förderung der sich emanzipierenden Frau durch einen (männlichen) Lehrer findet sich auch in Hedwig Dohms Roman *Christa Ruland* (1902), und zwar gleich zweifach. Zunächst begegnet die Titelheldin Frank Richter, der ihr die Philosophie Stirners nahebringt, ihr aber keine ebenbürtige Partnerschaft bieten kann. Auch Christas Anschluß an den asketischen Mystiker Rainer Daniel kann nur vorübergehender Natur sein, da sie auch hier wieder funktionalisiert und auf eine restringierte Frauenrolle festgelegt wird.

Die Konsequenz, die Hedwig Dohms Roman aus der Krise der weiblichen Identität zieht, ist diametral der Lösung Helene Böhlaus entgegengesetzt – nicht Selbstvergottung, sondern Selbstverleugnung führt zum Ziel; nicht in der Freisetzung des Individuums im Zeichen der Moderne, sondern in seiner Eingliederung in gesellschaftliche Zusammenhänge liegt das Heil. Christa faßt den Entschluß, ein Kinderheim zu gründen, also die traditionelle Rolle der Frau als Mutter auf kollektiver Basis zu erneuern; zur Begründung heißt es:

«Die Eigenheit ruft Dir zu: ‹Komm zu Dir.› Wie aber, wenn es nun das Beste wäre, nicht zu sich selber zu kommen, sich gar nicht auf sich zu besinnen? An einem bestimmten Platz eine bestimmte Aufgabe erfüllen und nachts die traumlose Ruhe – den Schlaf.»

Wie ernst diese Perspektive zu nehmen ist, wäre wohl zu fragen. Bis zu diesem Entschluß hat sich die Heldin des Romans nicht als sonderlich stabil erwiesen. Vielmehr ist ihre Ausgangssituation gerade durch die Diversifizierung weiblicher Identität gekennzeichnet. Auf die Frage, ob sie zwei Seelen in der Brust habe, antwortet Christa: «Zwei Seelen? Nein, in meiner Brust wohnen mindestens ein Dutzend, eine ganze Kollektion von Seelen.» Vielleicht gibt es dann auch eine Kollektion von Emanzipationsmöglichkeiten; das traditionelle Modell des Entwicklungsromans ist allerdings nicht in der Lage, einen solchen Plural zu beschreiben.

3. Historischer Roman

In Abwandlung eines geflügelten Worts aus der Zeit der Märzrevolution («Gegen Demokraten / Helfen nur Soldaten») prägt Franz Hirsch 1882 den Slogan:

Gegen vaterlandslose Socialdemokraten
Hilft die Geschichte deutscher Thaten.

Der holprige Zweizeiler ist in einem Artikel der Zeitschrift *Salon* mit der Überschrift *Geschichte und nationale Erziehung* enthalten. Hirsch setzt sich darin für eine verstärkte Nutzung des historischen Romans zu volkserzieherischen Zwecken ein. Da er «die Sache praktisch anfassen» möchte, liefert er sogleich eine Liste von Romantiteln mit, die chronologisch angeordnet sind – und zwar bezogen auf die historische Zeit, in der das jeweilige Werk spielt. Die Liste beginnt mit Freytags *Ingo und Ingraban* und setzt sich nach Scheffels *Ekkehard* alsbald wieder mit Teilen des *Ahnen*-Zyklus fort, wie ohnehin leicht zu sehen ist, daß die ganze Idee im Grunde eine Abwandlung von Freytags *Ahnen*-Konzeption darstellt, die hier durch Romane seiner Kollegen und Vorgänger (immer wieder: Alexis) ergänzt und sozusagen ins Nationalliterarische erweitert wird. Freytags Idee entsprach offenbar in hohem Grad dem Geist einer Zeit, die die nationale Geschichte im Zusammenhang nachzuerleben strebte. Wie die Entstehung und Wirkung der *Ahnen*, ist das Interesse am historischen Roman generell stark durch die neue nationalgeschichtliche Situation und Perspektive nach 1871 geprägt.

Das gilt nicht ausnahmslos. Zumal im österreichischen Raum entstehen auch in den siebziger Jahren historische Romane, die aus dem nationalen Bezugsrahmen herausfallen – wie Hamerlings Roman *Aspasia* (1876), ein Hohelied auf den Schönheitskult der griechischen Klassik, oder Sacher-Masochs Roman *Ein weiblicher Sultan* (1873), der ausschließlich an der Beziehung zwischen der russischen Zarin Elisabeth Petrowna und ihrem Liebessklaven Aleksej Rasumowski interessiert ist und im Grunde nur eine Kostümversion der *Venus im Pelz* darstellt. Gerade solche eher peripheren Beispiele zeigen, wie eingeführt und etabliert die Gattung des historischen Romans in der zweiten Hälfte des 19. Jahrhunderts war; tatsächlich wurde der Höhepunkt der Produktion (der Zahl der erschienenen Titel nach) schon Anfang der sechziger Jahre erreicht. Am ehesten kann man in der Nachfrage des Publikums – auch bei älteren Werken wie Scheffels *Ekkehard* – nach der Reichsgründung noch eine quantitative Steigerung erkennen.

Eine deutliche Zunahme ergibt sich damals jedoch bei gegenwartsfernen Stoffen aus dem Mittelalter oder antiken Kulturen. Als hätte sich mit der Gründung des deutschen Kaiserreichs der historische Blick geweitet auf ältere Traditionen des Kaisertums, andere Reiche oder Staatsformen, treten zunehmend die Stauferzeit, das römische Kaiserreich, ja das alte Ägypten in den Vordergrund. Die kulturgeschichtlichen und archäologischen Spezialkenntnisse, die eine halbwegs realistische Darstellung des Lebens in so weit entfernten Epochen voraussetzt, begünstigen den sogenannten ‹Professorenroman›. Er findet damals seinen populärsten Vertreter im Ägyptologen Georg Ebers, der sich schon 1864 mit dem Roman *Eine ägyptische Königstochter* einen Namen machte und auch mit seinen folgenden Werken außerordentliche Auflagenzahlen erreichte; die in den neunziger Jahren erschienene Gesamtausgabe (mit prächtigem goldgeschmücktem Einband) umfaßt nicht weniger als zweiunddreißig Bände. Offenbar entsprach dem Bedürfnis der damaligen Altertumskunde nach populärer Verbreitung ihrer Erkenntnisse ein ebenso großes Interesse des Publikums an fiktional aufbereiteter historischer Faktenkunde.

Ebers' zweiter Roman *Uarda* (1877) spielt im Ägypten des 14. Jahrhunderts v. Chr.; der Anspruch auf historische Detailgenauigkeit wird gegenüber dem Erstling insofern modifiziert, als Ebers nunmehr auf einen umfangreichen Anmerkungsapparat verzichtet. Die Vorrede bekennt sich sogar zur unhistorischen Handhabung der Psychologie: «Hier wird mancher Anachronismus mit unterlaufen, wird vieles modern erscheinen und die Färbung unserer christlichen Empfindungsweise zeigen.» Auf weitgehende Zugeständnisse an den Zeitgeschmack verweisen auch die Widmungen an den englischen Maler Laurence Alma Tadema in verschiedenen Werken von Ebers. Tatsächlich kann man wohl die Faustregel aufstellen, daß historische Romane desto eher das Allgemeinmenschliche betonen und von einem zeitgenössischen Empfinden ausgehen, je weiter ihr Gegenstand von der Gegenwart entfernt liegt. Das mühsam rekonstruierte historische Milieu wird im gleichen Zuge immer mehr zur bloßen Fassade.

Spürbar ist das bei Ebers vor allem im Vordringen der Kulturkampfthematik, des dominierenden innenpolitischen Themas der siebziger Jahre in Deutschland. Indem der *Uarda*-Roman eine großangelegte Priester-Intrige gegen Pharao Ramses II. zeigt, auf den sogar ein Mordanschlag verübt wird, reiht er sich an prominenter Stelle in das kaum überschaubare Heer der Kulturkampfdichtungen ein, zu denen rund einhundertachtzig historische Romane zählen. Und zwar eben nicht nur solche Werke, die geschichtliche Konflikte zwischen deutschem Staat und katholischer Kirche behandeln, in denen man also mit mehr oder weniger Recht eine historische Parallele zu Bismarcks Kampf gegen den Ultramontanismus zu sehen vermöchte. Im Sinne der ideologischen Aufladung der aktuellen Auseinandersetzung wurden vielmehr die verschiedensten Erscheinungen der Priesterherrschaft und diverse Konflikte zwischen Christentum und Heidentum, Religion und Philosophie auf den Kulturkampf bezogen.

Insofern ist auch Ebers' Roman über den Einsiedler Paulus (*Homo sum*, 1887), gleichfalls in Ägypten, aber nunmehr im 4. nachchristlichen Jahrhundert angesiedelt, als später Beitrag zum Kulturkampf zu lesen. Denn Paulus gewinnt im Laufe des Romans Einsicht in die Verfehltheit eines übertriebenen Frömmigkeitsstrebens; ein ihm nahestehender jüngerer Einsiedler gibt die Eremitenexistenz auf und tritt statt dessen ins römische Heer ein! Noch der junge Fritz Mauthner knüpft an solche Muster an, wenn er 1891 einen Roman über die neuplatonische Philosophin Hypatia veröffentlicht, die von fanatischen Einsiedlern ermordet wird (schon Gegenstand eines Romans von Charles Kingsley von 1853). Der Abdruck der *Hypatia* in der *Kölnischen Zeitung* soll übrigens heftige Reaktionen bei Klerus und Zentrumspartei ausgelöst haben. Wenn stimmt, was Mauthner 1919 behauptet, nämlich daß die schneidigen Reden des Kaisers Julianos eine Karikatur Wilhelms II. bezweckten (und zwar im Zeitungsvorabdruck noch deutlicher als in der Buchfassung), dann hätten wir in diesem scheinbar der Spätantike gewidmeten Roman zugleich eine der ersten Satiren auf den letzten deutschen Kaiser vor uns.

Julianus Apostata ist auch Gegenstand eines umfangreichen Romans Felix Dahns (*Julian der Abtrünnige*, 1894). Der Professor für Rechtswissenschaft spezialisierte sich als Romancier auf die Endphase des Römischen Reichs und die Völkerwanderungszeit, die er mit seinem vielgelesenen ‹Klassiker› *Ein Kampf um Rom* (1876) gewissermaßen in die neuere Literatur eingeführt hat. Das umfangreiche Werk mit über einhundert wichtigeren Figuren behandelt die letzte Phase der Herrschaft

der Ostgoten in Italien – vom Sterben Theoderichs des Großen im Jahre
526 bis zur Schlacht am Vesuv von 552. Aufgrund der langen und durch
eine mehr als zehnjährige Unterbrechung geprägten Entstehungsgeschichte – die ersten fünf Bücher entstanden im wesentlichen 1858–1862,
die beiden letzten und der Anfang des ersten 1874 – lassen sich zwei
verschiedene Schichten bzw. Konzepte voneinander unterscheiden.

Der ältere Werkkomplex, zentriert um den mittleren Helden Totila, ist noch
von liberalen Hoffnungen auf den großdeutschen Einigungsprozeß geprägt und
wahrscheinlich von den frischen Erfolgen des italienischen Risorgimento beeinflußt. Der junge Gotenkönig, der sich mit einem Sohn seines römischen Gegen-
spielers anfreundet und die Tochter eines nationalstolzen Römers liebt, erscheint
als Sinnbild menschlicher Verbindungen zwischen den streitenden Parteien;
ihm gelingt ja auch vorübergehend eine Stabilisierung der Friedensherrschaft.
Erst die letzte Arbeitsphase – drei Jahre nach der Reichsgründung – bringt
den germanischen Tragismus und Heroismus voll zur Geltung, der schon den
ersten Kapiteln und erst recht dem Schluß das eigentümliche Pathos verleiht.
Der Sänger Teja, als düster-visionärer Einzelgänger bereits auf den ersten Seiten
vorgestellt, führt sein Volk wissentlich in den Untergang. Erst jetzt wird aus
dem Kampf von Nordvolk und Südvolk ein antagonistischer Konflikt, der Erb-
feindphantasien nationalistischer Couleur, ja Hetzbilder des Rassenwahns
ebenso assoziieren läßt wie die Polarisierungen des Kulturkampfs. «Unsre Tod-
feinde sind die Welschen», heißt es jetzt, oder: «Kein Friede zwischen den Söhnen des Gaut und dem Südvolk!» Hierher gehört auch der völlig anachronisti-
sche Vorschlag, über die Alpen zu gehen und Paris (!) zu «zerschlagen», das
«Drachennest der Merowinger».
Das konspirative nächtliche Treffen in einem Tempel vor Ravenna, dessen rie-
selnder Verfall den Verfall des Imperium Romanum ebenso wie den des Goten-
reichs symbolisiert – diese ganze pathetische Ouvertüre, die ja schon die
Schlußkatastrophe präludiert, ist zielgenau auf die Diskriminierung der von
Theoderich betriebenen Integrations- und Assimilationspolitik ausgerichtet.
Dagegen setzt der mythische Alte Hildebrand einen puristischen Nationalismus,
der Blut und Sprache miteinander gleichsetzt und jede Form der Akkulturation
tabuisiert. Der Enkel, der «ein Welscher worden» ist, ist für ihn «schlimmer als
tot», am Leben hält den Alten nur die Liebe zum Volk:

> «Was anders als der Drang, der unaustilgbar in unsrem Blute liegt, der tiefe
> Drang und Zug zu meinem Volk, die Liebe, die lodernde, die allgewaltige,
> zu dem Geschlechte, das da Goten heißt, und das die süße, heimliche, herr-
> liche Sprache redet meiner Eltern, der Zug zu denen, die da sprechen, füh-
> len, leben wie ich.»

Für den Publikumserfolg des Romans dürften vorrangig andere Elemente verantwortlich gewesen sein. Etwa die Anleihen bei Flauberts *Salammbô* in der Ausmalung raffinierter Grausamkeiten. So läßt Gothelindis ihre Gegenspielerin
Amalaswintha einen qualvollen Tod durch steigendes Wasser und heiße Dämpfe
in einer geschlossenen Badeanlage sterben und wohnt dem Vorgang als Voyeurin
– hinter einer Medusenmaske in der Wand – bei; sie ist nur enttäuscht über
die Selbstbeherrschung ihres Opfers und die Kürze des Vorgangs, die so gar

nicht ihren Vorstellungen entsprechen: «Stundenlang will ich mich weiden an
deiner Todesangst [. . .] – o ein Meer von Rache will ich trinken.» Ausgesprochen modern wirkt und versteht sich auch der große Gegenspieler der Goten:
der von Dahn frei erfundene Römer Cethegus. Erst im abschließenden Show-
down wird er in die heroische Kampfgemeinschaft der Goten hineingenommen;
der intellektuelle Giftmischer und Intrigant ist nun plötzlich ein vollwertiger
Kampfgegner Tejas:

> «Scharf bohrten die beiden großen Feinde noch einmal Aug' in Auge. Dann
> sausten Speer und Beil durch die Luft: – denn keiner dachte der Abwehr.
> Und beide fielen. Tejas Beil drang mit der Speerspitze [lies: Spitze]
> durch Schild und Harnisch in des Cethegus linke Brust. ‹Roma! Roma
> eterna!› rief er noch einmal. Dann sank er tot zurück. –»

«Schlußtableau mit bengalischer Beleuchtung» – so hat Wilhelm Scherer spöt-
tisch das Ende des Romans kommentiert. Tatsächlich ist die theatralische Qualität von Dahns Erzählen unübersehbar, dessen Vorliebe für große Szenen, Ta-
bleaus und Posen dem Stil Conrad Ferdinand Meyers nahe – aber doch nur
nahe! – kommt.

   Nicht zuletzt unter dem Einfluß von Dahns Erfolg schossen die
Römerromane aus dem Boden. Ernst Eckstein verfaßte *Die Claudier*
(1882) und *Nero* (1889), Adolf Hausrath (unter dem Pseudonym George
Taylor) *Antinous* (1881), und sogar der junge Bölsche beteiligt sich mit
Paulus. Roman aus der Zeit des Kaisers Marcus Aurelius (ein anderer
Römerroman aus seiner Feder – *Der Zauber des Königs Arpus*, 1887 –
ist wohl eher als humoristische Parodie auf das Genre einzuordnen).
Schon vor Dahn waren erschienen: Gregor Samarows (d. i. Oskar
Medings) *Der Todesgruß der Legionen* (1874) und John Retcliffes (d. i.
Hermann Goedsches) *Das Ende des Cäsaren* (1875).
   Kritik an der Modewelle konnte nicht ausbleiben. Karl Bleibtreu legt
sie der Dichterfigur seines Romans *Größenwahn* (1888) in den Mund;
Leonhart erklärt:

> «Wer das Alterthum ‹realistisch› zu schildern meint, macht sich
> für den Geschichtsforscher lächerlich. Wir *können* uns absolut nicht
> in den Gedankengang antiker Menschen versetzen. Und wer gar
> moderne Ideen in antikem Gewande aussprechen will, der thut der
> Geschichte wie der Dichtung und endlich sich selber, dem moder-
> nen Dichtermenschen, Gewalt an.»

Als Alternative zur archäologischen oder antiquarischen Variante bot sich
der vaterländische historische Roman an. Breitere Wirkung erreichte Ernst
Wichert mit einem Roman über Fehlentwicklungen des Deutschen Ordens unter dem Titel *Heinrich von Plauen* (1881). Seiner mit bürgerlichem
Fortschrittsbewußtsein formulierten Kritik am Adel steht das psychologische Porträt einer Adligen in *Die letzte Reckenburgerin* (1871) gegenüber,

dem Hauptwerk der Louise von François. Es ist die Ehre des adligen Fräuleins Hardine, die auf dem Spiel steht, als ein landstreichender Bettler halbbetrunken inmitten der festlichen Schloßgesellschaft erscheint und sich für ihren Sohn erklärt. Die Szene bildet das Ende der sogenannten «Einführung» des Romans. Was folgt, ist eine spätere Aufzeichnung Hardines, die dem Leser jene Antwort auf die Frage nach der Herkunft des Fremden und ihrer Verantwortung für ihn gibt, die sie seinerzeit sowohl dem ungebärdigen Eindringling wie ihren Gästen schuldig blieb.

Dieser Bericht legt ein anschaulichen Zeugnis ab vom Arbeitsethos eines Landadels, wie er sein sollte, aber auch von einer sexuellen Problematik, die sich nur leicht verändert im nächsten Roman der Autorin wiederholt (*Frau Erdmuthes Zwillingssöhne*, 1873). Es ist die Aufspaltung der weiblichen Identität in eine Mutterrolle ohne Anspruch auf eigene Sinnlichkeit (Hardine, die sich des jungen August annimmt, deren Liebe zum Prinzen aber unerfüllt bleibt) einerseits und einer Existenz mit sinnlicher Erfüllung, aber ohne ausreichende sittliche Verantwortung (ihre Freundin Dorothee, die sich dem Prinzen hingibt, sich aber nicht um die Aufzucht des Kindes kümmert) andererseits. Die Dichotomie von Mutter und Hure klingt an, wird aber nicht im Sinne einer Männerphantasie ausgemalt, sondern unter dem Gesichtspunkt des Ausgleichs betrachtet. An Conrad Ferdinand Meyer schreibt die Autorin über die Entstehung der *Letzten Reckenburgerin*: «Ich wollte an zwei Frauengestalten zeigen, wie die beleidigte Natur sich rächt, die versäumte sich hilft.» Eben dies ereignet sich in Hardines Leben, das auch ohne Ehe und Familie Frucht trägt.

Der Zeitraum der *Reckenburgerin* umfaßt die Zeit von der Französischen Revolution bis zu den dreißiger Jahren; der *Zwillingssöhne*-Roman ist noch direkter auf die Zeit der napoleonischen Kriege und der Befreiungskriege ausgerichtet. Im tragischen Schicksal der Brüder, die beide an der Schlacht bei Dennewitz, aber auf verschiedenen Seiten teilnehmen (Raul als sächsischer Offizier unter Napoleon, Hermann – der Name sagt es schon – als preußischer Kriegsfreiwilliger unter Bülow), wird die Zerrissenheit der deutschen Nation vorgeführt. Dabei richtet sich der besondere Unwille der national empfindenden Sächsin offenbar gegen die unwürdige Rolle Sachsens als napoleonisches Hilfsvolk.

Vor dem Hintergrund der preußisch-sächsischen Geschichte vollziehen sich auch die «Stufenjahre eines Glücklichen», der Lebensweg des Decimus Frey im gleichnamigen Roman von der Kindheit als zehntes Kind eines dem Trunk ergebenen Häuslers zum behaglichen Ehestand mit der adligen Lydia von Hartenstein. Die Patenschaft des preußischen Königs und seine eigene Besinnlichkeit führen den Helden sicher durch alle Wirren (etwa des Aufstands von 1848), die anderen zum Verhängnis werden; das Modell der Goetheschen Turmgesellschaft im klassischen Bildungsroman hat hier ein politisch-historisches Gegenstück gefunden, das sich wie eine Allegorie auf das Geschichtsbild der Autorin liest: die Verbindung mit Preußen als Heilsperspektive der deutschen, zumal sächsischen, Geschichte!

Fontanes Weg zum Roman führte durch märkischen Sand und preußische Geschichte – auf Wegen, die von Walter Scott und Willibald Alexis vorgezeichnet waren. Die Anfänge seines Erstlings, des am Vorabend der Befreiungskriege 1813 spielenden historischen Romans *Vor dem Sturm* (1878), reichen in die frühen sechziger Jahre zurück und sind eng mit den damals entstehenden Oderland-Kapiteln der *Wanderungen durch die Mark Brandenburg* verbunden. Schon sachlich ist die Nähe der Beschreibungen von Friedersdorf und Gusow (im zweiten Teil der *Wanderungen*) zur Darstellung von Hohen-Vietz und Schloß Guse im Roman mit Händen zu greifen. Wichtiger aber ist der geistige Impuls, aus dem heraus Fontane, damals noch Redakteur der erzkonservativen *Kreuzzeitung*, auf Leitfiguren des preußischen Adels wie Friedrich August Ludwig von der Marwitz (den historischen Schloßherrn von Friedersdorf, wichtigstes Vorbild für Berndt von Vitzewitz im Roman) oder die Rheinsberger Fronde (im Roman durch Berndts Schwester in Guse verkörpert) zurückgreift.

«Es war mir nicht um Conflikte zu thun, sondern um Schilderung davon, wie das große Fühlen das damals geboren wurde, die verschiedenartigsten Menschen vorfand und wie es auf sie wirkte.» So Fontane in einem Brief an seinen Verleger Wilhelm Hertz vom Juni 1866. Das zwiespältige Echo auf das Erscheinen des umfangreichen Romans (in vier Bänden) zwölf Jahre später hat viel mit dem Strukturmodell zu tun, das der Autor selbst hier andeutet: eines Romans ohne einheitliche Handlung, ohne herausragenden positiven Helden, mit verschiedenen Subzentren des Geschehens und einem weitläufigen heterogenen Personal. Selbst Freunde Fontanes reagierten ungeduldig. So beklagte sich Rodenberg über die ermüdende Wiederholung von Schlittenfahrten, und Heyse sah «mehr Porträtgalerie als Erzählung»: «und was das schlimmste ist, nicht alle diese Figuren sind von solcher Wichtigkeit für die Geschichte selbst, daß wir ihr Interieur und Exterieur, ihren Kaffee und Kuchen, ihr Lieben und Hassen mit solcher Umständlichkeit zu erfahren brauchten» (an Hertz am 27. November 1878). Fontane verteidigte sich dagegen mit dem erzähltheoretisch bemerkenswerten Konzept des «Vielheitsromans» (siehe oben S. 161).

Nicht zu übersehen ist der Zusammenhang zwischen der vielteiligen Form dieses Debütromans und der literarischen Herkunft des Autors: des Balladen-Dichters und Wanderers durch die Mark Brandenburg. Sobald Rodenberg die Kritik an der «zerbröckelnden» Form ins Positive wandte (es handle sich eher um eine «Aneinanderreihung von Balladen» als um ein Epos), war Fontane denn auch prompt besänftigt! Zum anderen spiegelt sich in dieser Form auch ein bestimmtes Geschichts- und politisches Bewußtsein, das wohl mehr mit der konservativen Auffassung der Gesellschaft als eines vielgliedrigen Organismus (mit einer

Mehrzahl selbständiger Zentren) gemein hat als mit einer genuin demokratischen Konzeption.

So werden uns verschiedene Vertreter der ländlichen Bevölkerung vorgeführt – von den dörflichen Honoratioren über die Bauern bis hin zur unheimlichen Zwergin, der halbkriminellen Botenfrau Hoppenmarieken –, so wird die Stadt neben das Land gestellt und die polnische Adelsfamilie Ladalinski samt ihrem Bekanntenkreis neben das märkische Geschlecht von Vitzewitz. Preußen war kein Nationalstaat; die Unentschiedenheit der Diskussionen über die wendische oder germanische Herkunft des Odinwagens reflektiert die Neutralität gegenüber den Nationalismen des 19. Jahrhunderts, um die sich dieser Roman bemüht, dessen Gegenstand objektiv doch der Ausbruch der deutschen Nationalbewegung darstellt.

Es gibt kaum einen größeren Gegensatz als den zwischen Fontanes Bild der deutsch-polnischen bzw. deutsch-wendischen Symbiose und Gustav Freytags diskriminierender Darstellung polnischer Verhältnisse in *Soll und Haben*. Ein ähnlicher Unterschied zeigt sich in der Darstellung der historischen Rolle des Bürgertums in den Romanen dieses begeisterten Nationalliberalen und bei Fontane, der in *Vor dem Sturm* den Anteil der bürgerlich-akademischen Intelligenz an der Sammlungsbewegung gegen Napoleon systematisch unterbewertet und im aufrechten Othegraven, der den Streich gegen die französische Besatzung mit dem Leben bezahlt, allenfalls einen Alibi-Bürgerlichen präsentiert. (In der komplizierten Entstehungsgeschichte des Romans übernahm Othegraven die heroische Rolle, die ursprünglich dem jüngeren Vitzewitz zugedacht war.) In der Mesalliance, auf die Fontanes Roman hinausläuft: der Heirat Lewins von Vitzewitz mit der Adoptivtochter des Dorfschulzen, der Schauspielertochter Marie, deutet sich so etwas wie eine antibürgerliche Utopie, ein Zusammengehen des sich erneuernden Adels mit dem einfachen Volk bzw. eine Erneuerung des Adels aus dem Volk an. Das Bürgertum als die eigentlich zukunftsträchtige Gesellschaftsklasse in der Epoche zwischen der dargestellten Ära und der Entstehungszeit des Romans wird weitgehend ausgespart.

Eigentlich sollte Lewin von Vitzewitz die schöne Polin Kathinka heiraten. Der dreifache Treuebruch, den ihre Flucht mit dem antipreußisch eingestellten Grafen Bninski bedeutet (als Bruch der Treue zu Lewin, zu ihrem Vater und zu Preußen), belastet die Balance im deutsch-polnischen Verhältnis, um die dieser Roman doch eigentlich bemüht ist. Und zwar um so mehr, da die Treue (als Treue zum Lehnsherren resp. zum Schutzbefohlenen eine zutiefst feudale Tugend) die zentrale ethische Norm im Wertegefüge von *Vor dem Sturm* darstellt. Aus der Verpflichtung zur Treue zu seinem Land leitet Berndt von Vitzewitz sein Widerstandsrecht ab; unter Berufung auf die Treue zum König wird ihm widersprochen. Als Allegorie der Treue läßt sich schließlich Marie auffassen, die märchenhafte Segensbringerin, von der es heißt: «Sie hat Mut, und sie ist demütig. [...] Vor allem ist sie wahr.» Wahrheit und Treue zum tieferen Sinn der Realität erwartete Fontane auch vom künstlerischen (nicht bloß abschreibenden) Realismus.

Einen ganz anderen Zugang zur preußischen Geschichte präsentiert Raabes Roman *Das Odfeld* (1888). Diese Geschichte aus der Zeit des Siebenjährigen Kriegs ist als «Geschichte gegen die Geschichte» bezeichnet

worden; als Provokation des zeitgenössischen Geschichtsbewußtseins
erscheint die Konsequenz, mit der Raabe den einmaligen historischen
Vorgang, in dessen Beschreibung er sich übrigens sehr genau an die
überlieferten Fakten und die Topographie der niedersächsischen Ith-
Landschaft hält, um andere Zeitstufen und diverse literarische Modelle
erweitert. In der Einleitung heißt es:

> «Römer haben sich ziemlich sicher hier auf Wodans Felde mit
> Cheruskern gezerrt und gezogen, Franken mit Sachsen und die
> Sachsen sich sehr untereinander. Die alte Köln-Berliner Landstraße
> läuft nicht umsonst über das Odfeld, vorbei an dem Quadhagen:
> Ost und Westen konnten also, wenn sie sich etwas mit dem Prügel
> in der Faust zu sagen hatten, wohl aneinander gelangen, und daß
> sie bis in die jüngste Zeit ausgiebigen Gebrauch von der Weggele-
> genheit machten, davon wird der Leser Erfahrung gewinnen, wenn
> er nur um ein kleines weiterblättert.»

Im Aufbau der hier angesiedelten Handlung bedient sich Raabe weitgehend eines auch sonst von ihm favorisierten Modells: des Typs der
Rettungsgeschichte. Der relegierte Student Thedel Münchhausen und
der dimittierte Magister Noah (!) Buchius scheinen würdige Führer für
das kleine Grüppchen von Zivilisten, das sich zwischen den Fronten in
Sicherheit zu bringen sucht. Aber die Rettung gelingt nicht; die Flüchtlinge werden in einer Höhle aufgespürt. Thedels Tod widerlegt die zahlreichen Anspielungen auf die Idyllendichtung des Rokoko, die diesen
Roman (wie auch ein späteres Werk Raabes: *Hastenbeck*) auf weite Strek-
ken als eine makabre ‹Idyllenumschrift› erscheinen lassen.

Als makaber erweist sich bei genauerem Hinsehen auch schon die Erzählung vom Aufenthalt in der Höhle und dem gemeinsamen Mahl, das
die Flüchtlinge hier einnehmen. Dem zweiten Blick enthüllen sich zahlreiche Hinweise auf ein kannibalisches Geschehen, mit denen Raabe
einerseits Erkenntnisse der örtlichen Frühgeschichte aufnimmt (noch
darin verfährt er gewissermaßen ‹historisch›), andererseits eine diskrete
Deutung der geschichtlichen Vorgänge selbst formuliert. Kriege sind
kannibalisch – so wäre diese Flaschenpost zu entziffern –, und zwar
auch dieser Krieg, den die offizielle Geschichtsschreibung als Ausgangspunkt für Preußens Großmacht-Karriere verherrlichte. Es bleibt dem
unvoreingenommenen Leser überlassen, ob er sich für diese Lesart oder
für das Bild vom «großen Feldherrn» Herzog Ferdinand entscheidet, das
freilich auch in Raabes Text enthalten ist.

Die nationalistische Gesinnungstüchtigkeit des historischen Romans,
an die der oben zitierte Zweizeiler so weitreichende Hoffnungen
knüpfte, ist offenbar nicht immer gewährleistet. Die antisozialistische
Wirkung, von der dort die Rede war, steht um so mehr in Frage, als

Autoren der Arbeiterbewegung schon früh das Medium der historischen Erzählung und des historischen Romans für ihre Zwecke entdeckten und mit Erfolg zu nutzen wußten. Robert Schweichel verfaßte in den siebziger Jahren mehrere Kalendergeschichten über den Bauernkrieg, unter denen *Florian Geyers Heldentod* (1876) durch künstlerische Geschlossenheit hervorsticht. Noch 1898/99 kommt er in seinem Roman *Um die Freiheit*, der in zahlreichen Jugendausgaben große Verbreitung erfuhr, auf dieselbe geschichtliche Problematik zurück. Sein Roman *Die Falkner von St. Vigil* (1881) thematisiert den Tiroler Aufstand von 1809, der sich in der Gestalt von Andreas Hofer ja auch in der bürgerlichen Literatur des 19. und 20. Jahrhunderts großer Beliebtheit erfreute. Scheiternde Freiheitskämpfe werden als fortdauernder Auftrag empfunden: «Die Leiber haben sie töten können, nicht den Geist, nicht die Idee», heißt es in *Florian Geyers Heldentod*.

Auch August Otto-Walster, neben Schweichel sicher der bedeutendste Verfasser sozialistischer Erzählprosa der Epoche, widmet sich dem historischen Genre: in der Erzählung *Eine mittelalterliche Internationale* (1875) und dem historischen Roman *Braunschweiger Tage* (1874), später umbenannt in: *Ein Held des Geistes und des Schwertes*. Dieser Held ist die geschichtlich belegte Figur Thomas Filliers, eines erfolgreichen Braunschweiger Diplomaten in der Zeit des Dreißigjährigen Kriegs. Otto-Walster greift jedoch auf eine frühere Phase zurück, die der erzählerischen Phantasie größeren Spielraum läßt. Sein Fillier profiliert sich vor allem als Anführer der demokratischen Opposition in Braunschweig zu Beginn des 17. Jahrhunderts; er befreit politische Gefangene und besetzt ein Vorwerk, um dem Bürgermeister seinen Willen aufzuzwingen. Als «König vom Gliesmaroder Turm» antwortet er auf die Frage, wie er sein Reich einrichten würde: «Zuerst würde ich damit anfangen, meine eigene Herrschaft unschädlich zu machen.»

4. Berliner Roman

«Es fehlt uns noch ein großer Berliner Roman, der die Gesamtheit unseres Lebens schildert», notierte Fontane 1886 und fügte hinzu: «Wir stecken noch zu sehr in der Einzelbetrachtung.» Der «Berliner Roman» oder «Berliner Sitten-Roman» taucht als Genrebezeichnung auf zahlreichen Titelblättern der achtziger und neunziger Jahre und als Maßstab oder Forderung der Kritik in diversen Feuilletons der Zeit auf. Fontanes Postulat einer Gesamtdarstellung des städtischen Lebens blieb freilich Desiderat und mußte es wohl bleiben; die erzählerischen Möglichkeiten des deutschen Realismus und Naturalismus reichten an die Totalität der in jähem Wachstum befindlichen modernen Kapitale nicht heran.

Allein schon daß diese als Thema des zeitgenössischen Romans entdeckt wurde, bedeutete einen merklichen Fortschritt – einen Schritt hinaus über die Position, mit der sich Bölsche in einem Essay von 1890 auseinandersetzt: «Die moderne Großstadt ist baar aller Poesie.» Die spezifische «Poesie der Großstadt» freilich, die Bölsche hier entwickelt und in den Stadtschilderungen seines Romans *Die Mittagsgöttin* (1891) auch selbst erzeugt, ist keineswegs typisch für die damaligen Vertreter des Berliner Romans. Dieser zeigt sich im allgemeinen wenig an den dämonischen Qualitäten eines «Sonnenuntergangs über den rauchenden Schloten der Weltstadt» oder der erhabenen Schönheit der Eisenkonstruktionen interessiert, sondern ist in erster Linie – wie schon die oben zitierte Namensvariante signalisiert – Sittenroman. Sein Thema ist die schlechte, neue oder schichtenspezifische Moral in der Stadt, die moralische Depravation durch die Stadt.

Nichts zeigt das deutlicher als der Titel desjenigen Romans, der wohl den endgültigen Durchbruch der Gattung bedeutete: *Die Verkommenen* (1883) von Max Kretzer. Der Autor sollte 1885 öffentlich «das bescheidene Verdienst» für sich in Anspruch nehmen, «der Erste gewesen zu sein, der dem Roman, der in Berlin spielt, seine richtige Bezeichnung gab, und mit dem Realismus Ernst machte». Schon der Zeitungsabdruck seines ersten Romans (*Bürger ihrer Zeit*, 1879) trug den Untertitel «Berliner Sittenbilder»; der Zusatz entfiel freilich bei der ersten Buchausgabe von 1881, die einen neuen Titel (*Sonderbare Schwärmer*) wählte und nach dem kurzsichtigen Willen des Verlegers auf alle konkreten Berlin-Bezüge verzichtete.

Eine derartige Bearbeitung wäre im Falle der *Verkommenen* gar nicht möglich gewesen. Viel zu direkt ist dieser Roman als Schilderung bestimmter Berlin-Milieus angelegt: vom Arbeiterviertel am Rosenthaler Tor über die Mietskasernen des Wedding bis zum Amüsierbetrieb der Friedrichstadt. Symptomatisch ist der Zeigegestus, mit dem der Erzähler in den zentralen Schauplatz der Handlung, die Mietskaserne in der Gerichtsstraße, einführt:

«Wahrhaftig, da befand man sich wirklich inmitten einer jener schrecklichen Mietskasernen der Vorstädte, die das Grauen der Reichen und Vornehmen bildeten. In dem großen, steinernen Quadrat, das aus dem Vorderhause und den drei vierstöckigen Hinterhäusern gebildet wurde, wohnten nahe an siebzig Familien, von denen die meisten Schlafburschen beiderlei Geschlechts hatten, die oft zu dreien oder vieren ein und dieselbe Kammer teilten. [. . .] Alle vier Wochen tauchten neue Gestalten auf, die auf einen Monat irgend eine finstere Schlafstelle in den Hinterhäusern bezogen und dann, arbeitslos geworden, das Haus wieder verließen, um wer weiß wo den neuen Kampf ums Dasein aufzunehmen.»

Mit beträchtlicher soziologischer Genauigkeit beschreibt Kretzer den gesellschaftlichen Abstieg der Arbeiterfamilie Merk, die in diese Mietskaserne einziehen muß, da der Mann seit längerem arbeitslos ist und nichts mehr zur Hand ist, das man beim Pfandleiher versetzen könnte. Vater Merk verfällt dem Trunk, wird gewalttätig und landet im Zuchthaus, seine Frau arbeitet in der Fabrik, die unbeaufsichtigten Kinder verunglücken oder verwahrlosen. An fünf Schicksalen der Kinder-Generation zeigt Kretzer die korrumpierende Macht des großstädtischen Milieus, aber auch die Chance zur Meisterung der Situation durch Kräfte des Geistes, die in aller Regel freilich wiederum – und hierin liegt letztlich der Reform-Appell des Buchs – eine entsprechende Erziehung und Bildungsangebote voraussetzen.

Drei dieser Schicksale enden mit einem frühen, z. T. selbstgewählten Tod. Darunter sind die beiden Frauen (als Opfer der Friedrichstraße), aber auch ein talentierter Schriftsteller, der durch Sklavendienste für einen Kolportageverlag seine Selbstachtung verloren hat. Mit der heftigen Kritik am Kolportagewesen und seinen schädlichen Folgen zumal für die weibliche Phantasie begibt sich Kretzers Roman in gefährliche Gewässer, denn unverkennbar ist seine eigene Handlung stark durch kolportagehafte Effekte geprägt. Das gilt nicht zuletzt für das Ende, an dem einer der beiden dank musischer Begabung die Milieu-Gefahren meisternden jungen ‹Helden› als Anatomie-Zeichner auf den Leichnam seiner eigenen Schwester und ihres Geliebten stößt. «Dann öffnete er seine Mappe und begann zu zeichnen, mit Sorgfalt und Liebe zu zeichnen.» Kunst als Überlebenstechnik in der Großstadt – eine Botschaft des Berliner Romans?

Mit der Kraßheit dieses Endes läßt sich der Anfang eines Werks Wilhelm Raabes vergleichen, das mit erstaunlicher Deutlichkeit Elemente des Berliner Romans zitiert. *Im alten Eisen* (1887) beschreibt zunächst – in Anlehnung an Zeitungsmeldungen – die elende Situation zweier mittelloser Kinder, die in einer Berliner Mietskaserne mit der Leiche ihrer Mutter allein gelassen sind. Wenn das zweite Kapitel im Kontrast dazu mit dem Diner in der Wohnung eines Kommerzienrats einsetzt, verstärkt sich noch die Erinnerung an das Muster des Berliner Romans, zu dessen typischen Zügen – wie noch zu zeigen ist – die Schilderung des Bourgeois-Milieus und der Wechsel zwischen den Schichten gehören. In den folgenden Kapiteln, die die Außenseiter-Gestalten einführen, denen hier wie so oft bei Raabe die Rolle des Retters zufällt, und dabei auch frühere Lebensformen in der Provinz beschwören, verliert sich der Gattungsbezug zunehmend; die Bedeutung Berlins in diesem Roman beschränkt sich letztlich auf jene polare Rolle, die den Berlin-Sequenzen in anderen Raabe-Werken (z. B. *Alte Nester, Die Akten des Vogelsangs*) als Kontrast zum Ideal einer ursprünglichen «Nachbarschaft» zukommt.

Aufs ganze gesehen, stellt die Schilderung des proletarischen Milieus im Berliner Roman eher die Ausnahme dar – selbst bei Kretzer, der in *Das Gesicht Christi* (1896) nochmals die Lage der Ärmsten der Armen in den Vordergrund rückt. Strenggenommen handelt es sich hier wiederum um das Schicksal der Familie eines Arbeitslosen und nicht um die Ge-

schichte eines in Lohn und Brot stehenden oder gar politisch organisierten Arbeiters; die Stoffwahl ist sichtlich vom gespannten Verhältnis des
Verfassers zur Sozialdemokratie beeinflußt. In anderen Berliner Romanen bleibt das Arbeiterleben Episode – wie in Albertis *Wer ist der
Stärkere?* das Geschehen um Baumeisters Hilgers und die Arbeiter auf
der Großbaustelle in Moabit. Noch als Kulisse oder genrebildartiger
Ausschnitt kann es aber erhebliche Bedeutung gewinnen – so in Fontanes *Irrungen Wirrungen* (1887), wenn Botho von Rienäcker auf einem
Ausritt die Arbeiter eines Walzwerks beobachtet, die im Freien das Mit-
tagessen einnehmen – in Gegenwart ihrer Frauen, die es ihnen gebracht
haben (wohl der idyllischste Moment im Arbeitstag eines Proletariers
überhaupt). Botho assoziiert bei diesem Anblick den Wert familiärer
«Ordnung» und fühlt sich dadurch im Entschluß zum Verzicht auf Lene
bestärkt.

Von *L'Adultera* (1880) bis *Mathilde Möhring* (begonnen 1891) läßt sich
der größte Teil von Fontanes Romanschaffen dem Berliner Roman
zuordnen; freilich geht der künstlerische und weltanschauliche
Anspruch dieser Werke weit über den topographischen Bezug hinaus.
Trotzdem ist nicht zu übersehen, daß Fontane in seiner erzählerischen
Auslotung des hauptstädtischen Lebens entscheidend durch den zeitpa-
rallelen Aufschwung des Romantyps ermutigt worden ist und von der
Auseinandersetzung mit ähnlich gelagerten Werken wichtige Impulse
empfangen hat. Und seien es Impulse zum Besser-Machen, wie es seine
Besprechung von Paul Lindaus Roman *Der Zug nach dem Westen* (1886)
nahelegt und noch deutlicher die nachgelassenen Notizen dazu, in
denen Fontane seine eigenste Auffassung des Realismus und der «verklärenden Aufgabe der Kunst» formuliert. Mit Blick auf die bis dahin
erschienenen Berliner Romane stellt er die Frage: «Sind diese Schilderungen des Lebens ein Bild des Lebens von Berlin W., ein Bild unserer
Bankiers-, Geheimrats-, und Kunstkreise?», und beantwortet sie im gleichen Atemzug «mit einem allerentschiedensten ‹Nein›».

Die Berliner Romane, die Fontane hier im Auge hat, sind das klare
Gegenteil eines proletarischen Romans. Es sind Schilderungen jener
Reiche-Leute-Welt des Berliner Westens, die Lindaus Roman schon im
Titel als Parvenu-Gesellschaft charakterisiert. Der Zug nach dem Westen, der die Einwanderung nach Berlin in früherer Zeit bestimmt habe,
setzt sich, so wird es im Roman selbst behauptet, innerhalb der Stadt
fort. Die Aufsteiger aus dem kleinbürgerlich-proletarischen Dunstkreis
der östlichen Stadtviertel oder ihre Nachkommen richten sich im Villen-
viertel des Tiergartens ein und versuchen durch den Luxus der Lebens-
führung jede Erinnerung an ihre bescheidene Herkunft zu tilgen. Ihre
ultimative Karikatur sollte diese Gesellschaft in Heinrich Manns satirischem Roman *Im Schlaraffenland* (1900) finden – dem Endpunkt einer

Serie, an deren Anfang u. a. Romane von Kretzer (*Drei Weiber*, 1886) und Mauthner (*Quartett*, 1886) stehen. Kretzer läßt 1890 das Porträt eines Parvenus unter dem Titel *Der Millionenbauer* folgen. Protagonist ist ein in den Gründerjahren zu plötzlichem Reichtum gekommener Bauer aus Schöneberg, Hauptthema sind die Schwierigkeiten seiner Integration in die Sphären der Bourgeoisie und Aristokratie.

Fritz Mauthner begründet mit *Quartett* eine ganze Trilogie *Berlin W* (sie wird fortgesetzt mit *Die Fanfare*, 1888, und *Der Villenhof*, 1890), die auf der Verknüpfung von erotischen und Börsenskandalen beruht und die weibliche Zentralfigur Leontine zu einem «Symbol für die reiche Gesellschaft des neuen Berliner Westens» erhebt. Noch 1896 bringt Mauthner im neuen Verlag Albert Langens einen weiteren «Berliner Roman» heraus. Sein Titel *Die bunte Reihe* geht auf die Förderungs-Initiative zurück, mit der die Brauereibesitzers-Gattin Mascha Lose, einer erotischen Caprice folgend, aus dem armen Lehrer Johannes Bohrmann einen berühmten Dramatiker machen möchte: «Eine Kette in bunter Reihe ist für jeden notwendig, der in der Großstadt rasch vorwärts kommen will.» Am Schluß hat sich der Lehrer aus dieser Kette, die sich als Fessel seines sittlichen Menschen erwies, gelöst — aller Illusionen über den Kunstbetrieb und die vornehme Gesellschaft ledig, aber fest entschlossen, sich seinen Idealismus nicht rauben zu lassen.

Mauthners Roman verdient Interesse als Reflex jener Spaltung des Bürgertums, in der die Hauptursache für den Machtverlust des Liberalismus im Kaiserreich zu sehen ist: der Spaltung in Besitz- und Bildungsbürgertum, die einhergeht mit der zunehmenden Deklassierung des letzteren, wie sie sich im damaligen Schlagwort vom ‹akademischen Proletariat› niederschlug. Möglicherweise ist Mauthners Roman beeinflußt von demjenigen Werk Fontanes, das sich am direktesten in die Bahn des Berliner Romans begibt und gleichfalls das Auseinanderdriften von Bourgeoisie und Bildung — aber auch ihre polare Einheit — anhand der Beziehung zwischen einer Unternehmergattin und einer Lehrerfamilie thematisiert: *Frau Jenny Treibel* (1892).

Die Titelfigur, eine geborene Bürstenbinder, ist eine Aufsteigerin par excellence, hat es von der Tochter eines Krämers in der Adlerstraße zur Frau eines Fabrikbesitzers mit modischer Villa und Kommerzienratstitel gebracht. Ihr einstiger Verehrer, der spätere Gymnasialprofessor Wilibald Schmidt, beschreibt sie als «Typus einer Bourgeoise». Der Begriff enthält bei Fontane mehr als die äußere Klassenzugehörigkeit, er meint zugleich die Verlogenheit einer sozialtypischen Mentalität, die materielle Interessen in einen Anspruch auf «Höheres» einkleidet, die «von Schiller spricht und Gerson meint». Gerson war der Name eines führenden Berliner Kaufhauses. Fontanes Brief an den Sohn Theo vom Mai 1888, dem das Zitat entstammt, nennt als Schlüsselsymbol schon das sentimentale, aus Floskeln klassisch-romantischer Lyrik zusammengestoppelte Lied, das im Roman die Funktion einer Hymne auf die Kommerzienrätin gewinnt:

«Was soll Gold? Ich liebe Rosen», heißt es darin, und die letzte Zeile lautet: «Wo sich Herz zum Herzen find't».

In der Praxis ihrer Heiratspolitik befolgt Jenny genau das entgegengesetzte Prinzip, sorgt sie dafür, daß Geld zum Gelde findet. Sie konterkariert damit die Ambitionen der Professorentochter Corinna, die ihrerseits auch äußere Interessen verfolgt und es immerhin zu einer heimlichen Verlobung mit Jennys Sohn Leopold bringt. Die Komposition des Romans, der solchermaßen Heiratsintrige gegen Heiratsintrige stellt, erinnert an die einer Komödie, und Figuren der Typenkomödie glaubt man wiederzuerkennen im naiven Liebhaber (Leopold) ebenso wie im listigen Mädchen (Corinna) oder im wirklichkeitsfremden Gelehrten (Wilibald). Auch die Spannung zwischen zwei ‹Häusern› ist ja ein traditionelles dramatisches Motiv, das Fontane hier in einer raumsymbolischen Verdichtung aufnimmt, die an ähnliche Konstellationen bei Wilhelm Raabe gemahnt. Wirkungsvoll stellt das zweite Kapitel die Beschreibung der Treibelschen Villa gegen die bescheidene Wohnung der Schmidts, die wir im ersten Kapitel gleichsam mit Jennys Augen wahrnehmen, für die dieser Besuch in der Adlerstraße zugleich einen Ausflug in die eigene ärmliche Vergangenheit bedeutet – Anlaß genug für eine wohldosierte Portion Sentimentalität.

So offenkundig auch der «Bourgeois-Standpunkt» der Kommerzienrätin der Satire und Ironie des Erzählers und der beiden mit Fontane-Zügen ausgestatteten Männerfiguren (Treibel und Schmidt) verfällt, so wenig Einwände haben letztere im Grunde gegen die von Jenny gewünschte Lösung anzumelden. Wohlgemerkt auch Schmidt nicht, denn auch das Bildungsbürgertum hat seinen Stolz, und mit einer väterlichen Bibliothek im Hintergrund, so der Professor, heiratet man nicht ungestraft in eine reiche Familie. Eine Art Kastengeist macht sich geltend und trägt mit dazu bei, daß Gleich zu Gleich kommt und die gesellschaftliche «Ordnung» erhalten bleibt. Vater Schmidt zitiert dazu Pindar («Werde, der du bist») und kommentiert den verständnisvollen Brief seines Neffen und jüngeren Kollegen Marcell, in dem dieser Corinna nach allem Vorgefallenen unbeirrt um ihre Hand bittet, mit den Worten: «Sieh, das ist das, was man das Höhere nennt, das wirklich Ideale, nicht das von meiner Freundin Jenny.» Zweifel sind erlaubt, nicht am Charakter des jungen Philologen, sondern am Bekenntnis zum klassizistischen Bildungsethos, das mancher bildungsbürgerliche Interpret allzu direkt als Botschaft des Autors aufgefaßt hat. Der witzigste und berlinischste aller Fontane-Romane konterkariert solche Tendenzen zur ideologischen Verbrämung der Binnendifferenzierung des Bürgertums durch einen karnevalesken Schluß: mit der Verbrüderung Schmidt-Treibel und der Hochzeitsrede des Brautvaters, dem der Champagner den Glauben an die Bedeutung der sonst so hochgehaltenen Unterschiede hinweggespült hat: «Geld ist Unsinn, Wissenschaft ist Unsinn, alles ist Unsinn. Professor auch.» In vino veritas? Wenn ja, dann hätten Corinna und Leopold doch heiraten können!

Im Widerspruch zu Wilibald Schmidts Rede darf und muß eine Beschreibung des Berliner Romans an der Relevanz soziologischer Kategorien festhalten. In diesem Sinn ist festzustellen, daß sich das soziale Spektrum des Romantyps durchaus nicht in der Antithese des proletarischen Ostens und des gutbürgerlichen Westens und auch nicht im nachgeordneten Gegensatz zwischen Besitz- und Bildungsbürgertum erschöpft. Ihren vielleicht fruchtbarsten Boden findet die Gattung im Milieu der kleinen Leute, in der Welt des sogenannten Vierten Standes. Auch hierzu hat Fontane wichtige Bausteine geliefert, nicht zuletzt mit diversen Dienergestalten und der Schilderung der Lebensweise der Frau Nimptsch und ihrer Pflegetochter in *Irrungen Wirrungen*. Ihnen an die Seite zu stellen wäre die Figur des alten Bredow in Kirchbachs *Reichshauptstadt*, dem ersten Teil seines Zyklus *Kinder des Reiches* (1883). Der Briefträger hält auf Berliner Dialekt und Berliner Tradition, wozu für ihn auch die Toleranz gegenüber den Juden gehört, und gerät über diese Punkte in Konflikt mit der jüngeren Generation. Auf langen Wegen durch das sich dynamisch entwickelnde Berlin erlebt er den Wandel der preußischen Residenz zur deutschen «Reichshauptstadt» als eine Infragestellung der eigenen Identität. Als deutscher Untertan gibt er Berliner Mundart und Witz auf; er stirbt nach einem Weg durch das Regierungsviertel, auf dem er seinem Enkel Kanzler und Kaiser gezeigt hat.

So eigenartig, ja befremdlich Kirchbachs Konstruktion anmutet, so signifikant ist sie für bestimmte Grunderfahrungen der Epoche. Wir brauchen nur die politische gegen die ökonomische Dimension auszutauschen und haben schon das Modell von Kretzers *Meister Timpe* (1887) in der Hand. Auch hier stirbt ein Vertreter der älteren Generation einen symbolischen Tod, der die historische Überholtheit seiner Existenzgrundlage signalisiert. Im Falle dieses «sozialen Romans» geht es allerdings um die handwerkliche Produktionsform, die durch die maschinelle Massenfertigung verdrängt wird. Aber auch hier sind es bauliche Veränderungen, die die Dynamik des Wandels bildkräftig verkörpern: das Aufwachsen der Fabrik auf dem Nachbargrundstück, die bald das Handwerkerhaus weit überragt, gehört ebenso dazu wie der Bau der Berliner Stadtbahn, mit deren Eröffnung der Roman fast triumphal schließt. *Meister Timpe* wird oft als das bedeutendste Beispiel des Berliner Romans angesehen; da es sich dabei unstreitig um das gelungenste und bedeutendste Werk Kretzers handelt, wird der Text später im Zusammenhang seines Œuvres ausführlicher diskutiert (S. 376 f.).

Auch die «Villa Hühnchen» dient als Symbol einer kleinbürgerlichen Identität. Das bescheidene Häuschen in Steglitz erlangt diese Bezeichnung nur dank der Selbstironie und kauzigen Genügsamkeit seines Bewohners, der sich schon durch den Namen «Leberecht Hühnchen» als idealer Kleinbürger und Ideal eines solchen zu erkennen gibt. Wer solchermaßen recht, d. h. bescheiden lebt, hat gute Chancen, seinen eigenen Schöpfer bei weitem zu überdauern. Heinrich Seidel starb 1906, nachdem er drei Hühnchen-Bände veröffentlicht hatte (*Leberecht Hühnchen*, 1882; *Neues von Leberecht Hühnchen*, 1888; *Leberecht Hühnchen als Großvater*, 1892); seine Figur ging in das kulturelle Gedächtnis der Stadt ein, wurde Teil der lokalen Legende, ähnlich wie Wilhelmine Buchholz, die zentrale Gestalt von Julius Stindes mehrteiliger Familien-Saga «aus dem Leben der Hauptstadt». Der Pilotband *Buchholzens in Italien. Reiseabenteuer von Wilhelmine Buchholz* erschien 1883, im gleichen Jahr wie Kretzers Roman-Panorama der *Verkommenen*. Während Kretzers Figuren bis auf wenige Ausnahmen der Übermacht des Milieus erliegen, verkörpert Frau Buchholz jenen Menschentyp, der sich durch nichts unterkriegen läßt, und zwar in lokalspezifischer Ausprägung, mit stereotypen Eigenschaften des Berliners bzw. der Berlinerin ausgestattet. Dazu kommt ein guter Schuß Nationalismus und Konformismus; nicht umsonst schätzte Bismarck Stindes Romane, und noch 1895 erschienen auf allgemeines Verlangen *Frau Wilhelmine Buchholz' Memoiren.*

5. Heimatroman und -erzählung

In den letztgenannten Werken vollzieht sich im Grunde schon der Übergang zu einem neuen urbanen Heimatroman, wie er dann bei Georg Hermann seine Fortsetzung findet. Die eigentliche Heimatliteratur des späten 19. Jahrhunderts dagegen wurzelt in der Dorfgeschichte, ist auf dem Land zu Hause, und zwar vorzugsweise in solchen Gegenden, die der Urbanisierung und Technisierung hartnäckigen Widerstand entgegensetzen, in den Alpen etwa. Im Gegensatz zu der von Lienhard angeführten Heimatkunstbewegung der Jahrhundertwende, die sich ja ausdrücklich als Gegenschlag zur naturalistischen (um ein späteres Wort aufzugreifen) ‹Asphaltliteratur› verstand, läßt sich die Entwicklung der Heimatliteratur in den siebziger und achtziger Jahren nicht pauschal als ‹antimodern› verbuchen. Sowohl bei Anzengruber als auch beim frühen Rosegger sind volksaufklärerische, liberale und realistische Tendenzen erkennbar, die es erlauben, ihr Schaffen in Analogie zu setzen zur gleichzeitigen Entwicklung von Realismus und Frühnaturalismus, auch wenn die ästhetischen Mittel, z. T. auch die weltanschaulichen Grundlagen, deutlich andere sind.

Anzengruber nähert sich der Heimaterzählung vom Volksstück her. Seine Hinwendung zur Erzählprosa überhaupt steht in ursächlichem Zusammenhang mit dem nachlassenden Erfolg als Theaterdichter, und wenn er die populärste Figur seiner ersten Bauernkomödie zwei Jahre später als Erzählergestalt bemüht, sind dieser Zusammenhang und die Absicht des Autors, an die Bühnenwirkung anzuknüpfen, mit Händen zu greifen. *Die Märchen des Steinklopferhanns* erschienen 1874/75 in Roseggers Volkskalender *Das neue Jahr.* Es sind Kalendergeschichten mit tröstender oder lehrhafter Tendenz; die Sicherheit in Leben und Welt, die der Steinklopfer in den *Kreuzelschreibern* verkörpert hat, überträgt sich nach außen und versetzt ihn in die Lage, mit phantastischen Beispielerzählungen (z. B. von seinem Gespräch mit Gottvater nach verschlafenem Jüngsten Tag oder von seinem Traumritt auf einer Dampfmaschine) Ängste abzubauen und Verständnis für soziale Zusammenhänge zu wecken.

Auch die meisten Erzählungen, die Anzengruber 1879 zu zwei Bänden *Dorfgänge* vereinigt, sind ursprünglich in Volkskalendern erschienen. Und auch diejenigen, die zuerst in renommierten Zeitschriften wie *Nord und Süd* gedruckt wurden, behalten die lehrhafte Tendenz bei. *Wie der Huber ungläubig ward* (1877) erzählt geradezu von einem Akt der Selbstaufklärung; dem Bauern, dem soeben die Frau gestorben ist, geht bei der Betrachtung der Grabsprüche auf dem Friedhof die Verlogenheit und Widersprüchlichkeit christlicher Jenseitsvorstellungen auf. Natürlich steckt Anzengrubers eigenes Freidenkertum hinter den Schlußfolgerungen, die hier einem dicken Bauernschädel zugeschrieben werden, wie auch hinter dem abschließenden Erzählerkommentar über die Philosophie, die eigentlich keine sei: «und man muß nicht immer sagen, es philosophiere einer, wenn er weiter nichts tut, als sich Gedanken machen, und beim Volke muß man das schon gar nicht sagen, wenn es doch mitunter denkt, was ja auch vorkommt.»

Auch Anzengrubers erster Roman *Der Schandfleck*, 1876 veröffentlicht im ersten Jahrgang der von ihm selbst redigierten Zeitschrift *Die Heimat*, ist einem solchen moralischen Zeigefinger verpflichtet. Die Herkunft eines Kindes – so etwa die Lehre – sagt nichts über Charakter und moralischen Wert. Entsprechend erweist sich der vermeintliche «Schandfleck» auf der Mannesehre des Bauern Reindorfer, die ihm untergeschobene Tochter Magdalene, letztlich als «sein frisch grün Ehrenpreis» – während ihm seine leiblichen Kinder die Tür weisen. Magdalene zerbricht auch nicht unter der Nachricht über ihre eigentliche Abstammung – im Gegensatz zum Müllerssohn, der sich als ihr Halbbruder erweist und das Scheitern seiner Liebeshoffnung nicht übersteht. Im Motiv des Mädchens, das über Schwierigkeiten und Widerstände hinweg sein Glück macht, klingt schon die Thematik des zweiten und bedeutenderen Romans Anzengrubers an: *Der Sternsteinhof*, 1883/84 gleichfalls in der *Heimat* erstveröffentlicht.

«Unten sitzt a arme Dirn, oben steht der reiche Hof. Die Dirn will 'naufkommen. Das ist die ganze G'schicht.» So faßt Anzengruber selbst in einem Brief an Chiavacci die Handlung des geplanten Romans zusammen. Dessen raumsymbolische Grundstruktur – der Gegensatz zwischen dem Sternsteinhof auf dem Hügel und der verwahrlosten Hütte am Bach, in der Helene aufwächst – ist darin ebenso treffend ausgedrückt wie die inneren Prioritäten des Mädchens, dem es tatsächlich zunächst einmal um den Hof und erst sekundär um Toni geht und das auch nach dessen Tod als Sternsteinhofbäuerin sein Glück findet. Die Mentalität einer skrupellosen Karrieristin? Tatsächlich ist Helene in einer schlaflosen Nacht kurz davor, dem Sterben ihres ersten Mannes oder dem der ersten Frau Tonis nachzuhelfen, um sich den Weg nach oben frei zu machen. Es ist ihr Glück, daß sich die Verhältnisse auch ohne solch kriminelles Zutun in der gewünschten Weise ordnen – ein märchenhaftes Glück? *Der Sternsteinhof* ist offensichtlich als eine Märchen-Umschrift angelegt. Helene ist ein Aschenputtel, das zur Prinzessin aufsteigt; unter dem reichen Hof ist ein glückbringender Meteorstein vergraben, der magisch die Geschicke seiner Bewohner zu steuern scheint wie das Rheingold der Nibelungensage; schließlich ist Helenes Schönheit fast mythischer Natur, wie schon ihr Name verrät, der sich spätestens in der großen Dorfschlägerei um sie als prophetisch erweist. (Die Anspielung auf den Trojanischen Krieg ist ein Beispiel dafür, daß Anzengrubers volkstümliches Erzählen durchaus auch bildungsbürgerliche Leser nach ihrem Geschmack bedient.) Auf der anderen Seite wird die hierarchische Differenzierung der Dorfgesellschaft und die Gnadenlosigkeit, mit der die einzelnen ihre Interessen verfolgen, ungeschönt gezeigt – mit den Worten des Nachworts (die schon dort in Anführungszeichen stehen): «wie es im Leben zugeht».

Die Spannung zwischen Märchenmodell und Realismus schlägt sich in den zwei Anläufen nieder, die Helene auf dem Weg zu ihrem hochgesteckten bzw. hochgelegenen Ziel nehmen muß. Der erste ist der Weg der jugendlichen Liebe; er führt über Tonis Eheversprechen zur (ungeplanten) Hingabe und zur harten Abweisung durch den alten Sternsteinbauern, der Geld für Ehre bietet. Der zweite folgt der Logik des Erwachsenendaseins; er führt durch Arbeit, Krankheit und Tod zu einer Witwenexistenz, die sich in Ökonomie und sozialer Reputation erfüllt. Der Erzähler verschweigt nicht die egoistischen Motive, die noch der Wohltätigkeit der reichen Bäuerin und der Sorgfalt beigemischt sind, mit der sie ihre Kinder erzieht. Doch ist dieser Egoismus offenbar gerechtfertigt durch die soziale Integration, die er gewährleistet und die ihn begrenzt.

Solcher Egoismus der Lebensstärke erfährt indirekte Bestätigung durch das Scheitern des Gegenprinzips. Der engbrüstige «Herrgottlmacher» Muckerl, der Helene in unwandelbarer Liebe ergeben ist, unterliegt nicht nur der sozialdarwinistischen Härte des Daseinskampfes. Er scheitert offenbar auch mit dem Versuch, Schönheit und Ausdruck, Kunst und Erwerb miteinander zu vermitteln. Seine Marienfiguren sind «reicher Leute Heilige», nicht nur weil sie wie Helene aussehen, sondern weil sie von der Not des Evangeliums nichts wissen; zu einer direkten Anpassung an den gründerzeitlichen Kunstgeschmack andererseits – wie sie ihm vom Händler nahegelegt wird – sieht sich der Holzschnitzer nicht in der Lage.

Zwischen Anzengruber und Rosegger ist es einmal zu einer heftigen Auseinandersetzung über die Kommerzialisierung der Heimatliteratur gekommen. Anzengruber erinnert den jüngeren Freund in einem Brief vom Dezember 1875 an den idealen Ausgangspunkt seiner Dichtung: die Suche nach der «wilden Waldrose» (in Anlehnung an und in Unterscheidung von der «blauen Blume» der Romantik). Rosegger kontert:

> «Es ist wahr, ich habe Ihnen einmal geschrieben, daß ich tief, tief in den Urwald zu gehen gedächte und dort, wo noch kein Mensch vor mir gewandelt wäre, eine wilde Rose zu finden hoffte. Bin seit-

her richtig im Walde gewesen, habe zwar keine Rose, aber einen prächtigen Pilzling gefunden, den ich mir jetzt kochen lassen will. So ein Pilz in Sauschmalz geschmort ist nicht zu verachten. Ich lade demnächst die Welt zum Schmause ein.»

Der Autodidakt und einstige «Waldbauernbub» Rosegger, der gleichzeitig mit Anzengrubers Zeitschrift *Die Heimat* seinen eigenen *Heimgarten* gründet und fünfundzwanzig Jahre lang herausgibt, hat es in der Zusammenarbeit mit verschiedenen Verlegern, vor allem in der Kooperation mit dem Leipziger Verlag Staackmann (ab 1895), zu einer bemerkenswerten Professionalität im Marketing von Erzählungen gebracht, deren eigentliche Botschaft doch gerade die Ursprünglichkeit seiner steirischen Natur- und Kinderwelt war. Durch diesen authentischen Regionalbezug unterscheiden sich Roseggers Texte von Anzengrubers Dorferzählungen, die nach dessen eigener Erklärung (im Nachwort zum *Sternsteinhof*) eher als Modelle für die Welt allgemein zu lesen waren. Der Regionalismus hat der Verbreitung Roseggers keineswegs geschadet, im Gegenteil; gerade in Norddeutschland genoß man die steirische Lokalfarbe als exotischen Reiz. Von hier stammte ein beträchtlicher Teil der Abonnenten des *Heimgartens,* und Hamburger Lehrer waren es, die aus den Waldheimat-Geschichten jene Auswahl als Jugendbuch zusammenstellten, die unter dem Titel *Als ich noch der Waldbauernbub' war* bis weit ins 20. Jahrhundert hinein einer der anhaltendsten Publikumserfolge Roseggers werden sollte.

In der breiten Rezeption verbinden sich Biographie und Phantasie, das gelebte und das inszenierte Leben zu einer brisanten Mischung, wie sie wohl auch erst den Erfolg Karl Mays oder Sacher-Masochs ermöglichte. Rosegger hat eine solche Lektüre selbst begünstigt, indem er in den «Erinnerungen aus der Jugendzeit» in *Waldheimat* (erstmals 1877) um wenige autobiographische Kerne einen breiten Mantel dichterischer Erfindung legt, der durch Gleichheit des Milieus und des Ich-Erzählers direkt an das Selbsterlebte anschließt. Dabei ist das Prototypische und Überpersönliche vieler Geschichten unübersehbar, etwa die Konfrontation mit dem − zunächst verteufelten − Fortschritt in *Als ich das erstemal auf dem Dampfwagen saß* (1876) und *Wie ich mit der Thresel ausging und mit dem Maischel heimkam* (1882). Der fromme Onkel Jochem, in dessen Begleitung der Junge zum erstenmal eine Eisenbahn sieht, ist voller Entsetzen vor dem Blendwerk des Teufels und wird doch binnen Tagesfrist so neugierig darauf, daß er es umgehend ausprobiert; dabei findet er so viel Gefallen am Bahnfahren, daß er gleich eine Station weiterfährt. Die von den Kindern stets heiß ersehnte Therese, eine Hausiererin alten Typs, kann auf dem städtischen Markt mit den Reklame- und Billigpreistechniken des jüdischen Händlers nicht konkurrieren; der

Waldbauernbub, der auf ihrem Stand aushilft, beobachtet mit wachsendem Grimm die Überlegenheit der Gegenseite und muß seinen kindlichen Zorn doch zuletzt korrigieren; denn es ist der jüdische Kaufmann, der ihn vor dem Tod des Erfrierens bewahrt und nach Hause geleitet.

Durch diese harmonische Schlußwendung wird eine antisemitische Stoßrichtung aufgefangen. Andere Texte und verschiedene Äußerungen Roseggers leisten ihr um so nachdrücklicher Vorschub. Das größte Aufsehen erregte sein Artikel im *Heimgarten* mit der Überschrift *Nun kenne ich Heine gut genug* (1894), eine polemische Replik auf die Kritik an seiner ausweichenden Antwort auf eine Umfrage zum geplanten Mainzer Heine-Denkmal. Da heißt es etwa: «die Juden – besonders in ihren Zeitungen – sind manchmal von einer ganz empörenden Anmaßung.» Rosegger begrüßt es noch im nachhinein, daß sein «Verhältnis zu den Juden sich nun geklärt hat für die Außenstehenden». Über den zufälligen Anlaß und alles Persönliche hinaus hat das Nahverhältnis zwischen Heimatliteratur und Antisemitismus systematische Gründe; es geht um die Spannung zwischen Verwurzelung und Mobilität, Naturalien- und Geldhandel. In äußerster Konsequenz wird uns dieser Gegensatz in Polenz' Roman *Der Büttnerbauer* wiederbegegnen.

Die Ambivalenz von Volksaufklärung und regressiver Nostalgie verdichtet sich in den *Schriften des Waldschulmeisters* (1875), wohl demjenigen Werk Roseggers, an dem sich der Einfluß Stifters auf seine Entwicklung am deutlichsten ablesen läßt; wie die meisten seiner Frühschriften erschien es auch im Verlag von Stifters Verleger Heckenast, einem der wichtigsten Förderer des angehenden Heimatschriftstellers. Aus schuldhafter Verstrickung in den Lauf der Geschichte (Beteiligung an den napoleonischen Kriegen auf französischer Seite) hat sich der Ich-Erzähler der tagebuchartigen Binnenerzählung in ein abgelegenes Tal zurückgezogen, dessen Bevölkerung (größtenteils gleichfalls aus Deserteuren der Gesellschaft bestehend) er im Auftrag des Großgrundbesitzers kolonisiert. Tatsächlich läßt sich die Binnenerzählung als Robinsonade lesen; es geht um eine Neubegründung der menschlichen Gesellschaft vom Nullpunkt aus im Zeichen der Bildung und Religion. Schulhaus und Kirche bilden das Zentrum; im eremitenhaften Exjesuiten Einspanig findet der Waldschulmeister einen wahlverwandten Kollegen. Das utopische Gemeinwesen entfernt sich also nicht allzu weit von der realexistierenden Gesellschaft, die zur Gegenwart der Rahmenerzählung hin zunehmend ihren Einfluß auch im Wirkungsbereich des Waldschulmeisters geltend macht. Im übrigen scheint diesem selbst die Kraft zur Erneuerung zu schwinden. Er zieht sich auf ein imaginäres Ideal zurück und stirbt auf einem Berggipfel, wo er beim Anblick des fernen Meeres das Augenlicht verliert. Fast ein Empedokles-Tod!

Natürlich ist der Waldschulmeister eine Ich-Projektion des Autors, der sich die volksaufklärerische Wirkung seines Schreibens offenbar ähnlich vorstellt: als Aufbau einer Gemeinde, die sich im Zeichen innerer Bildung und Religiosität gegen die böse Gesellschaft abgrenzt und zusammenschließt. Symptomatisch für diesen Autor-Bezug ist schon die Symbolik des beschriebenen Papiers. Noch nach seiner Erblindung bekritzelt der Waldschulmeister ein Blatt, das seinen anderen Aufzeichnungen vom Rahmenerzähler hinzugefügt wird, der übrigens deren «absonderliche Ausdrücke» und «regellos hingeworfene Sätze» vor der Veröffentlichung erst glätten muß. Rosegger spielt hier auf den Zustand seiner eigenen frühen Manuskripte an; nicht nur die Wildheit seines anfänglichen Schreibens, auch die Grapholatrie des Autodidakten aus einem analphabetischen Milieu, d. h. seine Ehrfurcht vor der Macht des Geschriebenen bzw. Gedruckten, verschafft sich in den *Schriften des Waldschulmeisters* Geltung.

Aus der uferlosen erzählerischen Produktion Roseggers, die nicht frei ist von manchen Zügen der Veräußerlichung und Wiederholung, ragt als geschlossene Komposition der Roman *Jakob der Letzte* (1887 im *Heimgarten* veröffentlicht) hervor. Jakob Steinreuter ist der letzte Bauer von Altenmoos, nachdem alle anderen ihren Hof an einen Spekulanten verkauft haben, der ausschließlich an einer Nutzung des Tals als Jagdrevier interessiert ist. Es kommt also – spiegelbildlich zur Entwicklung in den *Schriften des Waldschulmeisters*, wo die Wald-Barriere zwischen Utopie und Gesellschaft immer dünner wird – zu einer künstlichen Verwilderung der agrarischen Kulturlandschaft. Zumal in den Werbegesprächen, mit denen die Aufkäufer den Bauern die Aufgabe ihres Hofs schmackhaft machen, wird der Bezug zur aktuellen Krise der kleinbäuerlichen Landwirtschaft deutlich. Im schnellen moralischen Verfall der Bauern, die mit ihrem Hof auch die Möglichkeit zur Selbstverwirklichung in der Arbeit und die Einbindung in die dörfliche Gemeinschaft verlieren, setzt Rosegger dem Bauernlegen (nicht nur) seiner Zeit ein abschreckendes Denkmal.

Jakobs Beharrungsvermögen hat dagegen Vorbildcharakter; im Kapitel «Das heilige Kornfeld» erfährt seine Arbeit geradezu sakrale Weihen. Rosegger greift auf eine separate Veröffentlichung von 1885 zurück (*Das Kornfeld*, in: *Der Heimgarten*), wenn er das Kornfeld als Abbild der Welt feiert; die organologische Sicht auf die Gesellschaft schlägt sich noch in der Beschreibung des Unkrauts nieder:

> «Tiefer im Halmwald wuchert das distelige Donnerkraut, die schmarotzende Quecke, der scheinheilige Lolch und allerlei struppiges Gesindel und loses Volk, das in seinem Schatten erstarkt und an seinen Wurzeln zehren möchte. Da ist auch die buhlerische Kornrade, deren Samen später das Kornmehl wenn schon nicht schamrot, so doch schmutzig blau macht. Da ist das Irrlicht der Mohnblume und die holde, patriarchalische Kornblume, in der viele Krönlein eine einzige Krone bilden.»

Nachdem unmittelbar zuvor ein Brief des verstoßenen Sohns aus Amerika das hoffnungsvolle Gegenbild eines erfolgreichen Kampfs gegen die Wildnis aufgestellt hat, findet Jakobs Widerstand in der spontanen Erschießung des Oberförsters und dem anschließenden Sühnetod in einem einsamen See sein jähes Ende. Wie ein Tier flüchtet der Bauer in den «Gottesfrieden» der Bergnatur.

Eine solche Erlösung bleibt dem Büttnerbauern verwehrt. Mit seinem Selbstmord endet der gleichnamige Roman von Wilhelm von Polenz (1895):

> «Der Wind schaukelt den Körper hin und her. Die Bienen im Kirschbaum lassen sich deshalb in ihrem Geschäfte nicht stören. Der Kopf mit dem grauen Haar hängt tief auf die Brust herab. Die weit aus ihren Höhlen hervorquellenden Augen starren die Scholle an, die Scholle, der sein Leben gegolten, der er Leib und Seele verschrieben hatte.»

Traugott Büttners Tod durch Erhängen ist der Endpunkt einer konsequenten Entwicklung. Verschiedene finanzielle Schwierigkeiten haben ihn in die Abhängigkeit vom jüdischen Getreidehändler Samuel Harrassowitz gebracht, der systematisch die Versteigerung des Hofs betreibt. Tochter Toni ist unter Harrassowitz' Einfluß zur Prostituierten herabgesunken; der jüngere Sohn Gustav tritt einen Hausmeisterposten in Berlin an, wohin ihm der Bauer nicht folgen will – die Bindung an die «Scholle» ist stärker. Das ideologisch aufgeheizte Wort signalisiert die Nähe solcher Sozialkritik zum völkischen Lager; auf der anderen Seite ist Lenins Vorliebe für den Roman bezeugt, der ein genaues Abbild der Lebensverhältnisse und Umstrukturierungen in der ostelbischen Landwirtschaft der neunziger Jahre bietet und am Horizont auch schon die Arbeiterbewegung in der Stadt sichtbar werden läßt.

Der Adlige Polenz nimmt eine eigentümliche Zwitterstellung in der damaligen Literaturlandschaft ein. Das gesellschaftliche Panorama, das er in seinen drei ersten Romanen (neben dem *Büttnerbauer: Der Pfarrer von Breitendorf*, 1893; *Der Grabenhäger*, 1897) von repräsentativen Bereichen des ländlichen Lebens entwirft (Pfarrer – Bauern – Landadel), könnte an Zolas Gesellschaftsdarstellung denken lassen. Auf der anderen Seite ist das positive Menschenbild, von dem jedenfalls die Helden dieser Werke zeugen, mit seiner Betonung der sittlichen Kraft denkbar weit von der pessimistischen Anthropologie des Naturalismus entfernt. Daß er sich diesem dennoch in der Technik der Milieuschilderung, nicht zuletzt in der Handhabung des schlesischen Dialekts, beträchtlich annähert, zeigt Polenz' Erzählung *Die Zielbewußten* (1892), die in jüngerer Zeit sogar in einen Sammelband naturalistischer Prosa aufgenommen wurde. Der listige Knecht entlarvt die egoistischen Motive, die hinter dem überraschenden Bündnis des Großbauern mit den Sozialdemokraten stehen. Indem er sich scheinbar auf den Boden der Anschauungen stellt, zu denen sich der Bauer in einer trotzigen Aufwallung und unter Alkoholeinfluß bekannt hat, macht er diesem den Widerspruch zwischen seinen wahren Interessen und der Ideologie von Brüderlichkeit und Gleichheit deutlich. Sein Lohn ist eine ganz unsozialistische Ohrfeige.

In zahlreichen Erzählungen Ludwig Ganghofers wird definitiv die Grenze zwischen der Heimat- und der Trivialliteratur überschritten. An Stelle des Bauern tritt der Jäger in den Vordergrund, oft in fürstlichen Diensten, so daß auch der Hochadel Gelegenheit findet, sich in der reinen Bergluft zu erquicken. Neben Erzählwerken im Stile einer modernen Dorfgeschichte (*Der Jäger von Fall*, 1883; *Der Dorfapostel*, 1900) pflegt Ganghofer auch den Verschnitt von Heimat- und historischem Roman (*Der Klosterjäger. Roman aus dem vierzehnten Jahrhundert*, 1893; *Die Martinsklause. Roman aus dem Anfang des zwölften Jahrhunderts*, 1895; *Das Gotteslehen, Roman aus dem dreizehnten Jahrhundert*, 1899). Zu welchen Problemen übertriebene Jagdleidenschaft führen kann, zeigt *Schloß Hubertus* (1895); der alte Graf erblindet beim Aufstieg zu einem Adlerhorst an herabfallendem Adlermist. Welchen Anteil der langjährige Aufenthalt des Bayern in Österreich, wo er 1881 Dramaturg des Wiener Ringtheaters wurde, an Ganghofers Entwicklung zum Trivial-Heimatliteratur-Autor hatte, läßt sich nur vermuten. Immerhin ist Roseggers *Heimgarten* diejenige Zeitschrift, die dem von der seriösen Kritik Ignorierten noch die meisten Rezensionen widmete. Dort lobt ein gewisser H. Menkes 1887 den «frischen und natürlichen Ton» von Ganghofers Erzählungen und die «Echtheit und Naturtreue», mit der sie die Eigenarten des deutschen Volkes schilderten – frei «von jeder Schablone»!

6. *Kriminalroman und -novelle*

In den Notizkalendern (1889–1891) des jungen Gerhart Hauptmann wimmelt es von ausgeschnittenen Gerichtsberichten. In der deutschsprachigen Presse der zweiten Jahrhunderthälfte nahm die juristische Verhandlung von Kriminalfällen auch zweiter und dritter Ordnung einen Platz ein, der weit über die heutige – mehr am sensationellen Ausnahmefall interessierte – journalistische Praxis hinausging. Spezielle Blätter wie etwa die *Berliner Gerichts-Zeitung* deckten das öffentliche Interesse am forensischen Umgang mit der Kriminalität ab. Und zwar nicht nur in der dokumentarischen Form des Prozeßberichts; die *Berliner Gerichts-Zeitung* präsentierte in ihrem Feuilleton außerdem die literarische Variante der Aufarbeitung von Verbrechen: nämlich Kriminalerzählungen. Die hier abgedruckten Erzählungen – von Autoren wie Ernst Fritze (d. i. Luise Reinhardt), Eduard Schmidt-Weißenfels (Ps. Ernst Hellmuth) oder Theodor Griesinger – wurden vom selben Verlag

nach dem Zeitungsabdruck in gebundener Form angeboten: als Einzel-
bände der sogenannten *Eisenbahn-Unterhaltungen*, einer von vielen
Buchreihen, die sich seinerzeit als Antidot gegen die Langeweile der
schnellsten Reiseform empfahlen.

Die Texte der *Eisenbahn-Unterhaltungen* sind mit verblüffender Regelmäßig-
keit einem wiederkehrenden Schema verpflichtet: Es entsteht ein falscher Verdacht, der einen Unschuldigen ins Gefängnis oder in Schwierigkeiten bringt, am
Schluß aber glücklicherweise aufgeklärt wird. Aufklärung und Bestrafung als
gattungstypischer Endpunkt der Kriminalgeschichte erhalten damit geradezu
den Charakter eines Happy-Ends; der zu Unrecht Verdächtigte wird damit ja
entlastet. Dem entspricht die Handhabung der Detektivgeschichte durch Adolph
Streckfuß, einen Verfasser von Unterhaltungsbelletristik, der vor allem mit kri-
minalistisch-sensationellen Erzählwerken Erfolg hatte. In seiner bekanntesten
Kriminalerzählung *Der Sternkrug* (1870) verrennt sich der verdeckt recherchie-
rende Polizeirat Werder in einen falschen Verdacht. Er hält den Baron von Hei-
wald für den gesuchten Mörder und betreibt seine Festnahme, obwohl er sich in
seine Tochter Ida verliebt hat. Statt dessen erweisen sich Vater und Sohn Grawald
als die Täter. Werder reicht seinen Abschied ein, weil ihm die Verantwortung
des Detektivs zu groß ist. Auch von Ida möchte er sich verabschieden, doch wird
aus diesem Abschied eine Verlobung. Auch hier also ergibt sich aus der Widerlegung des falschen Verdachts ein Happy-End.

Die Kriminalerzählung war im deutschsprachigen Raum des späten
19. Jahrhunderts keineswegs salonfähig. Adolf Rutenbergs Artikel
Der Criminalroman und das Zeitalter des Modernen aus der Zeitschrift
Die Gegenwart (1874) macht die ganze Kluft sichtbar, die für die etablierte Ästhetik zwischen den «geistigen Schätzen eines Volkes» und der
«entschieden unpoetischen, vielmehr grenzenlos prosaischen und philiströsen Afterform des Criminalromans» lag. Abgesehen von Sacher-
Masoch, auf den dunkel angespielt wird, und E. T. A. Hoffmann, der als
romantischer Sonderfall akzeptiert ist, nennt Rutenberg keinen einzigen
deutschsprachigen Autor und bezieht sich vorrangig auf Beispiele der
französischen Literatur (u. a. Emile Gaboriau). Gerade diese Ächtung
der Gattung mußte für die Autoren des Realismus aber auch einen Reiz
darstellen, wenigstens eine partielle Annäherung an das Genre zu erproben. Bei genauerem Hinsehen zeigt sich, daß die Werke Raabes und Fontanes, die aus diesem Experiment hervorgegangen sind, in z. T. erstaunlichem Grade dem oben beschriebenen Muster entsprechen.

Sowohl in Raabes *Horacker* (1876) als auch in *Stopfkuchen* (1891) geht
es um das Problem der falschen Verdächtigung und ihre Folgen, um die
Diskrepanz zwischen Täterphantasie und Realität. Ersteres ist der
soziale Aspekt, letzteres fast schon ein erkenntniskritischer. In *Horacker*
gibt es gar kein Verbrechen, sondern nur die kollektive Angst einer
Gemeinde vor dem harmlosen Knaben, der aus der Erziehungsanstalt
ausgebrochen ist. Der Handlung von *Stopfkuchen* (im Untertitel reiße-

risch-ironisch als «See- und Mordgeschichte» tituliert) liegt zwar ein Tötungsdelikt zugrunde, doch handelt es sich nach der damaligen Rechtsprechung wohl eher um einen straffreien Notwehrexzeß. Mit größter Selbstverständlichkeit geht jedoch die kollektive Phantasie von einem Mord aus und hat dazu auch bald einen Täter: den unschuldigen Bauern Quakatz, dem die Tat zwar nicht bewiesen werden kann, der aber von der gesamten Gesellschaft als Mörder ausgegrenzt und moralisch ‹bestraft› wird. Die Rache seines Schwiegersohns Stopfkuchen besteht nun darin, daß er den Spieß umdreht und just am Todestage des Landbriefträgers Störzer, der sich ihm vor Jahren als wahrer Täter offenbart hat, wiederum die Macht der Fama aktiviert. Indem er den wahren Sachverhalt einem alten Schulfreund in einer Gaststätte – vor den Ohren der lauschenden Kellnerin – erzählt, trägt er Sorge dafür, daß der Sarg des Briefträgers am nächsten Tag nur noch von der engsten Familie begleitet wird, die in Zukunft wahrscheinlich eine ähnliche Ausgrenzung und Ächtung erfahren wird wie bislang Quakatz und seine Tochter.

Raabe übernimmt also von der trivialen Kriminalgeschichte seiner Zeit das Strukturmotiv des falschen Verdachts, verzichtet aber im *Stopfkuchen* auf das damit verbundene Happy-End. – In der ersten der beiden Kriminalerzählungen, die er in der *Gartenlaube* veröffentlicht, greift auch Fontane auf das Motiv der kollektiven Vorverurteilung zurück, allerdings mit einer besonderen Pointe: nämlich erstens, daß die Täter sie voraussehen und Gegenmaßnahmen treffen, und zweitens, daß sie eben trotzdem zutrifft. *Unterm Birnbaum* (1885) erzählt von der Ermordung eines polnischen Handlungsreisenden in einem Oderbruchdorf durch das Gastwirtschepaar Hradschek. Der schlaue Wirt legt eine falsche Spur (das Soldatengrab unter dem Birnbaum) und entgeht doch einer höheren Gerechtigkeit nicht. Er stirbt einen elenden Tod an der Stelle seines Verbrechens (ein Balladenmotiv, das Fontane schon in *Ellernklipp* verwendet), und der Pfarrer trägt ins Kirchenbuch den Spruch ein: «Es ist nichts so fein gesponnen, 's kommt doch alles an die Sonnen.» Mit diesem fatalistischen Schlußwort verkauft Fontane seine Geschichte im Grunde aber unter Wert, da deren Bedeutung vielmehr in der subtilen psychologischen Motivation der Tat und der ebenso genauen Darstellung der gegen die Täter – als Orts- und Landesfremde – gerichteten Verdächtigungen liegt. Daß man schon bei der Bestattung des Mörders mit der Schändung des Grabs seiner Komplizin rechnet, charakterisiert die Stimmung im Ort.

Während die Spannung in *Unterm Birnbaum* nicht zuletzt dadurch erzeugt wird, daß Fontane uns das eigentliche Tatgeschehen vorenthält und uns die von den Hradscheks inszenierten Täuschungsmanöver nur aus der Außenperspektive zeigt, macht er den Leser in *Quitt* (1890) zum vollgültigen Zeugen von Lehnerts Mord an Förster Opitz. Nur die

Behörden, Bewohner und Touristen der schlesischen Sommerfrische
Krummhübel bleiben in einer gewissen Unklarheit wegen des rätselhaften Verschwindens des primären Tatverdächtigen – eine Unklarheit, die
erst auf den letzten Seiten mit dem Brief Obadjas aus Amerika beseitigt
wird. Das Interesse des Autors gilt offenbar nicht der Aufklärung des
Verbrechens, sondern seiner psychologischen Wirkung auf den Täter, der
ihm eben nicht entkommen kann. Auch im amerikanischen Exil fühlt
Lehnert sich gezeichnet und – trotz der toleranten Aufnahme, die er in
der Mennonitengemeinde von Nogat-Ehre (Oklahoma) erfährt – unfähig zu echter Integration in die Gesellschaft. Der geplanten Heirat mit
Ruth kommt sein eigenartiger Tod auf einem einsamen Felsen zuvor,
in dem sich das Sterben des Försters quasi spiegelbildlich wiederholt.
Das ist der Sinn des Titelworts «Quitt», und solange solche Schicksals-
mächte walten, brauchen wir im Grunde weder Detektive noch Polizei
oder Gerichte, vielleicht auch keinen Kriminalroman.

7. Unterhaltungs- und Abenteuerroman

Als «Criminalroman» bezeichnete Karl May einen seiner ersten Romane, der 1878 in der Zeitschrift *Frohe Stunden* (Dresden/Leipzig)
erschien und bald darauf vom amerikanischen Verlag Morwitz nachgedruckt wurde, und zwar in der überwiegend mit Kriminalromanen
bestückten Reihe *Heimat und Fremde*. Gut die Hälfte des Romans mit
dem Titel *Auf der See gefangen* spielt auch im Wilden Westen, in einer
Episode tritt sogar schon der Apachenhäuptling Winnetou auf. Sicher
handelt es sich bei diesem Frühwerk nicht um einen Kriminalroman im
strengen Sinne; Verbrechen und Verbrechensaufklärung spielen aber hier
wie im ganzen Werk des mehrfach zu Haftstrafen (von insgesamt acht
Jahren) verurteilten Betrügers und Hochstaplers Karl May eine unübersehbare Rolle.

Sein Kolportageroman *Der verlorene Sohn oder Der Fürst des Elends* (1883)
beginnt mit einem Mord (einem versuchten Doppelmord) und der Festnahme
des vermeintlichen Täters. Dieser kann sich befreien und kehrt nach zwanzig
Jahren steinreich und als Fürst in die deutsche Heimat zurück, um den Kampf
gegen die Verbrecher aufzunehmen, die ihn seinerzeit ins Elend getrieben und
ihre menschenverachtende Herrschaft inzwischen systematisch ausgebaut haben.
Der Sensationsroman mausert sich unversehens zum sozialen Roman, wenn
unter der Überschrift «Sklaven der Arbeit» die menschenunwürdigen Arbeits-
und Lebensbedingungen in den Kohlengruben und Mietskasernen des Barons
von Helfenstein beschrieben werden. Als antikapitalistische Rachephantasie ist
die Verfolgungsjagd auf den Weber-Ausbeuter Fritz Seidelmann durch einen alten
Bergwerksstollen und die anschließende Explosion zu lesen, der das ganze Bergwerk mitsamt dem bösen Unternehmer zum Opfer fällt. Der Autor, der zugleich

mit dem Grundmotiv des verlorenen Sohns (und der Utopie seiner fürstlichen Erhöhung) Traumata seiner eigenen Biographie aufarbeitet, bedient mit derartigen Sequenzen offenkundig Phantasie-Bedürfnisse des vom Münchmeyer-Verlag angesprochenen Unterschichtpublikums. Der Arbeiterdichter Bromme, der zu den Kolporteuren des Romans gehörte, gewann mit diesem Titel fünfzig neue Abonnenten aus der Arbeiterschaft.

Die literarische Form der «Kolportage» hat in Ernst Bloch einen beredten Lobredner gefunden, der diese aktive Form der Phantasietätigkeit scharf vom kalmierenden «Kitsch» trennte. Ob diese Trennung im allgemeinen zu Recht besteht, wäre zu fragen; daß sie sich schon bei Karl May nicht aufrechterhalten läßt, zeigt der Eingangssatz des *Verlorenen Sohns*:

> «Es war ein reizendes kleines Damenboudoir, in welchem das fröhliche Lallen eines Kindesmundes eine Damenstimme beantwortete, deren zärtlich kosende Worte von einem wunderbar weichen und herzigen Wohlklang waren. Die drei Fenster des Zimmers eröffneten einen Ausblick auf den Wald, welcher ringsum das Schloß umgab mit seinen dichten Föhren, aus deren Dunkel hier und da eine bereits herbstlich gefärbte Eiche oder Buche hervorblickte.»

Man vergleiche damit einen Kapitelanfang der Marlitt (*Im Hause des Kommerzienrates*, 27. Kapitel):

> «Ueber den Baumwipfeln des Parks wehte die Morgenluft und zog durch das weit offene Fenster; sie trug ein traumhaftes, halbverlorenes Wasserrauschen vom fernen Fluß her in die Küchenstille des Schlafzimmers und hauchte das schlummernde Gesicht der Kranken mit Reseda- und Levkojendüften an.»

Oder eine Interieurbeschreibung der Nataly von Eschstruth, die immerhin einen gehobenen Einrichtungsgeschmack verrät (*Polnisch Blut*, 1887):

> «Süßer Syringenduft weht durch die etwas niedrigen, aber kostbar ausgestatteten Salons. Weit geöffnet waren die Flügeltüren, und gewährten den Durchblick in die lange Zimmerflucht, welche sich in farbiger Pracht, wie eine Perlenschnur, bunt aneinander reihte. Ein kleines, lauschiges Boudoir bildete den Abschluß.»

Der Kolportageautor May steht — jedenfalls soweit er sich einer gehobenen Weiblichkeit widmet — dem sentimental-trivialen Frauenroman seiner Epoche recht nahe! Dessen Hauptvertreterin ist — neben Nataly von Eschstruth (auch: *Gänseliesel*, 1886; *Hofluft*, 1889), neben Wilhelmine Heimburg (*Lumpenmüllers Lieschen*, 1879; *Lore von Tollen*, 1888) und vielleicht auch neben Helene Böhlau (*Reines Herzens schuldig*, 1888; *Das Recht der Mutter*, 1896) – unstreitig Eugenie Marlitt (eig. John). Die einstige Sängerin und Vorleserin der Fürstin von Schwarzburg-Sonderhausen kam erst mit vierzig Jahren zum Schreiben. Ernst Keil, der Gründer und Herausgeber der *Gartenlaube*, wurde ihr Entdecker, Verleger und Hauptnutznießer. Dank ihrer «Marliteratur» (Heyse an Storm im Januar 1886) konnte er die Auflage seines Blattes bis auf weit über 300 000 steigern. Als erste echte Bestsellerautorin der deutschen Literatur genießt Eugenie Marlitt einen leicht anrüchigen Ruf; doch gehörte ihr immerhin die Wertschätzung Kellers: «Das ist ein Zug, ein Fluß der Erzählung, ein Schwung der Stimmung und eine Gewalt der Darstellung dessen, was sie sieht und fühlt, – ja, wie sie das kann, bekommen wir alle das nicht fertig. [...] In dem Frauenzimmer steckt etwas von dem göttlichen Funken.»

Kellers Marlitt-Lob dürfte nicht zuletzt dem liberalistischen Pathos geschuldet sein, das die programmatischen Partien ihrer Romane ausstrahlen. Sie fügen sich damit ganz in die Linie der *Gartenlaube* ein, die bis in die Bismarckzeit hinein an einem liberalen Grundtenor festhielt. Die zunehmenden Probleme des Liberalismus, die Spannung zwischen seinen politischen und wirtschaftlichen Idealen und das Auseinanderbrechen des Bürgertums, wurden in dieser Zeitschrift dagegen weitgehend ausgeblendet. Die liberale Botschaft degenerierte zur Freiheit der Liebe, zum Recht, auch außerhalb des eigenen Standes zu heiraten – wenn dabei nur eine heile Familie zustande kam, denn die Familie ist das eigentliche Wertzentrum, das die *Gartenlaube* und ihre populärste Autorin als Remedium gegen die Härten des politisch-wirtschaftlich-sozialen Lebens verschrieben.

Die liberale Botschaft nimmt gleichsam Märchencharakter an in der *Aschenputtel*-Struktur, die allen Marlitt-Romanen mehr oder weniger deutlich zugrunde liegt: Armes Mädchen heiratet reichen (vornehmen, adligen) Mann. Zum Überfluß erweist sich oft im nachhinein noch die höhere Abstammung der Heldin! Ungeachtet dieser zutiefst unrealistischen Schablone nehmen die Romane der Marlitt doch in erheblichem Maße Zeitgenössisches auf – etwa den industriellen Aufschwung in *Reichsgräfin Gisela* (1869) oder die Krisen der Gründerzeit in *Im Hause des Kommerzienrates* (1877). Wie bei Spielhagen werden Wertkrise und Materialismus der Gründerzeit nicht nur der eigentlichen Bourgeoisie, sondern mindestens so sehr einem Pseudo-Adel zur Last gelegt, der sich und andere durch seinen luxuriösen Lebensstil ruiniert. Die schroffe Antithese zwischen bürgerlicher Humanität und lasterhafter Adelswelt bzw. Großbourgeoisie, im letztgenannten Roman durch den Gegensatz zwischen Mühle und Villa raumsymbolisch markiert, erinnert an typische Strukturen des mittleren Wilhelm Raabe (etwa der Stuttgarter

Trilogie, zu der *Hungerpastor* und *Schüdderump* gehören). Auch Raabe liebt dichotomische Figurenkonstellationen und Raumstrukturen; auch Raabe nimmt eindeutig für die Innerlichkeit Partei. Abgesehen von der höheren Komplexität von Raabes Erzählkunst, deren sperriger Anspielungsreichtum in den Erfolgsromanen der Marlitt freilich keine Parallele findet, unterscheiden diese sich von der realistischen Konkurrenz durch das Fehlen des Scheiterns auf seiten der positiven Figuren. Trotz mancher Krisen und einer kleinen Verzweiflung der Heldin noch kurz vor Schluß geht immer alles Wesentliche ganz nach ihren Wünschen aus.

Freilich sind die Heldinnen auch danach, ob sie nun Goldelse oder Heideprinzeßchen heißen (in den gleichnamigen Romanen von 1866 und 1871): Die Protagonistinnen der Eugenie Marlitt sind ein wahrer Ausbund an Tugend und Tüchtigkeit, und dafür werden sie – ganz im Gegensatz zu ihren Gegenspielerinnen (mit Prädikaten wie «geschminkte Sünde») auch belohnt: nämlich mit dem idealen, zumeist heimlich geliebten, Mann. Dem traditionellen Verlobungs- oder Heirats-Happy-End haftet bei der Marlitt etwas Unehrliches an, insofern die Widersprüche zwischen diesem übergeordneten Ziel und den vorher gepflegten Ansätzen zu beruflicher Qualifizierung und Selbständigkeit der Frau bestenfalls angedeutet, sogleich aber mit vollem melodramatischen Einsatz überspielt werden. Denn Eugenie Marlitt ist zeitgemäß und bürgerlich genug, um ihre Heldinnen zur Strebsamkeit und Selbständigkeit zu erziehen; bisweilen liegen auch niedere Arbeiten auf ihren (wie auf Aschenputtels) zarten Schultern.

Sobald aber der Mann mit dem konkreten Heiratsversprechen da ist, wird alles andere vergessen; der erfolgreiche Arzt schlägt das Hauptbuch zu, an dem seine Braut Käthe gerade geschrieben hat – sie braucht die Mühle jetzt nicht mehr, die sie geerbt und in deren Leitung sie sich in den letzten Monaten so außerordentlich bewährt hat (*Im Hause des Kommerzienrates*). Wie eine bewegliche Sache wird die Gräfin Gisela in Richtung Ehe abtransportiert: «Nehmen Sie mich hin – ich bin Ihr Eigentum» (*Reichsgräfin Gisela*). Auch das Heideprinzeßchen gibt bedenkenlos das Freiheitsgefühl in der wilden Natur auf und läßt sich als Haustier à la Nora domestizieren:

> «Es war ja wahr geworden, ich schritt, von starkem Arm gehalten, an seiner Seite dahin, und seine Linke hielt sorgsam den Mantel zusammen, den er mir um Haupt und Schultern geschlagen ... Und der Sturm schoß mit seinem Frühlingsatem an mir vorüber und höhnte: ‹Gefangen, gefangen!› Und ich lachte auf und schmiegte mich glückselig an den Mann, der mich führte – mochten Sturm und Bienen und Schmetterlinge frei über die Heide hinfliegen – ich flog nicht mehr mit! ...»

Im letzten Roman der Marlitt, der *Frau mit den Karfunkelsteinen* (1878), wiederholt sich diese Motivik fast wörtlich. «‹Spottdrossel, hab' ich dich?› rief Herbert und schlang auch den anderen Arm um das atemlose, an allen Gliedern bebende Mädchen. ‹Nun sieh, wie du wieder frei wirst!›» Auch hier dient ein tobendes Unwetter zur Untermalung des Höhepunkts, auch hier findet sich der späte Übergang von der Onkel-Anrede zum Liebes-Du. Wahrscheinlich läßt sich die Vorliebe für solche Überblendungen von Nichte-Onkel-Beziehungen und echter erotischer Hingabe als inzestuöser Wunschtraum deuten.

Daß die Braut ihren Künftigen bis zuletzt als eine Vaterfigur ansieht, kommt andererseits einem zentralen Anliegen dieser Autorin zugute: die absolute Reinheit, Keuschheit, Engelhaftigkeit ihrer Heldinnen bis zur Schwelle der offiziellen Ehe herauszustreichen. Erst im Moment der Verlobung bekommen diese Frauen rote Lippen, werden sie eigentlich erst zur Frau. Man spürt angesichts solcher massenhaft gelesenen und geschätzten Sittlichkeits-Inszenierungen, was die Generation der Naturalisten meinte, wenn sie gegen die «konventionellen Lügen» wetterte, und welche Kühnheit in der Fabel von Fontanes *Irrungen Wirrungen* steckt. Denn die positive (und vom Romanausgang nicht bestrafte) Heldin Lene gibt sich ja nicht nur vor der Ehe, sondern auch im Wissen darum hin, daß Botho sie nicht heiraten wird; die zeitgenössischen Leser mußten die Abweichung von der Norm um so schmerzlicher empfinden, als Fontane sie durch die Reden der Frau Dörr am Romananfang geradezu auf die Aschenputtel- oder Marlitt-Spur gesetzt hat. «Sie haben sie ja bloß angenommen», sagt die Nachbarin zu Frau Nimptsch über Lene, «un vielleicht is es eine Prinzessin oder so was.»

Wenn sich der Frauenroman primär an den Bedürfnissen der weiblichen Leserschaft orientierte, so stellt der Abenteuerroman gewissermaßen das männliche Pendant dazu dar. Mit Sir John Retcliffes (d. i. Hermann Goedsches) «historisch-politischen Romanen aus der Gegenwart» und Balduin Möllhausens Amerikaromanen ragen noch ältere Traditionen in die kaiserzeitliche Literaturproduktion hinein. Für Karl May sind sie schon Vergangenheit, aber auch Voraussetzung. Im Kolportageroman *Waldröschen oder: Die Verfolgung rund um die Erde* (1882) läßt er eine Figur sagen: «Habe viele Romane gelesen, Reisebeschreibungen. Cooper, Marryat, Möllhausen, Gerstäcker. Habe gedacht, Alles Schwindel. Aber doch anders.» Die besondere Ironie dieser Äußerung liegt natürlich darin, daß sie von einem Autor stammt, der im Gegensatz zu Möllhausen oder Gerstäcker – bis zu seiner späten Amerikareise – gar keine Möglichkeit zu einem Vergleich zwischen dem Mythos und der Wirklichkeit des Wilden Westens hatte, obwohl er späterhin steif und fest behaupten sollte, alle Abenteuer Old Shatterhands und Kara Ben Nemsis selbst durchlebt zu haben, und sich in entsprechender Verkleidung – mit Bärentöter und Henrystutzen – fotografieren ließ.

Karl Mays Abenteuerroman ist in erster Linie Reiseroman. Nicht umsonst geht es in *Waldröschen* «rund um die Erde», und zwar unter Beteiligung eines typischen – körperlich und geistig exzellierenden, seiner wirkungsvollen Faustschläge wegen gefürchteten – Karl-Mayschen

Superhelden (Doktor Sternau). Ein Jahr vor diesem ersten von insgesamt fünf Kolportageromanen, die May bis 1887 im Auftrag des Verlegers Münchmeyer anfertigt (mit zusammen über zwölftausend Seiten), war in der katholischen Zeitschrift *Deutscher Hausschatz* die erste orientalische «Reise-Erinnerung» Karl Mays erschienen: *Giölgeda padíshanün (Im Schatten des Großherrn)*. Ihr Text liegt der künftigen Buchausgabe *Durch Wüste und Harem* (später: *Durch die Wüste*), z. T. auch schon dem Folgeband *Durchs wilde Kurdistan* zugrunde. Sechs Jahre später (1888) beendet die Zeitschrift den Abdruck der vorgeblichen «Reise-Erinnerungen» mit der umfangreichen Folge *Durch das Land der Skipetaren*, Grundlage für die gleichnamige Buchausgabe und weite Teile des vorerst letzten Orientromans *Der Schut*. Das anhaltende Interesse der Zeitschrift und des Publikums ist sicher auch vor dem Hintergrund der damaligen Orientmode und kolonialistischer Interessen (deutsche Bahnprojekte in der Türkei) zu sehen. Mit der Neufassung des Zyklus in sechs Bänden wird 1892 die Ausgabe der Gesammelten Reiseromane im Freiburger Fehsenfeld-Verlag eröffnet.

Auch dort heißt der Untertitel «Reiseerlebnisse». Der Ich-Erzähler trägt den orientalischen Namen des Autors (Kara Ben Nemsi, d. h. Karl der Deutsche). Er wird begleitet von seinem Diener Halef, der nicht wenig Wert auf seinen vollständigen Namen Hadschi Halef Omar Ben Hadschi Abul Abbas Ibn Hadschi Dawud al Gossarah legt. Aus der Spannung zwischen der Eitelkeit und dem Leichtsinn des übrigens grundsympathischen Dieners und der überlegenen Rationalität seines Herrn und Meisters ergibt sich ein Großteil der Dialoge und Handlungsansätze, die sich im übrigen natürlich der jeweiligen Örtlichkeit verdanken, die Karl May mit einiger Gründlichkeit aus zeitgenössischen Reisebeschreibungen und Geschichtswerken rekonstruiert. Die weitere Entwicklung der Handlung folgt der charakteristischen Logik des Karl Mayschen Tagtraums: Kampf, Gefangenschaft, Befreiung in steter Wiederholung und Variation. Dabei erweist sich immer wieder die Überlegenheit der europäischen, und zwar speziell deutschen, Kultur über orientalische Mentalität und Traditionsverhaftung; die Gegner werden ausgepeitscht, durch einen Gelenkschuß gelähmt, geblendet, aber nur selten getötet; der Hauptschurke (Schut) stürzt selbst in die Tiefe – wie auch sonst die großen Bösewichter bei Karl May. Eine Ausnahmestellung, die zu plausiblen biographischen Interpretationen Anlaß gegeben hat, nimmt die weise alte Kurdin Marah Durimeh (in *Durchs wilde Kurdistan*) ein – wohl ein idealisiertes Spiegelbild der Großmutter, zu der der Autor während seiner Erblindung als Kind (erstes bis fünftes Lebensjahr) in engster Beziehung stand. Sie wird im Altersroman *Ardistan und Dschinnistan* (1907–1909) als Herrscherin des Planeten Sitara wiederkehren.

Die Ursituation der Karl-Mayschen Reiseerzählung ist erstmals in der frühen Geschichte *Old Firehand* (1875) voll ausgeprägt. Dieses Grundmodell zeichnet sich durch fünf Konstituenten aus: (1) die quasi-autobiographische Erzählperspektive eines charismatischen Helden; (2) den exotischen Raum; (3) die Kontrastierung von Gut und Böse; (4) die sukzessive Aufdeckung eines Geheimnisses, das in der Vorge-schichte angelegt ist; (5) die abschließende Überwindung des Bösen mit der Perspektive auf eine bessere Zukunft. In den Amerika-Romanen der neunziger Jahre gelangt dieses ‹klassische› Modell zur vollen Entfaltung, und zwar vor allem im dreibändigen *Winnetou*-Roman von 1893 (mit dem bezeichnenden Originaltitel: *Winnetou, der Rote Gentleman*) und dem gleichfalls dreibändigen *Old Surehand* (1894–1896). Der mittlere Band des letzten Werks kommt allerdings weniger in Betracht, da es sich hier größtenteils um Zweitverwertungen früherer Erzählkomplexe han-delt, die als Binnenerzählung in den Roman eingelegt sind.

Die in diesen Binnenerzählungen herrschende Außenperspektive auch auf Old Shatterhand, von dem hier also in der dritten Person die Rede ist, regiert auch die sogenannten Jugenderzählungen Karl Mays, unter denen *Der Schatz im Silbersee* (1890/91) und *Der Ölprinz* (1893/94) hervorzuheben sind. Während das zeitgenössische Karl-May-Publikum überwiegend ein erwachsenes Publikum war und jugendliche Winnetou-Clubs, wie Leonhard Franks autobiographischer Roman *Die Räuberbande* sie schildert, noch die Ausnahme bildeten, sprechen die im Stuttgarter Union-Verlag erschienenen Texte gezielt die «reifere Jugend» an: durch Integration jugendlicher Gestalten als Identifikationsangebote, durch Ausbau und Gewichtung der komischen oder humoristischen – vielfach säch-selnden – Figuren (vom Typ Tante Droll) und schließlich durch eine gewisse Gewalt-Enthaltung, von der es jedoch Ausnahmen gibt. Eine solche genehmigt sich Karl May beim *Silbersee*-Finale (mit hundert Toten im Gang unter dem See). Das *Ölprinz*-Finale ist dagegen gerade durch den Verzicht auf kriegerische Gewalt gekennzeichnet; von hier führt eine direkte Verbindungslinie zu Mays später Erzählung *Und Friede auf Erden!* (1904). Im übrigen zeigt schon der Handlungskern beider Romane die Verwerflichkeit oder jedenfalls Bedenklich-keit des Gewinnstrebens; der Silbersee-Schatz stürzt schließlich in den See und ist damit allen Begehrlichkeiten entzogen. Nicht ungleich der Marlitt erweist sich Karl May als Apostel wider Mammonismus und Materialismus.

Karl Mays Wilder Westen mit seinem festen – die Grenzen zwischen den einzelnen Erzählungen übergreifenden – Figurenensemble ist ein mythischer Ort und seine Beziehung zur bürgerlichen Gesellschaft schon des amerikanischen Ostens, erst recht aber des wilhelminischen Deutschlands, in dem er erträumt und rezipiert wurde, außerordentlich ambivalent. Einerseits präsentiert er sich als Totalalternative zur Zivi-lisation, andererseits regiert diese in Form von Militär- und Polizei-Ein-sätzen, Goldhunger und Eisenbahnen selbstverständlich in die Wildnis hinein; auch Old Shatterhands Sonderstellung hat ja einiges mit dem fünfundzwanzigschüssigen Henrystutzen in seiner zielsicheren Hand zu tun. Auch die persönliche Autonomie des Trappers oder Scouts, von der hier viel die Rede ist, findet ihre Grenzen: in einem imaginären Herrschaftsgefüge, in dem die hervorragendsten Westmänner (wie Old Shatterhand oder Old Surehand) ganz selbstverständlich die obersten Ränge einnehmen. Das Versteckspiel mit seiner Identität, an dem der Karl-Maysche Held eine so unersättliche Freude hat (sublimierende Umkehr des Hangs zur Hochstapelei, durch den sein Schöpfer mehrfach straffällig wurde), hat in dieser unausgesprochenen Hierarchie seine eigentliche Basis. Es ist das Incognito eines Fürsten, das Old Shatterhand wählt, wenn er sich als Greenhorn behandeln läßt; in ihm ist stets die Option zur Beschämung und Degradierung des Gesprächspartners bzw. Gegners enthalten.

Ambivalenzen anderer Art hat Arno Schmidt in seiner Karl May-Studie *Sitara und der Weg dorthin* (1963) aufgedeckt. Auch wenn man sich seiner konkreten Argumentation nicht anschließt, ist der homoerotische Grundton, mit dem die Männerfreundschaften des Ich-Erzählers beschworen werden, unüberhörbar. Die Schönheit der Jünglingsgestalten Winnetou oder Old Surehand wird ganz analog zu Winckelmanns Beschreibungen des Apoll von Belvedere vergegenwärtigt. Als ‹edler Wilder› mutet Winnetou ja ohnehin wie eine Erfindung des 18. Jahrhunderts an; seine ideologische Attraktion für eine weiße Leserschaft im Zeitalter des fortschreitenden Genozids an den Indianern Nordamerikas und der sich verhärtenden Fronten zwischen Rot und Weiß lag gerade darin, daß er nicht als prinzipieller Feind der Weißen auftritt, sondern einen Weißen liebt und in seinem zurückhaltend-kultivierten Verhalten geradezu zentrale Werte der europäischen Kultur verkörpert – daher ja auch der entwaffnende Zusatz «der Rote Gentleman» im Titel der Erstausgabe.

Als Überläufer zwischen den Kulturen muß Winnetou natürlich sterben. Er tut es bekanntlich zu den Klängen des «Ave Maria» und mit den Worten: «Scharlih, ich glaube an den Heiland. Winnetou ist ein Christ.» Nach späterer Auskunft des Autors hat es am 2. September 1874 (Winnetous Todesdatum) sogar noch eine Nottaufe gegeben. Sein versöhntes Dahinscheiden steht in schärfstem Kontrast zum grausamen Leiden des Gottesleugners Old Wabble in *Old Surehand*. Der religiöse Diskurs nimmt auf dem Wege zum Spätwerk einen immer größeren Anteil an Karl Mays Schreiben ein; der evangelisch getaufte Autor verfolgt in der Zusammenarbeit mit katholischen Organen und der Bezugnahme auf Requisiten des katholischen Kultus eine interkonfessionelle Strategie, die man ihm späterhin zu Unrecht vorgeworfen hat. Jedenfalls ist die Tendenz dieses Schriftstellers, dessen Karriere mit sächsischen Humoresken und reißerischen Kolportageromanen begann, zu einer zunehmenden Verinnerlichung des Abenteuerromans unverkennbar. In *Old Surehand* etwa treten das Problem der Identität und das Schicksal der Mutter des Titelhelden sowie die Frage des Verhaltens angesichts des Todes in den Vordergrund; die Entscheidung fällt am «Devilshead».

8. Politischer Tendenzroman, sozialistische Erzählprosa

Der Tendenzroman galt im 19. Jahrhundert als Spezialität der Schriftstellerinnen. Soweit es um engagierte Romane aus dem Geist der Frauenbewegung geht, scheint das ja auch nicht verwunderlich; einzelne Beispiele wurden oben als Beitrag zum Entwicklungsroman diskutiert. Aber auch die Unterhaltungsromane der Marlitt mit ihrer klaren Schwarz-Weiß-Malerei und der Parteinahme für eine unterdrückte Frauenseele galten weithin als tendenziös. Zur vollen Entfaltung gelangt der Tendenzcharakter des Gegenwartsromans damals jedoch bei zwei Autorinnen aus dem österreichischen Raum, die zugleich durch ihr persönliches Leben in einer direkten Beziehung zur Politik standen: Bertha von Suttner, geborene Gräfin Kinsky, durch ihren unermüdlichen Einsatz für die Friedensbewegung, für den ihr 1905 der Friedensnobelpreis verliehen wurde; Minna Kautsky als Mutter des einflußreichen sozialistischen Politikers Karl Kautsky.

Bertha von Suttner erlangte Weltruhm durch ihren Roman *Die Waffen nieder!* (1889). Darin wird die Lebensgeschichte der Komteß Martha Althaus geschildert, die die Kriege von 1859, 1864, 1866 und 1870/71 miterlebt. Im ersten verliert die Protagonistin ihren ersten Mann, einen österreichischen Offizier, im letzten wird ihr zweiter Mann, ein gebürtiger Deutscher, als vermeintlicher Spion in Paris erschossen. Höhepunkt des Romangeschehens ist der preußisch-österreichische Krieg von 1866; die Ich-Erzählerin sucht ihren Mann, der trotz seiner pazifistischen Einstellung auf österreichischer Seite an der Schlacht von Königgrätz teilgenommen hat, in den Lazaretten.

Zu besonderer Eindringlichkeit verhilft der Darstellung ein erzähltechnischer Trick: Die Erinnerungen werden als Aufzeichnungen aus roten bzw. blauen Heften ausgegeben, in die Martha die Ereignisse je nach ihrem Beispielwert für Krieg oder Frieden eingetragen hat. In die durch Briefe und ähnliche Texte erweiterten privaten bzw. fiktiven Aufzeichnungen mischen sich objektive Dokumente: Zitate aus Zeitungsartikeln oder politischen Verlautbarungen, die die Autorin bei ihren mehrjährigen Recherchen notiert hat. Sie verleihen der gesamten Darstellung einen authentischen Anstrich und unterstützen den moralischen Anspruch der hier geleisteten Aufklärungsarbeit. Denn angesichts des persönlichen Elends und der Häßlichkeit des Frontgeschehens wirken die offiziellen Meldungen wie schönfärberische Lügen; die politischen Erklärungen, die von den kriegführenden Parteien jeweils im Brustton der beleidigten Unschuld abgegeben werden, demontieren sich gegenseitig durch die oft wörtliche Übereinstimmung ihrer ideologiebefrachteten Phrasen.

Der dokumentarische Duktus der Darstellung hat in Verbindung mit dem Untertitel der Originalausgabe («Eine Lebensgeschichte») zu dem weitverbreiteten Mißverständnis geführt, als handle es sich bei *Die Waffen nieder!* weitgehend um eine Autobiographie, als seien Martha Althaus und Bertha von Suttner miteinander identisch. Ein Mißverständnis, das der Verbreitung des Romans und dem Interesse der Öffentlichkeit an der Persönlichkeit der Verfasserin wahrscheinlich sehr förderlich gewesen ist – die Parallele zum Fall Karl May oder Sacher-Masoch liegt nahe. Unbeschadet einzelner Analogien zwischen Autorin und Erzählerin ist jedoch die fundamentale Differenz zu betonen, daß Bertha von Suttner, wie sie selbst mehrfach bezeugt hat, die schmutzige Realität des Krieges nicht aus eigener Anschauung kennengelernt und sich vielmehr im Zuge von theoretischen Überlegungen – und zwar erst viel später, nämlich in den achtziger Jahren – zu einer pazifistischen Position durchgerungen hat. Diese findet ihren ersten Niederschlag im elften Kapitel des anonym veröffentlichten *Inventariums einer Seele* (1883). Auch die «Zukunftsvorlesungen», die Bertha von Suttner 1889 unter dem Titel *Das Maschinenalter* publizierte, setzen sich auf theoretischer Ebene kritisch mit Krieg und Kriegsideologie auseinander.

Ein volles Jahrzehnt vor dem Erscheinen von *Die Waffen nieder!* hat Minna Kautsky die Schlacht von Königgrätz in das Zentrum eines pazifistischen Romans gestellt. In *Stefan vom Grillenhof* (1879) beschreibt sie das Schicksal eines hochbegabten Bauernsohns, der als Soldat rekrutiert wird und aus dem Krieg von 1866 als Krüppel zurückkehrt – unfähig, die angestrebte wissenschaftliche Laufbahn weiterzuverfolgen. Auch ihr nächster Roman nimmt die kriegerischen Auseinandersetzungen der Zeit (hier: den deutsch-französischen Krieg von 1870/71 und die Ereignisse der Pariser Commune) zum historischen Rahmen. Wie der Titel *Herrschen oder Dienen?* andeutet, geht es jedoch vorrangig um die Problematik der Frauenemanzipation; denn dieser Titel ist eigentlich ein Zitat und bezieht sich auf die Worte der Lady Milford in Schillers *Kabale und Liebe*: «Wir Frauenzimmer können nur zwischen Herrschen und Dienen wählen.» Noch in ihrem Roman *Helene* (1894) wird Minna Kautsky die Emanzipationsthematik mit der zeitgenössischen Kriegsgeschichte verknüpfen. Die unglücklich verheiratete Heldin findet zu sich selbst, indem sie sich freiwillig für einen Einsatz als Krankenschwester im russisch-türkischen Krieg von 1877/78 meldet.

Die eigentliche Basis für den zweifelhaften Ruhm, den Minna Kautsky zu Lebzeiten als «rote Marlitt» genoß, bildeten aber die sozialen Romane *Die Alten und die Neuen* (1884) und *Victoria* (1889). In letzterem bildet die Liebesgeschichte zwischen einem Maler und einer Fabrikarbeiterin den Faden, an dem die sozialen Probleme der Arbeiter in der Baumwollspinnerei «Victoria» vor dem Hintergrund der technischen Rationalisierung aufgereiht werden. Auch im Mittelpunkt des erstgenannten Romans steht die Liebe einer jungen Frau. Else Marr, Tochter eines Sozialphilosophen, gerät in den Gegensatz zwischen der

«alten» Aristokratie und Bourgeoisie einerseits und den revolutionären
«Neuen» andererseits, verkörpert durch Arnold Lefebre, den einstigen
Assistenten ihres Vaters, und seinen Freund, den Bergarbeiter Georg.
Wegen ihrer Propaganda unter den Arbeitern eines Salzbergwerks werden Elses Freunde von der Polizei verfolgt; Arnold kommt ums Leben
bei den Rettungsarbeiten für Arbeiter, deren Wohnanlage durch einen
raubbaubedingten Erdrutsch verschüttet wurde. Else wandert schließlich
nach Amerika aus; der Bergarbeiter Georg geht nach Deutschland, um
dort die revolutionäre Arbeit fortzusetzen.

   «Hier im letzten Teil [. . .] hat Bastard Tendenz die Mutter Poesie und Kunst
mit brutalem Fußtritt in die Grube gestossen» – so eine zeitgenössische Rezension von *Die Alten und die Neuen*. In Wahrheit ist natürlich der ganze Roman
tendenziös. Dennoch erregte gerade der Schluß verschiedentlich Anstoß:
Arnolds Tod schien nicht ausreichend aus der Handlung motiviert und eher dem
Bedürfnis der Verfasserin geschuldet, einen melodramatischen Schlußpunkt zu
erreichen. Minna Kautsky hat das «Unkünstlerische und Unbefriedigende» dieses Schlusses später selbst darin gesehen, «daß er [sc. Arnold], der im Kampfe
gegen die Gesellschaft sich befindet, durch ein plötzlich hereinbrechendes Na-
turereigniß zu Grunde geht». Die Parallele von Gesellschaft und Natur ist im
Roman freilich von langer Hand vorbereitet, nämlich durch die Einführung der
darwinistischen Lehre, die die Verfasserin selbst in enger Gemeinschaft mit
ihrem Sohn in den siebziger Jahren begeistert rezipiert hatte. Im Roman spiegelt
sich diese Hochschätzung etwa in der Szene, in der Pater Cölestin Arnolds
Arbeitsbibliothek mustert und auf Darwins Hauptwerk *Die Entstehung der
Arten* stößt: «Darwin! hier ist der Schlüssel zu allem. Das ist das neue Evan-
gelium, das sie uns entfremdet, das alles untergräbt, was bisher als Offenbarung
die Welt erklärt und uns in ihr.» Das Gewicht dieses Stichworts ist um so größer,
als Minna Kautsky mit Rücksicht auf die Geltung des Sozialistengesetzes die
Worte «Sozialdemokratie» und «Sozialismus» in ihrem Roman unterdrückt hat;
das dadurch entstehende Vakuum wird von der biologischen Heilslehre aus-
gefüllt.
   Auch in Suttners Roman *Die Waffen nieder!* spielt der Darwinismus eine
Rolle. Auf einer Abendgesellschaft in Marthas Elternhaus kommt es zu einer
erregten Debatte über «die neue Abstammungslehre», bei der sich ihr künftiger
Mann Baron von Tilling durch seine besonnene Reaktion auszeichnet. Während
sich der Minister mit den bloßen Schlag- und Reizworten «Kampf ums Dasein»,
«natürliche Zuchtwahl» und «Evolution» begnügt, beharrt Tilling auf der Erfor-
dernis persönlicher Lektüre für eine angemessene Urteilsbildung.

   Eine erfolgreiche Revolutionshandlung schildert August Otto-Walsters umfangreicher «social-politischer Roman» *Am Webstuhl der Zeit*,
dessen erste Fassung 1869/70 entstand und 1871 in der sozialdemokratischen Zeitschrift *Volksstaat* zu erscheinen begann. Nach kriegsbedingter
Unterbrechung des Drucks und Überarbeitung der späteren Manuskript-
teile lag der ganze Roman 1873 gedruckt vor. Seine Voraussetzungen sind
allerdings noch die der sechziger Jahre. In einer deutschen Residenzstadt

mit fortgeschrittener Industrialisierung entwickelt sich eine revolutionäre Initiative, getragen zunächst von inhaftierten Wechselschuldnern (als klassischen Kapitalismus-Opfern), aufgegriffen dann vor allem von klassenbewußten Druckereiarbeitern, die eine genossenschaftliche Produktivassoziation gründen. Beträchtlichen Raum nehmen die Auseinandersetzungen mit der aggressiven liberalen Partei unter der Leitung von Dr. Raffmaus (!) ein; sie führen jedoch letzten Endes zu einer Stärkung der Volkspartei. So geben die Gewaltmaßnahmen der Raffmaus-Regierung den letzten Anstoß zum offenen Volksaufstand, in dessen Verlauf sich das Militär mit dem Volk solidarisiert und der König seinen Rücktritt erklärt. «Eintracht», «Volksmacht» und «Gerechtigkeit für Alle!» sind die Parolen des abschließenden Revolutionsfestes, nach dessen Ende die Genossen an den Aufbau des «Volksstaats» gehen.

Im Gegensatz zur emotional-identifikatorischen Wirkungsstrategie der Tendenzromane von Bertha von Suttner und Minna Kautsky setzt der sozialdemokratische Journalist und Parteifunktionär Otto-Walster primär auf didaktische Vermittlung. Die Reden seiner Revolutionäre vor Gericht und auf Parteiversammlungen sind Musterbeispiele sozialistischer Rhetorik, deren Qualität und Effizienz auch die Zensur anerkannte. Daß demgegenüber die psychologische Motivation und die Glaubwürdigkeit der Handlung zu kurz kommen, war kaum zu vermeiden. Bei den Figuren des bürgerlichen Lagers begnügt sich der Autor ohnehin mit satirischen Abziehbildern, wie schon die sprechenden Namen verraten (neben Raffmaus steht der Druckereibesitzer Wehrhahn – ein Name, der noch in Hauptmanns *Biberpelz* wiederkehrt). Störender mußte für das zeitgenössische Publikum die Ausblendung der nationalstaatlichen Rahmenbedingungen wirken. Auch wenn man die Datierung des Romananfangs auf 1867 bedenkt, war ein isolierter Umsturz der gesellschaftlichen Ordnung in einem deutschen Miniatur-Königreich weder vor noch nach 1871 vorstellbar.

Noch weitaus schematischer wirkt dagegen Rudolf Lavants Roman *Ein verlorener Posten* (1878), sechs Jahre vor Minna Kautskys *Die Alten und die Neuen* an derselben Stelle, nämlich in der *Neuen Welt*, erschienen. Er wirkt wie ein männliches Pendant zum roten Frauenroman, insofern auch hier eine Liebeshandlung mit sozialistischen Aktivitäten verknüpft wird, anstelle der weiblichen Hauptperson jedoch ein Mann im Zentrum der Handlung steht – und was für einer! Wolfgang Hammer ist ein Ideal- und Ehrenmann, dessen Vorbildcharakter sich nicht zuletzt in der Standfestigkeit gegenüber sinnlichen Versuchungen erweist. Eine der positiven Romanfiguren sagt über den Helden: «wenn aber ein Mann von dem Charakter, dem Wissen und den Gemüthseigenschaften Herrn Hammers Sozialdemokrat ist, so kann die Sozialdemokratie unmöglich das sein, als was ich sie schildern hörte.» Die Partei, auf deren Charakter man von dieser Figur aus schließen kann, muß sich jedenfalls durch eine extrem rigide Sexualmoral ausgezeichnet haben. Als Comptoirchef einer schlesischen Textilfabrik

schließt sich Hammer mit der «stillen, innerlichen» Martha Hoyer zusammen.
Im Konflikt zwischen dem Fabrikbesitzer (Marthas Vater) und den Arbeitern
ergreift er offen die Partei der letzteren, was am Schluß seine Rückkehr nach
London, dem Mekka der theoretischen Sozialisten, notwendig macht. Martha
begleitet ihn; ihr Vermögen wird dem Helden die Unabhängigkeit zu wissenschaftlichen Studien im Dienste des Sozialismus sichern.

Im Unterschied zum sozialistischen Roman der Zeit, der weithin
den Mustern der bürgerlichen Trivialliteratur verhaftet bleibt, gelingt
den Kalendergeschichten Robert Schweichels eine überzeugendere Annäherung an den Zusammenhang von sozialer Not, politischer Unterdrückung und Befreiung. Seine Helden sind stets auch Opfer: so Reb-
mann, der Begründer einer Webereigenossenschaft, in *Die Weber von
Obergeiersdorf* (1873). Als er aus der Untersuchungshaft zurückkehrt, ist
seine Braut dem Typhus erlegen; das Geständnis ihrer sexuellen Erpressung durch den Aufseher steht am Anfang der Erzählung. «Umsonst
geopfert» haben sich in der gleichnamigen Erzählung von 1878 die
Anführer des Weberaufstands von 1845/46, der nach einer Denunziation
vom Militär brutal beendet wird. In der ergrauten Norne Käthe Leide-
rer, die einst als junge Frau im Barrikadenkampf ihren Verlobten verlor,
hält Schweichels Epilog die Fortdauer der Unterdrückung fest. Besonderes Gewicht besitzt die nach authentischen Berichten über die Arbeits-
kämpfe im schlesischen Bergbau der sechziger Jahre verfaßte Erzählung
In Acht und Bann (1877). Am tragischen Schicksal des klugen und mutigen Bergmanns Klaus Jung (historisches Vorbild: der Bergarbeiter und
sozialdemokratische Funktionär Karl Wilhelm Jungnickel) werden die
Folgen der Isolierung und ökonomischen Erpressung gezeigt, mit denen
die Vertreter des Kapitals den klassenbewußten Arbeiter verfolgen. In
der Skepsis, mit der Schweichel die menschlichen Kosten des Klassen-
kampfs bilanziert, mögen sich gewisse Vorbehalte des Autors gegenüber
gewalttätigen Aktionen niederschlagen; der literarischen Qualität seiner
Erzählungen kommt diese politische Ambivalenz als Zuwachs an Komplexität zugute.

9. Utopie und Science Fiction

In seinem zionistischen Manifest *Der Judenstaat* (1896) zitiert Theodor
Herzl die Auffassung, «das als wirklich dargestellte zukünftige Detail sei
das Merkmal der Utopie». Er wehrt sich gegen die Anwendung einer solchen Utopiedefinition auf seine Arbeit, weil er seinen konkreten Ak-
tionsplan nicht mit dem Makel der Irrealität behaftet sehen möchte, der
einer utopischen Darstellung doch nun einmal anhängt. «U-topie» heißt
dem griechischen Wortsinn nach nicht umsonst soviel wie «Nirgend-

Ort». Und doch hat Herzl selbst die Mittel der klassischen Utopie bemüht, als er 1899 an die Ausarbeitung seines Romans *Altneuland* (1902) ging. Dort wird die Reise eines jungen, von der Situation des europäischen Judentums enttäuschten – aber nicht zionistischen – Juden nach Palästina gezeigt; unter dem Eindruck der ersten Siedlungsversuche und der Kommentare seines nichtjüdischen Reisegefährten formt sich in ihm der Traum von einem künftigen Palästina – genau 20 Jahre nach dem aktuellen Datum (31. Dezember 1902). Dieses künftige Palästina ist ein Musterstaat des technisch-zivilisatorischen und kulturellen Fortschritts, sozusagen der lebende Beweis für die Machbarkeit der zionistischen Pläne. Unter den Auspizien des «Herzl Centenary Committee» in Jerusalem wurde 1962 in Haifa eine illustrierte Neuausgabe von *Altneuland* in deutscher Sprache veranstaltet, die Herzls Palästina-Vision mit zahlreichen Fotos des modernen Staates Israel konfrontiert. Oft werden noch Zitate aus dem Text unter die Abbildungen gesetzt, um die Übereinstimmung von Prophetie und Realität oder jedenfalls die Vergleichbarkeit beider ad oculos zu demonstrieren. Unter der Voraussetzung, daß Herzls «Altneuland» in Israel tatsächlich Wirklichkeit geworden ist, wäre sein Roman nur in einem sehr eingeschränkten Sinne utopisch zu nennen: als Vorgriff auf eine Zeit von etwa sechs (statt ursprünglich angenommener zwei) Jahrzehnten.

Daß sich Herzl der utopischen Dimension seines Projekts doch in hohem Grade bewußt war, zeigt seine Erzählung *Das lenkbare Luftschiff*, 1896 wenige Monate nach der Publikation des *Judenstaats* in der *Neuen Freien Presse* erschienen. Schon die Zeitgenossen haben die allegorische Einkleidung verstanden, mit der diese «philosophische Erzählung» (Herzl) die Diskrepanz zwischen einer genialen Erfindung und der Gegenwart thematisiert: Der Erfinder des lenkbaren Luftschiffs wird zunächst ins Irrenhaus gesteckt und begnügt sich fortan mit kleinschrittigen Erfindungen, die von den Zeitgenossen akzeptiert werden und ihm zu solchem Reichtum verhelfen, daß er sich ein lenkbares Luftschiff insgeheim zu seinem Privatvergnügen bauen kann. Nach einem Schauflug mit Freunden zerstört er selbst die libellenförmige «Halkyone»: «Die Menschen sind nicht wert, zu fliegen. Für das, was sie sind, ist Kriechen noch lange gut.» Elemente der Science-Fiction-Literatur dienen hier zur Verdeutlichung der Utopie-Problematik.

«Im Jahr 1895 wollte ich meine Utopie schreiben.» So äußerte sich Wedekind (im Brief an Georg Brandes vom Januar 1909) im Rückblick über die Arbeit am Romanprojekt *Die große Liebe*. Lediglich drei von achtzehn geplanten Kapiteln wurden fertiggestellt; sie erschienen 1901 in der *Insel* unter dem Titel *Mine-Haha*, der in der Buchausgabe (1903) mit dem Zusatz versehen wurde: «oder Über die körperliche Erziehung der jungen Mädchen». Aus der Perspektive einer alten Frau erfahren wir die Erlebnisse eines jungen Mädchens in einer Art körperpädagogischer

Provinz: in einem von einem Park umgebenen Ballett-Internat, in das
die Mädchen einzeln (und zwar nackt in einer verschlossenen Kiste)
eingeliefert werden, um eines Tages – wie man aufgrund von Andeutungen vermuten kann, die durch Wedekinds Pläne zur Fortführung gestützt werden – einem kollektiven sexuellen Vereinigungsritual zugeführt zu werden, das in den Entwürfen als «Frühlings-» bzw. «Herbst-
fest» figuriert. In dramatischer Form hat Wedekind Ähnliches unter dem
Titel *Das Sonnenspectrum* zu gestalten versucht.

   In abweichender Wertung begegnet das Motiv einer kollektiven Regulierung sexueller Beziehungen auch in Michael Georg Conrads Roman
In purpurner Finsterniß (1895), der eine Mischung satirischer Landes-
kunde und utopischer Phantasie bietet. In dieser «Roman-Improvisation
aus dem dreißigsten Jahrhundert» läßt sich nur noch vage die Gestalt des
früheren Europa erkennen. Aus Deutschland ist das unterirdische
Gemeinwesen Teuta geworden, durch zunehmende Wüstenzonen von
den Angelos (im Westen) und den Slavakos (im Osten) getrennt. Als
positives Gegenbild zur Gesinnungsdiktatur von Teuta, die das Tageslicht
scheut und Worte wie «Natur» und «Entwicklung» verbietet, dient vor
allem das bäuerlich gebliebene «Nordika» (Skandinavien). Hier lernt der
positive Held Grege die wahre Lehre von Nietzsches *Zarathustra* kennen,
der zwar auch in Teuta geehrt wird, aber in einer sinnentstellenden, die
Freiheit des Übermenschen geradezu negierenden Form. Die abschließende Rettungstat Greges besteht denn auch darin, die Automaten
öffentlich zu demontieren, die dem Volk von Teuta ein verlogenes *Zarathustra*-Mysterium vorführen, und so den Weg zu einer authentischen
Erneuerung der Menschheit im Sinne Nietzsches frei zu machen.

   Conrads Buch ist also gleichzeitig Satire auf eine falsche Nietzsche-
Verehrung wie ein Bekenntnis zu den zentralen Ideen Nietzsches. Die
Darstellung von Teutaland schwankt zwischen satirischen Aktualisierun-
gen, die sich direkt auf das wilhelminische Deutschland beziehen lassen
(so die Spitzen gegen Untertanenmentalität, Militarismus und ein steri-
les Bildungswesen), und einer Zukunftsvision im Sinne der klassischen
Utopie. Dazu gehört vor allem der genretypische Konflikt zwischen der
individualistischen Liebe eines einzelnen Menschenpaares und den auto-
matisierten sexuellen Beziehungen, die der kollektivistische Staat der
Zukunft (mit einer Mauer zwischen Frauen- und Männersektor) seinen
Bürgern verordnet. Dazu gehören auch verschiedene Andeutungen über
die Technik der Zukunft, die sich anscheinend weit von der offen sicht-
baren und vergleichsweise schwerfälligen Technik der Zeit um 1900 entfernt hat; so werden «Fernsehapparate» erwähnt und weitreichende
Steuerungsmechanismen, die durch das Verschieben eines Rings ausgelöst werden können. Das Interesse des Autors gehört diesen Science-
Fiction-Elementen seines Romans nicht.

Ganz anders verhält es sich mit Kurd Laßwitz, dem Begründer der deutschen Science-Fiction-Literatur, der doch auf ihre weitere Entwicklung keinen unmittelbaren Einfluß nehmen sollte und erst mit vielen Jahrzehnten Verspätung in seiner Pionierfunktion anerkannt wurde. Laßwitz war studierter Mathematiker und auch als Philosoph – der Gymnasiallehrer bemühte sich lange vergeblich um eine Universitätskarriere – vorrangig mit Fragen der Naturerkenntnis beschäftigt; so verfaßte er u. a. ein umfangreiches Standardwerk zur Geschichte der Atomistik. Wenn Laßwitz technische Errungenschaften schildert, die weit über das zu seiner Zeit oder heute Mögliche hinausgehen, so kann man versichert sein, daß er über die naturwissenschaftlichen Grundlagen seiner dichterischen Erfindung gründlich nachgedacht hat. Wie ja auch einige Einzelheiten der Raumfahrttechnik, die in seinem Roman *Auf zwei Planeten* geschildert werden (so die Interorbitalstation der Marsbewohner) durch die künftige Entwicklung der Astronautik im Prinzip bestätigt wurden.

Daß Laßwitz gleichwohl an die Tradition der klassischen Staatsutopie anschließt, zeigt seine Erzählung *Apoikis* (1882). Ein Ich-Erzähler berichtet von seinem Besuch auf einer unentdeckten Südseeinsel, auf der eine Kolonie von Sokratikern siedelt – Nachkommen jener Anhänger des Sokrates, die nach seiner Verurteilung Athen verließen. Ihre Kultur der Tiefe und des harmonischen Ausgleichs mit der Natur ist offenbar der modernen Raubbau-Mentalität weit überlegen; so besitzen sie z. B. ein «Noumenalrohr, das, auf den Nacken gelegt, die Raumvorstellung aufhebt und das intelligible All-Eins empfinden läßt», und auch die Frauen nehmen vollwertig am philosophischen Diskurs teil.

Schon zehn Jahre früher hat Laßwitz eine «Erzählung aus dem Jahre 2371» veröffentlicht, die als Gründungsdokument der deutschen Science Fiction gelten kann: *Bis zum Nullpunkt des Seins*. Zusammen mit der «Erzählung aus dem Jahre 3877» *Gegen das Weltgesetz* (1877) wurde sie 1878 unter dem Titel *Bilder aus der Zukunft* neu herausgegeben. Der Buchtitel stellte eine Kontrafaktur zu Freytags *Bildern aus der deutschen Vergangenheit* dar – gegen kulturgeschichtliche Rekonstruktion setzt Laßwitz naturwissenschaftliche Kreativität, gegen die Retrospektive den offenen Blick nach vorn. Beide Erzählungen reflektieren Probleme der Überbevölkerung (frei nach Malthus) und der Ausbeutung der natürlichen Ressourcen; hier setzt jedoch Laßwitz' dichterische Phantasie ein, die eine Lösung der Nahrungsprobleme für möglich hält. Mit der Entwicklung der Technik hält die der Gefühle nicht Schritt; beide Erzählungen präsentieren relativ konventionelle Dreiecksgeschichten, bei denen sich der unterliegende Nebenbuhler schließlich in den Weltraum schießt.

Das «philosophische Märchen» *Psychotomie* (1885) stellt eine utopische Methode zur wissenschaftlichen Isolierung menschlicher Gefühle und Ideale vor, die wie eine Vorwegnahme von theoretischen Vorstellun-

gen der Wiener Moderne anmutet: «Wir sezieren das Bewußtsein selbst.»
Der Privatdozent der Philosophie Dr. Schulze, dem diese Eröffnungen
gemacht werden, ist als gescheiterter Gelehrter so etwas wie das Alter
ego des Autors. Laßwitz hat in verschiedenen Erzählungen Wissenschaftler und ihre familiären Beziehungen ins Zentrum gestellt. Zugleich
erprobt er eine radikale Erweiterung des traditionellen Figurenensem-
bles durch eine Form «wissenschaftlicher Märchen», in der die Natur-
objekte selbst als lebendes bzw. empfindendes Subjekt auftreten: angefangen von der Erzählung *Vom Tropfen, der die Welt sehen wollte* (1878)
bis zur Blumengeschichte *Die Unbeseelten* (1908). Im Widerspruch zu
diesem letzten Titel geht Laßwitz – und zwar mit zunehmendem Alter
desto entschiedener – von einer Beseelung des gesamten Kosmos im
Sinne der Panpsychismus-Lehre Gustav Theodor Fechners aus, dessen
Schriften er auch ediert hat.

Noch in den Bahnen des Kantschen Weltbilds dagegen verbleibt der Roman,
mit dem Laßwitz erstmals ein größeres Publikum erreichte: *Auf zwei Planeten*
(1897). Es handelt sich um eine geschickte Mischung aus Utopie und Science
Fiction einerseits, Abenteuerroman und Love Story andererseits. Teilnehmer
einer Nordpolexpedition fallen den Marsbewohnern in die Hände, die von der
Erdachse aus die Eroberung des blauen Planeten vorbereiten. Die «Martier»
ähneln den Menschen und sind ihnen doch in geistiger und technischer Hinsicht weit voraus; die zeitliche Distanz zur Gegenwart, von der Laßwitz in den
Bildern aus der Zukunft Gebrauch machte, ist hier gewissermaßen durch die
räumliche Entfernung des Nachbarplaneten ersetzt.

Da diese Form der Distanz aber dank der astronautischen Fortschritte der
Marsbewohner überwunden werden kann, kommt es zur Konfrontation zwischen Heute und Morgen, Erde und Mars, und im Zuge dieser Konfrontation
enthüllen sich durchaus auch aggressive Seiten der Marskultur. Die von den
Marsbewohnern aufgenommenen Nordpolfahrer gelangen jedenfalls zur Einsicht, daß die Unabhängigkeit der Erde trotz ihrer Unvollkommenheit zu verteidigen ist. Parallel dazu wendet sich die Marsbewohnerin La aus Liebe zu einem
von ihnen demonstrativ der irdischen Sphäre zu. Der auf der Erde aufgewachsene Mischling Ell andererseits, hervorgegangen aus der Verbindung eines Mar-
tiers mit einer Menschen-Frau, opfert sich in einer dramatischen Situation
zugunsten eines Friedensschlusses zwischen beiden auf einen interplanetari-
schen Krieg zutreibenden Planeten. Es war wohl nicht zuletzt diese pazifistische
Dimension des Romans, die ihm die begeisterte Zustimmung Bertha von Suttners eintrug.

10. Epische Dichtung

Kaum ein Sektor der Literaturproduktion des späten 19. Jahrhunderts
ist uns so ferngerückt wie die Versepen. Welcher Germanist – Hoch-
schuldozenten ausdrücklich eingeschlossen – verbindet heutzutage mit
den Namen Jordan, Lipiner oder Hamerling eine genauere Vorstellung?

Und dabei handelt es sich bei diesen Autoren noch um markantere Vertreter der Gattung. Eine Literaturgeschichte der Zeit des Kaiserreichs darf dennoch über diese Werke nicht flüchtig hinweggehen. Zum einen erreichten viele von ihnen bis in das frühe 20. Jahrhundert hinein Auflagenhöhen wie keiner der bedeutenden realistischen Romane; sie dürften also schon als Dokumente des Zeitgeschmacks nicht unterschlagen werden. Zum anderen war der Einfluß der klassischen Bildung selbst bei manchen Vertretern der modernen Generation noch so stark, daß sie das Epos ohne weiteres als repräsentativste Dichtungsform anerkannten, die am ehesten Anspruch auf Totalität, auf nationalen Gehalt und weltanschauliche Verbindlichkeit erheben konnte. Die Minderheit der Autoren, die den Mut – oder die Bedenkenlosigkeit? – hatte, sich auf diese traditionellste aller Gattungen einzulassen, tat es daher zumeist mit ganzem Einsatz und bewußtem Erneuerungswillen. Entsprechend reichhaltig sind die Aufschlüsse, die sich aus diesen Versuchen eines neuen Epos für Grundtendenzen der Epoche gewinnen lassen.

Allein schon die Vielfalt der metrischen Formen und der Umstand, daß sich – mit Ausnahme von Saars Goethe-Kontrafaktur *Hermann und Dorothea* – kein einziges der im folgenden behandelten Werke aus der Zeit nach 1870 des Hexameters bedient, machen deutlich, daß epische Dichtung in dieser Zeit selten in unmittelbarer Auseinandersetzung mit Homer oder Vergil entsteht. Den eigentlichen Bezugspunkt bildet vielmehr die romantische oder romantisierende Epos-Tradition des 19. Jahrhunderts, wie sie in Frankreich Hugo, in England Byron und Tennyson, in Schweden Tegnér und in Deutschland Lenau, Heine oder – einige Nummern kleiner, aber um so beliebter – Viktor von Scheffel vertraten. Fügt man noch hinzu, daß sich einzelne Autoren auf die Edda oder Dante berufen, so droht die historische Gattungspoetik zu einem Kaleidoskop zu werden, in dem sich keinerlei feste Umrisse erkennen lassen. Tatsächlich handelt es sich um höchst unterschiedliche und auch ungleichgewichtige Texte, die im folgenden versuchsweise nach den Kriterien geordnet werden, ob sie sich einer (und welcher?) mythischen Grundlage bedienen und wo sie im Spannungsfeld von Geschichte und Gegenwart anzusiedeln sind.

Mythos

Germanischer Mythos, Mittelalter-Tradition, Lokalsage

Schon den Zeitgenossen fiel die Beliebtheit der nordischen Vorzeit in der damaligen Ependichtung auf. Die Gattung selbst geriet in den Verdacht eines Modephänomens, wie ihn Hamerlings satirisches Epos *Homunculus* formulierte:

> Dichtermode war zum Beispiel
> Mittelalter just, das «finst're»,
> Und das Altertum, das «graue».
> Und so schrieb er denn ein Epos,
> Allerneu'ste «Nibelungen»,
> Dacht' es stracks wie eine Bombe
> Zündend in das Volk zu werfen.

Der Seitenhieb zielte auf Wilhelm Jordan, dessen Stabreim-Epos *Nibelunge* neben Hermann Linggs Stanzendichtung *Die Völkerwanderung* das wirkungsmächtigste Zeugnis für die nationalistische Funktionalisierung der Gattung im Zuge des deutschen Einigungsprozesses darstellte. Während sich Linggs dreibändiges Werk (1866–1868, 2. Fassung 1892) damit begnügte, die Verlagerung der Macht vom Mittelmeerraum nach Norden zu thematisieren und in der Gestalt der siegreichen Germanen schon die zukünftige Entwicklung Deutschlands anzudeuten, arbeitet Jordans Epos, dessen zwei (jeweils 2 Bände zu 12 Gesängen umfassende) Teile die Reichsgründung schon den Erscheinungsdaten (1867/78 und 1874) nach einschließen, mit offenen Verweisen auf die Zukunft des Zollernreichs.

Mit dem Vers «Vom Fels zum Meer» endet der abschließende Parzengesang; die Formel galt in jenen Jahren als Inbegriff der neugewonnenen Reichseinheit und gab in diesem Sinne einer der einflußreichsten Literaturzeitschriften der Zeit den Namen. Und im 23. Gesang des Zweiten Teils erhält der junge Wülfing die Zollernburg zum Geschenk: «Und gesegnet soll deinen Söhnen und Enkeln / Der Zollern sein bis in späteste Zeit.» Triumphierend schließlich zitiert der «Abgesang» des letzten Bandes aus dem «Vorgesang» des ersten. Die «eisernen Würfel», von denen Jordan damals sprach, sie waren inzwischen gefallen; eingetroffen schien die Prophezeiung, «daß endlich entfesselt das erste der Völker / Vom tiefen Schlummer zur Schlachtenthatkraft / Vereinigt aufsteht».

Genaugenommen war diese Hoffnung im «Vorgesang» als Bitte an die «göttliche Sage» formuliert worden. Der germanische Mythos selbst wurde als Motor des Einigungsprozesses betrachtet, und in dieser Perspektive erhält natürlich auch die Neuformulierung der Sage in Jordans Epos ihren eigentlichen Sinn; die *Nibelunge* erweisen sich als eine politische Dichtung, in der sich das Engagement des einstigen Achtundvierzigers und Mitglieds der Frankfurter Parlaments auf überraschende Weise fortsetzt. Jordan schuf sich gewissermaßen ein neues Parlament, indem er seit den frühen sechziger Jahren in zahlreichen Städten als Rezitator auftrat und (zumeist noch unveröffentlichte) Gesänge seines eigenen Werks auswendig vortrug. Der «fahrende Barde» durchzog nicht nur Deutschland, Österreich und die Schweiz, sondern auch Rußland und Nordamerika – mit dem doppelten Ziel, «aus der starren Larve der stummen Letter / das Lied zu erlösen zum Leben im Laut» (man lasse sich den Stabreim auf der Zunge zergehen!), zugleich aber auch «Lauscher zu werben in weiten Landen» und sich solchermaßen zwischen St. Petersburg und San Francisco «sein Volk zu erbaun» (d. h. nicht zu unterhalten, sondern zusammenzufügen, zu errichten). Die Parallele zwischen Jordan und Wagner erschöpft sich also keineswegs in der Hinwendung zur Nibelungen-Sage und ihrem Ausbau zu einer vielgliedrigen Stabreim-Dichtung, sondern erstreckt sich auch auf die Entschlossenheit, für die Vermittlung dieses Werks eine eigene Öffentlichkeit zu kreieren; das Ein-Mann-Theater des Rhapsoden Jordan ist so gesehen eine verkleinerte Ausgabe des Bayreuther Festspielhauses.

Noch 1888 wird Heinrich Hart die Einführung des künstlerischen Berufs des Rezitators fordern, der der epischen und lyrischen Dichtung – in Konkurrenz zum Theater- und Konzertwesen – zu neu-alter öffentlicher Geltung verhelfen sollte. Tatsächlich ist die Epik in ihrer ursprünglichsten Form eng mit dem mündlichen Vortrag und der mündlichen Überlieferung überhaupt verknüpft. Homers Werke, in denen ja auch die Figur des zur Leier vortragenden Sängers begegnet, bieten dafür das prominenteste Beispiel. Jordan hat nicht nur die *Edda*, son dern auch *Ilias* und *Odyssee* neu übersetzt und im Typ des Homerischen Dichter Rhapsoden offenbar sein persönliches Vorbild gesehen. Das zeigen seine *Epischen Briefe* (1876) ebenso wie die Veröffentlichung von 1869: *Das Kunstgesetz Homers und die Rhapsodik*. Der latente Klassizismus dieses Barden zeigt sich nicht zuletzt in der Anlage seines Werks, das offensichtlich Strukturelemente der Homerischen Epen kopiert. Dem Schlachtepos der *Ilias* entspricht die *Sigfridsage* als Erster Teil der *Nibelunge*; der Zweite Teil, betitelt *Hildebrants Heimkehr*, ist ein Heimkehrer-Epos wie die *Odyssee* mit weitgehenden Parallelen zwischen Ute und Penelope, Hadubrant und Telemach etc. Denn die Stelle des Kampfes mit den Freiern vertritt hier die (bei Homer nur subkutan angedeutete) Konfrontation von Vater und Sohn nach dem Muster des Hildebrandsliedes. Nicht umsonst veranstaltete der Diesterweg-Verlag noch zu Beginn dieses Jahrhunderts eine Schulausgabe der *Nibelunge*, deren Ausstattung (mit Stammtafel und Worterklärungen) ganz die Illusion eines ‹klassischen› Textes erweckt. Ein Reklame-Faltblatt desselben Verlags bietet die ungekürzte Fassung – neben Jordans *Edda*- und *Homer*-Übersetzungen – als Geschenk für «unsere reifere Jugend» an: ein «Nationalepos» als «Born deutscher Kraft und heldenhafter Gesinnung».

Kritische Zeitgenossen wie der Österreicher Ferdinand Kürnberger haben freilich schon früh die Legitimation dieses neuen Homeriden bestritten. Abgesehen von der grundsätzlichen Überholtheit des heroischen Epos im bürgerlichen Zeitalter, hätte die germanische Sage nie jene selbstverständliche Popularität und Präsenz im Alltag erlangt, wie sie den Figuren des griechischen Mythos in der Antike zu eigen war. Insofern hapert es mit der von Jordan behaupteten Verankerung seiner mythischen Dichtung im Erleben des deutschen – als eines im Machtaufschwung begriffenen und daher eposfähigen – Volkes. Kommt hinzu, daß Jordan selbst höchst eigenwillig, ja gewalttätig mit der Sagen-Überlieferung umgeht. Denn er beschränkt sich keineswegs darauf, eine leicht modifizierte Neufassung der vertrauten Sage zu liefern. Auch in der Geringschätzung des mittelhochdeutschen Nibelungenliedes mit Wagner einig, konstruiert er aus verschiedenen germanischen Quellen und späteren geschichtlichen Entwicklungen (Staufertum, deutsch-französische Feindschaft), Märchenmotiven und den schon erwähnten Homerischen Vorgaben ein mixtum compositum, das teils archaisch, teils irritierend vertraut wirkt – etwa wenn am Hof der Staufertochter Ute (die ihren Namen ja wohl der Figur im Naumburger Dom verdankt) geschwäbelt wird oder wenn die Nixen-Erzählung des Sängers Horand wiederholt einen so mythos- und poesiefernen Ortsnamen wie «Dortmund» aufruft.

In nahezu gegensätzlicher Wertung tauchen das Nibelungenlied und die Dichtung der staufischen Klassik in einem anderen Versepos der Gründerzeit auf, das freilich eher einen versifizierten Künstler- und Liebesroman darstellt: in Julius Wolffs *Tannhäuser* (1880). Wie der Untertitel «Ein Minnesang» andeutet, handelt es sich bei dem aus wechselnden Versformen zusammengesetzten Werk im wesentlichen um einen Verschnitt von Formeln und Motiven aus *Minnesangs Frühling*; die bekanntesten Autoren der Sammlung treten persönlich auf – nicht nur im berühmten Sängerkrieg auf der Wartburg, sondern auch als Akteure der hohen und einer sehr sinnlichen Minne. Deren Exponent Tannhäuser, der hier als identisch mit Heinrich von Ofterdingen vorgestellt wird, hinterläßt als anonymes Vermächtnis das Nibelungenlied und büßt so für die Maßlosigkeit seiner erotischen Abenteuer. Damit bekommt dieses Parade-Beispiel der Wolffschen «Frauen- und Backfischpoesie» noch eine unverhofft patriotische Wendung und qualifiziert sich gleichsam für die spätere Aufnahme in die umfangreiche Werkausgabe von 1913, für die (nach dem Tod des Autors 1910) der Hohenzollern-Dramatiker Joseph von Lauff als Herausgeber verantwortlich zeichnete.

Das zitierte Verdikt stammt aus Julius Harts Broschüre *Julius Wolff und die «moderne» Minnepoesie* (1887). Darin wird den romantisierenden Versepen Wolffs – neben *Tannhäuser* nennt Hart die «Aventiure» *Der Rattenfänger von Hameln* (1875) – eine «Renommage des Lasters» und die Vertauschung der Wirklichkeit mit der bunten Welt der Oper zum Vorwurf gemacht: «So läuft alles auf bunte Dekorationen, Kostüme, Effekthascherei und Spielerei, kurz auf leeres Operngepränge hinaus [...]. Dem entspricht die Form, das aus dem Dramatischen ins Epische übersetzte Libretto, dessen Schwergewicht in den Arien liegt.» Wenn das stimmt, hätte der Tuchfabrikant (und frühere Herausgeber der *Harzer Zeitung*) Wolff kaum einen geeigneteren ‹Stoff› wählen können als den des Minnesänger-Wettstreits. Wie genau er damit den Zeitgeschmack traf, zeigt nicht zuletzt das Beispiel von Arno Holz. Der angehende Protagonist der modernen Lyrik beteiligte sich in den achtziger Jahren an einer literarischen Studenten-Vereinigung mit dem Namen «Die Wartburg», deren Mitglieder sich nach Gestalten aus *Minnesangs Frühling* bzw. Wolffs *Tannhäuser* benannten. Holz selbst hieß «Tanhuser».

Die Hinwendung zum Mittelalter und die Produktion versepischer Dichtungen gingen vielfach Hand in Hand. Nach dem Vorbild dichtender Philologen-Kollegen wie Karl Simrock hat sich auch der schwäbische Germanist und Sagenforscher Wilhelm Hertz nicht mit Übersetzungen aus dem Mittelhochdeutschen begnügt (*Tristan und Isolde*, 1878; *Parzival*, 1898), sondern eigene epische Fassungen mittelalterlicher Stoffe verfertigt (*Lanzelot und Ginevra*, 1860; *Hugdietrichs Brautfahrt*, 1863). Sein «Klostermärchen» *Bruder Rausch* (1882) hat die spätmittelalterliche niederdeutsche Dichtung *Bruder Rusche* zur Grundlage, eine burleske Verserzählung von der Verwirrung, die der Teufel unter den Bewohnern eines Klosters stiftet. Hertz übernimmt die Versform (Reimpaarverse) und wesentliche Inhalte seiner Quelle, gibt dem Konflikt zwischen den Mönchen und dem Teufel aber einen völlig neuen Sinn als Parabel eines modernen Pantheismus. Entsprechend der Auffassung des Teufels als dialektischer Negation in Goethes *Faust* brauchen die Mönche den Teufel, aber auch der Teufel die Mönche — wie er selbst einsieht, nachdem seine Flucht in die Welt in bitterer Enttäuschung endete. Eine vage Versöhnung von Christentum und Heidentum bietet sich als Symbolgehalt der heiteren Versgeschichte an, die noch im Jahr der Erstausgabe in Heyses *Neuem Münchner Dichterbuch* teilweise abgedruckt wurde und 1902 eine illustrierte Neuausgabe erfuhr.

Einen der größten Publikumserfolge auf dem Gebiet des Versepos errang Rudolf Baumbach mit seinem Erstling *Zlatorog* (1877; 100. Tausend 1919). Baumbach wurde mit der slowenischen Alpensage in Triest bekannt, wo er sich 1871–1885 aufhielt und als Herausgeber der Alpenvereins-Zeitung *Enzian* zur Literatur fand. Ein Hauch von Heimatliteratur weht denn auch durch die in reimlosen Fünfhebern gehaltene Erzählung vom dämonischen Gamsbock Zlatorog, dem mutigen Trentajäger und der treuen Sennerin, die dem verunglückten Geliebten in den Tod folgt. Der ätiologische Charakter der Sage, die nämlich die Entstehung der Fels-Kare in den Julischen Alpen erklären soll, verstärkt noch die regionalistische Tendenz. Andererseits machen die Nachbemerkungen des Verfassers auf ähnliche Sagen in anderen Gegenden und auf Entsprechungen zwischen der slawischen und germanischen bzw. antiken Mythologie aufmerksam, so daß sich insgesamt der Eindruck einer heidnischen Sagenwelt ergibt, die das Vordringen des Menschen in die Natur mit dem Tode bestraft. Storms Novelle *Der Schimmelreiter* und Hauptmanns «deutsches Märchendrama» *Die versunkene Glocke* wären weitere Beispiele für den Erfolg, der mit der Aktualisierung und regionalistischen Anreicherung dieses Klischees beim Publikum des späten 19. Jahrhunderts zu erzielen war.

Weitgehend unbeachtet blieb dagegen fünfundzwanzig Jahre zuvor Conrad Ferdinand Meyers Legendendichtung *Engelberg* (1872), eine Heimatdichtung avant la lettre, in der das Motiv vom Todessturz des Gamsjägers ebensowenig fehlt wie das Alpenglühen oder «der Tannen morgenkühles Schweigen». Es ist

eine selbstgezimmerte Legende, die Meyer hier präsentiert, Einzelheiten aus
der Gründungsgeschichte des Klosters Engelberg aufgreifend und mit venezianischen Eindrücken von Tizian und Bellini verschmelzend. Dahinter steht noch
ein weiterer Mythos; Meyer selbst spricht von der «Geschichte der Psyche in
romantischem Gewand». Neben der antiken Erzählung von Amor und Psyche
war es vor allem der Prometheus-Mythos, in dem die damalige Epik das Problem
der modernen Individualität entfaltete.

Antiker Mythos und moderne «Seele»

Das Titelblatt der *Geburt der Tragödie aus dem Geiste der Musik* war mit
einem Emblem des entfesselten Prometheus geschmückt. Als «dionysische Maske» interpretierte Nietzsche in dieser Schrift den Helden aus
Aischylos' *Gefesseltem Prometheus*; die künftige Entfesselung des Titanen
erhoffte er sich damals von der Wiedergeburt des Dionysischen in Wagners Musiktheater. Als Nietzsche just in der Zeit nach seiner Abwendung von Wagner eine Dichtung in die Hand bekam, die die Idee der Befreiung des Prometheus aufnahm, aber jenseits der ihm verdächtig gewordenen Dramenform, nämlich als Stanzen-Epos gestaltete, kannte
seine Begeisterung vorübergehend keine Grenzen. «Alles ist wunderbar,
und mir ist als ob ich meinem erhöhten und verhimmlischten Selbst
darin begegnete. Ich beuge mich tief vor einem, der so etwas in sich erleben und herausstellen kann», schrieb Nietzsche 1877 über den *Entfesselten Prometheus* (1876).

Es war das Werk eines Zwanzigjährigen, das Nietzsche derart beeindruckte
und um so leichter beeindrucken konnte, weil es selbst entscheidend durch
Nietzsches Frühschrift beeinflußt war. Seinem Verfasser Siegfried Lipiner sollte
die zwillingshafte Nähe zum Philosophen freilich wenig Nutzen bringen: in seinem Anspruch auf «Einsamkeit» bedroht, versagte sich letzterer den Annähe-
rungsversuchen seines glühenden Verehrers. Auch ließ die weitgehende Gemeinsamkeit in Stoff und Idee die zwischen beiden bestehenden Differenzen um so
schärfer hervortreten. «Um zu prüfen, ob jemand zu uns gehört oder nicht –
ich meine zu den freien Geistern –, so prüfe man seine Empfindung für das
Christentum», heißt es in *Menschliches, Allzumenschliches*. Ein Warnschild für
den Epiker, der immerhin ein Widmungsexemplar erhielt; denn eben in der Auffassung des Christentums und der Erlösung ging er über Nietzsches Deutung
der Promethie hinaus.
    Der konvertierte Jude Lipiner bestätigte damit möglicherweise die rassisti-
schen Vorurteile Nietzsches, der das «arische» Modell des aktiven Frevels vom
«semitischen» Prinzip des passiven Sündenfalls unterschied. Zugleich gelang
ihm der Anschluß an die Logik der Hegelschen Philosophie, wie die äußerst
positive Besprechung seines *Entfesselten Prometheus* durch den Ästhetiker Johannes Volkelt zeigt, der den Inhalt des Epos wie folgt zusammenfaßt: «Die Entwicklung der Menschheit, ihr titanisches Ringen nach Selbstbefreiung, der Sturz
von der erreicht geglaubten Höhe absoluter Geistesfreiheit in einen Abgrund

von Zuchtlosigkeit und Entmenschung, das Sichaufraffen des Geistes aus dieser
Erniedrigung und sein siegreicher Flug zu dem allendlichen Ziel wahrhafter
Freiheit und Versöhnung – das ist es, was uns der Dichter in großen Zügen vor
die Seele stellt.»

Ein allegorisches Epos mithin, in dem Prometheus für die Dynamik des
menschlichen Selbstbewußtseins und Christus für die Überwindung der Individuation steht – also wesentliche Funktionen des Dionysischen übernimmt,
jedoch in neuer ethischer Wertung. «Der Riese *Schmerz* ist hier – und nur hier
– gerechtfertigt; er überwindet den Riesen: *Ich*», erklärte Lipiner in seinem Vortrag *Über die Elemente einer Erneuerung religiöser Ideen in der Gegenwart*, den
er im Januar 1878 im Leseverein der deutschen Studenten Wiens hielt (im
Dezember desselben Jahres wurde der vermeintlich staatsgefährdende Verein verboten). In der Erlösung des Titanen durch den christlichen Heiland kulminiert
die innere Entwicklung des Epos, die durch ein Minimum äußeren Geschehens
gestützt wird. Der Vision fehlt das Visuelle. Wilhelm Scherer schrieb 1880 in der
Deutschen Rundschau zugleich mit Blick auf die nächste epische Dichtung Lipiners (*Renatus*, 1878): «Der Dichter schafft keine Gestalten. Er ist mit den Göt-
tern und mit dem Teufel auf Du und Du, aber die Menschen kommen zu kurz.
[...] Man hat nirgends festen Boden unter den Füßen.»

Letzteres trifft übrigens auch auf die Darstellung von Herrschaft und Widerstand in Lipiners Epos zu. Das Aufbegehren des Prometheus wird kosmisch verklärt, die revolutionären Aktionen seiner Geschöpfe, der «Promethiden», innerhalb der epischen Handlung als triebhaft-seelenlose Verirrung diskreditiert. Die
Aufhebung dieses Widerspruchs ist laut «Vorgesang» das eigentliche Ziel der
Dichtung. In ausdrücklicher Hinwendung «an die Promethiden» (die «Wenigen»,
die «Sünder» und «Ueberwinder») wird das Verschwinden des erlösten Titanen
in den Wolken, mit dem die Erzählung endet, als Anbruch eines neuen Zeitalters
interpretiert. Es ist die Ära einer versöhnten Subjektivität:

> Doch er verschwand nicht! Nein er kann nicht schwinden;
> Er senkte sich in euer Herz hinein!
> Nicht blind mehr, sehend sollt ihr überwinden,
> Nicht euer *Licht*, eu'r *Auge* wird er sein!
> *Ihr seid er selbst* – und ganz euch hingegeben,
> Lebt er in euch und wird unsterblich leben!

Es verdient festgehalten zu werden, daß diese Prometheus-Allegorie
eines Wiener Dichters jüdisch-polnischer Herkunft ohne jeden Bezug
auf aktuelle politische Gegebenheiten auskommt, wie er in der deutschen Epos-Produktion aus der Zeit nach der Reichsgründung fast
obligatorisch ist. In der Rigorosität ihres universalistischen Anspruchs
findet sie eine überraschende Parallele im Prosa-Epos eines Schweizer
Autors, der sich zur Zeit der Entstehung (1867–1880) überwiegend in
Rußland aufhielt. Carl Spitteler sollte seine Mythen-Rhapsodie *Prometheus und Epimetheus* (1880) später in ein reguläres Versepos umgießen
(*Prometheus der Dulder*, 1924). Doch eignet schon der ersten Fassung
epische Qualität aufgrund der Rhythmisierung ihrer pathetisch schwin-
genden Sprache und des mythologischen Apparats, der sich freilich

nicht mit dem antiken Bestand begnügt: Das Bruderpaar Prometheus und Epimetheus, in dessen antithetischer Auffassung sich Spitteler spürbar durch Goethes *Pandora* beeinflußt zeigt, steht einerseits in Opposition zum Engel, andererseits zu den Dämonen Behemot und Leviathan. Nicht umsonst wird das biblische Ungeheuer beschworen, das dem politischen Hauptwerk von Hobbes den Namen gab. Weite Teile der Handlung erinnern an Inhalte und Problemstellungen eines utopischen Romans. Epimetheus scheitert mit dem Versuch, die politische Ordnung der Menschheit allein auf der sozialen Verantwortlichkeit des «Gewissens» zu begründen. Prometheus, der das Angebot der Weltherrschaft abgelehnt hatte, weil er die Autonomie der «Seele» nicht aufgeben wollte, greift schließlich rettend ein und vertreibt Behemot, bevor diesem auch das dritte der Gotteskinder unter dem Jubel der Menschheit ausgeliefert wird. Die abschließende Versöhnung der Brüder steht für die Versöhnung von künstlerischer Subjektivität und sozialer Verantwortung, Elite und Massengesellschaft.

Mit dem Untertitel «Ein Gleichnis» hatte Spitteler ausdrücklich auf den allegorischen Charakter seiner Dichtung hingewiesen, der sich freilich eher bei der grundlegenden Konstellation als bei einzelnen Erfindungen dieses von Bildern überquellenden Werks bewährt. Andere epische Dichtungen der Zeit konzentrieren sich stärker auf den tradierten Mythos und lassen nur zwischen den Zeilen eine übertragene Bedeutung anklingen. Der Österreicher Robert Hamerling z. B., der in den sechziger Jahren mit epischen Gestaltungen eines dekadenten Lebensgefühls Aufsehen erregte (*Ahasverus in Rom*, *Der König von Sion*), kehrt mit dem Klein-Epos *Amor und Psyche* (1882) – das in der von Paul Thumann illustrierten Prachtausgabe jedoch gleichfalls monumentale Dimensionen annahm – weitgehend zur Tradition zurück. Er erzählt die Fabel vom Liebesgott, der sich unerkannt einer Sterblichen nähert und durch deren Neugier vertrieben wird, in großer Nähe zur antiken Quelle in Apuleius' Roman *Der goldene Esel*, aber auch in offenkundiger Kenntnis der allegorischen Deutung, die schon die Antike mit dem Doppelsinn des Namens «Psyche» (Schmetterling, Seele) verband. Der Epiker Hamerling, der wenige Jahre später mit *Homunculus* zu einem satirischen Rundumschlag gegen die Seelenlosigkeit der Gegenwart ausholen sollte, arbeitet wiederholt mit Engführungen von «Seele» und «Psyche», um auf die bildliche Qualität letzterer hinzuweisen: «Wie entseelt sinkt Psyche stumm zu Boden», heißt es etwa am Schluß des 3. Gesangs, dem Tiefpunkt der Handlung, und bei ihrem Aufstieg in den Himmel (im 6. und letzten Gesang) redet Amor die Geliebte mit «Traute Seele» an.

Verglichen mit dem kosmischen Horizont und dem komplexen gedanklichen Gehalt der Epen Spittelers und Lipiners, die ja gleichfalls im Gewand des antiken Mythos die Problematik der modernen «Seele» thematisieren, fällt die Botschaft von Hamerlings Psyche-Epos eher dürftig aus. Sie lautet so schlicht wie eingängig: Ohne Liebe keine Seele!

Einer dekadenten Auffassung des Erotischen entsprechen dagegen eher die epischen Dichtungen des Schweizers Heinrich Leuthold, eines Außenseiters der Münchner Literaturszene, aus der Zeit um 1870. Leuthold, der sich auch im Genre des nationalgeschichtlichen Epos versucht hat (*Die Schlacht bei Sempach*, entstanden Juli 1870), besingt in Anlehnung an Platens Balladenform die Taten der männermordenden Penthesilea («Und trunkene Lust / Erfüllte der Männin die pochende Brust») und malt in seinen *Hannibal*-Rhapsodien den Tanz der Gaditanerinnen auf der Siegesfeier der heimkehrenden Karthager mit solcher Sinnlichkeit aus, daß der erste Herausgeber seiner Dichtungen die Leser vor solchen Strophen schützen zu müssen glaubte (die metrische Form lehnt sich an den Bau der Nibelungenstrophe an):

> Wie wiegen sie die Büsten,
> Von reifer Fülle schwer,
> Mit nackten vollen Brüsten
> Verlockend hin und her!
> Den flinken Fuß in Spangen,
> Geschürzt bis an das Knie,
> In Wollust und Verlangen
> Wie Schlangen
> Entfliehn und nahen sie.

Geschichte

Ansichten der Menschheit

«Sieben Billionen Jahre vor meiner Geburt / war ich eine Schwertlilie.» Mit diesem Satz beginnt Arno Holz 1899 das zweite Heft seines *Phantasus*, dessen spätere Fassungen das hier bekundete monistische Einheits-Gefühl durch immer neue Erweiterungen und Facettierungen zu bekräftigen suchen. Ein Vierteljahrhundert zuvor unternimmt Graf Schack einen ähnlich ambitionierten Versuch, die Einheit des Individuums mit der Welt poetisch zu verifizieren – allerdings unter Beschränkung auf die Geschichte der Menschheit. *Nächte des Orients oder die Weltalter* lautet seit der zweiten Auflage (1878) der vollständige Titel der umfangreichen, zwischen Stanzen und anderen Versformen wechselnden Dichtung (1874), in der der gebildete Weltmann ausgiebigen Gebrauch von seiner auf vielen Reisen erworbenen Kenntnis des Orients macht. Doch nicht zum Zweck eines vordergründigen Exotismus – das Morgenland übernimmt hier eine doppelte Funktion: als Wiege der Menschheit und Hort sagenhafter Weisheit bildet es die geeignete Kulisse für den geschichtsphilosophischen Diskurs; zugleich signalisiert

es die Sinnlosigkeit jedes Versuchs, aus der Realität geschichtlicher
Gegenwart in ein unverbindliches Traumreich zu entfliehen.

Flucht und Rückkehr bilden den Rahmen der Dichtung, und beide sind historisch präzis verortet. Das vatikanische Konzil von 1869 mit seinen für ein prote-
stantisches Gemüt unerfreulichen Tendenzen bildet den Anlaß für die Flucht
des Erzählers aus dem «Maschinenräderknarren» Europas, die deutsche Reichsgründung die begeistert begrüßte Perspektive des Rückkehrers. Es kennzeichnet
das Niveau dieser Dichtung, daß sich in das Pathos des Anfangs wie des Endes
unterschwellige Zweifel mischen. Die Flucht aus der Gegenwart findet mit
«Dampfroß» und «Schaufelrad» statt; und wer garantiert, daß mit dem neugegründeten Reich tatsächlich ein Ausbruch aus jener ewigen Wiederkehr von
Gewalt und Unterdrückung, Sieg und Untergang gelingt, als die das träumende
Subjekt eben erst das Wesen aller Geschichte kennengelernt hat?

Jedenfalls verschläft der Erzähler das weltgeschichtliche Ereignis von 1870/
71 ähnlich wie Goethes Epimenides die Schrecken der napoleonischen Kriege.
Ihm werden andere Schrecken dafür zuteil. In die – wie sich nachher herausstellt – geträumte Begegnung mit der Ahasver-Figur Ali sind (als Traum im
Traum) fünf große Träume eingelegt, die den Erzähler in fünf verschiedene Epochen der Menschheit entführen und über die gleichbleibende Grausamkeit von
Geschichte und Vorgeschichte belehren. Ob Steinzeit, Pfahldorfkultur, griechische Antike, christliches Mittelalter oder italienische Renaissance – jeder dieser
Ausflüge in ein früheres, scheinbar unschuldig(er)es Stadium endet mit einer
tödlichen Bedrohung, zumeist der geträumten Hinrichtung des Erzählers, der
daher dem Geschichtspessimismus seines Führers Ali immer weniger entgegen-
zusetzen hat.

Eine Konstellation übrigens, die an das Verhältnis von Faust und Mephisto
bei Goethe erinnert; als eine Art Advocatus diaboli verhilft Ali dem Reisenden
zu immer neuen Erfahrungen, die dessen Bedürfnis nach idealen Werten doch
immer aufs neue enttäuschen. Und wie bei Goethe siegt am Ende dennoch der
Optimismus über den Pessimismus. Nachdem sich der Erzähler im 8. Gesang
schon zu einer positiven Bilanz aufgeschwungen hat, die sich auf den kulturellen
Fortschritt im Vergleich der Epochen (bei gleichbleibender Grausamkeit) beruft,
legt sein sterbender Führer im letzten Gesang überraschend ein gläubiges
Bekenntnis zum «sonnenwärts» gerichteten Fortschritt des Menschen ab: «Er
kommt von unten, aber ringt nach oben / Zu höherm, immer höherm Ziel.»

Das einzige Argument freilich, das unbestreitbar für eine positive Entwicklung zeugt, ist das des Historismus. Je weiter die Geschichte fortschreitet, desto
größer ist das Reservoir kultureller Leistungen, auf das die jeweilige Gegenwart
zurückgreifen kann:

> All das bleibt ein Besitz den späten
> Urenkeln noch, die es beim Sterben
> Dem kommenden Geschlecht vererben.
> Auch dir ging nichts davon verloren,
> Und dem Geschicke mußt du dankbar sein,
> Daß du in *dieser* Zeit geboren;
> Denn jene Güter all sind dein,
> die die Jahrtausende gehäuft.

Der Mensch als Sammler und Erbe! Durch die fiktionale Figur hindurch ist hier der Autor zu vernehmen, dessen Bildersammlung heute eines der bedeutendsten Museen Münchens darstellt. Wie wichtig die kulturelle Mittlertätigkeit Schacks auch auf dem Gebiet der Literatur war, zeigt seine Teil-Übersetzung des iranischen Nationalepos, des *Schah-Nameh* Ferdousis, in der Sammlung *Heldensagen* (1851), die bis in die Versform (paarweise gereimte jambische Fünfheber) hinein Anregungen für den nächsten hier zu verzeichnenden Versuch einer epischen Gesamtdarstellung der Menschheitsgeschichte gab.

In Heinrich Harts *Lied der Menschheit* reichen sich Gründerzeit und Moderne die Hand. Es gibt wohl kein monumentaleres Vorhaben in der deutschen Literatur jener Jahrzehnte als den Plan, in einem Zyklus von 24 Einzelepen ein Totalpanorama der Menschheit zu entwerfen, das sich von der Prähistorie bis zum Jahr 2000, ja darüber hinaus bis zu einer künftigen Annäherung ans Göttliche erstrecken sollte. Und es gab wohl auch kein monumentaleres Scheitern als dasjenige Heinrich Harts, der in acht Jahren gerade ein Achtel des Projekts realisierte, das er 1888 vollmundig vorgestellt hatte. Denn 1896 erschien der dritte und letzte Teil *Mose*, der die Genese des Priestertums im alten Ägypten zum Gegenstand hat. Ihm waren Darstellungen des Lebens der «Wilden» (*Tul und Nahila*) und des Übergangs vom Nomadenleben zur Stadtgründung (*Nimrod*) vorausgegangen.

Dennoch wollte Hart keine Kulturgeschichte in Versen schreiben. Im Vorwort zum ersten Teil setzt er sich vehement gegen derartige Mißdeutungen zur Wehr. Ihm geht es um die innere Geschichte oder Identität der Menschheit – einer Menschheit, die «überhaupt erst in dem Liede und durch das Lied gleichsam körperlich in Erscheinung treten» soll und das insofern auch kann, als sie sich wesentlich gleich bleibt: «Die Menschheit ist mir ein Eines, Einziges; in dem Kinde steckt schon der Mann, in dem Manne noch das Kind und wenn ich von dem Kinde Menschheit erzähle, so versuche ich in dem Leser die Empfindung zu wecken: da ist Fleisch von meinem Fleisch und Seele von meiner Seele.»

Soviel zu den hermeneutischen Grundlagen von Harts Konzeption, die das Geschichtliche bewußt subjektiv auffaßt. Sie entgeht damit dem Vorwurf einer Veräußerlichung, Verwissenschaftlichung oder auch eines Vordringens in prinzipiell unzugängliche Bereiche. Sie nimmt dafür aber ein anderes Handicap in Kauf: nämlich die spannungslose Monotonie einer Darstellung, die bei allem Wechsel der Kulissen und Requisiten letztlich immer nur das Gleiche präsentiert. Schon im Vergleich zwischen der im ceylonesischen Urwald angesiedelten ersten Erzählung und dem in Mesopotamien spielenden (auf den Turmbau zu Babel anspielenden) zweiten Teil fallen die Wiederholungen auf: Mann kämpft gegen Mann, Mann kämpft um Frau, Mann und Frau lieben und entzweien sich. Wie sollte das weitergehen in den folgenden rund zwanzig Teil-

stücken bis hin zu den Erzählungen, die sich direkt mit aktuellen Themen des 19. Jahrhunderts auseinandersetzen sollten, als da angekündigt
wurden: 19. *Die Maschine*, 20. *Die Nordpolfahrer*, 21. *Die Weltstadt*,
22. *Die Hungernden*?

Nicht zuletzt auf diesem – geplanten – Anschluß an die Gegenwart
beruhte Harts Anspruch, mit dem *Lied der Menschheit* eine «wahrhaft
moderne Dichtung» vorzulegen. Zu deren poetologischen Voraussetzungen gehörte die Abkehr von Homer und der Hypothek des Klassizismus.
Statt dessen berief sich Hart auf das Vorbild Ferdousis, dessen episodisch strukturiertes Epos ja gleichfalls einen Überblick von mythischer
Vorzeit zu kulturgeschichtlicher Nähe präsentiert, und zwar unter dem
Gesichtspunkt der (nationalen) Identität. Als Kronzeuge der Moderne
bleibt der persische Dichter des 10. Jahrhunderts freilich zweifelhaft. Es
sind wohl eher einzelne Passagen und ihre sprachliche Gestaltung –
und hier eher lyrische als epische Qualitäten –, die den vorliegenden
Teilen einiges Interesse sichern. Das Fragment *Meeresleuchten* beispielsweise, das Hart zu Bierbaums *Musenalmanach* auf das Jahr 1893 beisteuerte (angeblich eine Probe aus der 4. Erzählung *Die Seefahrer*), besticht
durch die Virtuosität seiner erlesenen Natur-Metaphorik.

Als Nummer 17 war in Harts Epen-Panorama die Erzählung *Die
Freunde des Lichts* vorgesehen. Sie sollte am Beispiel des amerikanischen
Freiheitskampfs den Optimismus der Aufklärung thematisieren. Als
eine Art Gegenstück dazu kann das Revolutionsepos *Robespierre* der
Österreicherin Marie Eugenie delle Grazie aufgefaßt werden. Das
«moderne Epos» in 24 Gesängen, 1884–1894 aufgrund umfangreicher
Quellenstudien entstanden, will das Scheitern des Idealisten in den Strudeln der Parteipolitik zeigen. In dieser Grundsätzlichkeit läßt es sich
mit dem geschichtstheoretischen Diskurs von Schacks Epos vergleichen.
Andererseits dient die Ära der Französischen Revolution hier zugleich
als Spiegel, in dem sich das Krisengefühl des Wiener Bürgertums am
Ende des Jahrhunderts abzeichnet. Ähnliche Affinitäten sind auch für
die Epochenwahl der nachfolgend behandelten Epen bestimmend.

Nationalgeschichte

Jordans *Nibelungen*-Epos verband nordischen Mythos und deutsche Geschichte und richtete beide auf die Perspektive der Reichsgründung aus.
In seiner Nachbarschaft sind zwei Verserzählungen Wilhelm Weeninghs
und Friedrich Wilhelm Webers anzusiedeln, die die Frühzeit des römischen Reiches deutscher Nation beschwören. Auffälligerweise nehmen
beide auf die Sachsenkriege Karls des Großen Bezug, und zwar nicht
aus der Perspektive des Siegers, sondern aus der der bezwungenen Hei

den. Weeninghs *Wittekind* (1883) erzählt von den Kämpfen und der schließlichen Unterwerfung des Sachsenführers Widukind, der sich im Jahre 785 in Attigny taufen ließ. Das Epos wertet seinen Entschluß als Einsicht in die geschichtliche Notwendigkeit; das individuelle Heldentum des Germanen weicht der überlegenen Organisation des fränkischen Heeres. Webers *Dreizehnlinden* (1877) erzählt eine freierfundene Liebes- und Bekehrungsgeschichte aus der Zeit Ludwigs des Frommen. Seine eigentlichen Helden sind die Mönche des Klosters Dreizehnlinden, die den schwerverwundeten Sachsenjüngling Elmar aufnehmen und ihm ein Beispiel christlicher Nächstenliebe geben. Man spürt das kirchliche Engagement des Katholiken und früheren Zentrumsabgeordneten Weber, der mit seiner Dichtung in der Zeit des Kulturkampfs wohl auch einen Beitrag zur Verständigung zwischen den Konfessionen leisten wollte. Fromme Seelen haben es ihm in Scharen gedankt; das in einer von Lenau übernommenen Strophenform verfaßte Epos erreichte innerhalb von fünf Jahrzehnten eine Auflage von einer halben Million. Ein Gutteil dieses Erfolgs dürfte auf die Nähe zu Viktor von Scheffel zurückgehen; *Dreizehnlinden* kombiniert gewissermaßen die Attraktionen von dessen populärsten Werken: die Klosterromantik aus *Ekkehard* und die versifizierte Liebesgeschichte mit Hindernissen aus dem *Trompeter von Säckingen*. Der Verfasser selbst betonte dagegen eher seine Verbundenheit mit der englischen und schwedischen Epik des 19. Jahrhunderts; tatsächlich hatte der gebildete Arzt vor seinem Debut als Dichter verschiedene Werke von Tennyson und Tegnér übersetzt.

Die Christianisierung der Sachsen – ein Modell der Reichsgründung? Es mag mit den verheerenden Folgen der Reformation und der Glaubensspaltung für die deutsche Geschichte zusammenhängen, daß die politische Einigung von 1871 in solchem Umfang Erinnerungen an einen längst vergessenen religiösen Konflikt weckte. Stehen in den Werken Weeninghs und Webers, die in den ersten zwölf Jahren des neuen Reichs erscheinen, die Überwindung eines alten Schismas und der Geist der Versöhnung im Vordergrund, so ergreift eine andere historische Dichtung, noch während des deutsch-französischen Konflikts entstanden, um so nachdrücklicher im Glaubenskrieg Partei. Conrad Ferdinand Meyer beschreibt *Huttens letzte Tage* (1871) in unmittelbarer Identifikation mit dem humanistischen Papstgegner, dem der Schweizer Reformator Zwingli eine letzte Zuflucht verschafft hat. Ja, er verschärft die antiklerikale Tendenz seiner sonst so quellengesättigten Darstellung noch durch die Erfindung von Loyolas Besuch auf der Ufenau, der eine Ahnung von der heraufziehenden Gegenreformation und den Schrecken der Inquisition vermittelt. Die katholische Kirche steht hier offensichtlich für das romanische Lager schlechthin, gegen das deutsche Freiheit und Einheit zu erkämpfen sind. Wie direkt sich Teilstücke der Hutten-Dichtung einer propreußischen Propaganda zur Verfügung stellten, ist oben schon bemerkt worden (S. 4).

Innerhalb eines Überblicks über nationalistische Geschichtsepen der siebziger und achtziger Jahre nimmt Meyers Werk allerdings eine Sonderstellung ein, und zwar in doppelter Hinsicht. Zunächst handelt es sich um die Dichtung eines Schweizers, der starke Bindungen zur französischen Kultur besaß und sich durch dieses erste Erfolgsbuch – sein erfolgreichstes Werk überhaupt – gewissermaßen erst der (reichs)deutschen Literatur anschloß. Zum anderen und vor allem ist die Zugehörigkeit des Textes zur Gattung keineswegs eindeutig. *Huttens letzte Tage* bewegen sich im Grenzbereich zwischen Gedichtzyklus und Versepos. Für ersteren sprechen die Ich-Form und der lyrische und reflexive Charakter vieler Passagen, äußerlich die Zählung und Betitelung der einzelnen Texte. Für letzteres die einheitliche metrische Form, die sogenannte Huttenstrophe (bestehend aus zwei gereimten jambischen Fünfhebern mit männlicher Kadenz), der starke historische und situative Zusammenhalt und nicht zuletzt die markante Parallele zwischen Hutten und dem heimkehrenden Odysseus gleich im ersten Gedicht: «Willkommen, mein gewünschtes Ithaka! / Ein irrender Odysseus bin ich ja.» Die Erinnerung an die Tradition des heroischen Epos ist hier lebendiger als in der unmittelbar danach entstandenen «Bergidylle» *Engelberg*.

Heroisches Pathos in Reinkultur prägt die beiden Heldenlieder, in denen Wildenbruch den deutsch-französischen Krieg von 1870/71 besang: *Vionville* (1874) und *Sedan* (1875). Die lapidare Form, in der die Titel Schlachtennamen zur Bezeichnung von Literatur verwenden, sagt fast schon alles über den Inhalt und die Tradition, in die sich der angehende Erfolgsdramatiker aus dem Hause Hohenzollern stellt: es ist die Schule der preußischen Schlachtenepik, die Christian Friedrich Scherenberg in den vierziger Jahren mit den Verserzählungen *Ligny* und *Waterloo* begründet und noch 1869 mit *Hohenfriedberg* fortgesetzt hatte. Die Schlachten, die Scherenberg thematisierte, lagen freilich Jahrzehnte zurück; angesichts der tiefen Zäsuren, die sie von der Gegenwart trennten, mußte der Rückblick auf Friedrich II. oder Blücher wie die sentimentalische Beschwörung einer besseren Vergangenheit wirken. Anders bei Wildenbruch: Die Distanz zum Ereignis und seiner politischen Bedeutung ist hier auf ein Minimum geschrumpft und ebenso der Abstand der poetischen Gestaltung vom ideologischen Klischee.

Das gilt jedenfalls für die Sedan-Dichtung. Während sich das frühere Epos weitgehend auf eine pathetische Gefallenen-Ehrung und die Verklärung der Kampfmoral der deutschen Truppen in einer für sie außerordentlich verlustreichen Schlacht beschränkt, fügt das «Heldenlied» *Sedan* der eigentlichen Schlachtbeschreibung zwei weitere Gesänge an, die sich offen in den Dienst der Verherrlichung Bismarcks und Kaiser Wilhelms I. stellen und dabei keinen der damals im Schwange befindlichen kollektiven Mythen auslassen. Germania selbst tritt auf, fordert vom Kanzler die Fortsetzung des Kriegs und belohnt ihn mit ewiger Liebe seines Volkes; Barbarossa erwacht aus seinem Grab, vom Kaiseradler umflattert, und begrüßt den Hohenzollern als Nachfolger der Hohenstaufen. Das historische Epos nähert sich der Reportage vom Kriegsschauplatz an und kehrt gleichzeitig zum kultischen Ursprung der Gattung zurück.

Gegenwart

Tanhäuser in Rom heißt eine Verserzählung Eduard Grisebachs von 1875 in mittelalterlich anmutenden Reimpaaren. Doch handelt sie nicht von der Buße des Minnesängers in der Papststadt, sondern von den erotischen Abenteuern eines modernen Reisenden. Auch für ihn bedeutet Rom eine innere Wende, denn hier wird er (wie der Verfasser des Epos als Mitglied des diplomatischen Dienstes 1872/73) vom Ausbruch des Kulturkampfs überrascht, und begeistert schließt er sich der deutschen Sache «wider den Pabst und seine Pfaffen» an. Für Grisebach lag der Bezug auf die legendäre Gestalt des Venus-Ritters um so näher, als er schon in einem früheren Gedichtband sein eigenes stark von Schopenhauer beeinflußtes Weltbild mit ihr verknüpft hatte (*Der neue Tanhäuser*, 1869). Gleichwohl ist das Niveaugefälle zwischen Urbild und Nachfolger unübersehbar: aus der Pilgerfahrt wird Tourismus und aus der Gottsuche ein Bekenntnis zu Bismarck. Und daß dessen Politik nach 1871 einer Erlösung gleichkomme, dürfte selbst eingefleischten Bismarckianern als eine ironische Pointe erschienen sein.

Den Abstand des modernen Subjekts zum heroischen Vorbild des Mythos signalisiert auch ein Stanzenepos des jungen Gerhart Hauptmann, seine erste Buchveröffentlichung überhaupt, und zwar gleichfalls schon im Titel: *Promethidenlos* (1885). Damit ist das Schicksal eben jener Prometheus-Nachfolger gemeint, die Lipinei im Vorspruch seines Epos anredet; doch ist die Versöhnung mit der Welt, die erfüllte Subjektivität, die ihnen in den oben zitierten Versen aus dem *Entfesselten Prometheus* versprochen wird, offensichtlich ausgeblieben. Der junge Selin, dessen Schiffsreise nach Italien das Epos in enger Anlehnung an Hauptmanns eigene Mittelmeerfahrt von 1883 nachvollzieht, scheitert am Zwiespalt zwischen ethischer Verpflichtung und dichterischer Berufung einerseits, gesellschaftlichen Widerständen und Vorurteilen gegenüber dem Künstlertum andererseits. Ein brutales Erziehungssystem hat ihm den Glauben an sich selbst geraubt; dieser Prometheus-Epigone wird auch in der Kunst nur vorübergehend Befreiung finden:

> Mit wunder Brust in diesem wüsten Bette
> lag nun Selin, verdorrt, geknickt im Schaft;
> er weinte, tobte gegen seine Kette,
> bis denn auch ihn der Dauerzwang erschlafft.

Ein Vergleich mit Byrons autobiographischem Versepos *Childe Harold's Pilgrimage* macht die Abhängigkeit Hauptmanns von seinem Vorbild in Versform und Inhalt und natürlich die gestalterische und sprachliche Schwäche des Epikers Hauptmann deutlich; sichtbar wird aber auch der Zuwachs an Sozialkritik in diesem der Form nach so epigonalen Erstlingswerk. Das betrifft nicht nur einzelne Episoden, wie die Schilderung der Prostitution in Malaga, sondern die Auffassung der Hauptfigur und ihres Leidens: An die Stelle des romantischen Weltschmerzes tritt die Beschädigung durch das Milieu. Von dessen determinierendem Einfluß nimmt sich der Autor selbst freilich aus. Sein bekenntnishafter Brief an Georg Brandes unmittelbar vor Erscheinen der Dichtung deckt zunächst ein erhebliches Potential an Gemeinsamkeiten mit Selin auf: wie dieser fühlt sich der junge Hauptmann zum Kampf für die Wahrheit berufen, wie dieser litt er unter dem preußischen Schulsystem. Doch offenbar zu seinem Vorteil: «Die bewußte Opposition mit all ihren Qualen u[nd] Freuden begann. Einmal herausgehoben aus dem traditionellen Entwickelungsgange kam ich nie wieder hinein. [. . .] Ich glaube ich bin ein Genie.» Im mangelnden Ausgleich zwischen diesem Selbstgefühl und der intendierten Zeitdiagnose liegt einer der Gründe für das Scheitern des epischen Unternehmens.

Als Zeitdiagnose ist auch Hamerlings satirisches Epos *Homunculus* (1887) angelegt, eine hämische Abrechnung des alternden Ependichters mit der Gegenwart und diversen Tendenzen der Moderne im umfassendsten Sinn, als da sind: Technik, Darwinismus, Physik, Chemie, Börsenspekulation, Parlamentarismus, Journalismus, Utopismus, Zionismus, Anarchismus, Nihilismus, von den speziellen Tendenzen der literarischen Moderne ganz zu schweigen, die die «Litterarische Walpurgisnacht» des 5. Gesangs u. a. in der Gestalt unbekleideter Naturalisten verunglimpft, die «nackte Wahrheit» und freie Liebe predigen. Wie man sieht, bewegt sich die Satire nicht immer auf der Höhe ihres Gegenstandes. Dafür sind die Bezüge zur literarischen Tradition um so deutlicher, zum II. Teil des Goetheschen *Faust* vor allem, den schon Jordans zeitkritische Weltanschauungsdichtung *Demiurgos* (1854) in halbparodistischer Manier erneuert hatte. Der innere Zusammenhang von Hamerlings Epos mit den Werken Grisebachs und Hauptmanns liegt gerade in diesem Rückbezug auf ein quasi mythisches Modell, das nicht mehr erreicht wird. Wie sich der moderne Tannhäuser zum alten Ritter und der Promethide Selin zu Prometheus selbst verhält, so Homunculus zu Faust. An die Stelle des ewig strebenden Menschen ist der seelenlose Android getreten.

Der künstliche Mensch Homunculus ist bei Goethe das Ergebnis eines vom Faust-Famulus Wagner veranstalteten Experiments. Hamerling läßt ihn der Retorte eines namenlosen Doktors entspringen und in der Folge eine schnelle Karriere durchlaufen, die jedenfalls in einzelnen Stationen an Fausts Taten erinnert. Neben der «Litterarischen Walpurgisnacht» gilt das in besonderer Weise für «Munkels» jähen Aufstieg zum Billionär im 2. Gesang, ein Gegenstück zur Plutus-Episode in *Faust II* (das zugleich eine Verarbeitung des Börsenkrachs von 1873 darstellt). Auf *Faust* verweist natürlich auch seine Verbindung mit einem weiblichen Wunderwesen, das hier aber nicht Helena heißt, sondern Lurley. Die aus Heines Lied bekannte Nixe vom Rhein ist die passende Partnerin für einen seelenlosen Retorten-Sprößling. Daher hat Homunculus wenig Recht, sich zu beklagen; er tut es trotzdem (in ungereimten trochäischen Vierhebern, dem Versmaß des ganzen Epos):

> *Keine* Seele hatte sonst sie,
> Jetzo hat sie eine *falsche*:
> Zum Ersatze für die echte,
> Die ihr die Natur versagte
> In des Stromes feuchten Gründen!

Schließlich verbindet Homunculus mit Goethes Figur die Rastlosigkeit seiner Suche nach einer besseren Welt. Aus ihr resultieren drei Staatsgründungen, in deren satirischer Ausgestaltung Hamerling vor keiner Geschmacklosigkeit zurückschreckt. Der Idealstaat Eldorado geht am Parteienstreit zugrunde, auch der Affen- und der Judenstaat scheitern. Zur Gründung des letzteren war Homunculus eigens zum Judentum übergetreten, was ihn aber nicht vor der Kreuzigung bewahrt – Ahasver selbst nimmt den König der Juden vom Kreuz. Der Auftritt des Ewigen Juden ist ein Selbstzitat aus Hamerlings bekanntestem Epos *Ahasverus in Rom*; dort verkörpert er die Sinnlosigkeit der Menschheitsgeschichte gegenüber dem wollüstigen Egoismus Kaiser Neros, gewissermaßen die Nirwana-Sehnsucht gegenüber dem toll gewordenen Willen zum Leben.

Im *Homunculus* tritt Schopenhauers Einfluß zurück gegenüber älterem Model len der Subjektivismus Kritik, wie sie Jean Paul entwickelt hat. Die Adepten des Frankfurter Philosophen, die auf dem von Homunculus einberufenen «Weltkongreß der Seinsverächter» auftreten, verfallen selbst dem Spott der Satire. Mit ihnen zusammen tritt im 9. Gesang ein «spleenbeherrschter Britenlord» auf, dessen Rede sich immer mehr zu einer Wiederaufnahme jener Ich-Furcht steigert, die den Humoristen Schoppe in Jean Pauls Roman *Titan* in den Wahnsinn treibt. Auch die Radikalisierung des Humoristen-Typs in der Figur Giannozzos im *Komischen Anhang* zum *Titan* findet eine Entsprechung bei Hamerling. Homunculus selbst vollzieht die kriegerische Fahrt des Jean-Paulschen Ballonfahrers nach, wenn er sich im 10. und letzten Gesang ein riesiges Luftschiff baut, mit dem er zuletzt im Weltall verschwindet, nachdem er die «Kleinlichkeit» aller «ird'schen Dinge» von oben konstatiert und die Leiche Lurleys an Bord genommen hat. Der Blitz, der sein Luftschiff aus der Wetterwolke trifft und es in eine Feuerwaffe gegen die Menschheit verwandelt, entspricht präzis dem Blitzschlag, an dem Giannozzo stirbt, nachdem er zuvor die sich beschießende Menschheit aus der Höhe mit Steinen beworfen hat. Zwischen beiden Katastrophen steht Kellers «Apotheker von Chamounix», der sich unwissend selbst den Kopf absprengt. Die gleichnamige Verssatire aus den fünfziger Jahren, einst als Heine-Parodie konzipiert, teilt mit Hamerlings *Homunculus* die Strophenform und manches einzelne Motiv. Sie erschien in stark überarbeiteter Form erstmals in Kellers *Gesammelten Gedichten* (1883).

Ist der Tod des Subjekts das Ende des Liedes, das die Versepiker des
19. Jahrhunderts anstimmen? Ein «Kunterbuntes Epos in zwölf Kantussen» beweist das Gegenteil. Liliencrons *Poggfred* (1896) bedeutet so
etwas wie die Wiedergeburt des Epos aus dem Geiste der Subjektivität –
der Subjektivität eines von sich erzählenden, sich selbst aussprechenden
Ich, das die unverwechselbare Stimme Liliencrons hat.

> Dies ist ein Epos mit und ohne Held,
> Ihr könnts von vorne lesen und von hinten,
> Auch aus der Mitte, wenn es euch gefällt.

So beginnt der erste «Kantus». Die eigenwillig flektierte Rückübersetzung von «Gesang» (als der traditionellen Gliederungseinheit eines
Epos) gehört zu den äußeren Insignien der Gattung, die hier fast demonstrativ ausgestellt werden. Es gibt ein Proömion, ein Gespräch mit
der Muse, zwar kein durchgehendes, aber doch zwei gattungstypische
Versmaße (Stanzen und Terzinen), an Berufungen auf einschlägige Vorbilder wie Byron und Dante fehlt es auch nicht. Je mehr sich dieser
ganze epische Apparat bemerkbar macht, desto näher liegt der Parodie-
Verdacht. Zumindest ist festzustellen, daß die traditionelle Form hier
höchst unverbindlich eingesetzt wird: als Zitat oder Attrappe zur
Kaschierung einer ausgesprochen unepischen, lyrisch-humoristischen
Subjektivität.

Bei alledem ist *Poggfred*, in dem Liliencron sein Hauptwerk sah und
an dem er so lange ändernd und erweiternd herumdichtete, bis aus
zwölf Kantussen neunundzwanzig geworden waren (die Parallele zu
Holz' *Phantasus* drängt sich auf), doch etwas anderes als die extreme
Steigerung eines Liliencron-Gedichts oder eine andere Form der Gedichtsammlung. Das subjektive Epos vom Typ *Poggfred* oder *Phantasus*
ist offenbar eine Form, die es dem modernen Lyriker ermöglicht, die
Darstellung dichterischer Autonomie mit einem Maximum an Weltbezü-
gen und weltanschaulichem Gehalt zu verknüpfen. So schüttet *Poggfred*
ein in der Tat «kunterbuntes» Füllhorn lokaler Bezüge (Schleswig-Hol-
stein, Hamburg, Nordsee), amouröser Abenteuer, Kriegserlebnisse und
Alltagsdetails, literarischer Reflexionen und historischer Reminiszenzen
vor uns aus, die durch keinen sachlichen Zusammenhang, geschweige
denn eine konkrete Handlung miteinander verbunden sind. Daher auch
die Möglichkeit von Umstellungen, wie der Autor selbst sie im Zuge seiner Weiterarbeit vornimmt und wie er sie dem Leser ausdrücklich zubilligt.

Der Gefahr einer Atomisierung des Ganzen, des Zerfalls in ein be-
liebiges Sammelsurium ist vorgebeugt durch die Einheitlichkeit eines
– bei aller Lustigkeit – leicht melancholischen Grundtons und durch
übergreifende bildliche Strukturen mit unverhüllt allegorischer Tendenz.

Das beginnt mit dem Jagdhaus des Ich-Erzählers, dessen plattdeutscher Name – eine friesische Variante zu Wagners «Wahnfried» (eigentliche Bedeutung: «Froschfrieden») – dem Werk den Titel gibt; mit seiner zurückgezogenen Lage und dem Aussichtsturm daneben spiegelt es das ambivalente Verhältnis des Dichters zur Welt. Das setzt sich fort in einer langen Reihe bedeutsamer Gestalten, die z. T. ausdrücklich kommentiert werden: «Ein schwarzer Vogel senkt die Fittiche / Und fliegt uns vor. Dem Tode zu?» Die allegorische Tendenz gipfelt im «Rennbahn»-Kantus. Gleich sein erster Vers präsentiert eine allegorische Deutung im Sinne des Sozialdarwinismus: «Ist unser Leben eine Rennbahn nicht, / Wo jeder jeden sucht zu überholen?» Die allegorische Einstellung bleibt erhalten, wenn der Erzähler am Start die apokalyptischen Reiter erblickt und sich das Pferderennen im Himmel fortsetzt. Auch die scheinbar so realistischen Wirklichkeitseindrücke, mit denen der Kantus ausklingt, lassen sich Punkt für Punkt auf die Vanitas-Thematik beziehen: «Ein Bierfuhrwerk wird eben ausgespannt, / Ein Tagelöhner kommt mit seiner Sense.» Und die Logik des letzten Verspaars ist ganz dieselbe wie in den Trinkliedern des Barock:

Noch leben wir! Drum auf nach Poggfred-Haus!
Dort schlürfen wir noch manchen Becher aus.

Ein eigenartiges Gegenstück zu Liliencrons subjektivistischer Aneignung der Epos-Tradition bildet Saars vaterländische Hexameterdichtung *Hermann und Dorothea* (1902). In bewußtem Rückbezug auf Goethes gleichnamiges Versepos von 1798, das die deutsche Bürgerlichkeit vor dem Hintergrund der französischen Revolutionskriege verherrlicht, nutzt Saar die Assoziationskraft des Titels zur Befestigung deutsch-nationaler Identität im innerösterreichischen Sprachenstreit. Die Verbindung des mährischen Bauernsohns Hermann Matuschka mit der Wiener Lehrerin Dorothea wird zum Modell der Verteidigung des Deutschtums in Böhmen und Mähren. Am Schluß liest die moderne Dorothea unter dem Beifall der Anwesenden aus Goethes Epos vor: «Und drohen diesmal die Feinde, / Oder künftig, so rüste mich selbst und reiche die Waffen!» Saars Dichtung selbst ist eine solche Waffe.

11. Bildergeschichte

Zum Abschluß ihrer literaturgeschichtlich so folgenreichen Zusammenarbeit verfertigen Arno Holz und Johannes Schlaf im Sommer 1891 eine gemeinsame Bildergeschichte: *Der geschundne Pegasus. Eine Mirlitoniade in Versen von Arno Holz und 100 Bildern von Johannes Schlaf* (1892). Was ist eine «Mirlitoniade»? Offenbar ein komisches Epos – nach dem Vorbild der *Jobsiade* Kortums und Buschs, aber auch der Anklang an den großen Epiker Milton ist gewollt –, in dem das sogenannte Mirliton, ein primitives Musikinstrument für Kinder, eine tragende Rolle spielt. Mit dem «Klopp-Klipp-Klapphornmirlitong» schon der ersten Strophe und Zeichnung spielen Autor und Cartoonist zugleich auf die gemeinsame Klapphorn-Produktion ihrer Freundschaftszeit an, die sie diesem letzten Gemeinschaftswerk zugrunde legen wollten. «Zwei Knaben gingen durch das Korn» – so beginnt der berühmteste Klapphornvers des 19. Jahrhunderts, der bald eine Flut von Nachahmungen auslösen sollte. Tatsächlich handelt ja auch die Bildergeschichte von Holz und Schlaf von zwei Knaben, genauer: von ihnen selbst als zwei kleinen Männchen von kindischem Sinn und entsprechendem Format, die der Schutzmann auf der vorletzten Seite unter den Arm klemmen und zur Wache abtransportieren kann. So endet ein Tag voller Abenteuer, der mit einem romantischen Morgenspaziergang der Dichter und einem (aufgrund von Störungen allerdings bald abgebrochenen) gemeinsamen Anlauf zur Weiterarbeit an der *Familie Selicke* doch so verheißungsvoll begonnen hatte! Er läßt sich als Allegorie der Schwierigkeiten verstehen, die die Vorreiter der Moderne mit der bestehenden (Kunst-)Gesellschaft hatten. Verkatert erwachen die Helden am nächsten Morgen, ein Mirliton ist in den Nachttopf gerutscht:

> Schon läuten fromm die Morgenglocken,
> Man sitzt mit ungekämmten Locken
> Und schüttelt sich und spricht voll Ekel:
> «Horrgott, ist mir heut fin de siècle!»

Anlaß zur Entstehung des *Geschundnen Pegasus* war das Interesse des Verlags F. Fontane & Co an einem «neuen ‹Wilhelm Busch›», wie Holz selbst sich in einem Brief an Emil Richter vom August/September 1891 ausdrückt. Tatsächlich ist die Vorbildrolle von Wilhelm Buschs Bildergeschichten für das selbstironische Gemeinschaftswerk nicht zu übersehen: weder in der Grundidee, die natürlich an die Streiche von Max und Moritz erinnert (*Max und Moritz. Eine Bubengeschichte in sieben Streichen*, 1865), noch in einzelnen Motiven (der vom Kater gezauste Hund, die von der Billardstange durchbohrte Riesennase), weder im karikaturistischen Schwung der Zeichnungen noch im schnoddrigen Zynismus der Verse. Der «geschundne Pegasus» ist bestenfalls ein geliehenes Dichterroß.

Mit der Entwicklung des populären Bilderbogens zur versifizierten Bildergeschichte im Buchformat hatte der erfolglose Maler und verkannte Dichter Wilhelm Busch in den sechziger Jahren einen neuen Gattungstyp entwickelt, der es an Beliebtheit bald mit der pathetischen Versepik der Gründerzeit aufnehmen konnte (und sie inzwischen längst überlebt hat), obwohl oder weil er das präzise Gegenteil zu ihr darstellte. Statt heroischer Verklärung liefern die grotesken Holzschnitte und die bewußt-unbeholfenen Verse eine Sicht auf das Leben ‹von unten›, die sich zum Teil mit den Erfahrungen von Vischers «Auch Einer» mit der Tücke des Objekts parallelisieren läßt, in der Negativität des zugrundeliegenden Menschen- und Weltbilds aber weit darüber hinausgeht.

Denn nur scheinbar wird moralisiert, wenn die Max-und-Moritz-Streiche abschließend als «Übelthäterei» bezeichnet werden oder Onkel Nolte ein doppeltes Schlußwort zur *Frommen Helene* (1872) spricht – zunächst ernst, mit erhobenem Zeigefinger: «Das Gute – dieser Satz steht fest – / Ist stets das Böse, was man läßt»; dann selbstzufrieden schmunzelnd: «Ei, ja – Da bin ich wirklich froh! / Denn, Gott sei Dank! ich bin nicht so!!» Der Moralist als Pharisäer ist nur ein weiteres Kuriosum in jenem Naturalienkabinett menschlicher Bestialitäten, in dem Wilhelm Busch, der selbst einmal ein *Naturgeschichtliches Alphabet* bebildert und eine große Vorliebe für Tiere als Akteure entwickelt hat, den Leser herumführt. Der altkluge Nolte ist ein Vorläufer des behaglichen Pfeifenrauchers, der in der Hundegeschichte *Plisch und Plum* (1882) am Ende jedes Kapitels – also auf dem Gipfel der jeweiligen Katastrophe – als Kommentator auftritt: «‹Ist fatal!› – bemerkte Schlich – / ‹Hehe! aber nicht für mich.›»

Schadenfreude ist nicht nur ein inhaltliches Motiv von Buschs Bildergeschichten, sondern ein charakteristisches Merkmal ihrer Rezeption – bei einer inzwischen in die Millionen gehenden (oft kindlichen) Leserschaft. Wir sehen, wie Menschen und Tiere mit weithin identischen Verhaltensweisen massiv zu Schaden kommen, und lachen darüber. Macht uns diese Form des schwarzen Humors zu Mitschuldigen, zu Komplizen eines literarisch-zeichnerischen Aggressionstriebs, dessen Negativbilanz ihresgleichen sucht (in *Max und Moritz* werden Kinder geschrotet, in *Diogenes und die bösen Buben* zu Keksen bzw. Kuchen plattgewalzt)? Nicht unbedingt – man kennt ähnliche Formen der Negativität aus der Tradition der Satire: als Gestaltungsmittel einer Ironie, hinter der die Aufforderung zu besserem Handeln steht. Doch gibt es bei Busch eine solche Alternative?

«Helene denkt: ‹Dies will ich nun / Auch ganz gewiß nicht wieder tun.›» So schließt das zweite Kapitel der *Frommen Helene*, das den ersten Streich des Mädchens enthält – sie näht die Ärmel von Noltes Nachthemd zu. Denselben Ausruf tut sie nach jenem Streich, mit dem sie einen Bindfaden im Ehebett des Onkels befestigt, und schließlich angesichts der Flasche Likör, die die einzige Gesellschaft der kummervollen Witwe bildet. Jeder dieser guten Vorsätze ist im nächsten Moment vergessen; Helenes Leben ist eine Kette von Frivolitäten – ob sie nun den Vetter Franz bei der Morgentoilette beobachtet, mit ihm im Garten schäkert, mit ihm über den Frosch in der Tabaksdose des Onkels lacht, einen aufmüpfigen Liebesbrief an den Vetter verfaßt, dem Kater, der ihren Kanarienvogel gefressen hat, den Schwanz anzündet, sich einen ungeliebten reichen Ehemann angelt, in Wein badet (der anschließend an Bettler verschenkt wird), auf

einer Wallfahrt mit Vetter Franz die Ehe bricht und ihrem Mann die daraus hervorgegangenen Zwillinge unterschiebt und sich schließlich – nach dem unvermuteten Dahingang von Ehemann und Vetter – in den Tod säuft. «Triumph des
Bösen» heißt nicht unzutreffend das anschließende Kapitel mit Helenes Höllen-
fahrt. Am Sieg des Teufels besteht von Anfang an kein Zweifel; er ist in Helenes
Charakter, in ihrer menschlich-allzumenschlichen ‹Natur› begründet.

Buschs pessimistische Anthropologie ist durch zahlreiche Äußerungen belegt; sie ist nicht nur Folge seiner intensiven Aneignung von
Schopenhauers Philosophie, sondern resultiert aus sehr persönlichen
Verletzungen und Enttäuschungen, die weit in die Kindheit zurückreichen. Das (von ihm selbst jedenfalls so empfundene) Scheitern als
Künstler trug ein übriges zu seiner skeptischen Sicht auf das Leben und
die Gesellschaft seiner Zeit bei. In diesem Lichte gewinnen die parallel
strukturierten Bildergeschichten *Balduin Bählamm, der verhinderte
Dichter* (1883) und *Maler Klecksel* (1884) autobiographische Tiefenschärfe. Sie liefern ein ähnliches Bild des Scheiterns und der resignativen
Einpassung in die bürgerliche Ordnung wie die späte (nur marginal illustrierte) Erzählung *Der Schmetterling* (1895).

Gleichwohl ist nicht zu übersehen, daß Buschs Reduktion des menschlichen
Lebens und der bürgerlichen Gesellschaft auf egoistische Triebregungen auch ein
Element des Einverständnisses enthält. Die Welt ist anscheinend ein «Kampf
ums Dasein», wie die Sozialdarwinisten es verkündeten, und alle Tugend hohle
Fassade, wie es bald auch die Naturalisten darzustellen versuchten. Busch ist
Zeitgenosse genug, um zur Kriegszeit auch dem Patriotismus mit Bilderbogen
zu huldigen (*Der Partikularist* und *Wie man Napoliums macht*, 1870) und gleich
darauf am Klima des Kulturkampfs zu partizipieren – nämlich mit dem *Heiligen
Antonius von Padua* (1870), dessen Entstehung freilich in frühere Jahre zurückreicht. Er ist sich auch nicht zu schade für böse antisemitische Pointen (im
ersten Kapitel der *Frommen Helene*, im fünften Kapitel von *Plisch und Plum*). Es
ist wohl doch nicht nur die Distanz zur Gesellschaft, die seinen Witz und das
Lachen der Leser mobilisiert.

Für dieses Einverständnis des Autors mit Zeit und Publikum findet das erste
(unbebilderte) Kapitel von *Balduin Bählamm* bei aller Ironie ein ausdrucksstar-
kes, höchst materialistisches Gleichnis. Danach löst sich der rezipierte Dichter
wie ein Körpersaft im Organismus der Leser auf:

> Nun lebt in Leib und Seel der Leute,
> Umschlossen vom Bezirk der Häute
> Und andern warmen Kleidungsstücken,
> Der Dichter fort, um zu beglücken,
>
> Bis daß er schließlich abgenützt,
> Verklungen oder ausgeschwitzt.
> Ein schönes Los!

12. Kinder- und Jugendliteratur

Wilhelm Buschs Bildergeschichten wurden schon bald zu Klassikern der Jugendlektüre, wie auch die Romane Karl Mays; und doch waren sie in ihrer Mehrheit nicht primär für Jugendliche geschrieben. Die Frage nach der eigentlichen, d. h. intentionalen Jugendliteratur der Zeit eröffnet ein umfangreiches, schon damals nicht unumstrittenes Gebiet. Mit seiner Broschüre *Das Elend unserer Jugendliteratur* eröffnete Heinrich Wolgast als Wortführer der Jugendschriftenbewegung 1896 den Kampf gegen die trivialen und tendenziösen Züge der Jugend-Massenliteratur, die sich seit den siebziger Jahren dank eines expandierenden Buch- und Zeitschriftenmarkts ausgebildet hatte. Es genügt hier wohl der Hinweis auf die erfolgreichsten Periodika der Mädchenliteratur, um die Ausmaße der von Wolgast kritisierten Entwicklung und die Kontinuität der damals begründeten Verhältnisse anzudeuten: Seit 1855 erschien das von Thekla von Gumpert herausgegebene *Töchter-Album*; dazu kam seit 1869 die bis 1932 erscheinende *Deutsche Mädchen-Zeitung*, das Organ der evangelischen Jungfrauen-Vereine. Zwanzig Jahre später startete die illustrierte Wochenschrift *Das Kränzchen*, 1934 umbenannt in *Wir Mädels*, und wenig später die Zeitschrift *Das Deutsche Mädchenbuch* (bis 1925).

Mehr noch als die Kommerzialisierung der Höhere-Töchter-Lektüre beunruhigte die der Sozialdemokratie nahestehenden Vertreter der Jugendschriftenbewegung die chauvinistische und militaristische Tendenz der damaligen Jungen-Literatur. Ein typisches Beispiel bietet der Verschnitt von Abenteuerroman und Kolonial-Propaganda, wie er in der Reihe *Jung-Deutschland in Afrika* (1894–1897) gepflegt wurde. Ihr Herausgeber C. Falkenhorst (d. i. Stanislaus von Jezewski) war 1887 mit dem einschlägigen Titel *In Kamerun* vorangegangen. Unbestrittene Marktführerin in diesem Bereich aber war eine Cousine Liliencrons: Sophie Wörishöffer.

Mit ihrem Bestseller *Robert des Schiffsjungen Fahrten und Abenteuer auf der deutschen Handels- und Kriegsflotte* (1877) stellte sie noch vor der Flottenpolitik Wilhelms II. den Übergang zum Marineroman her. In einer Anzeige des Verlags Velhagen und Klasing wird für fünf weitere Jugendromane der Verfasserin geworben, ausgestattet jeweils mit mehreren «Vollbildern» und «Aquarell-Titelbild»: *Die Diamanten des Peruaners*; *Lionel Forster. Eine Geschichte aus dem amerikanischen Bürgerkriege*; *Im Goldlande Kaliforniens*; *Ein Wiedersehen in Australien; Das Naturforscherschiff. Fahrt der jungen Hamburger nach den Besitzungen ihres Vaters*. Für die Art und Weise, wie hier Ethnologie betrieben und die imperialistische Kolonialpolitik gerechtfertigt wird, ein Beispiel. Die Söhne des Hamburger Kaufmanns im letztgenannten Roman treffen auf die nomadisierenden Veddas und ziehen angesichts ihrer – wie es dargestellt wird – moralischen Ver-

kommenheit den Vergleich mit Zigeunern. Der begleitende Naturforscher bestätigt die Richtigkeit des Vergleichs: «Weil die Verhältnisse die gleichen sind [. .].
Menschen ohne Nationalgefühl, ohne staatsbürgerliche Rechte und Pflichten
müssen sittlich verkommen. Alle diese als ‹wild› und ‹halbwild› bezeichneten
Völker sterben aus, während die Kulturstaaten alljährlich Tausende ihrer Unter-
tanen abgeben, um an fernen Enden der Welt neue Reiche der Bildung und Ge-
sittung gründen zu helfen.»

Man kann Wolgast verstehen, wenn er angesichts solcher Tendenzen
das Diktat einer kommerziell motivierten ‹spezifischen Jugendliteratur›
brechen und in einem Akt der Demokratisierung den Jugendlichen
Zugang zur allgemeinen Literatur verschaffen will. Mit seiner Sonderausgabe von Storms *Pole Poppenspäler* «mit einem Begleitwort für Eltern
und Erzieher» machte er 1898 selbst den Anfang; die wirkungsge-
schichtlich so folgenreiche Rosegger-Auswahl *Als ich noch der Waldbauernbub' war* (1899–1902) trat ihr bald darauf an die Seite. Offenbar
erschienen bestimmte Formen des realistischen Erzählens mit enger
Heimatbindung den Vertretern der Jugendschriftenbewegung als päd-
agogisch besonders wertvoll. Daß es sich dabei weder in ästhetischer
noch in inhaltlicher oder psychologischer Hinsicht um besonders avancierte Texte handelt, kann kaum überraschen.

Die Geschichte der Kinder- und Jugendliteratur unterliegt ihren eigenen Gesetzen; wichtiger als die Entwicklungen der Erwachsenenliteratur
sind für sie oft Umschwünge in Pädagogik und Psychologie, Krisen
und Veränderungen in Schule und Elternhaus. Ein neues Verständnis
von der Eigenart des Kindes führt ab 1900 zu wesentlichen Neuimpul-
sen, freilich auch zu einer kindertümelnden Poesie, die uns heute erst
recht obsolet erscheint. Aber auch die Kinder- und Jugendliteratur der
vorausgehenden dreißig Jahre verdient nicht das pauschale Verdikt, das
eine von Wolgasts Kritik beeinflußte Optik über sie ausgesprochen hat.
Neben der platten Ideologisierung, die es unbestreitbar gibt, existiert
eine recht vielfältige jugendliterarische Landschaft, die in höchst unterschiedlichen Beziehungen zur allgemeinen Literaturgeschichte steht.

In Teilgebieten dieser Landschaft herrscht offenkundig noch der Einfluß von Romantik und Biedermeier. Das gilt vor allem für die in der
Gründerzeit beliebte jugendliterarische Märchenproduktion. Mit seinen
Träumereien an französischen Kaminen (1871) hat der leitende Chirurg
Richard von Volkmann (Pseudonym: Leander) sich offenbar ein persönliches Gegengewicht zu den Eindrücken geschaffen, denen er als Laza-
rettarzt im deutsch-französischen Krieg ausgesetzt war.

Eines seiner Märchen handelt von zwei Kindern, die in einem verlassenen
Grab so unschuldig Mann und Frau spielen, daß der Tote von sentimentalen
Erinnerungen überwältigt wird; aus seinen Tränen bildet sich eine Quelle, die
der Friedhofsgärtner fortan zur Bewässerung der Pflanzen benutzen kann. Ein

anderes erzählt die Geschichte eines buckligen Mädchens, dem erst die lieblose
Stiefmutter seine Behinderung zu Bewußtsein bringt. Es stirbt vor Traurigkeit
und ‹erlebt› danach zu seiner Freude, daß sich im häßlichen Buckel die Engels-
flügel befanden, mit denen es sich nunmehr in den Himmel zu seiner geliebten
Mutter aufschwingen kann.

Ohne einen Besuch bei den Engeln im Himmel geht es auch in Victor Blüth-
gens Märchen *Die sieben Hulegeisterchen* (1877) nicht ab. Von dessen bieder-
meierlicher Gemütlichkeit sticht *Die grüne Eidechse* (1881) von Heinrich Seidel
insofern ab, als hier die unheimliche Phantastik des romantischen Kunstmär-
chens anklingt. Denn dieses Märchen wird geträumt, und der Traum entwickelt
sich zum Alptraum. Der Verunsicherung, die wie bei E. T. A. Hoffmann aus der
Vermischung von Wirklichkeit und Wunderbarem erwächst, wird am Schluß ein
ernüchternder Wolkenbruch verordnet: «Der Regen strömte unablässig herab,
dagegen schien die Macht des Gewitters gebrochen zu sein, und nur ein fernes
grollendes Rumoren war noch vernehmlich.» Vom Anti-Märchen Hofmannsthals und den Traum-Experimenten Schnitzlers und Beer-Hofmanns sind wir
noch deutlich entfernt.

Einen Rückgriff auf vorrealistische Traditionen, nämlich auf die Dorfgeschichte, stellt auch Johanna Spyris Kinderbuchklassiker *Heidis Lehr-
und Wanderjahre* (1880) dar. Während die Heimatliteratur des späten
19. Jahrhunderts die Ankunft der Moderne in der heilen Berg- oder
Waldwelt thematisiert, sind die Schweizer Berge bei Spyri noch ein irdisches Paradies. Entsprechend religiös ist die Begleitmusik zur Heimkehr
des Mädchens gefärbt, das in der fernen Stadt Frankfurt fast zugrunde
gegangen wäre:

> «Das Gras rings auf der Alm war golden, von allen Felsen flim-
> merte und leuchtete es nieder, und unten schwamm weithin das
> ganze Thal in Duft und Gold. Heidi stand mitten in der Herrlich-
> keit und vor Freude und Wonne liefen ihm die hellen Thränen die
> Wangen herunter, und es mußte die Hände falten und in den Him-
> mel hinaufschauen und ganz laut dem lieben Gott danken, daß er
> es wieder heimgebracht hatte, und daß alles, alles noch so schön sei
> und noch viel schöner als es gewußt hatte, und daß alles ihm wie-
> der gehöre. Und Heidi war so glücklich und so reich in all' der gro-
> ßen Herrlichkeit, daß es gar nicht Worte fand, dem lieben Gott
> genug zu danken.»

Heidis Rückkehr löst auch dem Alm-Öhi die Seele, der jetzt endlich
wieder in die Kirche geht. Die Verfasserin, eine persönliche Bekannte
Conrad Ferdinand Meyers aus dem pietistischen Umfeld seiner Mutter,
meint es ernst mit der Herrlichkeit Gottes. Auf der anderen Seite kann
man die Krankheit Heidis in der Stadt auch als modernes Symptom
interpretieren. Die Zwiespältigkeit Johanna Spyris läßt sich auch an
ihrer Erzählung *Sina* (1884) ablesen. Darin kommt zwar das neuartige

Motiv des Frauenstudiums vor, doch wird die Heldin des Studiums nicht froh, weil sie emotional anderweitig gebunden ist, und schließlich findet sie ihren wahren Beruf als Erzieherin und Professorengattin. Fast auf der Höhe der damaligen Zeit bewegt sich die Jugendliteratur, so paradox das klingt, in der Hinwendung zur Geschichte. Denn die Mode des historischen Romans hält noch bis weit in die achtziger Jahre an. Vor allem Gustav Freytag scheint die Jugendbuchautoren beeindruckt zu haben, und das ist bei der volkserzieherischen Tendenz seines *Ahnen*-Zyklus ja durchaus verständlich. Oskar Höcker klinkt sich mit seinem vierbändigen – gleichfalls kulturgeschichtlich angelegten – *Ahnenschloß* (1879–1881) noch in die Aktualität von Freytags gleichzeitig beendetem Zyklus ein. Der Zoologe Christoph David Friedrich Weinland schreibt einen Roman über den Höhlenmenschen *Rulaman* (1878), gewissermaßen als nachgereichte Vorstufe zu Freytags erstem *Ahnen*-Band *Ingo und Ingraban*. Brigitte Augusti wendet sich dem Zeitalter Friedrichs des Großen zu, indem sie die Verzichtsgeschichte einer geistvollen jungen Frau von hohem Adel in den überlieferten historischen Rahmen einfügt (*Die letzten Maltheims*, 1888). Symptomatisch für die hier praktizierte Freytag-Nachfolge ist schon der Titel der erfolgreichen Reihe, als deren vierter Band der Roman erschien: *Am deutschen Herd. Kulturgeschichtliche Erzählungen aus alter und neuer Zeit mit besonderer Berücksichtigung des Lebens der deutschen Frauen.*

Größere Nähe zur Moderne erreicht die deutsche Kinderliteratur des 19. Jahrhunderts in Ilse Frapans *Hamburger Bildern für Kinder* (1899). Die Auftragsarbeit der früheren Hamburger Lehrerin, die bei Vischer Ästhetik gehört hat und in Heyse einen Förderer fand, bringt die verwirrende großstädtische Wirklichkeit höchst unmittelbar zur Geltung, indem sie sich auf die kindliche Perspektive wechselnder Protagonisten einläßt. Impressionismus vermischt sich mit Didaktik und Kinderton im Kapitel «Die Straßenbahn»:

> «Es rasselt und klingelt; dort um die Ecke kommt etwas großes Gelbes, ein langer Wagen ohne Pferde! Das ist die elektrische Bahn. Ihre Schienen laufen die Straße entlang; oft sehe ich große blaue Funken oben aus den Drähten springen. Die Funken sehen aus wie kleine Blitze, schnell kommen und verschwinden sie. Ist es nicht lustig, so ohne Pferde durch die Straßen gefahren zu werden?»

Die Vielschichtigkeit der kaiserzeitlichen Kinder- und Jugendliteratur, die eben nicht so ohne weiteres unter Chauvinismus und Trivialität verbucht werden kann, läßt sich abschließend mit einem Blick auf das verrufene Genre der Mädchenliteratur beleuchten. Der Typ des Backfischbuchs, von Clementine Helm 1863 mit dem Longseller *Backfischchen's Leiden und Freuden* ins Leben gerufen, erfuhr durch Emmy Rhodens nachgelassenen *Trotzkopf*-Roman (1885) eine erfolg- und folgenreiche Erneuerung. Der Titel steht für die – in Grenzen und zeitweilig – unangepaßte junge Frau, das Überschäumen eines weiblichen Temperaments, dessen künftige Abkühlung bzw. Zügelung im Grunde vorprogrammiert ist. «Ilse steht jetzt auf der Grenze zwischen Kind und Jungfrau», so begründet die Stiefmutter im *Trotzkopf* ihr Votum für einen Pensions-Aufenthalt, «noch hat sie Zeit, das Versäumte nachzuholen und ihre unbändige Natur zu zügeln. Geschieht das nicht, so könnte man eines Tages unser Kind als unweiblich bezeichnen, wäre das nicht furchtbar?» Wie sehr diese Problematik der Anpassung an einen vorgegebenen weiblichen Rollencharakter in die Zeit paßte, zeigen auch die populären Fortsetzungen, die allerdings – mit Ausnahme der ersten – andere Verfasserinnen haben: *Trotzkopfs Brautzeit* (1892), *Trotzkopfs Ehe* (1895, von Else Wildhagen), *Trotzkopf als Großmutter* (1905, von Suze de Chapelle-Roboo1) – von späteren Adaptionen zu schweigen.

Ein positives Bild harmloser weiblicher Unangepaßtheit liefern auch Helene Böhlaus *Rathsmädelgeschichten* (1888), die Streiche eines weiblichen Schelmenpaars im goethezeitlichen Weimar schildern. Die Vornehmheit der gebildeten Kreise tritt in Gegensatz zur Respektlosigkeit der Bürgermeisterstöchter mit ihrem Sinn für Schabernack. Von einer ähnlichen Spannung lebt ihre Erzählung *Ferdös* (1896). So der Name des türkischen Mädchens, das den Schleier trägt und sich halb wehmütig der ausgelassenen Freuden seiner Kindheitsjahre erinnert – die Anpassungsproblematik der Frau in der wilhelminischen Gesellschaft wird hier geschickt in einem fremden kulturellen bzw. religiösen Milieu gespiegelt (das der Autorin durch ihre Heirat vertraut war).

Gabriele Reuters Roman *Aus guter Familie* (1895) hat uns schon einen anderen – scheinbaren – Ausweg aus der weiblichen Anpassungsproblematik gezeigt: die Krankheit, insonderheit die Hysterie. Frida Schanz' Erzählung *Gustas Kur*, 1897 im Almanach *Junge Mädchen* erschienen, nimmt dieses Thema auf und führt es in psychologisch origineller Form einer Lösung zu. Die letzte Kur und schließliche Heilung Gustas vollzieht sich getrennt von ihrem Vater, mit dem sie in enger Gemeinschaft lebte, mit Hilfe einer jungen Pflegerin, die zunächst dem Einfluß der Krankheit erliegt, bis die Patientin in sich selbst den Willen zur Umkehr findet. Der Rahmen der Backfisch-Literatur ist in dieser psychologisch vertieften Darstellung einer weiblichen Adoleszenzkrise definitiv überwunden.

III. SCHWEIZ

1. Keller

In der dichterischen Welt Gottfried Kellers bedeuten die Ereignisse von 1870/71 keinen Einschnitt. Die relative Unabhängigkeit der Schweiz von den politischen Veränderungen, die sich damals in und mit Deutschland und Österreich vollzogen, spiegelt sich aufs eindrucksvollste in der Beharrlichkeit, mit der Keller gerade in den siebziger Jahren – seinem sechsten Lebensjahrzehnt, die Biographen sprechen auch gern vom «goldenen Lebensherbst» – auf Pläne seiner Berliner Frühzeit zurückgreift, um sie endlich einer Vollendung und Veröffentlichung zuzuführen. Nachdem verschiedene politische Aktivitäten und insbesondere die Staatsschreibertätigkeit (ab 1861) den Dichter Keller nach außen hin seit längerem hatten verstummen lassen, bringen die Jahre 1872–1886 eine Reihe wichtiger Publikationen, deren literaturgeschichtlicher Standort allerdings schwer zu bestimmen ist. Wirkt eine größere Zahl von Texten eher wie ein leicht nuancierter Nachtrag zum Schaffen der fünfziger Jahre, so sind einzelne andere Werke um so deutlicher von den Spuren der unmittelbaren Gegenwart gezeichnet. Und schließlich gibt es den Sonderfall der Korrektur: der bewußt verändernden Fortführung (wie im Falle der *Leute von Seldwyla*) oder der eingreifenden Überarbeitung und Umschreibung (so im Falle des *Grünen Heinrich*).

Am leichtesten läßt sich die Kontinuität zum frühen und mittleren Werk anhand der *Sieben Legenden* (1872) nachvollziehen. Die überlieferte Handschrift von 1857/58 kommt der Druckfassung schon weitgehend nahe. Die ursprüngliche Idee verweist noch weiter zurück auf die Feuerbach-Rezeption des jungen Keller. Es geht darum, in parodistischer Umkehr der Vorlage, nämlich der frommen *Legenden* Ludwig Gotthard Kosegartens (1804), den Triumph heiterer Sinnlichkeit über frömmelnde Weltverleugnung zu zeigen und dabei zugleich Vorschläge für jene Ethik des rechten Maßes und des Ausgleichs zwischen dem einzelnen und der Gemeinschaft zu entwickeln, die für Kellers gesamtes Werk verbindlich ist. So entsteht der Konflikt in der ersten Legende primär aus einem Kommunikations- und Verhaltensproblem; Eugenia und Aquilinus sind sich durchaus geneigt, finden aber zunächst nicht zueinander, da die Arroganz des gelehrten «Blaustrümpfchens» und der schroffe Ton des männlichen Befehlshabers nicht zueinander passen. Eugenias ‹Entweiblichung› muß erst in ihrer Karriere als falscher Abt auf eine absurde Spitze getrieben werden (faßbar in ihrer Anklage wegen Vergewaltigung), um die Frau in ihr freizulegen – was in dem Zerreißen des Mönchsgewandes vor dem Richter Aquilinus ja ganz wörtlich geschieht. Dieser wiederum hat sich zu seiner Liebe im Kuß der Eugenia-Statue unmißverständlich bekannt.

Die Motive der geküßten Statue und der Erziehung zur Liebe verweisen auf den Pygmalion-Stoff, mit dem sich Keller unter dem Titel *Galatea* seit Anfang der fünfziger Jahre beschäftigte. Die *Sieben Legenden* stellen entstehungsgeschichtlich denn auch eine Abspaltung des novellistischen Pygmalion-Komplexes dar, der zehn Jahre später im *Sinngedicht* (1881) seine abschließende Gestaltung findet. Auch hier ging in den fünfziger Jahren eine erste Niederschrift voraus, die allerdings nur den Anfang umfaßte und nicht erhalten ist, von der wir aber Grund haben anzunehmen, daß sie in wichtigen Punkten noch nicht der späteren Ausgestaltung entsprach. Das gilt besonders für die Rolle der Naturwissenschaften und des Experiments, mit der sich Keller ja erstaunlich nah an aktuelle naturalistische Diskurse heranbegibt.

Der mit optischen Experimenten befaßte Naturwissenschaftler Reinhart kuriert sein berufsbedingtes Augenleiden mit einer Brautschau pseudoexperimentellen Charakters; in Umsetzung von Logaus Sinnspruch, den er in Lessings Werken ‹gestochen› (d. h. in Orakelfunktion blind gewählt) hat, will er «weiße Lilien» zu «roten Rosen» machen, nämlich eine «weiße Galathee» durch seinen Kuß zum Lachen bringen. Der therapeutische Vorsatz, mit dem sich Reinhart dem Leben und den Frauen zuwendet, steht in eigenartiger Beziehung zu einem Modell der modernen Naturwissenschaft, das Keller bei der ursprünglichen Konzeption des Werks noch gar nicht im Sinn gehabt haben konnte. Denn Darwins Evolutionslehre mit dem Konstrukt der «natürlichen Zuchtwahl», die zur Zeit der Ausarbeitung des *Sinngedichts* den Theoriediskurs beherrschte, war erst 1859 erschienen. Gewissermaßen markiert der erste Satz genau diesen Abstand zwischen Planung und Ausführung:

> «Vor etwa fünfundzwanzig Jahren, als die Naturwissenschaften eben wieder auf einem höchsten Gipfel standen, obgleich das Gesetz der natürlichen Zuchtwahl noch nicht bekannt war, öffnete Herr Reinhart eines Tages seine Fensterläden und ließ den Morgenglanz, der hinter den Bergen hervorkam, in sein Arbeitsgemach, und mit dem Frühgolde wehte eine frische Sommermorgenluft daher und bewegte kräftig die schweren Vorhänge und die schattigen Haare des Mannes.»

Die Aufklärungssymbolik der «illuminatio» ist hier gegen die Wissenschaft gerichtet; die freie Natur verspricht authentischere Erleuchtung als das künstliche Experiment. Tatsächlich findet Reinhart auf seiner Reise in Lucie die passende Braut; er wird die Zeit vor ihrer Begegnung später – in ausdrücklichem Anklang an die Symbolsprache der Aufklärung (und heilsgeschichtliche Denkmuster) – «ante lucem» nennen. Das mechanische Logau-Rezept erweist sich in der praktischen Umsetzung bald als unbrauchbar, und doch führt die Ausfahrt letztlich zu einem Ergebnis, das Darwins Begriff der «natürlichen Zuchtwahl»

von fern entspricht; Reinhart erfährt sogar, nach welchem (wiederum quasi
experimentellen) Ausleseverfahren seine eigene Mutter den Gatten gewählt hat
– nämlich aus der Novelle *Die Geisterseher*, die Lucies Oheim in den Mund
gelegt ist.

Alle anderen Binnenerzählungen des *Sinngedichts* werden von Reinhart und
Lucie erzählt – in einer Art Rededuell, bei dem es um den Anspruch der
Gesprächs-‹Führung› (und insofern um den emanzipierten Status Lucies als
gleichwertiger Partnerin), aber auch um sachliches Rechthaben geht. Reinhart
erzählt genuine Pygmalion-Geschichten, in denen ein überlegener Mann eine
Frau zu sich heraufzuziehen versucht oder heraufzieht; Lucies Erzählungen
dagegen berichten von weiblicher List und Verweigerung. So kontrastiert ihr
Bericht von der Indianerin, die die erotische Trophäensammlung ihres europäischen Verehrers entgegennimmt, ohne sich ihm dafür zu schenken (*Die Ber-
locken*), der erfolgreichen Variante einer interkulturellen Liebesgeschichte, die
unmittelbar zuvor von Reinhart erzählt wurde: Der portugiesische Admiral
Don Correa nimmt eine farbige Sklavin zur Frau, die einer Negerfürstin als
Sitzgelegenheit diente, und findet in dieser Beziehung das beständige Glück, das
er in seiner früheren Ehe mit einer – wie sich nachher herausstellt, verbrecheri-
schen – portugiesischen Adligen (der er seine wahre Identität verschwieg) vergeblich gesucht hatte (*Don Correa*).

Die geglückte Annäherung des menschenfreundlichen Brandolf an die verbitterte Hedwig (in *Die arme Baronin*) ist ein weiteres Beispiel der vom Erzähler
Reinhart bevorzugten «Treppenheiraten»; die Bezeichnung für eine Heirat über
Standesgrenzen hinweg trifft hier auch im wörtlichen Sinne zu, denn Brandolf
begegnet der Baronin das erste Mal auf der Treppe und muß über sie hinwegstei-
gen. Das Scheitern des pygmalionischen Experiments dagegen ist Gegenstand
von Reinharts Erzählung *Regine,* einem Pendant zu Auerbachs Geschichte *Die
Frau Professor* (1849). Der Deutschamerikaner Erwin Altenauer wird von seiner
schon im Familiennamen ausgedrückten Liebe zur Tradition in die alte Heimat
getrieben, wo er in der Magd Regine eine Vertreterin unverfälschten Volkstums
und damit, wie er meint, die ideale – allerdings noch bildungsbedürftige – Gattin zu finden glaubt. Regine wird ihm jedoch entfremdet durch den Umgang
kunstbeflissener Damen (der drei «Parzen»), die einen Kult um die Venus von
Milo treiben, durch die Aktivitäten einer Malerin, die sie als Modell benutzt,
und unglückliche Zufälle, die ihn an ihrer Treue als Gattin zweifeln lassen;
dieser Zweifel wiederum treibt die naive junge Frau in den Tod. Nicht nur die
Wissenschaft, auch eine falsch verstandene Kunst(bildung) kann offenbar eine
Liebesbeziehung zerstören.

Die Idee der Bildung beherrscht auch die Rahmenhandlung der *Züricher Novellen* (1877). Herr Jaques, ein junger Zürcher Bourgeois der
Biedermeierzeit, wird in seinem Selbstverständnis als Original von
Zweifeln befallen. Sein alter Pate tröstet ihn und definiert das Bildungs-
ziel neu: «Ein gutes Original ist nur, wer Nachahmung verdient!» Damit
ist die Frage nach dem kollektiven Gedächtnis gestellt, und in diesem
hat sich das Zürcher Geschlecht der Manesse, dem die ersten beiden
Novellen gewidmet sind, in besonderem Maße erhalten. Die *Hadlaub*-
Novelle erzählt das Leben des Minnesängers aus dem Umkreis der Auf-

traggeber der Manessischen Handschrift als eine Aufsteiger-Geschichte, als Paradigma für die Annäherung von Adel und Bürgertum ebenso wie als Exempel für das Verhältnis der Kunst zum Leben. Der sinnentleerten Kunst-Konvention des Minnesangs steht die Wahrhaftigkeit von Hadlaubs Liebe zur natürlichen Tochter des Konstanzer Bischofs gegenüber; durch die Unmittelbarkeit, mit der er sie äußert, gewinnt er ihr Herz und legt den Grundstein zu einer bürgerlichen Familie. Kellers Erzählung selbst ist freilich alles andere als ‹unmittelbar›; indem der Autor eine ganze Reihe von Miniaturen der Liederhandschrift beschreibt bzw. narrativ nachstellt, leistet er seinen Beitrag zur wachsenden Bedeutung des Kunstzitats in der erzählenden Literatur des späten 19. Jahrhunderts, verstärkt er das artifizielle Element als eine Determinante seines Spätwerks.

In hohem Maße artifiziell ist auch die dritte Erzählung, die zur historischen Selbstvergewisserung des Herrn Jaques beitragen soll: *Der Landvogt von Greifensee*. Die manieristische Verarbeitung ist erforderlich, weil Keller hier ein prekäres Geheimnis seines eigenen Lebens anspricht. Der kleingewachsene Dichter, dem keine erfüllte Liebesgemeinschaft von Dauer zuteil geworden ist, gestaltet im festlich-versöhnten Zusammentreffen des Landvogts mit den fünf Frauen seines Lebens, die ihm sämtlich einen Korb gegeben haben, einen utopischen Spiegel und Gegenentwurf zur individuellen Biographie. Die eingelegten Liebschafts-Novellen – Binnenerzählungen in der Binnenerzählung – sind hochgradig stilisiert, wie sich schon an den Bezeichnungen für die einzelnen Frauen («Distelfink», «Figura Leu» etc.) erkennen läßt. Trotzdem lassen sich Grundprobleme ausmachen, die uns aus dem *Grünen Heinrich* bzw. aus Kellers Leben bekannt sind: die mangelnde Bürgerlichkeit des Mannes, die Gefahr seelischer Erkrankung bei der Frau. Der Anschluß zum autobiographischen Roman wird bereits am Anfang der Novelle hergestellt, wenn Vogt Landolt (übrigens eine historische Figur), ganz in Grün, am Heinrichstag eine Militärübung organisiert.

Der zweite Band der *Züricher Novellen*, der auf eine Rahmenhandlung verzichtet, vereinigt die schon 1860 im *Deutschen Volkskalender* abgedruckte Geschichte *Das Fähnlein der sieben Aufrechten* mit der historischen Novelle *Ursula*. Diese spielt im Zürich der Reformationszeit und verknüpft das Schicksal Zwinglis und die Geschichte seines unglücklichen Feldzugs gegen die katholischen «Fünf Orte» (Kappeler Schlacht von 1531) mit Reminiszenzen an die Wiedertäuferbewegung, der sich bereits der erste Satz wenig günstig gesonnen zeigt:

> «Wenn die Religionen sich wenden, so ist es, wie wenn die Berge sich auftun; zwischen den großen Zauberschlangen, Golddrachen und Krystalgeistern des menschlichen Gemütes, die ans Licht steigen, fahren alle häßlichen Tazzelwürmer und das Heer der Ratten und Mäuse hervor.»

Während sich die Reformationsdichtungen aus dem damaligen Deutschen Reich, aber auch bei Conrad Ferdinand Meyer, unter dem Eindruck des Kulturkampfs ganz auf den Konflikt zwischen (positivem) Luthertum und (negativem) Katholizismus konzentrieren, interessiert sich Keller für den Zwiespalt im protestantischen Lager: zwischen der Staatskirche Zwinglis und anabaptistischen Bestrebungen, die in seiner Darstellung einen anarchisch-revolutionären Charakter annehmen. Es geht letztlich um den Gegensatz von Sinnlichkeit und Triebdisziplinierung, der ja auch große Teile von Kellers früherem Schaffen bestimmt; wir finden ihn aufs prägnanteste gestaltet im ersten Wiedersehen des heimkehrenden Vatikan-Soldaten Hansli Gyr und seiner treuen (aber anabaptistisch inflammierten) Braut: «Erst als ihre weiche Brust auf seinem fühllosen Harnisch lag, erkannte er sie an dem Schnitt ihres ernsten Mundes, den sie ihm zum Kusse bot» – der Gefühlspanzer des Mannes wehrt die weibliche Gefühlsäußerung ab. In ihrer eheverweigernden Unbedingtheit rückt diese nachgerade in den Bereich des Hysterischen, bis es unter dem Eindruck der politischen Ereignisse zu einer Wiederannäherung der Liebenden kommt: Ursula folgt Hansli auf das Schlachtfeld und rettet ihm das Leben, indem sie den Verletzten aus seinem Panzer (!) befreit.

Keine andere Novellendichtung Kellers hat die Popularität der *Leute von Seldwyla* erreicht. Den fünf Novellen der ersten Ausgabe von 1856 fügte er in der zweiten (vierbändigen) Ausgabe von 1873/74 fünf weitere Stücke unterschiedlicher Entstehungszeit und eine besondere Vorrede zum zweiten Teil hinzu, die den gesellschaftlichen Wandel in und außerhalb der Schweiz seit der Jahrhundertmitte reflektiert: die fortschreitende Ausbreitung des Kapitalismus, auch und gerade der Börsenspekulation, bei Nachlassen des politischen Engagements und der Lebensfreude: «Schon sammelt sich da und dort einiges Vermögen an, welches bei eintretenden Handelskrisen zwar zittert wie Espenlaub oder sich sogar still wieder auseinanderbegibt wie eine ungesetzliche Versammlung, wenn die Polizei kommt.» Der mythische Ort Seldwyla ist in bedrohlicher Weise an die Wirklichkeit der Zeit herangerückt.

Die neuen Erzählungen werden ausdrücklich als «Nachlese» aus der «Vergangenheit und den guten lustigen Tagen der Stadt» bezeichnet, und in besonderem Maße gilt das sicher für die unbeschwerte Heiterkeit der Eingangsnovelle *Kleider machen Leute*. Der bettelarme Schneidergeselle Wenzel Strapinski ist ein Hochstapler wider Willen, der in Seldwylas Nachbarort Goldach allein aufgrund seines Mantels und der Kutsche, aus der er aussteigt, für einen Grafen gehalten und entsprechend hofiert wird. Seiner öffentlichen Bloßstellung just auf der Verlobungsfeier mit der Tochter des Amtmanns folgen der Selbstmordversuch in der winterlichen Einsamkeit und die Neubegründung seines Liebesbunds mit Nettchen gegen alle bürgerlichen Spielregeln. Die Logik des Happy-Ends will es, daß das mit dem Geld des Schwiegervaters begründete Tuchgeschäft Erfolg hat und Strapinski nachträglich die ökonomischen Erfolge und bürgerlichen Eigenschaften erwirbt, die ihm vorher fehlten, und zwar – mit Kleidern, die eben doch Leute machen. Jenseits solch märchenhafter Erzählmuster fällt es dem Novellisten Keller schon schwerer, seinen pädagogischen Optimismus zu behaupten. *Das verlorne Lachen*, die letzte Erzählung des Zyklus, geht von einer ähnlichen Konstellation aus wie die Schneider-Novelle: Ein wenig bemittelter junger Mann verbindet sich mit einem Mädchen aus begüterter Familie. Im Motiv des identischen Lachens auf dem Gesicht beider Liebender klingt sogar ein phantastisch-utopisches Element an. Doch die Einheit der Schweizer Gesellschaft, in der Volksfeststimmung des Erzähleingangs beschworen, hält den Belastungen des Alltags nicht stand. Jucundus erleidet mit seinem ersten geschäftlichen Unternehmen, einem Holzhandel, Schiffbruch, und zwar auch deshalb, weil er sich der rücksichtslosen Abholzung der Wälder widersetzt. Seine Kritik an der reformtheologischen Bewegung, von der sich seine Frau beeindrucken läßt, vertieft den Ehekonflikt. Justine muß erst lernen, was wahre Frömmigkeit ist; Jucundus, der nunmehr in der Hauptstadt sein Geld verdient, läßt sich vorübergehend in die Händel einer pseudodemokratischen Bewegung verstricken. Zur versöhnenden Aussprache zwischen den Gatten kommt es in einer Baumschule, einer «festlichen Versammlung» von «Tausenden und wieder Tausenden» von Bäumen «in wohlgeordneten Reihen», die gewissermaßen die verlorene Öffentlichkeit der Schweizer Demokratie ersetzen muß und zugleich eine Regeneration des Waldes verspricht, der unter die Axt der kapitalistischen Verwertung geraten ist.

In seiner Kritik an der Gegenwart schreckt Keller nicht vor konservativen Natur- und Geschichtsbildern zurück. Die tausendjährige Eiche, um deren Erhalt Jucundus vergeblich kämpft, erinnert an die «mächtige Eiche» am Rande des Schlachtfeldes, unter der Dietegen, der Protagonist der gleichnamigen Erzählung – der einzigen historischen Novelle des *Seldwyla*-Zyklus – seinen Ziehvater, den Förster, begräbt. Dessen Forsthaus und der Hochwald bewähren sich für ihn als Ort der Freiheit und Ursprünglichkeit in einer durch Hexenprozesse und Bruderkrieg entstellten gesellschaftlichen Wirklichkeit. Dietegen selbst wächst zur Wiedergeburt eines alten Alemannen heran: «einem Abkömmling aus uraltem reinem Volksstamme gleichend, so kühn, sicher, stark und zugleich gelenk bewegte er sich». Nicht unähnlich heißt es am Schluß des *Grünen Heinrich* über die Heimkehrerin Judith, die sich in Amerika mit eigener Waffe verteidigte: «Das nennt man Rasse, würden rohe Sportsleute sagen!»

Kellers Unbehagen angesichts der politischen und wirtschaftlichen Entwicklung der Schweiz seit den späten sechziger Jahren findet seinen direktesten Ausdruck im Zeitroman *Martin Salander* (1886), dem einzigen größeren Werk seines Alters, das nicht auf frühere Pläne und Vorstufen zurückgeht. Er beginnt mit dem Weg des Brasilien-Heimkehrers

durch die jäh angewachsene Heimatstadt Münsterburg (d. i. Zürich).
Salander sucht nach Spuren der Natur in einer überbauten Landschaft:
«Wo sind denn nur die vielen schönen Bäume hingeraten, die sonst vor
und neben dem Hause standen? [. . .] Das war ja ein Kapital für die
Wirtschaft.» Ähnliche Klagen sind auch in Tschechows *Kirschgarten*
oder bei Wilhelm Raabe (*Pfisters Mühle, Die Akten des Vogelsangs*) zu
hören. Charakteristisch für Keller ist, daß der Verlust der Natur auch als
Verlust politischen Bewußtseins, nämlich des alten ‹Gemeinsinns›, erfahren wird. «Wir sind hier nicht Volk!», erklärt eine vom Aufstiegswillen
erfüllte Bürgerin. Als Sprachrohr des Autors wird schließlich der Ge-
richtspräsident (im Prozeß gegen die betrügerischen Schwiegersöhne
Salanders) unter Berufung auf Pestalozzi die Behauptung aufstellen, es
sei «die beklagenswerte Mangelhaftigkeit des öffentlichen Unterrichts,
der Volkserziehung, der alles Unglück beizumessen sei».

   Keller beschränkt sich also nicht auf eine Kapitalismuskritik, die letzten Endes ökonomische Alternativen aufzuzeigen hätte, sondern erneuert auch in diesem letzten Erzählwerk die moralische Forderung nach
verantwortlicher Teilhabe am politischen Geschehen. Die Position seines
Titelhelden, der diese Haltung konsequent vertritt, wird allerdings
dadurch entscheidend geschwächt, daß Martin Salander immer wieder
als weltfremder Idealist, als eine Art Don Quichote der Gründerjahre
erscheint. Ähnlich blauäugig wie Hans Unwirrsch in Raabes *Hungerpastor* den Machinationen Moses Freudensteins begegnet, erliegt er wieder
und wieder den betrügerischen Geschäftspraktiken seines einstigen
Freundes Louis Wohlwend. Es ist nicht Salander, sondern der Klarsicht
seines Sohnes Arnold zu danken, wenn am Schluß eine halbwegs versöhnliche Perspektive formuliert werden kann:

> «Ruhig fuhr nun das Schifflein Martin Salanders zwischen Gegen-
> wart und Zukunft dahin, des Sturmes wie des Friedens gegenwär-
> tig, aber stets mit guten Hoffnungen beladen. Manches Stück
> mußte er noch als gefälschte Ware über Bord werfen; allein der
> Sohn wußte unbemerkt die Lücken so wohl zu verstauen, daß kein
> Schwanken eintrat und das Fahrzeug widerstandsfähig blieb den
> bösen Klippen gegenüber, welche bald hie, bald dort am Horizonte
> auftauchen.
>   Auch das dunkle Raubschiffchen des Louis Wohlwend, das seit
> bald einem Menschenalter Martins Bahn kreuzte, strich noch wie-
> derholt heran, konnte aber nicht mehr entern.»

Solche Allegorien sind typisch für Kellers Altersstil. Insgesamt fallen
aber gerade, gemessen an seiner übrigen Prosa, die Bild-Armut des
Salander-Romans, das weitgehende Fehlen des sonst für diesen Autor so
typischen humoristischen Tons und seine sprachliche Trockenheit auf.

Die direkte Zuwendung zu einer feindlichen sozialen Realität ist offenbar unvereinbar mit den Grundlagen der Kellerschen Ästhetik. Schon das tragische Ende des *Grünen Heinrich* (in der ersten Druckfassung von 1854/55) wurde vom Autor selbst wie ein Pfahl im Fleisch empfunden und weckte bereits früh die Lust zu einer Überarbeitung. Nach dem Ausscheiden aus dem Staatsdienst 1876 bot sich die Möglichkeit zu einer veränderten Neuausgabe des chef d'œuvre, zu der den angesehenen Autor verschiedene Verleger drängten. Keller kaufte den Restbestand der Erstauflage auf und vernichtete ihn; in enger Beratung vor allem mit Brieffreund Storm tritt er 1878 an die eigentliche Umformung heran; zu Weihnachten 1880 liegt dann die zweite Fassung des *Grünen Heinrich* in den Buchläden aus.

Sie stellt ein Unikum in der Literaturgeschichte dar, insofern es nur sehr wenige Werke vergleichbaren Umfangs und Gehalts geben dürfte, die dermaßen gründlich umgearbeitet wurden und doch ihre Identität dabei nicht verloren. Denn so gravierend bestimmte Eingriffe auch waren (vom Weiterleben des Helden angefangen) und so systematisch der Redaktor auch bestimmte formale und inhaltliche Tendenzen verfolgte, die poetische Grundidee des Buchs ist doch geblieben, wie sie sich vor allem in der Figur Heinrich Lees kristallisiert hatte: des vaterlos aufwachsenden Jungen mit enger Mutterbindung und übermächtiger Phantasie, der vergeblich eine Karriere als Maler anstrebt und dabei vielfach – moralisch wie finanziell – schuldig wird. Hier bereits divergieren allerdings die Fassungen: Während sich Heinrich ursprünglich die Schuld am Tod der Mutter gibt, die er bei seiner Rückkehr aus München nicht mehr unter den Lebenden findet, und ihr regelrecht hinterherstirbt, kommt der Sohn in der Endfassung gerade rechtzeitig nach Hause, um den letzten Blick der Sterbenden aufzufangen, deren Tod ihm hier auch nicht mit gleicher Eindeutigkeit zugeschrieben wird.
Aus dem tragischen Künstlerroman wird ein wie auch immer resignativ gebrochener Bildungsroman, und das Überleben der Hauptperson gibt dem Autor nun auch die Möglichkeit zur einschneidendsten strukturellen Veränderung: der durchgehenden Gestaltung als autobiographischer Ich-Roman. In der Frühfassung wurde dagegen nur die eigentliche Jugendgeschichte von Heinrich selbst erzählt; ihre Mitteilung erfolgte bei der Ankunft in München, als eine Art Rückbesinnung des Helden – eine Rückbesinnung freilich, die etwa die Hälfte des ganzen Romanumfangs einnahm. Die Eingangskapitel dagegen und alle nachfolgenden Teile waren als Er-Erzählung durchgeführt, mit einem auktorialen Erzähler, der sich in aller Schärfe von der Unbesonnenheit seiner Hauptfigur distanzieren konnte. Diese Möglichkeit gibt Keller auf, und er muß nunmehr manche Hilfskonstruktion in Anspruch nehmen (verschiedentlich behauptet der Ich-Erzähler, dies und jenes erst später erfahren zu haben). Als Gewinn steht diesen Einbußen die größere Einheitlichkeit und Konsequenz einer Erzählsituation gegenüber, die weitgehend Spielhagens Theorie von der Objektivität realistischen Erzählens entspricht – denn der Willkür eines olympischen Erzählers ist nunmehr ein Riegel vorgeschoben, die Kommentare des Ich-Erzählers lassen sich aus der Psychologie des Autobiographen schlüssig begründen.
Ein solcher erzähltheoretisch begründeter ‹Realismus› bedeutet freilich nicht größere Klarheit oder Schärfe der Darstellung. Die Homogenität des autobiogra-

phischen Tonfalls schließt auch den Verzicht auf extreme Wertungen ein. Berühmte Passagen fallen dem Rotstift zum Opfer: so das Lob auf Jean Paul, den Heinrich doch nie verraten wollte, und die Szene mit der nacktbadenden Judith – sicher weniger ein Zugeständnis an die Prüderie des gereiften Autors und seiner Leser als die Konsequenz aus einem geänderten Weltbild, in dem für die Magie einer dämonischen Weiblichkeit kein Platz mehr ist. Judiths Umdeutung zur tüchtigen Unternehmerin und das angedeutete freie Zusammenleben Heinrichs mit der reifen Amerika-Heimkehrerin ohne bürgerliche Ehefesseln gehören zu den wichtigsten Hinzufügungen der Zweitfassung. Die Zweierbeziehung ist nicht als Selbstzweck gefaßt, sondern als integraler Bestandteil gemeinsamer Arbeit und öffentlicher Wirksamkeit. Unter denselben Vorzeichen steht auch Judiths Tod als Folge ihrer Hilfe für kranke Kinder, die in einem Elendsheim unter Quarantäne gehalten werden.

Der Tod, auf den die erste Fassung zielgerichtet zulief, ist auch in der zweiten, allerdings in anderer Weise, präsent: als Fluchtpunkt des Gedenkens, aus dem eine Verpflichtung zum Leben erwächst. Wiederkehrende Chiffre eines solchen Gedenkens ist das barocke Emblem des Totenschädels, den Heinrich mit sich herumschleppt. Die (in der Zweitfassung hinzugefügte) Biographie des Albertus Zwiehan, des mutmaßlichen Trägers des Schädels, stellt mit ihrer Schilderung eines fortschreitenden Identitätsverlusts einen drohenden Hinweis auf die Gefahren dar, denen Heinrich selbst ausgesetzt ist. Freilich mußte Keller erleben, daß seine Vorliebe für allegorische Verschlüsselungen vom zeitgenössischen Publikum nicht honoriert wurde, wie er überhaupt mit dem öffentlichen Echo auf seine Bearbeitung – ungeachtet der eindringlichen Analysen, die Otto Brahm schon 1880 dem Verhältnis beider Fassungen widmete – wenig zufrieden war. Gegenüber Marie Bluntschli soll er sich im November 1887 beklagt haben:

«Was ich in die neue Ausgabe des grünen Heinrich mit so viel Liebe und tiefer Empfindung hineingebracht, ist meist nicht einmal bemerkt, geschweige nachempfunden worden. [. . .] Mit der Zwiehangeschichte ist es genau ebenso. Die ganze Erzählung von dem Geschick des Zwiehan ist dazu erfunden. Ich habe sie mir als Symbol des grünen Heinrich gedacht, der auch seinen inneren Halt verloren und am Dualismus dahin schwankte, der durch Geldmangel, Fehlen richtiger Leitung und passender Umgebung äußerlich und innerlich jede Stütze einbüßte. [. . .] Ich dachte, das müßte herausgefühlt werden! Aber keiner hat die leiseste Andeutung gemacht, daß er so etwas ahne.»

2. Meyer

Nur sechs Jahre jünger als Keller, gehört Conrad Ferdinand Meyer als Erzähler wie als Lyriker doch schon einer anderen literarischen Generation an. Sein erzählerisches Schaffen konzentriert sich auf die siebziger und achtziger Jahre. Die letzte Novelle Meyers (*Angela Borgia*) erschien 1891, die erste (*Das Amulett*) 1872; die Anfänge der Arbeit am Roman *Jürg Jenatsch* (1874) gehen auf das Jahr 1866 zurück. Damit entspricht der Zeitraum seines erzählerischen Wirkens ziemlich genau der Ära der Bismarckschen Reichs-Politik. Eine Koinzidenz, die zunächst zufällig wirkt bei einem Schweizer Autor, der sich (im Unterschied zu Keller) nie für längere Zeit in Deutschland aufgehalten und übrigens seine wichtigsten Auslandseindrücke in Paris und Italien empfangen hat. Und doch verdankte Meyer seinen ersten großen Erfolg einer während des Frankreichfeldzugs entstandenen Dichtung, deren deutsch-nationales Pathos offenkundig Anschluß an die Zeitstimmung suchte (*Huttens letzte Tage*, 1871). Er entschied sich damals gewissermaßen für die Identität eines deutschen Schriftstellers – auf Kosten der starken Bande, die ihn mit der französischen Sprache und Literatur verknüpften, auf Kosten wohl auch der stärkeren Ausprägung eines Schweizer Profils. In seinen Erzählwerken, die sämtlich beim Leipziger Verlag Haessel erschienen und ab 1879 regelmäßig in Rodenbergs *Deutscher Rundschau* (Berlin) vorabgedruckt wurden, dominieren weltgeschichtliche Stoffe und große Figuren aus fernen Zeiten, vor allem der Renaissance.

Gegenwartsstoffe wurden vom Erzähler Meyer prinzipiell verschmäht; auch seine nachgelassenen Texte und Fragmente wagen sich nur ausnahmsweise ins 19. Jahrhundert vor. Als Spezialist für Geschichtliches rückt er in eine gewisse Nähe zu Vertretern des gründerzeitlichen Professorenromans wie Dahn oder Ebers, und mit beiden stand er auch in brieflichem Kontakt, während sich zum Zürcher Mitbürger Keller kein näheres Verhältnis ergab. Trotz mancher Gemeinsamkeiten zwischen Meyer und Dahn in der theatralischen ‹Inszenierung› historischer Vorgänge ist der Stellenwert von Geschichte für den Schweizer Erzähler doch ein fundamental anderer. Sie dient ihm offenbar primär als Material für die Gestaltung bestimmter Problemlagen und als Podium für große Charaktere. Daher ja auch die Vielfalt der historischen Milieus und Schauplätze – wobei eine Vorliebe für die Renaissance und das Zeitalter der Glaubenskriege durchschimmert – im Gegensatz zur Spezialisierung auf Goten und Germanen (bei Dahn), das alte Ägypten (Ebers) oder deutsche Geschichte (Freytag).

Meyer erweist sich als Vertreter des Realismus im Bekenntnis zur «Objektivität» als oberster künstlerischer Norm. Durch die Konsequenz, mit der er diese Forderung erzählerisch umsetzt, sprengt er jedoch den Rahmen eines landläufigen Realismus-Verständnisses, betreibt er eine Problematisierung des Verhältnisses von Kunst und Wirklichkeit bzw. der Erkennbarkeit und Darstellbarkeit von Wirklichkeit, wie sie sich analog auch im Spätwerk von Fontane oder Raabe findet und dort z. T. mit ähnlichen Mitteln (etwa der Forcierung von Anspielungen auf Werke der Literatur oder Kunst) erreicht wird. Mit ihnen und anderen Autoren des Realismus (etwa Keller) teilt Meyer auch das grundsätzliche Interesse an der Darstellung des Verhältnisses von Individuum und Gesellschaft.

Über der Würdigung der Modernität von Meyers Erzähltechnik sind der Inhalt seiner Werke und ihre scheinbar altmodischen Stoffe über Gebühr in den Hintergrund getreten. Eine Ausnahme bilden freilich psychologische oder psychoanalytische Interpretationen, die zumeist nach der seelischen Problematik dieses Autors fragen, der in geistiger Umnachtung endete und schon in jungen Jahren eine Heilanstalt aufsuchte. Und doch läßt sich so etwas wie ein Generalthema des Erzählers Meyer ausmachen, das den Bereich privater Obsessionen eindeutig überschreitet und sich einleuchtend in den Horizont der Auseinandersetzung bedeutender Realisten mit der Stellung des Individuums in der Gesellschaft einordnet. Während Raabe den Konflikt zwischen einer isolierten Innerlichkeit und den robusten Gegebenheiten von Mehrheitsmentalität und Kommerz betont und Fontane die Spannung zwischen individuellem Glückswunsch und gesellschaftlicher Ordnung bearbeitet, rückt bei Meyer das Problem der Treue ins Zentrum der Darstellung. Treue heißt Festhalten an sozialen Bindungen oder Rollen, Untreue impliziert ein subjektives Aufbegehren gegen die Verbindlichkeit gesellschaftlicher Ansprüche. Die Verhandlung von Loyalitätskonflikten öffnet den Blick auf Bedingungen und Grenzen individueller Autonomie.

Die Alternative von Treue und Untreue oder Verrat bildet das Leitthema mehrerer Erzählungen Meyers und ist in anderen wenigstens als Nebenmotiv präsent. Jürg Jenatsch (im gleichnamigen Roman) muß dreimal untreu werden – seiner Liebe, seinem Verbündeten, seiner Religion –, um seinem Land Graubünden auf höherer Ebene die Treue zu halten. Thomas Becket (in *Der Heilige*) setzt als Bischof von Canterbury die Treue zur Kirche über die Treue zu seinem König. Der Mönch Astorre (in *Die Hochzeit des Mönchs*) wird gezwungenermaßen seinem Gelübde untreu und verliert zugleich die Fähigkeit, der Frau die Treue zu bewahren, um derentwillen er den Schritt ins weltliche Leben getan hat. Gustav Adolfs Page (in der gleichnamigen Novelle) stirbt den Soldatentod für den – von einem Verräter ermordeten – schwedischen König und nobilitiert durch diese Treue das Schelmische seiner (oder vielmehr ihrer) angenommenen Identität. *Die Versuchung des Pescara* schließlich drückt die Problematik von Treue oder Untreue fast schon im Titel aus: denn es geht bei dieser Versuchung um die Aufforderung zum Verrat.

Die Paradoxie der dichterischen Eigenart Meyers und seine Sonderstellung innerhalb der realistischen Erzählliteratur liegen nun freilich darin, daß er diese Loyalitätsthematik nicht auf der psychologischen Ebene verhandelt, auf der sie als Normen- oder seelischer Konflikt doch wohl anzusiedeln wäre. Psychologisierende Darstellungsformen im engeren Sinne – die große Domäne Fontanes und erst recht Schnitzlers – finden sich in seinem Werk allenfalls ausnahmsweise. Für welche Option sich die Hauptfiguren in Meyers Erzählungen entscheiden, erfährt der

Leser zumeist ‹von außen›: aus den Gesprächen, die sie führen, und aus der Darstellung ihres Verhaltens durch einen anonymen Erzähler oder durch andere Figuren; verschiedene seiner Erzählungen sind ohnehin – einer alten Novellen-Tradition entsprechend, die von diesem Autor aber mit neuer Funktion und Virtuosität gehandhabt wird – individualisierten Erzählerfiguren in den Mund gelegt und in eine wenn auch nur flüchtig skizzierte Rahmenhandlung eingebettet.

Die typische Darstellungsperspektive Meyers ist, so hat man schon früh und mit kritischer Wertung angemerkt, die des Zuschauers. Dahinter steckt nicht Schwäche der Gestaltungskraft, sondern das schon erwähnte Postulat der Objektivität, eines der Fundamente der realistischen Poetik und als solches Spielhagens oberste Forderung an den modernen Roman. Im Zurücktreten des Erzählers und in der Bevorzugung szenischer Erzählformen entspricht Meyers dichterische Praxis denn auch den wesentlichsten Vorschriften Spielhagens. In seiner Radikalisierung der Außenperspektive geht der Schweizer Erzähler jedoch weit über den Formentypus des realistischen Romans hinaus. Man kann geradezu von einer gegenläufigen Wirkung sprechen. Die Zurücknahme einer normativen Erzähl-Instanz wird bis zu jenem Punkt getrieben, wo die Objektivität der Darstellung in Mehrdeutigkeit umschlägt und sich die fingierte Wirklichkeit ins Rätselhafte aufzulösen beginnt.

Das läßt sich bereits am ersten großen Erzählwerk Meyers studieren: der «Bündnergeschichte» *Jürg Jenatsch*, dem einzigen seiner Texte übrigens, der den Charakter eines Romans angenommen hat, obwohl der Autor diese Gattungsbezeichnung auch hier vermeidet. Es geht um die Geschichte Graubündens im Zeitraum 1620–1639, um den Religionsfrieden zwischen dem katholischen und protestantischen Bevölkerungsteil, der durch die Ermordung der Veltliner Protestanten ein jähes Ende findet, und um die gefährdete äußere Unabhängigkeit des Landes gegenüber dem Zugriff rivalisierender Großmächte (Spanien, Frankreich). Ins Zentrum seiner Gestaltung rückt Meyer einen «bündnerischen Wallenstein»: die historische Figur des Pfarrers und Freiheitskämpfers Jürg (in den ersten Drucken: Georg) Jenatsch. Zu einer tragischen Figur wird dieser durch den mehrfachen Frontenwechsel, den ihm der Kampf um Graubündens Unabhängigkeit abnötigt: im 1. Buch wird er (noch leichten Herzens) dem Pfarrberuf und – durch den Mord an Lucrezias Vater – seiner Jugendliebe untreu, im 2. Buch verrät er den französischen Feldherrn Rohan, seinen eigenen Verbündeten, und im 3. Buch schließlich gibt er die protestantische Konfession preis, die für seine ursprüngliche politische Identität von ausschlaggebender Bedeutung war. Mit dem politischen Schachzug der Konversion zum Katholizismus zahlt Jenatsch, so suggeriert es Meyers Erzählung, einen zu hohen Preis; er begeht einen Selbstverrat, dem zwangsläufig sein eigener Untergang folgt: die Ermordung durch Lucrezia, von dieser weniger als Racheakt denn als Rettungstat verstanden, da sie damit nur knapp den unwürdigen Gegnern ihres Geliebten zuvorkommt.

Wie man sieht, ist Meyers Darstellung ganz auf die Figur des Titelhelden zugeschnitten, der zur tragischen Figur und zum geschichtsmächtigen Individuum stilisiert und weit über sein reales Vorbild erhoben wird. Dennoch erhält der Leser erstaunlich wenige authentische Informationen über die Beweggründe seines Handelns; der Einblick in sein Inneres wird ihm nahezu systematisch verweigert. Von zwei Passagen abgesehen, in denen Jenatsch isoliert gezeigt wird, erlebt man ihn nur in der Interaktion mit anderen, ja weithin durch die Augen anderer. So ist z. B. für fast das ganze 1. Buch («Die Reise des Herrn Waser») die Perspektive des Zürcher Amtsschreibers Waser ausschlaggebend. Dessen Erinnerung veranlaßt den Rückblick des 2. Kapitels; sein beschränkter Wissensstand und seine ungünstige Perspektive – eine wahre Schlüsselloch-Perspektive – bestimmen das Ausmaß dessen, was der Leser im nächsten Kapitel über den Stand der Verschwörung erfährt. Der gedrosselte Informationsfluß dient der Spannungssteigerung, die gestaffelte Annäherung an den Helden bewirkt zugleich seine dämonische Überhöhung. Jenatschs eigentliche Natur bleibt auch im 2. Buch kontrovers. Einer hält ihn für einen «ränkevollen Charakter», ein anderer (nämlich Herzog Rohan) für eine «ursprüngliche und warme Natur», ein dritter wagt nicht zu entscheiden, ob Jenatsch «ein Held oder ein Komödiant» ist.

Diese Ambivalenz fällt um so mehr ins Gewicht, als der Thematik des Romans seinerzeit eine nicht unerhebliche Aktualität zukam. Jenatschs Kampf um die Unabhängigkeit seines Landes wies unübersehbare Analogien zu den Nationalstaatsbestrebungen des 19. Jahrhunderts und zum Prozeß der deutschen Einigung auf, der sich im selben Jahr, in dem Meyer die Arbeit am Roman aufnahm (1866), entscheidend beschleunigt hatte. Ist Jenatschs Bereitschaft, seinem politischen Endziel menschliche Bindungen und die eigene Überzeugung zu opfern, als Hinweis auf die Praxis der Realpolitik zu verstehen und der kämpferische Graubündner möglicherweise ein verschlüsseltes Porträt des ‹Eisernen Kanzlers›? Ob in diesem Porträt die Kritik oder die Verherrlichung überwiegt, wäre eine zweite Frage. Meyers objektivierende Darstellungsweise vermeidet jede Festlegung und bietet zugleich eine Fülle von Anschluß- und Auslegungsmöglichkeiten.

Gleichzeitig mit *Jürg Jenatsch* begonnen, wendet sich auch Meyers novellistischer Erstling *Das Amulett* der Zeit der Glaubenskriege zu. Im Zentrum des Geschehens steht die Bartholomäusnacht, die Ermordung Tausender französischer Protestanten im Jahr 1572. Wie Meyers Gedicht *Die Karyatide* zeigt, gewann das Massaker für ihn neue Aktualität durch die Ereignisse der Pariser Commune 1870/71. Das historische Geschehen und seine Voraussetzungen sind allerdings auch in dieser Erzählung weithin in Dunkel gehüllt, und zwar in einem sehr wörtlichen Sinne. Der Ich-Erzähler Schadau wird nämlich zu seinem eigenen Schutz in ein dunkles Gelaß des Louvre gesperrt, unmittelbar bevor das große Schlachten beginnt. Durch das Gitterfenster vermag er gerade noch den «Höllenausdruck» auf dem Gesicht Karls IX. zu erspähen, der auf dem Balkon seines Schlosses den Massenmord an den Hugenotten erwartet.

Schadau, der fiktive Verfasser der Binnenerzählung, ist ein protestantischer Schweizer, der in Paris die Dienste des Hugenotten-Admirals Coligny sucht, dem schon sein Vater gedient hat. Die Erzählung endet mit seiner Rückkehr in die Schweiz; schon der vorangestellte Rahmenteil zeigt uns sein behagliches Alter in der Heimat. Damit wird so etwas wie eine Schweizer Perspektive aufgebaut, die in abgewandelter Form in anderen Werken Meyers wiederkehrt. Im vorliegenden Fall impliziert sie auch eine politische Botschaft: Die Freundschaft zwischen dem Katholiken Boccard, der als Mitglied der Schweizergarde im Louvre dient, und seinem protestantischen Landsmann bietet ein positives Gegenbild zur mörderischen Spaltung der französischen Nation.

Auch in der ungleich bedeutenderen Novelle *Der Heilige* bedient sich Meyer eines Schweizers als Erzähler; Hans der Armbruster hat gewissermaßen die Aufgabe, zwischen dem welthistorischen Konflikt von Staat und Kirche im mittelalterlichen England und den beschaulicheren Verhältnissen in seiner Heimatstadt Zürich zu vermitteln. Erstmals integriert Meyer einen fiktiven Adressaten in seine Erzählung; der Zürcher Chorherr, der seinen weitgereisten Freund befragt, hat bestimmte Kenntnisse und Anschauungen, die er in Einwürfen formuliert und auf die jener Rücksicht nehmen muß. Auf der anderen Seite ist Hans ohnehin zu sehr in die Tragik der von ihm berichteten Ereignisse verstrickt, als daß man von ihm vollständige Objektivität erwarten könnte. Es ist vielmehr ein Klärungsprozeß im Wege des Erzählens, zu dem er sich durchringt, eine narrative Freilegung des Verdrängten. Im übrigen handelt es sich auch hier um einen inferioren Erzähler, der nur über einen begrenzten Wissensstand und einen beschränkten intellektuellen Horizont verfügt.

Die Standpunktabhängigkeit des Erzählten wird im *Heiligen* mehrfach reflektiert. «Es kommt [. . .] beim Urteilen wie beim Schießen lediglich auf den Standpunkt an», erklärt Hans mit einem seinem Handwerk entnommenen Gleichnis. Später berichtet er von einem Christusbild, das dem Betrachter je nach dessen ‹point of view› geschlossene oder offene Augen zeigte: «Eine unehrliche Kunst, Herr! Denn der Maler soll nicht zweideutig, sondern klar seine Striche ziehen.» Meyer ironisiert hier offenbar seine eigene Erzähltechnik. Diese wird mehrdeutig gerade dadurch, daß sie eine unkontrollierte Subjektivität vermeidet, daß sie die Voraussetzungen des Erzählens auf seiten des Erzählers und in seiner Ausrichtung auf den Adressaten offenlegt. Anscheinend ist sich Meyer bei der Arbeit am *Heiligen* der künstlerischen Möglichkeiten und Risiken einer solchen vermittelten Erzähltechnik erst voll bewußt geworden. Die Konsequenzen scheint er nicht gescheut, sondern bejaht zu haben; die Ungewißheit über das, was ‹eigentlich› geschehen ist, und ein tiefer Respekt vor dem Unergründlichen der großen Persönlichkeit entsprachen wohl seinem eigenen Zugang zum historischen Stoff.

Das Rätsel der Persönlichkeit Thomas Beckets, des 1170 erschlagenen und drei Jahre später heiliggesprochenen Erzbischofs von Canterbury, liegt für Meyers Auffassung im Wechsel von der an Selbstaufgabe gren-

zenden Treue, die der Kanzler dem englischen König Heinrich II. erwies, zur ‹ultramontanen› Haltung des Klerikers. Unsere Anleihe beim
politischen Vokabular des 19. Jahrhunderts rechtfertigt sich durch den
offensichtlichen Zusammenhang zwischen Meyers Vorliebe für die Thematisierung konfessioneller Konflikte und dem Kulturkampf der siebziger Jahre in Deutschland und der Schweiz. Vom antikatholischen Affekt,
der den meisten seiner einschlägigen Texte anhaftet, ist *Der Heilige* allerdings frei. Das Motiv für Beckets Verhaltensänderung wird in der Tiefe
seiner Seele gesucht. Die Fremdheit des kultivierten Halbarabers gegenüber der normannischen Kriegergesellschaft spielt dabei ebenso eine
Rolle wie die tödliche Beleidigung, die ihm der König durch die Verführung seiner Tochter mit dem auffälligen Namen «Gnade» zugefügt hat
(eine Episode, für die es in der historischen Überlieferung keine Grundlage gibt). Auch bleibt Becket ein Dienender, noch wenn er sich vom
König lossagt: Er dient einem höheren Herrn. In der Hingabe an die
jeweils höchste Instanz liegt die Kontinuität seiner Haltung, seine persönliche Identität.

Meyer selbst hat davon gesprochen, daß er im *Heiligen* «eine mittelalterliche Heiligenfigur modernisirt» habe. Tatsächlich trägt die Figur
Beckets Züge eines Schopenhauerschen Weisen und eines Décadent.
Seine weibliche Erscheinung und das Motiv der rückhaltlosen Unterordnung finden eine enge Entsprechung in der Novelle *Gustav Adolfs Page*
(1882). Das Mädchen, das in die ‹Hosenrolle› seines unsoldatischen Vetters schlüpft und sich für den verehrten König aufopfert, ist eine Erfindung des Autors, der hier in verdeckter Form intime Sehnsüchte oder
jedenfalls den Zwiespalt zwischen heimlichem Gefühl und öffentlicher
Person (von lat. persona = Maske) zu artikulieren scheint. Auffällig ist
in diesem Zusammenhang auch die Funktion der Träume Gustels als
Verräter ihrer Wünsche. Das Ende der kleinen Heldin nimmt in gewisser Hinsicht die Schlußszene von Brechts *Heiliger Johanna der Schlachthöfe* vorweg: Die Bekenntnisse der Sterbenden werden ignoriert oder
durch heroisierende Zeichen zugedeckt, um die politischen Interessen
nicht zu schädigen. Selbstverständlich ist auch Meyers Pagen-Gestalt
durch *Die Jungfrau von Orleans* angeregt (nicht die einzige Schiller-Spur
in seinen Werken), ebenso seine Auffassung Gustav Adolfs durch den
Bericht über ein Jugenddrama Heinrich Laubes.

Ursprünglich wollte Meyer Gustav Adolf zum Helden einer Tragödie
machen. Die meisten seiner Novellen gehen auf Dramenpläne zurück
oder wurden parallel als Drama konzipiert. In der Bevorzugung direkter
Rede, in der weitgehenden Beschränkung von Orts- und Zeitwechseln
auf die Kapitelenden und nicht zuletzt in der Vorliebe für die große
‹theatralische› Gebärde glaubt man die Nähe zur dramatischen Gestaltung noch im Text der fertigen Erzählungen zu spüren. Vielleicht auch

in den «vertrackten Mordfinales», mit denen – Keller zufolge – Meyers Novellen zu enden pflegen. Aus dem überwiegend ‹tragischen› Schaffen dieses Erzählers fallen zwei komödienhafte Texte heraus. Gerade sie wurden übrigens nicht zunächst als Drama entworfen, und doch ist hier die dramatische Struktur – als Posse oder Schwank – besonders klar ausgeprägt.

Sowohl *Der Schuß von der Kanzel* (1877) als auch *Plautus im Nonnenkloster* (1881) enden mit einer Heirat, die durch ein großangelegtes Täuschungsmanöver ermöglicht wurde. Inszeniert wird die komische Intrige jeweils durch eine männliche Gestalt von überlegener Bildung, die partiell aber auch ironisiert wird. Im *Schuß von der Kanzel* übt diese Rolle General Wertmüller aus (eine historische Figur, die schon in *Jürg Jenatsch* auftritt), in der *Plautus*-Novelle ist es der Florentiner Humanist Poggio, der Verfasser der Schwank- und Anekdotensammlung *Facetiae*; ihm wird auch die Binnenerzählung in den Mund gelegt (ursprünglich sollte die ganze Novelle «Eine Facetie des Poggio» heißen). Wie es einem Humanisten ansteht, verfolgt Poggio ein aufklärerisches Ziel oder sogar zwei miteinander kommunizierende Vernunft-Ideale: er will eine Handschrift mit unbekannten Plautus-Komödien der Wissenschaft zugänglich machen und ein junges Mädchen davor bewahren, aufgrund eines betrügerischen Rituals hinter Klostermauern zu verkümmern. Beide Ziele erreicht Poggio, aber nur mit Hilfe von Lügen und Manipulationen, die den großen Humanisten grundsätzlich auf dieselbe ‹schiefe Ebene› stellen wie seine Gegnerin, die nur auf den materiellen Nutzen ihres Klosters bedachte Äbtissin. Ob die verhinderte Nonne Gertrude, wie es Poggio einen Moment lang erscheint und wie ein Werkkommentar Meyers es nahelegt, wirklich eine positive Gegenposition zu den korrumpierten Vertretern von Klerus und Humanismus verkörpert, bleibe dahingestellt. Letztlich bewegt sich jede interpretatorische Entscheidung hier schon deshalb auf schwankendem Boden, weil derjenige, der erzählt, in seiner eigenen Erzählung und im Erzählrahmen als – geistreicher und hochgebildeter – Gewohnheitslügner enttarnt wird.

Auch in der Novelle *Das Leiden eines Knaben* (1884) bleibt die Wahrheitsfrage letztlich in der Schwebe, so fesselnd Fagon, der Leibarzt des Sonnenkönigs, vom traurigen Schicksal des minderbegabten Marschallssohns Julian Boufflers zu erzählen vermag. Die leidenschaftlichen Attacken des Erzählers gegen die Jesuiten (auch ein Lieblingsthema der Kulturkampfära) werden von Ludwig XIV. zurückgewiesen, der trotz seiner menschlichen Rührung keinerlei Bereitschaft erkennen läßt, politische Konsequenzen aus dem Gehörten zu ziehen. Den Kern der Geschichte bildet ein Jugendtrauma des Autors: eine Prügelstrafe, die den Jugendlichen moralisch zerstörte. Die äußerste Bedrohung des Subjekts wird von Meyer – auch in seinem Gedicht *Pentheus* – im Dionysos-Mythos gespiegelt. Wie auf dem vom Dichter geschätzten Gemälde Charles Gleyres sieht sich der von den Mänaden verfolgte thebanische König Pentheus plötzlich einer unübersteigbaren Felswand gegenüber. Den Anlaß der Katastrophe in der Erzählung bildet ein Streich von Julians Mitschülern, basierend auf der Doppeldeutigkeit von Sprache und Schrift. Sie gleichen darin ihren Lehrern, den Jesuiten, die sich durch eine Schrift-Manipulation unrechtmäßig in den Besitz von Gütern gesetzt haben. Als Gegenpol zu solchen Erscheinungsformen einer (be)trügerischen ‹Literatur› (im Sinne ihrer Herkunft von litterae = Buchstaben) dient der kauzige Tiermaler und Analphabet (!) Mouton. Als Wahlverwandter der Idyllenhelden Jean Pauls, besonders des bekehrten Fibel (*Leben Fibels*, 1812), bietet er Julian eine letzte Zuflucht.

In *Die Hochzeit des Mönchs* treibt Meyer die Technik der Rahmenerzählung auf eine einsame Spitze der Virtuosität. Dante improvisiert in einem höfischen Zirkel eine Erzählung, indem er die Physiognomie seiner Charaktere dem Kreis der Hörer entnimmt (jeder Figur des Rahmens entspricht also eine Figur der Binnenerzählung) und in souveräner Weise auf Nachfragen oder Korrekturen des Publikums reagiert. Die Wahl Dantes ist nicht zufällig, denn wie die *Divina Commedia* führt auch diese Geschichte in ein Reich des Todes. Eine extrem künstliche Situation bildet den Ausgangspunkt: Bei einem Schiffsunglück sind fast alle Mitglieder einer Hochzeitsgesellschaft ertrunken; die gerettete Braut Diana soll nun den Bräutigams-Bruder Astorre heiraten, der dafür sein Mönchtum aufgeben muß. Er willigt widerstrebend ein, um sich letztlich doch mit einer anderen Frau zu verbinden: mit Antiope, deren Bild sich ihm eingeprägt hat, als sie – bei der Hinrichtung ihres Vaters und in der Absicht, den tödlichen Hieb zu verhindern – den Hals auf den Henkerblock legte. Die im Zeichen des Todes begonnene Beziehung endet auch tödlich: Antiope und Astorre werden auf ihrer Hochzeitsfeier erstochen.

Wie schon diese wenigen Angaben deutlich machen, entfernt sich das Erzählen Meyers zunehmend von nachvollziehbaren Erfahrungen oder psychologischer Wahrscheinlichkeit. Es konzentriert sich immer ausschließlicher auf symbolische Konstellationen, die ihren unmittelbarsten Ausdruck in der Lyrik finden. Im Falle der *Hochzeit des Mönchs* greift der Autor auf Motive zurück, die er schon 1869 in der Ballade *Der Mars von Florenz* gestaltet hat, angeregt durch die Lektüre von Machiavelli und Jacob Burckhardts epochalem Werk *Die Kultur der Renaissance in Italien* (1860). Es ist eine zurückdatierte Renaissance-Novelle, die Meyer Dante in den Mund legt!

Das Ende der Renaissance-Welt bildet den Hintergrund der *Versuchung des Pescara* (1887), einer Novelle, die auch in formaler Hinsicht so etwas wie einen Endpunkt markiert. Nirgendwo tritt deutlicher die «Brokat»-Qualität von Meyers Prosa hervor, von der Gottfried Keller gesprochen hat; nie zuvor hat dieser Erzähler größeren kompositorischen Aufwand getrieben. Das Netz aus Vorausdeutungen, Kontrasten und Parallelen erreicht eine singuläre Dichte; in keiner anderen Erzählung Meyers spielen Werke der bildenden Kunst eine so dominierende Rolle wie hier. Dem Prunk der Form steht ein Minimum an Handlung gegenüber. Denn die kühne Intrige, von der die Novelle handelt: der verzweifelte Versuch der Heiligen Allianz (eines Bündnisses verschiedener italienischer Staaten mit Frankreich im Jahr 1526), den kaiserlichen Feldherrn Pescara zum Frontenwechsel zu bewegen, zielt ins Leere. Pescara ist nämlich, was keiner weiß und auch der Leser erst nach und nach erfährt, gegen jede Versuchung dadurch gefeit, daß er den nahen Tod in sich trägt und spürt. Ihm bleibt letztlich ebenso wenig Handlungsspielraum wie jenen Figuren des naturalistischen Dramas, die durch Milieu und Vererbung in definitiver Weise gebunden, also determiniert sind. Auch Meyers Novelle ist daher – im Widerspruch zur Gattung – letztlich statisch.

Die Undurchdringlichkeit von Pescaras «Maske» erinnert an die geheimnisvolle Aura eines Jürg Jenatsch; andererseits findet die Treulosigkeit des letzteren in der spezifischen Treue Pescaras (eigentlich seiner Unfähigkeit zur Untreue) ihren Gegensatz. Auch hier klingt das Thema der nationalen Unabhängigkeit und Einheit an – die italienischen Städte glauben sie mit Pescaras Hilfe erlangen zu können –, doch der Held distanziert sich von einem solchen Vorhaben, für das die Zeit und seine Nation noch nicht reif sind. Verschiedene Hinweise auf die gleichzeitigen Entwicklungen in Deutschland (Reformation, Bauernkrieg) machen deutlich, wo der Autor die größten Zukunftschancen für eine nationale Entwicklung erkennt. Aufmerksamkeit verdient in diesem Zusammenhang auch jener Schweizer Landsknecht, dessen Lanze Pescara die tödliche Verwundung beibringt (eine Seitenwunde übrigens, wie Christus sie am Kreuz empfing – die religiöse Symbolik ist unübersehbar). Bläsi Zgraggen aus Uri ist ein Fremdkörper in dieser vom Hauch der Dekadenz überzogenen Renaissance-Welt. Ohne Verständnis für die Geistigkeit seines Opfers und die Symbolik des Altarbilds, für das er Modell gestanden hat, erkennt er doch mit seinen «listigen Älperaugen» den Todeskeim im Feldherrn. Auch das gehört zum Thema der Schweizer Perspektive in Meyers Erzählwelt.

Das melancholische Geschichtsbewußtsein des *Pescara* hat vielleicht auch eine autobiographische Dimension. Der Autor mochte ahnen, daß er mit seiner Schaffenskraft an eine Grenze gestoßen war. Die beiden Erzählungen, die unmittelbar davor und danach entstanden, gelten allgemein als Zeugnisse eines nachlassenden Gestaltungsvermögens (*Die Richterin*, 1885; *Angela Borgia*, 1891). Vielleicht wäre es richtiger, sie als Dokumente der tastenden Suche nach einem künstlerischen Neuansatz zu verstehen. Jedenfalls hat Meyer selbst von seinem Bemühen um mehr Einfachheit und Ursprünglichkeit (bei der *Richterin*) und seiner Suche

nach einer «neuen Form» (bei *Angela Borgia*) gesprochen. Dem entspricht auf stilistischer Ebene ein sparsamerer Umgang mit Adjektiven;
in erzähltechnischer Hinsicht fällt das Vordringen eines kommentieren-
den und wertenden (freilich immer noch relativ diskreten) Erzählers
auf. Das künstlerische Ideal der Objektivität gerät ins Wanken.

Bei der *Richterin* handelt es sich ursprünglich um einen in der Zeit des
Stauferkaisers Friedrich II. auf Sizilien angesiedelten Stoff. Als Schauplatz war
Enna vorgesehen, wo der Sage nach Proserpina von Pluto geraubt wurde. Um
die Verbindung zum Totenreich geht es auch in der endgültigen Fassung, die
Meyer nach Graubünden in die Zeit Karls des Großen verlegt hat. Denn die
Richterin Stemma ist selbst eine «magna peccatrix», eine große Sünderin. Sie hat
ihren Mann vergiftet, weil sie sich dem (von diesem getöteten) Jugendgeliebten
zugehörig fühlte, von dem sie zur Zeit der Heirat schon ein Kind unter dem
Herzen trug – wieder stoßen wir auf die Treue-Problematik! In einer fast surrea-
listisch wirkenden Szene erscheint ihr später der tote – nunmehr von ihr ver-
achtete und geschmähte – Geliebte. Der Abschnitt wird an Kühnheit noch überboten durch jenen Gang durch die Schlucht, auf dem sich Stemmas Stiefsohn
Wulfrin der Liebe zu seiner (vermeintlichen) Schwester Palma novella bewußt
wird. Das Eingeständnis des Inzestwunsches ist nur möglich in einer allgemeinen Entfesselung der Gefühle, die im titanischen Charakter der Bergnatur ihr
symbolisches Pendant findet. Der Rest der Erzählung, abgefaßt in einer teils
archaisierenden Sprache und eingerahmt von den Auftritten Karls des Großen
als Repräsentant patriarchalischer Ordnung am Anfang und am Schluß, bleibt
weit hinter diesen ‹subversiven› Partien zurück, in denen sich wohl auch eine
persönliche Problematik des Autors ausspricht. Sein enges Verhältnis zur Schwester Elisabeth hatte verschiedentlich Anstoß erregt.

Angela Borgia, die letzte vollendete Erzählung Meyers, kontrastiert die
berüchtigte Gattenmörderin Lucrezia Borgia mit einer gegensätzlichen Cousine,
die eher «zuviel Gewissen» besitzt. Während Lucrezia ihrem Gatten, dem Fürsten von Ferrara, nur bedingte Treue entgegenbringen kann, solange ihr verbre-
cherischer Bruder Cesare lebt, widmet Angela (sprechender Name!) die ganze
Kraft ihres Herzens einem Jüngling, den sie – ohne eigentliches Verschulden –
zweimal ins Unglück gestoßen hat. Don Giulio, der zunächst als gewissenloser
Renaissancemensch geschildert wird, erfährt durch Blendung und Kerkerhaft,
vor allem durch die Liebe Angelas, eine grundlegende Wandlung. In der Geschichte seiner wundersamen Erlösung verbindet Meyer Motive aus Dantes
Divina Commedia (Beatrice als Führerin durchs Paradiso) mit der Symbolik
seiner Ballade *Die gezeichnete Stirne* (1877); auch Angela preßt sich ein Kreuz in
die Stirn, wenn sie sich Giulio durch ein vergittertes Fenster seiner Gefängnis-
Hölle zeigt. Mit der Hinwendung zu christlichen Leitbildern ist auch eine moralische Kritik an der Renaissance verbunden.

3. Siegfried

Von fern erinnert das autobiographisch getönte Hauptwerk Walther
Siegfrieds an Kellers gleichfalls autobiographisch angelegten *Grünen
Heinrich* (in der ersten Fassung): Ein Schweizer ringt in München ver-

geblich um die Kunst und büßt sein Scheitern mit dem Leben. Bei genauerem Hinsehen zeigt sich freilich, daß der Parallele keine allzu große Bedeutung zukommt; der Künstlerroman Siegfrieds hat mit dem Bildungsroman Kellers wenig gemein. Zwischen der Schweiz und München liegt in Siegfrieds Entwicklung, äußerlich und innerlich, eine entscheidende Station, die auch seinen *Tino Moralt* (1890), wie sein erstes und wichtigstes Buch heißt, prägt: Paris. In der französischen Hauptstadt verbringt Siegfried – noch vor seiner Hinwendung zum Dichterberuf – prägende Lehrjahre als Bankkaufmann (1880–1882). Als er sich später zum Schriftsteller bildet, tut er das durch Übersetzungen aus Werken der französischen Moderne: Zola, Flaubert, Daudet u. a. Zolas Künstlerroman *L'Œuvre* ist denn auch das eigentliche Vorbild für *Tino Moralt*.

«Kampf und Ende eines Künstlers» heißt der Untertitel von Siegfrieds Roman. Wie der Maler Claude Lantier bei Zola ringt Moralt um ein großes, für seine Kräfte zu großes Bild; auch bei ihm führt die Resignation direkt in den Tod (freilich nicht in den Selbstmord, der in Siegfrieds Roman auf eine Nebenfigur übertragen wird). Im Unterschied zum Protagonisten Zolas flüchtet sich Moralt zunächst in eine andere künstlerische Disziplin und will wie sein Schöpfer Dichter werden; auch die Musik steht ihm bis zu einem gewissen Grad zur Verfügung. Man wird in dieser Charakteristik des Helden einen zusätzlichen Einfluß der französischen Moderne sehen dürfen: Tino Moralt ist ein Dilettant im Sinne der kulturkritischen Psychologie Bourgets, einer, der sich nicht entscheiden kann und an diesem Ich-Mangel mit zugrunde geht. Es liegt auf der Linie dieser Psychologisierung, daß Siegfrieds Held wahnsinnig wird, geistig verfällt und in einem rauschhaften Anfall zusammenbricht. Diese letzte Phase spielt sich nicht mehr in München ab, sondern in einem Rückzugsort in den Bergen; Siegfried mag hier an seine eigene Vorliebe für Partenkirchen gedacht haben, ein möglicher Bezugspunkt ist aber auch die Verbindung von Bergreise und Geisteskrankheit in Büchners *Lenz*.

Indem Moralt München verläßt, bricht er auch aus den sozialen Beziehungen aus, die seine immer schon krisenhafte Künstlerpersönlichkeit bis dahin stabilisiert haben. Die ausführliche Berücksichtigung des ausschließlich aus Malern bestehenden Freundeskreises ist gleichfalls bei Zola angelegt, verbindet Siegfrieds Roman aber auch mit diversen Boheme-Darstellungen der französischen und deutschen Literatur. Trotz der relativen Unbürgerlichkeit von Moralts Freundesgruppe ist doch kein engerer Bezug zur Dekadenz oder zur Verherrlichung antiphiliströser Freiheiten erkennbar; Moralts Freunde konzentrieren sich ausschließlich auf künstlerische Ziele und haben damit auf die Dauer, dank ihrer größeren Konsequenz, mehrheitlich Erfolg. Moralts selbstquälerisches Ungenügen sticht davon als individuelles Versagen ab, doch ist es

nicht mit jenem Untergehen im Boheme-‹Sumpf› zu verwechseln, das
manche zeitgenössischen Entwicklungsromane thematisieren. Vielmehr
trifft auf Moralt das Wort Tolstois zu, das zweimal im Roman an hervor-
gehobener Stelle zitiert wird: «Es gibt in der Kunst wie in jedem Kampfe
Helden, welche sich ganz ihrer Bestimmung hingeben und zu Grunde
gehen, ohne das erstrebte Ziel zu erreichen.»

Siegfried hat an den Achtungserfolg seines Erstlings nicht mehr anknüpfen können. Sein zweiter Roman *Fermont* (1893) läßt sich als –
durch Tagebuch- und Briefeinlagen aufgelockertes – philosophisches
Pendant zum vorangegangenen Künstlerroman auffassen, allerdings mit
positiver Perspektive. In der Begegnung mit zwei Menschen aus dem
Volk findet der Stimmungsmensch Fermont Halt und Lebenssinn. In
den Folgejahren entstehen mehrere Novellen, die in Rodenbergs *Deutscher Rundschau* veröffentlicht werden. Unter ihnen verdient *Um der
Heimat willen* (1897) wegen der zeitsymptomatischen Deich- und Flutsymbolik Interesse. Der Flußbaumeister Erni Baldwin, der bei einer
früheren Überschwemmung eine Familie gerettet und den Schutz seiner
Vaterstadt vor den Fluten zu seinem Lebenswerk erhoben hat, erliegt
den Folgen eines schweren Betrugs, dessen er sich in jungen Jahren
schuldig gemacht hat. Die betrügerische Manipulation (der vorge-
täuschte Tod des Bruders) enthüllt sich bei einem neuen Hochwasser,
dessen Fluten durch Baldwins Sicherungsmaßnahmen erfolgreich ab-
gewehrt werden – aber gegen den Fluch der Vergangenheit gibt es
gewissermaßen keinen Deich. Die Emeute der Bevölkerung, die einen
Freispruch für den Hochwasser-Helden erzwingen will und seinen Gegner Rackold halb lyncht, signalisiert zugleich die soziale Gefahr, die
für die Aktualität der Flutsymbolik im späten 19. Jahrhundert bestimmend war.

IV. ÖSTERREICH

1. Marie von Ebner-Eschenbach und Ferdinand von Saar

Die geborene Freiin in standesgemäßen Verhältnissen und der ehemalige Offizier mit erschreckendem Schuldenstand haben mehr als die adlige Herkunft gemeinsam. Für beide ist der Adel zugleich ein soziales Modell, ein System ethischer Werte, die auch dann noch ein ehrendes Gedenken verdienen, als ihre Trägerschaft weithin abgedankt und im übrigen ihre Ideale längst selbst verraten hat. Die Erzählkunst Marie von Ebner-Eschenbachs und Ferdinand von Saars gilt als Hauptbeispiel des österreichischen Spätrealismus. Ein nicht unproblematischer Begriff, da er leicht vergessen läßt, daß ja auch Fontanes erzählerisches Œuvre und Raabes Spätwerk, selbst die meisten Romane Spielhagens zur gleichen Zeit entstehen. Richtig ist aber, daß sich in Österreich die realistische Erzählprosa wesentlich später durchsetzt als in Deutschland und der Schweiz, und ebenso offensichtlich ist auch ihre Verschiedenheit vom betont bürgerlichen Charakter des programmatischen Realismus der fünfziger und sechziger Jahre. Bürgerliche Realisten wie Freytag oder Keller sind Marie von Ebner-Eschenbach und Ferdinand von Saar nach ihrer eigenen Standeszugehörigkeit ebensowenig wie nach derjenigen ihrer bevorzugten Helden, den von ihnen vertretenen Werten und der ihnen zugeordneten Welt.

Božena, die Titelheldin der ersten romanartigen Langerzählung von Ebner-Eschenbach (Božena, 1876), ist eine Magd. Sie büßt einen Moment des Versagens durch einen jahrelangen hingebungsvollen Einsatz für das Wohl anderer. Wegen Boženas Schwäche für den schönen Bernhard hat Rosa, die ihrer Obhut anvertraute Kaufmannstochter, mit einem mittellosen Offizier entfliehen können. Ganz vom Gefühl ihrer Schuld erfüllt, folgt Božena dem Paar und rettet nach dem frühen Tod der Eltern die Tochter Röschen. Diese wird für das verlorene Erbe schließlich durch die Heirat mit dem Grafen Ronald entschädigt, auf den eigentlich die als Universalerbin eingesetzte Stiefschwester Absichten hatte; Božena ist es noch vergönnt, die gräflichen Kinder auf den Armen zu wiegen. Ein recht triviales Handlungsmuster, das auch weitgehend mit trivialen Mitteln erzählt wird. Beachtung verdient jedoch die Zeichnung «der schönen, der großen» Magd, die sich des unwürdigen Verführers trotz besserer Einsicht nicht erwehren kann und erst aus dem Bewußtsein ihrer Verschuldung die sittliche Kraft gewinnt, sich von ihm zu trennen und in aller Öffentlichkeit die einstige Beziehung einzugestehen. Sie leistet Buße durch die Treue eines Dienstes, der sich von ihrem eigentlichen Auftraggeber ablöst und ganz dem Menschen zuwendet, der durch ihren Fehler geschädigt worden ist; die letztlich feudale Tugend der Dienst-Treue wird zum Humanum par excellence.

In merkwürdiger Entsprechung zu diesem Frühwerk steht die ähnlich umfangreiche Erzählung *Unsühnbar* (1890). Auch hier büßt eine Frau ihre sexuelle Verfehlung durch eine spektakuläre Selbstbestrafung. Nach dem Tod ihres Mannes und des ältesten Sohnes gesteht Gräfin Maria ihren Ehebruch mit dem Grafen Tessin, um ihren zweiten Sohn, der Tessin zum Vater hat, von der Erbfolge auszuschließen. Diese durch einen realen Vorfall vorgezeichnete Vollstreckung des Eherechts auf Kosten des eigenen Kindes hat bei den Interpreten von Erich Schmidt an immer wieder Anstoß erregt. Sie läßt sich am ehesten akzeptieren, wenn man die Erzählung vor dem Hintergrund adliger Wertvorstellungen (hier: der Legitimität der Erbfolge) sieht und in Analogie zu *Božena* den Gedanken der tätigen Buße würdigt.

Dorf- und Schloßgeschichten hieß der erste Erzählungsband, den Marie von Ebner-Eschenbach beim Berliner Verlag Paetel, der auch ihre *Gesammelten Schriften* verlegen sollte, herausbrachte. Sie ließ ihm drei Jahre später die *Neuen Dorf- und Schloßgeschichten* (1886) folgen. Damit reiht sie sich – jedenfalls für das Publikum im Deutschen Reich – in die Tradition der Auerbachschen Dorfgeschichte ein, jenes vom Vormärz bevorzugten Genres zur narrativen Verhandlung und Entschärfung sozialer Konflikte, das in Autoren wie Franzos und Sacher-Masoch gerade im österreichischen Raum eine lebendige Nachfolge gefunden hat. Der Tendenz zum Kulturbild, die den galizischen Dorf- und Ghettogeschichten beider Autoren eignet, folgt die Ebner allerdings nur gelegentlich, so in *Der Kreisphysikus* und *Jakob Szela,* zwei Erzählungen des ersten Dorfgeschichten-Bandes, die im polnischen Teil des Habsburgerreichs, und zwar zur Zeit des Aufstands von 1846, spielen.

Typischer für sie ist die moralische Vertiefung und Verallgemeinerung der Dorfgeschichte in Tiergeschichten wie *Krambambuli* (1883) und *Die Spitzin* (1901). Erstere ist wieder eine Parabel auf die Treue; der Hund gerät in einen unlöslichen Konflikt, als sein neuer Herr, der Förster Hopp (aus dessen Perspektive die ganze Geschichte erzählt ist), und sein früherer Besitzer, genannt der «Gelbe», ein gefürchteter Wilderer und Mörder, einander gegenübertreten. Indem er letztlich diesem zuläuft (und ihn im Moment des Schußwechsels liebevoll anspringt), rettet der Hund den Förster, der es ihm aber nicht dankt. Hopp verstößt den Hund und findet ihn später tot vor seiner Tür: «den Kopf an die Schwelle gepreßt, die zu überschreiten er nicht mehr gewagt hatte». Das Tier wird als moralisches Subjekt ernst genommen, auf dem Höhepunkt der Erzählung wird ihm sogar (innere) Sprache geliehen. Noch stärker als in *Krambambuli* treten in der *Spitzin* die Grausamkeit und Gewalt, die Menschen Tieren antun, in Beziehung zur alltäglichen Gewalt von Herrschaft und Unterdrückung und dem hierarchischen Gefälle der Klassengesellschaft.

Deren eindringlichste Gestaltung gelingt Marie von Ebner-Eschenbach in der romanartigen Großerzählung *Das Gemeindekind* (1887), wohl ihrem Hauptwerk, an dem sie – neben zahlreichen anderen, schnell abgeschlossenen Veröffentlichungen – über viele Jahre gearbeitet hat. In den zehn Jahren zwischen der Hinrichtung seines Vaters sowie der Verurteilung seiner Mutter (1860) und deren Rückkehr aus dem Gefängnis wächst das «Gemeindekind» (d. h. das der Gemeinde auf der Tasche liegende Kind) Pavel Holub trotz vieler Gefährdungen und mancher Verirrungen zu einem nützlichen und respektierten Mitglied der Gemeinschaft heran. Dabei helfen ihm die Ermutigung des Lehrers und seine Fähigkeit im Umgang mit der Technik. Zur Zeit der Hochkonjunktur Zolas im deutschen Sprachraum und der lauten Rufe nach einem sozialen Roman liefert die Ebner hier – in den Grenzen der Dorfgeschichte – eine präzise Milieustudie, die doch in der Gewichtung der individuellen Moralität, im Glauben an die sittliche Freiheit des einzelnen und im unbefangenen Umgang mit sentimentalen Effekten (Tod der Schwester im Kloster, Umarmung der heimkehrenden Mutter) den Forderungen des Naturalismus Hohn spricht.

Vom Interesse an der sozialen Frage ist auch die Erzählung *Der Kreisphysikus* geprägt. Der jüdische Arzt Nathanael Rosenzweig erweist sich als wahrer Samariter im Dienst für die Gesundheit seiner Mitmenschen, doch ohne die innere Einstellung eines solchen; er versteht seinen Arztberuf als Erwerbsarbeit und läßt sich seine Wohltaten auch da, wo er die Grenzen seiner professionellen Tätigkeit überschreitet (in der Rettung und Aufnahme des heimatlosen Josef), durch Gegenleistungen bezahlen. Zu einer vollständigen inneren Wende kommt es bei ihm jedoch durch die Begegnung mit einem nationalpolnischen Revolutionär, für den die historische Persönlichkeit Eduard Dembowskis Modell stand. Die Autorin nutzt den überlieferten Umstand, daß die Leiche des Agitators nie gefunden wurde, zu einem pathetischen Schluß-Tableau: Jahre später begegnet der gewandelte Doktor Rosenzweig einem einfachen Bauern, in dem er den ‹wiederauferstandenen› Revolutionär erkennt.

Auf das Modell des barmherzigen Samariters verweist auch die kurze Geschichte *Der Muff* (1889). Sie fragt nach der Zweckmäßigkeit individueller Wohltätigkeit und dem Stellenwert des Mitleids in einer Gesellschaftsordnung, die auf dem wirtschaftlichen Eigennutz des einzelnen aufgebaut ist. Der spontane Entschluß der Generalsfrau, ihren Muff einer frierenden Alten zu schenken, führt zu unerwünschten Konsequenzen und tritt in symbolische Parallele zu den unterschiedlichen Strategien, die der General und seine Gattin beim abendlichen Kartenspiel verfolgen; er hat das Ganze, sie die einzelne Karte im Sinn. Beide Standpunkte haben ihre Berechtigung; schon aus erzähltechnischen Gründen (die Perspektive ist weitgehend die der Generalin) wird dem Leser die – weibliche – Logik des Herzens näher gebracht.

Die soziale Anklage im Werk Marie von Ebner-Eschenbachs erhält ihre größte Schärfe dort, wo zugleich die Ethik des Adels zur Diskussion steht. Die Novelle *Er laßt die Hand küssen* (1886) gipfelt in der Nachricht vom Tode eines mit fünfzig Stockschlägen unangemessen hart bestraften Bauern, der nichts anderes verbrochen hat, als an seiner Liebschaft festzuhalten. Mit den Worten «Er laßt die Hand küssen, er ist schon tot», überbringt ein Lakai die Botschaft der Gräfin, die sich zu spät zur Begnadigung des Delinquenten überreden ließ; die Aufführung ihres Schäferspiels *Les adieux de Chloë* war ihr wichtiger. So verdrängt das imaginierte Landleben die Wahrnehmung des realen und ersetzen gespielte Hirtenfreuden ein menschenwürdiges Zusammenleben von Landarbeitern.

Die Härte dieser Adelskritik wird gemildert durch den Rahmen der Novelle; ein alter Graf, selbst Enkel jener hartherzigen Richterin, erzählt die Geschichte voller Mitgefühl mit dem Unglücklichen zur Begründung dafür, daß er einen dienstvergessenen Waldheger (dessen Urenkel!) nicht entläßt. In seiner Nachsicht realisiert sich über die Generationen hinweg ein Rest feudaler Fürsorge für die Schutzbefohlenen, ein Anflug von Wiedergutmachung für früheres Unrecht. Allerdings steht die Haltung der fiktiven Adressatin der Binnenerzählung, einer von Standesvorurteilen erfüllten Aristokratin, zu dieser positiven Haltung des Erzählers in deutlichstem Kontrast. Ihr ausgeprägtes Desinteresse am Inhalt, auch und gerade an den realistischen Details, scheint von Zweifeln der Autorin zu künden, ob ihre Sozialkritik gerade bei den eigenen Standesgenossen auf Verständnis stoßen wird.

Eine heitere Variante der Adelskritik bieten die beiden Brief-Novellen *Comtesse Muschi* und *Comtesse Paula* (1885). Ihnen läßt sich, schon aufgrund der gleichen Form, *Die Poesie des Unbewußten* (1890) an die Seite stellen. Der letzte Titel verspricht dem heutigen Leser freilich mehr, als er aus historischen Gründen erfüllen kann. Mit dem «Unbewußten» ist lediglich das Vorleben des Ehemannes gemeint, von dem seine frisch angetraute junge Frau nichts wissen soll. Von der Art und Weise, wie adlige Mädchen in jenen Zeiten erzogen und verheiratet wurden, geben alle drei Geschichten Eindrücke, die nur in der Ironie der hier gewählten Briefform Heiterkeit auslösen können. Von humoristischer Distanz zu typischen Gepflogenheiten der Adelswelt zeugt auch die Novelle *Die Freiherren von Gemperlein* (1881). Die beiden Brüder, von denen sich der eine zum Revolutionär, der andere zum Erzmonarchisten entwickelte, die aber beide dasselbe Gut und dieselbe (leider längst vergebene) Frau lieben, wirken wie ein aristokratisches Pendant zu den Protagonisten in Storms *Söhnen des Senators* (1880) und geben nicht gerade zu ermutigenden Prognosen für die Zukunft des Adels in der Habsburgermonarchie Anlaß.

Marie von Ebner-Eschenbach hat nichts mehr gefürchtet als das Image der adligen Dilettantin; sie wollte als professionelle Schriftstellerin, man kann fast schon sagen als Schriftsteller (denn auch das Image der schreibenden Frau war ihr problematisch), ernst genommen werden. Lange hat sie noch unter den Niederlagen gelitten, die ihren früheren

Versuchen, sich als Dramatikerin in der Nachfolge Schillers zu etablieren, beschieden waren. In der Erzählung *Ein Spätgeborner* (1875) gibt sie ein anschauliches Bild von den damals erlittenen Verletzungen. Um so wichtiger waren ihr die Anerkennung durch Julius Rodenberg, den Herausgeber der *Deutschen Rundschau,* und die erste Annahme einer Erzählung aus ihrer Feder in der prominenten Zeitschrift fast fünf Jahre nach der Aufforderung zur Mitarbeit. Diese Erzählung, deren Veröffentlichung (1880) und allgemeiner Erfolg von der Autorin selbst als Wende in ihrem Dichterleben aufgefaßt wurden, war *Lotti, die Uhrmacherin*; sie ist im höchsten Maße mit autobiographischen Reminiszenzen durchzogen und kann geradezu als Gleichnis des künstlerischen Ethos ihrer Verfasserin gelesen werden.

Die Titelfigur besitzt eine wertvolle Uhrensammlung wie die Autorin selbst; wie Marie von Ebner-Eschenbach mit achtzehn Jahren ihren Cousin heiratete, den sie seit früher Kindheit kannte, so ehelicht Lotti am Schluß der Erzählung Gottlieb, der wie ihr Bruder in der väterlichen Werkstatt aufwuchs. Bevor sich die Liebe der Quasi-Geschwister durchsetzt, verliebt sich die Uhrmacherin in einen Schriftsteller von genialischem Auftreten, aber höchst fragwurdigem Charakter. Sein vorübergehender Erfolg basiert auf billiger Effekthascherei, ja die existentielle Abhängigkeit von einem industriellen Buch- und Zeitschriftenmarkt scheint geradezu zur zweiten Natur seines (darin durchaus modernen) Literatentums geworden zu sein. Im irrigen Glauben, den früheren Freund damit aus seiner Not befreien zu können, opfert Lotti die Uhrensammlung, die in ihrer handwerklichen Vollendung als Symbol einer gegensätzlichen und substantiell überlegenen Kunstpraxis dient. Es ist dieses symbolische Opfer ihres eigenen Künstlertums, das Lotti überhaupt erst zur Ehefrau und Mutter qualifiziert.

Wenn sich Marie von Ebner-Eschenbach mit der Uhrmacherin Lotti zu identifizieren und damit zu einem eher handwerklichen Selbstverständnis zu bekennen scheint, so ist ihr doch auch die romantische Idee von der Kunst als Inspiration nicht fremd. Fiktiver Träger eines solchen Kunstverständnisses ist in der Künstlernovelle *Ihr Traum* (1889) allerdings – und wohl nicht zufällig – ein Mann. Der erfolgreiche Maler Moser entdeckt seine Muse, nämlich das singuläre Modell seines Marienbildes «Mater resurrecti», in einer alten Schloßherrin, für die der Text zwei verschiedene Deutungsmöglichkeiten anbietet: die als Wahnsinnige (durch die zynischen Kommentare des rationalistischen Arztes) und die als visionäre Ekstatikerin (durch den Ich-Erzähler Moser). Kraft geistiger Energie ist es der alten Frau möglich, den faktischen Tod ihres Sohnes und seiner Kinder in die Halluzination eines fortbestehenden Zusammenlebens umzudeuten und umgekehrt die Tochter, die sich in Paris einem lasterhaften Lebenswandel hingibt, als tot zu betrachten. Der Eindruck dieser Seherin auf den Maler ist so stark, daß er sein eigenes Leben (die aufgelöste Verlobung) über der Arbeit an seinem Bild ganz vergißt; daß dieses in absoluter Einsamkeit erzeugte Werk dann auch sogleich breite und höchste Anerkennung findet, ist eine utopische Prämisse, mit der die Ebner gegen ihre eigene Lebenserfahrung anschreibt.

Nur nebenbei sei bemerkt, daß die an E. T. A. Hoffmann gemahnende Erzählung eine ausdrückliche Berufung auf Schopenhauers *Versuch über das Geister-*

sehn enthält. Derselben Schrift (oder der ihr in den *Parerga und Paralipomena* unmittelbar vorangehenden *Transscendenten Spekulation*) entnahm Hofmannsthal wenig später entscheidende Anregungen für das Gedicht *Ein Traum von großer Magie.*

Ferdinand von Saar wurde von den Vertretern der Wiener Moderne, wie nicht zuletzt das Sonett beweist, mit dem ihm Hofmannsthal «in Ehrfurcht und Sympathie» ein Exemplar seines ersten Dramas widmete, als geistiger Wegbereiter betrachtet. Er selbst reagierte mit freundlichem Unverständnis, wenn nicht mit Abwehr, und sah seinen Platz wohl eher an der Seite Marie von Ebner-Eschenbachs, die ihm auch mit mancher finanziellen Unterstützungsaktion unter die Arme griff. Wie seine bessersituierte Kollegin hatte Saar viele Jahre lang vergeblich auf einen Durchbruch als Dramatiker gehofft. Sein in den sechziger Jahren einsetzendes und bis in das erste Jahrzehnt des 20. Jahrhunderts reichendes Novellenschaffen entfernt sich allerdings – trotz mancher Berührungspunkte in Topographie und Personal – vom Typ der «Dorf- und Schloßgeschichte», wie ihn die Ebner kultiviert hat. Insbesondere bleibt deren moralischer Optimismus diesem Autor fremd, der sich so nachhaltig wie kaum ein anderer Zeitgenosse zum Einfluß Schopenhauers bekannt hat.

Am ehesten kommt wohl Saars Novelle *Die Steinklopfer* (1873) der Art und Weise nahe, in der sich Marie von Ebner-Eschenbach mit der sozialen Frage auseinandergesetzt hat. In der Endphase der Bauarbeiten zur Semmering-Bahn (in den fünfziger Jahren des 19. Jahrhunderts) begegnen sich ein beurlaubter Soldat, der als Hilfsarbeiter dem Bautrupp zugewiesen wird, und Tertschka, die wie eine Gefangene gehaltene Pflegetochter des Aufsehers, und finden in der gemeinsamen Arbeit – und gemeinsamen Distanz zum rohen Wesen der anderen – zueinander. Der Arbeiter heißt Georg, und tatsächlich gelingt es ihm ungeachtet seiner körperlichen Unterlegenheit, den ‹Drachen›, nämlich den tyrannischen Aufseher, zu besiegen. Der drohenden Gefängnisstrafe wegen Totschlags entgeht er dank einem mitfühlenden Obersten, den die Liebe der beiden rührt und der ihr durch Zuteilung einer Bahnwärterstelle den angemessenen idyllischen Entfaltungsraum sichert. In der Figur dieses Wohltäters schafft Saar gewissermaßen ein Modell zur Lösung der sozialen Frage im Wege individueller Hilfeleistung; auch Georgs Kampf um Tertschka ist ja ein individueller Befreiungskampf – Solidarität erfährt dieser Ausgebeutete und Unterdrückte nur in der Zweisamkeit der Liebe.

Auch Saars Novelle *Die Troglodytin* (1888) legt den Vergleich mit dem Werk Marie von Ebner-Eschenbachs nahe, denn fast wiederholt sich hier die Thematik des *Gemeindekinds.* Auch Maruschka und ihre Familie müßten von der Gemeinde unterhalten werden, nachdem der Vater Arbeit und Wohnung verloren hat. Statt dessen führen die Kratochwils ein nomadenhaftes Leben in Erdlöchern – daher ihr Spitzname «Troglodyten» (Höhlenbewohner) –, und das hübsche Mädchen streunt durch den Wald, seiner Reize bewußt, mit denen es die Aufmerksamkeit des Ich-Erzählers, eines jungen Försters, auf sich zieht. Schon aufgrund dieser Perspektive wird die Geschichte statt zu einem Modell sozialer Integration zu einem Kampf zwischen gesellschaftlicher Disziplinierung (verkörpert durch Oberförster und Bürgermeister) und anarchischer Sexualität. Maruschka rächt sich für die Gewalt, die ihr die Gesellschaft angetan hat, durch einen mörderischen Brandanschlag. «Fast blutrot» wird das benachbarte Gerichtsgebäude angestrahlt; kurz darauf heißt es: «Der Feuerschein umfunkelte ihr Antlitz sowie die herben roten Früchte eines dürren wilden Rosenstrauches, an welchem sie saß.» Schon vorher verband sich die Farbe Rot für das Bewußtsein des erotisch affizierten Erzählers mit der Figur der jungen Asozialen; aus der Farbe der Liebe wird im Laufe der Geschichte ein Symbol «herber» Gewalt. Solche Verschiebungen sind signifikant für Saars Erzählen, das offen ist für tiefenpsychologische Ambivalenzen und in einem skeptischen Menschenbild gründet.

Saars erste Novellensammlung (1877) trug den Titel *Novellen aus Österreich*. Noch in einem Brief an die Fürstin Hohenlohe vom Februar 1889 wird Saar seine Absicht bekräftigen, mit jeder seiner Novellen «ein Stück österreichischer Zeitgeschichte» zu geben. Die kulturgeschichtliche Dimension seiner Novellistik tritt besonders prägnant in drei Erzählungen hervor, die Vorgänge in aristokratischen Familien in Beziehung zu den politischen Veränderungen der Nachmärzära setzen. *Das Haus Reichegg* (1876) thematisiert den Zerfall konservativer Adelsherrschaft in den fünfziger und sechziger Jahren. Der Herrschaftsanspruch des «stolzen, finsteren Grafen» wird durch das schamlose Verhältnis seiner Frau mit einem oberflächlichen Jüngling sozusagen von innen heraus zersetzt; dem Park als Ort der Verführung wächst dabei eine auf das Fin de siècle vorausweisende Symbolkraft zu. Eine spätere Episode verknüpft das Bild der verlebten Kokotte mit dem Verfall Venedigs nach dem Ende der österreichischen Herrschaft über die Stadt. Eine tröstliche Perspektive liefert allein das Bild der jungen Gräfin Reichegg, die den Reichtum ihrer geistigen Bildung künftig als Oberin in verantwortungsvolle Tätigkeit umsetzt.

Die Novelle *Der General*, 1879 mit dem Titelzusatz «Eine Novelle aus Österreich» in der deutschen Monatsschrift *Nord und Süd* erschienen, wurde 1883 unter der Überschrift *Vae Victis!* neu herausgegeben. Der alte römische Ruf «Wehe den Besiegten!» gilt hier für einen General, der unter Radetzky zu militärischen Ehren gelangt ist und nun von der liberalen Regierung entlassen wird. Zugleich mit seiner Außerdienststellung erfährt er, daß ihn seine Frau mit einem liberalen Parlamentarier betrügt. «Nun ist es aus mit ihm, und er soll sehen, wie er sich zurechtfindet», lautet ihr Kommentar zu seiner Pensionierung. Es ist typisch für Saars Vergänglichkeitspathos, daß er sich nicht damit begnügt, den konsequent folgenden Selbstmord des Generals zu schildern, sondern noch einen Ausblick auf die weiteren Wege Coronas und ihres Geliebten bzw. späteren Mannes anschließt. Auch dieser muß nach weiteren Erfolgen eines Tages den Niedergang seiner Macht erleben und reagiert die Erschütterung seines Selbstbewußtseins als ruheloser Spaziergänger ab – mit dem Stock gegen das Pflaster stoßend, «als wollte er neue Verhältnisse aus dem Boden stampfen, die ihn wieder ans Ruder bringen könnten».

Der eigentümliche Eindruck der Morbidität aller Verhältnisse und der trügerischen Qualität aller von Menschen an sie geknüpften Hoffnungen, der zu den Grunderfahrungen jeder Saar-Lektüre gehört, erhält vielleicht seine stärkste Verdichtung in der Novelle Schloß Kostenitz (1892). Gleich der erste Absatz kontrastiert in einem stimmungsvollen Bild die Ruhe des Schloßparks mit dem Lärm der Industrieanlagen, die sich seither an den alten Besitz herangedrängt haben. Zur Erzählzeit (1849) geht die Bedrohung der Idylle von einer anderen Gewalt aus: nämlich der einer animalischen Sexualität, verkörpert in einem gewissenlosen Kavallerieoffizier und seinem prächtigen Pferd. Der Dressurakt, den der Aristokrat mit roher Gewalt an seinem Tier vollzieht, verrät der heimlich beobachtenden Schloßherrin – auch ohne tiefenpsychologische Interpretationen, die sich natürlich aufdrängen – schon, was ihr bevorsteht, wenn sie diesem Eroberer einmal, was denn auch bald passiert, im Park begegnet. Die sich in ihrer Ehe mit einem wesentlich älteren liberalen (und nach der Märzrevolution entlassenen) Staatsbeamten glücklich wähnende Frau fällt widerstandslos dem militärischen Eroberer anheim. Ihre Reue ist grenzenlos und kostet sie binnen weniger Tage das Leben.

Der Ausblick auf das Leben der künftigen Besitzer des Schlosses am Schluß der Erzählung schwankt zwischen melancholischer Trauer um den Verlust der Biedermeierkultur und zähneknirschender Anerkennung der Errungenschaften einer neuen Zeit, die sich hauptsächlich für Ehescheidungsprozesse, Pferderennen, Sozialismus, Hypnotismus und die «Erzeugnisse der naturalistischen Schule» interessiert:

> «So regt und betätigt sich geräuschvoll an dem Orte, wo Klothilde in tiefer Stille an der schwermütigen Glut Lenaus sich entzückte, an ihrer idealen Landschaft pinselte – und im Übergefühl der Schuld zusammenbrach, ein neues, bestimmteres, zuversichtliches Geschlecht mit anderen Empfindungen und Anschauungen, mit anderen Zielen und Hoffnungen – daher auch mit anderen Schicksalen.»

Saars kulturgeschichtlicher Ansatz erweitert sich zu einer minutiösen psychologischen Porträtkunst in den Erzählungen des Bandes Schicksale (1888). «Es mußte alles so kommen, wie es kam: er war wie jeder, dem unerbittlichen Schicksale seiner Natur verfallen», heißt es in der darin wiederabgedruckten Novelle *Leutnant Burda* (1887). Der Determinismus, der hier beschworen wird, ist zugleich individualpsychologischer wie sozialgeschichtlicher Natur. So ist der Adelswahn des vermeintlichen Grafen Burda mehr als die fixe Idee einer einzigen Person; in ihm spiegelt sich zugleich der gesellschaftliche Zustand der k. u. k. Mentalität in der Epoche vor dem Bau der Wiener Ringstraße. Für die gesellschaftliche Funktion des alten Burgtheaters als Treffpunkt einer mehr oder weniger ‹geschlossenen Gesellschaft› gibt es kaum eindrucksvollere Zeugnisse als die Theaterepisoden in Saars Novelle, die sich beiläufig in virtuoser Manier das intertextuelle Potential der jeweils genannten Dramen zunutze machen.

In bemerkenswerter Distanz zu sich selbst scheint der Verfasser von *Leutnant Burda* überdies seine eigene Situation zum Gegenstand genommen zu haben. Abgesehen von biographischen Einzelheiten, die in der Novelle wiederkehren, ist das grundsätzliche Verhältnis des verarmten Dichter-Offiziers zum hohen Adel, auf dessen Schlössern er vorzugsweise wohnte und in dem er sein primäres Publikum suchte, nicht ohne Analogie zu Burdas Wahnliebe zur Prinzessin von L. Die marxistische Literaturwissenschaft des 20. Jahrhunderts hat in Saars Wirken die Tendenz erkannt, vom Seitenflügel des Schlosses (wo sich üblicherweise seine Gästewohnung befand) ins Zentrum vorzudringen. Wenn die selbstnobilitierende Funktion seiner Dichtung damit halbwegs zutreffend erfaßt ist, spiegelt Burdas geistige Verwirrung auch etwas von der sozialen Problematik seines Erfinders wider.

Auch die jüdische König-Lear-Figur in *Seligmann Hirsch* (1888), einer weiteren Novelle aus den *Schicksalen,* scheitert an der Unüberwindbarkeit sozialer Schranken. In der imposanten Gestalt des Aufsteigers verbinden sich Züge einer ostjüdischen Lebensform mit Allüren eines protzenhaften Neureichen. Der äußerliche Abschluß der Assimilation ist erst der nächsten Generation möglich – auf Kosten allerdings elementarster Familienbindungen (die Verbannung des Vaters, die diesem das Herz bricht) und ohne den Lohn vollständiger Akzeptanz. Der zynische Kommentar des Gesellschaftsspötters X, der uns auf den letzten Seiten über die weiteren Geschicke der Familie Hirsch/Hirtburg informiert, ist von massiven antijüdischen Ressentiments geprägt, die durch den Hinweis auf die jüdische Abstammung des Herrn X nicht zu entschärfen sind. Wichtig für die Frage, wieweit wir dem Text bzw. dem Autor selbst eine antisemitische Tendenz bescheinigen müssen, ist vor allem der Gesichtspunkt des Ich-Erzählers, der gewissermaßen auch die Wahrnehmung des Lesers steuert. Dieser Ich-Erzähler macht im Laufe der Geschichte aber gerade einen Lernprozeß durch, der ihn aus anfänglicher Befremdung über die Verhaltensformen des alten Hirsch zu menschlicher Rührung über sein Schicksal führt.

Die besondere Rolle eines Ich-Erzählers, der mehr oder weniger deutlich die Züge des Autors trägt, gehört zu den charakteristischen Gegebenheiten von Saars Prosa. Stärker noch als Storm bringt der Österreicher seine eigene Person ein; er inszeniert sich gewissermaßen mit seinen spezifischen Gewohnheiten und seinem spezifischen Lebensraum. Der Saarsche Ich-Erzähler ist ein Flaneur, der sich vorzugsweise in Wien, auf mährischen Schlössern oder in kleinen Landstädten aufhält. Wir erleben ihn als An- und Abreisenden, bei zufälligen Begegnungen oder als geladenen Gast, nie freilich auf der Suche nach bestimmten Kontakten oder Informationen, sondern stets von den Nachrichten überrascht, aus denen sich seine Phantasie letztlich ein vollständiges Bild einer Person oder eines Ereignisses bildet. Denn auch das ist charakteristisch für Saars Erzählen. Die novellentypische Binnenerzählung ist selten in sich geschlossen, wie doch so oft bei Storm, sondern zumeist fundamental ergänzungsbedürftig; erst in Verbindung mit früheren und späteren Beobachtungen bzw. anderen Mitteilungen entsteht aus ihr die eigentliche Geschichte.

Diese Art des Erzählens macht einerseits die Subjektivität des Erzählvorgangs deutlich, andererseits versteckt sie die Eigenaktivität des Autors hinter einem Arrangement von außen kommender Eindrücke. Bisweilen ergeben sich geradezu mehrere Lesarten; ein Eindruck korrigiert den anderen. So muß Doktor Hulesch, dem in *Der Brauer von Habrovan* (1901) die Binnenerzählung in den Mund gelegt ist, bei seinem Krankenbesuch in Habrovan zum Schluß kommen, daß der Brauer, der seine Vaterschaft bezweifelt und sich aus Verzweiflung über diese Ungewißheit erhängt, unter krankhafter Eifersucht leidet. Die Erzählung eines Steuerbeamten zwanzig Jahre später enthüllt die ehebrecherische Beziehung der Brauersfrau zum Küfer, dessen Bocksgestalt an antike Vorbilder (Pan, Satyr) denken läßt. Zu nochmaliger Korrektur schließlich zwingt die Begegnung Huleschs mit einer Marktfrau, in der er die leibliche Tochter des Brauers erkennt.

Die Einschätzung der Sexualität als Triebkraft menschlichen Handelns und als potentieller Sprengsatz, der bürgerliche Fassaden über Nacht zum Einsturz bringen kann, liegt mehreren Erzählungen Saars zugrunde, so auch der *Geschichte eines Wienerkindes* (1891). Ein einstiges ‹süßes Mädel› (das heißt hier «Wienerkind») geht eine kleinbürgerliche Ehe ein, aus der es bzw. sie eines Tages – mit letztlich tödlichen Folgen für Mann und Kinder – ausbricht, um mit einem Spekulanten zusammenzuleben, der ihre bis an die Grenze der Hörigkeit gehende Liebe keineswegs erwidert. Ihr Unglück artikuliert sie in einem autobiographischen Roman – einem Beitrag zu jener weiblichen Bekenntnisliteratur, der das grundsätzliche Mißfallen des Ich-Erzählers hier ebenso gehört wie in der späteren Novelle *Sappho* (1904), deren Porträt einer nymphomanen Schriftstellerin fast ans Denunziatorische grenzt. Auch im Unvermögen, Wagners Musik zu ertragen, gleichen sich die beiden Hauptfiguren; ihre eigene Dekadenz ist offenbar so fortgeschritten, daß sie deren ästhetische Doppelung nicht verkraften. Die satirische Figur des Journalisten Frauenlob in der *Geschichte eines Wienerkindes* rundet das Bild der Vorbehalte Saars gegen die Moderne ab. Sie findet eine Entsprechung in der Figur des Schriftstellers Z. in der Novelle *Ninon* (1896), einem kritischen Porträt Sacher-Masochs, mit dem Saar wohl die sexuelle Thematik und das pessimistische Menschenbild teilte, dem er jedoch die hemmungslose Prostitution an die Gesetze des Marktes zum Vorwurf machte.

Die Frau wird mit der bedrohlichen Sexualität identifiziert. Doppelt schlimm für sie, wenn sie sich als Verführerin betätigt oder in ihrer grenzenlosen Liebe über Anstandsgrenzen hinwegsetzt. Die Hauptfigur der *Geigerin* (1874) büßt letzteres mit dem Tod. Aber auch andere Frauen in Saars Novellen müssen einen realen oder symbolischen Tod sterben, um den männlichen Helden für sittlich-kulturelle Erhebung freizugeben. So endet Saars zweite Erzählung *Marianne* (1874) trotz zahlreicher Berührungspunkte mit Goethes *Werther* nicht mit dem Selbstmord des Helden, sondern dem plötzlichen Herztod der geliebten (und offenbar wiederliebenden, aber anderweitig verheirateten) Frau. Und schon im Erstling *Innocens* (1865) kann die Unschuld des Binnenerzählers, eben des Paters Innocens, nur durch den Tod einer Frau behauptet werden, die wenigstens dem Mädchen gleicht, zu dem der junge Klerikus in sündiger Leidenschaft entbrannt ist. Die Leiche der Frau ermöglicht die Sublimation des Mannes; die Trauer um die verlassene Geliebte (ein Topos in Saars Erzählwelt) wird von der heimlichen Einsicht in die Notwendigkeit der Entsagung begleitet.

Schopenhauers Willensphilosophie zeigt hier unmittelbare Wirkungen. «Schopenhauer» lautet auch das erste Wort in einer Erzählung, die aufgrund ihres ironisch-humoristischen Grundtons eine Sonderstellung in Saars Œuvre einnimmt. *Fridolin und sein Glück* (1894) verhält sich zu den tragischen Novellen Saars ähnlich komplementär wie Jean Pauls Schulmeisteridyllen zu seinen sentimental-heroischen Romanen. Denn auch hier geht es um ein «Vollglück in der Beschränkung» (Jean Paul). Der geborene Diener Fridolin kann nur deshalb einen bescheidenen Wohlstand und ein beschauliches Eheglück genießen, weil ihm jede Leidenschaft fehlt. Als die Sexualität doch einmal – Unruhe und Unordnung stiftend – in sein abgezirkeltes Leben einbricht, nämlich in der Lorelei-Gestalt Miladas, ist es fast um ihn geschehen und droht es ihm ähnlich zu gehen wie dem kleinen Herrn Friedemann in Thomas Manns Novelle (1898). Seine Dienerexistenz rettet ihn jedoch vor haltloser Hingabe an das Elementare. Der abschließende Satz des Ich-Erzählers zu Fridolins Erzählung lautet: «Diese bewies zwar nicht ganz die Stärke seiner Leidenschaft – aber sie sprach für sein Glück.»

2. Sacher-Masoch und Franzos

Leopold von Sacher-Masoch und Karl Emil Franzos sind uns bereits
als Hauptvertreter des Kulturbilds und der Ghettogeschichte im letzten
Drittel des Jahrhunderts bekannt geworden (siehe oben S.166 f.). Zu
Schilderern galizischer Exotik qualifizierte beide die Geburt an der östlichen Peripherie des Habsburgerreichs; Sacher-Masoch wurde 1836 in
Lemberg geboren, Franzos 1848 in Czortkow (Schulbesuch in Czernowitz). Beide sind danach weit herumgekommen und haben ihre letzten
Lebensjahre in Deutschland verbracht. Das hing auch mit ihrer engen
Einbindung in den literarischen Betrieb zusammen; beide Autoren betä-
tigten sich als Zeitschriftenherausgeber und waren Vielschreiber mit
breitgestreuten publizistischen Interessen. Zumindest bei Franzos war
der Wechsel nach Berlin aber auch politisches Programm, Ausdruck
einer subjektiv empfundenen Zugehörigkeit zur deutschen Kultur und
Nation (die deutsche Staatsbürgerschaft hat er allerdings vergeblich
beantragt). Seine Identität läßt sich ebensowenig auf den österreichischen Bezugsrahmen festlegen wie die Sacher-Masochs, der ein unstetes,
durch viele Ortswechsel gekennzeichnetes Leben führte und auf der
Höhe seines Erfolgs als europäische Berühmtheit gefeiert wurde, nicht
zuletzt in den Pariser Salons.

Beiden Autoren ist ein genuin aufklärerischer Impetus gemeinsam;
ihre Werke zeugen aber auch von einer tiefgreifenden Skepsis, der Erfahrung eines deterministischen Fatums. In seinen letzten Lebensjahren
gründete Sacher-Masoch im oberhessischen Lindheim einen Verein für
Volksbildung und engagierte sich vor Ort im Kampf gegen den Antisemitismus. Sein Roman *Die Ideale unserer Zeit* (1876) verstand sich als
Abrechnung mit den Tendenzen der Bismarckpolitik und der Gründerzeit und löste ein scharfes Echo in der nationalistischen Öffentlichkeit
aus. Dabei hatte die Kritik angesichts unbestreitbarer Schwächen des
Textes, der an die realistischen Qualitäten etwa von Spielhagens *Sturmflut* nicht von fern heranreichte, ein leichtes Spiel. Interesse verdient
immerhin die häufige Verwendung des Begriffs «modern» in diesem Roman; als «modern» gelten offenbar die materialistischen Tendenzen der
Gegenwart, aber auch der Reformwille der Vorbildfigur Wiepert, der als
«moderner Journalist» für die Verbreitung eines neuen Idealismus eintritt.

Das Hauptwerk Sacher-Masochs ist Fragment geblieben. Der Novellenzyklus *Das Vermächtniß Kains,* von dem nur zwei allerdings voluminöse Teile erschienen (1870–77), sollte eine Gesamtdarstellung der Fehlentwicklungen der menschlichen Gesellschaft leisten. In einem Brief an
den Bruder Karl erklärte Sacher-Masoch im Januar 1869: «Eine der

Hauptideen dieses Zyklus ist, daß die Menschheit erst dann glücklich sein wird, wenn die sittlichen Gesetze der Gesellschaft auch im Staatsleben Geltung haben werden und sogenannte ‹große Fürsten›, große Generale und große Diplomaten ebenso gut wie heutzutage Mörder, Räuber, Fälscher und Betrüger auf dem Galgen oder im Zuchthaus enden werden.» Die thematischen Schwerpunkte des Zyklus, die derselbe Brief in Aussicht nimmt, sind: «Die Liebe der Geschlechter – Das Eigentum – Der Staat – Der Krieg – Die Arbeit – Der Tod.»

Eine höchst ungleiche Mischung von eher anthropologischen und eher soziologischen Konfliktfeldern! Der gesellschaftskritische Impuls des Verfassers kommt im zweiten Teil *Das Eigenthum* zu seinem Recht, der eine ganze Palette von Verwicklungen aufbietet, die alle aus dem Eigentumsrecht bzw. seiner Verletzung resultieren: als da sind Raub (*Der Hajdamak*), Diebstahl und Bestrafung (*Das Volksgericht*), Betrug (*Ilusara Raba*), Geiz (*Ein Testament*), Überschuldung und Pfändung (*Basil Hymen*). Am Schluß steht eine patriarchalische Idylle, gewissermaßen die positive Alternative zum Verhängnis des Privateigentums; der utopische Sozialist Zenon richtet auf seinem Gut «einen kleinen Arbeiterstaat» ein, der «Tausenden von Armen und Unglücklichen» Arbeit und Wohnung verschafft: «So lange er und seine Frau leben, ist ihnen eine Art Diktatur vorbehalten, in Zukunft soll ein gewähltes Direktorium die oberste Leitung haben.» Der Kommunist, ein Alkoholiker, wird übrigens aus der Gemeinschaft ausgestoßen. Die räumliche Distanz jenes westukrainischen Siedlungsgebiets, in dem die Erzählungen des Zyklus angesiedelt sind, ermöglicht hier die Schilderung einer in sich geschlossenen Utopie, wie sie unter den Bedingungen der Gegenwart sonst in Europa nicht vorstellbar wäre; in anderen Erzählungen dient sie zur Unterstützung des folkloristischen Elements – *Hasara Raba* etwa, die Geschichte vom jüdischen Kutscher, der seine Nase verkauft, schließt eng an den Typus der Ghetto-Erzählung an.

Der der Geschlechtsliebe gewidmete erste Teil des *Kain*-Zyklus (*Die Liebe*) dagegen berührt Probleme, deren konkrete Form zwar natürlich auch von der gesellschaftlichen Entwicklung beeinflußt ist, deren Wurzel aber – nach Sacher-Masochs eigenster Erfahrung – weit darüber hinaus liegt. Symptomatisch für die inneren Spannungen, die sich hieraus ergeben, ist die Prolognovelle *Der Wanderer* (zu verstehen als Einleitung und Grundlegung des ganzen Zyklus). Mit dem Pathos eines alttestamentarischen Propheten verurteilt hier ein Einsiedler das Kains-Gesetz des Tötens und den Egoismus als Grundlage der Gesellschaft; in den sozialdarwinistischen Formulierungen, mit denen er etwa den Krieg als «Kampf um das Dasein im Großen» klassifiziert, verrät sich jedoch auch der Einfluß naturwissenschaftlich-philosophischer Theorien des 19. Jahrhunderts. Ihnen zufolge ist der «Kampf ums Dasein» keineswegs

entrinnbar, und in diesem Sinne begreift und beschreibt Sacher-Masoch
auch und gerade die Geschlechtsliebe.

Don Juan von Kolomea, die älteste Erzählung des Zyklus (erstmals 1866 veröffentlicht), ist eine originelle Abwandlung des Don-Juan-Stoffes. Die Untreue
des Mannes resultiert hier aus der Schwäche des Ehemannes, der sein Ausgelie-
fertsein an die leidenschaftlich geliebte Frau nicht erträgt; diese wird zugleich
als Muttertier geschildert, das den Partner zugunsten des Kindes vernachlässigt.
Der Titelheld in *Der Capitulant* (ursprünglich 1868) zeigt eine fast an Schopenhauer gemahnende Kraft zur Resignation angesichts der Untreue seiner Geliebten, die mit der Natur des Weibes erklärt wird. Den typischen Männerfiguren
Sacher-Masochs fehlt diese Fähigkeit der Entsagung, oder sie wird erst am Ende
und als Konsequenz einer Kette extremer Demütigungen erlangt.

> «Man kann nur wahrhaft lieben, was über uns steht, ein Weib, das uns
> durch Schönheit, Temperament, Geist, Willenskraft unterwirft, das unsere
> Despotin wird.›
> ‹Also das, was andere abstößt, zieht Sie an?›
> ‹So ist es. Es ist eben meine Seltsamkeit.›»

Dieser Dialog zwischen Severin und Wanda in *Venus im Pelz,* der wohl bekanntesten Erzählung des *Kain*-Zyklus und des Autors überhaupt, bildet gewissermaßen die Urzelle jener Inszenierung einer Perversion («Seltsamkeit»), als die
Sacher-Masochs autobiographisch inspiriertes Erzählen insgesamt gedeutet worden ist. Der Autor gestaltet jenes vertraglich besiegelte Sklaventum, das er in seiner Beziehung mit Fanny Pistor 1869/70 gelebt hat, in der *Venus*-Erzählung
nach und wird das in diesem Text entworfene Schicksal wiederum in der Beziehung zu Anna Rümelin, die er 1871 kennenlernt (1873 heiratet) und die sich
fortan Wanda nennt, nachleben, ja bis zur Neige auskosten. Trotz der Konsequenz, mit der Sacher-Masoch seine intime Disposition lebte und literarisch
verwertete, war er zutiefst schockiert, als der Psychiater Krafft-Ebing ihn 1891
in die sechste Auflage seiner *Psychopathia sexualis* (und schon 1890 in den
Neuen Forschungen auf dem Gebiete der Psychopathia sexualis) als das Paradebeispiel für «Masochismus» aufnahm, als das er seitdem der Welt bekannt ist. Zwischen der medizinischen Diagnose coram publico und der subjektiven Vorführung seiner Eigenart in (wie auch immer flüchtig und zunehmend für kommerzielle Zwecke verfaßten) literarischen Gestaltungen bestand für ihn ein Unterschied der Ehre, aber auch des anthropologischen und sozialen Gehalts.

Das Frauenbild der *Venus im Pelz* etwa umfaßt verschiedene, auch unabhängig
von einem individuellen ‹Masochismus› relevante Ebenen. Da ist zunächst die
Frau als antike Göttin, greifbar in der Marmorstatue mit Pelz, die sich scheinbar
verlebendigt; tatsächlich macht der männliche Liebhaber, indem er sich der
Domina unterwirft, gleichsam den Schöpfungsakt des Pygmalion rückgängig,
restituiert er in (oder statt) der Frau die kalte, unnahbare Statue. Wie aktuell das
Pygmalion-Thema in der damaligen Novellistik war, zeigt schon ein Seitenblick
auf Kellers *Sinngedicht.* Übrigens ist in Sacher-Masochs Erzählung dieser Sta-
tuen-Aspekt ausdrücklich mit der Opposition Antik–Modern verknüpft; Wanda
fühlt sich als Heidin und ist eine antike Göttin, während Severins Form des
Begehrens von der Diskriminierung der Sinnlichkeit in der Moderne (im Sinne
von christlicher Kultur) gezeichnet ist. Zugleich stellt die pelzbesetzte und meist

mit spitzen Zähnen ausgestattete Frau natürlich ein Raubtier dar, das die unbarmherzigen Regeln eines pseudodarwinschen «Kampfs ums Dasein» in der erotischen Beziehung zur Geltung bringt. In der stereotypen Kombination mit der Peitsche gemahnt sie außerdem an Rituale und Klischees asiatisch-östlicher Herrschaft; Sacher-Masoch hat nicht umsonst immer wieder seine ruthenische Amme und die galizische Kindheit als prägende Muster seiner Persönlichkeit bemüht.

Nicht fehlen darf ein Hinweis auf die Rolle der Natur in Sacher-Masochs östlicher Erzählwelt. Rudolf Gottschall, der sich unter den etablierten deutschen Literaturkritikern wohl am nachhaltigsten für den umstrittenen Autor einsetzte, nennt ihn als «Meister der Naturschilderung» geradezu einen «galizischen Jean Paul» – richtiger wäre wohl der Hinweis auf das Vorbild Turgenjews – und zitiert als Beweis aus dem Roman *Der neue Hiob* (1878) die Beschreibung einer Fußreise durch die Weiten der winterlichen Ebene. Auch in Franzos' Roman *Der Pojaz* (beendet 1893) spielt der strenge Winter des Ostens eine Rolle – der Eisstoß des auftauenden Dnjestr, dem die Brücke nach Westen zum Opfer fällt, dient als Symbol für die Abgetrenntheit des jüdischen Helden von der westlichen Kulturwelt, der er doch mit ganzer Kraft zustrebt. Anderen Landschaftsbeschreibungen von Franzos ist gleichfalls die Distanz eingeschrieben, aus der heraus sich dieser assimilierte jüdische Schriftsteller der galizischen Heimat zuwendet.

«Wer von Stanislau im Waggon der Lemberg-Czernowitzer Bahn gegen Südost fährt, den schilfigen Ufern des Pruth und den Buchenwäldern der Bukowina entgegen, dem liegt zur Linken immer dasselbe Bild: die unermeßliche Ebene, an welcher die Jahreszeit nur die Farben ändert [. . .].»
«Wer im Waggon von Lemberg nach Czernowitz dahinfährt, mag leicht versucht sein, Ostgalizien für menschenärmer zu halten, als es ist. Meilenweit öde Haide oder dürftiger Ackerboden, einige Hütten in der Ferne, aber selten ein großes Dorf.»

Mit dem ersten Satz beginnt der zweibändige Roman *Ein Kampf um's Recht* (1882), mit dem zweiten – vierzehn Jahre später – die romanartige Großerzählung *Leib Weihnachtskuchen und sein Kind* (1896), in der übrigens die Eisenbahn bzw. ihr Bau auch inhaltlich Bedeutung gewinnt. Signifikant ist die Perspektive des Reisenden, die der Autor einnimmt und zu der er den Leser einlädt; er lädt ihn ein zu einer Expedition in die Fremde, die mit ethnographischem Interesse und einem fast kolonialistischen Blick betrachtet wird. Insofern schreibt Franzos' Erzählwerk zu einem erheblichen Teil den Blickwinkel seiner frühen Erfolge, der Kulturbilder *Aus Halb-Asien* und der Ghettogeschichten *Die Juden von Barnow*, fort. Indem er auch spätere Bücher in Barnow ansiedelt und

einzelne Figuren wiederholt auftreten läßt – so den «Marschallik» Itzig
Türkischgelb als Vertreter eines gesunden Menschenwitzes – bildet sich
eine galizische Saga heraus: die imaginäre Topographie eines rückstän-
dig-poetischen Landes, von ferne an die geschlossene Südstaaten-Welt in
Faulkners Romanen erinnernd.

In der Großerzählung *Moschko von Parma* (1880) vollzieht Franzos
den Schritt von der Ghettogeschichte zum Romanformat und bleibt
doch Grundbedingungen der ersteren treu. Die Jahre, die Mosche/
Moschko als Soldat («Sellner») in der Fremde verbringt, werden ausgespart; wir erleben seine rauflustigen Anfänge in und seinen Abschied
von Barnow und dann wieder die Rückkehr des Krüppels und die reue-
volle Zeit danach. Die tragische Figur des jüdischen Soldaten ist ein
Emblem für die Opfer und Beschädigungen des Assimilationsprozesses.
Eine andere Stufe dieses Prozesses liegt der Großerzählung *Judith Trachtenberg* (1891) zugrunde, doch hat auch sie einen tragischen Ausgang. In
der Metternich-Ära erkämpft sich eine Jüdin die Legitimierung ihrer
Scheinehe mit einem Grafen unter ausdrücklicher Bewahrung ihres
Glaubens und nimmt sich am Ende doch das Leben, da ihr dessen Sinn
unter den erlittenen Spannungen verlorengegangen ist.

Die Idee eines individuellen Kampfes, über dessen beharrlicher Fortsetzung
der eigentliche Anlaß und Inhalt bisweilen abhanden kommt, liegt mehreren
Werken von Franzos zugrunde, am ausdrücklichsten dem Roman *Ein Kampf
um's Recht*. In freier Anlehnung an Kleists *Michael Kohlhaas* wird zunächst der
verzweifelte Einsatz eines Dorfrichters für den Rechtsanspruch seiner Gemeinde
gezeigt – bis hin zum ergebnislosen Besuch beim Kaiser –, anschließend (nunmehr im Windschatten von Schillers *Räubern* und seinem *Verbrecher aus verlorener Ehre*) der Weg des Enttäuschten in die Faustrecht-Existenz eines «Hajdamak».
Ein schuldig gewordener Richter ist auch der Präsident von Sendlingen (*Der Präsident*, 1884). Aus dem Widerspruch von innerem und äußerem Recht leitet noch
«Der deutsche Teufel» in der gleichnamigen Erzählung (*Aus der großen Ebene*,
1888) die Notwendigkeit seines Handelns ab. Dort heißt es allerdings auch:

«Wie kein Staubkorn, wenn es der Wind noch so wild und weit umherwir-
belt, aus dem Erdkreis fällt, so kann kein Mensch abfallen von seinem
Volke [. . .]. Denn dagegen wirkt ein Gesetz in unserer Brust, welches uns
bindet, ebenso sehr wie das Gesetz der Schwere jenes Staubkorn.»

Bei aller Betonung eines subjektiven Ideals, der Werte der Aufklärung
und des Rechts des einzelnen obsiegt bei Franzos letztlich eine schicksalhafte Größe, die auch dem Prozeß der Assimilation unübersteigliche
Schranken setzt. Man möchte an Büchners «Fatalismus» denken angesichts der Verbindung von dynamischer Rationalität und deterministi-
scher Resignation, und tatsächlich besaß Franzos eine starke innere
Beziehung zu dem Dichter, dessen *Woyzeck* er erstmals herausgab. Vielleicht sind die komödiantischen Elemente, die den postum publizierten

– und wiederum tödlich endenden – Roman *Der Pojaz* (d. h. Bajazzo) nicht nur im engeren Sinn der Theaterthematik auszeichnen, auch als Hinweis auf die Affinität des Autors zu jenem Dramatiker und Meister der Stilmischung zu sehen.

3. Erzähler des Jungen Wien

Schnitzler

Arthur Schnitzler gilt zu Recht als Meister psychologischen Erzählens. Die größten und bekanntesten seiner Erzählungen entstehen allerdings erst im 20. Jahrhundert; auch seine vieldiskutierte Auseinandersetzung mit Freud setzt erst nach 1900, mit der Lektüre der *Traumdeutung*, ein. Aus literaturgeschichtlicher Sicht verdienen aber gerade die Erzählungen der achtziger und neunziger Jahre besonderes Interesse: als Dokumente für das Aufkommen spezifischer Fragestellungen und Techniken der literarischen Moderne in Wien, für die erst post festum solche Schlagworte wie das «unrettbare Ich» (Bahr/Mach) kursierten. Der Erzähler Schnitzler stellt die «Majestät des Ichs» schon viel früher in Frage, und wenn er dabei – vor allem in formaler Hinsicht – auch manche Anregung Hermann Bahrs und anderer Wiener Freundes-Kollegen aufnahm, so liegt sein eigentlicher Ausgangspunkt doch jenseits des literaturkritischen Richtungsstreits, nämlich in einer medizinisch und philosophisch begründeten skeptischen Anthropologie.

Schnitzler war Arzt und Sohn eines führenden Kehlkopfspezialisten; bis zum Tode des Vaters (1893) redigierte er in seinem Auftrag die *Internationale Klinische Rundschau*. Seine eigenen – eher lustlos verfaßten – Beiträge zur Zeitschrift aus den Jahren 1887–1894 geben ein anschauliches Bild von der wissenschaftlichen Kompetenz und den besonderen Interessenfeldern des Mediziners Schnitzler. Dieser beschäftigte sich besonders mit den therapeutischen Möglichkeiten der von Charcot entwickelten Hypnosetechnik und führte regelmäßig vor einem größeren oder kleineren Kreis von Kollegen einschlägige Experimente vor. Im Grunde muß sich schon damals eine Kernposition seines späteren Werks herausgebildet haben: daß nämlich das bewußte Ich nur eine Maske oder Fassade, eine Schein-Identität von nur sehr relativer Bedeutung gegenüber elementaren Triebregungen ist, die sich rationaler Kontrolle entziehen und beispielsweise im Traum konkrete Gestalt annehmen. Eine Traumschilderung ist übrigens schon im ersten erzählerischen Versuch des Achtzehnjährigen enthalten, dessen Titel (*Frühlingsnacht im Seziersaal*) wie ein Extrakt der brisanten Mischung von emotionaler Subjektivität und quasi anatomischer Objektivierung wirkt, die fortan das erzählerische Schaffen Schnitzlers bestimmt.

Zwei kurze Prosatexte, die 1887 entstanden (*Amerika, Erbschaft*),
bringen das subjektive Element in personaler Erzählweise zur Geltung,
der zweite von ihnen bereits in Verbindung mit dem Duellmotiv, das
sich durch zahlreiche Werke Schnitzlers zieht; das fragwürdige Ritual
fasziniert den Autor durch die Abruptheit der emotionalen Effekte, die
es ermöglicht – ein idealtypischer novellistischer Wendepunkt. Als vor-
definierte Situation mit offenem Ausgang steht es zudem in Analogie
zum naturwissenschaftlichen Experiment, dessen Modell man in verschiedenen Werken Schnitzlers wiedergefunden hat. *Mein Freund Ypsilon,*
gleichfalls 1887 geschrieben, trägt den Untertitel «Aus den Papieren
eines Arztes». Der objektive Bericht und dokumentarische Gestus des
Erzählers steht in scharfem Kontrast zur haltlosen Phantasie des (schwachen) Dichters Ypsilon, der einer selbsterfundenen Frauengestalt nach-
stirbt. Die Tagebuchnovelle *Der Andere* (1889) nimmt die Ausgangssituation von *Erbschaft* auf, nunmehr aber aus der Perspektive des Witwers,
der im nachhinein Anlaß hat, die Treue seiner gestorbenen Frau zu
bezweifeln. Ich- und Er-Erzählung sind für Schnitzler unterschiedliche
Möglichkeiten, den Perspektivismus des Erzählens zu erproben und den
Relativismus der erzählerischen «Wahrheit» zu demonstrieren.

Nach diesem vielversprechenden Frühwerk, das noch vor einer möglichen Einflußnahme Bahrs entstanden ist und von dem sich mühelos
Verbindungslinien zu ‹klassischen› Erzählungen des Autors (wie *Leutnant Gustl*) herstellen lassen, macht Schnitzler scheinbar einen Umweg
über den Naturalismus. Die pathologischen Enthüllungen, mit denen
die Novellen *Die Braut* und *Der Sohn* (entstanden 1891 bzw. 1889) aufwarten, bleiben hinter der Kraßheit eines Zola nicht zurück. *Der Sohn*
erschien auch 1892 – ebenso wie zwei Jahre später *Sterben* – in der
Berliner Zeitschrift *Freie Bühne,* dem Zentralorgan des deutschen Naturalismus. Der didaktische Duktus, der beiden Erzählungen eignet, läßt
die philosophischen Grundlagen hervortreten, auf denen das naturwissenschaftliche Denken Schnitzlers gewissermaßen aufliegt. Es ist Schopenhauers Bezweiflung des principium individuationis, die im Schlußabsatz von *Die Braut* variiert wird, wenn die Gleichgültigkeit der
männlichen Individualität und die Überflüssigkeit ihrer persönlichen
Qualitäten für die empfängnisbereite Frau im Liebesakt betont wird;
vom «ewigen Prinzip» ist hier die Rede, «das in der Maske eines Individuums erscheinen muß, um walten zu dürfen». In nuce ist damit schon
die Idee des Dramas *Reigen* formuliert. Ähnlich programmatisch heißt
es im Schlußsatz von *Der Sohn*: «Mich dünkt, es ist noch lange nicht
klar genug, wie wenig wir wollen dürfen und wieviel wir müssen.»
Damit ist theoretisch der Anschluß an die deterministische Grundhaltung des Naturalismus hergestellt, aber weniger im Sinne einer positiven Festlegung auf bestimmte wissenschaftliche Positionen als im

Sinne eines grundsätzlichen Zweifels an der Autonomie des Individuums.

Mit größter Konsequenz ist dieser Zweifel in der umfangreichen Erzählung *Sterben* (1894) gestaltet, fraglos einem der bedeutendsten Werke Schnitzlers. Der Leitgedanke des hier veranstalteten Experiments ist eindeutig: Wie verhalten sich zwei Liebende angesichts der Gewißheit, daß einer von ihnen in Jahresfrist sterben muß, und wie verändert sich ihr Verhalten im Laufe der Zeit? Entsprechend dem abgeschlossenen Charakter (Retortensituation) eines naturwissenschaftlichen Experiments werden fast alle anderen Informationen aus dem Beschreibungsfeld ausgeblendet; wir erfahren nichts über die gesellschaftliche Stellung, die Vergangenheit und die Familienverhältnisse der beiden Liebenden, ja nicht einmal ihren Nachnamen und die genaue Diagnose der Krankheit (man darf annehmen: Tuberkulose). Die durchgängig personal gestaltete Erzählung beginnt mit der Mitteilung der ärztlichen Vorhersage des Todes und endet mit seinem Eintritt. In der Zeit zwischen diesen beiden Eckpunkten hat eine voll kommene Umkehrung der Haltungen stattgefunden, die Felix und Marie ursprünglich zu der neuen Sachlage eingenommen haben.

Aus Maries Bereitschaft, mit Felix gemeinsam in den Tod zu gehen, ist eine übermächtige Sehnsucht nach dem Leben und panische Angst vor dem Sterben geworden. Dieser wiederum, der anfangs vornehm auf Maries Angebot eines gemeinsamen Liebestodes verzichtet hat, schreckt in seinen letzten Stunden auch nicht vor einem Mordanschlag auf die Geliebte – nunmehr eifersüchtig Gehaßte – zurück. Beide sind auf ihr Selbst zurückgeworfen, dieses ‹eigentliche› Selbst entspricht aber gerade nicht dem Ideal einer altruistisch liebenden Persönlichkeit, als die sich beide anfangs selbst verstehen, sondern es ist der schlichte egoistische Lebenstrieb, wie er auch in der tierischen und pflanzlichen Natur regiert. Mit dem unaufhebbaren Unterschied freilich, daß dieser Trieb in Felix am Erlöschen ist, während er in Marie – nach langer künstlicher Unterdrückung – einen neuen Aufschwung nimmt. «Ein Mann mit Marie – ungeheuer groß –», so einer der letzten schon halb halluzinierten Eindrücke des Sterbenden. In der Vision liegt Wahrheit; der Lebensreigen wird weitergehen.

Die kleine Komödie ist nur ein knappes Jahr nach *Sterben* entstanden und gedruckt worden – und zwar gleichfalls in der *Neuen Deutschen Rundschau* (wie sich nunmehr die *Freie Bühne* nannte). Dabei scheint kein größerer Kontrast möglich als der zwischen dem peniblen Protokoll eines fortschreitenden Todes und der heiteren Briefnovelle, in der zwei Vertreter der Wiener Lebewelt einem/einer entfernten Vertrauten von ihrem neuesten amourösen Abenteuer berichten. Dessen Pointe besteht darin, daß sowohl Alfred von Wilmers als auch Josefine Weniger auf die Idee gekommen sind, ihren Stand und Reichtum zu verleugnen und – ausschließlich den Reizen ihrer individuellen Persönlichkeit vertrauend – einen Partner aus den Reihen des Kleinbürgertums zu suchen. Wie nur der Leser aus der Zusammenstellung der Briefe von Anfang an erfährt, begegnen sie im angeblichen Künstler bzw. der vermeintlichen Kunststickerin jeweils ihrem eigenen getarnten Standesgenossen. Jeder

wird vom anderen instrumentalisiert, während er doch der eigentliche
Regisseur der Liebesaffäre zu sein glaubt. Die Möglichkeit eines Aus-
stiegs aus der sozialen Konvention und der Anspruch auf Gegenliebe um
seiner selbst willen werden somit von vornherein der Illusion überführt.
Darin liegt die tiefere Gemeinsamkeit mit *Sterben;* es gibt keine ‹echte›
Liebe jenseits der Rollen und Masken.

Es gibt auch keine individuelle Liebe bzw. Treue über den Tod hinaus.
So die Lehre aus einer der interessantesten erzählerischen Leistungen
Schnitzlers, der auf Rodenbachs Roman *La Brugge morte* beruhenden
Novelle *Die Nächste* (entstanden 1899). Bei Rodenbach wie bei Schnitzler ermordet ein Witwer die Ersatzfrau, die Doppelgängerin der Toten, ja
Schnitzler steigert die Kette der Substitutionen noch, indem er schon
die Ehefrau als Nachfolgerin einer früheren Geliebten (und diese wiederum als Ersatz der frühverlorenen Mutter?) darstellt. Mit den Mitteln
der erlebten Rede und der Interferenz von Personen- und Erzählerper-
spekive erzielt Schnitzler die eindringliche Suggestion eines pathologischen Bewußtseinsprozesses.

Ein Ausstieg aus dem Karussell sich verflüchtigender Liebesbeziehungen scheint sich allerdings am Ende der Novelle *Die Toten schweigen*
(1898) anzudeuten. Mit den Worten «ich glaube, du hast mir noch etwas
zu erzählen» macht der betrogene Ehemann den Weg zu einer aufrichtigen Mitteilung frei; die Frau, die ihren Geliebten soeben bei einem
Unfall verloren hat, wird aus ihrer narzißtischen Vereinsamung gerissen,
in der sie vor dem Spiegel mit sich selbst kommuniziert, indem sich
der Mann zwischen sie und das Spiegelbild stellt und ihr die Hände auf
die Schultern legt. Eine der wenigen Stellen in Schnitzlers Frühwerk, an
der sich deutlich ausspricht, daß es für diesen Autor doch eine Alternative zur Ich-Auflösung gibt! In einem späteren Aphorismus hat er mit
negativer Wertung von der «kernlosen» Existenz und der «ungeheuren»
Einsamkeit der «großen Mehrzahl der Menschen» gesprochen; der
Gegenentwurf eines kohärenten Ich und einer authentischen Kommunikation ist offenbar doch nicht aufgegeben.

Aus *Leutnant Gustl* (1900) allerdings sind solche Vorstellungen nur ex negativo zu gewinnen. Der ganz und gar als innerer Monolog gestaltete Text − ein
Novum in der Geschichte der deutschsprachigen Literatur − ist zu Recht als
Entlarvung einer Hohlform bezeichnet worden. Denn die Bewußtseinsinhalte
des Offiziers, zu denen der Leser aufgrund der Monologform direktesten Zugang
hat, sind von enttäuschender Monotonie und Klischeehaftigkeit. Unmittelbare
Triebreaktionen größtenteils erotischer Natur wechseln mit gesellschaftlichen
(auch antisemitischen) Stereotypen, unter denen der Ehrbegriff eine zentrale
Rolle spielt. So glaubt Gustl ja, aufgrund einer als entehrend empfundenen Auseinandersetzung mit einem − als solchem nicht satisfaktionsfähigen − Bäcker-
meister binnen Tagesfrist Selbstmord begehen zu müssen. Wir erleben also
gewissermaßen seine letzten Stunden; die erzählte Zeit erstreckt sich vom

abendlichen Konzertbesuch, bei dem es zum Zusammenstoß mit dem Bäcker-
meister kommt, bis zum Frühstück am nächsten Morgen, bei dem Gustl zufällig
den Tod des Beleidigers erfährt. Eine sittliche Läuterung oder ein wie auch
immer gearteter Denkfortschritt ist mitnichten zu verzeichnen. Der Monolog
endet mit der Freude auf ein Duell mit einem anderen Gegner, der nach Gustls
Auffassung die Würde des Offiziersstandes in Frage gestellt hat: «Wart', mein
Lieber! Ich bin grad' gut aufgelegt ... Dich hau' ich zu Krenfleisch!»

Die Auslassungszeichen sind das typische Verknüpfungsmittel, mit dem der
Autor in diesem Text von einem Gedanken zum anderen lenkt. Die syntaktische
Vollständigkeit, in der sich Gustls Gedankengang präsentiert, und die Logik sei-
ner Assoziationen unterscheiden Schnitzlers Experiment von noch avancierteren
Versuchen zur Abbildung des «stream of consciousness» im 20. Jahrhundert
(James Joyce). Letztlich ist die Zielrichtung des Autors hier wohl auch keine psychologische; aufgrund der Wahl seiner «kernlosen» Sprecherinstanz schlägt die
totale Subjektivierung in gesellschaftliche Allgemeinheit um. Man durfte die
Konsequenz ziehen: So denken durchschnittliche k. u. k. Offiziere! Schnitzler
hatte daher wenig Grund zur Kränkung darüber, daß ihm infolge der Publikation von *Leutnant Gustl* der Reserveoffiziersrang aberkannt wurde.

Bahr

Von mehreren Romanen, die Hermann Bahr veröffentlicht hat, verdient
nur einer literaturgeschichtliches Interesse; er stammt allerdings aus der
Zeit vor Bahrs Rückkehr nach Österreich und seiner aktiven Beteiligung
an der Formierung einer «Wiener Moderne». Der Roman *Die gute Schule*
entstand im Winter 1889/90 im Anschluß an einen längeren Paris-Aufenthalt und erfuhr seine erste (gekürzte) Publikation in Bahrs Berliner
Frühsommer 1890 in der damals von ihm selbst redigierten *Freien
Bühne*. «Seelische Zustände» lautet der Untertitel des Zeitschriften-
drucks, «Seelenstände» der der Buchausgabe des gleichen Jahres in noch
engerer Anlehnung an Bourgets berühmte Formulierung. Bahr will den
«psychologischen Roman» verwirklichen, der − wie er es in seinem
Essay über Jean Richepin formuliert − «einwärts gerichtet, dem nach
außen auf die états de choses eingestellten Altnaturalismus die états
d'âmes erwidern will: Seelenstände gegen Sachenstände.» In diesem
«Neonaturalismus» ist fast schon die Überwindung des Naturalismus
angelegt, also eben jene Tendenz, die Bahr in den Vordergrund seines
Wiener Wirkens stellte.

Die Handlung der *Guten Schule* ist kurz erzählt: Ein österreichischer
Maler erlebt in Paris eine Schaffenskrise, aus der er Heilung in einem
Verhältnis zu einem Mädchen (Fifi) sucht. Es entwickelt sich eine
höchst leidenschaftliche Beziehung − Bahrs Interesse fürs Erotische
macht beim Vorabdruck in der Zeitschrift manche Auslassung erforderlich −, die im Laufe der Zeit sado-masochistische Züge annimmt. Fifi

verläßt den Maler schließlich zugunsten eines schwarzen Millionärs. Indem sie diesen zum Kauf einiger Bilder ihres Ex-Geliebten veranlaßt, mutiert der Bohemien am Ende zu einem selbstzufriedenen Zyniker. Ironisch zitiert der Schluß das Grundmodell des Bildungsromans, von dem bis dahin nicht viel zu spüren war, und verhilft zum Verständnis des Titels: «Ja, die Liebe ist die gute Schule der wirklichen Weisheit. Man wird etwas stark gepufft, aber dafür sind auch am Ende die Eseleien gründlich ausgetrieben.» Otto Brahm karikierte diese Wendung zum Bildungsroman mit dem zynischen Kommentar: «Grüner Heinrich fin de siècle».

Unter «fin de siècle» lassen sich die offensichtlichen Anleihen bei Bourget und Huysmans verbuchen, der bewußt erstrebte – und von Sensationshascherei nicht freie – Anschluß an typische Themen der Dekadenz. Größeres Interesse als diese inhaltlichen Elemente verdient die innovative Erzähltechnik: die weitgehende Annäherung der Beobachtungsinstanz an den Denkprozeß der Hauptperson (bis in den Rhythmus hinein) und bestimmte fast manierierte Wiederholungseffekte. Bahr hält die Personalisierung der Erzählperspektive so konsequent durch, daß er uns bis zuletzt den Namen seines männlichen Helden verschweigt (schließlich reflektiert ja keiner über sich mit Namensnennung), obwohl es sich nicht um eine Ich-Erzählung handelt, sondern um eine – im höchsten Maße subjektzentrierte – Er-Erzählung.

Die theoretische Basis dieser Erzähltechnik liefert Bahr noch im gleichen Jahr nach, nämlich im Essay *Die neue Psychologie* (1890), in dem er ein «dekompositives» Erzählverfahren fordert, das von den «Zusätzen, Nachschriften und allen Umarbeitungen des Bewußtseins» abstrahiert und die «Gefühle auf ihre ursprüngliche Erscheinung vor dem Bewußtsein» zurückführt:

> «Die alte Psychologie hat die Resultate der Gefühle, wie sie sich am Ende im Bewußtsein ausdrücken, aus dem Gedächtnis gezeichnet; die neue zeichnet die Vorbereitungen der Gefühle, bevor sie sich noch ins Bewußtsein hinein entschieden haben. [...] Die Psychologie wird aus dem Verstande in die Nerven verlegt – das ist der ganze Witz.»

Bahrs Essay beruft sich auf zwei verschiedene ästhetische Paradigmen, um die Forderung nach einem vollständigen Protokoll der Sinnesreize (vor der Ebene des Bewußtseins) zu rechtfertigen. Das eine ist der Naturalismus bzw. die von ihm postulierte «Unpersönlichkeit des Kunstwerkes», das andere die impressionistische Malerei mit ihrem Bemühen, «die Verwirrung gerade des ersten Blickes [zu] erhaschen, bevor er noch vom Bewußtsein gemodelt und verknetet ist». Tatsächlich wendet sich der Maler-Held der *Guten Schule* von den exotistischen Themen des ästhetischen Historismus ab und den Gegenständen und der Malweise eines Manet zu: «Jetzt malte er nur noch, in engem Rahmen, bescheidene Farbenprobleme, ganz einfache und schülerhafte: Die Sonne über die hohe Wiese, welche der Wind bauscht, oder femmes de brasserie, zwei Brüste im gelben qualmigem Lichte, und den flackernden Schatten dahinter auf der schmierigen Wand, im Dampfe der Cigaretten.» Eine historisch reflektierte Anwendung des Impressionismus-Begriffs auf die Wiener Moderne müßte den frühen Theoretiker und Romancier Bahr zur Grundlage nehmen.

Beer-Hofmann

Auch Richard Beer-Hofmanns frühes Erzählwerk bietet für eine solche historische Bestimmung des Impressionismus in der Literatur reiches Material. So wird in der Novelle *Das Kind* Pauls Blick aus dem Fenster auf die Ringstraße in Begriffen der Malersprache beschrieben; mattes Creme und kühles Steingrau bilden den Grundton: «dazwischen lustige Farbenkleckse; bunte Staubtücher, die aus offenen Fenstern flattern, unten auf der Straße mitten aus den dunklen Tönen der Fiaker ein spiegelnder, weißlackierter Milchwagen, rote Pünktchen, – die Kappen einer Gruppe Dienstmänner drüben beim Grand-Hotel». Doch geht es Beer-Hofmann nicht nur um die genaue Nachzeichnung eines Wahrnehmungsprozesses, sondern auch um die Kennzeichnung und Infragestellung eines bestimmten Bewußtseins, dem sich die Welt primär als ästhetisches Phänomen darbietet – eben des Ästhetizismus.

In Beer-Hofmanns erster Buchveröffentlichung (1893), den beiden Novellen *Camelias* und *Das Kind,* wird die ästhetizistische Perspektive an der Lebensform des Dandys festgemacht, zu der der Autor selbst in einem gewissen Nah-Verhältnis gestanden haben muß (in Karl Kraus' Satire wird er schlankweg mit ihr identifiziert). Beide Novellen geben einen Ausschnitt aus dem Leben und – dank personaler Erzähltechnik, die hier wie bei Bahr und Schnitzler mit großer Konsequenz praktiziert wird, und reichlichen Gebrauchs erlebter Rede – aus dem Bewußtsein eines Wiener Lebemanns. Die spärliche Handlung wird jeweils bestimmt durch eine sexuelle Beziehung des Junggesellen, bei der Geld eine entscheidende Rolle spielt; einmal handelt es sich um eine hochbezahlte Mätresse, das andere Mal um ein Dienstmädchen, das ein Kind von ihm bekommen hat. In beiden Fällen erwägt der Dandy einen Abbruch der Beziehung, um sie schließlich doch fortzusetzen.

Ist es in *Camelias* der Gedanke an eine attraktivere junge Frau, der den Dandy schwanken läßt, so in der zweiten – später entstandenen, aber im Buch vorangestellten – Novelle die Nachricht vom Tod des gemeinsamen Kindes, die Paul zunächst als Befreiung empfindet (als Befreiung nämlich von einem Druckmittel, das das Mädchen gegen ihn in der Hand hatte), um dann im Fortgang der Erzählung von nur zu berechtigten moralischen Skrupeln befallen zu werden. Offensichtlich ist das Kind aufgrund mangelnder Pflege bei den Zieheltern gestorben, die keinen besonderen Zuschuß erhielten; Paul, der bis dahin jeden Kontakt zum Kind gemieden hat, fährt nun aufs Land und sucht sein Grab. Aus der Einsicht in die eigene Versündigung an den Gesetzen der Natur reißt ihn «wie eine Erlösung» die sofortige Rückkehr; noch im Wagen setzt ein Prozeß des Umdenkens ein, der das so spät geweckte Gewissen alsbald wieder beruhigt, und kaum in der Stadt, stürzt sich Paul erneut in den besinnungslosen Genuß von «Sonne und Blumenduft und Liebe und Jugend». Sein Verhalten gibt gewissermaßen die positive Antwort auf das Goethes *Faust* entnommene Motto der Novelle: «Sind wir ein Spiel von jedem Druck der Luft?» Positiv gefaßt, könnte der Satz, dem eine intensive Luft-Bildlichkeit in eben dieser Erzählung entspricht, die Maxime des impressionistischen Lebensgefühls abgeben.

Die Mimikry eines inkohärenten – männlichen, gesellschaftlich privilegierten, egozentrischen und ästhetizistischen – Bewußtseins schlägt um in seine Kritik, und eine entscheidende Rolle spielt dabei der Tod. Damit ist bereits die Grundidee der nächsten und bedeutendsten Erzählung Beer-Hofmanns formuliert, die schon Mitte der neunziger Jahre entworfen, aber erst 1899 beendet wurde. *Der Tod Georgs* (1900) nimmt im Schaffen des Autors eine Schlüsselstellung ein, weil er einerseits – als Gestaltung und Kritik des ästhetizistischen Bewußtseins – eine dichterische Summe des Frühwerks bildet, andererseits mit der abschließenden Erinnerung des Protagonisten an seine Vorfahren (das namentlich nicht genannte jüdische Volk) die Verbindung zur jüdischen Thematik herstellt, in der das spätere Schaffen Beer-Hofmanns sein inneres Zentrum findet. In der Vorstellung der Verbundenheit mit den Ahnen konkretisieren sich Anregungen aus Haeckels Monismus, die auch bei Hofmannsthal ihre Entsprechung finden: «Ganz vergessener Völker Müdigkeiten / Kann ich nicht abtun von meinen Lidern». Die Verse des Gedichts *Manche freilich* entstammen dem gleichen Jahr 1895, in dem sich Hofmannsthal, wie seine Juni-Briefe an den Freund zeigen, nach großer Vorfreude in einen Haeckel-Band Beer-Hofmanns vertieft.

Grundsätzlich läßt sich feststellen, daß der individualistische Bewußtseinsprozeß, wiederum durch personales Erzählen und erlebte Rede zur Geltung gebracht, im *Tod Georgs* eine Erweiterung ins Kollektive, Menschheitlich-Geschichtliche erfährt. Bedeutsam hierfür ist vor allem das zweite Kapitel, auch in formaler Hinsicht wohl die eigentliche künstlerische Sensation dieser insgesamt schon hochartifiziellen Komposition. Während sein Freund Georg im Nachbarzimmer schläft und überraschend stirbt, hat Paul (wie hier wiederum der Protagonist heißt) einen Traum, der ihm und dem Leser als solcher jedoch erst am Ende des Kapitels voll bewußt wird. In diesem Traum imaginiert er das Sterben einer Frau, die er am selben Abend flüchtig gesehen hat; im Traum, der sieben Jahre später spielt, ist sie schon ebenso lange seine Ehefrau. Der geträumte Leidenstod der Frau rückt gewissermaßen stellvertretend für den ‹glücklichen›, nämlich dem Sterbenden selbst wohl verborgen gebliebenen Tod Georgs ein. Dieser wird denn auch im weiteren Gang der Erzählung weitgehend ausgeklammert; das nächste Kapitel zeigt Paul bereits im Zug, der Georgs Sarg von Bad Ischl nach Wien bringt. Die Bahnfahrt wird zu einer Revue des eigenen Lebens, und auf sie folgt dann nur noch – Georgs Begräbnis wird wiederum ausgespart – im letzten Kapitel die Beschreibung eines Herbstspaziergangs im Schönbrunner Park mehrere Monate später.

Die Erzählung, die einen Todesfall im Titel trägt, setzt sich also gar nicht direkt mit dem Schicksal des Sterbenden auseinander, und das erscheint insofern konsequent, als die Realität des Todes vom Ästhetizismus, und wahrscheinlich letztlich von der Kunst überhaupt, nicht erfaßt werden kann. Statt dessen erleben wir die Bilder, die Pauls Bewußtsein produziert – Bilder, die von seiner ästhetischen Wahrnehmung der Welt zeugen und in denen sich doch zunehmend, in geheimnisvoller Weise durch Georgs Tod veranlaßt und gesteuert, soziale Bezüge bemerkbar machen. Bereits die Vision jener antiken Tempelorgie, zu der sich die Erinnerung an die eigene Jugend in Pauls Traum verdichtet, hat ja überindividuelle Qualitäten, verweist auf die Ebene des Mythos und der Religionsgeschichte (die Details entnahm der Autor einem Buch Jacob Burckhardts). Ihre exotistische Ästhetik der Grausamkeit, gemahnend an Makart oder Flaubert, markiert allerdings eher den ästhetizistischen Pol, von dem sich Paul zunehmend entfernt – in seiner Wahrnehmung der Arbeiter und Bauern an der Bahnstrecke etwa und schließlich in jenem hochsymbolischen Detail, mit dem die Erzählung endet: Georg ist zu müde, um einen Trupp Bauarbeiter zu überholen, und geht ihnen hinterher, «unbewußt in den schweren Takt ihrer Schritte verfallend». Er verspürt dabei Ruhe und Sicherheit, als lege sich ein starke Hand auf ihn und fühle er ihren Pulsschlag. Der letzte Satz lautet, desillusionierend oder (im Sinne einer jüdischen Lektüre?) bestätigend: «Aber was er fühlte, war nur das Schlagen seines eigenen Bluts.»

Hofmannsthal

«So erlangte er die peinliche Geschicklichkeit, sich selbst als Objekt zu behandeln.» Dieser Satz entstammt den Entwürfen, die der siebzehnjährige Hugo von Hofmannsthal zu einer erzählerischen Verarbeitung seiner eigenen Kindheit anfertigt und denen er in Anlehnung an ein englisches Kinderbuch den halbironischen Titel *Age of Innocence* (1891) gibt. Das Interesse an der menschlichen Psyche, und insbesondere an Phänomenen wie Ich-Spaltung, Narzißmus und untergründiger Erotik, bestimmt auch die künftigen erzählerischen Arbeiten Hofmannsthals, ohne daß dieser allerdings wie Schnitzler den Weg eines analytischen Erzählens einschlägt. Eher realisiert sich das Seelische bei ihm in Gesten und symbolischen Räumen, der hochgezogenen Lippe eines Mädchens etwa oder der Vorliebe eines Kaufmannssohnes für Treibhäuser.

Die Beispiele sind dem *Märchen der 672. Nacht* entnommen. Der Titel verweist auf *1001 Nacht,* ohne daß es dem Verfasser mit der Einbindung in die Welt des Orients und die Kalifenzeit sonderlich ernst wäre. Der Kasernenhof des Schlusses mutet eher wie eine Reminiszenz an Hof-

mannsthals Militärdienst (1894/95) an, und das Interesse des Kauf-
mannssohns für Teppiche und Schnitzereien erinnert an aktuelle Befind-
lichkeiten der Jung-Wiener Dichterschule. «Modern sind alte Möbel
und junge Nervositäten», hatte Hofmannsthal 1893 erklärt, und in das
Widmungsexemplar für Beer-Hofmann schrieb er 1896: «de te fabula
narratur». Eine andere Lebensspur zeichnet sich in der auslösenden
Funktion ab, die Andrians autobiographisch geprägter *Garten der
Erkenntnis* für die Niederschrift der Erzählung im Frühjahr 1895 hatte.
In ihrem Protagonisten, der übrigens namenlos bleibt, läßt sich der
Typus des «Erben» wiedererkennen, der auch in Hofmannsthals Gedichten beschworen wird: die Verkörperung einer Generation lebensschwa-
cher Nachkömmlinge, deren Väter oder Großväter den entscheidenden
gesellschaftlichen Aufstieg vollzogen hatten – wie es ja für den Autor
und seine Freunde weitgehend zutraf.

Freilich, der Kaufmannssohn ist kein Dichter. Er ist der Richtung seiner Interessen nach auch kein Bürger, wenngleich er dieser gesellschaftlichen Herkunft letztlich nicht entrinnen kann; noch am Schluß ist er ja
bemüht, mit Hilfe von Geldgeschenken Kontakte zu anderen Menschen
aufzubauen. Es ist diese Zwischenstellung, die unverbindliche Existenz
des Dilettanten, die ihm zum Verhängnis wird. Problematisch erscheint
zunächst sein Verlust eines unmittelbaren Lebensbezugs; der Kaufmannssohn ist umstellt von Spiegeln, Kunstgewerbe und Treibhäusern.
Als symbolischer Brennpunkt seiner Lebensschwäche rückt das Verhältnis zu den Dienern in den Vordergrund; man könnte von seiner Abhängigkeit von Abhängigen sprechen: «Er wähnte, völlig einsam zu leben,
aber seine vier Diener umkreisten ihn wie Hunde.» Ihre Treue und Ergebenheit bekommt nachgerade bedrohliche Züge. «Furchtbarer, als daß
sie ihn unausgesetzt beobachteten, war, daß sie ihn zwangen, in einer
unfruchtbaren und so ermüdenden Weise an sich selbst zu denken.»

Die Sorge um einen Diener ist es denn auch, die den Kaufmannssohn
– in einer völlig überstürzten und lebensfremden Reaktion – in die
Stadt treibt, wo er sich in immer obskurere Straßen verirrt und schließlich elendiglich ums Leben kommt. Die Erzählung beweist hier eine
ähnliche Dialektik, wie sie schon im Herr-Diener-Verhältnis erkennbar
wurde; gerade der Wunsch nach Aufrechterhaltung seiner ästhetischen
Existenz begründet die Sorge um die Diener und treibt den Ästheten
einem häßlichen Tod in die Arme (er wird auf einem Kasernenhof vom
Huf eines ausschlagenden Pferdes getroffen), der das genaue Gegenteil
von jenem sinnvollen, persönlichen Tod darstellt, den sich der Kaufmannssohn anfangs als Krönung eines poetischen Lebens vorstellt. Und
doch gibt es Anzeichen dafür, daß sich hier eine zielgerichtete seelische
Dynamik erfüllt. Unmittelbar vor dem tödlichen Hufschlag vermag sich
der Kaufmannssohn plötzlich an eine Szene aus seiner Kinderzeit zu

erinnern. Liegt auch seinem Irrweg in und durch die Stadt eine tiefere Logik, ein unbewußtes Suchen nach dem Anderen, dem aus seiner Scheinwelt ausgeschlossenen Leben, zugrunde? Auch wenn derlei nicht ausgesprochen wird, scheint die Struktur des Textes zu solchen Fragen zu ermutigen; denn wie schon Schnitzler in seinem Brief an Hofmannsthal vom November 1895 bemerkte, ist es die Logik eines (Alp-)Traums − und nicht die eines Märchens −, die diese Erzählung beherrscht.

Traumlogik und Traummotive kennzeichnen auch wesentliche Passagen der *Reitergeschichte* (1899). Einzelne ihrer Elemente dürften sicher auf das bereits angesprochene Militärdienstjahr Hofmannsthals zurückgehen, das seinen ungeschminktesten Niederschlag in der nachgelassenen *Soldatengeschichte* (entstanden 1895/96) gefunden hat. Während sich deren Protagonist über die Niedrigkeit und Rohheit des Dienstes durch ein spontanes Gottvertrauen erhebt, zeigt die *Reitergeschichte* die Zerstörung einer militärisch-heroischen Existenz von innen heraus. Wachtmeister Anton Lerch erlebt den triumphierenden Einzug seiner siegreichen Truppe ins unbewaffnete Mailand, eine symbolische Demonstration männlicher Potenz vor sich öffnender Weiblichkeit: «achtundsiebzig aufgestemmte nackte Klingen [...] verschlafene Fenster aufgerissen von den entblößten Armen schöner Unbekannter». Wenige Stunden später findet er sich in einem «totenstillen» Dorf wieder, dessen glitschiges Pflaster ihn (und uns) zwingt, die peinlichsten Szenen kreatürlicher Häßlichkeit sozusagen im Schritt-Tempo, ja geradezu überdehnt, zu betrachten: kämpfende Ratten, ineinander verbissene Köter, eine Kuh auf dem Weg zur Schlachtbank, erschauernd vor dem abgezogenen Fell eines frisch geschlachteten Kalbes.

Die Reihe der Schreckensvisionen gipfelt in Lerchs Begegnung mit seinem eigenen Doppelgänger, die nach diesem Vorlauf − und einem verbreiteten Aberglauben − als Vorankündigung seines Todes verstanden werden muß. Zugleich läßt sie sich natürlich auch als Symbol einer Ich-Spaltung deuten, die seit dem Ritt durch Mailand von Lerch Besitz ergriffen hat; seine durch die Wiederbegegnung mit einer früheren Geliebten aufgestachelte Sinnlichkeit läßt sich kaum noch mit der militärischen Disziplin vereinbaren. Insofern hat seine Erschießung wegen Insubordination noch im Laufe desselben Tages ihre tiefere Logik, auch wenn mit einigem Recht gefragt worden ist, warum der Rittmeister gerade Lerch auswählt, um seine rebellische Schwadron zu disziplinieren. Lerch erliegt gewissermaßen − darin dem Kaufmannssohn des Märchens gleichend − einer subjektiven tiefenpsychologischen Dynamik. In einer jener langen Perioden, mit denen sich Hofmannsthal in dieser «Schreibübung» (so mit unangebrachter Bescheidenheit ein Brief an den Verleger Kippenberg von 1919) als Nachfolger Kleists profilierte, ist abschließend mit Bezug auf Lerch von der «ihm selbst völlig unbekannten Tiefe seines Innern» die Rede.

Die enge Anlehnung an Vorbilder, die Lust an ihrer Anverwandlung und Überwindung ist ein Spezifikum Hofmannsthals. Sein Erzählfragment *Der goldene Apfel* (entstanden 1897) nimmt ein Märchen aus *1001 Nacht* zur Grundlage (während das *Märchen der 672. Nacht* eine solche Vorlage nur vortäuscht). Auch hier ist die Tendenz zur Verbildlichung des Unbewußten unübersehbar − am deutlichsten im Wunsch der Kaufmannstochter nach einem Blick in den geschlossenen Brunnenschacht; es ist dann ein verführerischer junger Mann, der ihr Zugang zum (eigenen) Abgrund verschafft. Der Novellistik der Goethezeit schließlich widmet sich Hofmannsthal ganz direkt und explizit im *Erlebnis des Marschalls von Bassompierre* (1900), der vertiefenden Ausgestaltung einer kurzen (ihrerseits auf den Memoiren Bassompierres beruhenden) Erzählung aus Goethes *Unterhaltungen deutscher Ausgewanderten.* Die schöne Krämerin der Vorlage wird hier zu einer Rätselgestalt von tragischer Tiefe; das Flackern des von ihr angeheizten Kaminfeuers symbolisiert die Erregung, mit der sie sich dem Fremden hingibt, und antizipiert zugleich das Pestfeuer, das der Erzähler wenige Tage später am verabredeten Ort der zweiten Liebesnacht vorfindet. Die Identität des Feuer-Motivs und insbesondere des Schattens, den der angestrahlte Körper an die Wand wirft, läßt als Gewißheit erscheinen, was bei Goethe eher offenbleibt: daß eine der beiden Pestleichen auf dem Tisch, die Bassompierre voller Entsetzen wahrnimmt, die der Geliebten ist.

Andrian

Mit seiner Erzählung *Der Garten der Erkenntnis,* die 1894 entstand und trotz ihres geringen Umfangs 1895 bei S. Fischer als selbständiger Band erschien, ist dem neunzehnjährigen Reichsfreiherrn (und späteren Diplomaten) Leopold Ferdinand von Andrian zu Werburg so etwas wie ein Kultbuch der Epoche gelungen. «Das deutsche Narcissusbuch», notiert Hofmannsthal im Tagebuch und fügt hinzu: «Es sind wundervolle Augenblicke wo sich eine ganze Generation in verschiedenen Ländern im gleichen Symbol findet.» In dem Andrian gewidmeten Gedicht *Ein Knabe* wird er das Narzißsymbol noch binnen Jahresfrist aufgreifen. Es ist ein Grundsymbol des europäischen Ästhetizismus, das im schmalen Werk Andrians (es besteht im wesentlichen aus der genannten Erzählung und wenigen in den *Blättern für die Kunst* erschienenen Gedichten aus der gleichen Zeit) in den Vordergrund tritt.

«Ego Narcissus» lautet das erste der drei Motti, die dem *Garten der Erkenntnis* vorangestellt sind. Hält man sich an das erste Wort, so kann man darin einen Hinweis auf den autobiographischen Charakter der Erzählung sehen, der in der Tat auffällig ist. Mühelos lassen sich in Erwins Biographie die wichtigsten Stationen aus dem jungen Leben des Autors wiedererkennen: von der Kindheit auf einem niederösterreichischen Schloß über den Besuch des Wiener Jesuitenstifts Kalksburg und die weitere Ausbildung durch einen Hauslehrer (den Germanisten Oskar Walzel) bis zum Studium in Wien. Sowohl die homoerotische Disposition Andrians als auch seine Neigung zur Hypochondrie finden direk-

ten Eingang in den Text, der sich im übrigen betont intim gibt. Der Protagonist wird beharrlich als «der Erwin» bezeichnet, wie es wohl süd-
deutsch-österreichischer Ausdrucksweise entspricht, aber doch nur in
mündlicher Rede. (Karl Kraus wird darauf noch in den *Letzten Tagen
der Menschheit* reagieren, wenn er Andrian in Szene I/19 als «Der Poldi»
auftreten läßt.) Dem leger-privaten Charakter der Mitteilung entspricht
die «wir»-Perspektive in verschiedenen Bezugnahmen auf österreichische
Geschichte und Politik: «Dann las sie ihm noch lange vor, vom Jahre
Neunundfünfzig, in dem wir verraten wurden, und von unserem glück-
losen Kampf mit den Preußen.» Das in Berlin verlegte Buch gibt sich als
interne Mitteilung an einen Wiener Freundeskreis aus.

Als «Narcissus» erweist sich «der Erwin» in der Objektlosigkeit seines
Wegs durch die Welt, der als vergebliche Suche nach dem «Geheimnis
des Lebens» interpretiert wird. Der Apfel der Erkenntnis, auf den die
Paradies-Anspielung des Titels zielt, bleibt ihm unzugänglich. Er unterhält zeitweise eine Liebesbeziehung zu einer Frau (und «erkennt» sie
wohl auch im biblischen Sinn), doch verharrt er in innerer Distanz zu
ihrer statuenhaft-hermaphroditischen Schönheit. Der kränkliche Knabe
mit starker Mutterbindung wird dagegen früh von der Sphäre einer
tabuisierten Sexualität angezogen; er nennt sie «das Andere» und denkt
dabei an «die Opernbälle, die Sofiensäle, den Ronacher und das
Orpheum und den Zirkus und die Fiaker». In einem ähnlichen Etablisse-
ment findet er später bei Wiener Schrammelmusik «den Anderen»: einen
Fremden, dem er noch zweimal begegnen soll und den er zuletzt als
Todesboten fliehen wird (vergeblich, denn das Buch endet mit seinem
Fiebertod). Die Funktion des Mannes, dessen Gesicht als Gegensatz zu
dem von Erwins Geliebter beschrieben wird, verweist unmittelbar auf
die Rolle des Doppelgängers in Hofmannsthals *Reitergeschichte*. Nicht
nur der Narzißmus, auch Ich-Spaltung und Schizophrenie gehören
offenbar zu den charakteristischen Tendenzen der Epoche.

«Der Andere» ist eine komplementäre Ergänzung des Protagonisten,
der im Fremden sich selber zugleich sucht und flieht. Die Begegnung
mit ihm steht insofern in innerer Entsprechung zu dem erotischen Dop-
pelgänger-Erlebnis auf Erwins Bergausflug. Sexuelle Träume führen zur
Halluzination einer menschlichen Gestalt, die sich jedoch als optische
Täuschung erweist; ein vom Wind bewegter Spiegel hat den modernen
Narziß genarrt. Er ahnt in diesem Moment, «daß es der wahrhaftigste
Drang des Menschen sei, seinen Leib an den Leib eines andern Menschen zu pressen, weil in dieser geheimnisvollen Vernichtung des
Daseins eine Erkenntnis ist». Eine Hoffnung, die sich in seinem künftigen Leben nicht erfüllt. Resigniert erklärt Erwin später: «Das Geheim-
nis liegt darin: Wir sind allein, wir und unser Leben, und unsere Seele
schafft unser Leben, aber unsere Seele ist nicht in uns allein.» Die

Seelenverwandtschaft mit seiner Mutter, die gleichfalls auf der Suche ist und bei der Wahrheit dieser Worte von einem Schauder durchzuckt wird, ist der einzige Trost des einsamen Helden. Im heutigen Leser wird er dagegen kaum einen Gefolgsmann finden. Kultbücher – das zeigen gerade die pathetischen Stellen des *Gartens der Erkenntnis* – veralten schneller als andere Bücher.

Altenberg

Ungefähr gleichzeitig mit der Entstehung von Andrians Erzählung kursierten im Kreis des Jungen Wien die ersten Texte eines gewissen Richard Engländer, der als Peter Altenberg bald einer der bekanntesten Vertreter der Wiener Moderne werden sollte. Im selben Jahr 1896, in dem die erste seiner Prosaskizzen in einer Wiener Zeitschrift erschien, brachte S. Fischer auch schon einen ganzen – und höchst erfolgreichen – Band unter dem Titel *Wie ich es sehe* heraus. Der Streit um die richtige Betonung dieses Titels macht schon deutlich, daß ein angemessener Zugang zu den eigenartigen Texten Altenbergs gar nicht so selbstverständlich ist. Der Autor hat sich im nachhinein entschieden für eine Akzentuierung auf dem letzten Wort ausgesprochen: «wie ich es *sehe* (nicht: wie *ich* es sehe)». Offenbar ist ihm an der Objektivität der hier geleisteten Weltdarstellung gelegen; die subjektive Dimension seines Schreibens – die doch zweifellos zum Assoziationspotential der Titelformulierung gehört – sollte dagegen in den Hintergrund treten.

Man darf vermuten, daß Altenberg damit bereits auf bestimmte Rezeptionshaltungen reagiert. Bis in die Gegenwart hinein bewährt sich das Interesse am ewigen Bohemien, der als Postadresse schlicht das Café Central angab, am nervenkranken Bewunderer straffer Mädchenkörper und medikamentensüchtigen Lobredner der gesunden Ernährung als Motor des Interesses an seinen Schriften. Was liegt näher, als den «jungen Schriftsteller», der in ihnen auftritt, vielfach als «Peter» oder «P. A.» bezeichnet, direkt mit dem Verfasser zu identifizieren – und alle Reden und Handlungen, die dieser Figur zugeordnet werden, seinem realen Denken und Tun zuzuschlagen? Das Schlagwort vom (Wiener) Impressionismus, dem einzelne Züge seiner Prosa unmittelbar zu entsprechen scheinen – die kurzen Sätze, die häufigen Lautmalereien, die Vorliebe für Farbwörter –, gab der biographischen Lektüre ein weiteres Fundament. Stimmungen des Autors, wie er sie sah oder empfand, standen im Zentrum des Leser-Interesses.

Daß Altenberg sich bei einer solchen Lektüre nicht vollständig verstanden fühlte, macht das umfangreiche Zitat aus Huysmans' *A rebours* deutlich, das er der Zweitauflage (1898) von *Wie ich es sehe* voranstellt. Darin wird vom Interesse des Grafen des Esseintes (der Inkarnation eines dekadenten Ästhetizismus) für die Gattung des «poème en prose» berichtet, die in der französischen Literatur von Bertrand (*Gaspart de la Nuit*, 1842) über Baudelaire (*Petits poèmes en prose*, 1869) bis zu Mallarmé (*Pages*, 1891) eine dichte und lebendige Tradition herausgebildet hatte. Altenbergs französisches Zitat wäre nach Hans Jacob wie folgt zu übersetzen:

> «Von allen Formen der Literatur zog des Esseintes das Gedicht in Prosa allen anderen vor. Von einem genialen Alchimisten gehandhabt, mußte es seiner Ansicht nach in seinem kleinen Raum im Keimzustand bereits die Kraft eines Romans enthalten, ohne dessen analytische Längen und beschreibende Wiederholungen. Oft hatte des Esseintes über das beunruhigende Problem nachgedacht, einen konzentrierten Roman auf wenigen Seiten zu schreiben, die den zusammengepreßten Saft aus hunderten von Seiten enthalten sollten.»

Wie unmittelbar sich Altenberg mit der hier formulierten Ästhetik der Konzentration identifizierte, macht der Artikel *Selbstbiographie* in seiner dritten Sammlung (*Was der Tag mir zuträgt*, 1902) deutlich. Dort bestreitet er geradezu den literarischen Charakter seiner Texte:

> «Denn sind meine kleinen Sachen Dichtungen?! Keineswegs. Es sind Extracte! Extracte des Lebens. Das Leben der Seele und des zufälligen Tages, in 2–3 Seiten eingedampft, vom Überflüssigen befreit wie das Rind im Liebig-Tiegel! Dem Leser bleibe es überlassen, diese Extracte aus eigenen Kräften wieder aufzulösen, in genießbare Bouillon zu verwandeln [. . .].»

Im Eifer des Gleichnismachens scheint Altenberg ganz zu vergessen, wie wenig eine solche Liebig-Brühe – oder das von Wedekind mit Werbesprüchen versehene Konkurrenzprodukt der Firma Maggi – seinen eigenen Vorstellungen von natürlicher Ernährung gerecht wurde. Von einer bloßen Wiedergabe subjektiver Stimmungen kann jedenfalls angesichts solcher Selbstbekundungen nicht die Rede sein; Altenbergs literarische Position vereinigt Anregungen des Ästhetizismus mit einer (für die deutschsprachige Jahrhundertwende typischen) emphatischen Hinwendung zum «Leben», das gewissermaßen nur auf den Extrakt zu bringen sei. Im äußeren Bild seiner Bücher findet diese Tendenz zur Konzentration übrigens in den vielbespötttelten Gedankenstrichen (oft stehen gleich drei hintereinander) ihren sichtbarsten Ausdruck.

Andererseits ist Reduktion aufs Substantielle nur die eine Seite des von Altenberg angewendeten Verfahrens; zu Prosa-Gedichten werden seine Texte (oder die meisten von ihnen) erst durch das Hinzutreten charakteristischer Redundanzen, erzeugt durch wörtliche Wiederholungen oder veränderte Wiederaufnahmen, jedenfalls Ansätze serieller Strukturen. So wird auf den anderthalb Seiten des Prosastücks *Zwölf,* das die mörderische Tätigkeit eines angelnden Mädchen mit nietzscheanischen Argumenten gegen die Kritik der Gouvernante und die Mitleidsattitüde einer älteren Dame verteidigt, die Formel «Das Fischlein starb» drei- bis viermal variierend wiederholt; und auf den sechs Textseiten der *Zuckerfa-brik* (gleichfalls in *Wie ich es sehe*) heißt es wohl sechsmal vom Fräulein, daß es «alles verstand», bis ganz zum Schluß, wo es (inzwischen zur Geliebten des Fabrikdirektors geworden) anscheinend nicht mehr alles versteht. Offenbar verliert die Frau durch die Begegnung mit dem Mann die naturhafte Sicherheit, die sie ihm zunächst voraus hat.

Altenbergs Begeisterung (genauer: die Begeisterung der Altenberg-schen Erzählerinstanz) für die Kinder und die kleinen, mittleren und heranwachsenden Mädchen, schließlich auch die Frauen (mit Ausnahme der Damen, aber mit Einschluß der «Primitiven», d. h. Prostituierten) hat – wenn wir einmal von allen Besonderheiten der Privatperson Altenberg absehen, wie sie uns seine Kommentare auf Postkarten mit Frauenfotos überliefern – in einer solchen quasi rousseauistischen Par-teinahme für das Naiv-Ursprüngliche, Vor-Gesellschaftliche ihren letz-ten Grund. Die zahlreichen Dialoge aus dem gehobenen Bürgermilieu, mit denen uns die Skizzenreihen «See-Ufer» und «Revolutionär» in *Wie ich es sehe* konfrontieren, erhalten ihre innere Spannung zumeist daraus, daß da ein kleines Mädchen ist, das sich gegen die Konvention auflehnt, oder ein junger Dichter, der sich im Übermaß an den glasierten Maro-nen labt und dann noch revolutionäre Grundsätze verkündet.

Aus einer solchen rousseauistischen Perspektive heraus werden auch die ‹schönen Wilden› in Altenbergs zweiter Textsammlung (1897) be-trachtet, die *Ashantee* (zu sprechen mit I am Ende) benannt ist nach den Angehörigen eines afrikanischen Volkes, die damaliger kolonialistischer Gepflogenheit entsprechend im Wiener Tiergarten zu besichtigen waren. In Altenbergs Schwärmerei für die schwarzen Frauen und ihre Kinder vereinigt sich eine exotistische Romantik à la Gauguin mit ausgeprägter Sensibilität für rassistische Vorurteile des europäischen Bürgertums («Nun, für eine Negerin – – –»). Auf der anderen Seite scheut sich der reale Altenberg nicht, einen Katalog über die ‹Neger-Ausstellung› zu verfassen und so den Erfolg der exhibitionistischen Tournee noch zu steigern. Sein Textstück *Akolés Gesang, Akolés süsses Lied* nimmt das Kunst-Arabisch Else Lasker-Schülers vorweg und steht in Parallele zu den frühen Lautdichtungen Scheerbarts.

V. DEUTSCHLAND

1. Freytag und Vischer

Mit seinem sechsteiligen Romanzyklus *Die Ahnen* (1872–1880) schenkte Gustav Freytag dem jungen Reich eine ideale Vorgeschichte, einen verklärenden Rückspiegel. Das epische Monument, das sich in bürgerlichen Kreisen über Generationen hinweg als würdiges Konfirmationsgeschenk bewährte, stellt den Versuch einer liberalen Gesamtschau der deutschen Geschichte dar und ist damit im Grundsatz keineswegs so konservativ oder germanophil, wie ein heutiger Leser angesichts des Titels und der archaisierenden Elemente der ersten Teile vermuten könnte. Indem Freytag anderthalb Jahrtausende deutscher Geschichte als Kontinuität von ein bis zwei Familien in gehobener (aber nicht in herrschender) gesellschaftlicher Stellung nacherzählt, liefert er seinen Beitrag zur liberalen Gründungslegende des neuen Reichs. Nicht als Werk der Hohenzollern oder Bismarcks, sondern als logische Konsequenz einer natürlichen Folge mittelständischer Aktivitäten soll die Genese des modernen deutschen Staats begriffen werden. Daß Freytag schließlich doch darauf verzichtete, die Linie bis in die unmittelbare Gegenwart fortzusetzen (wie seine Widmung des ersten Bandes an Prinzessin Viktoria, die Frau des liberalgesonnenen Kronprinzen, es doch erwarten ließ), ist eine versteckte Kritik an den faktischen Zuständen des Bismarckreichs, vielleicht aber auch Einsicht in die ästhetische Differenz von Zeitroman und historischem Roman.

Freytags *Ahnen* sind ein historischer Roman besonderer Art schon aus dem Grund, daß sich die zeitliche Distanz zur Gegenwart und das dem Autor zur Verfügung stehende Datenmaterial innerhalb des Zyklus in extremem Maße verändern. Für die Darstellung der Völkerwanderungszeit und die Epoche der Heidenbekehrung in den beiden Teilen des ersten Bandes (*Ingo und Ingraban*, 1872) war der Autor weitgehend auf seine Phantasie und dichterische Vorlagen angewiesen. Offenkundig ist hier bei vielen Zügen die Anlehnung an Homer, aber auch an germanische Epen; sie reicht bis in den Tonfall der weitgehend rhythmisierten Prosa und wird durch zahlreiche archaisierende Formen unterstützt. Dazu gehören Anklänge an den Stabreim (nach dem Vorbild Wagners) und preziöse Wortbildungen, wie schon Paul Lindaus Rezension beklagte: «da begegnet man auf jeder zehnten Seite einem neuen ‹Gesell›, dem ‹Heerdgesell›, dem ‹Gutgesell›, dem ‹Burggesell›, dem ‹Spielgesell›,

dem ‹Kampfgesell›, dem ‹Schwurgesell›, dem ‹Schwertgesell›, dem ‹Eid-
gesell›, dem ‹Nachtgesell› etc.»

Für die späteren Jahrhunderte war Freytag, der habilitierte Germanist mit umfassender historischer Kenntnis und Verfasser der vielgelesenen *Bilder aus der deutschen Vergangenheit* (1859–1867), natürlich
in ganz anderem Maße mit geschichtlichen Quellen versehen. Das
eigentliche Interesse der *Ahnen* ist jedoch kein historisches; stärker als
andere Vertreter des historischen Romans unterschied Freytag zwischen den Bedürfnissen des Romans und denen der Geschichte und
schlug sich mit dem *Ahnen*-Zyklus auf die Seite des Romans. Natürlich
ist die Auswahl der behandelten Zeiträume und Konfliktlagen nicht
zufällig. Nach Ingrabans Tod als Gefolgsmann des Bonifatius am Ende
des ersten Bandes setzt sich der historische Bogen mit den Auseinandersetzungen um die deutsche Königskrone unter Heinrich II. (*Das
Nest der Zaunkönige*, 1873), mit der Ritterkultur der Kreuzzugsära (*Die
Brüder vom Deutschen Hause*, 1874) und dem städtischen Bürgertum
der Lutherzeit fort. Luther tritt am Ende des vierten Bandes (*Marcus
König*, 1876) persönlich in Erscheinung: im Gespräch mit Marcus
König, dem Thorner Patrizier, dessen Name natürlich Programm ist –
die bürgerliche Familie ist König dank der inneren Autonomie, mit
der sie die Geschicke des Volkes bestimmt bzw. ausmacht. Im übrigen
greift Freytags historischer Roman ebenso wie derjenige Scotts nur am
Rande auf die großen Männer der Geschichte zurück – aus Gründen
der dichterischen Freiheit wohl auch, aber sicher ebensosehr aufgrund
der demokratischen Konzeption dieser Geschichte des deutschen Bürgertums.

So taucht Napoleon im sechsten Band (*Aus einer kleinen Stadt*, 1880)
sehr flüchtig (das übrigens ganz wörtlich) auf. Die Befreiungskriege, in
denen dieses letzte Glied des Zyklus gipfelt, sind der dritte große Krieg,
der in den *Ahnen* aufgearbeitet wird, nachdem sich die zwei Teilromane
des fünften Bandes (*Die Geschwister*, 1878) dem Dreißigjährigen und
dem Siebenjährigen Krieg gewidmet haben – beide mit sehr kritischem
Blick auf den Absolutismus. Die Adelskritik Freytags erfährt eine überraschende Milderung im Anhang, mit dem der letzte Band schließt. In
starker Raffung wird dort der Zeitraum von der Juli- bis zur Märzrevolution abgehandelt, konzentriert auf die Entwicklung von Doktor Königs
Sohn Viktor, einem vielversprechenden Germanisten, dem der Autor
eigene Züge geliehen hat und mit dem er vor allem das politisch-publizi-
stische Engagement teilt. Allerdings erfährt seine revolutionäre Begeisterung eine erhebliche Abkühlung angesichts der Realität der Barrikaden-
kämpfe; vor dem «Karneval der Gasse» flüchtet Viktor in die Gesellschaft eines adligen Studienfreundes, und eine Doppelhochzeit über die
verblichene Standesgrenze hinweg schließt sich an.

Den eigentlichen Schluß bildet ein Besuch des alten Ernst König auf der Veste Coburg, die bereits vom ersten Band an – damals noch als Idisburg – das geheime lokale Zentrum des Zyklus bildet. Sicher eine Huldigung Freytags an seinen freundschaftlichen Mäzen Herzog Ernst von Sachsen-Coburg! Eine zusätzliche Verklammerung erreicht Freytag durch das alte Familienbuch, das Ernst König hier aufschlägt und das mehrere uns schon bekannte Gestalten aus der Reihe seiner «Ahnen» in Erinnerung ruft – dabei übrigens auch überraschende Aufklärung gewährt über jenen französischen Offizier, der einem Eheschluß zwischen dem Helden und seiner Braut so lange im Wege stand. Auch er war ein König (seine bravouröse Haltung kann daher, so wird uns suggeriert, gewissermaßen dem Konto der deutschen Nation zugeschlagen werden)! Das Ins-Bewußtsein-Treten der Ahnenfolge, das hier fast den Rahmen der epischen Fiktion sprengt, wird in einer abschließenden Reflexion Viktors zugleich erweitert und gebremst:

«Vielleicht wirken die Taten und Leiden der Vorfahren noch in ganz anderer Weise auf unsere Gedanken und Werke ein, als wir Lebenden begreifen. Aber es ist eine weise Fügung der Weltordnung, daß wir nicht wissen, wie weit wir selbst das Leben vergangener Menschen fortsetzen, und daß wir nur zuweilen erstaunt merken, wie wir in unsern Kindern weiter leben. [. . .] Und je länger das Leben einer Nation in den Jahrhunderten läuft, um so geringer wird die zwingende Macht, welche durch die Taten des Ahnen auf das Schicksal des Enkels ausgeübt wird, desto stärker aber die Einwirkung des ganzen Volkes auf den einzelnen und größer die Freiheit, mit welcher der Mann sich selbst Glück und Unglück zu bereiten vermag. Dies aber ist das Höchste und Hoffnungsreichste in dem geheimnisvollen Wirken der Volkskraft.»

Einem erbbiologischen Determinismus als Grundlage der Ahnen-Idee wird also ausdrücklich abgeschworen. Vielmehr geht Freytag mit fortschreitender Geschichtsentwicklung sogar von einer Emanzipation des einzelnen zu immer größerer individueller Freiheit aus. Welche Rolle dabei das Volk noch zu spielen hat, bleibt einigermaßen mysteriös. Im Laufe des Romanzyklus tritt denn auch eher das Allgemeinmenschliche und nicht so sehr das spezifisch Nationale in den Vordergrund. Mit einer Penetranz, die fast an trivialliterarische Muster erinnert, dominiert jeweils das Motiv der Partnersuche. Das erotische Happy-End ist vorprogrammiert, wenn es auch bisweilen ins Tragische umgebogen wird durch den Tod des Paares oder den Tod des Mannes – stets unter Schonung des Kindeslebens, denn die Fortpflanzung des Geschlechts ist ja schon aufgrund der Zyklus-Komposition geboten.

Das hochambitionierte Nationalepos läßt sich somit als Abfolge von Liebesgeschichten lesen, in denen sich die beiden zwar letztlich immer ‹kriegen›, doch
nur unter erheblichen und z.T. katastrophalen Schwierigkeiten. Am wildesten
verläuft die Love Story wohl in der Ingo-Erzählung des ersten Bandes. Ingo entführt die Fürstentochter Irmgard auf die neuerbaute Idisburg und muß sich bald
darauf der Königswitwe Gisela erwehren, einer Jugendgefährtin, die ihm eben
noch das Leben gerettet hat, nunmehr aber seine Absage als tödliche Schmach
empfindet und blutig ahndet. Irmgard verschmäht die Rettung und stirbt mit
Ivo im Kampf gegen eine hoffnungslose Übermacht. Ähnlich gefährlich wird
sechshundert Jahre später – in *Die Brüder vom Deutschen Hause* – einem anderen Ivo die Gunst der stolzen Hedwig, der er als Troubadour diente, bevor er
sich der vermeintlichen Ketzerin Friderun zuwandte. Nur dank der Hilfe der
Brüder vom Deutschen Orden entgeht das Paar der Inquisition; als Kolonisten
finden beide in den Weichselgebieten Zuflucht. So läßt sich im Vergleich ähnlicher Schicksale auch eine gewisse Milderung der Lösungsstrategien und eine
Verinnerlichung der Konflikte ablesen – bis hin zur absonderlichen Problem-
konstellation des letzten Romans, in dem sich die jahrelange Verhinderung einer
Heirat zwischen Ernst und Henriette nur aus der spontanen Aktion eines französischen Offiziers ergibt, der das Mädchen einfach dadurch vor den Tätlich-
keiten von Marodeuren schützte, daß er es zu seiner Braut erklärte.

Der Romancier Freytag, der schon in seinem frühen ‹Klassiker› *Soll und
Haben* ausgiebig antipolnische Vorurteile reproduziert und bekräftigt hat (ein
Grenzlandkomplex des gebürtigen Schlesiers?), wird nicht zuletzt dann poli-
tisch, wenn die Beziehung zu den Nachbarnationen, und hier vor allem zu
Polen, zur Sprache kommt. «Sie waren Deutsche geblieben und sahen mit gehei-
mer Verachtung auf die polnische Unordnung jenseit der Weichsel», heißt es
gleich zu Beginn von *Marcus König.* Der Roman berichtet vom Lebenskampf des
Thorner Patriziers um eine Neubelebung des Deutschen Ordens als Bollwerk
gegen die polnische Vorherrschaft; König scheitert und muß sich schließlich von
Luther sagen lassen, daß der Verrat des Hochmeisters, der der polnischen Krone
den Lehnseid leistet, unter den gegebenen Verhältnissen politisch gerechtfertigt
war. Über die Vorherrschaft an der Weichsel soll – so Luthers Trost und Freytags
ex-post-Urteil – ein Wettstreit in religiös-bürgerlichen Tugenden entscheiden:
«Sind die Deutschen besser in Glauben und Gewissen, so mögt Ihr vertrauen,
daß sie auch tüchtiger auf der Erde sein werden und dem Herrn liebere Kinder
Evä als die Polacken, wenn diese ungewaschen und strotzig bleiben.»

Freytag hat später erklärt, die Idee zu den *Ahnen* sei ihm während
des Deutsch-Französischen Kriegs gekommen. Diese Behauptung läßt
sich keinesfalls aufrechterhalten; die ersten Ideen gehen nachweislich
schon auf die sechziger Jahre zurück. Aber richtig ist sicher, daß die Ausarbeitung in diesem monumentalen Rahmen und die außerordentliche
Breitenwirkung des Werks ohne die neue Perspektive der Reichsgründung nicht denkbar gewesen wären. Darin besteht sicher eine Gemeinsamkeit mit einem Roman, der im nationalgesinnten Bildungsbürgertum
der Kaiserzeit gleichfalls eine erstaunliche Verbreitung genoß, obwohl
seine komplizierte Struktur alles andere als einen Bestseller anzukündigen scheint. Aber auch dieses Buch nimmt, und zwar noch ausdrück-

licher als Freytags Zyklus, auf das Ereignis der Reichsgründung Bezug;
es endet mit dem Hinweis auf die Schlacht von Sedan und beginnt im
Jahre 1866. Sein Titel lautet *Auch Einer. Eine Reisebekanntschaft,* und der
Verfasser heißt Friedrich Theodor Vischer.

Der Hegelianer Vischer hat mit dem programmatischen Realisten
Freytag zunächst nicht viel mehr als die liberale Haltung gemeinsam,
die sich bei beiden vom demokratischen Engagement der vierziger Jahre
zu nationalliberalen Positionen verschiebt. Vischers einziger Roman ist
gar nicht als solcher ausgewiesen, vielleicht auch nicht einmal als solcher
gemeint. Wenn man *Auch Einer* als Roman auffaßt, wofür einiges spricht,
so ergibt sich die Möglichkeit, einen Anschluß an romantische Roman-
theorien oder einen Vorgriff auf moderne Romanexperimente festzustellen, denn die verschachtelte, sich gewissermaßen selbst reflektierende
Form ist in der Epoche des Realismus, vielleicht von Raabe abgesehen,
ohne nähere Parallele.

Ein nicht namentlich genannter Erzähler berichtet zunächst von seiner
Begegnung mit Albert Einhart (*Auch Einer*) auf einer Schweizreise, bei der ihm
der Sonderling durch sein misanthropisch-tierliebes Verhalten und seinen erklärten Krieg gegen die Tücken des Alltags (Erkältungskrankheiten eingeschlossen)
auffällt. Es folgt die Einschaltung einer dem Erzähler später von Einhart über-
sandten umfangreichen Novelle, darauf der Bericht von einem Besuch des Erzählers in Einharts Haus und den Erkundigungen, die er dabei über seinen Tod
einzieht. Die letzten zwei Fünftel des Bandes bestehen aus nachgelassenen Aufzeichnungen des Verstorbenen von z. T. ausgesprochen aphoristischem Gepräge.
Soweit der in der Überschrift angekündigte Tagebuch-Charakter in den Vordergrund tritt, lassen sie sich als Bericht von einer Norwegen- und einer Italienreise
lesen – mit einer eingeschlossenen unglücklichen Liebesgeschichte. Zahlreiche
Einzelheiten von Einharts Lebensweg sind Vischers eigener Biographie entnommen, in den Auslassungen zum Verhältnis von Ich und Welt ist ein Gutteil des
eigenen Lebensgefühls des Autors enthalten.

Im Hinblick auf Freytags *Ahnen* ist zunächst die Einhart zugespro-
chene Novelle *Der Besuch. Eine Pfahldorfgeschichte* hervorzuheben, denn
auch hierbei handelt es sich ja um den Versuch einer erzählerischen Vergegenwärtigung frühester Zeiten, und zwar gleichfalls nach dem Muster
einer Liebesgeschichte (zwischen Alpin und Sigune) und mit lokaler
Anbindung (Turikum gleich Zürich). Allerdings tritt das äußere Geschehen in Einharts Erzählung weitgehend in den Hintergrund gegenüber
einer theoretischen Auseinandersetzung zwischen Aufklärern und Dun-
kelmännern. Letztere werden angeführt vom Druiden, der die Religion
des Katarrh-Gottes Grippo (!) verkündet und für blutige Menschenopfer
eintritt. Wirkt diese Religion schon in sich ironisch (als mythische Überhöhung einer fixen Idee des fiktiven Verfassers Einhart), so wird dieser
Effekt noch durch zahlreiche Sprachspiele, aktualisierende Anachronis-

men und zwei Einschaltungen in der Einschaltung unterstrichen: die Beschreibung eines Bären-Theaters und eine Speisekarte mit zahlreichen Anmerkungen. Wenn man annehmen darf, daß Vischers Pfahldorf-Geschichte durch Freytag angeregt ist, dann nur im Sinne der Parodie oder einer humoristischen Variante.

Einhart selbst steht offenkundig in der Tradition des Jean-Paulschen Humoristen, der durch die Erfahrung des Auseinanderfallens von Innen- und Außenwelt, Geist und Körper geprägt ist. «Das Moralische versteht sich immer von selbst», lautet ein Leitspruch von Vischers Helden, für den sich alles andere nicht von selbst versteht, am wenigsten die Äußerlichkeiten des Alltags und eine harmonische Selbsterfahrung des Leiblichen. Der Körper mit seiner vielfältigen Palette möglicher Krankheitsformen versorgt Einhart, der sich als Theoretiker vor allem auf das Feld der Erkältungskrankheiten geworfen hat und seinerseits die imposantesten Bronchialanfälle vorexerziert, mit unendlichem Gesprächsstoff. Und wie bei Jean Paul folgt aus der Entfremdung des humoristischen Ichs vom Körper auch die Unfähigkeit, erotische Liebe zu leben. Einharts Liebesaffäre mit der «Halbgöttin» Goldrun gerät zu einem gewalttätigen Exzeß; Goldrun stirbt an Blutvergiftung, nachdem Einhard ihr den Dolch ins Gesicht geschleudert hat, mit dem er sich an ihrem verstorbenen Geliebten bzw. an dessen begrabener Leiche gerächt hat.

Die Dialektik von Liebe und Gewalt gehört sicher zu den eigenartigsten und interessantesten Zügen von Vischers *Auch Einer*. Der leidenschaftliche Tierfreund läßt sich zu den aggressivsten Attacken auf Tierquäler hinreißen; einem derartigen Zweikampf verdankt er denn auch seine tödliche Verletzung. Die «himmlische Liebe», eine von Einhart grenzenlos idealisierte Frau, mit der er überhaupt nur zweimal zusammentrifft (das zweite Mal schon an ihrem Sterbebett), fordert ihn bei jeder dieser Begegnungen zur Teilnahme am Krieg auf. Eine Aufforderung, der er 1866 und 1870 auch prompt nachkommt. Zu den letzten Aufzeichnungen seines Tagebuchs gehört ein eigenartiger Traum, in dem der Träumende nach einem Gewehr verlangt, das ihm sogleich von einer Garibaldi gleichenden Gestalt zugereicht wird. Doch der Schuß versagt, und der Schreck darüber läßt den Träumer noch im Wachen erstarren: «Mein linker Arm war noch ausgestreckt, als hielte er den Lauf des Geschosses, mein rechter gekrümmt und der Zeigefinger gebogen, als läge er noch am Drücker. Ein Krampf spannte mir alle Muskeln auf die Folter.» Die paradoxe Grausamkeit des Nicht-Tötens hätte von Kafka kaum genauer beschrieben werden können.

2. Spielhagen

Seit dem Zeitungsabdruck der *Problematischen Naturen* (ab 1859) galt Friedrich Spielhagen als Meister des Zeitromans. Er fügte dieser Gattung mindestens alle zwei Jahre ein neues Werk hinzu und erwarb sich überdies kanonisches Ansehen durch seine ganz dem Ideal der Objektivität verpflichtete Romantheorie. Deren aporetische Struktur wurde oben schon dargestellt (S. 158 ff.); sie kann in ihrem sachlichen Gehalt als weitgehend widerlegt gelten und ist doch über Jahrzehnte hinweg der einzige Teil seines Schaffens gewesen, mit dem sich die Literaturwissenschaft nach Spielhagens Tod überhaupt noch auseinandergesetzt hat. Ein um so unbefriedigenderer Zustand, als die Romantheorie, von einigen formalen Besonderheiten wie der Bevorzugung der direkten Rede und einer personalen Erzählhaltung abgesehen, kaum zutreffende Rückschlüsse auf Spielhagens Romanwerk zuläßt.

Dieses zeichnet sich nämlich keineswegs durch einen besonderen Grad an Objektivität im üblichen Sinne des Wortes, sondern durch kräftige Tendenz und Parteinahme aus. Spielhagen ist ein engagierter Schriftsteller, der seine enorme erzählerische Produktivität bewußt in den Dienst politischer Zielsetzungen stellt. Im direkten Sich-Einlassen auf aktuelle gesellschaftliche Gegebenheiten geht er deutlich über die von Freytag praktizierte Form des Zeitbezugs hinaus, so nahe er dem älteren Kollegen auch in manchen ästhetischen und ursprünglich auch in seinen politischen Anschauungen stehen mochte. Während sich aber Freytag ab 1866 zunehmend nationalliberal orientierte, beharrte Spielhagen unbeirrt auf seiner linksliberalen Kritik am neuen Reich; er bekannte sich zunehmend zu grundsätzlichen Sympathien mit dem Sozialismus, bevor er gegen Ende des Jahrhunderts politisch überhaupt resignierte.

Das hervorragende Dokument der Kritik Spielhagens am Bismarckreich ist sein Roman *Sturmflut* (1876), zugleich die anschaulichste Darstellung, die die Gründerzeit in der deutschen Literatur gefunden hat. Bismarcks Reichsgründung und das Spekulationsfieber der durch die französischen Reparationszahlungen angeheizten Unternehmensgründungs-Konjunktur werden hier gleichsam als zwei Seiten einer Medaille aufgefaßt. Dabei geht Spielhagen, der sich in seiner Autobiographie *Finder und Erfinder* (1890) ausdrücklich zum Prinzip des Findens, d. h. des Aufgreifens faktischer Sachverhalte und persönlicher Vorbilder, bekannte, von sehr konkreten Zeitumständen aus.

Die im Herbst 1872 und im Frühjahr 1873 spielende Romanhandlung nimmt Bezug auf die Enthüllungen des preußischen Landtagsabgeordneten Eduard

Lasker über Korruption und betrügerische Unternehmenspraktiken beim Bau
zweier Eisenbahnlinien. Lasker sprach mit Anspielung auf den ‹Eisenbahnkönig›
Strousberg, dessen Imperium bald darauf dem Gründerkrach zum Opfer fallen
sollte, vom «System Strousberg».

Folgerichtig wird im Roman beim Eröffnungs-
empfang für Philipp Schmidts Prunkvilla, die offensichtlich dem Berliner Palais
Strousbergs nachgebildet ist, mehrfach der Name des «braven Lasker» genannt,
der den Gründern das «Kainszeichen» aufgedrückt habe. Auch die Ostsee-
Sturmflut, die dem Roman den Namen und seiner Zeitkritik das zentrale Symbol gibt, beruht auf einem tatsächlichen Ereignis. (Zum Kollektivsymbol Flut/
Nixe siehe oben S. 44 ff.)

Selbst die Figur des Protagonisten, des braven Handelskapitäns Reinhold
Schmidt, geht nach Spielhagens eigener Aussage (im Aufsatz *Wie ich zu dem
Helden von «Sturmflut» kam*) auf eine reale Begegnung zurück. Allerdings kann
sich die Anregung durch die Wirklichkeit hier nur in stark abstrahierter Form
umsetzen. Denn eine allgemeinere Gestalt als Spielhagens Held ist unter den
Bedingungen des Realismus kaum denkbar. Er dient als Spitze und Zusammenhalt einer künstlich konstruierten Figurenpyramide, der die eigentliche Aufmerksamkeit des Autors gehört. Da ist zunächst die Generation der Älteren, die
um die Sympathie des Lesers werben: der erfolgreiche Berliner Steinmetz und
Marmorhändler Ernst Schmidt, Reinholds Oheim, und sein Nachbar General
von Werben, der künftige Schwiegervater des Helden. Der liberale Unternehmer
und der erzkonservative Aristokrat verhalten sich bis zur Aussöhnung am
Schluß des Romans konträr zueinander wie feindliche Brüder – tatsächlich sind
sie während der 48er-Revolution feindlich zusammengestoßen – und sollen in
ihrer ideologischen (idealistischen?) Verbohrtheit doch gemeinsam als positiver
Gegenpol zum Materialismus und zur inneren Haltlosigkeit der Gründerzeit-
generation verstanden werden. Daß Spielhagen sich nicht darauf beschränkt,
den bürgerlichen Achtundvierziger zu verklären, sondern auch dessen einstigen
Gegenspieler in die Aufwertung miteinbezieht, bedeutet einen deutlichen
Schritt über die Adelskritik seiner früheren Romane hinaus und ist vielleicht
durch aktuelle parteipolitische Konstellationen der Bismarckzeit mitbedingt
(gemeinsame Gegnerschaft zur Politik des Kanzlers von Rechts und Links).
Aber auch an den generellen Klassenkompromiß von Adel und Bürgertum ist
dabei zu denken.

Den Vertretern der guten alten Zeit stehen als Repräsentanten der neuen
schlechten die ‹Gründer› gegenüber, wiederum aufgeteilt in Adel (Graf Golm)
und Bürgertum (Schmidts Sohn Philipp). Ihr gemeinsames Projekt der ökonomisch wie militärisch sinnlosen Verlängerung einer Bahnlinie (samt Hafenbau)
bildet die fundamentale Klammer der Romanhandlung. Philipps Schwester Ferdinande verdeutlicht als Künstlerin ohne produktive Begabung und unglücklich
Liebende in anderer Weise die Gefahren einer sozialen Entwurzelung, wie auch
ihr durch Spielschulden ruinierter Geliebter Ottomar, der Sohn von Werbens.
Im Gegensatz zu diesem tragischen Liebespaar steht die besonnene – gleichfalls
klassenüberschreitende – Verbindung des inzwischen in den Ministerialdienst
übergewechselten Reinhold Schmidt mit von Werdens Tochter Else, die zur
Repräsentantin des «Edlen, Guten», ja fast zur Heiligen verklärt wird. Damit
partizipiert sie an einer bedenklichen Tendenz des Romans, die seinen Anspruch
auf zeitkritische Analyse und wirklichkeitsnahes Erzählen erheblich schwächt.
Nämlich der Tendenz zur religiösen Überhöhung und schroff-antithetischen

Stilisierung, der zwei zentrale Gestalten ihr Lebensrecht im Roman verdanken: das blinde Mädchen Cilli als Engels- und der Intrigant Giraldi als wahre Teufelsfigur. Indem Giraldi als Hauptinitiator und -nutznießer des Gründerschwindels erscheint, fällt auch auf die Darstellung der ökonomischen Sphäre in diesem Roman ein Schatten von Schauerromantik und Intrigenstück. Zweifellos liegen hier die Hauptschwächen des Romans. Auch der Schluß mit der pathetischen Schilderung der Sturmflut und diversen melodramatischen – stets von der poetischen Gerechtigkeit diktierten – Untergängen und Rettungen überzeugt aus heutiger Sicht weniger als die Ansätze zu einer satirischen Kulturkritik, mit denen frühere Teile des Romans aufwarten. Hervorzuheben sind die Konversation im Salon und die Beschreibung der Gründerzeit-Kunst. Ein Beitrag zum Salongespräch lautet etwa: «Es soll der Dichter mit dem König, und es muß der Künstler mit dem Gründer gehen.» Die Ergebnisse sieht man in Justus' Atelier; der Bildhauer selbst erläutert sie (Drittes Buch, drittes Kapitel):

«Da waren die vier lebensgroßen allegorischen Figuren für Philipp's Treppenhaus: der Handel – ein bärtiger Mann von orientalischer Physiognomie und Gewandung [. . .] – die Industrie: eine, wie Sie sehen, etwas unbestimmt gehaltene, stark moderne weibliche Figur mit einem halben Dutzend Emblemen, aus der man machen kann, was man will – alles Mögliche, – genau so, wie die Industrie auch alles Mögliche aus allem Möglichen macht. – [. . .] Die schöne, hochgewachsene, stolze Dame in Tracht einer Nürnberger Patricierin des fünfzehnten Jahrhunderts kündigt sich mit ihrer Mauerkrone auf dem Kopfe und dem Winkelmaße und Richtscheite in der Hand als Städtebauerin an – eine feine Anspielung auf die Vorstadt-Straßen, welche der würdige Besitzer niederreißen mußte, um sich mitten in der Stadt das Haus zu gründen, dessen Vestibül alle diese Meisterwerke schmücken sollen.»

Die Vor- und Nachgeschichte der Reichsgründung reflektiert auch der acht Jahre später erschienene Roman *Was will das werden?* (1886). Der Titel ist der Apostelgeschichte des Neuen Testaments entnommen. Er zitiert die entsetzte Frage der Juden angesichts des Pfingstwunders, das die Jünger Jesu plötzlich in fremden Zungen reden läßt. Die Begeisterungsausbrüche angesichts der Siegesmeldung von Sedan geben im Roman den Hintergrund ab, vor dem das biblische Zitat aktualisiert wird. In der bangen Frage drückt sich gleichsam die ganze Unsicherheit der Liberalen angesichts der Bismarckschen Gewaltpolitik aus. Der Deutsch-Französische Krieg, an dem der Held zu seinem größten Bedauern nicht teilnehmen kann (womit wiederum auf die politische Ohnmacht des Bürgertums angespielt wird), bildet die innere Zäsur zwischen den beiden Teilen des Werks: zwischen den Jahren des Heranreifens in einer alten Handelsstadt, in denen sich der junge Lothar zunächst an zwei Vertretern der Generation von 1848 orientiert, und seinem späteren Leben in Berlin, das ihn immer nachhaltiger mit der Notwendigkeit einer grundlegenden Reform oder Revolution konfrontiert.

Der Altliberale von Hunnius, sein früherer Lehrer, den er hier wiedertrifft, hat mittlerweile so viele Kompromisse geschlossen, daß dabei auch elementarstes liberales Gut über Bord gegangen ist. Dagegen behält die Vision seines Stiefvaters Gültigkeit, der einst dem vom Pfarrer verstoßenen Konfirmanden in einer Abendmahlsszene Aufklärung über seine eigene revolutionäre Vergangenheit gab und Lothar zum Träger der Hoffnungen erhob, die 1848 unerfüllt geblieben waren. Das Schlußwort des russischen Revolutionärs von Pahlen nimmt diese Perspektive auf: als «Dichter der Zukunft» könnte sich Lothar zum «Genius des Volkes» aufschwingen. Die Qualifikation des Ich-Erzählers zum Messias ergibt sich schon aus seiner Klassifikation als «eines Zimmermanns Sohn». Er gleicht Jesus auch darin, daß der Tischler nicht sein wirklicher Vater ist. Denn, wie sich in der zweiten Hälfte des Romans herausstellt, die Lothar wie einst Wilhelm Meister als Schauspieler an den Hof eines Herzogs führt, ist er dessen leiblicher Sohn; er findet sogar seine Mutter wieder, die ihn einst in so ominöser Weise verlassen hatte, und es kommt zu einer Klärung der Beziehungen zwischen dem Herzog und der von ihm immer noch geliebten, eine Heirat aber aus politischen Gründen ablehnenden Frau. All das hat natürlich mit Realismus nicht mehr viel zu tun; Spielhagen gleitet vorzugsweise dann auf das Niveau der Unterhaltungsliteratur ab, wenn es um die Enthüllung familiengeschichtlicher Zusammenhänge und die Stiftung verwandtschaftlicher Beziehungen zwischen seinen zahlreichen Romanfiguren geht.

Ähnliches läßt sich vom Roman *Der neue Pharao* (1889) sagen, dessen melodramatischer Gipfel die Beschreibung des zweiten – für die Verabschiedung des Sozialistengesetzes entscheidenden – Attentats auf Kaiser Wilhelm I. im Jahr 1878 bildet, und zwar aus der Perspektive einer jungen Amerikanerin, die ihren eigenen Geliebten als Attentäter vermutet. Spielhagens Konzept des personalen Erzählens läßt sich hier besonders gut in seinen ästhetischen Auswirkungen studieren. Im übrigen schreibt auch dieser Roman komplizierte Familiengeschichte, die nur unter einem Aspekt Erwähnung verdient: der Absage nämlich an das gegenwärtige Deutschland, die der abschließenden Entscheidung des alten Smith (eigentlich von Alden) und seiner Tochter zugrunde liegt, wieder nach Amerika zurückzugehen. Es ist die zweite Emigration des einstigen Achtundvierzigers, der aufgrund seiner Beteiligung an den Märzkämpfen in Deutschland zum Tode verurteilt wurde und drei Jahrzehnte danach im Bismarckreich keine Heimat findet. «Da kam ein neuer König auf in Ägypten, der wußte nichts von Josef», so leitet das Alte Testament (2. Mose 1,8) den Bericht über die zunehmende Bedrängnis der Juden ein, die zum Auszug aus Ägypten führt. Auch für liberale Moralisten wie von Alden/Smith bleibt nur die Flucht durchs Rote Meer bzw. über den Atlantik.

Noch wesentlich pessimistischer fällt die Bilanz aus, die Spielhagen am Ende des Jahrhunderts von der gesellschaftlichen Entwicklung im Kaiserreich zieht. Sein Roman *Opfer* (1899) präsentiert einen tragischen Helden adliger Herkunft, der die Tochter eines Arbeiters liebt und eine

Rede in einem Arbeiterverein hält, aber an der Kluft zwischen den Klassen scheitert: «Zum Volke gehöre ich nicht – das verbieten mir die verwöhnten Nerven; zu den Aristokraten nicht – das geht gegen mein besseres Gewissen. So läuft der Riß, der in der Gesellschaft klafft, mitten durch meine arme Seele [. . .].» Held Wilfried fällt im Duell, seine Freundin Lotte wandert mit ihrer Familie nach Amerika aus. Die Hoffnungen auf eine Versöhnung der sozialen Lager, wie sie *Sturmflut* mit der klassenüberschreitenden Heirat von Reinhold und Else – allerdings unter Ausklammerung der Arbeiterschaft – formulierte, haben sich nicht erfüllt.

Als eine Art Appendix zu *Opfer* erscheint im Jahr darauf Spielhagens letzter Roman *Frei geboren* (1900), die fiktive Autobiographie der alten Frau Bielefelder, einer Randfigur aus *Opfer*. Ihr düsterer Lebensbericht umfaßt die Jahre 1850 bis 1890 und spiegelt zugleich die weltanschauliche Entwicklung des Autors, nicht zuletzt im Schlußwort, das in seltener Deutlichkeit auf Spielhagens schon früh einsetzende Spinoza-Rezeption hinweist:

«So denn wären wir glücklich – oder unglücklich, wie man will – bei unsrer Monadenexistenz angelangt, bei unserm lieben Ich [. . .]. Geben wir das törichte Verlangen auf, mehr sein zu wollen; aber wollen wir, was wir sind, auch ganz sein: unser Sein zur höchstmöglichen Energie steigern! Nicht im Sinne Nietzsches, dessen ‹blonde Bestie› ernsthaft zu nehmen, ich mich nicht entschließen kann, wohl aber in dem von Spinozas Suum esse conservare, dessen letztes feinstes Produkt ‹der freie Mensch› ist.»

Die Bewahrung der eigenen Identität (so müßte man das lateinische Zitat wohl übersetzen) bleibt als letzte Perspektive des Liberalismus nach dem Scheitern der politischen Hoffnungen. Die Isolierung des einzelnen spiegelt sich in den beiden Alterswerken auch im Zerbrechen des ganzheitlichen Figurengefüges, in *Frei geboren* zudem in der Diskontinuität der Form dieses Lebensberichts, bedingt durch den Einschub von Tagebuchblättern und Sprünge in der Chronologie.

Drei Jahre zuvor hat Spielhagen noch ein vollgültiges Muster jener Form der Gesellschaftsdarstellung vorgelegt, die ihn beim zeitgenössischen Publikum so außerordentlich populär gemacht hatte. Der Roman *Zum Zeitvertreib* (1897) behandelt denselben Berliner Eheskandal, den Fontane fast gleichzeitig in *Effi Briest* verwertet hat, und eignet sich daher besonders zur kontrastiven Bestimmung der von Spielhagen vertretenen Variante des Realismus. Spielhagen bleibt näher am realen Vorfall, insofern er den bürgerlichen Status des Mannes beibehält, der mit Frau von Ardenne die Ehe brach, während Fontane das soziale Gefälle zwischen den Liebenden ganz zum Verschwinden bringt (der Adlige Crampas ist Bezirkskommandeur und Regimentskamerad von Effis Mann Innstetten). Spielhagen vertieft den Unterschied der sozialen Stellung noch, indem er dem Gymnasialprofessor Albrecht Winter fast revolutionäre Ansichten in Verbindung mit einem deutlichen Gefühl für gesellschaftliche Hierarchien leiht; so bezeichnet Winter das Verhältnis mit Klotilde von Sorbitz einmal geradezu als sein «Adelsdiplom». Vor diesem Hintergrund bekommt Winters Duelltod eine vom Fall Crampas gänzlich abweichende politische Dimension; er wird zum Symbol der gesellschaftlichen Schwäche eines Bürgertums, dem es an innerer Substanz und Identität mangelt. Klotildes Mann erschießt den Nebenbuhler nicht wie Innstetten aus Gehorsam gegenüber einem «uns tyrannisierenden Gesellschafts-Etwas», sondern in gezielter Rache am «Plebejer». Trotzdem ist manches von der bei Fontane verhandelten Problematik auch bei Spielhagen angelegt. Elimar von Meerheim, der Sorbitz vom Duell abzubringen versucht, unterscheidet ähnlich wie Innstetten zwischen «individueller» und «gesellschaftlicher» Ehre. Vor allem sind der Ennui und die ihn bedingende sinnentleerte Existenz der adligen Frau – wesentliche Voraussetzung der Verführbarkeit Effis – auch, und zwar schon im Titel, bei Spielhagen angesprochen.

Wenn die zwei Romane trotz inhaltlicher Berührungspunkte außerordentlich verschieden ausfallen und denkbar ungleichen Nachruhm geerntet haben, so liegt das nicht zuletzt an der unterschiedlichen Form der Menschengestaltung und der Bildlichkeit. Beide erreichen bei Fontane eine unvergleichlich höhere Komplexität und Eindringlichkeit – allerdings unter Verlust der klaren gesellschaftskritischen Botschaft, durch die sich Spielhagens engagierter Roman auszeichnet.

3. Storm

Verglichen mit den quantitativen Dimensionen von Spielhagens Œuvre, hat Theodor Storm ein schmales Werk hinterlassen. Er ist der einzige bedeutende Erzähler der realistischen Generation, der sich völlig dem Roman verweigert und sich – mit kleinen Abstechern in Richtung Märchen und «Geschichte» – ausschließlich auf die Gattung der Novelle konzentriert hat. Als Antipode Spielhagens erweist sich der um zwölf Jahre ältere Storm auch in der weitgehenden Verweigerung gegenüber einer politischen Funktionalisierung der Literatur oder auch nur einer offenen Bezugnahme auf aktuelle Ereignisse und Zeittendenzen. In den poetischen Kosmos seiner Novellistik finden Stichwörter wie Reichsgründung, Sedan oder Bismarck ebensowenig Eingang wie Kulturkampf, Sozialistengesetze oder Arbeiterbewegung. In verschlüsselter Form vollzieht sich aber auch bei Storm eine Auseinandersetzung mit den Hauptfragen der Zeit, besonders mit Werten und Strukturen der bürgerlichen Gesellschaft, mit der Rolle der Sexualität sowie mit Leistung und Grenzen der wissenschaftlichen Rationalität (Medizin, Technik).

Diese Auseinandersetzung nimmt offenbar mit der Wende um 1870, der bei Storm gravierende Einschnitte im persönlichen Leben vorausgingen (Tod seiner ersten Frau Constanze 1865, Wiederverheiratung 1866), an Stärke zu, wie man überhaupt das von da an entstehende Spätwerk – mehr als zwei Dutzend veröffentlichte Erzählungen in zwei Jahrzehnten – allgemein durch eine zunehmende Sättigung mit Tatsächlichem gekennzeichnet sieht. Mit dieser wachsenden Konkretheit geht auch eine Zunahme des durchschnittlichen Umfangs einher – bis hin zu Großnovellen wie *Zur Chronik von Grieshuus* oder *Der Schimmelreiter,* deren erste Buchausgaben über zweihundert Seiten umfassen. Die oft als lyrisch bezeichnete Qualität von Storms früherem Erzählen tritt zurück gegenüber neuen stilistischen Merkmalen wie dem Grotesken, Ironischen oder Satirischen, die allerdings eher punktuell eingesetzt werden.

Dominierendes Element bleibt weiterhin eine eigentümliche, meist melancholische Stimmung – mit den Worten aus Fontanes *Erinnerungen an Theodor Storm*: «die gewisse schwüle bibbrige Stimmung» –, die sich nicht zuletzt aus der Erinnerungsstruktur ergibt, in der uns ein Großteil von Storms Werk präsentiert wird. Man hat nachgerechnet, daß der Anteil von Erinnerungssituationen am erzählerischen Werk bei Storm weit höher liegt als bei anderen Autoren der Zeit (den nächsthöchsten Wert erzielt Conrad Ferdinand Meyer), im Laufe seiner Entwicklung aber leicht zurückgeht. Tatsächlich hat Storm bei zwei späten Erzählungen (*Ein Fest auf Haderslevhuus, Bötjer Basch*) einen noch im Erstdruck vorhandenen Vorspann für die Buchausgabe gestrichen; andererseits ist gerade seine letzte Erzählung *Der Schimmelreiter* mit einer besonders komplizierten und gewichtigen Rahmenkomposition versehen.

Mit beachtlichem Raffinement hat Storm den für die Gattung der Novelle durchaus traditionellen Rahmen zu einem Medium entwickelt, das den Leser für die Subjektivität des Erzählvorgangs sensibilisiert und auf eine bestimmte Form der Erinnerungsarbeit einstimmt. Dabei ist die Intimität der jeweils aufgebauten Kommunikationssituation grundlegend. Die eigentliche Erzählung entwickelt sich – auf Nachfrage und Bitte – im Rahmen einer kleinen Gesellschaft, die am Abendtisch oder auf der Terrasse versammelt ist (*Im Brauer-Hause*, «*Es waren zwei Königskinder*»), bei einer zufälligen Begegnung (*Ein Doppelgänger*) oder einem Besuch bei alten Bekannten (*Pole Poppenspäler*), vorzugsweise im vertrauten Gespräch zweier Freunde bei einem Glas Punsch, einer Zigarre oder im Hotelzimmer (*Ein stiller Musikant, Im Nachbarhause links, Ein Bekenntniß*). Oft ist der Adressat auch gar nicht definiert und nur der Anlaß beschrieben, bei dem sich ein Erinnerungsbild zusammenfügt (so das gerichtliche Verhör am Tatort in *Draußen im Heidedorf*). Bisweilen reduziert sich die Anwesenheit des Ich-Erzählers auch auf das erste Wort

(«Mein Vetter») und auf den Schlußabsatz – so in der humorgetragenen
Schulmeister-Idylle *Beim Vetter Christian* (1874), mit der der Autor übrigens besonders zufrieden war und die er gern vorlas.

Geradezu konstitutiv ist die Erinnerungsarbeit für die locker gefügte Erzählung *Eine Halligfahrt* (1871). Ihr besonderer Reiz ergibt sich aus der Brechung
der sentimentalen Erinnerung an einen sommerlichen Schiffsausflug und die
blonde Susanne durch die Einbeziehung der Mutter des Mädchens (einer «stattlichen Dame») und die satirischen Eskapaden des Vetters auf der Hallig, eines
typischen Sonderlings, der denn auch mit dem Jean-Paulschen Requisit des Fern-
rohrs ausgestattet ist. Die anschließenden Aufzeichnungen des Vetters enthalten
sentimentale Erinnerungen an eine Liebe, die für das weitere Leben ähnlich folgenlos geblieben ist wie jener Ausflug des Ich-Erzählers mit Susanne, von dem
er sagen kann: «Es gibt Tage, die den Rosen gleichen: sie duften, und Alles ist
vorüber; es folgt ihnen keine Frucht, aber auch keine Enttäuschung.»

Das melodramatische Pendant zu diesem schmerzlosen Umgang mit Vergangenheit und Vergänglichkeit liefert die Novelle *Viola tricolor* (1874). Der bota-
nische Name des Stiefmütterchens im Titel verweist auf die Problematik der jungen Stiefmutter, die weder der Tochter noch dem Mann die Verstorbene ersetzen
zu können meint. Die Macht der Vergangenheit scheint stärker zu sein als die
Gegenwart, als sich in der Erkrankung der zweiten Frau das Schicksal der ersten
zu wiederholen droht. Die glückliche Wendung zum Leben bringt erst die Geburt eines neuen Kindes; nun kann gemeinsam der «Garten der Vergangenheit»
betreten werden, der bis dahin wie ein heiliger Hain des Totenkults verschlossen
blieb und so die Unersetzlichkeit des erlittenen Verlusts symbolisierte. Die
Erzählung hat in doppelter Hinsicht persönlichen Charakter. Einerseits verwertet sie sehr direkt Details aus Storms eigenem Leben (Constanzes Tod, sein Kult
um sie und die schwierige Anfangsphase der zweiten Ehe). Andererseits reflektiert sie die grundsätzlichen Probleme, die sich für einen dezidierten Atheisten
(wie Storm) bei der Verarbeitung des Todes geliebter Menschen ergeben. Das
Übermaß an Sentiment, mit dem seine Erzählkunst hier wie gelegentlich auch
sonst die Grenze des Kitsches streift, entspringt einem horror vacui – der Angst
vor der Leere, die der Sturz des Vatergottes und des auf ihn gegründeten
Unsterblichkeitsglaubens hinterlassen hat.

Zur vertraulichen Mitteilung, als die Storm seine in repräsentativen
Zeitschriften (*Deutsche Rundschau*, *Westermanns Illustrierte Deutsche
Monatshefte*) gedruckte Novellistik stilisiert, paßt auch der Umstand,
daß der Ich-Erzähler des Rahmens andeutungsweise mit dem Autor
selbst gleichgesetzt wird. Er ist als Landvogt oder in anderen juristischen Funktionen unterwegs, wie Storm selbst sie ausgeübt hat, der den
Stoff seiner Erzählungen gelegentlich tatsächlich seiner Berufspraxis als
Amtsrichter entnahm. Und es ist seine Heimat und nähere Umgebung,
nämlich eine schleswig-holsteinische Waterkant-Welt, die als Grundlage
fast aller Erzählungen Storms dient und auch deren Sprache in erheblichem Maße bestimmt – vom Plattdeutsch der direkten Rede bis zu
den Fachwörtern des Deichbaus, die ein Anhang zur Buchausgabe des
Schimmelreiter den «binnenländischen Lesern» erklärt.

Über Storms vermeintliche Provinzialität ist gern gespottet worden
– u. a. von Fontane, der in seiner Beziehung zur Mark und zu Alt-
Preußischem doch gar nicht so weit davon entfernt ist. Tatsächlich ist
der Rückbezug auf Heimatliches, betont Regionales ein Grundzug des
Poetischen Realismus, an dem etwa auch Keller und Raabe teilhaben.
Auch Storms literarische ‹Husumerei› ist vor diesem Hintergrund zu
sehen: nämlich als ästhetische Strategie zur Erzeugung von Konkretheit
und Wirklichkeitsillusion einerseits, andererseits aber auch zur Wahrung
von ästhetischer Distanz gegenüber dem prosaischen Mainstream der
Epoche und damit auch zur Herstellung der erstrebten Verallgemeinerung. Allgemeinmenschliche Konstellationen wie Bruderzwist und
Brudermord lassen sich in der regionalistischen Einkleidung von *Die
Söhne des Senators* oder *Zur Chronik von Grieshuus* am leichtesten enthüllen.

In welchem Maße das schleswig-holsteinische Milieu bei Storm poetische Faktur (um nicht zu sagen: Maske) ist, zeigt ein Blick auf die Anregungen, Vorbilder und Quellen verschiedener Erzählungen. Diese führen nämlich oft weit von den Küsten der Ost- und Nordsee hinweg.
Die Erzählung *Waldwinkel* (mit dem ursprünglichen Titel: *Der Narren-
kasten*) ist ein realistischer Gegenentwurf zu Stifters *Die Narrenburg*.
Ebenso ist *Ein stiller Musikant* kaum ohne das Vorbild von Grillparzers
Armem Spielmann zu denken. Das entscheidende Motiv aus *Zur Chronik
von Grieshuus* entstammt einer italienischen Überlieferung. Als Vorlage
für den Schluß der Rittergeschichte *Ein Fest auf Haderslevhuus* diente
eine schwäbische Sage; *Eekenhof* nimmt eine Ballade Chamissos auf, die
jedenfalls nichts mit nördlichen Breiten zu tun hat, und sogar der Deich-
spuk des *Schimmelreiter* ist eigentlich ganz woanders, nämlich an den
Ufern der Weichsel, zu Hause. Storms poetischer Horizont, und das
unterstreichen auch seine ausgedehnten Briefwechsel mit Keller (Zürich), Fontane (Berlin) und Heyse (München), aber auch mit dem aufstrebenden Germanisten Erich Schmidt (Würzburg, Berlin), ist also
kaum enger als der seiner wichtigsten Kollegen und Konkurrenten.
Enger oder einheitlicher ist vielleicht seine poetische Technik, wie sich
u. a. in der Bindung an den heimatlichen Schauplatz zeigt.

Leistungsfähigkeit und Grenzen der von Storm praktizierten Wirklichkeits-
transformation lassen sich an der Erzählung *Draußen im Heidedorf* (1872) ver-
anschaulichen, die auf persönlichen Beobachtungen Storms als Landvogt in
einem Dorf bei Husum beruht; auf seine Veranlassung wurde der vermißte
Bauer aus der Trinkgrube gezogen, in der er sich ertränkt hatte. Die Schilderung
dieser Eindrücke in einem Brief an Storms spätere Frau Dorothea Jensen vom
April 1866 läßt bereits literarische Modelle anklingen: «Da hast Du das Drama
einer Leidenschaft auf dem Lande.» Auch zitiert der Brief Eichendorff und
nennt das junge Mädchen, mit dem der junge Bauer seine (aus Geldgründen

geheiratete) Frau betrog, ein «bezauberndes in süßester Jugendfrische blühendes Kind».

Die Niederschrift von 1872 eliminiert konsequent die poetischen Klischees der Dorfgeschichte und stellt somit auch eine deutliche Distanz zu Kellers Novelle *Romeo und Julia auf dem Dorfe* her, mit der die zeitgenössischen Rezensenten Storms Erzählung gern verglichen haben. Auch Stifters *Haidedorf* kommt in einem solchen antipodischen Sinn als Bezugspunkt in Betracht. Storm begnügt sich jedoch nicht damit, die konventionelle Idyllen-Optik zu unterlaufen; er erzeugt auch neue Mythen, wenn er das junge Mädchen, dem der Bauer verfallen war, mit dem Stigma der Fremden ausstattet («Slovaken-Margreth») und zum Raubtier, ja zum Vampir stilisiert: «Was mir besonders auffiel, waren die weißen spitzen Zähne, die jetzt von den lächelnden Lippen bloßgelegt wurden.» Später ist von den Geistern die Rede, die in den «noch von dem slavischen Urstamm bewohnten Steppen» der unteren Donau dem Schläfer die Seele austrinken. Die realistische Bearbeitung des Stoffes geht mit seiner spukhaften Vertiefung einher.

Der charakteristische gesellschaftliche Ort von Storms Novellen ist das kleinstädtische Bürgertum und ihre zentrale Thematik die relative Geltung bürgerlicher Werte. Storm entfaltet einen ganzen Katalog bürgerlicher Verhaltensweisen bzw. Tugenden, die bei extremer Steigerung ins Unmenschliche umschlagen, und setzt so eine Problematisierung sozialer Normvorstellungen in Gang, die freilich nicht mit einer radikalen Gesellschaftskritik verwechselt werden darf. Ihre Grenzen liegen darin, daß in den Erzählungen meistens eine positive Alternative (innerhalb der bürgerlichen Ordnung) angedeutet wird und sich die hier geschilderten Probleme ausschließlich auf das individuelle Verhalten beziehen, also kaum auf die aktuellen sozialpolitischen Konfliktlagen der damaligen Gesellschaft übertragen lassen. Zwischen der Geldverliebtheit jener alten Frau aus *Im Nachbarhause links* (1875) zum Beispiel, die schließlich von ihrem eigenen Geldsack erschlagen wird, und den Interessen des Großkapitals ist doch wohl ein deutlicher Unterschied.

Bezeichnend übrigens die symbolische Technik, mit der Storm das Fehlverhalten dieser Geldnärrin vergegenwärtigt: nämlich anhand ihres verfallenen und der Außenwelt unzugänglichen Hauses, das jedem geselligen Verkehr verschlossen und somit der menschlichen Gemeinschaft entzogen ist. Auch sonst werden bei ihm oft Personen durch ihre Häuser charakterisiert. Während die verhutzelte «alte Hexe» keine familiären Verpflichtungen anerkennt, ist ihr positives Gegenbild, die junge Mechthild, im Begriff, ohne Rücksicht auf materielle Zwänge – und in Distanz zu den «Wachspuppen» der kleinstädtischen Gesellschaft – eine Familie zu gründen. «Das frische Mädchen mit den weitblickenden Augen gefiel uns Beiden wohl» – mit solchen Kommentaren nutzt Storm die Instanz des Erzählers, der selber eine verantwortliche und familiär gebundene Form von Bürgerlichkeit vertritt, zur eindeutigen Lenkung des Leserurteils.

Eine gesteigerte Form solcher charakterfixierten Gesellschaftskritik bietet die Erzählung *Der Herr Etatsrath* (1881). Die «Zerstörung der Familie», wie Storm sich in einem Brief an Heinrich Schleiden vom November 1881 ausdrückt, hat hier solche Ausmaße angenommen (der Vater duldet die sexuelle Nötigung der Tochter durch einen heuchlerischen Diener und nimmt ungerührt den Alkoholtod des von ihm in seiner Entwicklung behinderten Sohns zur Kenntnis), daß eine Verarbeitung der Katastrophe mit den herkömmlichen Mitteln des Humors und der Ironie nicht mehr zulässig scheint. Storm erprobt daher die Möglichkeiten einer aggressiven Satire und Groteske; der Etatsrat gerät zur «Bestie» (von dieser Formulierung ging die Konzeption der Geschichte überhaupt aus), sein Diener zum Käfer (wie er auch heißt), zu einem «Insekt der siebenten Ordnung, so eine Schnabelkerfe oder dergleichen etwas!». Auf das Motiv des vererbten oder durch persönliches Vorbild vermittelten Alkoholismus ist noch zurückzukommen.

Man hat es mit der spannungsvollen Beziehung Storms zu seinem charakterschwachen Sohn Hans erklärt, daß die erzählerische Auseinandersetzung dieses Autors mit den Werten und Zwängen der bürgerlichen Gesellschaft immer wieder um das Verhältnis von Vater und Sohn kreist. Dabei werden die unterschiedlichsten Konstellationen durchgespielt. Während in *Der Herr Etatsrath* die Schuld ausschließlich beim Vater liegt, geht in *Carsten Curator* (1878) die Zerstörung der Familie eindeutig vom Sohn aus, der dabei allerdings durch die von der Mutter ererbte Veranlagung angetrieben zu werden scheint. Über die Problematik von Schuld und Determinismus in dieser Erzählung und die das Ende überwölbende Flutsymbolik wurde bereits in früheren Kapiteln gehandelt (S. 46 und 79). Wiederum neue Akzente setzt dagegen *Hans und Heinz Kirch* (1882). Dem Vater wird hier entscheidende Schuld am Untergang des Sohns beigemessen, doch erscheint er dabei zugleich in einem neuen Maße als typischer Vertreter und Opfer der Gesellschaft.

Am Anfang von *Hans und Heinz Kirch* steht eine Beschreibung der Stadt (Vorbild: Heiligenhafen), deren Leben unter dem Diktat von Bürger- und Kirchenglocke verläuft. Ihre «tüchtigen» und «strebsamen» Bewohner haben als höchstes Ziel den Platz im Schifferstuhl der Kirche, wo die Kapitäne, Reeder und Senatoren sitzen. Einen solchen Platz hat mit Mühe der Aufsteiger Hans Kirch errungen; für seinen Sohn Heinz hat er noch höhere Ehren im Auge. Dessen Erziehung steht daher ganz im Zeichen von Disziplinierung und seemännischer Karriere. Heinz dagegen verliebt sich in die junge Wieb, ein uneheliches Matrosenkind mit «Madonnengesicht», und erregt schon dadurch den Zorn des Vaters, der infolgedessen die Annahme eines langerwarteten Briefs von Heinz' erster großer Fahrt des fehlenden Portos wegen verweigert:

«Hans Kirch saß stumm und starr an seinem Pulte; nur im Gehirne tobten ihm die Gedanken. Sein Schiff, sein Speicher, Alles, was er in so vielen Jah-

ren schwer erworben hatte, stieg vor ihm auf und addierte wie von selber
die stattlichen Summen seiner Arbeit. Und das, das Alles sollte er diesem
... Er dachte den Satz nicht mehr zu Ende; sein Kopf brannte, es brauste
ihm vor den Ohren. ‹Lump!› schrie er plötzlich, ‹so kommst du nicht in
deines Vaters Haus!›»

Die biblische Wendung verweist auf das Gleichnis vom verlorenen Sohn (Lukas,
15, 11–32); die dreißig Schillinge der Nachgebührforderung erinnern zudem an
die dreißig Silberlinge, für die Judas seinen Herrn verriet. Die christliche Botschaft hat keine Chance in einer Welt, in der anstelle menschlichen Gefühls kal-
tes Rechnen regiert. Eben das zeigt sich bei der Wiederkehr des von Krankheit
und dem Verlust der Selbstachtung gezeichneten Sohns fünfzehn Jahre später.
Die Familie hält ihn bald für einen Fremden, wie es auch der Leser tun muß, bis
sich in der Wiederbegegnung mit Wieb, die inzwischen mit einem Trinker verheiratet ist und in einer verrufenen Kneipe arbeitet, eindeutig die Identität von
Heinz erweist. Dieser scheint mit der Hoffnung auf Wieb auch den letzten Kontakt zur Heimat verloren zu haben; er geht für immer und kommt mutmaßlich
auf See ums Leben. Hans Kirch glaubt die Stunde seines Ertrinkens in einer
nächtlichen Erscheinung zu erleben und ist seit dem dadurch bedingten Schlag-
anfall ein gebrochener Mann.
    Die Novelle endet mit einer halbversöhnlichen Szene; eine geläuterte Wieb
kümmert sich um den hinfälligen Alten. Dessen Hoffnung auf Aussöhnung mit
seinem zweimal verstoßenen Sohn «in der Ewigkeit» wird von einem heruntergekommenen Tischler, genannt «Sozialdemokrat», als Ausflucht entlarvt: «Die
Ewigkeit ist in den Köpfen alter Weiber!» Hans' wütende Reaktion ist ein Zeichen seines immer noch nicht überwundenen Jähzorns. Der weltanschaulichen
Überzeugung des Autors nach hat aber der Tischler recht. Der Erzähler begeht
eine Unehrlichkeit, wenn er uns durch die Stilisierung Wiebs zu einer Verkörperung christlicher caritas – «jener allbarmherzigen Frauenliebe, die allen Trost
des Lebens in sich schließt» – anderes glauben machen will.
    Wie man sieht, hält Storm sich keineswegs streng an die Regeln der Novellen-
poetik. So unverkennbar die Brief-Episode als «unerhörte Begebenheit» und
Peripetie einer tragischen Ereigniskette angelegt ist, so deutlich ist die Abweichung vom überlieferten Typus in der Ausdehnung auf ein ganzes Leben (fast
wie im Roman). In seinem Storm-Essay in der *Deutschen Rundschau* von 1880
hat Erich Schmidt die Wirkung dieses Autors gerade in Abgrenzung von der
Tragödie bestimmt und damit die Weichen in Richtung auf eine elegisch-resigna-
tive Rezeption gestellt: «Storm will rühren, nicht erschüttern.» Storm, der stets
an der Parallelität von Novelle und Drama festgehalten hat, erklärt dagegen in
einem Brief an Schmidt vom September 1881, just einen Monat vor dem Beginn
der Niederschrift von *Hans und Heinz Kirch*: «Zwischen ‹Rühren› und ‹Erschüttern› steht bei mir wesentlich ein Drittes, nemlich: den Leser in einer herben
Nachdenklichkeit über die Dinge des Lebens zurückzulassen.»

    Schon die ersten Leser (Keller, Schmidt) nahmen am «harten Kopf»
des alten Kirch Anstoß. Storm verteidigte sich: «so sind unsre Leute
hier», und tatsächlich hatte er ja schon zwei Jahre zuvor eine Novelle
dem Zusammentreffen zweier ähnlich harter Köpfe abgewonnen: *Die
Söhne des Senators* (1880). Die Erzählung spielt im 18. Jahrhundert wie

der zugrundeliegende Vorfall aus Storms Familiengeschichte und handelt von einem Erbschaftsstreit zwischen zwei Brüdern, der in der immer höher gebauten Mauer auf dem Hof zwischen ihren Häusern seinen symbolträchtigen Ausdruck («Falke» der Novelle) findet. Die Versöhnung ist früh angelegt: im leitmotivischen «Komm' röwer»-Schrei des Papageien und im grundguten Charakter der beiden Senatorssöhne sowie der stets um Vermittlung bemühten Frau des Älteren. Wohl im Hinblick auf diesen optimistischen Ausgang und den pädagogischen Beispielcharakter der Lösung hat Storm zunächst den Abdruck in der Zeitschrift *Deutsche Jugend* erwogen.

Trotz mehrfacher Aufforderungen veröffentlichte Storm letztlich nur eine einzige Erzählung in der *Deutschen Jugend*, und diese Erzählung ist, allerdings erst nach seinem Tod, tatsächlich zu einem Schullektüre-Klassiker geworden: *Pole Poppenspäler* (1874). Entsprechend seiner Ansicht, «daß man nie für die Jugend schreiben darf» (an Georg Scherer, Februar 1874), liefert Storm darin eine sehr ernstzunehmende Darstellung der problematischen Beziehung von Künstlertum und Bürgertum, gewissermaßen ein positives Gegenstück zu den skurrilen Ansichten derselben Beziehung, die er fünf Jahre später in der Erzählung *Zur «Wald- und Was serfreude»* liefern wird. Dort wird die Tochter des großsprecherischen (auf Konkurs abonnierten) Geschäftsmannes Zippel als geborene Vagabundin charakterisiert; sie kommt denn auch – von einem ungenutzten Moment der Schwäche abgesehen – für den bourgeoisen Doktor Wulf Feddersen (Name von Storms Senatoren-Großmutter!) nicht in Frage.

In *Pole Poppenspäler* dagegen sind die fahrenden Leute des Marionettentheaters durch und durch ordentliche Menschen; der Bürgersohn Paul Paulsen vergibt sich in der Sache nicht das geringste, wenn er sich als Kind mit Lisei anfreundet und später die Tochter des Puppenspielers heiratet. Spielen darf sie dann allerdings nicht mehr, wie ja auch Paul nicht in das Theater eintritt; daß sein Schwiegervater dennoch nicht davon lassen kann, wird ihm und Kaspar zum Verhängnis. Daß dieser Kaspar, in dem man sicher den «Falken» der Novelle erkennen muß, zusammen mit dem Puppenspieler begraben wird, wirkt wie eine symbolische Botschaft vom notwendigen Verzicht auf alles Närrische (Unangepaßte, Undisziplinierte) bei der Integration in die bürgerliche Gesellschaft. Auch insofern ist *Pole Poppenspäler* so etwas wie eine Entwicklungsnovelle und der pädagogische Nutzen nicht von der Hand zu weisen. Zumal es sich um die Erzählung handelt, die ein Lehrling von seinem Meister (eben Paulsen) gehört hat und uns aus einem zeitlichen Abstand wiedergibt, in dem anscheinend auch aus ihm, dem Hörer, etwas ‹Ordentliches› geworden ist.

Künstlernovellen im engeren Sinne sind die Erzählungen *Psyche* (1875) und *Aquis submersus* (1876), beide sind überdies – so sehr sie sich auch ihrem Rang nach unterscheiden – durch das Motiv des (drohenden oder faktischen) Ertrinkungstodes miteinander verbunden. Der junge Bildhauer in der ersten Erzählung rettet die «Mädchenknospe» aus den Fluten und schafft nach ihrem Vorbild die Figur der Psyche, die allgemeines Aufsehen erregt und ihn schließlich mit der Geretteten wieder zusammenführt; das Happy-End schließt die Aussicht auf eine baldige Hochzeit mit ein. In der zweiten Erzählung malt Johannes seinen ertrunkenen (eben das heißt «aquis submersus») kleinen Sohn, dem die Wiederbegegnung der Eltern nach langer Trennung und der kurze Moment des Aufloderns ihrer Liebesleidenschaft prompt zum Verhängnis geworden ist. Er schreibt «culpa patris» (durch Verschulden des Vaters) auf das Bild; Kunst erscheint hier als Schuldarbeit, als melancholische Auseinandersetzung mit einem Verhängnis, das sie selbst mit heraufgeführt hat. Denn voraus geht auch hier – Jahre zuvor – eine künstlerische Darstellung weiblichen Liebreizes, bei der Wirklichkeit und Abbildung verfließen und das Kunstwerk selbst zur Liebeserklärung wird: «Dann lächelte sie glücklich; und dabei blühete aus dem dunkeln Grund des Bildes immer süßer das holde Antlitz auf; mir schien's, als sei es kaum mein eigenes Werk.»

Schon Heyse hat es als einen Schwachpunkt von *Psyche* bezeichnet, daß die anhaltende erotische Erregung, in die der Bildhauer durch seine Rettungstat versetzt wird, nicht recht verständlich sei – zumal die Dezenz des Erzählers es vermeidet, etwaige Enthüllungen des Mädchenkörpers näher anzudeuten. Ebenso übertrieben wirkt übrigens aus den gleichen Gründen auch die Schamreaktion der Geretteten. Von hier aus zieht in die ganze Novelle ein Hauch von Boudoir-Erotik ein; sie erscheint aus heutiger Sicht als typische Wunschphantasie einer Epoche, die sich über ihre sexuellen Bedürfnisse hinwegzulügen pflegte. Aber auch die ungleich bedeutendere zweite Novelle leidet an der unklaren Behandlung und Bewertung des Sexuellen. Die Umarmung der Eltern, die das Kind das Leben kostet, muß vom Leser – wie ja auch vom Maler – unwillkürlich als Verschuldung bewertet werden; das Paradieslied des Knaben (schon von Turgenjew kritisiert) weckt in Verbindung mit der Garten-Szenerie sogar Erinnerungen an den Sündenfall. Wenn man Storms Tagebuch vom April/Mai 1883 glauben darf, hat der Autor aber das glatte Gegenteil gemeint:

> «Die ‹Schuld›, wenn man diese Bezeichnung beibehalten will, liegt auf der andern Seite, [. . .] auf dem Uebermuth jenes Bruchtheils der Gesellschaft, welcher, ohne Verdienst auf die irgendwie von den Vorfahren eroberte Ausnahmestellung pochend, sich besseren Blutes dünkt und so das menschlich Schöne u. Berechtigte mit der ererbten Gewalt zu Boden tritt; und nicht zu übersehen ist es, daß

es eben diese feindliche Gewalt ist, welche das Paar einander fast blindlings in die Arme wirft.»

Die Adelskritik ist ein wesentlicher Bestandteil von Storms historischen Novellen, und zu diesen gehört natürlich auch *Aquis submersus* als die Geschichte eines Malers aus der zweiten Hälfte des 17. Jahrhunderts. Sein Selbstporträt und seinen Lebensbericht findet der Erzähler der Rahmenhandlung in einem alten Haus auf, über dessen Eingangstür auf plattdeutsch geschrieben steht:

Gleich so wie Rauch und Staub verschwindt,
Also sind auch die Menschenkind'.

Vergänglichkeitspathos und Erinnerungsstruktur des Stormschen Erzählens potenzieren sich gleichsam, wenn der Fund einer alten Handschrift (so auch in *Renate*) oder die Begegnung mit den Resten eines längst verfallenen Bauwerks (wie in *Eckenhof* und *Zur Chronik von Grieshuus*) im modernen Betrachter das Bewußtsein des Zeitenwandels hervorruft und einen dichterischen Rekonstruktionsprozeß auslost. Denn trotz der Abstützung diverser Motive in der Überlieferung alter Chroniken und trotz der teilweise archaisierenden Sprache ist der Primat des Dichterischen in Storms historischen Novellen eindeutig. Der Autor scheint die Zuwendung zur Vergangenheit geradezu als Befreiung von manchen Zwängen seiner der Gegenwart verpflichteten Novellistik empfunden zu haben; mit Bezug auf die *Grieshuus*-Erzählung, die in seinen Notizen als «romantische Geschichte» firmiert, schreibt Storm im September 1883 an Keller: «den Falken laß ich unbekümmert fliegen» (nämlich wegfliegen).

Romantische Balladen dienen als Anregung für *Eekenhof* (1879) und *Ein Fest auf Haderslevhuus* (1885); die Freiheit vom Faktischen, die sich der letztere Text genehmigt, kommt im Titel der Zeitschriftenveröffentlichung deutlich zum Ausdruck: «Noch ein Lehmbeck». Storm erfindet einfach ein neues Mitglied des bekannten Rittergeschlechts und schreibt ihm das erzromantische Schicksal der Totenhochzeit zu. Zusammen mit dem spektakulären Todessprung vom Schloßturm weckt das Ganze eher Erinnerungen an *Tosca* und andere Opernsujets als an die Ästhetik des Realismus. Der Vergleich mit dem zeitgenössischen Theater erscheint um so legitimer, als die beiden Frauen, zwischen denen Storms Lehmbeck steht – nämlich das sinnliche Machtweib Wulfhild und die sechzehnjährige femme fragile Dagmar – unmittelbar aktuellen Frauentypen, d. h. Männerphantasien, der Epoche entsprechen. Auch in *Eekenhof* spielen die sexuellen Beziehungen des negativen Helden Hennicke eine zentrale Rolle; zugunsten der besseren Übersicht für den Leser lassen sich die jeweiligen Nachkommen nach der Haarfarbe sortieren:

blond (erste Ehe), rot (zweite Ehe), schwarz (Verhältnis mit der Försterstochter). Während die «Füchse» schließlich den Vater verdrängen, gehen
die beiden Enterbten, der blonde Sohn aus erster Ehe und die illegitime
Tochter mit dem dunklen Kraushaar, ein quasi inzestuöses Bündnis ein.

«Herr Hennicke» in *Eekenhof* entspricht dem Typ des brutalen Aristokraten, den sowohl Junker Wulf in *Aquis submersus* als auch Junker Hinrich in *Zur Chronik von Grieshuus* (1884) verkörpern, beide übrigens
stets von ihren scharfen Hunden umgeben. Storms Ablehnung dieses
Typs scheint eindeutig, zumal wenn man die Mißhandlung der Fron-
bauern in *Eekenhof* hinzuzieht. Und doch kann sich der kritische Leser
des Eindrucks nicht erwehren, daß der monumentale Zuschnitt solcher
Tatmenschen seinen Reiz auf die Phantasie des Autors nicht verfehlt.
Wenn Junker Hinrich den Wald um Grieshuus von Marodeuren säubert
und sich ehrerbietig der Jungfer Bärbe nähert, hat er die Sympathien des
Lesers auf seiner Seite. Selbst sein Vater, der unnachgiebig den Standesdünkel des alten Adels vertritt, wird von der Wintersonne dieser Erzählung verklärt:

> «Das sonst bleiche Antlitz des alten Junkers war gerötet; mit auf-
> gestütztem Faust stand er an dem breiten Eichentisch, von dem es
> hieß, er sei einst mit dem Haus hier hineingebaut, und die freie
> Hand fuhr unruhig über das kurz geschorene Haupthaar.»

Die Faust ist gewissermaßen das Emblem des aristokratischen Tatmenschen, der sich darin in verblüffender Nachbarschaft zum Proletarier befindet, von dem es in der späten Erzählung *Ein Doppelgänger*
heißt, ihm werde die Hand, von der er doch lebt, zum Verhängnis – im
Totschlag und anderen Gewalttaten nämlich.

Neben dem Adelskomplex bildet die Auseinandersetzung mit früheren Religionsanschauungen und Formen des Aberglaubens einen weiteren Schwerpunkt der historischen Novellen Storms. Die Hexenverfol-
gung wird in *Aquis submersus* und vor allem in *Renate* thematisiert;
beide Erzählungen sind auch durch die Figur des fanatischen Pfarrers
miteinander verbunden. Ein solcher ist Petrus Goldschmidt, der mit seinen Teufels- und Hexentheorien so viel Einfluß auf den Vater des Erzählers gewinnt, daß dieser seinen Sohn auf dem Sterbebett dazu nötigt,
einer Heirat mit Renate abzuschwören. Der Vater des Mädchens, der mit
aller Sympathie gezeichnete Hofbauer, gilt nämlich als Vertreter der
‹schwarzen Kunst›. Josias hält sein Versprechen und entsagt der vermeintlichen Hexe, um für den Rest seines Lebens die «finstere Schuld» gegenüber dem «Engel» zu bereuen. Der heimliche freundschaftliche Verkehr
zwischen den einstigen Liebesleuten, der auf den Schlußseiten angedeutet wird, ist ein versöhnlicher Farbtupfer auf einem sonst stark verdun-
kelten Zeitgemälde.

Die schädlichen Folgen des Aberglaubens stehen auch in der Gegenwartserzählung *Im Brauer-Hause* (1879) zur Diskussion. Sie sollte ursprünglich «Der Finger» heißen nach dem grotesken Motiv des der Leiche eines hingerichteten Delinquenten abgeschnittenen Daumens. Das Gerücht von seiner Existenz im Bier eines Brauers genügt, um diesen wirtschaftlich zu ruinieren. In der Darstellung eines – vorübergehenden – geschäftlichen Niedergangs hat auch die Erzählung *Bötjer Basch* (1886) ihre ernste Basis. Basch verliert nacheinander die Frau, das Geschäft und (vermeintlich) den Sohn; vom Selbstmord kann er zwar gerettet werden, aber nur um den Preis der geistigen Gesundheit. Als der totgesagte Sohn dann doch aus Amerika wiederkehrt, geht es mit dem Geschäft und bald auch mit dem alten Mann wieder bergauf; er stirbt getröstet am Vorabend der Heirat des Sohns. Familiäre Geborgenheit und sozialer Gemeinschaftsgeist erscheinen als Bedingungen des Überlebens. Die Nähe einer solchen Darstellung zu den fast gleichzeitig publizierten Theorien des mit Storm befreundeten Soziologen Ferdinand Tönnies (*Gemeinschaft und Gesellschaft*, 1887) ist evident.

Unter dem Titel *Bei kleinen Leuten* vereinigte Storm 1887 *Bötjer Basch* mit einer weiteren Erzählung aus der Unterschicht: der Novelle *Ein Doppelgänger*. Sie war zunächst in den ersten Heften der von Karl Emil Franzos herausgegebenen Zeitschrift *Deutsche Dichtung* erschienen, die sich um eine vermittelnde Position zwischen Moderne und Tradition bemühte. Ähnliches läßt sich auch von Storms Erzählung sagen. Einerseits entsprach der Bericht vom Leben eines entlassenen Zuchthäuslers inhaltlich weitgehend den Erwartungen an naturalistische Prosa: John Glückstadt avanciert zum Aufseher der Arbeiterinnen der Zichorienplantage und lebt mit einer von ihnen zusammen, die er liebt, aber im Zorn tödlich verletzt, als sie dasselbe tut wie die Vertreter der kleinstädtischen Gesellschaft, nämlich ihn verächtlich an seine Zuchthausvergangenheit erinnert. Soweit gewissermaßen der naturalistische Part; weniger entsprach dem Vorbild der Zola-Schule die Zärtlichkeit, mit der der zurückbleibende Vater das gemeinsame Kind umsorgt, oder die Schicksalssymbolik seines Todes – er fällt in denselben Brunnen, an dessen Rand einst seine erste Liebesbegegnung mit Hanna stattgefunden hat. (Storm wie Fontane lieben solche Wiederholungen, die an die Gesetze des romantischen Schicksalsdramas erinnern; in *Zur Chronik von Grieshuus* fällt der Sohn am selben Kalendertag, an dem sein Vater den Bruder tötete – es ist der 24. Januar in offensichtlicher Anspielung auf Zacharias Werners Drama *Der vierundzwanzigste Februar*.)

Noch weiter vom Naturalismus weg führt andererseits der Rahmen, mit dem Storm die traurige Geschichte John Glückstadts umgibt. Der Ich-Erzähler begegnet auf einer Reise durch Thüringen der erwachsenen Tochter des Zuchthäuslers, die nur unklare Erinnerungen an ihren Vater hat; hinter dem zärtlichen Vaterbild schimmert dunkel der Umriß eines Gewalttäters hervor. Informationen ihres Mannes erlauben es dem Ich-Erzähler, sich in einsamer Phantasietätigkeit ein Gesamtbild vom Leben des Unglücklichen zusammenzusetzen. Er teilt es jedoch nur dem Mann mit, der die Wahrheit über die Identität der beiden Vaterfiguren später seiner Frau weitergibt. Diese hat die Kraft, damit zu leben: «Das

Bild des John Glückstadt trägt nun einen vollen Rosenkranz; seine Tochter hat jetzt mehr an ihm; nicht nur den Vater, sondern einen ganzen Menschen.»

Storms Modell der therapeutischen Aufklärung einer Frau über die Vorgeschichte ihres Vaters hat offensichtlich Raabe zu einem Gegenentwurf angeregt. In dessen Roman *Stopfkuchen* beruht das Seelenheil der Frau des Titelhelden – jedenfalls nach dessen Einschätzung – auf dem Vergessen der unerquicklichen Vergangenheit. Die Wahrheit über das bis dahin unaufgeklärte Verbrechen, an dem man ihrem Vater zu Unrecht die Schuld gegeben hatte, teilt er nicht der eigenen Frau, sondern in einem öffentlichen Lokal einem alten Schulfreund mit. Die Fama soll gleichsam von sich aus das wiederherstellen, was sie zerstört hat.

Die Frage der zumutbaren Wahrheit spielt auch in jene Erzählungen hinein, in denen sich Storm – und auch darin läßt sich eine Parallele zum Naturalismus erkennen – mit Fragen der modernen Medizin und Naturwissenschaft auseinandersetzt. Die Novelle *Schweigen* (1883) handelt von einem jungen Mann, der offensichtlich früher in psychiatrischer Behandlung war und nun (auch aus therapeutischen Gründen) heiratet, ohne die Braut über seine Vergangenheit aufzuklären; sein verspätetes Schuldgefühl führt zum Selbstmordversuch. *John Riew'* (1885) dagegen thematisiert die Problematik des erblichen Alkoholismus. Der Kapitän, dem die eigentliche Erzählung in den Mund gelegt ist, muß sich den Vorwurf machen, durch unschuldige Scherze in einem jungen Mädchen, dessen Vater bereits an der Trunksucht zugrunde gegangen war, den verdeckten Hang zum Alkohol mobilisiert zu haben. Nach ihrem Selbstmord nimmt er sich des Sohnes an, den er in einer Art Wiedergutmachung zum tüchtigen Seemann heranzieht. Die Rahmenerzählung endet mit der Nachricht von seinem Kapitänspatent und dem nachdenklichen Zusatz: «es ist jetzt Alles gut; denn wir haben die Hoffnung, freilich auch nur diese». Auch ein so vorsichtiges Bekenntnis zur Hoffnung wäre einem konsequenten Vertreter des Naturalismus nicht möglich gewesen.

In den letzten Erzählungen Storms verschärft sich die Spannung zwischen einem aufklärerischen Ansatz bzw. der direkten Bezugnahme auf medizinische oder technische Entwicklungen einerseits und einem tiefgründigen Irrationalismus andererseits, dessen Stellenwert schwer einzuschätzen ist.

Storms vorletzte Novelle *Ein Bekenntniß* (1887) variiert eine Problematik, die Heyse 1885 unter dem Titel *Auf Tod und Leben* behandelt hat. Ein Arzt fühlt sich schuldig am Tod seiner Frau, den er mit Morphium erleichtert hat. Storm fügt das originelle Motiv hinzu, daß die als unheilbar angesehene Krankheit nach dem neuesten Stand der Wissenschaft (den der Arzt zu spät zur Kenntnis nimmt) heilbar gewesen wäre. Er orientiert sich dabei – aufgrund von Informationen seines Neffen, der in Kiel als Assistenzarzt tätig war – an der Gebärmutterkrebsbehandlung des Straßburger Gynäkologen Wilhelm Alexander Freund (*Eine neue Methode der Exstirpation des ganzen Uterus*, 1878).

Soweit der Anschluß des Autors an die moderne Medizin; ihm stehen die mysteriösen Bekenntnisse des Binnenerzählers über jene Vision gegenüber, in der ihm schon in früher Jugend die spätere Gattin sichtbar wurde, und über die entsprechenden Empfindungen seiner Frau vor ihrem Tode. Die Frau trägt den Geburtsnamen Füßli nach dem berühmten Bild «Der Nachtmahr» von Johann Heinrich Füßli, das schon der Goethezeit als Inbegriff des Schauerlichen galt, und ist mit merkwürdigen feenhaften Zügen ausgestattet. Auf das Interesse des Arztes an den «dunklen Regionen des Seelenlebens» weist bereits die Einleitung des Ich-Erzählers hin; auch er kennt anscheinend Maximilian Pertys *Mystische Erscheinungen der menschlichen Natur* (1861) und Georg Friedrich Daumers – in Storms Besitz befindliches – Werk *Das Geisterreich in Glauben, Vorstellung, Sage und Wirklichkeit* (1867).

Der Schimmelreiter (1888), die umfangreichste und heute – auch international – wohl bekannteste Novelle Storms, entstand in einem schwierigen Produktionsprozeß seit 1885/86. Wer die Dokumente zur Entstehungsgeschichte betrachtet, kann sich des Respekts kaum erwehren angesichts der Willenskraft, mit der sich der Krebskranke unter zunehmenden Schmerzen seine geschlossenste und vielleicht bedeutendste künstlerische Leistung abringt. Das Erscheinen der Buchausgabe hat Storm nicht mehr erlebt, wohl aber die Erstveröffentlichung in der *Deutschen Rundschau* und das begeisterte Echo seiner Freunde. «Wundervoll die Verbindung des Abergläubisch-Geheimnißvollen mit dem sachkundigen Realismus, der da weiß, wie man Deiche baut u. s. w. wie die Fluth frißt u. s. w.», schrieb Erich Schmidt im Mai 1888.

Damit ist auch schon die eigentliche Besonderheit des Textes und der Kernpunkt jeder Interpretation benannt. Entstehungsgeschichtlich liegen die Dinge klar. Storm geht von der Erinnerung an eine Deichsage aus, die er 1838 gelesen hat, und zwar in derselben Hamburger Zeitschrift, die in der ersten Rahmenerzählung erwähnt wird. Es ist ihm allerdings nicht mehr gelungen, des alten Abdrucks habhaft zu werden, und es war ihm vielleicht auch gar nicht mehr bewußt, daß sich die dort erzählte Geschichte *Der gespenstige Reiter. Ein Reiseabenteur* bei der Marienburg in Westpreußen, also am Ufer der Weichsel und bei dem dort gefürchteten Eisgang, abspielte. Im übrigen ist in dieser Vorlage die Grundstruktur der inneren oder zweiten Rahmenerzählung weitgehend vorgebildet: Ein Reisender wird bei nächtlichem Sturm und ansteigendem Wasser von einem unheimlichen Reiter überholt; im Wirtshaus erfährt er dann vom regelmäßigen Erscheinen des Schimmelreiters bei Deichbruchgefahr. Zur Erklärung erzählt man ihm die Geschichte eines Deichgeschworenen, der sich vor vielen Jahren mit seinem Schimmel ins Wasser gestürzt haben soll, als der von ihm kontrollierte Deich den Fluten nachgab.

Die eigentliche dichterische Leistung Storms besteht also in der Erweiterung dieser Binnengeschichte, in ihrer Ausgestaltung zu einem psy-

chologisch eindringlichen Charakterporträt und realistischen «Kulturbild» der dargestellten Epoche, von dem aus sich doch Anschlußpunkte
ergeben zum Spukgeschehen der übergeordneten Erzählebene. Den
latent vorgegebenen Konflikt zwischen den Ebenen hat Storm gewissermaßen psychologisiert, indem er als Erzähler der Binnenhandlung einen
Schulmeister einsetzt, der sich als Aufklärer versteht und grundsätzlich
entschlossen zeigt, die abergläubisch-irrationalen Elemente auszuklam-
mern oder nur unter Vorbehalt mitzuteilen.

Wenn sich der Schulmeister strikt an seine eigene Absichtserklärung
gehalten hätte, müßte sich seine Erzählung als eine Ingenieurs-Bio-
graphie lesen lassen: die Geschichte vom rechnerisch begabten Hauke
Haien, der schon früh die Schwäche der herkömmlichen Deichbau-
technik ahnt und durch seine Heirat mit der Tochter des Deichgrafen
– gleichfalls einer guten Rechnerin – in den Stand gesetzt wird,
seine neuartige Bauweise durchzusetzen und für die Landgewinnung an
der Nordsee zu nutzen. Die schließliche Katastrophe, die ja den alten
Deich betrifft und den sogenannten Hauke-Haien-Koog unberührt läßt,
wäre als Folge von Abstimmungsproblemen oder natürlichen Ermü-
dungserscheinungen und als Beispiel dafür zu verstehen, daß ein einzelner eben nicht alles leisten kann und eine neue Technik zunächst immer
nur punktuell einzuführen ist.

Es wird jedoch kaum einen Leser des *Schimmelreiter* geben, der die
Erzählung des Schulmeisters ausschließlich in diesem Sinne versteht. Zu
deutlich sind von Anfang an die Hinweise auf eine moralische Verschul-
dung Hauke Haiens und seine Abhängigkeit von magisch-dämonischen
Mächten, denen er gleichsam tributpflichtig wird. So versteht es Storm,
den Kauf des Schimmels als eine Art Teufelspakt zu inszenieren; die
Geburt des behinderten Kindes wird schon vorher als Strafe Gottes
interpretiert. Wenn dann Haien die Arbeiter noch daran hindert, den
Deich mit dem gewohnheitsmäßigen Bauopfer zu schließen («soll Euer
Deich halten, so muß was Lebigs hinein»), prädestiniert er sich und seine
Familie selbst zum Opfer.

Von hier aus versteht sich die verbreitete Auffassung Haiens als eines
neuen Faust; auch Goethes Dramenheld stirbt ja als Deichbauer. Zumal
angesichts der teutonischen *Faust*-Rezeption des 19. Jahrhunderts lag es
nahe, in einem so verstandenen Deichgrafen das Ideal eines neuen Tatmenschen zu erblicken, einen Gründerzeitheros oder ein dichterisches
Pendant zu Bismarck – der ja auch einmal Deichhauptmann war und
als Bollwerk gegen die «Flut» ausländischer und sozialistischer Bedrohung mythisiert wurde. Selbst ein so verständnisvoller und mit den
Intentionen des Autors vertrauter Interpret wie Erich Schmidt stand
nicht an, bei Erscheinen der Novelle zu erklären, ihr Thema sei ja «auf
so furchtbare Weise zeitgemäß geworden» – womit er sich offenbar auf

die durch den Tod Wilhelms I. wenige Wochen zuvor ausgelöste Thron-
folge-Problematik bezog. Die eigentliche Aporie von Storms Versuch, «eine Deichgespenstsage
auf die vier Beine einer Novelle zu stellen» (so an Heyse im August
1886), liegt aber wohl darin, daß historische Fortschritte der Technik
und Naturbeherrschung in diesem Zusammenhang zwangsläufig als Teu-
felswerk und dämonische Selbstüberhebung erscheinen mußten. Bezogen auf das 18. Jahrhundert, in dem diese Novelle – als historische
Novelle – angesiedelt ist, mag sich diese Optik als Vergegenwärtigung
einer früheren Wahrnehmung rechtfertigen lassen. Doch enthält sie
zweifellos auch einen zeitgenössischen Kern. In ihr schlägt sich indirekt
die Verunsicherung des alten Autors durch die industrielle Revolution
seines eigenen Jahrhunderts nieder. In Hauke Haiens dämonischer
«Stahlkraft» spiegelt sich die Problematik einer Epoche, die Alfred
Krupp 1871 als anbrechende «Stahlzeit» bezeichnet hat.

4. Raabe

Wie kaum ein anderer deutscher Autor ist Wilhelm Raabe in seiner persönlichen und literarischen Entwicklung durch die Reichsgründung und
ihre Folgen geprägt. Inmitten der Mobilmachung im Juli 1870, als die
preußischen Soldatenzüge nach Südwesten rollen, zieht Raabe in die
entgegengesetzte Richtung – von Stuttgart in die norddeutsche Heimat – um und läßt sich in Braunschweig nieder. Dort verbringt er die
letzten vier Jahrzehnte seines Lebens in ausschließlicher Konzentration
auf das Schreiben (bis ca. 1900) und die philiströse Geselligkeit der
sogenannten «Kleiderseller»-Runde. Die Abgeschlossenheit dieses Kreises nach außen spiegelt die zunehmende Isolation, in die der vormals
beliebte Romancier und Erzähler – bei sinkenden Auflagen und Hono-
raren – in den siebziger und achtziger Jahren geriet. Sie nimmt zugleich
einiges vom Wesen der Raabe-Gemeinde vorweg, die sich nach der Jahrhundertwende um den greisen Autor zusammenschließt und die Aufnahme seines – postum auch buchhändlerisch stark gefragten und in
zahlreichen Ausgaben vertriebenen – Werks weit ins 20. Jahrhundert
bestimmt. Es ist das Bild eines Mahners gegen die Zeit, eines Propheten
der deutschen Innerlichkeit, das die Raabe-Gesellschaft mit unüberhörbaren völkischen Untertönen bis 1945 und z. T. darüber hinaus der literarischen und gesellschaftlichen Moderne entgegenstellt.

In direktem Gegensatz dazu gilt Raabe heute allgemein als Wegbereiter und Exponent eines genuin modernen Erzählens. Besondere Beachtung erfahren dabei das Hervortreten des Erzählvorgangs als solcher (in
Fortführung der humoristischen Erzähltradition eines Sterne oder Jean

Paul), das Experimentieren mit polyperspektivischen Techniken und
die Relativierung der Erzählerposition in den Spätwerken *Stopfkuchen*
und *Die Akten des Vogelsangs*. Als schier unerschöpfliches Studienobjekt
hat sich zudem die Anspielungstechnik des Raabeschen Erzählstils
erwiesen, die vielfach auch auf die Figurenrede übergreift und verschiedene Werke geradezu kompositorisch strukturiert. Dem aufmerksamen
und (das ist allerdings Voraussetzung) einschlägig gebildeten Leser eröffnet sie nicht nur einen wahren Kosmos der Weltliteratur; sie gibt ihm
auch die Chance, durch Ergänzung unvollständiger Zitate oder des jeweiligen Zitatkontextes geheime Botschaften zu entziffern, die den vordergründigen Gehalt der Texte oft geradezu konterkarieren. Im Unterschied zu Fontane, dessen gleichfalls hochentwickelte Zitattechnik die
eigentliche Romanhandlung eher symbolhaft oder antizipierend unterstreicht, scheint Raabe seine komplexen Anspielungen auf Literatur und
Geschichte als eine Art Flaschenpost zu oppositioneller Kommunikation zu nutzen.

Die Freude über die Entdeckungen, die uns Zitattechnik und Symbolsprache zumal des späten Raabe ermöglichen, ist beim heutigen Interpreten um so größer, als ihm die Betrachtung des vordergründigen Erzähl-
Inhalts, zumal der Fabel und Figurenkonstellation, selten sonderliche Befriedigung gewährt. Nicht so sehr deshalb, weil Raabe hier vielfach auf
Klischees der Trivialliteratur zurückgreift oder Muster aus eigenen Werken variierend wiederholt – in solcher Verweigerung einer ernstzunehmenden ‹Geschichte› läßt sich ja gerade die Souveränität dieses Autors
erkennen –, sondern vor allem wegen der offenkundig ideologischen
Aufladung, die bestimmte Handlungsmotive, Figuren oder raumsymbolische Oppositionen in Raabes Erzählwerk erfahren. «Ideologie» meint
bei diesem höchst sensiblen und phrasenkritischen Autor freilich keine
vorgestanzte moralische oder politische Doktrin. Und doch ist unverkennbar, daß seine literarische Produktion von einem ausgeprägten ethischen Impuls und einem (im umfassenden Sinne) moralischen Wertsystem bestimmt ist, die ihre letzten Wurzeln im Liberalismus des 19. Jahrhunderts besitzen. Mit der Krise dieses Liberalismus in Bismarck-Reich
und Wilhelminismus ist auch die – literarisch so fruchtbare – Krise der
individuellen Entwicklung dieses Autors nach 1871 verbunden.

Im Vorwort zur zweiten Auflage seines *Christoph Pechlin* – einer in
den Jahren 1871/72 mit leichter Hand und reichlichem Gebrauch von
Vampir-Motiven hingeworfenen «internationalen Liebesgeschichte» –
gibt Raabe 1890 einen Rückblick auf die Gründerzeit und seine Stellung
zu ihr:

> «Die Wunden der Helden waren noch nicht verharscht, die Tränen
> der Kinder, der Mütter, der Gattinnen, der Bräute und Schwestern

noch nicht getrocknet, die Gräber der Gefallenen noch nicht über-
grünt: aber in Deutschland ging's schon – so früh nach dem
furchtbaren Kriege und schweren Siege – recht wunderlich her.
Wie während oder nach einer großen Feuersbrunst in der Gasse
ein Sirupsfaß platzt, und der Pöbel und die Buben anfangen, zu lek-
ken; so war im deutschen Volke der Geldsack aufgegangen, und
die Taler rollten auch in den Gossen, und nur zu viele Hände griffen auch dort danach. Es hatte fast den Anschein, als sollte dieses
der größte Gewinn sein, den das geeinigte Vaterland aus seinem
großen Erfolge in der Weltgeschichte hervorholen könnte!
  Was blieb da dem einsamen Poeten in seiner Angst und seinem
Ekel, in seinem unbeachteten Winkel übrig, als in den trockenen
Scherz, in den ganz unpathetischen Spaß auszuweichen, die Schel-
lenkappe über die Ohren zu ziehen und die Pritsche zu nehmen?»

Ein erster «unpathetischer Spaß» mit kritischer Ausrichtung auf die Realität des Einigungsprozesses war die Erzählung *Der Dräumling* (1871),
eine bereits in anderem Zusammenhang vorgestellte Satire auf die nationalliberalen Schillerfeiern von 1859 (siehe S. 10). Von größerem Gewicht
ist die novellistische Erzählung *Zum wilden Mann* (1873), von Raabe
1884 bewußt für die Nummer 2000 von Reclams Universal-Bibliothek
ausgewählt – wohl nicht nur, weil er die in ihr enthaltene Sozialkritik
für immer noch aktuell, sondern auch weil er die hier gefundene Form
der unversöhnten literarischen Gestaltung für zukunftsweisend hielt.

  Erzählt wird die Zerstörung eines Kleinbürgerglücks. Die sentimentale Erinnerung, die der Besitzer der Apotheke «Zum wilden Mann» an einen Jugendfreund bewahrt, der ihm seinerzeit durch eine bedeutende Geldsumme den Aufbau einer bürgerlichen Existenz ermöglichte, wird widerlegt durch das Auftreten
eben dieses Freundes, der sich zu einem kaltblütigen Kolonial-Unternehmer
gewandelt hat und das seinerzeit übergebene (jetzt als geliehen bezeichnete)
Geld samt Zins und Zinseszins zurückfordert. Der Apotheker kommt dieser
Forderung, die ihn an den Rand der Armut bringt, ohne ein Wort der Klage und
ohne jede Bezweiflung des Rechtsanspruchs in aller Stille nach – einzig die
Leere, die sich nach dem Verkauf der Bilder und des Mobiliars in seinem zuvor
als Museum der Innerlichkeit eingerichteten Hinterstübchen ausbreitet, gibt
symbolisch von dem Verlust seiner Freundschaftsillusion Kunde.
  Zu den Bildern, die am Schluß versteigert werden, gehören auch «zwei Stra-
ßenszenen aus dem Jahre 1848», die den Apotheker als Vormärz-Liberalen kennzeichnen und dem Leser mitteilen, daß zu der Illusion, die hier in die Brüche
geht, auch Blütenträume des demokratischen Liberalismus gehören. In zahlreichen Erzählungen Raabes werden die substantiellen Figuren durch irgendein oft
unscheinbares Detail als Repräsentanten einer politischen Traditionslinie charakterisiert, die sich von den Befreiungskriegen über das Wartburgfest bis zur Märzrevolution erstreckt und zu der nach Auffassung des Autors auch noch die
Schlachten von Düppel und Königgrätz gehören. Im Kontrast zu den Idealen
dieser liberalen Bewegung steht die «Verwilderung der Zeit», von der Raabe in

einem Brief von 1873 spricht und die er offenbar mit der so ähnlich benannten Erzählung thematisieren will. Einer allzu direkten Beziehung auf die Gegenwart wirkt er allerdings durch mythologisierende Gestaltungselemente entgegen: Der Jugendfreund heißt Mördling und entstammt einer geächteten Henkersfamilie; an seinem Geld klebt Blut, und der Tod der Frau des Apothekers kurz nach der (durch eben dieses Geld ermöglichten) Heirat scheint zu bestätigen, daß hier eine dämonische Kraft im Spiel, vielleicht gar ein Teufelspakt zu erfüllen ist.

Derlei symbolische Überhöhungen sind typisch für das Verfahren des Poetischen Realismus, auch wenn sie den analytischen Gehalt der – hier und andernorts geleisteten – Kapitalismuskritik nicht gerade befördern. Typisch für Raabes Erzählwelt ist auch die enge Verknüpfung von Innenraumsymbolik und Eigentumsproblematik, die uns in *Zum wilden Mann* begegnet. In vielen Fällen trauern Raabes Figuren in einem mit Bildern oder Gedenkstücken ausgestatteten Interieur ihrem verlorenen Glück oder Eigentum nach. Andere Figuren in seinen Werken bemühen sich um den Erwerb einer Räumlichkeit, die sie früher bewohnt oder begehrt haben, als Unterpfand eines Kindheitsglücks oder Erfüllung eines alten Traums. Das Hinterstübchen der Apotheke «Zum wilden Mann» ist gleich zweifach mit Verlusterfahrungen verknüpft: Es dient seinem Besitzer als Museum eines entschwundenen Jugendglücks, das durch die nachfolgende Plünderung des Interieurs rückwirkend in Frage gestellt wird.

Wie befremdlich die Unversöhntheit dieses Schlusses auf das zeitgenössische Publikum wirkte, macht das vielzitierte Diktum von Raabes Freund Wilhelm Jensen deutlich, die Erzählung müsse polizeilich verboten werden. Es steht in einer Sammelbesprechung neuerer Arbeiten Raabes, die 1879 in *Westermanns Monatsheften* erschien, in Raabes ‹eigener› Zeitschrift also (dem Ort der meisten seiner Erstveröffentlichungen seit 1857), und dennoch ein furchterregendes Gesamtbild entwirft (das Anatomie-Gleichnis wurde oben zitiert: S. 49).

Vor dem Hintergrund der weiteren Entwicklung der Moderne erscheint Jensens Auffassung von der gnadenlosen Sezierkunst Raabes leicht übertrieben. Uneingeschränkte Gültigkeit wird man ihr nur für einen kleinen Teil des Œuvres zuerkennen. Dazu zählen kaum in erster Linie diejenigen Texte aus den siebziger und achtziger Jahren, die sich unter dem Begriff «Rettungsgeschichten» zusammenfassen lassen. Das sind neben der historischen Erzählung *Höxter und Corvey* (1875) vor allem die Gegenwartsromane *Horacker* (1876), *Deutscher Adel* (1879), *Villa Schönow* (1884), *Unruhige Gäste* (1885) und *Im alten Eisen* (1887). In all diesen Werken begegnen uns stigmatisierte, diskriminierte, benachteiligte oder anderweitig in ihren vitalen Bedürfnissen bedrohte Figuren, die sich gegen die Verfolgung, Unterdrückung oder Ausgrenzung durch die gesellschaftliche Majorität nur durch Unterstützung von Mitmenschen behaupten können, die ihrerseits als Außenseiter oder unabhängige Einzelgänger gezeichnet sind.

In *Höxter und Corvey* ist es ein relegierter Student, dessen beherztes Auftreten das sich anbahnende Juden-Pogrom beendet. In *Horacker* sind es zwei alte Lehrer, ein Pfarrer und ein Staatsanwalt, die einem aus der

Besserungsanstalt entlaufenen Jugendlichen gegen die verleumderischen Phantasien eines ganzen Dorfes beistehen. In *Deutscher Adel* und *Villa Schönow* kommen jeweils verschiedene alte Sonderlinge, die aber demselben (in beiden Romanen identisch benannten) Stammtisch angehören, einem jungen Paar in seiner Bedrängnis zu Hilfe. Das Losungswort dieser Vertreter eines inneren Adels – eben diesen meint der Titel *Deutscher Adel* in offenem Gegensatz zur pompösen Selbstinszenierung des Hochadels im Hohenzollernreich – lautet «Frei durch gehen!». Auf dasselbe Motto beruft sich Raabe bei der Feier seines 50. Geburtstags im Kreis der Braunschweiger Kleiderseller: «Wir sind die Leute, die frei durchgehen durch die Philisterwelt.» Daß sich diese innere Freiheit in äußeren Formen realisierte, die der damaligen bürgerlichen Vereinskultur – also letztlich dem vielgeschmähten Philistertum – entstammten, scheint ihn nicht gestört zu haben.

Die Identifikation des Autors Raabe mit Teilen seines Personals – und zwar vielfach solchen Figuren, die den üblichen bürgerlichen Maßstaben nicht entsprechen, also eben den Sonderlingen, Außenseitern und komischen Käuzen – wird von Fontane als künstlerisches Problem empfunden. In seiner Rezension von Raabes Roman *Fabian und Sebastian* (1881) beklagt Fontane die seines Erachtens ungerechtfertigte Bevorzugung des sonderlinghaften Fabian auf Kosten seines geschäftstüchtigeren Bruders:

> «Daß Raabe solche Figuren mit Vorliebe darstellt, ist nicht bloß sein gutes Recht, sondern speziell auch eine Guttat gegen uns, deren wir uns freuen und für die wir ihm zu danken haben. Daß er aber, weit darüber hinausgehend, in dieser und ähnlichen Figuren anzudeuten beliebt, «es sei dies das Normale, so sollten wir alle sein, dann wäre die Welt anders und besser», dies *Partei*nehmen stört. Er überträgt seine bildnerische Vorliebe für derartige Personen aus der ästhetischen auch in die moralische Sphäre. Und das find' ich zuviel.»

Die mangelnde Objektivität des Autors gegenüber seiner Figurenwelt ist eng verbunden mit dem schon angedeuteten ideologischen Projekt Raabes: der Verteidigung subjektiver Freiheit gegen Materialismus und Konformismus der modernen Gesellschaft. Sie nimmt in *Horacker* ganz konkrete Züge an: als Verteidigung des liberalen Geistes gegen die Tendenzen der zum Zeitpunkt der Erzählhandlung (1867) eigentlich noch in der Zukunft liegenden Gründerzeit. Die Vertreter des ‹guten› Alten und die des ‹bösen› Neuen sind hier schon an ihren Anfangsbuchstaben zu unterscheiden. Der älteren Generation, bestehend aus Konrektor Werner Eckerbusch, dem Zeichenlehrer Windwebel, dem Pfarrer Winckler und dem verständnisvollen Staatsanwalt Wedekind, stehen die Konfor-

misten und Karrieristen *N*eubauer, *N*agelmann und *N*eddermeier gegenüber. Die liberalen Alten und alten Liberalen nehmen für sich das
eigentliche Verdienst am nationalen Einigungsprozeß in Anspruch, in
dessen Verlauf sie offenbar durch eine neue Generation von «Exerzier-
meistern» verdrängt werden:

> «Da schwatzen sie immer drauflos, daß der Schulmeister die
> Schlacht bei Königgrätz neulich gewonnen habe; aber nun frage
> ich dich, Hedwig: Welcher denn? Der alte oder der junge? Meines
> Wissens nach doch einzig und allein der alte! [. . .] Das soll sich
> erst ausweisen, was für ein Siegergeschlecht die neuen heraufziehen
> mit ihrem ‹Stramm, stramm, stramm; Alles über einen Kamm.›»

Der Exkurs über das Wörtchen «man» im 9. Kapitel gibt die sprachkritische Beschreibung einer gesellschaftlichen Befindlichkeit, in der die
Individualität des einzelnen – seine persönliche Verantwortung ebenso
wie seine subjektive Entfaltungsmöglichkeit – zu kurz kommt. Raabe
war besonders stolz auf diesen Exkurs, mit dessen sprachspielerischer
Technik er an die Verselbständigung des Pronomens «es» in der unmittelbar zuvor entstandenen Sommernachtstraum-Spukgeschichte *Vom alten
Proteus* (1875) anknüpfte. Literarhistorische Bedeutung erhält *Horacker*
vor allem durch den ironischen Umgang mit literarischen Modellen: die
Anspielungen auf Räuber- und Kriminalromane akzentuieren die Kluft
zwischen den bagatellhaften Verfehlungen des Jugendlichen und der ihm
zugeschriebenen Kriminalität; diese wird durchschaubar als eine Pro-
jektion, die selbst durch literarische Muster gesteuert ist. Wie oben
(S. 200 f.) gezeigt, nimmt Raabe hier wie noch in *Stopfkuchen* zugleich
einen Trend der damaligen Kriminalliteratur auf, in der das Motiv der
falschen Verdächtigung eine zentrale Rolle spielt.

Das zweite literarische Modell, auf das sich *Horacker* ironisch bezieht,
ist natürlich die Idylle. Schließlich wird ein Sonntagsausflug beschrieben, der in der Gastlichkeit eines ländlichen Pfarrhauses endet! Die philologische Bildung seiner Protagonisten macht es dem Autor leicht, die
ganze Tradition der idyllischen Dichtung von Theokrit und Horaz über
Geßner, Goldsmith und Voß zu beschwören. Die Frau des Pfarrers
bedankt sich freilich für eine Ansicht ihres Lebens als «die reine Pfarr-
hausidylle»; ihr umgangssprachlicher Kommentar «eine nette Idylle»
wird den Aufregungen um den vermeintlichen Bösewicht eher gerecht.
Wie noch das Alterswerk *Hastenbeck* (1899) und – in versteckterer
Form – *Das Odfeld* lebt Raabes *Horacker* von der Spannung zwischen
Idyllen-Tradition und gesellschaftlicher Realität, partieller Erfüllung und
fundamentaler Störung des Gattungscharakters. Da ein Gutteil dieser
Spannung schon zur Tradition der Gattung gehört, dürfen wir ihn frei
nach Jean Paul als «eine Art Idylle» bezeichnen.

Von der genretypischen Heiterkeit des *Horacker* hebt sich die Kraßheit
ab, mit der spätere Rettungsgeschichten Raabes auf menschliches Leiden
und die Nähe des Todes hinweisen – ein Thema, das ja auch den Werken
der Stuttgarter Periode Raabes nicht fremd ist (man denke an den Pest-
karren im *Schüdderump*, 1869). *Im alten Eisen*, Raabes Beitrag zum Berliner Roman (siehe oben S. 187), hat zum Ausgangspunkt die Verlassenheit zweier Kinder, die in einer Mietskaserne mit der Leiche ihrer Mutter allein sind. In einer ähnlichen Situation befindet sich der strafentlas-
sene Wilddieb Volkmar Fuchs in *Unruhige Gäste*. Aus Trotz gegen seine
Ächtung durch die Dorfgemeinde verweigert er die Herausgabe seiner
am Flecktyphus gestorbenen Frau zur Beerdigung. Ein Studienfreund
des Pfarrers, der sich aus dem «Säkulum» seines akademischen Lebens
und eines mondänen Badeaufenthalts in das kümmerliche Bergdorf verirrt hat, vermittelt im Konflikt und besänftigt Volkmars Trotz dadurch,
daß er die benachbarten Grabstellen für sich und die hingebungsvolle
Pflegerin der Verstorbenen, die Pfarrers-Schwester Phöbe, erwirbt. Er
muß diesen «Schritt vom Wege» mit dem baldigen Tod bezahlen; zwischen der Unruhe des «sonnigen Erdenlebens» draußen und der Leidens-
welt um Phöbe, ihre neue Freundin Dorette Kristeller (die hinter-
bliebene Schwester des Apothekers aus *Zum wilden Mann!*) und die
Schutzbefohlenen beider in der «Idiotenanstalt zu Halah», d. i. «Schmerz-
hausen», gibt es keine Vermittlung. Wer nach einem Beispiel für Schopenhauerschen Pessimismus in Raabes Spätwerk sucht, ist in den *Un-
ruhigen Gästen* auf der richtigen Spur.

Das Vergänglichkeits-Pathos, das hier anklingt, ist in anderen Texten
des Spätwerks stärker biographisch und/oder sozialgeschichtlich gefärbt,
auf die Veränderungen bezogen, denen das menschliche Erleben allgemein im Zuge des Alter- bzw. Erwachsenwerdens ausgesetzt ist und
denen der Mensch des späten 19. Jahrhunderts insbesondere durch den
rasch fortschreitenden Prozeß der Industrialisierung unterworfen war.
Die Konkretheit und Genauigkeit, mit der Raabe wiederholt die Veränderungen der Lebenswelt durch Technik und Verstädterung – und
zwar als Verlusterfahrungen – beschrieben hat, haben den betreffenden
Werken besondere Aufmerksamkeit seitens marxistischer oder soziologisch interessierter Interpreten gesichert. Sie verdienen diese Aufmerksamkeit als authentische und sensible Zeugnisse der subjektiven
Dimension eines für uns schon historischen Epochen-Umbruchs. Allerdings hieße es die Komplexität dieser Werke und das Geschichtsbewußtsein der damaligen Generation verkennen, wollte man die einschlägigen
Beschreibungen als vordergründige Kritik an Verhältnissen interpretieren, die ohne weite res zu ändern wären, als Option gegen die Industrialisierung, für eine ökologische Alternative oder ähnlich. «Es ist
eben der letzte Augenblick der hübschen Idylle!», heißt es im gleichen

Zusammenhang einmal in *Prinzessin Fisch:* «Wir halten nichts auf, was kommen soll und muß, und möchten höchstens den wohl einmal sehen der das könnte!»

Meister Autor oder die Geschichten vom versunkenen Garten ist ein kleiner Roman Raabes von 1873 benannt, der bereits als Beispiel für die Funktion der Eisenbahn in der Literatur der Zeit angeführt wurde (siehe S. 27). Sein Untertitel rührt von einem verwilderten Rokoko-Park mit einem verwunschenen Gartenhäuschen her, der zum Zeitpunkt der Rückschau des Ich-Erzählers längst der neuen «Prioritätsstraße» gewichen ist. Als die Hauptfiguren der Erzählung vom Garten Besitz ergreifen, ist sein Schicksal schon besiegelt; zwischen den altersgrauen Statuen stehen die rotweißen Stangen des Vermessungsamtes. Der sechs Jahre später erschienene Roman *Alte Nester* (1879) führt die Verstecke im Titel, die sich der Erzähler und seine Freunde als Kinder hoch in den Nußbüschen von Schloß Werden eingerichtet haben. Resignierend bemerkt er: «Eine neue Chaussee führt über die Stelle weg, wo meine Nußbüsche standen, und wer weiß, wie bald auch über diesen Weg sich ein Eisenbahndamm hinlegt und wie bald die Personen- und Güterzüge vom und zum Rhein über die Stätte brausen und keuchen. Es ändern sich stets die äußerlichen Umstände, unter denen die Natur und der Mensch ihren Adel gewinnen und verlieren!...»

Genauer gesagt, ist es gerade der Wandel der Umstände, an dem sich – so der Grundgedanke der *Alten Nester* – die individuelle Stärke oder Schwäche eines Charakters erweist. Nämlich eben in der Art und Weise, wie der einzelne mit der Grundtatsache des Werdens umgeht, nach der das Schloß der Kindheit ebenso wie der symbolisch vorbeirauschende Fluß (als Fluß der Zeit) benannt ist. Nicht ohne einen gewissen Schematismus bemüht sich der Roman, an der weiteren Entwicklung der fünf jungen Leute, die zusammen auf und bei Schloß Werden aufwachsen, drei Grundhaltungen zur Zeit zu demonstrieren. Die Haltung des Ich-Erzählers Langreuter ist die des Historikers, der über seiner Hinwendung zur Vergangenheit den praktischen Kontakt zu Gegenwart und Zukunft verliert; in der Objektivität, die ihm von seinen Freunden zugesprochen wird, sprechen sich gleichermaßen die poetologische Zielbestimmung des Romans und die Problematik des Historismus aus. Demgegenüber verkörpern die Auswanderer Just und Ewald zusammen mit den ihnen zugeordneten Frauenfiguren unterschiedliche Möglichkeiten, aus der Vergangenheit Ziele für die Zukunft zu entwickeln. Ewald unternimmt den sinnlosen Versuch einer Wiedergewinnung des Kindheitsglücks durch Aufkauf des inzwischen in andere Hände geratenen und vollständig heruntergekommenen Schlosses. Der Träumer Just dagegen eignet sich in den amerikanischen Wäldern ein neues Verhältnis zur Realität der Gegenwart an, das ihn später in die Lage setzt, den elterlichen

Hof nicht nur wiederzuerwerben, sondern auch erfolgreich zu bewirtschaften und glücklich zu bewohnen.

In den beiden nächsten Werken nimmt Raabe dasselbe Thema auf. *Prinzessin Fisch* (1883) endet mit einem Besuch des Studenten Theodor Rodburg in der Heimatstadt nach mehrjähriger Abwesenheit oder vielmehr dem Fragment eines solchen Besuchs. Denn schon beim ersten Blick auf das zu einem Nobelkurort verbaute Städtchen macht er auf Anraten des Brusebergers, seines alten Erziehers mit dem vom Naturphilosophen Lotze entliehenen Lieblingsspruch vom «Zusammenhang der Dinge», kehrt. Noch ist ihm die Erinnerung an die Jugend und ihre Ideale zu nah, als daß er sie sich durch die neue Realität beschädigen lassen wollte. Wie schmerzhaft der Verlust von Idealen sein kann, hat er nämlich schon einmal erfahren. Der Hauptteil der Erzählung berichtet von der abgöttischen Verehrung, die der Knabe der exotischen – und gewissenlosen – Bewohnerin des Nachbargartens entgegenbringt. Im Trugbild von der «Prinzessin Fisch» (nach Goethes Gedicht *Der neue Amadis*) verbinden sich pubertäre Phantasien mit der zwanghaften Fixierung des verwaisten Kindes auf den Garten, der früher einmal sein «Eigentum» gewesen war und für den «Zu spät im Jahre» Geborenen – wie der Titel der ersten Fassung lautet – einen symbolischen Mutter-Ersatz bedeutet. Die Vertreibung aus dem Paradies, die der junge Rodburg erlebt, ist eine doppelte, ist Wirtschafts- und Adoleszenzkrise zugleich.

Von einem «versinkenden Paradies» ist auch in *Pfisters Mühle* (1884) die Rede, und zwar ganz ausdrücklich in der Überschrift des 16. Blatts dieses «Sommerferienhefts». Dr. Eberhard Pfister, Gymnasiallehrer in der «großen Stadt» Berlin, füllt die Blätter dieses Hefts während der Flitterwochen, die er mit seiner naiven jungen Frau auf der zum Abriß bestimmten väterlichen Mühle verbringt. Eine Fabrik soll an die Stelle der Mühle treten, die in besseren Zeiten das beliebteste Ausflugslokal der ganzen Umgebung war, und eine Fabrik war es auch – nämlich die Zuckerraffinerie Krickerode –, deren Abwässer den Mühlbach über Jahre hinweg so nachhaltig verseucht haben, daß die Fische mit den Bäuchen nach oben trieben, ein infamer Gestank die Gäste vergraulte und der vereinsamte und verbitterte Müller-Wirt (der Vater des Erzählers) auch seines Sieges vor Gericht nicht mehr froh werden konnte. Raabe hat sich sehr genau an die Unterlagen eines Abwasserprozesses gehalten, den zwei Mühlenbesitzer der Braunschweiger Umgebung gegen eine Zuckerraffinerie angestrengt hatten, und dabei auch eigene Beobachtungen über die fortschreitende Verschmutzung des Wabe-Wassers verarbeitet. Zu genau, wie führende Vertreter des damaligen Literaturbetriebs meinten!

Die Ablehnung von *Pfisters Mühle* durch den Verleger George Westermann – mit dem Argument, daß Raabes «Bücher einander doch zu sehr gleichen» – führt zum Bruch des Autors mit *Westermanns Monatsheften*. Auch Julius Rodenberg, Herausgeber der *Deutschen Rundschau*, lehnt einen Abdruck ab, da er den «fatalen Geruch» des Pfisterschen Mühlbachs seinen Lesern nicht zumuten könne. Raabes Freund Wilhelm Jensen schreibt daraufhin dem Verfasser:

> «Ein Volk von 45 Millionen, von dem 99 % so zum Himmel stinken, darf sich wahrhaftig über etwas mehr oder minder penetranten Geruch aus Pfisters Mühle nicht aufhalten. Doch für unsere sittlich-ästhetischen Zeitschriften muß Alles Familienparfum prima Qualität sein, um den großen öffentlichen Gestank, wenn nicht zu verdecken, doch für die Nasen und Näschen zu überräuchern. Der Teufel hole alle ihre Schnauzen!»

Jensen verschiebt damit das Problem der «Fatalität» von der ästhetischen auf die politisch-moralische Ebene. Derlei Interferenzen waren in der damaligen Diskussion um den Naturalismus ja durchaus auf der Tagesordnung. Es ist jedoch die Frage, ob die Verletzung von Geschmacks-Konventionen in Raabes Text von einer derartigen agitatorischen Intention getragen ist. Man wird wohl auch die Affinität des humoristischen Erzählens zu einer Ästhetik des Häßlichen zu bedenken haben, wie sie sich z. B. in Vischers *Auch einer* bezeugt. Schließlich ist die Balance zu bedenken, die Pfisters Reisetagebuch herstellt: zwischen den Scheußlichkeiten der Umweltverschmutzung einerseits und dem jungen Glück des frisch verheirateten Erzählers und seinem melancholischen Naturgenuß andererseits. So sehr sich der Text in der Genauigkeit der Dokumentation und der Kraßheit des Stofflichen den Tendenzen des Naturalismus annähert, so deutlich unterscheidet er sich von ihnen durch diese sentimentalen Elemente und die Subjektivität der Darstellung.

Eine Balance anderer Art macht noch heutigen Interpreten zu schaffen, die *Pfisters Mühle* vorrangig als Dokument eines frühen ökologischen Engagements betrachten, und hat sicher auch die zeitgenössische Rezeption erschwert. Gemeint ist der Umstand, daß sich der ‹Held› dieser Geschichte, diejenige Figur nämlich, die als Träger des humoristischen Tons und durch die tatkräftige Unterstützung für andere Menschen den Retter-Figuren der oben vorgestellten Werkgruppe am nächsten kommt, ohne Wenn und Aber auf die Seite der Industrialisierung schlägt. Als Gründer einer Waschmittelfabrik an den Ufern der Spree betreibt Selfmademan Asche eben dieselbe Naturzerstörung, die er im Gutachten über Pfisters Mühlbach genauestens dokumentiert hat. Bezeugt es Zynismus oder ein humanes Gewissen, wenn Raabe ihn im letzten Absatz die Sonne Homers (frei nach Schiller) zitieren und darüber räsonieren läßt, daß sein Handwerk «eben nicht das Ganze des Daseins» sei?

Asches Wandlung vom mageren Philosophiestudenten zum behäbigen Bourgeois führt manche Züge der Charakteristik Justs aus *Alte Nester* fort und antizipiert zugleich in Teilen die schwergewichtig-ambivalente Persönlichkeit Stopfkuchens. Wie sehr es Raabe daran gelegen war, daß der Leser die widersprüchliche Figur Asches letztlich positiv aufnimmt, zeigen die letzten Worte des sterbenden Müller, «gerade Leute von deinem [nämlich Asches] Schlage würden wohl noch am ehesten die Traditionen von Pfisters Mühle auch unter den höchsten Fabrikschornsteinen und an den verschlammtesten Wasserläufen aufrecht erhalten». Entscheidend ist die mitmenschliche Kompetenz des einzelnen und nicht das objektive Resultat seiner beruflichen Praxis. Die Parteinahme für den Chemiker wird nachhaltig unterstützt durch seine klare Opposition zum verkrachten Poeten Lippoldes, in dessen Figur sich Reminiszenzen an Grabbe und Griepenkerl mit Seitenhieben auf das historische Pathos der Gründerzeit verbinden. Der egoistische Phantast läßt im Umkehrschluß die sozialen Vorzüge des realistischen Pragmatikers hervortreten; zugleich gewinnt Raabe aus dieser Antithese eine poetologische Rechtfertigung der Wirklichkeitsnähe seines eigenen geruchbefrachteten Romans.

Raabe hat sich für die Ablehnung von *Pfisters Mühle* durch den Roman *Der Lar* gerächt, der 1889 als einzige seiner Arbeiten nach diesem Vorfall in *Westermanns Monatsheften* erschien. In die triviale Vordergrundsstory ist eine Satire auf den Literaturbetrieb eingebaut, deren Vorbilder leicht zu erkennen sind. Dr. Kohl ist schon im Hinblick auf die schwarze Farbe, die die Kohle mit dem Rabenvogel gemeinsam hat, als Repräsentant des Autor-Ichs aufzufassen. Er muß sich vom Oberredakteur Rodenstock – eine Anspielung auf Julius Rodenberg, den Herausgeber der *Deutschen Rundschau* – erklären lassen, daß das deutsche Volk ihn am liebsten «unter dem Striche» lese, d. h. die leichte Kost von Feuilletons (unter dem Strich, der die Nachrichten von der Unterhaltung trennt) einer regulären literarischen Lektüre vorziehe: «Es will seine Besten unter dem Striche haben. Ich versichere Dich, die sechzig Millionen edelster Menschenrasse gestatten sich nur sehr selten den Luxus, durch Druck vervielfältigten Geist ganz jenseits unseres Striches.» Als Kohl jedoch in einem Feuilleton seinem humoristischen Talent die Zügel schießen läßt, gehen bei der Zeitung prompt fünfzig Abonnementskündigungen ein. Wegen Beleidigung des deutschen Gemüts wird der Verfasser als «unqualifizierbare, taktlos-hypergenialische Druckpapier-Vogelscheuche» beschimpft und gekündigt.

Daß diese Literatursatire just bei demselben Verlag erscheinen konnte, mit dem Raabe ähnliche Konflikte auszustehen hatte, erklärt sich wahrscheinlich durch die Rolle des Schriftstellers und Redakteurs Adolf Glaser, der Raabe seit langen Jahren privat verbunden war und doch die eigentliche Verantwortung für die Schwierigkeiten trug, die dieser mit der Redaktion von *Westermanns Monatsheften* hatte. Raabe porträtiert den Freund-Feind in *Der Lar* als Bogislaus Blech und scheut sich nicht, dabei in diskreter, aber unmißverständlicher Weise auf die Homosexualität Glasers anzuspielen. Glaser, der 1878 wegen des Vorwurfs der Päderastie verhaftet worden war und später aus einschlägigen Gründen nach Italien übersiedelte, konnte als Redakteur keinen Streit um einen Roman riskieren, in dem sein eigener Konflikt mit der öffentlichen Moral – und sei es noch so andeutungsweise – thematisiert wurde. Raabes satirische Strategie ist vor dem Hintergrund seines grundsätzlichen Bekenntnisses zur Toleranz gegenüber der Homosexualität zu bewerten und vielleicht zu kritisieren.

Zwölf Jahre nach *Pfisters Mühle*, in seinem letzten vollendeten Gegenwartsroman überhaupt, thematisiert Raabe erneut den Verlust einer Kindheitsidylle, und wiederum weist schon der Titel auf sie hin: *Die Akten des Vogelsangs* (1896). Die so benannte Örtlichkeit am Rand einer deutschen Mittelstadt ist zum Zeitpunkt der Erzählgegenwart längst von Fabriken zugebaut. In der Vergangenheit, von der erzählt wird, war sie nicht nur in vielfältiger Weise von natürlichem Leben erfüllt, sondern auch ein Ort «nachbarschaftlichen Zusammenwohnens und Anteilnehmens», das gleichsam von der domestizierten Natur mitvollzogen wurde:

> «Auch Gärten, die aneinandergrenzten und ihre Obstbaumzweige einander zureichten und ihre Zwetschen, Kirschen, Pflaumen, Äpfel und Birnen über lebendige Hecken weg nachbarschaftlich austeilten, gab es da noch zu unserer Zeit, als die Stadt noch nicht ‹das erste Hunderttausend› überschritten hatte, und wir, Helene Trotzendorff, Velten Andres und Karl Krumhardt, Nachbarskinder im Vogelsang unter dem Osterberge waren.»

Der Vogelsang von einst ist mehr als ein Ort; er ist eine Philosophie oder Utopie emotionaler Erfülltheit und Kommunikation. Die drei im Zitat genannten Kindheitsfreunde verhalten sich freilich in sehr unterschiedlicher Weise zu diesem Ideal. Der Erzähler Krumhardt hat dem väterlichen Vorbild folgend eine Beamtenkarriere eingeschlagen und eine höchst bürgerliche Familie gegründet. Als erfolgreicher Jurist kann er sich nur in Aktenform über das Schicksal des Vogelsangs und seiner Bewohner äußern – einer Form, deren Angemessenheit ihm zunehmend selbst problematisch wird, wie überhaupt der Verlauf der Erzählung und vor allem die Entwicklung seines Freundes mit dem sprechenden Familiennamen Andres (in Raabes Entwürfen: Anders) mehr und mehr eine Verunsicherung des Erzählers – und des Lesers – bewirken.

Durch ihre Heirat mit einem amerikanischen Millionär hat Helene Trotzendorff in noch krasserer Weise den Geist des Vogelsang verraten. Die Leidenschaftlichkeit, mit der sie nach persönlicher Verwirklichung sucht, und die Treue, die sie dem sterbenden Freund bezeigt, rücken sie gleichwohl in innere Nähe zur eigentlichen Hauptfigur des Romans, nämlich dem Utopisten und Abenteurer Velten Andres. Dieser scheitert mit seinem Hauptziel, der Eroberung Helenes, und übt dennoch auf die ihm Nahestehenden bedeutsamen Einfluß aus. Zunächst erscheint er wie das Haupt einer heimlichen Partei, der Loge der Unbelehrbaren, die das Herz über den Verstand, Gefühl über Geld, die Vergangenheit über die Gegenwart und die Phantasie über die Wirklichkeit setzen. Bei seiner alten Mutter, der alten Frau Feucht (seiner Berliner Vermieterin) und den vermögenden Geschwistern des Beaux drückt sich diese Haltung im gleichen Symbol aus, das uns bereits aus der Erzählung *Zum wilden Mann* bekannt ist: in der Einrichtung oder Bewahrung von Bilderstübchen oder Museen der eigenen Erinnerung, wobei sich im Falle der Fechtmeisterin Feucht auch wieder die für Raabe so typischen Reminiszenzen an die burschenschaftliche Tradition des Vormärz einstellen.

Nach dem Scheitern seines Herzens-Projekts freilich wird Velten, für den es nun auch keine Gemeinschaft mehr gibt, zum Bilderstürmer seiner eigenen Innerlichkeit. Er stirbt in einer leergeräumten Kammer, an deren Wand er mit Kohle die Verse aus Goethes dritter Ode *An Behrisch* gekritzelt hat – es sind dieselben Verse, die er seit seiner vergeblichen Werbung mit sich herumtrug, unter vielen signifikanten Anspielungen und Zitaten wohl das dominierende Leitmotiv des Romans:

> Sei gefühllos!
> Ein leichtbewegtes Herz
> Ist ein elend Gut
> Auf der wankenden Erde.

Ist schon beim jungen Goethe der Stellenwert dieser Verse nicht leicht einzuschätzen – greifen sie ein stoizistisches Argument auf, das in der Empfindsamkeitskritik der Epoche an der Tagesordnung war, oder weisen sie auf die Leidgebundenheit jedes tieferen Gefühls hin? –, so gibt ihre Funktion für Velten Andres erst recht Rätsel auf. Ringt sich Andres wirklich zu einer vollständigen Negation jeder Empfindung durch, endet er als emotionaler Nihilist, oder ist sein Handeln bis zuletzt im Grunde das eines Romantikers, der unter der Kluft zwischen der Stärke seiner Gefühle und einer Wirklichkeit leidet, die ihrer nicht würdig ist? Diese Fragen stellen sich insbesondere angesichts des Happenings, mit dem sich Velten definitiv von seiner Heimatstadt verabschiedet und den Erzähler sowie dessen Frau aufs äußerste irritiert: der Selbstzerstörung des ererbten Interieurs nach dem Tod seiner Mutter. Velten verbrennt alle Gegenstände, mit denen sich für ihn (und die Verstorbene) ein Erinnerungswert verband, und gibt den Rest zur Plünderung frei. Die Liquidierung des Innerlichkeits-Gehäuses, die andere Figuren in Raabes Erzählwelt – wie z. B. der Besitzer der Apotheke «Zum wilden Mann» – als Eingriff von außen, vor allem als Folge wirtschaftlicher Veränderungen erleben, geht hier vom Subjekt selber aus. Dessen Kündigung des Eigentums – gerade auch in jenem persönlich-existentiellen Sinn, den der Begriff bei Raabe gewinnt – bedeutet einen Protest gegen die Verdinglichung des Gefühls in der bürgerlichen Gesellschaft, zugleich aber auch die Infragestellung substantieller menschlicher Bindungen überhaupt.

Daß damit eine für diesen Autor äußerst sensible Schwelle überschritten wird, macht nicht nur die entsetzt-verstörte Reaktion verschiedener Anwesender, sondern ein erzählerisches Symbol erheblicher Tragweite deutlich. Ein Artist vom benachbarten Varieté begrüßt Andres als Geistesverwandten und Kollegen: «auch einmal wieder einer, der aus seiner Haut steigt, während die übrigen nur daraus fahren möchten». Die Bemerkung über die Haut ist beim Sprecher wörtlich zu nehmen; es handelt sich um German Fell, den Darsteller des Affenmenschen, durch den das Leitmotiv des «Verkletterns», bisher nur auf Velten und Helene gemünzt, eine neue Wendung nimmt. Von Veltens Anspruch auf Bindungslosigkeit, resultierend aus dem Scheitern seiner utopischen Hoffnung, sind offenbar Grundbedingungen des Mensch-Seins betroffen; wer zu hoch hinaus will, fällt objektiv hinter die Norm der Humanität zurück. Als «Unmensch» bezeichnet der Erzähler den Freund, und die Fechtmeisterin sagt: «Um ein festes Herz zu kriegen, hat er sich zu einem Tier, zu einem Hund gemacht.» Vielleicht schwingt hier die Etymologie von «Zynismus» mit (die Herkunft von griech. kýon = Hund).

Solchen klaren Abwertungen steht die Faszination gegenüber, die Veltens Ausbruch aus der Gesellschaft über seinen Tod hinaus auf Krumhardt ausübt. Der Erzählvorgang wird zum Psychogramm einer Sinnkrise, in die der Leser auch insofern einbezogen wird, als die brüchig werdende Erzählerposition keine authentischen Wertungen mehr garantiert. Ähnliche Strukturen weist auch der Roman des 20. Jahrhunderts auf; in Thomas Manns *Doktor Faustus* etwa wird gleichfalls der Werdegang eines Ausnahmemenschen durch die Brille einer bürgerlichen Mentalität gebrochen. Desselben Verfahrens bedient sich Raabe schon in der «See- und Mordgeschichte», die nach dem Spitznamen des Protagonisten *Stopfkuchen* (1891) betitelt ist. Sie wird erzählt von einem Afrika-Kolonisten, der bei einem Besuch in der deutschen Heimat seinen alten Schulkameraden Heinrich Schaumann alias Stopfkuchen getroffen hat und von dessen Mitteilungen so stark beeindruckt ist, daß er seinen Deutschland-Aufenthalt sofort abbricht und den Großteil der Seereise darauf verwendet, ein Protokoll seines Besuchs anzufertigen.

Die subjektive Dimension dieser Aufzeichnungen ist unübersehbar. Sie dienen ebenso der Selbst- wie der Fremdanalyse und versuchen eine Neuformulierung der eigenen Position nach deren Erschütterung durch das Erlebte. Denn die Identität des Ich-Erzählers ist nicht nur durch die persönliche Dominanz Stopfkuchens und die erdrückende Macht seiner Suada beeinträchtigt. Die Überführung des Landbriefträgers Störzer als Kienbaum-Totschläger bringt ein Vorbild des Auswanderers ins Wanken – insofern sein Interesse an der weiten Welt eben durch Störzers Erzählungen geweckt wurde – und bedroht seine (von ihm angenommene) Superiorität im Verhältnis zu den Daheimgebliebenen.

Wie sich hier schon andeutet, wird dieser Roman wesentlich von raumsymbolischen Oppositionen beherrscht. Während die zuletzt vorgestellte Textgruppe (von *Meister Autor* bis zu den *Akten des Vogelsangs*) primär durch den Gegensatz von Früher und Heute strukturiert wurde, sind die entscheidenden Oppositionen in *Stopfkuchen* topographischer Natur. Immer wieder geht es um die Antithese von Nähe und Ferne und das gespannte Verhältnis zwischen der (von Stopfkuchen in Besitz genommenen) Roten Schanze und der Stadt, die einst von der Schanze aus beschossen wurde, deren Bürger späterhin den Schanzen-Bauern Quakatz zu Unrecht diskriminiert haben und die nunmehr von Stopfkuchen düpiert, d. h. für seine Straf-Exekution gegen den toten Störzer funktionalisiert werden.

Selbstverständlich sind dabei auch zeitliche Differenzen von Bedeutung; das gilt besonders für den Wandel der Schanze selbst von einem Ort der Isolation zu einer behaglichen Idylle. Auch hat man zu Recht die komplizierte Zeitstruktur gewürdigt, die mindestens drei Ebenen miteinander verknüpft (die Zeit der Niederschrift, des Heimatbesuchs und der Erzählungen Stopfkuchens). Der ästhetische Effekt dieses raffinierten Ineinanders ist jedoch primär eine Aufhebung des linearen Zeitflusses. Er wird durch signifikante Dingsymbole unterstützt: durch die Kanonenkugel etwa, die einst von der Roten Schanze abgeschossen wurde und noch in der Mauer von Stopfkuchens Vaterhaus steckt, oder das Mammutgerippe hinterm Hof, das Stopfkuchens Interesse für die Paläontologie weckt, das ihn Verbindungen zwischen der Schanze und der Sintflut herstellen läßt («Da redete Gott mit Noah und sprach: Gehe aus dem Kasten») und zu beziehungsreichen Vergleichen Anlaß gibt:

«Dem dürren Afrikaner, diesem Eduard, wollen wir nun doch einmal aus dem alten Neste heraus imponieren und ihm beweisen, daß man auch von der Roten Schanze aus aller Philisterweltanschauung den Fuß auf den Kopf setzen kann. Dem wollen wir einmal zeigen, wie Zeit und Ewigkeit sich einem gestalten können, den man jung allein unter der Hecke liegenläßt und der [. . .] die Rote Schanze erobert und in Mußestunden von letzterer aus den gestern vergangenen Tag als wie einen seit Jahrtausenden begrabenen Mammutsknochen aufgräbt.»

Es waren vor allem die Hinweise auf Stopfkuchens schwere Jugend und seinen Gegensatz zur Philisterwelt, die viele Interpreten zu einer nahezu identifikatorischen Auslegung der Figur geführt haben. Seine groteske Körperlichkeit und die Vergleiche mit Frosch, Kröte oder Riesenfaultier wurden zwar nicht übersehen, aber als Teilelement einer humoristischen Erzählstrategie begriffen. Einen anderen Stellenwert könnten diese Momente erhalten, wenn man die kaum verhüllte Aggression stärker berücksichtigt, die sich in vielen Äußerungen Stopfkuchens (so auch im obigen Zitat) ausspricht, und die Frage nach der Moralität seines Vorgehens im Falle Störzer neu stellt. Unter diesem Blickwinkel verliert die Figur viel von jener meditativen Entrücktheit, auf die der bürgerliche

Name «Schaumann» verweist, und erscheint als ein machthungriges Individuum, das im Verhältnis zu seinen Artgenossen eben jene Spielregeln praktiziert, die der Sozialdarwinismus damals als «Kampf ums Dasein» anpries. Wenn sich dieselbe Figur en passant negativ über den deutschen Reichstag sowie positiv über den «forschen» Bismarck äußert, so unterstützt das den Eindruck, daß wir es hier mit einer bestimmten geschichtlichen, auch politisch definierbaren Mentalität zu tun haben.

Mit der Tradition des Liberalismus, an die so viele Werke Raabes aus den siebziger und achtziger Jahren anknüpfen, hat die Figur Stopfkuchens nichts mehr zu tun. Sie ist freilich auch nicht als Gegenentwurf zu ihr aufzufassen. Denn eine direktere moralische oder politische Wirkung ist schon durch die bipolare Konstruktion ausgeschlossen, die der *Stopfkuchen*-Roman mit den (späteren) *Akten des Vogelsangs* teilt. Indem beide Werke verschiedene, ja geradezu gegensätzliche substantielle Positionen – welch größerer Gegensatz wäre denkbar als der zwischen dem «eigentumsmüden» Velten Andres und dem besitzfrohen Heinrich Schaumann? – aus der Perspektive von Erzählern vorstellen, die sich konträr zu diesen Positionen verhalten, ja sich z. T. von ihnen bedroht fühlen, erzeugen sie eine fundamentale Verunsicherung. Diese verstärkt sich noch durch die Spannung zwischen bestimmten Anspielungs- und Metaphernnetzen und den Figuren oder Handlungsmotiven, auf die sie bezogen sind. Eine solche Spannung ist – wie gesagt – zu beobachten, wenn sich in Eduards bewunderndem Bericht über den Detektiv Stopfkuchen ebenso wie in dessen Selbstdarstellung Metaphern häufen, die eher auf ein aggressives Tier als auf einen Weisen vom Berge hindeuten.

Ähnliche Spannungen finden sich auch, wie schon in anderem Zusammenhang gezeigt (S. 183 f.), im unmittelbar zuvor entstandenen historischen Roman *Das Odfeld* (1888). Die kühne Verbindung, die hier zwischen den Greueln des Siebenjährigen Kriegs und idyllischen Motiven hergestellt wird, und die Kunst eines widerborstigen Zitierens finden ihre konsequente Fortsetzung in Raabes letztem vollendeten Werk: *Hastenbeck* (1899). Mit hohem kompositorischen Aufwand wird hier das Schicksal eines jungen Liebespaars und zweier alter Sonderlinge in die weltgeschichtlichen Verwicklungen und in die literarische Landschaft des 18. Jahrhunderts hineingestellt.

Letztere formiert sich in *Hastenbeck* vor allem durch Zitate aus einem Predigtbuch von 1711 (*Der auffrichtige Cabinet-Prediger* von Gottlieb Cober) und aus den Idyllen-Dichtungen von Geßner und Voß. Aber auch das Rokoko-Porzellan aus der benachbarten Manufaktur von Fürstenberg verstärkt die arkadische Motivik. Ein dort beschäftigter Blumenmaler, der nach der Niederlage bei Hastenbeck 1757 aus dem Heer des Herzogs von Braunschweig desertiert ist, findet Zuflucht im Pfarrhaus zu Boffzen; seine Liebe zu Immeke (Bienchen), der Adoptivtochter des Pfarrers, und die gemeinsame Rettung ins neutrale Blankenburg unter Führung der tapferen «Wackerhahnschen» bilden den schütteren Faden der Handlung – nicht zu vergessen den Schweizer Hauptmann Uttenberger, der in der Schlacht bei Hastenbeck auf der Gegenseite gekämpft hat, sich als Einquartierter im Pfarrhaus für das junge Paar einsetzt und am Ende der Erzählung seinen Verletzungen erliegt.

Der epilogartige Ausblick auf die Nachkriegszeit markiert den Abstand, der die kriegserfahrene «Hexe vom Landwehrturm» vom Mutterglück Immekes trennt und klagt somit nochmals die Unaufhebbarkeit blutiger Leiden ein, quittiert aber auch mit sichtlicher Genugtuung die Aufhebung der schmählichen Konvention von Zesen, d. h. den schließlichen Sieg Preußens. Die Spannung zwischen pazifistischer Anklage und nationalgeschichtlichen Perspektiven ist Teil der Komplexität eines historischen Erzählens, das seine eigentliche Pointe in der unmittelbarsten Konfrontation von Politik und Intimität findet. Uttenberger sagt zum jungen Blumenmaler: «Nimm dir ein Exempel an eurem König Fritz von Preußen. [...] Und wenn du auch sieben mal sieben Kriege, wie er um sein Schlesien, so du um dein Mädchen führen müßtest, halt fest die Krone, nach der du gegriffen hast.» Weniger heroisch klingt der Trost der Wackerhahnschen für seine Freundin: «So laß doch das Heulen, Immeke, den Doktor Drahtbinder für unseren zersprungenen Pott hier finden wir immer noch leichter als der König Fritz für seinen den seinigen!»

Der Berufsschriftsteller Raabe hatte sich mit *Hastenbeck* ein gutes Jahrzehnt vor seinem Tod zur Ruhe gesetzt. Dennoch entstand in den Jahren 1899–1902 die fragmentarische Erzählung *Altershausen,* die seit ihrer postumen Publikation 1910 als eines der irritierendsten Dokumente für die Modernität seines Spätwerks gilt. Der Erinnerungsvorgang als Grundgestus Raabeschen Erzählens erfährt hier eine äußerste Zuspitzung und Problematisierung, denn auf der Reise in die eigene Vergangenheit, die der prominente Arzt Professor Feyerabend nach seinem 70. Geburtstag antritt, kommt er sich zunehmend selbst abhanden. Schon der Einsatz der Erzählung mit dem Wechsel zwischen Ich- und Er-Perspektive deutet auf eine Dissoziation der Persönlichkeit hin, die sich verstärkt, wenn Feyerabend innerhalb der Er-Erzählung die Reise in den Ort der Kindheit antritt. Dessen Name Altershausen ist so sprechend wie der des Reisenden, und angesichts der traumhaften Massierung von Wiedersehens-Erlebnissen, die dem Heimkehrer hier zuteil werden, darf man den Realitätscharakter dieser Reise und ihres Zielorts überhaupt bezweifeln. Handelt es sich um einen Traum, eine Allegorie des Erinnerungsvorgangs? Die Analogie zur psychoanalytischen Rekonstruktion der eigenen Vergangenheit – auch sie bedarf der Anstrengung, bedeutet ein Hinuntersteigen in verschüttete Tiefen und führt zu einer Veränderung der Ich-Identität – ist nicht zu übersehen.

Der Jugendfreund Ludchen Bock, um dessentwillen Feyerabend die Reise angetreten hat, erweist sich als Schwachsinniger, dessen Bewußtsein infolge einer Schädelverletzung auf dem Stand der Kindheit stehengeblieben ist. Feyerabend kommt mit ihm erst dann auf den «richtigen

Fuß», nachdem er die distanzierende Optik des Arztes aufgegeben und sich selbst in die seelische Sphäre der Kindheit zurückbegeben hat. Eine wichtige Station auf dem Weg dieser Regression ist der Nußknackertraum des 14. Kapitels, in dem Feyerabend der Fortschritt der Wissenschaft und seine eigene Rolle darin fragwürdig werden. Die «Welträtselnuß» wird «weiter geknackt», fortan jedoch ohne innere Beteiligung des Bewußtseins-Reisenden.

5. Fontane

«Der moderne Roman wurde für Deutschland erfunden, verwirklicht, auch gleich vollendet von einem Preußen, Mitglied der französischen Kolonie, Theodor Fontane.» Heinrich Manns Huldigung von 1948 erblickt in der hugenottischen Abstammung Fontanes ein bedeutungsträchtiges Indiz für die Affinität dieses Schriftstellers zur geistigen Welt und zum Formenspektrum der französischen Literatur, in dem der sozialkritische Gesellschaftsroman seit Stendhal und Balzac einen privilegierten Platz einnahm. Mit Fontane hat die deutsche Erzählliteratur des 19. Jahrhunderts anscheinend den Anschluß an die europäische Entwicklung gefunden und jene Provinzialität abgelegt, die ihr seit den Tagen des Vormärz anzuhaften schien. Das Beispiel von Auerbachs Dorfgeschichten – dem letzten Erzeugnis, mit dem deutsche Erzählkunst internationales Aufsehen erregt hatte – zeigt freilich schon, daß der Rückzug auf eine bestimmte Form von Provinzialität (im stofflich-räumlichen Sinn) nicht unbedingt mit Wirkungslosigkeit gleichzusetzen ist. Auch der Erzähler Fontane zeichnet sich durch demonstrativen Regionalismus – hier: Verbundenheit mit dem berlin-märkischen Ambiente und preußischen Traditionen – aus; seinem literarischen Rang und seiner «Modernität» in dem von Heinrich Mann deklarierten Sinn hat das offenbar nicht geschadet, im Gegenteil. Eine internationale Wirkung zu Lebzeiten blieb ihm freilich versagt; seine Eingemeindung in die Weltliteratur vollzog sich – wie vieles bei ihm – erst mit erheblicher Verspätung.

Fontane war 59 Jahre alt, als sein erster Roman erschien. In den zwanzig Jahren bis zu seinem Tod 1898 veröffentlichte er sechzehn größere Erzählwerke, die überwiegend als Romane einzuordnen sind, obwohl ihr Autor bisweilen von Novellen spricht (im übrigen nahm Fontane es mit dieser Unterscheidung nicht so genau), von denen jedoch kein einziges dem für die deutsche Tradition so charakteristischen Modell des Bildungs- oder Entwicklungsromans entspricht. Man vergleiche daneben Raabe oder Keller! Vor dem Hintergrund der intensiven Befassung des früheren Fontane mit geschichtlichen Stoffen muß auch der relativ geringe Anteil historischer Erzählungen an diesem Alterswerk auffallen; auch darin hebt sich der Romancier und Novellist Fontane von seinen deutschen Zeitgenossen (vor allem von Meyer und Raabe, aber auch von Heyse und Storm) ab, zugleich zu grenzüberschreitenden Vergleichen (mit Thackeray etwa, Flaubert oder Tolstoi) einladend. Zeit-, Gesellschafts- und Eheromane – in Fontanes Praxis überschneiden sich die Begriffe – machen den Kern dieses Œuvres aus und begründen die bis heute von ihm ausgehende Wirkung.

«Gesellschaftsroman» ist dabei nicht mit dem von den Naturalisten geforderten «sozialen Roman» zu verwechseln. An einer gezielten Thematisierung sozialer Mißstände, einer Hinwendung etwa zu den vielfältigen Erscheinungen des Großstadtelends, hinderten Fontane die Überzeugung von der Notwendigkeit der Verklärung und der Glaube an eine realexistierende Schönheit: «Der Realismus wird ganz falsch aufgefaßt, wenn man von ihm annimmt, er sei mit der Häßlichkeit ein für allemal vermählt; er wird erst ganz echt sein, wenn er sich umgekehrt mit der Schönheit vermählt und das nebenherlaufende Häßliche, das nun mal zum Leben gehört, verklärt hat. Wie und wodurch? Das ist seine Sache zu finden; der beste Weg ist der des Humors» (an Friedrich Stephany, Oktober 1889).

Dieser Humor zeigt sich in den Erzählwerken Fontanes wesentlich in den Gesprächen, die auch quantitativ einen erheblichen, gegen Ende seiner Entwicklung nochmals anwachsenden Teil des Textcorpus ausmachen. Die ästhetische Leistung dieser Gespräche liegt weniger in der Erzeugung von Wirklichkeitsnähe oder Objektivität (im Sinne Spielhagens) als in der Einführung von Deutungsperspektiven und einer humoristischen Einfärbung und Subjektivierung des Geschehens, die direkt auf die Erzählerposition zurückweist. Nicht umsonst hat man immer wieder den eigentümlichen Fontane-Ton dieser Unterhaltungen hervorgehoben und das Causeur-Talent ihrer Protagonisten in Zusammenhang mit der Persönlichkeit des Autors oder seines leichtlebigen Vaters Louis Henri Fontane gebracht. Eine solche Gesprächskunst hat aber auch ihren gesellschaftlichen Ort. So gesehen, heißt «Gesellschaftsroman» bei Fontane zunächst einmal: Roman der guten Gesellschaft, ein Roman, der generell in der Sphäre der Oberschicht angesiedelt ist und deren Konversationskultur übernimmt. Unter der Decke des gefälligen Plauderns artikuliert sich gelegentlich auch ein energisches bürgerliches Räsonnement, eine Infragestellung bestehender gesellschaftlicher Formen.

In einem tieferen Sinn kann man Fontanes Erzählwerke aber auch insofern als Gesellschaftsromane bezeichnen, als sie den gesellschaftlichen Status, die soziale Rollenexistenz des Menschen thematisieren – mit vielfach tragischem Ausgang. Dies geschieht nun allerdings in einer

Weise, die weit von heute verbreiteten Auffassungen über den Konflikt
von individuellem Selbst und sozial verordneter Rolle, Ich und Gesellschaft absticht. Es gibt vielmehr starke Hinweise darauf, daß die Figuren
in Fontanes Erzählwelt von Anfang an auf bestimmte vorgegebene Identitäten fixiert, ja geradezu zum Nachvollzug eines vorgeschriebenen
Schicksals prädestiniert sind. Das gilt insbesondere für die Frauenfiguren, die bei Fontane so dominant hervortreten wie bei kaum einem anderen deutschsprachigen Erzähler: So nahe sie dank des außerordentlichen psychologischen Differenzierungsvermögen dieses Autors an uns
herantreten, so fern bleiben sie letztlich den heutigen Lesern und Lese-
rinnen nicht nur aufgrund der spezifischen Bedingungen ihrer Sozialisation, sondern infolge ihrer diskreten Stilisierung als Elementarwesen
mit mythischer Mission. Denn über ihnen liegt auch ein Hauch von
Fatalismus.

Es ist daher eine illusionäre Wirklichkeitsnähe, mit der uns Fontanes
Gesellschaftsromane beglücken. Der ihnen eigene nostalgische Reiz des
Hinabtauchens in eine längst vergangene – und z. T. in den Romanen
selbst schon als obsolet erkannte – Welt obligatorischer Militärkarrieren,
ausgeklügelter Ehepläne und standesgemäßer Versorgung mit (tief verständnisvollen und menschlich anrührenden) Dienstboten wird weitgehend vorweggenommen in Fontanes Definition des Romans als eines
imaginären Besuchs bei sympathischen oder eindrucksvollen Menschen:

> «*Was soll ein Roman?* Er soll uns, unter Vermeidung alles Übertrie-
> benen und Häßlichen, eine Geschichte erzählen, an die wir *glau-
> ben*. Er soll zu unserer Phantasie und unserem Herzen sprechen,
> Anregung geben, ohne aufzuregen; er soll uns eine Welt der Fiktion
> auf Augenblicke als eine Welt der Wirklichkeit erscheinen, soll uns
> weinen und lachen, hoffen und fürchten, am Schluß aber empfin-
> den lassen, teils unter lieben und angenehmen, teils unter charak-
> tervollen und interessanten Menschen gelebt zu haben, deren Um-
> gang uns schöne Stunden bereitete, uns förderte, klärte und be-
> lehrte.»

Nach dem sehr verhaltenen Echo auf sein erzählerisches Debüt, den
umfangreichen historischen Roman (siehe oben S. 182 f.) *Vor dem Sturm*
(1878), verzichtete Fontane auf die weitere Verfolgung seiner Pläne für
einen ähnlich polyperspektivisch angelegten «Vielheitsroman» aus dem
Leben der Berliner Gesellschaft unter dem bezeichnenden Titel *Allerlei
Glück*. Noch während des Vorabdrucks von *Vor dem Sturm* erprobt er
mit *Grete Minde* eine erzählerische Alternative: die Gestaltung eines
exzeptionellen Frauenschicksals in historischen Kulissen, unter sorgfäl-
tiger Beachtung der Bedürfnisse des Novellenmarktes. So darf man wohl
den Brief interpretieren, mit dem sich Fontane dem Herausgeber der

Zeitschrift *Nord und Süd* andient, eine briefliche Empfehlung an die Zeitgröße Adolf von Wilbrandt beifügend: «Meine für ‹Nord und Süd› bestimmte Novelle ist im Brouillon fertig, etwa ebensolang wie Wilbrandts, eher kürzer. Wollte Gott, daß sie an Wert ihr wenigstens annähernd gleich käme» (an Paul Lindau, September 1878). Die historische Figur der Brandstifterin, die das Havelstädtchen Tangermünde 1619 in Schutt und Asche legte, erfährt eine melodramatisch-biographische Beleuchtung. Danach ist Gretes Tat die logische Konsequenz einer langen Kette von Enttäuschungen und Benachteiligungen, ja dezidierten Unrechtsakten, die das Waisenkind von früh auf zu erleiden hatte. Ihr eigenes Verbrechen, bei dem sie bewußt auch den Sohn ihres Hauptfeindes mit in den Tod reißt, erscheint als eine Form von Lynchjustiz, als verzweifelter Versuch zur Wiederherstellung der ihr von der Bürgerschaft verweigerten Ehre (im Sinne von Schillers Erzählung *Der Verbrecher aus verlorener Ehre*).

Der Zusammenhang von Unrecht und Vergeltung, Schuld und Sühne sollte Fontane noch in drei weiteren Erzählungen beschäftigen. Als regelrechte Kriminalerzählungen sind seine Beiträge zur populären *Gartenlaube* zu betrachten (*Unterm Birnbaum*, 1885; *Quitt*, 1890); unter diesem Gesichtspunkt sind sie oben (S. 201 f.) auch schon vorgestellt worden. *Ellernklipp*, 1879/80 niedergeschrieben und 1881 in *Westermanns Illustrierten Deutschen Monatsheften* veröffentlicht, hat einen historisch verbürgten – im Sterberegister der Harzgemeinde Ilsenburg von 1752 bezeugten – Mord zur Grundlage. Die Tötung des Sohns durch den Vater nimmt in Fontanes Darstellung allerdings eher den Charakter eines Totschlags oder einer fahrlässigen Tötung an – nicht menschliche Planung und bewußte Absicht bestimmen das Geschehen, sondern unklare Triebregungen und schicksalhafte Vorbestimmung. «Ewig und unwandelbar ist das Gesetz»: so sagt es erstmals der Schäfer Melcher Harms, ein Konventikler und Spökenkieker, in für ihn ganz ungewohntem Hochdeutsch (das Plattdeutsch der einfachen Leute ist ein Lieblingsmotiv des Erzählers Fontane), und so steht es schließlich ihrem Wunsch gemäß auf dem Grabstein Hildes, der eigentlichen Hauptfigur der Erzählung. Dabei ist sie über das volle Ausmaß der schicksalhaften Tragik, die sich um sie herum abgespielt hat, ja durch sie ausgelöst wurde, nie wirklich aufgeklärt worden. Sie kann allenfalls ahnen, was der Leser weiß: daß nämlich ihr Pflegevater und späterer Mann seinen einzigen Sohn in einem wohl letztlich durch Eifersucht motivierten Streit umbrachte und deshalb Jahre danach an derselben Stelle – eben unter Ellernklipp – sich selbst den Tod gab. Der Tatort-Mythos von der Sühne am Ort des Verbrechens entspricht bester Balladen- und Schicksalsnovellen-Tradition, wie man sie etwa aus der *Judenbuche* Annette von Droste-Hülshoffs kennt.

Über den Typus der balladesken Novelle weist *Ellernklipp* vielleicht in zweierlei Hinsicht hinaus. Einmal durch die nachhaltige Infragestellung des ständischen Denkens, sozialer Vorurteile und bürgerlicher Ordnungsideen im Laufe der Erzählung. Die stolze Behäbigkeit, mit der uns das Anwesen des Heidereiters gleich auf der ersten Seite entgegentritt, wird durch die doppelte Lüge, die sie decken soll (dazu gehört auch Hildes Herkunft), entwertet und zerstört. Eine andere Abweichung von der Tradition liegt in der auffälligen Stilisierung der heimlichen Grafentochter Hilde als «müde» oder dekadent; Fontane selbst bekannte sich zu der Absicht, an dieser «poetisch-apathischen» Figur «die dämonisch-unwiderstehliche Macht des Illegitimen und Languissanten» zu demonstrieren (an Gustav Karpeles, 14. 3. 1880). «An wem was zehrt, der wird matt und müd», heißt es in der Erzählung; es sei aber Sehnsucht, die an Hilde zehrt. Neben anderen im Text beschworenen Erklärungsmustern aus Temperamentenlehre und Vererbungstheorie deutet sich damit ein hochmodernes und in der Literatur der Jahrhundertwende noch häufig wiederkehrendes Modell für Hildes eigentümliche Lebensschwäche an: die Hysterie der sexuell unbefriedigten Frau.

Während die historische Zeit in *Ellernklipp* als bloße Staffage dient, gewinnt sie in *Schach von Wuthenow* (1882) substantielle Bedeutung. Und doch wird man diese «Erzählung aus der Zeit des Regiments Gensdarms» nicht dem gleichen Typus des historischen Erzählens zuordnen wie etwa den Roman *Vor dem Sturm*. Dabei scheint der Zeitrahmen durchaus vergleichbar: hier der Vorabend der Schlachten von Jena und Auerstedt 1806, dort (im Roman) der Vorabend der Befreiungskriege, also Anfang und Ende der napoleonischen Herrschaft über Preußen. Dessen Wiedererstarken als Thema des Romans findet in der Darstellung der inneren Auflösung eines gleichsam untergangsreifen Preußen in der *Schach*-Novelle sein präzises Pendant. Weil er den individuellen Vorfall, von dem die Geschichte handelt, als Ausdruck einer fortgeschrittenen Auflösung oder Veräußerlichung der gesellschaftlichen Ordnung auffaßte, hat Fontane Verlobung und Selbstmord seines Schachs überhaupt erst von 1815 (dem Datum des überlieferten Skandals) auf das Jahr 1806 zurückdatiert. Nur vor dem Hintergrund einer auch und gerade auf die Armee übergreifenden allgemeinen Dekadenz schien es ihm möglich, den Freitod eines Offiziers plausibel zu motivieren, der keine anderen Gründe hatte als die Blatternarben und die dadurch bedingte mangelnde Repräsentationsfähigkeit seiner Braut; erst als Einzelnes, das für ein Allgemeines steht, wurde der befremdliche Vorfall literaturfähig.

In der Darstellung der Beziehung zwischen Victoire von Carayon und dem standesbewußten Schach setzt Fontane dieselben Mittel ein, die seinen zeitgenössischen Gesellschaftsromanen zu Gebote stehen: die Konversation im Salon, die obligatorische Landpartie (auf der man sich näher kommt), die Aussprache unter vier Augen, den einsamen Spaziergang (als Anlaß zum Nachdenken über die Beziehung) oder Briefe an Dritte (in denen vor allem die Frau ihr Gefühl ausdrückt). Aufschlußreich für die latente Parteilichkeit, mit der Fontane das

problematische Verhältnis gestaltet, ist die weitgehende Bindung der Erzähler-
perspektive an Victoire oder ihre immer noch schöne und auf ihre gesellschaftliche Reputation bedachte Mutter. Nur für wenige Kapitel wechselt der Blick-
punkt zu Schach über – am eindringlichsten gewiß bei der Beschreibung jener
Reise nach Schloß Wuthenow, auf der der Entschluß zum Selbstmord in ihm her-
anreift. Ausgesprochen freilich wird dieser Entschluß nicht! Nur eine Reihe viel-
sagender Symbole (Familiengruft, Immortellenkränze, Nachtschmetterlinge,
Kahnfahrt u. a.) gleitet durch das Bewußtsein der Titelfigur und somit auch des
Lesers. Im psychologisierenden Nachvollzug schwankender Bewußtseinsinhalte
nähert sich Fontane hier schon Schnitzlers Erzählstil.

Der Freitod selbst wird uns dagegen ganz von außen berichtet – im wahrsten
Sinne des Wortes, denn Schach erschießt sich in einer (auch für uns) verschlossenen Kutsche, und die Reaktionen des Personals auf dem Bock sorgen für komische Verfremdung. Als Epilog dienen zwei Briefe aus erheblicher räumlicher
und zeitlicher Entfernung. Victoire, inzwischen Mutter geworden, spricht mit
distanziertem Wohlwollen über den Vater ihres Kindes. Der andere Brief stammt
vom Militärschriftsteller Bülow, dem energischsten Preußen-Kritiker des ganzen
Buchs; Bülow sieht im Schach-Fall ein Symptom der Zeit, einen Hinweis auf
das «Wesen der falschen Ehre» und erklärt – genau einen Monat vor der Katastrophe von Jena und Auerstedt –: «Wir werden an derselben Welt des Scheins
zugrunde gehen, an der Schach zugrunde gegangen ist.» Man ist geneigt, in diesen Sätzen die Moral der Geschichte zu sehen, zumal Bülow in einigen Punkten
(Englandaufenthalt!) Gemeinsamkeiten mit dem Verfasser aufweist. Und doch
wird auch Bülow als «Kind seiner Zeit» und Don Quijote relativiert, ja trotz seiner intellektuellen Überlegenheit in einem früheren Brief Victoires hinter
Schach gesetzt, der die «mittlere Gescheitheit» eines «redlichen Mannes» be-
sitze. Wem ist zu glauben?

Im gleichen Jahr wie *Schach von Wuthenow* als Buch erschienen, eröffnet die «Novelle» *L'Adultera* (Vorabdruck 1880) die Reihe der Eheromane Fontanes und zugleich die Serie seiner Berliner Gesellschaftsromane. Auch diesem Werk (wie noch *Graf Petöfy*, *Unwiederbringlich*
und *Effi Briest*) liegt ein realer Vorfall zugrunde. Erst sechs Jahre vor der
Veröffentlichung hatte Therese Ravené ihren Mann, einen Berliner
Großindustriellen, und ihre drei Kinder verlassen und war mit ihrem
Geliebten, dem Kaufmann Gustav Simon, nach Rom geflohen. Vielleicht
ist es gerade diese Nähe zum Faktischen gewesen, die Fontane zwecks
ästhetischer Objektivierung zu um so kräftigerem Einsatz symbolischer
Mittel greifen ließ, und diese Mittel fand er vorrangig im Zitat, in der
beziehungsreichen Anspielung auf Werke der Literatur, bildenden Kunst
und Musik. Dominierend wirkt die titelgebende (und Fontane nach
eigener Aussage primär inspirierende) Parallele zu Tintorettos Gemälde
«Christus und die Ehebrecherin». Der Ankauf einer Kopie des Bildes
veranlaßt Melanie van der Straaten gleich zu Anfang des Romans zu folgender Bemerkung an die Adresse ihres Mannes: «Aber daß du gerade
das wählen mußtest! Es ist eigentlich ein gefährliches Bild.» Zerstört van
der Straaten seine eigene Ehe dadurch, daß er ein Bild mit heikler The-

matik erwirbt und den Bibelspruch anzitiert «Wer unter euch ohne Sünde ist»? Die Fortsetzung dieser Anrede an die Pharisäer heißt: «der werfe den ersten Stein auf sie». Es sind die Worte, die Christus in der von Tintoretto dargestellten Situation sagt, genau besehen keine Entschuldigung des Ehebruchs, aber so werden sie von Melanie aufgefaßt: «Es liegt so was Ermutigendes darin.»

Man glaubt hier die Motive zu spüren, die Fontanes Interesse am Vorfall begründeten. Gegen die pharisäerhafte Verurteilung der Ehebrecherin durch die zeitgenössische Gesellschaft (deren moralisches Pathos doch auf tönernen Füßen stand) setzt er eine einfühlsame Perspektive, die den Prozeßcharakter und das Zwangsläufige der Entwicklung betont. «Wohin treiben wir?» heißt die Überschrift des Kapitels, das die Rückkehr vom Stralau-Ausflug beschreibt, auf dem sich Melanie und Ebenezer Rubehn, Geschäftsfreund und Gast ihres Mannes, erstmals nahegekommen sind. Das Schaukeln der Boote und das Spiel der Wellen gewinnen – wie noch in *Graf Petöfy* – unmittelbare symbolische Funktion. Das übernächste Kapitel trägt den Titel «Unter Palmen». Tatsächlich bedarf es der erschlaffenden Schwüle eines Treibhauses und der phallischen Formenvielfalt der hier wuchernden Tropenpflanzen, um Melanies moralische «Rüstung» zu lockern und zu Fall zu bringen. «Man wandelt nicht ungestraft unter Palmen», zitiert denn auch prompt die Freundin Anastasia einen (leicht abgewandelten) Satz Ottiliens aus Goethes *Wahlverwandtschaften*. Will Fontane damit auch das naturwissenschaftliche Modell in Erinnerung rufen, das Goethes von einem geistigen Ehebruch handelnder Roman bemüht, und den handfesten Ehebruch Melanies nach den Gesetzen einer chemischen Verbindung erklären?

Das Treibhaus ist ein Lieblingssymbol der europäischen Dekadenz, das sich von Zolas Roman *La curée* (Die Beute, 1871) und Edouard Manets Gemälde «Im Gewächshaus» (1879) bis hin zu Arthur Holitschers Roman *Der vergiftete Brunnen* (1900) und Ernst Stadlers Gedicht *Im Treibhaus* (1904) verfolgen läßt. Unter dem gleichen Titel hat schon 1854 Mathilde Wesendonck ein Gedicht verfaßt, das Wagner unter Verwendung des Sehnsuchtsakkords aus *Tristan* vertonte. Van der Straaten spottet über Melanies Wagner-Verehrung und spielt gezielt auf die Dreieckssituation in *Tristan und Isolde* als Parallele zur Bedrohung seiner Ehe an. Fontane funktionalisiert eigene Vorbehalte gegenüber dem Wagnerkult, wenn er den rauschhaften Charakter der Wagnerschen Musik als Einstimmung zum Ehebruch interpretiert. Auch das Treibhaus-Symbol wird eher kritisch eingesetzt: als Hinweis auf eine luxurierende Existenz, der die Verankerung in der Alltagswelt der Arbeit fehlt.

Ein Hauch von Determinismus geht durch *L'Adultera*. Insofern liegt es nahe, Fontanes Roman mit naturalistischen Verarbeitungen der Ehebruchsthematik zu vergleichen, gehörte doch die Annahme einer Determination des Menschen durch Umwelt oder Vererbung zu den theoretischen Grundpositionen des Naturalismus. Betrachtet man jedoch einschlägige Werke wie Albertis Romane *Eine wie Tausend* (1889) oder *Das Recht auf Liebe* (1890), so zeigt sich im Kontrast zur denunziatorischen Tendenz, mit der dort die Treulosigkeit aus der «Natur» des Weibes abgeleitet wird, erst recht die Sonderstellung Fontanes. Sein Bemühen um eine nichtdiskriminierende Darstellung des weiblichen Ehebruchs macht sich in *L'Adultera* schon im Gang der Handlung bemerkbar. Die untreue Ehefrau und – was im Urteil der Zeit wohl noch schwerer wog – Mutter findet nach einer gewissen Zeit der moralischen Prüfung und materiellen Entbehrung in den Hafen der Familie zurück. Ein nicht sonderlich glaubwürdiges Happy-End, das wohl auch mit Rücksicht auf die Moralvorstellungen des Publikums gewählt wurde (den Sturm der Entrüstung über Fontanes Buch aber gleichwohl nicht verhindern konnte). Bekanntlich hat auch Ibsen sein – von Fontane nicht sonderlich goutiertes – Schauspiel *Nora oder ein Puppenheim* in ähnlicher Weise entschärft und den ursprünglichen Dramenschluß (Nora verläßt Mann und Kinder) für die Uraufführung durch ein versöhnliches Ende ersetzt.

Fontanes nächster Eheroman endet aber bereits tragisch. Graf Petöfy im gleichnamigen Roman von 1884 nimmt sich das Leben, sobald er das Scheitern seines ‹platonischen› Eheexperiments einsehen muß. Der alte Graf hatte geglaubt, die junge Schauspielerin Franziska Franz als Partnerin für kulturelle Belange in sein ungarisches Schloß heimführen zu können, ohne deren Gefühlsleben oder den eigenen Seelenfrieden zu beschädigen. Eine riskante Bootsfahrt, bei der Franziska und sein junger Neffe allein sind, genügt, um diese Illusion zu widerlegen – eine Illusion, deren Genese im Roman wesentlich auf die Wiedergabe eines Gedichts zurückgeführt wird. Franziska zitiert im Wiener Salon des Grafen aus Lenaus Gedicht *Nach Süden* (1832): «Hörbar rauscht die Zeit vorüber / An des Mädchens Einsamkeit.» Die Sehnsucht und Bereitschaft der Norddeutschen zum Aufbruch in ein imaginäres Ungarn ist darin ebenso ausgedrückt wie die Krise ihrer späteren Ehe. Die für den Erzähler Fontane typische Technik der Präfiguration eines individuellen Schicksals durch literarische oder andere Vorbilder verbindet sich hier mit einer grundsätzlichen Reflexion auf das Verhältnis von ‹romantischer› Erwartung und Realität, vorgegebener und gelebter Rolle. Insofern geht die Kritik an diesem Roman, dessen österreichisch-ungarisches Milieu oft als unecht empfunden wurde, ins Leere. Sein Realismus liegt eben im Aufweis der Grenzen jenes Übertragungsmodells, mit dem Franziska ihre Bereitschaft zur Heirat mit dem alten Grafen verteidigt: «So vieles im Leben ist ohnehin nur Komödienspiel, und wer dies Spiel mit all seinen großen und kleinen Künsten schon von Metier wegen kennt, der hat einen Pas vor den anderen voraus und überträgt es leicht von der Bühne her ins Leben.» Die Leben-Kunst-Problematik, von so zentraler Bedeutung für das Schaffen von Heinrich und Thomas Mann, klingt hier schon an.

Auch *Cécile* (1888) handelt von einem scheiternden Eheexperiment, das gleich zwei Menschen das Leben kostet: die Titelheldin und ihren Verehrer, den im Duell mit dem Ehemann fallenden Ingenieur Gordon-Leslie. Nachdem Gordon auf halber Strecke des Romans über die Vorgeschichte der schönen Cécile aufgeklärt wird (und erst dann erfährt sie auch der Leser), glaubt er sich ihr gegenüber Freiheiten herausnehmen zu können, die nicht nur mit dem gesellschaftlichen Comme il faut, sondern auch mit der persönlichen Würde dieser Frau durchaus unvereinbar sind. Gordons Verrohung demonstriert Cécile das definitive Scheitern ihres Lebensplans: des Versuchs nämlich, durch die Ehe mit dem preußischen Obersten St. Arnaud ihr jugendliches Konkubinat als Mätresse zweier Duodezfürsten ein für allemal vergessen, gewissermaßen ungeschehen zu machen. St. Arnaud hat diese Ehe bereits mit einem früheren Duell und dem Abschied vom Dienst bezahlen müssen; er und Cécile bekommen täglich die Ausgrenzung durch die sogenannte gute Gesellschaft zu spüren. Eine Ausnahme bildet das verständnisvolle und zutiefst menschliche Verhalten des Hofpredigers Dörffel; der Trost, den Cécile im Umgang mit dem Geistlichen findet, erinnert an Franziskas Hinwendung zum Katholizismus (am Schluß von *Graf Petöfy*) und weist auf die ostentative Gläubigkeit Christines in *Unwiederbringlich* voraus.

Der Schauplatz des Romans wechselt zwischen dem Kurort Thale im Harz, Berlin und (in den Briefberichten über Céciles Jugend) Oberschlesien; sein historischer Kompaß schwankt zwischen der Gegenwart des Industriezeitalters, faßbar in mehreren Eisenbahnbeschreibungen wie auch in den beruflichen Verpflichtungen des an einem internationalen Kabelprojekt beteiligten Ingenieurs, und den barocken Launen einer überlebten Hofwelt, die Hunden Denkmäler setzt und Lustschlösser mit Schönheitsgalerien für Mätressen baut. Wenn Cécile neben der fürstlichen Grabkapelle ihres Heimatortes beigesetzt werden will, entscheidet sie sich als umgekehrte Emilia Galotti (auf Lessings Drama wird ausdrücklich angespielt) bewußt für die Exzellenzen des Ancien régime. Die Distanz oder Verweigerung, die sie der herrschenden Gesellschaft entgegenbringt, drückt sich in dem Nervenleiden aus, das in der psychiatrischen Terminologie der Jahrhundertwende als Hysterie zu bezeichnen wäre, und wird symbolisch überformt durch die zahlreichen Reminiszenzen an den Hexenglauben, mit denen die Harz-Spaziergänge der ersten Romankapitel angereichert sind. Die Hysterikerin erscheint damit gleichsam als moderne Form der Hexe.

Auch Christine, die Protagonistin des nächsten Eheromans Fontanes (*Unwiederbringlich*, 1891), ist leidend, und auch sie begeht Selbstmord. Auch hier wird ein Ancien régime geschildert, nämlich die von erotischer Dekadenz durchsetzte Aristokratie am dänischen Hof. Ehemann Graf Holk verfällt ihrem Reiz und zumal dem frivolen Charme der jüdischen Kammerfrau Ebba Rosenberg, zeichnet sich aber schon zuvor durch ein problematisches Verhältnis zur Wirklichkeit aus. Manifestes Symbol dafür ist das Schloß am Meer, das er ganz im Stil von Palladios Klassizismus direkt am Rande der Ostsee errichtet – zu diesem Vorhaben, wie er selbst erklärt, nicht zuletzt durch Uhlands Ballade *Das Schloß am Meere* (1807) bestimmt:

> Hast du das Schloß gesehen,
> Das hohe Schloß am Meer?
> Golden und rosig wehen
> Die Wolken drüber her.

Christines Reaktion («Daß du gerade das zitieren mußtest») erinnert an Melanies Erschrecken über das Tintoretto-Bild. Als Literaturkennerin weiß sie, daß Uhlands Ballade traurig ausgeht, und eben einen solchen Ausgang nimmt auch das Eheglück in Fontanes Roman. Gewissermaßen siegt das Ende über den Anfang des Uhlandschen Gedichts oder wird dieses Modell durch ein anderes Literaturzitat verdrängt, durch die Lieblingsverse Christines nämlich, die im Roman mehrfach zitiert werden: «Die Ruh ist wohl das beste / von allem Glück der Welt.» Es handelt sich um die ersten beiden Verse aus Waiblingers Gedicht *Der Kirchhof* (1827), und tatsächlich beschäftigt die Gräfin der Gedanke an den Neubau der Familiengruft. Sie gleicht darin dem preußischen König, dessen rückwärtsgewandte Politik sie verteidigt: Auch Friedrich Wilhelm IV. plante eine Neuanlage der Fürstengruft in der künstlerischen Gestaltung des – im Roman namentlich erwähnten – Nazareners Peter Cornelius.

Viel Romantik für einen Eheroman! Fontane dürfte denn auch von seiner zutiefst romantischen Auffassung des Nordens geleitet worden sein, als er die Handlung vom Strelitzer Hof, wo sich eine ähnliche Geschichte abgespielt hatte, nach Dänemark verlegte, und zwar in die Zeit um 1859 (Datum des Schloßbrands). Teile des Landes hatte der Verfasser bei den Recherchen für sein Buch über den preußisch-dänischen Krieg von 1864 bereist, und die Perspektive auf Dänemark im Roman ist auch weitgehend diejenige auf eine vor dem Untergang stehende Gesellschaft. Wir haben es also mit einer ähnlichen Verknüpfung von Individual- und Nationalschicksal zu tun wie in *Schach von Wuthenow*. Bei alledem aber ist *Unwiederbringlich* ein Roman über eine zerfallende und auch durch den gewaltsamen Neubeginn (Wiederheirat nach Scheidung) nicht zu kittende Ehe, angefüllt mit zahlreichen Reflexionen über diese ehrwürdige Institution und die Schwierigkeiten der Kommunikation zwischen Eheleuten, mit denen Fontane selbst bekanntlich bestens vertraut war. Die Konsequenz seines künstlerischen Gestaltungs- und Abstraktionswillens wird von Conrad Ferdinand Meyer anerkannt, der *Unwiederbringlich* noch während des Vorabdrucks in der *Deutschen Rundschau* als den besten Roman bezeichnete, den diese Zeitschrift gebracht habe: «feine Psychologie, feste Umrisse, höchst-lebenswahre Charactere u. über Alles doch ein gewisser poetischer Hauch» (an Julius Rodenberg, März 1891).

Meyers Lob ließe sich Wort für Wort auf *Effi Briest* (1894/95) übertragen, das unumstrittene Meisterwerk Fontanes (und sein erster klarer finanzieller Erfolg), mit dem die Reihe seiner Eheromane ihren Abschluß findet. Die Ehethematik wird hier so grundsätzlich aufgefaßt, daß sie zugleich schon über sich hinausweist und Allgemeineres sichtbar macht. Letzten Endes ist die auffällige Dominanz von Ehe- und Ehebruchsgeschichten in der europäischen Literatur des 19. Jahrhunderts auch nur so zu erklären. In einer Zeit allgemeiner Prüderie und verschärfter Tabuisierung nichtehelicher Sexualität qualifiziert sich die Ehe zu *dem* herausragenden Modell für die Darstellung der spannungsreichen Beziehung zwischen individuellem Glücksbegehren und gesellschaftlichen Normen. Da etwaige Normverstöße nach Moral und Recht der Epoche vor allem an der Frau geahndet wurden, erscheint es nur konsequent, daß bürgerliche Schriftsteller der zweiten Hälfte des 19. Jahrhunderts den weiblichen Ehebruch als Exempel einer (versuchten) Selbstverwirklichung im Widerspruch zur Gesellschaft entdeckten. Der Bogen reicht von Flauberts *Madame Bovary* (1857) über Tolstois *Anna Karenina* (1875–1877) bis eben zu *Effi Briest*.

Fontane hat sich ausdrücklich zu einer solchen «politischen» Auffassung der Thematik bekannt. In einem Brief aus der Entstehungszeit von *Effi Briest* betont er sein völliges Desinteresse an den Details von Skandalfällen: «Liebesgeschichten, in ihrer schauderösen Ähnlichkeit, haben was Langweiliges –, aber der Gesellschaftszustand, das Sittenbildliche, das versteckt und gefährlich Politische, das diese Dinge haben [. . .], das ist es, was mich so sehr daran interessiert» (an Stephany, 2. 7. 1894). Damit ist schon die Haltung bezeichnet, in der Fontane sich des realen Vorfalls annimmt, der übrigens fast gleichzeitig in Spielhagens Roman *Zum Zeitvertreib* (1897) verarbeitet wurde. Drei Abweichungen zwischen Fiktion und Fakten fallen auf: Fontane läßt seine Heldin sterben, während ihr Urbild nicht nur die Scheidung, sondern auch das Erscheinen des ihm gewidmeten Romans und seinen Verfasser um mehr als ein halbes Jahrhundert überlebte (Elisabeth von Ardenne starb 1952 im Alter von 99 Jahren in Lindau am Bodensee). Außerdem vervielfacht er den Altersunterschied von Mann und Frau und den Abstand zwischen dem Ehebruch und seiner Entdeckung bzw. seinen Konsequenzen.

Daß Innstetten erst sechseinhalb Jahre ‹danach› die Briefe von Crampas findet, hängt unmittelbar mit Fontanes «politischer» Interpretation zusammen. Das Vorgehen des Ehemannes wird damit jeden Anscheins von Spontaneität und Emotionalität beraubt; Duellforderung und Verstoßung der Ehefrau werden zur reinen Pflichtsache, der selbst auf seiten des beleidigten Ehemannes keine innere Notwendigkeit entspricht. In den Augen seines sterbenden Gegners glaubt er zu lesen, was er selber fühlt: «Innstetten, Prinzipienreiterei ... Sie konnten es mir ersparen und sich selber auch.» Innstetten, der am Schluß zum Ministerialdirektor im Innenministerium ernannt wird, war und ist preußischer Beamter genug, um strikt nach Prinzipien zu verfahren, auch und gerade am kritischsten Punkt seiner Ehe:

> «Man ist nicht bloß ein einzelner Mensch, man gehört einem Ganzen an, und auf das Ganze haben wir beständig Rücksicht zu nehmen, wir sind durchaus abhängig von ihm. [...] im Zusammenleben mit den Menschen hat sich ein Etwas ausgebildet, das nun mal da ist und nach dessen Paragraphen wir uns gewöhnt haben, alles zu beurteilen, die andern und uns selbst. [...] Also noch einmal, nichts von Haß oder dergleichen, und um eines Glückes willen, das mir genommen wurde, mag ich nicht Blut an den Händen haben; aber jenes, wenn Sie wollen, uns tyrannisierende Gesellschafts-Etwas, das fragt nicht nach Charme und nicht nach Liebe und nicht nach Verjährung. Ich habe keine Wahl. Ich muß.»

Gegen diese Worte Innstettens gibt es in Fontanes Welt eigentlich keinen Einspruch. Zumal seine Bemerkung über das «tyrannisierende Gesellschafts-Etwas» durch die Erfahrungen vollauf bestätigt wird, die Effi als junge Ehefrau im Provinznest Kessin (Vorbild: Swinemünde) macht. Der bedrückenden Mischung von Bismarck-Verehrung und borussischer Engstirnigkeit, der sie im Verkehr mit den aristokratischen Familien des Ortes begegnet, entspricht in den eigenen vier Wänden der Chinesen-Spuk, den sie unter Crampas' Einfluß als von Innstetten inszenierten «Angstapparat aus Kalkül» anzusehen lernt. Wie man bemerkt hat, enthält der Roman zahlreiche Hinweise auf eine geheime Verbindung zwischen diesem Chinesen und Bismarck, den Fontane (in Anspielung auf die Halberstädter Uniform des Kanzlers und seine mephistophelische Aura) gelegentlich als den «Schwefelgelben» bezeichnete. So gesehen, reicht die Tyrannei des politischen Systems, dem der Beamte Innstetten dient, bis in die Intimsphäre seiner Ehe.

Wenn die Ehe, an sich ja schon eine gesellschaftliche Institution, in solchem Maße von sozialen Instanzen dominiert wird, muß der Ehebruch selbst den Charakter eines subversiven Aktes erhalten. Genau das bewirkt die auffällige Symbolik des «Schloons», jener abgründigen Wasserströmung in Strandnähe, die sich in Fontanes Roman eng mit der ersten erotischen Annäherung von Crampas an Effi verbindet: «Und das ist das Schlimmste von der Sache», erklärt die ortskundige Sidonie, «darin steckt die eigentliche Gefahr. Alles geht nämlich unterirdisch vor sich, und der ganze Strandsand ist dann bis tief hinunter mit Wasser durchsetzt und gefüllt. Und wenn man dann über solche Sandstelle weg will, die keine mehr ist, dann sinkt man ein, als ob es ein Sumpf oder ein Moor wäre.» Aus den konkreten Gegebenheiten der pommerschen Küste und als aktuelle Gefährdung Effis entwickelt sich damit die Vorstellung einer unaufhaltsamen Flut, die wir als kollektives Angstsymbol von Gründerzeit und Wilhelminismus bereits kennengelert haben (siehe oben S. 44 ff.). Die Spannweite ihrer Semantik reicht von bürgerlicher Revolutionsfurcht bis zur Faszination für eine überwältigende Triebhaftigkeit.

Auch in *Effi Briest* ist die psychologische Dimension des Schloon-Symbols nicht zu übersehen; das Unterirdische der Strömung steht gewissermaßen für die unbewußte Sexualität. In der durchgängigen Beziehung Effis zu diversen Erscheinungsformen des Wassers wird eine besondere Nähe zum Element oder zum Elementaren spürbar, die ihre Figur in eine Reihe stellt mit mehreren Abwandlungen des Melusinethemas im Werk Fontanes. Das Naturwesenhafte dieser Figur zeigt sich freilich nicht so sehr in besonderer Leidenschaftlichkeit – hierin reicht Fontanes Heldin an Emma Bovary oder Anna Karenina nicht heran. Es betrifft eher ihre relative Freiheit von moralischen Skrupeln – auch später bereut Effi wohl das Lügengewebe, in das sie sich mit dem Seitensprung verstrickt hat, aber nicht diesen selbst – und ihren Mangel an Prinzipien. «Ach, und ich … ich habe keine», bekennt sie gleich anfangs angesichts der Schilderungen Innstettens als «Mann von Prinzipien» und «Mann von Grundsätzen».

Die Eingangskapitel von *Effi Briest* sind zu Recht berühmt für die dichte, gleichwohl unaufdringliche Symbolik, mit der hier der Konflikt des Romans exponiert und sein tragisches Ende antizipiert wird. Wenn die Zwillinge ihre rotblonden Köpfe in das mit wildem Wein überwachsene Fenster stecken und ihrer Freundin, die gerade ihrem künftigen Gatten entgegengeht, von draußen zurufen: «Effi, komm», – so sind die leitenden Themen und Motive des Romans im Grunde schon angelegt. Fontane selbst hat bekannt, daß es sich dabei um die Inkubationsszene des Romans handle, um denjenigen Kern der realen Folie, der seine Phantasie inspiriert habe. Der Lockruf der Freiheit ertönt im selben Augenblick, in dem sich um Effi die unsichtbaren Mauern des Ehe-Gefängnisses schließen; die Freiheit zeigt dabei die rote Farbe des Lebens und des Sozialismus und lockt mit dem Versprechen dionysischer Sinnlichkeit (wilder Wein).

Im historischen Rückblick muß es erstaunen, wie nahe der alte Fontane in der Gestaltung einzelner Motive sich mit der jüngsten und radikalsten Moderne berührt. Wedekinds Drama *Frühlings Erwachen* (1891) beispielsweise unterscheidet in ähnlicher Weise, aber noch viel strikter zwischen Innen- und Außenräumen; dort herrscht Unterdrückung der Sexualität, hier kann sie gelebt oder jedenfalls entdeckt und erweckt werden. In der ersten Szene des Dramas beklagt sich Wendla bei ihrer Mutter darüber, daß sie ihr das Kleid so lang gemacht habe, und erbettelt sich die Erlaubnis, diesen Sommer noch einmal ihr Prinzeßkleidchen tragen zu dürfen. Fontanes Roman stellt uns die siebzehnjährige Effi in einem «Hänger» von «Jungenskittel» mit Matrosenkragen vor. Ihr erster wörtlicher Redebeitrag endet mit der (nicht ganz ernstgemeinten) Frage an die Mutter: «Warum kriege ich keine Staatskleider? Warum machst du keine Dame aus mir?»

Die Mitschuld der Eltern an den sexuellen Nöten der Kinder, von Wedekind direkt thematisiert, wird von Fontane nur diskret angedeutet. Im letzten Satz des Romans bezeichnet der alte Briest diese Frage als «ein *zu* weites Feld». Eine Antwort, die wir wohl nicht nur als Eingeständnis einer gewissen Mitverantwortung, sondern vor allem als Ausdruck einer skeptischen Bescheidung verstehen dürfen, und in solcher Bescheidung, daran läßt dieser Roman keinen Zweifel, liegt offenbar das Geheimnis menschlicher Weisheit und Toleranz verborgen.

Mit seinen «antibeamtlichen» Gesprächsbeiträgen profiliert sich der alte Briest gleich zu Anfang als Antipode der von Innstetten repräsentierten Gesellschaftsabhängigkeit: «Hier leb' ich so freiweg und freue mich über jedes grüne Blatt und über den wilden Wein, der da drüben in die Fenster wächst.» «Hier» ist Hohen-Cremmen, seit Jahrhunderten Sitz derer von Briest. Das alte Ideal des Landadligen, der sich in Unabhängigkeit von Hof und staatlicher Zentralgewalt befindet, verbindet sich in Fontanes Roman mit der Verklärung der Natur als rousseauistischer Utopie. Effi hat eine unmittelbare Beziehung zu dieser Natur und kann nur hier in Frieden sterben. Dieselben alten Platanen, die auf der ersten Seite des Romans erwähnt werden, geben ihr die ersehnte «Ruhe, Ruhe». An der Stelle der Sonnenuhr im Gartenrondell befindet sich später ihr Grab; die «Tochter der Luft», wie Effi von der Mutter wegen ihres wilden Schaukelns genannt wurde, kommt nach dem Willen dieses Romans (und sehr im Unterschied zu Calderóns Drama dieses Titels) fraglos in den Himmel. Pastor Niemeyer hat es ihr ausdrücklich versprochen, und Hund Rollo, der sich auf ihr Grab legt, ist offenkundig der gleichen Meinung.

Fontanes Verklärungsstrategie überschreitet hier eindeutig die Grenze zur Sentimentalität, vielleicht auch zum Kitsch. Aus dem Aufwand, den er zur poetischen Rechtfertigung seiner Ehebrecherin betreibt, können wir das Ausmaß der gesellschaftlichen Verurteilung ermessen, gegen die dabei angeschrieben wird. Wir erhalten zugleich einen Eindruck von der Altersreligiosität Fontanes, die sich in bewußter Opposition zur evangelischen Landeskirche äußert. Nicht umsonst ist Roswitha, Effis treues Dienstmädchen, katholisch. Und Effis Sterben erinnert an den Heiligen-Tod Ottilies in Goethes *Wahlverwandtschaften* (der seinerseits am Vorbild katholischer Legenden ausgerichtet ist), ja an die Bild-Tradition mittelalterlicher Marienleben.

Eine wichtige Ergänzung der Eheromane Fontanes bilden zwei eng miteinander verbundene Werke der achtziger Jahre, die gewissermaßen im Vorfeld der Ehe verbleiben. Sowohl _Irrungen Wirrungen_ (1887) als auch _Stine_ (1890) handeln von der Unmöglichkeit bzw. Verhinderung einer Liebesheirat infolge von Standesschranken. Das traditionelle Motiv gewinnt realistische Qualität, nämlich Lokalfarbe und Milieutreue, dadurch, daß Fontane jeweils die Liaison eines Adligen mit einem Mädchen der Berliner Unterschicht darstellt und sehr genau im zugehörigen gesellschaftlichen Umfeld – seinen Lebensumständen, Redensarten und Moralvorstellungen – verankert. Fontane leistet damit einen grundlegenden Beitrag zur Entwicklung des Berliner Romans und begibt sich in erstaunliche Nähe zu den Bemühungen des Naturalismus um die Darstellung von Proletarierschicksalen. In den Auseinandersetzungen um die vermeintliche sittliche Anstößigkeit von _Irrungen Wirrungen_ fand Fontane denn auch seine energischsten Verteidiger im naturalistischen Lager (Otto Brahm, Paul Schlenther). Schon diese betonten den sozialkritischen Gehalt und die Wirklichkeitsnähe der Darstellung, wenn auch mit einer gewissen Einäugigkeit.

Der Teufel steckt eher im Detail, die Botschaft des Autors ist verpackt in die bedeutungsträchtige Fülle symbolischer Anspielungen und humoristischer Pointen – Fontane selbst spricht von «Finessen». Das Verhältnis der vitalen Witwe Pauline Pittelkow, der Schwester Stines, zum alten Grafen von Haldern etwa wirkt auf den ersten Blick wie ein Beispiel relativer Normalität innerhalb des Spektrums nichtstandesgemäßer Beziehungen, das in beiden Romanen entfaltet wird, und dient in diesem Sinne ja auch als Kontrastfolie zur tragischen Liebesaffäre zwischen Stine und Waldemar von Haldern. Diese eigentlichen moralischen Hauptfiguren des _Stine_-Romans bleiben an Plastizität freilich weit hinter dem jovialen «Sarastro» und seiner kernigen «Königin der Nacht» zurück. Gerade die vielfachen Anspielungen auf die _Zauberflöte_, deren sich die adligen Herren unter Ausnutzung ihres Bildungsvorsprungs bedienen, legen dem Leser aber letztlich eine skeptische Bewertung dieses ‹Verhältnisses› nahe. Mit der Botschaft einer reinen Humanität jenseits gesellschaftlicher Zuordnungen, von der Mozarts Oper zeugt, sind die subtilen Verhöhnungen schwer vereinbar, mit denen die – bei aller Forschheit doch sensible und mit einem feinen Gerechtigkeitssinn ausgestattete – Witwe Pittelkow die materiellen Vorteile dieser Beziehung erkauft. «Die süßen Triebe mitzufühlen, ist dann des Weibes erste Pflicht» – in der Rezitation des Grafen wird Papagenos Arie zur zynischen Rechtfertigung einer kaum verhüllten Prostitution. Die Frauen rächen sich mit einer symbolischen Revolution oder Kastration; sie spielen «Judith und Holofernes» als «Kartoffelkomödie», und der abgeschlagene Kopf des Tyrannen fällt in Richtung des alten Grafen.

Auch hier scheint Fontane vor allem am «versteckt und gefährlich politischen» Charakter der von ihm geschilderten Liebesbeziehungen interessiert. Das zeigt in *Irrungen Wirrungen* bereits der Name der weiblichen Hauptfigur: Lene Nimptsch ist so benannt nach dem unglücklichen Vormärzdichter Lenau mit dem bürgerlichen Namen *Niembsch* von Streh*lenau*. Die Freiheit, die sich die Pflegetochter einer Wäscherin nimmt, ist: tiefer und echter zu empfinden, als es der auf Unverbindlichkeit angelegte Rahmen eines konventionellen ‹Verhältnisses› – in der Terminologie Schnitzlers: einer «Liebelei» – vorsieht. Ohne daß sie von Botho von Rienäcker je eine weiter gehende Verpflichtung erwartet oder gefordert hätte, gerät sie durch die Wahrheit ihres Gefühls in Widerspruch zur Gesellschaft; nur in Freiräumen wie dem Garten der Frau Dörr (nahe dem Zoologischen Garten) oder dem Ausflugsziel «Hankels Ablage» (an der Oberspree) kann sich ihre Liebe angemessen entfalten. «Ich denke dran ... ich danke dir mein Leben», singen die Verliebten auf Bitte von Frau Dörr und werden darüber ernst, denn das populäre Lied aus Holteis Singspiel *Der alte Feldherr* (1826) ist eigentlich ein Soldatenlied, das vom polnischen Freiheitskampf, von kühnen Kämpfen und traurigem Abschied handelt.

Noch die Liebesnacht in Hankels Ablage ist mit einem Freiheitssignal ausgestattet; einer der Stiche an der Wand des Gastzimmers zeigt Washington bei der Überquerung des Delaware – eine Ikone des amerikanischen Unabhängigkeitskrieges. «Und ich bin doch glücklich», sagt Lene beim Blick aus dem Fenster auf die mondbeschienene Landschaft. Im «doch» klingt das Vorwissen um ihre Niederlage im Kampf gegen die Gesellschaft an, die sie schon am nächsten Morgen einholt, wenn Bothos Freunde mit ihren Begleiterinnen eintreffen, die für diesen Ausflug mit Namen aus Schillers *Jungfrau von Orleans* bedacht wurden. Botho verrät Lene und die Ernsthaftigkeit ihrer Beziehung, indem er auch für sie einen entsprechenden Namen findet. Wenn es jedoch bei Schiller einen passenden Namen für sie gibt, dann ist es der Luise Millers aus *Kabale und Liebe*. Denn das bürgerliche Trauerspiel Schillers dient als Modell für das Schicksal Lenes wie Stines – wie ja auch in Schnitzlers *Liebelei* für das Schicksal Christines.

Das gilt trotz des glimpflichen, äußerlich so harmonischen Ausgangs von *Irrungen Wirrungen* mit zwei Hochzeiten und einem ganz natürlichen Todesfall (die alte Frau Nimptsch). Botho heiratet die oberflächlich-lustige Käthe von Sellenthin, Lene Jahre später einen presbyterianischen Prediger von eigenartiger Steifheit namens Gideon Franke. Glücklich wird keiner von beiden werden, aber die «Ordnung» ist gewahrt. So heißt die Leitidee, in deren Zeichen sich Botho zur Trennung von Lene und zur Heirat mit der ungeliebten Erbin durchringt, und er wird dazu bewogen just durch den Anblick von Arbeiterfamilien in der Mittagspause vor der Fabrik: «Arbeit und täglich Brot und Ordnung. Wenn unsere märkischen Leute sich verheiraten, so reden sie nicht von Leiden-

schaft und Liebe, sie sagen nur: ‹Ich muß doch meine Ordnung haben.›»
Die Sachlichkeit, die sich Botho verordnet (und der grundsätzlich manche Sympathie des Verfassers gehört), geht jedoch an seiner eigenen Mentalität vorbei. Er vermag die Erinnerung an Lene nicht zu verdrängen.
«Es kann nichts ungeschehen gemacht werden», erklärt Botho mit tragischem Pathos. Sein Leben hat eine «Trübung» empfangen und ringt sich
nicht mehr zu «Klarheit und Helle» durch.

Vollends tragisch endet *Stine*. Waldemar von Haldern vergiftet sich
und versetzt damit auch seiner Geliebten einen irreparablen Stoß. Waldemars Heiratsentschluß war am unüberwindlichen Widerstand seines
Onkels abgeprallt. Der vermeintliche «Sarastro» hatte sich als würdiger
Nachfolger des Ministers aus *Kabale und Liebe* erwiesen – mit konkret
politischen Hinweisen auf die (noch) bestehenden Vorrechte der «Beati
possidentes», die man doch keineswegs durch leichtfertige Einzelaktio-
nen schmälern sollte. Schwerer aber traf Waldemar wohl Stines Ablehnung seines Vorschlags einer gemeinsamen Auswanderung nach Amerika: «es geht auch drüben nicht». Stine, die von Stickereiarbeiten lebt
(der alte Graf sagt zynisch, das einzige, was sie von Amerika brauche,
sei eine Singer-Nähmaschine), wirft ihrem aristokratischen Verehrer
geradezu vor, durch seinen Heiratsplan die zarte Gemeinsamkeit zerstört zu haben, die sie bislang beim gemeinsamen Sehnsuchts-Blick aus
dem Fenster genießen konnten.

Das Motiv der Näherin, die es zum Licht des Fensters oder Balkons zieht,
hatte Fontane schon im Romanfragment *Allerlei Glück* beschäftigt. Der Ausblick
auf Amerika andererseits ist ein Lieblingsmotiv der realistischen Epoche und
wird oft zur Kennzeichnung utopischer Vorstellungen bemüht (seine ausführ-
lichste Gestaltung bei Fontane findet es in der Kriminalerzählung *Quitt*). Für
Stine und Waldemar ist es ein unerreichbares Glück, das sich ihnen beim Blick
über die Invalidenstraße eröffnet: «Über dem Parke drüben stand der Mond und
warf seinen Schimmer auf einen frei zwischen den Bäumen stehenden Obelis-
ken; die Nachtigallen schlugen, und die Linden blühten in aller Pracht.»
Der Obelisk erinnert an ein Schiffsunglück, bei dem «lauter junge Leute»
den Tod fanden – einer von zahlreichen Hinweisen des Romans auf das frühe
Ende Waldemars. Dessen Schicksal scheint vorherbestimmt; es ist vorgezeichnet
in einem Lied, das Fontane wiederum Holteis *Altem Feldherrn* entnimmt:
«Fordre niemand, mein Schicksal zu hören!» In der abendlichen Runde bei der
Witwe Pittelkow wird es mit solcher Lautstärke intoniert, daß es das ganze
Haus erschüttert. Wer aber weiß heute (und wer wußte noch zu Fontanes Zeit),
daß darin folgende Verse vorkommen:

> Zu des Vaterlands Rettung berufen,
> Schwer verwundet, von Feinden umschnaubt,
> – Blieb mir unter den feindlichen Hufen
> Nur die Ehr' und dies blutende Haupt.

> In Amerika sollt ich einst steigen,
> Und in Polen entsagt' ich der Welt [. . .].

Setzt man statt «Polen» «Preußen», so hat man den lyrischen Lebenslauf Waldemars, des Kriegsinvaliden von 1870/71. «Er ist man schwächlich», sagt die lebenserfahrene Witwe Pittelkow, «und die Schwächlichen sind immer so un richten mehr Schaden an als die Dollen.»

Eine ungleiche Schwester erwächst Lene und Stine in Mathilde Möhring, der Hauptfigur des gleichnamigen 1891 begonnenen, aber unvollendet hinterlassenen kleinen Romans. Mathilde hat jenen berechnenden Zug, der den liebenden Frauen aus der Unterschicht in den beiden anderen Romanen so vollkommen fremd ist, ja sie besteht fast nur aus Aufstiegswillen, Ökonomie und Planung. Da ihr Äußeres so prosaisch ausgefallen ist wie ihr Gemüt, bedarf sie freilich auch besonderer Intelligenz und Energie, um sich als Frau unter schwierigen sozialen Umständen zu behaupten. Der Tochter eines frühverstorbenen Buchhalters gelingt der Aufstieg zur Bürgermeistersgattin in einem Provinzstädtchen; durch den Tod des von ihr zielbewußt zum Examen und in die Ehe geführten innerlich schwachen Hugo Großmann (!) wird sie aber auf die bescheidene Existenz einer Lehrerin zurückgeworfen. *Mathilde Möhring* ist wohl das einzige Erzählwerk Fontanes, das ausschließlich in bürgerlichen (überwiegend kleinbürgerlichen) Kreisen spielt; sein satirischer Tenor entspricht der inneren Distanz Fontanes zum Wertsystem dieser Schicht, der er ja letztlich selbst angehörte. Insbesondere die Schilderung der Zimmervermietungspolitik von Mutter und Tochter Möhring weist schon auf die karikaturistische Komik von Sternheims Lustspiel *Die Hose* (1911) voraus. Die Bismarckianerin Mathilde Möhring ist ein weiblicher Vorfahr Theobald Maskes und zugleich eine konsequente Gegnerin freiheitlich-poetischer Anwandlungen, die auch hier mit dem polnischen Aufstand assoziiert werden; Hugos Studienfreund Rybinsky, der als Schauspieler in den *Räubern* debütiert, trägt den Namen eines polnischen Generals von 1830/31.

Nach der satirischen Abrechnung mit dem Bürgertum in *Mathilde Möhring* widmet sich der alte Fontane in den neunziger Jahren – wenn man von der Arbeit an der Autobiographie und *Effi Briest* absieht – überwiegend der Auseinandersetzung mit dem absterbenden märkischen Adel. Ihr entstammen die Romane *Die Poggenpuhls* (1895/96) und *Der Stechlin* (1897). Beide haben gemeinsam ein äußerstes Zurücktreten der Handlung; das Gespräch und die in ihm entfalteten Themen bilden den eigentlichen Kern der Romane. Damit einher geht eine Lockerheit des Aufbaus, die man da, wo die weitläufige Materie (wie im *Stechlin*) durch übergreifende bildliche und gedankliche Strukturen organisiert ist, keineswegs abwertend als Zeichen nachlassender Gestaltungskraft auffassen darf. Eher könnte man von der Souveränität eines Altersstils sprechen, der die Konventionen der Romanform hinter sich läßt zugunsten einer essayistischen Orientierung, wie sie für verschiedene Romanexperimente des 20. Jahrhunderts bestimmend sein wird.

Zentrales Thema der *Poggenpuhls* ist das Verhältnis von Sein und Schein, die Spannung zwischen der Verpflichtung zu einer bestimmten gesellschaftlichen Rolle und den realen (mentalen und ökonomischen) Möglichkeiten, diesem Anspruch gerecht zu werden. Nicht umsonst bilden ein Theaterbesuch und die anschließende Unterhaltung mit einem – adligen – Schauspieler einen der Höhepunkte der nur rudimentär entwickelten Handlung. Ähnlich bedeutungsträchtig ist die Schilderung der Berliner Wohnung der Poggenpuhls mit ihrer Aussicht auf Matthäikirchhof und Bonbonfabrik und mit den historischen Familienporträts in Barockrahmen, die beim Staubwischen regelmäßig herunterfallen. Die auf eine karge Offizierspension angewiesene Majorswitwe hat äußerste Schwierigkeiten, ihre drei Töchter und zwei Söhne standesgemäß zu ernähren, geschweige denn zu verheiraten. Die Kinder orientieren sich im weiten Spektrum zwischen Vergangenheit und Gegenwart, Ideal und Realität. Während die älteste Tochter Therese streng über die Einhaltung der aristokratischen Tradition wacht, liebäugeln Manon und der leichtsinnige Leo mit engeren Kontakten zum aufstrebenden jüdischen Bürgertum. Bürgerlicher Herkunft ist auch die Generalin, die nach dem Tod des Onkels (am Schluß des kurzen Romans) großzügige Regelungen zugunsten der Poggenpuhls trifft. Nur im Kontakt mit anderen gesellschaftlichen Schichten, nur in einer Koalition von Alt und Neu – so etwa die ‹Moral› des Buchs – ist eine Fortführung des adligen Erbes möglich.

Die Ablehnung der *Poggenpuhls* durch die Wochenschrift *Daheim* aus Rücksicht auf Empfindlichkeiten des adligen Publikums mag Fontane dazu bewogen haben, die Botschaft des Romans in einem neuen Werk umfassender zu formulieren – unter Zurückstellung des satirischen Elements und unter verstärktem Rückgriff auf die poetische Welt seiner *Wanderungen durch die Mark Brandenburg*. Diese waren ja um 1860 (in der Zeit seiner Mitarbeit an der erzkonservativen *Kreuzzeitung*) aus einem antimodernen Affekt heraus entworfen worden; der märkische Adel und die von ihm verkörperten alten preußischen Traditionen sollten als Hort des poetischen Geistes in einer prosaischen Gegenwart gewürdigt werden. Trotz radikal geänderter politischer Optionen nimmt der alte Fontane nun ganze Motivkomplexe und die Beschreibung des Stechlinsees aus den *Wanderungen* auf, um sie zur Grundlage einer Neudeutung der gegenwärtigen Situation zu nehmen, in der dem Adel nur noch ein befristeter und begrenzter geschichtlicher Auftrag zukam.

Entscheidend für das Gelingen dieses Versuchs ist die Gestalt des alten Dubslav von Stechlin, dessen Tod am Schluß des Romans steht. Die freie Menschlichkeit dieses «erquicklichen Originals» eines «Märkischen von Adel, aber von der milderen Observanz» gibt dem ganzen Werk seine innere Mitte, und wir erleben diese Menschlichkeit vor allem in der Sprache. Die lässig-ironische, humorvoll-untertreibende Sprechweise und Erzählkunst Dubslavs ist genuiner Ausdruck jener toleranten Vermittlung zwischen den Gegensätzen, um die es dem Verfasser des Romans zu tun ist. Dabei sollte man sich hüten, aufgrund einer Briefäußerung Fontanes nach Beendigung der ersten Fassung den alten Stechlin direkt mit dem «Adel, wie er sein *sollte*», gleichzusetzen. Denn auch seine Position ist relativ; er steht zwischen der borniert-verknöcherten Haltung seiner Schwester Adelheid (sprechender Name) und der kosmopolitischen Bildung des Botschaftsrats von Barby, der gewissermaßen eine verbesserte und erweiterte Neuauflage des – ihm gegenüber provinziell wirkenden – alten Stechlin darstellt.

Solche künstlichen Figurenarrangements, beziehungsreichen Gemeinsamkeiten oder Gegensätze in der Personenkonstellation sind typisch für das Verfahren eines Romans, der auf die Handlung als primären Bedeutungsträger verzichtet. In diesem Sinne verdient auch das Verhältnis der Töchter von Barbys Beachtung, unter denen der junge Stechlin seine Wahl trifft. Beide sind durch ein Vor-Bild definiert: Armgard, die er deshalb denn auch heiratet, strebt der wohltätigen Liebe Elisabeths von Thüringen nach. Ihre Schwester heißt Melusine, und das läßt schon – nach dem Kalauer eines typischen *Stechlin*-Gesprächs – «tief blicken». Die mythische Wasserfrau gleichen Namens kommt aus der Tiefe des Meeres und kann sich auf Dauer nicht mit einem Menschen verbinden. Fontane, der sich über Jahrzehnte hinweg mit dem Melusine-Motiv beschäftigt und zwei einschlägige Erzählfragmente hinterlassen hat (*Melusine/An der Kieler Bucht*, nach 1878; *Oceane von Parceval*, 1882), aktualisiert im Altersroman einerseits die Bindungslosigkeit der Melusine-Figur (seine Melusine ist eine geschiedene Frau und wird von Woldemar eben nicht gewählt), andererseits ihre Beziehung zum Elementaren, hier vor allem zum See Stechlin.

Dieser See steht nach einer alten Lokalsage in Verbindung mit Unruheherden in weit entfernten Teilen der Erde. Der rote Hahn, der im Falle von Katastrophen in anderen Ländern aus ihm auftauchen soll, ist ein Feuer- und Revolutionssymbol. Beides gehört in der Symbolsprache des Romans zusammen, wie die hier gebrauchte Wortbildung «Generalweltanbrennung» bezeugt. Der Stechlin-Mythos signalisiert also einerseits die Verbundenheit von Provinz und weiter Welt, die sich mehrfach im Roman gespiegelt findet. Andererseits ist er ein zentrales Beispiel für die Präsenz des Revolutionsthemas im Roman, das so etwas wie einen roten Faden, eine Verbindungslinie zwischen den scheinbar so zufälligen und heterogenen Gesprächsgegenständen bildet, die in diesem Buch erörtert werden. Man denke nur an Dubslavs Witze über die zahlreichen französischen Revolutionen und Gundermanns grausige Erzählung von der Rattenjagd in den Pariser Katakomben (Anspielung auf die Niederschlagung der Pariser Commune?) gleich im dritten Kapitel des Werks.

Auf der Handlungsebene des Romans setzt sich das Revolutionsthema in der Wahl eines Reichstagsabgeordneten fort, bei der Dubslav Stechlin für die Konservativen kandidiert und gegen den sozialdemokratischen Rivalen unterliegt. Auch die Wendung «Wasser auf die Mühlen der Sozialdemokratie», die der Sägewerksbesitzer Gundermann unentwegt im Munde führt, trägt zur Präsenz der Arbeiterbewegung in diesem Roman bei. Es ist eine eher theoretische Präsenz, denn so richtig nahe kommt der Leser den Arbeitern der Globsower Glashütte nicht. Immerhin wird deutlich, was Fontane meinte, als er während der Niederschrift des *Stechlin* (der die Auseinandersetzung um die sogenannte Umsturzvorlage im Preußischen Landtag unmittelbar vorausging) wiederholt von seinem «politischen Roman» sprach. Übrigens hat er dafür die Arbeit an einem historischen Roman über die Likedeeler unterbrochen, die in Fontanes Sicht so etwas wie mittelalterliche Prä-Kommunisten darstellten. Wir dürfen annehmen, daß manches von der Problematik der «Gleichteiler» (so die wörtliche Übersetzung des Seeräuber-Namens) in den Gegenwartsroman übergegangen ist.

Bei alledem ist *Der Stechlin* natürlich kein Revolutionsroman, er enthält auch kein Plädoyer in diese Richtung. Entscheidend für eine Bestimmung seines politischen Standorts ist das Gespräch zwischen Melusine und Pastor Lorenzen im 29. Kapitel. Der Pfarrer wird als Anhänger der christlich-sozialen Bewegung gekennzeichnet, jedoch in deutlicher Abgrenzung vom agitatorischen Treiben ihres Anführers Adolf Stoecker. «Innere Mission in nächster Nähe», heißt sein Motto, «sei's mit dem Alten, sei's mit etwas Neuem.» Als Woldemar seinem Mentor daraufhin die Hand reicht mit den Worten «Also mit dem Neuen», antwortet dieser: «Nicht so ganz unbedingt mit dem Neuen. Lieber mit dem Alten, soweit es irgend geht, und mit dem Neuen nur, soweit es muß.» Melusine, die das junge Ehepaar ausdrücklich der geistigen Fürsorge Lorenzens anvertraut, geht etwas weiter: «Alles Alte, soweit es Anspruch darauf hat, sollen wir lieben, aber für das Neue sollen wir recht eigentlich leben.»

Im Lichte dieser den gesamten Roman durchziehenden Antithese von Alt und Neu rückt die lapidare Zusammenfassung in ein besonderes Licht, die Fontane selbst einmal von seinem Inhalt gegeben hat: «Zum Schluß stirbt ein Alter, und zwei Junge heiraten sich.» Offensichtlich wird im *Stechlin* die anstehende Veränderung des Gesellschaftssystems mit dem natürlichen Generationenwechsel parallelisiert, ja metaphorisch gleichgesetzt. Vorausgesetzt wird letztlich ein organischer Wachstumsprozeß, eher Verjüngung als Erneuerung. Mit einem widersprüchlichen Zukunftssignal entläßt uns der Roman. Woldemar sagt nach dem Begräbnis seines Vaters zu seiner jungen Frau: «Die Zukunft liegt also bei *dir*.» Und Melusine schreibt an Lorenzen: «es ist nicht nötig, daß die

Stechline weiterleben, aber es lebe *der Stechlin*.» Damit ist wohl ebenjene Mischung von Traditionsbewußtsein und Zukunftszugewandtheit gemeint, die sie in ihrem Pakt mit dem Pfarrer beschworen hat.

Zur besonderen Wirkungsgeschichte des *Stechlin* gehört der Umstand, daß sein Verfasser wenige Wochen vor Erscheinen der Buchausgabe gestorben ist. Die Rezensionen des Romans wurden zu Nachrufen auf den Dichter, das Buch erschien den Kritikern fast selbstverständlich als poetisches Testament oder Vermächtnis. Bemerkenswert in diesem Sinn ist vor allem Fritz Mauthners Würdigung des Romans im *Berliner Tageblatt* vom 8. November 1898: «Das ist nicht mehr und nicht weniger als das Testament Theodor Fontanes. Fontanes letzte Gedanken über Gott und die Welt, über Bismarck und den alten Fritz, über Preußen und die Mark Brandenburg, über die soziale Frage und über die Armee, über Mannesseelen und über Frauenherzen [. . .]. Und am Ende haben wir gar etwas wie den Abschluß seiner Selbstbiographie vor uns.» Ein Jahrhundert später ist es leichter möglich, den Roman vom Verfasser und vom Zufall seines Todesdatums abzulösen, das Raffinement seiner Konstruktion zu erkennen und den Umstand zu berücksichtigen, daß der alte Stechlin nicht Theodor, sondern anders heißt (und anders ist).

6. *Heyse und Voß*

Fontanes Glückwunsch zu Paul Heyses 60. Geburtstag 1890 liest sich ambivalent. Einerseits erklärt er es für eine unumstößliche Tatsache, daß Heyse «30 Jahre lang an der Tête» gestanden habe, und zwar in solchem Grade, daß er seiner literarischen Epoche wahrscheinlich den Namen geben werde. Andererseits erwähnt er den «Wechsel der Zeiten» und die «Radaubrüder» des Naturalismus, die Heyses Führungsanspruch bestreiten. Die eigentliche ‹Heyse-Zeit› scheint 1890 jedenfalls vorbei, und im übrigen hat sich eine solche Bezeichnung nach dem Vorbild von «Goethezeit» auch nie durchgesetzt, obwohl seinerzeit mancher in Heyse tatsächlich den legitimen Nachfolger Goethes gesehen hatte. Vielmehr hat umgekehrt die Literaturgeschichte und -wissenschaft durch Mißachtung und Schelte bitter an Heyse gerächt, was seine Zeitgenossen ihm an Wertschätzung zuviel entgegengebracht haben – bis hin zum Nobelpreis für Literatur, den Heyse 1910 als erster Deutscher erhielt, zu einem Zeitpunkt freilich, als wohl kaum noch einer der aktiv am literarischen Leben Beteiligten von seinem Schaffen Notiz nahm.

Zwei Hauptvorwürfe sind es vor allem, die im Rückblick gegen Heyse erhoben werden. Zum Makel eines epigonalen Virtuosentums tritt die Schande ideologischer Verlogenheit. Die «fast unanständige Fruchtbarkeit», von der Thomas Mann mit Bezug auf Heyse einmal sprach – in der Tat kommt man beim Nachrechnen leicht auf etwa 150 Novellen, acht Romane und über sechzig Dramen –, ist bei aller persönlichen Kreativität nur erklärlich aufgrund eines oberflächlichen Formungsprozesses, bei dem im wesentlichen überlieferte Schemata reproduziert werden und keine substantielle symbolische Durchdringung erfolgt. Im Falle seiner Novellistik, die Heyse (dessen Ehrgeiz dem Drama gehörte) eher als dichterische Nebentätigkeit ansah, hat er sich übrigens selbst zu einem gewissermaßen lässigen Schaffensstil bekannt. Der geringe Abstand zur Konvention, der sich hieraus ergibt, erklärt schon einen Teil seiner Breitenwirkung.

Die andere Voraussetzung seines epochalen Erfolgs liegt aber sicher im ideologischen Konstrukt des Ausnahmemenschen, auf dem ein Großteil von Heyses Erzählwerk basiert, und der Freiheit von der Norm, die selbiger scheinbar für sich in Anspruch nehmen kann. Der liberale Freiheitsbegriff verflüchtigt sich bei diesem Autor, dessen phänomenaler Aufstieg kurz nach der gescheiterten Revolution von 1848 einsetzt, gleichsam ins Private: ins Emotionale und hier vor allem ins Erotische. Die große Liebe macht bei ihm den großen Menschen, und dieser steht über den enggefaßten Spielregeln, deren Geltung der damalige bürgerliche Leser – auch und gerade die Leserin – im eigenen Alltag erfahren mußte. «Viele hundert Fuß über der bürgerlichen Welt» (nämlich auf einem Kirchturm) finden die Hauptpersonen der Novelle *Anfang und Ende* (1857) wieder zusammen. Heyse hat sich in einem Brief an Storm vom November 1875 ausdrücklich zu seiner Vorliebe für Ausnahmemenschen und die von ihnen verschuldeten Tabuverletzungen bekannt:

> «Ich [...] finde Nichts so verächtlich, als das Unterducken hochgewachsener Charaktere unter die Schnur, die den Durchschnittswuchs der Philister anzeigt. Und so bekenne ich gern, daß ich mit einer stillen Schadenfreude Conflikte behandle, die durch *den eingebornen Adel der Handelnden* zu einer über diese Schnur hauenden Lösung drängen.»

Zu Unrecht haben die Zeitgenossen dieses Votum für große Leidenschaften als moralische Laxheit, als Frivolität oder Libertinage interpretiert. «Ja, war es Sünde, die Ehe zu brechen?», läßt Alberti in seinem Roman *Die Alten und die Jungen* eine angehende Ehebrecherin reflektieren und kommentiert: «Sie hatte so viele Stücke im Residenztheater gesehen, sie hatte so viele Novellen von Heyse gelesen, in denen die Beredtsamkeit der Lüsternheit jedes Vergehen vertheidigt [...].» Heyse erscheint hier als erzählerisches Pendant zum Gesellschaftsstück à la Sardou, mit dem nicht nur seine Dramen, sondern auch manche seiner Novellen zentrale Motive teilen. Wie aber schon die Mehrzahl der damaligen Gesellschaftsdramen ‹moralischer› ist als ihr Ruf, so erst recht Heyse, der nicht ohne

Ironie – und in bewußter Widerlegung anderslautender Publikumser-
wartungen – zwei Sammlungen eigener Erzählungen als «moralisch»
titulierte (*Moralische Novellen*, 1869; *Neue moralische Novellen*, 1878).
Tatsächlich müssen seine starken Charaktere ihre Abweichung von
der Norm teuer genug bezahlen. «Und was an Übermaß und Übermut
des Selbstgefühls in jenen heroischen Seelen sich rühren mag, wird es
nicht eben durch den tragischen Untergang geläutert und gebüßt?» So
fragt der Ich-Erzähler im Rahmenteil der Novelle *Beatrice* (1867), die
selbst ein repräsentatives Beispiel für die Gültigkeit einer solchen Tragö-
dientheorie in Heyses Erzählkunst abgibt. Im übrigen muß der heutige
Betrachter oft zweimal hinsehen, um den Stellenwert der geschilderten
Normverletzung auch wirklich angemessen zu taxieren. Nicht zu Unrecht hat man gesagt, daß Heyse eher mit dem Normverstoß kokettiere,
als daß er ihn dichterisch Realität werden lasse; schon insofern verhält
er sich letztlich affirmativ zu den herrschenden Moralanschauungen.

Man wird die Idee des über die Schnur hauenden Ausnahmemenschen
nicht allzu direkt mit der Gründerzeit in Verbindung bringen dürfen,
in der sich ja ähnliche Tendenzen häufen – man denke an die Machtmenschen in Meyers Erzählungen –, denn jedenfalls beim Autor selbst
bildet sie sich schon lange vorher aus (das große Publikum zieht hierin
vielleicht erst später nach). Heyses Schaffen und Erfolg sind insgesamt
eher ein Beleg für die Kontinuität literarischer Zustände und kollektiver
Befindlichkeiten über die politische Zäsur von 1870/71 hinweg. Seine
bekanntesten Novellen sind ohnehin deutlich früher entstanden (*L'Arrabiata*, 1853; *Das Mädchen von Treppi*, 1855). Dennoch kommt Heyse auf
den damit begründeten Typ der ‹italienischen Novelle›, der Liebesgeschichte mit einem südländischen ‹Rasseweib› als Zentralfigur, bis zum
Ende des Jahrhunderts immer wieder zurück.

Auch die Titelheldin der – nach eigenem Zeugnis des Autors auf einem Traum
basierenden – Novelle *Die Frau Marquesa* (1877) ist eine große Liebende, allerdings entsprechend der Klimatheorie, die hinter Heyses Italien-Erzählungen zu
ahnen ist, oberitalienisch temperiert; die Geschichte spielt in Sestri Levante an
der Riviera. Die Marquesa hält ihrem gichtkranken ältlichen Gatten aus Dankbar-
keit dafür, daß er sie und ihre Familie vor Armut und Schande bewahrt hat, die
Treue, obwohl sie selbst fast vor Liebe zu einem jungen Maler vergeht. Nach dem
Tod des Gatten winkt dieser Liebe Erfüllung; doch der Maler, dessen Werbung sie
mit keinem Zeichen der Ermutigung erwidert hatte, hat sich nunmehr ihrer eigenen Tochter zugewandt. Für die stolze Frau bleibt kein anderer Ausweg als der
Tod. Der besondere Reiz dieser Geschichte liegt in der Verfremdung des Geschehens durch die rhapsodischen Mitteilungen der alten Mutter der Marquesa, deren
sprichwortdurchsetzte Rede keine eigentliche Erzählung bildet, aber dem Hörer
und Leser erlaubt, sich eine solche zusammenzusetzen. Die tragische Wende wird
uns gleichfalls durch den Mund einer Unter-Erzählerin kund, eines kranken
Mädchens am Straßenrand, dessen Version der Ereignisse durch den nachfolgenden Besuch bei der Mutter der Toten allerdings entscheidend korrigiert wird. Der

Ich-Erzähler bekommt die Heldin nur im Sarge zu sehen und kann durch Zufall am Schluß aus dem Zugfenster noch einen Blick auf die Tochter werfen.

Mit dem Tode der leidenschaftlichen Frau enden auch die italienischen Novellen *Die Hexe vom Corso* (1879) und *Villa Falconieri* (1887). Sie entsprechen dem von Heyse schon früher ausgebildeten Muster der ‹interkulturellen› Liebesgeschichte zwischen einem deutschen Reisenden und einer ihm an Temperament und Vitalität überlegenen Italienerin. In der erstgenannten Erzählung ist dieser Gegensatz bis ins Unwahrscheinliche gesteigert: hier der «jüngste Sohn eines schlichten holsteinischen Pfarrers», dort die berühmt-berüchtigte Römerin mit dem Kameen-Gesicht, für die nichts anderes gilt als ihr eigener Wille: «Ich *will* es, hörst du? und was ich will, habe ich noch immer möglich gemacht.» Die kühle Selbstgewißheit, mit der die Gemma einen früheren Liebhaber abweist, provoziert dessen Bluttat. Noch eindeutiger ist in *Villa Falconieri* die Ermordung der Gräfin durch ihren Ehemann von dieser bewußt herausgefordert: als Selbst-Gericht, das sich die unglücklich Liebende als Erlösung von ihrer leeren Eheexistenz – und, wie der Leser empfinden muß, als gerechte Sühne für die Maßlosigkeit ihrer Liebes-Ansprüche an den jungen Eberhard – verordnet. Konnte sie ihrem Gast doch nicht einmal verzeihen, daß er dem Ruf an das Sterbebett seiner Mutter folgte! Die Nähe der Villa, die Schauplatz und Titel der Novelle abgibt, zu Ciceros Landsitz Tusculum ist wohl als diskreter Hinweis auf das Problemfeld von Tugendlehre und Mäßigung zu verstehen.

Nerina (1878) handelt von einem fiktiven Liebeserlebnis des italienischen Dichters Giacomo Leopardi und bildet somit den Übergang von der Italien-Novellistik zum Kreis der Künstlernovellen, deren Spektrum Heyse in den *Troubadour-Novellen* (1881) um eine legendenhafte Variante bereichert. Die hier wie schon in *Nerina* praktizierte Kombination von Verszitat und Erzählung bewirkt eine Annäherung an romantische Traditionen; Vergleichbares leistet in anderen Texten der Rückgriff auf Märchenmotive. In *Jorinde* (1878) erleben wir die Vernichtung einer Patrizierfamilie durch eine femme fatale, deren Pseudonym das Märchen von Jorinde und Joringel beschwört; allerdings entspricht die Titelfigur weniger dem Tauben-Mädchen der Brüder Grimm als der es verzaubernden Hexe, deren Schloß keiner betreten kann, ohne ihr zu verfallen. Die symbolische Aufladung des Rokokoschlößchens mit seinem verwilderten Garten antizipiert charakteristische Motive aus Fontanes Roman *Cécile*. Dessen Titelheldin ist eine wirkliche frühere Konkubine, der man die Integration in die bürgerliche Gesellschaft verweigert; Heyses Jorinde dagegen ist eine verstoßene Bürgerstochter, die erst dank systematischer Ausgrenzung zu mythischer Gefährlichkeit heranwächst.

Mit gleich drei Melusine-Novellen hat Heyse einen stattlichen, im wesentlichen aber ironisch gemeinten Beitrag zur zeitgenössischen Konjunktur von Wasserfrau-Phantasien geliefert. So fällt schon die erste davon (*Das Seeweib,* 1875) mit dem Traumgesicht eines «wilden, garstigen Weibs, die Haut glänzend wie eine Fischhaut», deutlich aus dem Rahmen der sonst damals üblichen Ästhetisierung. Psychologisch läßt sich das Traumbild als Ausdruck der Wasserphobie deuten, unter der Frank leidet; der Klaviervortrag von Kellers Gedicht *Winternacht* bildet eine weitere Motivation und außerdem einen wichtigen intertextuellen Bezug. Zugleich sieht der Träumende hier seinen eigenen Tod durch einen Badeunfall voraus. Romantisierende und realistische Elemente halten sich im *Seeweib* somit die Waage, während der Melusine-Bezug in den späteren Erzählungen weiter veräußerlicht wird. In *Melusine* (1894) geht es um eine Professorengattin, die einen Jurastudenten zur Musik hinführt, sich im übrigen künftig aber wieder dem eigenen Sohn widmen wird – auch an dem ‹freien Tag›, den sie sich schon als junges Mädchen ausbat (einer Bitte, der sie überhaupt ihren Spitznamen «Lusine» verdankt). In *Die Nixe* (1898) konfrontiert Heyse den Leser mit der höchst unromantischen Vorstellung einer «Nixenfalle mit festen Drahtreifen»; das darin gefangene Untier erweist sich als erhebliche Störung der häuslichen Ordnung, ja als Lebensgefahr; nach seiner Entfernung findet der Fischer in der Verbindung mit Christine (!) Frieden und Heilung.

Zur suggestiven Rhetorik von Heyses Erzählen gehört die Entfaltung polarer Gegensätze. Er habe einmal einen Engel neben einem Teufel gesehen – so die These des Binnenerzählers in *Judith Stern* (1875). Es folgt eine Erzählung aus der Lehrlingszeit des Juwelen- und Kunsthändlers; sie handelt von einer Intrige des bösen Juden Dr. Ascer Alcobara gegen die so ehrbare wie schöne (den «sogenannten jüdischen Typus nicht auf den ersten Blick» verratende) Titelheldin. Der Engel ist ein kleines Mädchen, dessen zufällige Anwesenheit eine von Alcobara herbeigeführte verführerische und kompromittierende Situation zwischen dem Lehrling und der Frau seines Meisters entschärft und das von erstem (dem Erzähler) zu allem Überfluß später auch geheiratet wird. Der eigentliche ‹Engel› in dieser Geschichte ist aber Judiths Mann David, eine wahre Nathanfigur von grenzenlosem Verständnis auch für die erwachende Leidenschaft seines Lehrlings.

Er entspricht damit weitgehend dem Advokaten Giuseppe in *Beppe der Sternseher* (1877). Dessen astronomisches Hobby hat ausschließlich symbolische Funktion; es soll die Vermittlung zwischen ethischem Ideal und Lebenspraxis signalisieren, wie sie in Raabes Roman *Die Leute aus dem Walde* in den Leitspruch gefaßt wurde: «Sieh nach den Sternen! / Gib acht auf die Gassen!» Was aber bei Raabe additiv, ja dichotomisch nebeneinandersteht, wird von Heyse ganz im Sinne des damaligen Real-Idealismus zur Einheit erklärt. Seine Helden wissen – jedenfalls am Ende der Geschichte –, «daß einem Manches, was auf der Erde dunkel scheint, klar wird, wenn man da oben Bescheid weiß.»

Der Traum von der Synthese zwischen Oben und Unten, Himmel und Hölle oder Erde bleibt natürlich Traum. Das zeigt Heyse selbst in der Novelle *Himmlische und irdische Liebe* (1885), deren Titel sich auf Tizians gleichnamiges Gemälde bezieht, das nur wenig später Conrad Ferdinand Meyer zu seiner letzten Novelle anregte (*Angela Borgia*). «Nicht einmal der Tod kann sie versöhnen», lautet der letzte Stoßseufzer des Helden (eines Kunsthistorikers) angesichts des Bildes an der Wand, das ihm die Hoffnungslosigkeit seiner eigenen Stellung zwischen seiner Frau und seiner Geliebten, zwischen der kalt-intellektuellen Professorentochter Gina und der gefühlsstarken «Näherin» Gertraud, zu Bewußtsein bringt. Übrigens kann man in der Darstellung der Lebensumstände dieser Vertreterin der «irdischen Liebe» eine sehr vorsichtige Annäherung des Olympiers Heyse an den Motivkreis des Naturalismus sehen.

Symptomatisch für Heyses literaturgeschichtliche Stellung ist nicht zuletzt seine Behandlung von Tod und Krankheit. In den *Novellen vom Gardasee* (1902) spielen Krankheitsgeschichten eine erhebliche, aber letzten Endes stets versöhnliche Rolle; die quasi therapeutischen Erzählungen sind übrigens angeregt durch Heyses Winteraufenthalte in Gardone und das Sanatorium in Riva, das noch Heinrich Mann und Kafka aufsuchen und literarisch verwerten sollten. Bedrohlicher kommt zunächst die Novelle *Auf Tod und Leben* (1885) daher. Das Motiv der unheilbar erkrankten Frau, die von ihrem eigenen Mann durch eine Morphiumgabe erlöst wird, sollte bald darauf in Storms Novelle *Ein Bekenntniß* eine wesentlich verschärfte Behandlung erfahren. Dagegen läßt Heyse seinen Hauptmann nach dem Geständnis «Ich – – ich habe meine Frau getödtet» bald zum Leben zurückfinden. Rüdigers Freundin Lucile reagiert auf das Bekenntnis, mit dem er seine Unfähigkeit zu einer neuen Bindung begründet, spontan mit einer kleinen Intrige, die erst die Abreise des verschlossenen Mannes verhindert und ihn schließlich in den Hafen der Ehe führt. Daß sie dabei etwas über das Ziel hinausschießt und kurzfristig neue Hindernisse erzeugt, teilt sie mit einem berühmten Vorbild: nämlich dem Fräulein von Barnhelm in Lessings Lustspiel, in dem es ja gleichfalls darum geht, einen in Selbstvorwürfe verbohrten Offizier durch weibliche List wieder der Liebe zurückzugewinnen.

Heyses Romanschaffen, das 1872 mit den *Kindern der Welt* einsetzt, ist nie aus dem Schatten seines Novellenwerks herausgetreten. Der Titel des Erstlings ist Programm; er bezeichnet die antiklerikale und antifeudale Tendenz des Werks und seines Haupthelden, eines jungen Philosophiedozenten, der ohne Rücksicht auf Karrierezwänge seinen eigenen Weg geht und dabei Unterstützung durch gleichgesinnte Freunde findet. In dieser Doppelfunktion – Darstellung eines Freundeskreises, den gemeinsame Ideale verbinden, *und* Biographie einer Hauptperson – gleicht der Roman seinem Nachfolger, der ebenfalls mit der Schilderung eines charakteristischen Hauses und seiner Bewohner einsetzt. *Im Paradiese* (1875) schildert einen Münchner Künstlerzirkel und thematisiert die Kunst mit ähnlicher Konsequenz, wie in den *Kindern der Welt* das politisch-geistige Klima der Reichshauptstadt und weltanschauliche Fragen zum Gegenstand werden. Heyse, der in beiden Städten gelebt hat, bezeichnet den *Paradies*-Roman in der Widmung an seine zweite Frau Anna als «Abglanz nur / Jenes Sterns ob meinem Leben, / Der mir auf der Isarflur / Heimath, Glück und dich gegeben.»

Was der Philosoph Edwin für den ersten Roman, ist der Bildhauer Jansen im zweiten; er findet in der klugen und emanzipierten Julie eine gleichwertige Partnerin, die mit ihm einen Bund fürs Leben schließt, und zwar (da Jansen schon verheiratet ist und an der Scheidung gehindert wird) ohne kirchliche oder staatliche Grundlage. Selbst für Heyses Freunde ein heikler Punkt; Storms Brief vom Oktober 1875 berichtet vom «Schreck im Publikum», der durchaus seine Berechtigung habe: «Denn man fühlt in Ihrer Darstellung einen allgemeinen Protest gegen die Heiligkeit der zur Sitte gewordenen Form. Es liegt das tief in Ihnen und tritt auch in anderen Sachen hervor.» Die Unabhängigkeit des Ausnahmemenschen von der vorerwähnten «Philisterschnur», um die es dabei letztlich wieder geht, erhält in den Romanen Heyses eine neue Bedeutung; während sie in den Novellen zumeist tragisch gerichtet wird, räumen die *Kinder der Welt* und *Im Paradiese* ihr einen Vorbildcharakter jedenfalls für einen kleineren Kreis, mithin eine utopische Funktion ein.

Die *Kinder der Welt* enden mit einem Besuch im Mausoleum von Charlottenburg, der Grablege der Königin Luise und ihres Gemahls Friedrich Wilhelm III. Held Edwin und seine Frau Lea ehren damit zugleich die verstorbene Toinette, mit der Edwin schon im dritten der insgesamt sechs Bücher des Romans zum Grab des preußischen Königspaars gepilgert ist, um den «angeborenen Adel» und die innere Vornehmheit eines Herrschertums zu ehren, das sich dem Geist und der Menschlichkeit verpflichtet weiß. Toinette prägte damals das Wort «Es gibt nur eine wahre Vornehmheit: sich selber treu zu bleiben.» Heyses Versuch, sein Konzept einer individualistischen Humanität solchermaßen in preußisch-dynastischen Traditionen zu verankern, wurde vom Publikum nicht honoriert. Die *Spenersche Zeitung*, in der die *Kinder der Welt* – ein Novum für die Berliner Presselandschaft – in Fortsetzungen erschienen, mußte bald darauf ihr Erscheinen einstellen; die freigeistige Tendenz des Romans hatte die konservativen Abonnenten verschreckt.

Der Optimismus der ersten beiden Romane, die mit mehreren Heiraten oder Lebensbündnissen schließen, ist in *Merlin* (1892) völlig verschwunden. Nicht ohne spürbare Verbitterung schildert Heyse in diesem der Poesie gewidmeten Roman seine eigenen Enttäuschungen mit dem von bloßem Kommerz und naturalistischer Konkurrenz dominierten Theater. Der junge Dramatiker Georg, ein entschiedener Vertreter des Idealismus (in Heyses Sinn), begeht Selbstmord, nachdem er seinen einzigen echten Aufführungserfolg in einem – Irrenhaus erlebt hat. Er fürchtet die Reaktion einer Kritik, die da schreiben könnte:

«Die Stil-Tragödie, das idealistische Drama, sei endlich da angelangt, wo sie hingehöre, ins Narrenhaus. Oder umgekehrt: ich wäre ins Lager der Naturalisten übergegangen [...] Aber das verstehen diese guten Herren, die Wahrheitsfanatiker, nicht, daß der Schein tausendmal mehr Wahrheit enthält, als die gemeine Realität.»

Richard Voß, gut zwei Jahrzehnte jünger als Heyse und von ähnlich rekordverdächtiger Produktivität, läßt sich nur in einigem Abstand neben den Münchner Dichterfürsten stellen. Auch Voß bevorzugt als Erzähler große Leidenschaften und italienische Kulissen; ihn verband zudem ein freundschaftlicher Kontakt mit Heyse, der seine Entwicklung als väterlicher Mentor begleitete und dabei freilich auch mit Kritik nicht sparte. Unterschiedlich ist nicht nur das Niveau der Produktion, unterschiedlich bis zur Gegensätzlichkeit ist vor allem die Stellung beider Autoren in und zu der Gesellschaft und im literarischen Leben. Während Heyse den Prototyp des anerkannten und schon sehr früh zu Ehren gekommenen Dichters verkörperte, dem mühelos auch noch der Übergang vom Hofpoeten zum Bestsellerautor gelang, schrieb Voß sein Leben lang aus einer Außenseiterstellung heraus, die nur z. T. seiner kränklichen Konstitution und einer neurotischen Disposition geschuldet war. Hinzu kamen eine von ihm selbst nur unter Widerständen akzeptierte homoerotische Neigung und der bürgerliche Eklat, den er in jungen Jahren durch das Zusammenleben mit einer verheirateten Frau heraufbeschwor. Unter dem Titel *Der Muth der Sünde. Eine unsittliche Geschichte* hat er den selbsterlebten Konflikt in einer frühen aufsehenerregenden Veröffentlichung, den anonymen *Scherben. Gesammelt von einem müden Manne* (1878) geschildert.

Die *Scherben* erschienen bei Schabelitz, dem Zürcher Exilverlag der Sozialdemokraten, Henckells, Panizzas und anderer Kritiker und Gegner der im Reich herrschenden moralischen und politischen Anschauungen. Zu letzteren trat Voß schon mit seiner ersten Buchveröffentlichung in schärfsten Gegensatz: nämlich mit den pazifistischen *Nachtgedanken auf dem Schlachtfelde* (1871). Ihnen folgten drei Jahre später – schon im Zürcher Verlags-Magazin – die in Deutschland verbotenen *Visionen eines deutschen Patrioten*. Nimmt man hinzu, daß Voß nach seiner Verwundung als Krankenpfleger im deutsch-französischen Krieg ein Studium in Jena begonnen und Vorlesungen bei Haeckel gehört hat, scheinen eigentlich alle Voraussetzungen für einen Anschluß an die naturalistische Bewegung gegeben. Tatsächlich gilt Voß in den achtziger Jahren als Sympathisant oder Wahlverwandter naturalistischer Bestrebungen, doch nur mit sehr bedingtem Recht. Zu deutlich ist schon in den frühen Prosa-Veröffentlichungen die Vorliebe dieses Autors für die pathetische Gebärde, für die theatralische Pose, für Maskierungen aller Art.

Dabei gewinnen vor allem Bezüge zur bildenden Kunst tragende Bedeutung. Es ist wohl nicht nur Rücksichtnahme auf die Lieblingsinteressen des bildungsbürgerlichen Publikums, sondern entspricht einer substantiellen Orientierung des Autors, wenn bei Voß immer wieder Hauptwerke der griechischen Antike und der italienischen Renaissance beschworen werden. Die Annäherung der Liebenden in der obengenannten «unsittlichen Geschichte» vollzieht sich vor dem Parthenonfries im Britischen Museum. *Medusa. Eine Frauengestalt* (in der «Neuen Folge» der *Scherben*, 1879) besteht fast nur noch aus Kunstreminiszenzen. Einem Brautpaar auf der obligatorischen Italienreise wird das Haupt der Medusa Ludovisi in Rom zum Verhängnis. Die verlassene Geliebte, die Arnulf schon beim ersten Blick auf die antike Plastik wie derzuerkennen glaubte, lauert ihm im nächtlichen Colosseum auf. Er verfällt ihr erneut und wird auch dann nicht von ihr frei, als sie sich den Dolch in die Brust stößt: «Sie stirbt. Ihr Auge bleibt geöffnet, den todten Blick auf das Antlitz des Mannes geheftet. Medusa! schreit Arnulf auf!»

Im Hinblick auf die Bedeutung, die das Kunstzitat in der Literatur der Jahrhundertwende, vor allem des Ästhetizismus, gewinnt, ist das Verhältnis der fiktionalen Figuren zu künstlerischen Vor-Bildern in Voß' Erzählwerk nicht ohne Interesse. Zumal dann, wenn ein solcher Bildbezug – wie in der Erzählung *San Sebastian* (1883) – zur Artikulation homoerotischer Affekte dient. Der pfeildurchbohrte nackte Jünglingsleib auf dem angeblich von Giorgione stammenden Bild, das Anfang und Ende des Erzählrahmens beherrscht und das zentrale Motiv der eigentlichen Liebes- und Kriminalhandlung abgibt, gehört offensichtlich dem jungen Demetrius, der in der Nacht vor seiner Hochzeit ermordet wird. Der junge Pole ist ein Vorläufer Tadzios in Thomas Manns *Tod in Venedig*: «Schön, vornehm, mit blassen, edlen, stolzen Zügen, voll träumerischer Schwermut, hatte sein Kopf etwas Antinoushaftes.»

In der Häufung der Bildbezüge (Heiliger Sebastian und Antinous etc.) verrät sich andererseits eine Tendenz zur monumentalen Stilisierung, die schon die Kunstentwicklung der Gründerzeit charakterisiert und im Geschmack des Wilhelminismus ihre Fortsetzung findet. Mit seinem ausdrücklichen Bekenntnis zur «Maske» (in einem undatierten Brief an Max Kalbeck, wahrscheinlich von 1874) nimmt Voß – auf freilich sehr anderem Niveau – eine ähnliche Zwischenstellung zwischen Gründerzeitästhetik und Moderne ein wie Conrad Ferdinand Meyer.

Die trivialen Elemente, die schon in Voß' frühen Veröffentlichungen nicht zu übersehen sind, nehmen definitiv überhand nach dem Scheitern seines Versuchs einer Etablierung als führender Dramatiker in den achtziger Jahren. Aus der Flut seiner z. T. in der *Gartenlaube* vorabgedruckten Romane und Erzählungen (darunter der Bestseller *Zwei Menschen* von 1911) verdienen zwei Titel wegen ihrer Bezüge auf den Autor und seine Vorbilder nähere Beachtung: Der Roman *Dahiel, der Konvertit*

(1888) spiegelt in der Identitätsproblematik des zum Mönchtum über-
getretenen Juden die erotisch bedingte Identitätskrise des Verfassers. Der
Briefroman *Villa Falconieri* (1896) verknüpft mit der von Voß selbst
erworbenen Villa in Frascati, nach der ja schon Heyse eine Novelle
benannte, ein leidenschaftliches Geschehen, in dem wohl nicht zufällig
die Schauspielerin aus einem Sardou-Stück eine wichtige Rolle spielt.
Der Schriftsteller, dessen Selbstmord am Ende des Romans steht, setzt
sich in seinen letzten Notizen – auch das wirkt wie ein Heyse-Zitat –
mit dem Verhältnis von «himmlischer» und «irdischer Liebe» auseinander; seine Angst vor dem heraufziehenden Wahnsinn – den Ameisen,
die in seinem Hirn bohren – gemahnt an die Tragik Oskars in Ibsens
Gespenstern.

7. Sudermann

«Er wußte, daß es Romanphrasen waren, in denen sie sprach, aber diese
Phrasen packten und schüttelten ihn, daß der Kopf ihm wirbelte.» Der
Satz aus Hermann Sudermanns Roman *Es war* (1894) läßt sich auch auf
die ambivalente Wirkung anwenden, die dieser Autor bis weit in das
20. Jahrhundert hinein auf ein großes Publikum ausübte; der Verdacht
der Trivialität wurde überlagert von der Suggestion eines effektsicheren
und spannungsreichen Erzählens. Nicht so sehr um die Unmittelbarkeit
der Wirklichkeitswiedergabe geht es in diesem Werk, das die zeitgenössische Kritik allzu selbstverständlich dem Maßstab einer naturalistischen
Poetik unterworfen hat, als um die mediengerechte Aufbereitung von
Stoffen und Problemstellungen oft beträchtlicher – freilich auf die
damalige Zeit beschränkter – Aktualität.

In diesem Aktualitätsgehalt und dem unverkennbar liberalen Engagement des Autors liegt die scheinbare Nähe Sudermanns zur literarischen
Moderne begründet, die man ihm vielfach als Mimikry angekreidet
hat. Wie wenig er dieser Richtung angehört, ist nicht zuletzt an seinem
Umgang mit überlieferten literarischen Modellen abzulesen. Einem
durchaus reflektierten Umgang, wie auch unser Zitat beweist. Doch dienen die Thematisierung von Klischees und Artefakten und der häufige
Vergleich fiktionaler Personen mit Roman- oder Kunstfiguren, insbesondere Statuen, kaum je einer Kritik an überlieferten Vorstellungen oder
Ausdrucksformen, der Artikulation etwa eines Widerspruchs zwischen
Ideal und Wirklichkeit, alter Form und neuem Inhalt. Solche Bezüge
verstärken bei Sudermann vielmehr durchgängig das Pathos der Empfindung, die sich vom Protagonisten über den Erzähler dem Leser mitteilen
soll. Das gilt für die Statuen der Dioskuren im sogenannten Freund-

schaftstempel, die in *Es war* – diesem Roman einer an Frauenliebe
scheiternden Männerfreundschaft – das unglückliche Freundespaar verkörpern, ebenso wie für die zahlreichen Stellen, an denen Regine, die
weibliche Hauptfigur des Romans *Der Katzensteg,* mit einer Statue oder
einer Figur aus der Mythologie verglichen wird: «Gleich einem antiken
Erzgebilde stand der herrliche, hohe Frauenkörper da», «wie eine Bak-
chantin lag sie da» – die Beispiele ließen sich mehren.

Sudermanns Anfänge liegen im Dunkel der Lohnschreiberei. Schon
vor seinem Durchbruch als Dramatiker (Ende 1889) hatte sich der Autor
aber als angesehener Erzähler etabliert. Die unter dem Titel *Im Zwielicht*
(1886) gesammelten Erzählungen zeigen ihn als Schüler Maupassants
und entfernten Wahlverwandten des jungen Schnitzler: Im Plauderton
werden erotische Konstellationen durchgespielt, die auf die Fragwürdigkeit gesellschaftlicher Konventionen hinweisen, aber auch zu moralischer Entrüstung Anlaß geben. So endet *Der Mustersohn* damit, daß
sich die greise Mutter des Libertins mit seiner verlassenen Geliebten ver-
bündet, um «die Würde der Frauen» zu verteidigen, und der Erzähler
wird plötzlich ernst, wenn er von der Wahrheit spricht, «daß Weib und
Mutter ein und dasselbe sind».

Mit seinem ersten Roman dagegen begibt sich Sudermann anscheinend in die Schule Spielhagens. *Frau Sorge* (1887) heißt dieser Bildungsroman mit Elementen eines Gesellschaftsromans, benannt nach dem
allegorischen Märchen (nach einem Motiv aus *Faust II*), das Anfang und
Ende verbindet und auch das Widmungsgedicht an die Eltern Sudermanns einschließt, deren finanzielle Notlage manches Detail zum Lei-
densweg der Familie Meihöfer beigetragen haben mag. Gleich der erste
Satz des Romans, der die Geburt des Helden mit der Versteigerung des
elterlichen Gutshofs verknüpft, stellt sein Schicksal unter das Zeichen
des Eigentumsverlusts. Doch begnügt sich Sudermann nicht mit der
Schilderung der sozialen Konsequenzen dieser Erfahrung – jenes Ur-
Traumas des Kleinbürgertums, das ja in Raabes gleichzeitigem Schaffen
vielfache Spiegelung findet. Er übersteigert vielmehr das Trauma, indem
er ihm zwei Brandkatastrophen folgen läßt, die jeweils den gesamten
mühsam erwirtschafteten neuen Besitz der Familie vernichten. Den
zweiten Brand hat Paul Meihöfer selbst gelegt – er nimmt die Strafe wil-
lig auf sich –, um Schlimmeres zu verhindern, nämlich den eigenen
Vater vom Anzünden des Herrenhauses abzuhalten. In dasselbe Herren-
haus – sein Geburtshaus – zieht Paul am Ende ein: als künftiger Mann
der Erbin, deren weiße Erscheinung schon durch die Träume seiner
Jugend geistert und der «schwarzen Suse» (der aus dem ersten Brand
geretteten Lokomobile, d. i. eine dampfgetriebene Mähmaschine) ebenso
kontrastiert wie das helle Gutshaus selbst, seine neue und alte Heimat,
dem dunklen Moorhof als dem Ort seiner Verbannung.

So ordnet sich die soziale Thematik von wirtschaftlichem Abstieg
und Eigentumsverlust einem Psychodrama der Adoleszenz ein und
unter. Nur wer die Schuld des Vaters auf sich nimmt, kann diesem nach-
folgen, nur der Weg durch Dunkelheit und Tiefe führt in die lichten
Höhen einer befriedet-befriedigten Existenz. Von hier aus wird die Affinität zum nächsten Roman Sudermanns einsichtig, der sich durch das
historische Milieu und die abenteuerhafte Handlung zunächst als
befremdliche Alternative präsentiert, in Wahrheit jedoch ähnliche
Motive aufgreift, um sie einer anderen Lösung zuzuführen. *Der Katzensteg* (1890) erzählt die Geschichte eines Heimkehrers aus dem Befrei-
ungskrieg, der das väterliche Schloß als Ruine und sich selbst in einem
Zustand gesellschaftlicher Ächtung wiederfindet, weil sein Vater fünf
Jahre zuvor Napoleons Truppen in den Rücken der Preußen geführt hat.
Die Ausgrenzung durch die Dorfgemeinschaft verstärkt sich noch, als
sich Boleslav der wild-schönen Frau annimmt, die er an der Leiche des
Vaters antrifft. Das verworfene Frauenzimmer (wie Regine anfangs
erscheint) entwickelt sich zur eigentlichen Heldin des Romans; am Ende
wird sie gut nietzscheanisch als «eine jener Vollkreaturen» gewürdigt,
«wie sie geschaffen wurden, als der Herdenwitz mit seinen lähmenden
Satzungen der Allmutter Natur noch nicht ins Handwerk gepfuscht
hatte». Die Neigung zu dieser sinnlichen Frau niedriger Herkunft verdrängt Boleslavs Beziehung zur standesgemäßen «Lichtgestalt» Helene –
wieder begegnen wir der auf Keyserlings Schloßgeschichten vorauswei-
senden Antithese von weißer und dunkler Frau. Doch läßt es Sudermann nicht zum Äußersten kommen. Die Ermordung der vermeintlichen Verräterin durch Heckenschützen verhindert den Inzest, als den
Boleslav insgeheim die Verbindung mit der Geliebten seines Vaters
bewertet. Für ihn selbst gibt es keine andere Lösung mehr als den Tod
im Feld.

Wenn Regine, von der tödlichen Kugel getroffen, vom Katzensteg –
über den sie einst im Auftrag des Barons die Franzosen geführt hat –
nieder ins Wasser stürzt, verwandelt sie sich in eine jener Wasserfrauen,
die eingangs (siehe S. 44 ff.) als spezifische Faszination der Epoche vorgestellt wurden. Auch in ihrem ‹Fall› signalisiert die Zuordnung zum
Element eine Stellung außerhalb der bürgerlichen Ordnung und die
Kraft zu ihrer Auflösung. Man hat Beziehungen zu Böcklins Gemälde
«Triton und Nereide» und anderen Beispielen der Gründerzeit-Malerei
hergestellt. Tatsächlich ist die Neigung zur inszenierten Pose und zur
mythologischen Überhöhung in Sudermanns Roman unverkennbar.
Doch steckt wohl mehr dahinter als eine stilistische Konvention. Die
vielfachen Vergleiche zwischen Regine und Artemis/Diana und die
Erinnerungen an den Dionysos-Kult sind im Kontext des Protests gegen
ein klerikal verengtes Christentum zu sehen, als dessen Repräsentant

der Pfarrer dem Baron ein kirchliches Begräbnis verweigert hatte. «Ich habe sie heidnisch beerdigt», lautet eines der letzten Worte des Romans; Hauptmanns Novelle *Der Ketzer von Soana* (1918) wird in ähnlicher Weise Heidentum und Christentum, Sinnlichkeit und bornierte Moral gegeneinanderstellen.

8. Jünger Zolas?

Kretzer

Karl Bleibtreu nannte ihn den «ebenbürtigen Jünger Zolas». Er sah sich selbst als Begründer des Berliner Romans. Seine Werke erreichten eine Gesamtauflage von über einer Million. Doch ihr Verfasser starb in Armut, und die Literaturgeschichte tut sich schwer mit einem Autor, dem die Rezensenten noch anläßlich seines Hauptwerks eine «gewisse Schwerfälligkeit des Wortes» (Kirchbach) bescheinigten, wenn sie auch anerkannten, daß er inzwischen seinen Frieden mit der deutschen Grammatik geschlossen habe. Max Kretzer war Autodidakt; was Fabrikarbeit war, wußte er seit seinem dreizehnten Lebensjahr, und erst ein Arbeitsunfall machte ihn zum Berufsschriftsteller. Trotzdem läßt sich der Sohn eines gescheiterten Gastronomen nicht als vollgültiger Arbeiterdichter feiern, zumal seine Werke ein äußerst gespaltenes Verhältnis zur Arbeiterbewegung dokumentieren.

Vor diesem biographischen Hintergrund kommt seinem frühen Roman *Die Betrogenen* (1882) besondere Aussagekraft zu. Offensichtlich durch Henri Murgers *Scènes de la vie de bohème* angeregt, deren erste deutsche Übersetzung ein Jahr zuvor erschienen war, interpretiert der Roman die Armut als notwendige Station und Bewährungsprobe des echten Künstlers. Nach einer Einleitung, die unter Hinweis auf das Berliner Adreßbuch den Bezug zur realen Lebenssituation herstellt, werden die Schicksale dreier Maler vorgeführt, die in unterschiedlichem Maße den «Kampf ums Dasein» in der Großstadt bestehen. Die Namen sagen eigentlich schon alles: Alexander Plagemann scheitert, Hannes Schlichting resigniert, und nur Oswald Freigang ist nach langem Ringen in der Lage, vom Verkauf seiner Bilder zu leben und mit diesen Bildern, die die «Dampf und Rauch»-Welt des Maschinen-Zeitalters darstellen, zugleich wachsende künstlerische Anerkennung zu ernten. Sogar die Berliner Nationalgalerie öffnet sich ihnen.

In dieser angesichts der Widerstände, die die offizielle preußische Kunstpolitik damals der modernen Malerei entgegensetzte, völlig unrealistischen Pointe enthüllt sich das Freigang-Porträt als Wunschphantasie des Autors. Auch andere Züge dieses scheinbar von Wirklichkeit erfüllten Œuvres erklären sich als Phantasieproduktion eines schreibenden Subjekts, die dort am stärksten aktiv wird, wo seine eigene Identität auf dem Spiel steht. So hat die heftige Kritik am Kolportage-Wesen im «Berliner Roman» *Die Verkommenen* (siehe oben S. 186 f.) ihren Grund wohl gerade in der Nähe des Verfassers zu solchen Formen populären Schreibens und in der Angst vor einem Verlust der eigenen Unabhängigkeit. Ebenso dürfte die negative Verzeichnung der Sozialdemokratie in Kretzers Roman *Im Sturmwind des Sozialismus* (1883) wesentlich in einem solchen Abgrenzungsverlangen begründet sein.

Sie wird an demagogischer Wirksamkeit möglicherweise noch überboten durch den früheren Roman *Die beiden Genossen* (1880), insofern sich hier das Schreckbild eines haltlosen Agitators mit einem anderen Kollektivtrauma der damaligen Zeit mischt: der berüchtigten ‹freien Liebe›. Gustav Raßmann, ein aus der Residenzstadt ausgewiesener sozialistischer Funktionär, ist innerlich wie äußerlich verlumpt. Gewissenlos zerstört er Lebensglück und Existenz seines alten Schulfreundes Wilhelm Schorn, eines Drechslermeisters in einem Provinzstädtchen, der ihn in seinem kleinen Hause – einem der «schmuckesten» des ganzen Ortes – aufnimmt. Raßmann betrügt Wilhelm mit seiner Frau und sieht kaltblütig mit an, wie dieser für einen Gelddiebstahl verurteilt wird, den er selbst begangen hat. Als Wilhelm aus dem Zuchthaus kommt, ist sein Haus zur Versteigerung ausgeschrieben und sind die Kinder tot. Frau und ‹Freund› trifft er in flagranti und macht der «wilden Ehe» durch einen Doppelmord ein Ende. Der roh gezimmerten Handlung entsprechen der Schematismus der Charakterzeichnung und der didaktisch-moralische Tonfall eines Erzählers, der beispielsweise die Frau seines Helden direkt anredet und vor den Folgen ihres Tuns warnt: «Frau Schorn, Frau Schorn, Sie lassen sich von dem äußeren Schein blenden.»

Vom ungelenken Frühwerk führen zahlreiche Fäden zu späteren Arbeiten Kretzers. Wenn Raßmanns Verrat an Schorn mit dem des Judas an Jesus verglichen wird, klingt schon die Christus-Thematik an, die für *Die Bergpredigt* (1890) und *Das Gesicht Christi* (1896) grundlegende Bedeutung erhält, aber auch in *Im Sturmwind des Sozialismus* wiederkehrt. Und die Gestalt des wackeren Drechslermeisters weist auf die des (Drechsler-)Meisters Timpe im gleichnamigen «sozialen Roman» von 1888 voraus. Auch Timpe wird zunächst durch sein Haus charakterisiert, dessen schräge Lage zur (später erbauten) Straße schon auf die mangelnde Bereitschaft seiner Bewohner zur Anpassung an neuere Verhältnisse hinweist.

Kretzer hat hier – was lange übersehen wurde – auf eine Erzählung Conrad Albertis zurückgegriffen. In *Majestätsbeleidigung* (1887) beschreibt dieser die Konflikte, in die der Inhaber eines traditionsreichen Schlächterbetriebes durch die Planung der neuen Stadtbahn gerät, deren Trasse direkt sein altes Haus

bedroht. Dräsecke versucht zunächst eine Gegenintrige, indem er einen Eisen-
bahn-Ingenieur wegen angeblicher Majestätsbeleidigung ins Gefängnis bringt.
Als er für seine Falschaussage schließlich selbst ins Gefängnis kommt, bringt er
ein dreifaches Hoch auf den Kaiser aus. Kretzers *Meister Timpe* entkoppelt die
zentralen Motive Albertis und gibt ihnen eine neue Funktion: Die Lage des
Hauses schräg zum Verkehrsfluß wird zum Symbol der Individualität, der Bau
der Stadtbahn zu einem Symbol des unaufhaltsamen Fortschritts und das dreifache Hoch auf den Kaiser, das der sterbende Timpe an die Kellerwand kritzelt,
zu einem letzten, verzweifelten Aufbäumen seines Handwerkerstolzes gegen die
revolutionären Tendenzen der Sozialdemokratie.

«Schleift die Fabriken ... zerbrecht die Maschinen ...», ruft Timpe
kurz vor seinem Ende auf einer Streikversammlung der Fabrikarbeiter
aus. Das neue Niveau, das die Darstellung des untergehenden Kleinbürgers in diesem Roman erhält, ist nicht zuletzt in der Konsequenz
begründet, mit der hier die ökonomische Grundlage des historischen
Wandels sichtbar gemacht wird: die Ablösung der im Familienbetrieb
organisierten Handarbeit durch die maschinelle Fertigung in der Fabrik.
Mit masochistischer Neugier beobachtet der Handwerksmeister von seinem Aussichtspunkt Franzens-Ruh den Bau der Fabrik auf dem Nachbargrundstück. Als die Bäume gefällt werden, heißt es – aus der Perspektive Timpes, der sich der Erzähler anschließt –: «Was dort fiel, war
das alte Berlin [...]. Und jeder Spatenstich, jeder Axthieb und Hammerschlag bereitete seinem Herzen eine Wunde, die ihm brennende Schmerzen verursachte.» Die Trauerarbeit, die hier geleistet wird, unterscheidet
Kretzers Darstellung markant von der optimistischen Perspektive, in
der Zolas Roman *Au bonheur des dames* den Aufstieg des Warenhauses
auf Kosten des Handwerks beschreibt. Kretzer verdankt dem Roman
Zolas eine Reihe von Motiven, nicht zuletzt den symbolträchtigen Kontrast zwischen dem Koloß der modernen Industriearchitektur und dem
von ihm fast erdrückten Handwerkerhaus.

Der durchaus eigene Gebrauch, den Kretzer von diesen Motiven
macht, läßt die Diskrepanz zwischen dem deutschen und dem französischen Naturalismus scharf hervortreten und macht die ungleich stärkere Traditionsverhaftung des ersteren deutlich. Kretzers Sympathie mit
dem Drechslermeister ist offensichtlich von der verklärenden Auffassung
des Handwerks (und zumal dieses Handwerks!) in vielen Werken der
Romantik, nicht zuletzt in Tiecks Novelle *Der junge Tischlermeister*,
geprägt. Seine Darstellung des eskalierenden Streits zwischen Timpe und
Urban rückt den ökonomischen Konflikt zudem in bedenkliche Nähe
zum traditionellen Motiv der feindlichen Nachbarn, wie man es etwa
von Keller (*Romeo und Julia auf dem Dorfe*) und Storm (*Die Söhne des
Senators*) her kennt. Damit nicht genug, treibt Kretzer die Personalisierung noch weiter, indem er Timpe mit einem Nichtsnutz von Sohn ver-

sieht, der zur Gegenseite überläuft und sich – als Gegenleistung für die ihm angebotene Teilhaberschaft – dazu bereit findet, die väterlichen Modelle für die Fabrik zu stehlen. Als ob der Sieg des Kapitalismus von der Betriebsspionage beim alten Handwerk abhängig wäre! Schon die zeitgenössische Kritik hat diese Über-Determinierung gerügt, in deren Folge der «soziale Roman» fast in ein Familiendrama umschlägt.

Auf der anderen Seite ist die verhängnisvolle Entwicklung des jungen Franz Timpe natürlich eingebunden in das Generationenmodell, das für die Konzeption dieses Romans von beträchtlicher Bedeutung ist. Zu seinem Personal gehört jedenfalls in der ersten Hälfte auch der Großvater Gottfried Timpe, ein sittenstrenger Handwerker vom alten Schlag, gegenüber dem Meister Timpe selbst schon als eine Figur des Übergangs erscheint. So wird die Generationenfolge zu einem Ausdruck des historischen Wandels – ein literarisches Verfahren, das sich gleichfalls schon bei Keller und Storm findet und, angereichert mit dem Gedankengut der Degenerationslehre und der Dekadenz, noch in Thomas Manns *Buddenbrooks* wiederkehrt.

Conrad

Das Schlüsselerlebnis in der literarischen Entwicklung Michael Georg Conrads war die persönliche Begegnung mit Emile Zola in Paris 1878. Conrads energisches Eintreten für den Großmeister des französischen Naturalismus – nicht zuletzt in seiner Zeitschrift *Die Gesellschaft* – hat dazu geführt, daß auch die erzählerischen Arbeiten, mit denen der vielbeschäftigte Publizist seit 1883 hervortrat, vielfach unter dem Gesichtspunkt der Zola-Nachfolge gesehen und bewertet wurden. Eine solche Beurteilung muß sich freilich in einer Mängelliste erschöpfen, wenn man sich nicht die besonderen Bedingungen dieser Zola-Verehrung klar macht: Conrad lernt Werk und Person des Franzosen noch vor dessen theoretischen Hauptschriften kennen, deren Hinwendung zur Naturwissenschaft in Deutschland weithin als Verrat an der Kunst interpretiert wurde. In direktem Gegensatz dazu galt Zola seinem Apostel Conrad geradezu als Inkarnation des Künstlerischen – einer genuin künstlerischen Kraft, die sich eben darin zeige, daß sie noch die sprödeste Materie und das häßlichste Detail dichterisch zu bewältigen vermag.

Vom Pathos einer solchen Kraft oder «Machtempfindung» ist auch die Darstellung des Erotischen im ersten Novellenband Conrads geprägt, der noch Eindrücke seines Paris-Aufenthalts verarbeitet: *Lutetias Töchter. Pariser-deutsche Liebesgeschichten* (1883). Schon der nächste Band (*Totentanz der Liebe*, 1885) trägt im Untertitel den Namen der Stadt, in der sich Conrad 1882 auf Dauer niederließ und die er als deutsches Pendant zur französischen Kunstmetropole begriff. Auf diese «Münchener Novellen» folgte der große «Münchener Roman» – freilich kein sozialer Roman im Sinne des sich damals entwickelnden Berliner Romans. Der zweibändige Roman mit dem symptomatischen Titel *Was die Isar rauscht* (1889) endet nicht zufällig mit der Darstellung der allgemeinen Erschütterung über den Tod des bayrischen Kunst-Königs Ludwig II. (1886), dem Conrad übrigens noch 1902 einen eigenen Roman widmen sollte (*Majestät*). Die Isar erzählt gleichsam einen Roman über Kunst und Künstler bzw. Literaten, der sich eng am Lebenskreis und Erfahrungsschatz des Verfassers orientiert und einzelne seiner Bekannten und Kontrahenten nur leicht verschlüsselt abschildert bzw. karikiert.

Der Einzeltitel wird zum Titel eines ganzen Zyklus, wenn Conrad unter der gleichen Überschrift zwei weitere Romane publiziert: *Die klugen Jungfrauen* (1890) und *Die Beichte des Narren* (1893). Bei der zweiten Auflage (1896) der *Beichte* verzichtet Conrad allerdings auf den Reihentitel, was wohl mit dem stark subjektiven Charakter dieses Werks zusammenhängt, aber auch als endgültiger Verzicht auf die Realisierung des Zyklus zu verstehen ist, der ursprünglich auf zwanzig Bände geplant war, im Grunde jedoch einer echten Notwendigkeit entbehrte. Denn zum einen spielen die vorgelegten Teile des Isar-Zyklus im gleichen Milieu und mit weitgehend gleichem Personal; es findet also keine enzyklopädische Ergänzung durch andere Schichten der Gesellschaft statt, wie sie in Zolas *Les Rougon-Macquart* intendiert war; zum andern sind bereits die einzelnen Teile – jedenfalls die beiden ersten – in sich als eine Art Gesellschaftspanorama, als Zyklus im kleinen, angelegt.

In offenkundiger Anlehnung an Gutzkows *Die Ritter vom Geiste* und sein Konzept eines Romans des Nebeneinander bedient sich Conrad einer episodischen Erzählstruktur, die verschiedene Figuren im Wechsel in den Vordergrund treten läßt und dabei auch vor Zufallsverknüpfungen nicht zurückschreckt. Die offene Bauform umfaßt längere Briefeinschübe, zum Essay ausufernde Figurenmonologe und eine eingelegte (unvollständige) Novelle, die im Roman selbst bald als impressionistisch, bald als naturalistisch bezeichnet wird. Als impressionistisch ist auch bisweilen die Lockerheit der gesamten Komposition beurteilt worden, deren inhaltliche Schwerpunkte unverkennbar von den subjektiven Vorlieben des Autors diktiert sind.

In einem strengeren, nämlich wahrnehmungspsychologischen Sinne ließen sich verschiedene Passagen so bezeichnen, die eng dem Bewußtseinsvorgang einzelner Figuren folgen. Vielleicht auch jene Stellen, an denen Textaggregate der fiktionalen Realität (Zurufe an Kellnerinnen, zwanzig Zeitungsinserate nacheinander und vierzig Annoncen-Schlagzeilen von einer Reklamewand) als geschlossener Block in den Erzählzusammenhang ‹montiert› werden. Großstadtstil à la Döblin? Dagegen spricht die Sorgfalt der Einbettung (bestimmte Figuren lesen die Reklametexte) und die kulturkritische Distanz der Wertung: «Es war eine wüste, kreischende Kakophonie der Reklame, wie sie die Gegenwart immer frecher ausbildet.» Im übrigen versucht Conrad, durch das Leitmotiv der rauschenden Isar so etwas wie eine gemeinsame Grundidee zu stiften, eine Homogenisierung der heterogenen Einzelteile zu bewirken. Freilich kaum mit Erfolg. Die wiederkehrende Formel erscheint um so eher als sentimentales oder pseudoromantisches Zitat, je mehr sie der Erzähler mit tieferer Bedeutung aufzuladen sucht: «Wer ergründet, was die Isar rauscht? [...] Alles ist Geheimnis.»

Das proletarische München, das man in Conrads «Münchener Romanen» vergeblich suchen würde, ist in seiner «novellistischen Skizze aus dem Arbeiterleben» *Die gute Haut* (1891) mit erheblicher Intensität gestaltet. Der Beitrag zu der von der Staatsanwaltschaft konfiszierten Anthologie *Modernes München* beschreibt das dumpfe Dahinvegetieren einer Schusterfamilie. In einem anderen Beitrag zur selben Sammlung wendet Conrad schon das Verfahren der monologischen Bewußtseinsspiegelung an, das er in der *Beichte des Narren* zur Großform steigern wird. Die Erzählung *Jenseits* präsentiert in erlebter Rede die Selbstrechtfertigung eines Musikers, der wegen Mordes zum Tode verurteilt ist, und stellt der «Übermensch»-Philosophie des Delinquenten in scharfem Kontrast die maschinenmäßige Präzision von Hinrichtung und Sektion gegenüber. Es ist dieselbe Spannung zwischen dem unabhängigen Einzelnen und einer Maschinengesellschaft, die Conrad in seinem utopischen Roman *In purpurner Finsterniß* (siehe oben S. 216) mit satirischem Bezug auf die gegenwärtige Gesellschaft und eine mißbräuchliche Nietzsche-Rezeption entfaltet hat.

Alberti

Mit dem sechsbändigen Romanzyklus *Der Kampf ums Dasein* trat auch Conrad Alberti dem Anschein nach in die Spuren Zolas. Der aus Schlesien gebürtige Schriftsteller mit dem bürgerlichen Namen Sittenfeld war in der ersten Hälfte der achtziger Jahre nach Berlin gekommen; er veröffentlichte zwei Novellenbände (*Plebs*, 1887; *Riesen und Zwerge*, 1889) und trat in Vorträgen und programmatischen Artikeln, die zumeist in Conrads *Gesellschaft* erschienen, für eine darwinistische Ästhetik und einen «nationalen Realismus» ein. Als der zweite Roman des Zyklus – *Die Alten und die Jungen* (1889) – wegen vermeintlich unzüchtiger Passagen konfisziert wurde, bekannte sich Alberti im Leipziger Realistenprozeß 1890 ausdrücklich zum Tendenzcharakter seines Schreibens: «Ich habe in meinem Romane absichtlich die Tendenz faustdick aufgetragen

[...] Ich habe vielleicht dem reinkünstlerischen Wert des Romans dadurch geschadet, – das gebe ich offen zu – habe dies aber absichtlich gethan, weil ich ein moralisches Buch schreiben wollte.»

Wesentliche Züge von Albertis Erzählen lassen sich aus solcher Affinität zur Tendenzliteratur begreifen: die schematische Charakterzeichnung mit klarer Zuordnung zu Gut und Böse bzw. Stark und Schwach, die Verwendung trivialer Handlungsmotive und großenteils auch eines entsprechenden sprachlichen Stils, vielleicht auch der weitgehende Verzicht auf eine eigenständige fiktionale Welt in späteren Bänden des Zyklus. *Maschinen* (1895) z. B. wirkt wie eine Übersetzung von Hauptmanns *Webern* ins Romanhafte, allerdings mit dem neuen Schwerpunkt im Familienleben des Fabrikanten. *Schröter & Co.* (1893) ist bis in die gleichgebliebenen Namen hinein eine Fortführung von Freytags Kaufmannsroman *Soll und Haben.* Das mittelständische Unternehmen Anton Wohlfahrts fällt nunmehr den spekulativen Manövern des modernen Kapitalismus zum Opfer. Alberti reaktiviert sogar die problematische Technik Freytags, Negativerscheinungen des Wirtschaftslebens in jüdischen Figuren zu verkörpern, stellt dem gewissenlosen Spekulanten Isaak Blumenreich allerdings als ‹guten Juden› Sohn Werner gegenüber.

Diese Anleihen Albertis bei seinen Landsleuten Freytag und Hauptmann erklären sich vielleicht auch aus der Absicht, dem Romanzyklus doch noch eine gewisse gesellschaftliche Vollständigkeit zu verschaffen, die die früheren, hauptsächlich in der besseren Berliner Gesellschaft angesiedelten Bande kaum für sich beanspruchen können. Im Vorwort zum fünften Teil *Mode* (1893) hat er eine derartige Ausrichtung auf den «äußeren Mechanismus der Gesellschaft» allerdings ausdrücklich in Abrede gestellt und es statt dessen als sein Vorhaben bezeichnet, «eine Dynamik der menschlichen Gesellschaft» zu liefern, eine künstlerische Anschauung der «geistigen Kräfte», die allererst die von Balzac oder Zola beschriebenen Formen der Gesellschaft erzeugten und im übrigen als verfeinerte Abwandlungen des biologischen Kampfs ums Dasein zu verstehen seien.

Tatsächlich stellen alle Romane des Zyklus starke und schwache Charaktere einander gegenüber. Zu den letzteren gehören vor allem die Frauen, und zwar auch dann, wenn sie – wie in *Das Recht auf Liebe* (1890) – im Zentrum des erzählerischen Interesses stehen. Amalia Schultheß wird zur Ehebrecherin aus dem berechtigten Verlangen nach Liebe, hat jedoch nicht die Kraft, einen würdigen Partner zu wählen und vergiftet sich aus Scham vor künftigen Fragen ihres Kindes. Auch die Romane *Mode* und *Maschinen* enden mit dem Tod von Frauen; der starke Mann, den sie liebten, geht gleichsam über sie hinweg: «Dann schritt er weiter, in den heraufdämmernden Abend, in die Zukunft, in das Leben.»

Der erste Roman des Zyklus bringt den darwinistischen Ansatz schon in der Titelfrage zum Ausdruck: *Wer ist der Stärkere?* (1888). Von den drei Männern, denen der Roman auf ihren konfliktreichen Wegen durch die Reichshauptstadt folgt, kann sich letztlich keiner im vollen Sinne Sieger wähnen. Der idealistische Baumeister Hilgers kommt durch sein Eintreten für eine gerechtere Entlohnung der Arbeiter unter die Räder des Klassenkampfes, der Mediziner Breitinger kann seine Entdeckung des Typhuserregers nur unter größten Schwierigkeiten durchsetzen und verliert dabei alle Illusionen über das Ethos der Naturwissenschaft, und der Offizier Führinghausen verfällt zunächst den Ränken einer mondänen Verführerin, um sich schließlich zur «siegreichen Flucht» in eine Kolonial-Unternehmung aufzuraffen, die vom Erzähler mit nationalistischer Sympathie bewertet wird:

> «Das Glas in der Hand, starr vorwärts gerichtet, schaute er in die Luft, vor seinen Augen rauschten schon die vom warmen West bewegten Palmen [...] nackte, schwarze Gestalten bewegten sich schattenhaft ... und über dem Dach einer roh gezimmerten Blockhütte flatterte lustig die dreifarbige Fahne des Vaterlandes ...»

Die Flucht aus der Gesellschaft an den Busen der «Allnatur» endet in All-Deutschland.

Keyserling

Es muß zunächst verblüffen, den Namen Eduard von Keyserlings im Zusammenhang der deutschen Zola-Nachfolge zu hören, denn unsere Erinnerung an den baltischen Dichter ist vor allem durch die ab 1903 erschienenen «Schloßgeschichten», vielleicht auch durch sein Auftreten in der Schwabinger Boheme der Jahrhundertwende geprägt. Ganz vergessen wurde darüber lange Zeit ein Roman, den Keyserling bereits 1892 veröffentlichte und der sich schon durch den Titel *Die dritte Stiege* als sozialer Roman charakterisiert. Denn die dritte Stiege ist das hintere Treppenhaus eines Wiener Mietshauses, von dem wir sogar die Anschrift erfahren (Margarethenstraße 2), die auf eine Lage im Übergang zwischen der vornehmen Ringstraßengegend und der kleinbürgerlichen Vorstadt hinweist. Der Roman verfolgt die Schicksale verschiedener Mietparteien und gibt damit so etwas wie einen gesellschaftlichen Querschnitt, einen Auszug aus der sozialen Gemengelage der achtziger Jahre. Genauer gesagt, spielen sich die Ereignisse in der Zeit vor der Vereinigung der sozialistischen Gruppen Österreichs auf dem Hainfelder Parteitag 1888/89 ab.

Die Datierung ist möglich, weil es sich eben nicht um einen reinen Milieuroman, sondern zugleich um einen politischen Roman und, in Verbindung damit, in gewisser Hinsicht auch um einen Entwicklungsroman handelt. Keyserling greift das im Umkreis des Naturalismus beliebte Thema von der Annäherung eines Intellektuellen an die Arbeiterbewegung auf und gibt in diesem Zusammenhang einen Rückblick auf die Entwicklung des Protagonisten Lothar Brückmann. Der Name verweist schon auf die Problematik des Brückenschlags zwischen den Klassen, an der dieser Held letztlich auch scheitern wird. Denn Brückmann ist wie der Autor, von dessen Lebenshintergrund er offenbar einiges geerbt hat, adliger Herkunft und hat erst spät, dann aber mit um so rückhaltloserer Begeisterung, den Weg zur Partei gefunden. Von den Genossen wird er verständlicherweise als Fremdkörper empfunden und letzten Endes auch unter großem Skandal ausgestoßen. Ihm bleibt am Schluß nur wie Hans Unwirrsch (in Raabes *Hungerpastor*) die Hoffnung, ein stilles Plätzchen zu freier Entfaltung zu finden.

Die Distanz, in der der dekadente Intellektuelle Brückmann zum Volk steht, wird von Keyserling – und darin kündigt sich gewissermaßen schon der spätere Autor der «Schloßgeschichten» an – nicht nur als soziale Barriere, sondern ebensosehr als emotionale Differenz, als Folge eines qualitativen vitalen Gefälles gedeutet. Das Schichtenmodell, das in der Architektur des mehrstöckigen Wohnhauses vorgebildet ist, erhält psychosoziale Signifikanz, wenn man auf die unterschiedlichen Abstufungen von Intellekt und vitaler Energie im Figurenensemble blickt. Am einen Ende des Spektrums stehen Brückmann und der Redakteur Klumpf, dessen Arbeitszimmer mit Platon- und Sokrates-Büsten und einem Stich nach Raffaels «Disputa» ausgestattet ist; am anderen Ende der Skala das Mädchen Tini (das sich aus Furcht vor ihrer eigenen Sinnlichkeit auch zu Brückmann hingezogen fühlt) und der brutale Verbrecher Chawar, dessen Anziehungskraft sie letzten Endes erliegt. Denn noch ihr Tod, ihre Ermordung nämlich nach offen angekündigter Verratsabsicht, kann als Form der Selbstopferung oder Hingabe gedeutet werden. Lothars Bericht zeigt Verständnis und Respekt: «begreifst Du, wie göttlich einfach das in seiner Gewaltsamkeit ist? Das ist Wille – Schicksal, Naturgewalt. Lauter Dinge, die uns Armen fremd und unheimlich wie Gespenster sind.»

In Keyserlings Roman *Die dritte Stiege* finden sich somit zwei Grundanliegen Zolas wieder: das Bemühen um einen repräsentativen gesellschaftlichen Querschnitt und die Darstellung des Menschen als Triebwesen. Neu ist die Betonung der Abstufungen, mit denen das Trieb-Reaktions-Modell für den Menschen gilt; aus einer anthropologischen Generalaussage wird zunehmend – das zeigt sich bei Clara Viebig bestätigt – das Spezifikum einer bestimmten soziologisch, biologisch oder

ethnologisch definierten Population. Am Ende dieser Entwicklung steht
die Folklore, der Übergang vom Naturalismus zur Heimatkunst.

Ruederer

Der bayrische Autor Josef Ruederer, eine charakteristische Figur der
Münchner Moderne, hat sich schon früh enthusiastisch über Zola geäußert. Nach der Lektüre des *Germinal* erklärt er in einem Brief an
seine spätere Frau Elisabeth Gazert vom Juni 1886: «Es ist ein ganz
toller Realismus in dem Buche, der so abschreckend wahr und überzeugend, daß man an manchen Stellen förmlich zittert.» Seine erste große
Prosaarbeit entsteht erst mehrere Jahre später und kann doch in der
Fluchtlinie dieses Lektüreerlebnisses gesehen werden. Der Roman *Ein
Verrückter. Kampf und Ende eines Lehrers* (1894) handelt vom Schicksal
des liberal orientierten Hilfslehrers Franz Gattl, dessen (für eine Verheiratung erforderliche) Festanstellung vom vorgesetzten katholischen
Geistlichen bewußt verzögert wird. Seine beruflichen Perspektiven ver-
schlechtern sich durch einen Wirtshausstreit, der eine Anzeige wegen
Gotteslästerung und Beamtenbeleidigung nach sich zieht. Die vorehe-
liche Beziehung, die Gattl – notgedrungen – mit der Försterstochter
Anna eingeht, zwingt ihn zu äußerer Anpassung. Dennoch erstattet der
Vorgesetzte Anzeige bei der Behörde; nach einem Mordversuch an ihm
stürzt sich der Lehrer in den Tod – Anna stirbt im Wahnsinn.

Schon aus diesen Andeutungen zum Inhalt ergeben sich die wesentlichsten Aspekte der Zola-Nähe und -Distanz. Verglichen mit dem großen gesellschaftlichen Panorama des französischen Sozialromans und
der Direktheit, mit der Zola das Elend der Arbeiterschaft dokumentiert,
erscheint Ruederers Erzählwerk (das übrigens ohne Gattungsbezeichnung erscheint) marginal, wenn nicht im wahrsten Sinne des Wortes hin-
terwäldlerisch. Der geschilderte Konflikt schmeckt nach Kulturkampf
und sichert dem Autor – noch in der schärfsten Kritik an bayrischen
Verhältnissen – die Sympathie der protestantischen Reichsmehrheit.
Auf der anderen Seite geht Ruederer offenbar von einem konkreten Fall
und identifizierbaren lokalen Verhältnissen aus – als Vorbild des «stillen
Gebirgsdorfs» Oberkarbach dient Obergrainau, wo sich der Autor 1893
aufhielt. Und er nutzt die Vorteile der Beschränkung gleichsam im Sinne
des Experimentmodells seines Mentors; je weniger Faktoren an einem
Prozeß beteiligt sind, desto klarer lassen sich sein Verlauf und die ihn
bestimmende Kausalität beschreiben.

Ruederer läßt sich denn auch von seiner Sympathie für den Protagonisten
nicht zu einer identifikatorischen Darstellung verleiten. Bereits der Titel *Ein
Verrückter* ist ein Signal der Distanzierung; mit einer gewissen Ironie wird die

Außenperspektive einer beschränkten Dorfbevölkerung zur Geltung gebracht. Doch erhält diese diskrete Unterstützung durch den auktorialen Erzähler, wenn er den Lehrer Gattl zu Beginn des Romans wie folgt beschreibt:

«Es war ein Mensch mit dichtem, hellbraunem Haar, mit kurz geschnittenem Backenbart, groß und breitschultrig, in einem städtischen, schwarzen Salonanzug. Aber das Feste und Massive der ganzen Erscheinung wurde beeinträchtigt durch eine nervöse Unruhe, die den starken Körper fortwährend in allen Gliedern bewegte. Am merkwürdigsten war das häufige, gewaltsame Aufreißen der Augendeckel, wodurch die niedere Stirne immer in schwere Falten gezogen wurde. Fast sah es aus, als wollte er sich durch die zuckende Bewegung vor übermannender Müdigkeit schützen, die aus den verschwommenen, hellbraunen Augen sprach.»

Der Hilfslehrer erscheint als Gezeichneter; die Verrücktheit, die man ihm nachsagt, ist in ihm angelegt. Die seelischen Spannungen nehmen überhand, sobald Gattl in Konflikt mit seinen eigenen Normen gerät, und das geschieht, wenn er durch das dienstlich verbotene Liebesverhältnis seine eigene Strategie der absoluten Aufrichtigkeit untergräbt. Die Niederlage des Geistes gegenüber der Macht der Sexualität wird dabei ganz im Sinne des Naturalismus zur Geltung gebracht – mit der Nuancierung wohlgemerkt, daß sich die pathologische Verkrampfung infolge der Erfüllung des erotischen Begehrens entscheidend verschärft.

Eine Bemerkung verdient noch die Handhabung des Dialekts, der hier sorgfältig entsprechend der sozialen Stellung und dem Bildungsstand der Figuren abgestuft wird. Auch der Lehrer spricht eine sanfte Form der Mundart. So deutlich diese Praxis den Anforderungen des Naturalismus entspricht, so wenig ist doch zu übersehen, daß mit der Wahl des bayrischen Dialekts – angesichts der starken Volksliteraturtradition in diesem Idiom und angesichts der Präferenzen der Heimatliteratur für die bayrisch-österreichische Region – eine gewisse Nähe zum Heimatroman etwa Anzengrubers erkauft ist.

Clara Viebig

Clara Viebig gehört mit dem Schwerpunkt ihres Schaffens schon ins 20. Jahrhundert. Die meisten ihrer späteren Romane sind der Heimatliteratur (z. T. mit völkischen Akzenten) zuzuordnen. Und doch steht am Anfang ihrer Schriftstellerlaufbahn ein intensives Zola-Erlebnis, zu dem sie sich mehrfach bekannt hat. Es findet in ihrer ersten Novellensammlung *Kinder der Eifel* (1897) und bald darauf im Roman *Das Weiberdorf* (1899) seine originelle Umsetzung.

«Auf der Landstraße von Manderscheid nach Kyllburg, eine halbe Stunde von der Neumühle im Grund, knarrt langsam ein Wagen bergan.» Es ist die Landschaft der Eifel, die den Rahmen von Clara Viebigs Novellen abgibt, geschildert mit genauer Kenntnis der Topographie und der sozialen Strukturen, des heimischen Dialekts (im Dialog der Autochthonen) und der Natur. In der frühen Erzählung *Die Schuldige*

bildet die idyllische Umgebung ein versöhnliches Gegengewicht zum
Schicksal der geschwängerten und verstoßenen Magd, die ihren Lieb-
haber aus Eifersucht und Rache ermordet. In *Die Zigarrenarbeiterin*
dagegen wird gezeigt, wie die natürliche Sexualität einer Frau gegen alle
Unterdrückung durch Erziehung und entfremdete Arbeit obsiegt; Maria
Josefa entdeckt gewissermaßen die Natur in sich. Ungeachtet des Titels,
der eine soziale Studie erwarten läßt, spielt nur eine einzige Szene in der
Fabrik, und diese Szene dient primär der erotischen Annäherung zwi-
schen der Arbeiterin und dem Fremden, der sie seit langem beobachtet.
Die Neigung der Autorin zur Biologisierung der Frau, zur animalischen
Stilisierung ihrer weiblichen Figuren erreicht einen ersten Höhepunkt
in *Simson und Delila*. «Suß» heißt die ländliche femme fatale, die den
Vatermörder Hubert – ihren Liebhaber – ungerührt der Polizei auslie-
fert; sein Schicksal ist besiegelt beim ersten Kuß:

> «Ihre Pupillen vergrößerten sich, ihre geschmeidigen Glieder duck-
> ten sich wie zum Sprung, nun tauchte ihr Gesicht mit den zittern-
> den Nasenflügeln dicht vor dem seinen auf – ein Kuß und ein Biß
> brannten auf seiner Wange. [...] Noch einen Kuß rechts und links,
> dann schnellte sie zurück wie das Reptil, das seinem Opfer den
> giftigen Streich versetzt hat.»

Ähnliche Verhaltensweisen werden kollektiv praktiziert im «Weiberdorf»
Eifelschmitt, dessen Name noch während des Abdrucks des Romans
Das Weiberdorf in der *Frankfurter Zeitung* in Eisendorf abgeändert werden mußte, weil sich die realen Eifelbewohner entehrt sahen. Der Auto-
rin gelingt hier eine witzige Verbindung von Ökonomie und Biologie.
Weil die arbeitsfähigen Männer von Eifelschmitt/Eisendorf in der rhei-
nischen Eisenindustrie ihr Geld verdienen, reduziert sich das Ehe- und
sonstige Liebesleben der Dorfbevölkerung auf die kurze Zeit ihres
gemeinsamen Heimaturlaubs, und ein fußkranker Antiheld wie Peter
Miffert gewinnt in der männerfreien Phase eine ungeahnte Attraktivität.
Aus dem Hahn im Korb wird bald ein Beutetier, das sich von einem
Rudel weiblicher Wölfe gejagt sieht. Als der Falschmünzer verhaftet und
abgeführt wird, kommt es fast zu einem Frauenaufstand nach dem Vorbild von Zolas *Germinal*. Das politische Anliegen der Bergarbeiterfrauen
in der Vorlage ist hier einem ausschließlich sexuellen Bedürfnis, einer
animalischen Reaktion gewichen: «Gleich einer bösen Bestie schlich die
Weiberkolonne hinterdrein; sie knurrte und lauerte und drohte in
unheimlicher Tücke.» Als in diesem Moment die Arbeiter heimkehren,
hat sich der Konflikt erledigt, nämlich die objektlose Sexualität ihr wahres Ziel gefunden: «Das waren nicht der Weiber viele mehr, das war
nur ein Weib noch – *das* Weib! – Jählings wandte es sich, alles verges-
send, und stürzte in rasendem Lauf dem Mann entgegen.»

Die schon bei Keyserling beobachtete Tendenz zur Identifizierung von Sinnlichkeit und Unterschichtzugehörigkeit wird hier in prekärer Weise erweitert: Es sind die Frauen, und zwar die Frauen vom Lande, in denen der Trieb solchermaßen die Alleinherrschaft erlangt.

9. Hauptmann

Auch Gerhart Hauptmanns frühe Erzählungen gehen von einem bestimmten Milieu aus und zeigen die zerstörende Gewalt der Leidenschaft. Im Unterschied zu den Romanen der Zola-Schule richtet sich der Blick seiner novellistischen Versuche aber von Anfang an auf eine einzelne Gestalt, die uns in ihrer konkreten Bedingtheit durch innere und äußere Faktoren nahegebracht wird. Das Kriterium der Nähe gilt übrigens schon für die Wahl der Stoffe. Hauptmanns erste Erzählung *Fasching*, die nach ihrem Abdruck in der Zeitschrift *Siegfried* (1887) zunächst in Vergessenheit geriet und erst 1922 wiederentdeckt wurde, behandelt einen Unglücksfall (das Ertrinken einer dreiköpfigen Familie beim nächtlichen Überqueren eines zugefrorenen Sees), der sich im Februar 1887 in der unmittelbaren Umgebung von Hauptmanns damaligem Wohnsitz Erkner bei Berlin abgespielt hat. In dessen weiterer Umgebung spielt auch die «novellistische Studie aus den märkischen Kiefernforsten» *Bahnwärter Thiel* (1888 in der *Gesellschaft* erschienen), und man darf annehmen, daß viele ihrer Details auf realen Beobachtungen beruhen, auch wenn das faktische Urbild des Vorfalls bislang nicht ermittelt wurde.

In beiden Erzählungen wird die zur Katastrophe führende psychische Entwicklung durch die Berufsarbeit der männlichen Hauptperson zumindest indirekt gefördert. Der Schiffsbaumeister Kielblock hat im Winter seine «gute Zeit»; da es kaum Arbeit gibt, kann er sich ungehemmt der Vergnügungssucht hingeben, die seine junge Frau bis zur Vernachlässigung des kleinen Kindes mit ihm teilt. Bahnwärter Thiel ist auf seinem einsamen Posten vollständig den eigenen Gedanken überlassen und kann sich in den langen Zwischenräumen, die sich im Fahrplan seiner Strecke zwischen den einzelnen Zügen auftun, ganz den meditativen Erinnerungen an seine verstorbene erste Frau hingeben. So wird ihm das Bahnwärterhäuschen zur geheiligten Stätte eines Totenkultes, den das Vorüberdonnern der Schnellzüge nur punktuell unterbricht. Die berühmte Beschreibung, die das dritte Kapitel des *Bahnwärter Thiel* der Vorbeifahrt eines Zuges widmet, erhebt das äußere Ereignis zum Gleichnis einer aggressiven Leidenschaftlichkeit, die sich in Thiel aufstaut und am Schluß der Erzählung in der Ermordung seiner zweiten Frau und des Kindes aus zweiter Ehe ihren Ausbruch findet.

Durch die Metapher des eisernen Netzes wird die Technik der Eisenbahn schon frühzeitig mit der sexuellen Hörigkeit verknüpft, in der sich Thiel gegenüber seiner zweiten Frau befindet – einer ehemaligen Kuhmagd, der vom Erzähler selbst «brutale Leidenschaftlichkeit» und «herrschsüchtige Gemütsart» zugeschrieben werden. Die Konstellation schwacher Mann/starke Frau gehört zu den Lieblingsthemen der Epoche, auch und gerade Hauptmanns, der sie noch zur Grundlage des Dramas *Fuhrmann Henschel* (1898) nehmen und ihr im Matriarchats-Roman *Die Insel der Großen Mutter* (1924) geradezu kollektive Dimensionen verleihen wird. Nur mühsam kann der Bahnwärter angesichts der Mißhandlung seines Sohnes aus erster Ehe das seelische Gleichgewicht wahren; er rettet sich gleichsam in die separate Sphäre des Dienstes und die spirituelle Kommunikation mit der Toten, symbolisiert im Summen der Telegraphendrähte. Sobald aber durch einen äußeren Anlaß die zweite Frau in die Dienstsphäre eindringt, ist Thiels Zusammenbruch unausweichlich; es bedürfte dazu kaum noch des Eisenbahnunglücks als Anlaß (der Sohn aus erster Ehe wird aufgrund mangelnder Beaufsichtigung durch die Stiefmutter vom Zug überfahren).

Wie man sieht, ist Hauptmanns Bahnwärter-Novelle eher Psychodrama als naturalistische Schilderung eines Berufsmilieus; diese wird hier allerdings auch geleistet, freilich nicht als Selbstzweck, sondern funktionalisiert: als Mittel zur Motivation und Verbildlichung eines tragischen Verhängnisses. Auf das Vorbild der griechischen Tragödie verweist schon die Metapher des Netzes; mit einem Netz wurde Agamemnon von Klytämnestra überwältigt, vom Netz der «Ate» (Verblendung) spricht der Chor in den *Persern* des Aischylos. Hauptmann, der seinen Aischylos gut kannte, charakterisiert Kielblock, den in seinem Vergnügungsdrang unersättlichen Schiffsbaumeister in *Fasching*, tatsächlich im Sinne der antiken Hybris; die Toten werden bei ihm mit Netzen aus dem Wasser geholt (eine bewußte Abweichung von der Wirklichkeit, in der zwei der Leichen gar nicht gefunden wurden). Auch Thiels Entwicklung folgt tragischen Mustern; er steht in einem unlösbaren inneren Konflikt und wird durch die Duldung der Mißhandlung seines ältesten Sohnes selbst mitschuldig.

In gewisser Weise kündigt sich also schon in diesen ersten Erzählungen der Dramatiker Hauptmann an, selbstverständlich auch der Naturalist, allerdings nicht in einem vordergründig auf Wirklichkeitsbeschreibung fixierten Sinn. In der symbolischen Überhöhung des Geschehens, auch in den zahlreichen Vorverweisen auf das ungute Ende (anfängerhaft gehäuft in *Fasching*), kann man einen Anschluß an Erzähltraditionen des Poetischen Realismus (z. B. Storm) erkennen. Wichtiger aber wohl ist Hauptmanns Orientierung an Georg Büchner, über den er im Entstehungsjahr beider Novellen einen Vortrag im literarischen Verein

«Durch!» hielt. Auch Büchners *Woyzeck* zeigt ja einen Weg in den Wahn und bedient sich dabei subtiler Motivations- und Symbolisierungsstrategien; auch hier steht die Bluttat am Ende und richtet sich gegen eine übermächtige sinnliche Frau.

Büchners anderer Versuch zur Darstellung eines kranken Bewußtseins, die Erzählung *Lenz*, findet in Hauptmanns Novelle *Der Apostel* (1890) ihr naturalistisches Gegenstück. Unter Rückgriff auf Eindrücke, die er während seines Zürich-Aufenthalts 1888 von Auftritten des Predigers Johannes Guttzeit gewonnen hat, zeichnet Hauptmann die Genese eines Christus-Wahns in einem zeitgenössischen Bewußtsein nach. Ein durchaus aktueller Beitrag zur damaligen Diskussion um den historischen Jesus in der Nachfolge der Arbeiten von David Strauß, Ernest Renan und Albert Dulk! Hauptmann, der schon in der Mitte der achtziger Jahre intensive Bibelstudien als Grundlage einer Jesus-Dichtung betrieben hat, wird auch in Zukunft auf den Themenkreis zurückkommen: in verschiedenen Ansätzen zu einem Jesus-Drama und im vielbeachteten Roman *Der Narr in Christo Emanuel Quint* (1910).

«Es war eine Tortur, es war zum Verrücktwerden», heißt es auf der ersten Seite des *Apostels* mit Bezug auf die Fahrt durch den 1882 eröffneten Gotthardtunnel. Wiederum treten Eisenbahn und technischer Fortschritt in Verbindung zu seelischen Krankheitsbildern. Vor einem Wörtlichnehmen der hier verkündeten Botschaften («das heilige Kleinodwort: – Weltfriede!») muß allerdings gewarnt werden. Die Erzählung ist konsequent als Wiedergabe eines subjektiven Bewußtseins angelegt, das sich durch einen epileptischen Anfall, Anwandlungen von Verfolgungswahn und narzißtische Allmachtsphantasien deutlich genug als pathologisches zu erkennen gibt. Dabei greift Hauptmann in größerem Maße auf das Mittel der erlebten Rede zurück, das schon in Büchners *Lenz* Verwendung findet und dann vor allem für die Prosa der Wiener Moderne Bedeutung gewinnt (*Der Apostel* erschien in der Zeitschrift *Moderne Dichtung*, dem damals wichtigsten Organ der österreichischen Moderne). Charakteristisch ist folgender Absatz:

> «So schritt er voran – er – er – also doch er! und in die Stapfen seiner Füße stürzten die Völker wie Meereswogen. Zu ihm blickten sie auf, die Milliarden. Der letzte Spötter war längst verstummt. Der letzte Verächter war eine Mythe geworden.»

10. Holz und Schlaf

Als Arno Holz und Johannes Schlaf 1892 unter dem Titel *Neue Gleise* auf immerhin über dreihundert Seiten eine Sammlung ihrer Gemeinschaftsarbeiten erscheinen ließen, war ihre Zusammenarbeit praktisch beendet. Als selbstironische Rückschau folgte noch die Bildergeschichte *Der geschundne Pegasus* – dann trat die große Entfremdung ein, die eine Reihe von unerquicklichen Streitschriften über den jeweiligen Anteil an der Entwicklung des «konsequenten» Naturalismus nach sich zog. Da sich auch Literaturkritiker und Germanisten in diesen Streit hineinziehen ließen, ist es heute kaum noch möglich, über Art und Verlauf dieser literaturgeschichtlich so folgenreichen Zusammenarbeit etwas Unwidersprochenes zu sagen.

Wahrscheinlich ist Schlaf im März 1888 zu Holz hinausgezogen, der in Niederschönhausen bei (heute in) Berlin ein schlichtes Quartier bewohnte und sich dort vergeblich mit der Niederschrift eines autobiographischen Romans quälte. Die beiden Autoren müssen sich von Anfang an so gut ergänzt haben – wie Mann und Frau, sagt Holz einmal später –, daß es sofort zu einer lebhaften Gemeinschaftsproduktion kam. Als erstes entstand wohl *Die kleine Emmi*, die Erzählung von der Abwehr einer sexuellen Belästigung (vom Leipziger Verleger Reißner später aus sittlichen Rücksichten zurückgewiesen). Es folgten *Papa Hamlet* und *Ein Tod*. Unter diesem Titel wird die Nachtwache am Bett eines Duellopfers beschrieben; wir vernehmen die besorgten Reden zweier Kommilitonen, die Fieberphantasien des Sterbenden, die Klagen der Zimmerwirtin, die das Frühstück bringt, und schließlich den Schrei der Schwester, die in Begleitung der Mutter das Zimmer betritt und sich über die Leiche beugt: «Mama!!!»

Frei von solcher Sentimentalität ist die wesentlich umfangreichere Erzählung, die der Buchpublikation von 1889 auch den Namen gab: *Papa Hamlet*. Die sensationelle Qualität dieses Textes, der einer Revolution innerhalb der naturalistischen Literatur-«Revolution» gleichkam, liegt im Zusammentreffen dreier Faktoren.

An erster Stelle ist die erzähltechnische Innovation zu nennen, die in der weitgehenden Tilgung von Erzählerkommentaren zugunsten des Primats der direkten Rede besteht. Manche Passagen von *Papa Hamlet*, gerade etwa der Anfang, sind als pure Dialoge gestaltet, und es bleibt der Kombinationskraft und -lust des Lesers überlassen, die Zuordnung zu bestimmten Sprechern vorzunehmen sowie den sonstigen sachlichen Kontext zu rekonstruieren. Dahinter steht offenbar das Bemühen der Autoren um maximale Objektivität des Erzählens – noch über die Maßgaben von Spielhagens realistischer Erzähltheorie hinaus. Entsprechend wird die direkte Rede mit phonographischer Genauigkeit wiedergegeben. Man begnügt sich also nicht mit Dialektelementen oder Anklängen von Soziolekt, sondern versucht, den originalen Sprechprozeß mit allen Besonderheiten der Aussprache, situationsbedingten Verzögerungen oder Wiederholungen wiederzugeben. So folgen schon auf der ersten Seite diese Gesprächsbeiträge aufeinander:

> «Ai! Kieke da! Also döss!»
> «Hä?! Was?! Famoser Schlingel! Mein Schlingel! Mein Schlingel, Amalie! Hä! Was?!»

Es bleibt, wie gesagt, der Phantasie des Lesers überlassen, sich hier Genaueres zu denken, etwa die zweite Äußerung dem stolzen Vater Niels Thienwiebel zuzuweisen, der seinen kleinen Sohn in die Höhe hält (?), und die vorherige Ansprache dem Besucher Ole Nissen oder der Mutter Amalie. Für die Schwierigkeiten des vordergründigen Verständnisses wird der Rezipient immerhin durch eine neuartige Illusion entschädigt; er kann sich der Annahme hingeben, daß ihm reale Vorgänge in authentischer Vollständigkeit bzw. Geschwindigkeit mitgeteilt werden. Kein Erzählerkommentar hält hier den Zeitablauf auf – an anderen Stellen tut er es doch, aber dann relativ kurz, und zwar zumeist im Plusquamperfekt: so, als würde nur eine Information nachgereicht, aber keine zeitdeckende Äußerung getätigt. Es ist das Ideal des Sekundenstils, das hinter den erzähltechnischen Merkwürdigkeiten von *Papa Hamlet* steht und in der Aneinanderreihung von Punkten bzw. Auslassungszeichen im siebenten Kapitel (zur Markierung von Pausen) seine optisch auffälligste Gestalt annimmt. Welche Zeiteinheit jeweils einer dieser Punkte darstellt, wird uns freilich nicht gesagt.

Zu diesen formalen Besonderheiten tritt zweitens ein inhaltlicher Aspekt. Im allgemeinen ist das Stoffliche nicht die stärkste Seite der Arbeiten von Holz/ Schlaf; manches spricht dafür, daß Holz gegenüber dem Inhalt damals weitgehend gleichgültig gewesen ist und sich primär für die formale Faktur interessiert hat. So beruhen die meisten der damaligen Gemeinschaftsarbeiten auf Vorlagen von Schlaf, insbesondere auf verschiedenen Episoden eines Studentenromans, an dem er damals arbeitete. Größere Prägnanz besitzt Schlafs Vorlage für *Papa Hamlet*, die ungeachtet der vorgängigen Veröffentlichung des Gemeinschaftswerks noch 1890 in der *Gesellschaft* erschien. Sie trägt den Titel *Ein Dachstubenidyll* und enthält schon wesentliche Elemente der Handlung, aber auch die ironische Perspektive auf ein Schauspielerleben, das sich der sozialen Realität nicht anzupassen vermag. Hier konnte die gemeinsame Arbeit ansetzen; in der Figur des Hamlet-Darstellers, der sich mit hohltönenden Reden noch über die volle Windel seines Sohns hinwegzutrösten sucht und in seiner Fixierung auf die eigene Person und ihre Bequemlichkeit sogar zum Kindesmörder wird, haben Holz und Schlaf ein eindringliches Symbol für die Überlebtheit eines obsoleten Kunstbegriffs und einer narzißtischen Form von Künstlerexistenz geliefert.

Der dritte Aspekt, der hier hervorzuheben ist, hängt damit eng zusammen. Es ist der sprachspielerische oder Montage-Charakter, der dieser Erzählung aufgrund der enormen Fülle in sie eingestreuter *Hamlet*-Zitate zuwächst. Soweit sie (und das trifft natürlich für die große Mehrzahl zu) von Thienwiebel gesprochen oder gedacht werden, dienen sie zur Charakterisierung seiner Rollenfixierung und Wirklichkeitsfremdheit. Die erhabene Sprache Shakespeares bzw. der Schlegel-Tieckschen Übersetzung tritt in Kontrast zur kläglichen Boheme-Existenz des Sprechers und wird dadurch einem parodistischen Effekt ausgesetzt. Das hindert aber nicht die Evokation symbolträchtiger Anspielungen, wie sie sich generell für den Zitatgebrauch in naturalistischen Texten nachweisen läßt – eine semantische Funktion, die vor allem da in den Vordergrund tritt, wo das *Hamlet*-Zitat gar nicht mehr oder nicht eindeutig als Äußerung Thienwiebels gelesen werden kann bzw. muß (so z. B. am Ende, nach seinem Tod).

Da Holz sich in seiner vielbeachteten Kunsttheorie (*Die Kunst. Ihr Wesen und ihre Gesetze*, 1890) ausdrücklich auf die Arbeit an *Papa Hamlet* bezog, konnte es nicht ausbleiben, daß man auch in der Genese dieses Textes Elemente jenes quasi wissenschaftlichen Annäherungsprozesses an die Natur erblickte, den Holz für die Kunst bzw. Literatur rekla-

miert. Als berühmtes Beispiel dafür gilt die von ihm selbst erzählte Ver-
dunkelung des Arbeitszimmers zwecks Erprobung der im siebenten
Kapitel beschriebenen Nachtlichteffekte (mit eigens gekauften Talglich-
ten). Man wird aber fragen dürfen, worin sich ein solches ‹Experiment›
eigentlich von anderen Formen des Erwerbs von Sachkenntnis unterscheidet, deren sich selbstverständlich schon Schriftsteller früherer
Generationen bedient haben – nur daß diesen wohl die Lichteffekte
weniger wichtig waren. Nicht zu Unrecht hat Holz die Anwendbarkeit
von Zolas Experiment-Begriffs auf die Literatur überhaupt in Frage
gestellt: Ein Experiment im Kopf des Schriftstellers sei keines.

Mit größerem Recht läßt sich vielleicht bei jener Mystifikation von
einem Experiment sprechen, deren sich Holz und Schlaf bei der Publikation des *Papa Hamlet* bedienten. Sie verbargen sich hinter einem gemeinsamen Pseudonym, dem frei erfundenen norwegischen Schriftsteller
Bjarne P. Holmsen, für den sie vom ebenso frei erfundenen Übersetzer
Dr. Bruno Franzius sogar eine Biographie beibrachten, die so ziemlich
alle Stereotype versammelt, die man aus Lebensbildern von Schriftstellern kennt. Würde die Ibsen- und Björnson-Mode – so etwa die Frage-
stellung hinter *diesem* Experiment – auch *Papa Hamlet* zum Erfolg tragen, würde die literarische Öffentlichkeit sich überhaupt in dieser Weise
nasführen lassen? Das Geheimnis ist wohl nicht gut genug gehütet worden, um sichere Schlüsse zuzulassen. Immerhin war die Sensation da;
Holz und Schlaf machten sich einen Spaß daraus, in der Vorrede zur
zweiten Auflage eine Blütenlese kritischer Stimmen zusammenzustellen,
wobei sie mit Vorliebe konträre Stellungnahmen einander konfrontier-
ten. Bemerkenswert übrigens die Ablehnung aus Teilen des naturalistischen Lagers, so etwa von Alberti, der «unreife Knaben» wie Herrn
Holmsen von den «Rockschössen» abschütteln will: «Der Realismus ist
eine ernste, heilige Sache, aber keine Löwenhaut, hinter der sich Esel
verstecken dürfen.» Der Rezensent scheint Insiderinformationen über
die Verfasser gehabt zu haben; von einem Verständnis ihrer Leistung und
Intentionen ist er gleichwohl weit entfernt.

Übrigens ist unter dem Pseudonym Holmsen auch ein Text veröffentlicht worden, der gar kein echtes Produkt der Teamarbeit Holz/Schlaf
darstellt. Nach der Zurückweisung der *Kleinen Emmi* waren die Autoren
anscheinend in Manuskriptnot, da auch die anderen Emmi-Skizzen,
die später in den *Neuen Gleisen* erschienen, sittlichen Anstoß erregen
konnten oder noch nicht fertig waren; Holz sprang daher mit einer Episode seines autobiographischen Romans ein (*Der erste Schultag*), die
wohl gemäß den gleichen formalen Kriterien überarbeitet wurde, aber
aufgrund ihrer subjektiven Struktur an die Geschlossenheit der anderen
Texte nicht heranreicht. Nach Abschluß des Druckmanuskripts ist dagegen noch mindestens eine gemeinsame «Studie» entstanden, die als

solche 1890 in der *Freien Bühne* veröffentlicht wurde und schon einen weiter fortgeschrittenen Arbeitsstand anzeigt.

Denn die *Papierne Passion* stellt im Grunde ein Übergangsstadium in Richtung Drama dar – nicht so sehr deshalb, weil hier bereits die humorige Figur des alten Kopelke auftaucht, die in der *Familie Selicke* wiederbegegnet, und manches andere vor dem Hintergrund des späteren (aber früher veröffentlichten) Stücks bekannt vorkommt (das Berliner Kleine-Leute-Milieu mit dem Untermieter, die aufdringliche christliche Symbolik). Der Eindruck der Nähe zum Drama stellt sich vielmehr schon deshalb ein, weil die Erzählerkommentare hier auch typographisch degradiert sind: zu Regieanweisungen kleineren Schriftgrads, die nur noch als Überleitung von einer wörtlichen Rede zur anderen dienen. Unterbrechungslos wird eine einheitliche ‹Szene› in der Wohnküche von Frau Abendroth (Name von Johannes Schlafs eigener Vermieterin!) nachgestellt. Das behagliche Vordergrundgeschehen (Zubereitung von Kartoffelpuffern an einem kalten Winterabend) erhält soziale Tiefenschärfe durch den Bezug auf das Elend der Fabrikarbeiter, von dem ein brutaler Teilausschnitt – die Mißhandlung einer Frau durch einen Gewalttäter – in Form einer Teichoskopie eingeschaltet wird. Man hört Hilfeschreie, öffnet das Fenster, und in diesem Moment wird das turbulente Geschehen auf dem Hof wahrnehmbar. Die Autoren rechnen also noch nicht mit der starren Perspektive des Bühnenzuschauers, sondern mit einem beweglichen Standpunkt, der gewissermaßen den Blicken der Personen folgt. Das geschieht schon früher, als sich das Mädchen Wally an das Holzkreuz (!) des Fensters lehnt und die Fabrik jenseits des Hinterhofs für uns sichtbar und hörbar wird:

> «Ihre vielen Fenster blicken gelbroth durch das Gestöber. Schwarz schieben sich fortwährend die grossen Stahlschienen, Riemen und Räder in den hellen Vierecken hin und her. Es schnaubt und stöhnt in kurzen, regelmäßigen Stössen. Dazwischen, in gewissen Zwischenräumen, ein scharfes, doppelstimmiges Quietschen ...»

Im Maschinenlärm klingt das Leid der Menschheit an, wie noch deutlicher im «Leiden Christi», das Olle Kopelke aus Papier ausschneidet. Das Kreuz benutzt er nachher als Fidibus, um seine Zigarre wieder anzuzünden, und der Humor obsiegt: «Wenn eener so nimmt: schliesslich is det doch 'ne putzige Welt!»

Eine glatte Absage an den Primat der sozialen Frage und die Praxis der literarischen «Experimentatoren, Positivisten, Objektivisten und Dokumentensammler» stellt schon die Skizzensammlung *In Dingsda* dar, die Schlaf 1892, also noch im Erscheinungsjahr der *Neuen Gleise,* veröffentlicht. Ihre Beliebtheit wird zahlreiche Neuauflagen, Fortsetzungen und Abwandlungen nach sich ziehen. Die Grundsituation ist denkbar simpel: Ein Schriftsteller auf Urlaub aus der großen Stadt, in einem ländlichen Idyll mitteldeutscher Prägung (als Vorbild diente wohl Schlafs Heimatort Querfurt), gibt sich den Eindrücken hin, die Tag und Stunde des schlichten Lebens um ihn herum ihm bringen. Wenn er dabei einschläft, wie in der Skizze *Siesta*, ist der Text eben schon nach anderthalb

Seiten zu Ende. Der Erzähler ist das Medium dessen, was er empfindet;
nicht in vorgegebenen literarischen Ideen oder Konzepten, sondern im
natürlichen Rhythmus des Daseins liegt die Wahrheit des Textes.
Man hat mit Bezug auf die Ästhetik von *In Dingsda* von einem
«impressionistischen Naturalismus» oder einem «naturalistischen Impressionismus» gesprochen, und tatsächlich trifft der vielfach über-
dehnte, ja mißbrauchte Begriff des Impressionismus (den Schlaf selbst
nicht verwendet) auf diese Texte in einem besonderen Maße zu, da sie
nichts anderes sein wollen als Wiedergaben spontaner Eindrücke und
Stimmungen. Eine eigenständige Handlung wird jedenfalls in den
ursprünglichen *Dingsda*-Skizzen nicht geboten; die Nähe zum Prosagedicht und zu den frühen *Phantasus*-Dichtungen von Holz ist nicht zu
übersehen. Überhaupt gilt es hier, wie auch bei der *Phantasus*-Lyrik, festzuhalten, daß sich bestimmte Tendenzen des literarischen Impressionismus direkt aus den Vorgaben des Naturalismus entwickelt haben –
jedenfalls jener formal orientierten Variante des Naturalismus, die in den
Gemeinschaftswerken von Holz und Schlaf vorliegt und für die sich
die Bezeichnung «konsequenter Naturalismus» eingebürgert hat. Die
‹experimentell› erprobte Wiedergabe der Nachtlichteffekte in *Papa Hamlet* etwa ist ein Beispiel dafür.
      Licht und Beleuchtung spielen auch in den *Dingsda*-Skizzen eine
wichtige Rolle: der Sonnenschein auf dem Goldrand einer Teetasse etwa,
das Mondlicht über den Fluren (*Feierabend*) oder das «übernatürlich
helle Zwielicht» im Kapitel *Helle Nacht*. Gerade diese Skizze ist aber
auch geeignet, die mystisch-metaphysischen Tendenzen sichtbar zu
machen, die schon in diesem frühen Buch Schlafs angelegt sind und in
seinen späteren Werken zunehmend dominieren. Der schlaflose Träumer
in «heller Nacht» wird zu einer Art Hellseher, erblickt den Himmel über
der fernen Großstadt und den schmutzigen Vorstädten, findet von da
allerdings wieder zu sich selbst zurück.

Die Verbundenheit des Subjekts mit dem gesamten natürlichen Kosmos liegt
schließlich als Grundidee auch Schlafs Prosadichtung *Frühling* zugrunde, die
Ende 1893 in Bierbaums *Modernem Musen-Almanach auf das Jahr 1894* erschien
und bei eingeweihten Zeitgenossen schon vorher heftige körperliche Reaktionen
auslöste:

> «Ich habe wol noch anderthalb Stunden im Bette wach gelegen und
> Schauer über Schauer durch Brust und Rückenmark gefühlt, bis ich
> schließlich hallucinatorische Farbenphänomene an der Zimmerdecke sah,
> daß sich mir vor Seligkeit und Grauen die Haare sträubten. Dann schlief
> ich vor Erschöpfung ein.»

So Richard Dehmel in einem Brief an Bierbaum vom Juli 1893, der dem
Abdruck des *Frühling* im *Musen-Almanach* vorangestellt wurde, über die Wirkung der ersten Lektüre. Es ist der Schock eines Bekehrungserlebnisses, der hier

beschrieben wird: der Bekehrung zum Monismus als lebendiger, sinnlich erfahr-
barer Wirklichkeit. Denn eben das ist die Botschaft der Prosadichtung, wiederum entwickelt aus den Wachträumen eines Dichter-Ichs, das sich den Eindrücken einer sommerlichen Idylle hingibt. Dabei bleibt es jedoch nicht bei der
Subjekt-Objekt-Relation herkömmlichen Beobachtens, vielmehr erlebt das Ich
vielfache Metamorphosen und durch sie vermittelt seine Einheit mit der gesamten natürlichen Welt. Eine der ersten Stationen ist die Existenzform eines Käfers
mit «goldgrünem Röckchen auf einem runden, festen, geschmeidigen Körper-
chen», das sich zwischen Grashalmen tummelt, die ihm als mächtige Stämme
erscheinen. Die menschliche Perspektive wird aufgegeben – doch nur bis zu
einem gewissen Grad, denn die kindersprachlichen Diminutiva setzen doch
wieder den Blick von oben und außen voraus.

Es bedarf kaum des Ausblicks auf den ganz anderen Gebrauch, den Kafka
von ähnlichen Motiven macht (in *Die Verwandlung*, 1914), um die Harmlosigkeit
und mangelnde Originalität von Schlafs dichterischer Vision sichtbar zu
machen. Im Grunde liefert er in *Frühling* nichts anderes als eine Neuauflage von
Werthers panentheistischer Begeisterung über das «Wimmeln der kleinen Welt
zwischen Halmen, die unzähligen, unergründlichen Gestalten, all der Würmgen,
der Mückgen» (Brief vom 10. Mai), allerdings auf neuer weltanschaulicher
Grundlage. Das Modell Spinoza ist durch das Modell Haeckel ersetzt; dessen
darwinistischer Monismus und die Prämisse des biogenetischen Grundgesetzes
von der Wiederholung der Phylogenese in der Ontogenese liefern die Basis für
die Versenkung des Ichs in die Welt, aus der es einen überraschenden Ausweg
gibt: «Zu dir, Madame! Zu dir ...» Der scheinbare Stilbruch hat eine tiefere
Logik, denn durch die Geschlechtsliebe ist der Mensch mit dem Geheimnis der
Schöpfung verknüpft; man versteht, warum gerade Dehmel, der lyrische Prophet
einer kosmischen Zweisamkeit, auf Schlafs *Frühling* so emphatisch reagierte.

11. Isolde Kurz und Ricarda Huch

In deutlicher Distanz zum Naturalismus, aber auch zur organisierten
Frauenbewegung verharrten zwei Schriftstellerinnen, deren Werk vor
allem durch den bewußten Rückgriff auf die Tradition, auf Bildungswis-
sen und literarische Muster des 19. Jahrhunderts geprägt ist. Nicht zufällig sind Isolde Kurz und Ricarda Huch begeisterte Verehrerinnen Böcklins. Letztere benennt ihren zweiten autobiographischen Roman nach
einem Böcklin-Gemälde (*Vita somnium breve*, 1902) und verfaßt zum
Tode des Malers einen dramatischen Nekrolog; erstere preist in einem
Artikel zu Böcklins 70. Geburtstag die Macht seiner Phantasie als Überwindung der trivialen Realität: «Wer kennt sie nicht, seine Centauren,
seine Faune und Tritonen, seine Quellnymphen, Meerweiber, Sirenen
und Drachen, ebenso tiefsinnig wie lebensfrisch, in denen reinster
Schönheitssinn und ausgelassener Humor sich paaren?» In ähnlicher
Distanz zur alltäglichen Realität – und ähnlicher Nähe zu ‹klassischen›
Vorbildern – entfaltet sich die Novellistik von Kurz und Huch.

Das Elternhaus von Isolde Kurz war durch den Geist der Revolution von 1848 geprägt; ihr Vater war der realistische Erzähler und Mitherausgeber des *Deutschen Novellen-Schatzes* Hermann Kurz. Wenige Jahre nach seinem Tod übersiedelte sie 1877 nach Florenz, wo sie sich bis 1905 aufhielt und engen Kontakt zum Künstlerkreis um den Bildhauer Adolf Hildebrand pflegte. Ihre beiden ersten Novellensammlungen sind offensichtlich durch diese Erlebniswelt geprägt.

Die *Florentiner Novellen* (1890) gingen aus dem – am Tode des Illustrators gescheiterten – Projekt eines historischen Florenzführers hervor. In der Aufmerksamkeit für Gebäude und Persönlichkeiten der Medici-Ära lassen sich auch Reste eines solchen Interesses erkennen; im übrigen verblüfft die thematische und technische Affinität zu den Renaissance-Novellen Conrad Ferdinand Meyers, die Isolde Kurz nach eigener Aussage jedoch erst später gelesen hat. Freilich griff sie auf dieselben Quellen zurück, vor allem Jacob Burckhardts Kulturgeschichte der Renaissance, und übernahm daraus die auch für Meyer bestimmende Ansicht jener Zeit als Entfaltungsraum großer Leidenschaften und einer Kunstreligion, der im Bilderstürmer Savonarola doch damals schon ihr mächtigster Kritiker erwuchs.

Die Spannung zwischen Schönheitskult und Ikonoklasmus bestimmt auch die Thematik der längsten und bedeutendsten Novelle des Bandes: *Der heilige Sebastian.* Sie wird von einem Mönch erzählt, der sich seines weltlichen Lebens erinnert. Der Sohn einer Negersklavin wuchs als Halbbruder des späteren Kardinals Francesco Orsini auf; seine eigene Häßlichkeit bestärkt ihn in der Liebe zur Schönheit des Bruders, ja der Kunst überhaupt. Seinen größten künstlerischen Triumph erringt Gaetano mit der Ausmalung einer Kapelle des Heiligen Sebastian in Florenz; indem er dem Märtyrer die Züge Francescos und der frommen Irene diejenigen einer schönen Unbekannten leiht, beschwört er die tragischen Verwicklungen herauf, die letztlich zu Francescos gewaltsamem Tod und dem Selbstmord Pias führen. Eine Zeitlang muß der Maler sogar glauben, durch ein unvorsichtiges Billet d'amour selbst die Tötung des Bruders verschuldet zu haben, der das von ihm hingebungsvoll verehrte Mädchen leichtfertig verführt hat. Daher bekennt er sich des Brudermords schuldig, den er gar nicht begangen hat, und führt – unter dem Eindruck einer Predigt Savonarolas – nach seiner Freilassung wenigstens eine symbolische Selbsthinrichtung aus: durch Übermalung seiner Fresken und Aufgabe des Malerberufs.

Auch *Anno Pestis* konfrontiert die Schönheitswelt der Renaissance mit einer Gegenmacht und zitiert den Vers Lorenzo de Medicis: «Di doman non c'è certezza» (Für morgen gibt es keine Sicherheit). Während der Pest des Jahres 1527 nutzt die unglückliche Bianca ihre Infektion zur tödlichen Rache an Filippo, der sie vor vielen Jahren schändlich verlassen hat; am Morgen nach der Liebesnacht weist sie ihm triumphierend die Pestbläschen auf ihrer Brust. Eine frühere Pest in Florenz hatte ja die Rahmenhandlung von Boccaccios *Decamerone* bestimmt und damit der abendländischen Novellenkunst zu ihrem ersten Höhepunkt verholfen; aus der Erinnerung daran bezieht diese letzte der *Florentiner Novellen* und rückwirkend der ganze Zyklus seinen künstlerischen Anspruch.

Die *Italienischen Erzählungen* (1900) verbleiben ungefähr im selben Ambiente, wechseln aber von der Renaissance in die Gegenwart. Das grundsätzliche Interesse der Verfasserin am Außerordentlichen und Poetischen wird davon nicht berührt. So ist der tragischen Lebensgeschichte der naiv-eigenwilligen Arbeiterin Carlotta (*Unsere Carlotta*) im Erzählrahmen die programmatische Erklärung vorangestellt, daß in Italien – im Gegensatz zu den «lebenskräftigeren neuen Völkern» – die «ewigen Urbilder» immer wieder nachwüchsen und die Natur selbst das Klassische hervortreten lasse; Carlotta wird denn auch als «schönes Bronzeweib» und «menschgewordener Urtrieb» beschrieben. Auch die anschließende Erzählung *Das Mittagsgespenst* geht von einem Diskurs über die Reize Italiens aus, nimmt also die Touristenperspektive zur Basis, um anhand eines hochsommerlichen Reiseerlebnisses den Beweis zu erbringen, daß man auch in Italien Gespenster erleben kann; ein Angsttraum entführt den Besucher San Gimignanos in das finstere Mittelalter der Geschlechterturm-Bauzeit.

Ricarda Huch entstammte einer Braunschweiger Kaufmannsfamilie, erfuhr ihre literarische Prägung jedoch wesentlich durch das Kulturleben Zürichs, wo sie sich von 1887 bis 1896 aufhielt und 1891 mit einer Arbeit über die Schweizer Geschichte promovierte. Entscheidende Förderung erhielt sie durch Josef Viktor Widmann, den Feuilletonredakteur des Berner *Bund*, der später auch Robert Walser ‹entdeckte›. Ihre frühen Novellen wirken weithin wie eine Neuauflage Kellerschen Erzählens. Das gilt für den humorvollen Tonfall ebenso wie für die Wiederkehr zentraler Motive. Das Schweizer Gemeinwesen Schlaraffis (in *Der Mondreigen von Schlaraffis*, 1896) ist offenkundig ein wiedererstandenes Seldwyla, und der Gegensatz zwischen einem nächtlichen sinnlich-heidnischen Treiben – in derselben Erzählung, aber auch in *Teufeleien* (1897) und *Die Maiwiese* (1899) – und den Vertretern der kirchlich-staatlichen Ordnung und Moral (Pfarrer, Bürgermeister, «Makkabäer») variiert ein Grundthema Kellers; dessen materialistisch untermauerter Sensualismus feiert im Zeichen des Lebenskults fröhliche Urständ.

Der Gegensatz von sinnlicher Liebe und christlicher Askese bestimmt auch die Entwicklung der Hauptfiguren in den Novellen *Haduwig im Kreuzgang* und *Fra Celeste*, der Titelerzählung der zweiten Sammlung von Ricarda Huchs Novellen (1899). Haduwig, für die eine Freundin der Autorin Modell stand (nämlich die Germanistin Hedwig Bleuler-Waser), findet von einem pubertären Ausflug in katholischen Mystizismus zur Freundschaft und Verlobung mit ihrem Vetter zurück. Der wortgewaltige Bußprediger Fra Celeste oder Dolfin andererseits, einst aus enttäuschter Liebe zum Mönch geworden, wird durch die Wiederbegegnung mit seiner Jugendgeliebten Aglaia aus der Bahn geworfen und neidet schließlich sogar der Vergänglichkeit ihre Macht über die Schönheit der Freundin; er ermordet Aglaia (wie man vermuten muß), bevor sie ihrer Krankheit erliegt, und stürzt sich ins Meer. Der Schlußabsatz spricht pathetisch von der «Brandung des Lebens».

Mit der allegorischen Figur des «Lebensmeeres» beginnt Ricarda Huchs erster und wohl bedeutendster Roman: *Erinnerungen von Ludolf Ursleu dem Jüngeren* (1893). Der Erzähler hat sich aus dem Meer des Lebens ans sichere Ufer gerettet – in das Kloster von Einsiedeln –, nachdem er den vernichtenden Blitz der Leidenschaft aus nächster Nähe erlebt hat: im Untergang nämlich seiner Schwester Galeide und ihres – sie liebenden und von ihr geliebten – Schwagers Ezard. Mit einer Direktheit, die immer wieder Aufsehen erregt hat, thematisiert Ricarda Huch in dieser tragischen Liebesgeschichte ihre eigene Beziehung zum Cousin und Schwager Richard Huch, ja sie ahnt gewissermaßen deren traurigen Ausgang voraus, denn die Ehe, die sie 1907 nach mehr als zwei Jahrzehnten des Wartens mit Richard eingehen wird, sollte alles andere als glücklich werden.

Je unmittelbarer der Bezug zum eigenen Leben und Gefühlshaushalt, desto gewichtiger die Mittel der ästhetischen Distanzierung. Sie beginnt mit der Außenperspektive des Bruders Ursleu, der Rückschau auf eine abgeschlossene Vergangenheit, und führt über die bisweilen altväterisch-manierierte Sprache zum Komplex der hansestädtischen Patrizierfamilie, der partiell schon Tendenzen von Thomas Manns *Buddenbrooks* vorwegnimmt. Denn auch hier geht der Verfall des öffentlichen Ansehens einer alteingesessenen Familie – gipfelnd in den politischen Vorwürfen gegen Onkel Harre nach der Cholera-Epidemie – mit Tendenzen einer inneren Auflösung einher, wie sie sich in der zerstörerischen Liebesbeziehung von Schwager und Schwägerin manifestiert. Dabei hat offenbar eine Verlagerung der Braunschweiger Familiengeschichte nach Hamburg stattgefunden, jedoch fällt der Name der Stadt nicht und wird darüber hinaus mit Anspielungen auf die *Odyssee* (Ezard erscheint wie ein Odysseus im Land der Phäaken) ein mythologischer Bezugsrahmen aufgebaut. Dieser wiederum ist nicht ohne Entsprechung im Leben; auf einem Züricher Kostümfest von 1896 erschien Ricarda Huch als Kirke.

12. Heinrich und Thomas Mann

Durch einen Altersunterschied von vier Jahren voneinander getrennt, sind die Brüder Mann in ihren literarischen Anfängen relativ eng miteinander verbunden. Sie teilen miteinander nicht nur das Lübecker Elternhaus und die Erfahrung des Zwiespalts von Bürgerlichkeit und Künstlertum, sondern auch die Berührung mit Münchner Bohemekreisen und die einsame Freiheit des kleinen Erben eines geschrumpften Vermögens. Immerhin reichte die Hinterlassenschaft der väterlichen Firma noch für mehrere längere Italienaufenthalte, bei denen Heinrich und Thomas Mann oftmals dasselbe Quartier bewohnten. Kein Wunder, daß viele ihrer damaligen Erzählungen nicht nur den italienischen Schauplatz, sondern auch zentrale Motive gemeinsam haben – in einem Fall sogar den Titel. Als hätten sie eine Wette abgeschlossen, verfaßten beide Brüder im Dezember 1896 in Rom eine eigene Geschichte mit dem Titel *Enttäuschung*. Das im selben Jahr für Schwester Carla entstandene *Bilderbuch für artige Kinder* ist ein weiteres Zeugnis ihrer Gemeinsamkeit, zumal des beiderseitigen Talents für Groteske und Karikatur. Substantielle Affinitäten ergeben sich im übrigen durch die beiden Erzählern gemeinsame Anlehnung an Bourget und Nietzsche.

Natürlich bestehen manche Unterschiede; das beginnt mit dem äußeren Rahmen. Heinrich Mann fängt früher an, schreibt mehr und stärker Divergierendes, sowohl dem Stil als auch dem Rang nach, auch mit geringerem Erfolg. Für ein Drittel seiner Erzählungen aus den neunziger Jahren findet er keinen Verleger; sie wurden erst 1978 aus dem Nachlaß gedruckt. Immerhin kann er im Jahr 1900 auf zwei Novellenbände, zwei Romane (*In einer Familie, Im Schlaraffenland*) und die Herausgeberschaft einer Zeitschrift (*Das Zwanzigste Jahrhundert*) zurückblicken, während der jüngere Bruder bis dahin erst ein knappes Dutzend Erzähltexte veröffentlicht hat – drei davon verlegt S. Fischer 1898 in einem schmalen Band – und seit 1897 an seinem ersten Roman (*Buddenbrooks*) schreibt, der 1901 erscheinen und ihm dann allerdings auch den großen Durchbruch bringen wird.

Am Anfang von Thomas Manns Veröffentlichungsliste steht die kurze Prosaskizze *Vision* (1893). Die starke Gewichtung des Erinnerungsvorgangs, die sie mit anderen frühen Texten der Brüder Mann teilt – zu denken ist u. a. an Heinrichs Erzählungen *Vor einer Photographie* und *Eine Erinnerung* – läßt sich als Anschluß an Traditionen der Stormschen Novellistik deuten; offensichtlich wirkt gerade der lyrisch-romantisch geprägte Novellentyp des jungen Theodor Storm nach. Andererseits trug *Vision* am ursprünglichen Erscheinungsort (in der Lübecker Schülerzeitschrift *Der Frühlingssturm*) nicht umsonst eine Widmung an Hermann Bahr; die minutiöse Beschreibung der Assoziationskette entspricht offenkundig dessen Anforderungen an eine moderne psychologische oder «Nervenkunst». Eine Ballszene steigt in der Erinnerung auf, oder eigentlich nur ein hochsymbolisches Detail: das Sektglas in einer Frauenhand, deren fliegender Puls dem Blick des Erzählers heute wie einst die Erwiderung seiner Liebe bestätigt.

Die nächste Erzählung Thomas Manns: *Gefallen*, 1894 in der *Gesellschaft* veröffentlicht, wirkt dagegen eher konventionell. Das Motiv des Mädchens, das sich erst dem Geliebten und danach für Geld einem anderen hingibt, findet sich schon in Heinrich Manns Erstling *Haltlos*. Die Verknüpfung mit dem Thema der Frauenemanzipation in der Rahmenhandlung ist übrigens wohl einer Erzählung Hans Schliepmanns in der *Freien Bühne* von 1893 geschuldet, die denselben Titel *Gefallen* trug. Konservative Ressentiments gegen die Emanzipation der Frau mag man übrigens auch im *Simplicissimus*-Beitrag *Gerächt* (1899) finden, obwohl die Hauptlast der Ironisierung natürlich der männliche Erzähler trägt.

Der Wille zum Glück, 1896 in derselben Zeitschrift veröffentlicht, wirkt wie ein optimistisches Pendant zur Tragik der im gleichen Jahr entstandenen (1898 gedruckten) ersten Meistererzählung *Der kleine Herr Friedemann*. Beide Texte sind ohne Nietzsches Einfluß und bestimmte (damals wohl noch indirekt rezipierte) Vorstellungen Schopenhauers nicht zu verstehen. Schon der Titel *Der Wille zum Glück* ist eine Nietzsche-Anspielung, variiert den Begriff des «Willens zur Macht». Ähnlich durchschlagend wie dieser erweist sich die Liebessehnsucht des todkranken Paolo Hoffmann, der so lange am Leben bleibt, wie ihm die Heirat mit dem geliebten Mädchen verweigert wird – allerdings auch keinen Tag länger.

Umgekehrt ist der Tod des buckligen Johannes Friedemann besiegelt, sobald er dem Über-Weib Gerda von Rinnlingen – einer wahren Allegorie der Lebenskraft – begegnet. Die mühsam errungene Resignation, mit der sich Friedemann (sprechender Name!) unter Verzicht auf sinnliche Freuden in einer musisch verklärten Bürgerexistenz eingerichtet hat, zerbricht unter dem Ansturm der erotischen Ausstrahlung, die von der Frau des neuen Stadtobersten ausgeht. Als Entfaltungsraum des Dionysischen dient wie später noch oft bei Thomas Mann Wagner-Musik, hier beim gemeinsamen Besuch des *Lohengrin*. Auch die an Wagner angelehnte Leitmotivtechnik Thomas Manns ist erstmals in dieser Erzählung zu beobachten, die zugleich in mehreren inhaltlichen Details auf *Buddenbrooks* vorausweist und sich mit anderen frühen Erzählungen (*Der Bajazzo, Tobias Mindernickel, Luischen*) zu einer Lübecker Gruppe zusammenfassen läßt. Der Rückgriff auf hansestädtisches Milieu erfolgt in den heimatlich eingefärbten Texten freilich nicht im Sinne eines erhöhten Realismus-Anspruchs, vielmehr sind gerade diese Erzählungen durch eine besonders aggressive groteske Stilisierung gekennzeichnet. Das gilt auch für die gnadenlose Schilderung des verzweifelten Liebesgeständnisses des «kleinen Herrn Friedemann» und seines Selbstmords – durch Ertränken im Gartenteich – nach der brüsken Zurückweisung seitens der übermächtigen Frau, die ebensowenig moralische Bedenken oder Mitleid kennt wie die Natur.

Darin erweist sie sich als würdige Vorläuferin der Frau des Rechtsanwalts Jacoby in *Luischen* (1900); Jacobys Herztod ist wie Friedemanns Ende ein Tod aus Selbstekel, veranlaßt durch plötzliches Gewahrwerden des ganzen Ausmaßes seiner von der eigenen Gattin und ihrem Liebhaber betriebenen Erniedrigung. Selbstekel oder Selbstzweifel ist auch das zentrale Motiv des Ich-Erzählers im zweiten Hauptwerk unter Thomas Manns frühen Erzählungen: *Der Bajazzo* (1897). Mit zahlreichen Anspielungen auf den eigenen Lebensweg entwirft Thomas Mann hier das Porträt eines modernen Werther: eines Dilettanten im Sinne Bourgets, der sich in ästhetischer Distanz zur bürgerlichen Welt bewegt, diese Distanz aber im Sinne eines eigenen Überlegenheitsbewußtseins auf Dauer nicht aufrechterhalten kann, weil ihm die Bewährung in eigener künstlerischer Produktivität fehlt – er ist eben nur ein Possenreißer, ein «Bajazzo» (wie etwa Christian Buddenbrook). Es genügt daher ein Zusammentreffen mit einem Nebenbuhler, der ihm die ungebrochene Verwurzelung in den materiellen Äußerlichkeiten des bürgerlichen Lebens (und die zugehörige Beschränktheit) voraus hat, um den Ich-Erzähler am Gefühl der eigenen Inferiorität zugrunde gehen zu lassen.

Die Welt der frühen Erzählungen Thomas Manns ist – wie man sieht – alles andere als heiter. Wenn sich die Geschichten trotzdem einer anhaltenden Beliebtheit erfreuen, so vor allem aufgrund der ironischen Distanz zum eigenen Gegenstand, die Thomas Mann als Erzähler auch dort herstellt, wo er keine auktoriale Erzählerinstanz bemüht, sondern die Betroffenen – Geschädigten, Gescheiterten, Bekümmerten – selbst sprechen läßt. In einer höchst eigenartigen Novelle, die eine Sonderstellung in seinem Werk einnimmt, hat er das Verhältnis der Kunst des Erzählens zur Welt des Leidens selbst thematisiert: in der Meta-Erzählung *Der Kleiderschrank. Eine Geschichte voller Rätsel* (1899).

Ein Mann namens van der Qualen (!), der nur noch wenige Monate zu leben hat, kommt darin nachts in eine fremde Stadt, von deren Namen er keine Notiz nimmt. Jenseits von Zeit und Raum, in einem Zwischenreich zwischen Leben und Tod (die Droschke fährt über einen Fluß mit Charonskahn) wird ihm eine sonderbare Tröstung zuteil. Im Kleiderschrank des angemieteten Zimmers erscheint ihm nämlich ein nacktes Mädchen, das traurig-schöne Geschichten erzählt, aber stets für mehrere Tage verschwindet und verstummt, wenn er es mit Zärtlichkeiten bedrängt. Es ist die Muse eines Autors, der Künstlertum nur in der Distanz zum ‹Leben› für möglich ansieht und dessen Erzählungen mit denen des Mädchens das traurige Ende gemeinsam haben, das so ist, «wie wenn zwei sich unauflöslich umschlungen halten und, während ihre Lippen aufeinanderliegen, das eine dem anderen ein breites Messer oberhalb des Gürtels in den Körper stößt, und zwar aus guten Gründen».

Heinrich Manns erste – zu Lebzeiten ungedruckte – Erzählung *Haltlos*, entstanden 1890 während seiner Dresdner Buchhandelslehre, beschreibt eine Liebesbeziehung zwischen Angestellten. Auch die eingelegten Gedichte Ada Christens – eines davon leiht der Erzählung den Namen – geben einen sozialkritischen Grundton vor. Wichtiger aber als die Milieudarstellung ist dem Autor die Analyse einer seelischen Befindlichkeit, die sich mangels eines zielbewußten Strebens «vom Leben

[...] durch das Leben treiben» läßt. Die Erzählperspektive folgt weitgehend dem Bewußtsein des jungen Buchhändlers, dem diese Einstellung zu eigen ist – unter Zuhilfenahme kolloquialer Kommentare («'ne nette Stimmung!») und häufiger Verwendung von erlebter Rede. Mit seinen Augen lesen wir am Schluß den Abschiedsbrief der – stärkeren, zielbewußteren – Geliebten: «Sie wollte ihn ja, schien's, förmlich – reformieren! Was bildete sie sich ein!»

Ungedruckt blieb auch die Erinnerungsnovelle *Vor einer Photographie* (1892). Auch hier erscheint die Schwäche und innere Unentschlossenheit eines Mannes (des Ich-Erzählers) für das baldige Ende seiner Liebesbeziehung und letztlich darüber hinaus für das weitere tragische Schicksal der Frau verantwortlich. «Eine Frau muß fallen, wenn der Mann schwach ist» – im Nachdenken über dieses Diktum und seine Konsequenzen verlieren sich die Reflexionen des Erzählers ins Rätselhafte. – Der hohe Anteil von Analyse und Kommentar verstärkt sich womöglich noch in Heinrich Manns Roman *In einer Familie* (1894) – formal und inhaltlich eine strikte Umsetzung der von Paul Bourget in *Le Disciple* (1889), *La Terre promise* (1892) und *Cosmopolis* (1893) aufgestellten Prinzipien.

Auch dieser «roman d'analyse» konzentriert sich auf «la vie intérieure et morale»; Gesellschaft und Handlung sind auf ein Minimum reduziert. Es geht um die Beziehungen des typischen Dilettanten Wellkamp, der ein Leben ohne Ziel und Plan geführt hat, zu seiner Braut bzw. frischgetrauten Frau Anna und zu ihrer jungen Stiefmutter Dora von Grubeck, mit der er bald nach seiner Heirat ein Verhältnis eingeht. Der quasi inzestuöse Ehebruch «in einer Familie» wird durch den Tod Doras gesühnt, deren Herz versagt, als sie die Pistole auf Wellkamp richtet. Indem der innerlich zerrissenen Frau, Tochter eines Amerikaners deutsch-jüdischer Herkunft und einer südamerikanischen Kreolin, die Hauptschuld an der leidenschaftlichen Verwirrung gegeben oder vielmehr – auch darin folgt Heinrich Mann Bourget – ihre prekäre Rassenmischung dafür verantwortlich gemacht wird, erscheint der Décadent Wellkamp entlastet. Er hat anscheinend gute Aussicht, durch Integration in die Familie zu gesunden und die Krise seines Dilettantismus zu überwinden.

Eine Integration in die Familie und die bürgerliche Gesellschaft steht auch am Ende der bedeutendsten frühen Erzählung Heinrich Manns: *Das Wunderbare* (entstanden 1894). Die Rahmenerzählung berichtet vom Besuch eines Malers bei einem Jugendfreund namens Rohde, der seinen ursprünglichen Wunsch auf eine Künstlerlaufbahn aufgegeben hat, aber trotzdem nicht dem Philistertum verfallen ist. «Man muß das Wunderbare nicht zum Alltäglichen machen», lautet die Maxime seines Lebens. Hinter ihr steht ein mysteriöses Erlebnis, das in der Binnenerzählung mitgeteilt wird.

Bei einem Kuraufenthalt in Italien verliert der junge Rohde den Weg (typisches Märchenmotiv), um sich alsbald in einer zauberhaften Seelandschaft wiederzufinden, die von der weißen Blüte der Winde beherrscht wird. Als «Seele» dieses Blütentraums erblickt er alsbald eine junge Frau, der er in ihr weißes Haus am See folgt, das für eine unbestimmte Zeit zu seiner neuen Heimat wird. Es ist eine Zeit traumhafter Schönheit und seelischer Harmonie; denn die Beziehung zu «Lydia» bleibt durchaus geistig. Zumal sich die Anzeichen mehren, daß sie krank ist und bald sterben muß. Bisweilen erscheint sie dem Besucher schon als Geist; in ihrem nächtlichen Gebet sieht er sie über dem Boden schweben, oder sie gleitet mit geschlossenen Füßen über die Zweige der Winde, ohne sie zu berühren.

In dieser Welt des Wunderbaren ist es auch möglich, die Melodie zu hören, die Lydia mit halboffenem Munde, aber stumm in den Noten verfolgt: «Da meinte ich plötzlich in den Notenlinien ein Gewirr schlanker Zweige zu erkennen, und ihre Finger, die darüber hinglitten, hefteten blasse Blüten daran. Die feinen Ranken des Schlinggewächses legten sich um mich her» – die Bestrickung Rohdes durch die Zauberwelt ist ebenso total wie die Bedrängnis des Lesers durch die Jugendstilsymbolik der Frau als Blume und der dekorativen Linie schlanker Gewächse. Die Erstveröffentlichung in der Zeitschrift *Pan* (1896), in der diese Elemente noch stärker als in der überarbeiteten Fassung späterer Ausgaben hervortraten, betonte das Jugendstilhafte der Binnenerzählung zusätzlich durch die vorangestellte Illustration Ludwig von Hofmanns, eines führenden Vertreters der Jugendstilmalerei.

Zahlreiche andere Novellen Heinrich Manns aus der Mitte der neunziger Jahre stellen «sonderbare» oder «rätselhafte» Phänomene ins Zentrum, die sich mit den Mitteln einer rationalen Psychologie nicht auflösen lassen. Eine Dogge tötet eine Frau, weil die Mutter des Tiers das Blut des Mannes geleckt hat, der ein Opfer dieser Frau geworden ist (*Der Hund*, 1896). Ein biederer Polizist tötet mit einem einzigen Streich einen ausgebrochenen Löwen und steht auf der toten Bestie in der Pose des Drachentöters Georg, wie er auf der Mauer des Wachthauses abgebildet ist (*Der Löwe*, 1895). Eine junge Frau dankt dem Lebensretter ihrer Mutter mit Worten, die nur in deren Mund Sinn hätten (*Ist sie's?*, 1895). Oder eine Frau sucht instinktiv den Maler, der sie – ohne sie gesehen zu haben – porträtiert hat (*Das Stelldichein*, 1897).

In der Novelle *Contessina* (1894 entstanden, 1897 gedruckt) führt der Besuch eines Bildhauers zum Freitod einer zarten jungen Gräfin, die von der Mutter wie eine Gefangene gehalten wird. Die Begegnung mit Kunst und Künstler bringt ihr die Fülle von Leben und Liebe zu Bewußtsein, die ihrem Dasein entgeht. Die Femme fragile beendet es mit einem hochsymbolischen Sprung in den Brunnen: «Denn nicht in Freiheit und Schall des Meeres hat sie sterben sollen, dessen Stimmen, Stimmen des Lebens, sie gern verstanden hätte, die arme Contessina.» Das Meer dient der Literatur der Jahrhundertwende als zentrales Lebenssymbol; es steht hier für die dionysische Entgrenzung durch eine Kunst des Rauschs und der vitalen Steigerung. Damit gibt Heinrich Mann Strukturen und Motive vor, die bei Thomas Mann bald wiederkehren werden (z. B. im *Kleinen Herrn Friedemann*), setzt aber andere Akzente. Kunst und Leben werden hier eher als Einheit denn als Gegensatz begriffen, und es ist auch ein anderes Leben, das dabei gemeint ist, als das alltäglich-bürgerliche bei Thomas Mann.

Die Sphäre des Bürgertums verfällt bei Heinrich Mann zunehmend einer radikalen satirischen Kritik. Die Wende zur Satire kündigt sich im Novellenschaffen spätestens mit *Doktor Biebers Versuchung* (1898) an, einer längeren Erzählung, die nunmehr eindeutig gegen parapsychologische und okkultistische Spekulationen Stellung nimmt und dabei mit der Darstellung des Sanatoriumsbetriebs – noch dazu mit der Musikeinlage aus Wagners *Tristan und Isolde* – wiederum charakteristische Motive aus Thomas Manns künftigen Werken (*Tristan*, *Zauberberg*) antizipiert. Als erste Bilanz der satirischen Bürgerkritik Heinrich Manns entsteht gegen Ende des Jahrzehnts der umfangreiche Roman *Im Schlaraffenland* (1900).

In Anlehnung an den Gesellschaftsroman Balzacs und vor allem an Maupassants Darstellung vom unaufhaltsamen Aufstieg des George Duroy (*Bel Ami*, 1885; dt. 1892) entwirft Heinrich Mann anhand des ebenso jähen Aufstiegs wie Falls des Kleinbürgers Andreas Zumsee das Panorama einer Berliner Millionärs-Schickeria. Der vorübergehende Erfolg des gescheiterten Lehramtskandidaten beruht nicht zuletzt auf seiner Einsicht in die Scheinhaftigkeit der – durchweg jüdisch definierten – Bourgeois-Kultur; wer sich den Rollencharakter der hier produzierten Karrieren zu eigen macht, kann sich bis zu einem gewissen Grade ins «Schlaraffenland» des hauptstädtischen Protzentums integrieren, ja sogar heimliche Triumphe feiern. So gelingt es Zumsee, die Frau des Finanzmagnaten Türkheimer zu seiner Geliebten zu machen, indem er sie in einer Mönchskutte empfängt und ihr strenggläubigen Katholizismus vorspielt. In letzter Instanz entscheidet jedoch das Geld über die Hierarchie in Türkheimers Imperium; Zumsee, dem dieses fehlt, muß seinen kühnen Vorstoß büßen und wird mit der ausgedienten proletarischen Mätresse des Börsenkönigs zwangsverheiratet.

Zumsees Schicksal ist jedoch nur der Aufhänger eines Gesellschafts-Tableaus, das ungefähr fünfzig verschiedene Personen umfaßt. Eine Identifikationsfigur gibt es nicht darunter; allenfalls kann man den erfolglosen Literaten Köpf als angedeutetes Selbstporträt des Autors verstehen. Kritik an der Kommerzialisierung und Veräußerlichung des Kulturbetriebs nimmt einen zentralen Platz im Roman ein, der für seine Höhepunkte in zwei Theateraufführungen findet; bevor Zumsee selbst mit der kümmerlichen Darbietung seines Stücks «Die verkannte Frau» (frei nach Ibsen!) Ovationen im «Schlaraffenland» erntet, besuchen Türkheimers Trabanten die tumultuöse Premiere eines sozialkritischen Skandalstücks namens «Rache!» – gemeint ist offenkundig die erste öffentliche Aufführung von Hauptmanns *Webern* (der Beginn der Romanhandlung ist auf 1893 datiert). Heinrich Manns Vorbehalte gegenüber dem Naturalismus schlagen hier ebenso zu Buch wie die antisemitischen Tendenzen seiner Frühzeit in der Beschreibung des Romanpersonals. In technischer Hinsicht bereitet *Im Schlaraffenland* die

späteren satirischen Gesellschaftsromane Heinrich Manns vor (*Professor Unrat,
Der Untertan*); in seinen ideologischen Voraussetzungen erweist sich das Buch
eher als Zusammenfassung der Positionen, die Heinrich Manns Mitarbeit an der
Zeitschrift *Das Zwanzigste Jahrhundert* bestimmt haben.

13. Przybyszewski und Scheerbart

In Bierbaums Roman *Stilpe* (1897) werden der «Bärenführer» und «Ka-
simir, der Fugenorgler» als zwei der markantesten Vertreter der Berliner
Boheme vorgestellt. Gemeint sind Paul Scheerbart und Stanislaw Przybyszewski. Sie können auch als Repräsentanten einer Boheme-Prosa
gelten, insofern die spezifische Art ihres Schreibens von vornherein ein
größeres Publikumsinteresse ausschloß und auch die thematischen
Schwerpunkte ihres Werks einen Gegenentwurf zur bürgerlichen Normalität enthalten. Persönlich von denkbar verschiedenem Zuschnitt,
waren beide durch eine lockere freundschaftliche Beziehung, gemeinsame Freunde (wie Dehmel und Servaes) und übrigens auch durch ihre
Herkunft aus dem preußischen Osten miteinander verbunden.

Przybyszewski, der einer polnischen Familie des Landkreises Posen
entstammte und später in polnischer Sprache publizierte, hat während
seiner Berliner Jahre 1892–1898 eine Reihe deutschsprachiger Prosatexte
verfaßt, die zu den originellsten und avantgardistischsten Leistungen
der europäischen Moderne gehören. In ihrem formalen und inhaltlichen
Radikalismus spricht sich ein bewußter Verstoß gegen herrschende Ge-
schmacksnormen und Moralvorstellungen aus. Es kann daher nicht verwundern, daß Przybyszewski schon von den Zeitgenossen allenfalls im
Sinne eines Geheimtips wahrgenommen wurde; seine Wiederentdek-
kung rund hundert Jahre später verbindet sich mit der Aufarbeitung irra-
tionalistischer Moderne-Traditionen und einem komparatistischen Lite-
raturverständnis. Denn wie kaum ein anderer Vertreter der Berliner bzw.
(nord)deutschen Moderne verarbeitet Przybyszewski Anregungen der
internationalen Literatur- und Kunstszene: von Poe bis Gautier, von
Huysmans bis Dostojewski und von den Gemälden Edvard Munchs (mit
dem er eng befreundet war) bis zu den erotischen Radierungen eines
Félicien Rops.

Der entscheidende Beitrag Przybyszewskis zum Spektrum moderner
Erzählformen besteht in einem eigenartigen Typ lyrisch-rhapsodischer
Kurzprosa stark monologisierenden und reflexionsgesättigten Charakters. Er liegt vor in den Buchveröffentlichungen *Totenmesse* (1893), *Vigilien* (1895) und *De profundis* (1895). Die beiden letzten Teile des von Przybyszewski geplanten neuen «Pentateuchs» (d. h. der fünf Bücher Moses)
sind dagegen stärker symbolistisch geprägt und wurden erst mit einiger
Verzögerung publiziert: *Epipsychidion* (1900) und *Androgyne* (1906, pol-

nisch 1900). Gemeinsam ist allen genannten Texten der Ausgang vom Geschlechtlichen, das entsprechend den Anschauungen des damaligen Monismus zugleich als religiöses Mysterium begriffen wird; insofern ist die Darstellung, in der sich z. T. persönliche Erlebnisse des Verfassers niederschlagen, alles andere als privat. Vor allem in den ersten Teilen ist ein ausgesprochen naturwissenschaftlicher Ansatz spürbar; Przybyszewski, der in Berlin Medizin studierte, streut gleichsam sein frisch erlerntes Fachwissen in den Text ein und bringt damit auch den evolutionistischen Ansatz der Friedrichshagener Naturphilosophie zur Geltung.

Der modernen Wissenschaft in einem substantielleren Sinne verpflichtet sind die frühen Teile des Zyklus durch die Idee des Wahns; die Neurose wird im Vorwort zur *Totenmesse* geradezu als neueste Phase der Evolutionsgeschichte gewürdigt. Der exhibitionistische Charakter des nachfolgenden Textes – unter Anspielung auf Huysmans als Aufzeichnung eines «Certain» bezeichnet –, seine krassen Vermischungen des Heiligsten mit dem Profansten und die Vorstöße ins Obszöne und Perverse werden somit als pathologisches Symptom tolerabel, sind dadurch in ihrem Wahrheitsgehalt aber keineswegs beschädigt. Vor allem erlaubt es diese Anleihe bei der (im übrigen von ihm verachteten) Psychiatrie dem Autor, freizügig zwischen Traum und Realität zu wechseln und seiner Sprache, insbesondere der Bildlichkeit, eine Freiheit zu gewähren, die streckenweise die anarchischen Qualitäten des Surrealismus oder Dadaismus vorwegnimmt:

> «Jetzt werde ich die faule Bestie von Geschlecht aus ihrer Höhle an den Ohren zerren, und ihr mit der weißen Eisenhitze meiner Lust den Rücken sengen, und in ihre Sohlen den spitzen Stachel meines Schmerzes keilen, daß sie schreit und tanzt, herrgott tanzen lernt!
>
> Mit den Bildern, die meine kalte, raffinierte Unzucht gebar, werde ich sie stacheln, bis ich mich wieder Mann fühle, ich armer Märtyrer deiner Üppigkeit, du junges Gehirn.»

In welchem Umfang Przybyszewski vor allem in der *Totenmesse* auf Motive der Schwarzen Romantik und der Décadence zurückgreift – wie Nekrophilie, Vampirismus, Satanismus – kann hier nur angedeutet werden. Ihnen stehen jedoch gleichwertige Beispiele für einen engen Anschluß an den Lebenskult der Jahrhundertwende gegenüber, wie schon aus den Titeln der beiden Teilveröffentlichungen des *Epipsychidion* in der Zeitschrift *Pan* hervorgeht: *Sonnenopfer* (1897) und *Am Meer* (1899). Der erstere Teil kleidet die Geschichte von Przybyszewskis Liebe zu Dagny Juel (seiner ersten Frau) in die allegorische Parabel von dem König, der die Sonne als Gott verehrte – in erstaunlicher Nähe zu den symbolischen Mitteln, mit denen Gerhart Hauptmann in den Jahren

1894–1896 seine Liebe zu Margarete Marschalk dramatisch verarbeitete (nämlich in den Entwürfen *Der Mutter Fluch* und *Helios*).

Autobiographisch sind auch die drei stark dialogisch geprägten und sprachlich eher unauffälligen Romane, die Przybyszewski zu einer Trilogie mit dem – doch wohl ironischen – Gesamttitel *Homo Sapiens* zusammenschloß: *Ueber Bord* (1896), *Unterwegs* (1895) und *Im Malstrom* (1895). Wiederum erweist sich das Geschlechtliche als zentral; Erich Falk, der Protagonist aller drei Romane, wird vom übermächtigen Sexus zu Handlungen getrieben, die er mit der Freundschaft zu Mikita (Vorbild: Edvard Munch) oder der Verantwortung für das Leben seiner Geliebten Marit (Vorbild: Marta Foerder) nicht vereinbaren kann. Die neue Perspektive der Romane besteht nun darin, daß dieser Determinismus als Freiheit bejaht wird: als Unabhängigkeit eines anarchistischen Individuums von den Normen der bürgerlichen Gesellschaft bzw. menschlichen Gemeinschaft: «Ich bin der Uebermensch: gewissenlos, grausam, herrlich und gütig. Ich bin Natur.» Solcher Größenwahn bleibt freilich nicht ungestraft; im dritten Teil sieht sich Falk als hoffnungsloses Opfer eines übermächtigen «Malstroms».

Einer klaren Auseinandersetzung mit der Ideologie des Übermenschen bzw. mit den Idealen des Anarchismus entzieht sich der Verfasser in *Homo Sapiens* jedoch ebenso wie in dem Roman *Satans Kinder* (1897). Darin wird die Geschichte eines anarchistischen Attentats erzählt, das ungeachtet seiner gravierenden Dimensionen (Rathausbrand mit nachfolgenden Plünderungen und Morden) im Grunde über das Politische hinauszielt und es letztlich verfehlt. Der Protagonist Gordon will die Zerstörung um ihrer selbst willen: «Weil die Zerstörung mein Dogma, mein Glaube, meine Verehrung ist.» So absolut sich dieser Anspruch gibt, so beschränkt ist sein psychologisches Motiv: enttäuschte Liebe in Verbindung mit einem antiquierten Deflorationskult (Gordon kann in der Liebe zu Hela keine Erfüllung finden, weil sie zuvor einem anderen gehört hat). Damit erweist sich das Geschlechtliche auch noch dort als primär, wo sich Przybyszewski scheinbar einer sozialen und politischen Thematik zuwendet.

Wie eine Absage an Przybyszewskis Werk und seine Tendenzen liest sich die Kritik, die Paul Scheerbart 1896 in einer Ausstellungsbesprechung der Zeitschrift *Die Gegenwart* an der Überbetonung des Sexuellen in Literatur und Kunst sowie an deren Verankerung in Zuständen «sexualer Verwirrung und Verirrung» übt. Man rede von «tiefsinnigen Mysterien», «bahnbrechender Hyperpsychologie» und sehe «abgründige seelische Conflicte», wo es sich «eigentlich nur um ganz simple Fortpflanzungsakte handelte». Auch die Ausweitung des erotischen Modells aufs Kosmische verfällt seiner Kritik. «Sie haben in jedem Suppentopf und in jedem Kieselstein ein sexuales Problem entdeckt», klagt Scheer-

bart, der von einem weiblichen Weltgeist nichts wissen will. Die Bilder
der Ausstellung, um die es dabei geht, stammten von Anna Costenoble
und waren erotischen Themen gewidmet; Scheerbart selbst hatte gerade
eine Affäre mit der Malerin hinter sich.

Über den aktuellen Anlaß hinaus spricht sich in seiner Absage an
das Geschlechtliche als künstlerisches Prinzip aber eine grundsätzliche
Haltung des Autors aus, vielleicht die grundlegendste Position überhaupt, die sich im ersten Jahrzehnt seines verstreuten und vielgestaltigen, skurril-phantastischen, ironischen und dann doch wieder naiv-
bekenntnishaften Schaffens erkennen läßt – die Position der Anti-Erotik. Aufschluß hierüber geben u. a. zwei der drei arabischen – nämlich
in einem imaginären Arabien der Kalifenzeit angesiedelten – Erzählungen, die Scheerbart 1904 unter dem Titel *Machtspäße* zu einem Büchlein
vereinigte; ihre Entstehung und ursprüngliche Veröffentlichung lag
damals aber mindestens zehn Jahre zurück.

In *Dichtermacht* (1891) und *Weltmacht* (1894) inszeniert sich der Bohemien Scheerbart als Anti-Erotiker. Die «altmekkanische Geschichte»
Dichtermacht handelt von einem Dichter, der die Liebe eines Mädchens
verschmäht, um weiterhin sein Leben als Künstler und Bohemien führen
zu können. Das «altkordovanische Kulturbild» *Weltmacht* erzählt von
einem Geographen, der den Werbungen einer schönen Sängerin widersteht, weil seine Liebe der Welt und dem Reisen gehört. «Weltmacht» hat
hier also einen ganz anderen Sinn als im üblichen Sprachgebrauch,
wogegen «Dichtermacht» ganz konkret zu verstehen ist. In Anlehnung
an einen Bericht des Grafen Schack (*Poesie und Kunst der Araber in Spanien und Sicilien*, 1865) zeigt Scheerbart die Gabe des Dichters, mit
seiner Sprache auf das reale Leben einzuwirken; durch sein Preislied vermittelt der vagabundierende Poet Ascha die Verheiratung der Töchter
seines armen und doch ihm gegenüber mildtätigen Gastgebers.

Der dritte «Machtspaß» heißt *Rebellenmacht* und trug ursprünglich den Titel
Der Tod Emins (1894). Das vorgebliche «Chalifenidyll» zeigt, durchaus unidyl-
lisch, die Ermordung eines Kalifen, allerdings in einer Weise, die die ironische
Gattungsbezeichnung in gewisser Weise rechtfertigt. Wir erleben den Palast des
Kalifen Emin als eine stillgestellte Welt, in der es keine heftige Bewegung und
keine unmittelbare Natur gibt. Emin angelt in einem Teichsaal, in dessen Ala-
basterfußboden Lapislazuli-Sterne eingelegt sind. Einer davon färbt sich rot, als
der Kalif geköpft wird: «Die grünen Lichtflecken auf dem weißen Alabaster
kommen neben dem roten Blute zu prächtigster Wirkung.» Scheerbart beschreibt hier nicht nur eines jener künstlichen Paradiese des Ästhetizismus, wie
man sie von Huysmans (*A rebours*, 1884) und George (*Algabal*) kennt, sondern
er nutzt das orientalische Milieu auch zur Verknüpfung ästhetizistischer und
sadistischer Effekte nach dem Vorbild Flauberts (*Salammbô*, 1863). Der politische Vorgang der Rebellion tritt dahinter vollkommen zurück.

In zwei Romanen führte Scheerbart den orientalischen Exotismus
der *Machtspäße* fort. Der «arabische Kulturroman» *Tarub, Bagdads be-

rühmte Köchin (1897), dessen Wurzeln wohl schon in die achtziger Jahre zurückreichen, ist unmittelbar autobiographischer Natur. Man darf im sensiblen und kultivierten Dichter Safur ein Alter ego des Autors, in der derben ihn mit Schlägen traktierenden Köchin, genannt «Bär», ein Spiegelbild des realen «Bären», seiner Zimmerwirtin, Lebensgefährtin und späteren Frau Anna Scherler sehen. Wie stark der Orient hier als Maske der Gegenwart dient, macht schon die Datierung der Roman- handlung auf das Jahr 897 – genau 1000 Jahre vor dem Erscheinungs- jahr – deutlich; entsprechend finden sich Anspielungen auf die Eitelkeit Kaiser Wilhelms II. ebenso wie auf die Bestrebungen der aktuellen Moderne.

Safurs künstlerisches Bekenntnis beispielsweise könnte ebensogut von Her- mann Bahr oder Peter Altenberg stammen: «Man muß so mit allen Fingerspitzen genießen – die feinste Regung der Haut muß empfunden werden – und zwar bewußt. Man muß die Bewegung jedes fallenden Blattes mitfühlen. Da ich soviel Neues in jedem Augenblick genießen will – so bin ich auch immer wieder ein Andrer.» Das Zitat gibt zugleich einen Eindruck vom parataktischen Duktus der Scheerbartschen Prosa, die vorzugsweise kurze Hauptsätze reiht, in ihrem weit- gehenden Verzicht auf Metaphorik bisweilen das Banale streift und übrigens selbst dort von einer bemerkenswerten Unanschaulichkeit ist, wo äußere Ge- gebenheiten beschrieben und visuelle Effekte thematisiert werden. Dabei spielen Zahlenverhältnisse und Farbwörter eine große Rolle:

> «Auf dem fünfeckigen Altan leuchten jetzt fünf Fackeln in fünf schwarzen Fäusten.
> Die drei Mädchen schenken den Wein in die großen Becher.
> Und Alle trinken die großen Becher in einem Zuge aus.
> Und dann küssen die drei Mädchen den Kattany und seine sieben Freunde so stürmisch, daß Allen ganz schwindlig wird.»

Aus dieser Freudenwelt entfernt sich Safur in die Einsamkeit der Wüste, wo er seine Muse, die «Dschinne», sucht. Im wahnsinnigen Bemühen, zu ihr zu ge- langen, bricht er sich den Schädel an der Wand.

Ganz anderen Zuschnitt zeigt der zweite arabische Roman Scheer- barts aus dem gleichen Jahr: der «Haremsroman» *Der Tod der Barme- kiden*. Die historische Überlieferung von der Ermordung des Kalifen- freundes Djafar und seiner ganzen Familie durch Harun al Raschid wird hier als exotische Nummernoper inszeniert, nämlich mit dem Rahmen einer phantastischen Theateraufführung versehen, die fünf hell- blaue Löwen (jeder in der Größe von vierzig Elefanten) vor einem Publi- kum von Europäern «auf der Westseite des Syrerlandes» aufführen. Der Verfremdungseffekt ist beträchtlich; der Orient wird gewissermaßen als okzidentales Phantasiegebilde kenntlich gemacht. Zugleich wird aber auch die Grenze zur Veralberung überschritten, und es bedarf schon einigen Humors, um sich auf die einzelnen Stationen der Geschichte und die moralischen Konsequenzen, die Scheerbart nur halbironisch aus ihr zieht, einzulassen: nämlich die Empfehlung des Harems als Alternative zur Monogamie und Remedur von deren schädlichen Folgen einschließlich der Frauenbewegung!

Mit dem *Tod der Barmekiden* hat sich der produktive Reiz der Welt von Tausendundeine Nacht für den Erzähler Scheerbart erschöpft. Er wird später noch «assyrisch-babylonische Novelletten» verfassen, doch diese sind in einer wesentlich früheren Geschichtsepoche angesiedelt. Im übrigen bewegt sich sein künftiges Erzählwerk weitgehend auf einem selbsterzeugten Phantasie-Boden, oder richtiger: in einem ebensolchen Luftreich. Die astralen oder kosmischen Welten, die dabei größte Bedeutung gewinnen, kündigen sich in einem Prosagedicht von 1893 an: dem *Astropsychologischen Dithyrambus*. Der Sinn dieser merkwürdigen Bezeichnung ergibt sich aus den panpsychistischen Theorien Gustav Theodor Fechners, der die Sterne als beseelte Wesen auffaßte. Es ist daher nicht nur dichterische Fiktion, wenn Scheerbart einen Kometen beschreibt, der der Sonne zustrebt, um sich in ihr aufzulösen: Hingabe als kosmische Moral! In dem von Scheerbart zusammen mit Otto Erich Hartleben gegründeten Verlag deutscher Phantasten (Berlin) sollte eine ganze «Astropsychologische Bibliothek» erscheinen.

Eine der wenigen Veröffentlichungen dieses kurzlebigen Verlags war die Neuauflage (Restauflage mit neuem Umschlag, 1893) von Scheerbarts Erstling: *Das Paradies. Die Heimat der Kunst* (1889). Darin beschreibt ein Teufel mit autobiographischen Zügen seinen ‹Ausflug› in den Himmel, bei dem sich auch einige noch gar nicht anti-erotische Abenteuer ereignen. Die Grundidee ist einerseits der pietistischen Sozialisation Scheerbarts verpflichtet (Aufschwung der Seele zu Gottvater), andererseits verknüpft sich damit die ästhetizistische Anschauung des künstlichen Paradieses, wie sie sich vor allem in den ausgiebigen Beschreibungen der verschiedenen Sphären des Himmels realisiert, der bei Scheerbart wie eine Ansammlung exquisiter Bauwerke anmutet: vom «Tropfsteinpalast» über das «Eisblumenschloß» und die «Schwerterburg» bis hin zum «Tannadelhaus» (jeweils mit Interieur).

Im selben Verlag erschien auch das erste (und einzige) Heft des «Wunderfabelbuchs» *Ja ... was ... möchten wir nicht Alles!* (1893), in dem Scheerbart gewissermaßen eine Probe auf das Exempel der phantastischen Literatur in seinem Sinne zu geben gedachte. Die darin zusammengestellten kürzeren Erzählungen, in denen Zwerge, Elfen und Naturgötter auftreten, stehen zwischen Märchen und Parabel, haben jedenfalls eine mehr oder weniger deutlich ausgesprochene Moral und lassen noch den ironisch-humoristischen Einschlag vermissen, der Scheerbarts spätere Erzählungen auszeichnet und in den nachfolgenden Sammelbänden schon durch den Rahmen gegeben ist.

Der «phantastische Königsroman» *Na, prost!* (1898) ist im Grunde nämlich
gar kein Roman, sondern – ebenso wie der «Eisenbahnroman» *Ich liebe Dich!*
– eine locker arrangierte Zusammenstellung diverser Kurztexte Scheerbarts, ein-
gehüllt in einen denkbar skurrilen Rahmen: Drei javanische Germanisten retten
sich in einer achtkantigen Flasche (daher der Titel) von der entzweigehenden
Erde und unterhalten sich auf ihrer Raumfahrt mit «neunzehn Stückchen deutscher Litteratur aus der Blüthezeit der deutschen Dichtkunst». Freilich können
Germanisten Texte nicht vortragen oder hören, ohne sie auch zu deuten, was
dem Erzähler Gelegenheit zu allerlei Nonsens im Sinne einer (spielerisch veräußerlichten) romantischen Ironie gibt. Der Rahmen gewinnt eigene – spezifisch Scheerbartsche – Bedeutung in dem Maße, in dem die drei Germanisten
die Beschäftigung mit der Litteratur aufgeben und sich der Betrachtung der kosmischen Erscheinungen zuwenden, wobei sie alles Menschliche abstreifen und
sich in Flaschengeister verwandeln. Wohlgemerkt, ein Fortschritt!

Der «Eisenbahnroman mit 66 Intermezzos» *Ich liebe Dich!* (1897) ist
eine durchsichtige Konstruktion zur Unterbringung von 66 Kurztexten
Scheerbarts, und doch behauptet der Rahmen – wie im *Tod der Barmc-
kiden* und in *Na, prost!* – auch hier seine eigene ironische und kommentierende Funktion. Im Gespräch mit seinem Abteilnachbarn, dem tri-
vial-erotischen Rechtsanwalt Müller, entfaltet der Erzähler Scheerbart
während einer langen Bahnfahrt sein eigenes Programm der Anti-Erotik:
«Das Antierotische ist das Höhere – oder besser: erzeugt das Höhere.»
Er macht ihn auch mit der «ekoralápsischen Richtung bekannt, die das
Verstandenwerdenwollen bekanntlich längst überwunden hat». Als Beispiel dient die Lautdichtung *Kikakokú!*; sie gehört in den Kontext der
Entwicklung des Lautgedichts bei Scheerbart und dem jungen Morgenstern.

DRAMATIK

I. THEATERFORMEN UND THEATERREFORM

1. Festspiele und Festspielkultur

Die spannungsreiche Beziehung, in der die literarische Form des Dramas zur Praxis des Theaters steht, kennt zwei Extreme. Das eine ist die Form des Buch- oder Lesedramas: ein Stück, das sich nach dem Willen des Autors oder der übereinstimmenden Einschätzung seiner Zeitgenossen nicht aufführen läßt. Das andere Extrem wäre eine theatralische Aktion ohne literarische Vorlage, ein Theater ohne Drama, und hier sind wir – überspitzt gesagt – in der Nähe des Festspiels (in seinem ursprünglichen, vom heutigen Festspiel- und Festivalwesen abweichenden Sinn). Im Festspiel werden diejenigen Momente einer Aufführung thematisch und dominant, die den üblichen Betrieb des Theaters (wie wir es seit der Lessingzeit hauptsächlich kennen: als Aufführungsort dramatischer Literatur vor einem beliebigen Publikum) nur subkutan beeinflussen. Dazu gehören oder können gehören: der Zeitpunkt der Aufführung (Datum, Tageszeit), die Örtlichkeit im weiteren und engeren Sinne (Land und Stadt, aber auch das jeweilige Theatergebäude oder bei Freiluftaufführungen die konkrete topographische Situation), die Persönlichkeit der Darsteller und vor allem die der anwesenden Zuschauer als Festteilnehmer oder Gegenstand festlicher Verehrung.

Historisch gesehen, bildet das Festspiel den Vorläufer oder Mutterboden des Literaturtheaters. Wenn es auch, wie das Beispiel der griechischen Antike zeigt, eine anspruchsvolle Dramatik keineswegs ausschloß, wohnt dieser doch offenbar eine Tendenz zur Verselbständigung inne, die sich seit der Aufklärung endgültig durchgesetzt zu haben schien. Doch noch Goethe dichtete Festspiele, und Rousseau entwickelte Vorschläge für ein Festspiel als Medium der Selbsterfahrung einer republikanischen Gemeinschaft. Es kann daher nicht verwundern, daß es in den republikanischen Gemeinwesen der Schweiz eine eigenständige Festspieltradition seit dem 18. Jahrhundert gibt, die im späten 19. Jahrhundert allerdings an der Tendenz zur Historisierung und Veräußerlichung teilnahm, wie wir sie im wilhelminischen Festspiel vorfinden. Ein Autor vom Range Kellers war sich nicht zu schade, für die Becherweihe der Zürcher Zunftgesellschaft «Zur Schmieden» 1875 ein kleines Festspiel zu schreiben. Unter dem Titel *Die Johannisnacht* läßt er darin sechs ehemalige Zunftgenossen aus dem 13. bis 18. Jahrhundert auftreten und an die entscheidenden Momente der Geschichte Zürichs erinnern.

In Deutschland begegnet uns das Festspiel im letzten Drittel des
19. Jahrhunderts in zwei verschiedenen Erscheinungsformen und auf
höchst unterschiedlichem Niveau: als eine Art Massensport im patriotischen Festspielwesen und in der sozialdemokratischen Arbeiterkultur
sowie als elitäre Gegenveranstaltung im neugegründeten Bayreuther
Festspielhaus. Beide Ausprägungen des Festspieltheaters sind weniger
durch die für sie entstandene Dramatik als durch die Funktion bedeutsam, die sie im ideologischen Haushalt der Epoche übernahmen. Von
beiden gingen zudem wichtige Impulse für das Theater des 20. Jahrhunderts aus.

Patriotische und sozialistische Festspiele

Die große Stunde des patriotischen Festspiels im Kaiserreich schlug im
Jahr seiner Gründung. In den Hoftheatern aller größeren Residenzen
des neuen Reichs, das de jure ja durch den Zusammentritt der Landes-
fürsten entstanden war, fanden Festaufführungen zur Heimkehr der
Truppen statt. Doch galt es nicht nur, den Sieg zu feiern, sondern auch
die neue politische Lage zu deuten, die sich mit ihm ergeben hatte. Das
war offenbar nicht anders möglich als durch den Rückgriff auf die mittelalterliche Geschichte, wie schon das erste derartige Festspiel deutlich
macht: *Kaiser Rotbarts Erwachen*, am 7. März 1871 im Stuttgarter Hoftheater zum Geburtstag des Königs aufgeführt und vom Intendanten
Feodor Wehl selbst verfaßt.

Seit den Barbarossa-Gedichten Rückerts und Freiligraths galt die Gestalt des im Kyffhäuser überdauernden Kaisers als populäres Emblem
der Hoffnungen auf eine Wiedererrichtung des Reichs; für eine Aufführung am Württembergischen Hof empfahl sich der Staufer zudem aufgrund regionaler Verbundenheit und Tradition. Sein Bühnenauftritt in
Wehls übrigens höchst anspruchslosem und ungedruckt gebliebenem
Festspiel stand ganz im Zeichen von Freiheit und brüderlicher Einheit;
zwischen den Zeilen war die Warnung vor preußischer Vormundschaft
zu hören. Ganz andere Akzente setzte das «Phantastische Volksschau-
spiel» *Kaiser Rotbart*, mit dem das liberale Großherzogtum Baden die
deutsche Einigung feierte.

Sein Verfasser Otto Devrient, Spielleiter am Karlsruher Hoftheater, nahm
Rückerts Barbarossa-Gedicht zum Rahmen einer zweiteiligen Komposition. Die
erste Hälfte gibt in Form lebender Bilder (nach Historiengemälden) einen Überblick über die deutsche Geschichte in der Zeit nach Barbarossa, in dem sich
Frankreich, Habsburg und der katholische Einfluß als negative Konstanten her-
ausschälen, die Hohenzollern und die Zähringer (das badische Herrscherge-
schlecht) jedoch schon früh ihre Treue zum Reich beweisen. Der zweite Aufzug

bringt Szenen des Deutsch-Französischen Kriegs, in denen der Dialekt aller sieben deutschen Stämme erklingt; die Mundart als traditionelles Element des Volkstheaters gewinnt − hier wie in vielen anderen damaligen Stücken − neue Bedeutung als Signal jener Vielfalt, die sich im neuen Reich zusammenschließt. Devrient, dem für die Darstellung der Schlachtenszenen abkommandierte Soldaten zur Verfügung standen, die sich sozusagen nur selbst zu spielen brauchten, ließ das Festspiel mit der Heimkehr der Truppen und ihrer Begrüßung auf offener Bühne schließen; eine Riesenbüste Kaiser Wilhelms I., von Barbarossa gekrönt, stellte die Verbindung zum Anfang und zur politischen Zukunft her.

Die zweiteilige Anlage von Devrients Festspiel verweist auf einen Strukturgegensatz innerhalb der damaligen Festkultur und Festspielproduktion. Es ist der Gegensatz zwischen einem monarchischen und einem bürgerlich-liberalen oder sozialdemokratischen Festspieltyp. Ersterer ist gekennzeichnet durch die Statik lebender Bilder, die Dominanz allegorischer Figuren und ein zyklisches Geschichtsbild, wie es ja der Idee von der Wiederkehr des alten Kaisertums und dem weißhärtigen preußischen König als Nachfolger des rotbärtigen Stauferkaisers (Wilhelm «Barbablanca» als Barbarossa redivivus) zugrunde lag. Ihm sind fast alle Festspiele zuzuordnen, die 1871 an Hoftheatern aufgeführt oder für sie geschrieben wurden, und der Rekurs auf Barbarossa ist dabei so gut wie obligatorisch.

In der Reichshauptstadt Berlin forderte Wilhelm I. ausdrücklich die Darstellung von drei Geschichtsepochen, darunter: «die ‹neue Zeit› Kyffhäuser». Auf geführt wurde (nach Rodenbergs Vorspiel *Die Heimkehr*) Julius Heins *Barbarossa* − mit der Musik des Berliner Komponisten Bernhardt Hopffer, der zuvor schon Geibels Barbarossa-Gedicht vertont hatte. Für den Weimarer Festakt verfaßte Julius Grosse ein *Kaisermärchen* mit Barbarossa in der Hauptrolle, das jedoch nicht zur Aufführung kam. Die Freien Städte oder Provinzialhauptstädte Bremen, Hamburg, Leipzig, Breslau und Danzig gestalteten ihre Friedensfeier − äußerlich bescheidener, aber im gleichen Geiste − mit Gustav Gerstels Festgedicht *Und also ward's*, einem Monolog der Germania, der Barbarossas Erwachen und die Siege Wilhelms I. beschreibt.

Kritik an der Monotonie und Hohlheit dieses offiziösen Festspielwesens konnte nicht ausbleiben. Hans Hopfen, ein abgewiesener Festspieldichter des Jahres 1871, beschrieb die Siegesfeiern vier Jahre später wie folgt:

«Während das Volk die prachtvoll illuminirten Straßen durchwogte, blähten sich auf den königlichen Bühnen vor weißen Cravatten, Ordenssternen und blaublütigen Schultern die reglementmäßig ausgehöhlten Allegorien durcheinander, die beliebten Pfeifenkopfgestalten Germanias und Borussias, der Krieg und der Friede, blechbeschlagene Ritter und hosenteuflische Landsknechte, die Genien vom Ballet und aus seinem Kyffhäuser Barbarossa [. . .].»

Das bürgerliche Festspielwesen bot nur eine begrenzte Alternative. Auch hier sind des öfteren «Pfeifenkopfgestalten» des Typs Germania zu finden. Doch erlangen sie selten die gleiche dramaturgische Bedeutung wie im monarchischen Festspiel. Das Hauptgewicht vieler Stücke, die in den Jahren nach 1871 in Schulen und Vereinen vornehmlich zum Sedanstag aufgeführt wurden, lag vielmehr auf der Darstellung der eigenen sozialen Gruppe und ihres Anteils am Einigungsprozeß. Hier ist ein Hinweis auf die Entstehung des sogenannten Sedantages, des Jahrestages der kriegsentscheidenden Schlacht am 2. September 1870, am Platz. Vor allem Vertreter des protestantischen Bürgertums, allen voran Friedrich von Bodelschwingh, hatten die Institutionalisierung eines Sedan-Feiertags gefordert, die vom Kaiser freilich (als zu demokratisch?) abgelehnt wurde. Das hinderte weite Teile der Nation nicht, den Tag faktisch als Feier- und Gedenktag zu begehen, wobei zunehmend einem chauvinistischen Militarismus gehuldigt wurde, während in der Anfangszeit die Befriedigung über die Erfüllung des liberalen Einheitstraums im Vordergrund stand. Liberaldemokratische Optionen, die in Bismarcks Modell der Reichsgründung nicht auf ihre Kosten kamen, konnten sich kompensatorisch in Sedan-Festspielen ausleben.

Friedrich Hofmanns Festspiel *Drei Kämpfer* (1872) beispielsweise erschien mit einer programmatischen Erklärung zum Sedanstag. Seine Dramaturgie zielt konsequent auf die Einbeziehung des Publikums, das sich in den dargestellten Figurentypen wiedererkennen konnte, bisweilen auch angeredet und durch das raffinierte Arrangement des Schlusses zum Mitakteur gemacht wurde. Laut Textbuch soll hier aus der Ferne die *Wacht am Rhein* erklingen, in die die Bühnenfiguren einstimmen: «Es braust ein Ruf wie Donnerhall», bevor das Orchester einfällt. Bei der Uraufführung wurde der Sängerchor im Zuschauerraum postiert, und die Rechnung ging auf; ein Teil des Publikums sang mit, wie ein Rezensent bescheinigt, «und dann wollte das Bravo und Hochrufen nicht enden».

Der gemeinsame Gesang bildete ein Herzstück der bürgerlichen Vereinskultur des 19. Jahrhunderts, deren Beitrag zur Verbreitung des Liberalismus (wie auch des Sozialismus) und zur Durchsetzung einer politischen Öffentlichkeit nicht zu unterschätzen ist. Manche bürgerlichen Festspiele sind offensichtlich aus der Selbstdarstellung eines Vereins erwachsen, so Rudolf Bunges schlichtgestrickte «dramatische Festerinnerung» *Der Tag von Sedan* (1874).

Das um einen verletzten Heimkehrer zentrierte Geschehen ist in einem Bahnhof lokalisiert, in dem die freiwillige Feuerwehr die Verpflegung der durchreisenden Truppen übernommen hat. In der zweiten Auflage hat der Verfasser, wie die Vorbemerkung erklärt, «zum Zwecke der leichtern Localisierung für diejenigen Orte, in denen nicht gerade die freiwillige *Feuerwehr,* sondern Turnvereine oder andere Corporationen die Verpflegung der durchziehenden Truppen übernommen hatten, die in diesem Falle sehr geringen Veränderungen des Textes durch kurze Anmerkungen [...] angedeutet [...], was hoffentlich nicht nur den betreffenden *Vereinen,* sondern auch den *Bühnen* in vielen Fällen zu Gute kommen wird». Das ursprünglich durch die Bindung an einen bestimmten

Anlaß und einen bestimmten Ort ausgezeichnete Festspiel tritt hier ins Stadium seiner technischen Reproduzierbarkeit ein.

Was bisher anhand von Sedan-Festspielen über das bürgerliche Festspiel der Kaiserzeit gesagt wurde, läßt sich großenteils auf sein sozialdemokratisches Pendant übertragen, wie ja überhaupt im damaligen Deutschland zwischen der Festkultur des Bürgertums und der der Arbeiterschaft weitgehende strukturelle Gemeinsamkeiten bestanden. Auch hier steht der Bezug auf die feiernde Gruppe im Zentrum, die möglichst in die Darstellung miteinbezogen wird, auch hier spielen Lieder als integrierendes Element und als Übergang zum übrigen Festgeschehen eine beträchtliche Rolle. Die Allegorien oder stehenden Bilder, auf die auch das sozialdemokratische Festspiel nicht verzichten kann, sind hier nicht auf ein zyklisches Geschichtsbild bezogen, wie es den monarchischen Festspielen zumeist zugrunde liegt, sondern dienen als Mittel zur Darstellung des geschichtlichen Fortschritts. Auch darin besteht Übereinstimmung jedenfalls mit einem Teil der bürgerlichen Festspiele jener Zeit.

Wie Hofmann in seinen *Drei Kämpfern* das Generationenmodell bemüht, um den Fortschritt von 1813 über 1848 bis 1871 zu zeigen, so auch Bruno Wille in seinem Entwurf für die Maifeier der Freien Volksbühne 1891. Die Geschichte einer Proletarierfamilie dient ihm als Modell für die historische Kontinuität des Klassenkampfes. Der *Vorwärts* berichtete:

«[...] im ersten Akt wird das Elend einer schlesischen Weberfamilie geschildert. Die Ärmsten wollen nach Amerika auswandern, lassen sich aber durch die jammernde alte Mutter zurückhalten. Ein Aufstand entsteht, eine Fabrik wird demoliert, und das Schlußbild zeigt uns den Kampf der unerschrockenen Anführer gegen das Militär, das sie zum Abzug zwingen. Der zweite Akt führt uns ein Stimmungsbild aus dem Jahre 1848 vor, und das lebende Bild zeigt uns zum Schluß den Barrikadenkampf in Berlin. Der alte Weber Steinmann wird in diesem Kampf erschossen, aber sein Sohn kämpft in 40 langen Jahren den Kampf weiter. Er wird Sozialdemokrat. Im dritten Akt finden wir ihn wieder mit seinen beiden Neffen, in einem Walde bei Berlin, die Maifeier mitfeiernd. Bevor das lebende Bild aufgerollt wird, treten sich noch einmal, wie am Anfang, die Genien der Freiheit und der Tyrannei gegenüber. Die Freiheit siegt, und die Tyrannei stürzt beim Anblick der in Liebe und Brüderlichkeit geeinten Arbeiter aller Länder gebrochen zu Boden. Dieses Bild zum Schluß stellt die Welt-Maifeier der Arbeiterschaft dar.»

Wenn die jüngsten Sprosse der Weberfamilie als Teilnehmer einer Maifeier bei Berlin gezeigt werden, ist die Vergangenheit in der Gegenwart und das Festspiel in der Wirklichkeit seiner Aufführung angekommen.

Modell Bayreuth

In einem prophetisch anmutenden Brief hatte Richard Wagner im November 1851 an Theodor Uhlig geschrieben: «Die nächste Revolution muß notwendig unserer ganzen Theaterwirtschaft das Ende bringen [...]. Am Rheine schlage ich dann ein Theater auf und lade zu einem großen dramatischen Feste ein: Nach einem Jahr Vorbereitung führe ich dann im Laufe von vier Tagen mein ganzes Werk auf.» Das Wagner-Festspiel als revolutionäre Alternative zum Theaterbetrieb, als dessen Befreiung von kapitalistischer Fremdbestimmung? Zwei Jahrzehnte später war der Traum seiner Realisierung nahe: 1872 wurde der Grundstein für das Bayreuther Festspielhaus gelegt, 1876 fanden die ersten Bayreuther Festspiele statt. Freilich hatte sich auf dem Weg dorthin manches geändert: Aus dem provisorischen Theater («vielleicht bloß aus Holz»), von dem das Vorwort zur *Ring*-Dichtung (1862) spricht, war ein fester und architektonisch durchdachter Bau geworden. Allenfalls in seiner Schmucklosigkeit, seiner Verweigerung jener Form von Repräsentativität, in der die übrigen Theaterbauten der Zeit schwelgten, rechtfertigt er die – in Wagners Schrift *Das Bühnenfestspielhaus zu Bayreuth* (1873) erneuerte – Parallele mit jenen «flüchtig gezimmerten Festhallen, welche in deutschen Städten zuzeiten für Sänger- und ähnliche genossenschaftliche Festzusammenkünfte hergerichtet und alsbald wieder abgetragen wurden».

Wagners beharrliche Berufung auf das Vorbild der populären Festkultur kann nicht verdecken, wie weit sich die Wirklichkeit der Festspiel-Planung schon damals von derartigen «genossenschaftlichen» Idealen entfernte. Hatte bereits das primäre Finanzierungsmodell über die Ausgabe von Patronatsscheinen eine problematische Bindung an die Bourgeoisie und Aristokratie bedeutet, so stellte die Entscheidung zum Verkauf von Theaterkarten, 1874 als Reaktion auf den großmütigen Kredit Ludwigs II. getroffen, den definitiven Bruch mit der Idee einer Festspielgemeinschaft jenseits bürgerlicher Entfremdungen dar.

Dafür schien jedenfalls vorübergehend eine neue Gemeinschaft in Sicht, an die sich das Festspiel-Projekt anschließen könnte: die nationale. Der Deutsch-Französische Krieg hat Wagner zunächst geradezu in einen chauvinistischen Rausch versetzt; der *Ring des Nibelungen* rückte – zumindest für Cosima – in beziehungsvolle Nähe zu Krieg und Reichsgründung. «Es ist voll tiefer Bedeutung», wird noch 1888 Nietzsche sagen, «daß die Heraufkunft Wagners zeitlich mit der Heraufkunft des ‹Reichs› zusammenfällt.» Diese Koinzidenz gibt freilich unterschiedlichsten Wertungen Raum. Ist Wagners zentrales Werk von ähnlicher innerer Widersprüchlichkeit und Hohlheit wie die offizielle Kunst der Gründerzeit, partizipiert es an der Tendenz zu fragwürdiger Monumentalität, ja Größenwahn, die zunehmend auch das politische Gebahren des neuen Staatskörpers prägte? Oder darf man darin eine prophetische Analyse der Dialektik der Macht und der wachsenden Entfremdung erkennen, die die weitere Entwicklung Deutschlands bestimmen sollten?

Zur Zeit der Reichsgründung war der *Ring* im wesentlichen vollendet; im November 1874 setzte Wagner den Schlußpunkt unter die Partitur der *Götterdämmerung*. Das einzige große Werk, das er danach noch in Angriff nimmt, ist das «Bühnenweihfestspiel» *Parsifal*. Seine erste Aufführung fand 1882 – ein Jahr vor dem Tod des Komponisten – in Bayreuth statt, und nur hier sollte es nach Wagners Willen auch in Zukunft gespielt werden. In dieser Bestimmung wie schon in der Gattungsbezeichnung spiegelt sich die gesteigerte Bedeutung, die der Gedanke des Festspiels für den späten Wagner besitzt; aber auch in der dramatischen oder vielmehr epischen Struktur des Werks, seiner Statik und Theatralität, hat man einen Zug zur Zelebrierung, eine Affinität zu Fest und Feier erkannt. Der Textdichter Wagner kehrt vom Stabreim, der nur mehr rudimentär spürbar ist, zum Endreim zurück und bedient sich einer zunehmend formelhaften, in ihrer Schwerverständlichkeit fast abstrakt wirkenden Sprache. Eine ähnliche Tendenz zur Konzentration zeigt sich in Wagners Umgang mit der mittelalterlichen Überlieferung; das bunte Geschehen um die Artusritter in Wolframs *Parzival* wird zusammengestrichen bis auf den Kern einer Erlösungsfabel, in der vor allem die Figuren Klingsors und Kundrys neue Bedeutung gewinnen. Als ein weiblicher Ahasver repräsentiert diese die unerlöste Sexualität; Parsifals Nichtverführbarkeit durch die Mächte des Bösen erinnert an Schopenhauers Ideal der Askese als Befreiung von der Welt des sinnlichen Willens.

Das spirituelle Ethos des *Parsifal* ist gewiß nicht als christliche Wende Wagners zu deuten. Vielmehr vollendet sich in seiner Anverwandlung christlicher Symbole die genuin romantische Auffassung der Kunst als Ersatzreligion, zu der sich Wagner auch in seiner letzten großen theoretischen Schrift bekannte (*Kunst und Religion*, 1880). Die kultische Qualität des für Karfreitagsaufführungen bestimmten «Bühnenweihfestspiels», seine Nähe zum Mysterienspiel ist von kirchlicher Seite vielfach als Profanierung des Heiligen kritisiert worden; sie konnte freilich auch als Ermutigung für eine Wiederbelebung religiöser Theatertraditionen (miß)verstanden werden.

In diesem Sinne hat der Österreicher Richard Kralik – nach Besuchen in Oberammergau und Bayreuth – Mysterienspiele «nach volkstümlichen Überlieferungen» verfaßt, die freilich erst mehrere Jahre nach der Fertigstellung (1889) erschienen: das Weihnachtsspiel *Das Mysterium von der Geburt des Heilands* (1894) und *Das Mysterium vom Leben und*

Leiden des Heilands, ein «Osterfestspiel in drei Tagewerken» (1895). Die
zur Verteidigung der katholischen Lehre zwei Jahre zuvor gegründete
Leo-Gesellschaft veranstaltete 1893 im großen Musikvereinssaal in Wien
eine Aufführung des Weihnachtsspiels, die freilich trotz der Regie Alfred
von Bergers nur als Provisorium bewertet werden konnte, da die Konzeption des Verfassers, der wie Wagner stark von der antiken Theater-
architektur beeindruckt war, im Grunde die Existenz einer besonderen
Festspielbühne voraussetzte. Kralik, der schon 1884 ein «Mysterium»
Adam veröffentlicht hatte, sollte sich in der Folge auch an die Redaktion
mittelalterlicher Pfingst- und Weltgerichtsspiele machen und eine Vielzahl weiterer Festspiele verfassen. Noch die Gründung des Gral-Bundes
unter seiner Führung 1905 macht deutlich, wie sehr sich dieser maßgebliche Verfechter einer katholischen Literaturbewegung – bei grundsätzlicher Verschiedenheit der Voraussetzungen und Ziele – in den Spuren
Richard Wagners bewegte.

2. Repräsentatives Theater

Nicht zuletzt infolge der Expansion des kommerziellen Theaterbetriebs
kommt es in den letzten Jahrzehnten des 19. Jahrhunderts zu einer Neu-
ordnung der deutschsprachigen Theaterlandschaft. Die in ihrem Führungsanspruch bisher unangefochtenen Hof- und Stadttheater – hier als
repräsentative Bühnen zusammengefaßt – verlieren dabei zunehmend
an Boden. Auf der einen Seite haben sie sich der vervielfachten Konkurrenz zahlungskräftiger Privattheater zu erwehren; auf der anderen bestreiten ihnen die Neugründungen der literarischen Moderne und die
Pioniere der Theaterreformbewegung auch den kulturellen Primat. Das
moderne Drama und Theater definiert sich ja nicht zuletzt durch den
Gegensatz zu jenem tradierten Theatertyp, der der Pflege der Klassiker
ebenso wie der Selbstdarstellung der besseren Gesellschaft diente, und
die offiziösen Bühnen haben durch ihre Ablehnung großer Teile der
modernen Dramatik nicht wenig zur Identität der neuen Richtung beigetragen.

Freilich gab es hier bemerkenswerte Differenzen, wie im folgenden
kurz am Beispiel der Theaterzentren Wien und Berlin verdeutlicht wer-
den soll. Das Wiener Burgtheater, das sich zunächst ungeachtet der
Reichsgründung weiterhin fraglos als führende Bühne des gesamten
deutschsprachigen Raums verstand, wechselte mit seinen künstlerischen
Leitern mehrfach den Kurs und änderte überdies in grundlegender
Weise seinen eigenen Charakter durch den Umzug in das neue Haus am
Ring (1888). Ein Umzug, der von vielen Beteiligten als Ende der alten
Burg beklagt wurde, weil der monumentale Neubau von Semper/Hase-

nauer jene Intimität einer geschlossenen Gesellschaft aufhob, die bis dahin Publikum und Spieler vereinigt hatte, und auch die Sprechkultur des Hauses spürbar beeinflußte. Letztere galt als besonderes Verdienst Heinrich Laubes, der das Burgtheater von 1849 bis 1867 geleitet hatte. Sein Nachfolger Franz Dingelstedt, gleichfalls ein einstiger Jungdeutscher, setzte dagegen eher auf optische und choreographische Effekte und kann in gewissem Betracht als Vorläufer der Meininger gelten. Einer der größten Erfolge seines Direktorats (1870–1881) war die Aufführung fast aller Königsdramen Shakespeares als Zyklus (1875). Zur führenden Burgtheater-Schauspielerin unter Dingelstedt wurde die für die Sinnlichkeit ihrer Schreie und den Faltenwurf ihrer opulenten Roben berühmte Charlotte Wolter.

Das erfolgreichste der sogenannten Wolterdramen war wohl die Römertragödie des späteren Burgtheaterdirektors Wilbrandt: *Arria und Messalina* (siehe unten S. 440). Blankvers und historisches Kostüm ermöglichen die Thematisierung einer sexuellen Perversion, die als solche natürlich keineswegs hoftheaterfähig war. Wilbrandt verfolgt hier eine ähnliche Strategie der exotisch verhüllenden Enthüllung wie Dingelstedts Ausstatter Makart, der Charlotte Wolter auch in der Rolle der Messalina porträtiert hat: in königlicher Pose auf einem Lustlager, blumenüberschüttet und schmuckbeladen.

Während die Wiener Marie von Ebner-Eschenbach und Ferdinand von Saar vergeblich auf die Aufführung eines ihrer historischen Trauerspiele durch Dingelstedt hofften, konnte der Münchner Martin Greif immerhin mit einem seiner Geschichtsdramen auf das Burgtheater vordringen. Allerdings spielten hierbei Stoffwahl und äußere Umstände eine entscheidende Rolle. Das «vaterländische Schauspiel» *Prinz Eugen* (1880) behandelte in höchst affirmativer, geradezu festspielhafter Weise die wohl populärste Heldenfigur der österreichischen Geschichte; die Buchausgabe trug zudem eine (vom Prinzen angenommene) Widmung für Kronprinz Rudolf. Die effektvoll arrangierte Inszenierung konnte sich freilich nicht lange im Spielplan halten; Dingelstedts Nachfolger Wilbrandt verweigerte 1883 – zur großen Enttäuschung des Dichters – eine Jubiläumsaufführung am 200. Jahrestag der Befreiung Wiens von den Türken.

In Wilbrandts Direktionszeit (1881–1888) traten antike und spanische Klassiker in den Vordergrund; als Höhepunkt seines Wirkens gilt die Inszenierung von Goethes *Faust* in Wilbrandts eigener Einrichtung an drei aufeinanderfolgenden Abenden im Januar 1883. Es blieb seinem Nachfolger, dem Ministerialbeamten Max Burckhard (Direktor 1890–1898), vorbehalten, das Burgtheater der anspruchsvolleren zeitgenössischen Dramatik – und zwar auch den führenden Vertretern der Moderne (Ibsen 1890, Hauptmann 1891, Schnitzler 1895) – zu öffnen. Dies ging keineswegs ohne Widerstände ab. In welchem Maße sich das Burgtheater

auch in dieser seiner progressivsten Phase als Element der Beharrung
erwies, zeigt nicht zuletzt der umjubelte Erfolg von Leo Ebermanns
Phryne-Drama *Die Athenerin* 1896. Nach dem Premierenabend, an dem
der junge Autor (von dem man später nichts mehr hören sollte) wohl
fünfzehnmal vor den Vorhang treten mußte, schreibt Hermann Bahr:
«So stürmisch dankte man dem gescheiten Manne, der den Muth hatte,
vom Heutigen weg zur guten alten Wiener Tradition zu gehen, tapfer
‹Drama› auf den Zettel schrieb und uns gerne das Griechische gegeben
hätte, das wir jetzt wieder mit der Seele suchen.»

Ähnlichen Motiven verdankt sich der dauerhafte Erfolg von Wilbrandts Ideen-
drama *Der Meister von Palmyra* (1889), 1892 erstmals im Burgtheater aufgeführt.
Seine Grundidee läßt sich – frei nach Goethe, wie es der Eigenart dieses bewußt
epigonalen Bildungstheaters entspricht – in die Formeln der Entsagung und
der Dauer im Wechsel fassen. Der einzelne muß und kann sich getrost auf die
Grenzen seiner Individualität und seiner individuellen Lebenszeit beschränken.
Wer sie überschreitet, erfährt die Wiederkehr des Ähnlichen als lähmende
Monotonie. Das lehrt das Schicksal des griechischen Baumeisters Apelles im
syrischen Palmyra zur Zeit der Spätantike. Auf dem Höhepunkt seines Lebens
mit der Gabe der Unsterblichkeit beschenkt, überlebt er seine eigene Zeit, mit
ihr die Kunst, die Politik, die Religion, für die er eingetreten ist – und natürlich
auch die Menschen, die er liebt. Der eigentliche Theaterclou des Stücks besteht
darin, daß eine und dieselbe Schauspielerin nacheinander verschiedene Rollen
spielt, die die unterschiedlichen Phasen dieser Wilbrandtschen Faust-Figur markieren: Zoe, deren christliches Bekenntnis vom heidnischen Künstler nicht verstanden werden kann; Phöbe, die ungetreue Geliebte; die Christin Persida,
seine spätere Gemahlin; schließlich den Sohn Nymphas. Die Anklänge an die
buddhistische Lehre von der Seelenwanderung sind ebenso bewußt gesucht wie
die Erinnerung an Schopenhauers Willens-Begriff bei der geisterartigen Erscheinung Zenobias, die jede menschliche Gestalt in sich aufnehmen kann und
schließlich Apelles von dem Leben erlöst, dessen er längst überdrüssig geworden
ist.

Das Berliner Pendant zum Hofburgtheater war eigentlich das von
Schinkel erbaute Königliche Schauspielhaus am Gendarmenmarkt, doch
hatte dieses längst die überregionale Ausstrahlung verloren, die zu Goethes Zeit von ihm ausgegangen war. Das öffentliche Interesse an seinem
Repertoire beschränkte sich im letzten Drittel des 19. Jahrhunderts auf
schauspielerische Einzelleistungen (z. B. Adalbert Matkowsky als Karl
Moor) und diverse Wildenbruch-Premieren.

Besonders ein so direkt mit der märkischen Geschichte verbundenes – und
auf die Zukunft der Zollern-Herrschaft abzielendes – Stück wie Wildenbruchs
historisches Drama *Die Quitzow's* fand auf der Hofbühne, auf der es im Dezember 1890 seine 100. Aufführung erlebte, seinen adäquaten Rahmen. Fontane
spielt auf solche Zusammenhänge an, wenn er im 6. Kapitel seines Romans *Die
Poggenpuhls* die Unterhaltung über einen geplanten Theaterbesuch schildert: «Sie
geben heute die ‹Quitzows› an zwei Stellen: im Schauspielhause die richtigen

Quitzows und am Moritzplatz die parodierten. Was meinst du zu den Quitzows am Moritzplatz?» Leos Onkel lehnt den leichtsinnigen Vorschlag zum Besuch des Parodie-Theaters ab und entscheidet sich «aus Korpsgeist», d. h. eigentlich aus Standesbewußtsein, für «die richtigen» *Quitzows* «im Schauspielhause; da wollen wir hin».

Die größte Annäherung an die literarische Moderne, die das Königliche Schauspielhaus vollzog, war die Uraufführung von Hauptmanns *Hanneles Himmelfahrt* (unter dem Titel *Hannele*) im November 1893. Die Inszenierung dieses Werks eines Verfassers, dessen soziale Dramen seinerzeit die Öffentlichkeit skandalisierten, just an diesem Ort trug mit zur irrigen Auffassung bei, das Traumdrama signalisiere eine prinzipielle Abwendung vom Naturalismus oder eine opportunistische Anpassung an den Betrieb. «Gerhart Hauptmann wollte vermutlich zeigen, daß er genauso so gut wie Wildenbruch für's Hoftheater dichten könnte», vermutet damals die *Volks-Zeitung* und ordnet das Stück (angesichts der Vorweihnachtszeit) in die Tradition der Weihnachtsmärchen für die Bühne ein.

Die künstlerische Schwäche der Hofbühne begünstigte Bemühungen um ein hauptstädtisches Nationaltheater auf privatwirtschaftlicher Basis. Das 1883 zunächst als Sozietät hervorragender Bühnenkünstler gegründete, bald danach aber als Privattheater im Besitz des Erfolgsdramatikers L'Arronge geführte Deutsche Theater verknüpfte den Nationaltheater-Gedanken des 18. Jahrhunderts mit aktuellen nationalen Repräsentationsbedürfnissen. Seine Eröffnung erfolgte einen Tag nach der Einweihung des Niederwalddenkmals am Rhein «zum Andenken an die einmütige Erhebung des deutschen Volkes und an die Wiederaufrichtung des Deutschen Reiches». Otto Brahms Zeitungsartikel zur Theater-Eröffnung bewertet diese Koinzidenz als Auftrag: «am Niederwald feiern sie Erfüllung, Hoffnung ist alles im Deutschen Theater». Diese Hoffnung erfüllte sich zunächst nur in einem eher traditionell-repräsentativen Sinne. Mit 45 Klassiker-Inszenierungen in den ersten elf Jahren verschaffte sich die Bühne Respekt als Kulturinstitut und sicherte sich die Gunst des Bildungsbürgertums. Die Vertreter der jungen Generation, die die Neugründung zunächst begeistert begrüßt hatten, wandten sich dagegen bald enttäuscht ab. Nachdem Conrad Alberti in einer Broschüre von 1884 «Herrn L'Arronge und das Deutsche Theater» kritisiert hatte, verspottet er ein sehr ähnliches Gründungsunternehmen im Roman *Die Alten und die Jungen* (1889).

Zu einer Zukunfts-Orientierung von Repertoire und Schauspielstil kam es erst 1894, als Brahm selbst (der bisherige Vorsitzende der Freien Bühne) die Leitung des Theaters übernahm. Für die Eröffnungsvorstellung wählte er dasselbe Drama, das schon 1883 als Aushängeschild der künstlerischen Ambitionen des Hauses gedient hatte: Schillers *Kabale und Liebe.* Allerdings unterzog er es einer radikalen naturalistischen Neuinterpretation (Rudolf Rittner spielte den Ferdinand im Ton eines modernen Gardeleutnants), die vom Publikum – und übrigens wohl auch von einem Teil der Schauspieler selbst – aufs entschiedenste abgelehnt wurde. Mit dem überwältigenden Erfolg der ersten öffentlichen *Weber*-Aufführung wenige Wochen später stand der künftige Kurs des Deutschen Theaters unter Brahm fest; es entwickelte sich zu einer Spezialitätenbühne für Zeitgenössisches, zur führenden Plattform der modernen Dramatik im gesamten deutschsprachigen Raum. Der Anspruch auf Repräsentativität im herkömmlichen Sinne war ersetzt durch die künstlerischen Maßstäbe einer Richtung (des Naturalismus), die jedenfalls in ihren Anfängen als Alternative zum herkömmlichen Theaterwesen aufgetreten war. Manches spricht allerdings auch dafür, daß hier eher ein Objekttausch als ein echter Strukturwandel stattgefunden hat; statt der alten ‹Klassiker› spielte Brahm moderne Autoren – aber er gab diesen die gleiche Verbindlichkeit wie jenen, er spielte Ibsen, Hauptmann und Schnitzler als ‹Klassiker der Moderne› und wurde so zum Wegbereiter der ‹Klassischen Moderne›.

3. Volks- und Unterhaltungstheater

1888 erscheinen in Wien und Berlin zwei Schriften mit fast gleichlautendem Titel, allerdings in unterschiedlicher Akzentuierung. Adam Müller-Guttenbrunn titelt wehmütig *Wien war eine Theaterstadt*; Maximilian Harden schreibt scheinbar stolz, in der Sache aber gleichfalls kritisch, über *Berlin als Theaterhauptstadt*. Beide Publikationen haben denselben Sachverhalt zum Hintergrund: die enorme Ausweitung des kommerziellen Theaterbetriebs gegen Ende des 19. Jahrhunderts, die in Wien wie Berlin zu einer Vielzahl von Neugründungen führte, allgemein aber als Bedrohung des künstlerischen Niveaus und der theatralischen wie literarischen Substanz angesehen wurde. Das bisherige Spannungsverhältnis zwischen einer repräsentativen Hoch- und einer stark regional geprägten Breitenkultur des Theaters verschob sich zugunsten der quantitativen Dominanz eines Unterhaltungstheaters von ausgesprochen internationaler Prägung und mit neuartigen musikalischen Darbietungsformen. Übersetzungen oder Nachahmungen französischer Komödien und (mit stark zunehmender Tendenz) Operetten beherrschten den Markt.

So hatten im Theater an der Wien die Volksstücke des Theaterdichters Anzengruber einen schweren Stand gegen die Konkurrenz der Operetten von Johann Strauß, der hier fast jährlich ein neues Werk herausbrachte und 1874 erstmals *Die Fledermaus* dirigierte. Da auch die beiden anderen früher dem Volksstück verbundenen Vorstadttheater Wiens

(Theater in der Josefstadt und Carltheater) längst die von Nestroy und Raimund vorgezeichnete Linie verlassen hatten, wurden mit erheblichem rhetorischen Aufwand zwei Neugründungen vorbereitet, die die Kontinuität des Volkstheaters in Wien sicherstellen sollten: Deutsches Volkstheater und Raimundtheater.

Das 1893 eröffnete Raimundtheater sollte sich bald von seinem Namenspatron emanzipieren, dem der erste Direktor Müller-Guttenbrunn (1893–1896) noch demonstrativ seinen Tribut entrichtet hatte. – Das Deutsche Volkstheater wurde 1889 mit einem neuen Stück Anzengrubers (seinem letzten) eröffnet; auf dem Deckengemälde Veiths wurden Anzengruber, Nestroy und Raimund als künstlerische Schutzgeister des Hauses beschworen, das doch im Grunde erst mit den Schönherr-Aufführungen ab 1900 von ferne an die Tradition einer anspruchsvolleren Heimatdramatik anknüpfen konnte. Immerhin gewann es in der Zwischenzeit Bedeutung als Plattform des gesellschaftskritischen Gegenwartsdramas in Wien – von Voß bis Sudermann, ja Hauptmann. Auch der einzige naturalistische Dramatiker österreichischer Provenienz, der in Wien ansässige vormalige mährische Fabrikleiter Philipp Langmann, gewann hier eine Aufführungsstätte, u. a. für sein soziales Drama *Bartel Turaser* (1897).

Die damals schon erhobene und in vielen historischen Darstellungen zum Gemeinplatz gewordene Klage um den Verfall des Volkstheaters lenkt freilich von den soziologischen, ökonomischen und medienspezifischen Prozessen ab, die ein verändertes Rezeptionsverhalten erzwangen, und verhindert eine angemessene Einschätzung der zeitgenössischen Gebrauchsdramatik, die den Bedürfnissen eines breiteren Publikums nach Unterhaltung und moralischer Bestätigung – mit mehr oder minder starkem lokalpatriotischem Einschlag – Rechnung trug. Verfasser solcher populären Stücke waren Karl und Martin Guigno und Vinzenz Chiavacci, dessen Sonntagsplaudereien in der *Wiener Allgemeinen Zeitung* die Figur der «Frau Sopherl vom Naschmarkt» bekannt machten (das gleichnamige Theaterstück von 1890 entstand in Zusammenarbeit mit Leopold Krenn). C. Karlweis (eig. Karl Weiß), der zusammen mit Chiavacci die Lokalposse *Einer vom alten Schlag* verfaßte, erhob zweifelhaften Anspruch auf den Titel eines Wiener Aristophanes, indem er auch aktuelle politische Tendenzen und Persönlichkeiten in den Kreis seiner Volksstücke einbezog; seine Satire gegen die antisemitische Agitation (*Der kleine Mann*, 1894) wurde mit dem Raimund-Preis ausgezeichnet.

Zwei spektakuläre Theaterneugründungen innerhalb eines Jahres (1888) machen deutlich, von welchem Aufwind das kommerzielle Theaterwesen in der prosperierenden Reichshauptstadt Berlin getragen wurde. Sowohl das Berliner Theater Ludwig Barnays als auch das Lessing-Theater des Kritikers und Lustspielautors Oskar Blumenthal (der 1893 auch das Berliner Theater übernahm) schmückten sich zunächst

mit literarischen Ambitionen (Klassiker im Repertoire des Berliner
Theaters, Eröffnung des Lessing-Theaters mit Ibsens *Nora*), um in der
Folge doch marktgängige Lustspielproduktionen in den Vordergrund zu
stellen. Der Anspruch des Lessing-Theaters, ein «Theater der Lebenden»
zu sein, reduzierte sich im wesentlichen auf die Uraufführung (und zahlreiche Wiederholungen!) von Sudermanns halbnaturalistischen Erfolgs-
stücken *Die Ehre* (1889) und *Heimat* (1893).

Als dritte im Bunde der großen Berliner Privatbühnen unterhalb der
repräsentativen Ebene des Deutschen Theaters verdient auch das (ab
1887 von Lautenburg geleitete) Residenz-Theater Erwähnung. Ob der
Dominanz ‹halbseidener› Gesellschaftskomödien in seinem Spielplan
oft mit moralischer Verachtung erwähnt, bildet dieses Theater doch zunächst die Wirkungsstätte so bedeutender naturalistischer Schauspieler
wie Emanuel Reicher und Rudolf Rittner. Bereitet sich im vollendeten
Konversationston vielleicht schon die naturalistische «Sprache des
Lebens» vor? Wie das Lessing-Theater dient auch das Residenz-Theater
als Spielstätte des Theatervereins Freie Bühne, der ja über kein eigenes
Haus verfügte. Mit der Uraufführung von Halbes Erfolgsdrama *Jugend*
(1893) partizipiert es dann auch direkt am Siegeszug des Naturalismus
auf der Bühne.

Es wurden bereits zwei Lustspielautoren genannt, die sich aufgrund
der Einnahmen aus ihren Stücken zu Hausherren von Theatern aufschwingen konnten. Blumenthal verdankte seine Erfolge der geschickten
Ausmünzung aktueller Schlagworte und Tendenzen, wie schon die Titel
seiner Lustspiele *Philosophie des Unbewußten* (1876) – in Anspielung auf
Eduard von Hartmann – und *Großstadtluft* (1891, zusammen mit Kadelburg) zeigen. L'Arronge dagegen setzte eher auf das bewährte Muster
des Volksstücks. Seine größten Erfolge waren *Hasemann's Töchter* und
Mein Leopold (1876).

Das letztere «Originalvolksstück mit Gesang» thematisiert wie Anzengrubers
Das vierte Gebot die Problematik elterlicher Eitelkeit und einer durch «Affen-
liebe» bedingten falschen Erziehung. Doch geht es bei L'Arronge nicht tragisch
aus; der nach Amerika ausgewanderte liederliche Leopold und sein wieder ver-
armter Vater bessern sich durch Arbeit. Deren moralischen Wert verkörpern
zudem verschiedene Nebenfiguren aus dem Handwerkermilieu; bezeichnender-
weise ist der Wendepunkt der Handlung als Volksszene im Wirtshaus gestaltet.
Für Aktualität oder den Eindruck von ihr sorgen verschiedene zeitgenössische
Anspielungen, die nach einer Fußnote der Gesamtausgabe nach Bedarf auswech-
selbar sind.

4. *Die Meininger oder der Historismus auf der Bühne*

Das Schloßtheater eines deutschen Duodezfürstentums wurde in der Zeit der Reichsgründung zur Wiege eines neuen Bühnenstils, von dem Impulse auf weite Teile der europäischen Theaterreformbewegung am Ende des Jahrhunderts ausgehen sollten. Herzog Georg II. von Sachsen-Meiningen formte sein Schloßtheater zu einem Gastspiel-Ensemble um, das zwischen 1874 und 1890 38 Städte des In- und Auslandes bereiste und dort in 2591 Aufführungen ein neuartiges zugleich sinnlich-dynamisches und realistisches Theater präsentierte. Die statische Deklamation wurde durch ein lebhaftes Bewegungsspiel abgelöst; anstelle des isolierten Virtuosen dominierte ein durchtrainiertes homogenes Ensemble von beträchtlichem Umfang, das neuartige choreographische Effekte ermöglichte und den Massenszenen durch stummes Spiel und Individualisierung ungeahnte Wirkungen abgewann. Die Positionierung der Spieler im Raum erfolgte nach malerischen Gesichtspunkten, wie überhaupt dem Bühnenbild und der sonstigen Ausstattung, nicht zuletzt den Kostümen, die größte Aufmerksamkeit des fürstlichen Intendanten und Regisseurs gehörte, der sich hierbei der Unterstützung bedeutender Maler und Gelehrter versicherte.

Experten waren vonnöten, denn als oberster Maßstab galt das Kriterium der historischen Richtigkeit oder Echtheit, und zwar bezogen auf Zeit und Schauplatz der Dramenhandlung (nicht auf die Entstehungszeit oder die historische Theaterpraxis, für die ein Stück geschrieben war). Für die Aufführung von Shakespeares *Julius Cäsar* beispielsweise, eine der ersten und berühmtesten Inszenierungen des Herzogs, wurde nicht die Bühne des Globe-Theatre, sondern die Baustelle des Forum Romanum und der Zustand seiner Gebäude zum Zeitpunkt von Cäsars Tod rekonstruiert. Mochte eine solche Rekonstruktion in diesem wie in manch anderem Einzelfall auch in Konflikt mit den üblichen Sehgewohnheiten treten – in der Wirkung auf die Zeitgenossen überwog der Vertrauensvorschuß der Authentizität; erst das historisch abgesicherte Bühnenbild ermöglichte die vollkommene Illusion.

So unterschiedliche Dramatiker wie Hauptmann, Voß und Wildenbruch haben sich dankbar der Eindrücke erinnert, die sie in Kindheit oder jungen Jahren durch Gastspiele der Meininger empfangen haben. «Während der Tage, in denen die Meininger in Berlin spielten, war Berlin in einem festlichen Rausch», schreibt Wildenbruch über das erste Gastspiel von 1874. Albert Lindner bekennt sich in einem Beitrag für *Westermanns Monatshefte* von 1878 ausdrücklich zum «Kunstprincip» der Meininger:

«Wenn man im 16. Jahrhundert bei der Aufführung des *Julius Cäsar* noch nicht wußte, wie das römische Forum aussah, ja auch nur, wie eine römische Sandale beschaffen war, so wissen wir es heute um so besser und haben die Pflicht – wozu Shakespeare nicht verpflichtet war –, mit Hilfe der fortgebildeten Alterthumswissenschaft jenem Mangel des Dichters nachzuhelfen und sein problematisch hingeworfenes Kunstwerk zum Vollausdrucke der culturhistorischen Wahrheit zu erheben.»

Für Hans Hopfen dagegen stellt dasselbe Prinzip einen Irrweg dar; in einem Artikel von 1875 kritisiert er die Verwechslung der Tragödie mit einem Ausstattungsstück und die Vernachlässigung dessen, was eigentlich das Wesen des Theaters ausmache: der «charakteristischen Menschendarstellung». Gut gebrüllt, Löwe; die Zukunft des modernen Theaters liegt aber (von den Requisiten im Naturalismus bis hin zu den Bühnenbildern eines Adolphe Appia) gerade in der Aufwertung des Beiwerks, in der Vertauschung von Neben- und vermeintlicher Hauptsache.

Zu einer direkten Zusammenarbeit der Meininger mit Gegenwartsdramatikern kam es freilich nur in Ausnahmefällen. Das eigentliche Engagement des Herzogs gehörte der Wiederbelebung des klassischen Kanons (mit Schiller und Shakespeare an der Spitze), und die sensationelle Wirkung, die er erzielte, beruhte gerade auf dem Gegensatz seiner Version der klassischen Stücke zu ihrer epigonalen Darstellung auf den Stadt- und Hoftheatern (das Burgtheater unter Dingelstedt vielleicht teilweise ausgenommen). Von einer breiten Einwirkung der Meininger auf das seinerzeit florierende historische Drama kann daher nicht die Rede sein. Wohl aber sind einzelne Stücke von Björnson, Ibsen, Voß, Wolff und Wildenbruch in Meiningen aufgeführt worden.

Besondere Erwähnung verdient die Uraufführung von Wildenbruchs *Karolingern* im März 1881 in der Regie des Herzogs, nicht nur weil es sich um die erste Wildenbruch-Aufführung überhaupt handelt, die daher für den Durchbruch des Dramatikers entscheidende Bedeutung gehabt haben dürfte, sondern weil der effektorientierte dynamische Inszenierungsstil der Meininger in innerer Affinität zum dramaturgischen Profil gerade dieses Autors steht. Wildenbruch hat das für ihn epochemachende Ereignis zwölf Jahre später in seinem Roman *Schwester-Seele* (19.–21. Kapitel) in unverhüllt autobiographischer Form nacherzählt. Man glaubt die charakteristischen Qualitäten einer Meininger-Aufführung zu erkennen, wenn sein Romanheld über den Stolz schreibt, der ihn erfüllte, «als ich sah, wie das Stück in der Seele des einzigen Mannes, ‹des Verkünders›, des Herzogs, gelegen hatte, [...] wie es daraus hervorstieg, von prachtvollen Dekorationen umrahmt, in aller Farbenglut eines farbenfreudigen Malerauges gebadet, jede Szene angeordnet bis zur letzten Herausgabe des letzten Tropfens dramatischer Wirkung –».

5. Freie Bühne

«Uns vereinigt der Zweck, unabhängig von dem Betriebe der bestehenden Bühnen und ohne mit diesen in einen Wettkampf einzutreten, eine *Bühne* zu begründen, welche *frei* ist von den Rücksichten auf Theatercensur und Gelderwerb.» So heißt es im ersten Rundschreiben eines im Frühjahr 1889 in Berlin gegründeten Vereins, und die Absichten der Freien Bühne sind darin deutlich genug ausgesprochen. Das Vereinsstatut versprach Freiheit von den Einschränkungen der preußischen Zensur, der sonst jedes aufzuführende Stück vor der Aufführung vorzulegen war; lediglich geschlossene Veranstaltungen waren von dieser Bestimmung ausgenommen. Zugleich schaltete die Vereinsform jenes kommerzielle Interesse aus, das – wie oben gezeigt – in immer rigiderer Form das Theaterleben der Reichshauptstadt beherrschte. Da von jedem Stück ohnehin nur eine einmalige Aufführung für die Vereinsmitglieder veranstaltet wurde, konnten ökonomische Gesichtspunkte (wie die Rücksicht auf den Geschmack eines breiteren Publikums) auf die Gestaltung des Spielplans keinen direkten Einfluß nehmen.

Wer aber bestimmte dann über Programm und Richtung? Die Vereinsstruktur war denkbar autoritär; indem sie zwischen aktiven (den neun persönlich haftenden Gründern bzw. ihren Nachfolgern) und passiven Mitgliedern unterschied und unter den aktiven Mitgliedern wiederum, die von den passiven völlig unabhängig waren, dem Vorsitzenden weitestgehende Vollmachten einräumte, machte sie aus der Sachfrage im Grunde eine Persönlichkeitsfrage, und die Persönlichkeit, die in den entscheidenden ersten Jahren die Geschicke der Freien Bühne bestimmte, hieß Otto Brahm. Seines Zeichens Theaterkritiker wie die meisten anderen Gründungsmitglieder, war er bis dahin für eine Hebung des künstlerischen Niveaus und eine stärkere Berücksichtigung Ibsens eingetreten; als Parteigänger der naturalistischen Richtung im engeren Sinne – wie die Mitgründer Heinrich und Julius Hart – war er nicht aufgefallen. Sehr zur Enttäuschung der beiden Genannten, die darauf bald ihre Mitarbeit einstellten, sollte er sich auch gegenüber dem Vorschlag einer Aufführung von Julius Harts Stück *Der Sumpf* durchaus ablehnend verhalten. Statt dessen setzte er auf Ibsen, die Brüder Goncourt und Tolstoi sowie auf einen jungen Deutschen, dessen erstes Stück gerade erst im Sommer 1889 fertig wurde und Anzengrubers *Viertes Gebot* noch in letzter Stunde vom Termin der zweiten Vorstellung verdrängte. Nach der Eröffnung mit Ibsens *Gespenstern* (im September 1889) wurde die skandalumwitterte Uraufführung von Gerhart Hauptmanns *Vor Sonnenaufgang* am 20. Oktober 1889 zur eigentlichen Geburtsstunde der Freien Bühne und des naturalistischen Theaters in Deutschland.

Die zukunftsweisende Bedeutung der Premiere von *Vor Sonnenaufgang* lag in der Evidenz, daß eine Umsetzung des Naturalismus auf der Bühne – in gewissen Grenzen – überhaupt möglich sei. Hauptmanns Drama war in stofflicher und formaler Hinsicht eindeutig dem Naturalismus zuzuordnen und wurde von vielen im Publikum, das den Text zum großen Teil vorher kannte, als eigentlich ‹unmöglich› eingeschätzt. Die emotionale Wirkung der Aufführung, die wider Erwarten eintrat, war zu einem erheblichen Teil das Verdienst von Brahms Regie, die die sprachlichen und inhaltlichen Kraßheiten milderte bzw. strich und so dem bereits vorbereiteten Protest (man denke an die Geburtszange, die ein gewisser Dr. Kastan im letzten Akt schwang – obwohl die im Text vorgesehenen Schreie der Gebärenden ausfielen) die Grundlage entzog. Sie beruhte aber auch auf bestimmten Qualitäten des Stückes selbst, das die herkömmlichen Erwartungen an ein dramatisches Geschehen keineswegs vollständig enttäuschte, ja sie in der Gestaltung plastischer Charaktere – vor allem Helenes, deren Liebesszene mit Loth wahrscheinlich über den Erfolg der Aufführung entschied – sogar um einiges übertraf. Hauptmanns Begabung zeigte sich bereits hier als die eines Neuerers auf dem Boden der Tradition; die überraschende Anerkennung, die ihm der siebzigjährige Fontane entgegenbrachte, hat in dieser Vermittlung von Moderne und überliefertem Dichtungsverständnis ihren Grund.

Die vehemente und polemische Ablehnung von *Vor Sonnenaufgang* durch die konservative Kritik (u. a. Karl Frenzel) sollte eher zur Konsolidierung der Freien Bühne beitragen, wie auch die überraschende Konkurrenz, die ihr 1890 kurzfristig in der Deutschen Bühne Conrad Albertis erwuchs. Als nationale Alternative zu Brahms angeblich ‹überfremdetem› Spielplan wollte diese denjenigen deutschen Vertretern, Vorläufern oder Sympathisanten des Naturalismus ein Forum eröffnen, die in der Freien Bühne nicht zum Zuge kamen. Vorgesehen waren Aufführungen von Bleibtreus *Schicksal*, Albertis *Brot!*, Stempels *Morphium*, Müller-Guttenbrunns *Irma* und Kirchbachs *Ingenieur*. Das Unternehmen scheiterte nach wenigen von der Öffentlichkeit kaum wahrgenommenen Vorstellungen.

Es wird an Unterhaltungswert weit übertroffen durch die Parodie auf *Vor Sonnenaufgang* und *Die Familie Selicke*, die Alberti 1890 nach der mißglückten Premiere des Holz/Schlaf-Stücks an der Freien Bühne verfaßte (unter dem Titel: *Im Suff! Naturalistische Spital-Katastrophe in zwei Vorgängen und einem Nachgang*). Die Parodie ist zugleich eine Satire auf den Theaterverein, dessen Leiter man in Abramsen, dem «engbrüstigen» «Hauptmann der Deliranten» wiedererkennen soll. Nachdem Alberti im Zwischenakt die Auseinandersetzungen des Freie-Bühne-Vorstands mit dem aufmüpfigen Vereinsmitglied Kastan verwertet hat, läßt er im Epilog den Namenspatron des Lessing-Theaters auftreten und die wüsten Schreier mit einer riesigen Geburtszange (!) aus dem Tempel treiben.

«Die neue Litteratur ist revolutionär, das Theater ist konservativ» – unter diesem Motto gibt Brahm in einem Aufsatz von 1891 eine erste Bilanz der Freien Bühne und eine nachträgliche Rechtfertigung für ihre Gründung. Freilich übertreibt die griffige Formel. Die von Brahm selbst favorisierte Dramatik Hauptmanns ist, wie schon gesagt, keineswegs einseitig revolutionär. Und die bestehenden Theater sollten sich angesichts des Aufsehens, für das die ersten naturalistischen Stücke sorgten, schon bald der neuen Richtung öffnen. Für den Theaterverein Freie Bühne entfiel damit auf lange Sicht die Existenzberechtigung, und in der Tat verzichtete man schon nach zwei Spielzeiten auf die Erstellung eines neuen Saison-Programms. Man beschränkte sich auf Einzeltermine, die gelegentlich auch noch einmal literaturgeschichtliches Interesse verdienten – so die Uraufführung von Hofmannsthals *Frau im Fenster* (unter dem Titel *Madonna Dianora*) im Mai 1898. Damit war der Boden der naturalistischen Literatur-Revolution aber längst verlassen.

Die zitierte Formel implizierte allerdings ein weiteres und grundsätzlicheres Problem, das im Rahmen eines Vereins kaum gelöst werden konnte. Die naturalistische Dramatik verlangte nach einem spezifischen Inszenierungsstil, nach einer neuartigen Ausstattung und insbesondere einem veränderten Sprech- und Darstellungsmodus, der in klarem Widerspruch zu den klassizistischen Attitüden stand, in denen Schauspieler damals noch ausgebildet wurden. Da die Freie Bühne im Gegensatz zu ihrem oft überbewerteten französischen Vorbild (dem Théâtre Libre André Antoines in Paris) und ihrer kaum Wirklichkeit gewordenen Wiener Nachahmung mit Berufsschauspielern arbeitete, die von verschiedenen Theatern – mit gänzlich anderem Repertoire und Darstellungsstil – zusammengeworben werden mußten, gab es keine Gelegenheit zu intensiveren Proben und dem eigentlich notwendigen Schauspieler-Training. Schon von daher mußte Brahm nach einer Alternative suchen, die sich ihm schließlich in der Übernahme des Deutschen Theaters (ab 1894) bot.

Bevor sich aber das naturalistische Theater in so definitiver Weise etablierte, sollte die einstige Kampforganisation noch einmal in ihrer urspünglichen Funktion aktiv werden. Nach dem Zensurverbot von Hauptmanns *Webern* veranstaltete die Freie Bühne im März 1893 die Uraufführung des Dramas wohl im Vertrauen darauf, daß auch in diesem Fall die konkrete theatralische Umsetzung das vorgefaßte Mißtrauen entkräften könne. Und wirklich stehen die Berichte über die Freie-Bühne-Aufführung ganz im Zeichen der Auseinandersetzung mit dem schockierenden Inhalt und der frappierenden Form des Stücks – der von der Polizei unterstellte politische Deutungshorizont spielt keine größere Rolle. Dennoch hielt die staatliche Theateraufsicht an ihrer Haltung fest und provozierte damit gerade das, was sie verhindern wollte. Denn erst durch den Zensurprozeß und die mit ihm verbundenen publizistischen Kampagnen wurde die politische Rezeption festgeschrieben und verabsolutiert, die der öffentlichen Aufführung am Deutschen Theater 1894 ihren fanalartigen Charakter gibt und schon die Aufführungen vor Arbeiterpublikum bestimmte, die von den beiden Berliner Volksbühnen ab Herbst 1893 veranstaltet wurden.

6. *Arbeitertheater und Volksbühnen*

Das frühe Arbeitertheater war Vereinstheater und als solches zunächst an die gesellige Kultur der Jahrhundertmitte und ihre Ausdrucksformen – von der humoristischen Schnurre über das lebende Bild zum Festspiel – gebunden. Einen erheblichen Zuwachs an politischem Gehalt und operativer Funktionalität bedeuteten die dramatischen Dialoge, die Jean Baptiste von Schweitzer 1867 und 1870 in direkter Umsetzung der Marxschen Mehrwerttheorie entwarf: *Ein Schlingel* und *Eine Gans*. Auch August Otto-Walsters zweiaktiges Lustspiel *Ein verunglückter Agitator oder Die Grund- und Bodenfrage* (1874) übersetzt eine theoretische Schrift (nämlich Wilhelm Liebknechts Broschüre *Zur Grund- und Bodenfrage*, 1874) in eine dramatische – und das heißt aufführbare – Form; es bedient sich dabei dankbar des lustspiel- und volksstücktypischen Motivarsenals von Verwechslungs- und Erkennungsszenen, der Liebe auf dem Lande etc.

Zwei weitere Lustspiele aus den siebziger Jahren thematisieren die zunehmende Verfolgung sozialdemokratischer Aktivitäten durch den Staatsapparat. Max Kegels Zweiakter *Preß-Prozesse oder die Tochter des Staatsanwalts* (1876) biegt die übliche Heiratshandlung ins Politische um; der unerschrockene fortschrittliche Redakteur Felsenstein triumphiert über den Staatsanwalt Wolfsohn durch die Heirat mit seiner Tochter. Und in der «schnurrigen Komödie» eines unbekannten Verfassers mit dem Titel *Der Staatsstreich von Galgenhausen oder Die Geheimnisse der Familie Rammelkopf*, die unter dem Pseudonym «Stichlhuber» 1878 in Zürich erschien, wendet sich der Versuch zur Unterdrückung der öffentlichen Meinung durch Inhaftierung der Sozialisten in Zuchthäusern und Irrenanstalten letzlich gegen die Staatsvertreter selbst.

Das «Gesetz gegen die gemeingefährlichen Bestrebungen der Sozialdemokratie» aus dem gleichen Jahr unterbindet natürlich auch das sozialistische Arbeitertheater oder vertreibt es in einen für die historische Aufarbeitung unzugänglichen Untergrund. Erst in den letzten Jahren der Geltungsdauer des Sozialistengesetzes, in denen eine lockerere Handhabung Platz greift, sind neue Spieltexte faßbar, die offenbar als Ersatz für verbotene Festreden aufgeführt wurden. Es handelt sich um das Schauspiel *Ulrich von Hutten* (1887) des Literaturkritikers und Propagandisten Manfred Wittich und um das «Festspiel zum 9. Stiftungsfest des Fortbildungsvereines für Arbeiter am 18. 2. 1888 zu Leipzig», das Friedrich Bosse unter dem Titel *Die Alten und die Neuen* verfaßte. Die Alten sind Hans Sachs und Ulrich von Hutten, die nach einem schon bei Frischlin (*Julius redivivus*, 1575) beliebten Festspiel-Schema auf die

Erde zurückkehren, um die Fortschritte der Gegenwart – d. h. auch die Turn- und Sangesübungen des Arbeiterbildungsvereins – zu bewundern.

Der Rückgriff auf die Hutten-Ära bei Bosse wie Wittich erklärt sich natürlich aus der Beliebtheit von Lassalles Drama *Franz von Sickingen*. Bosses gelungenstes Stück *Im Kampf* (1892) gibt sich dagegen als proletarisches Pendant zu Schillers *Kabale und Liebe* zu erkennen. Die Rolle Ferdinands übernimmt der fälschlich des Mordes verdächtigte Streikführer Fels, seine Frau wird – wie Luise vom Sekretär Wurm – vom Fabrikanten erpreßt. Die komplizierte Intrige und die pathetische Rhetorik nehmen sich angesichts der banalen Realität der modernen Arbeitswelt wie ein zu groß geratenes Kostüm aus, das andererseits doch zu klein ist, um die gesellschaftlichen Ursachen des dargestellten Konflikts zu umfassen. Die Heranführung der Arbeiterschaft an Schiller, für die sich Franz Mehring einsetzte, meinte anderes als diese kurzschlüssige Verbindung von Bürger- und Proletarierschicksal.

Mehring löste 1892 Bruno Wille in der Leitung der Freien Volksbühne in Berlin ab. Der Sturz des Gründers und dessen Gründung einer «Neuen Freien Volksbühne», die ihre ältere Schwester im Laufe der Jahre gemessen an den Mitgliederzahlen – überholen (und schließlich 1920 mit ihr fusionieren) sollte, markieren die politische Problematik, die dem volkspädagogischen Unterfangen Willes von Anfang an innewohnte. Unter dem Motto «Die Kunst dem Volke» ging es Wille schon bei seinem ersten Aufruf zur Gründung einer Volksbühne im Frühjahr 1890 um die Vermittlung der bürgerlichen Kultur, auch und gerade ihrer aktuellen Leistungen (also der von ihm mitvertretenen Moderne), an die Arbeiterschaft, damit zugleich aber auch um eine Erziehung des «Menschen als Massenglied» (wie der Titel eines Beitrags Willes zur Zeitschrift *Freie Bühne* von 1890 lautet) zum Individuum. «Individuum, sei gepriesen! Selbstherrlichkeit, Du bist die erhabenste Krone», heißt es im selben Essay.

In gewisser Weise richtete sich diese Initiative natürlich gegen die Sozialdemokratie als kollektive Parteiorganisation, wie denn auch Wille in die Strudel des Machtkampfs zwischen den sogenannten Alten und Jungen auf dem Erfurter Parteitag der SPD im Herbst 1890 geriet. Arno Holz spielt auf diese Konflikte noch sechs Jahre später in seiner satirischen Komödie *Socialaristokraten* an; er braucht dabei nur Nuancen von Willes Originalton zu verändern, um die elitären Ressentiments im Hintergrund jener Volkspädagogik sichtbar zu machen – etwa wenn er die Wille-Figur Dr. Gehrke («schwankend zwischen Waldmensch und Oberlehrer») sagen läßt: «Für die sozialdemokratische Bewegung ist das Bestimmende der Herdeninstinkt der Menge, welche kritiklos den Führern folgt. [. . .] Mein Ziel ist der freie Vernunftmensch.»

Der Hinweis auf die ideologische Problematik der Gründungsinitiative war am Platz, weil sich hier gewissermaßen modellhaft schon der prinzipielle Konflikt zwischen proletarischer und bürgerlicher Orientierung abzeichnet, der die Existenz der Volksbühne bis weit in das 20. Jahrhundert hinein bestimmen wird. Auf der anderen Seite wäre Willes Aufruf selbstverständlich nicht so erfolgreich gewesen, wenn er sich nicht mit einem lebhaften Interesse weiter Kreise der großstädtischen Arbeiterschaft an einer direkten Partizipation am aktuellen Theatergeschehen – jenseits der Begrenzungen der proletarischen Teilkultur – getroffen hätte.

Als Vorbild für die Gründung der Volksbühne gilt die Freie Bühne, doch nur mit halbem Recht. Gewiß wurde auch hier das Vereinsrecht als Mittel zur Befreiung von der Zensur benutzt (auf Dauer allerdings nur mit begrenztem Erfolg). Damit hören aber schon die substantiellen Gemeinsamkeiten auf. Insbesondere unterschied sich die demokratische Organisation der Freien Volksbühne aufs markanteste von der hierarchischen Struktur ihrer Schwesterorganisation. Zielgruppe und Zielsetzung differierten ohnehin; der Vorsitzende der Freien Bühne, deren ca. 1000 Mitglieder (am Ende der ersten Spielzeit) sich durchweg aus Groß- und Bildungsbürgertum rekrutierten, schreibt in dem Bericht über eine Gründungsversammlung der Volksbühne im Sommer 1890: «Unser Spielplan ist ein anderer, unser Publikum ist ein anderes. Die Freie Bühne will die Entwicklung der Literatur unmittelbar beeinflussen, die Freie Volksbühne will auf das Volk wirken – so bestimmte Herr Wille treffend den Unterschied.»

Was den Spielplan angeht, so gab es natürlich manche Gemeinsamkeiten – jedenfalls bevor Mehring der Freien Volksbühne in größerer Zahl Klassiker-Aufführungen verordnete. Man bot den Mitgliedern eine stattliche Reihe von Hauptmann-, Ibsen- und Anzengruber-Aufführungen. Dazu traten zahlreiche relativ unbekannte Stücke von Johannes Schlaf, Otto Ernst, Josef Ruederer, Arthur Schnitzler, Max Dreyer, Ludwig Fulda, Otto Erich Hartleben und Ernst Preczang. Besondere Erwähnung verdient die Aufführung von Büchners *Dantons Tod*, eines heimlichen Vorbilds der *Weber*, durch beide Volksbühnen-Organisationen im Januar 1902.

II. ALTE UND NEUE GATTUNGEN

1. Historisches Drama

Das geschichtliche Drama, zumal die historische Tragödie, galt traditionellem Dichtungsverständnis als besonders hochstehende Gattung. Die gründerzeitliche Vorliebe fürs Heroische und Monumentale sowie das ideologische Interesse an einer historischen Legitimation der Reichsgründung führten dem Geschichtsdrama seit 1870 neue Impulse zu. Gleichwohl ist nicht zu übersehen, daß die Gattung auf der Bühne und dem Buchmarkt einen schweren Stand hatte. Publikum und Kritik (und hier nicht zuletzt der Theaterkritiker Fontane) hatten die realistischen Normen der «Wahrheit» und «Lebensnähe» so weit verinnerlicht, daß sie nur durch starke emotionale Mittel – wie patriotisches Pathos, erotische Wunschphantasien oder suggestive szenische Effekte – zur Gefolgschaft bei Ausflügen in antiquarische Gefilde zu bereden waren. Ein ausgeprägtes geschichtliches (geschichtsphilosophisches oder substantiell politisches) Interesse ist in der Blütezeit der positivistischen Geschichtswissenschaften weder bei den Autoren von historischen Dramen noch bei ihren Lesern erkennbar.

Daher fällt es dem Helden von Heyses Roman *Merlin* (1892) leicht, sein historisches Drama, für das der Theaterdirektor kein Interesse zeigt, in wenigen Tagen in ein erfolgreiches Gesellschaftsstück umzugießen: Aus der «vermoderten Königstochter, die ihren Gemahl ermorden läßt, weil er ihr aus dem Schädel ihres erschlagenen Papas zugetrunken hat», wird «eine aristokratische Gutsbesitzerstochter», «die sich hat entschließen müssen, einen jüdischen Wucherer zu heiraten, um ihren verschuldeten Vater vor dem Zusammenbruch seines Kredits und einem schimpflichen Prozeß zu retten». Der satirische Einfall, mit dem Heyse eigentlich das einseitige Interesse fürs «Moderne» kritisieren will, gerät gegen seine Absicht zum Argument für die Austauschbarkeit der Stoffe und Genres.

Die prekäre Stellung des Geschichtsdramas im damaligen Theaterbetrieb reflektiert auch der legendäre Schwank von Oskar Blumenthal und Gustav Kadelburg aus dem Jahr 1884. Er heißt *Der Raub der Sabinerinnen* nach der Römertragödie des Gymnasialprofessors Gollwitz, die von der fahrenden Truppe des Schmierendirektors Striese zur Aufführung gebracht werden soll, allerdings nach dem Mißerfolg der ersten beiden Akte unter der Hand durch L'Arronges populäres Lustspiel *Hasemann's*

Töchter ersetzt wird. Heyse, der selbst 1859 mit einer Römertragödie *Die Sabinerinnen* hervorgetreten war, mochte hier sein Leiden an der Zeit im Zerrspiegel erblicken.

Der Langzeiterfolg seines eigenen «Historischen Schauspiels» *Colberg* (1868) bot dem Grandseigneur des Münchner Dichterkreises nur einen schwachen Trost. Die 180 Auflagen, die die Buchausgabe bis zum Tod des Verfassers 1914 erlebte (20 000 Exemplare allein 1913/14), waren zu eindeutig dem nationalen Symbolwert des Sujets geschuldet, der sich bekanntlich noch bis zur Endphase des Zweiten Weltkriegs behaupten sollte (UFA-Film *Kolberg* 1943/44). Es geht um die Verteidigung der kleinen pommerschen Stadt gegen Napoleons Armee. Der heroische Aufschwung der Bürgerschaft unter Bürgermeister Nettelbeck und Major Gneisenau bleibt bei Heyse allerdings eigenartig folgenlos, da der Waffenstillstand von 1807 den tapferen Bürgern die Bewährung durch die Tat erspart. Die gründerzeitliche Rezeption ergänzte gleichsam, was im Drama ausgeklammert wurde. Die Berliner Aufführung vom 18. August 1870 – zwei Wochen nach Kriegsbeginn – wurde mit einem Festtableau eröffnet, das eine mit Trophäen geschmückte Waffenhalle zeigte; darin waren alle gewonnenen Schlachten des aktuellen Feldzugs verzeichnet.

Auf die poetische Legitimation des politisch und militärisch Erreichten zielten zahlreiche historische Dramen aus der Anfangszeit des neuen Reichs. Die Direktheit der Tendenz war allerdings meist mit einer Einbuße an poetischer Kraft verbunden, wie Fontane beispielsweise an Felix Dahns «vaterländischem Schauspiel» *Deutsche Treue* (1875) bemängelt. Es stellt – mit Fontanes Worten - «den Sieg der in Heinrich I. (dem Finkler) verkörpertem deutschen Königsidee über die partikularistisch widerstrebenden Elemente dar» und nimmt damit das mittelalterliche Geschehen so plakativ wie möglich zur Projektionsfläche Bismarckscher Strategien. Wie in den historischen Romanen der Zeit verbindet sich die Einheitsideologie auch im Geschichtsdrama gern mit anti-«wälschen» Affekten; der Kulturkampf der siebziger Jahre dient gleichsam als innenpolitische Fortsetzung der Franzosenfeindschaft der Kriegszeit. In diesem Sinne konfrontiert Dahn germanische Tugend und welsche Verdorbenheit in *König Roderich* (1873) und *Sühne* (1878) – ohne mit diesen Stücken auch nur im Ansatz die Beliebtheit seines Goten-Romans zu erreichen. Dasselbe Schema regiert in Wilbrandts *Der Graf von Hammerstein* (1870), Rudolf Gottschalls *Herzog Bernhard von Weimar* (1871), Arthur Fitgers *Adalbert von Bremen* (1874) und *Die Hexe* (1876), Schacks *Heliodor* (1878) und *Timandra* (1880) und nicht zuletzt in Wildenbruchs Dramen *Die Karolinger* (1882) und *Das neue Gebot* (1886).

Albert Lindner stößt in das gleiche Horn, wenn er in seinem erfolgreichsten Drama *Die Bluthochzeit oder Die Bartholomäusnacht* (1871) die Ermordung der französischen Hugenotten im Jahre 1572 zum Gegenstand nimmt (Lieblingsthema auch des Lyrikers und Epikers Meyer). Die nationale Tendenz wird hier von der kulturkämpferischen – nämlich antiklerikalen – Perspektive übernommen; historische Faktizität spielt dabei keine nennenswerte Rolle. Lindners Protestanten singen Luthers «Ein feste Burg», während der Gewehrhagel gegen sie losbricht. Die Vorliebe des Dramatikers für wirkungsvolle Bühneneffekte prädestinierte sein Stück für die Meininger Truppe, in deren Gastspielrepertoire es mit insgesamt 85 Aufführungen das meistgespielte zeitgenössische Drama darstellte. Anleihen bei Schiller vermischen sich mit Einflüssen der Schauerdramatik; besonderes Gewicht kommt der Charakterisierung Katharinas von Medici zu, die hier als wahre Megäre gezeichnet wird («Graun der Welt»). Das Grauen vor der dominanten, aggressiven Frau ist ein Leitmotiv der Epoche, das im Erzählwerk Sacher-Masochs seine individuellste Ausprägung erfährt und uns in den historischen Dramen Wilbrandts alsbald wiederbegegnen wird.

Der Gymnasiallehrer Lindner hatte seinen Durchbruch als Dramatiker mit der Römertragödie *Brutus und Collatinus* erfahren, die 1865 am Karlsruher Hoftheater unter Devrient uraufgeführt und im Jahr darauf mit dem Preußischen Schillerpreis ausgezeichnet wurde. Im Vorwort zur Buchausgabe rechtfertigte er den Wert der historischen Dichtung gegen Gottschalls Bedenken, was den Kritiker seinerseits zu einer ausführlichen Replik (1870) herausforderte. Den zahlreichen Stauferdramen Lindners blieb ebenso wie seiner ganzen weiteren Produktion – mit Ausnahme der *Bluthochzeit* – der Erfolg versagt. Auch die Stellung als Vorleser des Kaisers konnte den Dramatiker nicht vor dem Abstieg in Elend und Geisteskrankheit bewahren. Für den Naturalisten Max Kretzer bedeutete Lindners Ende (1888) eine Beschämung des Dichter-und-Denker-Volks: Zeichen dafür, daß seine «Adler verenden, während der Maulwurf gedeiht!»

Adolf Wilbrandt war einer der angesehensten Dichter seiner Epoche. Der Sohn eines Rostocker Universitätsprofessors promovierte in München, leitete kurzfristig die *Süddeutsche Zeitung* und ließ sich nach längeren Reisen 1871 in Wien nieder, wo er die Schauspielerin Auguste Baudius heiratete. Seine erfolgreichsten Stücke entstanden dort in den siebziger Jahren in enger Fühlung mit dem Ensemble des Burgtheaters, dessen Leitung der vielseitige Autor 1881 (bis 1887) übernehmen sollte. Genoß Wilbrandt bei den Zeitgenossen Ansehen nicht zuletzt als Verfasser «graziöser Lustspiele» (Fontane), darunter die Künstlerkomödie *Die Maler* (1872), so treten im historischen Rückblick sein philosophisches Drama *Der Meister von Palmyra* (siehe oben S. 424) und die Reihe seiner Römertragödien hervor, eröffnet 1872 mit dem Trauerspiel *Gracchus, der Volkstribun*.

Das klassische Sujet eines republikanischen Trauerspiels ist hier weitgehend ins Private zurückgenommen; bestimmend für das Handeln des jüngeren Gracchen ist wesentlich die Rache für den Mord an seinem

Bruder Tiberius. Die Überwucherung des Öffentlich-Politischen durch
Privates, ja Intimes kennzeichnet erst recht das nächste Römerdrama
Wilbrandts, das von der Burgtheaterschauspielerin Charlotte Wolter in
Wien (1874) und Berlin (1876) zu wahren Triumphen geführt wurde:
Arria und Messalina.

Wie Caius Gracchus diente Arria die Ältere vergangenen Jahrhunderten als
legendäre Ikone einer mit stoischer Konsequenz gelebten römischen Bürger-
tugend. Bei Wilbrandt bleibt davon nichts als der Gegensatz zur dekadenten
Erotik der lasterhaften Kaiserin, die Arrias Sohn verführt und den tugendhaften
Eltern, ja sich selbst entfremdet. Der gebildete Autor scheut sich nicht, das
Publikum des Hoftheaters mit Hilfe von Makarts Kostümen zum Voyeur einer
Boudoir-Szene zu machen, die gleichermaßen an Tannhäusers Venusberg-Erleb-
nis wie an eine Bordell-Phantasie gemahnt: «Der verhüllte Raum erleuchtet sich,
ein starker Glanz schimmert durch die Vorhänge hindurch. Marcus steht still;
ergreift dann den Vorhang, zieht ihn zurück. Man erblickt Messalina, auf einem
prunkvoll geschmückten Lager in phantastischer Kleidung ausgestreckt, wie
schlafend; ein magisches Licht fällt auf sie herab.»
    Die Grenze zur Perversion wird überschritten, wenn die Kaiserin den ver-
führten Jüngling mit der angedrohten Hinrichtung seiner Eltern erpreßt und
sich ihm zugleich in masochistischer Gebärde zu Füßen wirft:

> Hier lieg ich, Marcus! Marcus, dir zu Füßen –
> Die Kaiserin. So heb' die Hand und schlag',
> Und strafe deine kaiserliche Sklavin
> Um das, wovor dir graut. Doch liebe mich;
> Sag mir's, o sag mir's!

Dient der antike Rahmen hier lediglich dazu, einer Sinnlichkeit zur
Artikulation zu verhelfen, die in direkterer Thematisierung bei Zeitgenossen und Zensurinstanzen Anstoß erregt hätte? Wilbrandts *Nero*-
Tragödie von 1876 bestätigt eine solche Vermutung, denn auch hier
dominiert Erotik die Politik, wird im historischen Kostüm eine Annäherung an Geheimnisse des Trieblebens gesucht, die gleichsam schon nach
einer psychoanalytischen Aufklärung verlangen. Der Muttermord, zu
dem Poppea Sabina den Kaiser treibt, rächt sich in der Hochzeitsnacht:
Nero verwechselt die Geliebte mit der Mutter und tötet in ihr das
Objekt der Begierde, um dessentwillen er gemordet hat.

    Die Figur Neros, schon 1866 in einem Versepos Hamerlings beschworen, fas-
zinierte eine ganze Generation von Gründerzeit-Dramatikern. Neben Wilbrandt
widmeten der Gestalt des Kaisers Tragödien: Rudolf Bunge (1875), Martin Greif
(1877), August Schmitz (1877), Karl Weiser (1881), Hans Herrig (1883) und
Friedrich von Hindersin (1886). Als Nachzügler wenden sich noch Panizza
(1898) und Hugo Ball dem Stoff zu. Während Panizza – in deutlichem Widerspruch zu Wilbrandt und seinen unmittelbaren Zeitgenossen – die historische
Distanz betont, schreibt Balls nachgelassener Stücktext insofern die Traditions-

linien des Epigonendramas fort, als er die – nun offen als inzestuös enthüllte
– Beziehung zur Mutter ins Zentrum rückt und im Geiste des expressionistischen Generationskonflikts deutet.

Der frühere bayerische Offizier Martin Greif und der Bremer Maler
Arthur Fitger können als die beiden regionalen Exponenten des Geschichtsdramas der Gründerzeit gelten. Greif, der auch als Lyriker hervorgetreten ist, stellt ins Zentrum seiner bekanntesten Stücke *Corfiz
Uhlfeldt, der Reichshofmeister von Dänemark* (1873) und *Marino Falieri,
oder Die Verschwörung des Dogen zu Venedig* (1879) die Gestalten scheiternder Reformer. Indem Greifs Trauerspiele neben den idealen Zielen
der Helden auch deren egoistische Züge wie Überheblichkeit und Macht-
hunger sichtbar machen, entlassen sie den Zuschauer mit einer eigentümlichen Skepsis. Ähnlich wie in den historischen Erzählungen Meyers
stellt sich der Eindruck der Unergründlichkeit der Welt und der in ihr
agierenden großen Individuuen ein. Der blutrünstige Doge Marino
Falieri beschäftigte übrigens auch die dramatische Phantasie von Lindner (1874), Kruse (1876), Murad Effendi (d. i. Franz von Werner, 1876)
und Wilhelm Walloth (1881). Spätere Werke Greifs wandten sich stärker
der nationalen Geschichte zu. Neben seinen Hohenstauferdramen ist
hier vor allem das «vaterländische Schauspiel» *Ludwig der Bayer oder
Der Streit von Mühldorf* hervorzuheben, 1891 aufgeführt von den Bürgern des bayerischen Kraiburg im eigens dafür errichteten Festspielhaus.
Das historische Drama dient der Identifikation des Volks mit den Herr-
schern (hier: den Wittelsbachern). Auch zu Bismarcks 80. Geburtstag
1895 lieferte Greif ein Festspiel (*Das erste Blatt im Heldenkranz*).

Gegenüber solch staatstreuem Konservatismus wirkt das dramatische
Schaffen Fitgers vergleichsweise modern; der Bremer Dichtermaler ist
offensichtlich vom Geist des Positivismus (Darwin, Haeckel) berührt,
aber doch sehr ein Produkt des Übergangs und sprachlich und dramaturgisch noch ganz der ‹alten Schule› verpflichtet. Das in der Zeit nach
dem Ende des Dreißigjährigen Krieges angesiedelte Drama *Die Hexe*,
eines der meistgespielten Stücke der Meininger Truppe, verbindet kultur-
kämpferische Elemente mit aufklärerischen Akzenten. Fitgers nächstes
Drama *Von Gottes Gnaden* (1884) spielt in einem linksrheinischen Klein-
staat zur Zeit der Französischen Revolution und bezieht immerhin –
anachronistisch genug – das aktuelle Thema der Frauenemanzipation
ein. In Preußen brachte es das schwache Stück sogar zu einem Zensurverbot (wegen der Infragestellung des Gottesgnadentums) – Grund
genug für die Berliner Freie Bühne, gleich in ihrer ersten Saison eine
Aufführung von Fitgers Drama zu veranstalten. Nach deren voraussseh-
barem Mißerfolg konstatierte ihr Leiter Brahm unbarmherzig (und auch
etwas undankbar) den Tod der «historischen Tragödie alten Stils».

Waren die Forderungen des Naturalismus grundsätzlich unvereinbar mit der Gattungsgesetzen des historischen Dramas? Schon Hauptmanns *Weber*, die ja immerhin auf ein fünfzig Jahre zurückliegendes Ereignis zurückgriffen, konnten daran zweifeln lassen. Mit dem Bauernkriegsdrama *Florian Geyer* (1896) dann nimmt Hauptmann vollends die Auseinandersetzung mit der Tradition des historischen Dramas auf.

Einerseits schließt er sich erstaunlich eng an dessen gründerzeitliche Entwicklungstendenzen (in Richtung vaterländisches Festspiel) an. So denkt Hauptmann schon während der Arbeit am Drama an ein «Geyer-Festspielhaus und Spiel» in seinem schlesischen Wohnsitz Schreiberhau; auch hat er sich mehrfach zum nationalen Anliegen des *Florian Geyer* geäußert. Er verstand ihn offenbar als seinen Beitrag zur Lage der Nation; die vom Dramenhelden anvisierte Reichsreform mit Zügen einer nationalen Einigung und genuin liberalen Zielen (gleiches Recht für alle, auch für die Juden) ist als Prophetie des Bismarck-Reiches und zugleich als kritisches Gegenbild zu ihm aufzufassen. «Allen freien Deutschen gewidmet!», sollte in Anlehnung an ein Hutten-Wort ursprünglich die Widmung des Dramas lauten, wobei der Akzent wohl auf dem zweiten Wort lag. Zweieinhalb Jahrzehnte nach Meyers Hutten-Dichtung dient der Rückgriff auf die Reformationszeit eher der Kritik als der Verherrlichung des neuen Reichs.

Auf der anderen Seite unterscheidet sich *Florian Geyer* vom historischen Drama der Gründerzeit durch den fast wissenschaftlichen Aufwand der Quellenarbeit. Wie bei den *Webern* geht Hauptmann von Arbeiten aus der Epoche des Vormärz aus, die er durch positivistische Darstellungen aus jüngerer Zeit ergänzt; die entscheidende Anregung zum *Florian Geyer* gibt eine im SPD-Verlag Dietz erschienene Neuauflage von Wilhelm Zimmermanns *Großem deutschen Bauernkrieg*. Auf zwei Studienreisen nach Franken 1892 und 1894 verschafft sich Hauptmann nähere Anschauung von Örtlichkeit und Kunstdenkmälern. Als Vorbild für die archaisierende Gestaltung des Dialogs dienen ihm neben zeitgenössischen Chroniken, Liedern und Hans-Sachs-Versen vor allem Barock-Autoren wie Moscherosch und Gryphius. Schon daran wird deutlich, daß es mit der Authentizität des Dramas trotz der enormen Materialstudien letztlich nicht allzu weit her ist. So ist denn auch die führende Rolle, die Hauptmann dem abtrünnigen Ritter und seiner «schwarzen Schar» im Bauernkrieg zuspricht, historisch alles andere als unumstritten. Der Autor des *Florian Geyer* versucht der Personalisierung des geschichtlichen Konflikts, die im historischen Drama der Epoche selbstverständliche Praxis war, entgegenzuwirken durch eine neue epische und zum Monumentalen tendierende Form. Im sogenannten Hauptszenar vom Februar 1895 sind 114 Einzelszenen geplant; mit über 70 Rollen und 302 Seiten der Erstausgabe liegt aber auch die fertige Fassung weit über dem Rahmen des Gattungsüblichen und in der Theaterpraxis Möglichen.

Sie sucht den Kompromiß zwischen der Heldenlosigkeit des Massendramas, wie *Die Weber* sie erprobten, und der Personenfixierung des traditionellen historischen Dramas in einer strukturellen Besonderheit. Abgesehen vom Vorspiel, das im Lager der Gegenpartei spielt und schon von daher ohne den Protagonisten auskommen muß, betritt dieser in allen fünf Akten jeweils erst zur Mitte des Aufzugs die Bühne. Er erscheint somit als Erfüllung der Wünsche, als Inbild der Hoffnungen seiner Anhänger – als Repräsentant einer Gruppe. Wieweit sich dieses demokratische Bauprinzip gegen die Tendenz zur Dämonisierung des Helden, die vor allem den Dramenschluß bestimmt, in der Wirkung – zumal auf dem Theater – zu behaupten vermag, ist freilich eine andere Frage. Wer Lovis Corinths Bild von Rudolf Rittner als Florian Geyer sieht (ein Ausbund einzelkämpferischer Energie), wird sie wohl verneinen.

Über den Mißerfolg von Hauptmanns *Florian Geyer* hat sich – außer dem neidverzehrten Arno Holz – wohl keiner mehr gefreut als Ernst von Wildenbruch. Die Uraufführung seiner dem Investiturstreit gewidmeten, auf zwei Theaterabende ausgelegten Dramentrilogie *Heinrich und Heinrichs Geschlecht* nur zweieinhalb Wochen später profitierte sichtlich von der Niederlage des Kollegen-Konkurrenten; Wildenbruch, der eine Zeit schwankenden Bühnenerfolgs hinter sich hatte, glaubte – in Übereinstimmung mit den konservativen Rezensenten – das definitive Ende der naturalistischen Bühnenherrschaft gekommen und unter zeichnete einen Brief kurz nach der Premiere mit «Wildenbruch redivivus». Über das Interregnum von Brahm und Hauptmann hinweg hoffte *der* repräsentative Dramatiker des Kaiserreichs an die Erfolge anknüpfen zu können, die er in den achtziger Jahren mit einem neuen Typ des historischen Dramas erzielt hatte, der sich vom naturalistischen Experiment des *Florian Geyer* ebenso unterschied wie vom typischen Geschichtsdrama der Gründerzeit.

Bezeichnend dafür ist die Serie von Ablehnungen, die der junge Wildenbruch einstecken mußte. Seine später erfolgreichen Stücke *Harold* (erste Fassung 1874), *Der Menonit* (entstanden 1877), *Die Karolinger* (entstanden 1878), *Väter und Söhne* (entstanden 1879) wurden vom Königlichen Schauspielhaus und anderen Theatern kommentarlos abgelehnt – in einer Zeit, in der das Geschichtsdrama doch durchaus eine (begrenzte) Konjunktur verzeichnete. Erst die Uraufführung der *Karolinger* durch die Meininger 1881 und danach ihre Berliner Erstaufführung am Victoria-Theater 1882 brachten die Wende. Alsbald beherrschten Wildenbruchs historische Dramen die deutschen Spielpläne und machten eine neue Form des theatralischen Umgangs mit Geschichte populär, bei der nicht so eindeutig die aktuelle politische Botschaft im Vordergrund steht wie etwa in Dahns biederer *Deutschen Treue,* aber auch keine Entwertung des Öffentlich-Politischen zugunsten privatester Konflikte erfolgt wie in den Römerdramen Wilbrandts. Wildenbruchs Geschichtsdramen verfügen durchaus über eine ideologische Programmatik, diese ist jedoch integriert in ein dynamisches Bühnengeschehen, das ein Maximum an äußerer Handlung und damit auch ein Maximum an theatralischen Effekten bietet. Die oft nur flüchtig skizzierten und vielfach klischeehaften Figuren erreichen in kürzester Zeit emotionale Siedegrade, ohne die Zeit des Zuschauers mit längeren Monologen zu vergeuden. Statt Gedankenblässe (dem verbreiteten Mangel des klassizistischen Epigonendramas) – Action! Das Wort aus dem Film ist hier insofern am Platz, als man in Wildenbruchs Dramaturgie durchaus eine Annäherung an filmische Effekte und Wahrnehmungsformen gefunden hat. Das großstädtische Publikum des ausgehenden 19. Jahrhunderts verlangte in neuem Umfang nach Unterhaltung und nach neuen – spannenderen, dynamischeren – Formen schauspielerischer Darbietung.

2. *Gesellschaftsdrama*

Die extreme Expansion des deutschen Theaterwesens nach Einführung der Gewerbefreiheit hatte einen stark gesteigerten Bedarf an Unterhaltungsdramatik zur Folge. Doch nicht nur an den kommerziellen Bühnenneugründungen der siebziger und achtziger Jahre dominierte die leichte Muse; auch im Spielplan der Hoftheater nahm harmlose Unterhaltungsware (zumal wenn man auf die Zahl der Wiederholungen blickt) einen beachtlichen Stellenwert ein. Die Literaturgeschichte hat sich angewöhnt, über die Erfolgsdramatik jener Jahre mit vornehmem Schweigen hinwegzugehen oder sie mit verächtlichen Wendungen abzutun, die wesentlich durch die Polemik geprägt sind, die die *Kritischen Waffengänge* der Brüder Hart gegen den Theaterbetrieb ihrer Zeit richteten. So wird oft abfällig vom schlüpfrigen Sittenstück französischer Provenienz gesprochen, ohne die nationalistischen Klischees zu reflektieren, die einer solchen Abqualifizierung zugrunde liegen und ohne den Einfluß zu überprüfen, der de facto von dieser Bühnenproduktion auf die Dramatik des späten 19. Jahrhunderts – auch beträchtlicher Teile der Moderne (u. a. Ibsen) – ausging.

Richtig ist, daß die französische Konversations- bzw. Gesellschaftsdramatik im 19. Jahrhundert international eine unbestrittene Spitzenstellung einnahm, die freilich mit einer weitgehenden Kommerzialisierung und z. T. quasi industriellen Fertigungsmethoden erkauft war. So sind die knapp vierhundert Stücke, die unter dem Namen von Eugène Scribe überliefert sind, zum großen Teil als Gemeinschafts- oder Werkstattarbeit entstanden. An bühnentechnischer Präzision ist seine Prosakomödie *Le verre d'eau* (Das Glas Wasser, 1840) allerdings ebensowenig zu überbieten wie die Bühnenbearbeitung, die Alexandre Dumas fils 1852 von seinem Roman *La dame aux camélias* (Die Kameliendame, 1848) herstellte, an melodramatischer Wirkung. Die hier praktizierte Konfrontation von Halbwelt und Bürgertum wird zu einem festen Bestandteil des französischen Sittenstücks und prägt z. B. noch Victorien Sardous *Fernande* (1870), deren Berliner Erstaufführung es in der Saison 1871/72 – unmittelbar nach dem Deutsch-Französischen Krieg! – auf nicht weniger als 112 Aufführungen brachte.

Entscheidend für den Erfolg eines Stücks wie *Fernande* und seiner deutschen Adaptionen ist freilich nicht nur die routinierte Entwicklung des dramatischen Plots, die Geschliffenheit der Dialoge etc., sondern auch die Halbherzigkeit, mit der sich der Autor des verhandelten gesellschaftlichen Konflikts annimmt. Die Probleme einer geschlechtsspezifischen Sexualmoral und der Prostitution (bzw. sexueller Erpressung), die hier angesprochen werden und dem Stück für das zeitgenössische Publikum sicher den Reiz des ‹Pikanten› gaben, werden so weit entschärft, daß das Stück letztlich fast auf eine Bestätigung traditioneller Vorstellungen von weiblicher und männlicher «Ehre» hinausläuft. Entsprechende Beobachtungen lassen sich bei der deutschen Erfolgsdramatik jener Jahre um so häufiger machen, als die – im Vergleich zu Frankreich – strengere Sexualmoral und das Fehlen einer ausgeprägten großstädtischen Boheme oder Halbwelt (zumindest in den ersten beiden Jahrzehnten des Kaiserreichs) die Autoren ohnehin zu gewissen Anpassungen zwangen.

Einen Tiefpunkt des Genres markierten – auch aus der Sicht der Brüder Hart – wohl die Stücke Hugo Bürgers (eig. Lubliner). Ihren vornehmsten Vertreter fand die Gattung dagegen mit Paul Lindau, dem vielseitigen Publizisten, Gründer der Zeitschrift *Die Gegenwart* und nachmaligem Theaterdirektor, nicht zufällig in einem Autor, der selbst in Paris studiert hatte und enge Kontakte zur Pariser Szene besaß. Sein dramatischer Erstling *Marion* (1869) war noch im Paris des Seconde Empire angesiedelt; er war zugleich (von einer späten Ausnahme abgesehen) sein letztes Stück mit tragischem Ausgang. Fortan befleißigte sich Lindau einer Strategie konsequenter Verharmlosung und steuerte so zielsicher aufs Happy-End zu, daß es auch konservativen Zeitgenossen wie Karl Frenzel unangenehm auffstieß, der anläßlich der Uraufführung von Lindaus *Diana* (1873) bemerkte: «Die Franzosen besitzen [...] den Muth und die Logik der Frivolität, sie ziehen unerbittlich die Consequenz aus einer leidenschaftlichen Scene. Lindau tastet furchtsam hin und her: er möchte wohl, aber er wagt nicht. Wie in ‹Maria und Magdalena› läßt er den Zuschauer Alles ahnen, um nachher in einem Possenspiel zu sagen: es war nichts, gar nichts, ihr seid alle an der Nase herumgeführt worden.»

Worum geht es in *Maria und Magdalena* (1872)? Die biblischen Namen lassen den Gegensatz zwischen einer ‹Reinen› und einer Sünderin erwarten. Magdalena von Hoßenstraßen stand während ihres Pensionsaufenthalts – acht Jahre vor Beginn des Stücks – mit einem jungen Lehrer in einer «Art Einvernehmen», dessen Harmlosigkeit uns im nachhinein beteuert wird. Gleichwohl hatte die Entdeckung des Briefwechsels seinerzeit gravierende Folgen; sie führte zum Schulverweis von Magdalenas Freundin Maria Werren, unter deren Namen nämlich die Briefe ausgetauscht wurden. Maria, die prompt auch von ihrem Vater

verstoßen wird, geht in die Fremde und wird zu einer berühmten Bühnenkünst-
lerin, während Magdalena später – Marias Vater heiratet, den Kommerzienrat
Werren. Letzterer ist durchaus als zeitgenössisch-zeittypische Gestalt angelegt:
«Er hat zu schnell und zu viel Geld verdient [. . .]. Er möchte nun gern aristokra-
tisch sein, deshalb hat er ein armes, hochadeliges Fräulein geheirathet, deshalb
hat er sich auch Titel und Orden verschafft.» Der Wiederbegegnung der arrivierten Schauspielerin mit diesem Vater und seiner zweiten Frau fehlt also keineswegs eine gewisse Brisanz. Doch die Versöhnung, die Lindau anbietet, ist mit
einer Verlogenheit erkauft: Magdalenas ‹Vergangenheit› wird nicht offengelegt.

Bis in Einzelheiten hinein ist hier die Konstellation eines bekannten naturalistischen Dramas vorgebildet. Auch in Sudermanns *Heimat* (1893) kommt eine
große Sängerin in die Provinzstadt zurück, in der sie aufgewachsen ist, und in
das Elternhaus, aus dem sie verstoßen wurde. Doch ist es hier die Heimkehrerin,
die Magda heißt, denn nach strengbürgerlichen Begriffen (die ihr längst nichts
mehr bedeuten) ist die Zwangs-Emanzipierte in der Ferne ‹schuldig› geworden.
Unwahrscheinlicherweise trifft sie just im Elternhaus den Vater ihres Kindes
wieder – ebenjenes unehelichen Kindes, um dessen Ernährung willen sie sich
zur bedeutenden Künstlerin emporgearbeitet hat. Es kommt sogar zu einem Versuch der Re-Integration der ‹Gefallenen› in das bürgerliche Anstands-System;
doch erweisen sich die Standpunkte der selbstbewußten Künstlerin, ihres einstigen Geliebten (der als rückhaltloser Opportunist und Karrierist entlarvt wird)
und ihres starr am überlieferten Ehrenkodex festhaltenden Vaters als unversöhn-
bar; der Oberstleutnant a. D. erliegt einer Herzattacke, als er die Pistole auf
die vermeintliche «Dirne» richtet, von der er seine Familienehre zerstört
glaubt.

Als liberales Plädoyer zur Judenfrage verdient Lindaus *Gräfin Lea*
(1880) Erwähnung. Entstehung und Aufführung fallen in die Zeit der
ersten – mit den Namen Stoecker und Treitschke verbundenen – Welle
des öffentlichen Antisemitismus in Preußen. Lindau, der selbst antisemitischen Angriffen ausgesetzt war, stellt einen Erbschaftsprozeß ins Zentrum des Dramas und gewinnt so die Möglichkeit, Grundfiguren der
antisemitischen Agitation auf die Bühne zu bringen und in der Gestalt
seiner positiven Heldin, der aus jüdischer Familie stammenden verwitweten Gräfin Fregge, ad absurdum zu führen. Allerdings zeigt sich auch
hier die charakteristische Neigung dieses Schriftstellers zum Kompromiß. Lindau begnügt sich nämlich damit, die Humanität der assimilierten Jüdin Lea zu demonstrieren, und gibt dafür ihren Vater, der unwidersprochen als jüdischer Wucherer charakterisiert wird, den üblichen antijüdischen Vorurteilen preis. Er repetiert damit ein altes Bühnenschema,
das sich bis zu Shakespeares *Merchant of Venice* (Der Kaufmann von
Venedig) zurückverfolgen läßt – die schöne Jüdin wird auf Kosten ihres
satirisch verzeichneten Vaters ‹gerettet›. Zu Recht hat man daher Lindaus
Stück als «höfliches Schauspiel mit biegsamem Rückgrat» bezeichnet,
«das bald nach rechts und bald nach links eine diplomatische Verbeugung macht».

Oskar Blumenthal, von dem dieses Diktum stammt, gehörte zu den meistverdienenden Dramatikern der Zeit; seine Tantiemen erlaubten es ihm, 1888 ein eigenes Theater in Berlin zu gründen: das Lessing-Theater, an dem er neben seinen eigenen Werken (die er angeblich auch vor halbleeren Häusern spielte, um die Aufführungszahl in die Höhe zu treiben und so den Marktwert zu steigern) vor allem die Dramen Sudermanns kultivierte. Wie gut sich Blumenthal in den Mechanismen des Kulturmanagements auskannte, hatte er bereits mit seinem Lustspiel *Die große Glocke* (1884) unter Beweis gestellt. «Schreien, Lärm machen und sich an den Strang der *großen Glocke* hängen – Bim-Bam! Bim-Bam! – daß den Leuten die Ohren gellen ... damit zwingt man's!» So wird es in Blumenthals Lustspiel einem jungen Bildhauer von mittlerer Begabung im Stück gesagt, und alsbald gelingt es diesem auch, die Protektion einer einflußreichen Dame der Gesellschaft zu erlangen. Dank ihrer Machenschaften erhält er den ersten Preis in einem Wettbewerb, weist ihn jedoch zurück, nachdem er erfährt, wie die Entscheidung zustande gekommen ist. Im aufblühenden Kunsthandwerk der Gründerzeit, so die versöhnliche Perspektive des Schlusses, wird sich auch für mittlere Begabungen wie diesen Helden eine angemessene Betätigung und ein hinlängliches Auskommen finden. Vielleicht ist Blumenthals eigene Karriere das beste Argument dafür, daß jedenfalls dieser Zug des Stückes der Wirklichkeit entsprach.

Wie man sieht, bedient sich Blumenthal gern der Form des Thesenstücks, das die zentrale Thematik – oft auch im Titel – in epigrammatischer Zuspitzung formuliert. Das gleiche gilt für das Schauspiel *Ein Tropfen Gift* (1885). Die These lautet hier: «Aus jeder Verleumdung [...] fließt ein Tropfen Gift in die Gesellschaft.» Aber auch hier ist für Heilung gesorgt; durch einen Schuß Patriotismus nämlich, den Blumenthal seinem dramatischen Cocktail beimischt. Denn Graf Vahlberg, der unter der Verleumdung leidet, er hätte einen Geheimvertrag seines Fürstentums an Bismarck verraten (und damit die Annexion durch Preußen veranlaßt), wird vollständig rehabilitiert. Es war der alte Herzog selbst, der den Verrat lancierte und so gezielt die Auflösung seines Fürstentums betrieb, weil er «mit seinem weiten und großen Blick» die «große nationale Geburtsstunde» kommen sah und beschleunigen wollte. Mit welchem Beifall solche Erklärungen in der Hauptstadt des neuen Reichs – etwa zwanzig Jahre nach der im Stück verhandelten Ära – aufgenommen wurden, läßt sich denken. Auch das Unterhaltungstheater machte sich das nationale Anliegen zu eigen; anders gesagt: auch vaterländische Affekte ließen sich – bei 67 Wiederholungen – gut verkaufen.

Wenn das Gesellschaftsstück solchermaßen die Grenze zum vaterländischen Schauspiel überschritt, mußte auch eine tragische Variante des Genres denkbar sein. Sie ist in der damaligen deutschen Literatur vor

allem mit dem Namen von Richard Voß verbunden. Der in verschiedenen Gattungen ungemein produktive Autor, der es mit seinem Roman
Zwei Menschen 1911 noch zu einem regelrechten Bestseller bringen
sollte, trat in den siebziger Jahren zunächst als Dramatiker hervor, und
zwar mit Stücken zur Kulturkampf-Thematik (*Unfehlbar*, 1874; *Savonarola*, 1878). Neben weiteren historischen Dramen (darunter das preisge-
krönte Schauspiel *Luigia Sanfelice*, 1882) wandte sich Voß bald darauf
einem spezifischen Typ des Gesellschaftsstücks zu, der eine ans Pathologische grenzende Frauengestalt zum Zentrum hatte und im Titel
führte: *Magda* (1879), *Mutter Gertrud* (1885), schließlich und vor allem
Alexandra (1886) und *Eva* (1889). Adele Sandrock verkörperte die Heldinnen der beiden letzten Dramen in vielgefeierten Aufführungen des
Deutschen Volkstheaters Wien 1890.

Alexandra behandelt die Problematik der sogenannten gefallenen Frau bzw.
der ledigen Mutter anhand eines recht konstruiert wirkenden Falles. Die Titelheldin hat eine Gefängnisstrafe abgebüßt für einen Kindsmord, den sie nicht
ausgeführt, wohl aber für einen Moment gewollt hat und dessen sie sich daher
auch schuldig fühlt. Nach der Entlassung nähert sie sich dem einstigen Verführer
unerkannt in rächender Absicht; die Heirat mit ihm scheint ihr das geeignete
Mittel, seinen männlichen Egoismus und den Standesdünkel seiner adligen
Familie zu düpieren. Doch siegt zuletzt die Liebe über die Rache; da Alexandra
als Mörderin (als die sie sich empfindet) das Leben des geliebten Mannes zerstören würde, nimmt sie sich das Leben. Während sie stirbt, singen Kinderstimmen
hinter der Szene «Stille Nacht, heilige Nacht».

Bis hin zur melodramatischen Sterbeszene ist hier der Einfluß französischer Muster (z. B. Sardous *Feodora*) erkennbar. Auch das frauenrecht-
lerische Pathos («Wir verderben zu Hunderten, zu Tausenden») ist kaum
auf Ibsen zurückzuführen, den Voß allerdings kannte und verehrte, sondern eher dem gemeinsamem Vorbild des französischen Thesenstücks
geschuldet. Die Verweigerung des Schillerpreises (für den Voß 1887
nominiert war) durch den preußischen Kultusminister zeigt freilich, daß
jedenfalls die Gegner der modernen Richtung hier Gemeinsamkeiten
erkannten – wenn nicht die Persönlichkeit des morphiumsüchtigen,
homoerotischen, durch eine Scheidungsaffäre diskreditierten Autors
den Ausschlag gegen ihn gegeben hat. Seitdem gilt Voß sowohl als Vorläufer der Naturalisten wie auch als abschreckendes Beispiel für Exal-
tiertheit und Stilunsicherheit gründerzeitlicher Literatur. Keine benei-
denswerte Stellung; sie verdeutlicht immerhin die Schwierigkeiten, zwischen der Moderne und den ihr vorausgehenden Stilrichtungen und
Formtraditionen klar zu unterscheiden.

Das prominenteste Beispiel für diese Schwierigkeit bietet im Bereich
der damaligen Dramatik sicher die schillernde Gestalt Hermann Sudermanns. Der spektakuläre Erfolg seines Schauspiels *Die Ehre* – im Ber-

liner Lessing-Theater wenige Wochen nach der Skandalaufführung von Hauptmanns *Vor Sonnenaufgang* aufgeführt – läßt sich als Triumph des Naturalismus, richtiger aber wohl als seine Unterwanderung durch das obsolete Modell des Gesellschaftsdramas französischer Schule interpretieren. Als dessen Schüler sind auch zwei andere vielgespielte Dramatiker der neunziger Jahre aufzufassen, denen man kaum gerecht wird, wenn man ihre Stücke (was oft genug geschehen ist) mit der Elle des Naturalismus mißt: Ludwig Fulda und Otto Erich Hartleben.

In Fuldas *Die Sklavin* (1891) schüttelt eine «hörige» Ehefrau das Ehejoch ab, um mit ihrem Geliebten in freier Liebe zusammenzuleben; das sentimentale Ende nimmt viel von diesem Radikalismus zurück und macht den Abstand zum Vorbild (Ibsens *Nora*) deutlich. – Hartlebens Komödie *Hanna Jagert* (1893), deren öffentliche Aufführung in Berlin erst nach einem Zensurprozeß möglich war, zeigt den Aufstieg einer selbstbewußten Frau aus Proletarierkreisen zur wirtschaftlich unabhängigen Geliebten eines Freiherrn und zugleich die Grenzen ihres spröden Insistierens auf Selbständigkeit; es bedarf nur einer Schwangerschaft, um Hanna bereit zur Ehe zu machen. Neben dem Thema der Frauenemanzipation klingt in dieser Komödie auch die Auseinandersetzung des Autors mit der Sozialdemokratie an, mit der Hartleben in den achtziger Jahren (wie viele andere Naturalisten) lebhaft sympathisiert hatte. Die Absage erfolgt im Zeichen eines neuen Individualismus; anscheinend bedroht das Massenideal der Arbeiterbewegung vor allem die dichterische Freiheit (so auch die Aussage von Hartlebens Parabelerzählung *Der bunte Vogel*). Die Offizierstragödie *Rosenmontag* (1900), Hartlebens größter Bühnenerfolg, bedeutet auch seine größte Annäherung an das (mit Schilderungen seines Bruders veristisch ausgefüllte) Schema des Gesellschaftsdramas. Daß Hartleben es mit dem Naturalismus nicht allzu genau nahm, mochte übrigens schon seine Ibsen-Parodie *Der Frosch* (1889) ahnen lassen.

Ein besonders denkwürdiges Beispiel für die zahlreichen Abstufungen im Übergangsfeld zwischen Moderne und Gesellschaftsdramatik bietet Arthur Schnitzler. Wie Sudermann, Fulda und Hartleben ist er zugleich an der Renaissance einer Gattungsform beteiligt, die oft mit falscher Ausschließlichkeit als Errungenschaft des modernen Dramas und Theaters verstanden wird: des Einakters.

3. Einakter und lyrisches Drama

Zu den eigenartigsten Produkten, die die Experimentierfreude der Moderne in der deutschen Literatur hervorgebracht hat, gehört Dauthendeys Kurzdrama *Sehnsucht* (1895). Darin treten keine Menschen auf, und es gibt auch keine Handlung im herkömmlichen Sinn. Vielmehr lösen verschiedene Landschaftsbilder einander ab, und zu hören ist ausschließlich der Gesang der Sehnsucht, der Sinne, der Meerestiefe, der Perlen usw. Der erste Satz des Textes ist mehr als eine gewöhnliche

Regieanweisung: «Der Bühnenraum stellt das Gehirn des Menschen dar.» Er kann als programmatische Grundlage für jene Tendenzen zur Erneuerung von Drama und Theater um 1900 gelten, die der Form des Einakters damals zu epochaler Bedeutung verhalfen. Wesentliche Impulse dafür gingen von Maeterlinck und Strindberg aus. Letzterer entwickelte sein Konzept des Einakters von einem psychologischen Naturalismus aus; nur in der Reduktion auf eine Einzelszene im Umfang etwa einer Viertelstunde, nur in der Konzentration auf ein oder zwei Figuren sei ein Höchstmaß psychologischer Authentizität vermittelbar. Sein Monodrama *Die Stärkere* (1889) etwa enthält nur eine Sprechrolle; die zweite Person bleibt stumm und gibt bloß durch pantomimische Reaktionen den jeweiligen Stand im «Kampf der Gehirne» zu erkennen. Maeterlincks statische Dramatik andererseits – berühmtestes Beispiel: *Les aveugles* (Die Blinden, 1890) – geht von einem mystischen Grundgefühl aus; die Gegenwärtigkeit des Todes stellt die Individualität des Menschen ebenso fundamental in Frage wie die Möglichkeiten seines Handelns und alle Fragen einer sozialen Ordnung oder Orientierung. Es versteht sich, daß auf dieser Basis keine fünfaktigen Tragödien mehr möglich sind (wenn auch Maeterlinck selbst später derlei geschrieben hat), allenfalls «petits drames pour marionnettes» (wie er sich ausdrückte) oder – um ein anderes Schlagwort der damaligen Reformbewegung zu zitieren – ein «intimes Theater». In diesem Begriff, der in Deutschland in der Mitte der neunziger Jahre von Max Halbe und Johannes Schlaf vertreten wird, fließen die von Strindberg und Maeterlinck ausgehenden Anregungen zusammen; es geht um ein Theater der Seele und der kleinen Mittel, der Konzentration und Abstraktion.

Der exzeptionelle Stellenwert, den der Einakter für die Dramatik der Jahrhundertwende und des 20. Jahrhunderts – von Beckett bis Genet, von Wilder bis Ionesco – gewonnen hat, darf nicht vergessen lassen, daß es sich zunächst durchaus um eine traditionelle Form handelt, der im Theaterbetrieb des 19. Jahrhunderts ein fester Platz zukam, und zwar sowohl im tragischen als auch im komischen Fach. Ein so traditionsbewußter Autor wie Heyse lieferte zu beiden mehrere Beiträge (so das Lustspiel *Unter Brüdern* und das Trauerspiel *Die schwerste Pflicht,* jeweils 1888) und legte noch 1897 – in Hofmannsthals großem Dramen-Jahr – ein Bändchen mit *Drei neuen Einaktern* vor. Fuldas dramatische Karriere begann mit dem einaktigen Verslustspiel *Die Aufrichtigen* (1883); elf weitere Einakter sollten folgen (gegenüber 38 abendfüllenden Stücken desselben Autors). Als regelrechter Einakter-Spezialist kann unter den Dramatikern der neunziger Jahre vor allem Hartleben gelten: von *Angele* (1891), dem leichtfertig-leichtgeschürzten Lustspiel über ein leichtes Mädchen, bis zum Einakterzyklus *Die Befreiten* (1899). Eine solche Befreite ist die Sängerin Rita Revera (alias Erna Hattenbach) in *Die sitt-*

liche Forderung (1897), im Grunde eine Schwester der Magda/Maddalena dall'Orto in Sudermanns *Heimat*. Doch der Konflikt, der dort melodramatisch-tragisch ausgetragen wird, verliert sich hier in heiterer Sinnlichkeit. Sudermann hatte schon vorher den Schritt zum Einakterzyklus vollzogen. Unter der Überschrift *Morituri* brachte er 1896 mit beträchtlichem Erfolg drei (zur gemeinsamen Aufführung an einem Theaterabend vorgesehene) Stücke mit Helden, die in den Tod gehen, heraus. Vom heroischen Gotenkönig Teja, der wie ein ironisches Zitat aus Felix Dahns *Kampf um Rom* anmutet, schlägt sich die Brücke über das präsumptive Duellopfer Fritz(chen) bis zum «ewigmännlichen» Marschall im burlesken Schlußteil der Trilogie. Modern ist diese Dramatik allenfalls in der liberalen Grundhaltung, von der aus hier das militärische Ritual des Schlachtens und Geschlachtetwerdens exponiert wird; es wird sozusagen durch die Brille eines Zivilisten betrachtet, der dem einzelnen Todeskandidaten gleichwohl nicht den Respekt verweigert.

Unter den Einaktern naturalistischer Provenienz steht Wilhelm Weigands *Der Vater* (1894) dem analytischen Modell Ibsens und der Vererbungsthematik seiner *Gespenster* besonders nahe. Georg Hirschfelds *Zu Hause* (1893) wirkt dagegen eher wie eine Kurzausgabe von Hauptmanns *Friedensfest*. Ein frischpromovierter Arzt kommt nach mehrjähriger Abwesenheit ins Elternhaus zurück und findet die Familie, einschließlich seines zynischen Bruders, in einem Stadium hochgradiger moralischer Verlotterung vor. Es bleibt offen, ob er die Kraft haben wird, diesen Augiasstall zu reinigen oder sich auch nur von seiner herabziehenden Wirkung freizuhalten.

Seine inhaltlich kühnste und auch dramaturgisch konsequenteste Ausprägung hat der naturalistische Einakter aber sicher in Paul Ernsts Milieustudie *Im Chambre séparée* (entstanden 1896) gefunden. Wir erleben die Prostitution Minderjähriger in einem Berliner Café chantant:

> GAST *(faßt Margot am Busen)*.
> GESCHÄFTSFÜHRER. Kennen Se dreiste anfassen! Dets stramm! Dets noch n Busen!
> FIFI *(vom Bett)*. Ich ... habe ... noch ... gah kei Bus ...en. *(Lachen.)*
> GESCHÄFTSFÜHRER. Kommt ooch noch, keene Angst.
> GAST. Wissen se, das is ekelhaft, so mit den Hängetitten ...

Das Stück endet − leicht sentimental, aber doch zielsicher in der sozialen Anklage − mit der Entdeckung und höhnischen Verspottung der Spielpuppe einer jugendlichen Prostituierten.

Paul Ernst hat sich in seiner marxistischen Frühphase verschiedentlich kritisch mit der sozialen Lage der Frau auseinandergesetzt und schon in der Erzählung *Zum ersten Mal* (1891) einen literarischen Zugang zum Thema der Prostitution gesucht. Die Form des Einakters hat ihn nachhaltig beschäftigt. Zwischen 1887 und 1900 entstehen nicht weniger als zehn einschlägige Texte, von denen die Hälfte erst 1977 aus dem Nachlaß veröffentlicht wurde. Ernst ließ der Buchausgabe von *Im Chambre séparée* (1898 zusammen mit dem rustikalen Schwank *Lumpenbagasch*) zwei Jahre später ein Bändchen mit zwei Einaktern folgen, die ursprünglich als Teile eines mehraktigen Liebesdramas entstanden waren. In der Abstraktion von allem ‹Milieu›, in der Konzentration auf das Seelendrama einer sterbenden Frau lassen *Wenn die Blätter fallen* und *Der Tod* schon die Abkehr vom Naturalismus spüren, die sich in Ernsts Hinwendung zur Neuklassik fortsetzen wird.

Während die Dramatik Paul Ernsts nur eine begrenzte Bekanntheit erreichte und bald weiterer Vergessenheit anheimfiel, hat sich Schnitzlers Ruf als Meister dramatischer Kurzformen bis heute behauptet. Die einzelnen Teile des *Anatol*, die Schnitzler zunächst durchaus als Einakter bezeichnete und die gegeneinander – wie ja schon das wechselnde Arrangement in verschiedenen Aufführungen bezeugt – auch eine erhebliche Selbständigkeit behaupten, schließen sich als Episoden zu einem Zyklus zusammen, der durch die Person Anatols, seine stets gleichbleibende Problematik und die häufige Wiederkehr seines Freundes Max relativ fest konturiert wird. Sein *Reigen* bildet, trotz wechselnden Personals, einen vielleicht noch geschlosseneren Zyklus von strukturell identischen Episoden. Die eigentlichen Einakterzyklen dagegen, mit denen Schnitzler ab 1899 hervortrat und denen er späterhin auch eigene Gesamttitel verlieh (*Lebendige Stunden*, 1902; *Marionetten*, 1906), zeichnen sich durch eine wesentlich lockerere Bauform aus. Die einzelnen Stücke sind scharf voneinander abgesetzt und nur durch eine vage Leitidee verbunden.

Diese könnte man bei drei Einaktern Schnitzlers, die 1898 entstanden und 1899 auf die Bühne des Burgtheaters gelangten, im Wechselverhältnis von Schein und Sein erblicken. Es wird im ersten Stück *Die Gefährtin* am Thema der ehelichen Treue festgemacht, wobei Schnitzler auf Motive seiner Erzählung *Der Witwer* (1894) zurückgreift. Eine Neuerung in formaler und inhaltlicher Hinsicht bildet das Mittelstück *Paracelsus*: In Versen und historischem Kostüm liefert Schnitzler eine diskrete Auseinandersetzung mit der zeitgenössischen Hysterie- und Hypnose-Forschung, an der er selbst und – an führender Stelle – Freud beteiligt waren. Elemente der psychoanalytischen Traumdeutung klingen schon an:

> Bedenkt dies Eine nur: daß jede Nacht
> Uns zwingt hinabzusteigen in ein Fremdes,
> Entledigt unsrer Kraft und unsres Reichtums,
> Und alles Lebens Fülle und Verdienst
> Von weit geringrer Macht sind als die Träume,
> Die unserm willenlosen Schlaf begegnen.

Dem Magier-Arzt selbst entgleitet schließlich die Kontrolle über sein Hypnose-Experiment, und er tritt einen fluchtartigen Rückzug an – so in den folgenden Versen, die man oft (gegen sein ausdrückliches Zeugnis) als Selbstbekenntnis des Dichters verstanden hat:

> Es fließen ineinander Traum und Wachen,
> Wahrheit und Lüge, Sicherheit ist nirgends.
> Wir wissen nichts von andern, nichts von uns;
> Wir spielen immer, wer es weiß, ist klug.

Das fulminante Schlußstück *Der grüne Kakadu* (in Berlin zunächst von der Polizei verboten) spielt in Paris am Tag des Sturms auf die Bastille. Untergründig stellen sich auch hier aktuelle Assoziationen ein. Die titelgebende Kaschemme mit ihrem Verbrechertheater erinnert an die antibürgerlichen Schockeffekte des Pariser Boheme-Kabaretts (etwa eines Aristide Bruant); die Aristokraten in Schnitzlers Schauspiel repräsentieren demnach das zeitgenössische (Wiener?) Bürgertum. Doch wichtiger als solche nur angedeuteten Zuordnungen ist der strudelartige Sog, in dem sich hier die Sicherheit der Unterscheidung von Spiel und Realität verliert. Das Theater auf dem Theater endet mit einem realen Mord, einer Eifersuchtshandlung, die durch den gleichzeitigen Ausbruch der Revolution den Anschein einer politischen Befreiungstat erhält – das Leben spielt «verrückt».

Es ist kaum ein größerer Gegensatz denkbar als der zwischen Schnitzlers raffinierter Einakterdramaturgie (mit sorgfältigem Spannungsaufbau, wohlkalkulierten Wendepunkten und einem – auch in Versen – sprachlich unauffälligen Dialog) und der lyrischen Qualität und symbolli(sti)schen Dichte, die der junge Hofmannsthal in den gleichen Jahren der dramatischen Kurzform verlieh. Spätestens seit dem Dramenfragment *Der Tod des Tizian* treten szenische Form und lyrische Dichtung bei Hofmannsthal in immer engere Verbindung. Das Gedichtwerk bedient sich in zunehmendem Maße typischer Formen des situativen Sprechens (Rollengedicht, Dialog, z. T. mit Regieanweisung); das dramatische Werk andererseits nähert sich teilweise so sehr der lyrischen Selbstaussprache an, daß sich einzelne Teile eines solchen lyrischen Dramas noch während der Drucklegung ausscheiden und als Einzelgedicht veröffentlichen lassen.

So geschah es bei der Abtrennung des Gedichts *Der Kaiser von China spricht* aus dem Erstdruck des *Kleinen Welttheaters* (1897/98), der übrigens – auch das ein Unikum – auf zwei verschiedene Zeitschriften (*Pan, Die Zukunft*) aufgeteilt wurde. Ermöglicht wurde derlei durch die statische Organisation des Textes: das schlichte Reihungsprinzip, nach dem hier Person für Person auf die Brücke über den Lebensfluß tritt, die das symbolische Bühnenbild bildet, und sich selbst darstellt, nämlich ihr je eigenes Verhältnis zum Leben artikuliert. Gegen Ende wird die Struktur etwas komplexer: Diener und Arzt beschreiben den Wahnsinnigen, bevor dieser selbst sein dionysisches Lebensgefühl ausspricht, das nach unmittelbarer Vereinigung mit der Welt verlangt – vom Sprung in den Fluß als der direkten Umsetzung dieses Wunsches wird er jedoch durch seine Begleiter abgehalten. Hofmannsthal, der sich später einer Aufführung widersetzte, hat sich in der Handschrift noch über die Puppen (als Träger der Darstellung) geäußert und damit die Anregung durch Maeterlinck und das Modell des Puppenspiels als Vorbild dieser Revue sich selbst erläuternder Figuren zu erkennen gegeben.

Die heraklitische Vorstellung des Lebensflusses wird im «Zwischenspiel» *Der weiße Fächer* (1898) fortgeführt, allerdings in dialektischer Pointierung: «Alles trocknet.» Es trocknen die Tränen der verwitweten jungen Leute, die sich hier auf dem Friedhof begegnen, wie die Erde auf dem Grab des Ehemannes trocknen wird, deren Feuchtigkeit (nach einem Versprechen, das der Sterbende seiner Frau abgenommen hat) die Mindestdauer ihrer Treue nach seinem Tod bestimmt. Daher ja auch das Titelsymbol des Fächers; in der chinesischen Vorlage dient er der jungen Witwe dazu, das Grab des Mannes trocken zu fächeln! Jedes Sich-Versteifen auf die Trauer und die Idee einer unbegrenzten Treue über den Tod hinaus bedeuten eine Verfehlung gegenüber dem sich unentwegt wandelnden Leben und verkennen dessen innere Verwobenheit mit dem Tod, von der die Weisheit der Großmutter zeugt. «Kein Festes nirgends!», erkennt Miranda, und unter Anklängen an Hofmannsthals Terzinen *Über Vergänglichkeit* formuliert sie so etwas wie die Moral des Stücks:

> All unsre Einheit nur ein bunter Schein,
> Ich selbst mit meinem eigenen Selbst von früher,
> Von einer Stunde früher grad so nah,
> Vielleicht so fern verwandt, als mit dem Vogel,
> Der dort hinflattert.

Das wenige Monate später Ende 1897 niedergeschriebene (1900 veröffentlichte) Märchendrama *Der Kaiser und die Hexe* betont dagegen gerade die Idee der Treue gegen sich selbst und der Macht des Subjekts über die Zeit. Der Kaiser befreit sich aus seiner Selbstentfremdung, die man in der Figur der Hexe symbolisiert sehen darf, durch konsequente Askese und die Begegnung mit Schicksalen, die ihm die Bedeutung von Charakterstärke und Verantwortung vor Augen führen. Ist mit dem Bekenntnis zu solchen Werten, die im späteren Schaffen Hofmannsthals an Gewicht noch gewinnen werden, nicht letztlich einer weiteren Pflege des Einakters der Boden entzogen, dessen spezifische Ausprägung bei diesem Autor doch gerade an die Vorstellung einer charakteristischen Selbst-Entäußerung oder lyrischer Selbstaufgabe gebunden ist?

Im lyrischen Einakter *Die Frau im Fenster,* dem ersten Drama Hofmannsthals, das auf dem Theater aufgeführt wurde (Freie Bühne Berlin 1898), steht dem Wunsch nach Hingabe (Dianora erwartet ihren Geliebten) die harte soziale Sanktion gegenüber (der Ehemann bestraft ihre Untreue). Die symbolistische Qualität des Textes erweist sich in der Konsequenz, mit der diese Spannung schon im Bühnenbild ausgedrückt ist – hier die Fassade des «ernsten lombardischen Palastes», dort die Weinlaube im Garten – und sich im monologischen Sprechen der wartenden Frau verdichtet. In ihrer Erinnerung und den Erzählungen der

Amme häufen sich schon Hinweise auf die Grausamkeit des Gatten, eines jener Renaissance-Gewaltmenschen, wie sie die Phantasie der Epoche beherrschten. Sein Mord an Dianora entspricht einer tieferen Logik und vielleicht einem heimlichen Wunsch oder Vorwissen der Wartenden. Denn die Wesensgleichheit von Eros und Thanatos ist die symbolische Botschaft der identischen Haltung, mit der Dianora den Tod empfängt und den Geliebten erwartet hat: mit aufgelösten Haaren über die Brüstung des Balkons gebeugt.

In bemerkenswerter Nähe zu Hofmannsthals Einakter befindet sich eine lyrische Szene Rilkes: *Die weiße Fürstin* (1. Fassung entstanden 1898). «In ihren Augen ist ein Warten und Lauschen», heißt es darin über die Herrin des weißen Schlosses am Meer, in dessen Fassade sich – laut Regieanweisung – die Unendlichkeit spiegelt. Ihr Warten gilt dem Leben, das ihr in elf Jahren einer unerfüllten (nicht vollzogenen) Ehe vorenthalten wurde, das sie aber gerade am Tage der dramatischen Handlung in Gestalt eines überwältigenden Glücks erwartet. Im entscheidenden Augenblick fehlt ihr jedoch die innere Kraft, den zu Schiff nahenden Geliebten zu empfangen, weil ihr Blick durch eine Todeserscheinung auf der Landseite (einen maskierten Mönch) abgelenkt ist. Die Chance ihres Lebens ist damit vertan: «Man fühlt: die Sonne versank im Meer.» Thanatos statt Eros – so etwa lautet, bei aller Parallelität in deutlichem Unterschied zu Hofmannsthal, die Botschaft Rilkes, der in diesem dramatischen Gedicht auch einige sehr persönliche Assoziationen versteckt hat (die Ehe der Fürstin entspricht offenbar der von Rilkes Freundin Lou Andreas-Salomé).

Die Ähnlichkeiten zwischen Rilkes und Hofmannsthals Stück sind in der gemeinsamen Anregung durch Maeterlinck begründet, dessen statische Dramaturgie schon in den *Blinden* das Motiv des Wartens ins Zentrum stellt – eines Wartens, das letztlich leer ausgeht bzw. in die Begegnung mit dem Tod mündet. Rilke hat sich mehrfach emphatisch zu Maeterlinck bekannt, in dem er ein Vorbild für das moderne Drama und Theater erblickte und der seit etwa 1896 Einfluß auf seine eigenen – großenteils der Form des Einakters verpflichteten – dramatischen Versuche genommen hat.

Die ersten dramatischen Gehversuche des achtzehn- bis neunzehnjährigen Rilke erschienen 1895 und stehen unter dem Einfluß der Psychodrama-Konzeption Richard von Meerheimbs, die enge Berührungspunkte mit Strindbergs Einakter-Theorie aufweist. Es handelt sich um Monodramen; als Träger des Monologs dient jeweils die historische Figur eines Malers: Murillo (im gleichnamigen Psychodrama) und Gerhard Dow, das ist Gerhard Dou (*Die Hochzeitsmenuett*). Unmittelbar danach wendet sich Rilke dem Stoff- und Motivkreis des Berliner Naturalismus zu, den er im Einakter *Jetzt und in der Stunde unseres Absterbens* (Uraufführung Prag 1896) – ebenso wie in den «drei Vorgängen» von *Im Früh-*

frost (1896, Uraufführung Prag 1897) – durch krasse melodramatische Effekte überbietet. Der Einakter *Höhenluft* (entstanden 1896/97) beschreibt – durchaus noch mit naturalistischen Mitteln – die selbständige Existenz einer ledigen Mutter (mit dem sprechenden Namen Anna Stark), die ihrer sittlichen Unabhängigkeit zuliebe auf eine Rückkehr in den Wohlstand des Elternhauses verzichtet. Im Einakter *Vigilien. Ein Nachtstück* (entstanden 1896) greift Rilke jedoch schon auf die Grundkonstellation der *Blinden* zurück, die er mit der lebensnahen Schilderung lustigen Studententreibens kombiniert bzw. kontrastiert. Auch in anderen Dramen Rilkes aus jenen Jahren – etwa im Einakter *Mütterchen* (1898) und im zweiaktigen Schauspiel *Ohne Gegenwart* (1898 [1897]) – vermischen sich naturalistische Konventionen auf eine schwer unterscheidbare Weise mit Maeterlincks Konzept der «alltäglichen Tragik». In seinem Schauspiel *Das tägliche Leben* (1902 [1901], Uraufführung Berlin 1903) verarbeitet Rilke zusätzlich Anregungen aus Hauptmanns – von ihm verehrten – Künstlerdrama *Michael Kramer* (1900).

III. SCHWEIZ

1. Widmann

Der Mangel eines intensiveren Theaterlebens in der damaligen deutschsprachigen Schweiz schlägt sich im weitgehenden Fehlen einer literaturgeschichtlich bedeutsamen Dramatik nieder. Das Schaffen Joseph Victor
Widmanns, des Feuilleton-Redakteurs des Berner *Bund*, stellt in dieser
Hinsicht nur eine halbe Ausnahme dar. In seinem Drama *Die Muse des
Aretin* (1902) hat der sechzigjährige Widmann den eigenen Konflikt zwischen journalistischer und dichterischer Arbeit in der Gestalt des venezianischen Publizisten Pietro Aretino gespiegelt. Seine ersten dramatischen Versuche gehen freilich noch auf seine frühe Zeit als Schullehrer
zurück; sie zeigen die typischen Züge der Epigonendichtung der zweiten
Hälfte des 19. Jahrhunderts. Der Erstling *Der geraubte Schleier* (1864),
«dramatisirtes Märchen nach Musäus», ist offensichtlich durch Tiecks
Vorbild inspiriert; eine *Iphigenie in Delphi* (1865) führt einfach Goethes
Plan zu einem solchen Drama aus, wie ihn die *Italienische Reise* überliefert. Das 1880 gedruckte und elf Jahre später von den Meiningern
uraufgeführte Trauerspiel *Oenone* thematisiert das Schicksal der von
Paris zugunsten Helenas verlassenen Nymphe; in Widmanns Gestaltung
gibt sich Oenone nach dem Scheitern ihres Versuchs, im sterbenden
Paris die Liebe zu ihr wiederzuerwecken, an seiner Leiche den Tod.
Auch der vielgespielte Einakter *Lysanders Mädchen* (1901), mit dem Widmann ein Jahr vor seinem Tod auf die Bühne des Wiener Burgtheaters
gelangte, ist als Dramatisierung einer Episode aus Plutarchs Biographien
stofflich im bildungsbürgerlichen Wissenskanon verankert.

Zu größerer Eigenständigkeit gelangt Widmann in zwei späten Werken, die als Weltanschauungsdichtungen allerdings auch schon die Grenzen der dramatischen Form und theatralischer Wirksamkeit streifen:
Maikäferkomödie (1897, Uraufführung Zürich 1942) und *Der Heilige
und die Tiere* (1905). Im ersteren durch Prologe und ein episches Intermezzo aufgelockerten Stück treten als Sprecher und Akteure tatsächlich
nur Maikäfer auf; das Volk der Maikäfer ist mit König, Hofprediger, lyrischem Dichter, einem aufmüpfig-weisen «roten Sepp», einem naiv-drauf-
gängerischen «Dummerchen» und anderen teils satirischen Rollenbil-
dern ähnlich anthropomorph organisiert wie das Tierreich der Fabel-
tradition. Nur sind hier alle Figuren Käfer, deren Ausgangsposition unter der Erde, in Erwartung des Aufstiegs in die Oberwelt Ähnlichkeit

mit der Grundsituation des von Jenseitshoffnungen erfüllten Menschen aufweist. Das ‹Jenseits› der oberirdischen Maikäferexistenz erweist sich dann allerdings als außerordentlich irdisch, als geballte Fülle von Leid und Liebe. Einer der Maikäfer wird im Augenblick der ‹Umarmung› mit seiner Geliebten von einem Fahrrad zerquetscht. Ausdrücklich wird die Beziehung zu den Menschen hergestellt, die im volkstümlichen Vers «Maikäfer flieg! Vater ist im Krieg» den Käfer zum melancholischen Symbol des Leidens erhoben haben. Das Stück endet, ganz unkomödienhaft, mit dem Sterben mehrerer Käfer, die dem tierquälerischen Spieltrieb eines Menschenkindes zum Opfer gefallen sind. Sepps Schlußworte transformieren die populären Verse zu einer Absage an jeden Jenseitsglauben, der jedoch durch das vorangehende Bekenntnis des Königs zur Schönheit des Daseins die letzte Schärfe genommen ist:

> Maikäfer flieg!
> Allvater ist im Krieg.
> Wo ist das schöne Himmelsland?
> Himmelsland ist abgebrannt.
> Maikäfer ... flieg!

Nietzsches These vom Tod Gottes gehört auch zu den Ausgangsvoraussetzungen des «biblischen Schattenspiels» *Der Heilige und die Tiere.* Im Vorspiel «Der Pfarrer von Everdingen» wird ausdrücklich aus dem Werk des Philosophen zitiert. Die Fabel des Schattenspiels gibt sich als eigenwillige Adaption des neutestamentlichen Berichts von der Versuchung Jesu in der Wüste zu erkennen. Sie wird hier umgedeutet zur Verzweiflung des Heilands über das Leiden der Kreatur − zu einer Verzweiflung, über die die Erlösung der Menschheit in Vergessenheit zu geraten droht. Auf die Frage nach der Unsterblichkeit der Tiere gibt auch die Schlußszene, in der sich der Heilige auf seine eigentliche Mission besinnt, keine Antwort.

IV. ÖSTERREICH

1. Anzengruber

Sieben der neunzehn Dramen, die Anzengruber zwischen 1870 und 1889 veröffentlichte, nannte er «Volksstück». Ein wohl singulärer Œuvre-Anteil dieser Gattung! Über dem Nachruhm Anzengrubers als Erneuerer von Volksstück und (Wiener) Volkstheater wird freilich leicht vergessen, wie wenige Aufführungen seine Stücke selbst in den Jahren seiner größten Wirksamkeit (1870–1875) erreichten und wie kompliziert sich das Verhältnis dieses Schriftstellers zur Zielgruppe «Volk» gestaltete. «Nur ein kleines Häuflein von Gebildeten» habe er mobilisieren können, klagt Anzengruber in einem Brief von 1873, und drei Jahre später stellt er die Grundsatzfrage: «Wozu und für wen schreibt man eigentlich Volksstücke?»

Was heißt hier eigentlich Volksstück? So könnte man weiterfragen. Wie läßt sich die intendierte Breitenwirkung mit Anzengrubers dichterischem Selbstverständnis vereinbaren? Und worin unterscheidet sich der volkserzieherische Anspruch des Autors vom Anliegen der Aufklärung? Angesichts der Nähe von Anzengrubers theoretischen Reflexionen zur Theatertradition des 18. Jahrhunderts läßt sich sein Volksstück auch als Weiterentwicklung der rührenden Komödie oder des bürgerlichen Trauerspiels verstehen, als Anpassung dieser Gattungsformen an die Lebenswelt eines breiten österreichischen Publikums.

Über solchen Überlegungen ist die konkrete Einbindung von Anzengrubers Dramatik in die Geschichte des Volkstheaters nicht zu vergessen. Während seiner – von ihm selbst so genannten – ‹prähistorischen› Periode war der junge Autor in den sechziger Jahren als Schauspieler an verschiedenen österreichischen Provinzbühnen (vorübergehend auch in Marburg) tätig; die damals entstandenen Stücke, von denen sich größtenteils nur der Titel erhalten hat, gehörten allen typischen Genres des damaligen Unterhaltungstheaters an – von der Parodie bis zur Posse, vom «deutsch-patriotischen Volksstück (Local-Lebensbild)» bis zur «romantisch-komischen Operette». Die Selbstverständlichkeit, mit der Anzengruber schon in den ersten veröffentlichten Stücken die obligaten Liedeinlagen einsetzt, Instrumentalmusik, Bühnenbild- und Beleuchtungseffekte vorsieht, Gruppenszenen arrangiert und das Spektrum der typischen Rollenfächer berücksichtigt, beweist eine wahrhaft professionelle Vertrautheit mit den Gegebenheiten des populären Theaterbetriebs.

Ohne diese Anpassung an Volkstheater-Konventionen wäre die entscheidende Innovation kaum zur Geltung gekommen, mit der Anzengrubers Erstling Publikum und Kritik überraschte: die Inszenierung eines bäuerlichen Milieus zur Verhandlung aktueller – auch die städtische Bevölkerung betreffender – Fragen. Wie schon der Begründer der Dorfgeschichte, von der sich der Dramatiker hier entscheidend inspiriert zeigt – wie Auerbach war auch Anzengruber keineswegs bäuerlicher Herkunft oder sonst in besonderem Maße persönlich mit der Landbevölkerung verbunden. Seine Bauern sind eine poetische Konstruktion, eingeführt zur Vermittlung sozialer Botschaften und zu ihrer Ausbalancierung entsprechend der Ästhetik des Poetischen Realismus. In einem Brief von Oktober 1876 an Julius Duboc erklärt Anzengruber: «Ich meinerseits setzte mich hin und schuf meine Bauern so real, daß sie (der Tendenz wegen, die sie zu tragen hatten) überzeugend wirkten – und so viel idealisiert als dies notwendig war, um im ganzen der poetischen Idee die Waage zu halten.»

Das Wechselspiel von Dorfgeschichte und rustikalem Volksstück wiederholt sich, wenn sich Anzengruber angesichts seines nachlassenden Bühnenerfolgs auf die Abfassung ländlicher Erzählungen verlegt (*Dorfgänge* – siehe oben S. 193), von denen einzelne dann wieder als Vorlage eines Volksstücks dienen. *Der Fleck auf der Ehr*, Anzengrubers letztes Stück, ist die Dramatisierung seiner Erzählung *Wissen macht Herzweh* (1887). Und schon das vorausgehende Volksstück *Stahl und Stein* (1887) geht auf eine eigene Erzählung (*Der Einsam*, 1881) zurück, die vorher bereits Anzengrubers schwedischer Übersetzer für die Bühne bearbeitet hatte.

Anzengrubers Bauernwelt erregt in der Wiener Theaterszene nur deshalb – für eine begrenzte Zeit – so große Aufmerksamkeit, weil sie als Träger höchst aktueller politischer Tendenzen wahrgenommen wird. Den Hintergrund bildete der österreichische Kirchenkampf, der dem reichsdeutschen Kulturkampf um einiges vorausging: Die Ende 1867 ernannte liberale Regierung ließ den Gesetzen über Glaubens- und Gewissensfreiheit, öffentliche Religionsausübung und Verstaatlichung des Unterrichtswesens von 1868/69 ein Mischehen-Gesetz und ein Gesetz über die Not-Zivilehe folgen; im Sommer 1870 schließlich – nach der Verkündung des Unfehlbarkeitsdogmas durch das Vatikanische Konzil – wurde die formelle Kündigung des Konkordats von 1855 ausgesprochen. Wenige Monate später ging im Theater an der Wien zum ersten Mal Anzengrubers Volksstück mit Gesang in vier Akten *Der Pfarrer von Kirchfeld* in Szene. Der unter dem Pseudonym «L. Gruber» verborgene Autor wurde damit über Nacht zur Galionsfigur des liberalen Antiklerikalismus.

Das 1869/70 entstandene Drama entfaltet ein ganzes Bündel kirchenpolitischer Fragen: von der Mischehe über die Bestattung von Selbstmördern und das Priesterzölibat bis hin zur Abhängigkeit des Landpfarrers vom Adel und zum

Konflikt zwischen ultramontanen und nationalkirchlichen Tendenzen. Tragende Rollen neben der des jungen Pfarrers sind die des Wurzelsepp und der Anna. Jener ist ein Beispiel für die Verkümmerung des Menschlichen infolge der hergebrachten Kirchenpraxis; indem man ihm vor zwei Jahrzehnten die Ehe mit einer Protestantin verwehrte, trieb man Sepp in soziale Isolation und Verbitterung. Er findet erst dadurch zur Gemeinschaft zurück, daß Pfarrer Hell, gegen den er doch selbst eine Intrige eingeleitet hat, seine Mutter nach ihrem Selbstmord christlich einsegnet. Der von der Exkommunikation bedrohte Pfarrer nähert sich am Schluß gleichfalls dem Gedanken an den Freitod; Anna, dem «blitzsauberen» Mädchen, das ohne sein Zutun zum Anlaß ungerechtfertigter Verdächtigungen gegen Hells Lebenswandel geworden ist, kommt die Aufgabe zu, dem Helden neuen Mut zuzusprechen, indem sie ihn an seine Rolle als Vorbild für sie und die Nachwelt erinnert.

Für die Direktheit des theatralischen Zugriffs ist die Szene I,3 beispielhaft, mit der Anzengruber ursprünglich das Stück eröffnen wollte. Sie zeigt den Zusammenstoß eines Wallfahrerzugs mit einem interkonfessionellen Hochzeitszug zum Standesamt in der Bezirksstadt. Der Konflikt von alter und neuer Moral wird nicht nur visuell und verbal, sondern auch musikalisch vergegenwärtigt: Dem Choral der Wallfahrer widerspricht der Tanzrhythmus des Hochzeitsreigens. Wenn sich die Wallfahrer spontan dem Jodellied des Bräutigams anschließen und mittanzen, trägt die Musik der Lebensfreude vorübergehend sogar den Sieg davon.

Der Triumph der Vitalität erhält religiöse Weihen und philosophische Aussagekraft durch die Licht-Dunkel-Metaphorik, die das ganze Stück durchzieht. In direktem Rückgriff auf die Religionskritik der Aufklärung (im Wortsinn von «illuminatio») heißen die Vertreter der fortschrittlichen Seite «Hell» oder «Lux» und der Gegenspieler des Pfarrers «Graf von Finsterberg». Sonnenaufgänge markieren wichtige Personen oder entscheidende Stationen der (im übrigen locker gebauten und von kleineren Widersprüchen nicht freien) Handlung: Der Wurzelsepp stellt sich mit einer Erzählung vom Sonnenaufgang über dem Watzmann vor, in der freilich (der anfänglichen Verfassung dieser Figur und dem sich vorbereitenden bedrohlichen Verwicklungen entsprechend) zunächst noch der Eindruck von Kälte und Finsternis vorherrscht. Um so glorioser schließt das Finale: «Sonnenaufgang, in der Ferne Jagdfanfare, das Orchester fällt mit Schlußakkord ein.»

Aufklärung und Lebensbejahung bilden auch in den folgenden Jahren die thematische Achse im Schaffen Anzengrubers. Feuerbachs Religionskritik und die damit verbundene Aufwertung der sinnlich erfahrbaren Welt gewinnen für ihn vergleichbare Bedeutung, wie zwei Jahrzehnte zuvor für Gottfried Keller. Ähnlich sind auch die Konsequenzen, die beide Autoren aus der Begegnung mit Feuerbachs Materialismus ziehen; der Hinwendung Kellers zur kleinbürgerlich-rustikalen Welt von Seldwyla entspricht die Apologie einer vitalen Humanität in Anzengrubers bäuerlichen Volksstücken.

Sie setzt sich gleich im nächsten Drama des Autors fort. Der «Meineidbauer» im gleichnamigen Volksstück von 1871 hat sich zur Unterschlagung des Testaments, in dem sein Bruder die Geliebte und deren Kinder bedachte, durch vermeintliche Vorzeichen inspirieren lassen, die er als Winke Gottes interpretierte und am Schluß des Dramas – ebenso abergläubisch – als Signale des Teufels interpretiert; Theismus und Dämonologie koinzidieren. Während der reiche Mann durch äußere Frömmigkeit sein schlechtes Gewissen beruhigt, sagt sich die Mutter der enterbten Frau von Gott und Gesellschaft los. Mut und Herzensgüte der Jugend führen nach dem Tod des Meineidigen dennoch eine versöhnliche Lösung herbei.

Das Schlußwort spricht Vroni, die Heldin des Dramas, zu ihrem künftigen Mann, dem (von seinem Vater fast erschossenen) Sohn des «Meineidbauern», beim obligatorischen Morgenleuchten: «Franz, wann d' wieder frisch bist, gehst doch mit mir in die Berg und von der höchst Spitz wolln wir nausjauchzen ins Land: Aus is's und vorbei is's, da sein neue Leut und die Welt fangt erst an.» Der Gegensatz zum Pessimismus, mit dem Johannes Schlaf in *Meister Oelze* denselben Tatbestand des Erbschaftsbetrugs in ländlichem Milieu behandelt, könnte nicht größer sein.

Der Tod von Vronis Bruder, des straffällig gewordenen Jakob, bei Zithermusik gibt ein Beispiel für die rührseligen Momente des Anzengruberschen Volksstücks und seine gemischte emotionale Wirkungsstrategie. Mit der integrierenden Kombination trauriger und heiterer Stimmungselemente, tragischer und komischer Effekte gibt Anzengruber dem Volksstück eine neue Spannweite, ohne die die Weiterentwicklung der Gattung im 20. Jahrhundert kaum vorstellbar wäre. Werke, in denen das Komische eindeutig überwiegt, werden vom Verfasser dagegen als «Bauernkomödie» oder «-posse» vom eigentlichen Volksstück abgesetzt.

Zu nennen sind hier vor allem drei Komödien der Jahre 1872–1876, die in souveräner Weise Themen der Weltliteratur für Anzengrubers Konzept der Lebensfreude nutzbar machen und mit antiklerikalen Pointen anreichern. *Doppelselbstmord* steht in parodistischer Beziehung zur Romeo-und-Julia-Tradition (wie auch zu ihrer ländlichen Verarbeitung bei Keller), *Der G'wissenswurm* – mit der negativen Hauptfigur Dusterer – nimmt unverkennbar die Tradition von Molières *Le Tartuffe* auf, und *Die Kreuzelschreiber* stellen eine Aktualisierung der aristophanischen *Lysistrate* dar. Eine direkte Beziehung auf das jeweilige Original darf man dabei nicht voraussetzen, da die zentralen Motive der genannten Werke längst Gemeingut der Theatertradition geworden waren und die Voraussetzungen von Anzengrubers Adaption zum Teil sehr besondere sind. So wird in den *Kreuzelschreibern* der Frauenstreik – bei Aristophanes eine anarchisch-antimilitaristische Demonstration – im Dienste der Amtskirche ausgeübt, nämlich als Druckmittel zur Bekämpfung einer von den Bauern unterzeichneten altkatholischen Sympathieadresse eingesetzt, die anscheinend dem (ungenannten) Papstkritiker Ignaz von Döllinger gilt. Die von oben verordnete Askese wird beendet durch die

List des einzigen männlichen Dorfbewohners, der sich aus den konfessionellen Querelen herausgehalten hat, weil er offenbar seinen eigenen eher irdischen Glauben hat. Der Steinklopferhanns ist zugleich komische Figur und Sprachrohr des Autors; durch seine individuelle Leidensgeschichte (uneheliches «Gemeindekind», soziale Isolation, harte Arbeit, Armut und Krankheit) ragt er schon biographisch aus dem Reich der Komödie heraus. Sein persönliches Credo formuliert er in einer jenen langen Reden, mit denen Anzengrubers Hauptfiguren dramatische Handlung und Illusion zu durchbrechen pflegen, die Erzählung eigener oder fremder Schicksale mit allgemeinen Betrachtungen verbindend. Es ist die Formulierung einer quasi visionären Einsicht, die ihm am absoluten Tiefpunkt seines Lebens zuteil wurde:

> «Und da kommt's über mich, wie wann eins zu ein'm andern redt:
> Es kann dir nix gschehn! Selbst die größt Marter zahlt nimmer,
> wann vorbei is! Ob d' jetzt gleich sechs Schuh tief da unterm Rasen
> liegest oder ob d' das vor dir noch viel tausendmal siehst – es kann
> dir nix gschehn! – Du ghörst zu dem alln und dös alls ghört zu
> dir!»

Bei Hofmannsthal, Freud und Wittgenstein findet sich das Echo dieses Worts. Im Leitspruch «Es kann dir nix gschehn!» kristallisiert sich die Quintessenz von Anzengrubers Feuerbach-Rezeption, als Erbe des 19. für das 20. Jahrhundert.

Der überraschende Erfolg seiner Volksstücke zu Anfang der siebziger Jahre ermutigte Anzengruber, den Rahmen der populären Gattung und des lokal gebundenen Volkstheaters in Richtung auf repräsentative und überregionale Darstellungsformen zu verlassen. Die Arbeit an einer historischen Tragödie in Blankversen *Berta von Frankreich* brach er 1872 allerdings nach dem Ende des I. Akts ab. Ein anderes Trauerspiel (*Hand und Herz*), das ursprünglich gleichfalls für das Burgtheater bestimmt war, behandelte die Problematik des katholischen Scheidungsverbots in so provozierender Weise, daß es für die Hofbühne schließlich doch nicht in Frage kam; es wurde 1874 am Wiener Stadttheater aufgeführt. An seine ursprüngliche Bestimmung erinnert noch die zurückhaltende Verwendung des Dialekts; sie begegnet ebenso im Bauern-«Schauspiel» *Der ledige Hof* (1877).

Unter der Gattungsbezeichnung «Schauspiel» veröffentlichte Anzengruber 1873 zwei Stücke aus dem bürgerlichen Milieu, von denen das eine (*Elfriede*) in reinem Hochdeutsch gehalten war und tatsächlich noch im gleichen Jahr – allerdings mit geringem Erfolg – an der Burg gespielt wurde. Die Protestrede, die die unglücklich verheiratete Heldin im zweiten der drei kurzen Akte «mit erhobener Stimme» hält, wirkt im Rückblick wie ein Vorgriff auf Ibsens (erst 1879 ins Deutsche übersetzte)

Nora. Auch hier klagt eine Frau, die unmündig wie ein Kind gehalten wird, ja sich als «Spielzeug» betrachtet fühlt, die Wechselseitigkeit der ehelichen Beziehung ein. Im Unterschied zu Ibsens Schauspiel und sehr zum Nachteil desjenigen von Anzengruber hat sie damit aber Erfolg! In einem Schlußakt, der sich im historischen Abstand nicht ohne Schmunzeln lesen läßt und schon das zeitgenössische Publikum zum Lachen reizte, dankt ihr der Gatte dafür, daß sie ihm endlich als «Gehilfin» entgegengetreten sei, und beide stellen ihre Ehe auf eine neue sittliche Basis.

Die Problematik der Konventionsehe geht als einer von mehreren thematischen Aspekten auch in dasjenige Drama ein, mit dem Anzengruber 1877 endgültig zum Volksstück zurückfindet. Allerdings ist *Das vierte Gebot* kein reines Dialektstück, insofern ein Teil der Personen Hochdeutsch spricht, und es ist auch kein Bauern-Stück, sondern spielt im Wien der Gegenwart. In den Kategorien des damaligen Unterhaltungstheaters gesprochen, ist also eine Annäherung des Volksstücks an das Wiener Lokal-Stück festzustellen, und in der Tat erinnern einige der hier auftretenden Figuren an das Typen-Ensemble damaliger Kultur-Skizzen, insbesondere von Anzengrubers Freund Schlögl. (In dem revueartigen Volksstück *Alte Wiener*, das Anzengruber 1878 zur Eröffnung des Wiener Ringtheaters verfaßt, wird die Anlehnung an Schlögl noch deutlicher hervortreten.)

In einem Brief an den Direktor des Theaters in der Josefstadt charakterisiert Anzengruber im August 1877 das geplante Drama folgendermaßen:

> «Ein Stück: ‹Das vierte Gebot› (Trauerspiel) behandelt das Thema der Verziehung, des üblen Beispiels der Eltern – daraus resultierend die Unmöglichkeit des ‹Ehre Vater und Mutter›. – Die Tochter wird leichtfertig, Sohn jähzornig, Soldat, erschießt seinen Vorgesetzten. . . . Die Geschichte wird effektvoll, aber tragisch.»

Bis in Einzelheiten hinein ist hier die Entwicklung der sittlich wie wirtschaftlich verkommenen Drechslerfamilie Schalanter vorgezeichnet. An ihrem Ende, in der letzten Szene des fertigen Dramas, wird der Mörder auf dem Weg zur Hinrichtung dem Priester erklären: «Wenn du in der Schul den Kindern lernst: ‹Ehret Vater und Mutter!› so sag's auch von der Kanzel den Eltern, daß s' darnach sein sollen.»

Auf diesen Satz hin ist das Stück zugeschrieben. Im Unterschied zum Entwurf begnügt sich Anzengruber bei seiner Ausarbeitung aber nicht mit dem moralischen Exempel der Handwerkerfamilie, sondern erweitert es um ein weiteres Negativ- und ein halbes Positivbeispiel, indem er die Hausbesitzer- und die Hausmeisterfamilie hinzunimmt. In dieser mehrsträngigen Anlage, die nur punktuell (vor allem im III. Akt) einer engeren dramatischen Bündelung zugeführt wird, spiegeln sich ältere Vorbilder des Wiener Volkstheaters; auch Nestroys Lokalposse *Zu ebener Erde und erster Stock* brachte die soziale Schichtung innerhalb eines Hauses mittels einer Dramaturgie des Nebeneinander zur Geltung. Im Zeichen des Naturalismus wird auch Sudermanns Drama *Die Ehre* Vorderhaus und Hinterhaus kontrastiv kombinieren.

Anzengrubers Interesse ist jedoch kein soziologisches, sondern ein moralisches. Er zeigt unterschiedliche Formen des falschen Ehrgeizes, mit dem Eltern ihren Kindern eine leichtere Existenz ermöglichen wollen. Der Hausbesitzer Hutterer zwingt seine Tochter zur Ehe mit dem ungeliebten Stolzenthaler, einem reichen Lebemann, der sich als Gatte schon dadurch disqualifiziert, daß er infolge seiner Ausschweifungen keine gesunden Kinder haben kann (ein Lieblingsthema der Zeit, bei dem sich gleichfalls Parallelen zu Ibsen aufdrängen). Die Frau des Gärtners und Hausmeisters kokettiert unentwegt mit dem Titel «Hochwürden», auf den ihr Sohn Eduard als Priester Anspruch erheben kann. Daß dieser Sohn unter den Nachkommen der drei gezeigten Familien als einziger auf eine erfolgreiche Sozialisation zurückblicken kann, soll offensichtlich als Verdienst seines humorvoll-besonnenen Vaters – mit dem sprechenden Namen Eduard Schön – aufgefaßt werden.

Es gibt noch eine zweite positive Erzieherfigur in diesem Drama: die Großmutter der Kinder Schalanter, der Anzengruber den Namen seiner eigenen Großmutter geliehen hat. Die alte Herwig hat einen einzigen Auftritt, der im wesentlichen aus einer großen Rede besteht, und diese Rede variiert ein einziges Motto: «werdts gscheit». Das Gscheit-Sein ist eine Art Leitmotiv des Stücks und begegnet in den unterschiedlichsten Variationen im Munde der verschiedensten Personen. Sein Inhalt ist je und je ein anderer. Offenbar sollen wir in der mißbräuchlich-mißverstehenden Verwendung des Worts ein grundlegendes Problem der sozialen Orientierung erkennen. Das Volksstück, das in dieser Weise zum Nachdenken auffordert, ist ein Lehrstück, das den Leser oder Zuschauer «gscheit» machen will.

Die Zuschauer der ersten Wiener Aufführungen wurden allerdings systematisch daran gehindert, an diesem Lernprozeß teilzunehmen. Von der Zensur wurde nicht nur der Titel des Stücks gestrichen, das daher im Grunde titellos als *Ein Volksstück. Lebensbild in 4 Acten* zur Aufführung kam. Ihm wurden auch gerade jene Passagen vorenthalten, die Ansätze zur Sprachkritik und Impulse zur Infragestellung gängiger Phraseologien liefern. So der Kommentar Sidonies, mit dem sie sich als Zwangsverheiratete auf die gleiche Stufe mit der Prostituierten Pepi Schalanter stellt: «Wir sind ja doch zwei Verkaufte!» Oder ihre Ablehnung der klerikalen Phrase von einer von Gott auferlegten Prüfung. Hedwig nimmt «Prüfung» wörtlich, setzt den Begriff mit «Experiment» gleich und ver-

anschaulicht dessen Bedeutung am Beispiel eines Vivisecteurs: «Wollen
Sie mich glauben machen, Gott wäre so ein Mediziner?»

Zu naturalistischen Spekulationen über die Literatur als Experiment
ist es von hier aus natürlich ein weiter Weg. Dennoch hat Anzengruber
in der Phase der Formierung des naturalistischen Theaters in Deutschland eine bemerkenswerte Vorbildfunktion übernommen. *Das vierte
Gebot* und *Doppelselbstmord* wurden von der Berliner Freien Bühne gespielt. Mit insgesamt fünfzehn Inszenierungen war Anzengruber in der
ersten Hälfte der neunziger Jahre der meistgespielte Autor der beiden
Berliner Volksbühnen. Fontane deutet Berührung und Abstoßung im
Verhältnis der naturalistischen Moderne zu Anzengruber an, wenn er
nach der Aufführung des *Vierten Gebots* bemerkt: «Damit, daß man von
‹Knalleffekten eines Volksstücks› spricht, ist die Sache nicht abgetan.
Was soll überhaupt diese Vornehmtuerei, die durch so vieles widerlegt
wird.» Ein vornehmes Herabblicken auf populäre «Knalleffekte» mochte
sich bei Anhängern des Naturalismus finden, die vom Dramatiker
Milieustudien statt moralischer Appelle erwarteten.

Anzengruber wurde noch Mitglied der Freien Bühne, hat die Berliner
Aufführung seines Stücks aber nicht mehr erlebt. Er starb im Herbst
1889 kurz nach seinem 50. Geburtstag, wenige Wochen nachdem das
Deutsche Volkstheater in Wien mit seinem Volksstück *Der Fleck auf der
Ehr'* eröffnet worden war. Abgesehen vom *Vierten Gebot,* das dort 1890
– sozusagen als Re-Import aus Berlin – mit großem Erfolg aufgeführt
wurde, hatten die Volksstücke Anzengrubers für das Repertoire dieses
von ihm mitbegründeten Theaters keine nennenswerte Bedeutung
mehr.

Wie ein provinzielles Echo auf Anzengrubers Lebenswerk wirkt die Entwicklung eines steirischen Volksstücks in Graz durch Rosegger (*Am Tage des
Gerichts*, 1890) und Karl Morre. Letzterer eröffnet die Reihe seiner bäuerlichen
Volksstücke 1885 mit dem großen Erfolg von *'s Nullerl*. Darin wird gleich doppelt die Stellung der Besitzlosen auf dem Lande thematisiert. Dem tüchtigen
und vertrauenswürdigen Knecht Pertl wird zunächst vom «quarzhirnigen» Bauern die Heirat mit der Tochter verwehrt. Gabis Selbstmord aber verhindert der
alte Anerl, «Null» genannt, weil er sich als Gemeindearmer in demütigender
Abhängigkeit von den Bauern befindet, denen er als sogenannter Einleger zugewiesen wird. In seinem Auftrittslied stellt er die Deklassierung heraus, die er
(wie alle anderen verminderter arbeitsfähigen Dienstboten und Tagelöhner) durch
ein ins Sozialdarwinistische ausartendes bäuerliches Standesdenken erfährt: «I
bin – i bin – der Neamd auf der Welt.» Das Stück endet mit dem Beschluß zur
Errichtung eines Armenhauses und dem didaktischen Appell: «In der Gemeinde
soll ka alter Dienstbot mehr von Haus zu Haus als Einleger betteln gehn.»

2. Schnitzler

«Also spielen wir Theater», heißt es in dem mit «Loris» gezeichneten Prolog Hofmannsthals zu Schnitzlers *Anatol*, und zwei Zeilen weiter: «Die Komödie unsrer Seele / Unsres Fühlens Heut und Gestern / Böser Dinge hübsche Formel.» Hofmannsthal hat damit seinerseits eine Formel geliefert, bestens geeignet dafür, die Grundbefindlichkeit der Jung-Wiener Autoren, ihr Interesse am Theater und speziell die übertragene Bedeutung zu illustrieren, die die gesamte Sphäre des Spiels, des Rollenspiels, der Selbstdar- und Verstellung bei Schnitzler gewann – oder vielmehr noch gewinnen sollte, denn die *Anatol*-Szenen stellten ja nur die erste gültige Station in der Entwicklung dieses außerordentlich produktiven Dramatikers dar. Im übrigen beschränkt sich die Thematik des «Komödie-Spielens» ja keineswegs auf das dramatische Œuvre des Autors; sie erweist sich von kaum minderer Bedeutung für sein erzählerisches Schaffen, wie schon die Titel der Erzählungen *Die kleine Komödie* und *Komödiantinnen* signalisieren.

Aus solch grundsätzlicher Affinität zum Theatralischen ergab sich freilich kein unkompliziertes Verhältnis zu den etablierten dramatischen Gattungen und ebensowenig zur realexistierenden Bühne. Grundzüge der Dramatik Schnitzlers sind die Lockerung geschlossener Großformen und die Mischung tragischer und komischer Elemente. Die im *Reigen* gipfelnden Experimente mit einer konsequent episodischen Dramaturgie, in denen letztlich sein wirksamster Beitrag zum Drama der Moderne zu sehen ist, fanden erst mit zwei Jahrzehnten Verspätung den Weg auf die Bühne. Schuld daran war freilich nicht so sehr die innovative Form als der für damalige Moralvorstellungen schockierende Inhalt. Aber auch der Burgtheatererfolg, den Schnitzler 1895 mit einem Stück gänzlich anderer Machart (*Liebelei*) errang, erwies sich als letztlich nicht wiederholbar. Und selbst das freundschaftliche Verhältnis zum Berliner Theaterdirektor Otto Brahm, der die meisten Uraufführungen von Schnitzlers Dramen veranstaltete, konnte den Autor nicht darüber hinwegtäuschen, daß seine Texte am Deutschen bzw. Lessing-Theater einem realistischen, wenn nicht gar naturalistischen Schauspielstil unterworfen wurden, der ihren eigenen Voraussetzungen wesentlich fremd war.

Dreißig ungedruckte Jugenddramen der verschiedensten Gattungen – darunter die (von späteren Interpreten wohl überschätzte) Mönchs-Tragödie *Ägidius* – zeugen von den Schwierigkeiten, die dem Dramatiker Schnitzler die Suche nach einem eigenen Ausgangspunkt bereitete. «Konfuse Ideen zu einem sozialpolitischen Drama», überschreibt er selbst später einen Entwurf von 1879. Als umfängliche Vorübung erklären diese Jugendwerke vielleicht die formale Fertigkeit und die Geschliffenheit des Dialogs, mit denen schon die ersten veröffentlichten Stücke Schnitzlers beeindrucken. Lediglich das einaktige in einem imaginären Orient angesiedelte Versdrama *Alkandi's Lied* (1890) wird man von solcher Anerkennung ausnehmen; der junge Autor versucht sich hier mit wenig Glück als Epigone Grillparzers – bis hin zur Gestaltung des Traums auf der Bühne.

Die geistigen Ahnen seines nächsten Werks oder Werkkomplexes sind dagegen eher in der französischen Salondramatik des 19. Jahrhunderts zu suchen. Bei einem späteren Paris-Besuch (im Mai 1897) äußert sich Schnitzler mit kritischer Distanz über die aktuelle französische Theaterproduktion: «Man spielt Feuilletons und Leitartikel – entzückende Feuilletons und geistreiche Leitartikel: aber diese Dinge versuchen kaum, Stücke zu sein.» Und doch ließe sich ähnliches von den Kurzdramen sagen, die Schnitzler unter dem Titel «Dramatische Plaudereien» fünf verschiedenen Verlegern, darunter auch S. Fischer, vergeblich anbot. Ihre gemeinsame Hauptfigur hieß Anatol.

Die insgesamt zehn *Anatol*-Szenen, die Schnitzler im Zeitraum 1888–1892 verfaßte und von denen er schließlich sieben 1893 auf eigene Kosten zu einem Buch vereinigte (erste Aufführungen des Zyklus im Zusammenhang fanden nicht vor 1910 statt), erheben sich jedoch über die gängige Gesellschaftsdramatik der Zeit durch die Ausrichtung auf eine einheitliche geistige Problematik und die zyklische Struktur, mit der Schnitzler die Einakter (so die Genrebezeichnung der Ausgaben bis 1901) zu einem losen Ganzen zusammenfügt. Es handelt sich zumeist um 2- oder 3-Personen-Stücke: Wir erleben den Wiener Lebemann Anatol im Gespräch mit je wechselnden Partnerinnen und zumeist auch mit seinem räsonierenden Freund Max. «Ich kann unmöglich ohne Aphorisma abgehen», sagt Max einmal und thematisiert damit selbst seine Kommentatorfunktion in offensichtlicher Durchbrechung der dramatischen Illusion, die ohnehin schwach ausgebildet ist, da sich keine Szene unmittelbar an eine frühere anschließt oder Veränderungen durch früher gezeigte Vorgänge aufnimmt. Es gibt keine Chronologie, so daß grundsätzlich unterschiedliche Anordnungen möglich sind, wie die einzelnen Stücke ja auch in anderer Reihenfolge als der von Schnitzler für den Druck gewählten entstanden.

Eine Ausnahme im Hinblick auf die Zeit- und Folgenlosigkeit bildet freilich die Schlußszene *Anatols Hochzeitsmorgen*, mit der Schnitzler ironisch die traditionelle Funktion der Heirat als Abschluß einer Komödienhandlung zitiert. In diesem Zyklus gibt es zwar keine Handlung, und Anatol, der seiner eigenen Hochzeit am liebsten fernbleiben möchte, werden durch die Eheschließung gewiß keine monogamen Qualitäten zuwachsen. Immerhin scheint aber ein formaler Schlußpunkt unter die anarchische Freiheit dieser Don-Juan-Existenz gesetzt, wenn auch die possenhafte Situationskomik, durch die sich diese (als erste entstandene) Nummer vom Dialogwitz der anderen Teile unterscheidet, von vornherein jede Ernsthaftigkeit ausschließt.

Einen anderen Schluß hatte Schnitzler vorübergehend mit *Anatols Größenwahn* erwogen. Der gealterte Anatol sollte darin einer lustigen Gesellschaft gegenübergestellt werden, mit der er nichts mehr zu tun haben möchte; indem ihm ein junges Mädchen aus dieser Gesellschaft Avancen macht und offensichtlich ihren eigentlichen Liebhaber in Gedanken mit Anatol betrügt, droht jenem ein ähnliches Eifersuchts-Schicksal, wie dieser es stets befürchtet hatte – eine Wiederholung der Anatol-Problematik deutet sich hier als ewige Wiederkehr des Gleichen an.

Ausdrücklich thematisiert wird die Struktur der Wiederkehr in der als zweite entstandenen dritten Episode des Zyklus. Sie trägt zu Recht den Titel *Episode*, da sie die episodische Struktur von Anatols Erleben (und damit auch die episodische Struktur des ganzen ihm gewidmeten Zyklus) zum eigentlichen Gegenstand hat. Anatol, der ein neues Leben beginnen möchte, übergibt Max das Archiv seines bisherigen Liebeslebens; versehen mit charakteristischen Sinnsprüchen, sind darin Erinnerungszeichen an seine diversen Geliebten gesammelt. Ein Päckchen trägt nur die Aufschrift «Episode»; die darin dokumentierte Begegnung mit Bianca scheint Anatol besonders typisch für die Macht einer ästhetisch organisierten «Stimmung» und die «zermalmende» Wirkung seiner Persönlichkeit auf die Frauen. Durch das Auftreten Biancas, die sich an Anatol kaum mehr erinnern kann, werden dessen narzißtische Phantasien gnadenlos destruiert. Indem Max jedoch am Schluß der Szene Bianca in ähnlicher Weise zur Erzählung vergangener Liebesabenteuer auffordert wie zuvor Anatol, werden die gleichsam epische und poetisierende Qualität des amourösen Gedächtnisses und die Reziprozität der Geschlechterliebe markiert: Bianca erweist sich als eine Art weiblicher Anatol.

Hier wird zugleich deutlich, daß Anatol nicht eigentlich ein Individuum, sondern einen Verhaltenstypus darstellt, dessen Hang zur Selbstinszenierung und zur Illusionsbildung in offenkundigem Widerspruch zu seiner eigenen Forderung nach absoluter Wahrhaftigkeit steht und der sich durch den Zwang zur unentwegten Selbstreflexion gerade an jenem substantiellen emotionalen Empfinden hindert, auf das er es doch so ausdrücklich abgesehen hat. Die übersteigerte Eifersucht, mit der er noch die Vergangenheit und Zukunft seiner kurzfristigen Geliebten ausforschen und auslöschen bzw. selber besetzen will, ist ein signifikantes Symptom dieses Konflikts. Hervorgegangen aus der Tendenz der Liebe zur Absolutsetzung der jeweils aktuellen Beziehung, zerstört der Affekt letztlich deren emotionale Grundlage. Zugleich dokumentiert sich in

den einschlägigen Sequenzen Schnitzlers Sensibilität für die Ungleichbe-
handlung weiblicher und männlicher ‹Vergangenheiten› und ‹Freiheiten›
durch den gesellschaftlichen Moralkodex und das von ihm geprägte
Empfinden noch des scheinbar unabhängigsten Mannes (Thema auch
anderer Stücke des Autors wie z. B. *Das Märchen*).

Wenn Anatol in der Episode *Denksteine* den Rubin eliminieren will,
den Emilie zur Erinnerung an ihre erste Liebeserfahrung aufbewahrt,
gibt er ein Beispiel dieser destruktiven Eifersucht. Dabei ist Emilies Andenken ein bezeichnendes Gegenstück zu Anatols eigener oben erwähn-
ter Requisiten-Sammlung. Sie bewahrt die Erinnerung an das vergangene Erlebnis mit gutem Gewissen, weil sie durch die frühere Erfahrung
jene Liebesfähigkeit erlangt hat, mit der sie sich gegenwärtig Anatol
schenken kann. Im Erleben dieser Frau verbinden sich Gestern und
Heute zu einer sinnvollen individuellen Kontinuität. Es geht also nicht
an, aus der episodischen Struktur des Anatol-Zyklus auf eine generelle
Verabsolutierung des Augenblicksempfindens oder des sogenannten
Impressionismus durch den Autor zu schließen. So nahe sich dieser einzelnen Zügen seines Protagonisten wußte und so wenig Bedenken er beispielsweise trug, seine Gedichte in der Zeitschrift *An der schönen blauen
Donau* (wo auch *Episode* erschien) unter dem Pseudonym «Anatol» zu
veröffentlichen, so deutlich ist insgesamt die Distanz des Dramatikers
zu seiner Figur und dem von ihr vertretenen Selbst- und Weltverständ-
nis. Sie drückt sich in den skeptischen Kommentaren von Max ebenso
aus wie in der Kontrastfigur Emilie (die übrigens durch ihr nachfolgen-
des Verhalten gleichfalls der Ironisierung verfällt).

Grundsätzlich verdienen die Frauengestalten des Zyklus – nebenbei:
exzellente Rollenangebote für Schauspielerinnen – größere Aufmerksamkeit, als die auf autobiographische oder geistesgeschichtliche Flucht-
punkte verengte Perspektive der meisten Betrachter bisher aufgebracht
hat. Das Spektrum reicht vom «süßen Mädel» aus der Vorstadt (in der
gleichnamigen Nachlaß-Szene, die sehr direkt ein Gespräch mit Mizi
Glümer nachstellt) über die leichtlebige Tänzerin oder Artistin bis zur
bürgerlichen oder gar «mondänen» Ehefrau aus der Inneren Stadt. Während die zuerst entstandenen Szenen ein eher skizzenhaftes Bild der einzelnen Gestalt entwerfen, besticht an den zuletzt verfaßten Episoden
Weihnachtseinkäufe und *Abschiedssouper* die Genauigkeit, mit der psychische Mechanismen und soziale Bedingungen erfaßt werden und sich
aus wenigen Details ein aussagekräftiges Profil ergibt. Dabei übernimmt
die Sprache des Dialogs eine wichtige Funktion; die mundartlichen
Abstufungen und die häufigen unvollendeten Sätze täuschen eine fast
naturalistische Lebensechtheit vor, wogegen die Präzision der geistrei-
chen Repliken und die Vorliebe für Bonmots an das Vorbild der Salon-
Dramatik erinnern.

Abstraktion und Konkretion gehen, wie man sieht, in eigentümlicher Weise nebeneinander her. Bei der Erstveröffentlichung der *Weihnachtseinkäufe* (in der Weihnachtsnummer der *Frankfurter Zeitung* 1891) ersetzte Schnitzler die Namen «Anatol» und «Gabriele» schlicht durch «Er» und «Sie». Ebenso lauten die Bezeichnungen der Kontrahenten in zwei 1894 entstandenen Einaktern von fast sketchartiger Zuspitzung (*Halbzwei; Die überspannte Person*), die teils hochkomisch, teils ernsthaft Spannungen zwischen Sexualpartnern austragen. Sie können als Fingerübungen für das wohl provozierendste Werk gelten, mit dem Schnitzler die Geschichte des Dramas und Theaters bereichert hat: die Dialogfolge *Reigen*, 1896/97 entstanden und 1900 als «unveröffentlichtes Manuskript», drei Jahre später dann als Buch gedruckt (die ersten Aufführungen 1921 sollten zu einem denkwürdigen Skandal werden). Auch hier geht es ausschließlich um das Verhältnis von «Er» und «Sie», und zwar «davor» und «danach», d. h. vor und nach dem Geschlechtsakt, der in jeden Dialog mit Ausnahme des letzten als Aussparung integriert ist.

Die zyklische Struktur des *Anatol* und die dort formulierte Ansicht vom episodischen Charakter der Liebesaffäre wiederholen sich im *Reigen* in systematisierter, zugleich gesteigerter und gebändigter Form. Durch die serielle Anordnung der jeweiligen Liebesbegegnungen nach dem Schema AB – BC – CD . . . wird der Gedanke der Wiederkehr des Gleichen auf die Spitze getrieben; zugleich erlaubt es diese Form der Reihung dem Dramatiker, die Konzentration auf die Zweierbeziehung zu einem Panorama der ganzen Gesellschaft auszuweiten, das von den untersten Stufen der sozialen Hierarchie (Dirne, Soldat) bis zum Aristokraten reicht, der sich am Schluß im Zimmer der Dirne wiederfindet. Das Ewig-Gleiche wird zugleich als Immer-Anderes erkennbar, insofern die sexuelle Vitalität mit steigendem sozialen Status ebenso abzunehmen, wie der «moralische» Aufwand zu ihrer Rechtfertigung zu wachsen scheint. Das dramentechnische Experiment erweist sich somit als eine Versuchsanordnung, die das Verhalten von Menschen wie in einem Experiment zu analysieren ermöglicht. Abgesehen von diesem positivistischen Ertrag, gemahnt das Modell des Reigens zugleich an althergebrachte Ansichten des Daseins; in Anknüpfung an sie hat Hofmannsthal in *Der Tor und der Tod* den Lebensreigen als Totentanz beschworen.

Neben der Produktion von Einaktern oder vielteiligen Episodendramen steht bei Schnitzler von Anfang an das Interesse am großen Drama mit gesellschaftskritischem Gehalt. Der unverhältnismäßig hohe Anteil von Unvollendetem bzw. Unveröffentlichtem macht jedoch deutlich, daß dieser zweite Weg des Dramatikers Schnitzler beträchtliche Hemmnisse überwinden mußte. In der ersten Hälfte der neunziger Jahre wechseln Scheitern und Gelingen, und auch letzteres fällt recht unterschiedlich aus: Auf das Dramenfragment *Die Blasierten* (1890/91) folgt das 1891

gedruckte Schauspiel in drei Aufzügen *Das Märchen;* es wird bei seiner
Uraufführung am Deutschen Volkstheater Wien 1893 auf breite Ablehnung stoßen und nach der zweiten Vorstellung abgesetzt werden. Auf
das dreiaktige Schauspiel *Familie* (1892/93), dessen letzten Akt Schnitzler dreimal umschreiben wird, um das Ganze dann doch ungedruckt zu
lassen, folgt 1894 die – in ihren Anfängen gleichfalls bis 1892 zurück-
reichende – *Liebelei.* Das Schauspiel in drei Akten, das vom Burgtheaterdirektor Burckhard, übrigens einem Hausnachbarn des Autors, schon
zwei Tage nach Erhalt angenommen wird, bewirkt den Durchbruch
des Dramatikers Schnitzler.

Das Märchen, Familie und *Liebelei* haben einen gemeinsamen Nenner:
die Problematik der Liaison zwischen einem jungen Mann aus gutem
Hause und einem Mädchen kleinbürgerlicher Herkunft, das als nicht
heiratsfähig gilt. Dabei steht in den beiden erstgenannten Stücken das
Motiv des ‹gefallenen› Mädchens im Vordergrund, über dessen Vergangenheit der Mann ‹nicht hinwegkann›, und zwar auch dann nicht, wenn
er selbst in der Theorie den freizügigsten und tolerantesten Anschauungen huldigt und die Geliebte die Tiefe ihrer Neigung so eindrucksvoll
bezeugt wie die Schauspielerin Fanny im *Märchen.* «Und ich sage, es ist
Zeit, daß wir es aus der Welt schaffen, dieses Märchen von den Gefallenen», erklärt ihr Geliebter, der Schriftsteller Denner, und gibt damit das
Stichwort für den Titel des Stücks. Dennoch erweist er sich zuletzt doch
als einer jener «Übergänglinge», von denen der radikalgesinnte Maler
Robert spricht: «Männer, die schon das Wahre ahnen, aber selbst eigentlich den Mut ihrer Überzeugungen nicht haben – Männer, die sich in
ihren tieferen Anschauungen schon als neue Menschen fühlen, die aber
mit ihrem äußeren Wesen noch unter den alten stehen.»

Es ist dieselbe Problematik des «Übergänglings», die Hauptmann in
Dramen wie *Einsame Menschen* (1890/91) oder *Die versunkene Glocke*
(1896) auf die Bühne brachte. Schnitzlers einschlägige Stücke lassen sich
mit dem Drama des Naturalismus um so eher vergleichen, als sie beträchtliche Mühe auf die Gestaltung des Milieus aufwenden. Und zwar
eines doppelten Milieus: jener betonten bürgerlichen Wohlanständigkeit
einerseits, der sich das Ressentiment des angepaßten Mannes letztlich
verdankt (im *Märchen* ist dieses Milieu vor allem durch die Konversation
der zahlreichen Gäste in Fannys Salon präsent, die wie ein vielstimmiger
Chor die Anschauungen der Gesellschaft vertreten), und des anrüchigen
Kleine-Leute-Milieus am Rande zur Kupplerei andererseits, wie es im
II. Akt von *Familie* vorgeführt wird: mit der Figur des Zermann, der
sich als «braver Mann aus dem Volke» versteht und in seiner verlogen-
en Kleinbürgerlichkeit (bis hin zur Sprache: «Wienerisch, mit der Tendenz,
Hochdeutsch zu reden») wie eine Vorwegnahme Horváthscher Figuren
anmutet.

Freilich hat die Affinität zum Naturalismus eine klare Grenze. Die weibliche Hauptperson hat bei Schnitzler nicht nur einleuchtende Gründe, sich aus den Schranken ihres Herkunftsmilieus befreien zu wollen; sie besitzt auch die unbezweifelbare Fähigkeit dazu – jedenfalls wenn die Gemeinschaft mit dem Geliebten ihr die innere Ermutigung und die äußere Möglichkeit dazu bietet. Es ist ein Gutteil persönlicher Schuldarbeit, wenn Schnitzler in dieser Weise die moralische Verantwortung bzw. das Versagen des Mannes herausstellt. Er verarbeitet damit sein eigenes Verhalten gegenüber der Schauspielerin Mizi Glümer, dem vielberufenen Urbild des «süßen Mädels».

In *Liebelei* haben sich die Akzente beträchtlich verschoben. Zwar macht sich auch Christine Weiring im Sinne der damaligen Sexualmoral schuldig, doch ist es nicht zuletzt der Sinn des II. Aktes, der in ihrem Zimmer spielt, die eigentliche Unschuld und Reinheit ihrer Neigung zu unterstreichen. Das Interieur der Mädchenkammer («bescheiden und nett») zeugt wie in *Faust I* für die Bewohnerin. Fritz Lobheimer andererseits betritt ihre Stube nicht wie ein dämonischer Verführer, sondern als heimlicher Todeskandidat, der in Christines Küssen so etwas wie den Sinn seines durch eine Duellaffäre verpfuschten Lebens sucht. «Sprich nicht von Ewigkeit», sagt er zu ihr und setzt hinzu: «Es gibt ja vielleicht Augenblicke, die einen Duft von Ewigkeit um sich sprühen. – ... Das ist die einzige, die wir verstehen können, die einzige, die uns gehört ...»

Schon zu Beginn des I. Akts erscheint Fritz der heiter-frivolen Lebewelt, die Theodor und Mizzi in betontem Kontrast zu den beiden Hauptfiguren verkörpern, leicht entfremdet: durch sein leidenschaftliches Verhältnis mit einer «dämonischen» «Dame in Schwarz». Die Todessymbolik setzt sich fort und erhält eine konkrete Substanz, wenn inmitten der von Theodor arrangierten Feier der namenlose «Herr» auftritt und die Duellforderung überbringt – mit der paradoxen Wirkung, daß Fritz als Moriturus eigentlich erst der Liebe Christines würdig, nämlich jetzt erst fähig wird, die Persönlichkeit des Mädchens wahrzunehmen. Hat er eben noch erklärt, von ihrem Leben nichts wissen zu wollen («Das ist ja gerade das Schöne. Wenn ich mit dir zusammen bin, versinkt die Welt»), so bittet er sie jetzt direkt darum, «daß du mir einmal viel von dir erzählst ... recht viel ... ich weiß eigentlich so wenig von dir.»

Die Grenze dieses Kommunikationsangebots liegt darin, daß er seinerseits weiterhin keine Auskunft über sich zu geben bereit ist. Da er den (von Schnitzler im persönlichen Leben nicht respektierten und in verschiedenen Werken kritisierten) Duellzwang und seine rituellen Regeln vorbehaltlos akzeptiert, darf er über das, was ihn vordringlich beschäftigt, nun erst recht kein Wort verlieren. Für Christine hat diese Mitteilungssperre tragische Folgen. Denn das entscheidende Motiv, das sie nach der Aufklärung über Lobheimers Duelltod in den Tod treibt, ist ja die Verzweiflung darüber, daß sie für ihn, der offenkundig für eine andere gestorben ist, doch nicht mehr gewesen sein könne als eine unverbindliche «Liebelei», daß gerade die ihr Inneres aufschließenden Liebesworte der letzten Tage nur konventionelles Geplänkel und somit verlogen gewesen seien. Darin irrt sie, und doch hat sie auch soweit recht, daß Fritz ohne die aufrüttelnde Drohung des Todes vor Augen in der Beziehung zu ihr wohl tatsächlich kaum mehr als eine «Liebelei» gefunden hätte.

In Christines Verzweiflung mischt sich noch ein weiteres Moment. Daß sogar das Begräbnis des Geliebten ohne ihre Anwesenheit, ja ohne ihr Wissen stattgefunden hat, läßt sie die Klassenschranken spüren, die die Tochter eines Theatermusikers von einem Studenten aus den Kreisen des Großgrundbesitzes trennen. Schnitzlers Drama nimmt hier offensichtlich die Tradition des bürgerlichen Trauerspiels auf, das ja schon mit der Figur von Vater Weiring zitiert wird, einem zweiten Musikus Miller (aus Schillers *Kabale und Liebe*). Doch während der Vater im klassischen bürgerlichen Trauerspiel als irdischer Repräsentant religiöser Normen über die Tugend der Tochter wacht und den adligen Verführer verurteilt, hat Musikus Weiring längst den Glauben an den Sinn bürgerlicher Moralgebote verloren. Der historische Protest der bürgerlichen Familie gegen die adlige Libertinage hat sich verloren; an seine Stelle tritt die einsame Verbitterung einer jungen Frau, der erst das Ende ihrer Liebesbeziehung den Makel ihrer Herkunft zu Bewußtsein bringt. «Das arme Mädel» hatte ursprünglich der Titel des Dramas lauten sollen, als es noch als Wiener Stück in acht Bildern geplant war.

Wie man sieht, sucht Schnitzler mit *Liebelei* ganz bewußt den Anschluß an die dichterische und lokale Theatertradition. Dank angestrengter Poetisierung gelingt es ihm, die Anstößigkeit der Thematik (vor allem des I. Akts) zu überspielen und eine ‹rührende› Wirkung zu erzielen, die von fern an die empfindsame Rezeption des 18. Jahrhunderts erinnert. Der Theatererfolg der *Liebelei* verschaffte Schnitzler Zugang zu den führenden deutschsprachigen Bühnen, nicht zuletzt in Berlin, und ermutigte ihn, gleich beim nächsten Stück auf derartige Mittel der Poetisierung zu verzichten. *Freiwild* (1896), ein Drama über den Duellzwang, ist die größte Annäherung Schnitzlers an das Tendenzstück im Stile Sudermanns, auch wenn es die letzte hierfür erforderliche Konsequenz vermissen läßt. Bezeichnend dafür und charakteristisch für den Autor ist der Schluß mit dem nahezu selbstmörderischen Ende des Duellgegners, dem bis dahin die Sympathien des Lesers oder Zuschauers gehören. – Die Zukunft des Schnitzlerschen Dramas lag dagegen eher in einer Besinnung auf ihre Ausgangsvoraussetzungen, auf das also, was im *Anatol*-Prolog die «Komödie unsrer Seele» genannt wird.

3. Hofmannsthal

Die erste Einheit im dramatischen Schaffen Hofmannsthals bilden vier Einakter, die zwischen 1891 und 1893 entstanden (ihr Autor war 1891 erst siebzehn Jahre alt): *Gestern, Der Tod des Tizian, Idylle* und *Der Tor und der Tod*. Erst in mehrjährigem Abstand, erst mit dem Produktionsschub des Sommers 1897, wird sich ihnen eine neue Phase der Hofmannsthalschen Dramatik anschließen. Der Blick auf das Vollendete oder jedenfalls Veröffentlichte suggeriert freilich eine Einheitlichkeit des Frühwerks und damit auch eine Logik der dichterischen Entwicklung, die in dieser Absolutheit nicht bestand. Die umfangreichen Entwürfe zu einer Renaissance-Tragödie aus dem Jahr 1892 (*Ascanio und Gioconda*) zeigen, daß sich der junge Hofmannsthal keineswegs ausschließlich mit der Form des lyrischen Kurzdramas begnügte und daß das für seinen späteren Weg so charakteristische Streben nach theatralischer Wirkung und großer Form auch seinen jungen Jahren nicht fremd war.

In einem Brief an den Freund Beer-Hofmann aus demselben Jahr unterscheidet Hofmannsthal drei Grade der dramatischen Entwicklung: Den untersten vertreten demnach «der Pöbel (Publikum etc.) und die naiven Künstler wie Anzengruber», darüber erhebt sich als zweiter Grad die Dramatik des Jungen Wien («Stücke ohne Handlung, dramatisierte Stimmungen, Wirkung durch Detailmalerei»), die der Briefschreiber selbstkritisch von der Kunst der großen Dramatiker (3. Grad) abhebt: «wir haben uns einseitig mit Farbe und Ton beschäftigt, wo es auch auf die Architektur, Gruppierung, Form sehr stark ankommt». Wenn man von der kontextbedingten Wertung absieht, zeichnet sich hier so etwas wie eine Poetik des lyrischen Dramas ab, das der junge Hofmannsthal zu höchster Virtuosität entwickelt – durch Maeterlinck im Verzicht auf eine herkömmliche Handlung und durch Mallarmé in der Verselbständigung einer symbolistischen Bildlichkeit und der Klangqualität der gereimten Verse ermutigt.

Wie stark das Paradigma der Lyrik hier in den Bereich des Dramatischen hineinwirkt, zeigt auch die Integration von Gedichten an entscheidenden Stellen der Handlung: So endet *Gestern* mit dem Sonett *Erfahrung* vom Mai 1891 (Andrea spricht eine leicht abgewandelte Fassung als eigene Erkenntnis), und der große Monolog Gianinos in *Der Tod des Tizian* gipfelt in einer Metamorphose des Gedichts *Siehst du die Stadt?* vom Oktober 1890. In der Möglichkeit solcher Übertragungen zeichnet sich die subjektive Struktur dieser Dramatik ab, die freilich keine kurzschlüssigen autobiographischen Deutungen rechtfertigt. Wohl läßt sich im Ansatz eine Hierarchisierung der Personen unter dem Gesichtspunkt der lyrischen Subjektivität erkennen, doch bezieht sich diese Subjektivität grundsätzlich auf den ganzen Text. «Mir gefällt's, weil's ähnlich ist wie ich», sagt der Prologsprecher zum *Tod des Tizian* über das nachfolgende Stück; die anschließenden Verse sind ein verstecktes Selbstporträt des Autors und zugleich die beste Charakteristik, die das lyrische Drama Hofmannsthals bis heute gefunden hat:

> Vom jungen Ahnen hat es seine Farben
> Und hat den Schmelz der ungelebten Dinge;
> Altkluger Weisheit voll und frühen Zweifels,
> Mit einer großen Sehnsucht doch, die fragt.

Die Nähe zur Lyrik ist mit der Entfernung vom Theater erkauft. *Der Tor und der Tod* ist der einzige der frühen Einakter, der den Weg auf die öffentliche Bühne fand – wenn man von der Bearbeitung des Tizian-Dramas für Böcklins Totenfeier absieht. Hofmannsthal nahm lebhaften Anteil an der Uraufführung von *Der Tor und der Tod* durch die Münchner Litterarische Gesellschaft unter der Leitung Ganghofers (1898) und noch zehn Jahre später an der Inszenierung der Berliner Kammerspiele Max Reinhardts. Bei den übrigen Stücken kam es allenfalls zu Privataufführungen oder Plänen zu solchen, die keineswegs immer die Unterstützung des Autors fanden. So wehrte sich dieser 1903 heftig gegen das Projekt einer Liebhaber-Aufführung im Park des Weimarer Belvedere-Schlosses: «Es scheint in Weimar eingeführt zu sein, daß die Pagen, die im Winter schlimm waren, im Sommer zur Strafe den ‹Tod des Tizian› spielen müssen. Das wird jedenfalls in die Literaturgeschichte kommen.»

Gegenüber Alfred von Berger nennt Hofmannsthal den *Tod des Tizian* «viel eher ein[en] Dialog in der Manier des Platon aus Athen als ein Theaterstück». Damit ist der Verzicht auf herkömmliche theatralische Qualitäten ebenso angesprochen wie die Prägung durch eine gedankliche Dialektik, die diesem Text – und auch den anderen frühen Einaktern – letztlich doch eine (im tieferen Sinne des Wortes) ‹dramatische› Qualität verleiht.

Noch Georg Kaiser wird sich für die Affinität seiner expressionistischen Dramatik zum «Gedankenspiel» nachdrücklich auf das Vorbild der Dialoge Platons berufen. Im Falle der Tizian-Dichtung kommt dem Hinweis auf Platon auch deshalb besondere Bedeutung zu, weil die Renaissance-Thematik offenbar in letzter Stunde ein anderes historisches Sujet verdrängte, das Hofmannsthal in einem Brief an Walther Brecht von 1929 als «das Gastmahl der verurteilten Girondisten» beschreibt. Man erkennt die Anregung des Gymnasiasten durch die platonischen Dialoge *Symposion* und *Phaidon*.

Es dürfte mit dieser quasi philosophischen Dimension des lyrischen Dramas bei Hofmannsthal zusammenhängen, daß seine ersten beiden Stücke unmittelbare Reaktionen auf wichtige geistige Impulse darstellen.

Sowohl *Gestern* als auch *Der Tod des Tizian* haben eine intensive Auseinandersetzung mit Nietzsche zur Voraussetzung; darüber hinaus ist das zweite Stück als die diskrete – auf Abgrenzung bedachte – Antwort Hofmannsthals auf das vereinnahmende Freundschaftsangebot Georges zu verstehen, wie schon *Gestern* als das heiter verpackte kritische Echo auf Hermann Bahrs Theorie der Moderne.

Das primäre Vorbild für solch spielerische Dialektik in dramatischer Form bot die Ausbildung des «proverb» im Komödienschaffen Alfred de Mussets, an das sich Hofmannsthals Erstling auch sonst so sichtbar – etwa in der Namensgebung – anlehnt. Der Dichter selbst definiert das gattungstypische Verfahren – die Widerlegung eines im Titel genannten Sprichworts – in einem Brief an Marie Herzfeld vom August 1892, also ein gutes Jahr nach der Entstehung des Stücks, das im Herbst 1891 in der Wiener Zeitschrift *Moderne Rundschau* (unter dem Pseudonym Theophil Morren) erschienen war:

> «Meine Lieblingsform, von Zeit zu Zeit, zwischen größeren Arbeiten, wäre eigentlich das Proverb in Versen mit einer Moral: so ungefähr wie ‹Gestern› nur pedanteskei, menuetthafter: im Anfang stellt der Held eine These auf (so wie: das Gestern geht mich nichts an), dann geschieht eine Kleinigkeit und zwingt ihn, die These umzukehren (‹mit dem Gestern wird man nie fertig›); das ist eigentlich das ideale Lustspiel aber mit einem Stil für Tanagrafiguren oder poupées de Saxe.»

Der Protagonist Andrea ist ungeachtet des Renaissance-Milieus ein hochmoderner Typus; er zieht die Konsequenzen aus einer grundsätzlichen Problematik, die Hofmannsthal wohl ebenso aus eigenem Erleben wie aus der Lektüre von Nietzsche, Barrès und nicht zuletzt Bahr deutlich geworden war. In dessen Essay *Wahrheit, Wahrheit!* (*Die Überwindung des Naturalismus*, 1891) steht der Satz: «Die Sensationen allein sind Wahrheit, zuverlässige und unwiderlegliche Wahrheit; das Ich ist immer schon Konstruktion.» In dem Exemplar des Bandes, das Bahr ihm im Juni 1891 geschenkt hat, notiert Hofmannsthal daneben: «Zerbrechen der Einheit des Ich – ‹Gestern›». Übereinstimmend damit heißt es in seinem Tagebuch vom 17. Juni 1891: «Wir haben kein Bewußtsein über den Augenblick hinaus, weil jede unsrer Seelen nur einen Augenblick lebt. [. . .] Mein Ich von *gestern* geht mich sowenig an wie das Ich Napoleons oder Goethes.» Genau das ist das Prinzip, auf das Andrea sein Leben zu gründen versucht und mit dem er letztlich doch scheitert.

Das Stück beginnt mit einer typischen Komödiensituation: Arlette entläßt einen neuen Freund gerade rechtzeitig vor der Heimkehr ihres eigentlichen Geliebten Andrea. Dessen anschließend geäußerte Bekenntnisse zur absoluten Ehrlichkeit des spontanen Gefühls, zur Stimmung des Augenblicks etc. unterliegen von hier aus einer umfassenden Ironisierung: Da predigt anscheinend jemand das Gesetz der Wahrhaftigkeit, der sich in einem entscheidenden Punkt über die Grundlagen seines eigenen Lebens belügt, und seine Freunde zwinkern einander in innigem Verständnis zu. Erst Arlettes visionäre Schilderung einer stürmischen Bootsfahrt läßt Andrea blitzartig die ‹Wahrheit› ihres Betrugs erkennen, und doch verfehlt er auch jetzt die Wahrheit ihres Gefühls, die offenbar andauernde und durch den spontanen Akt der Untreue nicht tangierte Liebe zu ihm. In der abschließenden Auseinandersetzung erweist sich Arlette als der konsequentere ‹Impressionist›; ihr Lebensgesetz ist tatsächlich das naiv befolgte Gefühl des Augenblicks:

> Ein Abgrund scheint von gestern mich zu trennen,
> Und fremd steh ich mir selber gegenüber . . . –

Andrea dagegen, der Theoretiker der Spontaneität und der subjektiven Wahrheit, sieht das Heute durch das Gestern «getötet» und schickt die Geliebte fort. Parallelen zu Schnitzlers eifersüchtigem Anatol drängen sich auf; anscheinend kann es der männliche Narzißmus nicht ertragen, daß die Frau ebenjene sexuelle Freiheit praktiziert, die er selbst zur Norm erhebt. Doch das Problem bei Hofmannsthal liegt anders und tiefer. Andreas Fehler, der komische Tic, von dem das Stück lebt, liegt in der reflektierenden Verabsolutierung einer Erfahrung, deren emotionale Authentizität als solche nicht bezweifelt wird und in Arlettes Geständnis ja überzeugenden Ausdruck findet. «Ich will mein Leben fühlen, dichten, machen», sagt er einmal (V.119). Die bewußte Anwendung künstlerischer Prinzipien auf das Leben muß dessen irrationale Qualität verfehlen. Andreas Fehler ist daher weniger der Ästhetizismus, den man ihm vielfach zugesprochen hat, als jenes Syndrom der zeitgenössischen Befindlichkeit, das Hofmannsthal und die ihm nahestehenden Autoren nach Maßgabe Bourgets als «Dilettantismus» diagnostizierten: die Entfremdung des in der Reflexion befangenen Subjekts von der Unmittelbarkeit des Lebens.

«Man bekam eine neue Zärtlichkeit für seine eigene Neurose.» So beschreibt Schnitzler im Tagebuch vom Oktober 1891 den Eindruck, den die erste Lesung von *Gestern* auf ihn gemacht hat. Während der Niederschrift erhob Hofmannsthal in einem Brief an Bahr den quasi medizinischen Anspruch: «Ich möchte die Bakteriologie der Seele gründen.» Die Infektion oder Neurose, die den Protagonisten befallen hat, macht sich zwar Kunst und Kunsthandwerk zunutze; darauf verweist die Beschreibung des erlesenen Renaissance-Interieurs (ein Beispiel für das, was Hofmannsthal «Möbelpoesie» nannte) ebenso wie das Bekenntnis seines Bewohners zur eklektizistischen Nutzung verschiedener Malstile im Dienste wechselnder Stimmungen. Dasselbe Stimmungsprinzip führt jedoch auch zum Abbruch eines großen Bauvorhabens und veranlaßt Andrea zur Aufnahme des Bilderstürmers Marsilio, also letztlich zur Absage an die Kunst. Neben Arlette wird der Dichter Fantasio, der eine demütige Hinwendung zur mystischen Erkenntnis des Lebens vertritt, zum wichtigsten inneren Gegenspieler des Helden – in der geplanten Liebhaberaufführung, von der Schnitzlers Tagebuch berichtet, sollte Hofmannsthal die Rolle des Fantasio und nicht die des Andrea spielen.

Die Kunst und ihr Verhältnis zum Leben sind die zentralen Themen des nächsten Einakters. *Der Tod des Tizian* entstand im Januar 1892 als Reaktion auf Georges größte Annäherung an den jungen Hofmannsthal, die von diesem offenbar als Bedrohung und Gefährdung seiner eigenen Identität aufgefaßt wurde. Der Prolog nimmt zwar den Begriff des «Zwillingsbruders» aus Georges Gedicht *Der Infant* auf, die Entwürfe reden aber eine andere Sprache; in ihnen wird Desiderio die rigorose Abgrenzung vom Leben mit noch schrofferen Worten vorgeworfen, als sie Hofmannsthal in seinem Brief an George vom 10. Januar 1891 gebrauchte:

> Zuweilen findest du wie ein Vergnügen
> Daran Abgründe sinnlos aufzureissen
> Die klaffend jeden ferne stehen heissen
> Und einsam dich wo du's nicht bist zu lügen

Die vollendete Fassung des Fragments (wie man hier wohl wirklich sagen darf) läßt die Differenzen zwischen den Tizian-Schülern weniger scharf hervortreten, sie verschlüsselt sie gleichsam in der symbolischen Opposition von Garten und Stadt. Tizians Garten, in dem die Schüler bangend den Tod des Meisters erwarten, ist der Bereich der Kunst, einer Kunst, die sich wohl über das Leben erhebt – in auffälligem Widerspruch zu den topographischen Gegebenheiten Venedigs ist wiederholt von einem Blick auf die Stadt «drunten» die Rede –, aber sich nicht notwendig von ihm abschließt. Die Produktivität Tizians, der hier ganz im Sinne von Nietzsches *Geburt der Tragödie* als dionysischer Künstler beschrieben wird (übrigens wirklich nur beschrieben wird, denn der Sterbende bleibt außerhalb der Bühne), beruht offenbar gerade auf seiner Fähigkeit, «Leben» zu «schaffen» und dem «Leben Leben» zu «geben».

Sein naher Tod durch die in Venedig grassierende Pest steigert noch die Kreativität des Malers, führt zu einer letzten Eruption seiner aus dem Lebensleid erwachsenen, mit ihm verbundenen Kunst. Übrigens hat George die «Pest» aus dem Erstdruck des Dramas in den *Blättern für die Kunst* (1892) getilgt; er konnte nicht wissen, daß Hofmannsthal als Abschluß «eine Art Todesorgie» – im Dienste der «Lebenserhöhung» – plante, und hat vielleicht nicht (oder gerade!) gespürt, daß mit dieser Todesart das Verhältnis Tizians zum Leben, die dionysische Eigenart seiner Kunst nachdrücklich markiert werden sollte. Eine ähnliche semantische Funktion übernimmt noch zwei Jahrzehnte später – am

gleichen Ort! – die Cholera Gustav Aschenbachs. Das Dionysische, das in Thomas Manns *Tod in Venedig* verspätet und zerstörerisch ausbricht, ist in Hofmannsthals Darstellung integraler Bestandteil der tizianischen Kunst.

Im Unterschied zum Meister erweisen sich Tizians Schüler als
schwächliche Epigonen, da ihnen (jedenfalls im ausgeführten Teil) die
produktive Vitalität, die Teilhabe am Dionysischen fehlt. Dennoch sind
sie ihm nahe als legitime Vertreter der Kunst, insofern sie die Werke des
Meisters verstehen – auch und gerade deren Verhältnis zum Leben, das
uns ja nur durch die Reden und Aktionen der Schüler vermittelt wird.
Wenn die Mädchen die Positionen nachstellen, die sie auf Tizians letztem Bild eingenommen haben, wird dieser Zusammenhang von Leben
und künstlerischer Überhöhung unmittelbar sinnfällig. Es ist die zweite
Manifestation dieses Zusammenhangs nach Gianinos großem Monolog,
der die Kunstwelt des Gartens mittels magischer Phantasie verlebendigt
und über sie hinausdringt zu einer Vision der Stadt, «wie sie drunten
ruht». Diese Vision ist keine Widerlegung der Kunstsphäre, wie jene
Interpreten es sehen, die den weltfremden ‹Ästhetizismus› der Tizian-
Schüler anprangern, sondern im positivsten Sinne Beleg dafür, was Hofmannsthals Ästhetizismus leistet und will – die Veranschaulichung des
Lebens im Medium der Kunst, und zwar auf dem Wege der Ästhetisierung der Form:

> Wohl schlief die Stadt: es wacht der Rausch, die Qual,
> Der Haß, der Geist, das Blut: das Leben wacht.
> Das Leben, das lebendige, allmächtige –
> Man kann es haben und doch sein vergessen! ...

Angesichts der zahlreichen Anspielungen des Fragments auf Böcklins
Malerei und ihren neuheidnischen Natur-Mythos entsprach es einer
tieferen Logik, daß der Tod des Malers Anfang 1901 im Münchner
Künstlerhaus mit einer Gedenkfeier begangen wurde, die in einer Aufführung von Hofmannsthals Drama gipfelte. Der Autor verfaßte für diesen Anlaß einen neuen Prolog und einen anderen Schluß; an der Substanz seiner Dichtung brauchte er um so weniger zu ändern, als bereits
die Tizian-Figur von 1892 im Zeichen des damaligen Böcklin-Kultes entworfen war und auch die zentrale Idee der Erhöhung des Lebens durch
den Tod vom Maler selbst vertreten wurde, der genau in diesem Sinn
sein bekanntes «Selbstbildnis mit Tod» entwarf.

Einer ähnlichen Umdeutung mittelalterlicher Vorbilder entspringt
Hofmannsthals nächstes Drama, die «tragédie-proverbe» *Der Tor und
der Tod,* entstanden im Frühjahr 1893 und noch im Herbst desselben
Jahres in Bierbaums *Modernem Musen-Almanach auf das Jahr 1894* veröffentlicht. Als «kleine Totentanzkomödie» bezeichnet Hofmannsthal

den Einakter in einem zu Lebzeiten ungedruckten Prolog, der die Vorbereitungen zu einer imaginären Lesung im Freundeskreis schildert und auf die symbolische Antithese oder Synthese von Rosen und Dolch, d. i. Leben und Tod bzw. Kunst, hinausläuft. Das wie der Prolog in «Alt-Wiener Kostüm» (hier: der Biedermeierzeit) gehaltene Stück zeigt zunächst die Entfremdung von Kunst und Leben. Claudio, ein melancholischer Gelehrter vom Geschlechte des Doktor Faust – neben dem Vorbild von Goethes Drama, das bis in die Sprache hineinwirkt, macht sich die Erinnerung an Lenaus Versepos bemerkbar –, sinnt zunächst über sein «versäumtes Leben» nach. Er findet es weder in den Kunstwerken, die ihn umgeben, noch mittels jener an künstlerischen Mustern geschulten Phantasie, mit der er sich nach einem intensiven Leben in der Ferne sehnt.

Nicht das Medium der Kunst freilich ist für das Scheitern dieses Lebensentwurfs verantwortlich zu machen – Gianinos zitierter Monolog zeigte ja gerade die Möglichkeit einer Annäherung an das Leben über die ästhetische Erfahrung. Vielmehr sind es der Mangel an Unmittelbarkeit und die Dominanz der Reflexion, die Claudio – ähnlich seinem Vorgänger Andrea in *Gestern* – in die Krise führen. Begnügte sich Hofmannsthals Erstling damit, die Krisenhaftigkeit des modernen Bewußtseins (genauer: des Dilettantismus) aufzudecken, so bietet *Der Tor und der Tod* eine Lösung an. Sie besteht in der Hingabe an das Dionysische, repräsentiert in der Figur des Todes, und einer dionysisch inspirierten – eigentlich inszenierten Optik auf das Leben.

Denn der Tod, der sich als Abkömmling des Dionysos und der Venus vorstellt, tritt hier als Regisseur, als Spielleiter auf. Sein Geigenspiel leitet die Auftritte der Toten ein, die Claudio in je verschiedener Weise – als Mutter, als Geliebte, als Freund – eine in sich erfüllte Existenz vorgelebt haben, deren Angebot einer existentiellen Bindung er aber nicht angenommen hat. Indem sein früheres Leben solchermaßen als künstliche, ja als künstlerische Vorführung vor ihn tritt, kann Claudio den Grundfehler seiner bisherigen Lebensform erkennen, bei deren Schilderung, wie einige Formulierungen vermuten lassen, Hofmannsthal punktuell wiederum an Georges Position gedacht hat. «Ich will die Treue lernen, die der Halt von allem Leben ist», erklärt Claudio nunmehr. Doch erhält er keine andere Chance zu ihrer Verwirklichung als die Hingabe an den Tod, der eine Einheit mit den Verstorbenen herstellt, die sich dem Zuschauer oder Leser wiederum als eine ästhetische – als Einschwingen in den Todes- oder Lebensreigen – mitteilt: «Draußen sieht man den Tod geigenspielend vorübergehen, hinter ihm die Mutter, auch das Mädchen, dicht bei ihnen eine Claudio gleichende Gestalt.»

Der Übergang von heftig-ängstlicher Ablehnung des Todes zu rückhaltloser Hingabe an ihn wird noch den Schluß des nächsten Einakters bestimmen, den Hofmannsthal veröffentlicht hat: *Die Frau im Fenster.* Dort ist es die Ehebrecherin Dianora, die sich in aussichtsloser Lage schließlich der Ermordung durch ihren Gatten preisgibt und in dieser Hingabe die tiefere Identität von Eros und Thanatos erfährt. Entscheidende Elemente dieser zunächst verblüffenden Wendung sind schon in einem kurzen, aber in sich abgeschlossenen dramatischen Text enthalten, den Hofmannsthal kurz vor der Niederschrift von *Der Tor und der Tod* verfaßt hat: *Idylle nach einem antiken Vasenbild.*

Der 1893 in den *Blättern für die Kunst* erschienene Einakter ist zunächst, und noch deutlicher als das Tizian-Stück, ein Tribut an die Böcklin-Mode der Zeit. «Der Schauplatz im Böcklinschen Stil», heißt es ausdrücklich und ehrlicherweise, denn Böcklins Gemälde «Kentaur in der Dorfschmiede» (1888) dürfte die entscheidende inhaltliche Anregung gegeben haben. Freilich läßt das Fabelwesen Hofmannsthals den bäurisch-plumpen Pferdemenschen Böcklins letztlich weit hinter sich; es erscheint eher als Verkörperung der Träume und unerfüllten Wünsche der (wie die beiden anderen Figuren namenlosen) Frau des Schmieds, deren schweifende Phantasie hier von Anfang an in konsequentem Gegensatz zum beengten Nützlichkeitsdenken ihres Mannes tritt. Das Motiv der Frau, die aus einer bürgerlichen Ehe ausbricht, um sich einem Abenteurer hinzugeben, ist nicht neu und wird in abgewandelter Form noch innerhalb von Hofmannsthals eigenem Dramenschaffen wiederkehren (*Der Abenteurer und die Sängerin; Christinas Heimreise*); seine realistische Variante innerhalb der damaligen Wiener Literatur findet sich etwa in Saars Erzählung *Geschichte eines Wienerkindes* (1891).

Hofmannsthals Gestaltung unterscheidet sich von Saars ‹prosaischer› Version nicht nur durch die antike Stilisierung und das dichte Geflecht der symbolistischen Bildlichkeit, sondern auch durch die Selbstbezüglichkeit, mit der in diesem Text die Kunst und ihre Stellung zum Leben reflektiert werden. Die Frau des Schmieds ist die Tochter eines Vasenmalers; gleich mit ihrer ersten Äußerung stellt sie die phantastische Motivwelt ihres Vaters gegen die prosaische Tätigkeit ihres Mannes. Sie geht gewissermaßen in die Kunstwelt ein, wenn sie mit dem Kentaur davonreitet; in der abschließenden Regieanweisung heißt es ausdrücklich, daß sich «sein bronzener Oberkörper und die Gestalt der Frau» «scharf auf der abendlich vergoldeten Wasserfläche» abzeichnen – für die damalige Bühnentechnik übrigens ebensowenig nachvollziehbar, wie die Gestalt des Kentaurs eine plausible Umsetzung erlaubte.

Allein schon der Umstand, daß hier wie noch in der *Frau im Fenster* substantielle Aussagen in die abschließende Regieanweisung verpackt sind, signalisiert die Theaterferne dieser symbolistischen Dramatik. Ein solcher für das Verständnis entscheidender Hinweis ist die Art und Weise, wie die vom Speer des verlassenen Schmieds in den Rücken getroffene Frau aus dem Leben scheidet: mit einem «gellenden Schrei» und «mit ausgebreiteten Armen» ins Wasser stürzend – in der Haltung einer Mänade also, als Vertreterin des Dionysischen, das hier wie schon in *Der Tod des Tizian* und *Der Tor und der Tod* die Versöhnung von Kunst und Leben bezeichnet. Auch die Frau des Schmieds findet durch die Kunst ins Leben – nämlich im Tode.

Zu einem fundamentalen Neuansatz des Dramatikers Hofmannsthal kommt es mit dem Produktionsschub auf der Oberitalienreise 1897. In kurzer Folge entstehen noch im selben Jahr die Einakter *Die Frau im Fenster, Das kleine Welttheater, Der weiße Fächer* und *Der Kaiser und die Hexe,* die oben (siehe S. 453 ff.) im Zusammenhang der Entwicklung der Gattung betrachtet worden sind, und die erste Fassung des «dramatischen Gedichts» *Die Hochzeit der Sobeide.* Die Uraufführung der überarbeiteten Fassung dieser in der Welt von *1001 Nacht* angesiedelten Tragödie fand 1899 gleichzeitig am Deutschen Theater Berlin und am Burgtheater Wien statt, zusammen mit dem einaktigen Lustspiel *Der Abenteurer und die Sängerin oder Die Geschenke des Lebens,* dessen Entstehung in das Jahr 1898 fällt. Beide Stücke haben unübersehbare Bezüge zum fünfaktigen Schauspiel *Das Bergwerk zu Falun,* das Hofmannsthal 1899 in engem inhaltlichen Anschluß an E. T. A. Hoffmanns Novelle *Die Bergwerke zu Falun* (1819) niederschrieb, zu Lebzeiten aber nie als ganzes veröffentlichte.

Alle drei Stücke thematisieren das Problem der verfehlten Bindung; als Inbegriff einer menschlich-sozial vollgültigen Bindung dient Hofmannsthal hier wie noch in späteren Werken (z. B. *Christinas Heimreise*) die Ehe. Just am Hochzeitstag schlagen die Sobeide und der junge Bergmann von Falun den Lebensbund mit einem liebevollen Partner aus – Elis Fröbom unter dem magischen Diktat der Bergkönigin, deren kristallines Reich als Gleichnis einer ästhetizistischen Kunstwelt gelesen werden kann, die orientalische Braut hingegen in der illusionären Hoffnung auf erotische Erfüllung in der Hingabe an einen jungen (wie sich alsbald zeigt, lieblosen und sittlich verkommenen) Mann. Das Tor zur Freiheit, das ihr der reiche alte Kaufmann am Abend ihres Hochzeitsfestes öffnet, bedeutet den Zugang zu einer Unterwelt niedriger Triebe, am krassesten vielleicht gestaltet in der ausgeschiedenen, aber separat gedruckten Szene, die Sobeides Beraubung und drohende Vergewaltigung durch einen Straßenräuber schildert. Der Sturz vom Turm, mit dem Sobeide schließlich den Tod sucht, vollzieht symbolisch den ‹Fall› des Mädchens nach und gibt ihr zugleich die Selbstbestimmung wieder, die sie in einer von Besitzgier und verdinglichten Sexualbeziehungen beherrschten Welt nicht hatte behaupten können.

Ein positives Gegenbild bietet die Sängerin Vittoria im venezianischen Lustspiel. Sie hat aus den Schmerzen ihrer Liebe Musik gemacht und in der Erziehung ihres unehelichen Sohnes zugleich menschliche Verantwortung bewiesen. Daraus ergibt sich ihre Überlegenheit gegenüber dem als Baron von Weidenstam getarnten Casanova, in dem sie den Vater ihres Kindes wiedererkennt. In seiner ausschließlichen Ausrichtung auf Genuß-Maximierung verfehlt der Baron die Angebote des Lebens zu substantieller Bindung; «in seines Wesens weichen Lehm» ist nichts gemischt «von dem Erz, / das in dem Namen ‹Vater› dröhnt und klingt». Der Abenteurer muß in die Ferne und findet doch im Maskenspiel der venezianischen Gesellschaft, diesem Luftgespinst aus Lüge, Kunst und Glanz seine tiefere, auch Hofmannsthal berührende und späterhin noch literarisch inspirierende Entsprechung.

V. DEUTSCHLAND

1. Wildenbruch

Wir haben Ernst von Wildenbruch schon als Erneuerer des Geschichtsdramas kennengelernt (S. 443 f.). Der lange Zeit erfolglose Autor war
noch Mitte der achtziger Jahre mit mehreren Gedichten in der naturalistischen Anthologie *Moderne Dichter-Charaktere* vertreten, in die er mit
seinem idealistischen Pathos auch gar nicht so schlecht hineinpaßte.
Doch standen die Zeichen schon damals auf Trennung; während seinen
naturalistischen Kollegen langwierige Auseinandersetzungen mit Zensur
und konservativer Öffentlichkeit bevorstanden, avancierte Wildenbruch
unmittelbar nach seinem Durchbruch (1881) zum Hausautor des Berliner Hoftheaters. Auch außerhalb der Hauptstadt waren seine Dramen
vor allem auf den Hofbühnen präsent, als epochale Manifestationen
eines neuen repräsentativen Stils, der seinen führenden Exponenten in
Kaiser Wilhelm II. finden sollte. Wildenbruchs Werke waren gewissermaßen dort angekommen, wo sie der Biographie des Verfassers nach hinge-
hörten – dieser war selbst ein Viertel-Hohenzoller (Enkel des legendären Prinzen Louis Ferdinand von Preußen) und stand wie schon sein
Vater im diplomatischen Dienst.

Auf den Vormarsch der Naturalisten auf der Bühne und die von ihnen
ausgehende Infragestellung der repräsentativen Theaterform reagierte Wildenbruch einerseits mit der dramatischen Satire *Das heilige Lachen*
(1892), die als allegorischer Märchenschwank angelegt ist: In der Apotheke des «großen Prinzipals» (d. i. Gott) stehen sich der Provisor Opti-
mus und der Gehilfe Pessimus gegenüber; letzterer verkörpert Weltsicht
und Bestrebungen der naturalistischen Schule, von der nur die befreiende
Kraft des Lachens – nämlich die optimistische Grundhaltung Wildenbruchs – zu erlösen vermag. Freilich ist es ein etwas verkrampftes Lachen, das aus dem klappernden Mechanismus dieser Allegorie heraustönt.

Die andere Reaktion Wildenbruchs auf den Aufstieg des Naturalismus
bestand im Versuch, dessen Formen und Themen – jedenfalls in einem
bestimmten äußeren Sinn – zu übernehmen. Beispiele dafür sind die
Gegenwartsdramen *Die Haubenlerche* (1891) und *Meister Balzer* (1893).
Mit einem sozialen Drama im Sinne des Naturalismus haben diese
Stücke aber trotz der Verwendung von Alltagssprache und Berliner Dialekt und der Lokalisierung des Geschehens in Werkstatt und Fabrik
wenig gemein. Zu sehr sind die führenden Figuren als ideale Schemen

angelegt, die nicht nur den naturalistischen Prämissen von der Determiniertheit des menschlichen Handelns, sondern auch jeder Alltagserfah-
rung oder dem Gesichtspunkt der soziologischen Repräsentativität
Hohn sprechen. Der Papierfabrikant in der *Haubenlerche* ist kein kalter
Rechner, sondern aufrichtig am Wohlergehen seiner Arbeiter interessiert. Von einer Ehe mit dem Arbeitermädchen Lene, deren trällernder
Fröhlichkeit das Stück den naturfrohen Titel verdankt, verspricht er sich
«frisches Blut». Er tritt jedoch zurück, sobald er Lenes Bindung an einen
Arbeiter erkannt hat. In aufdringlicher Symbolik, die wie eine Kontrafaktur zum Schluß von Ibsens *Gespenstern* wirkt, läßt seine Cousine
(und künftige Frau) Juliane am Ende die Morgensonne ins Zimmer fluten: «August − es ist Tag, und die Sonne zeigt dir die Häuser von Menschen, die glücklich sind durch dich!»

Wildenbruchs Streben nach Harmonie und Ausgleich und seine affir-
mative Haltung zu bestehenden gesellschaftlichen Ordnungen lassen
sich auch am Künstlerdrama *Christoph Marlow* (1884) ablesen, das übrigens wie die meisten seiner Stücke zwischen Blankvers und Prosa
wechselt. Der geniale englische Dramatiker Marlowe (so die heute übliche Schreibung) wird hier keineswegs − wie man es nach der Philister-
satire der Romantik erwarten könnte − einseitig gegenüber dem schlichten Landwirt aufgewertet, mit dem er um die Liebe Leonores konkur-
riert. Seine «wilde Flamme» beugt sich ausdrücklich «in den Staub» vor
dem «treuen Feuer» der Bürgerlichkeit. Der abschließende Händedruck
zwischen Marlow und Archer signalisiert die Balance zwischen künstlerischer Individualität und gesellschaftlicher Ordnung, um die es Wildenbruch geht, der sich dabei offenbar durch Goethes *Torquato Tasso*
(1790) inspirieren ließ.

Der gleichen Logik folgend, muß in dem vieraktigen Trauerspiel *Die
Karolinger* (1881), Wildenbruchs erstem und entscheidendem Bühnenerfolg, der «Pyrenäenwolf» Bernhard von Barcelona scheitern. Allerdings
verdankt sich die damalige Karriere dieses Stücks über den Erbfolge-
streit unter Ludwig dem Frommen wohl nicht zuletzt dem Umstand,
daß der Autor seinen dämonischen Antihelden mit einiger Vorliebe
behandelt und ihm zunächst alle Gelegenheit gibt, sich als Tat- und
Gewaltmensch zu profilieren. Maximen des Sozialdarwinismus und der
Bismarckschen Realpolitik klingen an, wenn Bernhard vom Recht des
Stärkeren spricht oder erklärt: «Im Buch der Weltgeschichte / Giebt's
nur ein einzig Recht, es heißt Erfolg.» Der Tod des Theaterbösewichts
erscheint in seinem eigenen Munde geradezu als das Ende der Poesie:

> Zerrissen von der Karolinger Meute −
> Die Flammen, die die Welt durchloderten,
> Erstickt vom Schwalle der Alltäglichkeit!

In diesen Versen sprechen sich zugleich Grundsätze von Wildenbruchs künstlerischer Praxis aus, die nichts mehr scheut als die Nähe zur Alltagsrealität und zugunsten exzeptioneller Spannungen und gesteigerter Dynamik bereitwillig krasse Unwahrscheinlichkeiten in Kauf nimmt. Mit Blick auf den dritten Akt der *Karolinger*, in dem sich im Schlafgemach der Kaiserin, und zwar zur Nachtzeit, diverse Auftritte unterschiedlichster Personen ereignen, erklärte Fontane: «Wenn ein Preis auf eine große dramatische Szene mit einer Reihenfolge von an Unmöglichkeit grenzenden Unwahrscheinlichkeiten ausgeschrieben wäre, so würde Wildenbruch den Preis gewonnen haben.» Mit ihrem «beständigen und extravaganten Haschen nach Effekt» stelle Wildenbruchs Dramaturgie sowohl die Kunst als auch den gesunden Menschenverstand auf den Kopf.

Mit dem historischen Bilderbogen *Die Quitzow's* (1888) gelang Wildenbruch das zentrale Repräsentationsstück der wilhelminischen Ära. Wenige Monate nach der Thronbesteigung Wilhelms II. im Berliner Opernhaus uraufgeführt, blieb das Werk bis zum Ende des Kaiserreichs im Spielplan der Hofbühnen und erreichte 273 Berliner Vorstellungen. Die Beliebtheit kam nicht von ungefähr. Das Stück enthält zahlreiche Volksszenen im Berliner Dialekt (ein Mittel, dessen sich Wildenbruch punktuell schon 1881 in seinem Schauspiel *Väter und Söhne* bedient hat) und huldigt dem Genius loci mit Sätzen wie «Berlin allemal vornevoran, wenn's gilt!» Schließlich geht es auch thematisch um einen lokalen oder regionalen Bezug, nämlich um die Durchsetzung der Hohenzollernherrschaft im Brandenburgischen zu Beginn des 15. Jahrhunderts, und zwar gegen den Widerstand der märkischen Junker.

Unter diesen ragt der ritterliche Einzelkämpfer Dietrich von Quitzow hervor, als Vertreter des Faustrechts nimmt er ebenso wie Goethes Götz eine historisch überholte – aber in ihrem konsequenten Individualismus ‹poetische› – Position ein. In seinem jüngeren Bruder Konrad, der innerlich den Markgrafen Friedrich als Träger der neuen Entwicklung anerkennt, erwächst ihm ein Widersacher im eigenen Haus (auch im Motiv des Bruderstreits erneuert sich hier die Sturm-und-Drang-Thematik). Konrad verhindert den nationalen Verrat, den er im geplanten Zusammengehen Dietrichs und seiner (den Typ des aggressiven Mannweibs verkörpernden) polnisch-stämmigen Geliebten Barbara mit den «verfluchten Slaven» erblickt. Im festspielhaften Schlußtableau stirbt er in den Armen des siegreichen Hohenzollern.

Zur Feier seines ersten Geburtstags als Kaiser soll Wilhelm II. eine Gratisvorstellung der *Quitzow's* für Schulkinder angesetzt haben; dem Verfasser dankte er dafür, daß er ihm seine staatspolitische Aufgabe erleichtert habe. Wildenbruchs weitere Hohenzollern-Dramen *Der Generalfeldoberst* (1889) und *Der neue Herr* (1891) fanden aber keineswegs mehr die Gnade des Hofes; das erstere wurde in Berlin sogar verboten. Wie prekär auch für diesen grundsätzlich so affirmativen Autor das Verhältnis zum Monarchen war, zeigt das Festspiel *Willehalm*, das Wildenbruch zur Centenarfeier Wilhelms I. 1897 im offiziellen Auftrag des

Hoftheaters verfaßte. Nach einer Lesung machte der Kaiser detaillierte
– von Wildenbruch abgelehnte – Änderungsvorschläge, die u. a. die
Rolle des «Gewaltigen» betrafen, der in Akt II die Einigung der zerstrit-
tenen Germanen gegen ihren Willen durchsetzt (offenbar ging Wilhelm II. schon diese Erinnerung an Bismarcks historische Rolle zu weit).
Im übrigen hinterläßt die Tendenz zur Allegorisierung und Verallgemeinerung, die das höfische Festspiel – ganz der Tradition entsprechend –
verfolgt, einen unguten Geschmack. Indem sich z. B. im Profil des Impe-
rators, der hier die Germanen bedroht, Züge Cäsars mit solchen Bona-
partes und Napoleons III. mischen, wird der Mythos einer jahrtausende-
alten ‹Erbfeindschaft› erneuert. Auch an der ‹Westfront› erweist sich
Wildenbruch somit als rigoroser Nationalist, jedenfalls außenpolitisch
ein treuer Diener seines Herrn.

2. Sudermann

Sudermanns Erfolg als Dramatiker begann mit einer Auftragsarbeit.
Der Lessing-Theater-Direktor Oskar Blumenthal bestellte im Herbst
1888 bei ihm ein Drama, für dessen Aufführungsrechte an anderen Bühnen Sudermann im Februar 1889 schon 8000 Mark kassierte. Damals
war das Stück noch nicht einmal ganz fertig. Sudermann mußte die Hin-
terhofpassagen noch aus dem Hochdeutschen ins Berlinische übersetzen, den V. Akt mit seinem Schußwaffenfinale streichen und sich mit verschiedenen Änderungswünschen seines Auftraggebers auseinandersetzen, der keinen Berliner Dialekt auf seiner Bühne hören wollte (hier
blieb Sudermann hart) und auf einer Entschärfung des Titels bestand.
Aus dem klassenkämpferischen *Zweierlei Ehre* wurde ein einfaches *Die
Ehre*. Die Uraufführung am 27. November 1889 geriet zum allseits umju-
belten Erfolg. Nachdem die Vereinsaufführung von Hauptmanns *Vor
Sonnenaufgang* fünf Wochen zuvor an derselben Stelle noch heftigst
befehdet worden war, schien Sudermanns Debutstück zu beweisen, daß
auch ein bühnengemäßer Naturalismus möglich war, daß sich das naturalistische Drama auch im regulären kommerziellen Theater behaupten
und durchsetzen werde.

   Die Begeisterung war fast einhellig; sie erfaßte ein Vierteljahr später
auch den achtzehnjährigen Heinrich Mann, der nach einer Dresdner
Aufführung den «kräftigen, noblen Realismus» des Stücks pries. Nur
wenigen Kritikern dämmerte damals schon, daß es mit dem Realismus
(oder Naturalismus) dieses Dramas und seines Verfassers nicht so weit
her war. Alfred Kerr, der als Zweiundzwanzigjähriger die Uraufführung
erlebte, will sogleich eine «körperliche Abneigung» verspürt haben,
obwohl er im Rückblick den Jubel des Parketts zu verstehen vermag. Die

Mehrheit hatte wohl vom Anbruch einer neuen Kunstepoche gehört
und glaubte nun, «einen Messias entdeckt zu haben», oder mit einem
anderen Gleichnis: «Sie schienen vor den Stadttoren zu stehen und den
König zu erwarten; der Erste, der daher kam und seinen Gang nachzu-
ahmen wußte, wurde jubelnd begrüßt. Es war allerdings kein Fürst. Vielleicht nur eines Fürsten Leibfriseur; übrigens kein unebener Mann; mit
mancher glänzenden Gabe bedacht.» Otto Brahm, der als Theaterleiter
späterhin Sudermann die Pforten des Deutschen Theaters öffnete,
beschrieb die Ambivalenz des Phänomens Sudermann in seiner Besprechung der *Ehre* noch schärfer: «halb Marlitt, halb Ibsen im Herzen».

An Ibsen, d. h. an eine gesellschaftskritische und/oder naturalistische Dramatik, ließ die Konfrontation von Vorder- und Hinterhaus denken, die *Die Ehre*
im Wechsel der Akte strukturiert und die in ihrer Wirkung durch den Dialekt
noch verstärkt wird. «Kein' Sonn', kein Mond scheint rin in so'n Hof. [...] Und
Vater schimpft und Mutter schimpft ... Und man näht sich die Finger blutig! ...
Und kriegt fünfzig Pfennig pro Tag ... Das reicht noch nicht 'mal zu's Petroleum
[...] ich will 'raus hier.» So läßt sich Alma Heinecke vernehmen, die jüngste
Schwester des im Dienste des Vorderhauses arrivierten Helden, der nach mehrjähriger Abwesenheit feststellen muß, daß er die Sprache seines Elternhauses
und die hier herrschenden Vorstellungen von «Ehre» nicht mehr versteht. Mit
mehr oder weniger offenem Einverständnis, ja mit Unterstützung ihrer Familie
unterhält die «naiv-verdorbene» Alma ein Verhältnis mit dem Sohn des Kommerzienrats aus dem Vorderhaus. Als Robert der Beziehung ein Ende macht, wird
die (von ihm als Schmach empfundene) «Abstandssumme» von 40 000 Mark im
Hinterhaus wie ein Lotteriegewinn gefeiert. Es ist ein hohles (obgleich theatra-
lisch wirksames) Pathos, wenn Robert sich später gegenüber seinem Arbeitgeber
mit den Ausgebeuteten aller Hinterhäuser identifiziert: «Wir arbeiten für
euch ... wir geben unsern Schweiß und unser Herzblut für euch hin ... Derwei-
len verführt ihr unsere Schwestern und unsere Töchter und bezahlt uns ihre
Schande mit dem Gelde, das wir euch verdient haben ...»
   Soweit der Ibsen-Anteil der *Ehre*, wie Brahm ihn verstanden haben dürfte.
Auf das Konto «Marlitt», der Trivialliteratur also, geht natürlich das unwahrscheinliche Happy-End (Roberts Heirat mit der Tochter des Kommerzienrats),
in dieser Form – nämlich mit dem Einverständnis des Schwiegervaters – nur
ermöglicht durch die Einwirkung des deus ex machina Graf Trast, eines Kaffee-
millionärs, mit dem sich Robert in den Tropen angefreundet hat und der in diesem Stück die Rolle des Räsonneurs aus dem Gesellschaftsdrama französischer
Provenienz (auch durch sein häufiges Beiseitesprechen) paradigmatisch ausfüllt.
Er ist es auch, der die Philosophie von der Relativität der Ehrbegriffe entwickelt
und mit Beispielen aus der Ethnologie untermauert. Freilich hat man immer
schon bemerkt, daß diese Theorie in einem schiefen Verhältnis zum Gang der
Handlung steht, der weit eher einen anderen Lehrsatz Trasts bestätigt: «Denn
jedes Ding auf Erden hat seinen Tauschwert ... » Solcher Logik folgend, läßt
Kommerzienrat Mühlingk seine Vorbehalte gegenüber dem Aufsteiger Robert
als Schwiegersohn sofort fallen, sobald er erfährt, daß Trast ihn zu seinem Partner und Erben eingesetzt hat. Auch Kommerzienräte sind käuflich; ihr Ehrbegriff ist gar nicht so weit von dem der Hinterhofbewohner entfernt!

Ein Hauch von Sozialkritik ist natürlich auch in solchen Feststellungen enthalten. Aber erstens gehörten derlei Entlarvungen zum Standardrepertoire des zeitgenössischen Gesellschaftsdramas, und zweitens konnten sie vom damaligen Publikum in einer durchaus affirmativen Weise konsumiert werden. Wenn Geld die Welt regiert, kann man sie auch mit Geld kaufen. Der gründerzeitlich-wilhelminischen Aufsteigermentalität konnte kaum ein attraktiveres Identifikationsangebot gemacht werden als mit der Figur des Aufsteigers Robert und der seines gräflichen Freundes, der sich aus einem in Unehren entlassenen Offizier zum Kaffeekönig gemausert, mithin adlige Laster gegen bürgerliche Tugenden vertauscht hatte und obendrein angenehme Erinnerungen an deutsche Kolonialhoffnungen weckte.

Vergleichbare positive Leitfiguren fehlten in Sudermanns nächstem Stück, dem Trauerspiel *Sodom's Ende* (1890). Ein kurz vor der Aufführung verhängtes und erst vom Innenminister – gegen den Willen des Polizeipräsidenten («Die janze Richtung paßt uns nich!») – aufgehobenes Zensurverbot hatte den Erwartungen des Publikums zudem eine falsche Richtung gegeben. Denn statt naturalistischer Zustandsschilderung erwartete die Zuschauer ein Intrigenstück durchaus konventioneller Natur, übrigens mit verblüffenden inhaltlichen Parallelen zu Julius Harts Drama *Der Sumpf* (1886). Die Bourgeoisie von Berlin W wird in Sudermanns Stück mit den Bewohnern jenes biblischen Sodom gleichgesetzt, dessen rückwärtsgewandte Betrachtung zur Salzsäule erstarren läßt. Wörtlich erfüllt sich dieses Schicksal an Willy Janikow, der einen Blutsturz erleidet, als er die Wasserleiche des von ihm verführten Mädchens zu malen versucht. (Zum Vergleich: Wedekinds Marquis von Keith wird in einer ähnlichen Situation – als man ihm die Wasserleiche seiner Geliebten ins Haus trägt – den geordneten Rückzug antreten: «Das Leben ist eine Rutschbahn!» Eine Wasserleiche wird auch in Lindaus *Der Schatten* aufgebahrt, und in Kretzers Roman *Die Verkommenen* stößt der Held als Anatomiezeichner auf den Leichnam seiner eigenen Schwester.)

Der geniale Maler selbst soll als Opfer einer Gesellschaft verstanden werden, die ihrem Untergang entgegentaumelt. Insbesondere ist er das Opfer seiner Geliebten Adah Barczinowski, einer – wie es in einer Rezension heißt – «polnisch-jüdischen, berlinisch angehauchten Messalina». Ein anderer Rezensent meint, Sudermann hätte sein Stück gleich (wie Wilbrandt seine berühmte Römertragödie) «Arria und Messalina» nennen können. So präsent waren im Bewußtsein der damaligen Öffentlichkeit die Metaphern für gesellschaftliche Dekadenz und die Durchlässigkeit zwischen den dramatischen Gattungen! Zugleich war damit eine abschließende Einordnung des Dramatikers Sudermann vollzogen: als Fortsetzer einer gründerzeitlichen Gesellschaftsdramatik, die ihrerseits französischen Mustern folgte, von den zahllosen anderen Bühnenschriftstellern, die damals für den Tagesgebrauch schrieben, nur durch die demonstrative Nähe zu naturalistischen Themen und Motiven und ein unüberhörbares liberales Engagement geschieden. An der Verbreitung des Naturalismus (im weiteren Sinne einer gesellschaftskritischen Gegenwartsdramatik) auf den Bühnen des In- und Auslands, auch in der sogenannten ‹Provinz› und im naturalismusskeptischen Wien, hatte Sudermann, der über Jahre hinweg die deutschen Aufführungsstatistiken anführte, einen erheblichen Anteil. Die Berliner Kritik freilich verzieh es ihm nicht, daß sie in der Begeisterung der ersten Begegnung den «Leibfriseur» mit dem «König» verwechselt hatte, und ließ es den Enttarnten stets aufs neue entgelten.

Daran änderte auch der überragende Erfolg seines nächsten Dramas *Heimat* (1893) nichts, in dessen Hauptrolle die bedeutendsten Schauspielerinnen der Epoche glänzten; es wurde oben schon im Zusammenhang des Gesellschaftsdramas vorgestellt (siehe S. 446). Auch die Ansätze zur kleinbürgerlichen Milieuskizze in der Komödie *Die Schmetterlingsschlacht* (1894) und dem Schauspiel *Das Glück im Winkel* (1895) fanden bei den Vertretern der modernen Kritik keine Gnade. Am wenigsten wurde es Sudermann verziehen, wenn er demonstrativ dichterisch wurde und mit einzelnen Werken Gegenstücke zu aktuellen Hauptmann-Dramen zu verfassen schien: so mit *Johannes* (1897), einer historischen Tragödie über Johannes den Täufer, die zugleich an der Salome-Konjunktur der Jahrhundertwende partizipierte (Gegenstück zu *Florian Geyer?*), und dem Märchendrama in Versen *Die drei Reiherfedern* (1898, Gegenstück zur *Versunkenen Glocke?*). Als stotternder Möchtegern-Dichter von Kerr verspottet (*Herr Sudermann, der D . . . Di . . . Dichter*, 1903), führte Sudermann in glänzenden äußeren Lebensumständen das Dasein eines Halbverfemten, eines verkannten oder sich verkannt wähnenden Genies. Zwischen seinen versiegelten Tagebüchern fand man 1958 bei der Öffnung dreißig Jahre nach seinem Tode eine Pistole; es hätte diejenige Robert Heineckes sein können.

3. Hauptmann

Erst mit Gerhart Hauptmann erreicht das naturalistische Drama dauerhafte Bühnenwirksamkeit und literarische Anerkennung zugleich. Hauptmann wird über Deutschland hinaus zum führenden Vertreter des Naturalismus auf der Bühne, muß sich allerdings auch immer wieder die Frage gefallen lassen, wieweit es eigentlich mit seinem Naturalismus her sei. Sehen wir einmal von den Schwierigkeiten ab, diese Bezeichnung für eine historisch gewachsene und in sich höchst widersprüchliche Richtung begrifflich eindeutig und abschließend zu fixieren, so war das eine (der allgemeine Erfolg) wohl nicht ohne das andere (die Weitherzig-

keit im Umgang mit dem Naturalismus) zu haben. Gerade der diesem
Autor in politischer Hinsicht oft angelastete Mangel einer klaren ‹Haltung›, gerade sein undogmatischer Umgang mit Prinzipien aller Art
bedingt jene künstlerische Flexibilität und Kreativität, die ihm über
mehr als zwei Jahrzehnte und verschiedene – z. T. aktiv mitvollzogene
– Stilwechsel hinweg die Dominanz auf dem modernen deutschen Theater sicherten. Die sieben Dramen, die er in der kurzen Spanne von
1889 bis 1893 vorlegt – von *Vor Sonnenaufgang* bis *Hanneles Himmelfahrt* –, können gerade in ihrer Unterschiedlichkeit als der zusammenhängende Versuch gewertet werden, die Möglichkeiten der naturalistischen Dramatik nach allen Richtungen hin auszuschöpfen.

   Vor Sonnenaufgang ist nicht das erste Drama Hauptmanns. Schon
der Zwanzigjährige verfaßte auf den Spuren Felix Dahns ein historisches
Schauspiel *Germanen und Römer*, und noch 1884, kurz vor seiner Übersiedlung nach Berlin bzw. Erkner und den Kontakten zu Berliner Naturalisten, versuchte sich Hauptmann an einem Versdrama über *Das Erbe
des Tiberius*. Wohl aber ist *Vor Sonnenaufgang* sein erstes naturalistisches
(und überhaupt sein erstes veröffentlichtes) Drama, entstanden in der
ersten Jahreshälfte 1889 unmittelbar nach der Lektüre des *Papa Hamlet*
von Holz und Schlaf, den Hauptmann in der Widmung der Erstausgabe
auch dankbar als «entscheidende Anregung» anerkannte – eine Anregung, die er später freilich auf «das Bilden *in* der Sprache» eingeschränkt
wissen wollte. Sogar der Titel des Dramas stammt von Holz; ursprünglich hatte das Stück *Der Säemann* heißen sollen – in Anspielung auf die
neutestamentliche Parabel (Matthäus 13,3–23), die die Ausbreitung des
Gotteswortes mit der Aussaat auf einem Acker vergleicht.

   Der «Säemann» des Stückes ist natürlich Alfred Loth, dessen Familienname wiederum ein (orthographisch abgeschwächtes) Bibel-Zitat
darstellt. Er gleicht jenem Manne Lot aus der Stadt Sodom, der rechtzeitig die Flucht antritt und sich nicht umdreht, als Gott die sündige Stadt
vernichtet – während sein neugieriges Weib zur Salzsäule erstarrt (Mose
1,19,1–26). Mit dem Unterschied, daß Hauptmanns Loth die Frau, die
die seine werden will, in Sodom alias Witzdorf zurück und zugrunde
gehen läßt. Und daß er dort auch eigentlich gar nicht hingehört, sondern
als typischer ‹Bote aus der Fremde› in das schlesische Kohlerevier gekommen ist, das zum Schauplatz dieses «sozialen Dramas» dient.

   Hauptmanns Stück trägt diese Genre-Bezeichnung nicht ohne Recht,
denn es thematisiert die sozialen Folgen des Industrialisierungsprozes-
ses, freilich kaum an einem sonderlich repräsentativen Fall. Wie ein
Freund des Autors es ausdrückte: «die eigentliche soziale Frage» wetter-
leuchtet nur «am Horizont des Sonnenaufgangs». Die primären Opfer
und Subjekte des ökonomischen Konflikts, die Arbeiter nämlich, treten
hier noch nicht in Erscheinung. Im Zentrum der dramatischen Darstel-

lung steht vielmehr das ‹Milieu› der Expropriateure (Ingenieur Hoffmann) und der durch die Minen unter ihren Äckern über Nacht reich
gewordenen Kohlebauern (Krause). Dabei geht es weniger um das
soziale Ungleichgewicht einer Gesellschaft, in der das Elend der einen
den Luxus der anderen ermöglicht, als vielmehr um die Selbstzerstörung
der Neureichen selber. Die Waffe, mit der sie sich zugrunde richten,
heißt Alkohol.

Durch Alkoholismus ist Bauer Krause zum «reinen Tier» geworden
– in seiner äußeren Erscheinung ebenso wie in seinem Verhalten, den
«unzüchtigen Griffen», mit denen er Tochter Helene bedroht. An den
Folgen seines angeborenen Alkoholismus ist das erste Kind aus Hoffmanns Ehe mit der alkoholsüchtigen Krause-Tochter Martha gestorben;
am Ende des Stückes steht die Totgeburt ihres zweiten Kindes. Kein
Zweifel, hier waltet das eherne Gesetz eines naturwissenschaftlich
begründeten Determinismus! Wobei wir natürlich vom damaligen Stand
der Genetik und Drogenforschung auszugehen haben, wie er sich etwa
in Gustav Bunges seinerzeit weitverbreitetem Vortrag *Die Alkoholfrage*
(1887) niederschlägt. Loth selbst zitiert daraus im I. Akt: «Die Wirkung
des Alkohols, das ist das Schlimmste, äußert sich sozusagen bis ins dritte
und vierte Glied.»

Die Wirkung dieser Thesen auf den Zuschauer oder Leser von Hauptmanns Stück wird allerdings dadurch einigermaßen geschwächt, daß
Loth seine Rede vor Mitgliedern der Familie Krause hält, ohne im
geringsten zu realisieren, in welcher Weise sie selbst von der «Alkoholfrage» betroffen sind, und ohne ihre eigenartigen Reaktionen auch nur
im Ansatz zu verstehen. Das Motiv der Weltfremdheit des Räsonneurs
und seiner Ignoranz gegenüber der Tragik des Lebens begegnet noch
zwei Jahrzehnte später in Hauptmanns *Ratten* (1911), wenn sich Spitta
und Hassenreuter über die Literaturwürdigkeit der Putzfrau John just in
dem Augenblick unterhalten, in dem diese ihrem Leben ein Ende setzt.
Spitta trägt übrigens ebenso wie Loth autobiographische Züge, ist mit
Gesinnungen ausgestattet, die früher einmal auch die Hauptmanns
waren. Im Falle Loths gilt das nicht nur für den Antialkoholismus, dem
der Verfasser inzwischen längst untreu geworden war (und bleiben
sollte), sondern auch für seine Empfehlung Dahns und die gleichzeitig
ausgesprochene Warnung vor Ibsen. So mochte vielleicht der Autor von
Germanen und Römer gedacht haben!

Im Unterschied zum späteren Meisterdrama des Naturalismus, das
die Kommentatorfiguren einer umfassenden Ironisierung unterwirft,
erweist sich *Vor Sonnenaufgang* als Werk des Übergangs auch darin, daß
es ziemlich unentschlossen mit der Figur des Sozialreformers und seiner
Botschaft umgeht. Ohne eine derartige strukturelle Ambivalenz wäre
jedenfalls das Spektrum der höchst unterschiedlichen Bewertungen

kaum erklärlich, die Alfred Loth schon bei den Zeitgenossen und erst recht in der späteren Kritik erhielt. Johannes Schlaf bewunderte ihn als «ein herzerfrischendes, gesundes Stück Positivismus», und das Arbeiterpublikum der ersten Volksbühne-Inszenierung jubelte ihm zu. Das bürgerliche Publikum der Freien Bühne dagegen lachte über seine sozialutopischen Tiraden, und Interpreten der zweiten Hälfte des 20. Jahrhunderts sahen in ihm einen «jämmerlichen Ideologen» von «empörender Inhumanität».

Solche Negativurteile sind natürlich mitbestimmt durch die Erfahrungen, die wir seither mit der historischen Weiterentwicklung jener Vererbungslehre gemacht haben, von der Loth ebenso ausgeht wie sein reales Vorbild Alfred Ploetz, der spätere Rassehygieniker. Vor allem aber spiegelt sich in ihnen die Problematik des Schlusses, die gewissermaßen schon die Problematik des *Weber*-Schlusses präludiert. Hauptmann gibt beiden Stücken einen ‹richtigen› Tragödienschluß, dessen theatralischer Knalleffekt wohl einen Ausgleich dafür schaffen soll, daß soziale Dramen strenggenommen gar kein vollständiges Ende (jedenfalls kein in einem Einzelschicksal ausgedrücktes) haben können und daß die Revuestruktur beider Stücke einer echten Finalität entgegensteht.

Eine solche Revuestruktur ist in *Vor Sonnenaufgang* freilich erst partiell ausgebildet; sie bestimmt vor allem den II. Akt, den Fontane in literarischer Hinsicht für den «besten und genialsten des ganzen Stückes» erklärte. Er schildert den Morgen auf dem Bauernhof: Ein wortkarger Arbeitsmann dengelt die Sense, die Mägde nehmen ihre Arbeit auf usw. Wer nach den dramaturgischen Innovationen fragt, mit denen Hauptmanns Erstling dem Ziel eines «sozialen Dramas» nachstrebt, der muß – neben der extensiven Verwendung von Dialekt, Umgangssprache, Stottern etc. zur individuellen Charakterisierung und zur soziologischen Einstufung der einzelnen Personen – vor allem diese Abweichungen von der traditionellen Dramaturgie ins Auge fassen.

Die Liebeshandlung zwischen Loth und Helene wirkt dagegen zunächst eher wie ein Element der Konvention. Schon von daher sollte sich unser Blick nicht zu sehr auf die Frage der moralischen Verantwortung verengen, die Loth mit seiner überstürzten Abreise im V. Akt (unmittelbar nach Schimmelpfennigs Mitteilungen über den erblichen Alkoholismus der Familie Krause) auf sich lädt. Faktisch wird er damit freilich zum Mörder Helenes. In einer einzigen Regieanweisung sind die Bewegungsabläufe zusammengefaßt, die von ihrer Entdeckung seines Abschiedsbriefs zur Entdeckung ihrer Leiche führen. Gesprochene Sprache spielt hier schon typographisch eine untergeordnete Rolle. Von einem eigentlichen Dialog kann um so weniger die Rede sein, als der grölenden Annäherung des alten Krause (von außen) nur einzelne Ausrufe der Person auf der Bühne (erst Helenes, dann des Dienstmädchens) gegenüberstehen. In ihrer äußersten Verzweiflung reagiert die Verlassene scheinbar besinnungslos, wie ein in die Enge getriebenes Tier – was durch die Symbolik des Hirschfängers, mit dem sie sich den Tod gibt, noch nachdrücklich unterstrichen wird.

Der Dramatiker Hauptmann wird den Motivkomplex des gehetzten oder in einer Schlinge gefangenen Tiers mit großer Konsequenz weiterverfolgen – bis hin zu Stücken wie *Fuhrmann Henschel* (1898) und *Rose Bernd* (1903). Er gilt als genuiner Ausdruck seines – naturalistischen – Tragikbegriffs. Auf der anderen Seite taucht das Bild vom Fangnetz, das die Götter dem Menschen stellen, schon in den Tragödien des Aischylos auf, in die sich der junge Hauptmann mit Leidenschaft vertieft hat. So muß denn auch die Frage letztlich offenbleiben, wie sich dieser Dramenschluß zu dem deterministischen Menschenbild verhält, das vielfach als Grundlage der naturalistischen Dichtung angesehen wird. Steht Helenes Handeln hier unter dem Zwang von Milieu und Vererbung? Gewiß erweist sie sich als unfähig, sich durch eine praktische Initiative aus dem korrupten Milieu zu befreien. Vielleicht realisiert sie auch, daß sie sich auf Dauer nicht gegen die unsittlichen Einflüsse ihrer Umgebung behaupten könnte. In jedem Fall aber verhält sie sich anders, als der Zyniker Schimmelpfennig es voraussagte, der von den «kleinen Freuden» sprach, die man dieser erblich belasteten Frau doch gönnen sollte. Ihr Selbstmord hat Züge eines Freitods, mit dem sie sich als moralisches Subjekt behauptet.

Nach dem skandalumwitterten Paukenschlag seines Debuts steuerte der Bühnenautor Hauptmann zunächst in ruhigere Gewässer. *Das Friedensfest* (1890) und *Einsame Menschen* (1890/91) sind Familiendramen in offenkundiger Anlehnung an Ibsen, von dem das erstere Stück auch die analytische Technik übernommen hat. Beide spielen in Landhäusern im Südosten Berlins – also ebenjener Gegend, in der Hauptmann selbst bis 1889 gewohnt hatte und sich damals der Friedrichshagener Kreis herausbildete. Auch das Personal und seine Konflikte sind derselben bildungsbürgerlichen Schicht entnommen, der Hauptmann und die Friedrichshagener angehörten. Tatsächlich orientieren sich beide Stücke an authentischen Vorbildern. Als stoffliche Grundlage für das *Friedensfest* dient Wedekinds Familiengeschichte; im Falle der *Einsamen Menschen* kontaminiert Hauptmann eine Ehekrise des eigenen Bruders Carl (ausgelöst durch die Begegnung mit einer polnischen Studentin) mit Reminiszenzen an die Frauenschriftstellerin Laura Marholm.

Beide Stücke sind Familiendramen auch in dem Sinn, daß sie die Institution der Familie selbst thematisieren und auf ihre Legitimation und Substanz befragen. In beiden Fällen lautet das Ergebnis negativ: Die Einheit der Familie bzw. Ehe erweist sich als «Lebenslüge». Die Aufdeckung dieser Lüge ist die eigentliche Katastrophe, nach der *Das*

Friedensfest im Untertitel benannt ist («Eine Familienkatastrophe»); sie
führt zu einer realen Katastrophe in den *Einsamen Menschen* mit dem
Selbstmord Johannes Vockerats. Hier wie dort sind Frauen, die von
außen in die jeweilige Familie hineintreten, der Motor der Handlung.
Die Naivität, mit der die Ida Buchner und ihre Mutter im *Friedensfest* Weih-
nachtsstimmung zu verbreiten und eine allgemeine Versöhnung herzustellen versuchen, findet ihr eigentümliches Pendant im Anspruch
Anna Mahrs, eine geistige Gemeinschaft mit dem Gelehrten Vockerat
leben zu können, ohne dessen bürgerliche und familiale Stellung zu ge-
fährden.

Womit diese Frauen in unschuldigem Vertrauen oder emanzipiertem
Selbstbewußtsein nicht rechnen, das ist die innere Schwäche des Mannes, dem sie sich zuwenden, ob er nun Wilhelm Scholz heißt oder Johannes Vockerat. Beide können sich zu der von ihnen erwarteten souverä-
nen Haltung allenfalls momentweise durchringen und fallen im übrigen
sogleich wieder in überwunden geglaubte Verhaltensmuster zurück. Der
vermeintliche freie Geist-Mensch Vockerat, von Freund Braun allerdings
schon zu Anfang des Stücks der «Halbheit» bezichtigt, vereint sich mit
der platonischen Freundin letztlich doch zu einem ehebrecherischen
Kuß und tut damit genau das, was die spießige Verwandtschaft ihm von
Anfang an – bis dahin zu Unrecht – unterstellt hat. «Ist es nicht die
größte Gefahr, daß wir an uns selbst scheitern?», hatte eben noch Anna
Mahr gefragt. Vockerats Scheitern ist auch ein Scheitern an der Umwelt,
die seine Beziehung zu Anna gerade durch ihre Verdächtigungen in die
tabuisierte Richtung steuert.

Die Hauptfigur der *Einsamen Menschen* erliegt somit letztlich dem
überholten oder von ihr für überholt angesehenen Moralstandpunkt von
gestern. Wilhelm Scholz im *Friedensfest* wird in einem noch viel konkreteren Sinn von der Vergangenheit eingeholt. Eine lange Kette der Verschuldung, die bis in die Zeit der Eheschließung der Eltern zurückreicht,
fesselt die Mitglieder der Familie Scholz aneinander und entzweit sie
zugleich aufs tiefste voneinander. Das einzige konkrete Vergehen, das im
Laufe des Dramas enthüllt und eindeutig benannt wird, ist Wilhelms
Schlag ins Gesicht des Vaters sechs Jahre vor Beginn der Dramenhandlung. Ist das alles, fragt sich ein neuerer Interpret und rekonstruiert aus
abgebrochenen Sätzen und halben Andeutungen ein wüstes Geflecht aus
Inzest, Homosexualität und Syphilis, das nun in der Tat eine ausreichende Basis für die Verzweiflung und das Entsetzen abgäbe, die die
Weihnachtsfeier der Familie Scholz bestimmen. Wenn er recht hat, gibt
es keinen Platz mehr für die leise Hoffnung, die sonst beim Lesen der
abschließenden Regieanweisung aufkeimt. «Aufrecht und gefaßt», heißt
es da, und Hand in Hand mit Ida trete Wilhelm an das Sterbebett seines
Vaters.

Mit den detaillierten Regieanweisungen, den vorangestellten ausführlichen Personenbeschreibungen und der orthographischen Fixierung letzter Dialog-Nuancen unter Zuhilfenahme zahlreicher Pünktchen und Gedankenstriche («Ich gehe mit dir ... hier aus dem Hause – heißt das – gehe ich mit dir ... ein Stück ... nicht weit – und nun ... nun ... bin ich fertig») – mit diesem ganzen Apparat naturalistischer Technik unternimmt *Das Friedensfest* noch einen erheblichen Schritt über *Vor Sonnenaufgang* hinaus. Schon in den unmittelbar danach entstandenen *Einsamen Menschen* dagegen kehrt Hauptmann zu einer eher konventionellen Notierung zurück. Das Stück bietet eine lebensnahe Sprache von hoher idiomatischer Authentizität, vermeidet aber inhaltlich wie formal den Bruch mit der Tradition, weshalb es auch als erstes Drama Hauptmanns den Weg auf etablierte öffentliche Bühnen findet. Noch im Jahr der Uraufführung durch die Freie Bühne (1891) werden die *Einsamen Menschen* am Deutschen Theater Berlin und am Burgtheater Wien gespielt.

Ist der Naturalismus salonfähig geworden durch Preisgabe seiner formalen Errungenschaften? Schon die nächste Hauptmann-Inszenierung der Freien Bühne sollte die Öffentlichkeit eines anderen belehren. Die Bedeutung der *Einsamen Menschen* liegt allerdings wohl eher in der stimmungsvollen Dichte, mit der hier ein bestimmtes Zeitgefühl erfaßt wird, das viel mit dem damaligen Entwicklungsstadium der naturalistischen Bewegung selbst zu tun hat. Wir erleben das Erlahmen eines revolutionären Impulses, das Fragwürdigwerden von Idealen; die Stürmer und Dränger von gestern verbürgerlichen (wie Vockerat) oder werden zu zynischen Skeptikern wie sein Freund Braun, ein Maler, der an die Kunst nicht mehr zu glauben vermag. Zur Begründung beruft er sich auf Garschins Novelle *Die Künstler*. Der Sache nach hätte er auch – was freilich aus chronologischen Gründen unmöglich war – Gorkis *Sommergäste* anführen können. Peter Steins Inszenierung dieses Stücks an der Berliner Schaubühne 1973 hat jedenfalls viel von jener melancholischen Krisenstimmung zum Ausdruck gebracht, die auch Hauptmanns *Einsame Menschen* charakterisiert.

In derselben Zeit entstanden auch *Die Weber*, das berühmteste Drama des Naturalismus, vielleicht das bedeutendste soziale Drama der deutschen Literatur überhaupt, ein Stück mit früher internationaler Wirkung von Rußland bis New York. Es sollte seinem Autor zwei Jahrzehnte später den Nobelpreis (1912) eintragen. Wie konnte ein Drama in schlesischem Dialekt, das einige Episoden aus dem schlesischen Weberaufstand von 1844 thematisierte, eine derartige öffentliche Aufmerksamkeit erregen? Zwei Gründe bieten sich dafür zunächst an: einmal das allgemeine Bewußtsein von der Dringlichkeit der sozialen Frage als eines Grundproblems der damaligen europäischen und nordamerikanischen Industriegesellschaft, verbunden mit der Erwartung, daß sich Kunst und

Literatur dieser Frage annehmen und möglicherweise symbolische Lösungen für einen Konflikt finden würden, für den sich in der Realität jedenfalls mittelfristig keinerlei befriedigende Lösung abzeichnete. Die zweite Erklärung hängt mit der ersten zusammen, betrifft freilich nur das engere sozialistische Lager: der Ruf nämlich nach einer direkten Parteinahme der Literatur in den sozialen Auseinandersetzungen der Zeit, die Forderung nach einer Revolutionsdichtung.

Der zweiten Forderung entsprachen Hauptmanns *Weber* nur dem Thema, nicht der Tendenz nach; der Verdacht freilich, daß sie es täten, hat wohl mehr als alles andere zur sensationellen Wirkung des Stücks beigetragen. Dem Postulat eines sozialen Dramas hingegen entsprach das Drama sowohl dem Inhalt als auch der Form nach. Inhaltlich übrigens nur mit gewissen Einschränkungen, die gleich zu erörtern sind, unter den damaligen deutschen Bedingungen aber wohl kaum zu vermeiden waren. Sie wurden überwogen durch die Radikalität, mit der hier die Dramenform der neuen thematischen Aufgabe angepaßt wurde. Erwiesen sich mithin *Die Weber* zwar nicht als revolutionäres Drama, so bedeuteten sie doch so etwas wie eine Revolution des Dramas.

Zum Zeitpunkt des Erscheinens der *Weber* (1892) lagen die darin geschilderten Auseinandersetzungen (1844) fast fünf Jahrzehnte zurück. Die zeitliche Distanz entspricht damit etwa jener Spanne von zwei Generationen oder sechzig Jahren, die Scott und Fontane für den historischen Roman empfehlen. Sind *Die Weber* also weniger ein soziales als ein historisches Drama? Tatsächlich beruht das Stück ja auf sorgfältigsten Quellenstudien; bei der Arbeit am *Florian Geyer* wird Hauptmann an die hier erprobten Techniken direkt anknüpfen können. Verständlicherweise betonte denn auch sein Anwalt im Kampf gegen das zunächst verhängte Zensurverbot eben diesen historisch-dokumentarischen Charakter der *Weber*. Die Polizei dagegen äußerte die Erwartung, daß das Publikum «die in dem Stück zur Rechtfertigung des Aufruhrs geschilderten Verhältnisse mit den gegenwärtigen Zeitverhältnissen in Beziehung bringen, jene diesen ähnlich finden werde», denn «eben dieselbe Staats- und Gesellschaftsordnung, welcher nach der Schilderung des Stückes die Duldung der Mißstände zur Last fällt, die den Weberaufstand hervorgerufen haben, besteht noch heute».

Müßte hier nicht Marx selbst der Polizei recht geben? Eine differenzierte sozialgeschichtliche Betrachtung würde allerdings wohl zum Schluß kommen, daß sich die Lage des Proletariats – jedenfalls großer und zumal seiner politisch bestimmenden Teile – am Ende des 19. Jahrhunderts doch sehr von der Situation der schlesischen Heimarbeiter in den vierziger Jahren unterschied. Gerade ein Vergleich mit einem Werk, das für Hauptmann sicher in mancher Hinsicht anregend gewesen ist, mit dem Bergarbeiterroman *Germinal* (1885) von Zola nämlich, macht deutlich, welchen Vorsprung an Aktualität hier der französische Naturalismus gegenüber dem deutschen behauptete. Man kann sich allerdings wohl sicher sein, daß ein kritisches Stück etwa über die Lage der Bergarbeiter des Ruhrgebiets *nie* die preußische Theaterzensur passiert hätte.

Außerdem ist festzuhalten, daß es noch oder gerade um 1890 extreme materielle Not in verschiedenen Weberkolonien gab (Hauptmann hat sich einschlägige Zeitungsartikel ausgeschnitten und zwei Studienreisen in das schlesische Webergebiet unternommen). Zudem waren die Weber aufgrund der Anteilnahme, die ihr Aufstand schon in der Literatur des Vormärz gefunden hatte, eine Symbolfigur für Ausbeutung und Aufbegehren geworden, die sich vor allem in der deutschen Arbeiterbewegung erheblicher Kontinuität erfreute. Ein Stück über die Weber schreiben hieß also sich aktiv in die aktuelle Debatte um die soziale Frage einschalten. Im welchem Ausmaß, das ist dem Autor selbst wohl erst im Laufe der öffentlichen Auseinandersetzungen um sein Stück deutlich geworden.

Ende 1891 war die Dialektfassung *De Waber* beendet, die auch zuerst erschien. Als Grundlage der Uraufführung durch die Freie Bühne Berlin im Februar 1893 und für die weitere Bühnenkarriere diente freilich die vorsichtig dem Hochdeutschen angenäherte Fassung *Die Weber*, die gleichfalls 1892 im S. Fischer Verlag erschien (wie alle Werke Hauptmanns seit 1890). Wir haben es also hier mit genau der umgekehrten Richtung zu tun, wie sie bei Sudermanns Arbeit an seinem Schauspiel *Die Ehre* zu beobachten ist. Werden dort die Hinterhaus-Akte nachträglich berlinisiert, so ist bei Hauptmann der Dialekt das Primäre. Er profitiert dabei von seiner schlesischen Herkunft, aber auch von dem Umstand, daß er sich nach langen Jahren der Abwesenheit gerade während der Entstehungszeit des Dramas in Schreiberhau im Riesengebirge ansiedelt – übrigens ohne Illusionen über «die guten Schlesier», über die er sich damals auf einer Postkarte an Brahm mokiert. Gleichwohl werden örtliche Sagen und Traditionen für sein künftiges Werk wiederholt Bedeutung erlangen.

Die entscheidende formale Errungenschaft der *Weber* ist zweifellos der Verzicht auf den individuellen Helden. Von Akt zu Akt wechselt das Personal, wobei einzelne Figuren mehrfach wiederkehren, aber ohne Anspruch darauf, dem Zuschauer als Perspektiv-Punkt oder Identifikationsfigur zu dienen. Während das «Volk» im herkömmlichen Drama auf die Statisten- oder Chor-Rolle beschränkt war, rückt es hier erstmals ins Zentrum, in Brechts Worten: «Der Proletarier betritt die Bühne, und er betritt sie als Masse.» Freilich erlaubten die vergleichsweise intimen Dimensionen des naturalistischen Theaters keine Massen-Choreographie im Sinne Max Reinhardts. Auch ist Hauptmanns Darstellung des Weber-Kollektivs weit entfernt von der bewußt stilisierenden Präsentation anonymer Massen im expressionistischen Drama. Die namentlich genannten Weber, die hier das Heer der Hungernden zu vertreten haben, sind zumindest im Ansatz persönlich charakterisiert; zugleich aber befinden sich alle in derselben ökonomisch-sozialen Position.

Dies herauszustellen ist die eigentliche Aufgabe und Leistung des I. Akts. Mit der Wahl der Grundsituation – Ablieferung der Ware durch die Heimarbeiter beim Fabrikanten – bewegt sich Hauptmann zwar durchaus im Rahmen der

Tradition. Schon Carl Wilhelm Hübners Gemälde «Die schlesischen Weber» (1844) zeigt die hämische Begutachtung und Bezahlung der Leinwand im Kontor des Fabrikherrn. Während das Vormärzbild, wenngleich in unmißverständlicher Kritik, letztlich die Ikonographie des absolutistischen Herrscherbilds fortschreibt, findet das Drama einen Neuansatz durch die revueartige Reihung mehrerer Prüf- und Bezahlungsvorgänge. Die Reaktionen der einzelnen Weber auf die verächtliche Behandlung seitens der Webereiangestellten schwanken zwischen Unterwürfigkeit und Trotz. Die ständige Wiederkehr der gleichen Situation läßt durch die individuellen Nuancen hindurch doch das Identische des ökonomischen Konflikts deutlich werden.

Das Reihungsprinzip, das innerhalb des I. Akts waltet, setzt sich im Verhältnis aller fünf Akte zueinander fort. Das ganze Drama besteht aus einer grundsätzlich erweiter- oder kürzbaren Reihe von Einzelakten, die jeweils durch einen einheitlichen Schauplatz bzw. ein einheitliches Bühnenbild zusammengehalten werden (wie es das Illusionsprinzip des naturalistischen Theaters erforderte) und in sich übrigens auffallend ähnlich strukturiert sind. In jedem Akt wird das Weberlied erwähnt oder gesungen. Jeder der ersten vier Akte endet mit einem revolutionären Aufschwung. So der II. Akt mit der Deklamation des Weberliedes durch Moritz Jäger, den heimgekehrten Reservisten, der hier (ähnlich wie der Reisende im III. Akt) typische Funktionen des Boten aus der Fremde übernimmt. Er ist Adressat von Mitteilungen, die für unsere Kenntnis der Lage wichtig sind; mit seinen prahlerischen Kommentaren wird er zugleich zum Kristallisationspunkt der in langem Leiden aufgestauten Empörung.

Man beachte die Regieanweisungen, die über die Wirkung des Lied-Vortrags auf den alten Baumert Auskunft geben: «von den Worten des Lieds gepackt und im tiefsten aufgerüttelt», «nun geht alles mit ihm durch; stammelnd, unter Lachen und Weinen», «mit zitternder Wut den Boden stampfend», «die Faust ballend, drohend», «springt auf, hingerissen zu deliranter Raserei», «reckt seine Arme hin», «er bricht weinend vor verzweifeltem Ingrimm auf einem Stuhl zusammen». Was hier beschrieben wird, ist ein hysterischer oder jedenfalls in die Zuständigkeit der Psychiatrie fallender Anfall.

Während seines Zürich-Aufenthalts 1888 hatte Hauptmann ähnliche Reaktionen in der Irrenanstalt Burghölzli beobachtet und im Sinne Auguste Forels zu deuten gelernt. Wenn das psychiatrische Modell auf den Prozeß einer Revolte übertragen wird, geht das natürlich auf Kosten bestimmter politischer oder soziologischer Kategorien, denen wohl nicht nur aus der Sicht eines marxistischen Dramatikers wie Brecht entscheidende Bedeutung zukommt. Brechts Kritik an den *Webern* ist gerade in ihrer Kürze eine der treffendsten Interpretationen:

> «Der Klassenkampf war dargestellt, das war realistisch, aber er hatte einen eigentümlichen Naturcharakter im bürgerlichen Sinn, das heißt, die Natur war metaphysisch aufgefaßt [. . .]. Es war natürlich, daß die Proletarier kämpften, aber es war auch natürlich, daß sie besiegt werden. Der Einfluß der Umgebung auf die Menschen wurde zugegeben, aber nicht, um diese auf den revolutionären Geist zu lenken; die Umgebung trat als Schicksal auf, wurde nicht als von Menschen aufgebaut und von Menschen veränderbar dargestellt.»

Auf Brecht mußten Hauptmanns *Weber* schon deshalb als eine gravierende Irritation wirken, weil hier ein mächtiger Schritt in Richtung auf die Episierung des Dramas im 20. Jahrhundert unternommen wurde, für die sich ja auch Brechts Konzeption des ‹Epischen Theaters› einsetzte. Nur: bei Hauptmann war die Episierung gerade nicht mit jenen wirkungsästhetischen Folgen verbunden, die sich Brecht von ihr erhoffte, also etwa Illusionsdurchbrechung, Aufforderung zu kritischer Distanz und Reflexion. Das Panorama des Elends und der verzweifelten Auflehnung, das uns *Die Weber* – durchaus mit epischen Techniken der Reihung, der Beschreibung, der Demonstration – vor Augen führen, bewirkt das Gegenteil von Distanzierung und unterwirft den Leser und Zuschauer (ganz unabhängig von tendenziösen Zügen dieser oder jener Aufführung) einer ästhetischen Totalität.

Selbst Momente, die gemeinhin als Mittel der Verfremdung oder Kennzeichen einer offenen Dramenform gelten – wie die Integration von Songs bzw. authentischem Liedgut (Weberlied!) –, dienen hier nur der Bekräftigung der Illusion und der emotionalen Wirkung. Die «dramatische Kurve», von Hauptmann selbst mit der aufsteigenden und schließlich abstürzenden Wassersäule eines Springbrunnens verglichen, ist durch solche Momente nicht gefährdet. Ganz im Sinne einer traditionellen Dramaturgie erklärt der Autor in einem Gespräch von 1941: «Auch mir hat man oft die angebliche Epik meiner Dramen vorgeworfen. Aber mit Unrecht. Die *Weber* z. B. haben diese Kurve durchaus. Akt I bis IV zeigen den immer steileren Aufstieg der Handlung, Akt V den Absturz.»

Über diesen V. Akt ist viel gerätselt und gestritten worden. Nachdem der IV. Akt mit der Plünderung des Fabrikantenhauses geendet hatte, war eine Steigerung der revolutionären Handlung im Drama nicht mehr möglich. Auch vor dem Hintergrund der geschichtlichen Realitäten lag es nahe, die blutige Niederschlagung des Aufstands durch das anrückende Militär zu thematisieren. Hauptmann verbindet die erforderliche Horizonterweiterung mit einem überraschenden Perspektivenwechsel. Er führt uns in die Familie des frommen und königstreuen alten Webers Hilse im Nachbarort, wohin erst nach und nach die Neuigkeiten und Akteure vom Schauplatz des Aufstands gelangen. Die Kunde von der Revolte stößt dort zunächst auf ungläubiges Staunen, dann auf entschiedene Ablehnung (beim alten Hilse) oder auf begeisterte Zustimmung (bei seiner Schwiegertochter Luise). Hilses Streit mit Luise über die Berechtigung einer Gewalt von unten erinnert in seiner Grundsätzlichkeit an die Dialoge des klassischen Dramas. Freilich treffen hier keine Ideenträger aufeinander, sondern durch Natur und Milieu geprägte Menschen.

Insbesondere die Motive für Luises revolutionäres Engagement verdienen Beachtung: Sie sind unmittelbar in ihrer Existenz als Mutter verankert, die schon eigene Kinder durch den Hungertod verloren hat. Noch

einmal verdeutlicht sich hier die Ausrichtung dieses Revolutionsdramas
auf das Zeitlose und Elementare. Indem Hauptmann die sozialen Auseinandersetzungen des 19. Jahrhunderts an einem Beispiel abhandelt, wo
es nicht vorrangig um ein Mehr oder Weniger an gesellschaftlichem
Reichtum oder um die Formen der sozialen Ordnung, sondern schlicht
um die Frage des nackten Überlebens ging, kann seine Darstellung des
Konflikts die Treue zu den historischen Quellen mit dem Blick aufs
Natürliche und Allgemeine verbinden. Zugleich begründet er hier die
Reihe der für sein weiteres Schaffen höchst bedeutsamen Frauengestalten, die im Mutter-Sein ihr innerstes Zentrum besitzen und von daher
die Kraft zur Übertretung oder Relativierung bürgerlicher Normen und
Gesetze beziehen. Trotz der von Hauptmann gelegentlich – so im Dramenfragment *Mutterschaft* (1905) – selbst hergestellten Verbindung zur
Frauenbewegung hatte diese Form weiblicher Stärke und Selbstbehaup-
tung mit dem Anliegen der Frauenemanzipation wenig zu tun.

Doch nicht Luise gehört der Schluß dieses Dramas, sondern ihrem
starrsinnigen Schwiegervater. Unbeirrt am Webstuhl ausharrend, an den
ihn sein «himmlischer Vater hergesetzt» habe, wird er von einer verirr-
ten Kugel getroffen. Das kommt davon, könnte man sagen, und so ähnlich hat es auch Fontane mit Blick auf den gesamten V. Akt gesehen,
wenn er in seiner letzten – erst postum veröffentlichten – Theaterkritik
einleitend über *Die Weber* schreibt: «Es ist ein Drama der Volksauf-
lehnung, das sich dann wieder in seinem Ausgange, gegen diese Auflehnung auflehnt, etwa nach dem altberlinischen Satze: Das kommt davon!»
Indem Hauptmann die landläufige Weisheit, daß Gewalt Gegengewalt
erzeugt und Revolutionen ohne Blutvergießen nicht zu haben sind, just
durch den Zufallstod eines Unbeteiligten demonstriert, vermeidet er den
Heroisierungseffekt, den etwa der Tod eines Anführers der Revolte auf
offener Bühne mit sich gebracht hätte.

Die Beliebigkeit von Hilses Sterben hat freilich bei manchen Interpreten um so heftigere Bemühungen der Sinnsuche ausgelöst: von der verdienten Strafe für den Revolutionsgegner bis zur Himmelfahrt eines
Märtyrers. Man tut wohl besser, sich des schon im Zusammenhang mit
Vor Sonnenaufgang erläuterten Umstands zu erinnern, daß soziale Dramen als solche ja strenggenommen sowieso keinen vollgültigen Abschluß
erfahren können. Jeder Schlußpunkt hat hier etwas von einer Notlösung,
zumal dabei noch bühnentechnische Erwägungen hinzukommen. Als
Vermittlung zwischen den Straßenkämpfen im Hintergrund, über die
wir bis dahin nur durch verschiedene Spielarten des Botenberichts und
der Mauerschau informiert sind, und dem vom Bühnenbild dargestellten
Innenraum – das naturalistische Theater kennt fast nur Innenräume! –
ist die Kugel, an der Hilse stirbt, vielleicht doch nicht so verirrt und
zufällig, sondern ein wohlkalkulierter Effekt, allerdings auch nicht viel

mehr als das. Sie erlaubt einen melodramatischen Schlußakzent im Stile
der Tragödientradition, ohne daß die strukturellen und moralischen Voraussetzungen für einen typischen Tragödienschluß überhaupt gegeben
wären.

Theatertauglichkeit bewiesen *Die Weber* erstmals am 26. Februar
1893. Berichte über die Uraufführung durch den Theaterverein Freie
Bühne bezeugen die «beispiellose Ergriffenheit der hartgesottensten
Matineebesucher». Ihren besonderen Charakter erhielt die Premiere dadurch, daß das Stück – jedenfalls für die Aufführung am Deutschen
Theater – seit einem Jahr verboten war. In welchem Maße das Zensurverbot und die nachfolgenden juristischen Auseinandersetzungen die
zeitgenössische Rezeption beeinflußten, nämlich politisch aufluden,
macht u. a. Julius Harts Kritik der Uraufführung deutlich. «Hier athmet
ein revolutionärer Geist», heißt es da unter anderem, und: «hier fließt
der sozialdemokratische Ingrimm unserer Zeit [...] in purpurrothen
Blutwellen dahin, hier steckt jene Echtheit und Entschiedenheit der
Gesinnung, welche auch den politischen Gegner mitzureißen vermag.»
Hart sollte Hauptmann besser gekannt haben! Aber auch Franz Mehring
glaubte damals an das politische Engagement des *Weber*-Autors und hielt
dessen vor Gericht abgegebene Erklärung für einen schlechten Advoka-
tentrick. Durch seinen Anwalt ließ Hauptmann nämlich im Mai 1893
erklären, daß es ihm

> «vollständig fern gelegen habe, mit den *Webern* eine socialdemokra-
> tische Parteischrift zu verfassen, in einer derartigen Absicht würde
> er eine Herabwürdigung der Kunst sehen, nur die christliche und
> allgemein menschliche Empfindung, die man Mitleiden nennt,
> habe ihn sein Drama schaffen helfen».

Das Preußische Oberverwaltungsgericht, das im Juli 1893 das Zensurverbot der *Weber* aufhob, hat sich durch dieses Bekenntnis zur Humanität, auf das der vielfach überstrapazierte Ruf Hauptmanns als ‹Mit-
leidsdichter› zurückgeht, nicht beeindrucken lassen und im Grunde
auch die von den rechten wie von den linken Kritikern angenommene
politische Tendenz nicht in Abrede gestellt. Es hat *Die Weber* nur deshalb für das renommierte Deutsche Theater freigegeben, weil die Plätze
in ebendiesem Theater für die Arbeiterschaft zu teuer waren, von der
allein man eine Gefahr für die öffentliche Ordnung befürchtete. Was
dazu führte, daß Theaterdirektoren in Preußen, die sich um die Auffüh-
rungserlaubnis für die *Weber* bewarben, kurz vorher die billigsten Plätze
ihres Hauses verteuerten! Das Thema des Stücks, die Armut der Arbeiter, wurde so zur Bedingung seiner Bühnenkarriere.

Die erste öffentliche Aufführung am Deutschen Theater verschob sich
bis zur Übernahme der Leitung durch Otto Brahm, den früheren Vorsit-

zenden der Freien Bühne. Dem triumphalen Premierenerfolg am 22. September 1894 sollten bis zum Ende der Ära Brahm 1904 am selben Theater 350 Wiederholungen folgen. Ausschlaggebend für den Bühnenerfolg war die Politisierung der Rezeption durch das Zensurverbot und die damit verbundene Aufwertung des Stücks zu einem öffentlichen Ereignis (nachträglich noch durch die Kündigung der Kaiserloge im Deutschen Theater bekräftigt), aber auch die emotionalisierende Inszenierungsstrategie Brahms, die die Publikumssympathien stark zugunsten der armen Weber lenkte und somit die Objektivität der Hauptmannschen Vorlage in Richtung Tendenzdrama verschob.

Insbesondere die konservative Tagespresse betonte die rauschhafte Bewußtseinsverwirrung, mit der die Vertreter der Bourgeoisie hier ihrem eigenen Untergang applaudiert hätten. Im gleichen Sinn gibt ein Augenzeuge der *Weber*-Premiere noch sechs Jahre später eine satirische Beschreibung des Ereignisses heraus, die freilich an die Stelle von Hauptmanns Drama ein ausgemachtes Tendenzstück namens «Rache!» setzt. Es handelt sich um Heinrich Mann und das achte Kapitel seines Romans *Im Schlaraffenland* (1900):

> «Die meisten waren aufgesprungen, völlig überwältigt von der Apotheose des Proletariats, die das Stück beschloß. [...] Als die Darsteller, durch alle überstandenen Strapazen erheblich geschwächt, elfmal vor der Rampe erschienen waren und das Haus sich leerte, begannen die Herren im Parterre, deren weiße Handschuhe in Fetzen hingen, leidenschaftlich die Arbeitermarseillaise zu verlangen. Die noch anwesenden Orchestermitglieder mußten endlich dem Wunsche genügen, und das Publikum stimmte voller Hingebung ein.»

Mit der Realität des naturalistischen Theaters hat diese Karikatur nicht mehr viel zu tun. Und doch reflektiert sie authentische Momente: den Sensationseffekt der ersten *Weber*-Aufführungen und die politische Dimension, die das Stück aufgrund der öffentlichen Auseinandersetzungen erhalten hatte.

Im Jahr der *Weber*-Uraufführung (1893) gab es noch zwei weitere Hauptmann-Premieren in Berlin. Die beiden Dramen waren denkbar verschieden: *Der Biberpelz* trug den Untertitel «Eine Diebskomödie», *Hanneles Himmelfahrt* wurde als «Traumdichtung» bezeichnet. *Der Biberpelz* hat sich, wenn auch mit mehrjähriger Verzögerung, zur erfolgreichsten und populärsten Komödie des deutschen Naturalismus entwickelt. Gibt es das eigentlich, könnte man fragen, schließen die deterministischen Prämissen der Naturalisten nicht eigentlich jene Freiheit des Subjekts gegenüber der Welt aus, auf der ein Gutteil unserer Freude an komischen Effekten und Intrigen beruht? Ist ein Happy-End in einem Drama möglich, dessen Autor uns schonungslos mit der ‹Wahrheit› über diese Welt konfrontieren will? Ein Schulbeispiel für die Schwierigkeiten, Komödie und Naturalismus zu versöhnen, bietet *College Crampton* (1892), das dramatische Porträt eines Malers (James Marshall), den Hauptmann aus seiner Studienzeit an der Breslauer Kunstakademie kannte. Naturalistisch kann die Genauigkeit genannt werden, mit der hier ein bestimmter Charakter, ein sogenanntes ‹Original›, mit seinen Redensarten und Gewohnheiten nachgezeichnet wird, vielleicht auch noch die Aufnahme des Epochenthemas Alkoholismus. In dessen weiterer Behandlung setzt sich jedoch das Komödienschema gegen naturalistische Determinismus-Annahmen oder Wahrscheinlichkeitsgebote durch. Die Erschütterung der bürgerlichen und künstlerischen Existenz des Malers durch den Alkoholismus, mit der das Stück einsetzt und die unweigerlich in die Katastrophe führen müßte, wird annulliert durch die Rettungsaktion des jungen Max Strähler und der Tochter Gertrud, die Crampton sein Atelier wiederverschaffen und sich dafür am Schluß auch heiraten dürfen. In der allgemeinen Freude des Wiedersehens und der Verlobung tritt die – nur allzu berechtigte – Frage in den Hintergrund, ob Crampton denn wohl in der Zukunft seinen neu gefaßten Arbeitsvorsätzen auch treu bleiben und nicht wieder dem Alkohol verfallen werde.

Wesentlich offener ist der Schluß des *Biberpelz* gehalten. Das Publikum der Uraufführung soll nach dem IV. Akt sitzen geblieben sein, weil es nicht glauben konnte, daß das Stück schon zu Ende sein sollte. Zumal es keine Anzeichen dafür gibt, daß die Diebstähle der «Mutter Wolffen» in Zukunft aufgeklärt werden; der moralische Regelkreis ist nicht geschlossen. Als Erneuerung der Komödie aus dem Geist des Naturalismus erweist sich *Der Biberpelz* – in deutlichem Unterschied zu *College Crampton* – vor allem durch die dramatische Erschließung eines Unterschicht-Milieus und die Erweiterung der Komödie zur Satire. Zwar können Diener-Komik und Bauernkomödie auf eine lange Tradition zurückblicken; die Anreicherung mit milieuspezifischen Details, die Dichte der Schilderung einer bestimmten Kleine-Leute-Welt im Überschneidungsbereich von Stadt und Land, kleinbürgerlichen, proletarischen und kriminellen Lebensformen und nicht zuletzt in der Vielfalt der Dialekte suchen in der Geschichte der Komödie doch ihresgleichen.

Zu diesem neuen Wirklichkeitsgehalt der naturalistischen Komödie gehört nun auch die zeitgeschichtliche Fixierung im «Septennatskampf gegen Ende der achtziger Jahre» und die satirische Spiegelung der Sozialistenverfolgung. Hauptmann geht freilich nicht so weit, echte Sozialdemokraten in seinem Stück auftreten zu lassen; die bloße Existenz eines liberalen Privatgelehrten, dem der Verfasser übrigens manchen autobiographischen Zug leiht, genügt schon, den borniertem Amtsvorsteher

Wehrhahn zu einer wildwütigen Kampagne zu provozieren, über die er die Aufklärung der Wolffschen Diebstähle ganz aus dem Auge verliert. Komischer und satirischer Effekt bedingen und unterstützen sich gegenseitig. Der antiliberale Feldzug wirkt gerade dadurch lächerlich, weil er Wehrhahn von den echten Verbrechen ablenkt; andererseits ermöglicht es uns die politische Verbohrtheit des Amtsvorstehers, mit der Diebin zu sympathisieren, die ihn an der Nase herumführt, obwohl wir ihre Delikte doch eigentlich nicht billigen können.

Wehrhahns Niederlage wirkt um so verdienter, als er es nicht verschmäht, sich seinerseits über den Denunzianten Motes, dessen fragwürdiger Charakter ihm nicht verborgen bleibt, krimineller Methoden zu bedienen. Die so erzeugte Angleichung von Täter(in) und Verfolger ist eine entscheidende Voraussetzung für die Annäherung von Komödie und Satire im *Biberpelz*. Die Täuschungsmanöver der komischen Heldin rechtfertigen sich als satirischer Spiegel einer auf doppelte Moral gegründeten und daher selbst verlogenen Gesellschaft. In diesem Sinn erklärt sie ihrem Mann: «Und wenn de erscht reich bist, Julian und kannst in der Eklipage sitzen, da fragt dich kee Mensch nich, wo de's her hast.» Frau Wolff hat das Zeug zum Aufstieg in einer Gesellschaft, die keinen besseren Parvenu verdient als diese Diebin.

Soziologische Genauigkeit und politische Aktualität allein können die langandauernde Beliebtheit des Stücks kaum erklären. Die Wirkung der Komödie wird unterstützt durch den Rückgriff auf althergebrachte Komödientypen wie den senex iratus (Rentier Krüger), den Parasiten und Intriganten (Motes) oder den miles gloriosus, als welcher sich der schneidige Amtsvorsteher gerade in seiner offenkundigen Handlungsschwäche zu erkennen gibt – denn auch beim prahlerischen Helden klaffen Reden und Taten meist auseinander. Der Kampfhahn (Wehrhahn) ist ein eitler Gockel und als solcher prädestiniert, der listigen Wölfin zum Opfer zu fallen. Mit Hilfe der Namen seiner Hauptfiguren knüpft Hauptmann somit objektiv an Traditionen der antiken Tier-Fabel und -Satire an. Er verstärkt zugleich die Möglichkeit, im Triumph der Mutter Wolff etwas Grundsätzliches und Naturgegebenes zu sehen. Hat die Stärke dieser Frau, ihr Zugriff auf die Dinge der Natur (Rehbock, Holz, Biberpelz) und ihr Verständnis für «Lebenssachen» etwas mit ihrem Frau-Sein zu tun? Deutet sich in ihrer Überlegenheit über die männlichen Beamten und Ideologen, Spitzel und Intellektuellen etwas von der Superiorität des Matriarchats an? Insbesondere aus der Perspektive der späteren Fortsetzung des *Biberpelz*, der Tragikomödie *Der rote Hahn* (1901), sind derartige Assoziationen nicht von der Hand zu weisen.

Die letzte Hauptmann-Premiere des Jahres 1893 fand im Königlichen Schauspielhaus statt – einem Ort, der der naturalistischen Dramatik bis dahin verschlossen war und sich ihr auch in Zukunft nicht in größerem Maße öffnen sollte. Freilich hatte es mit dem Stück auch seine besondere Bewandtnis. *Hanneles Himmelfahrt* (ursprünglich *Hannele Matterns Himmelfahrt*, bei den ersten Aufführungen und in der von Exter illustrierten Buchausgabe nur *Hannele* genannt) beginnt in einem schlesischen Armenhaus und endet im – Himmelreich, freilich einem geträumten; das Drama vermischt die Darstellung eines lumpenproletarischen Milieus mit den Halluzinationen des sterbenden Hannele, eines vierzehnjährigen Mädchens, das von seinem Stiefvater aufs schwerste mißhandelt wurde und den Tod im Wasser gesucht hat. Das Tagebuch des Fürsten Chlodwig zu Hohenlohe-Schillingsfürst belegt, wie das Stammpublikum des Königlichen Schauspielhauses auf Hauptmanns dramatisches Experiment reagierte: «Ein gräßliches Machwerk, sozialdemokratisch-realistisch, dabei von krankhafter sentimentaler Mystik, unheimlich, nervenangreifend, überhaupt einfach scheußlich [...]. Wir gingen nachher zu Borchardt, um uns durch Champagner und Caviar wieder in eine menschliche Stimmung zu versetzen.»

Nicht nur Fürst Chlodwig machte die «sentimentale Mystik» des Dramas zu schaffen. Die Verse des Schlußteils – von «Die Seligkeit ist eine wunderschöne Stadt» bis «Eiapopeia ins himmlische Reich» – hat man wiederholt als Kitsch bezeichnet. Mit ihrem Schwanken zwischen Genrebildchen und Jugendstildekor sind die Illustrationen der Erstausgabe ganz dazu angetan, das ästhetische Unbehagen künftiger Rezipienten noch zu verstärken. Es ist nicht aus der Welt zu schaffen durch den Nachweis, daß zahlreiche der inkriminierten Verse schlesischem Volksgut (vor allem der Sammlung Hoffmanns von Fallersleben, 1842) entnommen sind und Hauptmann dabei in raffinierter Weise erotische Wunschvorstellungen und religiöse Überlieferungen vermischt hat – offenbar in der Absicht, in diskreter Weise die sexuelle Grundlage der Jenseitsträume der Vierzehnjährigen anzudeuten. Im Bemühen des Dramatikers, die Anlässe und Motive von Hanneles Fieberphantasien deutlich zu machen, ist noch ein genuin naturalistischer Impuls wirksam. Indem jedenfalls streckenweise die Grenzen zwischen Traum und Realität verschwimmen – bis uns das abschließende Zwiegespräch zwischen Krankenschwester und Arzt («Tot?» – «Tot.») auf den harten Boden der Wirklichkeit zurückholt –, werden zugleich aber die Weichen in Richtung jener Traumdramaturgie gestellt, die Strindbergs Schaffen (ab *Nach Damaskus*, 1898–1901) ebenso wie das expressionistische Theater kennzeichnen wird. Nicht zufällig zeigt sich der junge Ernst Barlach, damals übrigens selbst noch weit von literarischem Ehrgeiz und einem eigenen bildkünstlerischen Stil entfernt, 1894 von einer *Hannele*-Aufführung so begeistert. Der spätere Traum-Dramatiker findet hier «lauterste, wunderbarste, innigste deutsche Poesie».

Nachdem sich Hauptmann mit der «Traumdichtung» von 1893 bereits vom engeren Stoffgebiet des Naturalismus emanzipiert und eine erfolgreiche Annäherung an das repräsentative Theater vollzogen hatte, wandte er sich anschließend derjenigen Gattung zu, die wie keine andere damals die offiziöse Bühne dominierte und der ja auch seine ersten eigenen dramatischen Versuche gegolten hatten: dem historischen Drama. Als Versuch einer Wiedergeburt des historischen Dramas aus dem Geiste des Naturalismus steht *Florian Geyer* in innerer Analogie zu jener naturalistischen Schiller-Inszenierung, mit der Brahm 1894 die neue Ära des Deutschen Theaters unter seiner Leitung eröffnete. Der Naturalismus versuchte damals, sich von der Gegenwart zu lösen, sich im Bereich von Drama und Theater als universelles Prinzip zu etablieren – und scheiterte damit. Denn falls der Mißerfolg von Brahms *Kabale und Liebe*-Inszenierung noch übertroffen werden konnte, so geschah es mit der Uraufführung des Bauernkriegsdramas *Florian Geyer* (siehe oben S. 442 f.) im Januar 1896. Deren Scheitern war ein so vollständiges, daß das Stück überhaupt erst achteinhalb Jahre später wieder den Weg auf die Bühne fand (Lessing-Theater Berlin 1904), dann aber recht erfolgreich; seine spätere Karriere als eine Art nationales Festspiel in den zwanziger und dreißiger Jahren steht auf einem anderen Blatt.

Noch am Ende des Jahres, das mit der gescheiterten *Geyer*-Premiere so unglücklich für Hauptmann begann, verbucht dieser einen der größten Erfolge seiner Laufbahn. Das Märchendrama *Die versunkene Glocke*, im Dezember 1896 im Deutschen Theater uraufgeführt, wird über die Grenzen hinaus zu einem der meistgespielten Dramen der Epoche. Man feierte – voreilig – das Ende des Naturalismus auf der Bühne. Und doch setzte sich die eigentliche symbolistische Dramatik etwa eines Maeterlinck in ihrer hermetischen Eigenart damals nur zögernd auf der Bühne durch. Die Wurzel des Erfolgs der *Versunkenen Glocke* liegt daher weniger in der Abwendung vom Naturalismus selbst als in der Suggestivität einer vieldeutigen Bildlichkeit und der eklektizistischen Amalgamierung populärer Sagenmotive und literarischer Vorbilder – von *Faust* zur *Undine,* von Schiller (*Lied von der Glocke*) zu Ibsen (*Baumeister Solness*), von Shakespeare (*Sommernachtstraum*) zu Nietzsche (*Zarathustra*).

Alsbald schoß eine umfangreiche exegetische Literatur ins Kraut, die ‹Auflösungen› der ‹Allegorie› versprach. Wer sich näher mit Hauptmanns künstlerischer und privater Entwicklung auskannte, stellte Beziehungen zum Mißerfolg des *Florian Geyer* (der Sturz der alten Glocke) oder zur Krise seiner Ehe her (Rautendelein als Chiffre für Margarete Marschalk, die spätere zweite Frau Hauptmanns). Allgemeinere Deutungshorizonte boten die Künstlerproblematik und/oder die Antithese von Sinnlichkeit und Geist, Heidentum und Christentum. Letztere war übrigens vorbereitet in den Dramenfragmenten *Der Mutter Fluch* und *Helios*, in denen

Hauptmann 1894 und im Frühjahr 1896 erstmals das Modell einer «Mythendichtung für die Bühne» und die symbolische Verschlüsselung persönlichster Konflikte erprobte. *Die versunkene Glocke* nimmt wesentliche Motive aus diesen Entwürfen auf und verschmilzt sie mit einer schlesischen Sage, die Hauptmann gleichfalls durch die von Hoffmann von Fallersleben herausgegebene Sammlung bekannt war, nämlich aus der Ballade *Die schöne Hannele*, die schon auf das *Hannele*-Drama von 1893 Einfluß geübt hat. Die Ballade erzählt von einem Mädchen, das von einem Wassermann in die Tiefe gezogen wird und dort sieben Kinder hat. Aus Mutterliebe verzichtet Hannele auf das Leben auf der Erde und kehrt von einem Besuch ihrer Eltern freiwillig ins Wasser zurück.

Verbindungen des Märchendramas mit dem Naturalismus wird man nicht nur in der Verwendung des schlesischen Dialekts durch die alte Wittichen, sondern auch in der Rolle sehen, die den selbsttätig wirkenden Kräften der Natur in diesem Drama zugewiesen wird. Die Form ihrer Vergegenwärtigung, der märchenhafte Apparat aus Nixen, Waldschrat und Wassermann, ist alles andere als naturalistisch oder originell. Hauptmann zitiert hier eine Trivialmythologie des 19. Jahrhunderts, um deren Verbreitung sich Viktor von Scheffel ebenso wie der Graf von Schack oder Böcklin verdient gemacht haben; sie kann als monistisches Gemeingut der Epoche gelten. Gerade aber die Verbindung von Naturalismus und Monismus bzw. der Übergang vom einen zum anderen ist hochsymptomatisch und kann an zahlreichen Zeitgenossen wie Holz und Schlaf, Bölsche oder den Brüdern Hart studiert werden. *Die versunkene Glocke* steht den naturalistischen Dramen Hauptmanns nicht ferner als etwa Schlafs *Frühling* oder Holz' *Phantasus* dem *Papa Hamlet*.

Kurz nach dem Erfolg der *Versunkenen Glocke* bricht Hauptmann zu einer Italienreise auf, auf der ihn u. a. der Plan eines orientalischen Märchendramas beschäftigt. Das nächste Stück, das er der Bühne liefert, entspricht dagegen weitgehend dem Muster eines naturalistischen Dramas. Allerdings handelt es sich um einen symbolisch verdichteten Naturalismus; nicht umsonst hat Thomas Mann das fünfaktige Schauspiel *Fuhrmann Henschel* (1898), mit dem Hauptmann einen seiner größten Bühnenerfolge errang und für das ihm 1899 zum zweiten Mal der Grillparzerpreis zugesprochen wurde, eine in das «rauhe Gewand volkstümlichrealistischer Gegenwart» gehüllte «attische Tragödie» genannt. Der alte Henschel wird schuldlos schuldig wie ein griechischer Held und fühlt sich wie dieser als Opfer des Schicksals: «Ich hab's woll gemerkt in mein'n Gedanken, daß das und war uf mich abgesehen. [...] Aber nee: ane Schlinge ward mir gelegt, und in die Schlinge da trat ich halt nein.» Der Fehler, dessen sich Henschel kurz vor seinem Selbstmord anklagt, ist die Verbindung mit seiner früheren Magd Hanne Schäl – gegen ein ausdrückliches Versprechen, das seine erste Frau ihm auf dem Sterbebett abgenommen hatte. Inzwischen ist die Tochter aus erster Ehe gestorben und Henschels Ansehen im Ort durch Hannes herrisches Gebaren und ihre ehebrecherische Beziehung zu einem früheren Kellner vollends ruiniert.

Die Ausgangssituation ähnelt in erstaunlichem Maße derjenigen in der zehn Jahre älteren Erzählung *Bahnwärter Thiel;* auch dort scheitert ein Mann am sinnlichen Wesen seiner zweiten Frau, der er die Schuld am Tod seines Kindes geben muß; auch dort fühlt er sich über den Tod hinaus mit seiner ersten Frau verbunden. Die Eisenbahn als Manifestation der modernen Technik, in der Novelle aufs engste mit der Familienkatastrophe des Bahnwärters verknüpft, dämmert in diesem in Hauptmanns heimatlichem Milieu, und zwar zur Zeit seiner Kindheit, angesiedelten Drama gleichsam nur von ferne. Die vielfältigen wirtschaftlichen Schwierigkeiten, mit denen sich Henschel auseinanderzusetzen hat (so sterben ihm auf mysteriöse Weise drei Pferde nacheinander), lassen nur ahnen, daß auch eine ökonomische Begründung seines sozialen Abstiegs denkbar wäre. Sie wird jedoch nicht realisiert.

4. Holz und Schlaf

Mit ihrer Novelle *Papa Hamlet* hatten Holz und Schlaf Hauptmann die unmittelbare Anregung zum Drama *Vor Sonnenaufgang* gegeben. In der Tat tendierte ja schon die charakteristische Faktur der Prosa-Skizze – mit der Konzentration auf den Dialog, dessen phonographisch getreuer Wiedergabe und dem weitgehenden Zurücktreten des Erzählerkommentars – zur Form des Dramas. Was lag für die beiden Freunde näher, als auch ihrerseits die praktische Konsequenz aus den künstlerischen Tendenzen der eigenen Prosadichtung zu ziehen, zumal Hauptmann sie ja an den Fortschritten seiner dramatischen Produktion teilnehmen ließ und seit der Gründung der Freien Bühne im Frühjahr 1889 erstmals begründete Aussichten auf die Aufführung auch unkonventioneller moderner Stücke bestanden?

Im Herbst 1889 entstand auf der Grundlage einer novellistischen Studie von Schlaf (*Eine Mainacht*) in Gemeinschaftsarbeit das dreiaktige Schauspiel *Die Familie Selicke;* die Buchausgabe erschien Anfang 1890, und schon Ostern fand die Uraufführung im Rahmen der Freien Bühne statt. Ihre Bedeutung als konsequentestes Experiment des dramatischen Naturalismus wurde im Grunde nur vom alten Fontane erkannt, dessen Rezension «eigentlichstes Neuland» konstatiert: «Hier scheiden sich die Wege, hier trennt sich Alt und Neu.» Die übrige bürgerliche Kritik wandte sich mit Grausen von dieser «Thierlautkomödie» ab. Aber auch im engeren Kreis der naturalistischen Moderne fanden Holz und Schlaf mit ihrem ersten und einzigen gemeinsamen Drama kaum Anerkennung.

Der grundlegende Vorwurf richtete sich gegen das Fehlen einer eigentlichen dramatischen Handlung und die Vorherrschaft der Zustandsschilderung. Immerhin ist es kein vollkommen willkürlicher Ausschnitt aus dem Leben einer verarmten Buchhalterfamilie, der uns hier vorgeführt wird; die Handlung erstreckt sich von Heiligabend bis zum Morgen des Ersten Weihnachtstages, und in dieser Zeit passiert einiges von Bedeutung. Das jüngste Kind, das achtjährige Linchen, erliegt seiner schweren Krankheit. Die zweiundzwanzigjährige Toni entscheidet sich nach dem Tod der Schwester, zunächst bei ihren Eltern zu bleiben, und lehnt die Werbung des Untermieters Gustav Wendt, den sie am Ende des I. Aktes noch mit einem Kuß ermutigt hat, vorerst ab. Übrigens hat Wendt erst zu Beginn des Dramas den Brief mitgeteilt, der ihn auf eine Landpfarre beruft und seinem Untermieterdasein ein Ende setzt — nimmt man alles zusammen, so hat man für die gut zwölf Stunden, in denen das Stück sich abspielt, eine weit überdurchschnittliche Ausbeute an einschneidenden Familien-Ereignissen.

Es muß also nicht so sehr die Ereignisarmut als der Mangel einer eigentlichen dramatischen Verwicklung gewesen sein, der die Zuschauer enttäuscht hat. Über weite Strecken vollzieht sich hier im «Sekundenstil» der Ablauf des häuslich-alltäglichen Lebens: Der eine geht aus dem Haus, ein anderer kommt, eine verhärmte Frau wiederholt ihr wehleidiges «Ach ja!» etc. Es ist diese Kontingenz des Alltäglichen in der Fülle seiner Details, die von den meisten Zeitgenossen als fundamental unkünstlerisch empfunden wurde, obwohl die Einzelheiten des Familienlebens keineswegs so abstoßend sind wie etwa in Hauptmanns *Vor Sonnenaufgang* (immerhin. auch der alte Selicke trinkt) und obwohl die Autoren zum Ausgleich für den Mangel an poetischer Erfindung mit kräftigen melodramatisch-symbolischen Akzenten aufwarten. Die Weihnachtsglocken klingen schon in den ersten Akt hinein — als Großstadtglocken viel zu eilig und nervös, wie der angehende Landpfarrer meint — und begleiten den ganzen Dramenschluß. Linchens Tod just am Heiligen Abend steht im Kontrast zur Feier von Christi Geburt, und doch findet die Botschaft des Evangeliums in der liebevollen Aufopferung Tonis eine gewisse Entsprechung.

An Tonis entsagungsvollem Verzicht scheiden sich die Geister der Interpreten. Ist er als illusorisches Festhalten an einem durch die Wirklichkeit längst widerlegten Familienideal aufzufassen, handelt Toni unfrei unter dem Diktat einer verlogenen Sentimentalität, deren Ahnengalerie und kleinbürgerliche Überlieferung uns schon die Ausstattung des Wohnzimmers vor Augen führt? In der Beschreibung des Bühnenbilds heißt es: «Die Rückwand nimmt ein altes, schwerfälliges, großgeblumtes Sofa ein, über welchem zwischen zwei Gipsstatuetten ‹Schiller und Goethe› der bekannte Kaulbachsche Stahlstich ‹Lotte, Brot schneidend› hängt.» Über die realistische Funktion hinaus, die dieser Hinweis zur

Charakterisierung eines typischen Kleinbürger-Interieurs besitzt, bezweckt er sicher auch eine spöttische Abgrenzung von den Repräsentanten einer überlebten Kunstepoche oder zumindest von ihrer epigonalen Verklärung. In der Terminologie der Naturalismus-Theorie gesprochen: Erweist sich Toni, auch und gerade im Entschluß zu bleiben, determiniert durch ihr Milieu, als dessen Opfer? Oder ist ihr altruistisches Verhalten das Modell einer Überwindung äußerer Zwänge, wie es ein Brief Schlafs vom Oktober 1889 nahelegt? Schlaf schreibt dort über Wendts Verhalten am Schluß des (damals noch nicht vollendeten) Dramas: «Dann begreift er sie allmählich in ihrer ganzen stillen, bescheidenen Größe u. verläßt das Haus als ein anderer, reifer Mensch, der jetzt das Leben versteht u. das wahre Glück, welches die aufopfernde, entsagende Liebe ist, die den Menschen so groß macht.»

Nach der Veröffentlichung ihrer Gemeinschaftsarbeiten unter dem Titel *Neue Gleise* gingen Holz und Schlaf eigene Wege. Im Zuge ihrer wechselseitigen Entfremdung kommt es später sogar zu heftigen öffentlichen Auseinandersetzungen um die individuellen Anteile an ihrer einstigen Koproduktion, und zwar auch an der *Familie Selicke*. Und doch bleiben Reste von Gemeinsamkeit. So treten beide Autoren in der Folgezeit auch einzeln als Dramatiker hervor, obwohl für keinen von ihnen das Drama zur vorherrschenden Ausdrucksform wird. Auch stehen die dramatischen Arbeiten bei Holz wie bei Schlaf in einem relativ engen Zusammenhang untereinander; hier wie dort kann man eine logische Weiterentwicklung naturalistischer Ausgangspositionen erkennen, mit freilich sehr verschiedenem Ergebnis.

Arno Holz hatte seine Hoffnungen auf eine Bühnenkarriere schon aufgegeben, als ihn der sensationelle Mißerfolg von Hauptmanns *Florian Geyer* plötzlich Morgenluft wittern ließ. Anscheinend bestand doch Bedarf an alternativen Formen einer naturalistischen Dramatik, und Holz beeilte sich, ihm nachzukommen. In wenigen Wochen entstand – als erster Teil des Zyklus «Berlin. Das Ende einer Zeit in Dramen» – die satirische Komödie *Socialaristokraten*, deren prompte Ablehnung durch die in Frage kommenden Theater die optimistischen Spekulationen ihres Verfassers allerdings bald Lügen strafte. Von den geplanten weiteren 24 Stükken des Berlin-Zyklus entstanden denn auch – und in großem Abstand – nur noch zwei (*Sonnenfinsternis*, 1908; *Ignorabimus*, 1913). Mit Hilfe von Freunden organisierte Holz 1897 auf eigene Kosten eine Aufführung der *Socialaristokraten*, deren humoristische Schilderung in den *Phantasus* eingegangen ist. In gewisser Weise ist sie dort auch am besten aufgehoben, denn schon das Drama selbst lebt wesentlich von der Freude an der Sprache, der sprachlichen Imitation und ihrer spielerischen Übersteigerung im Sinne der Karikatur. Die «Sprache des Lebens», von der das Vorwort spricht, befindet sich schon wieder auf dem Rückweg in die Kunst.

Um das Verhältnis der Literatur zum Leben geht es auch in der schwach ausgeprägten dramatischen Handlung, in deren Zentrum eine Zeitschriftengründung steht. Insbesondere Dr. Gehrke (eine Karikatur Bruno Willes) funktionalisiert die literarischen Interessen seiner Kollegen zugunsten seiner politischen Karriere. Auch andere Figuren sind satirisch entstellte Porträts von Mitgliedern des Friedrichshagener Kreises. (Der kleine Ort am Müggelsee ist Schauplatz der meisten Akte.) Nach Holz' eigener Aussage verbirgt sich hinter dem Redakteur Styczinski, der die kühnsten Thesen monoton daherleiert («Wir sind alle kranke Sumpfblumen am Jahrhundertsende. [...] In unsrer Seele singt das Lied von der siegenden Bakterie»), der Pole Stanislaw Przybyszewski, hinter dem stotternden Amerikaner Frederick Bellermann der Schotte John Henry Mackay und hinter dem naiven Herrn Hahn der Autor selbst in jungen Jahren (mit der Figur Spittas in den *Ratten* wird Hauptmann ein ähnlich blauäugiges Denkmal seiner Jugend errichten). Der Drucker Wilhelm Werner («genannt Elefantenwilhelm») ist übrigens mitsamt seinem Namen aus der Geschichte der SPD ins Stück verpflanzt worden.

«Socialaristokraten» sind die neuen Freunde Hahns allesamt, weil hinter ihrem sozialen Engagement eine elitäre Haltung steht, deren dünkelhafter Egoismus in ihren pseudoanarchischen Sprechblasen offen zutage tritt. Holz' zitierend-karikierende Sprachbehandlung ist also wesentlich ideologiekritischer Natur; der berlinische Dialekt, den vor allem Werner und Fiebig sprechen, dient zur Relativierung des verlogenen und rechtslastigen Pathos, in dem Gehrke und seine Gesinnungsgenossen sich ergehen.

Ganz andere Wege beschreitet der Dramatiker Johannes Schlaf. Schon in seinem bravourösen *Meister Oelze* (1892) arbeitet er mit einer weitgehenden Reduktion der sprachlichen und szenischen Mittel. Das zähe Ringen zwischen Pauline und ihrem Stiefbruder um einen viele Jahre zurückliegenden Mord (der Tischlermeister Oelze hat wahrscheinlich Paulines Vater vergiftet und sie dadurch ums rechtmäßige Erbe gebracht) wird gewissermaßen zwischen den Zeilen ausgetragen. Die Geschädigte versucht mit allen Mitteln, den mutmaßlichen Mörder zu einem Geständnis zu verleiten; sie nutzt ihren Aufenthalt in seinem Haus zu einer Art Psychoterror, bei dem sie sich besondere Effekte von Anspielungen auf die wahnsinnige Großmutter als Mitwisserin, die plaudern könnte, verspricht.

PAULINE. [...] Die arme Rese hat widder 'n ganzen Nachmittag mit'r liebe Not gehabt.
MEISTER OELZE *scharf*. Hä?!
PAULINE *zusammenfahrend*. Gott, Franz! Mer erschreckt sich je orndlich?! – *Lacht*. Ich weeß gar nich, wie de jetzt nur immer bist?!
MEISTER OELZE. So? – Erschrocken haste dich? – Aach! *Trinkt*.
PAULINE. Na ja! – Du bist jetzt immer gleich iwwer alles so grillig!
MEISTER OELZE. Hm!

Äußerungen über scheinbar Nebensächliches, oft in abgebrochenen Sätzen (und grundsätzlich im thüringisch-sächsischen Dialekt), vieldeutige

Ausrufe, Intonation und Gesten werden zum Träger der eigentlichen Botschaft. Auch die Natur spielt mit: Der Sturm, der zum Ende des I. Aktes noch an Stärke zunimmt, gibt die apokalyptische Begleitmusik zu einem Psychodrama ab, aus dem Pauline wohl nur deshalb nicht als Siegerin hervorgeht, weil ihr Oelzes Tod zuvorkommt.

In erstaunlichem Maße sind hier schon Züge jenes «unterirdischen Dialogs der Seelen» verwirklicht, den Schlaf fünf Jahre später in seinem Artikel *Vom intimen Drama* (1897) fordert. In seinen künftigen – von der Öffentlichkeit kaum noch wahrgenommenen Stücken – entwickelt er das Modell des «psychologischen Naturalismus» (als dessen Schöpfer sich Schlaf später definierte) weiter in Richtung auf Phänomene einer magisch-mystischen Kommunikation. In der neuen Sicht auf Pathologisches und Parapsychologisches ist der Autor dabei wohl durch die Erfahrungen seiner eigenen Nervenkrankheit, aber auch durch zeitgenössische Lehren bestärkt worden; so kam er über seinen Freund Dehmel in Berührung mit der Meta-Psychologie Carl du Prels (*Die Entdeckung der Seele durch die Geheimwissenschaften*, 1894/95).

Aber auch Prybyszewskis Konzept eines «psychischen Naturalismus», 1894 an Bildern von Edvard Munch entwickelt, könnte Schlaf inspiriert haben; in seinem Drama *Die Feindlichen* (1899) spielen Zeichnungen «so à la Munch», auf denen «Angstaugen» zu sehen sind, eine Rolle. Die Handlung des Stücks entspricht äußerlich einer trivialen Dreiecksgeschichte, wie schon im vorausgegangenen Stück *Gertrud* (1898). Doch liegt das ganze Gewicht jetzt auf der Darstellung der psychomagnetischen Anziehung zwischen wahlverwandten Menschen und den dabei auftretenden mentalen Suggestionen und Zwangsvisionen. Auch Schlafs letzte veröffentlichte Dramen *Der Bann* (1900) und *Weigand* (1906) beruhen auf den gleichen Voraussetzungen.

5. Weitere naturalistische Dramatiker

In Max Halbes *Berliner Brief*, im Sommer 1889 in der Münchner Zeitschrift *Die Gesellschaft* veröffentlicht, wird das drohende Ende des deutschen Dramas beschworen – «wenn nicht bald Gegenmaßregeln ergriffen werden»: «In den luftbeengenden Panzer der Bühnenfähigkeit pressen zahlreiche lungenkräftige, junge Talente, die sich zu breitschultrigen, weitbrüstigen Männern auswachsen könnten, sich ein, werden dünnatmig und verkrüppeln vor der Zeit.» Die «Gegenmaßregeln» der Theatervereine und die Neuorientierung der Theaterkritik ab 1889 haben aber offensichtlich Früchte getragen. Denn überblickt man die lange Liste der Dramatiker, die in den neunziger Jahren auf die deutschen Theater gelangten, so gewinnt man eher den Eindruck, daß die

Lockerung der dramaturgischen Konventionen eine wahre Talent-Flut erzeugte und eine Reihe dieser Talente auch die Chance hatte, sich zu «breitschultrigen, weitbrüstigen» Männern (z. T. auch Frauen!) des modernen Theaters zu entwickeln.

Manch einer von ihnen scheint allerdings die von Halbe so abfällig beurteilte «Bühnenfähigkeit» durchaus geschätzt und sich ihr nach einer Phase vorübergehender Entfremdung bereitwillig wieder genähert zu haben; bisweilen schließen sich an wenige Experimente im naturalistischen Stil in langer Folge recht konventionelle Stücke für den Alltagsgebrauch des Theaters an. Auch darf der Bezug auf den Naturalismus beim folgenden – keinerlei Vollständigkeit beanspruchenden – Überblick über einige der interessanteren unter den jungen Wilden der neunziger Jahre keineswegs normativ verstanden werden. Fast möchte man sagen, hier pflegte jeder seinen eigenen Naturalismus. Auf jeden Fall läßt sich dieser Begriff – so er überhaupt verwendbar bleiben soll – nicht auf einen starren Merkmalskatalog festlegen. In aller Vorsicht kann man vielleicht von bestimmten Typen des Naturalismus im Drama sprechen, die sich zu dem charakteristischen Profil, das Hauptmann, Holz und Schlaf der Gattung gegeben haben, teils additiv verhalten, teils auch interferierend.

Die Dramen Max Halbes selbst verkörpern vielleicht schon einen ersten komplementären Typ, charakterisiert durch einen lyrisch-subjektiven Grundzug und die starke Einbeziehung symbolträchtiger landschaftlicher Gegebenheiten. Der gebürtige Westpreuße kam Ende der achtziger Jahre über München nach Berlin, von wo er sich nach dem ersten eindeutigen Mißerfolg 1894 wieder nach Süddeutschland zurückzog. Er sollte in der Münchner Szene der Jahrhundertwende als Initiator des Intimen Theaters eine nicht unbedeutende Rolle spielen und blieb als Dramatiker durchaus aktiv, bei allerdings immer stärkerem Hervortreten heimattümelnder und nationalistischer Elemente, die auch die Lektüre seiner Autobiographie (u. a. *Scholle und Schicksal*, 1933) einigermaßen unerquicklich gestalten.

Nach der Ablehnung seines «modernen Dramas» *Freie Liebe* (1890) durch die Freie Bühne bedeutete die Uraufführung des sozialen (weitgehend im Dialekt geschriebenen) Dramas *Eisgang* an der Freien Volksbühne 1892 einen ersten Achtungserfolg. Die Gefahr einer möglichen Rebellion spiegelt sich im Naturvorgang des die Deiche bedrohenden Weichsel-Eisgangs; noch in seinem späten Drama *Der Strom* (1903) wird Halbe auf den Symbolkomplex von Deich und Flut rekurrieren, dort allerdings im Rahmen einer privaten Tragödie. Den Erfolg seines Lebens errang der Achtundzwanzigjährige mit dem «Liebesdrama» *Jugend,* das nach Ablehnung durch andere Theater – Halbes Autobiographie spricht von einem der «abgelehntesten Stücke aller Zeiten» – 1893 am Berliner

Residenz-Theater zur Aufführung kam. Direktor Lautenburg hatte vorsichtshalber nur eine Matineevorstellung angesetzt und mußte alsbald einen zusätzlichen Theatersaal pachten, um der Nachfrage des Publikums zu entsprechen.

Halbe verarbeitet ein eigenes Jugenderlebnis zu einer sentimentalen Idylle mit tragischem Ausgang; das Mädchen bezahlt für das Glück einer Nacht durch ihren Opfertod – sie wirft sich vor den Geliebten, als ihr eifersüchtiger geistig behinderter Stiefbruder (eine Art Kaliban-Figur) das Gewehr abdrückt. Ein halber Zufallstod also, wie ja auch der Tod des alten Hilse in Hauptmanns *Webern*, und doch mit einer tieferen Logik, die zur Publikumswirkung des Stücks entscheidend beigetragen haben dürfte (auch wenn Paul Schlenther zuvor Bedenken anmeldete; die geplante Aufführung an der Freien Bühne scheiterte am Dissens in diesem Punkt). Denn letztlich büßt Annchen auch für ihre frühverstorbene Mutter, die sie als uneheliches Kind empfangen hat – was ihr im strengkatholischen Milieu des Pfarrhauses, in dem sie aufwächst, stets vorgehalten wird. Auch Vererbungstheoretiker kommen auf ihre Kosten; in der spontanen Leidenschaft des Mädchens verrät sich die ähnlich geartete Anlage der Mutter. Daß Annchen zu allem Überfluß noch von «slawischem Schlag» ist und der Fanatismus eines polnischen Kaplans für die tragische Zuspitzung Verantwortung trägt, hat dem deutschen Publikum der damaligen Zeit sicher gleichfalls vollkommen eingeleuchtet.

Mit *Mutter Erde* (1897) hat Halbe fast so etwas wie die Fortsetzung von *Jugend* (bei unblutigem Ausgang des früheren Stücks) geschrieben. Der alternde Redakteur einer Frauenzeitschrift kommt zum Begräbnis seines Vaters aus der Großstadt in die westpreußische Heimat zurück und begegnet seiner einstigen – mittlerweile unglücklich verheirateten – Freundin wieder. Der Mythos der Scholle erfüllt sich an ihm und ihr. Warkentin entfremdet sich vollends seiner dogmatisch auf die politische Arbeit fixierten Frau und wendet sich – durch die Begegnung mit der Natur verjüngt – in erneuter Leidenschaft seiner Jugendliebe zu. Da auch Antoinette durch ihre Ehe gebunden ist und nicht «in den Schmutz» will, gibt es für sie nur den gemeinsamen Freitod, emphatisch bejaht als Rückkehr zur «Mutter Erde» in einer sternenhellen Neujahrsnacht.

Die Absage an die Moderne ist eindeutig – nicht nur in der denunziatorischen Behandlung der Frauenbewegung, sondern auch in positiven Bekenntnissen zur Tradition des Familienbesitzes. In Pauls Worten über den «bewußten Holzweg», der ihn den besten Teil seines Lebens gekostet habe, klingt fast so etwas wie eine Distanzierung des Autors vom theoretischen Projekt des Naturalismus an: «Heut' auf dem Ritt durch den fußtiefen Schnee, da ist es mir so recht klar geworden. Da hab' ich mich gesehen, wie ich einst war und was ich dann geworden bin! All' die Kraft! All' das Leben! All' die Farben! Alles caput! Alles hin . . . Nüchtern und banal geworden! Das ist das Resultat!»

Halbes subjektiver Naturalismus ist schon von den Zeitgenossen als Alternative oder Opposition zum Paradigma der Hauptmannschen Dramatik aufgefaßt worden. Andere Dramatiker wie Georg Hirschfeld, Max Dreyer oder die unter dem Namen Ernst Rosmer publizierende Elsa Bernstein wurden eher als Nachfolger oder Schüler Hauptmanns rezipiert, wenn sie nicht geradezu als seine Epigonen verspottet wurden. Letzteres gilt besonders für Hirschfeld, der sich auch der persönlichen Freundschaft Hauptmanns und Brahms erfreute.

Hirschfelds Einakter *Zu Hause* ist schon oben in Beziehung zu Hauptmanns *Friedensfest* gesetzt worden (siehe S. 451). Der Einakter *Steinträger Luise* (1895) variiert krasse Motive aus *Vor Sonnenaufgang*, während das Schauspiel *Die Mütter* (1895) den Themenkreis der *Einsamen Menschen* fortschreibt. Ein innerlich schwacher Künstler, der mit einer Heimarbeiterin zusammenlebt, in der proletarischen Umgebung aber zunehmend herunterkommt, kehrt nach dem Tod des Vaters ins Elternhaus zurück; seine Geliebte hält das Geständnis ihrer Schwangerschaft zurück, mit dem sie ihn an sich binden könnte. – Auch Max Dreyers *Winterschlaf* (1896) ist – bis in den Titel hinein – ein Beispiel für die übermächtige Wirkung Hauptmannscher Vorbilder, hier vor allem seines Erstlings *Vor Sonnenaufgang*.

Mit der dunklen Periode ist bei Dreyer die Lebensweise der Försterstochter Trude Ahrens gemeint, deren geistige Ansprüche durch den Aufenthalt im einsamen Forsthaus und die Verlobung mit einem Forstgehilfen in keiner Weise erfüllt werden. Als eines Tages ein Schriftsteller ins Forsthaus gelangt, der wie Loth für die Lösung der sozialen Frage lebt, sieht auch sie wieder eine Perspektive für sinnvolles Handeln. Der Verlobte scheint einverstanden und zerstört doch, indem er die bisher Unberührte vergewaltigt, die Grundlage für ein neues Leben; wie Hauptmanns Helene endet Trude durch Tod von eigener Hand. Die intensive Einbeziehung von Wetterphänomenen – bis hin zum Schneesturm – erinnert zugleich an Halbe und Schlaf (*Meister Oelze*).

Sein theaterwirksamstes Stück schrieb Dreyer, der selbst ursprünglich Gymnasiallehrer war, mit dem vieraktigen Drama *Der Probekandidat* (1899). Darin hält ein junger Lehrer an seinen darwinistisch-monistischen Überzeugungen und ihrer Vermittlung fest, obwohl diese Entschlossenheit ihn Stellung und Braut kostet. Die Naturwissenschaft als Grundlage der naturalistischen Bewegung ist hier von der Form- auf die Inhalts- und Gesinnungsseite getreten. Denn dramaturgisch ist das seinerzeit vielgespielte Stück alles andere als innovativ, der Held eben ein Held und kein Opfer seiner Umwelt. Er wird – nach Preußen gehen (das Stück spielt in einer mecklenburgischen Kleinstadt): «Da hat jeder das verbriefte Recht, durch Wort, Schrift und Druck seine Meinung frei zu äußern.» Gerade die Naturalisten hatten Preußen von einer etwas anderen Seite kennengelernt.

Der Lichtsymbolik Ibsens und Hauptmanns ist auch das fünfaktige
Schauspiel *Dämmerung* (1893) der Münchner Autorin Elsa Bernstein
(Pseudonym Ernst Rosmer) verpflichtet. Doch ist der Titel hier zugleich
wörtlich zu verstehen; aus persönlicher Erfahrung mit einem Augen-
leiden, das sie an einer Bühnenlaufbahn hinderte, wählt die Autorin zur
Hauptfigur ein augenkrankes, im Laufe des Stückes erblindendes
Mädchen. Dabei vermeidet sie strikt jede Idealisierung oder Identifikation; auch für den Zuschauer ist kaum eine vollständige Annäherung an
die verzogene junge Kranke möglich, die Kerr als «egoistisch-eitle,
lüsterne und respektlose Kröte» charakterisiert. Die eigentlich tragische
Figur ist ihr Vater, der zugunsten seiner egozentrischen Tochter auf die
Liebe der Augenärztin Sabine Graef verzichtet. Deren Familienname ist
eine Hommage an den Begründer der deutschen Augenmedizin Albrecht von Graefe; auch hier also begegnet uns eine inhaltliche Bezugnahme auf die Fortschritte der Naturwissenschaft, eingebettet aber in
eine durchaus originelle dramatische Fallstudie von eigentümlicher Melancholie.

Der auch der Naturalismus, und angesichts seines politisch-wissen-
schaftlichen Anspruchs ist das unter den damaligen Bedingungen nicht
weiter verwunderlich, in seinen Anfängen eine sehr männliche, fast
militante, jedenfalls praktisch ausschließlich von Männern getragene Bewegung, so beteiligen sich an seiner späteren Ausformung doch zunehmend Frauen. Gleich zwei Autorinnen sind im Zusammenhang mit dem
dritten und letzten Typ des naturalistischen Dramas zu erwähnen, der
hier angesprochen werden soll, nämlich dem landsmannschaftlichen
Dialektstück in der Nähe zum Volks- oder Bauerndrama. Clara Viebig
geht bei ihrem ersten Theaterstück von einer Erzählung aus ihrer Novellensammlung *Kinder der Eifel* aus: *Barbara Holzer* (1897) schildert die
Beziehung eines willensschwachen Mannes zu zwei Frauen unter
genauer Einbeziehung des ländlich-pfälzischen Milieus. Die Komödie
Die Pharisäer (1899) kritisiert den Adelsstolz westpreußischer Gutsbe-
sitzer und mündet versöhnlich in die Verbindung zwischen einem Ver-
walter und der Tochter des Gutsherrn.

Wesentlich bodenständiger muten die Produkte eines bayrischen
Naturalismus an, der sich bis an die Grenze der Selbstaufgabe der Welt
der Bergbauern anvertraut. Anna Croissant-Rusts Volksdrama *Der Bua*
(1897) mündet in eine regelrechte Mord- und Totschlagsaktion. Auch
Josef Ruederers Komödie *Die Fahnenweihe* (1894) ist frei von Optimismus. Das rituelle Haberer-Treiben, das hier wie der Volksbrauch in einer
aristophanischen Komödie zum Rückgrat der dramatischen Handlung
dient, verschont die Bösen, ja schafft noch ihre letzten Kritiker aus der
Welt. «Flott haben sie 's hertrieben, die ganze Gesellschaft. I lob mir die
Haberer», sagt der Hauptschurke, während auf dem Theater drei Engel

erscheinen und sich der Hauptvorhang senkt. Das geht noch über die Ironie des *Biberpelz*-Schlusses hinaus.

Eine nochmals andere Variante des ländlichen Dialektstücks entwikkelt Carl Hauptmann in *Waldleute* (1896) und *Ephraims Breite* (1900). Das erstere Stück zeigt den Kampf eines Forstmanns mit wildernden «Kolonieleuten» nicht ohne Anklänge an Otto Ludwigs *Der Erbförster* (1853); das zweite, ein schlesisches Bauerndrama von hoher Dichte in der Wiedergabe von Dialekt und Lokalkolorit, thematisiert den inneren Kampf eines Bauernmädchens, das einsehen muß, daß die Liebe des begehrten Mannes einer anderen gehört. Diese Gewichtung der seelischen Problematik verweist schon auf das weitere Schaffen Carl Hauptmanns, in dem mystische und irrationale Elemente noch weitaus stärker dominieren als im vielgestaltigen Werk seines bekannteren Bruders Gerhart.

6. Wedekind und Panizza

Frank Wedekind war unter den deutschen Dramatikern des ausgehenden 19. Jahrhunderts sicher der entschiedenste Gegner des Naturalismus; kaum eins seiner Werke, das nicht eine diskret-höhnische Anspielung auf Hauptmann und seinen Stil enthielte. Nun stellte die Dominanz des naturalistischen Dramas gerade auf den der Moderne aufgeschlossenen Bühnen in den neunziger Jahren gewiß einen (aber beileibe nicht den einzigen!) Grund dafür dar, daß Wedekinds Stücke so lange «Buchdramen» blieben – wie auf dem Titelblatt eines seiner Manuskripte tatsächlich die Gattungsbezeichnung lautet. Andererseits ist nicht zu übersehen, daß Wedekind durch den Abstand zur realexistierenden Bühne und die langjährige Aussichtslosigkeit einer Aufführung im üblichen Rahmen entschieden in seiner künstlerischen Selbständigkeit bestärkt und so ermutigt wurde, aus seinem abweichenden Ansatz auch wirklich die letzten Konsequenzen zu ziehen.

Sobald ab 1898 seine ersten Stücke auf die Bühne gelangten, vor allem aber nach den großen Aufführungserfolgen Max Reinhardts (ab 1903) ließ die Spannkraft des – gleichwohl weiterschreibenden – Dramatikers Wedekind nach. Gewiß war ein erheblicher Teil seiner Energie dann auch durch praktische Bühnenarbeit, nicht zuletzt als Darsteller der eigenen männlichen Hauptrollen, gebunden. Nur durch Einsatz seiner Persönlichkeit glaubte er die Vereinnahmung seiner Stücke durch die marktüblichen Bühnenstile verhindern zu können; freilich bestärkte er damit das Publikum in einem anderen Vorurteil: daß nämlich nur Wedekind Wedekind spielen könne und seine Dramatik letztlich eine große Autobiographie sei. Daran ist auch ein Körnchen Wahrheit.

Wesentlich entscheidender für die Eigenart seiner Dramatik sind jedoch die theoretische Konsequenz und der Wille zur Verallgemeinerung, mit denen Wedekind einige wenige Themen umkreist. Das dominierende darunter ist fraglos der Gesamtkomplex der Sexualität. Nur scheinbar liegt hierin eine Gemeinsamkeit mit den Naturalisten, die ja gleichfalls die Triebgebundenheit menschlichen Handelns betonten. Von einer solchen analytisch-positivistischen Sicht ist Wedekinds Auffassung des Themas jedoch weit entfernt; in programmatischer Absicht, ja mit utopischem Anspruch wird von ihm die Rolle des Sexuellen als Fundament der menschlichen Existenz eingeklagt und zum Maßstab einer umfassenden Moralkritik genommen. Nicht umsonst finden sich in seinem Werk allenthalben Parallelen zu Nietzsche und gelegentlich auch direkte Anspielungen auf ihn – am ausdrücklichsten sicher in jener Szene der *Büchse der Pandora* (Erstfassung 1894), in der Alwa sein Tanzdrama «Zarathustra» erläutert und über die «übermenschlichen» Qualitäten einer nicht nur mit den Beinen, sondern mit dem Kopf und dem Herzen tanzenden Künstlerin diskutiert wird.

Indirekt bezieht sich auch die komprimierteste Verlautbarung zur Anthropologie und Kunst, die Wedekind verfaßt hat, auf Nietzsche, nämlich auf die Seiltänzer-Episode am Anfang des *Zarathustra*. In seinem Zeitungsessay *Zirkusgedanken* (1887) bekennt sich der Dreiundzwanzigjährige zum zeitgemäßen Ideal der «Elasticität». Nicht ohne Spitzfindigkeit unterscheidet er zwischen dem labilen Gleichgewicht der Seiltänzerin, die ihren Stützpunkt unter sich hat und die Fähigkeit zum Absprung besitzen muß, und dem stabilen Gleichgewicht der Trapezkünstlerin, deren Stützpunkt über ihr und die bei einem Reißen der Seile unrettbar verloren ist. Die moralische Deutung läßt nicht auf sich warten; die Trapezkünstlerin steht für einen bestimmten Typus des Idealisten, der von seinem Ideal abhängig ist (mit letztlich tödlichen Konsequenzen), die elastische Seiltänzerin für einen «praktisch brauchbaren» Realisten.

Schon Goethe habe diesen Gegensatz gestaltet – Wedekind deutet Fausts Selbstmordversuchung (den Griff zur Phiole) als drohenden Salto mortale des Idealisten, Mephistos Glücksversprechen als Überredung zu einem realistischen Balance-Akt. Im gleichen Sinne wird Melchior Gabor in der zweiten Friedhofsszene von *Frühlings Erwachen* vor die Alternative zwischen Tod und Leben gestellt: hier Moritz Stiefel, das Gespenst seines toten Freundes, dort der «Vermummte Herr» mit seinem ominösen Paktangebot. Eine ähnliche Alternative bestimmt noch die Konzeption des *Marquis von Keith* (1901); dem lebensfeindlichen Moralisten Scholz steht der Genußmensch Keith gegenüber, in einer früheren Fassung – auch im Titel – als «gefallener Teufel» bezeichnet.

Die «Kindertragödie» *Frühlings Erwachen* (1891) ist der erste Geniestreich Wedekinds. In einer sprachlichen und dramaturgischen Form, die manche Elemente Büchners und des Sturm und Drang aufnimmt, wird der Konflikt zwischen den sexuellen Regungen Jugendlicher und einer Erwachsenenwelt entfaltet, die das natürliche Begehren tabuisiert, diskriminiert, ja schlichtweg verleugnet. Wendla Bergmann stirbt an den Folgen einer Abtreibung, ohne auch nur begriffen zu haben, daß sie schwanger ist – sie ist ja nicht verheiratet! Melchior, der sie in spontaner Leidenschaft umarmte und für seinen verklemmten Freund Moritz eine Aufklärungsfibel verfaßt hat, wird in eine Korrektionsanstalt gesperrt. Die Verschließung der Fenster der Anstalt durch schmiedeeiserne Gitter dient ebenso wie das geschlossene Fenster, über dessen Öffnung das Gymnasialkollegium auf einer Konferenz-Szene streitet, die zu den Höhepunkten der deutschen Schulsatire zählt, als Symbol der Triebunterdrückung, als Versuch zur Ausgrenzung der äußeren wie der inneren Natur.

Beide werden in der Bildlichkeit dieses Dramas gleichgesetzt; alle Liebesszenen ereignen sich in freier Natur, Frühling und Jugend sind Synonyme. Der Umschlagtitel der Erstausgabe, ausgeführt von Franz Stuck, angeregt vom Autor, zeigt eine spröde Frühlingslandschaft. Jahre später sollte «Jugend» zum Leitbegriff einer künstlerischen Bewegung werden, die vorzugsweise pflanzliche Ornamente benutzte. Unter ihrem Einfluß stand auch Karl Walser, der Bühnenbildner der Berliner Uraufführung von 1906, gegen deren einseitig emotionale, tragisch-tendenziöse Wirkung Wedekind vergeblich Einspruch einlegte. Er vermißte «Humor».

Tatsächlich ist *Frühlings Erwachen* ja nicht nur eine Kindertragödie (und als solche die erste der deutschen Literatur), sondern auch oder eher eine Tragikomödie, eine Tragödie mit grotesk-komischen Zusätzen und Gegengewichten. Hervorragendes Beispiel für Wedekinds Kühnheit im Grotesken ist die Szene (II/3), in der Hans (Hänschen) Rilow die Reproduktion einer Venus von Palma Vecchio im WC versenkt; er nimmt den Abschied vom Objekt seiner onanistischen Ersatzlust zum Anlaß eines großen Monologs, der auf der höchsten Ebene einsetzt (mit dem Zitat eines Shakespeareschen Mörders: «Hast du zu Nacht gebetet, Desdemona»), um in der Folge einen ganzen Katalog der Gründerzeitmalerei zu bieten. Von Thumann über Lossow, van Beers, Makart, Bodenhausen und Linger bis hin zu Defregger werden die zeitgenössischen Produzenten sexualisierter Frauen-Bilder als Komplizen einer pubertären Ersatzbefriedigung identifiziert. Im Keim ist hier schon die Reflexion über die Rolle der Kunst bei der Erzeugung des Mythos Frau angelegt, die eine wesentliche Schicht der *Büchse der Pandora* bildet.

In einer späteren Szene (III/7), die bei der Uraufführung und vielen nachfolgenden Inszenierungen gestrichen oder reduziert wurde, erleben wir Hans Rilow im Weinberg, Küsse tauschend mit seinem Freund Ernst Röbel. «Die Berge glühen, die Trauben hängen uns in den Mund» – auch die Homosexualität ist eingeschlossen in Wedekinds Versuch, dem Geschlechtlichen seine natürliche Poesie zurückzugeben. Ähnliches gilt für die masochistisch-sadistischen Regungen, die in einer frühen Begegnung Wendlas mit Melchior plötzlich aufbrechen und das aufklärerische Pathos, mit dem sich dieser eben noch über die Prügelstrafe verbreitet hat, ad absurdum führen. Die Rolle der Peitsche im Verhältnis der Geschlechter zueinander ist ein wiederkehrendes Element in Wedekinds ‹Zirkusphantasien›; Gewalt und Sexualität werden von ihm so systematisch miteinander verkoppelt, wie es in der deutschen Literatur erst wieder bei Hans Henny Jahnn geschieht.

Die Unschuld Wendlas findet ihr Gegenstück in der jugendlichen Prostituierten Ilse; die leer ausgehende Begegnung mit diesem «Sonnenkind» ist die letzte Station auf Moritz Stiefels Weg in den Selbstmord. Wedekind hat an der Figur der selbstbewußten Hetäre weitergedichtet. Er benutzt ihren Namen als Titel eines seiner schönsten Gedichte («Ich war ein Kind von fünfzehn Jahren»), und er zitiert dieses Gedicht in einem umfangreichen dramatischen Fragment aus den Jahren 1894–1896 mit dem Titel *Das Sonnenspectrum*. Darunter verbirgt sich nichts anderes als eine Utopie des Hetärismus (man beachte den Anklang an Campanellas Staatsutopie *Der Sonnenstaat*) – eine Apotheose des Bordells, die freilich auch von bedrohlichen und erschreckenden Momenten nicht frei ist. Die Spannung erwies sich jedoch nicht als stark genug, um eine wesentliche Fortführung der Arbeit über den (selbst schon recht locker gereihten) I. Akt hinaus zu ermöglichen; eine epische Gestaltung, die gleichfalls unvollendet blieb, versuchte der Autor späterhin unter den Titeln *Mine-Haha* und *Die große Liebe*. Wedekinds persönliches Verhältnis zur einzigen Erscheinungsform, in der die bürgerliche Gesellschaft promiskuitiv-kollektive Liebespraxis zuläßt – nämlich der Prostitution – war von bemerkenswerter Unbefangenheit. Zumal seine Pariser Tagebücher geraten streckenweise zu einer Bilanz gekaufter erotischer Genüsse, deren innere Paradoxie –antibürgerliche Exzesse im Tausch gegen das väterliche Erbteil – dem Schreiber verborgen blieb. Sein primäres Interesse galt der Entdeckung einer moralfreien Sexualität.

Wedekind entwirft verschiedene Bühnenhandlungen, die in quasi allegorischer Manier die Überlegenheit seines Ideals einer neuen Körperlichkeit und «Elasticität» über die Vertreter eines verlogenen Geist- oder Moral-Prinzips demonstrieren. Im parodistischen Schwank *Der Liebestrank* (später auch: *Fritz Schwigerling*) – entstanden 1892, gedruckt 1899 – wird das Liebesideal aus Wagners *Tristan und Isolde* demontiert. Der «Idealist» mit dem sprechenden Namen Cölestin (ein früherer Schauspieler des Théâtre Français) blamiert sich, der Kunstreiter Schwigerling triumphiert und zieht am Schluß mit der vom Fürsten begehrten Gräfin von dannen. Noch in der Pantomime *Die Kaiserin von Neufundland* entscheidet sich eine umworbene Aristokratin für einen Zirkusartisten – sehr zum Bedauern des Poeta Laureatus Heinrich Tarquinius

Pustekohl. Düpiert wird auch der Dichter Meier in der Komödie *Kinder und Narren* (1891), die man als Wedekinds Revanche für die Indiskretionen in Hauptmanns *Friedensfest* verstehen kann.

In seiner Darstellung der Familie Scholz hatte Hauptmann in größtem Umfang Details aus Wedekinds Familienleben verwertet; auch die Züchtigung des Vaters ist in diesem Sinn authentisch. Wedekind, der Hauptmann schon seit dessen Zürich-Aufenthalt von 1888 kannte, münzt nach Kenntnisnahme des Stücks die ursprünglich auf Karl Henckell bezogene Dichterfigur von *Kinder und Narren* weitgehend zu einer – in der späteren Fassung *Die junge Welt* wieder entschärften – Hauptmann-Karikatur um. Wie dieser (in seinen jungen Jahren) läuft Meier ständig mit einem Notizbuch in der Hand umher und verfehlt dabei sowohl die Dichtung als die Liebe. Der relativ wohlwollenden Behandlung, die der naturalistische Antipode hier – auch und gerade durch den von ihm geplünderten Karl Rappart – erfährt, steht die Exekution des «Philisterdichters» und «Ochsgenies» in einem Dramenentwurf von 1897 gegenüber, den man nicht anders denn als Strafphantasie bezeichnen kann. Das Szenarium *Der Dichter* endet mit der Hinrichtung (und zwar einschließlich der gesamten Familie) der Hauptfigur, als deren Modell Wedekind ausdrücklich die Namen Hauptmann, Halbe und Wolzogen notiert, auf Befehl der römischen Kaiserin Messalina. Die Figur des Dichters hätte im III. Akt die Chance gehabt, durch vier Liebesakte mit der brünstigen Kaiserin sich und seine Familie zu retten – doch der Vertreter einer blutleeren Literatur war auch nicht zu *einem* solchen Kraftakt in der Lage.

Aus seiner Aufwertung des Körperlichen zieht Wedekind künstlerische Konsequenzen in der Hinwendung zu Ballett und Pantomime. Das Ballett bzw. die Tanzpantomime *Die Flöhe oder Der Schmerzenstanz* entstand 1892 in französischer Fassung (*Les Puces*) für ein französisches Theater. Der thematisch verwandte *Mückenprinz* ist nur in erzählerischer Form überliefert; Wedekind legte ihn 1896 dem Brief an Richard Strauss bei, in dem er diesem ein gemeinsames Bühnenprojekt gleicher Stilrichtung vorschlägt: «Es handelt sich um ein großes Ausstattungsstück, besser gesagt Ballett, in sieben Bildern, mit den denkbar prachtvollsten scenischen Wirkungen, reich an musikalischen Vorwürfen jeder Art, vom sublim Lyrischen bis ins großartig Elementare, mit ununterbrochenen zwingenden Anlässen zur Entfaltung von Tänzen ...»
Daraus ist freilich nichts geworden, und auch die beiden eher dramatisch angelegten Pantomimen Wedekinds aus dem Jahr 1897 blieben ohne die erhoffte Resonanz, obwohl im Falle von *Bethel* eine weitgehende Absprache mit dem Zirkus Renz vorlag und *Die Kaiserin von Neufundland* immerhin fünf Jahre später von den Elf Scharfrichtern aufgeführt wurde. Auch thematisch bewegen sich die nur aus Regieanweisungen bestehenden Stücke im Bereich von Zirkus, Varieté und Halbwelt. Die bekannte und vor allem während seines Paris-Aufenthalts 1892/93 vertiefte Faszination Wedekinds für die vielfältigen Erscheinungsformen einer un- oder antibürgerlichen Unterhaltungskunst hat

ihn jedoch nie blind gemacht für die Gefahr der Verdinglichung, die auch hier vom Gesetz des Geldes und den Prinzipien der Konkurrenz oder des Leistungsdrucks ausgeht.

Der sogenannte stärkste Mann der Welt Holthoff in der *Kaiserin von Neufundland* ist es eines Tages leid, immer schwerere Gewichte in die Höhe zu stemmen und dadurch die erotische Erregung der ihm hörigen Kaiserin zu befriedigen. Was von ihm erwartet wird, sagt schon das Bühnenbild des II. Aktes: «Rechts, etwas nach hinten, liegen, der Schwere nach nebeneinander, vier Gewichte zu 200 Pfund, 300 Pfund, 400 Pfund und 2000 Kilo.» Bei 2000 Kilo wird Filissa wahnsinnig; Holthoff verläßt sie und verpraßt ihren Reichtum in zweifelhaften Lokalen, in die ihm die Kaiserin schließlich in äußerster Selbsterniedrigung nachfolgt. Ihr jämmerliches Ende auf den Dielen variiert Abstieg und Zerstörung Lulus in der *Büchse der Pandora*.

Vor jedem näheren Eingehen auf Wedekinds Hauptwerk – denn das ist die Lulu-Dichtung unstreitig – muß eine Verständigung über die Entstehungs- und Druckgeschichte erfolgen, die sich hier so kompliziert gestaltet wie bei kaum einem anderen Text der modernen deutschen Literatur. Zwischen Ende 1892 und Mai 1894 entsteht in Paris (zum Schluß in London) die fünfaktige «Monstretragoedie» *Die Büchse der Pandora*. Sie wurde in dieser Form erstmals 1988 anläßlich der Hamburger ‹Uraufführung› derselben Fassung gedruckt. Wedekind hat sich offenbar durch Verhandlungen mit dem Verleger Albert Langen im Sommer 1894 überzeugen lassen, daß das Werk in der vorliegenden Form keine Aussicht auf Buchmarkt und Bühne habe, und beginnt ab Herbst 1894 mit der Erweiterung der ersten drei Akte zu einem vieraktigen Stück durch Einfügung eines neuen III. Aktes (Garderobe im Theater), wodurch der bisherige III. Akt (Prachtvoller deutscher Saal) nach hinten rückt. Das so entstandene Teil-Drama wird nachträglich *Der Erdgeist* genannt und erscheint im September 1895 bei Langen, allerdings ohne den Prolog, der erst anläßlich der ersten Inszenierung durch das Leipziger Ibsen-Theater 1898 entsteht (aber noch nicht bei der Uraufführung gesprochen wurde) und ab 1905 den *Erdgeist*-Ausgaben beigefügt wird.

Die beiden in Paris und London spielenden Schlußakte der «Monstretragoedie» von 1894 bleiben volle sechs Jahre liegen, bis Wedekind sie im Winter 1900/01 durch Voranstellung eines neuen I. Aktes, der noch in Schöns Haus spielt, zu einem Dreiakter erweitert, der – nach Langens Rückzieher aus Furcht vor der Zensur – 1903 im Berliner Verlag Cassirer erscheint und tatsächlich alsbald zum Gegenstand eines aufsehenerregenden Zensurprozesses wird, der erst 1906 seinen Abschluß findet. Die danach erscheinende Neubearbeitung bietet einen in vieler Hinsicht geglätteten Text. Einer Theateraufführung dieses zweiten Teils standen gleichwohl in den wichtigsten deutschen Theaterstädten Berlin und München Zensurverbote entgegen. Daran änderte die Nürnberger Uraufführung (Intimes Theater 1904) ebensowenig wie die von Karl Kraus 1905 veranstaltete Wiener Privataufführung mit Tilly Newes, Wedekinds späterer Frau, in der Hauptrolle und dem Autor selbst als Jack the Ripper.

Wedekinds List war somit nur zum Teil geglückt. Er hatte sein ursprünglich geschlossenes Werk zwecks Umgehung von Zensurschwierigkeiten zerstückelt und damit zwar beim ersten Teil Erfolg gehabt. Gerade aber durch das Fehlen der ‹harmloseren› ersten Akte wurde das als selbständiges Stück beurteilte zweite Drama für die wilhelminische Zensur unannehmbar. Schon mit Rücksicht auf diese Problematik mußte dem Autor an einer ‹Wiedervereinigung› der getrennten Teile gelegen sein. Er vollzog sie – nachdem er zuvor schon entsprechende Bühnenmanuskripte angeboten hatte – durch die separate Buchausgabe *Lulu. Tragödie in fünf Aufzügen mit einem Prolog* (1913). Darin sind die nachträglich eingeschobenen Akte wieder ausgeschieden; die Todesszene mit Jack ist der Rücksicht auf die Zensur zum Opfer gefallen. Der im gleichen Jahr erschienene Band der Werkausgabe letzter Hand kehrt dagegen wieder zur Selbständigkeit der beiden Teildramen zurück, zwischen die jetzt auch der *Prolog in der Buchhandlung* gerückt wird, den Wedekind erstmals der *Pandora*-Ausgabe von 1911 beigefügt hat; die an Goethes *Prolog im Himmel* gemahnende Einleitung paßt so recht natürlich nur zu einer Tragödie, die wie Goethes *Faust* aus zwei Teilen besteht.

Schon aus diesem Überblick über die Werkgeschichte ergibt sich zwingend, daß jede ernstzunehmende historische Betrachtung des Lulu-Komplexes vom Text der «Monstretragödie» von 1894 auszugehen hat und alle Klischees, die sich im Zuge der Wirkungsgeschichte aufgrund späterer Überarbeitungen und Zusätze gebildet haben, in Frage stellen muß. Dazu gehört nicht zuletzt die allegorisierende Deutung Lulus als «wildes, schönes Tier», wie sie durch den Tierbändiger-Prolog von 1898 nahegelegt wird, und manche andere idealistische Überhöhung, mit der sich der von der Zensur bedrängte Autor bestimmten literarischen Konventionen und etablierten Erwartungen anzunähern versucht hat. Vielleicht hat er im Laufe der Jahre auch eine positivere Haltung zu solchen Konventionen entwickelt. Die Bedeutung seines ursprünglichen Entwurfs liegt jedoch gerade darin, daß er mit erstaunlicher Unabhängigkeit eine neue Optik auf das Weibliche entwickelt, die unmittelbar vom Körperlichen und der Geschlechtlichkeit ausgeht, ohne sich in ontologischen Festschreibungen zu verlieren.

Das Mythologem von der Büchse der Pandora, aus der angeblich alle Übel in die Welt gekommen sind, wird hier in fast obszöner Direktheit mit Lulus Geschlecht gleichgesetzt. Ihre Tötung durch Jack the Ripper hat ihre tiefere Logik darin, daß dieser Mörder seinen Opfern das Geschlechtsteil herausschnitt – wie er es auch im Falle Lulus tut, mit der Befriedigung eines wissenschaftlichen Sammlers über «this curiosity». Bis zu dieser Auslöschung ihrer sexuellen Existenz erleben wir in den fünf Akten der «Monstretragoedie» die freie Entfaltung und zunehmende Fremdbestimmung einer Frau, die sich ganz über ihre Sinnlichkeit definiert, im Verhältnis zu den Männern. Die ersten drei Akte zeigen die Triumphe dieses im tiefsten Sinne asozialen Wesens über verschiedene Männer, die es mit patriarchalischem Anspruch sich aneignen, besitzen oder benutzen wollen − ein hoffnungsloses Unterfangen, das regelmäßig tödlich ausgeht: so im Falle des alten Medizinalrats Goll, des Malers Schwarz und schließlich auch Doktor Schönings (später: Schön), der schon wußte, daß ihn die Rolle eines Lulu-Gatten − auch körperlich − überfordern würde und der durch das promiskuitive Treiben, das sie in seinem Haus und unter seinen Augen veranstaltet, bis zur Mordabsicht getrieben wird. Lulu hält auch die vorgehaltene und ihr aufgedrängte Pistole noch für den Teil eines Sexualspiels, bis sie die männliche Logik begreift und sich spontan aneignet. Sie erschießt Schön und steht nicht zufällig kurz darauf in Männerkleidern auf der Bühne. An dieser Stelle setzt ihre Fremdbestimmung ein, die sich im Pariser und Londoner Akt systematisch verschärft: von den Gesprächen über Jungfrau-Aktien und der Bedrohung durch Mädchenhandel bis zur Existenz einer Straßendirne, die mit jedem geht und schließlich noch den Liebhaber bezahlt.

Schon daß jeder Akt mit einem Kleiderwechsel endet − bis hin zur ultimativen Entblößung durch Jack −, verweist auf die Spannung zwischen der polymorphen Disposition der Protagonistin und den ihr zugeschriebenen individuellen gesellschaftlichen Rollen. Das Porträt im Pierrot-Kostüm bildet über das ganze Stück hinweg so etwas wie einen Fixpunkt ihrer Existenz, aber auch keine gültige Definition, denn zum einen handelt es sich dabei ja um eine Verkleidung, und zwar in die einer (androgynen) Maske der Commedia dell'arte, und zum anderen haben die Leser und Zuschauer die Entstehung dieses Bildes miterlebt. Es ist Ausdruck von Golls ästhetizistischer Stilisierung Lulus und zugleich Anlaß für ihre Besitzergreifung durch den Maler. In einem französischen Roman von 1891 (Catulle Mendès, *La Femme-Enfant*) tritt die Heldin Lili(ane) als Pierrette hinter einem Vorhang hervor, vor dem der unbeholfene Maler Faustin auf sie wartet. Auch andere französische Quellen sind genannt worden, die z. T. den Namen «Lulu» im Titel tragen. Daneben sollte nicht vergessen werden die epochale Aussrahlung von Zolas berühmtem − gleichfalls den Auf- und Abstieg einer Prostituierten vorführendem − Roman *Nana* (1879/80).

Der Name «Lulu» ist ähnlich strukturiert wie «Nana». «Lulu klingt mir so vorsündfluthlich», sagt Lulu zu Schigolch, der sie als einziger so nennt, während sie für Schwarz «Eva» heißt. Die Männer formen sich durch Namensgebung die Frau nach ihrem Bilde; sie rufen sie bei ‹ihrem› Namen und glauben, sie sei dadurch schon die Ihre. Übrigens taucht ein gewisser Schigolch schon in einem frühen Dramenfragment Wedekinds auf (*Elin's Erweckung*, 1888/89). Er wird dort als «Mann ohne Namen» bezeichnet − wie Lulu später eine Frau ohne Namen ist − und besitzt eine Tochter namens Ella. In einer Kabarett-Bearbeitung des *Erdgeists* (*Frühlingsstürme. Eine Exekution*, 1902) gibt Wedekind seiner Heldin den Namen «Yella» − vielleicht in Erinnerung an den Fortsetzungsroman Karl Hofmanns, der zwanzig Jahre früher im *Aargauer Tagblatt* erschienen ist: *Yella, die Zirkuskönigin*.

Zur unverwechselbaren Eigenart der Wedekindschen Dramatik gehört die besondere Führung des Dialogs, bei der die Partner aneinander vorbeizureden scheinen und doch sehr präzis These gegen Antithese gesetzt wird. Die vielfach stichomythisch verkürzten Reden sind häufig überlagert mit einer für den heutigen Leser kaum vollständig nachvollziehbaren – meist sexuellen – Anspielungsebene; das gilt auch und gerade für die umfangreichen französischen und englischen Dialoganteile in den Schlußakten der *Pandora* von 1894. Ein zweites Gravitationsfeld Wedekindscher Dialog-Spitzen bildet der Bereich von Literatur, Theater und Kunst. Nicht zuletzt die Unterhaltungen zwischen dem Maler Schwarz und dem Literaten Alwa, dem Schüler Hugenberg (einer Anspielung auf den ehemaligen naturalistischen Lyriker und späteren Presse-Mogul) und dem Intellektuellen Schön belegen es: Wedekinds Dramatik ist zu einem beträchtlichen Teil autothematisch, reflektiert ästhetische Fragen, ist Literatur über Literatur. Insofern sie dabei die Gesetze des Marktes und die vom Geld diktierte Verdinglichung sichtbar macht, ist sie auch Literatur über den Literaturbetrieb, Kunst über Kunstverwertung. Wedekind verfügte übrigens über besondere Erfahrungen mit der Verwertbarkeit des Wortes, seit er in den achtziger Jahren als Werbetexter für den Suppenhersteller Maggi gearbeitet hatte. Eine seiner damaligen Reklamen beginnt mit dem Satz: «‹Geld, Geld und noch mal Geld› ist heute mehr denn je die Losung des Tages.»

Kunstreflexion und Kommerzialisierungskritik fließen zusammen in einem wegen seines geschliffenen Dialogs gern gespielten Einakter Wedekinds: *Der Kammersänger* (1899). Sein Protagonist Gerardo ist Produkt, Opfer und Nutznießer eines veräußerlichten Musikbetriebs, in dem nur noch Kontrakte und Termine zählen. Als Star wird er von Verehrerinnen und Bittstellern belagert, deren Erwartungen er in keiner Weise entsprechen kann, denn er ist nichts anderes als ein durch die Mechanismen der Publizität nach oben gespülter Durchschnittsmensch. Im erfolglosen Komponisten Dühring wird ihm eine substantielle Künstlerpersönlichkeit gegenübergestellt, der Wedekind einiges von seiner eigenen Verbitterung über die unzureichende Wahrnehmung eines ernsten Kunstwollens in der Öffentlichkeit geliehen hat. Als Dramatiker sorgt er gleichwohl für Objektivität und künstlerische Balance; der im Vergleich mit Dühring abgewertete Sänger wird zum Sprachrohr Wedekindscher Grundsätze in seiner Kritik an einer falschen Liebesromantik – und im Haß auf Klavierlehrerinnen. «Mit vorgestreckter Faust am Kragen haltend», trägt er eine Verehrerin dieses Typs («in grauer Toilette») wortlos aus dem Raum.

Dem berühmten Einzelgänger Wedekind ist ein zweiter an die Seite zu stellen, dessen eigenartiges Schaffen in Verbindung mit seiner außenseiterhaften Persönlichkeit und einem unglücklichen Schicksal (Krank-

heit, Gefängnis, Irrenanstalt) erst in letzter Zeit größere Beachtung gefunden hat. Oskar Panizza war ein randständiges Mitglied der Münchner Moderne, publizierte in ihren Organen und nahm an ihrem Vereinsleben teil, insbesondere an den Aktivitäten der Münchner Freien Bühne
und des Intimen Theaters. Seine eigenen Dramen freilich wurden dort
nicht gespielt und hatten auch ganz andere Wurzeln: nämlich in der individuellen Lebensgeschichte des Autors, der – gegen den Widerstand
der bayrischen Behörden – eine militant-protestantische Erziehung erhalten hatte, zum Pfarrer bestimmt und auch nach seiner Hinwendung
zum Atheismus und dem Abschluß des Medizinstudiums stark mit religiösen Fragen, vor allem mit dem Verhältnis zwischen Religion und
Sexualität beschäftigt war. In dieser Fixierung auf die sexuelle Thematik
ergibt sich eine inhaltliche Parallele zu Wedekind; weit schwerer wiegt
jedoch die formale Gemeinsamkeit im Rückgriff auf Formen der Groteske, Satire und Parodie und in ihrer selbständigen Weiterentwicklung
jenseits der Grenzen einer naturalistischen Ästhetik.

Dieser letzte Punkt gilt allerdings für Panizza nicht ausnahmslos. Er hat
einen naturalistischen Einakter geschrieben (*Ein guter Kerl*), dessen Uraufführung 1895 – die einzige Aufführung eines Theatertextes von Panizza zu seinen
Lebzeiten – in Abwesenheit des Autors stattfand, da dieser gerade seine Amberger Gefängnisstrafe absaß. Während der Haft verfaßte Panizza sogar ein dreiaktiges Schauspiel weitgehend naturalistischer Prägung (erstmals 1986 gedruckt).
Es trägt den Titel *Johannes* nach der dominierenden Figur eines Dieners, dessen
gesunder und moralischer Standpunkt dem leichtfertigen Leben der dekadenten
Majorsfamilie gegenübergestellt wird, für die er arbeitet. Eine durchaus unübliche Parteinahme für eine Dienerfigur, deren positive Zeichnung letztlich den
Rahmen der naturalistischen Milieutheorie sprengt.

Automaten in Menschengestalt verkörpern in Panizzas Komödie *Der
heilige Staatsanwalt* (1894) die Begriffe des «ewig Guten», «ewig Wahren» und «ewig Schönen»; abkommandierte Soldaten stellen als Statisten
die «ewigen Grundsätze der Sittlichkeit» und die «Kämpfer für Wahrheit
und Recht» dar. In der Schlußszene des Ideendramas tritt Martin Luther
als Verteidiger der Wollust gegen eine vom Staat normierte Sittlichkeit
auf. Eine höchst eigenartige Entsprechung zu den Lutherdramen des
Kaiserreichs und der Rolle Luthers im Kulturkampf der siebziger Jahre!
Der rigide Protestantismus, den Panizza seiner pietistischen Erziehung
verdankt, verbindet sich mit kulturkämpferischen Attitüden zu einem
strikt antikatholischen Affekt, der viele seiner Texte prägt, nicht zuletzt
sein provozierendes Hauptwerk, die «Himmelstragödie» *Das Liebeskonzil* (1894). Ein wackelnder Gottesthron, Gottvater ein Tattergreis mit
Spuckschale, Christus ein debiler Jüngling und die Jungfrau Maria ein
abgebrühtes Frauenzimmer – das sind nur einige der Eindrücke, mit
denen gleich der I. Akt ein frommes Gemüt erschüttert. Derlei grotesk-

satirische Erfindungen sind hier jedoch nicht eigentlich blasphemisch gemeint (wie es selbstverständlich vom bayerischen Gericht unterstellt wurde, das Panizza zu einer einjährigen Haftstrafe verurteilte), sondern dienen der Charakteristik eines historischen Gottesbildes. Sie sollen den Zustand der katholischen Religion zur Zeit des Renaissancepapstes Alexander VI. vergegenwärtigen, von dem das Personenverzeichnis neun Kinder (verschiedener Mütter) und zwei Mätressen auflistet. Um das unsittliche Treiben in Rom und Neapel im Jahr 1495 («dem ersten, historisch beglaubigten Datum vom Ausbruch der Lustseuche») geht es ja auch im Botenbericht des I. und in der Palastszene des II. Aktes; erst die exzessive Frivolität im Hause Borgia und seiner Einflußsphäre hat – so die eigentliche Idee des Stücks – als göttlich-teuflische Gegenmaßnahme die Syphilis heraufbeschworen. Das Stück endet mit der dämonischen Erscheinung eines «Weibes», das von Teufel und Maria dazu ausersehen ist, die Krankheit in die Welt zu tragen – eine magische Gewalt geht von ihm aus, der auch der Papst nicht widerstehen kann.

Im Grunde handelt es sich dabei um eine Form allegorischer Gestaltung, die auch Wedekind nicht ganz fern liegt (einschließlich gewisser frauenfeindlicher Ressentiments); das «Weib» betritt die Erde gleichsam als leibhaftige Büchse der Pandora. In seiner ganzen Anlage verrät *Das Liebeskonzil* den Einfluß des Jesuitentheaters (mit seinen Himmel- und Hölle-Szenen und den allegorischen Figuren von Tugenden und Lastern) und seiner Ausläufer. Nicht zufällig hat man enge Parallelen zu einem Stück ausfindig gemacht, das ein gewisser Pater Elias, Stiftspfarrer in Weißenburg, 1800 in Eichstätt (über Jahrhunderte hinweg einer der wichtigsten Standorte der Jesuiten in Bayern) veröffentlichte. Auch in Elias' Trauerspiel *Germania* begegnet uns ein sehr irdisches Himmelreich, in dem ein vergeßlicher Gottvater Bittsteller empfängt etc. Die Konzeption des *Liebeskonzils* beruht auf einer Gratwanderung zwischen Alt und Neu, und von einer Apologie der Sinnlichkeit (wie im *Heiligen Staatsanwalt*) kann hier auch kaum die Rede sein, eher von ihrer Dämonisierung und kulturkämpferischen Funktionalisierung. Panizzas Protestantismus ist stärker als sein Liberalismus.

LYRIK

I. LYRIKMARKT IM UMBRUCH

1. Höhere-Töchter-Poesie?

Das letzte Drittel des 19. Jahrhunderts ist, aufs Ganze gesehen, keine große Zeit der Lyrik. Es sind nicht allzu viele dichterische Individualitäten aus jenen Jahren, die sich dem allgemeinen Bewußtsein auf Dauer eingeprägt haben. Dennoch spielte die Lyrik eine wichtige Rolle bei der Herausbildung der literarischen Moderne; sowohl der Naturalismus als auch der Ästhetizismus/Symbolismus konnten sich in der lyrischen Form früher oder deutlicher artikulieren als in anderen Gattungen. In quantitativer Hinsicht ergibt sich ohnehin ein ganz anderes Bild. Denn wahrscheinlich ist im deutschsprachigen Raum selten so viel Lyrik gedruckt und konsumiert worden wie gerade in den letzten Jahrzehnten des 19. Jahrhunderts. Mit eindrucksvollen Zahlen warten 1882 die *Kritischen Waffengänge* der Brüder Hart in ihrer Auseinandersetzung mit dem Modedichter Albert Träger auf:

«Im Literaturjahr 1881 erschienen über achtzig neue Sammlungen von Gedichten, sodann weit über dreißig Gedichtbücher in neuer Ausgabe oder Auflage, gegen zwanzig Übersetzungswerke und außerdem etwa zehn Anthologien, das heißt, im ganzen fast 150 Bücher, mit Tausenden von nichts als Liedern angefüllt. [...] es existiert ferner ein halbes Dutzend poetischer Zeitschriften, das uns alle Monate mit einer Segensfülle von fünf Dekaden Sonetten, Romanzen und anderen Wasserschößlingen überschüttet, und einige vierzig Familienblätter rechnen es sich ebenfalls zur Ehre, ihren Spalten dann und wann den Charakter von Zisternen zu verleihen.»

Eine Voraussetzung dieser Segensfülle ist natürlich die Modernisierung der Drucktechnik mit all ihren schon zur Einführung in die Erzählprosa geschilderten buchhändlerischen Konsequenzen. «In dem großen Bildungskampfe / Stehen nebst des Geistes Essen / Fünfzehntausend Dampfdruckpressen», reimt Heinrich Leuthold 1870 in seiner Epistel *Einem Freunde*. Dieselben ökonomischen Bedingungen, die die Blüte der Novelle in der zweiten Hälfte des 19. Jahrhunderts bedingen, kommen auch dem Gedicht zugute. Als probater Lückenfüller, wenn der Spaltenumbruch noch Platz läßt, als schöngeistiges Aushängeschild eines sonst vielleicht sehr ‹prosaischen› Periodikums waren Gedichte dem Verleger um so eher willkommen, als er für ihren Abdruck oft nicht einmal Honorar zu zahlen brauchte. Ein Mißstand, der zur Gründung des Kartells lyrischer Autoren im Jahr 1902 führte. Im übrigen wurden die Honoraransprüche von Lyrikern durch die Konkurrenz zahlreicher Dilettanten gedrückt, die froh waren, sich überhaupt gedruckt zu sehen, und für die es sogar eigene Publikationsorgane gab (z. B. *Die deutsche Dichterhalle*). Im Unterschied zu den Verfassern von Erzählprosa, die von der Entwicklung des Zeitschriftenmarktes im allgemeinen durchaus profitierten, sahen sich die Lyriker somit von der neuen Situation aufgrund der Kürze ihrer Erzeugnisse eher bedroht.

Eine andere Entwicklung betraf den Geltungsanspruch und das Publikum für Lyrik; ihre Wurzeln reichen bis zur Jahrhundertmitte zurück. Spätestens seit dem Ende des Epochenkomplexes von Biedermeier und Vormärz hatte die Lyrik den Status einer universalen Dichtungsform eingebüßt, die grundsätzlich alle möglichen Themenkreise und Aussageformen umschloß, und sich im Kern auf zwei Grundtypen reduziert: das heroische Gedicht einerseits, wie es sich in der Revolutions- und Kriegslyrik, aber etwa auch in der historischen Ballade präsentierte, und das sentimentale Gedicht andererseits, greifbar in der Natur-, Stimmungs- und (vor allem) Liebeslyrik. Die sentimentale Variante, die zahlenmäßig eindeutig überwog, hatte eine vorrangige Zielgruppe: die Frauen, und dafür gab es eindeutig benennbare Gründe.

Parallel zu dem eben beschriebenen Funktionsverlust der Lyrik in der zweiten Hälfte des 19. Jahrhunderts vollzog sich auch eine Umstrukturierung in der Zusammensetzung der Lyrik-Rezipienten, und zwar schon im Laufe ihrer Sozialisation. Der Deutschunterricht der Knabengymnasien beschränkte sich zunehmend auf dramatische und epische Formen; die Beschäftigung mit Lyrik hingegen rückte ins Zentrum der Aus- bzw. Scheinbildung von Mädchen aus gutbürgerlichen Kreisen, den sogenannten «höheren Töchtern». In Karl Schmidts *Geschichte der Pädagogik* (4. Auflage 1884) wird das Curriculum für Mädchen-Schulen wie folgt umrissen:

> «Flecht- und Ausstechübungen, ausgeschnittene und mit Farbe belebte Bilder, Zeichnungen von Umrissen häuslicher Geräthe, Blumen, Anschauen von plastischen Kunstwerken und wirklich schönen Gemälden, und dann die Poesie in ihrer ganzen Skala, Gesang daneben, des Mädchens Lust, Clavierspiel, seine Freude; das sind die Momente, in die das Mädchen eingeführt werden muß, um in die Kunst einzudringen und an sich selbst die Schönheit darzustellen.»

Evident sind der reproduktive und unselbständige Charakter all dieser ästhetischen Aktivitäten und ihr indirekter Zusammenhang mit der

Sphäre der häuslichen Existenz, und nur für diese und nicht etwa für eine außerhäusliche Berufstätigkeit wurden die bessergestellten Bürgertöchter ja herangezogen. Insbesondere wird alles vermieden, was in Richtung Wissenschaft und Abstraktion zielt – das eigentliche Feld einer männlich-akademischen Ausbildung. Während deren Absolventen zunehmend lyrikfremd aufwachsen und bleiben, werden die heranwachsenden Bürgerinnen geradezu zur Poesie – und das heißt hier vor allem: Lyrik – gedrängt, und zwar nicht nur auf dem Wege individueller Lektüre, sondern auch durch Gesang («des Mädchens Lust») mit oder ohne Klavierbegleitung und ebenso auf dem Wege der häuslichen Deklamationspraxis, die bis gegen Ende des Jahrhunderts von einschlägigen Ratgebern wärmstens empfohlen wurde.

Hinter dem Splitting der Lehrpläne im Zuge der für das 19. Jahrhundert typischen Neudefinition der Geschlechterrollendifferenz steht eine heimliche Anthropologie: Lyrik wird offenbar als feminine, der weiblichen Fixierung auf Gefühl und ‹Herz› angemessene Dichtungsgattung angesehen, während epische und dramatische Formen eher historische und philosophische Bildung voraussetzen und mehr an den Verstand des Lesers appellieren. Eine spekulative Prämisse, die sich immerhin als ‹self-fulfilling prophecy› erwies. Denn indem Buchhändler und Autoren, Kritiker und Leser(innen) solche geschlechtsspezifischen Zuordnungen vornahmen, entwickelten sich die literarischen Gattungen entsprechend. Insbesondere die Lyrik paßte sich zunehmend den Erwartungen an eine dichterische Form an, die unmittelbar auf das Gefühl wirken und rationale Verallgemeinerungen, wie sie noch in den fünfziger Jahren für das «Gedankengedicht» verlangt wurden, tunlichst meiden sollte. Eine neue Naivität und Sentimentalität machte sich breit, die man auch Trivialität nennen könnte.

Nicht umsonst ist «Dilettantismus» (noch nicht im Sinne Bourgets, sondern im landläufigen Verständnis von Laienhaftigkeit oder Unvollkommenheit) eines der zentralen Schlagworte der damaligen Literaturkritik. Sein krassestes Beispiel liefert der ‹schlesische Schwan› Friederike Kempner. In einer Epoche, die im Gegensatz zu den Zeitabschnitten davor und danach – man denke an Annette von Droste-Hülshoff oder Else Lasker-Schüler – keine einzige deutschsprachige Lyrikerin von herausragendem Rang hervorbrachte, blieb es dieser Tante Alfred Kerrs (der ja mit Geburtsnamen Kempner hieß) vorbehalten, gewissermaßen das Negativ einer Dichterin zu verkörpern. Ihr im Selbstverlag erschienener Gedichtband wurde zum Entsetzen der Familie, deren vergebens versuchte, alle Exemplare aufzukaufen, zu einem regelrechten Verkaufserfolg (von der zweiten vermehrten Auflage 1881 bis zur achten 1903), nachdem Paul Lindau öffentlich auf den Reichtum unfreiwilliger Komik hingewiesen hatte, der sich in den Gedichten Friederike Kempners verbarg – und nicht zum wenigsten in denjenigen, die der Abwehr ihrer Kritiker gewidmet waren:

> Wie wüßtet ihr, was ich empfinde?
> Ihr wißt es nicht, ich sag es frei!
> Wart ihr denn etwa auch dabei,
> Als sich entfesselten die Winde?

Wo die Trivialität nicht schon dem Text anhaftet, wird sie durch die Art der Vermittlung erzeugt. Gedichte werden zum Anhängsel opulenter Illustrationen, die der Phantasie des Lesers nur noch einen geringen Spielraum lassen. So die gängige Praxis in den (oft mit Goldrand und anderen Formen des Buchschmucks versehenen) Anthologien, in der illustrierten Variante auch vielfach «Album» genannt. Die schon von den Brüdern Hart erwähnten Lyrikanthologien, deren Zahl man im hier behandelten Zeitraum auf über zweihundert hochrechnen kann, reißen das einzelne Gedicht aus seinem Gattungs- und Autorkontext, um es einem jener inhalts- und lebensbezogenen Themenkreise zuzuordnen, in deren Einteilung und Benennung sich die verschiedenen Sammlungen erstaunlich einig sind – als da sind «Natur», «Jugend», «Liebe, Leid und Lust», «Beschauliches», «Häusliches Leben» und ähnliches mehr.

Nicht viel anders steht es mit den Familienblättern, aufgrund ihrer Auflagenstärke fraglos das damalige Distributionsmedium für Lyrik mit dem weitaus höchsten Verbreitungsgrad. In der Mischung von Klassischem und Aktuellem, Wertvollerem und eindeutig Trivialem und der Selektion der Texte im Hinblick auf bestimmte Anlässe (nationale oder kirchliche Feste, Jahreszeiten etc.) tritt der literarische Aspekt gegenüber der Gebrauchsfunktion der Lyrik zurück.

In welchem Maß die in den Familienblättern veröffentlichte Lyrik politisch-sozial funktionalisiert war und wie bereitwillig sie sich in den Dienst der Vermittlung ideologischer Werte stellte, läßt sich anhand des Geschlechterrollenverständnisses verdeutlichen, das in den dichterischen Beiträgen der *Gartenlaube* dominiert. Dabei ist übrigens eine deutliche Diskrepanz festzustellen zu den eher fortschrittlichen Positionen, die in theoretischen Artikeln dieser führenden Familienzeitschrift zu Fragen der Frauenarbeit und -bildung eingenommen wurden. Im Feuilleton dagegen heißt es programmatisch – an die Frau als Leserin adressiert –: «O bleib ein Kind!» So der Titel eines Gedichts von Ernst Ziel, der 1878 die Leitung der Zeitschrift übernimmt, in Jahrgang 1876 der *Gartenlaube*:

> Du bist ein Kind und sollst es ewig bleiben!
> Das echte Weib bleibt ewig Kind,
> Ein weißes Blatt, auf das die Götter schreiben,
> Wie köstlich Mild' und Einfalt sind.

Die sexualmoralische Norm der weiblichen «Unschuld» (die Frau als unbeschriebenes Blatt) geht hier eine intrikate Verbindung mit dem Mangel an theoretischer Bildung ein, der offensiv als Herzensreinheit aufgewertet wird. In dieselbe Kerbe schlägt Otto Brauns Gedicht *Epheu und Lilie*, abgedruckt zusammen mit einer den Text umrankenden Illustration im Jahrgang 1893 derselben Zeitschrift. Es beginnt mit den Versen: «Es steht auf hohem Berge / Ein altersgrauer Thurm»; letzterer wird von «festen Ranken» des Efeus umgeben. Die dritte Strophe bietet die Subscriptio zu dieser allegorischen Figura:

> So hält in Schicksalswettern,
> In Woge, Flamm' und Schmerz,
> Am Recht und an der Wahrheit
> Ein starkes Männerherz.

Die vierte bis sechste Strophe liefern das weibliche Gegen-Bild: «Und drunten in dem Thale / Blüht eine Lilie hold». Ihre bemerkenswerteste Eigenschaft ist offenbar das Sich-Verschließen der Blütenkelche bei Anbruch der Nacht, denn es erlaubt die allegorische Deutung in der Schlußstrophe:

> Ihr Thun will mich gemahnen
> An keuschen Weibes Bild,
> Das fleckenlos bewahret
> Der Tugend blanken Schild.

Solches wird gedruckt im Jahr der Uraufführung von Hauptmanns *Biberpelz*, ein Jahr nach dem Erscheinen von Dörmanns *Sensationen* und ein gutes Jahr vor dem Vorabdruck von Fontanes *Effi Briest*! Der verlogene Charakter der von der *Gartenlaube* und anderen Familienzeitschriften verbreiteten Klischees wird von Karl Henckell in einem umfangreichen Gedicht entlarvt, das 1893 in dem von ihm selbst herausgegebenen *Buch der Freiheit* erscheint. Unter dem Titel *Familien* stellt es die Spannungen im Fabrikantenhaushalt (die aufmüpfige Tochter entspricht keineswegs den Idealen, die der Vater aus dem Familienblatt bezieht) der Notlage des Arbeiters gegenüber, dem von seinem Familienblatt-lesenden Brotherrn die elementarsten Voraussetzungen eines Familienlebens verweigert werden.

Die Polemik der Naturalisten gegen die Familienblatt-Kultur hat im allgemeinen andere Motive als solche sozialpolitischer oder frauenemanzipatorischer Natur. Im Gegenteil hat man bisweilen den Eindruck, als würde der Kampf um eine neue Legitimation der Lyrik – als einer zeitgemäßen, auch politisch und philosophisch ernstzunehmenden Dichtungsform – in naturalistischen Organen oft auf Kosten des weiblichen Geschlechts ausgetragen, das gewissermaßen für die Fehlentwicklungen der (männlich gesteuerten) Literaturgeschichte haftbar gemacht wird. Einen solchen Verdacht legt besonders die Münchner Zeitschrift *Die Gesellschaft* nahe, 1885 von Michael Georg Conrad eröffnet mit einer Kriegserklärung an die «Weiblein beiderlei Geschlechts», womit offenbar die Anhänger der Familienzeitschriften gemeint sind. Ein Jahr darauf erscheint im selben Blatt Fritz Koegels Artikel *Frauen- und Goldschnittliteratur*, der die weibliche Eitelkeit als Motor der Veräußerlichung des Buchangebots ausmacht – der Vielfalt der Damenhüte entspricht gewissermaßen die neue Kultur der Bucheinbände in den verschiedensten Far-

ben: «Die Buchhändler sind den Frauen wirklich zu großem Danke verpflichtet. Wie hätten sie je daran denken können, kleine Dichterwerk-
chen in Großfolio erscheinen zu lassen, wenn nicht Frauen dawären, die
sich diese ihre Lieblingsbücher mit mächtigen Bildern verziert, ver-
schwenderisch prächtig gedruckt, als Riesenbände schenken lassen?»
Zwei Jahre später bringt die *Gesellschaft* den Erstdruck von Liliencrons
Briefgedicht *An meinen Freund, den Dichter*. Darin wird eingangs ein
Stoßseufzer des fiktiven Adressaten zitiert, der seine Gedichte erneut
von einer Redaktion zurückerhalten hat (wie es Liliencron selbst oft
genug, und zwar bis ins reifere Alter hinein, erleben mußte):

> Sind in Deutschland nur Familienmütter Richter?
> Sind in Deutschland nur Familienblätter giltig?
> Ist nicht greulich diese jämmerliche Schlempe,
> Die tagtäglich wir als ‹Kunst› genießen müssen?

Der Hauptvorwurf der Naturalisten gegenüber der in der *Gartenlaube*
und ihren Schwestern kultivierten Lyrik ist der einer verlogenen Sen-
timentalität, einer epigonalen Anempfindung. Wegweisend ist hier die
Abrechnung der Brüder Hart mit Albert Träger, einem regelmäßigen
Beiträger der *Gartenlaube*, auf der Grundlage seiner in fünfzehnter Auf-
lage erschienenen Gedichtsammlung. Neben der Armut der formalen
Mittel diagnostizieren die Kritiker eine erschreckende «Plattheit der
Stoffe»:

> «Im Grunde genommen finde ich nur zwei Arten, nämlich Leitarti-
> kelpoesien und sentimentalen Gewohnheitstratsch; letzterer läßt
> sich unter die bekannten Gruppen ‹Liebe› (d. h. schattenhafte Emp-
> findelei und Spielerei), ‹Freundschaft› (desgleichen), ‹An die Ar-
> men› (desgleichen), ‹Wanderlieder› (d. h. Abschied von der Mühle,
> Handwerksgesellenlust usw., getreu nach beliebten Mustern) restlos
> verteilen.»

Wie eine Versifizierung der Träger-Kritik der Brüder Hart wirkt das Eingangsgedicht zu Arno Holz' *Buch der Zeit* (1885), in dem zunächst satirisch der
Scheinerfolg eines epigonalen Lyrikers beschrieben wird, der sein Büchlein von
befreundeten Kollegen anpreisen läßt:

> Ein Liederbuch ist's dieses Mal
> In rothem Maroquin gebunden
> Und überdies sehr warm empfunden
> Und wunderbar original!
>
> Und kauft man sich dann das Idol,
> Dann sind's die alten tauben Nüsse,
> Die längst genossenen Genüsse,
> Der aufgewärmte Sauerkohl.

Von Wein und Wandern, Stern und Mond,
Vom «Rauschebächlein», vom «Blauveilchen»,
Von «Küßmichmal» und «Warteinweilchen»,
Von «Liebe, die auf Wolken thront»!

Zu beachten sind die Hinweise auf die Natur- und Wandergedichte, die in der *Gartenlaube* und verwandten Zeitschriften tatsächlich beachtlichen Raum einnahmen. Sie lenken unseren Blick vom Erfolg Albert Trägers auf die Popularität Rudolf Baumbachs, der sich schon durch die Titel seiner Gedichtbücher – *Lieder eines fahrenden Gesellen* (1878), *Von der Landstraße* (1882), *Spielmannslieder* (1882) – als Apostel eines neuen Vagantentums empfahl. Wie verträgt sich ein solcher Befund mit der Annahme einer Herrschaft der «Familienmütter» und «höheren Töchter» in der damaligen Lyrik? Sehen wir einmal davon ab, daß diese Annahme in der frauenfeindlichen Zuspitzung, die ihr seinerzeit die *Gesellschaft* gegeben hat, ohnehin der Entschärfung bedarf, so wird man hier kaum einen ernsthaften Widerspruch erkennen.

In der Begeisterung für die Lieder wandernder Spielleute und Handwerksgesellen realisiert sich vielmehr ein nostalgischer Effekt, ein sentimentales Fluchtverhalten vor der Prosa der ökonomischen und urbanen Realität. Die Figur des Wanderers in der trivialen Lyrik des späten 19. Jahrhunderts ist des symbolischen Gehalts längst entkleidet, der ihr bei Goethe und den Romantikern fundamentale Bedeutsamkeit verlieh; auch von der biedermeierlichen Beschaulichkeit einer frommen Naturbetrachtung ist in den Liedern wenig geblieben, die mit entschlossener Fröhlichkeit das Wandern in der freien Natur besingen. Dennoch spielt die Erinnerung an das Biedermeier, an die Zeit vor Industrialisierung und Eisenbahnen, für die damalige Belichtheit Baumbachs und ihm verwandter Lyriker eine Rolle, auch wenn diese selbst sich auf noch frühere Zeiten wie z. B. das mittelalterliche Vagantentum berufen. Die Brüder Hart haben diese zeitflüchtige Tendenz zutreffend erkannt, als sie es in ihrer Kritik an Träger für «auch in der Lyrik [. . .] allgemach betäubend» erklärten, «ein halbes Jahrhundert nachdem Wilhelm Müller in diesem Tone gesungen, noch immer als Novität Verse vorgesetzt» zu bekommen wie: «Schon wieder hab ich mein Bündel geschnürt, / Du gibst mir, mein Schatz, das Geleite . . .»

2. Epigonentum mit Bewußtsein

«Verfluchtes Epigonenthum, / Aegypter- und Teutonenthum, / daß dich der Teufel brate!» So beginnt der *Stoßseufzer* in Arno Holz' *Buch der Zeit* (1885). Er ist um so ernster zu nehmen, als sich das Ich dieses Bandes vom Fluch der Epigonalität selbst bedroht zu fühlen scheint. Das

Gedicht *Zum Eingang* beginnt mit dem Geständnis, «Daß unter allen Epigonen / Just ich der allerletzte bin!»

Auch wenn das wohl ironisch gemeint ist – der einstige Geibel-Verehrer Holz wußte, wovon er sprach. Der Makel der Epigonalität haftete an den Werken, und das melancholische Bewußtsein eines großen Zuspät überschattete das Bewußtsein einer ganzen Reihe etwa der gleichen Generation angehöriger hochgebildeter und auch durch persönliche Kontakte – nicht zuletzt im Rahmen des Münchner Dichterkreises der «Krokodile» – miteinander verbundener Autoren. Schon Immermann (im Roman *Die Epigonen*, 1836) und Keller (in einem Ghasel von 1847) hatten das «Loos der Epigonen» beschworen. Adolf Friedrich von Schack, Emanuel Geibel, Paul Heyse, Hermann Lingg, Friedrich Bodenstedt, Ferdinand von Saar und Felix Dahn empfanden sich mit wesentlich größerem Recht als verspätete Nachzügler der klassisch-romantischen Epoche. Bestimmte dieses Gefühl schon die Ausgangssituation und den Höhepunkt ihres Schaffens, so verstärkte sich dieser Effekt noch mit der historischen Zäsur von 1870/71, die die meisten von ihnen im Alter von fünfzig und mehr Jahren erlebten. Auch wenn die breite Wirkung ihrer Dichtungen z. T. erst im neuen Reich einsetzte und die Autoren im Ansehen der Kritik lange Zeit eine unbestrittene, wenn nicht sogar dominierende Stellung einnahmen, wurde die Distanz zur Gegenwart von den meisten von ihnen deutlich und oft schmerzlich empfunden.

In den *Lotosblättern* (1883) des Grafen Schack findet sich ein *Gebet des Künstlers*, das mit seinen freien Rhythmen und durch verschiedene charakteristische Wendungen an die *Prometheus*-Hymne des jungen Goethe gemahnt. Doch der, von dem hier gesprochen wird, fühlt nicht den «Prometheusfunken» in der Brust, der die Marmorstatue «mit Schöpferglut beseelt». Es ist ein (weniger äußerlich als innerlich) «armer Künstler», der «schwanken Schritts» morgens zur Werkstatt eilt:

> Und im Hoffen und Zweifeln und Zagen
> Zittert sein Herz,
> Während die Hand den Meißel führt;
> Aber starr bleibt der Stein;

Über sich sieht der Verzweifelnde die «Göttersöhne, / Die, von des Genius Flügeln getragen, / Zu den sonnigen Gipfeln eilen» – er gehört aber nicht dazu und weiß das. Die Fürbitte des Sprechers, dessen eigene Position zwischen diesen Polen offenbleibt, richtet sich an die Unsterblichen:

> Und laßt, ob auch spät,
> Ein Werk, nur eines, ihm gelingen,
> Daß ein Denkmal auf Erden ihm sei.

In diesem «spät» klingt mehr an als die individuelle Lebenszeit und das lange Bemühen; es ist die Verspätung des Epigonen, an der der Autor selbst teilhat.

Schacks Gedicht hat ein unmittelbares Vorbild, das jedem Kenner des Münchner Dichterkreises bewußt war: Geibels 1853 entstandenes Gedicht *Der Bildhauer des Hadrian*. Ein an der Vollendung des großen Athener Zeustempels (Olympieion) im zweiten nachchristlichen Jahrhundert beteiligter Bildhauer gibt darin seinem Gefühl einer epochalen Unterlegenheit Ausdruck. Der Abstand vom klassischen Zeitalter und das Fehlen eines verbindlichen Einheitsstils werden vom Sprecher nicht als Zeichen der Moderne oder des geschichtlichen Fortschritts, sondern nur als Schwäche, als epigonale Dekadenz erfahren:

> O Fluch, dem diese Zeit verfallen,
> Daß sie kein großer Puls durchbebt,
> Kein Sehnen, das, geteilt von allen,
> Im Künstler nach Gestaltung strebt.
> [...]
> Wohl bänd'gen wir den Stein und küren,
> Bewußt berechnend, jede Zier,
> Doch, wie wir glatt den Meißel führen,
> Nur vom Vergangnen zehren wir.

In einem Distichon seiner *Spätherbstblätter* (1877) erklärt Geibel selbstbewußt: «Nennt Epigonen uns immer! Ein Tor nur schämt sich des Namens, / Der an die Pflicht ihn mahnt, würdig der Väter zu sein.» Der ob seines nationalen Engagements als «Sänger des Reichs» Gefeierte – Geibel prägte die berüchtigte Formel vom deutschen Wesen, an dem einmal noch die Welt genesen werde – gibt sich in einer nach Horazischem Vorbild stilisierten Versepistel in Hexametern *Aus Travemünde* souverän-gelassen, distanziert gegenüber Tagesgeschwätz und Politik:

> kaum daß nach Tisch ich die Zeitung
> Rasch durchfliege, zu sehn, ob Bismarck etwa, des Reichstags
> Donnerer, wieder einmal die olympischen Locken geschüttelt,
> (Zwar drei Haare nur sind's, wie es heißt, doch sie wirken
>   das Gleiche)

Der schüttere Haarwuchs des Kanzlers war ein Lieblingsthema der Karikaturisten. Geibel, damals bereits von Krankheit gezeichnet, registrierte den Rückgang seiner dichterischen Produktivität und hatte sich in die Heimatstadt Lübeck zurückgezogen. Einige Altersgedichte bezeugen gleichwohl einen unbeschwerten Aufschwung, vermitteln den Eindruck einer ewigen Jugend, wie sie nur im Reich der Kunst zu Hause ist. Mit der Einschränkung allerdings, daß in der Zeitlosigkeit solcher Gestaltung auch das Entwicklungslose, vielleicht Sterile einer ästhetizistischen Kunstauffassung zu spüren ist. Das Gedicht *In der Frühe*, gleichfalls in den *Spätherbstblättern* publiziert, führt in klassischer Klarheit die Bewegung von der Natur zur ästhetischen Reflexion vor. Es beginnt mit einem erdhaften Naturbild, das allerdings – über die Assoziation der Fruchtbarkeit und des zur Aufnahme der Saat bereiten Ackers – bereits die Idee einer Höherentwicklung nahelegt:

> Frisch von kühlem Tau durchquollen
> Schauern Wald und Erlenbruch;
> Aus des Ackers schwarzen Schollen
> Dampft ein kräft'ger Erdgeruch.

Die anschließenden Strophen führen über den Klang der Morgenglocken, ein erfrischendes Bad im Fluß und das beschwingte Vorgefühl des lyrischen Ichs zur Frage der Schlußstrophe und damit zur Artikulation des dichterischen Selbstbewußtseins:

> Was bedeutet dies Empfinden?
> Soll ich die Geliebte sehn?
> Oder flutet in den Winden,
> Muse, deines Odems Wehn?

«Eine totale Null in der Entwicklung» wurde Geibel von Holz genannt, rund zehn Jahre nach dessen Abwendung von seinem Vorbild, in einem Brief vom Dezember 1894. Holz hat im Grunde gar nicht so unrecht, denn ähnliche Verse verfaßte Geibel schon in jenen Jahren, als die Rede von einer hoffnungsvoll erwarteten Geliebten oder das halbnächtliche Bad im Fluß noch einen realen Bezug auf seine eigene Person haben mochten. Das Problem seiner Lyrik liegt jedenfalls eher in einem Zuviel als in einem Mangel an formaler Glätte und Vollendung.

Wie wenig gerade Liebeslyrik der damaligen Generation wörtlich, d. h. autobiographisch, genommen werden darf, zeigt der sinnlichdichte, allerdings melancholisch gebrochene *Peregrina*-Zyklus, den Paul Heyse 1897 im Alter von siebenundsechzig Jahren veröffentlicht. Der Titel schon stellt ein Literaturzitat dar, verweist auf die *Peregrina*-Lieder in Mörikes *Maler Nolten*. – Heyse erlebte die Reichsgründung als Vierzigjähriger und zeigt sich doch von den neuen Realitäten befremdet. Unter der Überschrift *Im neuen Reich* reimt er:

> Das neue Haus ist festgefügt; inmitten
> Der Stürme steht es hoch und hehr,
> Nur die Akustik hat arg gelitten:
> Der Muse Ruf vernimmt man drin nicht mehr.

Im Unterschied zu Geibel nimmt die Lyrik in Heyses Schaffen nur einen Nebenplatz ein. Um so unbefangener bedient er sich ihrer zur Artikulation persönlicher Erfahrungen von hinreichendem Symbolwert. Solchen besitzt offenbar die Absicht der Dichtersgattin zur Erneuerung des Arbeitszimmer-Mobiliars, Anlaß für den Blankvers-Dialog *Alte Möbel* (1897). Nach vehementen Plädoyers des Dichters für Sessel, Pult und Schreibtisch wird ein Möbelstück nach dem andern ‹begnadigt›; die Ehefrau nimmt von ihrer Absicht Abstand, sie durch modische Möbel im Stil der Zeit zu ersetzen, und bemerkt nur resigniert: «Du liebst doch sonst die Renaissance.» Renaissance-Möbel waren in den neunziger Jahren so aktuell wie die literarische Beschäftigung mit der ganzen Epoche, was man etwa an Hofmannsthals *Gestern* – bis hin zu den Bühnenanweisungen – ablesen kann. Heyses Dichter setzt seiner Gattin den ursprünglichen Sinn der Renaissance entgegen und vertröstet sie auf eine spätere Erneuerung des Zimmers – nach seinem Ableben:

> – Nur
> Ein Weilchen noch, bis mit dem Alten selbst
> Wird aufgeräumt. Er ist nun einmal nicht
> Modern, und seine Renaissance betreibt
> Er innerlich, und ihm ist wohl dabei,
> Wenn man nur eben ihn verbrauchen will,
> So wie er ist, samt andern alten Möbeln.

Die Enttäuschung über die politische Entwicklung (so den aufkommenden Antisemitismus) und der Gegensatz zum siegreichen Naturalismus verbinden sich bei Heyse zu einem Gefühl der Ungleichzeitigkeit des eigenen Lebens, das auch den Altersgedichten von seinem zweiten Wohnsitz am Gardasee erhöhte Bedeutsamkeit verleiht. «Für Sommerkinder ist's zu spät», heißt es im Gedicht *Letzte Bluten* aus dem *Wintertagebuch* (*Gardone 1901–1902*), veröffentlicht 1903.

Winter und Herbst avancieren zu typischen Jahreszeiten der Epigonenlyrik und der Abend zu ihrer wichtigsten Tageszeit. Friedrich Wilhelm Weber veröffentlicht auf Geibels Spuren *Herbstblätter* (1895), Hieronymus Lorm einen lyrischen *Nachsommer* (1896), und Johann Georg Fischer stellt seine Gedichtsammlung unter den Titel *Auf dem Heimweg* (1891). Eindringlichkeit erlangen die vom Wissen um die Nähe des Todes getragenen *Schlußrhythmen und Neuesten Gedichte* (1901) Hermann Linggs. Der Abend dient als Sinnbild des Lebensendes in dem (allzu redseligen) Gedicht *Am Weiher im Walde* und – ganz verschwiegen und mit einer tröstlichen Schlußwendung – im Gedicht *Im Abenddämmern*:

> Kinderstimmen werden laut
> Vor der Hütte brauner Schwelle,
> Durch die dunklen Tannen schaut
> Eines Herdes Feuerstelle.

Auch Friedrich von Bodenstedt setzt sich mit Tod und Vergänglichkeit – der Vergänglichkeit auch der von ihm und den andern ‹Epigonen› vertretenen Nach-Kunstperiode – auseinander, u. a. in den Gedichten *Spätherbst* und *Zwi-*

schen Ruinen (1876). Im *Buch der Zeit* bekommt der Dichter der *Lieder des Mirza-Schaffy* (1851), zu denen Bodenstedt 1873 noch eine Fortsetzung veröffentlichte (*Aus dem Nachlasse Mirza Schaffy's*), mehr als jedes andere Mitglied des Münchner Dichterkreises die Geißel des Satirikers Holz zu spüren. Unter der Überschrift *F. v. B.* widmet Holz sieben achtzeilige Strophen der Überlebtheit des «zerbrochnen Hampelmanns», der «noch immer thun will wie ein Faun»:

> Drum noch einmal: Streu Sand aufs Blatt
> Und schreibe endlich Punktum drauf!
> Wir sind den alten Krimskrams satt
> Und athmen täglich freier auf.
> Wir wünschen dir, weil Du ergraut,
> Auch schließlich noch ein langes Leben;
> Nur darfst Du nie, was Du verdaut,
> In Versen wieder von Dir geben!

Es waren übrigens nicht zuletzt finanzielle Gründe, die Bodenstedt zu seiner unermüdlichen und ausufernden Produktivität zwangen. Wir verdanken ihnen bzw. ihr auch eine Fülle von Übersetzungen aus verschiedenen Sprachen; unter anderem ist Lermontow in Deutschland durch Übersetzungen von Bodenstedt bekannt geworden.

Eine Sonderstellung nimmt der Österreicher Ferdinand von Saar ein, dessen literarische Karriere erst um 1870 begann und der keine Verbindungen zum Münchner Dichterkreis unterhielt. Um so signifikanter die Übereinstimmung im Zeiterleben, in der klassizistischen Formenwahl, z. T. auch in der Symbolsprache. Die Ode *Aufflug*, 1885 zusammen mit zwei anderen programmatischen Gedichten Saars in Cottas *Musenalmanach* erschienen, thematisiert die Krise «attischen Rhythmenschwungs» in «banausischen Zeiten» als Grundlage entschlossenen Epigonentums, und zwar in festgefügten alkäischen Strophen:

> Wen noch ergreift heut Klopstocks, des Barden, Lied?
> Veraltet ist es – mit ihm veraltet auch
>   Sind Hölderlins, des Sehnsuchtsvollen,
>   Tönende Hymnen und Platens Hochsinn.
>
> Nachfolgen will ich jenen Erhabenen;
> Aufstreb' ich einsam jetzt aus der Niederung
>   Hinan zu den verlassnen Höhen,
>   Wo der kastalische Quell gerauscht einst.

In der *Nänie* schließlich, die Saar 1898 dem Andenken einer fürstlichen Gönnerin widmet, beschwört der Österreicher die Einsamkeit des verlassenen Parks mit derselben Jahreszeitensymbolik, die seine deutschen Kollegen bevorzugen:

Verödet auch der Park. Bedeckt die Pfade
Mit herbstlich fahlem Laub, und nur die Aster,
Der Schwermut sanftgefärbte Blume, blüht.
Verlassen ...

Als Jüngster aus der Epigonen-Riege sah sich Felix Dahn am wenigsten
zu spätherbstlicher Resignation veranlaßt. Seine Antwort auf die Herausforderung durch die Naturalisten lautete kämpferisch und selbstbewußt. In seiner *Epistel an Josef Victor Scheffel. Zu deßen 60. Geburtstag*
(1886) erklärt er sich unbeeindruckt durch eine Ästhetik, in der das
«Ekelhafte» zum Zweck der Dichtung erhoben werde:

Uns kümmert's nicht. – Fernab vom Lärm des Tages,
Von der Reclame Narrenschell'ngerassel
Stehn wir, getreu den Jugend-Idealen.
Das Schöne bildend um des Schönen willen.

Geibel hat den Verfasser des *Kampfs um Rom* trotz solcher Gesinnungstüchtigkeit nur für ein drittrangiges Talent gehalten (an Heyse März
1876). Ein echter Ästhet ist eben unbestechlich.

3. Ballade

«Bei Bürger, Strachwitz, Uhland, Dahn, Fontane / Wie scheint und
schimmert die Balladenfahne», heißt es in Liliencrons *Adjutantenritten*
(1883). In der zweiten Auflage von 1896 ist Dahns Name gestrichen. An
der Kontinuität der Tradition, in der Liliencrons altdänische Balladen
stehen, ändert das nichts. Es ist die Tradition der heroischen Ballade mit
– wie gerade Dahn betonte – dramatischer Struktur, an die sich in den
siebziger und achtziger Jahren neben Liliencron und Fontane auch
Meyer und Wildenbruch – wie auch immer individuell abweichend und
‹überwindend› – anschließen. Noch die Anfänge Hauptmanns und Dehmels stehen mit ihr in Verbindung; mit der Hinwendung zu Naturalismus, Ästhetizismus und Symbolismus tritt freilich eine Krise der Gattungstradition ein, auf die Lulu von Strauß und Torney und Börries von
Münchhausen zu Anfang des neuen Jahrhunderts mit ihren ersten Balla-
denbänden reagieren. Die von ihnen eingeleitete demonstrative Balladen-
Restauration tritt zugleich in Antithese zu Wedekinds ketzerischer Neubegründung der Ballade aus dem Geist von Moritat und Bänkelsang.
Sowohl Meyer als auch Fontane kamen als Lyriker von der Ballade
her. Meyers erste (noch anonyme) Buchveröffentlichung erschien in
Stuttgart unter dem Titel *Zwanzig Balladen von einem Schweizer*. Und
der junge Fontane führte sich im «Tunnel über der Spree» mit ballades-

ken Gedichten ein, die dem martialischen Balladentyp des Tunnel-Barden Strachwitz entsprachen, ohne sich ihm vollends zu unterwerfen. Bis weit in die fünfziger Jahre hinein verfaßte Fontane eine ganze Reihe romantisch-heroischer Balladen mit überwiegend schottischem Hintergrund. Sein «zweiter Balladenfrühling» in den achtziger Jahren ist Fortführung und Neuansatz zugleich. Weitgehend im Banne der Tradition der Gattung und des eigenen Frühwerks verbleiben die nordischen Balladen aus den achtziger Jahren, die Fontane selbst als Produkte eines formalen Virtuosentums ansah. Als er im Juni 1889 dem Herausgeber der *Deutschen Rundschau* mehrere neue Stücke übersandte, bemerkte er: «Sämtliche Gedichte sind ohne besondere Gedanken und noch mehr ohne Gefühlstiefe. Nach der Seite des Virtuosen, des Balladesk-Sprachlichen hin aber habe ich nichts Besseres gemacht.»

Man kann sich allerdings fragen, ob das Ethos des Heldischen, wie es etwa der Ballade *Admiral Herluf Trolles Begräbnis* zugrunde liegt, und die dort vorgenommene Verknüpfung mit religiösen Symbolen wirklich so bar jedes gedanklichen Inhalts oder jeder emotionalen Vertiefung sind. Dagegen spricht einerseits der Anklang an gewisse Idealvorstellungen des Preußischen, die Fontane damals freilich nur noch in ferner Vergangenheit verwirklicht sah, andererseits die Parallele zu jenem modernen Heldentum, das seine populäre Ballade *John Maynard* (1886) verkörpert.

Die Geschichte vom Steuermann, der das brennende Schiff mit fester Hand über den Erie-See steuert − «Und noch fünfzehn Minuten bis Buffalo» − und sein eigenes Leben dem der Passagiere aufopfert, haben mittlerweile ganze Generationen von Schulkindern deklamiert und mehr oder weniger als Inbegriff unbedingter Selbsthingabe verinnerlicht, obwohl die Fontane-Philologie längst Klarheit darüber gewonnen hat, daß der Dichter hier einer Legendenbildung aufgesessen ist, für die sich in der amerikanischen Literatur zwischen 1845 und 1868 mehrere Zeugnisse benennen lassen. Tatsächlich hat es 1841 einen ähnlichen Unglücksfall auf dem Erie-See gegeben, doch hatte dieser den Tod sämtlicher Passagiere zur Folge − allerdings nicht den Tod des schwerverletzten Steuermanns, der übrigens auch gar nicht John Maynard hieß (diesen Namen trug ein Mitglied der Untersuchungskommission).

Das erfolgreiche Heldentum John Maynards ist also freie Erfindung, auch wenn dem Autor das volle Ausmaß der Fiktionalität wahrscheinlich nicht bewußt war. Andererseits unternimmt die Ballade doch eine erhebliche Annäherung an die Realität, indem sie von den Gegebenheiten des Dampfschiff- und Megaphonzeitalters ausgeht und statt eines schottischen Ritters oder dänischen Königs einen weisungsabhängigen Seemann verherrlicht. Dieser ist in der zweiten Hälfte des Gedichts nur noch durch die knappen Rückmeldungen präsent, mit denen er auf die Befehle bzw. Nachfragen des Kapitäns antwortet:

> «Noch da, John Maynard?»
> »Ja, Herr. Ich bin.»
> «Auf den Strand! In die Brandung!»
> »Ich halte drauf hin.»

[...]

«Noch da, John Maynard?» Und Antwort schallt's
Mit ersterbender Stimme: «Ja, Herr, ich halt's!»

Verknappte Dialoge dienen auch in anderen Fontane-Balladen der Suggestion eines dynamischen Geschehens. Auch hier ist die Kürze der Zurufe durch die Situation geboten. Andererseits ist das Modell der Kommandosprache nicht zu übersehen und die strenge Hierarchie zwischen «Herr» und Untergebenem. Der Held als Befehlsempfänger? Erinnerungen an das preußische Ideal der Pflichterfüllung stellen sich ein und an religiöse Denkmuster (der Märtyrer, der den Willen des «Herrn» erfüllt, das Leben als Seefahrt), zumal der Schluß des Gedichts – «Er hat uns gerettet, er trägt die Kron'» – mit unüberhörbaren Bibel-Anklängen aufwartet.

Zu den Ausstrahlungen des heroischen Balladentyps bei Fontane gehört auch sein Versuch, das kurze Regiment und lange Sterben Kaiser Friedrichs III. in einem Gedicht zu verklären, das ausgiebig aus dem Sprach- und Motivarsenal der nordischen Ballade schöpft. Immerhin war es der Besuch eines schwedischen Königs beim deutschen Kaiser am Tag vor dessen Tode, den Fontane zum Anlaß der *Letzten Begegnung* nahm, und die sachliche Richtigkeit der Eingangsverse ist nicht zu bestreiten: «König Oskar, vom Mälar kommt er daher, / Fährt über den Sund, fährt über das Meer».

Ihre anmutigste Verwirklichung findet die Balladendichtung des späten Fontane dort, wo sie das heroische Modell zugunsten einer Annäherung ans Volkstümliche und Legendenhafte aufgibt. In *Herr von Ribbeck auf Ribbeck im Havelland* beherzigt Fontane die Maxime seines Geburtstagsgrußes für den plattdeutschen Dichter Klaus Groth aus dem Jahr 1878: «Ick bin mehr för allens, wat lütt un still, / En beten Beschriewung, en beten Idyll». Statt der (wie es ebenda heißt) «groten schottschen Noam» aus seinem alten «Balladenkroam» – man möchte hinzufügen: und statt der nordischen Helden in den Balladen der achtziger Jahre – geht es nun um einen schlichten märkischen Junker, der an die Dorfkinder Birnen verschenkt und zu ihnen ebenso wie sie selbst – auch darin wird hier der Spruch für Klaus Groth beherzigt – plattdeutsch redet: «Lütt Dirn, / Kumm man röwer, ick hebb 'ne Birn.» Die fortgesetzte Wohltätigkeit des alten Ribbeck jenseits seines Todes wird witzig und halbwegs realistisch dargestellt (aus der dem Toten ins Grab beigegebenen Birne entsprießt ein Birnbaum), entspricht strukturell aber offensichtlich einer christlichen Wunderlegende und übrigens auch der Vorstellung von der Macht und aktiven Handlungsfähigkeit der Toten, die in vielen numinosen Balladen beschworen wird, u. a. auch von Fontane selbst – so in der nordischen Ballade *Swend Gabelbart* (1889). Eine märkische Ballade mit doppeltem Boden also, nur scheinbar in der Dorfidylle aufgehend! Unübersehbar ist auch die politische Botschaft, die der unscheinbare Text mit den *Wanderungen durch die Mark Brandenburg* und noch dem späten *Stechlin*-Roman teilt: die Vorstellung vom guten alten Landadel als dem wahren Hort des Preußentums, nicht zu verwechseln mit den zeitgenössischen Vertretern des Adels und durchaus entgegengesetzt einer «knausernden und sparenden» Bürgerwelt.

Auch Conrad Ferdinand Meyer geht von der heroischen Ballade aus, verdichtet aber die Frühfassungen seiner Gedichte im Zuge späterer Überarbeitungen so stark, daß der epische Grundzug der Ballade zugunsten von Kontrasten, Symmetrien und Symbolbildungen fast zum Verschwinden gebracht wird. Seine Ballade *Die Rose von Newport* faßt das Schicksal des englischen Königs Karl I. ganz in den Gegensatz zwischen dem Glück der Vergangenheit und dem gegenwärtig drohenden Untergang.

Um die Spannung zwischen zwei Zeitebenen geht es auch in Meyers wohl bekanntester Ballade *Die Füße im Feuer* (1882). Ein Soldat, der im Bürgerkrieg eine Hugenottin zu Tode gefoltert hat, findet sich unversehens am Ort seiner Schandtat wieder, empfindet jedoch keine Reue, nur Angst, und diese insofern zu Recht, als er von der Familie seines Opfers erkannt wird. Doch unterbleibt die von Täter und Leser erwartete Rache; der Gastgeber vertraut auf die himmlische Gerechtigkeit und leistet somit einen Beitrag zum inneren Frieden, der im abschließenden Naturbild – kontrastierend zur Gewitterschilderung des Eingangs und der Nacht – symbolisiert wird. Gewaltphantasie und Quietismus gehen eine eigenartige Verbindung ein, dieser bildet gewissermaßen die moralische Lizenz zur Gestaltung jener. Die im Feuer zuckenden Füße strukturieren leitmotivisch den Bau des Gedichts: als ein Erinnerungsbild des Täters, bald auch der ihn wiedererkennenden Kinder, das sich im nächtlichen Traum schließlich gegen ihn selbst richtet. Fast völlig verborgen bleibt uns dagegen ein anderer Kampf, der für den ethischen Gehalt des Textes entscheidend ist: das innere Ringen des Schloßherrn zwischen dem Wunsch nach blutiger Rache am Mörder seiner Frau und der Respektierung von Gottes Willen. Dieser innere Kampf – als seinen symbolischen Ausdruck muß der Leser im nachhinein das Toben des Unwetters auffassen – ist nur an einem absonderlichen Umstand erkennbar, der fast der unerhörten Begebenheit einer Novelle gleichkommt: Die Haare des Gastgebers werden im Laufe einer einzigen Nacht weiß. Die Nähe zu Meyers novellistischem Schaffen, in dem die Hugenottenkriege ja einen wichtigen Platz einnehmen, zeigt sich auch beim Problem der Erzählperspektive; *Die Füße im Feuer* sind weitestgehend aus der Perspektive des Täters ‹erzählt›.

Welche Schwierigkeiten die Generation der literarischen Moderne um 1890 mit der überlieferten heroischen Ballade hatte, verdeutlicht ein kraß mißratener Nachahmungsversuch des jungen Gerhart Hauptmann, enthalten in seinem nicht zur Auslieferung gelangten *Bunten Buch* (1888). Die zweiunddreißigste (!) und letzte Strophe von Hauptmanns *Tod des Gracchus* lautet im Stile einer Friederike Kempner:

> Es knirscht sein Haupt, und beißend fällt
> der Dolch in seine Rippen,
> und eine herrliche Götterwelt
> entröchelt seinen Lippen:

«Kraft, Götter, Kraft! – Das ist der Tod!
Gebt ihr – den armen Leuten Brot!»
So betet er im Sterben
auf seiner Hoffnung Scherben.

Wesentlich origineller wirkt da ein Versuch des frühen Richard Dehmel, mit den Mitteln der Ballade den Sinn militanten Heldentums überhaupt in Frage zu stellen. Das in seinem Erstlingsbuch *Erlösungen* (1891) enthaltene Gedicht *Dahin* … (später: *Anno domini 1812*) zeigt den geschlagenen Napoleon, auf einem Pferdeschlitten aus dem winterlichen Rußland fliehend, im Gespräch mit dem Kutscher, der lange schweigt und dann eine sentimental-stimmungsvolle Naturallegorie vorträgt. Statt politisch-kriegerischer Aktionen beherrscht die magisch beleuchtete Landschaft das Feld; der rote Mond gewinnt eine dämonische Bedeutsamkeit, die fast an expressionistische Texte und Theatereffekte denken läßt:

über Rußlands Leichenangesicht
faltet hoch die Nacht die blassen Hände,
hängt der große rote dunkle Mond,
eine blutige Thräne Gottes.

Etwas von dem Vergänglichkeitspathos, das in Dehmels Ballade anklingt, ist in dem Terzinengedicht Hofmannsthals von 1895 enthalten, das den Titel *Ballade des äußeren Lebens* trägt, ohne eigentlich eine Ballade darzustellen, denn es fehlt hier jede Fokussierung auf ein einzelnes Geschehen. Die monotone Wiederkehr der Lebensvorgänge insgesamt ist es, die zum Gegenstand einer melancholischen Betrachtung genommen wird, und allein der epische Gestus, fast autonom gesetzt in der dichten Reihung der «Und»-Sätze, erinnert an das Erzählgedicht der Ballade.

Zu einem radikalen Neuansatz in der deutschen Balladendichtung mit erheblichen Folgewirkungen für anschließende Generationen (von Brecht bis Biermann) kommt es durch Wedekinds Rückgriff auf den Leierkastenton, die Schauereffekte und die Nonsens-Logik der Moritat. Schon der Siebzehnjährige soll an einem Kneipabend kurz nach der Ermordung von Zar Alexander II. (1881) einen ersten Versuch in dieser Richtung gestartet haben:

Furchtbar reift des Bösen Saat!
Himmel welch ein Attentat!
Salomon der Weise spricht:
«Nihilisten traue nicht!»

Wenn doch alle Nihilisten
Auf der Stell krepieren müßten,
Die den Kaiser von den Russen
Haben in den Bauch geschussen!

Die dritte Zeile entspricht einem Straßenvers, der im Volksmund eine
anderslautende derbe Fortsetzung hat («laute Fürze stinken nicht»). Die
willkürliche Entstellung von Wörtern begegnet noch in Wedekinds späteren Bänkelsang-Balladen, so die hartnäckige Verkehrung von «Individuum» zu «Individium» in der Ballade *Brigitte B.* (1896). Der Begriff aus
der Polizeisprache wird durch die Verstümmelung gleichsam als fragwür-
diges Klischee in Anführungszeichen gesetzt:

> Auf diesem Wege traf Brigitte
> Jedoch ein Individium,
> Das hat an sie nur eine Bitte,
> Wenn nicht, dann bringe er sich um.

Die Moritat sorgt allerdings dafür, daß das Klischee Recht behält. Das
verdächtige «Individium» ist tatsächlich kriminell, und am Schluß finden sich Brigitte und der Mann, dem sie in allem zu Willen ist, im Gefängnis wieder. Dabei hat Brigitte offenbar immer nur eines im Sinn
gehabt: den Mann bzw. die Liebe. Nicht umsonst heißt es schon in der
ersten Zeile: «Ein junges Mädchen kam nach Baden.» Naivität und Lebenslust gehen eine brisante Mischung ein, noch gesteigert in der Ballade *Der Tantenmörder* (1897), einem Rollengedicht, das mit einer bizar-
ren Anklage an die Gesellschaft endet:

> Ich hab' meine Tante geschlachtet,
> Meine Tante war alt und schwach;
> Ihr aber, o Richter, ihr trachtet
> Meiner blühenden Jugend-Jugend nach.

«Jugend-Jugend» in der letzten Strophe steht an derselben Stelle wie
«Kisten-Kasten» in der ersten. Die eigentümliche Verdoppelung bezeugt
den uns schon bekannten sprachlichen Unernst der Wedekindschen
Moritaten-Adaption, und doch ist die Entsprechung zwischen den so
markierten Stellen sehr ernst zu nehmen: Es geht um das Verhältnis
zwischen Triebnatur und Geldprinzip (in den «Kisten-Kasten» liegt ja
das Geld der Tante), zwischen Sinnlichkeit und bürgerlicher Ordnung.
Wedekinds Balladen – wie seine Dramen – thematisieren in grotesker
Übersteigerung und scheinbarem Zynismus den Konflikt zwischen Natur und Gesellschaft. Und – auch darin erweisen sie sich seiner Dramatik verwandt – sie ironisieren und reflektieren zugleich die Verarbeitung
dieses Konflikts im herrschenden Bewußtsein.

4. Politische Lyrik

«Hurra, Germania»

«Die Einmüthigkeit der deutsch-nationalen Gesinnung, von der sich nur die Vertreter des engherzigsten Particularismus ausschließen, und die gerechte Entrüstung über den Uebermuth, mit dem Frankreich einen so furchtbaren Krieg vom Zaun brach, wurden alsbald zu inspirierenden Musen der deutschen Nationallyrik» – so war es schon wenige Wochen nach Ausbruch des Deutsch-Französischen Krieges in Rudolf Gottschalls *Blättern für literarische Unterhaltung* zu lesen (8. August 1870). Die Freude über den Aufschwung der politischen Lyrik wird allerdings von einer Einschränkung begleitet, in der sich der dominierende Einfluß von Hegels Asthetik verrät: «Auch diese Poesie hat indeß, nur außerhalb der Kunstsphäre liegenden Werth als Ausdruck der Gesinnung und als eine in alle Kreise dringende Propaganda patriotischer Gefühle.» Die Renaissance der heroischen Schreibweise in der Lyrik steht also von Anfang an unter dem Vorbehalt der Fremdbestimmung, der gebrauchsliterarischen Applikation, und so war diese Lyrik denn auch. Es scheint, als wäre den Autoren bewußt, daß sie hier nur für den Tag schrieben; jedenfalls findet sich unter den zahllosen Dichtungen, die 1870/71 zum Kampf gegen Frankreich Stellung nehmen, kein einziger Text, der uns heute als ästhetisches Gebilde Respekt abnötigte.

> Und wieder walten Treu und Glaube,
> Von keinem welschen Trug entstellt ...
> Der deutsche Geist tritt aus dem Staube
> Und setzt sich auf den Thron der Welt.

So heißt es in einem Zeitgedicht (*Der Chassepot schweigt*) des Schweizers Heinrich Leuthold, der sich durch den Deutsch-Französischen Krieg zu einer Reihe hochpathetischer Poeme begeistern ließ. Der Chor der Kriegssänger beschränkte sich keineswegs auf das reichsdeutsche Kontingent, und er war prominent besetzt; außer Georg Herwegh fehlte kaum eine Stimme, die Rang und Namen hatte, und auch der damals angesehenste Lyriker Deutschlands ließ sich herbei: Emanuel Geibel. Dieser hatte sich mit seinem aufsehenerregenden Gedicht *An König Wilhelm* (1868) schon im Vorfeld des Kriegs auf die Option einer Einigung unter preußisch-monarchischer Führung festgelegt. Unter der Überschrift *Am dritten September. 1870* stilisierte Geibel nunmehr die Schlacht bei Sedan zum Gottesgericht, zu einer Apokalypse des Erbfeinds, die angemessen nur in der Form eines Chorals zu feiern ist. Der

Sieg nach dreitägiger Schlacht tritt in Parallele zu Christi Auferstehung
«am dritten Tage»:

> Da hub die Waage
> Des Weltgerichts
> Am dritten Tage
> Der Herr des Lichts
> Und warf den Drachen
> Vom güldenen Stuhl
> Mit Donnerkrachen
> Hinab zum Pfuhl.
> Ehre sei Gott in der Höhe!

Abgeklärter wirkt dagegen Geibels Gedicht *An Deutschland*, das die
konventionelle Figur der Germania einer vorübergehenden Metamorphose zum Aschenputtel unterwirft, tiefgebückt «am durchgeborst'nen
Herde / Im Staube» sitzend. Das Auftreten des «Erbfeinds» – hier in
bewußtem Stilbruch volkstümlich «der Franze» genannt – gibt ihr die
alte Kraft zurück («Wie Erz durchströmte deine Glieder / Das Mark der
Nibelungen wieder»):

> Und unterm Schall der Kriegsposaunen
> Aufpflanztest du, der Welt zum Staunen,
> In Frankreichs Herz dein Siegspanier.

Der allegorischen Figur der Germania bedient sich auch Ferdinand Freiligrath in seinem Kriegsgesang *Hurra, Germania!* (1870). Er stellt die
Personifikation des Vaterlands schon in der Pose des Denkmals am Niederwald vor, das ihr 1888 errichtet wurde:

> Hurra, du stolzes schönes Weib,
> Hurra, Germania!
> Wie kühn mit vorgebeugtem Leib
> Am Rheine stehst du da!

Freiligraths zeitgeschichtliche Ballade *Der Trompeter von Vionville* (1870) – später abgewandelt zu: *Der Trompeter von Gravelotte* – geht auf den Zeitungsbericht eines Majors zurück, der den «Todesritt» zweier Regimenter in der
Schlacht bei Vionville am 16. August 1870 beschreibt: Als das Signal zum Sammeln gegeben werden sollte, kam aus der durchschossenen Trompete nur ein
markdurchdringendes Geräusch hervor. Dieser Ton wird von Freiligrath, der
sich im übrigen eng an den Zeitungsbericht hält, zur Totenklage umgedeutet;
die «wunde» Trompete klagt:

> Um die Tapfern, die Treuen, die Wacht am Rhein,
> Um die Brüder, die heut gefallen, –
> Um sie alle, es ging uns durch Mark und Bein,
> Erhub sie gebrochenes Lallen.

Ob man Freiligrath aufgrund solcher Verse zum Dichter des Friedens ernennen kann, wie es versucht wurde, bleibt so lange fraglich, als wir nicht wissen, wer unter den Begriff «alle» und «Brüder» fällt. Der Rekurs auf das zentrale Ideologem der «Wacht am Rhein» gerade an dieser an menschliche Gefühle appellierenden Stelle legt eher den Verdacht nahe, daß das militärische Lager-Denken auch hier nicht verlassen wird. Freiligrath war zu einer derartigen Distanzierung damals wohl um so weniger fähig, als sein eigener Sohn in die Kämpfe um das benachbarte Gravelotte verwickelt war. Aus dieser persönlichen Identifizierung erklärt sich auch die spätere Verwechslung oder Vermischung der Ortsnamen im Titel des Gedichts.

Der im Exil verarmte Vormärzpoet Freiligrath war 1867 durch eine Geldsammlung der liberalen *Gartenlaube* wieder in die deutsche Heimat zurückgeholt worden. Mit seinen Kriegsgedichten von 1870/71 gliedert er sich in die breite Front der deutschen Liberalen ein, die für den Gewinn der nationalen Einheit auch den Preis demokratischer Positionen zu zahlen bereit waren. Weniger Anerkennung fand ein anderer Achtundvierziger bei seinen Bemühungen um Anpassung an die veränderte Lage. Hoffmann von Fallersleben, der 1843 seine Breslauer Professur aus politischen Gründen verloren hatte, schrieb unter dem Eindruck des Krieges die Gedichte auf König Wilhelm («Wer ist der greise Siegesheld?») und das Regiment von Höxter («Frisch auf, frisch auf! Zu den Waffen / Rufet uns das Vaterland»), doch ließ er diese Texte nur anonym veröffentlichen, da er fürchtete, von «Freund und Feind» des «Gesinnungswechsels» geziehen zu werden. Nach der Ablehnung eines Rehabilitierungsgesuchs durch das preußische Kultusministerium fragt der Dichter in einem resignierten *Herbstlied*:

> Was hilft's, wenn ich noch sing' und sage
> Vom deutschen Vaterland,
> Und nur für meine späten Tage
> Ein deutsches Reich entstand?

Die Beteiligung von Vormärzautoren am lyrischen Begleitkonzert zu den Ereignissen von 1870/71 ist literaturgeschichtlich von einiger Signifikanz; sie beleuchtet einen Zusammenhang, der auf der stilistischen und rhetorischen Ebene ohnehin gegeben ist. An die pathetische Variante der Vormärzpoesie schließt die Gesinnungslyrik des neuen Reichs ebenso an wie weite Teile der sozialistischen Literatur jener Jahre; die ironisch-satirischen Töne des Vormärz kommen dagegen erst bei einzelnen Naturalisten – vor allem Holz – zum Tragen. Mit Blick auf Emil Rittershaus verfaßt dieser seine Verse *Einem Gartenlaubendichter:*

> Ach, lieber Emil, hab Erbarmen,
> Pust aus dein kleines Dreierlicht!
> Denn die schwarzweißrothen Gelegenheitscarmen
> Haben wir endlich dick gekriegt.

Der satirische Seitenhieb entbehrt nicht der Pikanterie, wenn man bedenkt, daß Holz seinerseits zusammen mit Freund Jerschke einen ganzen Band *Deutsche Weisen* (1883) verfaßt hat, in dem patriotische Töne hinlänglich vertreten sind, und ein Sedan-Gedicht ins *Buch der Zeit* aufnahm (*Zum 2. September*). Im übrigen darf man den Stellenwert des nationalen «Gelegenheitscarmens», des bestellten oder freiwillig angebotenen Fest- und Jubiläumsgedichts, in der damaligen öffentlichen Feier- und Gedenkkultur nicht unterschätzen. Fontane etwa hat brav nacheinander den Truppeneinzug von 1864, 1866 und 1871 besungen, wie er ja auch die betreffenden Kriege in umfangreichen Kriegsbüchern gewürdigt hat. Gedichte auf Wilhelm I. (*Kaiser Blanchebart*), Friedrich III. (*Letzte Fahrt*; *Letzte Begegnung*) und Bismarck (*Wo Bismarck liegen soll*) folgen. Liliencron widmet Wilhelm I. je ein Gedicht zur Kaiserproklamation (*Es lebe der Kaiser!*) und zum Tod (*In einer Winternacht*) und verfaßt einen lyrischen Nekrolog auf Bismarck, der unter den zahllosen Gedenkgedichten des Jahres 1898 vielleicht Anspruch darauf erheben kann, der bei aller Verehrung respektloseste zu sein; die vaterländische Rhetorik des Vormärz ist hier am entschiedensten überwunden. Er beginnt mit den Versen:

> Du Einiger der Schmidt und Schulz,
> Der Meier und Müller,
> Wie ein Mastodon
> Stampftest du durch die Welt,
> Königreiche entwurzelnd
> Und wie Schilf
> Deine Widersacher niedertretend.

«Germania, mir graut vor dir!»

Der dritte bedeutende Vormärzdichter, der die Ereignisse von 1870/71 erlebte, bezog eine entschieden andere Stellung: Georg Herwegh, seit 1866 wieder in Deutschland, be- und verurteilte Krieg und Reichsgründung vom Standpunkt eines proletarischen Internationalismus aus. Sein *Epilog zum Kriege* konstatiert lapidar:

> Schwarz, weiß und rot! Um ein Panier
> Vereinigt stehen Süd und Norden!
> Du bist im ruhmgekrönten Morden
> Das erste Land der Welt geworden:
> Germania, mir graut vor dir!

Unter der Überschrift *Der schlimmste Feind* fordert Herwegh 1871 zu
einer radikalen Neuorientierung auf:

> Gleich Kindern laßt ihr euch betrügen,
> Bis ihr zu spät erkennt, o weh! –
> Die Wacht am Rhein wird nicht genügen,
> Der schlimmste Feind steht an der Spree.

Die Kompromißlosigkeit, mit der sich der alte Republikaner auf die Seite
der Arbeiterbewegung schlug, rief bald die Zensur auf den Plan. Die
Neuen Gedichte, zwei Jahre nach Herweghs Tod (1875) in Zürich gedruckt, wurden in Deutschland beschlagnahmt. Zwei Jahrzehnte später
fand Herweghs Erbe ein neues vielbeachtetes Forum. Der Verlag des
Simplicissimus erwarb seinen Nachlaß und druckte verschiedene Gedichte Herweghs im Kontext aktueller Kampagnen gegen die wilhelminische Politik ab. Sie stehen dort Seite an Seite mit Thomas Theodor
Heines Karikaturen und Hieronymus Jobs' alias Wedekinds Glossen zur
politischen Lage – etwa dem Gedicht *Reaktion* (1898), einer Reaktion
auf das Verkaufsverbot des *Simplicissimus* auf allen preußischen Bahn-
höfen. Es handelt sich um eine Kontrafaktur zum *Deutschlandlied* Hoffmanns von Fallersleben, der späteren Nationalhymne; die Optik auf den
preußischen Militarismus und Obrigkeitsstaat als «schlimmsten Feind»
entspricht weitgehend dem Vorbild Herweghs, im schnoddrigen Tonfall
allerdings verrät sich der Bänkelsänger Wedekind:

> Maulkorb, Maulkorb über alles;
> Wenn der Maulkorb richtig sitzt,
> Wird man immer schlimmstenfalles
> Noch als Hofpoet benützt.
>
> Aber glaubt nur nicht, ich rede
> Hier von preußischer Dressur!
> Nein bei Gott, ich meine jede
> So im allgemeinen nur.
>
> Heilig halt ich unter Preußen
> Mit der Losung Bum-bum-bum;
> Deutschlands Glück zusammenschweißen
> Ist sein Evangelium.

Innerhalb der frühen Arbeiterlyrik hat sich vor allem Max Kegel als Kri-
tiker des Militarismus hervorgetan. In seinem Gedicht *Drei Worte des
Wahns* zerlegt er den preußischen Schlachtruf «Mit Gott für König und
Vaterland» Strophe für Strophe in seine Einzelteile und entwickelt den
Gegensatz von «Mordspatriot» und «Proletarier». Der von Wilhelm Blos
herausgegebene *Mainzer Eulenspiegel* nimmt diese Kritik auf und wendet

sich unter der Überschrift *Unsere Mordspatrioten* 1875 direkt gegen den
Sedan-Rummel, vor allem gegen die Beteiligung von Kindern am «blutigen St. Sedanstag»:

> Die Großen feiern nicht genug die große Siegeslümmelei,
> Drum müssen zu dem Sedanszug die kleinen Kinder noch herbei!
> Welch ein Culturbild! Freue dich, du deutscher Schlachtenpatriot!
> Die kleinen Kinder feiern schon die Schlachtenwuth, den
>   Schlachtentod.

Mit zahlreichen Parodien und aktualisierenden Umarbeitungen erweist
sich Kegel, der 1871 zusammen mit Johann Most den *Chemnitzer Nußknacker*, das erste sozialdemokratische Witzblatt, herausgab, als produk-
tivster Satiriker der frühen Arbeiterliteratur. Leopold Jacoby, als Autor
mit Hochschulstudium sicher ein Sonderfall unter den Parteidichtern,
kann ihm insofern an die Seite gestellt werden, als auch seine Gedichte
von einem besonders ausgeprägten sprach- und kulturkritischen Bewußtsein zeugen.

In der von Jacoby bevorzugten freirhythmischen Form entfaltet das umfangreiche Gedicht *Klage* (1871) eine Reflexion über die Auswirkungen der Sprach-
lüge im Lande «Phrasien» (Harden):

> Das Schlagwort ist ihre Angriffswaffe,
> Und die Phrasen sind ihr täglich Brot.
> Die Phrase aber ist der Betrug mit Worten
> Und das Schlagwörtertum
> Der Mißbrauch gerechter Worte.

Der korrumpierten Sprache der herrschenden Ideologie stellt Jacoby den Versuch der Ausbreitung der Wahrheit mittels einer nichtkorrumpierten Sprache
entgegen. Er bedient sich dabei der aufklärerischen Bildvorstellung der «illuminatio», der schon der Titel seines Gedichtbandes *Es werde Licht* (1864) verpflichtet ist. Allerdings bekommt die Vorstellung der Er-Leuchtung oder Auf-Klärung
unter seinen Händen eine latent gewaltsame, fast terroristische Dimension:

> Und du Sprache,
> nimm eine Leuchte in deine Hand
> und gehe dorthin, wo es finster ist,
> und strecke die Leuchte über die dort schlummern
> und nichts wissen von sich,
> bis ihre Wimpern zucken
> und sie sich hin und wieder wälzen.
> Und rufe laut, daß es halle
> von Hügel zu Hügel,
> von Tal zu Tal:
> Wacht auf! Wacht auf!

Der Nachdenklichkeit von Jacobys unregelmäßigen Versen steht der feste Rhythmus anderer Arbeitergedichte entgegen, die von sich aus zu Deklamation oder Vertonung tendieren. Unübersehbares Vorbild ist auch hier wieder die Vormärzlyrik, sowohl mit ihrem kämpferischen Pathos als auch mit ihrer Vorliebe für allegorische Figuren. Die Pariser Commune gab der Arbeiterliteratur der frühen siebziger Jahre ein aktuelles Modell, an dem sich die Notwendigkeit, Erfolgsaussicht und Tragik des revolutionären Kampfes abhandeln ließen. August Geibs Ballade *Der Rebell* prangert die Massenhinrichtungen nach der Niederschlagung der Commune an; eine junge Mutter versucht vergeblich, den Vater ihres Kindes zu retten, und findet dabei selbst den Tod – das zurückbleibende Kind wird in Zukunft zwischen blutiger Rache und einer versöhnungsbereiten Fortführung des väterlichen Kampfes zu entscheiden haben. Hermann Greulichs Gedicht *Den Racheopfern der Reaktion* (1871) verkündet die Zuversicht: «Ob auch ein Träger tot, / Hoch weht die Fahne rot.» Max Kegel behauptet noch zukunftsgewisser: «Die Kommune wird erstehn!» (*Zum Gedächtnis der Pariser Kommune*, 1878).

Symptomatisch ist das formale Mittel, mit dem Geibs Gedicht *Die Kommune* (1871) die aktuelle Niederlage und die positive Perspektive auf einen «freien Staat» miteinander versöhnt: die Allegorie. Die Naturallegorie ‹Frühling› bzw. ‹junge Saat› einerseits und das mythologische Vorbild des Phönix andererseits müssen herhalten, um den Übergang von der Misere der Wirklichkeit zum geglaubten Ideal zu verbürgen. Analoge Probleme stellten sich grundsätzlich ja auch für die Darstellung deutscher Verhältnisse. Allerdings blieben konkrete Hinweise auf die ökonomische und politische Lage vor Ort schon vor der Verabschiedung der Sozialistengesetze (1878) eher die Ausnahme, zumal in der Lyrik. Man glaubte, den Arbeitern ihr Elend nicht schildern zu müssen, und wollte ermutigen und zum Kampf motivieren.

Die schroffste Distanzierung von solchen Positionen, wie sie ja auch in der Naturalismusdebatte geäußert wurden, bietet ein Gedicht von Eduard Fuchs, des später von Walter Benjamin gerühmten Sammlers und Kulturhistorikers, in der von ihm zusammen mit Karl Kaiser und Ernst Klaar herausgegebenen Sammlung *Aus dem Klassenkampf. Soziale Gedichte* (1894). Sein Titel lautet exklamatorisch-imperativisch: *Dichter, da ist dein Platz!* Nämlich im «Weltstadtschlamm»! Die Strophen des Gedichts handeln nacheinander die klassischen Topoi der naturalistischen Großstadtliteratur ab, als da sind Mietskasernen, Fabriken, Kneipen, Straßenprostitution und Arbeitshaus, um schließlich den Blick auf die Entwicklung der Literatur zu richten und einer überlebten oder epigonalen Form die Literatur der Zukunft in engster Verschwisterung mit der Technik gegenüberzustellen:

Die wonnefauchenden Poeten,
Der Kritikaster schweres Leid,
Mit ihrem lyrikösen Beten
Verschlingt erbarmungslos die Zeit.
Wo schwirrend ziehn die Transmissionen
Um blinkend Erz- und Stahlgeäst,
Dort gellt der Kampf der Nationen,
Dort feiern sie ihr Siegesfest.

In moderaterer Form distanziert sich Rudolf Lavant vom Subjektivismus
der bürgerlichen Literatur. Der neben Kegel wohl wichtigste sozialdemokratische Lyriker zur Zeit der Sozialistengesetze wußte, wovon er
sprach, denn er lebte selbst im Zwiespalt zwischen seiner bürgerlichen
Existenz (als Prokurist Richard Cramer) und seiner ideellen Position in
den Reihen der Arbeiterbewegung. Man darf wohl vermuten, daß ihn
diese Spaltung in besonderer Weise für psychische Grenzphänomene
und Abgründe sensibilisiert hat, wie sie in der Literatur der Moderne
gestaltet wurden. Um so energischer aber wehrt er sich im programmatischen Gedicht *Pro domo* (1898) gegen das Betreten solcher Tabu-
zonen:

Und wenn die Wiedergabe mir gelänge
Der Stimmungsschatten meiner Lebensreise –
Ich bin gewiß, daß meiner Lieder Weise
Unsäglich süß und dennoch traurig klänge
Und daß von traumhaft zwingenden Gewalten,
Die selten tauchen aus den stummen Tiefen,
In denen sie im Unbewußten schliefen,
Ich fürs Bewußtsein manchen festgehalten.

Rudolf Lavant gab 1884 die erste umfassende sozialdemokratische Lyrikanthologie heraus: *Vorwärts! Eine Sammlung von Gedichten für das arbei-
tende Volk*. Die Texte sollen «zum Kampfe anfeuern, über die Armselig-
keit des Alltagslebens den Blick hinausheben» und «ihn auf das große
Endziel richten». In dieser kämpferisch-operativen Grundeinstellung
geht Lavants Auswahl deutlich über das politische Profil späterer sozialdemokratischer Anthologien hinaus. Das gilt auch für das bekannte *Buch
der Freiheit* (1893), dessen Herausgeber Karl Henckell den Anteil solcher
Gedichte, die von Arbeitern und Parteifunktionären verfaßt waren oder
die sich auf aktuelle Zeitereignisse bezogen, erklärtermaßen gering hielt
– um die Sammlung «auf keinen Fall ästhetisch zu entwerten». Lavants
Einleitungsgedicht *An unsre Gegner* nimmt dagegen bewußt potentielle
Schwächen in Kauf:

Wir sind ästhetisch nicht erzogen –
Es hat kein Dichter dieses Buchs
Den Tonfall ängstlich abgewogen
Beim Wort des Zornes und des Fluchs.

5. *Großstadtlyrik*

Der Begriff «Großstadtlyrik» ist eine Erfindung der Jahrhundertwende; Heinz Möller gab unter diesem Titel 1903 eine erste Anthologie heraus. Die Sache selbst ist etwa zwei Jahrzehnte älter; die ersten Gedichte, in denen die neuartige Erfahrungswelt der Großstadt thematisch und form- bildend wurde, entstanden in den achtziger Jahren im Umkreis des Naturalismus. Es bedurfte offenbar der naturalistischen Entschlossen- heit zu einer neuen Wahrheit, zu sozialer Verantwortung und Zeitgemäß- heit der Literatur, um die traditionelle Bindung der Gattung an subjek- tive Emotionen oder Naturschilderungen zu durchbrechen, deren un- reflektierte Fortsetzung man nun bald den ‹Epigonen› und *Gartenlaube*- Lyrikern zum Vorwurf machte. Nachdem die Schwelle zur fremden und denkbar unpoetisch erscheinenden Stofflichkeit der Großstadt erst ein- mal überschritten war, entfaltete das neue Thema bald eine eigentüm- liche Anziehungskraft, der sich auch Vertreter anderer Stilrichtungen kaum verschließen konnten.

Die Lyrik gewinnt geradezu einen Vorsprung in der Erschließung der Großstadtsphäre gegenüber anderen Gattungen, und dieser Vorsprung hängt wohl nicht zuletzt damit zusammen, daß ein traditionelles Ele- ment der lyrischen Tradition: die Subjektivität eines Ich, das sich auf sich selbst zurückgeworfen sieht, gerade in der Auseinandersetzung mit der exzessiven Häßlichkeit der modernen Industriestadt und dem schockie- renden Elend der Vorstädte und sogenannten Vergnügungsviertel eine neue genuine Entfaltungsmöglichkeit bekam. Als Beispiel mag Hof- mannsthals nachgelassenes Gedicht *Spaziergang* aus dem Jahr 1893 die- nen, dessen erste beiden Strophen lauten:

Ich ging durch nächtige Gassen
Bis zum verstaubten Rand
Der großen Stadt. Da kam ich
An eine Bretterwand

Auf einem öden Wall von Lehm.
Ich konnt nicht weiter gehen
Noch auch im klaren vollen Licht
Des Monds hinüber spähen.

Auf die Bedeutung des Himmels in der damaligen Großstadtlyrik ist noch zurückzukommen. Hofmannsthals Gedicht führt uns das Ich als einsamer Flaneur vor, und aus dieser Position ist sicher die Mehrzahl der frühen Großstadtgedichte entstanden, auch wenn es in den wenigsten von ihnen so still und scheinbar menschenleer zugeht wie im gewählten Textbeispiel.

Besinnlich-melancholisch entwickelt sich auch *Eine Großstadt-Wanderung* (1897) Morgensterns. «Eine lange Gasse war mein Nachtweg. / Vor mir schalt ein Kerl mit seiner Dirne» – so beginnt das erste Teilgedicht, und die folgenden durchweg dreizehnzeiligen Texte nehmen jeweils in der Eingangszeile das Motiv des Flaneurs oder Voyeurs auf: «Und ich sah, erstarrt, durch eine Hauswand ...», «Und ich ging die lange Gasse weiter» etc. Momentaufnahmen proletarischen Elends und menschlicher Knechtschaft allgemein wechseln miteinander ab; man könnte versucht sein, in dieser Stationenreihe den Niederschlag einer authentischen Großstadt-Begehung zu sehen, gäbe es nicht die Notizen in Morgensterns Handexemplar, die die Anregung zu den Gedichten festhalten. Danach beruht nur der kleinere Teil von ihnen auf Großstadt-Eindrücken des Autors, und gleich zweimal haben literarische Vorlagen die entscheidende Inspiration gegeben, – nämlich einmal Dostojewskis *Aufzeichnungen aus einem Totenhaus* und das andere Mal Mackays Roman *Die Anarchisten*, von dem Morgenstern auch den ganzen Zyklus angeregt sah. Derselbe Roman wurde schon in einem früheren Teil dieses Buches als exponiertes Zeugnis für die Verarbeitung einer avancierten Großstadt-Realität (nämlich Londons) in der damaligen deutschen Literatur hervorgehoben (siehe S. 25). Die Simultaneität des vielfältigen Großstadtgeschehens, die Mackays Roman eindrucksvoll vermittelt, ist bei Morgenstern allerdings der beschaulichen Sukzession einer flanierenden Weltbetrachtung gewichen.

Es bleibt im großen und ganzen der expressionistischen Großstadtlyrik vorbehalten, einen suggestiven Ausdruck für die dynamische Gleichzeitigkeit des urbanen Geschehens zu finden. Ein frühes Gedicht Karl Henckells bildet hier allerdings eine bemerkenswerte Ausnahme; sein *Berliner Abendbild*, 1885 in den *Modernen Dichter-Charakteren* und im *Poetischen Skizzenbuch* des Autors veröffentlicht, vergegenwärtigt zunächst in anaphorischer Reihung die vorbeihuschenden Gestalten im Gaslaternenschein, wobei auch der Rhythmus der Verse die Bewegtheit des Geschehens unterstreicht:

> Keine fragt, wer die and're sei,
> Keine fragt dich nach Lust und Schmerz,
> Keine horcht auf der andern Herz.
> Keine sorgt, ob du krank und schwach,
> Jede rennt dem Glücke nach,
> Jede stürzt ohne Rast und Ruh
> Der hinrollenden Dirne zu.

Die Gleichgültigkeit der Passanten gegeneinander wird auch in Hedwig Lachmanns Gedicht *Unterwegs* thematisiert: «und tausend Menschen gehn an mir vorüber. // Ich kenn' sie nicht. Wer sind die Vielen?» Auf derartige nachdenkliche Fragen läßt sich Henckells Gedicht jedoch gar nicht ein, dessen Hauptteil vielmehr darauf beschränkt ist, Sprechblasen einzelner Passanten zu notieren und nebeneinanderzustellen, und zwar zunächst noch mit Einleitungsformel («Bruder Studio zum Freunde spricht»), später ohne weitere Kommentierung, so daß die Identität der Sprecher offenbleibt. Erst die angehängte allegorisierende Schlußwendung versucht so etwas wie eine – recht unverbindliche – Synthese: «Jahrmarkt des Lebens, so groß – so klein! / Magisch leuchtet der blaue Schein.» Welche stimmungsvollen Effekte man der abendlichen Stadt-Beleuchtung abgewinnen kann, hat übrigens schon bald danach Carl Busse in einem romantisierenden Gedicht vorgeführt (*Auf der Felsenter rasse zu Berlin*, 1889).

Ein anderes *Straßenbild* Henckells konzentriert sich auf ein einzelnes Bettler-paar. In ähnlicher Fokussierung beschreibt Ferdinand von Saar unter dem Titel *Nachtbild* (1884) einen Straßenhändler, der Fuselwein an Proletarier verkauft und so nach Meinung des Betrachters dafür sorgt, daß «ein böser Geist / [...] / In wüsten Hirnen kreist». Beliebt sind auch Gegenüberstellungen von unterschiedlichen Lebensverhältnissen und Klassen, zu denen das extreme – und als solches sichtbare – soziale Gefälle der damaligen Gesellschaft reichliches Anschauungsmaterial bot. Saars Gedicht *Kontraste* (1890) kontrastiert die körperlichen Strapazen von Straßenarbeitern in sengender Hitze den musikalischen Aktivitäten in der Opernschule; «helle Frauenstimmen» singen Beethovens Schlußchor: «Alle Menschen werden Brüder». Man versteht, was der Dichter uns sagen will. Ebenso bei der Abfolge der beiden Holz-Gedichte *Ein Bild* und *Ein Andres* (1885). Hier hat eine Aristokratin Migräne – dort stirbt eine Arbeiter-frau, Mutter mehrerer Kinder. Wir befinden uns bei solchen Gedichten im Grenzbereich von Großstadt- und sozialer Lyrik.

Unmittelbarer der Existenzform des Großstadtflaneurs verpflichtet zeigt sich Johannes Schlafs Gedicht *Das Wort* (aus der Sammlung *Helldunkel*, 1899). Der Sprecher verfolgt einen «Hag'ren, Dunklen, Tief-äugigen, einen Suchenden» auf seinem Weg durch die «langen, öden, flackernden Vorstadtstraßen». Der Nachvollzug dieser Suche schlägt um in ein Erweckungserlebnis: «Das neue Wort!» Der jähe Übergang von der Großstadt-Tristesse zur inneren Erleuchtung erinnert an Arno Holz' *Großstadtmorgen* (*Buch der Zeit*, 3. Auflage 1905). Zugrunde liegt ihm die frühmorgendliche Heimkehr eines Nachtschwärmers, der im nach-hinein vom «Schmutz» des Friedrichstraßen-Viertels angewidert ist. In dieser Situation steigt im lyrischen Ich die Vorstellung von einem sommerlichen Glückserlebnis auf, dessen intensive Farbigkeit, natürliche Reinheit und positiv empfundene Einsamkeit den denkbar größten Ge-

gensatz bilden zur trostlosen Verlassenheit seines jetzigen Aufenthalts
bei den Streichholzhändlern der Weidendammer Brücke. Während bei
Holz die Phantasie am Schluß verblaßt, bleibt sie in Schlafs Gedicht
bestehen, ja ragt über dessen Ende hinaus – als Hinweis auf die er-
lösende Kraft der (Großstadt?-)Dichtung.

Viele Großstadtgedichte sind als Reflexion über das Verhältnis des
Dichters bzw. der Literatur zur sozialen Realität angelegt. Das gilt ja
schon für Holz' ursprünglichen *Phantasus* (1885) mit dem verhungernden
Dichter im Mansardenstübchen über der Großstadt. Auch in Dehmels
frühem Gedicht *Der Wunsch* (später: *Der Wunschgeist*) aus den *Erlösungen* (1891) ist die Perspektive des Flaneurs mit dem Panoramablick aus
der Höhe in die Tiefe vertauscht – die Stadt bettelt gleichsam von unten
den Dichter an:

> Da dehnte sich im Dunstlicht um mich her
> Berlin – mit seinen Dächern, seinen Türmen,
> Schornsteinen, Schloten, Kuppeln, Ruhmessäulen
> heraufgebaut ins fahle Blau, als langte
> aus ihrem Grabe scheintot eine Riesin
> und reckte alle Finger bettelnd hoch:
> nur leben will ich, leben, atmen, essen!

Einen ähnlichen Blick auf die Großstadt richtet Julius Hart im Gedicht *Berlin*:
«Endlos ausbreitest du, dem grauen Ocean gleich / den Riesenleib.» Schon dieser Eingangssatz setzt Überschau und Abstand voraus. Noch in derselben Stanze
erhebt sich das Ich bzw. seine Rede vogelgleich über die Stadt, die in der Folge
noch intensiver als wildbewegtes, Menschenmassen verschlingendes Meer imaginiert wird:

> Weltstadt, zu Füßen mir, dich grüßt mein Geist
> zehntausendmal; und wie ein Sperber kreist
> mein Lied wirr über dich hin, berauscht vom Rauch
> und Atem deines Mundes: Sei gegrüßt, sei gegrüßt.

In den letzten Strophen desselben *Berlin*-Gedichts wird die Meermetapher auf-
gegeben zugunsten einer Bildvorstellung, die *Tausendundeiner Nacht* entnommen
sein könnte. Ein Geist reckt sich aus den Mauern der Stadt auf und streckt seine
Hand aus – wohl weder bettelnd wie bei Dehmel noch drohend wie bei Heym
(*Der Gott der Stadt*), sondern als Bündnispartner und Inspirationsquelle des
Dichters: «Dich fühl' ich, Menschengeist, dein Schatten steht / gewaltig über der
Stadt lichtglühenden Mauern.»

In mehreren Großstadtgedichten ist die Vertikale, die Idee der Erhebung bzw. das Verhältnis der Stadt zum Himmel von grundlegender
Bedeutung. Franz Helds Gedicht *Auf der Weidendammer Brücke* (aus
seinem Gedichtband *Trotz Alledem!*, 1894) verbindet den keuchenden
Bettler mit dem verbleichenden Stern über ihm; vergeblich setzt der

Arme seine Hoffnung auf einen Gott im Himmel, der am Schluß nur müde abwinkt: «Kann nicht helfen. Geh selbst zur Ruh.» Der Verfasser des Gedichts, übrigens der Vater von John Heartfield und Wieland Herzfelde, wurde wegen Gotteslästerung des Landes verwiesen.

Schwierigkeiten mit der Obrigkeit wegen seines freigeistigen Bekenntnisses hatte gelegentlich auch Bruno Wille; doch lassen es seine Großstadtgedichte an himmelwärtsgewandter Spiritualität wahrlich nicht fehlen. In *Entzauberung* (*Einsiedelkunst aus der Kiefernhaide*, 1897) wird die verzaubernde Wirkung des Sonnenscheins auf die Stadt beschrieben; sie läßt die Mietskasernen wie verwunschene Schlösser erscheinen, in denen eingekerkerte Seelen auf die Erlösung durch das Licht warten. Das frühere Gedicht *Die Wolkenstadt* (1890) führt systematisch den Gegensatz zwischen der düsteren Fabrikstadt auf der Erde und einem luftigen Wolkengebilde durch, das wie eine ästhetizistische Traumlandschaft im Stile von Baudelaires *Rêve parisien* wirkt. Doch wird diese verführerische Option zurückgenommen durch das larmoyante Bild der Götter, die am Rand der Wolke stehen und über das Elend in der Stadt weinen. Willes Gedicht *Die Straße* (1890) schließlich nimmt den dämonisch-grotesken Mond des Expressionismus vorweg und nähert sich schon dem Reihungsstil expressionistischer Großstadtlyrik an. Refrainartig endet jede Strophe mit der Nennung des Mondes, der meistens «mit düsterer Glut» blickt und am Schluß «zornrot» erglüht. Die vierte Strophe überrascht zudem durch kühne Farbsymbolik:

> Die Leute auf dem Bürgersteige
> Treiben vorbei und blicken kalt;
> Die Straßenbahn beglotzt im Rollen
> Mit grünem Auge die Gestalt.
> Der rote Mond schaut düster drein.

Daß die erste Phase der lyrischen Auseinandersetzung mit der Großstadt aus den 1880er und 1890er Jahren über die Jahrhundertwende hinauswirkt und von der expressionistischen Generation – und sei es im Widerspruch – wahrgenommen wird, zeigt René Schickeles Replik auf Dehmels *Predigt ans Großstadtvolk*. Im Geiste der Lebensreform hatte der Förstersohn Dehmel die städtischen Massen zur Auswanderung aufs Land aufgerufen:

> Ihr steht und schafft euch Zuchthausmauern –
> so geht doch, schafft euch Land! Land! rührt euch!
> vorwärts! rückt aus –

Schickele stellt seinem Gedicht *Großstadtvolk* (1910) die entscheidenden Verse aus Dehmels Text voran; sein eigenes Gedicht ist die Antwort auf sie, und zwar ein glatter Widerruf: «Nein, hier sollt ihr bleiben! / In

diesen gedrückten Maien, in glanzlosen Oktobern.» Für den Mangel pri-
märer Natur entschädigt die Willensenergie des technischen Zeitalters,
eine Kunstwelt, die ihrerseits auf höherer Ebene wieder Natur – zum
Beispiel Meer – werden kann:

> Weil hier die Quelle des Willens ist,
> aufschäumend in Wogen, die millionen Nacken drücken,
> Quelle, die im Takte der millionen Rücken,
> im Hin und Her der millionen Glieder
> bis an die fernsten Küsten brandet –
> Hier sollt Ihr bleiben!

In diesem pathetischen Ja zur Großstadt liegt neben den radikaleren formalen Konsequenzen einer der gravierendsten Unterschiede der expressionistischen Großstadtlyrik zu ihren naturalistisch inspirierten Vorläufern.

II. SCHWEIZ

1. Dranmor, Leuthold, Keller

In den siebziger Jahren erschienen die gesammelten Dichtungen zweier
Schweizer, die als Lyriker bald darauf verstummten oder schon verstummt waren. Heinrich Leuthold befand sich bereits in der Irrenanstalt
Burghölzli, wo er 1879 verstarb, als 1878 sein von Jakob Baechtold be-
treuter erster und einziger Gedichtband erschien. Ferdinand Schmid,
der sich den normannischen Dichternamen «Dranmor» zulegte, fügte
der dritten Auflage seiner erstmals 1873 in Berlin erschienenen *Gesammelten Dichtungen* 1879 noch einige «Herbstblätter» und ein großspre-
cherisches Vorwort hinzu und war im übrigen damit beschäftigt, in
Brasilien um die Reste seines früheren Vermögens zu kämpfen. Beiden
Lyrikern ist ferner gemeinsam, daß sie wesentliche Phasen und Erfolge
ihres Lebens auswärts verbringen bzw. erringen.

In den Pariser Jahren Dranmors erschien seine Weltanschauungs-Dich-
tung *Requiem* (1869), die ihm die Bewunderung der Naturalisten eintrug. So nennt ihn Hermann Conradi in seinem Vorwort zu den *Modernen Dichter-Charakteren* eine «ernste, tiefe, gewaltige, vulkanische Dich-
ternatur»: «Er ist eigentlich der einzige, der in seinen Dichtungen einen
prophetischen, einen confessionellen Klang anschlägt.» ‹Konfessionell›
im Sinne eines persönlichen Bekenntnisses ist auch Dranmors *Dämonenwalzer* angelegt. Das bald nach *Requiem* entstandene längere Gedicht
in freien Rhythmen mit wenigen Reim-Anklängen handelt in der Ich-
Form von einem «einsamen Fremdling» in der «alten, sündigen Stadt»
(Paris). Dieser betritt eine Kathedrale, wo er sich seiner Distanz zum
Kirchenglauben, aber seiner Verehrung für die göttliche Liebe bewußt
wird, und erlebt die Verwandlung des Doms in einen Ballsaal sowie die
verführerische Annäherung Mariettas, seiner früheren Geliebten («der
sündigen Kinder / Schönstes und Bestes»). Das lyrische Ich schwankt
zwischen Gefühlsarmut und heißer Leidenschaft, deren Erfüllung durch
eine Reihe von Pünktchen-Zeilen angedeutet wird. In den danach anbre-
chenden Sonnen-Morgen schreitet der Scheidende pathetisch, aber un-
klar hinein. Vom zeitgenössischen Ruhm Dranmors, dessen Gedichte
noch 1900 in vierter Auflage erschienen, ist heute wenig geblieben.

Leuthold, der im Gegensatz zu Dranmor aus ärmsten Verhältnissen (in der
Umgebung von Zürich) stammte, hat sich in die Gesellschaft seiner Heimat nie
integrieren können; entscheidende Eindrücke verdankte er Italien, den An-

schluß an die Literatur dem Münchner Dichterkreis. Der Großteil seines formal hochkultivierten, am Epigonentum Platens und Geibels orientierten Gedicht- und Übersetzungswerks stammt aus den fünfziger und sechziger Jahren. In einem neuen produktiven Schub entstehen in den Jahren 1870–1872 zahlreiche Lieder und Oden teils anakreontischer, teils nationaler Thematik. Wiederum erhebt der Dichter Klage gegen den mangelnden Kunstsinn seiner Schweizer Heimat, die ihre genialen Söhne im Ausland darben läßt; begeistert folgt er dem nationalen Aufschwung Deutschlands, und auch im Kulturkampf erhebt er laut-stark die Stimme. Überzeugendere Töne gelingen ihm in Dichtungen intimeren Zuschnitts. Die erste Strophe der asklepiadeischen Ode *Nachts* läßt durch das klassizistische Vokabular hindurch etwas vom persönlichen Schicksal dieses von Alkoholismus und sozialer Ausgrenzung, ja psychischer Krankheit bedrohten Poeten erahnen. Sie bestätigt damit das Urteil Kellers, dessen Rezension (1878) Leuthold einen «ächten und wirklichen Lyriker» nennt, «welcher nach uralter Weise singt, fast nur von seinem Lieben und Zürnen, Irren und Träumen, Lei-den und Genießen»:

> Komm, ambrosische Nacht, ströme dein Silberlicht
> Weich und träumerisch aus über das ew'ge Meer!
>   Wieg in seligen Frieden
>   Dieses müdegehetzte Herz!

Auch Keller nimmt als Lyriker an der politischen Entwicklung seiner Zeit teil; diskreter wohl als Leuthold, aber konsequenter und konkreter. Zu einer Mischung von Engagement und Politikenthaltung bekennt er sich in einem Versprolog zur Feier von Beethovens 100. Geburtstag im Dezember 1870. Die dort gezogene Parallele zwischen Napoleon Bona-parte und Napoleon III. begegnet gleichfalls im Gedicht *Napoleons Adler*. In den Kulturkampf der siebziger Jahre, der in der Schweiz zu erheblichen Zuspitzungen führte und in der Schweizer Lyrik allenthal-ben Spuren hinterließ (z. B. bei Meyer, Dranmor und Widmann), mischte sich auch Keller lebhaft ein – in witziger Einkleidung in den Erzählgedichten *Tafelgüter* und *Der Narr des Grafen von Zimmern*, sehr gezielt hingegen im dritten der *Rheinbilder*, die 1878 in der *Deutschen Rundschau* erschienen. In einem Brief an den Herausgeber Rodenberg fragte Keller geradezu, ob die personifizierte Figur des «Pfaffenhasses» nicht katholische Leser verschrecken werde. Im ausgearbeiteten Gedicht (*Frühgesicht*) ist nur noch die «Pfaffengasse» zu finden, doch läßt der Ton auch so an Entschlossenheit nichts fehlen: «Was brav und mannhaft ist, vereint / Zieht es, den letzten Streit zu schlagen; / [...] / Und neben Siegfried reitet Hagen.» Der Elsässer Hagen repräsentiert hier den schweizerischen Beitrag zum Kulturkampf an der Seite des nordischen Recken Siegfried (Bismarck/Deutschland).

Das republikanische Engagement des Schweizer Demokraten schlägt sich in mehreren Gedichten Kellers aus den siebziger Jahren nieder. Optimistisch-verklärend im *Wegelied* aus der Novelle *Das verlorne Lachen* (1874) oder in den Strophen *Auf das eidgenössische Schützenfest*

(1872). Hier wie dort scheint die Schweizer Fahne den Weg in eine optimistische Zukunft zu weisen. Historisierend dagegen verweist das Gedicht *Ein Festzug in Zürich* (1877) auf die öffentliche Festkultur der fünfziger Jahre und Kellers damalige Hoffnungen auf eine Vermittlung von
Poesie und Politik im Zeichen demokratischer Gemeinschaft. Der geschilderte Unglücksfall gibt dem Dichter zugleich Gelegenheit, in der
Manier von Schillers *Glocke* die Gefahr anarchischer Elementargewalten
und die staatserhaltende Bedeutung gemeinschaftlicher Abwehrmaß-
nahmen zu zeigen. Keller hat sein Gedicht als Pendant zur Dichtung
Das große Schillerfest (entstanden 1859) aufgefaßt, die er damals aus der
Verssatire *Der Apotheker von Chamounix* – in die sie ursprünglich als
positiv-gegensätzlicher Abgesang integriert war – herauslöste: «Beide
haben eine kulturhistorische oder allgemein menschliche Pointe germanischen Charakters, wenn ich mich so gespreizt ausdrücken kann, und
müssen als zusammengehöriges Pärchen zusammen erscheinen» (an Wilhelm Hemsen, Juni 1877).

Andere Gedichte des späten Keller dokumentieren offen die Enttäuschung des einstigen Zürcher Staatsschreibers über die Entwicklung der
politischen und wirtschaftlichen Zustände seiner Heimatstadt. 1878 entstehen *Die öffentlichen Verleumder*, ein Jahr später die Grau-in-Grau-
Vision *Land im Herbste*. Jedenfalls für die Dauer seines eigenen Lebens
scheint dem lyrischen Ich die Erfahrung bunter Farben oder «grüner
Halme» ausgeschlossen. In einem Brief an Storm vom September 1882
spricht Keller erläuternd von der «Grundlage der verdüsterten Arbeit».
Wie wenig sich der Dichter noch in der Gegenwart seiner Epoche wiederfindet, zeigen auch das Epigramm *Dynamit* und das dreistrophige
Gedicht *Venus von Milo*, 1878 in der *Deutschen Rundschau* veröffentlicht,
eine glänzende Satire auf den Geschmack der Gründerzeit. Das Herab-
kommen der antiken Statue zu einer kitschigen Reproduktion «in Gips,
Porz'lan und Zinn / Auf Schreibtisch, Ofen und Kommode» mußte
einem Autor besonders anstößig erscheinen, der wie Keller mit hoher
Sensibilität das Verhältnis von Kunst und Leben reflektierte und – so
vor allem in den Erzählungen des *Sinngedichts* (1881) – am Motiv der
verlebendigten Statue spiegelte.

In derselben Zeit faßt Keller, angeregt wohl auch durch das Vorbild
Storms, der dem Schweizer Freund eine Ausgabe seiner *Sämtlichen
Schriften* geschenkt hatte, die ersten Pläne zu einer übergreifenden
Sammlung seiner lyrischen Produktion. Fünf Jahre später erscheinen im
Berliner Hertz-Verlag auf über fünfhundert Seiten die *Gesammelten
Gedichte* (1883). Ihnen liegt eine strenge Sichtung, Neuanordnung und
verdichtende Überarbeitung der bisher gedruckten poetischen Arbeiten
zugrunde, also vor allem der beiden Bände *Gedichte* (1846) und *Neuere
Gedichte* (1851, vermehrt 1854). Dazu kommt eine ganze Reihe unver-

öffentlichter oder erst im Rahmen der Vorbereitung der neuen Ausgabe entstandener – zum großen Teil in der *Deutschen Rundschau* vorabgedruckter – Gedichte. Unverkennbar löst die Wiederbeschäftigung mit seiner lyrischen Hinterlassenschaft bei Keller einen produktiven Schub aus, der die fast schon versiegende Quelle seiner Verskunst neu belebt. Ein Text wie *Abendlied* (1879) etwa, von Storm nicht zu Unrecht als «das reinste Gold der Lyrik» gepriesen, liest sich wie eine dichterische Summe seiner Lebensphilosophie und seines persönlichen Weltverhältnisses:

> Augen, meine lieben Fensterlein,
> Gebt mir schon so lange holden Schein,
> Lasset freundlich Bild um Bild herein:
> Einmal werdet ihr verdunkelt sein!
> [...]
> Doch noch wandl' ich auf dem Abendfeld,
> Nur dem sinkenden Gestirn gesellt;
> Trinkt, o Augen, was die Wimper hält,
> Von dem goldnen Überfluß der Welt!

Die Ablehnung einer Jenseitsreligion, wie sie der Feuerbach-Schüler Keller mit Storm teilt, verbindet sich hier mit einem spezifischen Sensualismus des Sehens und einem damit verbundenen künstlerischen Quasi-Epikureertum, die die Interpreten immer wieder zum Vergleich mit Goethe herausgefordert haben. Zugleich spricht sich in diesem Gedicht natürlich die zunehmende Todesnähe des Dichters aus, der im Entstehungsjahr sechzig Jahre alt wurde.

Viele Altersgedichte Kellers reflektieren das Verhältnis von Tod und Leben bzw. Kunst. Die Reihe beginnt mit einem eigenartigen Text über das langsame Sterben einer Mücke auf einer Dichterbuchseite (*Die kleine Passion*, 1872 – in der Handschrift noch mit einer antikatholischen Pointe versehen), setzt sich fort mit der Erzählung von jenem Hans oder vielmehr «Has» von Überlingen, der gegen den Monat März kämpft, weil er ihn für seinen Sterbemonat hält, dem humorigen Dialog *Tod und Dichter* (1879) und dem hochsymbolischen Gedicht *Das Weinjahr* (1878), das zugleich eine sozialpolitische Lehre enthält. Aber auch das Gedicht von der Bartschur und der Verwandlung der vom Wind davongetragenen weißen Haare in Nestbaumaterial (*Stutzenbart*, 1879) ist von der Problematik des Alterns und der Idee einer Versöhnung von Tod und Leben geprägt.

Manche Rezensenten haben an den «gesuchten Bildern» dieser Lyrik Anstoß genommen; so etwa Theodor Zolling, dem zufolge sich Keller von seiner Vorliebe für die Themen Tod, Grab und Unsterblichkeit «nicht selten zu grotesken, barocken, häßlichen Klängen» verleiten läßt. So scheint partiell auch Storm empfunden zu haben, der ähnliches an *Stutzenbart* auszusetzen hatte. Keller antwortet im Dezember 1879 interessanterweise weder mit einer Apologie des Gedichts noch mit Zustimmung zur Kritik; er sieht den Fehler des Textes vielmehr darin, daß der Verfasser aus Rücksicht auf das moralische Empfinden der Leser die eigentliche Idee des Gedichts nicht offen zum Ausdruck gebracht habe: den Vorsatz erotischer Enthaltsamkeit nämlich, der sich beim Geschorenen angesichts des eigenen weißen Barthaars bilde und der dann durch die Nestbauaktivitäten der Vögel sofort widerlegt werde. In der diskreten Verknüpfung des Todesthemas mit erotischen Andeutungen (Schmetterling als Anspielung auf die Psyche-Sage und die Vorstellung geflügelter Eroten) liegt auch die prekäre Balance des eigenartigen Epigramm-Gedichts *Abend auf Golgatha* (entstanden 1882).

Kellers Bemühen um ästhetische Versöhnung versagt freilich dort, wo er sich der vielleicht tiefsten Wunde seiner späteren Jahre nähert: dem Selbstmord seiner Verlobten Luise Scheidegger im Jahr 1866. Die ihr gewidmeten Gedichte *Geistergruß* und *Die Entschwundene* (entstanden 1876 und um 1880) legen davon gerade in ihrem Mißlingen Zeugnis ab.

2. Meyer

«Ich bin der Krankenwärter des geisteskranken Poeten / Er hat verloren seine Schwerter und wird zum Spott einem jeden» – so beginnt ein Gedicht, das Conrad Ferdinand Meyer 1892 in der Nervenheilanstalt Königsfelden seinem Pfleger diktierte; in den verbleibenden sechs Lebensjahren sollte er seine geistige Gesundheit und dichterische Potenz (die «Schwerter») nicht wiedererlangen. Die gesamte Produktion dieses Autors ist in den vier Jahrzehnten zwischen zwei Anstaltsaufenthalten (1852 und 1892/93) entstanden; erst in der zweiten Hälfte dieses Zeitraums, erst ab 1870 hat sich Meyer dabei auf die öffentliche Anerkennung als Dichter stützen können. Seine künstlerische Produktivität erhebt sich über einem Untergrund seelischer Konflikte und Erschütterungen, die sie andererseits allererst zu ermöglichen scheinen (Selbstmord der Mutter 1856, inzestartiges Verhältnis zur Schwester). Einen persönlichen Inhalt freilich gesteht sich Meyers von jeglicher Erlebnislyrik weit entfernte Poesie nicht zu: Nur in symbolischer Verschlüsselung, nur in artistischer Objektivierung läßt sie Subjektives zur Sprache kommen. Und auch diesen Rest von Selbstmitteilung stellt Meyer in Frage, wenn er im Jahr des Erscheinens seiner Gedichtsammlung – in einem Brief an die Romanschriftstellerin Louise von François (8. April 1882) – erklärt: «Wahr kann man (oder wenigstens ich) nur unter der dramatischen Maske al fresko sein. Im Jenatsch und im Heiligen [...] ist in den verschiedenen Verkleidungen weit mehr von mir, meinen wahren Leiden und Leidenschaften als in dieser Lyrik.»

«Alles war ein Spiel», heißt es mit gleicher – allen etwaigen autobiographischen Spekulationen vorbeugender – Absicht im Eröffnungstext zur Abteilung «Liebe» in Meyers *Gedichten*. Und doch fand seine Frau Luise hier Anlaß zur Eifersucht und betrieb die Entfernung einzelner Gedichte sowie den Widerruf des seiner Schwester Elisabeth (Betsy) gewidmeten und ihren hingebungsvollen Einsatz für sein Dichtertum würdigenden Gedichts *Ohne Datum*. Beiläufig ein programmatischer Titel! Vordergründig geht es darin zunächst um die Abneigung des lyrischen Ich, Manuskripte zu datieren, aber das Gedicht macht daraus in Anlehnung an eine Wendung der Julie de Lespinasse eine positive Maxime; ihr zufolge lautet die richtige Datierung des eigenen Schreibens: «aus allen Augenblicken meines Lebens». Mit dieser Generalisierung ist zugleich ein Ausdruck für die erstrebte Loslösung der Kunst vom Leben bzw. von der Biographie gefunden.

Dieser Autonomieanspruch geht deutlich über das Verallgemeinerungsgebot hinaus, das ja schon die Goethesche Ästhetik kannte und das etwa auch von Meyers älterem Landsmann und Mitbürger Keller vertreten wurde. Auch dessen Künstlertum ist, wie man weiß, in einer hochproblematischen Mutterbeziehung verwurzelt – *Der grüne Heinrich* gibt davon Zeugnis. Kellers Lyrik gestaltete erotische Wunschpotentiale im Sinne eines programmatischen Bekenntnisses – nämlich zur diesseitigen Wirklichkeit gemäß den Auffassungen Feuerbachs, die schon der Heidelberger Student sich zu eigen gemacht hatte. Insofern lassen sich Kellers Gedichte als vollgültiges Dokument eines aus klassischer Tradition und vormärzlicher Politisierung hervorgegangenen Realismus verstehen. Für den nur sechs Jahre jüngeren (und doch in seiner dichterischen Entwicklung erheblich verzögerten) Meyer gelten andere Paradigmen, werden andere Anregungen wichtig – darunter auch solche aus der zeitgenössischen französischen Literatur. In diesem Sinne hat man gesagt, zwischen Kellers Wohnort Zürich und Meyers Kilchberg (einem Vorort Zürichs) verlaufe die Grenzscheide zwischen Realismus und Symbolismus im deutschen Sprachraum.

Und doch enthält diese Sicht höchstens die halbe Wahrheit. Gegenüber den verbreiteten Versuchen zur Eingemeindung des Schwellen-Autors Meyer in die weitere Entwicklung der Moderne – vom Symbolismus bis zum Hermetismus – ist daran festzuhalten, daß der eigentliche literaturgeschichtliche Ort seiner Lyrik doch das (deutsche) 19. Jahrhundert ist. Platen und Mörike steht diese Kunst näher als Benn oder Trakl. In der Tat reichen die Wurzeln von Meyers Gedichtkunst bis in die vorrealistische Zeit zurück: Die Formenvielfalt der Biedermeierlyrik, ihre Freude am Bildungsgut und ihre erlesene Bildlichkeit (vielfach allegorischer Prägung) leben in Meyers Gedichten fort, von denen nicht wenige zweiteilig organisiert sind – nämlich Bild und Deutung aufeinander folgen lassen – oder wenigstens in einem frühen Stadium der Entstehung einer solchen Komposition verpflichtet waren.

Es ist der Konservatismus dieses Dichters, der ihn modern erscheinen läßt. Gerade weil Meyer die Wende der realistischen Lyrik zum Erlebnishaften, zum volkstümlichen Ton und zu einer unaufdringlichen Symbolik nicht mitvollzog, rückt er in die Nähe zum Ästhetizismus. Es ist jedoch ein Künstlertum innerhalb der Gesellschaft, das Meyer anstrebt und das seine bildungsbeflissene Lyrik auch dort noch vertritt, wo sie (in vollendeter Form und mit ähnlichen Bildern wie Baudelaire) den eindeutigen Primat des Künstlerischen verkündet. Die Spannung zwischen diesem Ideal und der gesellschaftlichen Realität, der sich der Patrizier Meyer bis an den Rand der Karikatur anpaßte, überforderte auf die Dauer seine Kraft.

Persönliche Ängste und Hoffnungen, vom Gemütskranken direkt artikuliert, werden vom Dichter in historisch-fiktionaler Brechung, aber z. T. mit demselben Bildmaterial gestaltet. Man beachte die Rolle des «verlorenen Schwerts» im gleichnamigen Gedicht (erste Fassung: *Caesars Schwert*, 1860): Cäsar stößt in einem eroberten Galliertempel auf sein eigenes – dort als Trophäe aufgehängtes – Schwert. Entgegen den Erwartungen seiner Legionäre reißt er es jedoch nicht vom Altar: «Verloren ging's in steilem Siegeslauf / Und heißem Ringen. Götter hoben's auf.» Die Kastrationsangst ist überwunden, wenn dem Künstler höchste Anerkennung gewährt wird. Im Zeichen der Kunstreligion steht er auf einer Ebene mit den größten Helden der Geschichte.

Die Nachwelt hat den Anspruch solcher narzißtischer Phantasien nur bedingt bestätigt. Stefan George und Karl Wolfskehl nahmen 1902, vier Jahre nach dem Tod des Dichters, fünfzehn Gedichte Meyers in den dritten Band (*Das Jahrhundert Goethes*) ihrer maßstabsetzenden Anthologie *Deutsche Dichtung* auf. Hofmannsthal erkannte 1925 nur noch sieben oder acht von über zweihundert Gedichten in Meyers Sammlung den allerhöchsten Rang zu. Von ein, zwei populären Balladen abgesehen, verfällt das umfangreiche historisch-mythologisch geprägte oder der Gedankenlyrik verpflichtete Gedichtwerk Meyers zunehmend dem Verdikt des Epigonalen. In allgemeiner Anerkennung hält sich nur jener quasi symbolistische, durch Aussparung und Konzentration auf ein zentrales Bild charakterisierte Gedichttyp, für den sich in den zwanziger Jahren – zugleich mit Blick auf Mörike und Rilke – der neue Terminus «Dinggedicht» einbürgerte. Die bekanntesten Beispiele dafür sind die Gedichte *Zwei Segel* und *Der römische Brunnen*.

In vollendetem Ausgleich von Rhythmus und Lautung wird in jeweils zwölf bzw. acht Versen ein Zustand absoluter Harmonie beschrieben oder vielmehr beschworen, nämlich in sprachlicher Mimikry nachvollzogen. Zwischen den Bewegungen zweier Segel auf einer «tiefblauen Bucht» herrscht ähnliche Übereinstimmung wie im Austausch des Wassers zwischen den Schalen des Brunnens: «Und jede nimmt und gibt zugleich / Und strömt und ruht.» Die Anthropomorphisierung, die sich im Wort «geben» andeutet, gibt uns einen Hinweis darauf, daß es bei dem hier vergegenwärtigten Idealzustand letztlich um Menschliches, Seelisches oder Künstlerisches geht. Eine entsprechende Tendenz strukturiert das Segel-Gedicht. Spätestens mit dem Wort «Empfinden» in der mittleren der drei Strophen ist der Übergang zum menschlichen Bereich hergestellt, darf man an das Verhältnis zwischen (befreundeten oder sich liebenden) Partnern bzw. «Gesellen» – so das letzte Wort des Gedichts – denken:

> Wie eins in den Winden
> Sich wölbt und bewegt,
> Wird auch das Empfinden
> Des andern erregt.

Eine aufschlußreiche Parallele bietet das Kurzgedicht *Rudern, Gespräche* aus Brechts *Buckower Elegien* (1953):

> Es ist Abend. Vorbei gleiten
> Zwei Faltboote, darinnen
> Zwei nackte junge Männer: Nebeneinander rudernd
> Sprechen sie. Sprechend
> Rudern sie nebeneinander.

Es ist ein doppelter Gleichklang, auf den Brechts Text hinzielt: die Parallelbewegung zwischen den Booten und den Männern, zwischen ihrer körperlichen und ihrer geistigen Existenz. Eine Versöhnung von Erkenntnis und Sinnlichkeit (auch homoerotische Formen einschließend) deutet sich an. Meyer ist weit von solcher Ausdrücklichkeit entfernt: Es geht bei ihm nicht um Boote, die von befreundeten Männern gesteuert werden; vielmehr steht der wunderbare Gleichklang zwischen den Schiffen für den Einklang der Seelen selbst – wie er zustande kommt und wie er aufzufassen ist (ob erotisch oder intellektuell, auf Freunde, Liebespartner oder Geschwister bezogen), bleibt ungesagt. Daß auch Meyers Gedicht erotische Assoziationen nicht ausschließt, versteht sich vor dem Hintergrund einer ehrwürdigen antiken Tradition; diese bedient sich der Parallelbewegung zweier Segelboote, die gleichzeitig ins Ziel laufen, um die wünschenswerte Synchronisierung der Erregungskurven beim Liebesakt zu demonstrieren – Segelschule im Dienst der *ars amatoria*! Wer um diese Tradition weiß, betrachtet die «schwellenden» Segel und das «erregte» «Empfinden» in Meyers Gedicht mit anderen Augen.

Der scheinbar schlicht daherkommende Text ist also keineswegs so voraussetzungslos, wie es der mißverständliche Ausdruck «Dinggedicht» nahelegt. Auch das Brunnen-Gedicht meint mehr als das Dingliche; ihm liegt offenbar auch anderes zugrunde. Wohl gehen Reiseeindrücke aus Rom und Paris in das hier entworfene Bild eines Schalenbrunnens ein. Nachhaltiger aber als alle Anschauung von den Brunnen in der Villa Borghese und den Tuilerien könnte sich ein Stück pietistischer Erbauungsliteratur ausgewirkt haben, das Meyer schon seit seiner Jugend kannte. Madame Guyon, dem deutschen Leser heute am ehesten aus dem Anfang von Moritz' autobiographischem Roman *Anton Reiser* bekannt, benutzt das Bild des Schalenbrunnens in ihrer Abhandlung über die «geistlichen Ströme» (*Les torrens spirituels*), um Gottes Wirkung auf die Seele darzustellen. Schon die Lyrik des jungen Goethe hatte sich von der Wasser-Metaphorik des Pietismus inspirieren lassen; die häufigen Bilder des Quellens und Fließens in Meyers Werk stehen offensichtlich in Zusammenhang mit der quietistischen Mystik, die ihm durch seine Mutter vermittelt wurde. Indem Meyer diese religiösen Heilsvorstellungen auf die Kunst überträgt, gewinnt *Der römische*

Brunnen zugleich programmatische Bedeutung: als Selbstreflexion der Dichtung, als Utopie ihrer Harmonie, Autarkie und Autonomie. Auch in dieser Hinsicht ordnet sich Meyers Text in die Tradition der Brunnengedichte ein, die auf die Romantik zurückgeht und bis zu Carossa und über ihn hinaus reicht. In ihr erlangte er bald ‹klassische› Bedeutung, wie nicht zuletzt Rilkes Ein-Satz-Gedicht *Römische Fontäne* (mit dem Untertitel: *Borghese*) bezeugt, das ohne Meyers Vorbild nicht zu denken wäre.

Die älteste Fassung des *Römischen Brunnens* steht in Meyers erster Gedichtsammlung, dem Manuskript *Bilder und Balladen* (1860), für das er keinen Verleger fand. Seine endgültige Gestalt erhält der Text in dem (in neun Abteilungen gegliederten) Band *Gedichte*, mit dem Meyer 1882 eine Summe seines lyrischen Schaffens vorlegte. Die Sammlung durchlief bis 1892 noch vier vom Autor jeweils sorgfältig bearbeitete Auflagen. Vom episch angelegten Hutten-Zyklus abgesehen, stellen die *Gedichte* die einzige Lyrik-Publikation dar, mit der Meyer größere Resonanz fand. Zwei frühere Sammelveröffentlichungen waren dagegen fast ungehört verhallt (*Zwanzig Balladen von einem Schweizer*, 1864; *Romanzen und Bilder*, 1870). Man wird im Mißerfolg der frühen lyrischen Produktion und dem überwältigenden Erfolg von *Huttens letzten Tagen* (1872) einen wesentlichen Grund dafür sehen dürfen, daß sich Meyer von den siebziger Jahren an auf narrative Formen konzentrierte – unter Beibehaltung des historischen Interesses übrigens, das auch seinen frühen Balladen eignete. Das Selbstverständnis des Autors machte aus der Not eine Tugend; wie der oben zitierte Brief an Louise von François zeigt, will sich der anerkannte Erzähler keinesfalls mehr auf das lyrische Genre festlegen lassen.

Der Publikationsstau, unter dem Meyer in den sechziger Jahren zu leiden hatte, mag mit dazu beigetragen haben, daß von vielen seiner Gedichte verschiedene handschriftliche Fassungen entstanden. Das Überarbeiten wurde ihm zum Prinzip, so daß er auch die Druckgestalt seiner Texte (mochten sie nun in einer Zeitschrift, einer Anthologie oder einer seiner eigenen Gedichtsammlungen erschienen sein) kaum je als endgültig akzeptierte. Mehr aber noch als solche äußeren Faktoren dürfte ein spezifisches Formbewußtsein dafür verantwortlich sein, daß sich das lyrische Œuvre Meyers als eine Landschaft in ständigem Umbruch präsentiert. Dem Philologen, der sich in das Gestrüpp der unüberschaubaren Varianten hineinbegibt, eröffnen sich immer wieder neue und überraschende Perspektiven. Er setzt sich freilich auch zwei fundamentalen Verunsicherungen aus, die seinen kritischen oder wissenschaftlichen Umgang mit Literatur grundsätzlich betreffen. Das ist zum einen die Frage nach dem Verhältnis zwischen (fertigem) Werk und Vorstufen; zum anderen die Frage nach der Einheit(lichkeit), Selbständigkeit oder Abgeschlossenheit des Einzelwerks.

Kann man noch im herkömmlichen Sinn zwischen (endgültigem) Werk und (vorläufiger) Fassung unterscheiden, wenn zwischen der frühesten und spätesten Gestaltung eines bestimmten Motivs mehr als zwei Jahrzehnte liegen und wenn zwischen diesen beiden Polen zehn oder mehr Zwischenstationen durchlaufen werden, die sich oft noch gravierend voneinander unterscheiden? Beide Voraussetzungen sind bei Meyer häufig gegeben. Sollte man dann aber nicht eher von einer Werkserie, von unterschiedlichen Versionen oder Variationen über ein Thema sprechen? Solche Überlegungen sind vor allem da am Platz, wo der Verlauf der Textgeschichte kein lineares Bild ergibt, sondern eher einem Zickzackdiagramm gleicht, dessen einziges Gesetz die Variation als solche ist. Auf dem Weg zur ‹Endfassung› des Gedichts *Stapfen* etwa erprobt der Autor unterschiedlichste formale und semantische Strukturen. Das Gedicht ist erst in Strophen gegliedert, später nicht mehr; sein Metrum bilden nacheinander fünfhebige Trochäen, dreihebige Jamben, wieder fünfhebige Trochäen, schließlich Blankverse. Vor allem aber oszilliert das titelgebende Motiv der Fußspuren der Geliebten zwischen den gegensätzlichen Botschaften von der Vergänglichkeit (die Liebe ist vergänglich wie die Fußstapfen) und von der Unvergänglichkeit (mögen die Spuren verwischen, die Erinnerung bleibt). Die Vergänglichkeit wird abwechselnd auf das Gefühl von Mann und Frau bezogen, dann nur auf das des Mädchens, dann wieder auf dessen Leben etc. Ein organischer oder teleologischer Entwicklungsbegriff, wie er zumeist dem Interesse an der Entstehungsgeschichte eines ‹Werks› zugrunde liegt, wird durch derartige Befunde ad absurdum geführt.

Darf man aber überhaupt das einzelne Gedicht aus der Gesamtheit des lyrischen Œuvres isolieren, wenn man sieht, daß sich aus einer Gedichtversion oft unterschiedliche Einzelgedichte abspalten, die wiederum in enger thematischer oder motivlicher Beziehung zu anderen Texten Meyers stehen? Ein lehrreiches Beispiel bietet die Vorgeschichte des Gedichts *Der tote Achill*.

Unter dieser Überschrift präsentiert die Gedichtsammlung von 1882 die Beschreibung eines antiken Sarkophags, den es so gar nicht gibt: Die Reliefs an seinen Seiten sollen den Zug der Meergöttin Thetis mit ihrem toten Sohn und seinen Waffen zur «Geisterinsel» Leuke zeigen. Die Wiedervereinigung des Helden mit seinen Waffen leitet gewissermaßen die Versöhnung mit seinem Tod ein. Das für Meyer so außerordentlich symptomatische Motiv der verlorenen bzw. wiedergewonnenen Waffen fehlt freilich in den frühesten Gestaltungen des Sujets aus der Zeit 1864/65, die das mythologische Geschehen übrigens unmittelbar, also ohne den Rahmen einer fiktiven Kunstwerks-Beschreibung, thematisieren. Der Versöhnung mit dem Tod dient hier vielmehr die Idee der Wiederkehr, in Anspielung auf die Meergöttin Thetis dargestellt am Kreislauf des Wassers, das aus dem Meer aufsteigt, um über der Erde als Niederschlag niederzugehen und schließlich doch den Weg ins Meer zurückzufinden — wie eben der

Held Achill bei der Heimkehr in den Schoß der göttlichen Mutter. Unter Ausblendung der mythologischen Bezugsebene verselbständigt sich dieser Bildkomplex in dem Gedicht *Der Gesang des Meeres* (Vorstufe in den *Romanzen und Bildern* unter dem Titel: *Kommet wieder!*). Und noch ein weiteres Element tritt aus der Vision des Leichenzugs heraus, die die frühen Stufen des Achill-Gedichts beherrscht, und emanzipiert sich von seiner mythologischen Wurzel: die weißen Seelen-Vögel, die (nach Jacob Burckhardts Bericht, der die ursprüngliche Konzeption inspirierte) um die Toteninsel Leuke fliegen. Meyer hatte sie von Anfang an mit dem Motiv der Spiegelung verknüpft, aus dem er achtzehn Jahre später ein eigenes Gedicht gewinnt. Unter der Überschrift *Möwenflug* thematisiert es das abgründige Wesen der Reflexion, das drohende Verschwimmen der Grenze zwischen Fiktion und Realität im dichterischen Schaffensvorgang:

> Und der Spiegel hatte solche Klarheit,
> Daß sich anders nicht die Flügel hoben
> Tief im Meer, als hoch in Lüften oben,
> Daß sich völlig glichen Trug und Wahrheit.
> [...]
> Und du selber? Bist du echt beflügelt?
> Oder nur gemalt und abgespiegelt?
> Gaukelst du im Kreis mit Fabeldingen?
> Oder hast du Blut in deinen Schwingen?

Der Dichter als Bruder der Möwe! Der Vergleich mit Baudelaires Gedicht *L'Albatros* drängt sich auf, das Stefan George übersetzt und dessen zentrale Bildvorstellung er in seinem Gedicht *Der Herr der Insel* aufgegriffen hat. Ebenso ist aber auch an das traditionelle Emblem des Pegasus zu denken.

Noch in anderer Hinsicht ist das *Achill*-Gedicht repräsentativ: Der Weg in den Tod, oder allgemeiner das Erlöschen des Lebens, ist ein Grundthema von Meyers Lyrik, das sich wiederholt mit dem Motivkreis des Wassers verbindet. Wer will, kann diesen Befund mit dem Wassertod der Mutter des Dichters erklären. Sinnvoller ist es aber wohl, sich der romantischen Engführung von Tod und Kunst zu erinnern, die von Novalis' *Hymnen an die Nacht* bis zu Thomas Manns *Der Zauberberg* reicht und im Zeichen des Ästhetizismus des ausgehenden 19. Jahrhunderts neues Gewicht gewinnt; in Georges *Algabal* etwa ist die Kunst nur um den Preis der Abtötung bzw. Ersetzung des organischen Lebens zu erlangen.

Verschiedene Gedichte Meyers schildern in einer auf den ersten Blick sehr konkret, ja realistisch wirkenden Weise den Übergang von lebensvoller Aufgeregtheit zu geheimnisvoller und zutiefst beglückender Stille, vom hellen Licht des Tages zum Reich der Schatten (u. a. *Schwarzschattende Kastanie,* 1881; *Auf dem Canal grande,* 1889). Die «rätselhafte Flammenschrift», die dem Schluß des erstgenannten Gedichts seine dunkle Feierlichkeit verleiht, wird von der roten Laterne des «Abendboots» über die Wellen geworfen. Die Anwohner des Zürcher Sees verstanden darunter den letzten Dampfer nach Küsnacht, der gegen 23 Uhr die Stadt verließ. Ein anderer Ausdruck dafür war «Spätboot»; er hat nacheinander zwei Gedichten Meyers den Titel gegeben. Das ältere wurde in *Die toten Freunde* umbenannt, als Meyer 1881 die folgenden Verse – unter der Überschrift *Im Spätboot* – in das Druckmanuskript seiner *Gedichte* aufnahm:

> Aus der Schiffsbank mach ich meinen Pfühl,
> Endlich wird die heiße Stirne kühl!
> O wie süß erkaltet mir das Herz!
> O wie weich verstummen Lust und Schmerz!
> Über mir des Rohres schwarzer Rauch
> Wiegt und biegt sich in des Windes Hauch.
> Hüben hier und wieder drüben dort
> Hält das Boot an manchem kleinen Port:
> Bei der Schiffslaterne kargem Schein
> Steigt ein Schatten aus und niemand ein.
> Nur der Steurer noch, der wacht und steht!
> Nur der Wind, der mir im Haare weht!
> Schmerz und Lust erleiden sanften Tod:
> Einen Schlummrer trägt das dunkle Boot.

Selten wohl ist die Rauchwolke eines Dampfers (Repräsentant einer damals noch relativ neuen Technik) so rückstandslos in lyrische Stimmung aufgelöst worden wie in diesem Gedicht, das gleichwohl als Stimmungs- oder Naturgedicht unzureichend beschrieben wäre. Diskrete Hinweise und gehäufte Mehrdeutigkeiten (wie «verstummen», «Schatten», schließlich «Tod») zwingen uns, hinter dem vordergründigen Geschehen ein tieferes zu erkennen. Die Fahrt in die Nacht wird zu einer Fahrt in den Tod, der Nahverkehrs-Dampfer zum Charons-Kahn. Der mythische Fährmann, der nach griechischem Glauben die abgeschiedenen Seelen ins Schattenreich befördert, ist ein häufiger Gast in Meyers Lyrik, die ihn vorzugsweise im Schilfgürtel von Flüssen und Seen verortet: «Im Schilfe wartet Charon mein, / Der pfeifend sich die Zeit vertreibt» (*Michelangelo und seine Statuen*).

Das Gedicht *Der schöne Tag* gibt ein weiteres Beispiel für die Gegenwärtigkeit einer mythischen Todeswelt in der ‹Wirklichkeit› dieser Dichtung. Mit wenigen Worten wird eine sommerliche See-Idylle entworfen («Libellen tanzen auf der Flut»), die durch einen Badeunfall jäh gestört wird: Von zwei badenden Knaben taucht nur der eine wieder auf. Die zwei letzten Strophen stellen die beiden Knaben-Schicksale einander gegenüber. Der Gerettete wird «fahl wie ein Verbrecher» an Land gebracht –

> Der andre Knabe sinkt und sinkt
> Gemach hinab, ein Schlummernder,

Geschmiegt das sanfte Lockenhaupt
An einer Nymphe weiße Brust.

Mit einem Mal erscheint das Unglück als Beglückung; wir erkennen dasselbe
Wohlgefühl der Selbst-Aufgabe wieder, von dem das *Spätboot*-Gedicht spricht,
hier als erotische Hingabe an ein mythisches Naturwesen gedeutet. Dabei macht
sich Meyer möglicherweise ein Wortspiel zunutze: «Nymphe» ist die biologische
Bezeichnung für das Larvenstadium von Libellen, und deren Präsenz am See
hat ja schon die erste Strophe verraten (in früheren Textstufen steht der Libellen-
tanz am Schluß, an Stelle der Umarmung der Nymphe).

Noch befremdlicher verfährt das motivverwandte Sonett *Nicola Pesce*, das
übrigens in derselben sagenhaften Überlieferung wurzelt wie Schillers bekannte
Ballade *Der Taucher*. Meyer läßt einen Taucher zu uns sprechen, der sich willent-
lich zur Unterwasser-Existenz, ja zur «Fastenspeise», d. h. zum Fisch-Sein entschlossen hat: «Die Furcht verlernt ich über Todestiefen, / Fast bis zum Frieren
kühlt' ich mir die Brust – / Ich bleib ein Fisch und meine Haare triefen!» Wieder bietet sich der Vergleich mit Baudelaire an, der das Bild des Schwimmers,
der die tiefe Unermeßlichkeit durchpflügt, dialektisch dem Thema der Erhebung
zuordnet (*Elévation*); andererseits ist gerade hier – auch für die bei Meyer seltene Sonettform – eine Anregung durch Platen wahrscheinlich (*Sonett nach
Camoens*). Wie wenig Meyer zumal bei solchen Höhepunkten seines lyrischen
Könnens auf das Verständnis der Zeitgenossen rechnen konnte, zeigt die Bitte
seines Verlegers Haessel, er möge *Nicola Pesce* aus seiner Gedichtsammlung
streichen, da «dessen Inhalt mir für Sie nicht bedeutend genug ist».

Verständnisprobleme mußte und muß Meyers Lyrik schon aufgrund
der hochkomplexen Bildungsvoraussetzungen zahlreicher Gedichte machen. Daran können auch die Fußnoten nichts ändern, die der Autor
gelegentlich zur Erläuterung ausgefallener Namen und Fakten mitgibt.
Läßt sich etwas Unlyrischeres denken als eine Fußnote? Aber diese Art
von Lyrik begnügt sich nicht mit einer stimmungsmäßigen Rezeption
Auf der andere Seite erschwert sie ein rein rationales Verständnis durch
zunehmende Verknappung der Aussage und durch systematische Verdun
kelung der Quellen. Mehrere Gedichte, die nachweislich auf literarische
Anregungen zurückgehen, beziehen sich demonstrativ auf Vorlagen der
bildenden Kunst. Andere Gedichte über antike Themen, für die man
griechische oder lateinische Klassiker als Grundlage vermuten würde,
sind zusätzlich oder in erster Linie durch Historienbilder des 19. Jahrhunderts inspiriert. Gemälde des Schweizer Künstlers Charles Gleyre
stehen hinter den Gedichten *Lethe* und *Das Joch am Leman*, und Anselm
Feuerbachs «Gastmahl des Platon» gibt – in Verbindung mit einem spät-
antiken Geschichtsbericht und einem zeitgenössischen französischen
Sonett – den entscheidenden Impuls zu einem der letzten Gedichte
Meyers (*Das Ende des Festes*, 1891/92).

Die Verquickung bildkünstlerischer und literarischer Anregungen ist
besonders dicht bei den zahlreichen Renaissance-Gedichten Meyers; bei
genauerer Prüfung erweist sich zumeist der Einfluß von Burckhardts

Schriften als ausschlaggebend. Ihm verdankt Meyer – wie seine ganze Generation – das Bild der Renaissance als einer Hochblüte des Individualismus und Immoralismus. Bei aller Faszination durch ein derartiges Geschichtsbild schließt sich Meyer der Option eines ästhetizistischen Renaissancismus keineswegs vorbehaltlos an, wie u. a. das Gedicht *Venedig* (1881/82) belegt. Die Bewunderung für Tizians bekanntes Altarbild der Himmelfahrt Mariä («Assunta») wird hier durch die Erinnerung an einen «andern Tizian» relativiert: den Anblick einer Frau nämlich, die über das, was sie durch ein Fenster erblickt, zutiefst erschrokken ist – das ihrer Stirn vom Fensterkreuz aufgeprägte Kreuz dient als religiöses Symbol ihres Leidens. Vergleiche mit Meyers Ballade *Die gezeichnete Stirne* und seiner Novelle *Angela Borgia* drängen sich auf.

Auch das Gedicht *Auf Goldgrund* bemüht sich um einen Ausgleich zwischen Kunst und sozialen Werten. Das lyrische Ich sieht nacheinander sakrale Gemälde in einem Museum und die – von der Abendsonne bestrahlte – Erntearbeit auf dem Feld; da fällt es ihm nicht schwer anzuerkennen, daß «auch der Fleiß der Feierstunde» «auf schimmernd goldnem Grunde» steht. Die Poetizität der Arbeit ist ein Generalthema der zweiten Hälfte des 19. Jahrhunderts. Die Radikalität, mit der Courbet in seinen «Steinklopfern» den Rahmen der kunstwürdigen Gegenstände ausweitete, war Meyers Sache nicht. Auch sozialistische Sympathien würde man vergebens bei diesem Autor suchen, dem schon das «freche Volk» städtischer Sonntagsausflügler mit seinem «Gekreisch! Gewieher» und seinen «liederlich gejohlten» Gassenhauern ein Ärgernis war (*Sonntags*). Meyers Position scheint im Bereich der damaligen Malerei eher derjenigen Millets vergleichbar, dessen Gemälde «Das Ave-Läuten» gleichfalls eine sakrale Verklärung der bäuerlichen Arbeitswelt betreibt.

Wie man sieht, ist Meyers Lyrik auch da, wo sie das Pathos der Einsamkeit feiert, keineswegs frei von ideologischen Implikationen. Das gilt auch für die Berglyrik, der in seinen Gedichten eine ganze Abteilung gewidmet ist («In den Bergen»). Meyer war ein begeisterter Wanderer und konnte sich stundenlang dem Anblick der Alpengletscher hingeben. In mehreren Gedichten gestaltet er solche Erlebnisse unter Rückgriff auf pietistische Sprachmuster und Bildfelder – als Annäherung und Hingabe an das Göttliche, als ‹Erhebung› auch im dichterischen Sinn (*Firnelicht*, *Himmelsnähe*, *Noch einmal*). Anderen Gedichten eignet jedenfalls aus heutiger Sicht ein Beigeschmack von Heimatkunst und lokalpatriotischer Altherrensentimentalität (z. B. *Der Reisebecher*). Einen unvermuteten Zeitbezug ganz anderer Art finden wir in zahlreichen Anspielungen auf den damaligen Kulturkampf gerade auch in Meyers Berggedichten. Die aktuelle Auseinandersetzung zwischen dem preußischen Staat (aber auch staatlichen Organen der Schweiz) und der katholischen Kirche schlägt sich mehr oder weniger verschlüsselt in so unterschiedlichen Texten wie *Hohe Station*, *Die alte Brücke* oder *Die Schlacht der Bäume* nieder. *Der Rheinborn* ist geradezu als poetisches Bekenntnis zum Bismarckreich zu lesen.

Meyer hatte während des Deutsch-Französischen Kriegs mit Nachdruck für die deutsche Seite Partei ergriffen und sogar propagandistische Gedichte verfaßt (*Der deutsche Schmied*, *Trinklied*). Darin läßt sich z. T. der Einfluß deutscher Freunde aus dem Umkreis von Zürich wie François Wille und Mathilde Wesendonck erkennen. Wichtiger aber ist wohl, daß Meyer in der Entscheidung für eine klare nationale Identität eine Chance für seine eigene künstlerische Entwicklung sah. Er nahm dafür die Verleugnung der romanischen Kulturen in Kauf, die doch für ihn einen außerordentlich wichtigen Bezugspunkt darstellten. In der subjektiv empfundenen Notwendigkeit, diesen Teil seiner eigenen Entwicklung und geistigen Persönlichkeit zumindest vorübergehend zu unterdrücken, liegt der eigentliche Grund für den forcierten Charakter seiner deutsch-nationalen Stellungnahmen.

Vor dem Hintergrund dieses äußeren und inneren Konflikts versteht sich auch die Vorliebe des Balladendichters Meyer für die Thematisierung von Kulturkampf-Konstellationen im weitesten Sinn und für den scharf anti-«welschen» Unterton mancher seiner Dichtungen. «Rom befehdet uns mit seinen Pfaffen», heißt es keineswegs unparteilich in der Ballade *Der sterbende Cromwell*. Auch die Ballade *Die Rose von Newport* behandelt eine Episode aus den englischen Glaubenskriegen; sie schildert die Flucht König Karls I., der später auf Betreiben Cromwells hingerichtet wurde. «Seit er das Blut seines Volkes vergossen, / Reitet er neben zerschmetterndem Abgrund ...» – diese beiden Zeilen sind alles, was uns die Endfassung der Ballade über die historische Verfehlung des Königs (nach Meyers Sicht) mitteilt. Im übrigen begnügt sie sich damit, in einer symmetrischen Komposition das frühere Glück mit dem jetzigen Elend des Königs zu kontrastieren. Markante bildliche Strukturen überwuchern das eigentliche Geschehen, das auch im Refrain nur indirekt enthüllt wird: «Morgen erzählen die Linden das Märchen / Von dem enthaupteten König in England.» Vorher hatte es noch geheißen: «Von der entblätterten Rose von Newport».

Auch Meyers bekannteste Ballade basiert auf dem Kontrast zweier Zeitebenen. *Die Füße im Feuer* behandeln ein Ereignis aus den Hugenottenkriegen, die ja auch in Meyers novellistischem Schaffen einen zentralen Platz einnehmen; das Gedicht wurde bereits oben im Zusammenhang der Gattungsentwicklung vorgestellt (siehe S. 548). Auch jenseits der Balladenform macht sich der Lyriker Meyer den historischen Stoff zunutze. Im kurzen Gedicht *Die Karyatide* greift er das Geschehen der Bartholomäusnacht auf, das seiner ersten Novelle *Das Amulett* zugrunde

liegt, und stellt eine überraschende Parallele zur Gegenwart her. Eine
Karyatide des Louvre, die in der Bartholomäusnacht nach der Ermordung ihres Bildhauers «entschlummert» ist, wacht während der Kämpfe
um die Pariser Commune auf: «Wo bin ich denn? In welcher Stadt? / Sie
morden sich. Es ist Paris.» Französische Geschichte, ja Geschichte überhaupt erscheint als Kontinuum von Bürgerkriegen.

Neben solchen tief pessimistischen Einsichten findet sich in Meyers
Lyrik, zumal in ihren balladesken Teilen, aber auch das Pathos des Heroischen. Es ist ein Heroentum, das – wie jenes Achills – eng mit dem
Tod verbunden ist und dem Autor offenkundig als Chiffre seiner künstlerischen Sendung dient. Als Meyer 1881/82 die Ballade *Der Zweikampf*
aus seinem ersten Gedichtband von 1864 überarbeitete, komprimierte er
die breite epische, auf Livius beruhende Darstellung vom Schicksal des
Titus Manlius (in 24 vierzeiligen Strophen) zu einer Art Balladen-Tele-
gramm. Unter dem Titel *Der Ritt in den Tod* bleiben jetzt nur noch sechs
Zweizeiler übrig, sämtlich dem jungen Römer in den Mund gelegt, der
eine Beleidigung seiner Vaterstadt durch einen unerlaubten Zweikampf
rächt und dafür nach seinem Sieg bereitwillig die Todesstrafe in Kauf
nimmt:

> Liktoren, erfüllet des Vaters Gebot!
> Ich besitze den Kranz und verdiene den Tod –
>
> Bevor es sich rollend im Sande bestaubt,
> Erheb ich in ewigem Jubel das Haupt!

Wer die Waffen seines Gegners erobert («Voran die Trophän! Der lati-
nische Speer! / Der eroberte Helm! Die erbeutete Wehr»), kann «ewig»
jubeln wie eigentlich nur ein Dichter. Er ist im Vollbesitz der Poeten-
Schwerter.

3. Spitteler

Wenn schon Conrad Ferdinand Meyers Lyrik zu einem wesentlichen
Teil Bildungspoesie genannt werden kann, so gilt das erst recht vom
Schaffen seines um zwanzig Jahre jüngeren Landsmannes Carl Spitteler.
Der künftige Nobelpreisträger befand sich am Tiefpunkt seiner literari-
schen Laufbahn, als seine ersten Gedichtsammlungen entstanden. In den
Literarischen Gleichnissen (1892) spricht sich die Enttäuschung über die
ausbleibende Anerkennung seines epischen Frühwerks *Prometheus und
Epimetheus* (1881) in voller Schärfe aus. Im «tragischen Kerngedicht»
(Spitteler) *Nur ein König*, dessen Entstehung in das Jahr 1889 zurück-
reicht, muß sich der Majordomus eines römischen Konsuls für die

Untüchtigkeit, die einer der ihm unterstellten Sklaven in allen praktischen Tätigkeiten beweist, rechtfertigen. Auf die Frage nach seinem früheren Beruf antwortet der Sklave lapidar: «Nur ein König»; gnadenhalber wird er daraufhin – getötet. Romantisches Verständnis von der Rolle des Dichters außer- und oberhalb der bürgerlichen Gesellschaft klingt nach, doch das Klima der Auseinandersetzung hat sich erheblich verschärft und der Ton verdüstert. Die Formen schwanken zwischen Tierfabel (*Der Adler in der Tanzstunde*) und innerem Monolog (*Der Kritiker*), Spruch (*Des Epikers Morgensprüchlein*) und Ballade (*Die traurige Geschichte vom goldenen Goldschmied*); satirische Töne überwiegen, und die übertragene Bedeutung herrscht fast durchgängig vor. «Literarische Gleichnisse» bedeutet hier: gleichnishafte Darstellungen des literarischen Lebens.

Spittelers «Kritiker» findet auf seinem Schreibtisch neben mehreren Romanen auch «ein Bändchen Lyrik» vor: «dazu anonym / Und Goldschnitt. Ein Gefährliches Kostüm». Als er dann noch feststellt, daß der Band im Kommissionsverlag erschienen ist, kann er den Autor nur bedauern. Eben ein solches Goldschnittbändchen im Kommissionsverlag und unter Pseudonym hat Spitteler 1889 selbst publiziert: *Schmetterlinge*. Man denkt an die «Lieder eines Schmetterlings», die in Holz' *Socialaristokraten* das typische Erstlingswerk eines jungen Lyrikers bezeichnen. Bei Spitteler ist der Titel jedoch sehr ernst gemeint. Nach Schmetterlingen sind die einzelnen Teile des Zyklus benannt, und Schmetterlinge treten in ihnen auch als handelnde, vielfach sprechende Personen oder als Gegenstand der Beobachtung auf. Am konsequentesten ist die Beobachterperspektive wohl im ersten *Pfauenauge*-Gedicht (1886) durchgehalten; man würde Annäherungen an den Impressionismus, vielleicht auch an den Ästhetizismus feststellen, wäre da nicht eine allzu redselige Metaphorik mit Ausrutschern ins Sentimentale («Ein herzverblendend paradiesisch Funkeln»; «In den Augen / Schwermut und Lieb und Weh, umjauchzt von Jugend») und die bei Spitteler fast ubiquitäre Neigung zu mythologischen Reminiszenzen. Dieselben Einwände betreffen die Alm-Idylle *Kamille* (mit Anklängen an die Mythendichtung *Eugenia*) und das Eisenbahngedicht *Schwalbenschwanz II*, das mit seiner Überblendung von Technikerlebnis und Kindheitserinnerung von fern an manche Großstadtgedichte in Holz' *Phantasus* gemahnt.

III. ÖSTERREICH

1. Saar

Als 1885 die Kunstsammlungen aus dem Wiener Schloß Belvedere ins neuerrichtete Kunsthistorische Museum an der Ringstraße transferiert wurden, war das für Ferdinand von Saar Anlaß zu einem melancholischen Gedicht (*Belvedere in Wien*). In direkter Anrede an das Schloß – also der rhetorischen Form der Apostrophe – wird über den Verlust der Einheit von Kunst und feudalem Ambiente nachgedacht. Gewiß, im Schloßpark würden sich auch künftig Liebespaare treffen, und für den Kunstgenuß «im Vorbeigeh'n» sei ein zentral gelegener Aufstellungsort vielleicht tatsächlich besser (da mischt sich ein Schuß Ironie in die elegische Tonlage des Ganzen) – der «Kaiserstadt» Wien und dem Sprechenden, der als Knabe, Jüngling und Mann hier prägende Eindrücke von Kunst und Leben gesammelt habe, gehe jedoch Unwiederbringliches verloren.

Das Gedicht ist typisch für das lyrische Schaffen Saars, der als knapp Fünfzigjähriger 1882 seine erste Gedichtsammlung vorlegte, die größtenteils auch erst kurz zuvor entstanden war, nachdem sich frühere Pläne zu eigenen Lyrikbänden schnell zerschlagen hatten. Saars *Gedichte* erfuhren zu seinen Lebzeiten drei Auflagen, wobei vor allem die Zuwächse der zweiten Ausgabe (1888) Beachtung verdienen, und wurden durch die *Wiener Elegien* (1893) und die *Nachklänge* von 1899 («Neue Gedichte und Novellen») ergänzt. Insgesamt also ein stattliches Konvolut von zwei- bis dreihundert Gedichten, verfaßt überwiegend im letzten Lebensdrittel eines Autors, der seine Jugend noch im Biedermeier verlebte und als ehemaliger Leutnant mit Adelsprädikat der österreichischen Monarchie und den sie tragenden Schichten in besonderer Weise verbunden war. Das traditionalistische Gepräge jedenfalls des weitaus größten Teils seiner Lyrik – die Erblast Platens und Lenaus – kann vor solchem Hintergrund ebensowenig verwundern wie der bekennende Konservatismus, der Saars Standpunkt kennzeichnet.

Seine Gedichte verdanken ihren Reiz und Rang gerade der Unmittelbarkeit, mit der sie Verlusterfahrungen einer älteren Generation artikulieren. Es ist eben die Konfrontation mit neuen gesellschaftlichen und kulturellen Entwicklungen, die diesen Lyriker produktiv macht und dabei künstlerische Lösungen finden läßt, die auch die gleichzeitige Produktion der Moderne in ein neues Licht rücken. Das gilt unbeschadet der Feststellung, daß man einen ähnlichen Grad formaler Vollendung wie bei Conrad Ferdinand Meyer oder vergleichbare Stufen symbolistischer Verdichtung bei Saar wohl vergeblich suchen wird. – Von besonderem Aufschluß sind nicht zufällig diejenigen seiner Gedichte, die sich schon in der Wahl von Metrum und Strophenform demonstrativ zu einer normativen klassizistischen Tradition bekennen.

Die Ode *Grillparzer* (1895) beschwört die Einsamkeit des Dichters fernab von Jahrmarkt und Volkstreiben. Saar betont die unbeachtet ungestörte Stellung des Grillparzer-Denkmals, zu dessen Enthüllung er sechs Jahre zuvor eine relativ konventionelle Stanzendichtung abgeliefert hat, und wählt dafür wohl absichtlich die sapphische Strophenform – eine Reverenz an den Dichter der *Sappho*! Die 1885 in Cottas Musenalmanach zusammen mit zwei anderen programmatischen Dichtungen veröffentlichte Ode *Italien* stellt der Skandinavien-Mode des naturalistischen Zeitalters die Kunstschätze des Südens und den «sonnigen Adel» seiner Landschaft gegenüber nicht ohne einen kritischen Seitenblick auf die Modernisierungstendenzen, die auch Italien ergriffen haben, und den touristischen Betrieb («des Schaugelds klingenden Pfennig»). Regelrecht ins Schelten kommt der Lyriker Saar – aber immer noch alkäisch gebändigt – angesichts der Befreiungstendenzen seiner unmittelbaren, von Nietzsche, dem Fahrrad und anderen Innovationen begeisterten, Gegenwart. Unter der Überschrift *Fin de siècle* erklärt er 1899:

> So jagt hinein denn jauchzenden Größenwahns
> Mit Korybantenlärm und in Fahrrad-Dreß,
> Elektrisch und auf Flugmaschinen –
> Jagt nur hinein in die nächste Zukunft!

Der Größenwahn des Übermenschen und das Niederreißen tradierter Satzungen beunruhigen Saar auch in der Ode *Chaos* aus dem gleichen Jahr, deren strenge Form gewissermaßen die in ihr thematisierte Dynamik zu bezwingen sucht.

Auch die soziale Lyrik Saars ist wohl in erster Linie als Versuch einer dichterischen Bewältigung oder Überwindung bedrohlicher Tendenzen der Gegenwart und nicht als parteiliche soziale Anklage zu lesen, wie es naturalistischem Verständnis entsprach. Das Gedicht *Der Ziegelschlag* (1886) beschreibt die dreckig-monotone Arbeit «Fahler Menschen, wie geknetet / Aus dem fahlen Lehm des Bodens» als eine Art ästhetischen Weltuntergang. «Die Entarteten» im gleichnamigen Gedicht von 1899 werden unter dem Zwang ihrer Erbanlage – «schon als Embryos belastet» – zu Verbrechen oder Selbstmord getrieben; Saar nimmt hier offenbar zeitgenössische Theoreme von Lombroso und Nordau auf. Andere Texte zu sozialen ‹Problemgruppen› verraten noch mehr über die Ängste und Komplexe ihres Verfassers. So spiegelt im Gedicht *Das Judenweib* (1887) der Traum der jüdischen Straßenhändlerin vom Aufstieg ihrer sieben Kinder offenbar eher die Ängste der nichtjüdischen Bevölkerung vor einer jüdischen Dominanz in Kultur und Politik wider.

Und die imaginäre Anklage, die das lyrische Ich aus dem stummen
Gruß des Arbeiters heraushört (in: *Arbeitergruß*, 1883), entspricht dem
schlechten Gewissen des bürgerlichen Intellektuellen angesichts der
körperlichen Strapazen einer notleidenden Unterschicht, wie es übrigens
auch im II. Akt von Hauptmanns *Einsamen Menschen* erörtert wird.
Nur als Beitrag zu unfreiwilliger Komik kann der heutige Leser wohl
die Selbstverteidigung zur Kenntnis nehmen, mit der der Dichter im
Geiste vor dem Arbeiter seinen scheinbaren Müßiggang rechtfertigt,
nämlich in eine analoge Arbeitsfron umdeutet:

> Du hast ja nie erfahren
> Des Geistes tiefe Mühn,
> Und ahnst nicht, wie die Schläfen
> Mir heiß vom Denken glühn;
>
> Du ahnst nicht, wie ich hämmre
> Und feile Tag für Tag –
> Und wie ich mich verblute
> Mit jedem Herzensschlag!

Das lyrische Ich dieses Gedichts steht zu seinem realen Verfasser in einer
ähnlichen Identitätsbeziehung wie die Erzählinstanz der meisten Saar-
Novellen zum Novellenautor. Die Thematisierung der eigenen Flaneur-
Existenz entspricht offenbar einem Grundbedürfnis des Dichters Saar
– auch und gerade in der Bestimmung seines Verhältnisses zum anderen
Geschlecht. Besonderes Interesse verdienen in dieser Hinsicht die «Drei
Frauenbilder» Saars, die 1885 in Friedjungs *Deutscher Wochenschrift*
erschienen, bestehend aus den Gedichten *Das junge Weib*, *Die Zigeunerin*
und *Die Post-Elevin*. Das «junge Weib», dem der bürgerliche Spaziergänger in einem ärmlichen Dorf begegnet und das dem männlichen Voyeur
«malerisch verkürzt / Den kräft'gen Leib bei tiefem Niederbücken»
zeigt, scheint ähnlich wie der Arbeiter des eben zitierten Gedichts die
Legitimation des müßigen Betrachters zu bestreiten: «Was habt Ihr denn
so groß mich anzustaunen?» Diese Worte bleiben freilich unausgespro-
chen; statt dessen zeigt die Frau, die sich unbekümmert wäscht, dabei
ihre «weißen Zähne». Von diesem Symbol vitaler, vielleicht schon raub-
tierhafter Energie – man vergegenwärtige sich zum Kontrast den Stellenwert schadhafter Zähne in Thomas Manns *Buddenbrooks* – ist der
Flaneur allerdings so heftig betroffen, als sei eine «offene Wunde»
berührt worden, «Die heute noch gar mancher schweigend trägt / In seines Herzens tiefgeheimstem Grunde.» Ist es die Wunde unerfüllter
Sexualität? Ist es die Angst des Bürgers vor der Unterschicht?

In ambivalenter Mischung begegnen beide Affekte im Gedicht *Die
Zigeunerin* wieder, das man nicht umsonst mit Saars Novelle *Die Tro-*

glodytin in Verbindung gebracht hat – hier wie dort werden Merkmale sozialer Vernachlässigung, ja Verwilderung durch erotische Anziehungskraft ausgeglichen oder rufen diese wohl eigentlich erst hervor. Jedenfalls kleidet der zerrissene Kittel der Zigeunerin das «Weib» weit besser als die Uniform die angehende Postbeamtin, der sich das dritte «Frauenbild» Saars zuwendet (*Die Post-Elevin*). Die Einpassung der jungen Frau in einen gleichgültigen bürokratischen Apparat erscheint Saar, der sich hier ganz als Sohn des Biedermeier erweist, als Versündigung an der weiblichen Natur – wie er auch nicht müde wird, der Frauenbewegung den Willen zur Aufhebung der natürlichen Geschlechtsdifferenzen oder gar lesbische Motive zu unterstellen (so auch im Gedicht *Fin de siècle*).

Die Spannung zwischen Sexualität und Entsagung bildet eine Dominante auch in Saars lyrischem Werk. Im frühen Gedicht *An eine junge Holländerin* (1873) schließt sich an eine fast impressionistische Ausgangsszene, wie wir sie ähnlich auch bei Liliencron finden könnten – das junge Mädchen und das lyrische Ich im Wartesaal des Bahnhofs von Rom –, eine weitausgreifende Allegorie an, die die Rückfahrt der schönen Unbekannten in die nördliche Heimat zu einem Bild erotischer Entsagung, die Weiterfahrt des lyrischen Ich in Richtung Neapel dagegen zum Aufbruch in «dunkle Tiefen / Unruhvollen Erdendranges» umdeutet. Konträr dazu sieht das gleichfalls freirhythmische Gedicht *Der Trauermantel* (1879) die Rolle des Dichters im traditionellen Bild des Schmetterlings vorgegeben, der «Tief verlangend und doch entsagungsvoll, / Über des Lebens / Holden Verheißungen schwebt». Spätere Gedichte wie *Taedium vitae* und *Novemberlied* von 1885 bekräftigen die Absage an Liebe, Leben und Lebenslust im Zeichen Schopenhauerscher Entsagungsphilosophie. Am krassesten drückt sich die Verzweiflung über die ewig gleiche «Drangsal» des Daseins wohl im Gedicht *Miserere!* (1886) aus. Der «himmelstürmende Aufschrei» geht hier im Einerlei eines Lebenszyklus unter, der kein Ende der Qual kennt – selbst die «apokalyptischen Reiter» ordnen sich als «von Zeit zu Zeit» wiederkehrendes Periodikum dem Modell der ewigen Wiederkehr ein.

Saars Auseinandersetzung mit Tod und Vergänglichkeit ist vor diesem Hintergrund von Schopenhauers Philosophie zu sehen, bezieht aber auch die Erfahrung geschichtlichen Wandels ein. In der *Nänie*, die Saar als treuer Schiller-Verehrer 1898 dem Gedenken seiner drei Jahre zuvor gestorbenen Gönnerin Reichsfürstin Elisabeth zu Salm-Reifferscheid widmet – und zwar auf demselben Schloß Blansko in Mähren, in dem sie ihm einen Wohnsitz eingerichtet hatte –, überträgt sich der Tod der Schloßherrin auf das Leben der Künste, ja die Natur. Wenn Saar abschließend die Aussicht auf die «jüngeren Geschlechter» anfügt, die sich hier einst des Frühlings freuen mögen, an die früheren Bewohner aber nie heranreichen werden, wiederholt er eine poetische Grundidee aus seiner

Novelle *Schloß Kostenitz.* Schon in seinem Gedicht *Auf einen alten Schloßpark* hatte er das Symbol des Parks mit der Vorstellung einer geschichtlich überholten Epoche verknüpft:

> Hier weh'n noch Matthissons schwermüt'ge Lieder,
> Hier blüht und duftet noch die blaue Blume,
> Und wandelt Stillings Geist noch auf und nieder.

Eine ähnliche Verknüpfung von Kunst und Park liegt ja auch dem oben angeführten Gedicht *Belvedere in Wien* zugrunde. Sie bestimmt auch die Karikatur der «geheimnisvoll / Umzirkten Zaubergärten» des Ästhetizismus im satirischen Gedicht *Neue Kunst* (1899). Und sie liegt der sehr persönlichen Auseinandersetzung mit Hamerling im Gedicht *Einem Zeitgenossen* zugrunde; der mißgünstige Generationsgenosse erscheint darin in gleicher Weise wie der Verfasser vom Zeitgeist bedroht. Kaum zufällig stellt sich der Vergleich mit Bäumen, etwa eines Gartens oder Parks, ein: «Verkümmert ich in meinem ersten Schusse – / Und du entlaubt, durchhöhlt – gefällt zum Schlusse.»

Es entbehrt nicht einer gewissen Ironie, daß gerade die melancholische Reflexion über den Zeitenwechsel zum Tageserfolg werden kann. So geschah es Saar mit den im Jahr seines sechzigsten Geburtstags publizierten *Wiener Elegien* (1893). Die andauernde Beliebtheit des Zyklus hat mehr als lokalpatriotische Gründe. Sie hat auch einiges mit dem Modell zu tun, das Saar hier – eine Glanztat des Epigonen – in raffinierter Weise bemüht. Denn auch Goethes *Römische Elegien* beschwören die im Titel genannte Stadt als Sitz von Kunst und (sinnlicher) Liebe aus der Distanz. An die Stelle der räumlichen Entfernung Goethes von Rom, der sich nach der Rückkehr in die Heimat ja geradezu verbannt fühlte und daher ganz bewußt auf das Urbild von Ovids Exildichtung *Tristia* zurückgriff, tritt bei Saar die zeitliche Entfernung von jenem Wien, das er als Kind erlebt hat und nur in bestimmten Bereichen der inneren Stadt, spurenweise auch in der Vorstadt noch wiederfindet:

> Sieh, da sind sie ja noch, die Vorstadtstraßen, die alten,
> Die jetzt mit schwellender Fracht klingelnd die Trambahn befährt.
> Freilich prunken auch sie schon mit neuem und neuestem Wesen.
> Aber ich spüre den Hauch früherer Tage darin.

Je weiter sich der flanierende Betrachter jedoch vom Zentrum entfernt und über die kleinbürgerlichen Vorstädte hinweg in die Proletarierviertel der Peripherie vordringt, desto größer wird die elegische Distanz zum Ideal, und der melancholische Tonfall schlägt unversehens in politische Besorgnis um (mit wörtlichem Anklang an die erste *Römische Elegie*):

> Schaudernd empfind' ich es jetzt: in stolzen Palästen nicht – hier nur
> Webt sich dein Schicksal, o Wien – webt sich das Schicksal der Welt.

Das ist aber auch schon das Äußerste an unangenehmer Gegenwart, was Saar seinen Lesern zumutet. Der Zyklus gewinnt seine ästhetische Einheit aus der nostalgischen Verklärung Wiener Volkslebens – beim «Heurigen» in Grinzing etwa – und der Zusammenschau der einzelnen städtischen Bereiche zu einem in sich gerundeten Kosmos. Der angedeuteten räumlichen Totalität entspricht der Zyklus der Jahres- und Lebenszeiten, die hier mit kunstvoller Absichtlichkeit verschränkt sind. Die Abfolge der fünfzehn Elegien vollzieht einen Rundgang durchs Jahr (von Frühling zu Frühling). Zugleich wird durch die Erinnerung des alternden Mannes an seine Jugend ein biologischer Lebenszyklus angedeutet, der sich konkretisiert, wenn in der vierzehnten Elegie die Schule in der Nachbarschaft des Dichters beschrieben wird (nachdem seine eigenen Erinnerungen ans Schottengymnasium schon der fünften Elegie zu überdurchschnittlichem Umfang verholfen haben). Allerdings hat der Betrachter einige Schwierigkeiten, sich oder seine eigenen Anfänge in der heutigen Jugend wiederzufinden:

> Schmächtiger Knabe, erhobenen Haupts hinwandelnd im Schwarme,
> In dir reift mir gewiß bald ein Kollege heran.
> Dichtest du etwa schon jetzt an einem veristischen Drama,
> Das in der Klinik beginnt und am Seziertisch verläuft?

Er tröstet sich mit der richtigen Einsicht, daß auch bei den «kleinen Erneuerern der Menschheit» die Bäume nicht gleich in den Himmel hineinwachsen werden. Ein sprichwörtliches Naturgleichnis stellt das natürliche Gleichgewicht wieder her, verankert die Gegenwart scheinbar glückbringend in jener Struktur der ewigen Wiederkehr, die in anderen Gedichten Saars (*Taedium vitae, Miserere!*) doch geradezu Lebensekel und Verzweiflung herbeigeführt hat.

2. *Ada Christen und Felix Dörmann*

In Saars *Geschichte eines Wienerkindes* schreibt die weibliche Hauptfigur einen autobiographischen Enthüllungsroman; der Ich-Erzähler, dessen Gestalt stark an Saar selbst erinnert, wird im Vorfeld der Veröffentlichung um Rat gefragt. Wahrscheinlich hat Saar hier wie in anderen Zügen der Erzählung an Ada Christen gedacht, die Verfasserin der *Lieder einer Verworfenen*, die 1868 in Wien Furore machten. Nur dank seiner Hilfe (und womöglich Zensur) hatte die krasse Außenseiterin, ein scheinbares Naturkind des literarischen Lebens, überhaupt einen Verlag gefunden (immerhin: Hoffmann & Campe in Hamburg – passend zum Heine-Ton vieler ihrer Gedichte!) und ein druckfertiges Manuskript zustande gebracht. In einem ihrer «Lieder» thematisiert sie die Anpassung an literarische Normen als etwas ihr Wesensfremdes, vielleicht in kritischer Anspielung auf Auseinandersetzungen mit ihrem literarischen Mentor:

> «Dein Vers hat nicht das rechte Maß»,
> So will man mich verweisen,
> «An Fluß und Glätte fehlt es ihm» –
> Und wie sie's sonst noch heißen.

Sie zählen an den Fingern ab,
Verbessern wohl zehnmal wieder;
Ich leg' die Hand auf mein blutendes Herz,
Was das sagt, schreib' ich nieder.

Man braucht sich freilich nur des oben zitierten Saar-Gedichts *Arbeitergruß* zu erinnern, um sich zu vergegenwärtigen, wie sehr die Vorstellung vom Herzblut als Tinte selbst schon zum festen Motivbestand der
Literatur gehörte. Ada Christens vermeintliche Erneuerung der Lyrik
aus der Authentizität ihres eigenen Erlebens war nicht so sehr eine literarische Revolution als eine kulturgeschichtliche Sensation. Das Aufsehen, das sie vor allem mit ihrem ersten Band erregte – ihm folgten im
gleichen Stil und mit ähnlichem Inhalt die Sammlungen *Aus der Asche*
(1870), *Schatten* (1873) und *Aus der Tiefe* (1878) –, war dem einen entscheidenden Umstand geschuldet, daß es sich hier um das ‹Coming out›
einer Prostituierten handelte.

Ada Christen hieß eigentlich Christiane Frideriks, war in der Wiener Vorstadt
Liechtental in ärmlichen Verhältnissen aufgewachsen und hatte sich mit fünfzehn Jahren einer wandernden Schauspieltruppe angeschlossen. Mit dieser kam
sie nach Ungarn, wo sie als Zwanzigjährige 1864 den Richter Siegmund von
Neupauer heiratete. Nach dem frühen Tod ihres Mannes nach Wien zurück-
gekehrt, scheint sich die junge Frau, wie es in einem ihrer Gedichte heißt, «in
Bacchus Namen getauft und der Frau Venus geweiht» zu haben. Es sind die
Erfahrungen dieser Jahre, die sie in ihren Gedichten und – noch ungeschmink-
ter – im autobiographischen Roman *Ella* (1869) verarbeitete, den sie nach ihrer
Ehe (1873) mit dem Unternehmer Adalmar von Breden aufzukaufen versuchte.
Das offene Haus, das das Ehepaar führte, ist ebenso wie die Anfänge des Ner-
ven- und Herzleidens, dem die Dichterin nach langer Krankheit erlag, in Saars
Geschichte eines Wienerkindes eingegangen.
    «Ich sage nämlich die Wahrheit u. die Welt schimpft und kauft.» Ada Christens
Bemerkung (in einem Brief an den Schriftsteller und Kritiker Heinrich von
Littrow vom August 1869) über ihre Tätigkeit für die Preßburger Zeitung *Donau*
könnte auch für Entstehung und Rezeption ihrer Gedichtbände gelten. Wenn
man jedoch weiß, daß ihre «unanständigen» Kolumnen in der *Donau* mit «Satanella» gezeichnet waren und daß sie das Auftreten der «vielen Husaren» in
ihrem Enthüllungsroman selbst damit erklärt, daß er «ursprünglich für die
‹Wehrzeitung›, also für ein militärisches Publikum bestimmt war», wird der
erhebliche Anteil von Inszenierung am Erscheinungsbild dieser in jenen Jahren
«ums tägliche Brot» (an Littrow im Juni 1869) schreibenden Autorin deutlich.
Ohne ihr Unrecht tun zu wollen, könnte man sagen, daß sie sich gerade in ihrer
literarischen Praxis prostituierte, indem sie nämlich vorgefaßte Männererwar-
tungen vom Leben und Charakter einer Dirne erfüllte bzw. bediente.
    Für die Prägung der Frau durch männliches Denken findet ein Gedicht des
Bandes *Aus der Tiefe* ein aggressives Bild. Das in der Er-Perspektive gehaltene
Gedicht beginnt mit den Worten «Warum sie lieben?»; in der zweiten Strophe
gibt sich der Mann, den man mit Rosa Mayreder als «herrischen Erotiker»
bezeichnen könnte, als menschlicher Raubvogel zu erkennen:

[. . .] doch wenn ich suchend drücke
Die Fänge meines Geistes in ihr Hirn,
Dünkt mich, daß hinter dieser hohen Stirn
Ein Etwas liegt, das einst gefehlt dem Glücke.

Die zeitgenössischen Rezipienten – und das waren überwiegend Männer – nahmen Ada Christen für die, als die sie sich gab: als schreibende Dirne. Der Skandal war Teil eines literarischen Rollenspiels, bei dem den Lesern und Kritikern prinzipiell zwei Reaktionen offenstanden: Empörung über den Tabubruch – einen potenzierten Tabubruch, wenn man die geschlechtsspezifische Sexualmoral der Zeit bedenkt – oder die Erhebung über die Schranken der konventionellen Moral im Sinne menschlicher Toleranz. Für die letztere Haltung entschied sich z. B. Theodor Storm, der sich im Briefwechsel mit der Autorin zwar erschüttert darüber zeigte, «daß Sie den heiligen Frauenleib [. . .] um Lohn preisgaben», aber zum Schluß kommt, es handle sich um «Lieder einer – *nicht* Verworfenen». Der Wille zur Kunst als Entsühnung des Lebens! Messalina oder Magdalena – so könnte man im Sinne von Littrows (auf Wunsch Ada Christens zurückgezogener) Rezension die Rezeptionsalternative bezeichnen. Eine vermittelnde dritte Option deutet sich in Paul Lindaus abfälliger Besprechung *Ada Christens Lieder und andere Unglücksfälle* vom September 1869 an: «Madame Tartuffe mit der Nummer der Sittenpolizei». So wenig eine solche Einschärzung wohl dem Charakter der Autorin gerecht wird – die Ambivalenzen ihrer zeitgenössischen Wirkung, einer Wirkung gewissermaßen mit doppeltem Boden, und das Moment von Selbstinszenierung, das dem Auftreten Ada Christens objektiv anhaftet, werden in der Anspielung auf den Heuchler Molières treffend zum Ausdruck gebracht.

Gut zwei Jahrzehnte nach dem Debut Ada Christens sorgte in Wien erneut ein aufs Erotische spezialisierter Lyriker für Aufsehen: Felix Dörmann, der ironischerweise eigentlich Felix Biedermann hieß, mit den Gedichtbänden *Neurotica* (1891) und *Sensationen* (1892). Der Gegensatz zum ‹Fall Christen› könnte freilich nicht größer sein: statt einer Frau ein Mann, statt der Unterschicht Herkunft nunmehr die Zugehörigkeit zum gehobensten Bürgertum, statt der Berufung auf gelebtes Leben die dezidierte Nachahmung literarischer Vorbilder. Dörmann geht von der Literatur aus (und bleibt in ihr stecken) selbst da, wo er auf persönliche Erfahrungen verweist und beispielsweise gegenüber Schnitzler mit der Zahl seiner Geliebten renommiert. Die Vorbilder, an denen er sich orientiert, entstammen der französischen Moderne im Übergangsbereich von Ästhetizismus und Décadence; in erster Linie sind Baudelaire (Leben und Werk) und Huysmans (hier vor allem der Roman *A rebours*) zu nennen. In seinem Essay *Das junge Österreich* fällt Hermann Bahr 1893 das fast schon abschließende Urteil über den Autor, der übrigens auch als Baudelaire-Übersetzer hervortrat:

«Er redet nicht aus dem Leben: er redet immer aus fremden Literaturen. Seine Schmerzen sind von Baudelaire und seine Wünsche sind von Swinburne. Sich verkündet er nirgends. So ist er wie nur je der schlimmste Epigone, nur daß er andere Muster nimmt, welche sich dem neuen Geschmacke nähern. Anfangs durfte man meinen, daß er sich eben erst suchte und im Erwerbe der Mittel noch befangen war. Aber er sucht jetzt schon etwas lange.»

Bahr wußte, wovon er sprach. Denn genau die gleiche Analyse könnte man von seinen eigenen frühen Werken abgeben, vor allem von seinem Roman *Die gute Schule*, mit dem Dörmanns Lyrik verschiedene Motive teilt. Die Anlehnung an die Franzosen betrifft zunächst das Frauenbild in der bald epochentypischen Aufspaltung von ‹femme fatale› und ‹femme fragile›, sodann die Auffassung der Liebe als pathologisches, tendenziell sado-masochistisches Phänomen. Nicht umsonst ist in den *Neurotica* ein Gedicht *Satanella* überschrieben (einst Pseudonym der Kolumnistin Christen!), ein anderes *Madonna Lucia*. Dabei bedeutet «Madonna» offenbar soviel wie «Domina»:

> Ich will meine Zähne vergraben
> In Deinem knirschenden Haar,
> Im Blutrausch will ich vergessen,
> Daß ich ein Anderer war.
> Ich weiß, Du kannst genießen.
> Unfaßbar, riesenhaft stark,
> Wohlan, so genieß mich, Lucia –
> Es schreit nach Fäulnis mein Mark.

Bei aller sensationslüsternen Kraßheit der Motive deutet sich hier immerhin ein Grundmotiv der Wiener Moderne an: die Problematik der Ich-Spaltung, des Anders- oder Ein-Anderer-Seins je nach Zeit oder persönlicher Konstellation. Der Orgasmus, wie Dörmann ihn auffaßt, ist gewissermaßen das maximale Paradigma jener sensualistischen Impulse, die Bahrs Nervenkunst-Konzept vor der Schwelle des Bewußtseins abfangen und fixieren wollte. In *Satanella* heißt es:

> Wieder wirft und biegt sich mein Leib
> In markaussaugenden Krämpfen der Lust ...
> Durch jede Nervenfaser bebt ein Sturm ...
> – – – – – – – –

Pünktchen und Striche markieren die Grenzen der Darstellungsmöglichkeiten, und zwar weniger mit Rücksicht auf Zensur oder Dezenz

(wie es für die Gedankenstriche in Schnitzlers *Reigen* zutrifft) denn als
Hinweis auf die Grenzen der bewußten Wahrnehmung.

Dem sensualistisch-impressionistischen Ansatz steht, und zwar im selben Gedicht, die erklärte Vorliebe des Verfassers für ästhetizistische Interieurs und
Farbarrangements gegenüber:

> Blaugrünes Ampellicht
> Flutet in vollen Strömen
> Wie zitternder Weihrauchdampf
> Wie phosphorschimmernde Mondesgloriole [. . .]

In dieser Treibhauswelt fehlen selten die künstlichen Blumen der Décadence –
etwa die geruchlosen Gardenien, mit denen sich Robert de Montesquiou (Vorbild für Prousts Baron Charlus und Huysmans' Des Esseintes) zu schmücken
pflegte, weil ihm der Duft von Blumen zuwider war, oder die Tuberosen, die im
Kontrast dazu für ihre stark duftende Blüte bekannt waren: «Da – plötzlich –
löstest Du mit rascher Hand / Aus deinem Brustbouquet zwei Tuberosen / Und
gabst sie mir [. . .].» Das ist fast schon eine Hingabe. An anderer Stelle in den
Sensationen (deren Titel im ursprünglichen Wortsinn von «Empfindungen» zu
verstehen ist) heißt es: «Und ihre Hände, die so zärtlich kosen / Sie duften süß
und krank wie Tuberosen.» Noch seinem letzten Lyrikband sollte Dörmann
1920 den Titel *Tuberosen* geben.

Vom ersten hat sich vor allem die Erinnerung an das Gedicht *Was ich liebe*
erhalten, das mit dem Bekenntnis zu Narzissen-Frauen beginnt, in denen offenbar der Typ der ‹femme fatale› mit dem der ‹femme fragile› verschmilzt:

> Ich liebe die hektischen, schlanken
> Narzissen mit blutrothem Mund;
> Ich liebe die Qualengedanken
> Die Herzen zerstochen und wund;
>
> Ich liebe die Fahlen und Bleichen,
> Die Frauen mit müdem Gesicht,
> Aus welchen in flammenden Zeichen,
> Verzehrende Sinnenglut spricht;
>
> [. . .]
>
> Ich liebe, was niemand erlesen,
> Was keinem zu lieben gelang:
> Mein eigenes, urinnerstes Wesen
> Und alles, was seltsam und krank.

Das Bekenntnis zu einer dekadenten Lebensform hätte damals auch der Wahl-
Wiener Richard Schaukal unterschrieben. Sein Gedichtband mit dem bezeichnenden Titel *Meine Gärten. Einsame Verse* (1897) exponiert typische Motive des
Fin de siècle wie Salome und die Sphinx. Schaukal sprach im Rückblick von
einem «Hauptwerk des deutschen Symbolismus». In Wahrheit dürfte seine frühe
Lyrik ebenso wie die Dörmanns eher ein Beispiel für die modeartige Veräußerlichung modernistischer Tendenzen im Umkreis des Jungen Wien darstellen.

3. Hofmannsthal

Als 1890 in Wien die erste große Mai-Demonstration der österreichischen Arbeiterbewegung stattfand – gewissermaßen in Konkurrenz zum örtlichen Blumenkorso, der traditionell am 1. Mai abgehalten wurde –, notierte ein sechzehnjähriger Gymnasiast im Prater auf einer Visitenkarte sechs künstlich gedrechselte (auch in der Mitte gereimte) Langverse. Die ersten beiden lauten:

Tobt der Pöbel in den Gassen, ei, mein Kind, so lass ihn schrei'n
Denn sein Lieben und sein Hassen ist verächtlich und gemein!

Die Verse schließen mit dem Credo: «Schöne Wahrheit lebt allein.» Das Lebensgefühl der Jung-Wiener Poeten – ihre Distanz zur Politik, ihr Entrücktsein von materiellen Nöten – läßt sich kaum deutlicher charakterisieren.

Doch was ist damit über das Werk des angehenden Lyrikers ausgesagt, der sich damals «Loris» nannte? Hugo von Hofmannsthal gilt vielen seiner Kritiker – zumal mit seinem lyrischen Schaffen – als Vertreter einer lebensfernen aristokratischen oder elitären Literatur. Der oft und nicht zuletzt von Karl Kraus damit verknüpfte Vorwurf der Epigonalität wurde übrigens vom selbstkritischen Autor vorweggenommen (im Gedicht *Epigonen*, 1891). Angesichts der Vorliebe vor allem seiner Frühzeit für traditionsreiche Formen (Ghaselen- und Sonettenkränze, Stanzen, Hexameter etc.) und angesichts einer Reihe subtiler Goethe-Anklänge auch noch in seinen bedeutendsten Texten ist er nicht ohne weiteres von der Hand zu weisen.

Dennoch stehen der hohe Rang der lyrischen Begabung Hofmannsthals und sein maßgeblicher Anteil an der Entwicklung der Moderne außer Frage. Auf dem Höhepunkt seiner lyrischen Produktivität, die sich vor allem auf die Jahre 1891–1896 konzentriert und nach der Jahrhundertwende weitgehend versiegt, übertrifft er sogar Stefan George in der Vollendung der sprachlichen Form und ihrer differenzierten Anpassung an höchst individuelle und komplexe Ausdrucksbedürfnisse. Dabei ist es ihm im Gegensatz zu dessen dezidiert ästhetizistischer Haltung auch in der Lyrik wesentlich um die Vermittlung von «Kunst und Leben» zu tun (wie der Titel eines Vortrags Hofmannsthals von 1896 heißt). Die zitierten Verse des Sechzehnjährigen sind mithin durchaus nicht für die geistigen Bestrebungen und die weitere Entwicklung dieses Lyrikers repräsentativ.

Hofmannsthals Lyrik gewinnt ihr eigentümliches Profil durch neuartige Formen der Verbindung von Subjektivität und Welt, durch das Bemühen um angemessenen dichterischen Ausdruck für die Erfahrung von Totalität. Und zu letzterer gehört auch die gesellschaftliche Realität, wie schon das frühe Gedicht *Siehst du die Stadt?* (1890) zeigt. Seine letzte Strophe lautet:

Die dunkle Stadt, sie schläft im Herzen mein
Mit Glanz und Glut, mit qualvoll bunter Pracht:
Doch schmeichelnd schwebt um dich ihr Wiederschein,
Gedämpft zum Flüstern, gleitend durch die Nacht.

Im Entwurf war zunächst von einem «ungeheuren Riesenbakchanal» die Rede: «da schäumt das heiße Blut». Die Erfahrung der Großstadt und ihres Konfliktpotentials äußert sich hier nicht direkt, wie in der naturalistischen Lyrik, sondern im Prisma mythologischer (vor allem Nietzsche entliehener) Bilder. Im scheinbaren Schlaf der Stadt verbirgt sich das immer wache Leben; da auch der Sprecher des Gedichts und der von ihm Angeredete darin involviert sind, kommt es zu einer Vermittlung zwischen Subjekt und Objekt und kann auch der Beobachtungsakt – und darin hat man die grundlegende Modernität des Gedichts gesehen – zum Objekt der Beobachtung werden.

Der Lebensbegriff, von dem diese Kunst- und Weltauffassung ausgeht, ist wesentlich durch Nietzsche und Schopenhauer geprägt. In ebendieser Reihenfolge vollzieht sich, soweit wir das rekonstruieren können, Hofmannsthals philosophische Lektüre, doch muß man bei einer so außerordentlich belesenen und kosmopolitischen Intelligenz eine Fülle geistiger Impulse und auch indirekte Rezeptionsvorgänge (z. B. Vermittlung von nietzscheanischem Gedankengut durch Bourget und Barrès) unterstellen. Als sensibler Teilhaber am ‹Zeitgeist› berührt sich der junge Hofmannsthal eng mit Argumenten der Machschen Erkenntnistheorie. Denn die Infragestellung der Individualität, die Auflösung des «unrettbaren Ichs» (Bahr) ist der entscheidende Gesichtspunkt, unter dem sich dieser Autor den Lebensbegriff Schopenhauers und Nietzsches aneignete.

Daß diesem theoretischen Wissen auch eine sehr persönliche Affinität und ein tiefes eigenes Erleben entsprochen haben müssen, deuten Hofmannsthals spätere Aufzeichnungen *Ad me ipsum* (ab 1916) unter dem Begriff der «Präexistenz» an. Seine frühe Lyrik nähert sich den Phänomenen der Persönlichkeitsauflösung, -spaltung und -überschreitung vor allem auf zwei Wegen, für die sich – in Anlehnung an Hofmannsthals eigene Reflexionen – die Begriffe Mystik und Magie eingebürgert haben. Den ersteren Weg repräsentieren zunächst einige Gedichte (in vierzeiligen Strophen) von 1892, deren Titel an herkömmliche Natur- oder Stimmungslyrik erinnern: *Wolken, Vorfrühling, Regen in der Dämmerung.*

Die daktylisch aufgelockerten zwei- bis vierhebigen Verse erreichen eine außerordentliche Musikalität: Der sprachliche Vorgang löst gewissermaßen die Konturen des Gegenständlichen auf und bewirkt eine Durchdringung von Außen- und Innenwelt, die an mystische Vorbilder gemahnt. Zugleich scheint der dichterische Prozeß selbst thematisch zu werden. In zunehmendem Maße läßt sich das Naturbild in *Wolken* als Beschreibung einer frei schweifenden Phantasie oder als Selbstreflexion bzw. Poetik der hier praktizierten Form von Lyrik lesen:

> Ein lautloses Gleiten,
> Ledig der Schwere,
> Durch aller Weiten
> Blauende Leere.

In *Vorfrühling* ist es der Wind (man darf an die theologische Bedeutung von «Odem» oder «spiritus» denken), der von «seltsamen Dingen» kündet und so gewissermaßen zum Symbol eines ‹inspirierten› Dichtens wird. Er wird wie ein lebendes Wesen beschrieben und ist zugleich Musik oder Kunst:

> Er glitt durch die Flöte
> Als schluchzender Schrei,
> An dämmernder Röte
> Flog er vorbei.

Die Selbstverständlichkeit, mit der in den Gedichten von 1892 eine All-Einheit besungen oder eigentlich ersungen wird, ist in den Terzinen-Dichtungen von 1894 nicht mehr gegeben. Die *Ballade des äußeren Lebens* entfaltet in den ersten vier Versgruppen das Panorama einer Welt, der jeder subjektive Sinn und Zusammenhang abhanden gekommen ist. Die lange Reihe von Und-Verknüpfungen betont das Fragmentarische aller Phänomene und die Monotonie des Immer-Gleichen. Dem nachdenklichen Charakter der ganzen Gedicht-Gruppe entsprechend – Hofmannsthal selbst sprach von «reflectierenden Terzinen» –, folgt eine Serie von Fragen, die die Kluft zwischen «uns» und den Dingen, die Einsamkeit der Seele in der Welt noch verschärfen, bis ein einziger ominöser Satz so etwas wie eine Lösung andeutet:

> Und dennoch sagt der viel, der «Abend» sagt,
> Ein Wort, daraus Tiefsinn und Trauer rinnt
>
> Wie schwerer Honig aus den hohlen Waben.

Tiefsinn und Trauer herrschen auch in den Terzinen *Über Vergänglichkeit*, entstanden unmittelbar nach dem Tod Josephine von Wertheimsteins, deren Villa einen Mittelpunkt des literarischen Lebens in Wien gebildet hatte. In Frageform wird die Grunderfahrung der Vergänglichkeit («Daß alles gleitet und vorüberrinnt») mit der Idee einer – wie es in Entwurfsnotizen heißt – «ewigen physischen Continuität» konfrontiert. Ziel des Autors war der poetische Nachweis einer mystisch begründeten Unsterblichkeit: «Wir sind eins mit allem was ist und was je war, kein Nebending, von nichts ausgeschlossen.» Ebendiese Position wird Hofmannsthal in seinem Vortrag *Der Dichter und diese Zeit* (1906) dem Autorsubjekt zuweisen: kauernd unter der Treppe des Hauses, als ein Knecht bei den Hunden, aber gerade dadurch in Verbindung mit dem gesamten Leben und Treiben. In dem zwölf Jahre früher entstandenen Gedicht veranschaulicht die Form der Terzinen mit ihren Reimverklammerungen von Strophe zu Strophe aufs suggestivste das Grundgefühl einer quasi fließenden Verbundenheit von Ich und Welt, der Einheit des Enkels mit den toten Ahnen, des erwachsenen Bewußtseins mit dem «stummen und fremden» Kinder-Ich.

Kinder bilden ein Leitmotiv in den Terzinen-Dichtungen von 1894. Kinder mit tiefen Augen wachsen auf und sterben, Kinder schlagen wie Träume die Augen unter Kirschbäumen auf, kleine Mädchen mit großen Augen wissen um ihren Tod und sind – als Traumgestalt «niegeliebter Frauen» – «unsäglich rührend anzuschauen». Der vorbewußte Zustand sichert dem Kind unmittelbare Teilhabe am Lebensprozeß, zu dem auch der Tod gehört; die Totalität dieses Lebens wird gerade in der Zusammenstellung von Jung und Alt, Werden und Vergehen faßbar. Einem ähnlichen Grundgedanken entspringt auch das späte Dialoggedicht *Großmutter und Enkel* (1899); in der Stunde ihres Todes gleicht die alte Frau der Braut ihres Enkelsohns. Das Gedicht wurde in der Zeitschrift *Jugend* veröffentlicht, und zwar in einer Nummer, die dem 150. Geburtstag Goethes gewidmet war – noch Ort und Anlaß des Erscheinens sind durch den Doppelsinn von Vergangenheit und Zukunft geprägt.

«So eins mit mir, als wie mein eignes Haar», lautete die Schlußzeile von *Über Vergänglichkeit*. Sie wiederholt sich fast wörtlich im letzten Vers des 1895 entstandenen Terzinen-Gedichts *Ein Traum von großer Magie*: «Und lebt in mir, wie ich in meiner Hand.» Freilich wird die All-Einheit hier auf anderem Wege erzeugt; an die Stelle der mystischen Versenkung in die Fülle der Erscheinungen tritt die Beschwörung einer magischen Macht über das Leben, an die Stelle der sensibel-einfühlenden Diktion der früheren Terzinen-Dichtungen ein visionäres Pathos:

> Dann warf er sich mit leichtem Schwung der Lenden,
> Wie nur aus Stolz, der nächsten Klippe zu,
> – An ihm sah ich die Macht der Schwere enden.

Auf seiner Griechenlandreise von 1908 sollte Hofmannsthal eine ähnliche Magier-Vision zuteil werden: Platon schwebt an ihm vorüber «wie Geister, die mit geschlossenen Augen gehen» (*Augenblicke in Griechenland*). Bezüge auf Goethe und Michelangelo sind nachweislich in das Gedicht eingegangen, das gegen Ende mit einem veritablen – Schopenhauer entnommenen – Paracelsus-Zitat aufwartet. Darüber hinaus erinnert die herrische Gebärde der Magier-Erscheinung an Stefan George, oder richtiger: an dessen Wirkung auf seine Zeitgenossen und ganz besonders auf den jungen Hofmannsthal. Dieser lernte George im Dezember 1891 im Wiener Café Griensteidl kennen; in mehreren kurzen Begegnungen, die wenige Wochen später in einem Eklat (mit Duelldrohung) endeten, entschied sich das Schicksal ihres gegenseitigen Verhältnisses. Der knapp achtzehnjährige «Loris» wurde durch George in seiner Rezeption des französischen Symbolismus entscheidend bestärkt, dessen Formensprache er sich mit verblüffender Perfektion aneignete; die Persönlichkeit des anderen bestätigte aber zugleich Hofmannsthals Vorbehalte gegenüber dem Absolutheitsanspruch einer solchen Kunst. Wahrscheinlich spürte er auch die homoerotische Komponente in der ihm angetragenen Allianz. Jedenfalls schreckte er vor dem Dominanzanspruch des Älteren zurück, in dem er zugleich eine grundsätzliche Attitüde des Künstlers gegenüber der Welt zu erkennen glaubte – nämlich die Position eines lebensfeindlichen Ästhetizismus.

Noch während Georges Anwesenheit in Wien verarbeitet Hofmannsthal die Begegnung mit ihm – vielleicht unter Rückgriff auf schon vorliegende Entwürfe – in zwei Gedichten: *Einem der vorübergeht* und *Der Prophet.* Der Titel des ersteren (eigentlich ein Baudelaire-Zitat) scheint schon das Ende der Beziehung vorwegzunehmen und wird von George – der seinen Brief an Hofmannsthal vom 10. Januar 1892 so unterzeichnet – entsprechend pikiert aufgegriffen. Das zweite Gedicht schildert die Beklemmung des Autors angesichts einer Kunstwelt, deren magische Zauberkraft mit dem Ausschluß des «Lebens» erkauft ist. Ein derart hermetischer Ästhetizismus erscheint geradezu als Bedrohung des Lebens:

> Von seinen Worten, den unscheinbar leisen
> Geht eine Herrschaft aus und ein Verführen
> Er macht die leere Luft beengend kreisen
> Und er kann tödten, ohne zu berühren.

Jahre später gestaltet Hofmannsthal die Selbstherrlichkeit des l'art-pour-l'art-Prinzips in der Rede des Kaisers von China: «In der Mitte aller Dinge / Wohne Ich der Sohn des Himmels». In gnadenlosen Trochäen reiht der Herrscher die Elemente einer Welt aneinander, die offenbar ganz und gar auf ihn selbst ausgerichtet, ja im Grunde seine eigene Schöpfung ist – «Bis ans Meer, die letzte Mauer, / Die mein Reich und mich umgibt» (*Der Kaiser von China spricht,* 1897). Als ummauertes und künstlich geordnetes Territorium ist das Reich der Mitte im Grunde ein überdimensionaler Garten.

In derselben Metapher des Kunst-Gartens, die uns schon aus Saars Lyrik bekannt ist, vollzieht sich 1891/92 die Auseinandersetzung Hofmannsthals mit Georges Ästhetizismus. Das Gedicht *Mein Garten* ist eine direkte Replik auf dessen Utopie eines rein künstlichen Gartens im *Algabal* (*Mein Garten bedarf nicht Luft und nicht Wärme*). Die Tendenz dieser Replik verrät schon die ursprüngliche Überschrift *Midas' Garten* – eine Anspielung auf den mythischen König, dem sich alles, was er anfaßte, zu Gold verwandelte und der darüber beinahe elend zugrunde gegangen wäre. Hofmannsthals Garten-Gedicht klagt dagegen den «Duft der Erde» ein. Im gleichen Sinne stellt das wenig später entstandene Gedicht *Die Töchter der Gärtnerin* das «duftend Bacchanal» eines Naturstraußes der tödlich-lockenden Schönheit eines Orchideen-Arrangements gegenüber. Hermann Bahr veröffentlichte beide Gedichte als «Schulbeispiele» des Symbolismus; auch Hofmannsthal selbst (und Schnitzler, dem er sie vorlas) hat sie als symbolistische Werke aufgefaßt.

Symbolismus heißt hier soviel wie: Kunst über Kunst, Selbstbezüglichkeit einer literarischen Praxis, deren Tendenz oder Problematik nur mit metaphorischen Mitteln zur Sprache gebracht wird. Noch im Zuge der Abgrenzung von George übernimmt Hofmannsthal also entscheidende Techniken aus dessen Schule. Und er blieb dieser trotz aller sachlichen Differenzen und persönlichen Spannungen auch so weit nahe, daß die *Blätter für die Kunst* (die vom Meister höchstpersönlich dirigierte Zeitschrift des George-Kreises) für viele Jahre das wichtigste Publikationsorgan seiner Lyrik wurden. Noch sein erster Gedichtband von 1903 erschien im Verlag der Blätter für die Kunst: in dreihundert Exemplaren von je 41 Seiten mit nicht mehr als vierzehn Gedichten! Die exklusive Auswahl bezeugt fraglos ein extrem entwickeltes Formgefühl und Anspruchsniveau; sie zeigt freilich auch, daß die hermetische Kunstauffassung des «Propheten» nicht spurlos am abtrünnigen Wiener Jünger «vorübergegangen» war.

Der Bezug auf Probleme der Kunst, vor allem die Frage nach ihrem Verhältnis zum Leben bleibt denn auch für einen wesentlichen Teil der Hofmannsthalschen Lyrik bestimmend. Die Gedichte *Erlebnis* (1892) und *Psyche* (1892/93) fuhren die Opposition von Leben und Kunstwelt fort und verknüpfen sie mit der Problematik des Todes. Das *Reiselied* (1897/98) gibt in bewußter Anlehnung an das Goethesche Mignon-Lied die Utopie eines abgeschiedenen Kunst-Landes, das im Fluge wahrgenommen wird und möglicherweise gar nicht mehr betreten werden darf. Die letzte Strophe heißt:

> Marmorstirn und Brunnenrand,
> Steigt aus blumigem Gelände,
> Und die leichten Winde wehn.

Der Brunnen ist ein altes romantisches Symbol der Poesie; auch Conrad Ferdinand Meyers Gedicht *Der römische Brunnen* macht sich diese Bedeutung zunutze. In Hofmannsthals Gedicht *Weltgeheimnis* (1894) wird der «tiefe Brunnen» zum Hort eines Wissens, das «einst» allgemein war und «jetzt» nur von Kindern, im Wahnsinn, im Traum und vor allem in der Liebe erahnt werden kann. «In unseren Worten liegt es drin» – hier deutet sich die Sprachkritik Hofmannsthals an, die im sogenannter *Chandos-Brief* gipfeln wird, aber schon im Tagebuch

von 1896 zu bemerkenswerten Feststellungen führt. Die Sprache wird dort
«das große Werkzeug der Erkenntnis» und zugleich «das große Werkzeug der Verkennung» genannt: «In ihren schwebenden Bildern verbirgt der Geist sich vor
sich selber. Sie scheint uns alle zu verbinden, und doch reden wir jeder eine
andere.» Noch bitterer äußert sich ein Epigramm von 1898:

> Manche Worte giebts, die treffen wie Keulen. Doch manche
> Schluckst du wie Angeln und schwimmst weiter und weißt es noch nicht.

Das Gedicht *Weltgeheimnis* beklagt zwar den Verlust des «Zauberworts», widerlegt sich aber selbst durch den intensiven Sprachzauber, den es vor allem mittels
Häufung dunkler Vokale und der beschwörenden Wiederkehr der Anfangszeile
entfaltet. «Ja, das Brunnenlied kenn' ich schon lange, fast als ob's mit mir geboren wäre; es ist unendlich», schreibt Richard Dehmel an Hofmannsthal im Juni
1896 nach Übersendung des Erstdrucks. Genau auf diese Wirkung scheint es der
Dichter abgesehen zu haben.

Sprachmagie überlagert die diskursive Mitteilung vollends in zwei Gedichten von 1896: *Nox portentis gravida* (zu übersetzen etwa: die wun-
derträchtige Nacht) und *Lebenslied*. Vor allem das letztere Gedicht hat
bei seinem Erscheinen in der kurzlebigen Wochenzeitung *Wiener Rundschau* für Aufsehen gesorgt: durch seine «völlige Unverständlichkeit»,
wie Hofmannsthal selbst im Dezember 1896 an Clemens von Franckenstein schreibt. In späteren Äußerungen zeigt er sich verwundert über
die damalige Reaktion, da es sich doch um «allereinfachste Naturbeob-
achtungen» und eine ganz reale Geschichte handle, an die er sich gehalten habe. Die ästhetische Wirkung ist unabhängig von diesem Hintergrund, oder richtiger: sie basiert wohl nicht zuletzt auf der Rätselhaftig-
keit, die bestimmte vorgegebene Motive in Hofmannsthals konzentrie-
render Fassung gewonnen haben. Das Getragensein im Ganzen kommt
in der hymnischen Form des Gedichts eindringlich zum Ausdruck.

Andere Gedichte aus der Mitte der neunziger Jahre rücken die Frage
nach dem menschlichen Schicksal, der Stellung des Menschen in der
Welt, seinem Bewußtsein von sich und dem Leben ins Zentrum. Dazu
gehört das sogenannte *Schicksalslied* von 1895/96 (den Titel gab Borchardt dem Gedicht dreißig Jahre später), beginnend mit der Zeile:
«Manche freilich müssen drunten sterben». Die ersten drei Strophen führen den hier eröffneten Gegensatz von Unten und Oben, Schwer und
Leicht fort, wobei soziologische mit psychologischen und religiösen
Parametern vermischt werden. Den «andern», so heißt es mit Anklang
an das Parzenlied aus Goethes *Iphigenie*, seien «die Stühle gerichtet /
Bei den Sibyllen, den Königinnen». Den in die Sterne gesetzten Stuhl
kennt der Hofmannsthal-Leser schon aus dem unmittelbar zuvor entstandenen *Traum von großer Magie* (er ist Teil des oben erwähnten Para-
celsus-Zitats). Wie auch immer wir diesen Stuhl zu begreifen haben –
das lyrische Ich des Gedichts setzt sich nicht auf ihn. Seine Botschaft ist

vielmehr die Vermittlung zwischen Oben und Unten, Heute und Gestern, Nah und Fern: «Und mein Teil ist mehr als dieses Lebens /
Schlanke Flamme oder schmale Leier.»

Ein fast moralisches Pathos deutet sich hier an, das sich im Gedicht
Der Jüngling in der Landschaft (1896) wiederfindet: Das Erlebnis der bewohnten Natur führt dort ganz unmittelbar zur Wahrnehmung der
«Weltgeschicke» und zur Bereitschaft, «an unbekannter Schwelle / Ein
neues Leben dienend hinzubringen». Das Sonett *Die Beiden* (1896)
beschreibt einen ähnlich jähen Übergang, freilich zum Negativen: Die
selbstsichere Ruhe eines «Er» und einer «Sie», in den beiden Quartetten
an symbolischen Gesten festgemacht (der Becher in der Hand, das ge-
bändigte Pferd), findet in der Begegnung von Mann und Frau ein tragisches Ende: «Und dunkler Wein am Boden rollte». Den Verlust einer
ursprünglichen Harmonie beschreibt auch das Gedicht *Ein Knabe*
(1896), dessen zwei Teile ein nicht-entfremdetes Dasein mit einem
höher entwickelten Bewußtseinsstand konfrontieren, der zwar die
Schönheit kennt, aber auch die Angst vor dem Tod.

Wie schon das Beispiel von *Die Beiden* gezeigt hat, gewinnen dramatische
Strukturen für Hofmannsthals Lyrik zunehmende Bedeutung. Während das genannte Sonett ohne direkte Rede auskommt und seine Wirkung gerade der Voll-
kommenheit verdankt, mit der die seelische Problematik hier in Gebärden
gefaßt ist, setzen zahlreiche Gedichte dialogische Elemente ein (z. B. *Psyche*,
Großmutter und Enkel). Oft nimmt auch das Schriftbild den Charakter eines
Dramentextes an – mit Sprecherbezeichnungen (*Gesellschaft*, 1896; *Gespräch*,
1897) und Regieanweisungen (*Der Jüngling und die Spinne*, 1897). Von einem
Ensemble von Rollengedichten, wie es das Gedicht *Gesellschaft* bietet (die persönlichen Vorbilder aus Hofmannsthals Freundeskreis ganz ins Allgemeine ver-
wandelnd: Sängerin, Fremder etc.), ist es nur ein Schritt zum Dramentyp des
Kleinen Welttheaters. Umgekehrt konnte das Rollengedicht *Der Kaiser von China
spricht* einfach aus dem *Kleinen Welttheater* herausgetrennt werden, als für den
Abdruck in der Zeitschrift *Pan* Kürzungen notwendig wurden.

Man kann in dieser Formtendenz Anzeichen der sich vorbereitenden Wende
zum «Sozialen» erkennen, wie sie Hofmannsthal für sich selbst in Anspruch
nahm. Unter diesem Gesichtspunkt verdient das Gedicht *Botschaft* (1897) besondere Beachtung. Es ist angelegt als Einladung an einen Dichter: In freundschaftlicher Geselligkeit will der Sprecher mit dem Adressaten «redend / Die Landschaft uns vor Augen in ein Reich / der Seele» (ver)wandeln. Die Einsamkeit
kann aufgehoben werden durch eine Dichtung, die der Gemeinschaft verwandter Seelen entspringt und bleibende Erinnerung stiftet. Eine Erinnerung, in die
die Gegenwart des Todes eingeschlossen ist, auf den mehrere bildliche Details
des Gedichts verweisen, nicht zuletzt die rätselhaften Jünglingsfiguren, die den
Zugang zum Gartenturm bewachen – als Anregung dienten die berühmten
‹Sklaven› Michelangelos, die für das Grabmonument von Papst Julius II.
bestimmt waren. Hofmannsthal hat sich mehrfach zur Analogie zwischen Dichtung und Totenbeschwörung wie auch zur Herleitung des Symbols – als Wesen
der Poesie – aus dem Blutopfer (im *Gespräch über Gedichte*, 1904) bekannt.

Als geselliger Poet erweist sich der Lyriker Hofmannsthal in mehreren
Briefgedichten von großem Charme. Sie richten sich vor allem an seine
literarischen Kollegen Beer-Hofmann und Dehmel. Ersterem gilt z. B.
ein Urlaubsgruß aus Bad Fusch vom 22. Juli 1892 mit folgenden
Anfangszeilen:

> Dieses ist zwar nicht mein Versmaß,
> Lieber Richard, aber manchmal
> Ist es gar nicht unvergnüglich
> Einen fremden Stil zu schreiben,
> Wenn es regnet. Und es regnet
> Seit 3 Tagen und 3 Nächten.

Das Versmaß (vierhebige Trochäen) ist aber gar nicht so untypisch für
den Verfasser. Hofmannsthal hat es auch in seinem Prolog zu Schnitzlers
Anatol verwendet, der oft als Inbegriff für die geistige Atmosphäre des
Jungen Wien zitiert wird:

> Also spielen wir Theater,
> Spielen uns're eig'nen Stücke,
> Frühgereift und zart und traurig,
> Die Komödie unsrer Seele [. . .].

Wie in seinem Prolog gleichen Versmaßes zu *Der Tor und der Tod* entwirft Hofmannsthal das Bild eines Rokoko-Wien: In dessen kunstgesät-
tigtem Rahmen bewegen sich die Akteure der literarischen Moderne als
Schauspieler eines alten Stücks. Gewissermaßen spiegelt sich hier die
Tradition der Gattung, denn der dramatische Prolog ist ein eigentlich
überlebtes Genre, das anderen Dichtern neuerer Zeit – wenn sie es
überhaupt auf sich nehmen – allenfalls schweißtriefende Blankverse ent-
lockt. Nicht so bei Hofmannsthal, der außerdem seinen *Tod des Tizian*
sowie das erste und einzige Drama einer Wiener Bekannten (Clara Loebs
Schattenbilder, 1896) mit einem hochrangigen Versprolog versieht und
überhaupt kaum eine Gelegenheit auszulassen scheint, bei der er als Prologsprecher hervortreten kann: so 1893 bei einer Vorführung lebender
Bilder im Hause der befreundeten Familie Oppenheimer oder 1892 bei
einer Wohltätigkeitsveranstaltung im Urlaubsort Strobl. Offenbar sind es
gerade die Bindung an den äußeren Anlaß und (in den meisten Fällen)
der theatralische Kontext, die diesen Autor zur Produktion reizen.

Hofmannsthal zeigt sich grundsätzlich sehr aufgeschlossen gegenüber
dem schon zu Goethes Zeit – freilich mit Ausnahme Goethes! –
geschmähten Genre der Gelegenheitsdichtung. Zu Grillparzer- und Goe-
the-Feiern verfaßt er Jubiläumsgedichte, und gleich drei Schauspieler
erhalten poetische Nekrologe aus seiner Feder. Die Verse auf den Tod
Friedrich Mitterwurzers (1898) und Hermann Müllers (1899) gehören

zum Kernbestand von Hofmannsthals Dichtung. Denn im proteischen
Wesen des Schauspielers, in seinem Bedürfnis und Vermögen zu einem
unentwegten Rollenspiel findet dieser Autor ein hervorragendes Exempel der ihn auch sonst beschäftigenden Tendenz zur Auflösung der Persönlichkeit, zur Aufhebung des principium individuationis im ewig
wechselnden Leben, aber auch Gelegenheit zur dämonischen Vertiefung
des Charakters und zur Analyse seiner schizoiden Spaltung. Mitterwurzer, heißt es, «hieb [...] sich selbst in Stücke»: «Jago war / Vielleicht das
eine, und die andre Hälfte / Gab einen süßen Narren oder Träumer.»
Das «innerliche Schicksal», von dem der Leib des Schauspielers «glühte»
– war es das Schicksal von Dr. Jekyll und Mister Hyde (Stevensons
Roman war 1886 erschienen)? In der *Reitergeschichte*, entstanden im selben Jahr wie der Mitterwurzer-Prolog, sollte Hofmannsthal die Problematik der Persönlichkeitsspaltung vertiefen, und als Dramatiker wird er
die Rollenexistenz des Menschen in großem Maßstab ausloten.

4. Rilke

So sehr der spätere Rilke Kosmopolit war und so abschätzig er sich gelegentlich über seine Heimatstadt Prag geäußert hat, seine Anfänge sind
doch in markanter Weise durch das besondere Klima der Moldaustadt
geprägt – durch ihre multikulturelle Situation einerseits, in der die
Deutschen nur eine schrumpfende Minderheit darstellten, die sich
einem wachsenden tschechischen Autonomieanspruch ausgesetzt sah,
und durch ihre geopolitische Lage, gewissermaßen auf halber Strecke
zwischen Wien und Berlin. Für Rilke wie für viele andere deutschsprachige Autoren aus dem Prag der Jahrhundertwende sollte sich die Anziehungskraft der preußischen Metropole letztlich stärker erweisen als die
politische Bindung an die österreichische Hauptstadt.

Unsere Wahrnehmung dieser Zusammenhänge ist freilich dadurch ver-
dunkelt, daß Rilke späterhin die literarische Produktion seiner Anfangsjahre nicht mehr anerkannte und sein eigentliches Schaffen erst von
der Berliner Zeit an datierte; als erstes halbwegs gültiges Werk betrach-
tete er die dort entstandene Gedichtsammlung *Mir zur Feier* (1899), die
die meisten seiner Werkausgaben allerdings nur in der überarbeiteten
Fassung von 1909 enthalten. Das davor liegende Frühwerk – Rilke-Phi-
lologen sprechen distanzierend vom «frühesten Werk» – mußte den Meister und seine Interpreten schon deshalb in Verlegenheit setzen, weil es
so außerordentlich – umfangreich war. In einer wahren Schreibwut
wirft der neunzehn- bis vierundzwanzigjährige Autor Jahr für Jahr neue
Gedichtausgaben auf den Markt, die zusammen mit den andernorts veröffentlichten oder handschriftlich überlieferten Texten ein Corpus von

mehreren hundert Gedichten ergeben, dessen Quantität nun freilich durchaus nicht durch eine entsprechende Qualität gedeckt wird.

Es handelt sich um ein Sich-Frei-Schreiben durch Abarbeitung an der überlieferten, vielfach klischeehaft erstarrten Sprache und im Durchgang durch den Stilpluralismus des Jahrhundertendes. René Maria Rilke, wie sich der Dichter vor der Begegnung mit Lou Andreas-Salomé nannte, imitiert und kombiniert zunächst bedenkenlos spätromantische, naturalistische und bald auch symbolistische Versatzstücke. Auf den Erstling *Leben und Lieder* (1894) folgt zu Weihnachen 1895 (mit der Jahreszahl 1896) die in einem Prager Verlag erscheinende Sammlung *Larenopfer*. Sie trägt ihren Titel insofern zu Recht, als hier den Hausgöttern der Vaterstadt geopfert wird; die Gedichte beschwören großenteils Prager Baulichkeiten – man hat von einem romantischen Baedeker gesprochen – und tschechische Traditionen. Durch die Brille eines romantischen Volkspoesie-Begriffs wird dem tschechischen Volk und seiner Überlieferung gehuldigt. Eine Reverenz vor der Bevölkerungsmehrheit, die vor dem Hintergrund des emotional aufgeheizten Nationalitätenkonflikts in der österreichisch-ungarischen Monarchie keineswegs selbstverständlich war. Rilke versteht sich als Vermittler zwischen den Fronten, warnt allerdings auch vor einem radikalen tschechischen Nationalismus und versteht seine Form des poetisch-kulturellen Brückenschlags als vorbildlich (so im Gedicht *Freiheitskämpfer*).

Man wird freilich den politischen Stellenwert des *Larenopfers* nicht überschätzen dürfen. Größeres Gewicht hat die subjektive Dimension: der Versuch des tendenziell heimatlosen, sozial schwach verankerten Intellektuellen, auf literarischem Wege Heimat(lichkeit) herzustellen, Anschluß an eine Gemeinschaft zu finden. So erklärt sich wohl auch die eigenartige Aktion, mit der Rilke das erste seiner *Wegwarten*-Hefte (1896) «dem Volke schenkt», wie er es selber nennt, nämlich unentgeltlich an Krankenhäuser, Handwerkervereine etc. abgibt. *Das Volkslied* heißt das erste darin abgedruckte Gedicht; seine letzte Strophe beginnt mit den Zeilen: «Und große Dichter, ruhmberauschte, / dem schlichten Liede lauschen sie». Eine Erneuerung der Dichtung aus der Tiefe der volkstümlichen Überlieferung scheint sich anzukündigen. Sie findet ihre veränderte Fortsetzung in der Poetik der Alltagssprache, zu der sich Rilke in einem Gedicht vom November 1897 bekennt. Es ist den «armen Worten, die im Alltag darben» gewidmet: «Sie sind noch niemals im Gesang gegangen / und schauernd schreiten sie in meinem Lied.» Schon im *Larenopfer* zeichnet sich das kreative Vermögen dieses Lyrikers zur Erzeugung ungewohnter Reime und zur Integration neuartigen Sprachmaterials ab.

Schon die nächste Gedichtsammlung, die Ende 1896 erschien, setzt deutlich andere, nämlich symbolistische Akzente. Der Titel *Traum-*

gekrönt verweist ebenso wie das einleitende *Königslied* auf die inneren Reiche der Phantasie, die den Künstler zum Herrscher haben. George löst alsbald Liliencron als das bisherige Vorbild des jungen Autors ab. Der Wechsel nach München im Herbst 1896 bringt dem Zweiundzwanzigjährigen neue Kontakte, vor allem die Begegnung mit Lou Andreas-Salomé (1897). In der ihr gewidmeten unveröffentlichten Sammlung *Dir zur Feier* (entstanden 1897/98) besingt Rilke die gemeinsame Liebe im Zeichen des ihm sich damals erschließenden monistischen Weltbilds:

> Einmal, am Rande des Hains,
> stehn wir einsam beisammen
> und sind festlich, wie Flammen –
> fühlen: *Alles ist Eins.*

Die Idee des Lebensfestes und das Bekenntnis zum Monismus bilden auch wesentliche Momente der komplementären Sammlung *Mir zur Feier*, die gleichzeitig entsteht, im folgenden Winter zusammengestellt wird und 1899 erscheint. Der Titel spiegelt die Konsequenzen, die Rilke aus der (wohl wesentlich durch Lou Andreas-Salomé vermittelten) Neuaneignung Nietzsches gezogen hat: Bejahung des Lebens, auch des eigenen Lebens im Sinne jener neuen Daseinsfrömmigkeit, wie sie sich im *Florentiner Tagebuch* vom Mai 1898 ausspricht: «Und daß ich in diesem stillen Licht MIR entgegengehe, ich, der Pilger, dem Ich, das König ist und ein Rosenreich hat und eine Sommerkrone mitten im Leben von Enrigkeit her» Ihr großgeschriebene Ich bezeichnet weniger die faktische Individualität des Autors als die Utopie seines Ichs bzw. seines Dichtens; es ist ein futurisches Ich, analog zu den jungen Mädchen, denen die Mädchenlieder desselben Zyklus huldigen. Auch hier handelt es sich nicht um konkrete Personen, sondern um Utopien, eine imaginäre Verdichtung jener Konzeption einer nichtentfremdeten Weiblichkeit, zu der Rilke offenbar durch Lou Andreas-Salomé angeregt wurde. Eine stilistisch adäquate Ergänzung bilden die Illustrationen, mit denen Ludwig von Hofmann eine Auswahl dieser Gedichte im *Pan* (1898) begleitet hat.

Zukunftsweisender als solche Jugendstilvisionen erscheinen im Rückblick diejenigen Texte, in denen der so überaus produktive Lyriker von der Erfahrung der Sprachkrise eingeholt zu werden scheint. Im November 1898 notiert er in Berlin-Schmargendorf Verse, in denen sich neben der Sprachskepsis auch schon die Ding-Ästhetik seiner nächsten Schaffensphase ankündigt. «Die Dinge singen hör ich so gern», bekennt der Dichter, der die Sprache der Menschen als Mordanschlag auf die Dinge fürchtet:

> Ich fürchte mich so vor der Menschen Wort.
> Sie sprechen alles so deutlich aus:
> Und dieses heißt Hund und jenes heißt Haus,
> und hier ist Beginn und das Ende ist dort.

IV. DEUTSCHLAND

1. Liliencron, Falke, Hille

Der wichtigste Neuansatz in der deutschen Lyrik der achtziger Jahre geht von einem Autor aus, der sich zeitlebens als das Gegenteil eines Literaten verstand. Der ehemalige Berufsoffizier, Amerika-Heimkehrer und (höchst unkonventionelle) Verwaltungsbeamte in holsteinischen Diensten Detlev von Liliencron, ein gebürtiger Freiherr, tritt mit knapp vierzig Jahren erstmals an die literarische Öffentlichkeit. Seine *Adjutantenritte und andere Gedichte* (1883) fallen aus dem Rahmen durch die eigenartige Vermischung prosaischer und lyrischer Formen, eine Mischung, die so überhaupt nur möglich und plausibel wird, weil die Lyrik Liliencrons durch eine Grundtendenz zur Prosa, ja zur gezielten Prosaisierung bestimmt ist. Liliencron hat sich in verschiedenen Gedichten, u. a. im langen Monolog (in sechshebigen Trochäen) *An meinen Freund, den Dichter* (1890), von der Weltfremdheit einer konventionellen Mondscheinpoesie distanziert. Im autobiographischen Gedicht *Verbannt* (1883), das seine Tätigkeit als Hardesvogt auf der Nordseeinsel Pellworm spiegelt, konfrontiert er die hehre Stilebene epigonaler Liebeslyrik mit der handfesten Natur seiner Beziehung zu einem «Fischermädel»:

> Die Worte: Busen, duften, kosen, wallen
> Sind alte deutsche Worte, schön verstehlich.
> Der Dichter bringt sie gern in ganzen Ballen,
> Aus unsrer Sprache sind sie unverwehlich.
> Wie kommt es, daß sie garnicht mir gefallen;
> Ich finde scheußlich sie, ganz unausstehlich.
> Um meinen Busen kosen Moikens Locken
> Und wallen, duftend, dann ihr auf die Socken.

Die Hinwendung zu einer sinnlichen Welt- und Naturerfahrung, die Liliencron der Poesie als Remedium verordnet, äußert sich in seiner Lyrik zunächst als Offenheit gegenüber den Einzelheiten der Realität, die in ihrer substantiellen Disparatheit und auch sprachlichen Heterogenität (Fremdwörter, Fachsprachen, Dialekt und Umgangssprache eingeschlossen) wahrgenommen und integriert werden. Als leitendes Prinzip der Organisation dient dabei immer wieder die Subjektivität eines lyrischen Ich, das sich sehr klein machen kann und z. B. im nachfolgend zitierten Gedicht *Four in hands* (später: *Viererzug*, erstmals in: *Adjutan-*

tenritte) nur im einzigen Personalpronomen «mir» direkt greifbar ist. Aber schon die räumlichen Angaben (vorne, neben, hinten) geben nur Sinn mit Bezug auf eine bestimmte Perspektive, die implizit auch in der Gegenständlichkeit enthalten ist, von der das Gedicht berichtet – nämlich nicht von Pferden, sondern von ihren Köpfen, die man vom Wagen aus wahrnimmt, nicht von Mädchen, sondern von ihren Zöpfen und nicht von Hunden (die man vom Kutschsitz gar nicht sieht), sondern von ihrem Gebell:

> Vorne vier nickende Pferdeköpfe.
> Neben mir zwei blonde Mädchenzöpfe,
> Hinten der Groom mit wichtigen Mienen,
> An den Rädern Gebell.
>
> In den Dörfern windstillen Lebens Genüge,
> Auf den Feldern fleißige Spaten und Pflüge,
> Alles das von der Sonne beschienen
> So hell, so hell.

Die Struktur, die sich hier ablesen läßt, ist typisch für zahlreiche Gedichte Liliencrons: Anfang und hauptsächlichen Inhalt bildet eine Fülle einzelner Sinneseindrücke, deren unmittelbare – im sprachlichen Nachvollzug dem Wahrnehmungsprozeß angepaßte – Wiedergabe man immer schon als «impressionistisch» aufgefaßt hat. Am Schluß dagegen eine Wendung ins Allgemeine, Bedeutende oder Bewertende, die so etwas wie die Interpretation des Betrachters oder die Botschaft an den Leser enthält. So erschließt sich im vorliegenden Fall weder der Fleiß noch das Genügen der ländlichen Bevölkerung einer oberflächlichen Wahrnehmung; ihre Feststellung beruht vielmehr auf einer Interpretation der Realität ebenso wie das abschließende «So hell, so hell», dessen Doppelheit zwar die Spontaneität einer Interjektion hat, das aber zugleich den Gesamteindruck formuliert, unter dem sich das Erinnerungsbild im Rückblick darbietet.

Einen konsequent sensualistischen Aufbau zeigen – und einen entsprechend suggestiven Stimmungszauber entfalten – mehrere Gedichte Liliencrons, die festliche Gesellschaften mit Tanz und Musik schildern – so die Siziliane «*Die Anbetung der heiligen drei Könige*» (Veroneses Bild hängt gegenüber dem von «Gelächter, Glasgeklirr und Kauen» umgebenen Ich des Gedichts), die Blankversdichtungen *Ländler* und *Ballade G-Moll* (1888) und das Doppelgedicht *Festnacht und Frühgang* (1890). Der Rhythmus des Walzers und mit ihm die Hektik des Festbetriebs werden in den Daktylen des ersten Teils perfekt imitiert; die nachfolgenden jambischen Strophen bringen die Wendung ins Subjektive und Persönliche: «Wir wandern durch die stumme Nacht, / Der Tamtam

ist verklungen» – «Die Menschen all im Lärm der Welt / Die hatten
wir vergessen.» In umgekehrter Wertung endet das *Ländler*-Gedicht mit
der Sehnsucht einer Prinzessin nach Anschluß ans Volkstreiben; sie
scheint sich damit von *Torquato Tasso* abzuwenden, der ihr eigentlich vor-
gelesen wird, und bestätigt doch nur die Wahrheit der Goethe-Verse,
die wörtlich in das (ganz in Blankversen gehaltene) Gedicht integriert
sind: «Beschränkt der Rand des Bechers einen Wein, / Der schäumend
wallt und brausend überquillt?»

Im Zeichen eines solchen Aufbrausens und Überquellens hat Liliencron sein eigenes Leben inszeniert und seiner Dichtung zugrunde gelegt, die immer wieder ein selbstherrliches Ich an der Grenze oder jenseits gesellschaftlicher Konventionen zeigt. *Betrunken* führt uns in über
hundert freirhythmischen Versen den Weg eines männlichen Subjekts in
den Rausch vor. Es beginnt noch relativ gesittet, jedenfalls sprachlich ist
alles in Ordnung: «Ich sitze zwischen Mine und Stine, / Den hellblon-
den hübschen Friesenmädchen, / Und trinke Grogk. / Die Mutter ging
schlafen.» Am Ende hat das lyrische Ich die Kontrolle über seine Gedanken und die Möglichkeit, sich klar zu artikulieren, verloren; der Leser
glaubt sich in ein naturalistisches Drama versetzt, in dem die schädlichen Folgen des Alkoholismus unter Hinzuziehung von Pünktchen
und Gedankenstrichen demonstriert werden: «Ich will schlafen. / So,
Macbeth, / Tanzen, tan-zen. / Gu' Nacht, / I wer' müde, / Gu' Nach ...
/ – – – – / Wie – e?» In seiner *Revolution der Lyrik* hat Arno Holz
das Gedicht *Betrunken* als Muster der neuen Wortkunst gerühmt: «Da ist
alles bereits erreicht.» In einem Brief an Dehmel vom Oktober 1896
bezeichnet er Liliencron, und das bedeutet zweifellos eine große Anerkennung, als «gebornen Mosaikarbeiter». Als Mosaik von – sprachlich
suggestiv imitierten – Eindrücken und Empfindungen wird damals ja
auch der *Phantasus* entworfen.

In den Reihen der literarischen Moderne – von den Naturalisten über
Dehmel bis hin zum jungen Rilke – genoß Liliencron Sympathie und
Bewunderung; noch in den Brettl-Unternehmungen der Jahrhundertwende ist der bald sechzigjährige, dank seiner desaströsen finanziellen
Verhältnisse auf jeden Nebenverdienst angewiesene Autor ein gerngе-
sehener Gast – man tauft seine Balladen einfach zu Chansons um. Daß
sich seine mimetische Poesie, ganz abgesehen vom humorvollen Tonfall
und von der amourösen Thematik vieler Gedichte, exzellent zum Vortrag, auch zur Vertonung, eignete, versteht sich nach allem Gesagten.

Besonderer Beliebtheit erfreute sich das durch zahlreiche Lautmalereien auf-
fallende und in vielen Lesebüchern nachgedruckte Gedicht *Die Musik kommt*,
das den Vorbeizug eines Regiments schildert, mit der Militärkapelle an der
Spitze. Der Text kommt scheinbar den Vorlieben einer militärbegeisterten Zeit
entgegen, wenn er – mit «und dann» verknüpft – den Hauptmann, «die Herren

Leutnants» und die Grenadiere in der Reihenfolge des Dienstrangs Revue passieren läßt und dabei halb ironisch charakterisiert: «Der Hauptmann naht mit stolzem Sinn», «Der Grenadier im strammen Tritt» etc. Wenn das Treuegelöbnis zur Fahne anklingt («Der bleiben wir treu bis an das Grab»), setzt vorübergehend die Ironie aus; patriotische Herzen dürfen höher schlagen. Wenn dann das Gedränge der weiblichen Zuschauerschaft beschrieben wird («Schaut Mine, Trine, Stine aus»), ist die ironische Distanz wieder da und weitet sich der Blick auf das Ganze der Gesellschaft und des Lebens, das nicht nur aus marschierenden Männern, sondern auch aus häuslichen Frauen besteht und zu dem die Liebe ebenso wie der Kampf gehört. Der vorüberhuschende Schmetterling in der Schlußstrophe, in der übrigens wieder die Lautmalerei der Musik hervortritt, nimmt sich danach wie ein Lebens-, Liebes- oder Todessymbol aus.

Zwei kleine Lehren lassen sich aus der Betrachtung des Gedichts *Die Musik kommt* ziehen. Je banaler und äußerlicher die Gegenständlichkeit von Liliencrons Lyrik ist, desto stärker offenbar das Bedürfnis nach symbolischer Aufwertung, nachträglicher Vertiefung. Und je ungezwungener und spontaner die Hinwendung zur Realität verläuft, desto mehr Bedeutung erhalten Parallelismen und wörtliche Wiederholungen als Mittel einer kompositorischen Verdichtung. Einzelne Gedichte Liliencrons sind wahre Kunststücke der Wiederholung mit oder ohne Abwandlung, so die graziöse Telegrammstil-Episode *Der Handkuß* (1888) oder die *Schwalbensiziliane*, von deren acht Versen vier in übereinstimmendem Wortlaut den Schwalbenflug beschreiben: «Es jagt die Schwalbe weglang auf und nieder.» Die Zeilen dazwischen markieren grundlegende Stationen des menschlichen Lebens: frühe Kindheit, Jugend, Mannesalter und Tod; das Ganze schließt sich zu einer kleinen Allegorie des vergänglichen und sich doch ewig wiederholenden, durch die Jagd nach Nahrung und Glück bestimmten Lebens zusammen.

In Liliencrons so dezidiert dem Leben gewidmeter Lyrik ist der Tod in den verschiedensten Gestalten gegenwärtig: vom einsamen Sterben eines nicht gefundenen Soldaten im Kornfeld – der Titel *Tod in Ähren* ironisiert die patriotische Phrase «Tod in Ehren» – bis zu allegorischen Gestaltungen aberwitzigster Erfindung (z. B. in *Gespräch mit dem Tode*). Requisiten der antiken Mythologie dienen der Botschaft einer Vergänglichkeit, die nicht Abwertung des sinnlichen Lebens, sondern umgekehrt seine Rechtfertigung bedeutet. Besonders überzeugend gelingt das in den kurzen (scheinbaren) Naturgedichten *An der Grenze* und *Acherontisches Frösteln*. Ersteres verknüpft die Motive des Schwalben- und Schmetterlingsflugs mit knappen Andeutungen des Herbstes, um plötzlich in die Frage zu münden: «Was nähert sich, was schaukelt dort? / Die Hadesfähre? Ankunft: Wann?» Im anderen Gedicht ist die Mythologie primär im Titel enthalten, in der antiken Bezeichnung «Acheron» für das Totenreich oder den Totenfluß; der Gedichttext selbst zieht sich – darin Conrad Ferdinand Meyers Gedicht *Im Spätboot* ver-

gleichbar, das ja auf demselben Mythos beruht – ganz auf die Gegenständlichkeit einer Naturszenerie zurück, die schließlich doch wieder
den Blick auf eine Fähre (Charons Fähre?) und das «kalte Schweigen»
freigibt. «Ein kalter Hauch drang uns entgegen; fröstelnd / Zogst fester du
das Tuch um deinen Hals.» So heißt es im Gedicht *Kalter Augusttag*
(1879); die Unterwelt des Todes ist hier ganz in das Erlebnis der nordischen Landschaft integriert. Gleichfalls in Blankversen ist das 1880 entstandene Gedicht *Einer Toten* gehalten, ein Denkmal für die Freundin
Bertha Andresen. Bleibtreu preist es als «Meisterwerk» und «ganz realistisch gehaltenes Genrebild». Die Verstorbene wird gegenwärtig in
ihrer alltäglichen Anrede an den Trauernden (vom Blankvers in aller
Kolloquialität überliefert): «Ich seh inzwischen in der Küche nach, /
Daß uns die Erbsensuppe nicht verbrennt.» Erinnerte Alltagsrealität und
das Pathos der Trauer verbinden sich zum melancholischen Irrealis, mit
dem das Gedicht beginnt und aufhört: «Ach, daß du lebtest!» Die Wiederkehr der Anfangsverse am Schluß des Gedichts ist ein Beispiel für die
oben erwähnte Kompositionstechnik und zugleich ein diskreter Hinweis
auf den zyklischen Wechsel von Leben und Tod.

Neben den symbolischen Kurzformen kennt Liliencrons Lyrik aber
auch den Typ des ausgesprochenen Langgedichts. Gedichte wie *Sommertag* (in Knittelversen) oder *Ich war so glücklich* (in freien Rhythmen) erzählen ein Liebesabenteuer oder Ausflugs- und Reiseerlebnisse mit einer
Geliebten in aller Anschaulichkeit des unmittelbaren Empfindens und
unter Einbeziehung der ‹prosaischen›, aber durch das subjektive Empfinden – schon in der Gegenwart, erst recht in der Erinnerung – verklärten Realität. Die Fahrkarten werden ebensowenig vergessen wie das
Trinkgeld für den Schaffner; der Abschied (in *Sommertag*) wird rigoros
vollzogen: «Und bald schon saß ich im nächsten Zug, / Der rücksichtslos in die Ferne mich trug.» Eine sentimentale Coda versöhnt den Leser
mit der Konsequenz, in der hier offenbar das impressionistische Prinzip
des Eindrücke-Sammelns auf das Liebesleben übertragen wird.

Der Umfang anderer Langgedichte erklärt sich durch die Freiheit, mit der
sich das lyrische Subjekt der Dynamik der eigenen Reflexion und Empfindung
hingibt. Die sinnliche Wahrnehmung dient hier eher als Ausgangspunkt zur
Darstellung eines Bewußtseinsprozesses von eigener Dignität. So wendet sich in
Notturno das lyrische Ich angewidert von der entfremdeten Sinnlichkeit eines
Tingeltangel ab: «Wie widerwärtig / Die überlegnen, / Siegesbewußten Augen /
Von uns Männern. / Gierig, roh, erhaben-allherrlich, tierisch / Brennen sie /
Auf den unglückseligen Sängerinnen.» Das Stichwort «tierisch» erhält im weiteren Verlauf besondere Bedeutung. Denn das Ich, das sich nunmehr ins Freie
begibt, den Sternenhimmel sieht und das Horn des Nachtwächters hört, wird
sich bei seinem Gang durch Wald und Bruch der Daseinsgesetze der Natur
bewußt:

Hunger tut weh.
Und die unbewußte Furcht
Vor dem Tode
Durchzittert auch
Das kleinste Geschöpf.
Nächtliche Raubtiere,
Große, winzige,
Sind nun unterwegs.
Der jämmerliche Ruf
Eines im Nest
Überfallnen Vogels
Gibt mir Zeugnis,
Daß die Nacht den Tag
Getreulich abgelöst hat
Im ruhlosen Kampfe.

Das nächtliche Erlebnis des Kampfs ums Dasein im Sinne Schopenhauers und Darwins wirkt wie ein Vorgriff auf Hofmannsthals szenisches Gedicht *Der Jüngling und die Spinne*. Schon bei Liliencron wird die Gedichtform fast gesprengt; die Träume des Wanderers und eine abschließende Reflexion werden in Prosa eingeschaltet. Der Begriff der «Selbstzucht», den der Schluß wie eine ‹Moral› anbietet, fällt hinter die früheren Etappen des Textes zurück. Die ideologischen Grundlagen von Liliencrons Lyrik, die gerade in solchen reflektorischen Passagen in den Vordergrund treten, sind wesentlich konservativer und fragwürdiger als seine dichterischen Verfahren. Das zeigt sich auch im Langgedicht *Über ein Knicktor gelehnt* (1888), das von der Betrachtung eines reifen Roggenfelds direkt zur Wahrnehmung marschierender Truppen und zur Bejahung des Krieges überleitet, auch hier mit pseudodarwinistischen Argumenten:

Schrecklich sind der Kriegsbestie
Zerkauende Kiefer,
Aber nie werden sie ruhen,
So lange der Menschheit «verfluchte Rasse»
Die schöne Erde bevölkert.
Nur vorwärts, Grenadiere!
Kein Zagetreten!
Ihr verteidigt das Vaterland!

Der eminente Stellenwert von Krieg und Kampf in Liliencrons Lyrik erklärt sich nicht nur durch seine frühen Jahre als Offizier und die Teilnahme an den Feldzügen gegen Österreich (1866) und Frankreich (1870/71). In den heroischen Höhepunkten des soldatischen Lebens greift ein ähnliches Verhältnis zur Wirklichkeit, wie dieser Autor es in seiner Lyrik beschwört. Die in Einzelheiten zersplitterte Wirklichkeit erhält gerade in ihrer äußersten Fragmentarisierung («Anprall, Fluch und Stoß und Hieb») eine emotionale Bedeutsamkeit, wie sie die entfremdete Prosa der bürgerlichen Gesellschaft nicht gewährt. Im weiteren Verlauf des Gedichts *Rückblick* heißt es:

Sattelleere, Sturz und Staub,
Klingenkreuz und Scharten.
Trunken schwenkt die Faust den Raub
Flatternder Standarten.

Die Anlehnung an die Begrifflichkeit von Hegels Ästhetik wurde eben
bewußt gewagt, denn es gibt Anzeichen dafür, daß Liliencron von ähnlichen Voraussetzungen ausgeht. Vermittelt wurden sie ihm offenbar
durch den Hegelianer Friedrich Theodor Vischer, der ganz im Sinne seines Meisters die Entfremdung der modernen bürgerlichen Gesellschaft
konstatiert, jedoch gewisse «grüne Flecken» davon ausnimmt, in denen
sich das Subjekt noch wiederfinden könne. In präziser Anspielung darauf unterscheidet Liliencrons gleichnamige Siziliane «Drei grüne Fleckchen» – «im dürren Lebenssand, mich gern zu recken –»: nämlich
Kampf, Jagd und Liebe. Feind, Tier und Frau geben dem Leben und
Dichten des Mannes im 19. Jahrhundert die Möglichkeit einer aggressiv-
poetischen Selbstverwirklichung.

Der besondere Rang von Liliencrons Lyrik wird nicht zuletzt durch den Vergleich mit zeitgenössischen Autoren deutlich, die ihm in der Suche nach impressionistischen Ausdrucksformen am nächsten kommen. Der Hamburger Gustav
Falke kann wohl am ehesten als Liliencron-Schüler angesprochen werden, doch
findet seine in zahlreichen Gedichtbänden gesammelte Lyrik (u. a. *Mynheer der
Tod und andere Gedichte*, 1891; *Tanz und Andacht*, 1893; *Zwischen zwei Nächten*,
1894; *Neue Fahrt*, 1897) selten aus einer gewissen idyllisierenden Betulichkeit
und Pseudo-Naivität heraus. Das längere Gedicht *Die Bahnstation* (aus: *Mynheer
der Tod*) wirkt wie ein beschaulich-naturalistisches Gegenstück zu Liliencrons
Auf einem Bahnhof (1890).

Ein origineller Weggenosse erwächst Liliencron im Boheme-Poeten Peter
Hille, der gleichfalls im Briefwechsel mit ihm steht. Hilles *Seegesicht*, 1889 in
der *Gesellschaft* erschienen, weist offensichtliche Parallelen zu Liliencrons Gedicht *Vision* auf, das zuerst 1880 in den *Borbyer Sonderdrucken* publiziert wurde
und später den Titel *Schnell herannahender, anschwellender und ebenso schnell ersterbender Sturmstoß* erhielt. Hier wie dort geht es um den Spannungsbogen
von Windstille über Sturm und Brandung zu Windstille; Hille vergegenwärtigt
das zyklische Naturgeschehen unter Zuhilfenahme mythologischen Personals,
das der Dichtung Swinburnes oder der Malerei Böcklins entstammen könnte:
«Die Küste ruht. / Weites Tritonengetut, / Silberne Wunden der Flut, / Tobende
Augen der Wut.» Das zunehmende Drängen der Wogen wird als erotischer
Naturmythos nach dem Vorbild des Triumphs der Galathea imaginiert. Die
abflauende Bewegung endet in spiegelsymmetrischer Entsprechung zum Anfang:
«Erloschene Wunden der Flut, / Fernes Tritonengetut, / Stierende Augen der
Wut, / Die Küste ruht.» – Liliencron stürzte «in Gedanken auf die Knie», als er
in München erstmals Schacks Böcklin-Sammlung besuchte und u. a. das Gemälde «Meeresidyll» im Original kennenlernte. Der epochalen Faszination für
die Nixe hat er in dem Gedicht *Die Rache der Najaden* seinen Tribut entrichtet.

2. Storm und Fontane

Storm und Fontane, die beiden großen episch-lyrischen Doppelbegabungen des deutschen Realismus, hatten 1870 ihre hauptsächliche lyrische Schaffensphase längst hinter sich. Insbesondere Storm hat in den letzten beiden Jahrzehnten seines Lebens nur noch wenige Gedichte verfaßt, in der Mehrzahl Gelegenheitsgedichte ohne größeren Anspruch. Es bedurfte der Erschütterung durch das stärkste Trauma, das dieser konsequente Leugner einer persönlichen Unsterblichkeit kannte, es bedurfte der Herausforderung durch den Tod, um die lyrische Ader des alten Storm zum Fließen zu bringen. Zwei seiner bedeutendsten Gedichte überhaupt hat Storm 1875 und 1878 aus solchem Anlaß verfaßt: *Über die Heide* und *Geh nicht hinein.*

Das erste Gedicht schließt an die Naturlyrik seines Frühwerks an, doch werden die vertrauten Requisiten (Heide, Nebel, Frühling und Herbst) hier in neuer Verknappung geboten. Vier Zweizeiler daktylisch-trochäischen Versmaßes markieren den Schritt des Wanderers über die Heide, der – ein reales Phänomen, das Storm auch anderweitig erwähnt – eigenartig nachhallt. Die zweite Zeile gibt der Naturbeobachtung eine irrational-balladeske Deutung: «Dumpf aus der Erde wandert es mit.» Es ist die Präsenz des Totenreichs, die der Dichter vermehrt empfunden haben muß, als er zehn Jahre nach dem Tod seiner ersten Frau Constanze zum Begräbnis ihres Vaters, seines Onkels, fuhr. Eine Präsenz, die ausschließlich im eigenen Bewußtsein begründet ist, wie der Fortgang des Gedichts klarstellt: «Schwarz ist das Kraut und der Himmel so leer.» Nach dem Tod Gottes gibt es keine Hoffnung auf Leben und Liebesgemeinschaft über das Sterbedatum hinaus.

Drei Jahre später, am 22. Mai 1878, stirbt der begabte Sohn eines Husumer Freundes: der sechzehnjährige Theodor Reventlow, ein Bruder der späteren Schriftstellerin Franziska zu Reventlow. Storm schreibt am selben Tag an seinen Sohn Karl: «Ich war so eben bei dem Toten. Ein den Beschauer vernichtender Friede liegt doch über einer solchen Leiche.» In zähem Entstehungsprozeß formen sich in den folgenden Monaten die Verse, die im Jahr darauf in der *Deutschen Rundschau* erscheinen: *Geh nicht hinein.* Es ist die Warnung vor einem Blick auf die Leiche, die im Gedicht übrigens sprachlich gar nicht vorhanden ist, da es nur ein ominöses Neutrum kennt:

> Dort, wo er gelegen,
> Dort hinterm Wandschirm, stumm und einsam liegt
> Jetzt etwas – bleib! Geh nicht hinein! Es schaut
> Dich fremd und furchtbar an; für viele Tage
> Kannst du nicht leben, wenn du es erblickt.

So schließt die Rede eines fiktiven Sprechers (in Blankversen, dem Sprechvers des klassischen deutschen Dramas), der sich der schrecklichen Erfahrung ausgesetzt hat und sie einem anderen ersparen will. Vor diese Warnung, die sich auch kulturgeschichtlich interpretieren (nämlich als Hinweis auf die zunehmende Tabuisierung des Sterbeprozesses und der Leiche im 19./20. Jahrhundert verstehen) läßt, ist die Erinnerung an den Toten gestellt, in dreifacher Staffelung – als Erinnerung an sein jugendliches Leben in träumerischem Hingezogensein zu den Rätseln der Natur, symbolisiert in den Tropenpflanzen und ausgestopften Tieren des Knabenzimmers (ein erster Hinweis schon auf das Mysterium von Leben und Tod), an die zärtlichen Blicke des Schwerkranken und an das jähe Entsetzen, das haltsuchende Um-sich-Schlagen des Todesmoments, das auf die Anwesenden wie das Haupt der Medusa wirkt: «Daß ratlos Mitleid, die am Lager saßen / In Stein verwandelte». Der Sterbende fällt in einen Abgrund, den Abgrund des Nihilismus, und jedem, der das «Etwas» sieht, das danach an seiner Stelle liegt, droht der gleiche Schock. Storms Lyrik bewegt sich hier an der Grenze von Erlebnis- und Gedankenlyrik, an der Grenze auch dessen, was innerhalb der klassisch-romantischen Ästhetik, der sich dieser Lyriker letztlich noch verpflichtet fühlt, überhaupt mitteilbar ist. Wie ein Hinweis auf diese Grenze und das damit erreichte Ende seiner lyrischen Produktion wirken die letzten Verse des Gedichts, bestehend aus einer Wechselrede zwischen dem bis dahin stumm gebliebenen Adressaten und dem Sprecher:

> «Und weiter – du, der du ihn liebtest – hast
> Nichts weiter du zu sagen?»
>
> > Weiter nichts.

Neben solchem Lakonismus nimmt sich die späte Lyrik Fontanes fast redselig aus. Wie oben (siehe S. 546 f.) schon besprochen, gelingen ihm jenseits des fünfzigsten Lebensjahres, also in der Zeit seiner überwiegenden Hinwendung zur Erzählprosa, einige seiner bekanntesten Balladen (*Die Brück' am Tay, John Maynard, Herr von Ribbeck auf Ribbeck im Havelland*). Als Nachtrag ist hier noch die Knittelvers-Ballade *Die Balinesenfrauen auf Lombok* von 1895 zu erwähnen, eine kritische Auseinandersetzung mit dem europäischen Kolonialismus. Der Heroismus, mit dem sich die Balinesinnen – übrigens (was Fontanes Quellen verschwiegen) in Befolgung eines traditionellen Rituals – in den sicheren Tod stürzten, wird provokativ dem profitorientierten Zynismus der niederländischen Kolonialherren entgegengesetzt. Die heroische Welt seiner historischen Balladen ist Fontane dagegen schon in den siebziger Jahren verdächtig geworden. Nicht zufällig äußert sich seine Selbstdistanzierung von diesem «Balladenkroam» zuerst im plattdeutschen Geburtstagsgruß für Klaus Groth (1878), denn dessen Sprache selbst bewirkt schon eine Distanzierung vom hochgestochenen Ton des offiziösen Deutsch:

> Wat süll all de Lärm? Woto? Up min Seel,
> Det allens bumst un klappert to veel;
> [. . .]
> Wat läuschig is, dat wihr so min' Oart,
> Dat Best bliewt doch ümmer dat Menschenhart.

In der Sprache der alten Rhetorik müßte man wohl einen Wechsel vom «genus sublime» zum «genus humile» feststellen. In einem lapidar-programmatischen Gedicht aus den neunziger Jahren mit dem bewußt doppeldeutigen Titel *Auch ein Stoffwechsel* interpretiert Fontane die neue Stoffwahl seiner letzten Jahre, die Vertauschung des «Legendenlands» seiner Balladen und der Sedan-Verherrlichung seiner Kriegsbücher mit der Welt des täglichen Lebens, als anthropologisches oder Alters-Phänomen:

> In der Jugend ist man eben dreister,
> Mag nicht die Zunft der Handwerkermeister,
> Jetzt ist mir der Alltag ans Herz gewachsen,
> Und ich halt' es mit Rosenplüt und Hans Sachsen.

Die Knittelverse der Nürnberger Meistersinger finden sich in vielen Altersgedichten Fontanes wieder. «Stoffwechsel» heißt aber zunächst Abwendung vom ideologischen Projekt, das Fontane seit den vierziger Jahren beschäftigte, vom thematischen Komplex der «preußischen Idee» mithin, wie man mit Bezug auf das gleichnamige Erzählfragment auch sagen könnte.

Wohl der letzte lyrische Beitrag zu diesem Projekt ist das Gratulationsgedicht zum siebzigsten Geburtstag (1885) des bedeutenden realistischen Malers Adolph Menzel, bekannt durch sein «Eisenwalzwerk» und zahlreiche Bilder vom preußischen Hofleben. Fontanes hochambitioniertes Gelegenheitsgedicht in Blankversen *Auf der Treppe von Sanssouci* imaginiert ein Zusammentreffen des Autors mit dem alten Fritz im Park des Potsdamer Schlosses. Darin wird das Autor-Ich vom König genötigt, Werk und Wesen des Maler Jubilars zu beschreiben; es versucht dies mit einem kunterbunten Katalog der Gegenstände seiner Bilder, der Hohes und Niederes, Großes und Kleines bewußt zusammenzwängt:

> Der alte Zieten, Ammen, Schlosserjungen,
> Kathol'sche Kirchen, italien'sche Plätze,
> Schuhschnallen, Bronzen, Walz- und Eisenwerke,
> Stadträte mit und ohne goldne Kette,
> Minister, mißgestimmt in Kaschmirhosen,
> Straußfedern, Hofball, Hummer-Majonnaise,
> Der Kaiser, Moltke, Gräfin Hacke, Bismarck...
> [...]
> Am liebsten aber gibt *die* Welt er wieder,
> Die *Fritzen*-Welt, auf der wir just hier stehn [...].

Mit wenigen Ausnahmen wird man alle diese Realitätsbereiche, vor allem die grundlegende Spannung zwischen Aktuell und Historisch, Repräsentativ und Intim auch in Fontanes Werk wiederfinden, der im Huldigungsgedicht für Menzel zugleich sein eigenes (früheres?) Ideal formuliert: die Anerkennung durch den Monarchen als den leibhaftigen Vertreter der ‹preußischen Idee›. Gut anderthalb Jahrzehnte zuvor hatte er dem Typ des Preußen-Dichters in dem satirischen

Gedicht «*Es soll der Dichter mit dem König gehn*» unter parodistischem Rückbezug auf das geflügelte Wort aus Schillers *Jungfrau von Orleans* schon einen
vorläufigen Abschied gegeben.

Die definitive Abwendung von solchen Formen des patriotischen
Engagements belegen mehrere späte Gedichte Fontanes. Texte wie
Lebenswege und *Hoffest* (1889) beleuchten die gesellschaftliche Kluft
zwischen dem freigeistigen Dichter und seinen zu Amt und Würden auf-
gestiegenen ‹angepaßten› Freunden und Bekannten. Das relativ schwache Echo auf seinen 75. Geburtstag, das Fontane gerade in den adlig-kon-
servativen Kreisen verspürte, auf die er einst seine Hoffnungen gesetzt
hatte und deren Lebenswelt und Geschichte ein Großteil seines Werks
gewidmet ist, veranlaßte ihn zu einem demonstrativen Bekenntnis zum
liberalen jüdischen Bürgertum, in dem er ein neues und adäquateres
Publikum gefunden zu haben glaubte: «Kommen Sie, Cohn!» (*An meinem Fünfundsiebzigsten*). Von erstaunlicher Beweglichkeit im höchsten
Alter zeugen auch die Verse *Die Alten und die Jungen*, mit denen Fontane
noch ein Jahr vor seinem Tode Partei für die Moderne und gegen die Vertreter einer überlebten Tradition zu ergreifen scheint. Man wird aber
weniger von einem Altersradikalismus als von einer Alterstoleranz Fontanes zu sprechen haben. Ihr liegt eine Gleichgültigkeit (Gleich-Gültig-
keit) zugrunde, deren resignativer Grundton nicht zu überhören ist.

Der «Bummelton» seiner Alterslyrik, zu dem sich Fontane in einem
Brief an Georg Friedlaender vom Februar 1892 bekennt und in dem
man eine unverwechselbare neue Nuance prosanahen Sprechens in der
Geschichte der deutschen Lyrik erkennen kann, ist Ausdruck einer Relativierung aller Zielvorstellungen, die den Menschen und Autor Fontane über sieben Jahrzehnte bestimmt haben, eines Aus-Sich-Heraustre-
tens, dem das eigene Leben und Schaffen zu einem durchaus beliebigen
Fall unter anderen wird. In *Summa Summarum* (entstanden etwa 1895)
heißt es in diesem Sinn:

> Eine kleine Stellung, ein kleiner Orden
> (Fast wär' ich auch mal Hofrat geworden),
> Ein bißchen Namen, ein bißchen Ehre.
> Eine Tochter «geprüft», ein Sohn im Heere,
> Mit siebzig 'ne Jubiläumsfeier,
> Artikel im Brockhaus und im Meyer ...
> Altpreußischer Durchschnitt. Summa Summarum,
> Es drehte sich immer um Lirum Larum,
> Um Lirum Larum Löffelstiel.
> Alles in allem – es war nicht viel.

Mit «Lirum, Larum», einem Kurzzitat aus Shakespeares *Hamlet*, beginnt
der letzte Absatz in *Papa Hamlet* von Holz und Schlaf. Die gleiche iro-

nische Distanz, die die beiden Naturalisten gegenüber ihrem im Straßengraben erfrorenen Säufer-Helden aufbringen, beweist der alte Fontane gegenüber sich selbst. Der Rückgriff auf den lustigen Kindervers als das Gegenteil sinnhaft-repräsentativen Sprechens erinnert an Fontanes Gedicht *Butterstullenwerfen* (1889). Das im Berliner Volksmund so bezeichnete Kinderspiel, bei dem Steine so auf das Wasser geworfen werden, daß sie mehrfach aufsetzen, wird hier zum Gleichnis für das Nachlassen der Lebensdynamik, für die Nähe des Todes: «Der Strahl ermattet und erschlafft. // Ein Kräuseln noch einmal, ein Tropfen blinkt, / Und dann Ruh und Stille – der Stein versinkt.»

«Bummelton» bedeutet ein Sich-Gehen-Lassen des Dichters, der scheinbar unbekümmert um Komposition und Wortwahl alltägliche Befunde zu Papier bringt. Unter der Überschrift *Drehrad* notiert Fontane etwa 1898 völlig kontingente Informationen – wie es später die expressionistische Großstadtdichtung im Reihungsstil praktizieren wird: «Heute, Sonntag, hat einer ein Lied gedichtet, / Morgen, Montag wird wer hingerichtet, / Dienstag verdirbt sich ein Prinz den Magen» – undsoweiter! Der Zyklus der Zeit dreht sich, wenn nicht in ewiger, dann in höchst trivialer Wiederkehr: «Bilder, blaue, rote, gelbe, / Aber der Inhalt bleibt derselbe.» Grund genug für die Frage, die sich das lyrische Ich in einem relativ frühen Beispiel der Bummelton-Lyrik stellt: *Würd' es mir fehlen, würd' ich's vermissen?* – nämlich wenn es durch Weiterschlafen, vielleicht auch ewiges Weiterschlafen, die immergleichen Reize eines neuen Morgens versäumen würde. *Ja, das möcht' ich noch erleben*, heißt es in halbem Widerspruch dazu in einem anderen Altersgedicht, das doch mit der Zeile beginnt: «Eigentlich ist mir alles gleich».

Damit ist im Grunde auch schon das Motto für das sprachlich vielleicht interessanteste Glied der «Bummelton»-Serie gegeben: *Arm oder reich* (1896). «Ja» und «nein» lautet die Antwort des lyrischen Ichs auf die Frage nach einer möglichen finanziellen Verbesserung; denn die von der Realität angebotenen Varianten des Reichseins – vom «Weißbierbudiker» bis zum «Hoppegartenbaron» – entsprechen nicht seinem poetischen Ideal. Unter Anspielung auf Raabes populären Roman heißt es in der letzten, die bisherige nüchterne Argumentation durch exotisch-phantastische Wunschvorstellungen überbietenden Strophe:

> Hierlandes schmeckt alles nach Hungerpastor –
> Erst in der Höhe von Van der Bilt
> Seh' ich *mein* Ideal gestillt:
> [...]
> *So* reich sein, *das* könnte mich verlocken –
> Sonst bin ich für Brot in die Suppe brocken.

Es ist ein verkappter Romantiker, der sich auf solchen Umwegen zur Prosa der Realität bekennt.

3. Busch

«In den kleinen Versen [...] habe ich versucht, möglichst schlicht und
bummlig die Wahrheit zu sagen – so wie man sich etwa nach Tisch oder
bei einem Spaziergange dem guten Freunde gegenüber aussprechen
würde.» So schreibt Wilhelm Busch an Maria Anderson im Januar 1875
mit Bezug auf seinen ersten und für lange Zeit einzigen Gedichtband
Kritik des Herzens (1874). Ihm folgt drei Jahrzehnte später, innerlich
und äußerlich kaum verändert, die Sammlung *Zu guter Letzt* (1904), der
sich ein Jahr nach dem Tod des Autors der Nachlaßband *Schein und Sein*
(1909) anschließen sollte. Buschs ‹Bummelton› ist allerdings deutlich
verschieden von den vielfältigen Ausdrucksmitteln des späten Fontane.
Zumal in metrischer Hinsicht fällt die Schlichtheit des Schemas auf:
Jambische oder trochäische Vier- und Fünfheber werden durch Kreuz-
reim oder Paarreim, und zwar meist zu Vierergruppen, gebunden. Auch
stilistisch praktiziert Busch eine Art Minimalismus unter sorgsamster
Vermeidung von Pathos oder lyrischem Schmelz. Es sind Spruchweishei-
ten von epigrammatischer Schärfe, in die seine Kurzfabeln, Charakter-
oder Problemskizzen einmünden. Der geistige Fluchtpunkt, auf den all
diese Zerrbilder des menschlichen Wesens und Treibens hinauslaufen,
läßt sich mit einem Satz zusammenfassen: Der Mensch ist ein Narr.

Die Welt als Narrenhaus oder -schiff, das Buch als Narrenspiegel –
das sind traditionelle Muster der Satire seit dem späten Mittelalter und
der frühen Neuzeit. In der Malerei haben sich solche Formen der Welt-
deutung und -darstellung vor allem in der sogenannten niederländischen
Schule ausgeprägt, und bekanntlich war es gerade die Begegnung mit
der niederländischen Malerei, die zum Schlüsselerlebnis des angehenden Malers Busch wurde. Ein programmatisches Gedicht seiner *Kritik
des Herzens* ist einem Bild des Niederländers Adriaen Brouwer gewidmet, das Busch aus dem Frankfurter Städel kannte und noch viele Jahre
später aufgrund mitgebrachter Photographien kopiert hat. Die zweite
und dritte Strophe lauten, ausgehend von einer Beschreibung des Ge-
mäldes:

> Ein kühler Dokter öffnet einem Manne
> Die Schwäre hinten im Genick;
> Daneben steht ein Weib mit einer Kanne,
> Vertieft in dieses Mißgeschick.
>
> Ja, alter Freund, wir haben unsre Schwäre
> Meist hinten. Und voll Seelenruh
> Drückt sie ein andrer auf. Es rinnt die Zähre,
> Und fremde Leute sehen zu.

Jede Einzelheit ist hier von Bedeutung. Der Sitz des Geschwürs in der Nähe des Kopfes verweist auf die moralische Natur des Gebrechens, Chiffre der Narrheit oder der Irrtümer, die Buschs Leibphilosoph Schopenhauer für den «Feind der Menschheit erklärte»: «Der Denker soll sie angreifen; wenn auch die Menschheit, gleich einem Kranken, dessen Geschwür der Arzt berührt, laut dabei aufschrie» (*Die Welt als Wille und Vorstellung*, Ergänzungen zum I. Buch, Kapitel 6). Auch daß das Geschwür hinten sitzt, ist symptomatisch: Der Kranke selbst wird nicht gar nicht gewahr – in vollkommener Übereinstimmung zur Diagnose, die Buschs Gedichte von der Eitelkeit, Selbstsucht, Schadenfreude, Verlogenheit, Habsucht und Bosheit seiner Mitmenschen liefern. «Mein kleinster Fehler ist der Neid» heißt es etwa in der ersten Zeile der fiktiven Rede eines neidverzehrten Menschen bei Busch.

Die rinnende Zähre, das Leiden des Patienten ist Hinweis auf die Leidverfallenheit des Menschen schlechthin, über die sich der Dichter durch Schopenhauer belehren ließ und die er in verschiedenen Gedichten gegen anderslautende Selbsteinschätzungen ausspielt:

Ich meine doch, so sprach er mal,
Die Welt ist recht pläsierlich.
Das dumme Geschwätz von Schmerz und Qual
Erscheint mir ganz ungebührlich.

[. . .]

Kaum hat er diesen Spruch getan,
Aujau! so schreit er kläglich.
Der alte hohle Backenzahn
Wird wieder mal unerträglich.

Schließlich die fremden Leute und der Arzt. Viele Texte Buschs handeln von der Schadenfreude als Motor auch scheinbar nobler Regungen wie Rührung oder Mitleid. In diesem Sinne endet das Gedicht *Wenn mir mal ein Malheur passiert* mit den Versen: «Du merkst, daß die Bedauerei / So eine Art von Wonne sei.» Wenn die Zuschauerin auf dem Brouwer-Bild bzw. in Buschs Gedicht nicht in diesem negativen Sinn aufzufassen sein sollte, könnte sie allenfalls als Leitfigur einer philosophischen Reflexion verstanden werden, zu der die Tätigkeit des Arztes einlädt. Damit wäre sie auch ein Sinnbild des Rezeptionsverhaltens, das der Lyriker Busch von seinen Lesern erhofft, denn unverkennbar sieht er im chirurgischen Eingriff des «kühlen Dokters» die eigene literarische Praxis vorgebildet.

«Kritik des Herzens» heißt demnach: operative Bekämpfung der Narrheit, schmerzliche Entfernung aller unehrlichen Empfindungen und Anempfindungen, wie sie in der Epigonenlyrik der Zeit und den vielgelesenen Familienblättern verbreitet wurden. Zur dort favorisierten romantisierenden Poesie setzen sich Buschs Gedichte ja schon durch ihren trocken-bissigen Tonfall in den äußersten Gegensatz. Daß auch das zentrale Thema der *Gartenlauben*-Lyrik, die Liebe, bei ihm nicht ungeschoren bzw. unoperiert davonkommt, versteht sich. Man vergleiche seine sarkastische Anrede an ein mittelloses, aber nichtsdestoweniger heirats-

williges Liebespaar in *Sie hat nichts und du desgleichen*: «Kinder, seid
ihr denn bei Sinnen? / [. .] / Ohne die gehör'gen Mittel / Soll man keinen Krieg beginnen.» Ein anderes Gedicht (*Die Liebe war nicht geringe*)
schildert den Umschlag von der quälenden Verliebtheit der vorehelichen
Ära zur erlösten Monotonie des Ehealltags unter Zuhilfenahme Heine-
scher Ironie: «Jetzt haben die Seelen Ruh.»
    Zur charakteristischen Hoffnungslosigkeit der Diagnose und zum vol-
len Ingrimm des Humors dringen jene Gedichte vor, die die conditio
humana in ihrer ganzen Widersprüchlichkeit von objektiver Ohnmacht
und subjektiver Anmaßung umreißen. «Es sitzt ein Vogel auf dem Leim»
beginnt ein Gedicht, das bald darauf von der Annäherung eines Katers
berichtet. Der Vogel «denkt» und kommt zu einem überraschenden
Schluß:

> Der Vogel denkt: Weil das so ist
> Und weil mich doch der Kater frißt,
> So will ich keine Zeit verlieren,
> Will noch ein wenig quinquilieren
> Und lustig pfeifen wie zuvor.
> Der Vogel, scheint mir, hat Humor.

Es ist präzis diejenige Art des Humors, die in Buschs Lyrik kultiviert
wird. Von ähnlich selbstreflexiver Qualität ist auch das späte Gedicht
Ungenügend. Seine erste Strophe beschreibt das Funktionieren menschlicher Verständigung im Alltag durch Sprache, hier ganz veräußerlicht
aufgefaßt als «des Mundes Wortgetöse». Die zweite Strophe beschäftigt
sich mit Ausnahmesituationen der menschlichen Existenz, in denen die
verbale Kommunikation offenbar versagt:

> Doch die Höchstgefühle heischen
> Ihren ganz besondern Klang;
> Dann sagt grunzen oder kreischen
> Mehr als Rede und Gesang.

«Höchstgefühle» des Menschen, eine grotesk-ironische Steigerung zu
«Hochgefühl», sind offenbar zugleich Tiefstgefühle, nämlich solche, die
ihn auf eine Ebene mit Tieren im allgemeinen und Schweinen (oder
Affen?) im besonderen stellen. Über die Verwandtschaft von Mensch und
Affe hat Busch auch in anderen Gedichten, z. T. in direkter Anspielung
auf Darwin und Haeckel, gehandelt (*Sie stritten sich beim Wein herum*;
Die Affen). Die Auflösung der Paradoxie muß der Leser selbst herstellen;
sie bestünde in einer humanen Verständigung, bei der die Sprache nicht
nur «Wortgetöse», sondern intersubjektive Mitteilung wäre. An der Möglichkeit dazu scheint der Autor allerdings zu zweifeln.

4. *«Moderne Dichter-Charaktere» und andere naturalistische Lyriker*

In Gerhart Hauptmanns Autobiographie *Das Abenteuer meiner Jugend* (1937) wird über mehrere Seiten hinweg aus einer naturalistischen Lyrikanthologie zitiert, die ein halbes Jahrhundert zuvor im Selbstverlag erschienen war: *Moderne Dichter-Charaktere*, herausgegeben von Wilhelm Arent. Die Begegnung mit dieser Gedichtsammlung nimmt in Hauptmanns Beschreibung seiner Entwicklung zum führenden Vertreter des Naturalismus eine Schlüsselstellung ein, weil sie den Anschluß an eine Generation von Gleichgesinnten markiert, den der – so jedenfalls die Tendenz der Darstellung – bis dahin einsam Suchende und Ringende um die Mitte der achtziger Jahre findet. Der alte Hauptmann stellt weitgehende Übereinstimmungen fest zwischen seiner eigenen damaligen Seelenverfassung und den eigentümlichen Tendenzen des (ohne seine Beteiligung zustande gekommenen) Bandes, die er durch Zitate belegt und durch mehr oder weniger ironische Kommentare hervorhebt. «Es wird überhaupt sehr viel inbrünstig gebetet in dieser Anthologie, und es gibt sehr viele Stürme und Gewitter», heißt es da etwa. Hauptmann nennt auch die Namen der Beiträger, die künftig größere Bekanntheit erlangten, und scheut sich nicht, auf die Identität Alfred Hugenbergs mit dem «nachmaligen deutschnationalen Parteiführer» hinzuweisen, ja er zitiert – im zweifelhaften Bemühen, den Naturalismus aus der Sicht der dreißiger Jahre ‹hoffähig› zu machen? – sogar einen Beitrag Hugenbergs zur Anthologie (*Es tagt* ...), der wie ein Vorgriff auf dessen spätere politische Karriere wirkt.

Wichtige Probleme, die sich bei der literaturgeschichtlichen Einordnung der *Modernen Dichter-Charaktere* ergeben, sind damit indirekt schon angesprochen. Auf der einen Seite ist der Fanal-Charakter, den das Erscheinen der Sammlung für das Selbstbewußtsein der sich formierenden naturalistischen Dichtergeneration zumal in Berlin besaß, unbestritten. Auf der anderen Seite erkennt man den Naturalismus oder andere bestimmende Tendenzen der Moderne nur mit erheblicher Mühe in den Texten der Gedichtsammlung wieder, die übrigens eine einigermaßen komplizierte Geschichte hat. Die eigentlichen Initiatoren waren nämlich die Brüder Hart, die in den *Kritischen Waffengängen* ja bereits eine Diskussion über Qualität und Zielbestimmung der modernen Lyrik angestoßen hatten, und es ist nicht ohne weiteres zu sagen, ob Arbeitsbelastung oder finanzielle Gründe den Ausschlag dafür gaben, daß schließlich ihr begüterter mäzenatischer Schriftstellerkollege Wilhelm Arent als Herausgeber des Bandes auftrat. Arent selbst verzichtete auf ein Vorwort; statt dessen erschienen gleich zwei Vorreden von Hermann Conradi und Karl Henckell, die auf den November 1884 datiert sind und auch entschuldigend von der Zeitnot sprechen, mit der die Sammlung, die noch vor Weihnachten erscheinen sollte, entstanden ist. Dieses Datum scheint jedoch nicht eingehalten worden zu sein; der Band erschien, mit Nachträgen von Oskar Jerschke und Carl Bleibtreu, im Frühsommer 1885. Die zweite Auflage folgte im nächsten Jahr, nunmehr in einem regulären (Klein-)Verlag, unter dem veränderten Titel *Jungdeutschland*.

Jungdeutsche und vor allem Vormärz-Traditionen bildeten einen wichtigen Bezugspunkt für die Lyrik der Frühnaturalisten, die damals auch gern als «Jüngstdeutsche» bezeichnet wurden, während der Begriff des Naturalismus noch weitgehend verpönt war und z. B. in den Vorreden der *Modernen Dichter-Charaktere* an keiner Stelle auftaucht. Mindestens so wichtig wie die Anknüpfung an den Vormärz erweist sich in der Aufmachung dieses Bandes aber die Rückbeziehung auf den Sturm und Drang. Arent, der selbst ein Buch über Jakob Michael Reinhold Lenz verfaßt hat, stellt zwei Lenz-Motti an den Anfang, und vor allem Conradis Vorrede unter dem Titel *Unser Credo*, der ursprünglich für den ganzen Band vorgesehen war, beschwört die Genie-Ästhetik des 18. Jahrhunderts und die damals begründete Wertschätzung des (auch im nationalen Sinne) Charakteristischen. An der gegenwärtigen deutschen Lyrik vermißt Conradi das «Titanische» und «Geniale»; als eigentliche Verbindung zwischen den Beiträgern des Bandes bezeichnet er dagegen den «Geist wiedererwachter Nationalität»: «Er ist germanischen Wesens, das all fremden Flitters und Tandes nicht bedarf. Er ist so reich, so tief, so tongewaltig, daß auf unserer Laute alle Weisen anklingen können, wenn er in seiner Unergründlichkeit und Ursprünglichkeit uns ganz beherrscht.» Offenbar gibt es keine formalen Vorgaben für die Dichter der neuen Schule, wenn sie nur – tief empfinden. Im Sperrdruck erklärt Conradi von der «neuen Richtung»: «Sie will die Zeit der ‹großen Seelen und tiefen Gefühle› wieder begründen.»

In Henckells Vorrede *Die neue Lyrik* ist noch stärker die Anlehnung an die theoretischen Vorgaben der Brüder Hart erkennbar (die Ablehnung des «Lyrikers à la mode» Albert Träger, der satirische Seitenhieb auf den Erfolg Paul Lindaus). Vom sozialdemokratischen Engagement dagegen, das seine künftige Entwicklung prägen sollte, ist in der Zielsetzung, die Henckell der neuen Lyrik hier auf den Weg gibt, noch nichts zu spüren; eher klingen nationale Untertöne an, wenn er von der «jungen Generation des erneuten, geeinten und großen Vaterlandes» spricht. Nebenbei: Herausgeber und/oder Initiatoren der Anthologie setzten dieses Vaterland keineswegs mit den Grenzen des von Bismarck durchgesetzten kleindeutschen Nationalstaats gleich. Vielmehr sind mehrere österreichische Autoren in der Anthologie vertreten, deren Beiträge sich z. T. auch spürbar von den frühnaturalistisch inspirierten Texten der Berliner Autoren unterscheiden. Aber von einer stilistischen Einheit der Sammlung kann ohnehin keine Rede sein, wie schon den Verfassern der Vorreden bewußt ist. Deren programmatische Erklärungen haben zum gemeinsamen Kern eigentlich nur die Vorstellung, daß der (lyrischen) Poesie wieder eine echte Aufgabe zuwachsen solle – ob es sich dabei mehr um eine nationale, soziale oder religiöse Aufgabe handelt, ist schwer zu sagen und offenbar den Vorrednern selbst nicht klar. In Henckells Worten ist es der Wunsch jener «jungen Generation», «daß die Poesie wiederum ein Heiligthum werde, zu dessen geweihter Stätte das Volks wallfahrtet, um mit

tiefster Seele aus dem Born des Ewigen zu schlürfen und erquickt, geleitet und
erhoben zu der Erfüllung seines menschheitlichen Berufes zurückzukehren».

Der Titel *Moderne Dichter-Charaktere* wird in diesem Zusammenhang zum
Programm, wenn nicht zur Utopie. Die Dichter wollen/sollen ihre «nach bestem
Können gebildete und veredelte Persönlichkeit rücksichtslos, wahr und uneinge-
schränkt zum Ausdruck bringen». In unfreiwilliger Komik entsprechen dieser
Vorgabe Henckells einige der Kurzbiographien, die den Band begleiten und
höchstwahrscheinlich von den Autoren selbst stammen. Gerade marginale Figuren wie Georg Gradnauer und Fritz Lemmermayer charakterisieren sich mit
höchstem Pathos:

> «G[radnauer] ist Feind aller derer, die mit krit[t]elnden Regeln morali-
> scher Afterweisheit dem freien Künstlerfluge Zaum anzulegen sich vermes-
> sen! Der Künstler darf, muß alles aussprechen, was in ihm ruht, und ist es
> noch so unerhört, noch so toll!»
> «Glücklich war L[emmermayer] während seiner Studienzeit nie, und von
> den studentischen Vergnügungen genoß L. nichts. L. hat damals gekämpft
> und gelitten, was insofern gut war, als L. sich innerlich festigte und an see-
> lischer Erfahrung allen seinen Alters- und Studiengenossen überlegen
> war.»

Fraglos erhoben die Beiträger der *Modernen Dichter-Charaktere* den Anspruch, im prägnanten Sinn «Charaktere» zu sein. Doch waren sie es auch,
wurde die Anthologie ihrem Ruf gerecht? Wenn man vom zeitgenössischen Ruf nach einer «lyrischen Revolution» (Carl Bleibtreu 1885) oder
einer «Lyriker-Revolution» (Paul Fritsche 1886) ausgeht und diese – von
Arno Holz 1899 aufgegriffene – Forderung mit Inhalten füllt, die später
als typisch naturalistisch angesehen wurden, so kann die Bewertung der
Modernen Dichter-Charaktere nur negativ ausfallen. Viele Gedichte des
Bandes unterscheiden sich in Form und Inhalt nur sehr begrenzt, wenn
überhaupt, vom ‹Mainstream› der Gründerzeitlyrik. Wir treffen auf
patriotische Gedichte Henckells (*Der Väter werth*), des Elsässers Oskar
Jerschke (*Aus den «Elsässischen Liedern»*) und des Pragers Friedrich Adler
(*Den Deutschen in Österreich*) sowie auf Natur- und Liebeslyrik weithin
oder ganz konventionellen Gepräges. Es fehlt nicht an Maienduft, schla-
genden Drosseln oder jubelnden Lerchen (Jerschke), am rieselnden
Quell und an den funkelnden Sternen (Winter), aber auch nicht an Balladen des Typs *Der Emir und sein Roß* (Wildenbruch) und bildungsgesättig-
ten Exotismen wie *Weisheit des Orients* (Bleibtreu) oder *Memnons Lied*
(Hückinghaus). Wie schon die Namen Bleibtreu und Wildenbruch deutlich machen, war freilich auch die Zusammensetzung der Autorengruppe
keineswegs homogen im Sinne einer Generations- oder Richtungsge-
meinschaft; die beiden Genannten, von denen der letztere auch alters-
mäßig aus dem Feld der übrigen Beiträger herausfiel, distanzierten sich
bald deutlich genug vom Lager der Naturalisten – Bleibtreu übrigens
auch von seiner Mitarbeit an den *Modernen Dichter-Charakteren*.

Ist demnach die «lyrische Revolution» ausgefallen, gibt es kein charakteristisches Profil der *Dichter-Charaktere*? Akzeptiert man die Proklamationen der Vorreden in ihrer ganzen Verschwommenheit so, wie sie sind, d. h. ohne spätere naturalistische Ansprüche in sie hineinzuprojizieren, wird man zu einer positiveren Bewertung gelangen und jedenfalls teilweise eine Annäherung von Theorie und Praxis feststellen. Denn Bekundungen einer neuen Ernsthaftigkeit sind allenthalben festzustellen, Zeugnisse einer «chaotisch gärenden Seelenverfassung mit ihrer brünstigen Natur-, Gottes- und Menschenliebe» (Hauptmann) finden sich zuhauf. Da die formalen Ausdrucksmittel so außerordentlich vielfältig sind – neben antiken Strophen- und Versmaßen, neben Sonetten und Ghaselen begegnen uns traditionelle Liedformen und freie Rhythmen unterschiedlichster Gestaltung, von allen sprachlich-stilistischen Differenzen zu schweigen –, läßt sich ein pauschales Urteil nicht abgeben, außer vielleicht in der Hinsicht, daß ein überzeugender gestalterischer Neuansatz nur bei Arno Holz erkennbar ist, dessen Lyrik im nächsten Abschnitt vorgestellt wird.

Drei Themen- und Motivkreise fallen beim Blättern in der Sammlung auf und bilden grundsätzlich Schwerpunkte der naturalistischen Lyrik. Da ist zunächst der gesamte Komplex des Kampfes, oft im programmatischen Sinne des «Waffengangs» der Anhänger der Moderne gegen überholte Anschauungen und Zustände. Aber auch nationale, sozialrevolutionäre, darwinistische und individualpsychologische Bedeutungsaspekte werden je nach Kontext realisiert.

«Es brennt die Schlacht» heißt es in Julius Harts bekanntem Gedicht *Auf der Fahrt nach Berlin*. Wie kein anderer hat sein Verfasser den geistig-politischen Umbruch der Zeit als Kampf, als seinen persönlichen und zugleich als universellen Kampf erfahren. Schon das Gedicht *Gewitter* von 1876, mit dem Julius Harts Beiträge zu den *Modernen Dichter-Charakteren* beginnen, ist im Grunde eine Kampfvision, was man auch von anderen Gewitter- und Sturmgedichten des Bandes sagen kann, in denen sich Anklänge an die kosmisch-religiöse Auffassung des Gewitters in der Naturlyrik des 18. Jahrhunderts mit neuen revolutionären ‹Sturm›-Prognosen verbinden (Bohne, *Gebet an den Sturm*; Henckell, *Reif ist die Frucht und muß geschnitten sein*). Für Julius Hart ist in der hellen Lenz- wie in der dunklen Winternacht der «dumpfe Trommelklang» des heraufziehenden sozialen Konflikts gegenwärtig (*Hört ihr es nicht?* ...): «Zerlumpte Haufen, wie vom Sturm verwirrt, / Das Eisen dröhnt, das blanke Messer klirrt.» *In der Einsamkeit* ist ein anderes Gedicht Julius Harts überschrieben, in dem er sich sogar vom brüderlichen «Kampfgenossen» Heinrich verlassen wähnt – der übrigens seinerseits im Gedicht *Meinem Bruder Julius* den gemeinsamen Kampf verherrlicht («Nur Schwerter hör ich dröhnen»). Das einsame Ich muß den Kampf als seinen ureigensten, letztlich einzelgängerisch zu erfüllenden Auftrag akzeptieren:

> Eine ganze Welt in Waffen,
> Eine Welt in Waffen wider mich,
> Wider mich allein.

Der adlerhafte Aufflug des Geistes kann in Julius Harts Gedicht den Tod des Kämpfers, seinen Sturz «nieder auf blutigen Grund» nicht verhindern. «Nimmer wird ein Mensch, wie sehr er strebt, den / Kampf vollenden», heißt es fast defätistisch in einem Gedichtbeitrag Hartlebens (*Alte Zeiten* ...). Optimistischer tönt es bei Henckell: «Wir sind die Kämpfer, die den Sieg erringen» (*In vollen Zügen*). Derselbe Autor bereitet aber auch der individualpsychologischen Deutung den Weg, die uns vor allem bei Hermann Conradi begegnet. Denn Henckells Gedicht *Es ist ein Kampf* ... meint letztlich weder die offene Feldschlacht noch den Kampf mit dem Tiger oder den Fluten, sondern den Kampf mit der eigenen Leidenschaft, aus dem der größte Sieger hervorgeht. In Conradis Gedichten gerät die Kampfmoral des Freiheitshelden selbst in Konflikt mit einer dekadenten Sinnlichkeit oder Müdigkeit (so in *Empörung* und im nachfolgend zitierten *Müde*):

> Denn ich bin müde! ... Blüht auch noch mein Mark,
> Und blitzt mein Auge noch begeist'rungstrunken!
> Hält auch die Faust ihr Schwert noch heldenstark,
> Und loh'n in mir des Hasses wilde Funken –
> Des Hasses, der mit unbarmherz'gem Strahl
> Ausbrennen soll der Lüge Sclavenmal ...:
>
> Ich bin doch müde! [...]

Den Gipfel solcher Kampfverweigerung bietet Lemmermayers pazifistisch motivierter *Entschluß*, ein Grenzfall des Naturalismus schon wegen des Verzichts auf die positiv besetzte Kampf-Idee:

> Ich hab' nicht Schwert, nicht Säbel und Pistole,
> Ich gehe ohne Waffen durch die Welt –
> [...]
> Seit ich ihn nutzlos weiß, mir graut's vorm Kriege;
> Könnt' ich ihn streiten noch, ich wollte nicht [...].

Einen zweiten Schwerpunkt bilden die Beziehungen der Geschlechter. Von der konventionellen Liebeslyrik, der in den *Modernen Dichter-Charakteren* vor allem Linke, Jerschke, Kralik und Jahn nahestehen, heben sich Gestaltungen scheiternder Liebesverhältnisse ab, wie Julius Harts *Anna* oder Hermann Conradis *Verlassen*. Daneben steht die Thematisierung einer dekadenten Sexualität durch den Wiener Joseph Winter – «Und als die schwüle Nacht den Schleier hob, / Da ließ von mir die tödtliche Maenade» (*Abschied*) – und durch den Bandherausgeber Wilhelm Arent, bei dem es dem heutigen Leser schwerfällt, Parodie und ernstgemeinte Aussage zu unterscheiden. Denn seine nichtparodistischen Gedichte *Fieberglut* und *Im Zecherkreis* verherrlichen den «Sinnentaumel» und den «Dämon Genuß» kaum anders als die beiden als Parodie auf die Gründerzeitmalerei ausgewiesenen Gedichte *À la Makart* und *À la Gabriel Max*. Im Sinne Makarts ist offenbar empfunden:

> Leise heben sich
> In zitternden Wogen
> Deiner üppigen Brüste
> Zartknospende Rosen.

Bei Max geht es dagegen schon etwas turbulenter zu: «Daß ich wild an mich preßte / Deiner weißwogenden Brüste / Schimmernde Fülle, / Zu sättigen der Sinne / Ewig rege Dämonen …». Der eigentliche Spezialist für solche Darstellungen in der Riege der Naturalisten ist freilich Hermann Conradi, der Arents Gedichtband *Aus tiefster Seele* (1885) mit einem Geleitwort versah und 1887 seinerseits mit den *Liedern eines Sünders* hervortrat. Zu den *Modernen Dichter-Charakteren* steuerte er den «Originalbeitrag» *Das verlorene Paradies* bei, dessen Strophen mit der identischen Zeile beginnen: «Es hat mich die Dirne geküßt».

Erst an dritter Stelle ist die Bezugnahme auf die soziale Frage zu nennen, die zwar in verschiedenen Beiträgen der *Modernen Dichter-Charaktere* leise anklingt, aber nur in wenigen Gedichten direkt thematisiert wird. In melodramatisch-sentimentaler Form geschieht das in Jerschkes *An die oberen Zehntausend* und Kirchbachs *Das Butterbrod*. Als kämpferische Mahnung dagegen sind Adlers achtzeilige Strophen *Nach dem Strike* formuliert, mit dem Refrain: «Wir schweigen schon und werden schweigen, / Allein wir hungern, schafft uns Brod!» Auf dem zweizeiligen Refrain beruht auch die entscheidende Wirkung von Henckells *Lied vom Arbeiter*, dessen hämmernder Jambenrhythmus offenkundig die Monotonie des industriellen Fertigungsprozesses imitieren soll. Die erste Strophe lautet:

> Es summt und dröhnt mit dumpfem Ton
> Und qualmt und raucht ringsum,
> Und Mann an Mann in schwerer Frohn
> An seinem Platze stumm.
> Der Hammer sinkt, die Esse sprüht,
> Das Eisen in der Flamme glüht.

Man glaubt den Takt der Arbeit zu hören. In der letzten der acht Strophen gewinnt der Proletarier, dessen geknechtete Lage bis dahin in der dritten Person beschrieben wurde, eine eigene Stimme, und der Refrain erhält neue Bedeutung – als symbolischer Hinweis auf die gewalttätige Dynamik der Revolution:

> «Und wenn ein Gott im Himmel nicht
> Den bangen Ruf versteht,
> Dann stürm' herein, du Weltgericht,
> Wo alles untergeht!»
> Der Hammer sinkt, die Esse sprüht,
> Das Eisen in der Flamme glüht.

Den «Gott im Himmel» sieht übrigens auch eine Ode Hartlebens durch das Elend der Millionen in Frage gestellt (*Es lebt ein Gott ...*). Wie eine Konsequenz aus dieser lyrischen Argumentation liest sich ein Gedicht aus Maurice Reinhold von Sterns *Stimmen im Sturm* (1888). Unter der Überschrift *Praktischer Beweis* endet jede der sieben Strophen, die jeweils neue Beispiele für die Ungerechtigkeit der Klassengesellschaft erbringen, mit dem Refrain: «Es gibt keinen Gott!»

Henckell und Stern entwickeln sich in den folgenden Jahren zu den wichtigsten Vertretern der sozialen Lyrik im Naturalismus, die jedenfalls vorübergehend auch eine engere Beziehung zur Sozialdemokratie nicht scheuen. Der Baltendeutsche Stern ließ sich nach seiner Rückkehr aus Amerika in Zürich nieder, wo er als Redakteur für das demokratische *Zürcher Volksblatt* arbeitete (seinen Lebensabend verbringt er in Oberösterreich). In Zürich, also außerhalb des Geltungsbereichs des deutschen Sozialistengesetzes, erscheinen auch seine *Proletarierlieder* (1885), die er 1888 als *Stimmen im Sturm* neu herausgibt, ebenso wie die späteren Sammlungen *Exzelsior* (1889) und *Höhenrauch* (1890). Zürich ist fast selbstverständlich auch der Verlagsort für Henckells sozialkritische Gedichtbände *Strophen* (1887), *Amselrufe* (1888) und *Diorama* (1890). Die nächste Sammlung *Trutznachtigall* konnte schon mit dem zweiten Verlagsort Leipzig und das von Henckell im Auftrag der Sozialdemokratischen Partei herausgegebene *Buch der Freiheit* (1893) in Berlin erscheinen. Henckell, der 1886 dauerhaft in die Schweiz emigrierte, distanzierte sich 1894 von der Position des Parteidichters («Volksführer? Nein! Die Toga paßt mir nicht»), die er in der Hymne *An das Proletariat* doch als Perspektive und Ziel seiner dichterischen Entwicklung dargestellt hatte – der Dichter als Nachtigall, die dem Rauschen des ProletarierMeeres lauscht und in seinem Takt singt:

> Leis im Traum ist mir entquollen
> Widerhall von deinem Grollen,
> Schluchzend schlug ich sehnsuchtsvoll.
> [...]
> Muß nun all mein bittres Klagen
> All mein süßes Jauchzen schlagen,
> Dir im Takte, neues Meer.

Der sozialen Thematik widmen sich auch Otto Kamps *Armeleutslieder* (1885, zunächst anonym) und die *Menschenlieder* (1887) Adalbert von Hansteins, des sympathisierenden ersten Chronisten der naturalistischen Bewegung (*Das jüngste Deutschland*, 1900). An kämpferischem Pathos werden sie weit übertroffen durch die Gedichte des in Deutschland aufgewachsenen gebürtigen Schotten John Henry Mackay, der in Gedichtbänden wie *Arma parata fero* (1886) und *Sturm* (1888) die anarchistische

Gegenposition zur sozialdemokratischen Orientierung eines Henckell oder Stern markierte. Im poetischen Vorwort zur zweiten Auflage von *Sturm* beschreibt er unter der Überschrift *Selbstfindung* seine eigene Entwicklung als den Weg des Ahasver-Menschen zum Glauben an sich selbst: «Geendet ist der Kampf nicht, doch die Qual: / Ich ward mir selbst mein letztes Ideal.» Bekenntnishaft heißt es am Schluß des Gedichts *Anarchie*:

> «Ich bin ein Anarchist!» – «Warum?» – «Ich will
> Nicht herrschen, aber auch beherrscht nicht werden!»

In der Hinwendung zum Individualanarchismus Max Stirners steht Bruno Wille (*Einsiedler und Genosse*, 1891; *Einsiedelkunst aus der Kiefernhaide*, 1897) der Position des Stirner-Wiederentdeckers Mackay nahe. Seine Lyrik bevorzugt melancholische Bilder der märkischen Landschaft, die sich zu kleinen Sinnbildern der Friedrichshagener Ideologie verdichten können. So im Gedicht *Einsamer Baum* («Da steh ich nun mit Grollen, / Wild schüttelnd mein Geäst …») oder im ersten Teil (*Versammlung*) des Zyklus *Im Kiefernforste*:

> Die hochgewachsenen Kiefernstämme gleißen
> Wie glühende Stangen, ihre Häupter starren
> Andächtiglich mit staunendem Sausen
> Hinein in des hehren Weltenfeuers
> Blendend großen Tropfen …

Der Kiefernwald im Abendsonnenlicht wird zum Gleichnis der monistischen All-Einheit, zum Gleichnis auch der Erweckung der Massen im Zeichen der von den Friedrichshagenern verkündeten pseudoreligiösen Verheißung.

5. Holz und Holz-Schule

Arno Holz war zweifellos das größte lyrische Talent unter den «Modernen Dichter-Charakteren», vielleicht auch – vorübergehend – der bedeutendste Lyriker des Naturalismus. Eine klare Festlegung seiner Lyrik auf diese oder eine andere Richtung ist aber schon wegen der außerordentlichen Beweglichkeit dieses Dichters unmöglich, der in den anderthalb Jahrzehnten zwischen dem Erscheinen seines ersten Gedichtbands *Klinginsherz* (Ende 1882) und den ersten Vorabdrucken aus dem neuen *Phantasus* 1897 eine ganze Folge stilistischer Optionen durchläuft: vom krassen Epigonentum über naturalistische Tendenz-Gedichte bis hin zu Impressionismus und Jugendstil.

Holz' lyrische Laufbahn beginnt im Schatten Geibels. «Wir beide haben nur einen Herrn über uns anzuerkennen: ‹Emanuel Geibel›», erklärt Holz noch im Juli 1883 gegenüber seinem Freund Oskar Jerschke. Holz begründet damit seinen Wunsch, von Geibel die Genehmigung für eine gedruckte Widmung des gemeinsam mit Jerschke verfaßten Liederbuchs *Deutsche Weisen* einzuholen. Das Projekt scheitert, wie schon im Falle von *Klinginsherz*. Holz und Jerschke müssen sich mit einer Widmung an die zweitrangige Gründerzeit-Größe Julius Wolff begnügen. Was der lebende Geibel dem aufstrebenden Epigonen verweigert hat – sich mit seinem Namen zu schmücken –, das kann ihm der tote nicht mehr verwehren. Nur wenige Tage nach Geibels Tod am 6. April 1884 läßt Holz über die Berliner Verlagsbuchhandlung Parrisius einen Aufruf zu einem Geibel-Gedenkbuch ergehen, das noch im selben Jahr – unter Beteiligung einiger prominenterer Zeitgenossen – zustande kommt. Die Ära seiner eigentlichen Geibel-Verehrung ist damals freilich schon abgelaufen. Man wird in der Aktion eher den Versuch eines strebsamen jungen Lyrikers sehen dürfen, ins Geschäft zu kommen, und es ist allenfalls bemerkenswert, daß Holz es damals offenbar noch für eine Empfehlung hielt, unter der Flagge des Königs der Epigonen in die literarische Welt hineinzusegeln. Später ist ihm all dies hochrangig peinlich, und in der ersten Buchfassung der *Blechschmiede* (1902) reimt er, den traditionellen Jambentrott karikierend:

> O Gottogott, o Gottogott,
> so ähnlich klang mal Geibel!
> War das ein Trott, ein Hü ein Hott,
> pfui Deibel!

An die Geibel nachempfundene Melancholie der *Klinginsherz*-Verse schließt sich die burschenschaftliche Kneipseligkeit der *Deutschen Weisen* (1884) an, von deren Niveau und Themenreichtum wir genug wissen, wenn wir das Kompositionsprinzip kennen, das Holz im März 1883 seinem Koautor Jerschke vorschlägt: «Auf ein Liebeslied folgt ein Studentenlied, auf dieses ein philosophisches, auf dieses ein Trinklied usw. usw.» Schon im Lichte der Thesen zur *Dichtkunst der Jetztzeit*, die Holz unter dem Pseudonym Heinrich von Ofterdingen (seinem zweiten Vereinsnamen in der studentischen Vereinigung «Die Wartburg») im Oktober 1883 in der *Kyffhäuser*-Zeitung veröffentlichte, entsprach eine derartige Imitation Baumbachscher Vagantenpoesie kaum noch den Forderungen der Gegenwart. Was Holz in dieser fremdbestimmten frühen ‹Versschule› vielleicht erwarb, war eine bemerkenswerte formale Fertigkeit, ein gewisses Virtuosentum der äußeren Form, das ihn von mancher ungelenken Feder etwa in den *Modernen Dichter-Charakteren* unterschied. Zugleich erwarb er aber das Gespür für die Leere und bloße

Äußerlichkeit eines Reimens in hergebrachten Formen – ein Mißtrauen, das er später vielleicht über Gebühr generalisierte und das zum Hauptmotor seiner formalen Innovationen werden sollte.

Die Beiträge zu den *Modernen Dichter-Charakteren* und das noch im selben Jahr (mit der Jahreszahl 1886) erscheinende *Buch der Zeit* (Untertitel: «Lieder eines Modernen») zeigen jedenfalls einen gründlich verwandelten Lyriker Holz. In den *Berliner Schnitzeln* von Arents Anthologie erklärt er es zu seinem *Programm* (so auch der spätere Titel des Gedichts):

> Kein rückwärts schauender Prophet,
> Geblendet durch unfaßliche Idole,
> Modern sei der Poet,
> Modern vom Scheitel bis zur Sohle.

Das lyrische Dichter-Ich der Großstadtidylle *Frühling* (1885) hat sich das nicht zweimal sagen lassen. Das Selbstgefühl des Autors, der seine Kindheitsjahre im ostpreußischen Altenstein dabei ausnahmsweise verdrängt, spricht aus den folgenden Versen, in denen die Hinwendung zur Großstadt indirekt als kopernikanische Wende der modernen Lyrik bewertet wird:

> Denn nicht am Waldrand bin ich aufgewachsen
> Und kein Naturkind gab mir das Geleit,
> Ich seh die Welt sich drehn um ihre Achsen
> Als Kind der Großstadt und der neuen Zeit.

«Auch dies ist Poesie!» heißt es mit grundsätzlichem Anspruch im selben Gedicht. Das «goldne Wort», von Holz später gern selbstironisch verulkt («ooch det is Poesie!»), steht im Kontext von *Frühling* für die Poesiefähigkeit der großstädtisch-industriellen Lebenswelt ein: «Tagaus, tagein umrollt [später: umwolkt] vom Qualm der Essen». Was in den fünfundzwanzig achtzeiligen Strophen des zweiteiligen Gedichts aber letzten Endes beschrieben wird, sind die Glücksgefühle und vitalen Reaktionen, die die Wiederkehr der warmen Jahreszeit auslöst, gespiegelt in einer Reihe von Genrebildchen à la Spitzweg. Der «Promenadenhecht» durchstreift den Park, der «Italiano» zieht vors Tor, der Familienvater schmiedet Reisepläne etc. – anscheinend beruht das Poetische der großen Stadt gerade darauf, daß man sich so ausgiebig und vielfältig aus ihr heraussehnen kann.

Damit ist im Grunde schon die zentrale Idee desjenigen Teils des *Buchs der Zeit* angesprochen, der für Holz' weitere Entwicklung die größten Folgen haben sollte: des Gedichtzyklus *Phantasus*. Geschildert wird die Hunger- und Phantasie-Existenz eines Dachstubenpoeten im steten Wechsel zwischen den Ebenen: hier poetische Ideale, Phantasiewelten von größter Schönheit und sinnlicher Fülle, dort das «hirnzermarternde Gequiek» der Fabrik, fremdes Elend und eigene Not bis hin zum Hungertod des Dichters. Von einer poetischen Akzeptanz der modernen Stadt kann tatsächlich nur im negativ-kontrastiven Sinn die Rede sein; sie dient offenbar als Sprungbrett, um sich in gegensätzliche Phantasiewelten aufzuschwingen, und eben die Kluft zwischen Realität und poetischer Sphäre scheint der Kunst – nicht dem Künstler, der dabei zugrunde geht – außerordentlich bekömmlich. Auch andere Großstadtgedichte von Holz (*Ein Tagebuchblatt, Großstadtmorgen*) leben vom Kontrast zwischen geträumter oder erinnerter Land-Idylle und objektiver Tristesse des städtischen Milieus.

Die christushafte Passion des Dichters im frühen *Phantasus*, der reichlich mit biblischen Anspielungen gespickt ist, findet ihr Gegenstück in der Geschichte eines Arbeiterführers unter dem bezeichnenden – an Pilatus' Ausspruch vor den Anklägern Jesu gemahnenden – Titel *Ecce Homo*. Auch der hier geschilderte Volkstribun ist ein Mann des Worts, von literarischen Anregungen (der kolportagehaften Darstellung eines Bettler-Schicksals) mehr als von seiner eigenen Lebenssituation erschüttert. Einen inneren Aufschwung zu metaphysischen Höhen (einschließlich Golgatha), übergehend in eine witzig-zynische Unterhaltung mit Gevatter Tod, erlebt auch das lyrische oder erzählende Ich im umfangreichen freirhythmischen Monologgedicht *Gnothi sauton!* (später: *Erkenne dich selbst!*). – Eben in dieser durchgängigen und mit religiösen Reminiszenzen angereicherten Subjektivität besteht wohl letztlich die wesentlichste Gemeinsamkeit von Holz' Lyrik mit Heine.

Wenn Heine ausdrücklich als «Schutzpatron» des *Buchs der Zeit* in Anspruch genommen wird (*Stoßgebet!*), so hat das natürlich auch einiges mit der hier gepflegten Ironie und Satire zu tun. Sie richtet sich in allgemeiner Weise gegen Staatsreligion, Reaktion und Repression, zielt aber zum größeren Teil auf literarische Themen bzw. Gegner. Als Feind Nummer Eins wird von vornherein die Epigonenpoesie ausgemacht (*Zum Eingang*), der auch manches spätere Gedicht ganz oder teilweise gewidmet ist (*Donner und Doria!, An die Conventionellen*). Friedrich von Bodenstedt wird unter halber Namensnennung (*F. v. B.*) einer scharfen satirischen Kritik unterzogen, während Holz andererseits so ehrlich ist, seine frühere Geibel-Verehrung nachträglich noch durch zwei lange Gedichte zu dokumentieren (*Emanuel Geibel I–II*), und sich auch gegenüber Scheffel und Dahn um ein abwägendes Urteil bemüht (*An Joseph Victor von Scheffel, Felix Dahn*). Die Auseinandersetzung mit den epigonalen Voraussetzungen der eigenen Poesie verdichtet sich in der *Ballade* vom alten Eremiten, der im «heilgen Hain zu Singapur» an seiner Nabelschnur kaut, von «Gott erhalte»-Gesängen der Einwohner begleitet. Mit «Gott erhalte» begann die österreichische Nationalhymne von Lorenz Haschka (1797); der Anfang der Ballade, in deren weiterem Verlauf Lingg, Wagner, Dahn, Ebers, Wolff, Baumbach und Bodenstedt ihr Fett abbekommen, parodiert mit den Worten «Kennt ihr das Lied [...]» zugleich Goethes *Mignon*-Lied («Kennst du das Land [...]»).

Das *Buch der Zeit* erweist sich somit nicht zuletzt als ein Buch über die Literatur der Zeit und die Frage, wie ein Literat diese Zeit erlebt und

wie er sich zu ihr verhalten soll. Dieser selbstreflexive Duktus bedingt
den eigentlichen Rang der Sammlung; sie verdankt ihre Glanzlichter
der Selbstironie, mit der sich ihr Autor – etwa in *Selbstporträt* – ambivalent in Szene setzt:

> Nur Wenigen bin ich sympathisch,
> Denn ach, mein Blut rollt demokratisch
> Und meine Flagge wallt und weht:
> Ich bin nur ein Tendenzpoet!

Mit der «Tendenz» ist es allerdings nicht allzuweit her, wenn selbiger
Poet allein des Reimes wegen seine Gegenstände wählt, wie in der nächsten Strophe behauptet wird. Schließlich erklärt er sein Hirn für «noch
nicht ausgegoren», was aber wohl keine Selbstkritik, sondern für einen
Autor der Moderne höchstes Eigenlob bedeutet: «Denn meine gute Mutter hat / Mich hundert Jahr zu früh geboren!»

Holz selbst hat sich auch im späteren Rückblick zur literarischen Leistung des *Buchs der Zeit* bekannt. Dennoch ist nicht zu übersehen, daß
der Lyriker Holz unmittelbar nach dessen Erscheinen in eine Krise
geriet. Eine im Sommer 1885 rasch hingeworfene Gedichtsammlung
Unterm Heilgenschein wurde gar nicht mehr gedruckt (sie ist bis heute
ungedruckt); mit der Hinwendung zur experimentellen Prosa, dann
zum Drama und zur Theorie wurden die Weichen in den Folgejahren
neu gestellt. Wer sich nur an die Buchveröffentlichungen hält, könnte
den Eindruck gewinnen, Holz habe sich bis zu den späten neunziger
Jahren von der lyrischen Front verabschiedet, erst mit der Abwendung
vom Naturalismus sei sein Interesse an der Lyrik wieder erwacht. Schon
die Anknüpfung seiner lyriktheoretischen Schriften von 1898/99 an die
Argumentation der naturalistischen Programmschrift *Die Kunst. Ihr
Wesen und ihre Gesetze* (1890) macht jedoch deutlich, daß die Neukonzeption des *Phantasus* in einem inneren Zusammenhang mit der Entwicklung des Naturalismus steht.

Blickt man auf die (nur spärlich dokumentierten) Zeitschriftenveröffentli-
chungen einiger Holz-Gedichte der Zwischenzeit, so findet man diesen Zusammenhang bestätigt. Die experimentelle Form der *Phantasus*-Lyrik kündigt sich
in einem Gedicht an, das Holz nach dem Zeitschriftenabdruck von 1891 in die
zweite Auflage des *Buchs der Zeit* (1892) aufnahm. In enger Anlehnung an den
alten *Phantasus*-Zyklus behandelt es den Besuch der von einer unpoetischen
Welt getöteten Muse in der Dachkammer des Dichters; aber nicht so sehr dieser
wenig originelle Inhalt als die rhythmische Form der Gestaltung und Versauftei-
lung verdient Interesse:

> Nacht.
>
> Der Ahorn vor meinem Fenster rauscht,
> Von seinen Blättern funkelt der Thau ins Gras

Und mein Herz
Schlägt.

Nacht, Nacht, Nacht.

Ein Hund bellt – – ein Zweig knickt – – still!
Still!!
Still!!!
....

Von hier ist es nur ein Schritt zur Mittelachsenlyrik mit rhythmisch
bestimmten Zeilengrenzen im neuen *Phantasus*. Eine Zwischenetappe,
eine Art Halbschritt also, markiert der «Depeschenstil» (wie es in der
zeitgenössischen Kritik hieß) eines Holz-Gedichts in Bierbaums *Musen-
Almanach* von 1893: «Eine Düne. // Auf ihr, / Einsam, / Ein Haus, /
Draußen Regen, / Ich am Fenster. // Hinter mir, / Tiktak, / Eine Uhr,
/ Meine Stirn / Gegen die Scheibe.» Bestimmendes Prinzip dieser
Gestaltung ist offenbar die Isolierung einzelner Wahrnehmungs- und Be-
wußtseinsmomente, die aus dem grammatikalischen Fluß der Prosaspra-
che herausgenommen werden, wodurch so etwas wie ein impressionistisches Textgebilde entsteht. Als Versuche zur Erprobung und Verfeine-
rung impressionistischer Stilmittel lassen sich auch die Gedichte lesen,
die Holz ab 1897 in den Zeitschriften *Pan* und *Jugend* veröffentlicht,
bald schon mit dem Zusatz «Lyrik aus einem neuen Cyclus: Phantasus».
Ihre Besonderheit mag hier an einem Beispiel illustriert werden, dessen
erste Zeilen Holz selbst als Exempel für die Errungenschaften und die
Notwendigkeit seiner neuen künstlerischen Form zitiert:

Hinter blühenden Apfelbaumzweigen
steigt der Mond auf.

Zarte Ranken,
blasse Schatten
zackt sein Schimmer in den Kies.

Lautlos fliegt ein Falter.

Ich strecke mich selig ins silberne Gras
und liege da
das Herz im Himmel!

Holz nahm für sich in Anspruch, mit der Form der reimlosen Mittel-
achsenverse eine epochale «Revolution der Lyrik» vollzogen zu haben.
In der Selbstanzeige der ersten Buchfassung des *Phantasus*, die in zwei
Heften 1898/99 erschien, und in der selbständigen Schrift *Revolution
der Lyrik*, in die er diese Anzeige und die Auseinandersetzung mit der
damaligen Kritik aufnahm, definiert er die Lyrik der Gegenwart und

Zukunft als eine solche, «die auf jede Musik durch Worte als Selbstzweck
verzichtet und die, rein formal, lediglich durch einen Rhythmus getragen wird, der nur noch durch das lebt, was durch ihn zum Ausdruck
ringt». Die mimetische Angleichung der Kunst an die Natur, Grundgedanke der Programmschrift von 1890, wird hier also auf die Anpassung
des Rhythmus an den Ausdruckswillen des Lyrikers bezogen, in dessen
Bewußtsein sich eine bestimmte Erfahrung der Welt spiegelt. Es geht
mithin nicht um eine unmittelbare Wiedergabe von Gegenständlichkeit
an sich, sondern um den Nachvollzug der Reize oder Sensationen, die
sie im Bewußtsein des Subjekts auslöst. Insofern führt die Korrektur
Otto zur Lindes am Thema vorbei, der auf die astronomische Unkorrekt-
heit von Holz' Paradebeispiel hinwies: «Es müßte heißen, blühende
Apfelbaumzweige drehen sich mitsamt der Erde, infolgedessen kommen
unsre Augen immer tiefer untern Mond.» Übrigens waren für Linde die
betreffenden Holz-Verse in Ermangelung von Stilfiguren, die von der
normalen Sprechweise abweichen, nichts anderes als schlichte Prosa.

Für Holz dagegen lag die entscheidende poetische Differenz in der
Zäsur vor dem Verb «steigt», die er in einer späteren Fassung durch eine
zweite Zäsur danach ergänzte:

Hinter blühenden Apfelbaumzweigen
steigt
der Mond auf.

«Erst jetzt, fühle ich, ist der Klang eins mit dem Inhalt.» (Holz) Das
ungewöhnliche Schriftbild soll den besonderen Rhythmus zum Ausdruck bringen und dem Auge zugleich durch Verkürzung der Wege Er-
leichterung verschaffen. Was Holz offenbar nicht bewußt war, aber
unterschwellig wohl bereits mitspielte, waren der visuelle Ausdruckswert
und der Reiz, den die Girlanden seiner Kurzverse in der neuartigen Anordnung auf eine Generation ausübten, die sich auch in anderen Bereichen der ästhetischen Wahrnehmung – von der Malerei bis zur Woh-
nungseinrichtung, von der Buchkunst bis zur Kleidung – des Eigenwerts
eleganter Linien und einer formalen Abstraktion bewußt wurde. Einer
der ersten Vorabdrucke aus dem *Phantasus* in der Münchner Zeitschrift
Jugend (1897) arrangiert zehn Gedichte auf einer Doppelseite, eingefaßt
von üppigen Ornamenten des Jugendstilkünstlers Bernhard Pankok, die
sich hier und da zu eigenwertigen Bildern verselbständigen – neben
dem Eröffnungsgedicht «Ich bin der reichste Mann der Welt. // Meine
silbernen Yachten / schwimmen auf allen Meeren» sieht man links eine
nackte Männerfigur, an einen schlangenartig geformten Baum gelehnt,
in Blickrichtung rechts ein Segelschiff vor einer exotischen Küste. Die
spiegelsymmetrische Ausrichtung der Verse bildet hier einen unverzicht-
baren Bestandteil des druckgraphischen Gesamtkunstwerks.

Der hohe Grad von Übereinstimmung, in dem sich Holz' formales Experiment mehr noch als seine lyriktheoretischen Überlegungen mit bestimmenden Tendenzen der Epoche befand, erklärt auch die beträchtliche Zahl künstlerischer Parallelaktionen, bewußter oder unbewußter Nachahmungen. Im engeren Sinne von einer Holz-Schule kann man mit Bezug auf eine kleine Autorengruppe sprechen, die sich in Berlin als Verehrergemeinde um den «Meester» scharte und als geschlossenes «Regiment Sassenbach» im Verlag der *Phantasus*-Hefte Mittelachsenyrik publizierte. Sie bestand aus Robert Reß, Georg Stolzenberg (*Neues Leben*, 1898–1903), dem Verleger Reinhard Piper (*Meine Jugend I*, 1899 unter dem Pseudonym Ludwig Reinhard) und Rolf Wolfgang Martens (*Befreite Flügel*, 1899). Über ihr künstlerisches Niveau ist wohl genug gesagt durch die Schlußverse des dritten Gedichts aus den Holz gewidmeten *Farben* (1899) von Robert Reß:

> Noch immer springen munter die Zicklein.
> Mücken tanzen.
> Ein Schaf schaut in die untergehende Sonne.
> Bäh!

Mehr Interesse verdienen Autoren wie der *Pan*-Redakteur Cäsar Flaischlen oder Paul Ernst, die unabhängig von Holz oder als abtrünnige Freunde zeitgleich ähnliche Formtendenzen in der Lyrik verfolgten und somit den späteren Bestrebungen des Charon-Kreises um Otto zur Linde mit ihm zusammen den Boden bereiteten. Im selben Jahrgang des *Pan*, der die ersten *Phantasus*-Gedichte brachte, erschienen von Flaischlen «Gedichte in Prosa» unter dem Titel *Aus einem Mönchguter Skizzenbuch* (wieder in: *Von Alltag und Sonne*, 1898). Sie enthalten halblyrische Impressionen wie die folgende:

So regnet es sich langsam ein und immer kürzer wird der Tag und immer seltener der Sonnenschein ..

Ich sah am Waldrand gestern ein paar Rosen stehn ..
gib mir die Hand und komm: – wir wollen sie uns pflücken gehn

Es werden wohl die letzten sein!

Die Gedichte, die Holz' Freund Paul Ernst 1897 unter dem von Jean Paul entlehnten Titel *Streckverse* veröffentlichte, führten zu einer heftigen Auseinandersetzung um das geistige Erstgeburtsrecht an der neuen lyrischen Form. Wie auch in der zermürbenden Fehde mit dem einstigen Weggenossen Johannes Schlaf zeigt sich der besondere Anspruch von Holz auf das ausschließliche ‹Patent› an einer dichterischen ‹Erfindung›. Konkurrierende Erfinderansprüche und Eigentumsquerelen sind die Kehrseite der Modernisierung der Literatur im Geiste des bürgerlichen Zeitalters.

Von der negativen Sicht auf die Großstadt, vom Melodrama des verhungernden Dichters, ist in der neuen *Phantasus*-Konzeption nichts geblieben. Das dichterische Subjekt, auf das die exotischen wie die alltäglichen Traumwelten der zweimal fünfzig Gedichte bezogen sind, hat sich mehr oder weniger der Persönlichkeit des Autors Holz angenähert, der in einer der letzten Nummern des Zyklus als «Meester» seine Jünger empfängt. Nicht mehr der Kontrast zum äußeren Elend steht im Vordergrund, sondern die Öffnung zur Welt – zur äußeren Welt heiter-impressionistischer Momentaufnahmen (z. B. «Im Thiergarten, auf einer Bank, sitz ich und rauche») und zur innerlich vermittelten Welt zeit-räumlich entfernter Fabelreiche und Seinsstufen (z. B. «Ueber den Gipfel des Fuyi-no-yama, / auf Feuerflügeln, / hebt sich Kijo Matija, der graue Drache»). Die heterogenen Realitätsebenen bilden keinen echten Gegensatz, sondern sind im monistischen Gedanken der Einheit des Ich mit der gesamten organischen Welt – basierend auf Haeckels biogenetischem Grundgesetz – miteinander verbunden.

Je stärker man diesen Einheitsgedanken gewichtet, desto mehr tritt auch die epische Qualität des neuen Zyklus in den Blick. In den späteren Neuauflagen und Überarbeitungen – mit schließlich weit über tausend Seiten – ist sie schon aufgrund der monumentalen Dimensionen des Werks nicht zu übersehen. Welchen Stellenwert universalgeschichtliche Fragestellungen im Versepos des ausgehenden 19. Jahrhunderts besaßen und wie sich Holz' *Phantasus* in sie einordnet, ist oben im Zusammenhang der Gattungsgeschichte angedeutet worden (siehe S. 227). Die beiden *Phantasus*-Hefte von 1898/99 verharren gleichsam noch auf der Schwelle zwischen einer lockeren Folge subjektiver Impressionen, wie sie ja auch die Zeitschriftenvorabdrucke nahelegen, und der monistischen Alleinheits-Rhapsodie des Spätwerks.

6. Nietzsche

Schon im Alter von knapp vierzehn Jahren unterschied Nietzsche in seiner Lyrik drei Perioden. Blickt man auf die weitere Entwicklung dieses dichterischen Philosophen und philosophischen Dichters, so wird man – nur bezogen auf die lyrische Produktion – wohl ähnliche Feststellungen treffen. Auf die romantisierende Jugendlyrik der fünfziger und sechziger Jahre folgt spätestens Anfang der achtziger Jahre ein deutlicher Tonwechsel hin zu Satire, Ironie und didaktischen Genres. Im Zuge der Radikalisierung seiner philosophischen Lehre und der verschärften persönlichen Isolierung bildet Nietzsche um die Mitte der achtziger Jahre, hieran anschließend, eine neue Form des (in einem vertieften Sinne) närrischen Sprechens aus, die sich vor allem in seinem letzten abgeschlossenen Werk, den hochartistischen *Dionysos-Dithyramben*, manifestiert. Daß ihm daneben weiterhin oder wieder ein unmittelbar musikalischer Modus der lyrischen Selbstaussage möglich war, zeigt sein spätes Venedig-Gedicht.

Eine literaturgeschichtliche Einordnung der Lyrik dieses konsequenten Einzelgängers ist, von der epigonalen Jugenddichtung abgesehen, nur in Grenzen möglich. Die Heine-Rezeption in Nietzsches Lyrik der frühen achtziger Jahre bildet eine interessante Parallele zur Heine-Renaissance in Holz' nur wenig späterem *Buch der Zeit*. Das Venedig-Motiv und einige andere Bildkomplexe, auf die im folgenden hingewiesen wird, verbinden Nietzsches Gedichte u. a. mit der Lyrik Conrad Ferdinand Meyers. Das gilt in gewisser Weise auch für den hohen artistischen Anspruch und die zumindest punktuelle Berührung mit der Dichtung des französischen Symbolismus. Völlig singulär in der deutschsprachigen Literaturlandschaft der achtziger Jahre sind dagegen der Rückbezug auf barocke oder manieristische Traditionen und die vielstimmige bzw. zerbrechende Subjektivität der *Dionysos-Dithyramben*.

Kurz vor Ende seiner Gymnasialzeit in Schulpforta entsteht 1864 das erste bemerkenswertere Gedicht des damals achtzehnjährigen Nietzsche. In Aufbau und Struktur stark durch Balthasar Münters Choral *Mein Gott! du bist's, zu dem ich flehe* beeinflußt, gewinnt es Originalität durch die eigenwillige Adaption der Überlieferung vom Altar des unbekannten Gottes in Athen (*Apostelgeschichte* 17,23).

> Noch einmal eh ich weiter ziehe
> Und meine Blicke vorwärts sende
> Heb ich vereinsamt meine Hände
> Zu dir empor, zu dem ich fliehe
> Dem ich in tiefster Herzenstiefe
> Altäre feierlich geweiht
> Daß allezeit
> Mich seine Stimme wieder riefe
>
> Darauf erglühet tiefeingegraben
> Das Wort: Dem unbekannten Gotte [...].

Pietistische Sehnsucht nach Unmittelbarkeit der Gotteserfahrung verbindet sich mit philosophischem Erkenntnisdrang, wenn das lyrische Ich die attributive Benennung des unbekannten Gottes alsbald temporär, nämlich als Bezeichnung eines änderbaren Zustands versteht: «Ich will dich kennen Unbekannter, / [...] / Du Unfaßbarer, mir Verwandter!»

In den folgenden Jahren tritt zunächst die theoretische Beschäftigung mit der Lyrik in den Vordergrund. In der *Geburt der Tragödie aus dem Geiste der Musik* (1872) entwickelt Nietzsche anhand der frühgriechischen Lyrik «die Vereinigung, ja Identität des Lyrikers mit dem Musiker» im Zeichen des Dionysischen. In Aufsprengung der hegelianischen Gattungssystematik – Lyrik als Ausdruck der subjektiven Innerlichkeit, Epos als Darstellung des objektiven Weltzustands etc. – wird die Lyrik als Medium des Weltwillens (im Sinne Schopenhauers) gefaßt: «Seine Subjectivität hat der Künstler bereits in dem dionysischen Prozeß aufgegeben [...] Das ‹Ich› des Lyrikers tönt also aus dem Abgrunde des Seins: seine ‹Subjectivität› im Sinne der neueren Aesthetiker ist eine Einbildung.»

Als Annäherung an ein solches ‹dionysisches› Dichtungsverständnis kann vielleicht das nachgelassene 1877 entstandene Gedicht in freien Rhythmen *Am Gletscher* verstanden werden. Darin begegnet uns eine Reihe von Requisiten der spätromantischen Naturlyrik: «Eisgebirg und Tann' und Quell», «Und dunkler noch und treuer blickt die Tanne». Es fehlt jedoch das traditionelle Erlebnissubjekt; das Sprecher-Ich oder -Wir hat sich auf eine Beobachter- und Deuter-Perspektive zurückgezogen: «Doch sehen wir sein Sprechen nur», «Solch Leuchten sah ich schon: das deutet mir's». Träger der Aktivität ist vielmehr der Sommer selbst, vorgestellt als «Knabe mit den müden, heißen Augen», der sich «um Mittag» mit dem Gebirge vereint, in ihm erstirbt. Als äußeres Zeichen dafür dient dem Beobachter das plötzlich ausbrechende «Leuchten» – bis in den sprachlichen Ausdruck hinein eine Parallele zu Meyers Gedicht *Firnelicht* mit dem Refrain «Das große stille Leuchten». Wie bei Meyer dient der Glanz des ewigen Eises als symbolischer Hinweis auf Tod und Unendlichkeit; die Mittagsstunde, um die sich solches vollzieht – die Zeitangabe der ersten Zeile wird am Schluß wiederaufgenommen –, ist die erste Ankündigung des ‹großen Mittags› in Nietzsches Philosophie. Wie eng das Gedicht in deren Entwicklung hineingehört und wie konsequent hier das menschliche Subjekt durch den «Abgrund des Seins» ersetzt ist, zeigt sich nicht zuletzt an den Verszeilen: «Da denkt es rings – / und schweigt – –.»

Der Tod als Aufgehen des Individuums im Universellen wird auch in *Das nächtliche Geheimniss* (1882) imaginiert, 1887 wiederveröffentlicht unter dem Titel *Der geheimnissvolle Nachen*. Es handelt sich natürlich um den – in der Epigonenlyrik allgegenwärtigen, von Meyer (*Im Spätboot*) besonders unauffällig gestalteten – Charonskahn, der den Träumer in das Reich der Zeitlosigkeit entführt:

> Eine Stunde, leicht auch zwei,
> Oder war's ein Jahr? – da sanken
> Plötzlich mir Sinn und Gedanken
> In ein ew'ges Einerlei,
> Und ein Abgrund ohne Schranken
> Tat sich auf: – da war's vorbei!

Einen völlig konträren, nämlich heiter-ironischen Ton schlagen dagegen die meisten anderen *Idyllen aus Messina* (1882) an, deren Mehrzahl 1887 der zweiten Auflage der *Fröhlichen Wissenschaft* unter dem Titel *Lieder des Prinzen Vogelfrei* als Anhang beigegeben wurde. «Den höchsten Begriff vom Lyriker hat mir Heinrich Heine gegeben», bekennt Nietzsche noch in *Ecce Homo*, und wahrscheinlich ist der neue selbstreflexiv-satirische Charakter seiner lyrischen Produktion gerade des Jahres 1882 als bewußte Form der Heine-Nachfolge zu verstehen. Stimmungszauber und Sprachartistik, Emotionalität und witzige Provokation gehen in den *Vogelfrei*-Liedern eine charakteristische Mischung ein.

Dichters Berufung ist eines von ihnen überschrieben; der einem Specht zuhörende Sprecher übernimmt den Ticktack-Rhythmus von dessen Klopfen und – dichtet. Die zweite und in der früheren Fassung von 1882 (*Vogel-Urtheil*) letzte Strophe lautet, fast an Arno Holz und dessen Kritik an der «Blechschmiede» konventioneller Verskunst gemahnend:

> Wie mir so im Verse-Machen
> Silb um Silb ihr Hopsa sprang,
> mußt ich plötzlich lachen, lachen
> eine Viertelstunde lang.
> Du ein Dichter? Du ein Dichter?
> Steht's mit deinem Kopf so schlecht?
> – «Ja, mein Herr, Sie sind ein Dichter»
> achselzuckt der Vogel Specht.

Sprechende Vögel begegnen allenthalben in der Lyrik Nietzsches: vom *Wanderer*-Gedicht, mit dem er Erwin Rohde 1876 seine Enttäuschung über dessen Verlobung ausdrückte, bis hin zum späten Dithyrambus *Zwischen Raubvögeln*. Dem Altphilologen Nietzsche waren *Die Vögel* des Aristophanes bestens vertraut; seinen Bemühungen um eine Physiologie der Kunst kam die Engführung von Menschlichem und Animalischem entgegen. Wenn der Vogel sprechen kann, kann der Dichter fliegen; so stellt sich der Sprecher des *Vogelfrei*-Zyklus als Gast in einem Vogelnest vor, der für Vögel singt (*Im Süden*, früher: *Prinz Vogelfrei*). Eins seiner Lieder ist eine pathetische *Liebeserklärung* an den Albatros. Der Titelzusatz «bei der aber der Dichter in eine Grube fiel» weist auf den Kontrast zwischen Dichtung und Leben hin, wie schon ein Gedicht Baudelaires am Beispiel und im Bilde desselben auf dem Boden plumpen Vogels.

Scherz, List und Rache betitelt Nietzsche in Anspielung auf ein Singspiel Goethes das «Vorspiel in deutschen Reimen» (d. h. in Knittelversen), das er 1882 der *Fröhlichen Wissenschaft* voranstellt. Es sind Sprüche in der Nachfolge von Goethes *Zahmen Xenien*, schwankend zwischen allgemeinen Lebensweisheiten und vorausdeutenden Verständnishilfen, Leserermunterung und Kritiker-Abwehr. «Blas dich nicht auf: sonst bringet dich / Zum Platzen schon ein kleiner Stich», heißt es unter der Überschrift *Gegen die Hoffahrt*, und über die *Urtheile der Müden* ist zu erfahren: «Der Sonne fluchen alle Matten; / Der Bäume Werth ist ihnen – Schatten!» Der gnomische Charakter der Verssprüche führt in die aphoristische Struktur des nachfolgenden Werks, stimmt sozusagen in eine rational-belehrende Lektüre ein. Die vitale Energie, die in der theoretischen Prosa als einer Abrechnung mit lustfeindlichen Moralsystemen zugleich enthalten ist, findet ab 1887 am entgegengesetzten Ende des Werks, nämlich am Schluß des Anhangs, ihren kongenialen Ausdruck: im «Tanzlied» *An den Mistral*. In diesem im Herbst 1884 in Mentone verfaßten Gedicht begrüßt der Autor den vom Norden auf das Mittelmeer

fallenden, Wellen erregenden und den Himmel reinigenden Wind als
Gleichgesinnten und Kampfgenossen. Das Naturereignis wird zum
Sinnbild einer literarischen Strategie, die ihren Zielpunkt in der Versöhnung von Geistigem und Körperlichem sieht und daher in der Aktivität
des Tanzes angemessen vergegenwärtigt werden kann. Die sechste Strophe lautet:

> Tanze nun auf tausend Rücken,
> Wellen-Rücken, Wellen-Tücken –
> Heil, wer neue Tänze schafft!
> Tanzen wir in tausend Weisen,
> Frei – sei unsre Kunst geheissen,
> Fröhlich – unsre Wissenschaft!

Die Aufbruchstimmung jener Jahre und die Winteraufenthalte des
Autors in den Hauptorten der Riviera – so auch in Genua, der Heimat-
stadt des Kolumbus – schlagen sich im Rollengedicht *Nach neuen
Meeren* (1887) nieder, das Nietzsche 1882 auf der Rückseite des Manu-
skripts von *Columbus novus* notierte. Die Reinschrift trägt noch den
Titelzusatz «oder Columbus»; in der Druckfassung ist es nur noch das
«Genueser Schiff» der vierten Zeile, das den aufmerksamen Leser über
die Identität der Sprechermaske belehrt. Die traditionsreiche Schiffahrts-
metapher wird in der Verkoppelung mit der Entdeckung der ‹Neuen
Welt› Amerikas zur Chiffre einer Inspiration von unerhörtem Innova-
tions- und Modernitätsanspruch. Allerdings wird die Dynamik des Fortschritts («neu und neuer») in der abschließenden Vision der «Unendlichkeit» und des auf Raum und Zeit schlafenden «Mittags» eigentümlich
gebremst, ja aufgehoben – die Vorwärtsbewegung der vierhebigen Trochäen kommt mit dem letzten Wort des Gedichts, dessen erstes an Goethes *Mignon*-Lied erinnert, gleichsam zum Stillstand:

> Dorthin – will ich; und ich traue
> Mir fortan und meinem Griff.
> Offen liegt das Meer, in's Blaue
> Treibt mein Genueser Schiff.
>
> Alles glänzt mir neu und neuer,
> Mittag schläft auf Raum und Zeit –:
> Nur dein Auge – ungeheuer
> Blickt mich's an, Unendlichkeit!

Von der Krise eines Aufbruchs ins Ungeheure zeugt auch das vielleicht bekannteste Gedicht Nietzsches, beginnend mit der Zeile «Die Krähen schrei'n» und in
der älteren Literatur oft unter dem Titel *Vereinsamt* zitiert. In der Originalhand-
schrift vom Herbst 1884 bildet das nachgelassene Gedicht den ersten Teil eines
Diptychons mit dem Obertitel *Der Freigeist*. Unter der nachgeordneten Überschrift *Abschied* heißt es:

Die Krähen schrei'n
Und ziehen schwirren Flugs zur Stadt:
Bald wird es schnei'n –
Wohl dem, der jetzt noch – Heimat hat!

Nun stehst du starr,
Schaust rückwärts ach! wie lange schon!
Was bist du Narr
Vor Winters in die Welt entflohn?

Es folgen drei weitere Strophen, die man als Spottrede der Krähen auf den wandernden «Freigeist» oder als Selbst-Anrede des von Zweifeln befallenen Neuerers
verstehen kann, gefolgt von der Schlußstrophe, die die erste wörtlich wiederholt
und nur die letzte Zeile ins Negative wendet: «Weh dem, der keine Heimat
hat!» Der krächzende Laut der Krähe, markant präsent durch die Häufung von
R-Lauten zu Beginn des Gedichts (Krähen schrei'n, schwirren, starr), greift in
der fünften Strophe auf das angeredete Subjekt über, indem diesem die Anverwandlung des «schnarrenden» Tons zugemutet wird:

Flieg', Vogel, schnarr'
Dein Lied im Wüsten-Vogel-Ton! –
Versteck', du Narr,
Dein blutend Herz in Eis und Hohn!

Genau diese Aufforderung befolgt ja das Gedicht, das sich hier gleichsam selbst
thematisiert; das Leiden des Subjekts wird – ein Verfahren, dessen sich Nietzsche in der Folgezeit immer häufiger bedient – nicht unmittelbar geäußert, sondern «versteckt» in eine aggressive Rede des gleichsam dissoziierten Ichs (auch
die Krähen lassen sich ja, wenn man sie als Redeinstanz annehmen will, diesem
Ich zuordnen). Im Zusammenhang dieser künstlerisch inszenierten Ich-Spaltung
gewinnt das Stichwort des Narren, zweimal im vorliegenden Gedicht erwähnt,
zunehmende Bedeutung; der Narr wird zur prototypischen Maske, hinter der
Nietzsche fortan die Problematik des Dichters und damit auch seine eigene Subjektivität verhandelt.
  Eine solche Auslegung wird durch den in der Handschrift folgenden Teil der
zweiflügeligen Komposition teilweise bestätigt. Unter der Überschrift *Antwort*
folgt nämlich die Zurechtweisung eines deutschen Spießers durch den Freigeist.
Bestätigend wirkt diese Fortführung insofern, als die Position des freien Geistes
damit eindeutig affirmiert wird; seine Herabsetzung im ersten Gedicht ist offenbar Teil einer bestimmten Darstellungsstrategie, abhängig von der jeweils einge-
nommenen Perspektive. Andererseits geht von dieser Ergänzung auch ein irritie-
render Effekt aus, da sie den Schluß nahelegt, das Vorstehende sei als Rede eben
dieses Spießers aufzufassen – was die innere Komplexität des *Abschied*-Gedichts
(als Selbstkritik des gespaltenen Freigeistes) drastisch reduzieren würde. Der
Interpret braucht hier dem Autor nicht zu folgen.

«Man erzählt mir, daß ein gewisser göttlicher Hanswurst dieser Tage
mit den Dionysos-Dithyramben fertig geworden ist.» Mit diesen Worten
meldet Nietzsche am 3. Januar 1889 die Fertigstellung seines letzten
Werks an Cosima Wagner. Der Bezug auf das Narrenthema bleibt ak-

tuell, wenn wir uns die Voraussetzungen des Gedichtzyklus vergegenwärtigen, mit dem Nietzsche letzten Endes den vierten Teil des *Zarathustra*, der bis dahin nur als Privatdruck vorlag, ablöste. Denn nicht weniger als ein Drittel der insgesamt neun freirhythmischen Dichtungen sind dem letzten Teil von *Also sprach Zarathustra* entnommen. Die Frage, ob und in welchem Grade die Interpretation dieser Gedichte den ursprünglichen Ort und die dort realisierte Zuordnung zu einem bestimmten Sprecher zu berücksichtigen hat, gehört zu den heikelsten Problemen im Umgang mit Nietzsches Lyrik. Nietzsche selbst erinnert ja an den vorherigen Kontext, wenn er etwa beim zweiten Dithyrambus die narrative Einbettung aus dem *Zarathustra* mitzitiert. Nimmt man aber diese Vorgeschichte der Gedichte ernst, so fällt auf, daß sie samt und sonders nicht dem «Übermenschen» Zarathustra, sondern den sogenannten «höheren Menschen» in den Mund gelegt sind – Figuren, die in demonstrativer Weise durch einen Mangel an Autorität und Authentizität charakterisiert sind. Gesprochen wird der spätere zweite Dithyrambus vom Wanderer, der erste (als *Lied der Schwermuth*) und der siebente (*Klage der Ariadne*) dagegen vom Zauberer, der nach jedem Liedvortrag als Falschmünzer und Betrüger gescholten oder gar geschlagen wird.

Die Problematik des Wahrheitsanspruchs der Dichtung ist aber schon den Texten selbst eingeschrieben. In pointierter Form weist bereits der Titel des ersten Dithyrambus darauf hin: *Nur Narr, nur Dichter!* Das Gedicht entfaltet die Problematik im Wechsel von Ich- und Außenperspektive. Bei letzterer handelt es sich wiederum um eine Spottrede, die symbolischerweise «blendenden Sonnen-Gluthblicken» in den (wenn man das so sagen kann) Mund gelegt ist. Als intensive Manifestation der hellsten Lichtquelle kontrastieren sie der Abendstimmung, die der erste Vers «Bei abgehellter Luft» heraufruft – ein wörtliches Zitat aus Paul Flemings *Geist- und Weltlichen Poëmata* (1651), das Nietzsche dem Artikel «abhellen» des Grimmschen Wörterbuchs entnahm. In solch literaturträchtig-intertextuell erzeugter Abendstimmung erinnert sich das in der ersten Strophe angeredete «heiße Herz» an einen früheren Abend und die Schadenfreude, mit der es in seinem Durst nach «himmlischen Thränen» damals von den «Sonnenblicken» getroffen wurde.

Deren nachfolgende Rede, die den Großteil des Gedichts ausmacht, bestreitet den Wahrheitsanspruch des Dichters gleich zweifach. Auf der Aussageebene schon durch die rhetorische Frage: «Der Wahrheit Freier – du?» Zusätzlich aber auf der formalen Ebene durch eine parodistische Form der Rhetorisierung, die das ganze Instrumentarium der dichterischen Suggestionsmittel offenlegt – als da sind Alliterationen, Assonanzen, Anaphern, Epiphern, Parallelismen, Symmetrien sowie tautologische Wortkaskaden oder Motivwiederholung und -variation. Kaum eine jener rhetorisch-poetischen Techniken ist ausgelassen, mit denen sich eine artifiziell-artistische Literatur (wie die Nietzsches!) der Gefolgschaft ihrer Leser zu versichern weiß. Das Gedicht ruft sogar Traditionen des Manierismus in Erinnerung, die erst die Konkrete Poesie des 20. Jahrhunderts wieder zu Ehren bringen sollte, wie die Visualisierung der sprachlichen Botschaft im Schrift- bzw. Druckbild:

Dann,
plötzlich,
geraden Flugs
gezückten Zugs
auf Lämmer stoßen,
jach hinab, heißhungrig,
nach Lämmern lüstern,
gram allen Lamms-Seelen,
grimmig gram Allem, was blickt
tugendhaft, schafsmäßig, krauswollig,
dumm, mit Lammsmilch-Wohlwollen ...

Das Herabstoßen des Adlers ist hier schon am «geraden» Abstieg der Textpyramide zu sehen. Der Vergleich des Dichter-Ichs mit einer Raubkatze und einem Adler beschwört übrigens zentrale Leitbilder der vitalistischen Argumentation Nietzsches; eine indirekte Aufwertung des Dichters bahnt sich an, der auch durch den Wahrheitsgehalt einiger Wortspiele vorgearbeitet wird. Anklänge wie «sündlich gesund» oder «krauswollig / Lammsmilch-Wohlwollen» sind zwar rhetorische Effekte, aber offenbar doch solche, die aus Nietzsches Sicht einen Erkenntnisgewinn ermöglichen! Die Erwartung des Lesers, daß der radikalen Demontage eine Re-Inthronisierung des Dichter-Subjekts folgen könnte, wird jedoch getäuscht. Das Ich, das sich mit der vorletzten Strophe wieder zu Wort meldet, bestätigt nur die Richtigkeit der Anklage; es fühlte sich tatsächlich − an jenem Abend, der erinnert wird − «verbannt» von aller Wahrheit: «Nur Narr! Nur Dichter!»

Was heißt «Dionysos Dithyramben»? Der Dithyrambus ist ein altgriechisches Kultlied, oft auch als Vorstufe der Tragödie angesehen. Seine ekstatische Expressivität veranlaßt Nietzsche schon in einer frühen theoretischen Reflexion zu einer literaturgeschichtlichen Parallele: «Griechischer Dithyrambus ist *Barockstil* der Dichtkunst.» Kein Zweifel, daß ein derartiger «Barockstil» hier auf dem Wege extremer Rhetorisierung − und mit einer signalhaften Anleihe bei der Barockliteratur schon in der ersten Zeile! − reproduziert wird. Die Zuordnung zu Dionysos ist nicht so leicht faßbar, wenn man von der *Klage der Ariadne* absieht, die durch die Epiphanie des Gottes beendet wird − der siebente Dithyrambus erweist sich somit als genuin dramatisch strukturiert, als theatralisches Intermezzo. Im übrigen aber hält sich der Autor an die Regel, die er schon beim *Zarathustra* (jedenfalls in der Druckfassung) beachtet hat: nämlich die Vermeidung griechischer Namen bzw. Mythen in diesem einer persischen Überlieferung verpflichteten Werkkomplex. Das schließt nicht aus, daß Nietzsche zunehmend von einer unterschwelligen Identität von Zarathustra und Dionysos ausging; in der Konzeption der *Dionysos-Dithyramben* tritt diese heimliche Analogie ins Offene. Es sind nicht so sehr Kultlieder an oder für Dionysos als vielmehr Lieder des Dionysos, wie ja auch der ursprüngliche Titel «Lieder Zarathustras» verrät.

Nietzsche greift damit letzten Endes auf seine frühen Überlegungen zu einer Lyrik zurück, die sich jenseits privater Innerlichkeit aus dem «Abgrunde des Seins» konstituiert. Dabei ist nicht zu übersehen, daß in diese Gedichte auch persönliche Motive und Bezüge eingehen, wie sich Nietzsche ja bekanntlich in den Wochen vor seinem geistigen Zusammenbruch mehrfach mit Dionysos identifiziert hat. So haben biographisch interessierte Interpreten in der «gräßlichen Scherzhaftigkeit» (Thomas Mann) und den unüberhörbaren sexuellen Anspielungen des zweiten Dithyrambus *Unter Töchtern der Wüste* Reminiszenzen an einen traumatischen Bordellbesuch des jungen Nietzsche aufgefunden. Die trauernde Ariadne des siebenten Dithyrambus andererseits könnte in einer geheimen Beziehung zu Cosima Wagner stehen, die um die weiteren Gleichungen Theseus=Wagner, Dionysos=Nietzsche zu ergänzen wäre. Eine Interpretation ihrer Klage als Arie einer hysterischen Wagnerianerin hätte immerhin den Vorzug, daß sie das Anspielungspotential sichtbar macht, das diesen scheinbar so abgehobenen, sich ins Mythologisch-Metaphysische versteigenden Dichtungen eigen ist. Geht es doch in den *Dionysos-Dithyramben* nicht zuletzt um die Reflexion der Krise einer modernen Existenz, um die Krise der Kunst und des Künstlers in der Moderne!

Nicht umsonst baut Nietzsche gezielte Anspielungen auf aktuelle Literatur in den Text der Dithyramben ein, die allerdings nur mit Hilfe eines gelehrten Kommentars zu entziffern sind. So sind die Verse 88–93 des vierten Dithyrambus *Zwischen Raubvögeln* offenbar einem Bonmot der Brüder Goncourt geschuldet, das Nietzsche in Paul Bourgets *Nouveaux Essais* (1886) fand: Das menschliche Leben sei eine Reihe epileptischer Anfälle «entre deux néants» (zwischen zwei Nichtsen). Die Verse lauten:

> Jetzt –
> zwischen zwei Nichtse
> eingekrümmt,
> ein Fragezeichen,
> ein müdes Räthsel –
> ein Räthsel für Raubvögel ...

Nietzsche markiert den Nihilismus als eigentliches Thema dieses Dithyrambus zusätzlich noch dadurch, daß er im sechsten Vers eine «Tanne» im Sperrdruck erscheinen läßt – das präzise Anagramm von «néant» (Nichts).

Lyrische Töne im herkömmlicheren Sinn erklingen im sechsten Dithyrambus *Die Sonne sinkt*: «Schon steht die glatte / Fluth vergüldet» – «In grünen Lichtern / spielt Glück noch der braune Abgrund herauf.» Unverkennbar liegt auch hier die Vorstellung vom dionysischen «Abgrund des Seins» zugrunde. Seine Prädikatierung als «braun» – an anderer Stelle der *Dionysos-Dithyramben* wird «schwarze Meere» zu «braune

Meere» verbessert − findet ihre Parallele in einem der letzten Gedichte Nietzsches, das in *Ecce Homo* als symbolisches Äquivalent für die Eigenart südlicher Musik eingesetzt wird. Das Ende 1888 entstandene titellose Gedicht wurde erstmals 1894 unter der Überschrift *Venedig* publiziert. Eindringlich vergegenwärtigt es Atmosphäre, Topographie und Kultur der von Nietzsche oft besuchten Stadt, Wohnsitz des Komponisten Peter Gast, von dem er eine antiwagnerianische Erneuerung der Musik erhoffte. Die erste Strophe lautet:

> An der Brücke stand
> jüngst ich in brauner Nacht.
> Fernher kam Gesang:
> goldener Tropfen quoll's
> über die zitternde Fläche weg.
> Gondeln, Lichter, Musik −
> trunken schwamm's in die Dämmrung hinaus ...

Auch Conrad Ferdinand Meyers fast motivgleiches Gedicht *Auf dem Canal grande* formuliert eine Todesahnung als Konsequenz traumhafter venezianischer Impressionen. Nietzsches Gedicht geht in der zweiten Strophe zur Aktivität des Subjekts über, das auf diese dionysische Empfindung heimlich mit einem «Gondellied» antwortet. Schon Goethe hat die besondere Qualität des Gondoliere-Gesangs als Wechselgesang beschrieben. Der singenden Seele in Nietzsches Gedicht bleibt jedoch solches Echo versagt: «Hörte Jemand ihr zu? ...» Die Frage läßt sich als Leser-Ansprache verstehen und gibt so vor allem im Rahmen einer autothematischen Lesart des Gedichts Sinn; danach wäre das heimliche Gondellied mit dem vorliegenden Text identisch. Zugleich ist dieselbe Frage als herbes autobiographisches Resümee zu deuten, als Klage des «Freigeistes» auf dem Weg in die absolute Einsamkeit.

7. George und sein Kreis

Ein Gedicht Stefan Georges aus dem *Jahr der Seele* (1897) beginnt mit der Zeile: «Des sehers wort ist wenigen gemeinsam». Darin ist das Selbstverständnis dieses Lyrikers − und George war Lyriker mit einer Ausschließlichkeit, wie sie sich sonst selten findet − als priesterlicher Seher oder vates ebenso ausgedrückt wie die Exklusivität seiner dichterischen Botschaft, die nach Zirkelbildung und Abgrenzung verlangte. Auch wenn der George-Kreis als kulturpolitische Instanz und soziologisches Phänomen im wesentlichen dem 20. Jahrhundert angehört und der Autor dem kultischen Zusammenschluß seiner ‹Gemeinde› erst mit dem *Siebenten Ring* (1907) vollgültig zuarbeitet, wurden die Grundlagen

dafür doch schon in den neunziger Jahren gelegt: mit der Stiftung einer
Kunstreligion, deren zentrale Idee von Anfang an die Abgrenzung gegen
ein häßliches Außen bildete – gegen die unerfreuliche soziale Realität
ebenso wie gegen die banausische Unkultur von Gründerzeit und Naturalismus. So sah es jedenfalls George, der im autobiographischen Gedicht *Franken* von den «gemiednen gauen» spricht, «wo der ekel / Mir
schwoll vor allem was man pries und übte / Ich ihrer und sie meiner
götter lachten».

Es ist die deutsche Heimat, die so bezeichnet wird. Nachdem der
Schüler sich durch Ausbildung einer eigenen Kunstsprache ein inneres
Reich schuf – im zitierten Gedicht aus dem *Jahr der Seele* heißt es: «In
einem seltnen reiche ernst und einsam / Erfand er für die dinge eigne
namen» –, sucht der zwanzigjährige George auf Reisen neue Fundamente für den Aufbau einer Gegenwelt. Er findet sie in Paris 1889 im
Anschluß an den Kreis um Mallarmé und in der Begegnung mit der
Dichtung Baudelaires, aus dessen *Fleurs du Mal* er 1891 eine erste, später
wesentlich erweiterte Auswahlübersetzung (*Blumen des Bösen*) vorlegt.
Vorleben nennt er seine Übersetzung von Baudelaires Sonett *La Vie
antérieure*, die mit den Versen beginnt:

> Ich wohnte lang in weiten säulengängen
> Die in der meeressonnen feuerbad
> Des abends sich erheben stolz und grad
> Und wie basaltne grotten überhängen ·

Die Vorstellung eines solchen ‹künstlichen Paradieses› steht im Zentrum
der frühen Lyrik Georges. In den zunächst nur als Privatdruck verteilten
Zyklen *Hymnen* (1890) und *Pilgerfahrten* (1891) sind noch deutlich die
Einflüsse Mallarmés und der ‹parnassiens› zu erkennen. Die Beschreibung einer reichen Venezianerin in *Gesichte I* beispielsweise hat offensichtlich Hérédias Gedicht *Dogaresse* zur Vorlage. Programmatisch wird
im Schlußgedicht der *Pilgerfahrten* (*Die Spange*) die Kostbarkeit des
Materials hervorgehoben:

> Nun aber soll sie also sein:
> Wie eine grosse fremde dolde
> Geformt aus feuerrotem golde
> Und reichem blitzendem gestein.

Einen charakteristischen George-Ton glaubt man in dem sakralen Pathos
zu vernehmen, mit dem das Eröffnungsgedicht der *Hymnen* (*Weihe*)
den Kuß der Muse zelebriert. Elemente des katholischen Ritus werden
ästhetisch funktionalisiert: «Lass auf dem lüster viele kerzen flammen /
Mit schwerem qualme wie in heilgem dom». So steht es im Gedicht
Neuländische Liebesmahle I, das mit dem Bild eines Weihrauchopfers ein-

setzt und schon im Titel auf das Mysterium der Eucharistie verweist. Ebenso bewußt wie die Einweihung zu Beginn wird die Entlassung am Schluß – als Desakralisierung – begangen. *Die gärten schliessen* heißt das letzte Gedicht der *Hymnen*; die symbolische Identifikation des umhegten und eingezäunten Gartens oder Parks mit der Kunstsphäre begegnet auch in anderen Gedichten Georges und Hofmannsthals, ja Schaukals. Hier verknüpft sie sich mit einer denkwürdigen Metapher, die einiges von der Gewaltsamkeit der künstlerischen Inszenierung verrät, die diesem Gedichtband – dem ersten dichterischen Zeugnis des Ästhetizismus im deutschen Kulturraum – zugrunde liegt: «Dahlien levkojen rosen / In erzwungenem orchester duften».

Der Widerspruch von Kunst und Natur, der hier anklingt, wird im nächsten Gedichtzyklus Georges rigoros vereinheitlicht – zugunsten der Kunst oder Künstlichkeit. *Algabal*, dessen erste Exemplare im Mai 1892 in Paris als Privatdruck erschienen, bezieht sich im Titel auf die legendäre Figur des spätrömischen Kaisers Heliogabalus, der sich in der Literatur der Décadence erheblicher Beliebtheit erfreute.

Der zweite und dritte Teil des *Algabal*-Zyklus (die Unterzyklen *Tage* und *Andenken*) lassen in der Er- und Ich-Perspektive Ereignisse aus dem Leben des römischen Kaisers anklingen, wobei aber alles Äußere nur die imposante Folie für den melancholischen Schönheitskult bildet, dem sich Georges Algabal geweiht hat. Beziehungslosigkeit, Narzißmus und ästhetischer Immoralismus sind die hervorstechenden Züge der hier gestalteten Mentalität. Selbst durch die Ermordung seines Bruders – im vierten Gedicht der *Tage* (*Nicht ohnmacht rät mir ab*) – läßt sich der Ästhet nicht erschüttern:

Hornieder steig ich eine marmortreppe ·
Ein leichnam ohne haupt inmitten ruht ·
Dort sickert meines teuren bruders blut ·
Ich raffe leise nur die purpurschleppe.

Im ersten Gedicht der *Tage* (*Wenn um der zinnen kupferglühe hauben*) begeht ein Sklave Selbstmord, weil sein unbedachtsames Auftreten die Taubenfütterung des Kaisers gestört hat. Dieser reagiert ambivalent: flieht den blutenden Leichnam «mit höhnender gebärde» und läßt noch am selben Tag den Namen des Sklaven in den Weinpokal prägen, also in die Sphäre des Ästhetischen hinüberretten. Im fünften Gedicht (*Becher am boden*) gerät eine Massen-Hinrichtung selbst zum ästhetischen Ereignis; mit Rosengüssen wird auf Algabals Weisung der Saal geflutet, in dem sich das Fest zur Orgie gesteigert hat.

In nur lockerer Anbindung an diese Episoden aus einem Fin-de-siècle-Kaiserleben wird in den vier ersten Gedichten des *Algabal*, die sich zum Subzyklus *Im Unterreich* zusammenschließen, die Vision einer artifiziellen Welt beschworen. Es sind vier Palastbeschreibungen von durchaus unterschiedlichem Gepräge, die an die ästhetizistischen Interieurs in Huysmans' *A rebours* erinnern. Während die Paläste der beiden mittleren Gedichte noch den Blick auf Sonne und Himmelswolken freigeben und mit Löwenfellen und Pfauen prunken, ist aus der Grottenwelt des Eingangsgedichts (*Ihr hallen prahlend in reichem gewande*) alles

Organische verbannt. In enger Anlehnung an Baudelaires *Rêve parisien* wird die Vision einer kristallinen Architektur oder einer mineralischen Pseudo-Natur entfaltet; das Paradigma der modernen Großstadt, auf das Baudelaires Gedichttitel zielt, ist dabei durch die autonome «schöpfung» des «meisters» abgelöst. Im letzten Gedicht des *Unterreichs* (*Mein garten bedarf nicht luft und nicht wärme*) kommt der Meister selbst zu Wort. Er beschreibt die schwarze Kunstlandschaft seines ‹paradis artificiel› in präziser Opposition zur Oberwelt, deren unterschiedliche Farben und Tageszeiten hier durch monochrome Schwärze und einen gleichförmigen «grauen schein» ersetzt sind. In der letzten Strophe gibt sich der Sprecher (als Vertreter Algabals oder des Dichters?) als Künstler in der Tradition der Romantik zu erkennen:

> Wie zeug ich dich aber im heiligtume
> – So fragt ich wenn ich es sinnend durchmass
> In kühnen gespinsten der sorge vergass –
> Dunkle grosse schwarze blume?

Deutet sich hier ein Zweifel an der Selbstgenügsamkeit der Kunst-Welt an? In jedem Fall ist die Anspielung auf Novalis' Dichtungssymbol der «blauen Blume» unüberhörbar. Sie weist demonstrativ auf die Beziehungen zwischen Symbolismus und romantischer Ästhetik hin, die auch geschichtlich zurückverfolgt werden können. George aktualisiert gleichsam das deutsche Erbe, das ihm auf dem Umweg über die französische Moderne zugekommen ist, und läßt später in den *Blättern für die Kunst* (Folge I–II) auf die deutsche Romantik als «urquelle» hinweisen. Eine andere Form der nachträglichen Eindeutschung stellt die Widmung des Gedichtzyklus in der ersten öffentlichen Ausgabe (1899) an den dreizehn Jahre zuvor verstorbenen bayrischen König Ludwig II. dar – Neuschwanstein und Bayreuth rücken damit in die Nähe von Algabals Schönheitskult.

Eine Sonderstellung nimmt das letzte *Algabal*-Gedicht *Vogelschau* ein. Ähnlich wie in Meyers *Möwenflug* dient der Vogelflug als Symbol der Poesie. Die drei ersten Strophen, die nacheinander «weisse schwalben», «bunte häher» und «grosse raben» beschwören, können als Verklammerung der ersten drei Gedichtbände Georges gelesen werden. Die Wiederaufnahme der Schwalben in der Schlußstrophe – jetzt aber mit dem Zusatz «kalt und klar» – wäre demnach ein Hinweis auf die fortschreitende Entwicklung des Dichters, in dessen nächstem dreigegliederten Gedichtband *Die Bücher der Hirten- und Preisgedichte, der Sagen und Sänge und der Hängenden Gärten* (1895) Hofmannsthal tatsächlich solche Klarheit und Kühle gespürt hat: «Obwohl in einer reichlichen Breite der inneren und äußeren Erfahrung webend, ist in diesen drei Büchern Gedichten das Leben so völlig gebändigt, so unterworfen, daß unserem an verworrenem Lärm gewöhntem Sinn eine unglaubliche Ruhe und die Kühle eines tiefen Tempels entgegenweht.» Programmatisch formuliert diese Ruhe wiederum ein Vogelgedicht:

Meine weissen ara haben safrangelbe kronen ·
Hinterm gitter wo sie wohnen
Nicken sie in schlanken ringen
Ohne ruf ohne sang ·
Schlummern lang ·
Breiten niemals ihre schwingen –
Meine weissen ara träumen
Von den fernen dattelbäumen.

Das Gedicht steht in den *Hängenden Gärten*, dem orientalischen dritten Teil des Triptychons, dessen eigentümlicher Aufbau der Vorrede zufolge «unsre drei grossen bildungswelten» reflektiert. Ihm entspricht im ersten antikisierenden Teil das (gleichfalls in den *Blättern für die Kunst* vom Januar 1894 erstveröffentlichte) Vogelgedicht *Der Herr der Insel*, wiederum ein Gleichnis auf die gesellschaftsferne und zeitentrückte Position der Poesie. Es handelt sich dabei um ein gezieltes Gegenbild zu Baudelaires Gedicht *L'Albatros*, das die Hilflosigkeit des großen Vogels auf der Erde, seine traurige Rolle als Zielscheibe von Matrosenspäßen zur Chiffre für die Weltfremdheit des Dichters nimmt. George stellt dagegen ein Bild mythischer Größe und ursprünglicher Harmonie. Wie Orpheus die wilden Tiere und Arion den sagenhaften Delphin bezauberte der «Herr der Insel» vorzeiten die Bewohner der Meere – derart, daß sich die Natur in ein kostbares Gesamtkunstwerk verwandelt:

Die süsse stimme hebend dass delfine
Die freunde des gesanges näher schwammen
Im meer voll goldner federn goldner funken.

Als Brücke zwischen der Welt des Altertums in den *Hirten- und Preisgedichten* und der Welt des Orients in den *Hängenden Gärten* dienen die *Sagen und Sänge* des Mittelalters. Der Dichter ist hier unter anderem in der Figur des fahrenden Spielmanns anwesend, dem eine Reihe von «Sängen» zugeordnet wird. Der titellose letzte verknüpft Elemente des Marienkults und des Minnesangs zu einem gleichsam präraffaelitischen Kunstgebet (erstmals 1893 in den *Blättern für die Kunst* gedruckt):

Lilie der auen!
Herrin im rosenhag!
Gib dass ich mich freue ·
Dass ich mich erneue
An deinem gnadenreichen krönungstag.

Georges Konzept der Kunstreligion hatte inzwischen Schule gemacht. Nach der Absage Hofmannsthals auf Georges weitgehende Avancen um die Jahreswende 1891/92 hatte dieser noch 1892 die Zeitschrift *Blätter für die Kunst* ins

Leben gerufen, als deren Herausgeber Carl-August Klein firmierte, ein treuer
Diener und ein authentisches Sprachrohr seines Herrn. Obwohl oder weil die
Zeitschrift zuerst nicht über den regulären Buchhandel vertrieben wurde, erlaubte sie es George, die Kontakte zu und zwischen seinen Verehrern zu inten-
sivieren und so die Voraussetzungen für die spätere Kreisbildung zu schaffen,
auch wenn der Grundsatz der Exklusivität – nach Georges ursprünglicher Erwartung sollte ein Mitarbeiter der *Blätter für die Kunst* in keiner anderen Zeitschrift publizieren – beispielsweise von Hofmannsthal von Anfang an unterlaufen wurde. Neben letzterem und seinem Freund Leopold von Andrian gehörten
zu den frühen Mitarbeitern der deutschschreibende Belgier Paul Gérardy und
(in Übersetzungen) der polnische Lyriker Waclaw Rolicz-Lieder. Beide sind
stark durch das Vorbild der Präraffaeliten (u. a. Dante Gabriel Rossetti) geprägt,
denen sich auch Georges Lyrik zur Zeit der frühen *Blätter*-Folgen annäherte.

Nicht minder wichtig war die Funktion der Zeitschrift als Forum für programmatische Äußerungen, die in Georges Gedichtbänden keinen Platz fanden.
«Wir halten es für einen vorteil dass wir nicht mit lehrsätzen beginnen sondern
mit werken, die unser wollen behellen und an denen man später die regeln ab-
leite.» So steht es am Anfang des ersten Heftes der *Blätter für die Kunst.* Folgerichtig nimmt Klein Georges frühe Dichtungen zum Muster, wenn er erklärt:
«Hier giebt es keine falschen unreinen reime mehr keinen leichtsinnigen fehler
im takt und (ein seltener reichtum) dasselbe wort wiederholt sich niemals im
reim.» (Folge I–II, S. 48) Tatsächlich richtete George auf die Verwendung der
Worte im Endreim besondere Aufmerksamkeit: «Reim ist ein teuer erkauftes
spiel. Hat ein künstler einmal zwei worte miteinander gereimt so ist eigentlich
das spiel für ihn verbraucht und er soll es nie oder selten wiederholen.» (Folge
I–II, S. 35) Ähnliche Strenge waltete in Fragen der Metrik. Die Ablehnung
freier Rhythmen bzw. des vers libre ist kategorisch: «Freie rhythmen heisst soviel wie weisse schwärze wer sich nicht gut im rhythmus bewegen kann der
schreite ungebunden.» Rhythmus ist für George engstens mit dem regelmäßigen
Versmaß verbunden. Auch hier gilt sein Grundsatz: «Strengstes maass ist zugleich höchste freiheit.»

Der strengen Form von Georges Gedichten entsprachen die eigenwillige
Orthographie (für die Kleinschreibung berief sich der Autor auf die Brüder
Grimm), eine besondere Typographie und eine spezifische Vortragskunst, die
nach dem Vorbild des Meisters heute noch im kleinen Kreis Verwendung findet.
Ihre Beschreibung in Sabine Lepsius' George-Buch (1935) weist auf das Vorbild
der katholischen Liturgie und damit indirekt auf das rituelle Element als Wesens-
bestandteil von Georges Lyrik hin:

> «Der Ton seiner Stimme wechselte seine Höhe und Tiefe nur in ganz selte-
> nen Abständen, wurde dann streng beibehalten, fast wie eine gesungene
> Note, ähnlich dem Responsorium in der katholischen Kirche, und trotz-
> dem bebend vor Empfindung und wiederum hart, dröhnend. Es war der
> Zusammenhang mit seiner Kinderzeit zu spüren, da er einst während der
> Messe das Weihrauchgefäß schwingen durfte. Auch die Endzeilen verharr-
> ten auf dem gleichen Ton, so daß nicht nur der übliche Schlußeffekt völlig
> vermieden wurde, sondern es schien, als sei das Gedicht nicht ein einzelnes
> in sich abgeschlossenes, sondern ohne Anfang, ohne Ende, wie herausge-
> griffen aus dem Reiche großer Gedanken und erhöhter dichterischer Vor-
> stellungen.»

Die schwache Betonung des Gedichtendes entsprach natürlich auch der Unterordnung des Einzelgedichts unter den Zyklus, die in den Folgejahren immer stärker die lyrische Praxis Georges bestimmte. Schon mit dem *Jahr der Seele* ist eine neue Stufe der zyklischen Organisation erreicht. Je zehn Gedichte – wenn man das Eingangsgedicht ausnimmt – sind den Jahreszeiten Herbst (*Nach der Lese*), Winter (*Waller im Schnee*) und Sommer (*Sieg des Sommers*) gewidmet. Ein zusätzlicher Zusammenhang ergibt sich durch die ähnliche Struktur der Gedichte dieses ersten und wichtigsten Hauptteils der Sammlung, insofern es sich durchweg um die Ansprache eines Du oder das Wir einer Zweisamkeit handelt, die sich mehr oder weniger deutlich als Liebesbeziehung zu erkennen gibt. Anregungen dazu sind von der unerfüllten Liebe Georges zu Ida Coblenz, der späteren Frau Richard Dehmels, ausgegangen. Das alte Modell der Jahreszeiten, hier vermittelt durch ein Wort Hölderlins, der in *Menons Klagen um Diotima* vom «Jahr unserer Seele» spricht, gibt dem Zyklus-Gedanken neuen und tieferen Sinn – spätere Gedichtbände Georges werden im Rekurs auf Symbole wie Ring oder Stern daran anschließen.

«Denn hier ist ein Herbst, und mehr als ein Herbst», heißt es in Hofmannsthals *Gespräch über Gedichte* (1904), das Georges *Jahr der Seele* zur Grundlage nimmt, ausgiebig aus ihm zitiert und Worte tiefgefühlter Anerkennung für diese Lyrik findet: «Hier ist ein Winter, und mehr als ein Winter. Diese Jahreszeiten, diese Landschaften sind nichts als die Träger des *Anderen*.» Mit diesem mystischen Begriff, der von fern an den «Anderen» in Andrians *Garten der Erkenntnis* denken läßt, deutet Hofmannsthal auf den inneren Zusammenhang zwischen Ich und Natur und die Auflösung des Ichs in der Natur hin, für die er später auch den Begriff der Präexistenz verwendet. George geht jedoch von wesentlich anderen Voraussetzungen aus; seine Natur ist in erster Linie domestizierte Natur, Garten oder Park, und damit immer auch Hinweis auf Formung des Lebendigen, seine Überwindung in Richtung Kunst.

Insofern der Kunst stets ein Moment der Stillstellung oder Mortifikation innewohnt, ist der Herbst die wichtigste Zeit in diesem Seelen-Jahr (und der Frühling ganz abwesend). Im Eingangsgedicht *Komm in den totgesagten park und schau* tritt diese poetologische Dimension eindrucksvoll in den Vordergrund. Das Du des Lesers oder Mit-Dichters wird zum Besuch des Kunst-Gartens eingeladen und um kreative Mitarbeit gebeten. «Dort nimm das tiefe gelb» – wie ein Maler vor der Palette soll es sich angesichts der lebendigen Natur verhalten und mit den Rosen des Parks umgehen: «Erlese küsse sie und flicht den kranz». Im «Erlesen» ist der Nebensinn der Lektüre enthalten; der vor dem Leser liegende Gedichtband, in den hier eingeleitet wird, bietet sich selbst als ein solcher geflochtener Kranz an (man denke an die Ursprungsbedeutung von

Text als Geflecht oder Gewebe), ist identisch mit dem «herbstlichen gesicht», jener säkularisierten Vision, auf die der Gedichttext zusteuert:

> Vergiss auch diese lezten astern nicht ·
> Den purpur um die ranken wilder reben ·
> Und auch was übrig blieb von grünem leben
> Verwinde leicht im herbstlichen gesicht.

Auch dieses «Verwinde» ist nicht frei von Doppeldeutigkeit. Die resignative Haltung, die darin anklingt, spricht auch aus verschiedenen Gedichten des dritten, von der Jahreszeitenfolge unabhängigen Teils des *Jahrs der Seele*: «Es lacht in dem steigenden jahr dir / Der duft aus dem garten noch leis. // [...] // Verschweigen wir was uns verwehrt ist · / Geloben wir glücklich zu sein». Das Gedicht erschien erstmals Ende 1895 im ersten Band der III. Folge der *Blätter für die Kunst* (mit der Jahreszahl 1896). Seine klassische Formulierung findet das Bewußtsein der Spätzeit in einem Gedicht, das mit den Versen beginnt: «Ihr tratet zu dem herde / Wo alle glut verstarb». Im Gegensatz zum Verhalten der Epigonen, die mit «bleichen fingern» in der Asche wühlen, um das erloschene Feuer zu einem letzten Aufflackern zu bringen, empfiehlt das Gedicht die Lehre des Mondes, der sich in die Höhe erhebt: «Tretet weg vom herde · / Es ist worden spät.» Die Dichtung, die noch möglich ist, muß klar und kalt sein wie der Mond − frei von falscher oder aufgefrischter Emotionalität.

Die Beliebtheit des *Jahrs der Seele* als Georges wohl bekanntester Gedichtsammlung beruht wahrscheinlich auf einem Mißverständnis, ist getragen von den Anklängen an herkömmliche Lyrik, vor allem an die Traditionen der Liebes- und Naturlyrik, mit denen der Autor aber offenbar nichts Näheres zu tun haben will.

Weniger zugänglich gibt sich der *Teppich des Lebens* (1899), der am strengsten komponierte Gedichtband Georges. Er besteht aus drei Büchern zu je vierundzwanzig mal vier Vierzeilern. Das erste dieser Bücher (*Vorspiel*) ist ein ins Monumentale gesteigerter Musenanruf, eine Auseinandersetzung des Dichters mit seiner Aufgabe, großenteils als Gespräch mit dem Engel, dessen Auftritt hier fast wie ein Vorgriff auf Rilkes *Duineser Elegien* anmutet. Der zentrale Teil wird von programmatischen Gedichten ein- und ausgeleitet. Denn das abschließende Gedicht *Der Schleier* bezieht sich ebenso direkt auf die Poesie wie das titelgebende Eingangsgedicht *Der Teppich*. Der ihm zugrundeliegende Vergleich von Dichtung und Teppich, an sich durchaus traditionell, erhält aktuelle Bezüglichkeit durch die ornamentale Ästhetik des Jugendstils, der die ersten Strophen im sprachlichen Nachvollzug sehr nahe kommen: «Hier schlingen menschen mit gewächsen tieren / Sich fremd zum bund umrahmt von seidner franze / [...] / Und kahle linien ziehn in reich-gestickten / Und teil um teil ist wirr und gegenwendig / Und keiner ahnt das rätsel der verstrickten ..».

Der ganze Gedichtband ist eine Hommage an den Jugendstil, auch wenn man die Ausstattung Melchior Lechters bedenkt, der hier erstmals als Buchkünstler für George tätig wird und dem späterhin der *Teppich des Lebens* gewidmet wird. Die Ästhetik des Ornaments verknüpft die Metaphorik des Eingangsgedichts mit der einheitlichen Stilisierung der gleich langen und in gleich große Gruppen geordneten Einzeltexte sowie den «kostbaren einfassungen» und weihevollen Dekorationen des Buchkünstlers. «Ich bin innerlich und äußerlich in Weihrauch gehüllt und träume und bete an dem Entwurf zum: ‹Mysterium der Kunst›», läßt sich Lechter damals in einem Brief an George (vom Februar 1899) vernehmen. Der sakralen Tendenz seiner Ornamentik entspricht der esoterische Anspruch von Georges Gedichtzyklus. Denn die visionäre Verlebendigung des Teppichbildes, die sein Eingangsgedicht schildert, ist – so die letzte Strophe – «kein schatz der gilde»: «Sie wird den vielen nie und nie durch rede / Sie wird den seltnen selten im gebilde.»

Einige Gedichte des Bandes sind schon durch die Tendenz zur Kunst-Politik gekennzeichnet, die für Georges weitere Tätigkeit bestimmend wird, und im Zusammenhang seiner Hinwendung zur Öffentlichkeit im Erscheinungsjahr 1899 zu sehen. Das Gedichtpaar *Der Erkorene / Der Verworfene* nimmt möglicherweise für Friedrich Gundolf und gegen Hofmannsthal – zwar nicht persönlich, aber doch im Sinne der Haltungen, die George in ihnen verkörpert sah – Stellung. Das Gedicht auf Jean Paul bildet ein lyrisches Gegenstück zur *Lobrede* auf den Dichter, die George 1896 in den *Blättern für die Kunst* erscheinen ließ, und zur Jean-Paul-Anthologie, die er 1900 zusammen mit Karl Wolfskehl als «Stundenbuch fuer seine verehrer» herausgab. All diese Aktivitäten sind als Versuch zu verstehen, für die Stilexperimente des Symbolismus und Ästhetizismus nationale Traditionslinien geltend zu machen, die die Vorrangstellung der Franzosen relativieren. In der Sprache des Gedichts: der «schönere Nachbar» soll nicht mehr die «liebe» zur «heimat» würgen! Die Gestalt des sprachgewaltigen fränkischen Erzählers dient zur Bekräftigung eines nationalliterarischen Autarkiestrebens: «Du bist der führer in dem wald der wunder / Und herr und kind in unsrem saatgefild.» *Der Dichter als Führer in der deutschen Klassik* sollte später (1932) das Buch eines der begabtesten George-Schüler (Max Kommerell) heißen.

Lieder von Traum und Tod ist der dritte Teil des *Teppichs des Lebens* überschrieben. Verschiedene dieser Lieder sind Freunden Georges, treuen Verehrern oder künstlerischen Weggefährten gewidmet. Das dem Jugendstilmaler Ludwig von Hofmann zugedachte Gedicht *Südliche Bucht* fällt darunter durch seine Anklänge an Baudelaires *La Vie antérieure* auf.

George hat schon den Mittelteil des *Jahrs der Seele* als Sammlung von *Überschriften und Widmungen* angelegt; darin ist ein Zyklus lyrischer Silhouetten «für meiner Angedenken Saal» enthalten, in dem kaum eines der wichtigen Mitglieder aus der Frühzeit des George-Kreises fehlt (die Namen sind durch Initialen bezeichnet). Gemessen am ästhetizistischen Ausgangspunkt seiner Lyrik, muß man in dieser direkten Ausrichtung auf Zeitgenossen, die gelobt, getadelt oder zu bestimmten Verhaltensweisen aufgefordert werden, sicher ein Zurückstecken sehen; im Grunde verlagert sich zunächst aber nur die Barriere gegenüber der Realität vom einzelnen Dichter, der sich von der Welt distanziert, auf das Kollektiv seiner Verehrer und Mitarbeiter. Eine ähnliche

Strategie künstlerischer Mitglieder-Huldigungen läßt sich auch in anderen Avantgardezirkeln, beispielsweise im *Sturm*-Kreis, beobachten; die Vertreter der Moderne bestätigen sich auf diese Weise in ihrer gemeinsamen Abweichung vom allgemeinen Publikumsgeschmack. Im Unterschied zu anderen Gruppierungen ist im George-Kreis die Sprecherinstanz des Meisters aber absolut privilegiert; er ist es, der durch die Zusammenstellung solcher Texte einen imaginären Ahnensaal als ideelles Konterfei des entstehenden Kreises entwirft, und er nutzt die lyrische Ansprache auch zu einer kritischen Bilanz des Betreffenden oder ihres gegenseitigen Verhältnisses, deren herber Klang sich vom verklärenden Tonfall sonstiger Widmungsgedichte radikal unterscheidet.

Die herbstliche Perspektive des gesamten Gedichtzyklus greift gleichsam auf die einzelne Adresse über, wenn es gegenüber dem engen Freund Wolfskehl heißt: «Dein leben ehrend muss ich es vermeiden» (*Wir seligen!*) oder wenn Hofmannsthal als «früherer gegner» apostrophiert wird, der nunmehr auf die «dächtnistafel» gegraben werde (und es mit dem Sprecher ebenso halten solle): «Denn auf des rausches und der regung leiter / Sind beide wir im sinken» (*Erfinder rollenden gesangs*). Alfred Schuler, das Haupt des Münchner Kosmiker-Kreises, dem George erst 1897 nähertritt und der erst in der zweiten Auflage des *Jahrs der Seele* mit einem Widmungsgedicht vertreten ist, wird darin so angesprochen, als lägen die Römerfeste in seiner Wohnung – das bekannteste fand erst 1899 statt, und noch 1903 begegneten sich George (als Cäsar) und Schuler (als Magna Mater) zum Fasching in Wolfskehls Münchner Wohnung – schon lange zurück. Gleichsam verkatert – «wie vergiftet / Nach schlimmem prunkmahl» – erinnert er sich des Nachvollzugs antiker Mysterien nur wie einer fernen Ausschweifung:

> So war sie wirklich diese runde? da die fackeln
> Die bleichen angesichter hellten · dämpfe stiegen
> Aus schalen um den götterknaben und mit deinen worten
> In wahneswelten grell-gerötet uns erhoben?

Auf die Entwicklung der deutschsprachigen Lyrik hat die von George initiierte Zirkelbildung nur begrenzten Einfluß genommen. Hofmannsthal, der unzuverlässige Bündnispartner, blieb mit Abstand der wichtigste Mitarbeiter der *Blätter für die Kunst* neben George. Dieser sah die Entwicklung des Mitarbeiterstamms und der von ihm begründeten Dichtungstradition zeitweilig mit unbegründetem Optimismus. Im August 1897 schreibt er im Entwurf eines Briefs an Hofmannsthal: «Hinter uns, Ihnen, Gérardy und mir, den einzigen die einen ton gefunden und festgehalten haben, kommt eine ganze jugend von Wolfskehl Perls Klages, die ein Kreis verschiedenster denker, künstler sind, und feinde der schmutzigen seelen...». Zunächst verblüfft die Einstufung von Paul Gérardy, einem früh nach Lüttich übergesiedelten Jugendfreund, der Georges Hochschätzung wohl nicht zuletzt seiner Zweisprachigkeit und der Doppelmitgliedschaft in der deutschen und französischen Kultursphäre verdankte. Die Qualität seiner Gedichtveröffentlichungen in den *Blättern für die Kunst* bestätigt die hohe Meinung des Zeitschriftengründers nur bedingt; wohl aber ist deutlich, daß hier dessen Tendenzen aufgegriffen werden. So imaginiert Gérardys Gedicht *Basilea*, als letztes von mehreren Jungfrauen-Gedichten 1894 in den *Blättern für die Kunst* erschienen, die an Algabal gemahnende Einsamkeit einer Herrscherin, die vom politischen Kampf zu ihren Füßen kaum Notiz nimmt:

> Krieger fallen, schiffe stranden – wess sieg die schwäne singen?
> Feierlich die morgensonne strahlt in ostens rot
> Stumm und hehr auf der terrasse schauet sie zum meer.

Richard Perls, von George 1897 unter den hoffnungsvollen Nachwuchslyrikern genannt, sollte schon im Jahr darauf versterben. Er hatte sich in die *Blätter für die Kunst* 1895 mit dem Gedicht *Vom neuen Bunde* eingeführt: «Ich will in sehn sucht mir gefährten werben / Welche wissen von entschwundnen leiden.» – «Traurig schauen in die dunklen augen / Männer frauen von dem neuen bunde». Perls' Freund Ludwig Klages, der spätere Graphologe, war schon 1893 mit George bekannt geworden, der Interesse für seine Jugenddichtungen zeigte. Die *Blätter* brachten u. a. seinen Essay *Aus einer Seelenlehre des Künstlers* (1895), der indirekt gegen Gérardys Ästhetik Stellung bezog und für eine rigoros formalistische Kunstauffassung plädierte. Klages entkleidet die Kunst wie die Dichtung des Wahrheitsanspruchs, ja letzten Endes ihrer sinnbildlichen Funktion: «Und was dann? dann bliebe das allerursprünglichste: die reine farben- formen- und linienfreude.»

Karl Wolfskehl dagegen, ein promovierter Germanist, zeigt sich als Lyriker wie als Herausgeber und Übersetzer wesentlich stärker historischen Traditionen verpflichtet. Sein erster Gedichtband *Ulais* – der Titel (als Anagramm von Luisa) stellt eine Huldigung an die Schauspielerin Luise Dernburg dar – erschien 1897 mit einer Widmung an George und wurde eingeleitet durch die Mythos-Erzählung *Der Priester vom Geiste*, die schon 1895 in den *Blättern für die Kunst* erschienen war. Darin wird George als Magier dargestellt und ange sprochen, der eine tiefe Krise durchlebt (die Überwindung des Ästhetizismus nach *Algabal?*) und sich aus sich selbst erneuert: «Ein neues priestertum ist er standen ein neues reich den gläubigen zu künden.» Im ersten Gedicht, das Wolfskehl zu den *Blättern für die Kunst* beitrug (1894), erscheint der Dichter gleichfalls in priesterlichem Habitus – als Pilger auf dem langen Marsch zum Schloß der blauen Blume. Im Unterschied zu der Sicht, der man in vielen Gedichten Georges begegnet (das lyrische Ich als Bewohner eines künstlerischen Unterreichs oder als Wanderer in einem Kunst-Park), erscheint das Subjekt hier als außenstehend, wenn nicht ausgeschlossen, dringlich um Einlaß in die Sphäre der Kunst – den George-Kreis? – bettelnd:

> Zum klaren berg der blauen seligkeiten
> Vergessne müde pilger schreiten
> Die pforte schloss sie pochen pochen.

8. ‹In Phanta's Schloß›: Dauthendey, Morgenstern, Scheerbart

Als flüchtigen Gast verzeichnen die *Blätter für die Kunst* 1893/94 (und mit einem Nachtrag noch 1897) den jungen Max Dauthendey. Aufgenommen werden vier Gedichte aus der Sammlung *Ultra Violett. Einsame Poesien* (1893), einer eigenwilligen Zusammenstellung von rhythmisierten Prosatexten (die im Manuskript in Versform notiert sind) und im engeren Sinne lyrischen Dichtungen. Die ersten beiden Texte Dauthendeys, die Eingang in Georges Zeitschrift finden, sind Stilproben eines dekadenten Ästhetizismus. Denn sowohl *Schmerzstimmung* als auch *Vision* stellen Versuche zur hochpoetischen Beschreibung einer – Leiche dar.

Nachdem der mittlere Teil von *Schmerzstimmung* die «blutleere Hand» und das «erstickte Auge» des Toten vergegenwärtigt hat, zieht sich die letzte Strophe ganz auf isolierte sinnliche Reize zurück:

> Aber von Tönen ist es kein Akkord, und kein Laut,
> Es ist die vibrierende Fieberstille zwischen zwei Lauten.
> Und von Gerüchen ist es
> der schluchzende Duft
> nasser schwarzer Erde.
> Und von Farben:
> Das geronnene Rot
> und das flehende Blaß
> scharfer, verwester Rosen.

Die synästhetische Wahrnehmung von Klängen, Gerüchen und Farben ist das strukturierende Prinzip von Dauthendeys frühen Poesien, die ihren Sammeltitel *Ultra Violett* dem väterlichen Fotolabor verdanken. Die Absolutsetzung der Sinnesreize wird mit der typischen Radikalität eines Erstlingswerks praktiziert und sichert dem Band einen Ehrenplatz in der Vorgeschichte der abstrakten Dichtung. Die genauere literaturgeschichtliche Bestimmung erweist sich allerdings als schwierig, denn der Zuordnung zum Impressionismus steht die Offensichtlichkeit entgegen, mit der die Auswahl der sinnlichen Wahrnehmungen durch symbolische Bezüge gesteuert wird. Die zitierte Strophe mit dem Geruch des Grabes und der Vorstellung von geronnenem Blut gibt dafür ein Beispiel. In den Prosa-Beiträgen zu *Ultra Violett*, z. B. in der Erzählung von einem Bergunfall mit dem (wiederum symbolischen!) Titel *Schwarz* und in der Schilderung eines Opiumrausches unter der – an Baudelaire gemahnenden – Überschrift *Im Paradies*, mögen solche impressionistischen Elemente eher greifbar sein; als dominant erweist sich letzten Endes aber auch dort der Wille zur Entfaltung einer dekadenten Symbolsprache, umgesetzt mit einer Konsequenz, die in der damaligen deutschen Literatur allenfalls bei Przybyszewski Parallelen findet.

Dauthendeys Versdichtung *Die schwarze Sonne*, 1893–1896 entstanden und 1897 in einem mexikanischen Verlag publiziert, gestaltet eine genuine Fin-de-siècle-Phantasie: den kollektiven Freitod nackter Menschen in dunkler Heide bzw. auf See. Als wahre Symphonie in Schwarz und Weiß stellt sich vor allem die Schilderung der leidenden und doch von Lebenslust erfüllten Menschenkörper dar, die sich wie Pflanzen mit dem «purpurschwarzen Moor» vereinigen: «Mit weißen Knien liegen sie nieder, die Knaben und Mägde, / Drängen begehrlich den keimblassen Leib in die kühlschwarze Erde, / [...] / Pressen die schwarzen Wunden in die schwarzen Erdschlacken.» Die auf dem Floß treibenden Menschen werden schließlich von einer riesigen, zum Himmel emporstoßenden und die Sonne verdeckenden dunklen Welle begraben. Der Vergleich mit Dauthendeys lyrischem Drama *Sehnsucht* liegt nahe, wo die Natur selbst (z. B. die Meertiefe) zum Subjekt wird; menschliche Akteure bzw. Sprecher sind hier gar nicht mehr vorgesehen.

Auch die frühe Lyrik Christian Morgensterns kennt den Zug zum Kosmischen und rückt ein symbolisches Naturgeschehen ins Zentrum. Sein erster Lyrikband, der Zyklus *In Phanta's Schloß* (1895), gibt sich in der freirhythmischen Form der Langgedichte ebenso wie im metaphysischen Anspruch als Gegenstück zu Nietzsches *Dionysos-Dithyramben* zu erkennen. Das entscheidende Nietzsche-Erlebnis Morgensterns vom Winter 1893/94 lag zur Zeit der Entstehung erst ein Dreivierteljahr zurück; noch in der Widmung an den Philosophen und in der Übersendung des Buchs an dessen Schwester dokumentiert sich der prägende Einfluß des Vorbilds. Der Untertitel «Humoristisch-Phantastische Dichtungen» darf freilich nicht im Sinne einer oberflächlichen Heiterkeit verstanden werden, sondern ist in jenem tieferen Sinne aufzufassen, den auch die späteren *Palmström*-Dichtungen Morgensterns voraussetzen. «Er schwankte beständig zwischen tiefem Ernste über die Jämmerlichkeit alles Irdischen und einer unbezähmbaren Lachlust über ebendasselbe», heißt es mit autobiographischem Bezug vom Helden einer frühen Prosaarbeit Morgensterns (*Eine humoristische Studie*).

Aus dem Namen der Phantasie wird eine dämonische Muse generiert; sie heißt Phanta mit Vornamen und ist als weiblicher Zarathustra auf den Bergen zu Haus, die die alte und überalterte Stadt, Inbild der menschlichen Gesellschaft, überragen. Mit nietzscheanischem Pathos wird aus luftiger Höhe die Erfindung der Eisenbahn, des feuerspeienden Drachen der Gegenwart, begrüßt: «Stark und stolz, gesund und fröhlich, / leichten, kampfgeübten Geistes, / Überwinder aller Schwerheit, / Sieger, Tänzer, Spötter, Götter!» (*Andre Zeiten, andre Drachen*). Vom Söller der Berge aus wird der Sonnenaufgang (im gleichnamigen Gedicht) als monistisches Erlebnis gefeiert − Morgenstern plante übrigens einen ganzen Zyklus über Sonnenaufgänge in hymnischen Tönen, wie ihn Jahrzehnte später Gerhart Hauptmann mit den Prosa-«Meditationen» *Sonnen* verwirklicht hat:

> In den Ätherwellen des Alls
> bewußt mitschwingen,
> eins mit der Ewigkeit,

leibvergessen, zeitlos,
in sich der Ewigkeit
flutende Akkorde –

Die Wolkenspiele (im gleichnamigen Gedicht) werden in einer grotesken
Bildlichkeit beschrieben, die bei den Zeitgenossen Erinnerungen an
Albert Girauds *Pierrot lunaire* ausgelöst hat: «Eine große schwarze
Katze / schleicht über den Himmel.» – «Es ist als hätte die Köchin / des
großen Pan / [...] / eine Schüssel mit Rotkohl / an die Messingwand /
des Abendhimmels geschleudert.» Morgensterns Freund Friedrich
Kayssler hat auf diese Pan-Phantasie mit einer fast parodistischen Ergänzung geantwortet; darin wird das Rot des Sonnenuntergangs auf die
glimmende Zigarre zurückgeführt, die der «auf seinem großen westlichen Diwan» entschlummerte Naturgott Pan «zwischen zwei Zacken des
Bocksberges» abgelegt habe. In einem Brief an Gauss vom November
1896 beruft sich Morgenstern gerade für die angefochtenen Bilder seiner
Himmelsgedichte auf seine Herkunft aus einer Familie von Landschafts-
malern (Thema auch seines Gedichts *Malererbe*) und eigenes Erleben.

Nach einem Bild des Malers Hermann Hendrich ist das Gedicht *Sin-
gende Flammen* aus Morgensterns Lyrikband *Ich und die Welt* (1898) verfaßt. Die erste Strophe lautet in der durch Holz populär gewordenen
Form der Mittelachsenlyrik:

Zwei Flammen steigen schlank empor
in stiller, weißer Wacht,
sie singen einen leisen Chor
empor zur Nacht,
zur Nacht.

Morgenstern hat sich der spiegelsymmetrischen Anordnung der Verse gelegentlich auch in seiner vorangegangenen Gedichtsammlung *Auf vielen Wegen* (1897)
bedient. So in dem Gedicht *Der Urton*, dessen typographische Form offenbar die
Anordnung der Sandkörnchen auf einer Metallplatte andeuten soll, die sich –
nach einem Experiment des Physikers Ernst Chladni – beim Anstreichen der
Platte durch einen Geigenbogen herstellt. Aber auch die «Elementarphantasie»
Die Flamme sollte ursprünglich in Mittelachsenform wiedergegeben werden. Sie
bildet den Abschluß des Unterzyklus *Vier Elementarphantasien*. Die erste von
ihnen trägt den Titel *Meeresbrandung* und versucht, den Rhythmus und das charakteristische Geräusch der sich brechenden Wogen unmittelbar zu imitieren,
dabei zugleich aber auch eine bestimmte innere Haltung im Naturphänomen zu
verloten:

warrrrrrte nur ...
zurück und vor, zurück und vor –
und immer vor mehr denn zurück –
warrrrrrte nur ...
und heute mild und morgen wild –
doch nimmer schwach und immer wach –

Als Meeres- und Untergangsphantasie endet in derselben Sammlung auch das Gedicht *Mensch und Möwe*, das zunächst durch die schizoide Ich-Dissoziation auffällt, mit der der Sprecher hier zugleich Beobachter (Möwe) und Beobachtetes (Mensch bzw. Mantelvogel) ist. In der Erwartung der «neugierkranken Möwe», der von ihr umkreiste Mensch könne «plötzlich aus des Mantels / Schoß verborgne Schwingen strecken», kommt unversehens die von Meyer (*Möwenflug*) und George (*Der Herr der Insel*) bekannte Gleichung von Dichter und Seevogel zum Vorschein.

Paul Scheerbart, Gründer und Hauptautor des Verlags deutscher Phantasten, hat nur eine geringe Zahl von Gedichten publiziert, und diese nähern sich teilweise dem Typ des Prosagedichts. So das *Königslied*, das 1895 in der Zeitschrift *Pan* erschien, begleitet von einer üppigen Illustration Axel Galléns, die ein jugendliches Paar auf einem phantastischen, in den Himmel ragenden Thron zeigt; zu den Füßen der beiden schweben ein paar Wölkchen, unter denen waagerecht ausgebreitete Hände Gaben darreichen. Wie in Rilkes gleichnamigem Gedicht (dem Einleitungsgedicht zu *Traumgekrönt*, 1896) handelt es sich um eine Wunschphantasie des Ästheten; wenn er sie nur träumt und aus sich heraus gestaltet, gehört dem Künstler oder Dichter die Welt. Ein ähnlich forciertes künstlerisches Autarkie- oder Autonomiegefühl spricht aus Scheerbarts «Phantastensure» *Die andre Welt*, die 1893 in Bierbaums *Modernem Musenalmanach* erschien:

> Laß die Erde! Laß die Erde!
> Laß sie ruhen bis sie fault!
> Über weißen Schneepalästen
> Kreisen blaue Turteltauben;
> Ihre Saphirflügel leuchten
> In dem grünen Himmel
> meiner Welt.

Der Autonomieanspruch des Ästhetizismus dokumentiert sich hier nicht in einer grauverhangenen Unterwelt wie in Georges *Algabal*, sondern in einem Märchenreich von plakativer Buntheit. Ähnlich überzogen und stilistisch bewußt inhomogen wirkt die Auffordung, die Erde ruhen zu lassen oder zu ignorieren, «bis sie fault». Dem dreimal wiederkehrenden Aufruf «Laß die Erde» korrespondiert übrigens die Schlußzeile des Gedichts, zweifellos eine Steigerung: «Haß die Erde! Haß die Erde!» Ähnlich kompromißlos zeigt sich das kurze *Indianerlied,* das Anfang 1900 in der Zeitschrift *Die Insel* erscheint und gleichfalls das Prinzip der insistierenden Wiederholung und die Einbeziehung von Alltagssprache als Merkmale von Scheerbarts Lyrik ausweist:

> Murx den Europäer!
> Murx ihn!
> Murx ihn! Murx ihn!
> Murx ihn ab!

Eine gegen die herrschende Gesellschaftsordnung gerichtete symbolische Aggression gilt als Hauptkennzeichen der Boheme der Jahrhundertwende und Scheerbart wiederum als einer ihrer markantesten Vertreter. Wer den Normal-Europäer seiner sozialen Umgebung so konsequent verachtet und provoziert, wird auf dessen Leser-Gefolgschaft gern verzichten. Zur Ausschaltung lästiger Mitwisser empfiehlt sich eine Geheimsprache, wie sie George schon als Schüler erprobt und Morgenstern sie in den Volapük-Gedichten seiner Jugend benutzt hat. Nur halbironisch wird in Scheerbarts «Eisenbahn-Roman» *Ich liebe Dich!* von der «ekoralápsischen Richtung» in der Literatur gesprochen, «die das Verstandenwerdenwollen bekanntlich längst überwunden hat». Als Beispiel dafür dient ein «Ekoraláps» mit dem Titel *Kikakokú!*, dessen erste Zeilen lauten:

> Wîso kollipánda opolôsa.
> Ipasátta íh fûo.
> Lilakokú proklínthe petêh.

9. ‹Erlösungen›: Dehmel, Mombert, Evers

Richard Dehmel, zu Anfang des 20. Jahrhunderts allgemein als bedeutendster deutscher Lyriker der Gegenwart geschätzt, hat sich im Bewußtsein der Nachwelt hauptsächlich mit seinem Lied *Der Arbeitsmann* erhalten:

> Wir haben ein Bett, wir haben ein Kind,
> mein Weib!
> Wir haben auch Arbeit, und gar zu zweit,
> und haben die Sonne und Regen und Wind,
> und uns fehlt nur eine Kleinigkeit,
> um so frei zu sein, wie die Vögel sind:
> nur Zeit.

Die zweite und dritte Strophe nehmen den Zeit-Refrain mit ähnlicher Hartnäckigkeit auf, wie es mit dem Hammerschlag in Henckells Arbeitergedicht geschieht. Die Lage der Proletarier, die oft nicht mehr als einige Möbelstücke – aber meist mehr als ein Kind – ihr eigen nennen konnten, wird nunmehr aus der Perspektive der Lebensreform und eines naturfrommen Individualismus betrachtet. Wenn Arbeiter und Arbeiterin nur genug freie Zeit, d. h. Zeit zur befreienden Selbstfindung in Zweisamkeit und Natur, haben, ist alles andere (Art der Arbeit, Höhe der Entlohnung, Organisation der Arbeiterschaft) sekundär. Sie könnten zum Beispiel radfahren, wie es Dehmel in einem gutgelaunten Gedicht (*Radlers Seligkeit*) von 1898 empfiehlt: «Wie herrlich lang ist die Chaussee! / Gleich kommt das achte Feld voll Klee. / Ich radle, radle, radle.» Auch hier spielt der wiederkehrende Refrain in Verbindung mit der Monotonie des Rhythmus eine entscheidende Rolle.

Damit sind schon Grundzüge der Dichtung Dehmels angedeutet, der seinen größten Erfolg dem Romanzenkranz *Zwei Menschen* (Buchausgabe 1903) verdankte. Wilhelm Schäfer, der ihm befreundete Lyriker, hat die «Rückkehr zur Natur der Menschheit» schon 1897 zum Zentrum von Dehmels Werk erklärt. Allerdings ist Dehmel weder Sozialist noch Naturalist, auch wenn seine Texte verschiedentlich das Gebiet der sozialen Lyrik berühren. Es geht ihm letztlich um die Stiftung von «Welt» und die Propagierung eines schöpferischen Prinzips. Durchaus im Sinne der Brüder Hart, denen ein enthusiastisches Freundschaftsgedicht seines ersten Lyrikbandes (*Erlösungen*, 1892) gewidmet ist, erklärt er in einem Beitrag zur Zeitschrift *Gesellschaft* dem deterministischen Naturalismus den Krieg: «Auf, laßt uns wieder Menschen machen! neue, treibende! ein Bild, das uns gleich sei! uns, den Schaffenden! Propheten der Sonne, was säumt ihr?» Die Anklänge an Goethes *Prometheus*-Hymne sind nicht zufällig.

Die Antipathie war wechselseitig; führende Naturalisten erwiderten Dehmels Skepsis. Holz' *Revolution der Lyrik* sollte die Eingangsverse von Dehmels *Verwandlungen der Venus* einer kritischen Analyse unterziehen und als in sich widersprüchlich und unrealistisch verwerfen. Und schon 1892 nahm Wilhelm Bölsche als Herausgeber der *Freien Bühne* an der Unklarheit des autobiographischen Gedichts *Drei Ringe* Anstoß, obwohl die Botschaft von der «Schöpferkrone des Lebens» in der Schlußstrophe dem von ihm selbst vertretenen biologischen Monismus recht nahe kam. Ebenso findet die allegorische Verrätselung privaten Erlebens in der späteren Entwicklung des Naturalismus manche Parallele.

Auch Hauptmanns Märchendrama *Die versunkene Glocke* (1896) verarbeitet eine erotische Beziehungskrise und bedient sich dabei eines irritierenden Dreiersymbols (die drei Gläser, die Heinrich vor seinem Tod trinken muß). Auch Hauptmann erlebt – und inszeniert literarisch – den Übergang von seiner ersten zur zweiten Ehe sowie eine nachfolgende Liebesaffäre als Freiheitskampf des Individuums gegen Konvention und sinnenfeindliche Moral. Offenbar ist die Aufwertung des Erotischen zur Sphäre der Selbstverwirklichung und zum entscheidenden Ort, an dem sich der Mensch als Naturwesen erfahren kann, tief in den Bedingungen der wilhelminischen Gesellschaft verankert. Ebenso offensichtlich ist die Entsprechung zwischen dem Wahrheitsanspruch, mit dem die Generation der literarischen Moderne antrat, und der Enthüllungsstrategie, die Dehmel und Hauptmann privat wie öffentlich praktizieren; die Geständnisfreudigkeit etwa in Briefen an die Ehefrau unmittelbar nach einem Seitensprung setzt sich in der durchsichtigen Fiktion autobiographischer Dichtungen und in der Genauigkeit fort, mit der zeitgenössische Biographen das Publikum über die Anlässe einzelner Werkkomplexe aufklären. Aus größerer historischer Distanz wird man in solchen für die damalige Epoche durchaus typischen Diskursen einen letzten Versuch zur Erneuerung des Konzepts der Erlebnisdichtung und einer Künstlerexistenz sehen, deren Sonderstatus schon über die Genialität und Autonomie des individuellen Lebens und Erlebens gerechtfertigt scheint.

Zur Vervollständigung eines solchen historischen Dehmel-Verständnisses dient der Hinweis auf die Begegnung mit Paula Oppenheimer, Dehmels erster Frau, als Hintergrund der Liebeslyrik seines ersten Gedichtbands *Erlösungen*. Verschiedene Texte des nächsten Bandes *Aber die Liebe* (1893) sind bereits durch die letztlich unerfüllte Liebe zu Hedwig Lachmann inspiriert. *Weib und Welt* (1896) und der Romanzen-Zyklus *Zwei Menschen* schließlich haben die Hinwendung zu Ida Coblenz-Auerbach, Dehmels zweiter Frau, zur Grundlage. Allerdings ist das unterschiedliche Profil der einzelnen Gedichtbände in den späteren (überarbeiteten) Ausgaben nur noch in Umrissen zu erkennen, da Dehmel nicht nur stilistische Veränderungen, sondern auch zahlreiche Umstellungen und Neubenennungen vorgenommen hat.

Als poetologische Basis von Dehmels Erlebnislyrik läßt sich seine Äußerung in einem Brief an den befreundeten Liliencron vom November 1891 lesen: «Pulsschlag steckt in Allem. Und Das ist mir immer die Hauptsache: das Sehbare und das Müssen! der Rhythmus!» Von einem seiner Gedichte erklärt er – doch wohl im Sinne einer Qualitätsbestimmung –, es sei «in einem Ruck und Zuge [...] herausgeschossen» (Januar 1892). Aber schon ein Brief des Folgemonats an Liliencron läßt erkennen, wie planvoll in seiner Werkstatt gearbeitet wird. So behauptet Dehmel, «im Gegensatz zu den meisten andern Neutönern» auf die Komposition großen Wert zu legen, die Idee solle sich restlos in Stimmung verwandeln, und die unreinen Reime seien «(zum Teil mit großer Mühe!!) absichtlich verwendet und mit feinstem Ohr behorcht, um auch durch den Laut Stimmung und Situation zwingend zu charakterisieren». Die Unmittelbarkeit, die Dehmels Lyrik suggeriert, ist also eine Unmittelbarkeit der zweiten Potenz, durch künstliche Effekte bewußt hergestellt. Man darf wohl davon ausgehen, daß auch in *Ohnmacht* die unreinen Schlußreime bewußt kalkuliert sind:

> Doch als du dann gegangen,
> Da hat sich mein Verlangen
> Ganz aufgetan nach dir ...
> Als sollt' ich dich verlieren,
> Schüttelte ich mit irren
> Fingern deine verschloßne Tür.

Die Emotionalität eines lyrischen Sprechens, das dem Leser die Stimmung eines wie auch immer fiktiven Erlebnisses möglichst suggestiv

mitteilt, ist nur das eine Gesicht des Lyrikers Dehmel. Das andere ist
die weltanschauliche Didaxe, eine rhetorische Offenbarung tiefgefühlter
Wahrheiten, in deren Zentrum wiederum das Liebeserleben steht. Dehmel nähert sich hier der naturalistischen Sicht, insofern er nachdrücklich den Anteil animalischer Triebregungen herausstellt. «Wie ein wilder
Hunger überkommt es mich [. . .] Als ob ein Raubtier die Nüstern bläht,
fängt dann Etwas in mir an zu fiebern: da ist Nahrung für dich, neues
Blut» – in solchen Bildern aus dem Tierreich entschuldigt Dehmel bei
Frau Paula eine außereheliche Eskapade vom Juli 1891. Ein halbes Jahr
später rechtfertigt er gegenüber Liliencron Formulierungen seines Gedichts *Erste Begierde* (später: *Venus Primitiva*) mit der Realität der gestalteten Affekte: «Die seit Langem heimlich gärende Leidenschaft schäumt
plötzlich über [. . .]. Meinen Sie: als ich der Dame den Mantel umtat und
plötzlich von meiner sinnlichen Verrücktheit übermannt wurde, ich
hätte ihr nicht auch den Hals mit meinen Kussen bedeckt, Mund, Hals,
Hände, Busen?! Sie war decolletirt! Es war wie ein Sturm um uns Beide;
ein einziger Wirbel unser Beider Gefühl!» Als Beschwörung des
Gefühlswirbels sollte Dehmels Dichtung Vorbildfunktion für die auf-
kommende expressionistische Lyrik gewinnen.

Zumal ja auch Dehmel nicht bei der Überwältigung durch das Gefühl
stehenblieb, wie es in der Konsequenz des Naturalismus lag, sondern
dem dumpfen Gefühl den Aufschwung zu höherer Geistigkeit entgegensetzte:

> – – Und sollst in deinen Lüsten
> Nach Seele dürsten wie nach Blut,
> Und sollst dich mühn von Herz zu Herz
> Aus dumpfer Sucht zu lichter Glut!

So heißt es im balladesken Gedicht *Bastard* des Gedichtbandes *Aber die
Liebe*, dessen Titel den Ersten Korintherbrief (13,13) zitiert: «Nun aber
bleibt Glaube, Hoffnung, Liebe, diese drei; aber die Liebe ist die größte
unter ihnen.» Solch religiöse Überhöhung der Liebeserfahrung erlaubt
die Begegnung mit göttlichen Wesenheiten von Astarte bis Jesus, ja die
Selbstvergottung des Liebenden im irdischen Hic et Nunc:

> Laß die tragische Gebärde,
> Sei wie Gott, du bist es schon:
> Jedes Weib ist Mutter Erde,
> Jeder Mann ist Menschensohn.
> Alles ist Erfüllung, du!

Es ist die Religion des Vitalismus, die hier (im Gedicht *Erfüllung*) gepre-
digt und in der *Lebensmesse* (das Gedicht wurde 1898 in die zweite Auflage der *Erlösungen* eingefügt) zelebriert wird. Die mythisch-religiöse

Auffassung der Liebe steht natürlich auch im Hintergrund des Zyklus *Die Verwandlungen der Venus*, dessen ursprüngliche Fassung in *Aber die Liebe* enthalten war und der später, um mehrere Gedichte erweitert, als selbständiges Buch erschien.

Die Metamorphosen der Göttin reichen von den Niederungen des Prostituiertenalltags (*Venus Pandemos*) bis zur Auferstehungs-Sehnsucht einer *Venus Religio*. Die in fragwürdigem Latein verfaßten Zwischentitel gliedern das Kontinuum eines durchgehenden lyrischen Monologs. Zu dessen gedanklichen Schwerpunkten gehört wiederum die Frage nach dem Verhältnis von Mensch und Tier. Anschauungsmaterial bietet die Beobachtung einer Pfauenpaarung (*Venus Natura*) oder der Anblick eines Säuglings an der Mutterbrust, den sich der väterliche Sprecher übrigens verbittet, weil er ihn an den Säugetier-Charakter des Menschen gemahnt (*Venus Mamma*). Zu einer heftigen Abwehrreaktion führt die Betrachtung eines erotisch erregten Ehepaars in einer Gaststätte (*Venus Bestia!*). Der Sprecher fühlt sich durch die Frau an eine Tigerin aus dem Zoologischen Garten erinnert und erkennt im Blick des Mannes den «gelben Wolf», ja ein ganzes Rudel hungriger Wölfe, «steif die Ruten gesträubt».

Angesichts der offensichtlichen Tendenz des *Venus*-Zyklus zur ‹Überwindung› des Nur-Triebhaften und Rein-Sexuellen muß die Anzeige wegen Unsittlichkeit den Autor doppelt verletzt haben, die zum Verbot einzelner Textpassagen aus der viertletzten Station (*Venus Consolatrix*) führte; in späteren Ausgaben ist der Zensureingriff durch Auslassungszeichen und einen Hinweis auf das Gerichtsurteil von 1897 markiert.

Der Tabubruch, der in Dehmels lyrischer Umsetzung erotischen Erlebens und sexueller Energien lag, war offenbar schwerwiegenden Mißverständnissen ausgesetzt, konnte als Parteinahme für Nur-Geschlechtliches mißdeutet werden. Den Autor scheint dieses (primär zeitgenössische) Rezeptionsproblem nur in seiner Entschlossenheit bestärkt zu haben, den eingeschlagenen Kurs fortzusetzen und die Synthese von Unten und Oben, Intimsphäre und Gattungsgeschichte ins Zentrum seiner literarischen Missionstätigkeit zu stellen. Mit seinem «Roman in Romanzen» *Zwei Menschen* geht er zugleich auf dem Weg der Zyklusbildung weiter. Schon rein äußerlich bildet die Komposition aus dreimal sechsunddreißig (in der Buchausgabe titellosen) Gedichten im Umfang von je sechsunddreißig Zeilen eine bemerkenswerte Parallele zu Georges *Teppich des Lebens* (1899) und Holz' *Phantasus* (Buchausgabe 1898/99). Mit letzterem teilte der Vorabdruck der ersten beiden Drittel in der Zeitschrift *Die Insel* (1900/01) überdies die hochaktuelle Form der Mittelachsenzentrierung; sie ist der Verssprache Dehmels aber letztlich äußerlich geblieben und wurde in die Buchausgabe von 1903 nicht übernommen. Die Unterordnung des Einzelgedichts unter den Gesamtwillen einer zyklischen Komposition entsprach offenkundig einem Grundbedürfnis der Jugendstilgeneration.

Bei Holz und Dehmel wird damit zugleich die Grenze zu epischen Gestaltungsformen erreicht; im Falle der *Zwei Menschen* ergibt sich die

Gattungsüberschreitung aus dem narrativen Grundzug des Zyklus, der fast den Charakter einer Verserzählung gewinnt. «Ich habe die Form der neuen Ballade gefunden», schreibt Dehmel an die Geliebte Ida Coblenz-Auerbach schon im Dezember 1895. Die weitere Entwicklung ihrer Liebe sollte – in leicht durchschaubarer Verkleidung – den erzählerischen Kern der Versdichtung bilden, die ihre entscheidende Förderung einem Nordseeaufenthalt des Dichters von 1899 verdankte, bei dem er aus dem Tosen der Wellen die ominöse Botschaft «WRWLT» zu vernehmen glaubte, die er sich als «Wir Welt» entzifferte. Als Schibboleth seiner Lebensreligion ziert sie das selbstgezeichnete Frontispiz der Erstausgabe, und tatsächlich läßt sich die magische Formel als konzentrierter Ausdruck der Intentionen Dehmels gerade auch in diesem seinem populärsten Werk begreifen. Es geht um die Gleichsetzung von Individuellstem und Allgemeinstem, Privatestem und weltumgreifender Universalität und dadurch auch um die Rechtfertigung der intensiv empfundenen Körperlichkeit der Liebe als Ausdruck kosmischer Liebesströme.

Nachgeborenen Generationen und auch zeitgenössischen Zynikern wie Arno Holz muß und mußte allerdings das Forcierte dieser Synthese auffallen, wenn etwa die Leberflecken auf den braunen Brüsten mit den Sternen des Universums korrespondieren oder der rheinhessische Tonfall der Geliebten (Ida Coblenz stammte aus Bingen) in unmittelbaren Kontakt zu hochpathetischen Heilsbotschaften tritt. Stilistische Besonderheiten, resultierend aus dem Willen zur Zyklusbildung und zur Erzeugung eines epischen Grundtons (etwa die wiederkehrende Formel «zwei Menschen» in der Schlußzeile jedes Gedichts), taten das Ihre, um das Ganze in hohem Maße parodieanfällig zu machen – eine Chance, die sich Holz' *Blechschmiede* (schon in der Zeitschriftenfassung von 1902) denn auch nicht entgehen ließ. Das folgende Zitat entstammt wohlgemerkt nicht einer Parodie, sondern dem Dehmelschen Original und beschließt das erste Drittel dieses «Romans in Romanzen»:

> still nestelt sie am Goldband ihrer Lenden,
> sein Körper spannt sich unter innern Bränden
> [. . .]
> er steht und muß die Hände heben,
> als blende ihn das ewige Leben,
> und dunkel rauscht der Weltraum – da
>
> mahnt sie ihn: du – da haucht er: ja –
> und alles rauscht tief innerlich,
> zwei nackte Menschen einen sich.

Das Frühwerk Alfred Momberts ist stark durch den Einfluß Dehmels geprägt, dem sich der Heidelberger Dichter in Briefen und später auch in persönlichem

Umgang eng verbunden wußte. Schon in Momberts noch recht heterogenem Erstlingsbuch *Tag und Nacht* (1894), dessen freundliche Aufnahme durch Dehmel den Anfang der Beziehung bildet, findet sich ein so charakteristisches, dem älteren Kollegen wahlverwandtes Gedicht wie *Mondaufgang*, beginnend mit dem Klischeebild sozialen Elends und moralischer Gefährdung: «Im Nachtkaffee der Großstadt. / Auf roten Polstern saßen Dirnen.» Die Abweisung seiner ethischen Annäherung durch die Dirnen führt beim lyrischen Ich zu einer kosmisch-visionären Reaktion, in der sich bereits viel von Momberts künftiger Entwicklung andeutet: «Und saß starr. / Und saß im Weltraum. / Hoch. Und sann, / was alles das / bedeute.» Die zyklische Komposition von Momberts nächstem Buch *Der Glühende. Ein Gedichtwerk* (1896) legt Parallelen zu Holz' wenig später erscheinendem *Phantasus* nahe; auch hier wird von einem subjektiven Empfindungszentrum aus die ganze Welt angesprochen, auch hier trägt die Phantasie über Zeiten und Räume hinweg. Von der ironischen Diktion des Holzschen Weltgedichts hebt sich allerdings das Pathos Momberts ab, der grüblerisch von der «großen Marmortraurigkeit des Da-Seins» spricht und sich in wollüstiger Steigerung auch zu Ausrufen wie «gewitterschwelgender Leib du» hinreißen läßt. Von unfreiwilliger Komik ist auch das Eisenbahngedicht *Wann der Zug einrollt*, das eine Tunnelfahrt zum Gleichnis des Todes nimmt; der Reisende schlägt während der Fahrt im Baedeker die Länge des Tunnels nach und liest dort mit Entsetzen: «In die Ewigkeit».

Der dritte Gedichtband Momberts, *Die Schöpfung* (1897), von Dehmel als «Wunderwerk» gefeiert, führt das Konzept des Weltgedichts konsequent zu Ende. Flucht- und Zielpunkt bildet die Vergottung des Subjekts als Schöpfer-Ich, das die Welt-Harfe schlägt, indem es die Geschichte seines Lebens niederschreibt (*An diesen blauen Gestaden*). Dem entspricht die Selbststilisierung im Schlußwort, das den Setzer der Neuauflage von 1921 zunächst an einen Druckfehler glauben ließ: «Im dritten Jahr vor dem Jahr zweitausend warf ich dies Buch auf einen Riesentisch, hörte das Meer, erschüttert drunter brausend, und zog den großen Vorhang über mich.» In späteren Auflagen ließ Mombert das Jahr des ersten Erscheinens noch ausdrücklich darunter setzen, um den Anspruch zu verdeutlichen, mit dieser Dichtung der Aufnahmefähigkeit des Publikums um hundert Jahre vorausgeeilt zu sein.

Von welchem außerordentlichen Selbstgefühl Momberts dichterische Konzeption – als späte Aufgipfelung des goethezeitlichen Geniegedankens – bestimmt ist, mag ein Detail aus dem dramatisch angelegten Epilog der *Schöpfung* verdeutlichen. Wenige Zeilen vor Schluß heißt es dort: «Auf dem Strand, an einem Fels, lehnt der Greis. Der Alte im weißglänzenden Gewande. Seine Schöpferhand ruht schwer auf dem Gestein. Er schaut wahrhaft ergriffen, mit einer Regung von Triumph und Verachtung, dem ‹jungen Freunde› nach.» In einem Brief vom Januar 1898 an Dehmel, der diese (in der dritten Auflage abgeänderte) Wendung offenbar beanstandet hat, gibt Mombert folgende Erklärung:

> «Wenn ein Gott [...] schwermütig wird [...], so ist es ein heiliger Moment. Verzeih' diesem Gott daher die kurze ‹Regung von Triumph und Verachtung›. Vielleicht erblickst Du darin den Durchbruch seiner ungeheuersten Sehnsucht, und seines ungeheuren Schöpfergrams, seiner Erkenntnis, daß auch Er nur eine Sonne ist, die um eine Centralsonne kreist. Ich habe das so oft und tief durchgefühlt, es ist der höchste Gipfel, den ich bis heute ersteigen konnte. Diese 5 Worte waren für mich eine ungeheuerste

Erlösung und ich bin im höchsten Sinne stolz auf sie; ich werde nie etwas Größeres schreiben.»

Solches Dichtungsverständnis im Zeichen der «Erlösung» gehört doch wohl mehr ins Jahr 1897 als in die Zeit der nächsten Jahrhundertwende. Das gilt auch für die zahlreichen Lyrikbände, die Franz Evers in den neunziger Jahren im Leipziger Verlag Kreisende Ringe publiziert, z. T. mit Illustrationen von Fidus. Titel wie *Eva. Eine Überwindung* oder *Sprüche aus der Höhe* (beide 1893) weisen ihren Verfasser als glühenden Nietzscheaner aus. Freilich ist es ein okkultistisch verbrämter, theosophisch inspirierter Zarathustra, der uns hier entgegentritt. Der folgende Vierzeiler mit dem Titel *Leib und Licht* ist im Gedichtband *Fundamente* (1893) durch durchgängigen Sperrdruck hervorgehoben:

> Der Boden zittert unter meinen Füssen:
> fest fass ich ihn, ob auch die Erde bebt!
> Doch muss mein Haupt die höchsten Adler grüssen:
> Gott ist mein Geist, der sonnenlichtwärts schwebt!

10. «Im Irrgarten der Liebe»: Hartleben, Bierbaum, Wedekind

Neben der pathetischen Richtung der Liebeslyrik, wie Dehmel sie vertrat, behauptete sich seit den achtziger Jahren auch eine heiter-entspannte Variante, die in Otto Erich Hartleben wohl ihren ersten und formal brillantesten Vertreter fand. Hartlebens Anfänge sind mit dem Naturalismus verbunden. Er war ein Beiträger von Arents *Modernen Dichter-Charakteren*, fiel aber schon im Rahmen dieser Sammlung durch die Virtuosität auf, mit der er den Wein der sozialen Frage in die Schläuche antiker Metren und Strophenformen füllte. Im Schema der alkäischen Strophe reimte der junge Hartleben:

> Wohin Du helfend schreitest, versinkt Dein Fuß
> Im Kot der Lügen. – Selbstischer Dummheit voll
>   Schreit dort ein Protz nach «Ordnung», ihm ja
>   Füllte der «gütige Gott» den Fleischtopf.

Als Hartleben dasselbe Gedicht (*Wohin du horchst*) später im Rahmen seiner *Modernen Oden* wiederveröffentlichte, fehlen die provokativsten Strophen, und die zitierte zweite Strophe lautet geglättet-gemildert:

> Wohin du hilfreich schreitest, versinkt Dein Fuß
> im Kot der Lügen. Jeglichem Elend noch
>   umwebten sie den Schein der Ordnung,
>   jeglicher Schande des Alters Würde.

Ein anderer Beitrag Hartlebens zu den *Modernen Dichter-Charakteren*
fällt durch die Ironie auf, mit der die staatserhaltende Funktion der Polizei gelobt wird; *Gottvertraun zum Bajonette* lautet der bezeichnende
Titel. Im übrigen scheint aber Hartleben der Gemeinschaft mit den
anderen «Dichter-Charakteren» nicht froh geworden zu sein; in seinem
Tagebuch von 1887 spricht er von «modernen Dichterschweinen» und
erklärt programmatisch:

> Ein schlechter Vers ist Sünde, Titaniden,
> und freie «Rhythmen» nenn' ich Laster gar,
> Mögt Ihr mich schelten einen «Plateniden» –
> Schönheit ist Form – und was geklärt, ist klar!

Im selben Jahr 1887 veröffentlicht Hartleben bei Schabelitz in Zürich
den ersten eigenen Lyrikband: das *Studenten-Tagebuch 1885–1886*, das
bald darauf in erweiterter Auflage erscheint und noch als Grundstock
der repräsentativen Sammlung *Meine Verse* (1895) dient. In diesen Versen
erhält die Abkehr vom gesellschaftspolitischen Engagement, die Hartleben ja mit den meisten seiner Generationsgenossen teilt, eine sehr individuelle, nämlich gourmethaft-anakreontische Note. In der abgeklärten
Attitüde des Lebensweisen – des «Halkyoniers», wie Hartleben sich später nannte – erklärt der gut Dreißigjährige im Eröffnungsepigramm
des Zyklus *Prosa der Liebe*:

> Ehemals glaubt' ich im Rausch mich flammender Liebe ergeben,
> Jünglingslieder voll Gluth sang ich in schmachtendem Ton.
> Besser nun kenn ich mich selbst und meide den lyrischen Dusel,
> und es erhellt mir die Nacht ruhiger heitrer Genuss.

Die Freizügigkeit, mit der die folgenden Gedichte sexuelle Lust, und
zwar auch weibliches Begehren, artikulieren, hat in der Geschichte der
deutschen Lyrik nicht viele Parallelen und läßt von fern an das Muster
der *Römischen Elegien* denken; nicht umsonst nennt Hartleben Goethe
in einem seiner erotischen Gedichte (*Morgenklagen*) den «größten meiner Collegen». Daß Hartleben nicht alles drucken ließ, was ihm an sinnlicher Gestaltung zur Verfügung stand, läßt sich am Beispiel des Disti-
chons zeigen, mit dem das zweite Gedicht des Zyklus beginnt:

> Leise, ganz leise vor Scham erbebte die wonnige Kleine,
> als ich sie traf mit dem Kuss, den sie mir lange verwehrt [. . .].

Spürbar kühner nimmt sich im Vergleich dazu die nachgelassene Fassung derselben Zeilen aus, notiert im Februar 1894 in Neapel:

> Leise, ganz leise vor Scham erbebten die schneeigen Schenkel,
> als ich Dich traf mit dem Kuß den Du mir lange verwehrt [. . .].

Dabei spielt möglichweise ein Selbstzitat hinein, denn von den «schneeigen» Brüsten ist in einem der Pierrot-Gedichte (*Rot und Weiss*) die Rede, die Hartleben mit seiner kongenialen Übersetzung von Albert Girauds *Pierrot Lunaire* der deutschen Literatur schenkte. Es endet mit den Zeilen: «Langsam wühlt sie die Finger ins lockige / Haar und presst sein fieberndes Haupt an / Kalte, feste, starrende Brüste.» Als «Schneemann der Lyrik» und «Durchlaucht vom Monde» wird Pierrot in einem anderen Gedicht (*Gebet an Pierrot*) des bibliophilen Bandes angeredet, der 1893 in dem von Scheerbart und Hartleben gemeinsam gegründeten, äußerst kurzlebigen Verlag deutscher Phantasten erschien. Das vitalnatürliche Element, das in der Lyrik des Naturalismus und Dehmels so deutlich in den Vordergrund tritt, ist in dieser melancholischen Phantasie gänzlich der ästhetizistischen Stilisierung unterworfen.

Otto Julius Bierbaums Lyrik der Jahre 1885–1900 erschien 1901 gesammelt in einer preiswerten Ausgabe unter dem Titel *Irrgarten der Liebe. Verliebte, launenhafte und moralische Lieder, Gedichte und Sprüche.* Nach einer Woche waren die ersten fünftausend Exemplare verkauft. Der äußere Erfolg entspricht der Zuwendung zum Publikum und der Auflockerung der lyrischen Disziplin, die Bierbaums Schreibweise seit frühen Jahren bestimmt. *Erlebte Gedichte* ist sein erstes Buch von 1892 betitelt, in dem noch freie Rhythmen und rhythmisierte Prosa das Bild beherrschen, doch schon hier fallen das Spiel mit fertigen Formen und die ironische Brechung auf, die einem Großteil der späteren Produktion Bierbaums das Gepräge geben. *Tumm*, das erste der beiden «Phantasiestücke» *Fin de siècle* beispielsweise (in den *Irrgarten* in veränderter Form aufgenommen unter dem Titel *Groteske*) nimmt sich eher wie eine Parodie auf dekadente Farbsymbolik aus denn als ein ernsthafter Versuch mit ihr. Bilder wie die farbige Blutorange, die stinkend auseinanderklatscht, oder der Ausruf «Bravo, haariger Lümmel» verhindern jeden tieferen poetischen Eindruck und sollen das wohl auch gerade. Für die Gratwanderung zwischen Lyrik und Prosa beruft sich Bierbaum übrigens in einem Brief an Liliencron vom Oktober 1890 auf das Vorbild der «Streckverse» in Jean Pauls *Flegeljahren* und nimmt so die Idee vorweg, die Paul Ernsts erstem Gedichtband Jahre später den Titel geben sollte.

In Bierbaums nächstem Lyrikband *Nemt, Frouwe, disen Kranz* (1894) – betitelt nach einem Gedicht Walthers von der Vogelweide – tritt die spielerische Anlehnung an überlieferte Formen (hier primär: den Minnesang) noch stärker hervor und zugleich mit ihr die Liebe als der definitive thematische Schwerpunkt dieses Lyrikers. Als stilistische Eigenart macht sich die Vorliebe für mehrgliedrige neologistische Komposita bemerkbar, wie «Goldkorngarbenüberdacht», ein Wort aus dem Gedicht mit dem gleichfalls neugebildeten Titel *Sommerglücksmusik*. Kühne Wortzusammenstellungen waren damals auf der Höhe der allgemeinen

Nietzsche-Begeisterung nicht unüblich; in der Lyrik des Jugendstils ist
ihnen eine besondere Karriere sicher – bis hin zu Else Lasker-Schülers
«Maschentausendabertausendweit» und «Moschuspflanzenthron» (in
Ein alter Tibetteppich). Für Bierbaums Lyrik ist freilich nicht die Tendenz zur verinnerlichenden Abstraktion bestimmend, die in solchen
Zügen des Jugendstils angelegt ist, sondern das ornamentale Element,
das eine Verbindung zur Gebrauchsfunktion der Lyrik darstellt – als Ge-
sangsvorlage etwa oder als Teil einer buchkünstlerischen Komposition.

Mit dem *Bunten Vogel* erneuert Bierbaum in den Jahren 1896 und
1898 bewußt eine gebrauchsliterarische Form: nämlich die des Haus-
kalenders. Die Bände enthalten jeweils ein Kalendarium für das nächste
Jahr und jahreszeitengemäße Texte unterschiedlichen Gattungscharakters. Die Lyrik wird hier gewissermaßen in den alltäglichen Lebenslauf
zurückgenommen, und ganz dem Charakter eines häuslichen Kalenders
entsprechend tritt die eheliche Liebe in den Vordergrund. Eine typische
Überschrift lautet: *Mit dem Ring am Finger. Ein paar Gedichte auf den
Weihnachtstisch meiner Frau*. Auf den gleichen ironisch-braven Ton ist
auch das *Ehetanzlied* (1896) gestimmt, das in der Kabarettkonjunktur
der Jahrhundertwende zu einem weitverbreiteten Schlager werden
sollte:

> Ringelringelrosenkranz,
> Ich tanz mit meiner Frau,
> Wir tanzen um den Rosenbusch,
> Klingklanggloribusch,
> Ich dreh mich wie ein Pfau.

In Wolzogens Überbrettl wurde das Lied im Biedermeierkostüm gesungen bzw. getanzt, und mit dem Charakter einer biedermeierlichen Idylle
kokettieren auch andere Gedichte des *Bunten Vogels*. Dessen zweiter
Jahrgang enthält eine Rubrik *Sub rosa Veneris*, die unter anderem mit
einer Beschreibung des Paradieses aufwartet: «Rund, bunt, ein Pfauen-
rad, das Thor: / Zwei nackte Evas stehn davor.» Vom Lebensreformglück
der Nacktheit und der kultischen Verehrung der Frau als Aphrodite
zeugt Bierbaums Gedicht *Rosenopfer*. Darin ist mit leichten Strichen
geradezu eine literarische Biographie angedeutet, nämlich die Bekehrung
eines Naturalisten zum Schönheitsdienst: Ein Mann läuft kreuz und
quer dem leeren Schatten «Wahrheit» hinterher – das wahre Glück findet er erst bei seiner Eva (Rückkehr ins Paradies!), deren nackten Körper
er verehrungsvoll mit Rosen aus der Vase bestreut. (Unerlaubt zu fragen,
was die Verehrte bei einer solchen Aktion empfindet.)

Beim Wiederabdruck der «Sub rosa Veneris» veröffentlichten Gedichte
im *Irrgarten der Liebe* setzt Bierbaum eine Widmung für Frank Wedekind hinzu. Unstreitig ist Wedekind, wie im Drama, so auch in der Lyrik

die radikalste Formulierung der sexuellen Thematik gelungen. Seine erotische Dichtung unterscheidet sich von der kokett-biedermeierlichen Harmlosigkeit Bierbaums ebenso wie von der klassizistischen Attitüde Hartlebens; sie entfernt sich insgesamt so weit von den üblichen Dezenz- und Gattungsbegriffen, daß ein Großteil der einschlägigen Texte die Öffentlichkeit erst mit erheblicher Verspätung erreicht hat. Schon der Siebzehnjährige entwarf im Anschluß an die Tradition der antiken Bukolik, wie sie in den Schäferspielen des 17. und 18. Jahrhunderts überlebt hat, einen Gedichtzyklus *Felix und Galathea*, der die Wonnen sexueller Erfüllung verherrlicht. Das Original läßt sich heute nur anhand des fragmentarischen Nachlaßmanuskripts von 1894/95 rekonstruieren; Wedekind selbst veröffentlichte das (überarbeitete) Kernstück des Zyklus in der Form eines Versdramoletts 1908 in der Zeitschrift *Die Schaubühne*.

Der entsprechende Teil der Handschrift trägt den Titel *Das Paradies. Eine Idylle für die gebildete Welt. In aller Ergebenheit gewidmet den Freunden der freien Natur*. Dabei geht es weniger um die freie Natur, in der sich der Schäfer Felix und die von ihm begehrte Schäferin Galathea aufhalten, als um die Befreiung der Geschlechtsnatur. Zu ihr muß die unwissende Schäferin im Grunde erst gezwungen werden, da sie die Bitten des von seinen Trieben überwältigten Hirten nicht versteht. Der eigentliche Coitus wird durch Chorgesänge verdeckt; das abschließende Zwiegespräch zeigt einen entspannten Felix und eine veränderte Galathea, die ihrerseits die erotische Initiative ergreift: «Wolln wir uns nicht unter eine Hecke strecken / Und zur Unterhaltung eine Schnecke necken?» – «Willst du nicht noch mal nach deiner Flöte greifen / Und ein hübsches Liebeslied von Goethe pfeifen?»

Derartige Doppeldeutigkeiten und parodistische Bezüge auf kanonische Texte gehören auch weiterhin zum literarischen Profil Wedekinds. Diesem gelingt seine erste erotische Eroberung nicht zuletzt dank stürmischer Liebesgedichte, die offenbar auch – aber nicht nur – mit Gedichten erwidert wurden. Im Anschluß an dieses Verhältnis mit der «erotischen Tante» Bertha Jahn, die Wedekind in einigen Gedichten mit der Figur der Madame de Warens aus Rousseaus Autobiographie gleichsetzt (*An Madame Warens*, entstanden 1885), wird die Botschaft der sexuellen Erlösung in zwei umfangreichen Gedichten niedergelegt, die grundlegend parodistisch strukturiert sind: in der nachgelassenen und in den bisherigen Wedekind-Ausgaben fehlenden Ballade *Ännchen Tartini, die Kunstreiterin* aus dem Jahr 1886, einer parodistischen Umkehrung von Friedrich Silchers populärem Lied *Ännchen von Tharau*, die mit dem sexuellen Doppelsinn von «reiten» operiert, und im *Neuen Vater Unser*, das uns heute freilich nur in Form eines Privatdrucks zugänglich ist, den Wedekind 1891 in München veranstaltete.

Dieser Privatdruck gab sich durch die identische äußere Aufmachung als parodistisches Gegenstück zu Hanns von Gumppenbergs Schrift *Das dritte Testament* (1891) zu erkennen, die in der Rahmenhandlung – der Beschreibung einer spiritistischen Sitzung – verspottet wird. Das eigentliche Gedicht, in der Fiktion des Privatdrucks als Diktat eines Geistes ausgegeben, stellt sich ähnlich wie das *Felix und Galathea*-Idyll in der Hauptsache als lyrisches Zwiegespräch dar: als Dialog eines begehrlichen, aber bald ermattenden männlichen Ichs mit einer gleichfalls begehrlichen, ja unersättlichen und schließlich sadistisch reagierenden Sie. Zwei Coitus-Intermezzi werden durch eine «Stimme von oben» («Yankee doodle») und einen Männerchor überbrückt; beide zusammen verweisen auf den Schluß von Goethes *Faust II* als zusätzlichen parodistischen Fluchtpunkt des Textes neben dem *Vaterunser*, dessen einzelne Zeilen wortgetreu in das erotische Geschehen eingeschaltet werden, wie z. B. am Schluß:

> *Denn dein ist das Reich*
> *Und die Kraft*
> Allmächtiger Vater!
> Bei uns aber folgt dem Genuß
> Immer noch Überdruß
> Und ein trauriger Kater,
> *Und die Herrlichkeit*
> Ging etwas weit
> Für die Herren und Damen –
> *In Ewigkeit. – Amen.*

Die Travestie des ehrwürdigsten christlichen Gebets nimmt fast den Charakter einer schwarzen Messe, einer satanischen Verneinung der Heilsbotschaft an. Ganz so war es wohl nicht gemeint, wie sich aus der «Gratisbeigabe» des Privatdrucks von 1891 ergibt: *Die neue Communion*. Das später in gekürzter Fassung mit dem Titel *Unterm Apfelbaum* veröffentlichte Gedicht verherrlicht einen Mädchenschoß als «Offenbarung Gottes». So lautete der Untertitel der *Communion* ebenso wie des *Neuen Vater Unsers,* zunächst parodistisch auf Gumppenbergs *Drittes Testament* gemünzt, das ebenso ausgewiesen war. In Wedekinds Versen gewinnt dieser Offenbarungscharakter unmittelbare visuelle und emotionale Evidenz: «Welcher Meister hätt je gebaut / Prächtiger eine Kapelle?» – «Du mein heiligstes Sakrament, / Werde dem Sünder günstig!» Es heißt «günstig», nicht «gnädig», schon wegen des Reims auf «brünstig»!

Im Lichte der Parallelen zu einer der frühesten Gedichtveröffentlichungen Wedekinds – dem 1891 in *Modernes Leben. Ein Sammelband der Münchner Moderne* gedruckten Gedicht *Confession* (später: *Gott und Welt*) – stellt sich der Eindruck her, daß Wedekinds Vermischung des Heiligsten mit dem damals tabuisiertesten und diskriminiertesten Bereich eher einem sehr persönlichen religiösen Sensualismus verpflichtet ist als einer modischen Adaption des Satanismus im Stile Przybyszewskis. Auf der anderen Seite sind unmittelbare Anknüpfungspunkte zu anderen Vertretern und Texten der Münchner Moderne gegeben – beispielsweise zu Panizzas *Liebeskonzil* –, und dies, obwohl die Grundlagen dieser ketzerischen erotischen Poesie in einem ganz anderen Milieu gelegt wurden, nämlich dem calvinistisch geprägten Schweizer Lenzburg, in dem Wedekind seine Jugend verbrachte.

In der weiteren Entwicklung des Lyrikers Wedekind tritt das religiös-weltanschauliche Element zurück; die Themen aber sind ihr im wesentlichen vorgegeben. Entweder karikiert Wedekind die Folgen erzwungener oder selbstgewählter sexueller Enthaltsamkeit bzw. Spiritualisierung – so in den balladesken Gedichten *Die Hunde, Die Keuschheit* und *Das arme Mädchen*; auch das Sonett *Krafft-Ebing* (später: *Perversität*) gehört hierher. Oder er verherrlicht die frei entfaltete, selbstbewußte Sexualität in den Rollengedichten *Alice* (später: *Ilse*) und *Fürstin Russalka* (später: *Lulu*). Die letzten drei Namen verweisen auf Figuren aus Wedekinds erzählerischem und dramatischem Werk, zu denen die Verbindung allerdings erst nachträglich hergestellt wird. Das Drama *Frühlings Erwachen*, in dem ein Freudenmädchen namens Ilse auftritt, lag bereits seit zwei Jahren gedruckt vor, als Wedekind das später nach dieser benannte (1894 in das Manuskript des *Sonnenspectrums* aufgenommene) Gedicht verfaßte. Dessen Erstfassung war deutlicher als die künftige Druckversion auf den Vorgang der Defloration bezogen:

Er nahm mich um den Leib und lachte
Und flüsterte: Es tut nicht weh – [später: O welch ein Glück]
Und dabei schob [später: bog] er sachte, sachte
Mein Unterröckchen in die Höh.
[später: Den Kopf mir auf das Pfühl zurück.]

Mit der Gründung des *Simplicissimus* 1896 gewann Wedekinds Lyrik ein adäquates Forum. Allein die beiden ersten Jahrgänge enthalten zweiundzwanzig mit seinem Namen gezeichnete Gedichte, darunter *Das arme Mädchen, Franziskas Abendlied* und einen Klassiker des Bänkelsangs wie *Brigitte B*. Hier erschien 1896 auch das Gedicht *Die Jahreszeiten*, das der zunächst unselbständig – nämlich im Sammelband *Fürstin Russalka* (1897) – publizierten Gedichtsammlung Wedekinds den Titel gab und als lyrischer Prolog diente. Nur in Verbindung mit den Illustrationen Ferdinand von Rezniceks ist die Frivolität voll nachvollziehbar, mit der hier Obst- und Gemüsesorten aller vier Jahreszeiten angepriesen werden: «Radieschen knackt man, wenn man noch jung und keusch / Und sich noch die ersten Zähne nicht ausgebissen.» Und so weiter – der sexuelle Neben- oder Hauptsinn ist unmißverständlich, und nur von einer solchen erotisch-vitalistischen Interpretation des Jahresrhythmus aus ist auch die Gliederung der Gedichtsammlung von 1897 einsichtig, die bei der ersten Buchausgabe unter abgewandeltem Titel (*Die vier Jahreszeiten*, 1905) ungeachtet der zusätzlichen Aufnahme neuer und älterer Gedichte unverändert beibehalten wird. Auf den Frühling des Lebens und der Liebe (mit Texten wie *Ilse*) folgen Sommer (mit Texten wie *Unterm Apfelbaum*) und Herbst (mit *Franziskas Abendlied*) und schließlich der Winter (mit Texten wie *Perversität, Ein letztes*

Ende und *Das tote Meer*). Möglicherweise geht in diese fast an Bierbaums Kalenderbücher erinnernde Konzeption ein früher Lektüre-Eindruck ein; 1884 erhielt Wedekind von seiner «philosophischen Tante» Olga Plümacher Hieronymus Lorms Buch *Der Naturgenuß. Eine Philosophie der Jahreszeiten* (1876) zum Geschenk. Da sich verschiedene Motive aus Lorms Gedichten in Wedekinds Werk wiederfinden, ist ein solcher Brückenschlag von der Philosophie des Pessimismus zur Literatur des Vitalismus nicht ganz von der Hand zu weisen.

Der *Simplicissimus* verschaffte aber nicht nur der erotischen Lyrik Wedekinds ein größeres Publikum und einen kongenialen Rahmen, in dem sich ihr frivoles Anspielungspotential so frei entfalten konnte wie sonst nur beim persönlichen Vortrag zur Laute in späteren «Scharfrichter»-Zeiten. Albert Langens Zeitschrift drängte den begabten Reimer und konsequenten Verächter der wilhelminischen Gesellschaft auch zur seriellen Produktion politisch-satirischer Lyrik. Unter verschiedenen Decknamen (Hieronymus Jobs, Kaspar Hauser, Simplicissimus) veröffentlichte Wedekind allein in den Jahrgängen 1897/98 einundzwanzig politische Gedichte, die in der Zeit vor seinem Durchbruch als Dramatiker eine wichtige Einnahmequelle für ihn darstellten, deren Produktion zunehmend aber als Fremdbestimmung empfunden wurde. «Meine Hauptbeschäftigung», schreibt Wedekind in einem Brief vom Sommer 1898, «ist der Simplizissimus, für den ich täglich arbeite in Witzen, Gedichten und anderem Mist.» Die Fremdbestimmung erreichte ihren Gipfel in der Strafverfolgung und Inhaftierung wegen Majestätsbeleidigung in den Gedichten *Meerfahrt* und *Im Heiligen Land*. Obwohl seine politischen Gedichte, und nicht zuletzt die inkriminierten Stücke, zu den besten ihrer Art in Deutschland gehören, hat Wedekind sie – mit Ausnahme des 1905 mit mehrjähriger Verspätung gedruckten *Zoologen von Berlin* (entstanden 1898/99) – nicht in seine Gedichtsammlung und die Werkausgabe aufgenommen.

NICHTFIKTIONALE PROSA

I. AUTOBIOGRAPHISCHE UND BIOGRAPHISCHE WERKE

1. Autobiographien

An seinem vierundvierzigsten Geburtstag, dem 15. Oktober 1888, beginnt Nietzsche mit der Niederschrift von *Ecce Homo. Wie man wird, was man ist.* Der Untertitel formuliert das Kernprogramm der abendländischen Autobiographik – ein Programm, das der nachfolgende kurze – erst 1908 veröffentlichte – Text trotz seiner vielversprechenden Überschriften «Warum ich so weise bin», «Warum ich so klug bin», «Warum ich so gute Bücher schreibe» eher brüskiert oder parodiert als erfüllt. Denn für eine Nacherzählung von Wachstumskrisen und Wandlungsprozessen ist kein Raum in der thesenartigen Schrift, mit der sich Nietzsche Zeitgenossen und Nachwelt als Muster des Übermenschen und maßgebliche Autorität für die Forderung nach der Umwertung aller Werte vorstellt. Wir erhalten punktuelle Hinweise auf die Bedeutung des Körperlichen für die geistige Entwicklung: Nietzsches gesunde Ernährung, seine Teilhabe an der Décadence, sein polnisches Blut und ähnliches mehr. Andererseits wird die Verwandtschaft der Kinder mit den Eltern, traditionelles Thema von Biographie und Autobiographie, energisch bestritten: Der Verfasser selbst sei eher Cäsar als seiner Mutter oder Schwester ähnlich. Letztere Aussage findet sich übrigens auf einem von Nietzsches Verleger zurückgehaltenen und bis 1976 ungedruckten Zettel; andere aggressive Passagen sind unwiederbringlich der Nachlaß-‹Säuberung› Elisabeth Förster-Nietzsches zum Opfer gefallen. Ziel- und Schwerpunkt des in *Ecce Homo* gezogenen Lebensresümees bildet eine Bilanzierung des eigenen Œuvres aus der Sicht des Spätwerks – die Bücher stehen für das Leben, die Philosophie des Übermenschen für diesen selbst.

Die radikale Gegenposition zu Nietzsches schriller Absolutsetzung des Autor-Ichs bildet in der Landschaft der damaligen Autobiographie wohl Wilhelm Buschs zweiteilige Skizze *Was mich betrifft*, 1886 in der *Frankfurter Zeitung* als Reaktion auf einen Busch-Artikel des Feuilleton-Redakteurs Johannes Proelß erschienen. Macht Nietzsche sich groß, bis hin zum Gott und Übermenschen, so macht sich Busch so klein wie möglich. Die Überschrift läßt an einen Aktenvermerk denken; entsprechend lakonisch und unter weitgehender Ausblendung der subjektiven Motive berichtet Busch über seine Entwicklung bis zum 27. Lebensjahr.

Kein Wort über die Problematik der Berufswahl und die deshalb mit
dem Vater ausgestandenen Auseinandersetzungen, kaum eine Andeutung über die Enttäuschungen und Krisen seines jungen Lebens – mit
Ausnahme einer einzigen Stelle, die Busch in späteren Fassungen denn
auch prompt gestrichen hat: der rühmenden Hervorhebung der niederländischen Maler, denen es das autobiographische Ich «gern» verzeihe,
«daß sie mich zu sehr geduckt haben, als daß ich's je recht gewagt hätte,
mein Brot mit Malen zu verdienen». Der zweite Artikel verliert sich in
einzelne Episoden, die an den Stil von Buschs Bildergeschichten erinnern; in humoristischer Verdinglichung wird in der Einleitung das
«putzwunderliche Polterkämmerchen der Erinnerung» als System von
Fächern höchst unterschiedlichen Inhalts vorgestellt. Wer sie öffnet,
sieht eine kindliche Weihnachtsidylle, eine einst geliebte Frau, oder er
wird das Opfer eines grauenvollen nächtlichen Spuks. Der Autobiograph
Busch ist entschlossen, sich und dem Leser möglichst wenige dieser
Türen zu öffnen.

Nietzsche und Busch demonstrieren zwei extreme Varianten einer
Gattung in der Krise; ihre Selbstdarstellung zeugt von den Schwierigkeiten des Intellektuellen im späten 19. Jahrhundert, die Entwicklung
der eigenen Persönlichkeit zu verstehen und erzählerisch mit der erleb-
ten sozialen und historischen Realität zu verknüpfen. Das Synthese-
Modell von Goethes *Dichtung und Wahrheit* war grundsätzlich nicht
wiederholbar. Dennoch wird der Anspruch auf Thematisierung oder
Monumentalisierung des eigenen Lebens in Buchform nicht grundsätzlich aufgegeben; die meisten Autobiographien lassen jedoch schon im
Titel oder in bestimmten zeitlichen und sachlichen Begrenzungen eine
Einschränkung des Geltungsanspruchs erkennen. So begnügen sich die
Maler Wilhelm von Kügelgen (*Jugenderinnerungen eines alten Mannes*,
1870) und Ludwig Richter (*Lebenserinnerungen eines deutschen Malers*,
1885) in der Nachfolge Jean Pauls mit der verklärenden Darstellung ihrer
Kindheit. Eine dritte Maler-Autobiographie, die selbstbewußte Darstellung Anselm von Feuerbachs, erreicht das Publikum nur in einer von
der Mutter ‹gereinigten› Fassung (*Ein Vermächtnis*, 1882). Eine andere
Form der Spezialisierung bildet die Gelehrten-Biographie, vertreten
durch den Literarhistoriker Georg Gottfried Gervinus (*Leben*, entstanden 1860, erschienen 1893) und den Ästhetiker Karl Rosenkranz (*Von
Magdeburg bis Königsberg*, 1873). Was dem Maler und Wissenschaftler
recht ist, ist dem Musiker billig. Richard Wagner diktiert *Mein Leben* in
den Jahren 1865–1880, der erste Band erscheint als Privatdruck 1870,
das Ganze erst 1910. Zuvor konnte die Öffentlichkeit schon aus den
Erinnerungen Malwida von Meysenbugs, einer Trauzeugin Wagners,
einiges über führende Persönlichkeiten des Bayreuther Kreises erfahren.

Mit den *Memoiren einer Idealistin*, die 1869 in einer französischen Teilausgabe und 1876 auf deutsch erschienen – Neuausgaben folgten 1882, 1885 und 1899 sowie 1898 als Ergänzung *Der Lebensabend einer Idealistin* – hat Malwida von Meysenbug eine der welthaltigsten Lebensbeschreibungen ihrer Zeit vorgelegt. Die begeisterte Anhängerin der Revolution von 1848 nahm 1850 eine Lehrerausbildung in Hamburg auf und entzog sich 1852 der drohenden Verhaftung durch die Flucht nach London, wo sie als Erzieherin im Hause des Exilrussen Alexander Herzen arbeitete und vielfältige Bekanntschaften schloß. Später in Paris und Italien lebend, trat sie zu Nietzsche, Wagner und dem jungen Romain Rolland in freundschaftliche Beziehung. Die Autobiographie trägt ihren Titel zu Recht, insofern sie einerseits vielfältige Erinnerungen (Memoiren) an bedeutende Ereignisse oder Personen liefert, was ihr die Bekanntheit einer oft zitierten Quelle eingetragen hat, andererseits aber im Sinne der klassischen Autobiographie (freilich ohne eigentliche Vermittlung zur Kontingenz des äußeren Lebens) die geistige Entwicklung der Verfasserin als «Idealistin» schildert: von frommer Inbrunst über Skeptizismus, Atheismus und Positivismus bis hin zur Bekehrung zu Schopenhauers Lehre, die sich ihr im Erlebnis des Meeres bestätigt:

«Ich war allein am Meeresufer [...] und wieder, wie einst in fernen Tagen in den Alpen der Dauphiné, trieb es mich hier niederzuknien vor der unbegrenzten Flut, Sinnbild des Unendlichen.
Ich fühlte, daß ich betete, wie ich nie zuvor gebetet hatte, und erkannte nun, was das eigentliche Gebet ist: Einkehr aus der Vereinzelung der Individuation heraus in das Bewußtsein der Einheit mit allem, was ist, niederknien als das Vergängliche und aufstehen als das Unvergängliche.»

Mit der nachgelassenen fragmentarischen *Selbstbiographie* Grillparzers aus dem Jahr 1853, erstmals 1872 im Rahmen der *Sämtlichen Werke* erschienen, war die Dichterautobiographie schon sichtbar ins Stadium der Problematisierung getreten. Grillparzer beschreibt sein Leben und Wirken darin in eigentümlicher Außenansicht, fremdbestimmt durch äußere Umstände und Mißverständnisse. Eine solche Problematisierung der künstlerischen Existenz lag den Mitgliedern und Sympathisanten des Münchner Dichterkreises fern, und doch zeigt sich auch in ihren Autobiographien die Vorherrschaft der Einzelheiten, des Äußeren und Äußerlichen. Bereits die Titelgebung deutet sie an; Graf Schack beschreibt *Ein halbes Jahrhundert* (Untertitel: *Erinnerungen und Aufzeichnungen*, 1888), Friedrich von Bodenstedt verfaßt *Erinnerungen aus meinem Leben* (1888–1890), und Felix Dahn wartet gar mit fünf Bänden *Erinnerungen* (1890–1895) auf, deren Umfang allein (von insgesamt rund zweieinhalbtausend Seiten) die Veräußerlichung der Gattungspraxis, die Dominanz des Memoirentyps sichtbar macht.

Am ehesten ist noch in Paul Heyses *Jugenderinnerungen und Bekenntnissen* (1900) der goethezeitliche Gestus erhalten – doch wie formelhaft erstarrt, wie durch und durch epigonal! Symptomatisch die rhetorische Figur der Praeteritio, mit der sich Heyse bei der Beschreibung seiner Rückkehr aus Italien nähere Einzelheiten erspart:

«Von der unaufhaltsamen, besinnungslosen Fahrt über Peschiera, Gardasee, Innsbruck, Bodensee u. s. w. bis nach Dürkheim in der Pfalz [...]
finde ich in meinem sonst so gewissenhaften Tagebuch nichts verzeichnet,
so wenig vermochte Alles, woran ich vorüberjagte, mein Interesse zu fesseln. Was ich aber mit heimbrachte, als die Frucht dieses Wanderjahrs, die
neuen Maßstäbe für das wahrhaft Echte und Mächtige in der Kunst und
die unvergängliche Liebe zu dem grossen Stil der Natur, wie er mir im
landschaftlichen und Volkscharakter Italiens aufgegangen war, davon habe
ich mein ganzes Leben hindurch in so mannigfacher Weise Rechenschaft
abgelegt, dass ich an dieser Stelle mir den zweifelhaften Versuch ersparen
kann, von so reichen und tiefen Eindrücken die Summe zu ziehen.»

Leben und Lebenswerk sind gleichsam die eigentliche Autobiographie.
Generell kommt es in der zweiten Hälfte des 19. Jahrhunderts zu interessanten Überschneidungen von Autobiographie und Dichtung. Das berühmteste Beispiel ist Kellers Roman *Der grüne Heinrich*, der ja gerade
in der Neufassung von 1879/80 die einheitliche Ich-Struktur eines
durchgängigen autobiographischen Berichts erhielt. Wechselnde Perspektiven (wie in Kellers Erstfassung) herrschen dagegen in Friedrich Theodor Vischers gleichzeitig erscheinendem Werk *Auch Einer*. Persönlichkeit
und Leben des Protagonisten lassen sich als autobiographische Selbst-
entblößung lesen; die komische Figur, als die A(lbert) E(inhart)
zunächst in biographischer Außenperspektive erscheint, enthüllt ihre
volle Tragik in den Tagebuchaufzeichnungen, mit denen das immer stärker zur Autobiographie tendierende Buch schließt.

Ein fundamentaler autobiographischer Impuls von bemerkenswerter
– bald zum Markenzeichen erhobener – Naivität ist in Roseggers literarischer Produktion wirksam. Schon der Sechzehnjährige verfaßt in grotesker Orthographie eine erste Lebensbeschreibung, der Fünfundfünfzig-
jährige schildert 1898 *Mein Weltleben oder Wie es dem Waldbauernbub
bei den Stadtleuten erging*, und noch 1914 erscheinen, als neue Folge, die
Erinnerungen eines Siebzigjährigen. Wie schon die Bezugnahme auf den
Waldbauernbub als Protagonisten der *Waldheimat*-Geschichten deutlich
macht, gibt es bei Rosegger keine eindeutige Unterscheidung zwischen
fiktionalem und autobiographischem Erzählen; der Dichter inszeniert
sich ohnehin als Autobiograph. Genau das Gegenteil gilt grundsätzlich
für Fontane, und doch ergeben sich bei näherer Betrachtung seiner späten Schriften *Meine Kinderjahre. Autobiographischer Roman* (1894) und
Von Zwanzig bis Dreißig. Autobiographisches (1898) bemerkenswerte Parallelen zum ‹eigentlichen› erzählerischen Werk. Die Beschreibung der
Kindheitsidylle Swinemünde erweist sich als epische Ausführung der
Skizze, die Franziska Franz in *Graf Petöfy* von ihrer norddeutschen Heimat gibt, und Louis Henri Fontane erweist sich als Urbild des Causeurs,
als Kronzeuge des anekdotischen Erzählens, dem Fontane schon in *Vor
dem Sturm* huldigt.

Fontane hat den Plan einer Selbstdarstellung wohl im Anschluß an seinen siebzigsten Geburtstag (1889) gefaßt, dessen Echo er als enttäuschend empfand. Die Ausarbeitung der *Kinderjahre* erfolgt 1892 auf dem Höhepunkt einer seelisch-körperlichen Krise, gewissermaßen als Selbsttherapie und Mittel der Todes-Abwehr. Todesmotive durchziehen denn auch das Werk, angefangen vom Versteckspiel der Kinder auf dem Heuboden – der kleine Theodor genießt das «völlige Verschwinden» («und wenn sie dich suchen bis an den jüngsten Tag, sie finden dich nicht») – über das makabre Gänseschlachten-Ritual in der Gesindestube des elterlichen Hauses bis hin zum Gespräch über den Tod während des letzten Besuchs beim Vater und zu dessen Grab. Der Ausgriff auf das Ende des Vaters, mit dem der Zeitrahmen der Kindheitsgeschichte im 16. Kapitel ausdrücklich um mehrere Jahrzehnte überschritten wird, ist mit einer Sperrdruckthese begründet, die sich auf Fontane selbst anwenden ließe (und von ihm wohl auch so gemeint ist): «Denn wie er ganz zuletzt war, so war er eigentlich.» Im Sinne dieser Maxime schaltet der Autobiograph seinen eigenen Altersstandpunkt zu Revolution und staatlicher Ordnung schon in die Beschreibung der Reaktionen auf die Julirevolution und den Polenaufstand von 1830 ein.

In *Von Zwanzig bis Dreißig* schildert Fontane – nach ausführlicher Darstellung des «Tunnels über der Spree» – seinen eigenen Anteil an den Revolutionskämpfen von 1848 (mit einem verrosteten Karabiner in der Faust) als Don Quijoterie vor theatralischen Kulissen. Die Einzelheiten sind kaum im historischen Sinne wörtlich zu nehmen; an anderer Stelle hat Fontane jedenfalls nachweislich die biographische Wahrheit retuschiert. Die Vorliebe für den «Kleinkram», zu der sich Fontane schon bei den *Kinderjahren* bekannte (an Georg Friedlaender im Dezember 1892), spitzt sich in der späteren Schrift zu einem offenen Primat des Anekdotischen zu, der oft als Mangel empfunden wurde. Es handelt sich dabei jedoch um eine grundsätzliche Darstellungsform des späten Fontane, die von Arthur Eloesser in der *Neuen Rundschau* vom September 1898 treffend als «spazierenschreibende Art» bezeichnet wurde. Zur zielgerichteten Struktur der klassischen Autobiographie steht diese Technik freilich ebenso im Gegensatz, wie das vom selbsternannten «Lausedichter» (an Emilie 8. August 1883) bevorzugte humoristische Detail der heroisierenden Optik der Gründerzeit-Biographen widerstrebt.

Eine andere Autobiographie, die 1898 im Todesjahr ihres Verfassers erschien, schildert die Märzereignisse von 1848 gleichfalls im Licht von Theater oder Kostümfest; mit einer bunten Kokarde am breiten Hut will sich der Autor durch die menschenleeren Straßen Berlins bewegt haben. Dieser Autor ist kein anderer als Bismarck, seine im wesentlichen 1890/91 entstandenen *Gedanken und Erinnerungen* bilden jedoch den klaren Gegenpol zu Fontanes subjektiv-anarchischer Lebensbeschreibung. Bismarcks Memoiren, die ursprünglich *Erinnerung und Gedanke* heißen sollten – nach Odins Raben Hugin (Gedanke) und Munin (Erinnerung) –, sind Rollenprosa eines Politikers, der sich als handelndes Subjekt inszeniert und daher die Jahre der Kindheit und Jugend – die eigentliche Domäne der Künstler- und Dichter-Autobiographie – gleich mit dem ersten Satz überspringt:

«Als normales Produkt unsres staatlichen Unterrichts verließ ich 1832 die Schule als Pantheist, und wenn nicht als Republikaner, doch mit der Ueberzeugung, daß die Republik die vernünftigste Staatsform sei, und mit Nachdenken über die Ursachen, welche Millionen von Menschen bestimmen könnten, Einem dauernd zu gehorchen, während ich von Erwachsenen manche bittre oder geringschätzige Kritik über die Herrscher hören konnte.»

Noch innerhalb desselben Absatzes kommt Bismarck auf seine «angeborenen preußisch-monarchischen Gefühle» und seinen unerschütterlichen Glauben an die bevorstehende deutsche Einheit zu sprechen. Trotz der Energie, mit der hier der gesamten Darstellung gleich zu Beginn das innere Ziel gesteckt wird, läßt sich die Einschätzung von Bismarcks Werk als «Sprachdenkmal» (Gundolf) heute nur bedingt nachvollziehen. Zu deutlich ist die Mosaikstruktur der vom Mitarbeiter Lothar Bucher zusammengestellten Diktate, zu ungleich die Stillage des oft in Paragraphendeutsch abgleitenden Erzählers. Man glaubt bisweilen einiges von der Stimmung zu verspüren, die zu Anfang der Arbeit geherrscht hat (nach dem Bericht des Leibarztes Schweninger von 1899):

«Bucher, stumm, verstimmt, ‹mucksch›, mit leerem Blatt, gespitzten Ohren und gespitztem Bleistift am Tische, der Fürst nach ärztlicher Anordnung auf der Chaiselongue liegend und in die Zeitung vertieft. Tiefe Stille; man hätte ein Mäuschen laufen hören können. Der Fürst sprach kein Wort, Bucher noch weniger, – und die Blätter blieben leer.»

Bismarcks Autobiographie ist auch im übertragenen Sinn ein Werk übler Laune. Als Selbstrechtfertigung des entlassenen Kanzlers stellt vor allem der dritte (erst 1919 publizierte) Band eine offene Abrechnung mit Kaiser Wilhelm II. dar. In einem ganz anderen Sinne oppositionell können die Ansätze zur Autobiographie genannt werden, die damals im Rahmen der Arbeiter- und Frauenbewegung entstehen. Für beide Bewegungen wird das autobiographische Genre nach der Jahrhundertwende größere Bedeutung gewinnen. Vorläuferfunktion übernimmt die Frauenrechtlerin Louise Otto-Peters mit ihren *Erinnerungsbildern eines deutschen Frauenlebens* (1870 in der Sonntagsbeilage zur Wiener *Tages-Presse* erschienen); Adelheid Bandaus Bericht *Zwölf Jahre als Diakonissin* (1881) gehört in denselben Zusammenhang.

Auch die autobiographische Berichterstattung von Anhängern der Arbeiterbewegung bevorzugt feste Zeiträume, überschaubare Zeiten des Einsatzes im Dienste der Idee. In diesem Sinne stellen Josef Schiller (Seff) und Johann Most, beide aus der österreichischen Arbeiterbewegung hervorgegangen, ihre Haftstrafen heraus. Most war im Wiener Hochverratsprozeß von 1870 zu fünf Jahren Kerkerhaft verurteilt, aber nach einem Jahr amnestiert worden; die im englischen Exil entstandene Autobiographie (1886) trägt den Titel *Acht Jahre hinter Schloß und Riegel. Skizzen aus dem Leben Johann Most's*. Schiller hat aus politischen Grün-

den insgesamt etwa drei Jahre eingesessen und beschreibt seine zehnmo-
natige Inhaftierung in Prag 1882/83 unter dem Titel *Bilder aus der Gefangenschaft* in einer reportageartigen Erzählung, die 1890 in einer Zeitung seines böhmischen Heimatorts Reichenberg und im gleichen Jahr
im Selbstverlag des Verfassers erschien. Der Autor ist von Selbstmitleid
und Larmoyanz weit entfernt und gibt die Umstände seines Gefängnis-
aufenthalts und die Menschen, die ihm dabei begegnen, mit einigem
Humor und genrehafter Charakterisierungskunst wieder. Amüsant
schon die Schilderung seiner Überstellung nach Prag per Bahn in Begleitung eines Gendarmen, Zigarrenrauchen und «gemütliches» Kaffeetrin-
ken eingeschlossen. Leider enthält dieselbe Episode einige heftige antisemitische Pointen, für die Josef Schiller bei seinen sozialistischen
Lesern offenbar volles Einverständnis voraussetzen durfte.

Strukturell vergleichbar mit Schillers Bericht ist ein weiteres autobiographi
sches Werk Fontanes: die Beschreibung seiner siebenwöchigen Inhaftierung als
mutmaßlicher preußischer Spion während des Deutsch-Französischen Kriegs im
Oktober/November 1870. Die Aufzeichnungen entstanden im wesentlichen
während des zweiten Teils der Haft auf der Atlantikinsel Oléron und wurden
schon ab Weihnachten desselben Jahres in der *Vossischen Zeitung* unter dem Titel
Kriegsgefangen. Erlebnisse 1870 veröffentlicht. So schnell läßt sich ein lebens-
bedrohliches Unglück in einen journalistischen Glücksfall ummünzen! Von der
Todesangst, die der Verfasser auszustehen hatte und die ihm die existentielle
Dimension des Glaubens nahebrachte, ist in diesem für ein großes Publikum
bestimmten Bericht nur andeutungsweise die Rede. Am Schluß steht wie bei
Josef Schiller, nur individueller akzentuiert, das Pathos der Befreiung:

«Ich warf den Reisesack in die Ecke, mich selber aufs Sopha, kreuzte die
Hände über der Brust, atmete hoch auf und sagte das eine Wort: Frei.»
(Fontane)
«Ich war frei, und neue Tatkraft rieselte durch alle Glieder. Neue feurige
Gedanken durchzuckten mein Hirn, und ich gelobte mir, der Arbeiter-
sache treu zu bleiben; und ich habe mir Wort gehalten, bis auf den heutigen
Tag.» (Schiller)

In die Nähe der proletarischen Selbstdarstellung gehören die *Abgerissenen Bilder aus meinem Leben* des 1838 in die Schweiz emigrierten Sozialisten Johann Philipp Becker (1876–1878), *Allerlei Notizen aus meinem
30jährigen Fabrikleben* des Schweizers Heinrich Brandenberger und
Carlo Kahapkas *Memoiren eines österreichischen Handwerksburschen*
(1885). Der Kandidat der Theologie Paul Göhre begab sich 1890 freiwillig aus dem Bereich bürgerlicher Sicherheiten heraus und berichtete über
die Erfahrungen auf seiner Expedition ins Reich des Proletariats unter
dem Titel *Drei Monate Fabrikarbeiter und Handwerksbursche* (1891).
Obwohl er dabei als Vorläufer Günter Wallraffs unter einem Decknamen
operierte und seinem Text die für eine genuine Autobiographie konstitutive Identitätsbeziehung zum Gegenstand fehlt, wurde Göhre in der

Folgezeit zur Anlaufstelle für schreibende Proletarier, die ihm unaufgefordert ihre autobiographischen Versuche zusandten, und dadurch nach der Jahrhundertwende zum Entdecker der Arbeiterschriftsteller Carl Fischer und Moritz William Theodor Bromme.

Mit der Arbeiterbiographie ist bereits eine Form autobiographischen Schreibens angesprochen, die sich an der Grenze des damals – jedenfalls zur Zeit der Sozialistengesetze – politisch Zulässigen bewegte. Ihre politische ‹Fragwürdigkeit› wurde jedoch moralisch überreich kompensiert durch den Heroismus und die altruistische Opferlogik des sozialistischen Kampfs. Ohne derartige Kompensationsmöglichkeiten mußte eine andere Form oder Vorform der Autobiographie auskommen, die sich im späten 19. Jahrhundert herausbildete: die Selbstdarstellung homosexueller Erfahrungen.

Auf dem Umweg der Selbstklassifikation als ‹krankhaft› und in weitgehender Beschränkung auf ihre sexuelle Karriere konnten die diskriminierten, ja strafrechtlich verfolgten Homosexuellen eine begrenzte Öffentlichkeit erlangen, indem sie ihre Vita an den bekannten Psychologen und Sexualforscher Krafft-Ebing einsandten, der zahlreiche derartige ‹Fallgeschichten› in die kontinuierlich erweiterten Neuausgaben seiner *Psychopathia sexualis* aufnahm. Ein solcher bei Krafft-Ebing (6. Auflage von 1891) abgedruckter Lebenslauf beginnt etwa so:

> «Beobachtung 82. Autobiographie. Ich bin das 8. Kind eines Handwerkers in einer kleinen Stadt, der dreimal verheirathet war und von conträren Sexualempfindungen jedenfalls nichts wusste, denn noch im Alter war er dem anderen Geschlechte nicht abhold. Auch meine Mutter war sicher normal angelegt: sie hatte früh geheirathet und starb im 41. Jahre an allgemeiner Wassersucht. Sie hat aber eine Nichte, von der ich höre, dass sie sich oft im Walde mit ihrer Schwägerin treffe und auffallend mit ihr verkehre – ich vermuthe fast, dass diese meine Cousine urningisch angelegt ist.»

Gattungsgeschichtlich stellt diese Primitivform autobiographischen Schreibens im Bekenntnis zur Pathologie und zum Anderssein einen Rückgriff auf die durch Adam Bernd und Rousseau bezeichneten Anfänge der Autobiographie im 18. Jahrhundert dar. Sie unterscheidet sich in ihrer veröffentlichten Form allerdings von allen anderen Typen der Autobiographie durch einen entscheidenden Umstand: die Anonymität des Schreibers. Erzwungenermaßen bildet sich hier eine Form der Selbstdarstellung jenseits der durch den Namen garantierten Ich-Identität heraus, die – gerade auch in der Verbindung mit nicht beherrschbaren körperlichen und seelischen Erfahrungen – auf die Ich-Krise des 20. Jahrhunderts vorausweist.

2. Biographien

Die Biographie ist die Lieblingsgattung des 19. Jahrhunderts. Der neue Sinn für das Historische und die durch den Historismus erschlossenen Quellen kamen ihr ebenso zugute wie der liberale Glaube an das autonome Individuum und die Männer, die – nach einem Wort Treitschkes – Geschichte machen. In diesem Sinne hatten Johann Gustav Droysen und David Friedrich Strauß Alexander den Großen (1833), den Grafen Yorck (1851/52) und Ulrich von Hutten (1858–1860) in umfangreichen Werken beschrieben; die gleiche Tendenz bestimmte die historischen Essays Heinrich von Treitschkes (u. a. *Milton*, 1860) und des in Deutschland stark beachteten Thomas B. Macaulay (*Frederic the Great*, 1845). Mit der Reichsgründung neigte sich freilich die große Zeit des Liberalismus ihrem Ende zu; wie sich zeigen sollte, hatte die biographische Welle ihren Zenit jedoch noch nicht überschritten.

Zunächst einmal ging von der nationalen Einigung ein politischer Impuls aus, der auch der biographischen Literatur neuen Auftrieb gab. Mit dem Gemeinschaftsunternehmen der *Allgemeinen Deutschen Biographie*, die 1875–1912 in 56 stattlichen Bänden erschien, erreichte sie das Stadium der nationalgeschichtlichen Systematisierung. Noch der alte Ranke ließ sich herbei, einen Artikel über den Preußenkönig Friedrich Wilhelm IV., seinen Generationsgenossen, zu schreiben. Erich Marcks' Artikel über Kaiser Wilhelm I. erschien zu dessen hundertstem Geburtstag 1897 als Einzelausgabe, wie auch Max Lenz' auf die Jugendzeit beschränkte *Geschichte Bismarcks* (1902).

Blickt man auf den Buchmarkt jenseits der *Allgemeinen Deutschen Biographie*, so wurden vorrangig die Protagonisten der preußischen Reformen und der Befreiungskriege mit Biographien namhafter Historiker bedacht: Hans Delbrück schrieb über Gneisenau (1894), Max Lehmann über Scharnhorst (1886) und den Freiherrn vom Stein (1902–1905), und der junge Friedrich Meinecke nahm sich des Marschalls Boyen an (1896). Auch auf dem Jugendbuchmarkt stand die Herrscher- und Feldherrn-Biographie in Blüte. Einen Antipol zu dieser staatstragenden Biographik bildete allerdings Ludwig Quiddes Lebensbeschreibung des für seine Grausamkeit berüchtigten römischen Kaisers Caligula mit dem Untertitel *Eine Studie über römischen Cäsarenwahnsinn* (1894). Denn trotz aller antiquarischen Gelehrsamkeit der Fußnoten war für den kritischen Leser unübersehbar, daß hier die ‹wahnsinnige› Politik eines zeitgenössischen ‹Cäsar›, nämlich Wilhelms II., getroffen werden sollte. Es handelte sich also weniger um eine historische Biographie als um ein als solche getarntes Pamphlet. Der Verfasser, ein studierter Historiker, war ab 1914 Vorsitzender der

Deutschen Friedensgesellschaft und erhielt 1927 den Friedensnobelpreis.

Nationale, genauer nationalliberale Motive verbanden sich mit philosophischen Interessen in der Biographie-Pflege der *Preußischen Jahrbücher.* Ihr Begründer Rudolf Haym ließ seiner antiidealistischen Hegel-
Biographie (1857) eine faktengesättigte monumentale Herder-Biographie
(1878–1885) folgen, in der Herders Distanz zu den idealistischen Tendenzen der von ihm selbst mit eingeleiteten Weimarer Klassik deutlich
herausgearbeitet wird. Wilhelm Dilthey hatte in den *Preußischen Jahrbüchern* 1862 eine Biographie über den nationalgesinnten Historiker
Friedrich Christoph Schlosser veröffentlicht und verstand sie als Modell
für eine geplante Biographie des romantischen Theologen und Platon-
Übersetzers Friedrich Schleiermacher. Doch daraus sollte etwas ganz
anderes werden.

Nämlich einerseits ein monströses Fragment; erschienen ist vom *Leben Schleiermachers* seinerzeit nur der voluminöse erste die ersten 44 Lebensjahre abhan-
delnde Band (1870) – die Beschreibung der folgenden drei Jahrzehnte von
Schleiermachers Leben und die ausführliche Darstellung des Systems seiner Philosophie blieben Manuskript. Andererseits geht Dilthey schon mit dem ersten
Band deutlich über das bisherige Biographie-Konzept hinaus und liefert das viel-
bachtete Muster einer geistesgeschichtlich interpretierenden Lebensdarstellung
– im praktischen Vorgriff auf spätere theoretische Bekundungen Diltheys von
der «Biographie als Kunstwerk» und vom Lebenslauf als «Urzelle der Geschichte». In der Durchführung ging das nicht ohne Kompromisse ab; so wurde
vor allem an den umfangreichen philosophiegeschichtlichen Exkursen schon
früh Kritik geübt. Vielleicht zeigt sich aber gerade in solchen kompositorischen
Schwächen die Entschlossenheit Diltheys zum Verzicht auf jene ideengeschichtli-
che Abstraktion, wie sie der geschlossenen Form der Biographie herkömmlichen
Typs selbstverständlich zugrunde lag.

Wenn Diltheys *Leben Schleiermachers* das nationale und politische
Schema der liberalen Biographie-Tradition sprengt, so läßt sich ähnliches
von der biographischen Essayistik Karl Hillebrands sagen. Der einstige
Achtundvierziger hatte sich im Pariser Exil eine beträchtliche Weltläufig-
keit erworben, die er mit der Übersiedlung nach Florenz (1870) noch
vertiefte. Sein 1872/73 in *The North American Review* in englischer Sprache erschienener (1955 rückübersetzter) umfangreicher *Herder*-Essay
betont die Mittelstellung Herders zwischen den Sprachen und Kulturen
und seine Rolle als Stifter der Bildungstradition. Als «die beiden fundamentalen Lehrsätze Herders» werden «die Begriffe der organischen Entwicklung und der Unteilbarkeit des Individuums» hervorgehoben. Hillebrands Herder-Porträt begibt sich damit in bemerkenswerte Nähe zu
Dilthey; sein eigentlicher Bezugspunkt ist aber wohl der ästhetische Irrationalismus Jacob Burckhardts, der auch Hillebrands – von Nietzsche

gelobten – *Zwölf Briefen eines ästhetischen Ketzers* (1873) zugrunde liegt.

Die Hinwendung zu einem Reich des Schönen, das hoch über der schmutzigen politischen und wirtschaftlichen Realität thronte, ist eine Tendenz, die sich in der biographischen Literatur seit den sechziger Jahren beobachten läßt und durch die Entstehung des Bismarckreichs und die Gründerkrise offenbar noch verstärkt wurde. Ihr wirkungsvollster Vertreter war der Berliner Kunsthistoriker (mit weit in die Literatur hineinreichenden Interessen) Herman Grimm, Sohn des Germanisten Wilhelm Grimm und Schwiegersohn Bettina von Arnims. Seine Biographien Michelangelos (1860–1863) und Raffaels (1886) sowie seine Vorlesungen über Goethe (1876) sind Zeugnisse eines rückhaltlosen Heroenkults, der seine Grundlagen bei Carlyle und Emerson – vor allem in dessen Begriff des «representative man» – fand. Noch in der Einleitung zu seinen *Fragmenten* (1900) erklärt Grimm: «Von dem, was die Geschichte der Zeiten schuf, sind die selfmade Großen Männer als das dauernd Wichtige übrig geblieben.» Für das emotionale Engagment, mit dem sich dieser Biograph seinen Gegenständen näherte – und für die Sehnsüchte des zeitgenössischen Publikums, die er dabei bediente – ist gleicherweise der erste Satz seines *Leben Michelangelo's* charakteristisch:

«Es giebt Namen, die etwas von einer Zauberformel in sich tragen. Man spricht sie aus, und wie der Prinz in dem Märchen der Tausend und eine Nacht, der das Wunderpferd bestieg und die magischen Worte rief, fühlt man sich vom Boden der Erde in die Wolken steigen.»

In den Wolken, auf jeden Fall «über der Erde», wird auch und gerade Raffael von Grimm angesiedelt. Nachdem dieser 1872 zunächst lediglich Vasaris Raffael-Biographie mit eigener Übersetzung und Kommentar herausgegeben hat, integriert er die Vasari-Vita vierzehn Jahre später seinem *Leben Raphael's*, ohne ein Hehl daraus zu machen, daß sich eine echte Biographie über den Maler mangels geeigneten Materials und aufgrund der Eigenart dieses Künstlers gar nicht schreiben lasse. In der Unabhängigkeit seiner Kunst von der Außenwelt verhalte sich Raffael zu Michelangelo Buonarroti nämlich ähnlich wie Schiller zum erdnäheren, enger mit der Wirklichkeit verflochtenen Goethe: «Raphael als Künstler hat etwas von einem Geiste gehabt, der über der Erde wandelnd keine irdischen Fusstapfen hinterliess.» Die Biographie konvergiert hier mit der Heiligenlegende.

Ihren literarischen Höhepunkt erreicht die Biographie als Stifterin eines neuen Schönheitskults in den großangelegten Werken Carl Justis über Winckelmann (*Winckelmann und seine Zeitgenossen*, in drei Bänden 1866–1872) und Velazquez (*Diego Velazquez und sein Jahrhundert*, in zwei Bänden 1888). Im

Unterschied zum anempfindenden Gestus der Grimmschen Biographik liegen beiden Darstellungen umfangreiche Quellenstudien und mehrjährige bzw. mehrfache Auslandsaufenthalte zugrunde; schon die Titel der Bücher versprechen ja eine gründliche Verankerung der Hauptgestalt im zeitgenössischen Umfeld. Dennoch unterscheidet sich Justis Ansatz grundlegend von der positivistischen Biographie seiner Epoche, über die noch zu sprechen ist. Und zwar nicht deshalb, weil er sich gelegentlich dazu hinreißen läßt, aus Freude am Fabulieren eine altspanische Quelle schlicht zu fingieren (ein Scherz, der einem Wilhelm Scherer doch wohl nicht im Traum nicht eingefallen wäre). Sondern weil die äußerste Annäherung an die Lebensumstände des Genies bei Justi letztlich nur die Aura seiner Einzigartigkeit verstärkt; weder Winckelmann noch Velazquez sind aus ihrem ‹Milieu› zu erklären, im Gegenteil erweist sich die Stärke ihres Charakters in der Unabhängigkeit, mit der sie ihr eigenes Schicksal gestalten, sich selbst zum Schicksal werden.

Justis Biographien sind Bildungsromane, insofern sie die geistige Entwicklung eines Individuums in aller Breite episch gestalten. Nur sehr abgeschwächt dagegen finden sich Scheitern und Resignation als die beherrschenden Motive der Bildungsromantradition. Winckelmann gelingt sein Projekt, die Begründung der Kunstgeschichte aus dem Geist der Antike-Nachfolge, und mit demselben Projekt identifiziert sich offensichtlich auch der Verfasser, der sich mit dieser Biographie den kunsthistorischen Lehrstuhl an der Bonner Universität erschreibt, an der er von 1872 bis 1902 lehren sollte. Ähnlich vermag sich der spanische Maler, dessen wirklichkeitsgesättigte Farbgestaltung mit dem Geist des Impressionismus wohl mehr gemeinsam hatte, als sich sein konservativer Biograph eingestehen mochte, so vollständig zu entfalten, daß die Beschreibung seiner Bilder zunehmend an die Stelle einer personenfixierten Darstellung treten kann. Nicht umsonst beginnt das zentrale vierte der sieben Bücher von Justis Werk mit dem Satz: «Achtzehn Jahre lebte Velazquez von nun an ohne Unterbrechung am Hofe Philipps IV. Es war die Zeit seiner besten Manneskraft.»

Ironischerweise wählt Justi, der sich mit dem Motto «Vixi!» (Ich habe gelebt!) der Erstausgabe seiner Winckelmann-Biographie bewußt zum fundamentalen Romerlebnis seines Helden bekennt, als Gegenstand seiner zweiten Biographie einen Maler, dem trotz zweier längerer Italien-Aufenthalte Rom eben nicht zum Schicksal wurde. Dennoch spielt Rom in der Konzeption der Velazquez-Biographie eine entscheidende Rolle; denn ein dort entstandenes und dort von Justi gesehenes Bild gab den entscheidenden Impuls: das Porträt des häßlichen Papstes Innozenz X. In der zugleich detailgenauen und psychologisch eindringenden Beschreibung dieses Bildes erreicht das Velazquez-Buch einen sprachlichen Höhepunkt wie auch – man denke an Conrad Ferdinand Meyers Faszination für die Machtmenschen des Bismarck-Typs und an die Ästhetik des Sehens in der Literatur zwischen Realismus und Impressionismus – ein Maximum an Zeitgenossenschaft:

> «Der innere Winkel der Augen ist gleichsam der Magnetpol des Kopfs. Hier ist der tiefste Schattenpunkt, hier schneidet die Denkfalte der Stirn ein und drängt die Augenbrauen nach unten, und dicht daneben glänzt der feuchte Spiegel des Auges. Hier liegt der Zug von Lebhaftigkeit, der jugendlich gebliebene Kern des Greises; der psychische Kontakt mit dem Beschauer; vor allem aber der bei dem alten Herrscher mächtigste Trieb der Menschenbeobachtung, der Wille durch den Schein zugeflüsterter Einge-

bungen und für ihn präparierter Thatsachen die Dinge selbst zu sehen. [...] Dieser Blick, tief aus dem Charakter des argwöhnischen und verschlossenen alten Staatsmanns geschöpft [...], führt in der That den ganzen Menschen mit sich; dieser Blick hat wie der Stil des Porträts, zugleich etwas eminent Päbstliches.

In angemessener Relation zu Justis Großbiographien war eine repräsentative Goethe-Biographie eigentlich nur noch in dem Rahmen möglich, wie ihn Scherer zeitweilig tatsächlich plante: als Mammutbiographie, die von sechs Gelehrten unterschiedlicher Fachrichtungen gemeinsam geschrieben werden sollte, eine Art Parallelaktion zur Weimarer Goethe-Ausgabe. Die Durchsetzung der positivistischen Methode in der Literaturgeschichte führte einerseits zu einem enormen Aufschwung der biographischen Forschung, andererseits zu einer gewissen Verdächtigung der Biographie als populärer, im strengsten Sinne unwissenschaftlicher Form, in der Praxis zudem zu einer Überlastung der biographischen Darstellung mit einer Fülle von Detailwissen. Nicht zufällig blieben mehrere damals begonnene Werke Fragment (so die Schiller-Biographien von Weltrich, Brahm und Minor). Mit welcher Resonanz gleichwohl auch die positivistische Dichter-Biographie noch rechnen konnte, zeigt Erich Schmidts *Lessing* (1892), zu dem Franz Mehring binnen Jahresfrist eine marxistische Gegendarstellung vorlegte (*Die Lessing-Legende*, 1893).

Zu keinem Autor aber hatte die positivistische Germanistik mehr zu sagen als zu Goethe, und bei keinem anderen Autor war das Interesse des Publikums an seinem Leben so groß. Aus der Flut von Goethe-Biographien, die sich seit den 1890er Jahren über den deutschen Gaben und Ladentisch ergoß, ragen zwei gegensätzliche Neuerscheinungen des Jahres 1895 heraus; sie laden zu einem Vergleich ein, der die Zwischenstellung der Biographie zwischen Faktenwissen und schöngeistiger Literatur nochmals verdeutlicht. Richard Moritz Meyers preisgekrönter dreibändiger *Goethe* gab eine konzentrierte Darstellung des damaligen Wissensstandes in geschliffener, aber auch als kurzatmig empfundener Form. Im Herbst des gleichen Jahres (mit der Jahreszahl 1896) erschien der erste Band von Albert Bielschowskys Hausbuch deutschen Goethe-Erlebens: *Goethe. Sein Leben und seine Werke*. In einem Brief an seinen Verleger Oscar Beck hat sich Bielschowsky offen zu seinen Intentionen bekannt: «Goethes Gestalt sollte in meiner Zeichnung etwas von der göttlichen Sendung verraten, die auf ihr ruht. Kommt dies zum Gefühl oder zum Bewußtsein, dann darf man hoffen, daß Goethe dasjenige Ferment für das deutsche Geistesleben wird, das seiner weltgeschichtlichen Bedeutung entspricht.» Einfühlsame Werkparaphrasen und eine harmonisierende Optik begründeten den Erfolg von Bielschowskys Werk, das 1922 in 42. Auflage erschien – die Biographie als Bestseller auf dem Weg in die Trivialliteratur!

II. APHORISMEN UND PHILOSOPHISCHE PROSA

1. Von der Lebensweisheit zur Moralkritik

«Jedes Wochenbett löst dem Weib die ‹Frauenfrage›. Und dem Manne auch.» – «Als eine Frau lesen lernte, trat die Frauenfrage in die Welt.» Zwei Aphorismen aus dem späten 19. Jahrhundert, Stellung nehmend zum gleichen zeitgenössischen Leitdiskurs, aber von sehr unterschiedlichen Standorten aus, die durch das Geschlecht der Verfasser vorgegeben sind. Der Mann Wilhelm Raabe sieht im schmerzensreichen Akt des Gebärens Würde und Auftrag der Frau begründet, damit zugleich auch eine Korrektur gegenüber andersgerichteten Emanzipationsbestrebungen; als schreibende Frau hatte Marie von Ebner-Eschenbach so spürbar mit geschlechtsspezifischen Rollenerwartungen zu kämpfen, daß sie nicht ansteht, in der Alphabetisierung ihrer Geschlechtsgenossinnen den eigentlichen Motor der Emanzipation und der aufgeregten Diskussion um sie zu erblicken.

Es kennzeichnet den Aphorismus als literarische Form, daß ihn jede Erläuterung an Umfang weit übertrifft und letztlich doch insofern verfehlt, als zum Prinzip seiner ästhetischen Wirkung die Offenheit, die Ergänzungsbedürftigkeit durch die Denkanstrengung des Rezipienten gehört. Ebensowenig, wie sich der Aphorismus selbst festlegen läßt, ist es möglich oder zulässig, den Autor auf ihn festzulegen. Aphoristiker bevorzugen radikale Formulierungen und den Wechsel zwischen konträren Positionen; eine Aphorismensammlung ist kein auf brillante Formulierungen zusammengestrichenes einheitliches System. Dennoch sind die beiden vorangestellten Zitate nicht untypisch für ihre Autoren.

Wilhelm Raabes nachgelassene Aphorismen (entstanden großenteils in den siebziger und achtziger Jahren, erstmals gedruckt 1913) formulieren Autor- und Lebensenttäuschungen, nicht zuletzt die enttäuschten Hoffnungen des Liberalismus. Neben den Klagen eines auf seine Ruhe bedachten Ehemanns («Man schläft nicht ungestört unter Myrten») stehen die des unpopulären Schriftstellers («Sich selbst will das deutsche Volk nie»), neben skeptischen Kommentaren zur Politik («Ist nicht die ganze jetzige Welt zum Feldprediger Schmelzle auf der Reise nach Flätz geworden?» – mit Bezug auf Jean Pauls Porträt eines opportunistischen Hasenfußes) stehen Kurzdefinitionen von Raabes literarischem Programm: «Wer ist ein Humorist? Der den winzigsten aller Nägel in die Wand oder die Hirnschale des hochlöblichen Publikums schlägt, – und die ganze Garderobe der Zeit und aller vergangenen Zeit dran aufhängt.»

Raabe hat wohl nie an einen Druck dieser Aufzeichnungen gedacht, deren seelenhygienische Funktion gerade in ihrer Nichtpublizität lag. Ähnliches gilt für Anzengruber, dessen Notizen über *Gott und Welt* erst 1920 unter diesem Titel herausgegeben wurden und einen ähnlich bitteren Grundton, zumal in Ehefragen, aufweisen. Marie von Ebner-Eschenbach dagegen hat 1880 einen ganzen Band mit dem schlichten Titel *Aphorismen* vorgelegt, der zu den Klassikern dieser Gattung in deutscher Sprache zählt; als früher Vorläufer verdienen übrigens Friedrich Maximilian Klingers *Betrachtungen und Gedanken über verschiedene Gegenstände der Welt und der Literatur* (1803–1805) Hervorhebung. Mehr als die Hälfte der etwa fünfhundert Aphorismen Marie von Ebner-Eschenbachs besteht aus einem einzigen Satz; manche beschränken sich auf eine bildliche oder Beispiel-Ebene und überlassen die Übertragung auf andere Lebensbereiche dem Leser (z. B. «Läufer sind schlechte Geher»). Ebner-Eschenbach bedient sich fast aller traditionellen Techniken aphoristischer Stilisierung, als da sind Parallelismen, Antithesen und Gradationen, Paradoxien und rätselhafte Definitionen, Wortspiele und Zitatanklänge, vermeidet aber die extreme Zuspitzung. Die Paradoxie ihrer Feststellungen ist oft erst auf den zweiten Blick erkennbar – man vergleiche: «Die Menschen, denen wir eine Stütze sind, die geben uns den Halt im Leben»; «Frieden kannst du nur haben, wenn du ihn gibst.»

Die letzten Zitate verdienen auch inhaltlich unser Interesse. Denn das hier artikulierte Bekenntnis zum Altruismus und zur Nächstenliebe (seine Botschaft liegt auch dem erzählerischen Werk der Autorin zugrunde), hebt sich deutlich von der analytischen Skepsis führender Vertreter der Gattung ab: der französischen Moralisten La Rochefoucauld und Vauvenargues etwa, die in Ebner-Eschenbachs *Aphorismen* doch ausdrücklich erwähnt werden (als einzige neuzeitliche Autoren überhaupt). Im Unterschied zur skeptischen Haupttendenz der französischen Moralisten, nämlich der Rückführung aller menschlichen Torheiten auf die «amour-propre», hält Marie von Ebner-Eschenbach am Vertrauen zur nicht-egoistischen Liebe fest und warnt vor dem Gegenteil: «Je mehr du dich selbst liebst, je mehr bist du dein eigener Feind.»

«Wo ich bin, ist Schönheit.» Peter Hilles vielzitierter Leitspruch ist ein klassischer Aphorismus, und will man Heinrich Hart glauben, seinem langjährigen Freund und postumen Herausgeber, so war auch sein ganzes Leben und Dichten ein solcher. Das war wohl auf die Sprunghaftigkeit und Isoliertheit dieser Boheme-Existenz gemünzt. Unbestreitbar aber bildet die Tendenz zum Aphorismus einen Grundzug von Hilles Schreiben. Was die Einheit seiner größeren Werke vielfach gefährdet, kommt seiner Kurzprosa facettierend zugute. Nicht umsonst zeichnen sich viele der Aphorismen, die Hille zu Lebzeiten in Periodica veröffentlichte (u. a. 1885 in seiner kurzlebigen Zeitschrift *Völkermuse*) und die seine Herausgeber aus Handschriften und Werken zusammenstellen, durch extreme Kürze aus – z. B.: «Hof: Pöbel»; «Richtig ist falsch». Eine Besonderheit dieses Aphoristikers ist der kritische Dichter-Aphorismus, wobei oft ein Autor durch den anderen erklärt wird: «Wildenbruch, dieser Klopstock des Patriotismus»; «Paul Heyse[:] Wieland der Psyche». Gerhart Hauptmann erscheint Hille als «Rübezahl im Armenhaus» und Hofmannsthal als «Altweibersommer mit achtzehn Jahren».

Während bei Hille das Ästhetische in den Vordergrund tritt, greift Friedrich Nietzsche als Aphoristiker bewußt auf das Erbe der Moralisten zurück. Es ist ein doppelter Rückgriff mit weitreichenden Konsequenzen. Denn einerseits nimmt Nietzsche die skeptische Betrachtung menschlicher Sitten und Tugenden auf, um sie in unerhörter Weise zu radikalisieren – die (christliche) Moral schlechthin wird fragwürdig als kollektive Inszenierung zur Unterdrückung vitaler Triebe und starker Individuen. Andererseits entwickelt Nietzsche den Aphorismus, den er durchaus in den Grenzen der überlieferten Form kultiviert, weiter zu einem aphoristischen Schreiben bzw. Philosophieren, das sich vom engeren Begriff des Aphorismus weit entfernt und doch erkennbar auf ihn als Ausgangspunkt zurückbezieht. Beispielhaft dafür steht das Wort Zarathustras: «Im Gebirge ist der nächste Weg von Gipfel zu Gipfel: aber dazu musst du lange Beine haben. Sprüche sollen Gipfel sein: und Die, zu denen gesprochen wird, Grosse und Hochwüchsige.» Die diskontinuierliche Argumentation des Aphoristikers, sein Sprechen in Höhepunkten, wird zum genuinen Ausdruck, ja zum Erkennungszeichen des freien Geistes und des Übermenschen.

Menschliches, Allzumenschliches. Ein Buch für freie Geister (1878) heißt die erste große Schrift Nietzsches, mit der er sich aus seinen philologisch-musikalischen Anfängen und der Auseinandersetzung mit Schopenhauer löst und zu dem für sein weiteres Schaffen charakteristischen Schreibstil findet. Ihr folgen in etwa jährlichem Abstand *Vermischte Meinungen und Sprüche, Der Wanderer und sein Schatten* und *Morgenröthe*. Die Lagerbestände der beiden erstgenannten Schriften wurden 1886 zusammengebunden und als zweiter Band der Neuausgabe von *Menschliches, Allzumenschliches* deklariert. Bezeichnend für das aphoristische Verfahren ist der Entstehungsprozeß des *Wanderer*-Manuskripts. Die einzelnen Texte entstanden unterwegs als Bleistifteintragungen in kleine Hefte, und zwar großenteils wirklich beim Wandern (wie Kürze und Rhythmik bezeugen); die Abschrift der daraus mit großer Mühe erstellten Reinschrift wurde in Streifen geschnitten und die Streifen zur endgültigen Ordnung zusammengefügt. Dieses mechanische Verfahren, schon bei den *Vermischten Meinungen und Sprüchen* praktiziert und bei den folgenden Werken Nietzsches wiederholt, unterstreicht die (genetische) Unabhängigkeit des Einzeltextes von seinem Kontext und den montageartigen Charakter der Komposition, dem jedoch eine außerordentliche strukturierende Energie entgegensteht. Nietzsches Philosophieren ist keineswegs so beliebig oder einseitig, wie seine auf Einzelaussagen fixierten Interpreten es aufgefaßt haben.

Die einzelnen ‹Ab-Schnitte› (wie man also in einem ganz wörtlichen Sinne sagen kann) schwanken zwischen Kurz- oder Ein-Satz-Aphorismen im Stile Marie von Ebner-Eschenbachs und der französischen Moralisten, mehrzeiligen und eine Reihe von Sätzen bzw. Gedankenschritten umfassenden Aphorismen mittlerer Länge und Kurzessays von wenigen Seiten. Daß Nietzsche diese höchst unterschiedlich geformten Texte grundsätzlich gleich bewertet hat, zeigt eine auffällige, bis zur *Fröhlichen Wissenschaft* durchgängig beibehaltene Eigenart, nämlich die Voranstellung eines Titel-Stichworts, das durch Sperrdruck, Punkt und Gedankenstrich vom nachfolgenden Text abgehoben wird. Besonders bei den Kurzaphorismen ergeben sich dadurch interessante semantische Strukturen; teils antizipiert das Lemma das Subjekt oder Thema des Folgesatzes («Der Asket. – Der Asket macht aus der Tugend eine Noth»), teils steht es zu ihm im Verhältnis der Frage zur Antwort («Was ist Genie? – Ein hohes Ziel und die Mittel dazu wollen»), teils bezeichnet es die Metapher, die ihm zugrunde liegt («Singvögel. – Die Anhänger eines grossen Mannes pflegen sich zu blenden, um sein Lob besser singen zu können»).

Wie die Beispiele zeigen, stehen viele der kürzeren Notate der Aphoristik der klassischen Moralisten und des von Nietzsche intensiv rezipierten Lichtenberg nahe. Nietzsche ist sich dieser Tradition bewußt und nimmt doch für sich eine gewisse Distanz zu ihr in Anspruch, wenn er in Aphorismus 428 der *Morgenröthe* «Zwei Arten Moralisten» unterscheidet:

> «So unterscheiden sich auch jene Moralisten, welche die menschlichen Gesetze und Gewohnheiten sehen und aufzeigen – die feinohrigen, feinnasigen, feinäugigen Moralisten – durchaus von denen, welche das Beobachtete erklären. Die letzteren müssen vor Allem erfinderisch sein und eine durch Scharfsinn und Wissen entzügelte Phantasie haben.»

Der ersteren Gattung dürfte beispielsweise La Rochefoucauld angehören, der letzteren – Nietzsche. Dieser versteht sich offenbar als Aphoristiker mit theoretischem Anspruch und künstlerischen Fähigkeiten («Phantasie»), die hier jedoch nicht als Gegensatz zur rationalen Analyse angesehen werden. Sein Geschäft ist weniger Sittenschilderung als Moralkritik, und seine Hilfsmittel dabei sind in erster Linie Psychologie und Sprachkritik. Psychologie heißt Zurückführung des «Menschlichen» aufs «Allzumenschliche», des Geistigen aufs Physiologische, wobei sich zum Teil schon Annäherungen an die Erkenntnisse der Hysterie-Forschung und psychoanalytische Verdrängungstheorien ergeben. Man vergleiche Aphorismus 294 aus der *Morgenröthe*: «Heilige. – Die sinnlichsten Männer sind es, welche vor den Frauen fliehn und den Leib martern müssen.» Solche Ergebnisse zeitigt das Verfahren des «Hinterfragens», zu dem sich ein anderer

Aphorismus (523) derselben Schrift bekennt: «Hinterfragen. – Bei Allem, was ein Mensch sichtbar werden lässt, kann man fragen: was soll es verbergen? Wovon soll es den Blick ablenken? Welches Vorurteil soll es erregen?» Nicht umsonst lautet der Untertitel der *Morgenröthe* «Gedanken über moralische Vorurtheile».

Eine derartige Moralkritik kann aber nicht nur psychologisch, sie muß auch sprachkritisch, ja sprachskeptisch vorgehen. «Gefahr der Sprache für die geistige Freiheit. – Jedes Wort ist ein Vorurtheil.» Das Mißtrauen, das Nietzsche jeder sprachlichen (und erst recht jeder künstlerischen bzw. dichterischen) Äußerung entgegenbringt, verdichtet sich zu Vorgriffen auf genuine Fragestellungen der – vor allem Wiener – Moderne, wenn er in zwei Aphorismen der *Morgenröthe* (115/116) nacheinander «Das sogenannte ‹Ich›» und «Die unbekannte Welt des ‹Subjects›» thematisiert. Man möchte Aufsätze von Ernst Mach oder Sigmund Freud hinter diesen Stichwörtern vermuten, die doch eine primär sprachkritische Argumentation einleiten. Die großen Worte, heißt es da, verstellen uns den Zugang zu den inneren Vorgängen im Menschen und verbergen uns all jene Regungen, auf die das pathetische Vokabular von Zorn, Haß und Liebe nicht recht paßt. Der Wahrheit-Lüge-Diskurs der achtziger und neunziger Jahre und die Zweifel an der Darstellbarkeit menschlicher Empfindungen mit herkömmlichen Mitteln haben in Nietzsche einen führenden Exponenten.

In drei Schriften aus der zweiten Hälfte der achtziger Jahre setzt Nietzsche seine Moralkritik auf veränderter Grundlage fort: *Jenseits von Gut und Böse* (1886), *Zur Genealogie der Moral* (1887) und *Götzen-Dämmerung* (1889). Verändert ist die Form – wenn man von der immer stärkeren Rhetorisierung und Pointierung einmal absieht – schon insofern, als jetzt konsequent zwischen eigentlichen Aphorismen und philosophischen Fragmenten unterschieden wird; erstere werden in *Jenseits von Gut und Böse* und *Götzen-Dämmerung* zu geschlossenen Gruppen mit eigener Überschrift zusammengefaßt. Die einzelnen Aphorismen erhalten nunmehr auch kein Titel-Lemma mehr. In *Zur Genealogie der Moral* fehlen sie ganz; die von Nietzsche selbst als Erläuterung von *Jenseits von Gut und Böse* titulierte Streitschrift gegen die englische Moralpsychologie besteht aus drei systematisch argumentierenden Abhandlungen und gibt damit das aphoristische Prinzip weitgehend auf. Inhaltlich ist es auch in den beiden anderen Schriften abgeschwächt, da die prinzipielle Offenheit des Zweifelns und Fragens nunmehr in den Hintergrund tritt gegenüber der Verkündigung positiver Kernvorstellungen – vor allem des «Willens zur Macht», der «Umwertung der Werte» und des «Übermenschen». Als Lebensfunktion oder Machtfrage begriffen, zerfällt Moral idealtypisch in die «Herrenmoral» des vornehmen Menschen und die «Sclavenmoral» des Christentums und der modernen demokratischen Gesellschaft. Nietzsche nimmt eindeutig für erstere und gegen die Selbstverachtung und Mitleidsideologie der letzteren Stellung. Die herrische Gebärde dieser Kriegserklärung an den Zeitgeist – die übrigens mit einer schroffen Ablehnung des Bismarckreichs und des preußischen Militarismus einhergeht – setzt sich in der *Götzen-Dämmerung* fort. Der Untertitel *oder wie man mit dem Hammer philosophiert* drückt den aggressiven Anspruch aus, mit dem hier die «Umwertung aller Werte» verfochten wird: Das Götzenbild der «alten Wahrheit» soll zerschlagen werden. Die in wenigen Tagen entstandene Schrift bietet einen Kurz-Durchgang durch Nietzsches Philosophie der letzten Jahre und endet unter der Überschrift «Der Hammer redet» mit einem Zitat aus *Also sprach Zarathustra*:

«‹Warum so hart!› – sprach zum Diamanten einst die Küchen-Kohle: ‹sind wir denn nicht Nah-Verwandte?›
Warum so weich? O meine Brüder, also frage ich euch: seid ihr denn nicht – meine Brüder?»

Mit entgegengesetzter Tendenz hatte Marie von Ebner-Eschenbach den Herrschaftsanspruch des Diamanten in Frage gestellt: «O Diamant! der Bimsstein gehört auch zu den Mineralien.»

2. *Im Reiche Zarathustras*

Je lockerer Nietzsches theoretische Schriften organisiert sind, desto mehr Aufmerksamkeit erfährt die Gestaltung des Schlusses. Das abschließende Fragment entfaltet eine charakteristische Leitsymbolik und/oder leitet zu anderen Schriften über. Der erste Teil von *Menschliches, Allzumenschliches* (also die unter diesem Titel 1878 allein veröffentlichte Schrift) endet mit dem Aphorismus «Der Wanderer» («Wer nur einigermaassen zur Freiheit der Vernunft gekommen ist, kann sich auf Erden nicht anders fühlen, denn als Wanderer [...]») und schafft so recht eigentlich die Voraussetzung für den späteren Anschluß von *Der Wanderer und sein Schatten*. Die Metapher von der «Philosophie des Vormittags» übrigens, die am Ende desselben Aphorismus steht, erweist sich später als Anschlußstelle für die Morgenröte des *Rigveda*-Zitats, das der vierten aphoristischen Veröffentlichung Nietzsches das Motto und den Titel gibt. Die *Vermischten Meinungen und Sprüche* wiederum nehmen die Wanderer-Metapher im Schluß-Aphorismus «Hadesfahrt» auf, in dem Nietzsche das Verhältnis zu seinen Vorbildern bedenkt. In frappierender Antithese zu diesem Weg nach unten schließt die *Morgenröthe* mit dem Abschnitt «Wir Luft-Schiffahrer des Geistes!», der die für Nietzsches Lyrik so ergiebigen Analogien zwischen dem dichterischen Subjekt und dem Vogel einerseits, Kolumbus andererseits entfaltet. Innerhalb der Komposition des fünften Buchs der *Morgenröthe* findet er seine Entsprechung im einleitenden Abschnitt «Im grossen Schweigen»; hier wie dort sieht sich der Sprecher auf einer Klippe am Rande des Meeres, das Lockung und Drohung der Unendlichkeit und der dionysischen Ich-Aufhebung bedeutet.

Die fröhliche Wissenschaft (1882) schließlich endet – an ihrem ursprünglichen Ende, nämlich mit dem vierten Buch – mit der ersten öffentlichen Bezugnahme auf Zarathustra: «Incipit tragoedia» [d. h. Anfang der Tragödie]; der Text entspricht dem Anfang des ersten Buchs von *Also sprach Zarathustra*. Im unmittelbar vorangehenden Aphorismus «Das grösste Schwergewicht» formuliert Nietzsche erstmals den Gedanken der ewigen Wiederkehr, der oder eigentlich dessen Verkündung zum zentralen Motiv der *Zarathustra*-Schrift wird. – Innerhalb der philosophischen Schriftstellerei Nietzsches bedeutet *Die fröhliche Wissenschaft* einen Höhe- und Wendepunkt. Der Rigorismus der Wahrheitssuche der vorangehenden Schriften wird hier durch ein Bekenntnis zur Lebensfreude und zum ästhetischen Genuß ergänzt. In diesem Sinne ist schon der Titel Programm, der sich auf die «gaya scienza» der Toulouser Meistersingerschule bezieht. Aphorismus 54 erprobt geradezu die Versöhnung von Schein und Erkenntnis; der Erkennende läßt sich widerspruchslos zu einem «Festordner des Daseins» degradieren, mit dem Auftrag, «den irdischen Tanz in die Länge zu ziehen». Die Einleitung des Buchs mit dem Gedicht-Vorspiel *Scherz, List und Rache* und die (erst in der zweiten Auflage hinzutretende) lyrische Abrundung durch die *Lieder des Prinzen Vogelfrei* entsprechen demselben Grundgedanken.

Neben diesen Zeugnissen eines unbedingten Ja-Sagens steht aber auch der Schreck des Erkennens: die Angst vor der Unendlichkeit in Aphorismus 124 und die Trauer über den Tod Gottes, als narrative Episode im anschließenden Abschnitt «Der tolle Mensch» gestaltet:

> «Wohin ist Gott? rief er, ich will es euch sagen! Wir haben ihn getödtet, – ihr und ich! Wir Alle sind seine Mörder! [...] Was thaten wir, als wir diese Erde von ihrer Sonne losketteten? Wohin bewegt sie sich nun? Wohin bewegen wir uns? Fort von allen Sonnen? Stürzen wir nicht fortwährend? Und rückwärts, seitwärts, vorwärts, nach allen Seiten? Giebt es noch ein Oben und ein Unten? Irren wir nicht wie durch ein unendliches Nichts? Haucht uns nicht der leere Raum an?»

Als Gestaltung der traumatischen Bedrohung durch den Atheismus und das kopernikanische Weltbild reiht sich Nietzsches Text in die historische Folge ähnlicher und ähnlich intensiv gestalteter Visionen Jean Pauls (*Rede des todten Christus*) und Stifters (*Die Sonnenfinsterniß am 8. July 1842; Der Condor*) ein. Er unterscheidet sich von seinen Vorgängern allerdings durch das Selbstbewußtsein, mit dem sich das moderne Ich als Täter, als Befreier von einer metaphysischen Instanz begreift. Dieser Nihilismus ist selbsterzeugt, und das macht ihn letztlich erträglich – die Todesstunde Gottes ist auch die Geburtsstunde des Übermenschen. Darin geht die zitierte Episode der *Morgenröthe* deutlich über die Allegorie hinaus, die in *Der Wanderer und sein Schatten* den Tod Gottes andeutet;

die Nachricht vom Tode des Gefängniswärters desavouiert in Aphorismus 84 denjenigen Gefangenen, der noch in Abwesenheit des Wärters Gehorsam predigt.

In einer handschriftlichen Vorstufe trug der «tolle Mensch» den Namen «Zarathustra». Der persische Religionsstifter beschäftigte seit 1881 Nietzsches literarische Phantasie. Es hatte eine gewisse Logik für sich – die Logik der Paradoxie –, just den legendären Begründer des dualistischen Gut-Böse-Prinzips die Aufhebung und Umwertung solcher Werte verkünden zu lassen. In Emersons *Essays* war Nietzsche zudem auf eine eindrucksvolle Schilderung des «Zaratustra oder Zoroaster» gestoßen; der betreffende Passus beginnt in der von ihm benutzten Übersetzung mit dem Satz: «Wir verlangen, daß ein Mensch so groß und säulenförmig in der Landschaft dastehe, daß es berichtet zu werden verdiente, wenn er aufstünde und seine Lenden gürtete und einem andern solchen Ort zueilte.» Genau mit einer solchen Situation beginnt ja *Also sprach Zarathustra*.

Die ersten drei Teile von *Also sprach Zarathustra. Ein Buch für Alle und Keinen* entstanden 1883 und erschienen 1883/84, der erste noch vor der Entstehung des zweiten und ohne entsprechende Kennzeichnung als Teil eines größeren Ganzen. Nietzsche scheint damals zunächst ebensowenig an eine Fortsetzung des Gedruckten gedacht zu haben wie nach Beendigung des dritten Teils, dem dann doch im Frühjahr 1885 der Privatdruck (in vierzig Exemplaren, von denen Nietzsche nur wenige versandte) des vierten Teils folgte. Dessen Sonderstellung und innerer Abstand von den ersten drei Teilen – vielleicht vergleichbar dem Verhältnis eines Satyrspiels zur vorausgehenden tragischen Trilogie – ist stets stark empfunden worden. Es handelt sich um eine Art Fratzenkabinett, in dem ungeachtet des Titels weniger Zarathustra zur Sprache kommt als die «höheren Menschen», die sich an ihn gehängt haben. Damit tritt die Spannung zwischen dem Weisheitslehrer und den Adressaten seiner Weisheit hervor, die allerdings – wenn auch in anderer Form – bereits für die früheren Teile des *Zarathustra* bestimmend ist.

Wie der Titel schon ankündigt, der refrainartig mit leichten Variationen als Schlußsatz der einzelnen Kapitel wiederholt wird, handelt es sich bei *Zarathustra I–III* in erster Linie um die Mitteilungen des Weisen; sie bestehen aus ganzen Ketten von Aphorismen zu verschiedenen Themen, die in der jeweiligen Kapitelüberschrift ausgewiesen sind. Indem die Aphorismen eines Kapitels einer einheitlichen rhetorischen (musikalischen?) Stilisierung unterworfen werden – durch den Aufbau von anaphorischen Reihen, andere Parallelismen oder übergreifende Bildfelder –, verlieren sie allerdings viel von ihrer gattungstypischen Selbständigkeit und Austauschbarkeit. Nietzsche selbst hat den *Zarathustra* als eine «Dichtung und keine Aphorismen-Sammlung» bezeichnet (an Overbeck, 10. Februar 1883), allerdings damit nicht verhindern können, daß sein bekanntestes Werk immer wieder in diesem Sinne gelesen und ausgeschlachtet wurde, und zwar unter eklatanter Mißachtung der Sprecherinstanz bzw. Gesprächssituation. So ist der berüchtigte Spruch «Du gehst zu Frauen? Vergiss die Peitsche nicht!» keineswegs Zarathustra selbst, sondern dem «alten Weiblein» als Rollenprosa in den Mund gelegt. (Im «anderen Tanzlied» des dritten Teils wird Zarathustra die Peitsche vergeblich gegenüber der Allegorie des Lebens gebrauchen.)

Den Dichtungscharakter des *Zarathustra* ernst nehmen heißt zunächst die Stilisierung der Sprache beachten, die zwei evidenten Vorbildern folgt: nämlich den Psalmen und dem Neuen Testament in Luthers Übersetzung sowie Hölderlins *Empedokles*. Zwei der drei Bezugstexte handeln von Propheten, die sich für ihre Lehre opfern und beim Volk auf erheblichen Widerstand stoßen. Unter diesem Gesichtspunkt sind auch die Elemente der Handlung zu betrachten, die in *Also sprach Zarathustra* allerdings – verglichen mit genuinen epischen Texten – nur rudimentär ausgeprägt ist.

Nach zehnjährigem Einsiedlerdasein beginnt der «Untergang» des vierzigjährigen Zarathustra mit seinem Aufbruch aus dem Gebirge zu den Menschen im Tal. Das Volk auf dem Markt verlacht seine Lehre vom Übermenschen; als ersten Schüler gewinnt Zarathustra jedoch den abgestürzten Seiltänzer (Allegorie der prekären Balance-Stellung des Menschen zwischen Himmel und Abgrund, Übermensch und Tier). Statt der «Viel-zu-Vielen» sucht Zarathustra fortan – damit schließt die Vorrede – ausgewählte Gefährten. Am Ende des ersten Teils und am Ende des dritten kehrt er in die Einsamkeit seiner Berge zurück, der zweite und dritte Teil zeigen Zarathustra unterwegs auf verschiedenen Inseln, für die Ischia, Stromboli und die venezianische Gräberinsel Modell gestanden haben, auf einer Schiffahrt zurück in die Heimat und auf einer Wanderung, bei der er die «grosse Stadt» bewußt umgeht: «Wo man nicht mehr lieben kann, da soll man – vorübergehn!» (Hofmannsthals Gedicht auf George mit dem Titel *Einem der vorübergeht* setzt die Erinnerung an diese Haltung Zarathustras voraus.)

Schon diese knappen Andeutungen verraten, daß ein zentrales Thema die Einsamkeit des Weisen und die Schwierigkeit, ja Unmöglichkeit einer gelingenden Vermittlung seiner Lehre darstellt. Nietzsches Buch, in dem soviel geredet wird, ist nicht zuletzt ein Werk über die Aporien der philosophischen Kommunikation. Die Problematik verschärft sich, wenn es um die Verbreitung solcher Lehren geht, deren Wahrheit der Lehrer/Sprecher selbst fürchtet. Der «abgründliche Gedanke» der «ewigen Wiederkunft» wird erst im dritten Teil verkündet («Vom Gesicht und Räthsel»), nachdem Zarathustra im letzten Kapitel des zweiten Teils («Die stillste Stunde») von dem inneren Kampf und der Selbstüberwindung berichtet hat, die ihn die Bereitschaft dazu gekostet hat: «Was liegt an dir Zarathustra! Sprich ein Wort und zerbrich!»

Nietzsche leiht seinem monologisierenden Helden also nicht nur die zentralen Inhalte seiner eigenen Philosophie, sondern auch die Ängste vor ihren Konsequenzen, die Schwierigkeiten der Mitteilung und die Erfahrung zunehmender Isolation. Die Krise des modernen Denkers wird in eine pathetische Gebärde der Weltumarmung umgedeutet in den beiden halblyrischen Texten, mit denen der dritte Teil schließt, dem «anderen Tanzlied» («doch alle Lust will Ewigkeit») und dem «Ja- und Amen-Lied» mit dem Titel *Die sieben Siegel*, dessen sieben Abschnitte oder Strophen in den identischen Refrain münden «Denn ich liebe dich, oh Ewigkeit!»

Es ist derselbe Ausruf, mit dem der sechste der *Dionysos-Dithyramben* endet, durch die Nietzsche in seinen letzten wachen Tagen den vierten

Teil des *Zarathustra* ersetzt. Zarathustra wird für den späten Nietzsche zu einer Erscheinungsform des Dionysos und der dionysische Übermensch zu einer Identifikationsfigur oder Maske des mit seiner Zeit so gründlich zerfallenen Philosophen. Diese Heroisierung des großen Individuums im Zeichen des Dionysos scheint erläuterungsbedürftig, wenn man sich an die ursprüngliche Funktion des Dionysischen in Nietzsches Kunsttheorie erinnert. In seiner Frühschrift *Die Geburt der Tragödie aus dem Geiste der Musik* (1872) diente der Begriff als umdeutende Übersetzung von Schopenhauers alles Einzelne aufzehrender Willens-Metaphysik und damit als Gegenbegriff zum Festhalten am Prinzip der Individuation, für das der komplementäre Begriff des Apollinischen eingeführt wurde. Nach längerer Abstinenz greift Nietzsche in den achtziger Jahren auf das Begriffspaar zurück, aus dessen innerer Spannung er seinerzeit den außerordentlichen Rang der griechischen Tragödie (als Vorbild des Wagnerschen Musikdramas) abgeleitet hatte. In den Vorarbeiten zum (im September 1888 aufgegebenen) Werkprojekt *Der Wille zur Macht. Versuch einer Umwerthung aller Werthe* notiert Nietzsche im Frühjahr 1888:

«Mit dem Wort ‹dionysisch› ist ausgedrückt: ein Drang zur Einheit, ein Hinausgreifen über Person, Alltag, Gesellschaft, Realität, als Abgrund des Vergessens, das leidenschaftlich-schmerzliche Überschwellen in dunklere vollere schwebendere Zustände; ein verzücktes Jasagen zum Gesammt-Charakter des Lebens, als dem in allem Wechsel Gleichen, Gleich-Mächtigen, Gleich-Seligen; die große pantheistische Mitfreudigkeit und Mitleidigkeit, welche auch die furchtbarsten und fragwürdigsten Eigenschaften des Lebens gutheißt und heiligt, aus einem ewigen Willen zur Zeugung, zur Fruchtbarkeit, zur Ewigkeit heraus; als Einheitsgefühl von der Nothwendigkeit des Schaffens und Vernichtens ... Mit dem Wort apollinisch ist ausgedrückt: der Drang zum vollkommenen Fürsich-sein, zum typischen ‹Individuum›, zu Allem was vereinfacht, heraushebt, stark, deutlich, unzweideutig, typisch macht: die Freiheit unter dem Gesetz.»

Zarathustras Sehnsucht nach Aufgehen in der Ewigkeit, im vierten Teil des *Zarathustra* (Kapitel «Mittags») als Traum unter einem Weinstock gestaltet, entspricht sehr genau dieser Beschreibung des Dionysischen. Und doch liegt in der Konstruktion des Übermenschen als eines singulären starken Individuums, das sich aus den Fesseln gesellschaftlicher und religiöser Bevormundung befreit, Gott tötet und sein eigenes Ideal an dessen Stelle setzt, eine entschiedene Differenz gegenüber der Sicht des Frühwerks auf das Phänomen des Dionysischen. An die Stelle des schöpferischen – jede Individuation negierenden – Universalwillens,

den Nietzsche damals in Anlehnung an Schopenhauer zum Ausgangspunkt seines Philosophierens nahm, ist der schaffende Individualwille
getreten. Eben in dieser Eigenschaft als schöpferisches Individuum ist
Zarathustra mit Dionysos – und letztlich mit dem Autor selbst – identisch.

Der angestrengt und oft genug überanstrengt, wenn nicht überspannt,
wirkende Entwurf dieser heroischen Individualität muß als Gegenentwurf verstanden werden zu einer Krisenerfahrung, die Nietzsche sehr
naheging: der Auseinandersetzung nämlich mit den Tendenzen der
‹décadence› am Beispiel des einstigen Vorbilds Richard Wagner. Der
dekadente Künstler ist alles, was Zarathustra nicht ist: krank (statt
gesund), schwach (statt stark), verlogen (statt wahr), Schauspieler statt
Authentisch-Lebender. Mit Blick auf Wagner heißt es in *Zur Genealogie
der Moral*: «Man soll sich vor der Verwechslung hüten, in welche ein
Künstler nur zu leicht gerät [. . .]: wie als ob er selbst das wäre, was er
darstellen, denken, ausdrücken kann.» «Dilettantismus» wird Heinrich
Mann zu dieser Stelle an den Rand seines Handexemplars schreiben,
Nietzsches Begriff des Komödianten der Terminologie Bourgets anver-
wandelnd, von dort her mit sehr persönlicher Aktualität aufladend.
Diese sehr persönliche Aktualität gilt aber schon für Nietzsche selbst,
der nicht nur früh Bourget gelesen hat, sondern sich im Epilog seiner
Kampfschrift *Der Fall Wagner* (1888) dankbar zur Belehrung bekennt,
die ihm dessen exemplarische Verirrung über ‹uns alle› verschafft habe:
«Nicht ohne Grund nannte ich Wagner den Cagliostro der Modernität ... Aber wir Alle haben, wider Wissen, wider Willen, Werthe, Worte,
Formeln, Moralen entgegengesetzter Abkunft im Leibe, – wir sind,
physiologisch betrachtet, falsch ...» *Zarathustra* ist die Kontrafaktur zu
diesem Krankheitsbild, ein utopisches Gegenbild im «grossen Stil», das
doch aus späterer Perspektive dem falschen Pathos, von dem es sich
abheben soll, in manchen Zügen verdächtig ähnlich sieht.

III. POLITISCHE PUBLIZISTIK UND SATIRE

1. Linke und rechte Rhetorik

Der große Volkstribun des Deutschen Kaiserreichs hieß August Bebel. Der Mitbegründer und Vorsitzende der Sozialdemokratischen Arbeiterpartei war als Redner eine epochale Erscheinung. Noch als Siebzigjähriger entschied er die Auseinandersetzungen zwischen dem revisionistischen und dem orthodoxen Flügel auf dem Magdeburger Parteitag von 1910 mit einer zweistündigen Rede, die von der bürgerlichen Presse, die wie damals üblich große Teile daraus im Wortlaut abdruckte, als dramatisches Ereignis geschildert wurde. In Scherls *Tag* vom 20. September 1910 heißt es:

«August Bebel nimmt nunmehr das Wort. Lautlose Stille tritt ein. Die Stimme des Redners hat ihren schönen Klang, der das Ohr sofort gefangen nimmt, unverändert behalten. Er beginnt langsam und ausdrucksvoll zu sprechen. Bald aber erfaßt ihn das alte Feuer. Seine Worte überstürzen sich und mit Leidenschaft geht er gegen die Süddeutschen vor. [...] Dann beschwört er die Zeit des Sozialistengesetzes. Kein Wunder, daß die Stimmung immer erregter wird. [...] Er reißt die große Mehrheit der Versammlung wiederholt zu stürmischen Beifallskundgebungen hin, der zu frenetischem Jubel anwächst, als er mit den Worten schließt: ‹Vorwärts marsch, durch und drauf!›»

Vier Jahrzehnte zuvor bekennt sich der Dreißigjährige bei den Reichstagsverhandlungen über die Annexion Elsaß-Lothringens zu den Zielen der Pariser Commune und erntet damit laut stenographischem Bericht «große Heiterkeit». Unbeirrt fährt Bebel mit der Ankündigung fort, «daß die Hauptsache in Europa uns noch bevorsteht und daß, ehe wenige Jahrzehnte vergehen, der Schlachtenruf des Pariser Proletariats ‹Krieg den Palästen, Friede den Hütten, Tod der Not und dem Müßiggange!› der Schlachtenruf des gesamten europäischen Proletariats sein wird». Ein Jahr später – Bebel ist inzwischen der einzige Abgeordnete seiner geschrumpften Parteifraktion – erregt er immerhin «Unruhe», indem er mitten in Beratungen über einen Gesetzentwurf gegen die Jesuiten erklärt: «Meine Herren, wenn die Sozialdemokratie einstens siegt, ist es mit dem Liberalismus und dem Ultramontanismus gleichzeitig aus.»

Die Vorlage des Sozialistengesetzes im September 1878 fordert Bebel zu einer rhetorischen Höchstleistung heraus. Seine umfangreiche Rede bietet gleich mehrere Argumentationsstränge auf. Einerseits stellt er sich scheinbar auf den Boden liberal-bürgerlicher Werte und beleuchtet den Widerspruch, daß zur Bekämpfung einer Partei, die zwar grundsätzlich die Eigentumsverhältnisse ändern wolle, bis jetzt aber das Eigentumsrecht in keiner Weise verletzt habe, massiv in Eigentumsrechte bzw. ökonomische Belange (etwa das Gedeihen sozialdemokratischer Verlage) eingegriffen werde. Andererseits verweist er – keineswegs unrealistisch – auf die innere Stärkung der Arbeiterpartei durch das drohende Verbot und malt in einer ciceronianischen Periode das Funktionieren eines informell-illegalen Kommunikationsnetzes aus. Drittens unterstreicht er den hohen moralischen Anspruch seiner Partei, die als einzige den humanistischen Anspruch der Goethezeit ernst nehme, und die Paradoxie, daß gerade diese Partei vom Gesetzgeber «gemeingefährlicher Bestrebungen» verdächtigt werde.

Bebel stand in enger Verbindung zu den Begründern der marxistischen Lehre, die vom Londoner Exil aus die politische Entwicklung auf dem Kontinent verfolgten. Karl Marx hatte bereits mit schweren gesundheitlichen Problemen zu kämpfen und war kaum noch in der Lage, die Arbeit am *Kapital*, dessen erster Band 1867 erschienen war, fortzusetzen (nach seinem Tod publizierte Friedrich Engels den zweiten Band 1885 aufgrund nachgelassener Manuskripte im wesentlichen aus den sechziger Jahren). Eine der letzten größeren Veröffentlichungen von Marx bildete die von ihm verfaßte *Address of the General Council of the International Working Men's Association on the Civil War in France* (1871), in Engels' Übersetzung im Leipziger *Volksstaat* noch im Sommer desselben Jahres unter dem Titel *Der Bürgerkrieg in Frankreich* veröffentlicht.

In merkwürdigem Widerspruch zur strikt ökonomischen Argumentation seiner vorangehenden Schriften feiert Marx darin die Pariser Commune als Testfall der marxistischen Revolutionstheorie – ohne nähere Rücksicht auf die soziale Zusammensetzung der Communards, ihre besondere Lage in der auch wirtschaftlich isolierten Hauptstadt eines besetzten Landes, nach dem Zusammenbruch der Monarchie etc. Die ätzende Lauge seines Spottes ergießt er über die Mitglieder der bürgerlichen Regierung, die von Versailles aus mit indirekter Unterstützung Bismarcks die Niederschlagung der Commune betrieb und schließlich auch in brutaler Konsequenz durchsetzte. Ministerpräsident Thiers erscheint als ehrloser Zwerg, ja «Zwergmißgeburt»: «Ein Meister kleiner Staatsschufterei, ein Virtuose des Meineids und Verrats, ausgelernt in allen den niedrigen Kriegslisten, heimtückischen Kniffen und gemeinen Treulosigkeiten des parlamentarischen Parteikampfs». Auch die «wilde Ehe» seines Ministers Jules Favre spielt eine erhebliche Rolle in der Argumentation. Gewiß ist die Intention erkennbar, der verbreiteten moralischen Verdächtigung der Commune dadurch entgegenzutreten, daß nun gerade das revolutionäre Gemeinwesen als sittenstreng und rein – «arbeitend, denkend, kämpfend, blutend» – charakterisiert und den verlotterten «Kannibalen» vor den Stadttoren gegenübergestellt wird. Daß deren Charakteristik weitgehend die nationalistischen Stereotype vom «buhlerischen Paris» reproduziert, wird dafür billigend in Kauf genommen. Das Revolutionspathos gipfelt im Schlußabsatz und verbindet sich mit der satirischen Tendenz, die dort mit einer autothematischen Wendung aufgenommen wird (denn Marx' Schrift selbst ist ein solcher «Schandpfahl»), zu einer höchst widersprüchlichen Einheit:

«Das Paris der Arbeiter, mit seiner Kommune, wird ewig gefeiert werden als der ruhmvolle Vorbote einer neuen Gesellschaft. Seine Märtyrer sind eingeschreint in dem großen Herzen der Arbeiterklasse. Seine Vertilger hat die Geschichte schon jetzt an jenen Schandpfahl genagelt, von dem sie zu erlösen alle Gebete ihrer Pfaffen ohnmächtig sind.»

Engels selbst trat 1877/78 mit einer umständlichen Widerlegung der Theorien eines Außenseiters der Berliner Universitätslandschaft hervor: *Herrn Eugen Dührings Umwälzung der Wissenschaft*, auch bekannt unter dem Kurztitel *Anti-Dühring*. Die Schrift, deren naturwissenschaftliche Teile eine Vorstufe zu Engels' erst postum (1925) veröffentlichter *Dialektik der Natur* bilden, erfreute sich in marxistischen Kreisen der Arbeiterbewegung größerer Beliebtheit als erste zusammenhängende Darstellung des historisch-materialistischen Weltbilds. Im Vorwort zur ersten Buchausgabe (1878) wird zugleich der satirische Impuls deutlich, der Engels die Feder führt und von der Person des Privatdozenten Dühring auf die gesamte bürgerliche Wissenschaft, ja auf die Kultur der Gründerzeit überhaupt überspringt:

«Herr Dühring aber ist einer der bezeichnendsten Typen dieser vorlauten Pseudowissenschaft, die sich heutzutage in Deutschland überall in den Vordergrund drängt und alles übertönt mit ihrem dröhnenden – höhern Blech. Höheres Blech in der Poesie, in der Politik, in der Ökonomie, in der Geschichtschreibung, höheres Blech auf Katheder und Tribüne, höheres Blech überall, höheres Blech mit dem Anspruch auf Überlegenheit und Gedankentiefe im Unterschied von dem simpeln, plattvulgären Blech andrer Nationen, höheres Blech als das charakteristische und massenhafteste Produkt der deutschen intellektuellen Industrie, billig aber schlecht [...].»

Die markanteste Gegenposition zur linken Rhetorik bildete in den ersten zwei Jahrzehnten des neuen Reichs natürlich der ‹eiserne› Kanzler selbst. Bismarck war als brillanter und angriffslustiger Redner schon aus den Zeiten des preußischen Verfassungskonflikts bekannt. Überblickt man seine Reichstagsreden aus den Jahren ab 1871, so fällt der betont unideologische Gestus dieses Politikers auf, der in gut konservativer und realpolitischer Manier handfeste Interessen hinter pragmatischen Gesichtspunkten und der Berufung auf das allgemeine Wohl versteckt.

In seiner Rede vom 30. November 1881 legt er den von ihm selbst entfesselten Kulturkampf definitiv zu den Akten und betont zugleich das Recht zur freien

Wahl seiner Bündnispartner – in unübersehbarer Abwendung von der liberalen
Partei, die ihm nunmehr potentiell gefährlicher erscheint als das bislang be-
kämpfte Zentrum. Wie selbstverständlich greift Bismarck dabei auf die traditionelle Metapher des Staatsschiffs zurück, als dessen Steuermann er sich versteht – als scheidenden Lotsen sollten ihn neun Jahre später die Karikaturisten
verewigen:

> «Ich will sagen, ich wähle die Seite, durch welche meiner Ansicht nach
> das Staatsschiff weniger periklitiert, sondern nur in seiner Steuerung eini-
> germaßen geniert und gehemmt wird, ohne geradezu Gefahr zu laufen. –
> Sie sehen, ich lege auch hierin meine Ansicht offen dar, und ich bitte, Sie
> an das gestrige Bild erinnern zu dürfen, daß, wenn ich im Kampf gegen die
> Parteien und gegen die ununterbrochen sich drehenden Strömungen und
> Wirbel der Parteien am Steuerruder des Staates stehe, ich nicht alle Jahre,
> alle Tage und in jedem wechselnden Moment wie ein theoretischer Narr
> dasselbe tun kann, was ich vor fünfzehn Jahren etwa getan habe, während
> eine vollständig veränderte Situation da ist, und der Kampf, den ich pflicht-
> gemäß vielleicht, ich weiß nicht wie viel Jahre und, ich gestehe gern ein,
> mit der mir eigenen Lebhaftigkeit geführt habe, jetzt meines Erachtens
> nicht mehr notwendig ist.»

Vom pragmatischen Tenor der Kanzler-Rhetorik sticht der polarisierende
Effekt ab, der von den Reden und Artikeln Heinrich von Treitschkes
ausging. Der ‹Herold der Reichsgründung› nutzte seine Stellung als
Historiker an den Universitäten Heidelberg (ab 1867) und Berlin (ab
1874), seine Mitgliedschaft im Reichstag (1871–1884) und seine regelmäßige Mitarbeit an den *Preußischen Jahrbüchern* zu einer umfassenden
nationalistischen Agitation, die sich zusehends ihrer eigenen liberalen
Grundlage entledigte und sich auch mit dem Stadium der machtstaat-
lichen Einigung, das 1871 erreicht war, keineswegs begnügte. Die innere
Einheit oder Deutschheit, um die es Treitschke fortan ging, schloß jede
ernsthaftere politische Opposition und jede kulturelle Differenz vom
tonangebenden preußischen Protestantismus aus. Aufsehen erregte
schon der Artikel *Was fordern wir von Frankreich?*, mit dem Treitschke
nur wenige Wochen nach Ausbruch des Deutsch-Französischen Kriegs
zur Annexion Elsaß-Lothringens aufrief. Drei Jahre später erfolgte die
Kampfansage an die Arbeiterbewegung unter der Überschrift *Der Socialismus und seine Gönner* (1874). Schon hier wird die Zugehörigkeit
zur Nation als Aufgabe und Pflicht definiert – ein Gesichtspunkt, dem
das allgemeine Stimmrecht ins Gesicht schlage, das denn auch «die politische Entsittlichung des Haufens» zur Folge haben müsse. Als elitären
Grundsatz hält Treitschke dagegen fest: «Die bürgerliche Gesellschaft
eines jeden gesitteten Volkes ist eine natürliche Aristokratie, sie kann
und darf die höchsten Arbeiten und Genüsse der Cultur nur einer Min-
derzahl gewähren, doch sie gestattet Jedem ohne Ausnahme emporzu-
steigen in die Reihen dieser Minderheit.»

2. Deutsch/germanisch versus jüdisch

Fünf Jahre später richtet Treitschke ein ähnliches Ansinnen – die Forderung nach unterordnendem Sich-Eingliedern – an die jüdischen Mitbürger, die er übrigens nicht unter rassischem Gesichtspunkt betrachtet wie etwa der dezidierte Antisemit Eugen Dühring (*Die Judenfrage als Racen-, Sitten- und Culturfrage*, 1881). Der Stein des Anstoßes liegt für Treitschke in Forderungen nach weitgehender Religionsfreiheit und anderen Konsequenzen aus der formalrechtlichen Gleichstellung der Juden seit 1867 bzw. 1871: «man forderte die buchstäbliche Parität in Allem und Jedem und wollte nicht mehr sehen, daß wir Deutschen denn doch ein christliches Volk sind und die Juden nur eine Minderheit unter uns». Treitschke will keine Mischkultur; in Verbindung mit gängigen Ressentiments bezüglich der «vielgeschäftigen Vordringlichkeit» von Juden läßt er sich von seiner Sorge um die Reinerhaltung der deutschen Nationalkultur (wohlgemerkt Kultur, vom Blut ist hier nicht die Rede) zu offenem Zündeln mit antisemitischen Parolen verleiten. Unter der Überschrift *Unsere Aussichten* heißt es in den *Preußischen Jahrbüchern* in einem Beitrag, der die zweite Auflage von Treitschkes *Deutschen Kämpfen* (1879) beschließt und die postum herausgegebene Neue Folge (1896) eröffnet wird: «Bis in die Kreise der höchsten Bildung hinauf, unter Männern, die jeden Gedanken kirchlicher Unduldsamkeit oder nationalen Hochmuths mit Abscheu von sich weisen würden, ertönt es heute wie aus einem Munde: die Juden sind unser Unglück!»

Treitschke bezieht sich hier offenbar auf seine Universitätskollegen; sich selbst rechnet er anscheinend noch nicht zur Gruppe der Sprecher dieses vielzitierten und noch von den Nationalsozialisten dankbar aufgegriffenen Satzes. Als er aber gerade von liberalen Kollegen, allen voran Theodor Mommsen, Widerspruch erfährt und in jüdischen Kreisen vehemente Proteste erntet, versteift sich seine Haltung. Im nachfolgenden Heft der *Preußischen Jahrbücher* etwa greift er den prominenten jüdischen Historiker Heinrich Graetz als «Orientalen» an, der nur zufällig «sich unserer Muttersprache bedient – um uns zu verlästern», und stellt die deutschen Juden vor die klare Alternative: Verzicht auf eine eigene kulturelle und nationale Identität oder – Auswanderung und «Begründung eines jüdischen Staates irgendwo im Auslande, der dann zusehen mag, ob er sich die Anerkennung anderer Nationen erwirbt».

Man sieht, in welchem Ausmaß die Ideen Theodor Herzls damals in der Luft lagen. Nicht umsonst äußert dieser in der Einleitung seines *Judenstaats* (1896) ein gewisses Verständnis für die «vermeintliche Notwehr» des Antisemitismus, um auch seinerseits die «sogenannte Judenfrage» als eine «nationale Frage» zu definieren: «Wir sind ein Volk. Ein Volk.» Man versteht angesichts solcher Koinzidenzen auch besser, inwiefern Karl Kraus in einer antizionistischen Satire, die unten noch vorzustellen ist (*Eine Krone für Zion*), von der Identität der antisemitischen und der zionistischen Sache ausgehen kann. Das antisemitische Argument ist seit der von Treitschke entfachten Auseinandersetzung, die als ‹Berliner Antisemitismusstreit› in die Geschichte eingegangen ist, ein stehender Topos der nationalkonservativen Publizistik des Kaiserreichs. Das gilt insbesondere für die *Deutschen Schriften* (1878–1881) des Göttinger Orientalisten Paul de Lagarde, deren Beiträge zur Judenfrage sich sachlich eng mit Treitschkes Thesen berühren, im Unterschied zu ihnen aber einen scharfen antisemitischen Tonfall anschlagen.

Das gilt auch für die Zeitschrift *Das Zwanzigste Jahrhundert*, an der sich in den Jahren 1895/96 Heinrich und Thomas Mann mit mehreren Beiträgen, ersterer auch als Herausgeber, beteiligten. Während Heinrich Mann die damals von ihm ausgebildete und unter veränderten Vorzeichen später weiterverfolgte «Mittelstands»-Ideologie ganz offen mit Angriffen auf den ‹jüdischen› Kapitalismus untermauert, verfährt sein Bruder Thomas als Mitarbeiter desselben Blattes subtiler. An seiner damaligen Gesinnungsgemeinschaft mit Bruder Heinrich (und Treitschke) kann jedoch kein Zweifel bestehen, wenn man das Gedicht Theodor Hutters bedenkt, das Thomas Mann in seiner Rezension *Ostmarkklänge* (1895) als das seiner Ansicht nach bemerkenswerteste aus einer Reihe nationaler Lieder hervorhebt und zitiert:

> Ein Feind ist da – er rastet längst
> Inmitten deutscher Lande,
> Er wird zum Fluche jedem Volk,
> Und uns ward er zur Schande.
> Er stritt mit Hinterlist und Trug,
> Hat allzeit uns befehdet,
> Hat Scham und Ehr’ und Redlichkeit
> Mit seinem Gift ertötet.

Ein weiteres Beispiel für die geistesaristokratische Attitüde, mit der in jenen Jahren der Antisemitismus im deutschen Sprachraum auftrat, bietet das monumentale Werk *Die Grundlagen des Neunzehnten Jahrhunderts* des gebürtigen Engländers und Wahldeutschen Houston Stewart Chamberlain. Chamberlain war ein glühender Verehrer Richard Wagners, dessen Tochter Eva er später heiratete, und hatte zunächst auch einige Mühe, die Differenz zwischen seinem Antisemitismus und den einschlägigen Äußerungen Wagners deutlich zu machen. «So lange es noch echte Germanen auf der Welt giebt, so lange können und wollen wir hoffen», heißt es im Vorwort; in einer Fußnote wird zur näheren Begriffsklärung auf das siebente Kapitel verwiesen. Dort erfährt der Leser, dem im dritten Kapitel schon die Sorge genommen wurde, daß er Jesus als Juden einzuordnen habe, daß auch die unvermischten Slaven in Chamberlains Sinn als Germanen gelten. Auch sie stehen rein und unschuldig dem zersetzenden Erbe des Römischen Reichs und dem Einfluß des Judentums gegenüber. «Manchmal empfinde ich es schmerzlich,» erklärt der Verfasser am Ende des ersten Bandes, «dass der gute Geschmack das Moralisieren in einem Buch wie dem vorliegenden verbietet. Denn sieht man jene prächtigen ‹Barbaren› jugendfrisch, frei, zu allem Höchsten befähigt in die Weltgeschichte eintreten [...]» – die hier begonnene Periode wird erst fünfundzwanzig Zeilen später mit einem Ausruf Ulrich von

Huttens beendet: «O, freiwillig unglückliches Deutschland, das du mit sehenden Augen nicht siehst, und mit offenem Verstande nicht verstehst!» Chamberlain beschwört die Gefahr der drohenden «Bastardisierung» durch das Judentum, und er warnt vor ihr auch in seinen frühen Beiträgen zu Kraus' *Fackel*.

3. Antiwilhelminischer Journalismus und satirische Moderne-Kritik

Die nationalistische Rhetorik hatte seit 1888 eine neue ‹allerhöchste› Stimme erhalten: die des Kaisers persönlich. Bekanntlich exponierte sich Wilhelm II. in krassem Gegensatz zur Zurückhaltung seiner Amtsvorgänger demonstrativ als öffentliche Instanz, und er verband diese neoabsolutistische Kraftgebärde – hinter der doch wohl eher eine individuelle oder strukturelle Verunsicherung stand, die offensiv überspielt wurde – mit einer aggressiven Tonlage, die dem innen- und außenpolitischen Klima seiner Regierungszeit ihr unverwechselbares Gepräge gab. Bedenkt man die Wirkung seiner in der gesamten Presse zitierten Reden, ihre reprasentative Sammlung in mehreren Bänden und das vielfache ironisch-satirische Echo, das sie in der Literatur gefunden haben (berühmtestes Beispiel: Heinrich Manns Roman *Der Untertan*), so kommt man nicht umhin, Kaiserworten wie «Diejenigen [. . .], welche sich Mir [. . .] entgegenstellen, zerschmettere ich» ihren festen Platz in der Entwicklung der damaligen öffentlichen politisch-literarischen Kultur zuzuweisen. Als Ausgangspunkt für einen kurzen Überblick über die wichtigsten Instanzen der oppositionellen Publizistik in den 1890er Jahren soll hier ein anderes Diktum seiner Majestät stehen, das auf eine gewisse Ermüdung der Sedanfeier-Kultur fünfundzwanzig Jahre nach der betreffenden Schlacht hinweist, nämlich die Äußerung aus einer Ansprache an Offiziere vom September 1895:

«Doch in die hohe Festfreude schlägt ein Ton hinein, der wahrlich nicht dazu gehört, eine Rotte von Menschen, nicht wert, den Namen Deutsche zu tragen, wagt es, das deutsche Volk zu schmähen, wagt es, die uns geheiligte Person des allverehrten verewigten Kaisers in den Staub zu ziehen. Möge das gesamte Volk in sich die Kraft finden, diese unerhörten Angriffe zurückzuweisen! Geschieht es nicht, nun dann rufe ich Sie, um der hochverräterischen Schar zu wehren, um einen Kampf zu führen, der uns befreit von solchen Elementen.»

Franz Mehring begrüßt die unverhohlene Drohung in der *Neuen Zeit* als willkommene Klarstellung der objektiven Konfrontation zwischen Arbeiterbewegung und Hohenzollernherrschaft. Gustav Landauer nimmt dieselben Worte in seiner Zeitschrift *Der Sozialist* zum Anlaß einer subtilen ironischen Analyse unter dem Titel *Eines Anarchisten Antwort auf die Rede des Kaisers*. Maximilian Harden wertet sie in der *Zukunft* als Hinweis auf den Verlust einer patriotischen Substanz, die zu Bismarcks Zeit das Reich noch erfüllt hatte.

Franz Mehring avancierte in den neunziger Jahren zum führenden Literaturkritiker und Theoretiker des marxistischen Sozialismus. Kennzeichnend für seine publizistische Praxis ist die durchgängige Antithese zur bürgerlichen Literatur bzw. Presse, der er im vorliegenden Fall eine unberechtigte Verharmlosung des kaiserlichen Ausspruchs vorwirft. Ebenso charakteristisch ist die historische Tiefendimension seines Artikels mit der Überschrift *Ein Schicksalswort*, der den Machtanspruch Wilhelms II. in die Kontinuität hohenzollernscher Willkürherrschaft seit einem halben Jahrtausend einreiht. Beide Perspektiven kennzeichnen auch seine bekannteste Schrift *Die Lessing-Legende*, in der Lessings historische Leistung als Akt der Opposition gegen den friderizianischen Absolutismus interpretiert wird, dessen Beschönigung und nachträgliche Legitimation Mehring der zünftigen Germanistik seiner Zeit (u. a. Erich Schmidt) zum Vorwurf macht.

Die agitatorische Wirkung von Mehrings intellektuell anspruchsvoller Publizistik beruhte nicht zuletzt auf ihrer intensiven Durchdringung mit einer suggestiven Symbolik. In seinem Artikel vom 10. September 1898 dominiert einerseits die Bildlichkeit des magischen «Schicksalsworts», das den Nebel aufreißen läßt und die Wahrheit sichtbar macht, andererseits das mythische Muster der prophetischen Flammenschrift, des biblischen Menetekels, das seine bürgerlichen Fehldeuter mit in den Weltenbrand hineinreißt:

> «Aber wir sehen, wie die herrschenden Klassen daran arbeiten, dies Schicksalswort wieder von den Tafeln der Geschichte zu löschen, in denen es mit flammenden Zügen verzeichnet steht. Die einen sagen, dem Kaiser müsse ein Ausgleiten der Zunge passiert sein, die anderen hoffen, daß den Berichterstattern ein Gehörfehler untergelaufen sei, die dritten faseln, wir wissen nicht was, derweil ihnen allen das aufwärts leckende Feuer die Glieder versengt.»

Auch Landauer wartet mit einigen historischen Reminiszenzen auf. Er erinnert an die Rolle Wilhelms I. bei der Niederschlagung der Märzrevolution und bei der Absegnung des Sozialistengesetzes; für ihn und seine Leser ist er keine «allverehrte» oder «geheiligte» Person. Im übrigen mokiert sich Landauer über die eigentümliche Aufwertung des Prädikats «deutsch» zum Rang einer sittlichen Auszeichnung in der Kaiserrede (durchaus in der Nachfolge Treitschkes übrigens), die der Anarchist um so weniger nachvollziehen kann, als er radikal internationalistisch und damit auch pazifistisch gesonnen ist. Andere Artikel Landauers von August und Oktober 1895 wenden sich gegen «Kriegsfeiern» und die nationalistische Anbiederung des Sozialdemokraten Ignaz Bauer.

Die polemische Absetzung von der etablierten Sozialdemokratie nimmt in Landauers früher Publizistik einen ähnlichen Stellenwert ein wie die Abgrenzung von der bürgerlichen Wissenschaft und Kritik bei Mehring. In seinem programmatischen Artikel *Wie nennen wir uns?* vom April 1893 distanziert er sich vom Streben der Sozialdemokratie nach «Diktatur und [...] Zwangsregiment» und bekennt sich zur Ablehnung jeder «Herrschaftsübung» durch den Anarchismus: «Er will den einzelnen Menschen (es gibt nichts anderes als einzelne Menschen) frei und selbständig machen, und erstrebt zu diesem Zwecke die sozialistische Wirtschaftsweise. Dasselbe wollen wir.» Im Juli desselben Jahres schloß Landauer einen Artikel im *Sozialist* mit den Versen:

> Wenn das Privateigentum nicht mehr privat ist
> Unterdrückend nicht mehr der Staat ist
> Sind die Herren nicht mehr die Herrn
> Dann ist das Paradies nicht fern.

Im Hinblick auf diesen individualistischen Impuls finden auch die Theorien Eugen Dührings bei Landauer gewisse Anerkennung, die sich aber keineswegs auf dessen antisemitische Tendenzen erstreckt. Größere Bedeutung gewinnt für den *Sozialist* und seinen Herausgeber der frühere Offizier Moritz von Egidy, der in verschiedenen Veröffentlichungen (u. a. *Ernste Gedanken*, 1890) den Krieg verurteilte und für einen christlich motivierten Individualismus warb. In seinem Artikel *Christentum und Anarchismus* vom Oktober 1895 nimmt Landauer den Dialog mit dem missionarischen Einzelgänger auf, dem er im Januar 1899 einen ergreifenden Nachruf widmen wird. Die Begegnung mit Egidy behält auch für Landauers künftiges Wirken Bedeutung, zunächst für seine Hinwendung zur Mystik (Eckhart-Übersetzung 1903).

Egidys früher Tod brachte Landauer eine längere (seine dritte!) Gefängnisstrafe ein, da er auf Egidy als Entlastungszeugen in einem von ihm selbst heraufbeschworenen Strafprozeß angewiesen war. Unter dem Eindruck der Dreyfus-Affäre entschloß sich Landauer zu einer sehr persönlichen Übertragung von Zolas «J'accuse» auf deutsche Verhältnisse. Zusammen mit Egidy setzte er sich für ein Revisionsverfahren in der Sache eines 1884 wegen Mordes an seiner Frau zum Tode verurteilten Barbiers ein und beschuldigte schließlich in einem Zirkular, das an die Presse, Reichstagsabgeordnete und die Staatsanwaltschaft geschickt wurde, einen Polizeikommissar der Fälschung von Beweismaterial. Es kam zu einem neuen Prozeß – aber nur gegen Landauer, und nicht zu einer Rehabilitierung, sondern zu seiner eigenen Verurteilung. Ein Lehrstück über die Grenzen radikal-kritischer Öffentlichkeit im Kaiserreich.

Mit mehreren Jahren Gefängnis hatte auch Maximilian Harden den Protestcharakter seiner antiwilhelminischen Publizistik zu bezahlen. Stärker noch als bei Mehring und Landauer stand für den Herausgeber und Hauptautor der *Zukunft* die Persönlichkeit des Kaisers im Vordergrund – bis hin zu dessen Verwicklung in homosexuelle Affären, die Harden als Wegbereiter des modernen Sensationsjournalismus enthüllte. Bekanntlich haben ihn diese Übergriffe in den erotischen Bereich die Sympathie von Karl Kraus gekostet, der fortan keine Gelegenheit versäumte, den schwülstig-schwerfälligen Stil Hardens als journalistisches «Desperanto» zu geißeln. Darüber sind die objektiven Verdienste Hardens und die Gemeinsamkeiten zwischen der *Zukunft* und der frühen *Fackel* in Vergessenheit geraten. Diese liegen einerseits in der antikorruptionistischen Ausrichtung beider Herausgeber, andererseits in ihrem satirischen Engagement als Medien- und Kulturkritiker.

Harden erwarb sich seine ersten Sporen als Journalist an der Seite Mehrings in der Affäre um den Berliner Theaterdirektor Lindau 1890. Die satirischen Glossen, die er unter dem Pseudonym «Apostata» (d. h. der Abtrünnige) bis 1892 in der Zeitschrift *Die Gegenwart* veröffentlichte und danach unter diesem Titel zu Büchern vereinigte, kritisieren den Neuen Kurs Wilhelms II. jedoch nicht aus sozialistischer Perspektive, sondern ergreifen mehr oder weniger direkt für die Position des 1890 entlassenen Kanzlers Bismarck Partei.

Über seinen ersten Besuch bei Bismarck im Sachsenwald berichtet Harden zu Beginn seines zweiten *Apostata*-Buchs (1892) mit unverhohlenem Enthusiasmus und in einem Stil, der damals schon nach sprachkritischer Berichtigung schrie:

«Mitunter [...] empfand ich das unbändig Treibende dieser vulkanischen Natur, ihr tiefes Feuer, ihren erzenen Schritt, das Wogen und Wallen in kochender Subjektivität. Dann war der gütig lächelnde, der liebenswürdig behagliche Landedelmann verschwunden: in den großen Zügen begann es drohend zu wetterleuchten; schroffer und schneller wurde die Geberde; in das verdunkelte Auge trieb innere Erregung heiße Feuchtigkeit, und an dem gewaltigen Haupt trat der Knochenbau schärfer hervor. Dann war der Bismarck der Lenbachbilder da und in die beschleunigte Rede fegten die Flammen eines durch seine impetuose Macht über Abgründe hinweg zwingenden Temperaments hinein.»

Es ist der Mangel solcher Größe, den Harden seiner Gegenwart und ihrem kaiserlichen Protagonisten als Hohlheit, Verlogenheit und schlechte Schauspielerei ankreidet. In einem Artikel der *Gegenwart* vom Juli 1890 beschreibt er ein «neues Kulturland» namens «Phrasien»; wie wir schon wissen (siehe oben S. 20), geht es um den Zustand Deutschlands nach dem Rücktritt von «Antiphrasius» Bismarck. «Phrasien» ist ein «modernes Land» in Hardens Sicht schon deshalb, weil das geistige Leben von einer alles nivellierenden Phraseologie des Sozialen und der Demokratie beherrscht wird, die sich in «Toasten, Parlamentsreden und Leitartikeln» auslebt und im ‹Schmock›, dem gewissenlosen und käuflichen Journalisten (so benannt nach einer Dramenfigur Gustav Freytags, die bei Kraus bald ihre Wiederauferstehung feiert), einen dienstfertigen Helfer hat.

Ähnlicher Verfremdungen bedienen sich Hardens satirische Erzählungen *Pudelmajestät. Ein Märchen* und *Des Großvaters Uhr*, die 1898 in der *Zukunft* erscheinen. Seine Zeitschrift wird in jenen Jahren zu einer Pflegestätte satirischer Erzählkunst. Anonym oder unter dem anagrammatischen Pseudonym «W. Hartenau» veröffentlicht Walther Rathenau 1898 in der *Zukunft* mehrere narrative Texte, die teils als allegorische Angriffe auf Wilhelm II. gelesen werden konnten (so die «Talmudische Geschichte» *Der Wahrheit Rache*, die für Harden und Rathenau ein gerichtliches Nachspiel haben sollte), teils schon die Auseinandersetzung mit der Mechanisierung der Welt vorbereiten, die im Zentrum der späteren Reflexionen dieses literarischen Industriellen stehen sollte. *Rabbi Eliesers Frau* nimmt das Motiv des weiblichen Golems aus Achim von Arnims Erzählung *Isabella von Ägypten* auf und nutzt es zu einer Gegenüberstellung von künstlichem und natürlichem Dasein. *Die Resurrection Co.* beschreibt technische Vorkehrungen zur Rettung scheintot Begrabener in Anlehnung an Poes Erzählung *The Prematurial Burial* (1844) und erzielt einen ironischen Effekt durch den Entwurf einer volltechnisierten Friedhofslandschaft, in der auch der letzte Hauch menschlicher Gefühle dem maschinellen Fortschritt gewichen ist:

> «Eine elektrische Schmalspurbahn führt mit einer Geschwindigkeit von 35 Kilometern die Leiche auf den Kirchhof, eine Baggermaschine (U. S. Patent Nr. 398748) gräbt vor den Augen der Leidtragenden in vier Minuten das Grab, der Sarg wird durch einen Drehkran vom Gleise hinabgehoben und die Maschine glättet mechanisch mit großer Genauigkeit den viereckigen Hügel.»

In einem Automatensaal lassen sich «gegen Einwurf eines Fünfundzwanzigcentstückes Trostsprüche der berühmtesten Kanzelredner englischer Zunge vernehmen», Rathenaus frühe Beiträge zur *Zukunft* konnten auch deshalb so leicht für Texte des Herausgebers gehalten werden, weil ihr modernekritischer Blickwinkel weitgehend mit Hardens antiwilhelminischer Zeitkritik identisch ist.

Das gilt nun auch für die Anfänge der Wiener *Fackel*, die Karl Kraus ja in enger Beratung und Zusammenarbeit mit Harden plante und eröffnete. Zentrale Begriffe und Metaphern der Liberalismus- und Kulturkritik Hardens, wie ‹Schmock›, ‹Volkheit›, ‹Bazar›, ‹Presse›› oder ‹Fälscher tempel›, finden sich in der *Fackel* wieder. Kraus übernimmt von Harden die grundsätzliche antikorruptionistische Haltung und die Fixierung auf einzelne Personen als Zielscheibe. Man könnte fast sagen, daß Hermann Bahr in den ersten Jahrgängen der *Fackel* ein ähnlicher Stellenwert für Kraus' Satire zukommt wie Wilhelm II. für diejenige Hardens. Damit wird zugleich allerdings ein wichtiger Unterschied deutlich, der erst mit der zunehmenden Politisierung von Kraus' Satire im Ersten Weltkrieg seine Geltung verliert. Kraus' frühe Publizistik konzentriert sich in einem viel höheren Maße auf literarisch-kulturelle Belange als diejenige Hardens; allerdings steht auch dabei das Verhältnis zur Politik, und zwar die versäumte Politik, im Vordergrund.

Das gilt schon für seine erste und berühmteste Groß-Satire, die ironisch-nostalgische Schilderung der Wiener Literaten in *Die demolirte Litteratur*, ursprünglich 1896/97 in der *Wiener Rundschau* und bald danach als Broschüre in mehreren Auflagen erschienen. Der bevorstehende Abbruch des von den Wiener Schriftstellern bevorzugten Café Griensteidl wird zum Gleichnis für die innere Brüchigkeit und Lebensschwäche einer narzißtisch auf sich selbst bezogenen Moderne, und nicht ohne Schadenfreude beobachtet der Satiriker den Auszug der Kaffeehausliteraten aus ihrem Lieblingsquartier: «Zögernde Dichter werden sanft hinausgeleitet. Aus dumpfer Ecke geholt, scheuen sie vor dem Tag, dessen Licht sie blendet, vor dem Leben, dessen Fülle sie bedrücken wird. Gegen dieses Licht ist das Monocle blos ein schwacher Schutz; das Leben wird die Krücke der Affectation zerbrechen ...»

Die antizionistische Satire *Eine Krone für Zion* (1899) beruht auf einer ähnlichen Konzeption. Die Wiederentdeckung einer jüdischen Identität und der schwärmerische Enthusiasmus der Teilnehmer des Basler Zionistenkongresses erscheinen Kraus als skurrile Verkennung der Tatsachen, die durch die objektive gesellschaftliche Lage der Juden in West- und Osteuropa gegeben seien: hier eine relativ komfortable bürgerliche Stellung, aus der kaum einer der etablierten jüdischen Zahnärzte oder Anwälte in einen Herzlschen «Judenstaat» aufzubrechen motiviert sein könne, dort die bedrängende Not eines jüdischen Proletariats, der mit anderen – nämlich sozialreformerischen – Mitteln zu begegnen sei als mit zionistischen Utopien: «Bei gründlicher Abschliessung von orthodoxen Einflüssen, bei völliger Verzichtleistung auf gewisse angestammte Vorurteile in Kleidung und Haartracht, die von der Mode längst überholt sind, scheint mir der Gedanke an eine endliche Colonisation im eigenen Lande viel weniger Utopisches an sich zu haben, als die geplante Radicalcur des Exodus.» Kraus' Rezept für Galizien erinnert an die Verhaltensvorschläge, die Rathenau 1897 in *Höre, Israel!* (*Die Zukunft*, 1897) seinen deutsch-jüdischen Mitbürgern erteilte: konsequente Akkulturation als einziger Weg zur Lösung der ‹Judenfrage›.

Auch als Verfasser der «Wiener Chronik» in der Zeitschrift *Die Wage* vom Januar bis November 1898 hält Kraus am konservativen Konzept der deutsch-dominierten kulturellen Identität Mitteleuropas fest. Für Kompromisse im Sprachenstreit, z. B. Zugeständnisse gegenüber den Forderungen der Tschechen, hat der Sprachfanatiker Kraus keinerlei Verständnis.

IV. ESSAY UND FEUILLETON

1. Essay-Tradition

Als Marie Herzfeld 1890 in der *Modernen Dichtung* einen Essay-Band von Georg Brandes bespricht, zitiert sie eingangs dessen Begründung für seinen «Sport, Essays zu schreiben». Anziehend wirke «das Geschmeidige, verführerisch Freie dieser Gattung, welches ebenso gut eine leicht charakterisierende Behandlung zuläßt, wie eine tiefgehende, erschöpfende; es lädt den Schriftsteller ein, den Gegenstand bald durch Streiflichter zu erhellen, bald ganz in Licht zu baden; es gestattet ihm, anknüpfend an ein Tagesereignis oder an einen plötzlichen Einfall, biographische, künstlerische, philosophische, seelengeschichtliche, allgemein menschliche Thatsachen in einer Form zu erörtern, welche alle Fragen faßlich macht und jeder Persönlichkeit ihre Eigenart beläßt.» Dieselbe Geschmeidigkeit der Form, so setzt Marie Herzfeld selbst hinzu, ist aber auch Voraussetzung dafür, daß sich die Individualität des Autors in den von ihm verfaßten Essays charakteristisch ausdrückt.

Von einem anderen Verständnis der Gattung geht Fontane aus, wenn er im Vorwort seines Bandes *Fünf Schlösser. Altes und Neues aus Mark Brandenburg* (1889), in späteren Ausgaben meist als letzter Teil der *Wanderungen durch die Mark Brandenburg* behandelt, begründet, warum er das neue Buch gerade nicht als Fortsetzung der *Wanderungen* betrachtet. In den *Wanderungen* werde nicht nur äußerlich gewandert, das Unterwegs-Sein bestimme auch den Charakter der Erzählung, die «immer in Bewegung» sei und sich «am liebsten ohne vorgeschriebene Marschroute, ganz nach Lust und Laune» entfalte:

> «Das alles liegt hier anders und wenn ich meine Wanderungen vielleicht als Plaudereien oder Feuilletons bezeichnen darf, so sind diese ‹Fünf Schlösser› ebenso viele historische Spezialarbeiten, Essays, bei deren Niederschreibung ich um reicherer Stoffeinheimsung und noch häufiger um besseren Kolorits willen, eine bestimmte Fahrt oder Reise machte, nicht eine Wanderung.»

Essay und Feuilleton stehen sich hier wenn nicht als Gegensätze, so doch als deutlich voneinander getrennte Gattungen gegenüber. Von der subjektiv-sprunghaften Plauderei des Feuilletons ist der systematische und materialgesättigte Charakter des Essays anscheinend scharf geschieden. Eine in dieser Pointierung etwas überraschende Einschätzung, die man vom großen Plauderer Fontane wohl nicht erwartet hätte, die aber verständlich wird, wenn man sich die repräsentative Essayistik der siebziger und achtziger Jahre vor Augen hält. Ihre hervorragenden Vertreter sind der Bremer Senator Otto Gildemeister (ein langjähriges Bundesrats-Mitglied) und der oben schon als Verfasser vielgelesener Biographien vorgestellte Berliner Kunsthistoriker Herman Grimm.

Die Essays, die Gildemeister unter dem Pseudonym «Giotto» in der *Nation* veröffentlichte und 1896 von Freunden herausgeben ließ, befleißigen sich einer demonstrativen Grundsätzlichkeit und Allgemeinheit. Bezeichnend sind schon die Titel der Essays, mit denen die Sammlung eröffnet wird: *Vom Reichtum* (1882), *Von Höflichkeit* (1885), *Freuden des Lebens* (1890). Am ehesten glaubt man noch im Höflichkeits-Essay einen direkten Zeitbezug zu spüren: in der Abneigung nämlich des Bremer Patriziers gegen den «Wuchergarten» aristokratischer Ehrentitel, wie sie in den Jahren nach 1871 im Deutschen Reich ja hoch im Kurs standen. In gewisser Weise wiederholt sich in Gildemeisters betont bürgerlichem Standpunkt, der doch den Wert der Konvention im menschlichen Verkehr ausdrücklich anerkennt, die argumentative Balance von Christian Garves – in Goethes *Wilhelm Meister* beziehungsvoll aufgenommener – Schrift *Ueber die Maxime Rochefoucaults: das bürgerliche Air verliehrt sich zuweilen bey der Armee, niemahls am Hofe* (1792).

Herman Grimm hat zwischen 1871 und 1900 nicht weniger als sieben neue Essaybände veröffentlicht, zumeist gebündelt in Folgen von fünfzehn Stück (z. B. *Fünfzehn Essays. Neue Folge*, 1875; *Fünfzehn Essays. Dritte Folge*, 1882) Sie enthalten eine Fülle kompakten Wissens aus Literatur- und Kunstgeschichte, wahren aber bewußt die Distanz zum Wissenschaftsbetrieb und zum Streit der Richtungen. Gegenüber derartigen Festlegungen zieht sich Grimm wie Gildemeister ausdrücklich auf den Standpunkt des unabhängigen Geistes zurück, wie er ihn am Schluß seines Essays *Werth und Wirkung der Kunstkritik* (*Deutsche Rundschau*, 1887) nicht ohne direkten Bezug auf seine eigene Person bezeichnet: «Es gibt eine Reife der Erfahrung, die einen gebildeten Mann befähigt, über geistige Production jeder Art ein gehaltreiches und förderndes Urtheil abzugeben. Er und seines Gleichen [...] sind die, von denen die öffentliche Meinung getragen wird.»

So die Selbsteinschätzung eines Neunundfünfzigjährigen. Gildemeister ist bei der Abfassung seiner meisten Essays zwischen sechzig und siebzig Jahre alt. Karl Hillebrand, nur ein Jahr jünger als Herman Grimm, vervollständigt den Club älterer Herren als führender Essayisten. Stärker noch als bei seinen Kollegen tritt bei Hillebrand das historische Porträt als dominierende Essayform hervor, und zwar in einer wahrhaft kosmopolitischen Perspektive, wie sie auch im Titel seiner Essaysammlung *Zeiten, Völker und Menschen* (1875–1885) betont wird. Petrarca steht hier neben Milton, Friedrich Melchior Grimm neben Montesquieu, Katharina die Große neben Napoleon und Lorenzo de Medici. Meist ist es die

Veröffentlichung neuen (auto)biographischen Materials, die Hillebrand zum Anlaß seiner Arbeiten nimmt, die sich damit gewissermaßen als Porträts aus zweiter Hand zu erkennen geben, jedoch in der durch national(istisch)e Horizonte und Wertungen verengten Öffentlichkeit des späten 19. Jahrhunderts eine nicht zu unterschätzende Sicht-Erweiterung bewirkten.

Der biographische bzw. einer geistigen Individualität gewidmete Essay behält seine Bedeutung bis in die neunziger Jahre hinein, jedoch in bald sich ändernder Form. Mit Otto Brahms großem *Keller*-Essay (*Deutsche Rundschau*, 1882) fällt er zunächst in die Hände der Germanisten neuester, nämlich positivistischer, Observanz. Sorgfältige Gliederung, chronologisches Vorgehen und die Unterscheidung charakteristischer Phasen geben dieser Essayistik das Gepräge, die stellenweise von einer wissenschaftlichen Abhandlung nicht mehr zu unterscheiden ist. Bezeichnend ist Brahms Bemerkung:

«Wenn ich den Versuch machen soll, in Kellers Dichten einzelne Perioden zu unterscheiden, so hätte ich deren drei aufzustellen, unter denen sich die erste, die Periode jugendlichen Ringens mit dem Subjektivismus sehr viel bestimmter von der zweiten und dritten scheidet, als die zweite und dritte voneinander.»

Ganz ähnlich fängt noch der junge Hermann Bahr an. In seinem *Ibsen*-Essay von 1887 unterscheidet er brav zwischen einer «nationalen» und einer «europäischen» Phase. Weniger brav und konventionell ist der zwischen Schnoddrigkeit und Pathos schwankende Tonfall desselben Essays; da ist einerseits von den «Kukukseiern» die Rede, die Ibsen seinen Gestalten ins Hirn legt, andererseits von der «Befreiung ungebundenen Losbruchs» (die Bahr beim norwegischen Dramatiker allerdings vermißt). Man kann diese Unausgeglichenheiten als Hinweis auf die dynamische Entwicklung interpretieren, die damals bei Bahr einsetzt und ihn von seinen sozialistischen Anfängen über die vorübergehende Anlehnung an den Naturalismus und die Rezeption der französischen Moderne zur feierlichen ‹Überwindung› des Naturalismus und zur inszenierten ‹Gründung› der Wiener Moderne führt. Wie auch immer es sich mit diesen literarhistorischen Großtaten verhält – an der ‹Überwindung› der traditionellen Essayistik ist Bahr tatsächlich unmittelbar beteiligt.

Man könnte von einer Wiedergeburt des Essays aus dem Geiste des Feuilletons sprechen. Auf dieses scheint sich Bahr zu beziehen mit dem eigenartigen Anfang, den er seinem für die Entwicklung der Moderne bedeutsamen Essay *Die neue Psychologie* (*Moderne Dichtung*, 1890) gibt. Eine reguläre Einleitung besitzt dieser Text gar nicht; er beginnt reichlich abrupt mit einem ersten Satz, dessen Objekt zunächst undefiniert ist: «Es ist jetzt viel davon die Rede; ich höre es oft, überall.» Zur Erläuterung schiebt Bahr eine Reminiszenz nach, deren narrative Ausschmückung den Eingeweihten an Motive seines Romans *Die gute Schule* erinnert: «In Paris, vor dem Soufflet, wenn wir den Boul' Mich' entlang flanierenden Blickes, über Absynthen hockten und das Mädchen ließ auf sich warten [. . .].» Was soll das, mag sich verärgert ein Leser fragen, der die Rezeptionsanweisung, die in diesen Zeilen enthalten ist, übersieht. «Flanierenden Blicks» ist dieser Essay geschrieben und soll er gelesen werden; die systematische Ordnung ist der Spontaneität eines Wahrnehmens und Assoziierens geopfert, das nicht erst bei Fontane mit der körperlichen Aktion des Gehens verknüpft wird.

2. Feuilleton

In der Gestalt Ferdinand Kürnbergers ist das Wiener Feuilleton noch mit der politischen Publizistik des Vormärz verbunden. Von der Bedeutung des Wanderns oder Flanierens als Grundhaltung des Feuilletonisten zeugt u. a. sein Artikel *Ich suche im Nebel meinen Weg* (1875), eine konservativ-melancholische Reaktion auf die Zerstörung des alten Wien. Die autothematische Handhabung des Gehens und das Raffinement, mit dem sich beim späten Kürnberger vordergründige Beschaulichkeit und politisch-philosophischer Hintersinn verbinden, lassen sich auch an einem Feuilleton studieren, das unmittelbar nach dem Gründerkrach von 1873 erschien: *Judas Ischariot und sein großer Krach*.

Der Artikel beginnt als Beschreibung einer Bergwanderung und spart nicht an fachmännischen alpinen Details. Wir haben also in voller Ausprägung das inhaltliche Motiv des Wanderns, vermissen zunächst aber ein entsprechendes Schweifen des Gedanken-Ganges. Dieses setzt erst ein, als die Erzählung vom Gebirgsausflug bei der Beschreibung einer kleinen Feldkapelle anlangt, die ein unbeholfenes Bild von Judas am Galgen zeigt mitsamt der Aufschrift: «Der verflucht boßhaffte Jut, so unßern Herrn und Heylandt vor schnödes Gelt verkaufft und verratten hatt.» Kürnberger verliert kein Wort über den Aufschwung des öffentlichen Antisemitismus im Zusammenhang mit dem Börsenkrach, ja über den aktuellen Krach selbst, sondern verhandelt diesen und die durch ihn angeheizten antisemitischen Ressentiments ausschließlich indirekt: im Rahmen einer narrativen Vergegenwärtigung von Judas' Leben und seinen Motiven, denen er eine originelle neue Deutung gibt. Danach erklärt sich Judas' «Krach», d. h. sein Selbstmord, aus dem Widerspruch zwischen seiner praktisch-realistischen Orientierung und der idealen Handlungsweise Jesu: «Wehe dem Realisten, der sich auch einmal in die höchsten Regionen erhoben! [. . .] Kein Sturz und Krach ist so groß, als wenn der kreditgebende Realist um seinen Glauben kommt.»

Zum populärsten Vertreter des Wiener Feuilletons in der liberalen Ära avancierte Daniel Spitzer mit der Kolumne seiner *Wiener Spaziergänge* (seit 1865 in der *Presse*; nach einem Zwischenspiel bei der *Deut-*

schen Zeitung ab 1873 in der *Neuen Freien Presse*). Es handelt sich um Wochenberichte politisch-kulturellen Inhalts und satirischen Grundtons, die recht locker und selbstbewußt mit dem titelgebenden Bildfeld des «Spaziergangs» umgehen. In einem Artikel vom April 1887 heißt es beispielsweise: «Doch wir wollen unser feuilletonistisches Nomadenzelt, da wir jetzt keinen üppigen Weideplatz gefunden hatten, bei dem wir länger verweilen könnten, rasch wieder abbrechen [...].» So häufig Spitzer seine satirischen Feuilletons mit einem Rückblick auf das Wetter der letzten Tage eröffnet und in jahreszeitlicher Symbolik schwelgt und so gern er gelegentlich die Wiener beim Spazierengehen beschreibt («Viele zieht es jetzt, da auch der große Durst zu den interessanten Natur-Erscheinungen gehört, mit unwiderstehlicher Gewalt in den Prater» – am 18. April 1886), so deutlich ist doch andererseits, daß es diesem «Spaziergänger» um nichts weniger als um die Schilderung äußerer Stadteindrücke geht, daß seine flanierende Aktion vielmehr lediglich die Metapher abgibt für die genuine Tätigkeit des Causeurs oder Plauderers, wie sie im zeitgenössischen Konversationshandbuch Constanze von Frankens (*Wovon soll ich reden?*) definiert wird:

«Je verschiedenartiger die Stoffe sind, die du zu deiner Plauderei benützest, desto frischer und amüsanter wird diese sich gestalten. Tagesneuigkeiten, allerlei Vorfälle in deinem Bekanntenkreise, Theater- und Konzertaufführungen, Reiseerlebnisse, eigene oder fremde, öffentliche Fragen von allgemeinem Interesse, heitere Episoden, erlebte oder gehörte, Festlichkeiten, die stattfanden oder bevorstehen, Beobachtungen über deine Umgebung, das alles liefert die Mosaiksteinchen zu dem bunten Gewand der Plauderei, es kommt nur darauf an, sie recht abwechslungsreich und gefällig, scheinbar ungeordnet und doch im Zusammenhang untereinander zu mengen, nichts zu ernst, nichts zu gründlich, nichts zu lehrhaft behandelnd [...].»

Die große Kunst des Feuilletonisten im allgemeinen und Spitzers im besonderen besteht denn auch in der Verknüpfung der heterogensten Materialien, in der Herstellung von Interferenzen zwischen den in der Realität (und im Nachrichtenteil der Zeitung oberhalb des Trennungsstrichs zum Feuilleton) separierten Diskursen – in der Erzeugung eines Interdiskurses, wenn man so will, der auch dann noch das Interesse des Lesers wecken kann, wenn die vom Spaziergänger apportierten Nachrichten längst der Vergangenheit angehören. Spitzers Feuilletons, an denen der Autor übrigens sorgfältigst feilte, wurden schon wenige Jahre danach in Buchform herausgegeben. Auf die sechs Bände der *Wiener Spaziergänge* (1869–1886) folgte 1894 die postume Sammlung der *Letzten Wiener Spaziergänge* im Verlag der Literarischen Gesellschaft in Wien.

Spitzers erster Beitrag zur neugegründeten *Deutschen Zeitung* im Dezember 1871 erschien auf der zweiten Seite dieses Organs der «Jungliberalen»; die erste Seite blieb einem Feuilleton Ludwig Speidels vorbehalten. Der aus Ulm gebürtige Speidel arbeitete überwiegend für die *Neue Freie Presse* als Musik-, Kunst- und Theaterkritiker und ist der Nachwelt vor allem als Chronist des Burgtheaters in Erinnerung geblieben. Die Struktur der Erinnerung ist schon einigen seiner besten Feuilletons eingeschrieben, von denen mehrere die Denkmäler für Komponisten zum Thema haben. Übereinstimmend stellt Speidels Beschreibung bei Haydn, Beethoven und Schubert die Einbettung des Monuments in die Stadtlandschaft und das heutige Leben heraus.

Zu einer kleinen Philosophie über Kunst und Vergänglichkeit gerät Speidels Feuilleton *Fanny Elßlers Fuß*, das seinen Ausgang von der Ausstellung eines Schuhs der berühmten – zum Zeitpunkt des Erscheinens (1892) schon seit acht Jahren verstorbenen – Tänzerin bildet. Der Verfasser berichtet von umständlichen Nachforschungen, die ihn in den Besitz eines Gipsabgusses vom Fuß der Tänzerin setzten, den er in geradezu naturalistischer Manier beschreibt: «Über dem zweiten Gelenke der großen Zehe findet sich eine ansehnliche Verhärtung [. . .].» Im Kontrast zwischen dem toten Gips und dem einst so lebendigen Fleisch, im Gegensatz zwischen der befremdlichen Körperlichkeit dieses Werkzeugs und der musikalischen Grazie der Bewegung, die mit seiner Hilfe erzeugt wurde, wird für den Leser das Mysterium der Kunst gewissermaßen ex negativo spürbar. Noch in den Essays des jungen Hofmannsthal lassen sich, wie wir bald sehen werden, die Spuren dieses Verfahrens wiederfinden.

Mit der Wende zu den neunziger Jahren überschreitet das Wiener Feuilleton die Landesgrenzen. Den ersten handfesten Beleg für den Brückenschlag nach Berlin, der für die weitere Entwicklung des Journalismus in der deutschen Hauptstadt so folgenreich wird, liefert ein Brief Hermann Bahrs vom Mai 1890 an seinen Vater, in dem Bahr erklärt, er werde für die *Freie Bühne* – an der er damals als Redakteur beschäftigt war – monatlich «zwei leichte französische Causerien» verfassen, «die ich hier [d. h. in Berlin] einbürgern will». Eine dieser Rubriken trägt den Titel *Suggestionen* und nutzt die Freiheiten des Plauderers bis zum Äußersten aus. Man beachte den Schluß von Bahrs *Suggestionen* im letzten Mai-Heft 1890:

> «Nun hätte ich Ihnen gerne noch die Geschichte von Onkel Oskar erzählt, eine unendliche und bedeutsame Geschichte. Aber da muß gerade, hinter dem blauen Flieder, ein Mädchen vorübergehen, die nicht gerade sucht, aber sie ließe sich wohl finden. Und wenn mich eine so ansieht, so gewiß, dann – ich kann mir nicht helfen – dann ist es aus [. . .].»

Das feuilletonistische Schreiben schlägt hier schon halb in fiktionales Erzählen um und präsentiert sich als ‹impressionistische› Wiedergabe momentaner Stimmungsreize in offensichtlichem Anschluß an die Literaturkritik Jules Lemaîtres. Schon an den vorangegangenen Veröffentlichungen Bahrs war den Zeitgenossen – wie aus einer Kritik des *Kunstwarts* vom Februar 1890 eindeutig hervorgeht – der Einfluß des Wiener und Pariser Feuilletons aufgefallen. Bahr selbst bekannte sich zum Paradigma des Feuilletons in einem seiner letzten Beiträge zur *Freien Bühne* vor seinem unfreiwilligen Ausscheiden aus der Redaktion im Juli 1890. Der als Rezension angelegte Artikel trägt den programmatischen Titel *Feuilleton* und beschreibt diese Gattung als Äußerungsform einer schrankenlosen Subjektivität, die «allen Gehalt der Wirklichkeit» «schnöde verschmäht und mit Übermuth» behandelt. Strenggenommen sei das Feuilleton sogar ein Ersatz der Wirklichkeit, «denn was immer die äußere Alltagsrealität den Nerven und Sinnen gewähren kann, Lachen und Weinen, Wollust und Entrüstung, Liebe und Haß steckt in seiner Wirkung».

Nach Bahrs Weggang bleibt es dem jungen Wiener Heinrich Kana vorbehalten, die Wiener Tradition des satirischen Feuilletons an der Spree zu pflegen. In zahlreichen Beiträgen zur *Freien Bühne* vom Juli 1890 bis zu seinem Selbstmord im Februar 1891 – Anlaß für Hofmannsthals Gedicht *Der Schatten eines Todten fiel auf uns* – erprobt Kana einen in diesem Organ des gesinnungstüchtigen Naturalismus singulären humoristisch-melancholischen Tonfall. So in der Folge *An der Ostsee* seiner *Gedanken eines Einäugigen* (1890), in der dem Kommen und Gehen der Meereswellen die symbolische Funktion der Bewegung zugeschrieben wird, die den sozialen Fortschritt (das Infragestellen «protziger» Geheimrats-Attitüden) ebenso indiziert wie die innere Beweglichkeit des Feuilletonisten:

«Das Naturrecht der Bewegung ..! Unversehens waren meine Gedanken ganz wo anders ... Auch dort glaubte ich Festland zu sehen, starres, erstarrtes Festland und auch dort ein geheimnißvoll großartiges Etwas, das sich hinausweitet in unermeßliche Ferne, immer weiter und weiter, als suchte es seine Grenzen und könnte sie nimmer erreichen, und das in ewig bewegten Wogen an das Festland schlägt, so protzig es sich ihm auch immer entgegenstellen mag ...»

Einen eigenständigen Berliner Beitrag zur Feuilleton-Kultur bedeuten die satirisch-humoristischen Betrachtungen und Kurzerzählungen Julius Stettenheims. Der Begründer der Satire-Zeitschrift *Die Wespen* erlangte Berühmtheit durch die Erfindung des Kriegsberichterstatters Wippchen. Im Zeitalter der ‹unechten Korrespondenzen›, wie sie ja auch Fontane verfaßte, war es keineswegs undenkbar, daß ein brotbedürftiger Journalist vom beschaulichen Berliner Vorort Bernau aus aufgrund der Tageszeitungen fiktive Berichte von Kriegsschauplätzen verfaßte, die er nie gesehen hatte, zumal ja in der Tat irgendwo in der Welt stets Krieg war. Stettenheims Wippchen-Artikel, gesammelt in sechzehn Bänden (*Wippchens sämmtliche Berichte*, 1878–1903), erhalten zusätzlichen Witz durch die mitgelieferte Korrespondenz mit der Redaktion, die selbstverständlich in das Falschspiel eingeweiht ist. Das eigentlich Subversive der hier betriebenen Satire liegt jedoch im unerschöpflichen Sprachwitz Stettenheims, dessen Spektrum von vordadaistischem Nonsens bis zu sprachspielerischer Ideologiekritik reicht: «In meiner Eigenschaft als Kriegsberichterstatter kenne ich meine Oblügenheiten». – «Seit Würfel fallen und zum Schwert gegriffen wird, hat es noch keinen Krieg gegeben, welcher wußte, wer ihn angefangen hat.»

Die stehende Figur als Markenzeichen eines Feuilletonisten begegnet auch in den Reisefeuilletons des Schweizers Joseph Victor Widmann. In der Gestalt des linkisch-aufrechten Rektors Müslin hat Widmann offenbar ein leicht vergröbertes Selbstporträt geliefert. Sie gibt schon seinem ersten Reisebuch den Titel (*Rektor Müslin's italienische Reise*) und begegnet noch in späten Feuilletons (z. B. *Tokajer*, 1904). Im Reisenden und Reiseerzähler Widmann, der sich selbst als «Meisterfußgänger» bezeichnete, hat die Verbindung von Spaziergeh- und feuilletonistischer Schreibkunst ihren ersten Schweizer Gipfel – vor Robert Walser – erklommen.

3. Neue Tendenzen

Die Veränderungen in der essayistischen Kultur der neunziger Jahre, zu denen Bahrs Rückgriff auf die feuilletonistische Schreibweise einen wichtigen Impuls gab, sind so vielfältig, daß sie hier nur andeutungsweise skizziert werden können. Ein typisches Phänomen ist sicher die neue Form des subjektiven und doch konzentrierten Personen-Porträts, die den biographischen Essay der siebziger und achtziger Jahre ablöst. Als Prototyp kann Bahrs Artikel *Loris* gelten, der im Januar 1892 in der *Freien Bühne* erschien und den jungen Hofmannsthal erstmals weiteren Kreisen bekannt machte.

Bahrs Essay beginnt ganz subjektiv und scheinbar radikal-ehrlich mit der Rückkehr des Verfassers von einer Reise, bei der er noch dazu in Geldverlegenheit gerät, seiner Zeitungslektüre im Wiener Kaffeehaus und der Suche nach dem Autor einer mit «Loris» gezeichneten Rezension über ihn, den er sich als Franzosen und dann als ältlichen Wiener vorstellt, um schließlich von der jugendlichen Erscheinung des Dichters überrascht zu werden: «Braune, lustige, zutrauliche Mädchenaugen, in denen was Sinnendes, Hoffendes und Fragendes mit einer naiven Koketterie, welche die schiefen Blicke von der Seite liebt, vermischt ist; kurze, dicke, ungestaltete Lippen, hämisch und grausam, die untere umgestülpt und niederhängend, daß man in das Fleisch der Zähne sieht.» So erkennt der Essayist scheinbar schon auf den ersten Blick den Grundwiderspruch von Hofmannsthals Dichtung zwischen Schönheit und Grausamkeit in der Physiognomie des Neunzehnjährigen. Nicht ohne Hellsicht: Im *Märchen der 672. Nacht*, das doch erst drei Jahre später entsteht, heißt es vom sterbenden Helden: «und starb mit verzerrten Zügen, die Lippen so verrissen, daß Zähne und Zahnfleisch entblößt waren und ihm einen fremden, bösen Ausdruck gaben.»

Eine ähnlich eindringliche und zugleich pointierte Würdigung eines Hauptvertreters der Moderne erscheint erst vier Jahre später in derselben Zeitschrift; es handelt sich um Alfred Kerrs Essay *Arthur Schnitzler* (1896), der wesentlich zum Ansehen des jungen Kritikers und des damals in Berlin noch wenig bekannten Wiener Dichters beitrug.

Bahrs und Kerrs Dichter-Essays bewegen sich an der Grenze zur Literaturkritik und passen sich auch umfangsmäßig den Bedürfnissen des Zeitschriftenmarkts an. Einen Gegentyp zu ihnen bilden die 1892 als selbständige Broschüren erschienenen Essays Stanislaw Przybyszewskis über Chopin und Nietzsche einerseits, Ola Hansson andererseits. In diesen poetischen Studien des Deutsch-Polen ist kein Platz für persönliche Reminiszenzen oder heitere Vertraulichkeit mit dem Leser. Auf höchster Ebene steigt der Verfasser in den ersten Essay ein: «Wie sagt doch Zarathustra in seiner erhabenen Sternenweisheit?» Und er beendet den zweiten mit einer Formulierung, die zwar auf Ola Hansson gemünzt ist, aber auch für Przybyszewski selbst Geltung besitzt: «ohne Rücksicht auf den praktischen und moralischen Wertmaßstab, nicht verstanden zu werden». Rationales Verstehen im konkret-vordergründigen Sinne ist angesichts des rhapsodischen Gestus dieser halbdichterischen Prosa tatsächlich nur in Grenzen möglich. Chopins Musik und Hanssons psychologisierende Erzählkunst erscheinen als Manifestationen einer modernen – und das heißt hier vor allem: dekadenten – Individualität, die angemessen nur unter Zuhilfenahme medizinisch-physiologischer Begrifflichkeit beschrieben werden kann. Chopins Sehnsucht wird von der «sonnetrunkenen Entzückung» Zarathustras abgehoben:

> «Sie hat die sklerotische Farbe der Anämie mit der transparenten Haut, durch die man das feinste Geäder hindurchschimmern sieht, die schlanke Gestalt mit den länglichen Gliedern, die in jeder Bewegung die unnachahmliche Grazie degenerierter Adelsgeschlechter atmen und in den Augen die übergroße Intelligenz, wie man sie bei Kindern sieht, denen der Volksmund kein langes Leben verspricht.»

«Und Kinder wachsen auf mit tiefen Augen», heißt es in Hofmannsthals *Ballade des äußeren Lebens*. In Hofmannsthals frühen Essays erreichen die assoziative Technik, die sich hinter der wissenschaftlichen Fassade

von Przybyszewskis Personenporträts verbirgt, und die damit einher-
gehende Annäherung von essayistischer und poetischer Schreibweise
wohl ihren epochalen Höhepunkt. Auch hier weitet sich die individuelle
Porträtzeichnung zu einer «Psychologie der Epochen» (wie Hofmannsthal am Schluß seiner Besprechung von Saars Novelle *Schloß Kostenitz*
formuliert). Berühmtheit hat vor allem die Schilderung der epigonalen
Befindlichkeit der eigenen Epoche, ihrer Fixierung auf «hübsche Möbel
und überfeine Nerven» im ersten Essay über Gabriele d'Annunzio
(1893) erlangt. Sie bereitet sich vor im Essay des Vorjahrs über Algernon
Swinburne, dem sich der Autor gleichfalls auf einem langen Umweg
annähert: nämlich über die Schilderung einer ganzen Generation vom
eigentlichen «Leben» abgetrennter großstädtischer Ästheten, denen das
Interieur zur Welt wird:

> «Die Fenster sind mit Gobelins verhängt, und hinter denen kann
> man einen Garten des Watteau vermuten, mit Nymphen, Spring-
> brunnen und vergoldeten Schaukeln, oder einen dämmernden Park
> mit schwarzen Pappelgruppen. In Wirklichkeit aber rollt draußen
> das rasselnde, gellende, brutale und formlose Leben. An den Schei-
> ben trommelt ein harter Wind, der mit Staub, Rauch und unharmo-
> nischem Lärm erfüllt ist, dem aufregenden Geschrei vieler Men-
> schen, die am Leben leiden.»

Noch der Essay über Walter Pater (1894) hebt auf das epigonale Epo-
chengefühl ab, das Hofmannsthal in der – von Pater bevorzugten –
spätrömischen Geschichte beheimatet sieht: «wo ein Geschlecht mit
merkwürdigen Sphinxaugen und schmalen vibrierenden Fingern schat-
tenhaft umhergeht und in den ererbten Schätzen wühlt, in den geschnit-
tenen Steinen, den Dosen aus Chrysopras, den wächsernen Totenmas-
ken, den wundervoll skulptierten alten Versen und den einzelnen Edelsteinen der halbverlorenen Sprache.» Ein solches Wühlen in den Gegenständen einer versunkenen Welt ist der Jung-Wiener Generation nicht
zuletzt auf jener Ausstellung im Prater von 1892 möglich geworden, auf
der Ludwig Speidel, wie oben erwähnt, Fanny Elßlers Schuh entdeckte.

Hofmannsthal bezieht sich auf dieselbe Ausstellung in den ersten Absätzen
seiner Besprechung (1892) von Saars Novelle *Schloß Kostenitz* und nimmt eines
der Requisiten aus der dort vergegenwärtigten Großvater-Zeit zum Leitmotiv
seiner Rezension *Eduard von Bauernfelds dramatischer Nachlaß*. Als wollte er
sich spielerisch von Speidels Feuilleton absetzen, wählt er statt des Fußes eine
Hand – eine weiße Frauenhand aus Biskuit, wie sie offenbar im Biedermeier-
Wien als Briefbeschwerer gebräuchlich war.

> Und meinen Blicken erschien ihre Hand wie gestorben, ein totes
> Schien sie, ein wächserndes Ding, diese lebendige Hand.

Hofmannsthal zitiert diese Verse d'Annunzios im schon erwähnten Essay über den Dichter von 1893. Der wenig später entstandene Bauernfeld-Essay wählt nun just eine ähnlich tote Vergegenständlichung der «lebendigen Hand» zum Ausgangspunkt einer dichterisch inspirierten Reflexion über Gegenwart und Vergangenheit, Leben und Kunst. Die tote Hand verlebendigt sich unter den Augen des Betrachters: «Ich sehe diese Hand, wie sie geküßt wird, respektvoll vertraulich ... [. . .]. Ich sehe, während eines Gespräches, während irgend jemand im Nebenzimmer Schubertlieder oder Lannerwalzer spielt, die Bewegungen dieser Hand, wie sie sich ruhig-anmutig auf den Stickrahmen legt [. . .].» Die seelische Dynamik oder das scheinbare Leben, das von diesem Zeugnis früheren Lebens ausgeht, ist ein kulturell definiertes, geschichtlich erfülltes Leben, und von ähnlicher historischer Sättigung sind auch andere dichterische Phantasien, zu denen sich die damalige Essayistik Hofmannsthals erhebt, z. B. seine Besprechung (1894) von Alfred Bieses *Philosophie des Metaphorischen*.

Nach einer sachlichen Vorstellung von Bieses sprachtheoretischer Untersuchung, die zwar Hofmannsthals Zustimmung findet, aber sein eigentliches Interesse am Thema in keiner Weise befriedigt, deutet der Essayist die Umrisse eines platonischen Dialogs über denselben Gegenstand an und entwirft ein hochpoetisches Panorama des klassischen Athen – eine Märchenwelt, in der es realistisch wäre, wenn jemand sagte: «Wie schön ist das! Wie lebendig, erfaßbar, wie wirklich!» Der Rezensent ruft sich abschließend selbst zur Ordnung: «Aber es wäre ein ganz unwissenschaftliches Buch, eher ein Gedicht, eine bebende Hymne auf Gottweißwas, als eine ordentliche Abhandlung.» Eben als solche «bebenden Hymnen» sind Hofmannsthals frühe Essays zu lesen.

Von der Subjektivierung und Poetisierung des Essays bei Bahr und Hofmannsthal geht eine Verbindungslinie zur weiblichen und insbesondere feministischen Publizistik der Jahrhundertwende: zu Lou Andreas-Salomé, Rosa Mayreder oder Bertha Zuckerkandl. In den Essays, die Georg Simmel ab 1895 in führenden Zeitungen und ab 1897 in der *Neuen Deutschen Rundschau* veröffentlicht, ist der soziologisch-psychologische Blick, den ja schon die Essayistik eines Gildemeister praktizierte, durch die strenge Schule der methodischen Wissenschaft gegangen. Das hindert Simmel nicht, gelegentlich – als «soziale Hypothese» – auch ein Märchen zu erzählen wie *Rosen*, die Parabel vom nie endenden Klassenkampf (*Jugend*, 1897). Die philosophische Auswertung wird gleich mitgeliefert; sie zeigt Spuren jener verfeinerten Introspektion, in der die Wiener Essayistik exzellierte. Doch ist die Sensibilität des modernen Ich von der Subjekt- auf die Objektseite gewechselt; Simmel registriert die Bedingungen der modernen Vergesellschaftung (u. a. Geldwirtschaft, Großstadt) als Voraussetzungen einer neuen Innerlichkeit und einer immer differenzierteren Individualisierung.

Neben der Introspektion und der verfeinerten soziologischen Betrachtung ist das Aufkommen reportageartiger Formen zu bemerken, die sich gleichfalls eng mit der Großstadtproblematik verbinden. Schon Julius Rodenbergs – zunächst in der *Deutschen Rundschau* abgedruckte, dann in Buchform herausgegebene – *Bilder aus dem Berliner Leben* (1885–1888) stellen eine eigenartige Weiterentwicklung des traditionellen Städtebild-Feuilletons in Richtung auf eine künftige Großstadt-Essayistik und Flaneur-Prosa dar. Ohne vergleichbaren literarischen Anspruch, bilden die *Berliner Briefe*, die Alfred Kerr in den Jahren 1895–1900 für die *Breslauer Zeitung* verfaßt, eine bemerkenswerte Mischung zwischen dem feuilletonistischen Wochenbericht im Stile Spitzers und einer neuen Gegenständlichkeit der Stadt-Wahrnehmung und -Beschreibung.

«Berlin in Kriegszeiten», beginnt der *Berliner Brief* vom September 1900, in dem Kerr den Aufmarsch der Eisenbahner beschreibt, die sich als Freiwillige zum Einsatz in dem von Interventionstruppen besetzten China gemeldet haben:

> «Plötzlich Massenansammlungen, zweitausend Köpfe, Verkehrsstockung, angstvolles Klingeln elektrischer Wagen, verirrte Omnibusse mit bleichen Schaffnern, eingesperrte Taxameter mit wahnwitzig sich gebärdenden Insassen, brüllende Schutzleute, getretene Hunde, umgeworfene Zweiräder, Halli, Halloh, Frauenzimmer mit bemalten Backen, Dienstmänner, Ehepaare mit kleinen Kindern, lange fünftöchterige Familien, Assessoren, Stubenmädel mit Raupenhäubchen und weißen Schürzen, Postbeamte, Landschaftsmaler. Alle stellen sich auf die Zehen, schupsen, drängeln, stoßen, und mit einem Schlage kommt Sturm in die Masse, sie trotten wie die Irrsinnigen zwanzig Meter vorwärts, seitwärts, galoppierend, schreiend, hast du nicht gesehen, vom Nollendorfplatz kommt Musik.»

Der Gegenstand dieses Berichts weist auf den August 1914 voraus, seine Form legt darüber hinaus Parallelen zur Großstadtprosa der zwanziger Jahre nahe, etwa zu Döblins Roman *Berlin Alexanderplatz*.

ANHANG

BIBLIOGRAPHIE

Die Bibliographie verzeichnet selbständige Veröffentlichungen der germanistischen Sekundärliteratur aus den letzten beiden Jahrzehnten, ergänzt um ausgewählte ältere Bücher und die wichtigsten (vorzugsweise postumen bzw. wissenschaftlichen) Werkausgaben. Zeitschriftenaufsätze konnten lediglich in Ausnahmefällen berücksichtigt werden; Sammelbände sind grundsätzlich nur unter dem Gesamttitel aufgenommen. Auf die Wiedergabe des (vollständigen) Untertitels und anderer Zusätze wurde gelegentlich verzichtet. Bei Autoren, deren Schaffen den Rahmen dieses Bandes zeitlich (z. B. Hofmannsthal) oder sachlich (z. B. Nietzsche) überschreitet, wurden nur die einschlägigen Titel erfaßt. Untersuchungen, die mehrere Autoren betreffen, wurden – sofern nicht ein gemeinsamer Gattungszusammenhang erkennbar ist – unter dem jeweils erstgenannten Namen eingeordnet; das gilt auch für Briefwechsel-Editionen. Außer bei Textsammlungen wurde dem Gattungsgesichtspunkt gegenüber anderen Zugehörigkeiten Priorität eingeräumt; Monographien zum Drama des Naturalismus etwa finden sich unter «Drama», eine Anthologie naturalistischer Lyrik dagegen unter «Textsammlungen».

Die Reihenfolge innerhalb der einzelnen Abschnitte folgt dem Alphabet der Verfasser bzw. Herausgeber; bei den Literaturangaben zu den einzelnen Schriftstellern sind Personalbibliographien und Editionen vorangestellt.

Die Bibliographie gliedert sich nach folgendem Schema:

1. Nachschlagewerke
2. Literaturgeschichte
3. Historischer Hintergrund
4. Textsammlungen
5. Literarisches Leben
6. Kultur und Literatur der Epoche
   6.1. Technik, Urbanisierung
   6.2. Soziale Frage, soziale Stellung
   6.3. Jüdische Identität
   6.4. Nationale Identität(en)
   6.5. Frauenbild und Frauenliteratur
   6.6. Wiener Moderne
   6.7. Weitere Aspekte
7. Richtungen
   7.1. Realismus und Gründerzeit
   7.2. Naturalismus
   7.3. Impressionismus
   7.4. Symbolismus u. Ästhetizismus
   7.5. Décadence und Fin de siècle
8. Gattungen
   8.1. Erzählprosa und Versepik
   8.2. Drama und Theater
   8.3. Lyrik
   8.4. Nichtfiktionale Prosa
9. Ausgaben und Untersuchungen
   (nach Autoren)

1. Nachschlagewerke

Borchmeyer, Dieter / Viktor Žmegač (Hrsg.): Moderne Literatur in Grundbegriffen. Tübingen ²1994 [neu bearb. Aufl.; 1. Aufl. Frankfurt a. M. 1987]

Brunner, Horst / Rainer Moritz (Hrsg.): Grundbegriffe der Germanistik. Berlin 1997

Budke, Petra / Jutta Schulze: Schriftstellerinnen in Berlin 1871 bis 1945. Ein Lexikon zu Leben und Werk. Berlin 1995

Deutsche Schriftsteller im Porträt. Bd. 4: Das 19. Jahrhundert. Restaurationsepoche, Realismus, Gründerzeit, hrsg. von Hiltrud Häntzschel; Bd. 5: Jahrhundertwende, hrsg. von Hans-Otto Hügel. München 1981–1983

Deutsches Schriftsteller-Lexikon 1830–1880. Goedekes Grundriß zur Geschichte der deutschen Dichtung, Fortführung bearb. v. Herbert Jacob. Bd. 1 ff. Berlin 1995 ff.

Doderer, Klaus (Hrsg.): Lexikon der Kinder- und Jugendliteratur. Bd. 1–3 nebst Ergänzungs- u. Registerband. Weinheim, Basel 1975–1980

Goff, Penrith: Handbuch der deutschen Literaturgeschichte, Abt. 2: Bibliographien, Bd. 10: Wilhelminisches Zeitalter. Bern, München 1970

Gorzny, Willi (Hrsg.): Deutscher Biographischer Index. Bd. 1–4. München u. a. 1986

Grimm, Gunter E. / Frank Rainer Max (Hrsg.): Deutsche Dichter. Leben und Werk dtspr. Autoren. Bd. 6: Realismus, Naturalismus und Jugendstil. Stuttgart 1989

Günther, Werner: Dichter der neueren Schweiz. Bd. 1–3. Bern, München 1963– 1986

Helvetische Steckbriefe. 47 Schriftsteller aus der deutschen Schweiz seit 1800. Bearb. von Werner Weber. Zürich, München 1981

Jens, Walter (Hrsg.): Kindlers Neues Literaturlexikon. Bd. 1–20. München 1988–1992

Killy, Walther (Hrsg.): Deutsche biographische Enzyklopädie, Bd. 1 ff. München u. a. 1995 ff. [Bd. 7, 1998]

Killy, Walther (Hrsg.): Literatur-Lexikon. Bd. 1–15. Gütersloh, München 1988– 1993

Klotz, Aiga: Kinder- und Jugendliteratur in Deutschland 1840–1950. Gesamtverzeichnis der Veröffentlichungen in deutscher Sprache. Bd. 1 ff. Stuttgart 1990 ff. [Bd. 4, 1996]

Kosch, Wilhelm (Begr.) / Heinz Rupp / Carl Ludwig Lang (Hrsg.): Deutsches Literatur-Lexikon. Biographisches und bibliographisches Handbuch. Bd. 1 ff. Bern, München ³1968 ff. [völlig neu bearb. Aufl. bis Bd. 17, 1997] nebst Ergänzungs-Bd. 1 ff. [Erg.-Bd. 5, 1998]

Kosch, Wilhelm (Begr.): Deutsches Theater-Lexikon, Bd. 1 ff. Klagenfurt, Wien (zuletzt: Bern, München) 1953 ff. [Bd. 3, 1992]

Kürschner, Joseph (Begr.): Allgemeiner deutscher Literaturkalender für das Jahr 1879 ff. Bremen (zuletzt: Berlin u. a.) 1879 ff.

Lexikon deutsch-jüdischer Autoren. Archiv Bibliographia Judaica. Redaktionelle Leitung: Renate Heuer. Bd. 1 ff. München 1992 ff. [Bd. 5, 1997]

Neue deutsche Biographie. Hrsg. v. der Historischen Kommission bei der Bayerischen Akademie der Wissenschaften. Bd. 1 ff. Berlin 1953 ff. [Bd. 18, 1997]

Roloff, Hans-Gert (Hrsg.): Die deutsche Literatur. Biographisches und bibliographisches Lexikon. Reihe VI: Die deutsche Literatur von 1890 bis 1990. Abt. A: Autorenlexikon, Bd. 1, Lieferung 1–5. Bern 1991

Steinecke, Hartmut (Hrsg.): Deutsche Dichter des 20. Jahrhunderts. Berlin 1996

Stump, Doris / Maya Widmer / Regula Wyss: Deutschsprachige Schriftstellerinnen in der Schweiz. 1700–1945. Eine Bibliographie. Zürich 1994

Ueding, Gert (Hrsg.): Historisches Wörterbuch der Rhetorik. Bd. 1 ff. Tübingen 1992 ff. [Bd. 3, 1996]

Ulrich, Paul S.: Theater, Tanz und Musik im Deutschen Bühnenjahrbuch. Ein Fundstellennachweis von 1836 bis 1984. Bd. 1.2. Berlin 1985

Weimar, Klaus (Hrsg.): Reallexikon der deutschen Literaturwissenschaft. Neubearbeitung des Reallexikons der deutschen Literaturgeschichte. Bd. 1 ff. Berlin, New York 1997 ff.

Wiese, Benno von (Hrsg.): Deutsche Dichter des 19. Jahrhunderts. Berlin ²1979 [überarb. u. verm. Aufl.; 1. Aufl. 1969]

2. Literaturgeschichte

Bahr, Eberhard (Hrsg.): Geschichte der deutschen Literatur. Kontinuität und Veränderung. Vom Mittelalter bis zur Gegenwart. Bd. 3: Vom Realismus bis zur Gegenwartsliteratur. Tübingen 1988

Brenner, Peter J.: Neue deutsche Literaturgeschichte. Vom «Ackermann» zu Günter Grass. Tübingen 1996

Brinker-Gabler, Gisela (Hrsg.): Deutsche Literatur von Frauen. Bd. 2: 19. und 20. Jahrhundert. München 1988

Burger, Heinz Otto (Hrsg.): Annalen der deutschen Literatur. Stuttgart ²1971 [überarb. Aufl.; 1. Aufl. 1952]

Castle, Eduard / Johann Willibald Nagl (Hrsg.): Deutsch-österreichische Literaturgeschichte. Ein Handbuch zur Geschichte der deutschen Dichtung in Österreich-Ungarn. Bd. 3: 1848–1890; Bd. 4: 1890–1918. Wien 1935–1937

Ermatinger, Emil: Dichtung und Geistesleben der deutschen Schweiz. München 1933

Fritsch-Rößler, Waltraud: Bibliographie der deutschen Literaturgeschichten. Bd. 1: 1835–1899. Frankfurt a. M. u. a. 1994

Glaser, Horst Albert (Hrsg.): Deutsche Literatur. Eine Sozialgeschichte. Bd. 7: Vom Nachmärz zur Gründerzeit: Realismus 1848–1880, hrsg. v. H. A. Glaser; Bd. 8: Jahrhundertwende: Vom Naturalismus zum Expressionismus 1880–1918, hrsg. v. Frank Trommler. Reinbek 1982

Gnüg, Hiltrud / Renate Möhrmann (Hrsg.): Frauen Literatur Geschichte. Schreibende Frauen vom Mittelalter bis zur Gegenwart. Frankfurt a. M. ²1989 [1. Aufl. Stuttgart 1985]

Hanstein, Adalbert: Das Jüngste Deutschland. Zwei Jahrzehnte miterlebter Litteraturgeschichte. Leipzig 1900

Jansen, Josef u. a.: Einführung in die deutsche Literatur des 19. Jahrhunderts. Bd. 2: März-Revolution, Reichsgründung und die Anfänge des Imperialismus. Opladen 1984

Just, Klaus Günter: Von der Gründerzeit bis zur Gegenwart. Geschichte der
deutschen Literatur seit 1871. Bern, München 1973
Kohlschmidt, Werner: Geschichte der deutschen Literatur vom Jungen Deutsch-
land bis zum Naturalismus. Stuttgart ²1982 [durchges. u. bibliograph. erg.
Aufl.; 1. Aufl. 1975]
Lehnert, Herbert: Geschichte der deutschen Literatur vom Jugendstil zum
Expressionismus. Stuttgart 1978
Martini, Fritz: Deutsche Literatur im bürgerlichen Realismus, 1848–98. Stutt-
gart ⁴1981 [mit neuem Vorwort u. erw. Nachwort vers. Aufl.; 1. Aufl. 1962]
McInnes, Edward / Gerhard Plumpe (Hrsg.): Bürgerlicher Realismus und
Gründerzeit 1848–1890. München, Wien 1996
Müller, Hans: Deutsche Literatur zwischen Revolution und Naturalismus
(1848–1898). Hauptströmungen und Autoren. Bucuresti ²1993 [erw. Aufl.;
1. Aufl. 1980]
Plumpe, Gerhard: Epochen moderner Literatur. Ein systemtheoretischer Ent-
wurf. Opladen 1995
Schmidt-Dengler, Wendelin / Johann Sonnleitner / Klaus Zeyringer (Hrsg.):
Die einen raus – die anderen rein: Kanon und Literatur. Vorüberlegungen zu
einer Literaturgeschichte Österreichs. Berlin 1994
Schmidt-Dengler, Wendelin / Johann Sonnleitner / Klaus Zeyringer (Hrsg.):
Literaturgeschichte: Österreich. Prolegomena und Fallstudien. Berlin 1995
Schumann, Andreas: Bibliographie zur deutschen Literaturgeschichtsschreibung
1827–1945. München 1994
See, Klaus von (Hrsg.): Neues Handbuch der Literaturwissenschaft. Bd. 17:
Europäischer Realismus, hrsg. v. Reinhard Lauer; Bd. 18/19: Jahrhundertende
– Jahrhundertwende, Teil 1 (hrsg. v. Hans Hinterhäuser) u. 2 (hrsg. v. Helmut
Kreuzer). Wiesbaden 1976–1980
Soergel, Albert: Dichtung und Dichter der Zeit. Eine Schilderung der deutschen
Literatur der letzten Jahrzehnte. Leipzig 1911
Soergel, Albert / Curt Hohoff: Dichtung und Dichter der Zeit. Vom Naturalis-
mus bis zur Gegenwart. Bd. 1.2. Düsseldorf 1961
Sørensen, Bengt Algot (Hrsg.): Geschichte der deutschen Literatur. Bd. 2: Vom
19. Jahrhundert bis zur Gegenwart. München 1997
Szyrocki, Marian: Geschichte der deutschsprachigen Literatur vom Ausgang
des 19. Jahrhunderts bis 1945. Warszawa 1984
Thalheim, Hans-Günther u. a. (Hrsg.): Geschichte der deutschen Literatur von
den Anfängen bis zur Gegenwart. Bd. 8,1.2: Von 1830 bis zum Ausgang des
19. Jahrhunderts; Bd. 9: Vom Ausgang des 19. Jahrhunderts bis 1917. Berlin
1974/75
Watanabe-O'Kelly, Helen (Hrsg.): The Cambridge history of German literature.
Cambridge 1997
Werner, Renate: Das Wilhelminische Zeitalter als literarhistorische Epoche. Ein
Forschungsbericht. In: Jutta Kolkenbrock-Netz / Gerhard Plumpe / Hans Joachim Schrimpf (Hrsg.): Wege der Literaturwissenschaft. Bonn 1985, S. 211–231
Wollmann, Slavomír: Die Literaturen in der österreichischen Monarchie im
19. Jahrhundert in ihrer Sonderentwicklung. Opladen 1994
Zeman, Herbert (Hrsg.): Die österreichische Literatur. Bd. 3: Ihr Profil im
19. Jahrhundert (1830–1880); Bd. 4: Ihr Profil von der Jahrhundertwende bis
zur Gegenwart (1880–1980), Teil 1.2. Graz 1982–1989

Zeman, Herbert (Hrsg.): Literaturgeschichte Österreichs. Von den Anfängen im Mittelalter bis zur Gegenwart. Graz 1996
Žmegač, Viktor (Hrsg.): Geschichte der deutschen Literatur vom 18. Jahrhundert bis zur Gegenwart. Bd. 2: 1848–1918. Königstein/Ts. 1980

3. Historischer Hintergrund

Boberg, Jochen / Tilmann Fichter / Eckart Gillen (Hrsg.): Exzerzierfeld der Moderne. Industriekultur in Berlin im 19. Jahrhundert. München 1984
Frevert, Ute (Hrsg.): Bürgerinnen und Bürger. Geschlechterverhältnisse im 19. Jahrhundert. Göttingen 1988
Frevert, Ute: Ehrenmänner. Das Duell in der bürgerlichen Gesellschaft. München 1991
Fülberth, Georg / Gabriele Dietz (Hrsg.): Fin de siècle. 100 Jahre Jahrhundertwende. Berlin 1988
Gay, Peter: Kult der Gewalt. Aggression im bürgerlichen Zeitalter. München 1996
Glaser, Hermann: Die Kultur der wilhelminischen Zeit. Topographie einer Epoche. Frankfurt a. M. 1984
Grab, Walter: Der deutsche Weg der Judenemanzipation 1789–1938. München u. a. 1991
Hardtwig, Wolfgang / Harm-Hinrich Brandt (Hrsg.): Deutschlands Weg in die Moderne. Politik, Gesellschaft und Kultur im 19. Jahrhundert. München 1993
Kocka, Jürgen (Hrsg.): Bürgertum im 19. Jahrhundert. Bd. 1–3. München 1988
Kuczynski, Jürgen: Geschichte des Alltags des deutschen Volkes. Bd. 4: 1871–1918. Berlin, zugleich Köln 1982
Langewiesche, Dieter (Hrsg.): Ploetz: Das deutsche Kaiserreich 1867/71–1918. Bilanz einer Epoche. Freiburg i. Br., Würzburg 1984
Langewiesche, Dieter: Liberalismus in Deutschland. Frankfurt a. M. 1986
Mommsen, Wolfgang J.: Das Ringen um den nationalen Staat. Die Gründung und der innere Ausbau des Deutschen Reiches unter Otto von Bismarck 1850 bis 1890. Frankfurt a. M., Berlin 1993
Nipperdey, Deutsche Geschichte 1866–1918, Bd. 1: Arbeitswelt und Bürgergeist; Bd. 2: Machtstaat vor der Demokratie. München Bd. 1 ^{2}1994, Bd. 2 ^{3}1995 [durchges. Aufl.; 1. Aufl. 1990–1992]
Paret, Peter: Kunst als Geschichte. Kultur und Politik von Menzel bis Fontane. München 1991
Schivelbusch, Wolfgang: Geschichte der Eisenbahnreise. Zur Industrialisierung von Raum und Zeit im 19. Jahrhundert. München 1977
Stürmer, Michael: Die Reichsgründung. Deutscher Nationalstaat und europäisches Gleichgewicht im Zeitalter Bismarcks. München 1984
Weber-Kellermann, Ingeborg: Frauenleben im 19. Jahrhundert. München 1983
Wehler, Hans-Ulrich: Bismarck und der Imperialismus. Köln 1972
Wehler, Hans-Ulrich: Deutsche Gesellschaftsgeschichte. Bd. 3: 1849–1914. München 1995
Wehler, Hans-Ulrich: Das Deutsche Kaiserreich. 1871–1918. Göttingen ^{2}1975 [durchges. u. erg. Aufl.; 1. Aufl. 1973]

4. Textsammlungen

Bachleitner, Norbert (Hrsg.): Quellen zur Rezeption des englischen und französischen Romans in Deutschland und Österreich im 19. Jahrhundert. Tübingen
1990

Balme, Christopher (Hrsg.): Das Theater von morgen. Texte zur deutschen Theaterreform (1870–1920). Würzburg 1988

Best, Otto F. / Hans-Jürgen Schmitt (Hrsg.): Die deutsche Literatur. Ein Abriß
in Text und Darstellung. Bd. 11: Bürgerlicher Realismus, hrsg. v. Andreas
Huyssen; Bd. 12: Naturalismus, hrsg. v. Walter Schmähling; Bd. 13: Impressionismus, Symbolismus und Jugendstil, hrsg. von Ulrich Karthaus. Stuttgart
1981

Brauneck, Manfred / Christine Müller (Hrsg.): Naturalismus. Manifeste und
Dokumente zur deutschen Literatur 1880–1900. Stuttgart 1987

Bucher, Max u. a. (Hrsg.): Realismus und Gründerzeit. Manifeste und Dokumente zur deutschen Literatur 1848–1880. Mit einer Einführung in den Pro-
blemkreis und einer Quellenbibliographie. Bd. 1.2. Stuttgart 1981 [Erstdruck
1975/76]

Cowen, Roy C. (Hrsg.): Dramen des deutschen Naturalismus. Von Hauptmann
bis Schönherr. Bd. 1.2. München 1981

Emmerich, Wolfgang: Proletarische Lebensläufe. Bd. 1: Anfänge bis 1914. Reinbek 1974

Ewers, Heino (Hrsg.): Kinder- und Jugendliteratur. Von der Gründerzeit bis
zum Ersten Weltkrieg. Eine Textsammlung. Stuttgart 1994

Fetting, Hugo (Hrsg.): Von der Freien Bühne zum Politischen Theater. Drama
und Theater im Spiegel der Kritik. Bd. 1: 1889–1918. Leipzig 1987

Friese, Wilhelm (Hrsg.): Ibsen auf der deutschen Bühne. Texte zur Rezeption.
Tübingen 1976

Gross, Stefan (Hrsg.): Maurice Maeterlinck und die deutschsprachige Literatur.
Eine Dokumentation. München 1985

Hoefert, Sigfrid (Hrsg.): Russische Literatur in Deutschland. Texte zur Rezeption von den 80er Jahren bis zur Jahrhundertwende. Tübingen 1974

Jaron, Norbert / Renate Möhrmann / Hedwig Müller (Hrsg.): Berlin. Theater
der Jahrhundertwende. Bühnengeschichte der Reichshauptstadt im Spiegel
der Kritik (1889–1914). Tübingen 1986

Kaufmann, Eva (Hrsg.): Herr im Hause. Prosa von Frauen zwischen Gründerzeit und Erstem Weltkrieg. Berlin 1989

Knilli, Friedrich / Ursula Münchow (Hrsg.): Frühes deutsches Arbeitertheater
1847–1918. Eine Dokumentation. München 1970

Knobloch, Heinz (Hrsg.): Der Berliner zweifelt immer. Seine Stadt in Feuilletons von damals. Berlin 1979

Mahal, Günther (Hrsg.): Lyrik der Gründerzeit. Tübingen 1973

Mahr, Johannes (Hrsg.): «Die Krokodile». Ein Münchner Dichterkreis. Texte
und Dokumente. Stuttgart 1987

Marhold, Hartmut (Hrsg.): Gedichte und Prosa des Impressionismus. Stuttgart
1991

Meyer, Theo (Hrsg.): Theorie des Naturalismus. Stuttgart 1973

Münchow, Ursula (Hrsg.): Frühe deutsche Arbeiterautobiographie. Berlin 1973

Münchow, Ursula (Hrsg.): Naturalismus 1892–1899. Dramen, Lyrik, Prosa. Weimar, Berlin 1970
Plumpe, Gerhard (Hrsg.): Theorie des bürgerlichen Realismus. Eine Textsammlung. Stuttgart 1985
Rothe, Norbert / Ursula Münchow (Hrsg.): Des Morgens erste Röte. Frühe sozialistische deutsche Literatur 1860–1918. Leipzig 1982
Rothe, Norbert (Hrsg.): Naturalismus-Debatte 1891–1896. Berlin 1986
Rothe, Wolfgang (Hrsg.): Deutsche Großstadtlyrik vom Naturalismus bis zur Gegenwart. Stuttgart 1983
Rothe, Wolfgang (Hrsg.): Einakter des Naturalismus. Stuttgart 1973
Ruprecht, Erich / Dieter Bänsch (Hrsg.): Jahrhundertwende. Manifeste und Dokumente zur deutschen Literatur 1890–1910. Stuttgart 1981
Schmitz, Walter (Hrsg.): Die Münchner Moderne. Die literarische Szene in der ‹Kunststadt› um die Jahrhundertwende. Stuttgart 1990
Schulz, Gerhard (Hrsg.): Prosa des Naturalismus. Stuttgart 1973
Schutte, Jürgen (Hrsg.): Lyrik des Naturalismus. Stuttgart 1982
Schutte, Jürgen / Peter Sprengel (Hrsg.): Die Berliner Moderne 1885–1914. Stuttgart 1987
Wilkending, Gisela (Hrsg.): Kinder- und Jugendliteratur – Mädchenliteratur. Vom 18. Jahrhundert bis zum Zweiten Weltkrieg. Eine Textsammlung. Stuttgart 1994
Witte, Bernd (Hrsg.): Deutsche Arbeiterliteratur von den Anfängen bis 1914. Stuttgart 1977
Wunberg, Gotthart (Hrsg.): Das Junge Wien. Österreichische Literatur- und Kunstkritik 1887–1902. Bd. 1.2. Tübingen 1976
Wunberg, Gotthart (Hrsg.): Die Wiener Moderne. Literatur, Kunst und Musik zwischen 1890 und 1910. Stuttgart 1981

5. Literarisches Leben

Abret, Helga / Aldo Keel: Die Majestätsbeleidigungsaffäre des «Simplicissimus»-Verlegers Albert Langen. Frankfurt a. M. u. a. 1985
Allan, Ann Taylor: Satire and society in Wilhelmine Germany. «Kladderadatsch» and «Simplicissimus», 1890–1914. Lexington 1984
Bab, Julius: Die Berliner Bohème. Hrsg. von M. M. Schardt. Paderborn 1994
Bachmann, Martin: Lektüre, Politik und Bildung. Die schweizerischen Lesegemeinschaften des 19. Jahrhunderts unter besonderer Berücksichtigung des Kantons Zürich. Bern u. a. 1993
Chase, Jefferson S.: Representing Germany. The literature of the J. G. Cotta publishing house and the genesis, dissemination and legitimization of German nationalism, 1815–1889. Ann Arbor, Mich. 1994
Davidis, Michael: Der Verlag von Wilhelm Hertz. Beitrag zu einer Geschichte der Literaturvermittlung im 19. Jahrhundert, insbesondere zur Verlagsgeschichte der Werke von Paul Heyse, Theodor Fontane und Gottfried Keller. In: Archiv für Geschichte des Buchwesens 22 (1981), Sp. 1253–1590
Dietzel, Thomas / Hans-Otto Hügel: Deutsche literarische Zeitschriften 1880–1945. Ein Repertorium. Bd. 1–5. München 1988

Dimpfl, Monika / Georg Jäger (Hrsg.): Zur Sozialgeschichte der deutschen Literatur im 19. Jahrhundert. Einzelstudien. Teil 2. Tübingen 1990

Estermann, Alfred: Die deutschen Literatur-Zeitschriften 1850–1880. Bibliographien, Programme. Bd. 1–5. München, New York 1988/89

Estermann, Alfred: Inhaltsanalytische Bibliographien deutscher Kulturzeitschriften des 19. Jahrhunderts. Bd. 1–6. München, New York 1995/96

Fischer, Samuel / Hedwig Fischer: Briefwechsel mit Autoren. Hrsg. v. Dierk Rodewald u. Corinna Fiedler. Frankfurt a. M. 1989

Häntzschel, Günter (Hrsg.): Bildung und Kultur bürgerlicher Frauen 1850–1918. Eine Quellendokumentation. Tübingen 1986

Häntzschel, Günter / John Ormrod / Karl N. Renner (Hrsg.): Zur Sozialgeschichte der deutschen Literatur von der Aufklärung bis zur Jahrhundertwende. Einzelstudien. Tübingen 1985

Heißerer, Dirk: Wo die Geister wandern. Eine Topographie der Schwabinger Bohème um 1900. München 1993

Hellge, Manfred: Der Verleger Wilhelm Friedrich und das «Magazin für die Literatur des In- und Auslandes». In: Archiv für Geschichte des Buchwesens 16 (1977), Sp. 791–1216

Joachimsthaler, Jürgen: Max Bernstein. Kritiker, Schriftsteller, Rechtsanwalt (1854–1925). Ein Beitrag zur Literatur-, Rechts-, Zensur-, Kultur-, Sozial- und allgemeinen Geschichte zwischen 1878 und 1925. Frankfurt a. M. u. a. 1995

Kauffeldt, Rolf / Gertrude Cepl-Kaufmann: Berlin-Friedrichshagen. Literaturhauptstadt um die Jahrhundertwende. München 1994

Kreuzer, Helmut: Die Boheme. Beiträge zu ihrer Beschreibung. Stuttgart 1968

McCarthy, John A. / Werner von der Ohe (Hrsg.): Zensur und Kultur / Censorship and culture. Zwischen Weimarer Klassik und Weimarer Republik mit einem Ausblick bis heute. Tübingen 1995

Mendelssohn, Peter de: S. Fischer und sein Verlag. Frankfurt a. M. 1970

Obenaus, Sibylle: Literarische und politische Zeitschriften 1848–1880. Stuttgart 1987

Requate, Jörg: Journalismus als Beruf. Entstehung und Entwicklung des Journalistenberufes im 19. Jahrhundert. Göttingen 1995

Rollka, Bodo: Die Belletristik in der Berliner Presse des 19. Jahrhundert. Berlin 1985

S. Fischer, Verlag. Von der Gründung bis zur Rückkehr aus dem Exil. Eine Ausstellung des Deutschen Literaturarchivs. Marbach 1985

Scheichl, Sigurd P. / Wolfgang Duchkowitsch (Hrsg.): Zeitungen im Wiener Fin de Siècle. Wien, München 1997

Schlawe, Fritz: Literarische Zeitschriften, Teil 1: 1885–1910. Stuttgart [2]1965

Schrader, Hans-Jürgen: Im Schraubstock moderner Marktmechanismen. Vom Druck Kellers und Meyers in Rodenbergs «Deutscher Rundschau». Zürich 1994

Seybold, Annette: Erzählliteratur in der sozialdemokratischen und der konservativen Presse 1892–1914. Eine Untersuchung [. . .] der Familienzeitschriften «Die Neue Welt» und «Die Gartenlaube». Diss. Frankfurt a. M. 1986

Sowa, Wolfgang: Der Staat und das Drama. Der Preußische Schillerpreis 1859–1918. Frankfurt a. M. u. a. 1988

Steinbach, Christian: Die periodische Publizistik des «Jungen Wien». Die Zeitschriften des fin-de-siècle als Ausgangspunkt politischer Ideen. Diss. Wien 1978

Syndram, Karl U.: Kulturpublizistik und nationales Selbstverständnis. Untersuchungen zur Kunst- und Kulturpolitik in den Rundschauzeitschriften des Deutschen Kaiserreiches (1871–1914). Berlin 1989

Thamer, Jutta: Zwischen Historismus und Jugendstil. Zur Ausstattung der Zeitschrift «Pan» (1895–1900). Frankfurt a. M. 1980

Thiel, Angelika: Thema und Tabu. Körperbilder in deutschen Familienblättern von 1880–1900. Frankfurt a. M. u. a. 1993

Wittmann, Reinhard: Buchmarkt und Lektüre im 18. und 19. Jahrhundert. Tübingen 1982

Wittmann, Reinhard: Geschichte des deutschen Buchhandels. München 1991

Wruck, Peter (Hrsg.): Literarisches Leben in Berlin. 1871 1933. Bd. 1.2. Berlin 1987

Wülfing, Wulf / Karin Bruns / Rolf Parr (Hrsg.): Handbuch literarisch-kultureller Vereine, Gruppen und Bünde. Stuttgart, Weimar 1998

Zerges, Kristina: Sozialdemokratische Presse und Literatur. Eine empirische Untersuchung zur Literaturvermittlung in der sozialdemokratischen Presse 1876 1933. Stuttgart 1982

6. Kultur und Literatur der Epoche

6.1. Technik, Urbanisierung

Bullivant, Keith / Hugh Ridley (Hrsg.): Industrie und deutsche Literatur 1830–1914. München 1976

Glass, Derek / Dietmar Rösler / John J. White (Hrsg.)· Berlin. Literary images of a city / Eine Großstadt im Spiegel der Literatur. Berlin 1989

Großklaus, Götz / Eberhard Lämmert (Hrsg.): Literatur in einer industriellen Kultur. Stuttgart 1989

Heinimann, Alfred C.: Technische Innovation und literarische Aneignung. Die Eisenbahn in der deutschen und englischen Literatur des 19. Jahrhunderts. Bern 1992

Klussmann, Paul Gerhard (Hrsg.): Idylle und Modernisierung in der europäischen Literatur des 19. Jahrhunderts. Bonn 1986

Kuchenbuch, Thomas: Die Welt um 1900. Unterhaltungs- und Technikkultur. Stuttgart 1992

Literatur im Industriezeitalter. Eine Ausstellung des Deutschen Literaturarchivs. Marbach 1987

Mahr, Johannes: Eisenbahnen in der deutschen Dichtung. Der Wandel eines literarischen Motivs im 19. und beginnenden 20. Jahrhundert. München 1982

Meckseper, Cord / Elisabeth Schraut (Hrsg.): Die Stadt in der Literatur. Göttingen 1983

Segeberg, Harro: Literarische Technik-Bilder. Studien zum Verhältnis von Technik- und Literaturgeschichte im 19. und frühen 20. Jahrhundert. Tübingen 1987

Siebenhaar, Klaus (Hrsg.): Das poetische Berlin. Metropolenkultur zwischen Gründerzeit und Nationalsozialismus. Wiesbaden 1992

6.2. Soziale Frage, soziale Stellung

Autorenkollektiv (Leitung: Dietrich Mühlberg / Rainer Rosenberg): Literatur und proletarische Kultur. Berlin 1983

Bogdal, Klaus-Michael: Zwischen Alltag und Utopie. Arbeiterliteratur als Diskurs im 19. Jahrhundert. Opladen 1991

Eberhard, Hans-Joachim: Intellektuelle der Kaiserzeit. Ein sozialpsychologischer Streifzug. Frankfurt a. M. u. a. 1991

Fülberth, Georg: Proletarische Partei und bürgerliche Literatur. Neuwied, Berlin 1972

Münchow, Ursula: Arbeiterbewegung und Literatur 1860–1914. Berlin, Weimar 1981

Pauleweit, Karin: Dienstmädchen um die Jahrhundertwende. Im Selbstbildnis und im Spiegel der zeitgenössischen Literatur. Frankfurt a. M. u. a. 1993

Pforte, Dietger: Von unten auf. Studie zur literarischen Bildungsarbeit der frühen deutschen Sozialdemokratie und zum Verhältnis von Literatur und Arbeiterklasse. Gießen 1979

Sagarra, Eda (Hrsg.): Deutsche Literatur in sozialgeschichtlicher Perspektive. Dublin 1989

Scherer, Herbert: Bürgerlich-oppositionelle Literaten und sozialdemokratische Arbeiterbewegung nach 1890. Die ‹Friedrichshagener› und ihr Einfluß auf die sozialdemokratische Kulturpolitik. Stuttgart 1974

Schulz, Hans-Joachim: German socialist literature 1860–1914. Predicaments of criticism. Columbia, SC 1993

Sollmann, Kurt: Kritische Intelligenz vor 1900. Studien zu ihrer Ideologie und Geschichte. Köln 1982

6.3. Jüdische Identität

Grimm, Gunter E. / Hans-Peter Bayerdörfer (Hrsg.): Im Zeichen Hiobs. Jüdische Schriftsteller und deutsche Literatur im 20. Jahrhundert. Königstein/Ts. 1985

Horch, Hans-Otto / Horst Denkler (Hrsg.): Conditio Judaica. Antisemitismus und deutschsprachige Literatur vom 18. Jahrhundert bis zum Ersten Weltkrieg. Tübingen 1988

Pomeranz Carmely, Klara: Das Identitätsproblem jüdischer Autoren im deutschen Sprachraum von der Jahrhundertwende bis zu Hitler. Königstein/Ts. 1981

Strauss, Herbert A. / Christhard Hoffmann (Hrsg.): Juden und Judentum in der Literatur. München 1985

6.4. Nationale Identität(en)

Amann, Klaus / Karl Wagner (Hrsg.): Literatur und Nation. Die Gründung des Deutsches Reiches 1871 in der deutschsprachigen Literatur. Wien u. a. 1996

Capitani, François de / Georg Germann (Hrsg.): Auf dem Weg zu einer schweizerischen Identität. 1848–1914. Freiburg (Schweiz) 1987

Köster, Udo: Ideale Geschichtsdeutung und literarische Opposition um 1890. In: Internationales Archiv für Sozialgschichte der Literatur 17 (1992) H. 1, S. 43–65

Link, Jürgen / Wulf Wülfing (Hrsg.): Bewegung und Stillstand in Metaphern und Mythen. Fallstudien zum Verhältnis von elementarem Wissen und Literatur im 19. Jahrhundert. Stuttgart 1984
Pape, Walter (Hrsg.): 1870/71–1989/90. German unifications and the change of literary discourse. Berlin, New York 1993
Parr, Rolf: «Zwei Seelen wohnen, ach! in meiner Brust.» Strukturen und Funktionen der Mythisierung Bismarcks (1860–1918). München 1992
Scheuer, Helmut (Hrsg.): Dichter und ihre Nation. Frankfurt a. M. 1993
Schuhmann, Andreas: Nation und Literaturgeschichte. Romantik-Rezeption im deutschen Kaiserreich zwischen Utopie und Apologie. München 1991
Wülfing, Wulf / Karin Bruns / Rolf Parr: Historische Mythologie der Deutschen 1798–1918. München 1991

6.5. Frauenbild und Frauenliteratur

Dopplinger-Loebenstein, Andrea: Frauenehre, Liebe und der abgesetzte Mann. Bürgerliche Frauenliteratur in Österreich (1866–1918). Diss. Wien 1988
Hilmes, Carola: Die Femme fatale: Ein Weiblichkeitstypus in der nachromantischen Literatur. Stuttgart 1990
Klugsberger, Theresia / Christa Gürtler (Hrsg.): Schwierige Verhältnisse. Liebe und Sexualität in der Frauenliteratur um 1900. Innsbruck 1992
Kreuzer, Helmut (Hrsg.): Don Juan und Femme fatale. München 1994
Roebling, Irmgard (Hrsg.): Lulu, Lilith, Mona Lisa ... Frauenbilder der Jahrhundertwende. Pfaffenweiler 1989
Taeger, Annemarie: Die Kunst, Medusa zu töten. Zum Bild der Frau in der Literatur der Jahrhundertwende. Bielefeld 1987
Thomalla, Ariane: Die «Femme fragile». Ein literarischer Frauentypus der Jahrhundertwende. Düsseldorf 1972
Treder, Uta: Von der Hexe zur Hysterikerin. Zur Verfestigungsgeschichte des «Ewig Weiblichen». Bonn 1984
Vogel, Matthias: «Melusine ... das lasst aber tief blicken». Studien zur Gestalt der Wasserfrau in dichterischen und künstlerischen Zeugnissen des 19. Jahrhunderts. Bern u. a. 1989

6.6. Wiener Moderne

Berlin, Jeffrey B. (Hrsg.): Turn-of-the-century Vienna and its legacy. Berlin, Wien 1993
Brix, Emil / Patrick Werkner (Hrsg.): Die Wiener Moderne. München 1990
Carr, G. J. / Eda Sagarra (Hrsg.): Fin de siècle Vienna. Dublin 1985
Dittrich, Rainer: Die literarische Moderne der Jahrhundertwende im Urteil der österreichischen Kritik. Frankfurt a. M. u. a. 1988
Ehalt, Hubert Ch. / Gernot Heiß / Hannes Stekl (Hrsg.): Glücklich ist, wer vergißt ...? Das andere Wien um 1900. Wien u. a. 1986
Jugend in Wien. Literatur um 1900. Katalog der Ausstellung des Deutschen Literaturarchivs. Marbach 1974
Le Rider, Jacques: Das Ende der Illusion. Die Wiener Moderne und die Krise der Identität. Wien 1990
Lorenz, Dagmar: Wiener Moderne. Stuttgart, Weimar 1995
Nautz, Jürgen / Richard Vahrenkamp (Hrsg.): Die Wiener Jahrhundertwende. Einflüsse, Umwelt, Wirkungen. Köln, Graz 1993

Niefanger, Dirk: Produktiver Historismus. Raum und Landschaft in der Wiener Moderne. Tübingen 1993

Nielsen, Erika (Hrsg.): Focus on Vienna 1900. Change and continuity in literature, music, art and intellectual history. München 1982

Rieckmann, Jens: Aufbruch in die Moderne. Die Anfänge des Jungen Wien. Österreichische Literatur und Kritik im Fin de Siècle. Königstein 1985

Scheible, Hartmut: Literarischer Jugendstil in Wien. München, Zürich 1984

Schorske, Carl E.: Geist und Gesellschaft im Fin de Siècle. Frankfurt a. M. 1982 [Fin-de-siècle Vienna. New York 1980]

Spiel, Hilde: Glanz und Untergang. Wien 1866–1938. München 1987

Sprengel, Peter / Gregor Streim: Berliner und Wiener Moderne. Vermittlungen und Abgrenzungen in Literatur, Theater, Publizistik. Wien u. a. 1998

Timms, Edward / Ritchie Robertson (Hrsg.): Vienna 1900. From Altenberg to Wittgenstein. Edinburgh 1990

Waissenberger, Robert (Hrsg.): Wien 1870–1930. Traum und Wirklichkeit. Salzburg 1984

Waissenberger, Robert (Hrsg.): Wien 1890–1920. Wien, Heidelberg 1984

Wien – Berlin. Deux sites de la modernité – Zwei Metropolen der Moderne (1900–1930). Aix-en-Provence 1993 (= Cahiers d'études germaniques 1993, N.24)

Worbs, Michael: Nervenkunst. Literatur und Psychoanalyse im Wien der Jahrhundertwende. Frankfurt a. M. ²1988 [1. Aufl. 1983]

6.7. Weitere Aspekte

Andraschke, Peter / Edelgard Spaude (Hrsg.): Welttheater. Die Künste im 19. Jahrhundert. Freiburg i.Br. 1992

Bennett, Benjamin / Anton Kaes / William J. Lillyman (Hrsg.): Probleme der Moderne. Studien zur deutschen Literatur von Nietzsche bis Brecht. Tübingen 1983

Bermann, Nina: Orientalismus, Kolonialismus und Moderne. Zum Bild des Orients in der deutschsprachigen Kultur um 1900. Stuttgart 1997

Buck, August (Hrsg.): Renaissance und Renaissancismus von Jakob Burckhardt bis Thomas Mann. Tübingen 1990

Chapple, Gerald / Hans H. Schulte (Hrsg.): The turn of the century. German literature and art, 1890–1915. Bonn 1981

Deterding, Klaus: Der Reigen des Lebens. Organisch-ganzheitliches Denken in der deutschen Literatur des 19. Jahrhunderts. Würzburg 1993

Doppler, Alfred: Der Abgrund des Ichs. Ein Beitrag zur Geschichte des poetischen Ichs im 19. Jahrhundert. Wien u. a. 1985

Doppler, Alfred: Geschichte im Spiegel der Literatur. Aufsätze zur österreichischen Literatur des 19. und 20. Jahrhunderts. Innsbruck 1990

Dusini, Arno / Karl Wagner (Hrsg.): Metropole und Provinz in der österreichischen Literatur des 19. und 20. Jahrhunderts. Wien 1994

Eckhardt, Juliane: Unbequeme Kinderliteratur. Sozialkritik und Pazifismus im Kaiserreich. Oldenburg 1993

Fick, Monika: Sinnenwelt und Weltseele. Der psychophysische Monismus in der Literatur der Jahrhundertwende. Tübingen 1993

Fischer, Markus: Augenblicke um 1900. Literatur, Philosophie, Psychoanalyse und Lebenswelt zur Zeit der Jahrhundertwende. Frankfurt a. M., Bern 1986

Frenschkowski, Helena: Phantasmagorien des Ich. Die Motive Spiegel und Porträt in der Literatur des 19. Jahrhunderts. Frankfurt a. M. u. a. 1995

Fues, Wolfram M.: Poesie der Prosa, Prosa als Poesie. Eine Studie zur Geschichte der Gesellschaftlichkeit bürgerlicher Literatur. Heidelberg 1990

Fülleborn, Ulrich / Manfred Engel (Hrsg.): Das neuzeitliche Ich in der Literatur des 19. und 20. Jahrhunderts. Zur Dialektik der Moderne. München 1988

Gahler, Karsten: Die Jugendschriftenkritik nach der Jahrhundertwende im Spannungsfeld von Kunsterziehung und Kindertümlichkeit. Diss. Chemnitz 1994

Gebhardt, Walter: «Der Zusammenhang der Dinge». Weltgleichnis und Naturverklärung im Totalitätsbewußtsein des 19. Jahrhunderts. Tübingen 1983

Grimminger, Rolf u. a. (Hrsg.): Literarische Moderne. Europäische Literatur im 19. und 20. Jahrhundert. Reinbek 1995

Gumpert, Gregor: Die Rede vom Tanz. Körperästhetik in der Literatur der Jahrhundertwende. München 1994

Japp, Uwe: Literatur und Modernität. Frankfurt a. M. 1987

Kittler, Friedrich: Aufschreibesysteme 1800/1900. München ²1987 [erw. u. korr. Aufl.; 1. Aufl. 1985]

Kluge, Gerhard (Hrsg.): Aufsätze zu Literatur und Kultur der Jahrhundertwende. Amsterdam 1984

Koebner, Thomas / Gerhart Pickerodt (Hrsg.): Die andere Welt. Studien zum Exotismus. Frankfurt a. M. 1987

Koopmann, Helmut (Hrsg.): Mythos und Mythologie in der Literatur des 19. Jahrhunderts. Frankfurt a. M. 1979

Köster, Udo: Die Überwindung des Naturalismus. Begriffe, Theorien und Interpretationen zur deutschen Literatur um 1900. Hollfeld 1979

Krolop, Kurt: Die Sonderentwicklung der österreichischen Literatur im 19. Jahrhundert. Gestaltung und Probleme. Diss. Halle 1983

Lang, Peter Christian: Literarischer Unsinn im späten 19. und frühen 20. Jahrhundert. Frankfurt a. M. 1982

Leroy, Robert / Eckart Pastor (Hrsg.): Deutsche Dichtung um 1890. Beiträge zu einer Literatur im Umbruch. Bern, Frankfurt a. M. 1991

Mennemeier, Franz N.: Literatur der Jahrhundertwende. Europäisch-deutsche Literaturtendenzen 1870–1910. Bern u. a. 1988

Midell, Eike: Literatur zweier Kaiserreiche. Deutsche und österreichische Literatur der Jahrhundertwende. Berlin 1993

Mix, York-Gothart: Die Schulen der Nation. Bildungskritik in der Literatur der Moderne. Stuttgart u. a. 1995

Pfister, Manfred (Hrsg.): Die Modernisierung des Ich. Studien zur Subjektkonstitution in der Vor- und Frühmoderne. Passau 1989

Piechotta, Hans Joachim u. a. (Hrsg.): Die literarische Moderne in Europa. Bd. 1.2. Opladen 1994

Rossbacher, Karlheinz: Literatur und Liberalismus. Zur Kultur der Ringstraßenzeit in Wien. Wien, München 1992

Rossellit, Jutta: Aufbruch nach innen. Studien zur literarischen Moderne mit einer Theorie der Imagination. Würzburg 1993

Sauerland, Karol (Hrsg.): Autorität und Sinnlichkeit. Studien zur Literatur- und Geistesgeschichte zwischen Nietzsche und Freud. Frankfurt a. M., Bern 1986

Scheible, Hartmut: Wahrheit und Subjekt. Ästhetik im bürgerlichen Zeitalter. Bern 1984

Schwede, Reinhild: Wilhelminische Neuromantik – Flucht oder Zuflucht? Frankfurt a. M. 1987

Segeberg, Harro (Hrsg.): Vom Wert der Arbeit. Zur literarischen Konstitution des Wertkomplexes «Arbeit» in der deutschen Literatur (1770–1930). Tübingen 1991

Spies, Bernhard (Hrsg.): Ideologie und Utopie in der deutschen Literatur der Neuzeit. Würzburg 1995

Sprengel, Peter: Darwin in der Poesie. Spuren der Evolutionslehre in der deutschsprachigen Literatur des 19. und 20. Jahrhunderts. Würzburg 1998

Sprengel, Peter: Literatur im Kaiserreich. Studien zur Moderne. Berlin 1993

Thurnher, Eugen (Hrsg.): «Kakanien». Aufsätze zur österreichischen und ungarischen Literatur, Kunst und Kultur um die Jahrhundertwende. Wien 1991

Ward, Mark G. (Hrsg.): From Vormärz to Fin de Siècle. Essays in 19th century Austrian literature. Blairgowrie 1986

Wiedemann, Conrad (Hrsg.): Rom, Paris, London. Erfahrung und Selbsterfahrung deutscher Schriftsteller und Künstler in den fremden Metropolen. Stuttgart 1988

Wucherpfennig, Wolf: Kindheitskult und Irrationalismus in der Literatur um 1900. München 1980

Wünsch, Marianne: Die fantastische Literatur der Frühen Moderne (1890–1930). Definition, denkgeschichtlicher Kontext, Strukturen. München 1991

Zimmermann, Rolf C.: Der Dichter als Prophet. Grotesken von Nestroy bis Thomas Mann. Tübingen u. a. 1995

7. Richtungen

7.1. Realismus und Gründerzeit

Aust, Hugo: Literatur des Realismus. Stuttgart [2]1981 [durchges. u. erg. Aufl.; 1. Aufl. 1977]

Brinkmann, Richard (Hrsg.): Begriffsbestimmung des literarischen Realismus. Darmstadt 1987 [3., erw. Aufl.; 1. Aufl. 1969]

Cowen, Roy C.: Der Poetische Realismus. Kommentar zu einer Epoche. München 1985

Grossenbacher, Thomas: Studien zum Verhältnis von Literatur und Moral an ausgewählten Werken des schweizerischen bürgerlichen Realismus. Bern, Stuttgart 1984

Hamann, Richard / Jost Hermand: Gründerzeit. München [2]1974 [zuerst Berlin 1965]

Korte, Hermann: Ordnung und Tabu. Studien zum poetischen Realismus. Bonn 1989

Lehrer, Mark: Intellektuelle Aporien und literarische Originalität. Wissenschaftsgeschichtliche Studien zum deutschen Realismus. New York u. a. 1991

Luppa, Annelies: Die Verbrechergestalt im Zeitalter des Realismus von Fontane bis Mann. Ann Arbor, Mich. 1993

Müller, Klaus-Detlev (Hrsg.): Bürgerlicher Realismus. Grundlagen und Interpretationen. Königstein/Ts. 1981

Müller, Udo: Realismus. Begriff und Epoche. Freiburg i.Br. u. a. 1982

Preisendanz, Wolfgang: Humor als dichterische Einbildungskraft. Studien zur Erzählkunst des poetischen Realismus. München ³1985 [durchges. Aufl.; 1. Aufl. 1977]

Widhammer, Helmut: Die Literaturtheorie des deutschen Realismus (1848–1860). Stuttgart 1977

7.2. Naturalismus

Bogdal, Klaus Michael: Schaurige Bilder. Der Arbeiter im Blick des Bürgers am Beispiel des Naturalismus. Frankfurt a. M. 1978

Bürger, Christa / Peter Bürger / Jochen Schulte-Sasse (Hrsg.): Naturalismus/Ästhetizismus. Frankfurt a. M. 1979

Cowen, Roy C.: Der Naturalismus. Kommentar zu einer Epoche. München ³1981 [bibliograph. erw. Aufl.; zuerst 1973]

Dramen des Naturalismus. Interpretationen. Stuttgart 1988

Hamann, Richard / Jost Hermand: Naturalismus. München ³1976 [zuerst Berlin 1959]

Huber, Irene Maria: Die soziale Stellung der Frau im deutschen naturalistischen Roman. Diss. Stanford Univ. 1942

Ingunn Moe, Vera: Deutscher Naturalismus und ausländische Literatur. Frankfurt a. M. u. a. 1983

Kafitz, Dieter: Tendenzen der Naturalismus-Forschung und Überlegungen zu einer Neubestimmung des Naturalismus-Begriffs. In: Der Deutschunterricht 40 (1988), H. 2, S. 11–29

Kolkenbrock-Netz, Jutta: Fabrikation – Experiment – Schöpfung. Strategien ästhetischer Legitimation im Naturalismus. Heidelberg 1981

Linduschka, Heinz: Die Auffassung vom Dichterberuf im deutschen Naturalismus. Frankfurt a. M. u. a. 1978

Mahal, Günther: Naturalismus. München ³1996 [1. Aufl. 1975]

Marshall, Alan: Naturalism and nationalism. In: German life and letters 37 (1983/1984), S. 91–104

Möbius, Hanno: Der Naturalismus. Epochendarstellung und Werkanalyse. Heidelberg 1982

Scheuer, Helmut (Hrsg.): Naturalismus. Bürgerliche Dichtung und soziales Engagement. Stuttgart u. a. 1974

Voigt, Barbara: Programmatische Positionen zum Roman im deutschen Naturalismus. Die Auseinandersetzungen um Zolas Romantheorie. Diss. Berlin 1983

Wrasidlo, Barbara J.: The politics of German naturalism. Holz, Sudermann and Hauptmann. Diss. Univ. of California, San Diego 1986

7.3. Impressionismus

Hamann, Richard / Jost Hermand: Impressionismus. München ²1974 [zuerst Berlin 1960]

Marhold, Hartmut: Impressionismus in der deutschen Dichtung. Frankfurt a. M. u. a. 1985

Walther, Ingo F. (Hrsg.): Malerei des Impressionismus 1860–1920. Bd. 1.2. Köln 1992

7.4. Symbolismus und Ästhetizismus

Beil, Ulrich J.: Die Wiederkehr des Absoluten. Studien zur Symbolik des Kristallinen und Metallischen in der deutschen Literatur der Jahrhundertwende. Frankfurt a. M. u. a. 1988
Cardew, A. L.: Symbolist drama and the problem of symbolism. Diss. Essex 1980
Hoffmann, Paul: Symbolismus. München 1987
Redmond, James (Hrsg.): Drama and symbolism. Cambridge 1982
Rinner, Fridrun: Modellbildungen im Symbolismus. Ein Beitrag zur Methodik der vergleichenden Literaturwissenschaft. Heidelberg 1989
Speier, Hans Michael: Die Ästhetik Jean Pauls in der Dichtung des deutschen Symbolismus. Frankfurt a. M. 1979
Wuthenow, Ralph-Rainer: Muse, Maske, Meduse. Europäischer Ästhetizismus. Frankfurt a. M. 1978

7.5. Décadence und Fin de siècle

Bauer, Roger u. a. (Hrsg.): Fin de Siècle. Zu Literatur und Kunst der Jahrhundertwende. Frankfurt a. M. 1977
Bohnen, Klaus u. a. (Hrsg.): Fin de siècle. Zu Naturwissenschaft und Literatur der Jahrhundertwende im deutsch-skandinavischen Kontext. Kopenhagen 1984
Fischer, Jens Malte: Fin de siècle. Kommentar zu einer Epoche. München 1978
Hinterhäuser, Hans: Fin de Siècle. München 1977
Rasch, Wolfdietrich: Die literarische Décadence um 1900. München 1986
Schenk, Christiane: Venedig im Spiegel der Décadence-Literatur des Fin de siècle. Frankfurt a. M. u. a. 1987
Stoupy, Joelle: Maître de l'heure. Die Rezeption Paul Bourgets in der deutschsprachigen Literatur. Frankfurt a. M. 1996
Wunberg, Gotthart: Historismus, Lexemautonomie und Fin de siècle. Zum Décadence-Begriff in der Literatur der Jahrhundertwende. In: Arcadia 30 (1995), S. 31–61

8. Gattungen

8.1. Erzählprosa und Versepik

Adler, Hans (Hrsg.): Der deutsche soziale Roman des 18. und 19. Jahrhunderts. Darmstadt 1990
Aust, Hugo: Der historische Roman. Stuttgart 1994
Aust, Hugo: Novelle. Stuttgart ²1995 [1. Aufl. 1990]
Belgum, Kirsten L.: Interior meaning. Design of the bourgeois home in the realist novel. New York u. a. 1992
Blanke, Hans-Jürgen: Ich und Welt im Roman des 19. Jahrhunderts. Frankfurt a. M., Bern 1988
Brandes, Helga: Politische Mythen und Symbole im Mädchenbuch der Gründerzeit. Oldenburg 1993
Brock-Sulzer, Elisabeth: Der europäische Roman des 19. Jahrhunderts. Hrsg. v. Vera de Leeuw-Rüegger. Kilchberg 1982

Danis, Edward John: The popularity of the German Professorenroman or the archaeological novel in late 19th century America. Pennsylvania State Univ. 1980

Denkler, Horst (Hrsg.): Romane und Erzählungen des bürgerlichen Realismus. Neue Interpretationen. Stuttgart 1980

Eggert, Hartmut: Studien zur Wirkungsgeschichte des deutschen historischen Romans 1850–1875. Frankfurt a. M. 1971

Eisenbeiß, Ulrich: Didaktik des novellistischen Erzählens im Bürgerlichen Realismus. Literaturdidaktische Studien. Frankfurt a. M. u. a. 1985

Erzählungen und Novellen des 19. Jahrhunderts. Bd. 1.2. Stuttgart 1988–1990

Forderer, Christof: Die Großstadt im Roman. Berliner Großstadtdarstellungen zwischen Naturalismus und Moderne. Wiesbaden 1992

Freund, Winfried (Hrsg.): Deutsche Novellen. Von der Klassik bis zur Gegenwart. München 1993

Geppert, Hans Vilmar: Der realistische Weg. Formen pragmatischen Erzählens bei Balzac [. . .] und anderen Autoren des 19. Jahrhunderts. Tübingen 1994

Gilbert, Jane E.: The factory novel in Germany between 1850 to 1917. Diss. Berlin 1979

Glasenapp, Gabriele: Aus der Judengasse. Zur Entstehung und Ausprägung deutschsprachiger Ghettoliteratur im 19. Jahrhundert. Heidelberg 1996

Hirschmann, Gunter: Kulturkampf im historischen Roman der Gründerzeit 1859–1878. München 1978

Hügel, Hans Otto: Untersuchungsrichter, Diebsfänger, Detektive. Theorie und Geschichte der deutschen Detektiverzählung im 19. Jahrhundert. Stuttgart 1978

Jäggi, Andreas: Die Rahmenerzählung im 19. Jahrhundert. Bern u. a. 1994

Kafitz, Dieter (Hrsg.): Dekadenz in Deutschland. Beiträge zur Erforschung der Romanliteratur um die Jahrhundertwende. Frankfurt a. M., Bern 1988

Kafitz, Dieter: Figurenkonstellation als Mittel der Wirklichkeitserfassung. Dargestellt an Romanen der zweiten Hälfte des 19. Jahrhunderts. Kronberg/Ts. 1978

Klańska, Maria: Problemfeld Galizien in deutschsprachiger Prosa 1846–1914. Wien u. a. 1991

Klotz, Volker: Abenteuer-Romane. Reinbek 1989 [2. Aufl.; 1. Aufl. München, Wien 1979]

Koopmann, Helmut (Hrsg.): Handbuch des deutschen Romans. Düsseldorf 1983

Limlei, Michael: Geschichte als Ort der Bewährung. Menschenbild und Gesellschaftsverständnis in den deutschen historischen Romanen (1820–1890). Frankfurt a. M. u. a. 1988

Maler, Anselm (Hrsg.): Exotische Welt in populären Lektüren. Tübingen 1990

Maler, Anselm / Sabine Schott (Hrsg.): Galerie der Welt. Ethnographisches Erzählen im 19. Jahrhundert. Stuttgart 1988

Märtin, Ralf-Peter: Wunschpotentiale. Geschichte und Gesellschaft in Abenteuerromanen von Retcliffe, Armand, May. Königstein/Ts. 1983

Meyer, Herman: Das Zitat in der Erzählkunst. Zur Geschichte und Poetik des europäischen Romans. Frankfurt a. M. 1988 [3. Aufl.; 1. Aufl. Stuttgart 1961]

Müller, Heidy M.: Töchter und Mütter in deutschsprachiger Erzählprosa von 1885–1935. München 1991

Nelson, Brian (Hrsg.): Naturalism in the European novel. New critical perspectives. Oxford u. a. 1992

Neuhaus, Volker: Der zeitgeschichtliche Sensationsroman in Deutschland 1855–1878. «Sir John Retcliffe» und seine Schule. Berlin 1980

Paetzke, Iris: Erzählen in der Wiener Moderne. Tübingen 1992

Polheim, Karl Konrad (Hrsg.): Handbuch der deutschen Erzählung. Düsseldorf 1981

Quatember, Wolfgang: Erzählprosa im Umfeld der österreichischen Arbeiterbewegung (1867–1917). Wien, Zürich 1988

Rhöse, Franz: Konflikt und Versöhnung. Untersuchungen zur Theorie des Romans von Hegel bis zum Naturalismus. Stuttgart 1978

Riikonen, Hannu: Die Antike im historischen Roman des 19. Jahrhunderts. Helsinki 1978

Romane des 19. Jahrhunderts. Stuttgart 1992

Roper, Katherine: German encounters with modernity. Novels of imperial Berlin. Atlantic Highlands, NJ u. a. 1991

Schönert, Jörg (Hrsg.): Literatur und Kriminalität. Die gesellschaftliche Erfahrung von Verbrechen und Strafverfolgung als Gegenstand des Erzählens. Deutschland, England und Frankreich 1850–1880. Tübingen 1983

Schott-Tannich, Sabine: Der ethnographische Abenteuer- und Reiseroman des 19. Jahrhunderts im Urteil der zeitgenössischen Rezensenten. Diss. Kassel 1993

Selbmann, Rolf (Hrsg.): Zur Geschichte des deutschen Bildungsromans. Darmstadt 1988

Sorg, Klaus-Dieter: Gebrochene Teleologie. Studien zum Bildungsroman von Goethe bis Thomas Mann. Heidelberg 1983

Sottong, Hermann J.: Transformation und Reaktion. Historisches Erzählen von der Goethezeit zum Realismus. München 1992

Steinecke, Hartmut (Hrsg.): Romanpoetik in Deutschland. Von Hegel bis Fontane. Tübingen 1984

Swales, Martin: Studies of German prose fiction in the age of European realism. Lewiston u. a. 1995

Thomé, Horst: Autonomes Ich und «Inneres Ausland». Studien über Realismus, Tiefenpsychologie und Psychiatrie in deutschen Erzähltexten (1848–1914). Tübingen 1993

Waschinsky, Angelika: Die literarische Vermittlung von Musik und Malerei in den Künstlernovellen des 19. Jahrhunderts. Frankfurt a. M. u. a. 1989

Weber, Barbara: Der literarische Garten im bürgerlichen Zeitalter. Die Motive «Park» und «Garten» in den Prosawerken von Mörike, Storm und Fontane. Diss. Düsseldorf 1991

Werner, Wilfried: Gegenwelt Arbeit. Studien zur Rolle erwerbsbezogener Tätigkeit in Erzählwerken der Jahrhundertwende. Frankfurt a. M. u. a. 1986

Wiese, Benno von: Die deutsche Novelle von Goethe bis Kafka. Düsseldorf 1956

Wischmann, Antje: Ästheten und décadents. Eine Figurenuntersuchung anhand ausgewählter Prosatexte der Autoren H. Bang, J. P. Jacobsen, Rilke und Hofmannsthal. Frankfurt a. M. u. a. 1991

8.2. Drama und Theater

Aust, Hugo / Peter Haida / Jürgen Hein: Volksstück. Vom Hanswurstspiel zum sozialen Drama der Gegenwart. München 1989

Bayerdörfer, Hans-Peter / Karl Otto Conrady / Helmut Schanze (Hrsg.): Literatur und Theater im Wilhelminischen Zeitalter. Tübingen 1978

Bernhardt, Rüdiger: Henrik Ibsen und die Deutschen. Berlin 1989

Brauneck, Manfred: Literatur und Öffentlichkeit im ausgehenden 19. Jahrhundert. Studien zur Rezeption des naturalistischen Theaters in Deutschland. Stuttgart 1974

Burgtheater 1776–1976. Aufführungen und Besetzungen von 200 Jahren. Wien 1979

Chung, Hyun-Back: Die Kunst dem Volke oder dem Proletariat? Die Geschichte der Freien Volksbühnenbewegung in Berlin 1890–1914. Frankfurt a. M. 1989

Fischer-Lichte, Erika: Geschichte des Dramas. Epochen der Identität auf dem Theater von der Antike bis zur Gegenwart. Bd. 2. Von der Romantik bis zur Gegenwart. Tübingen 1990

Fischer-Lichte, Erika: Kurze Geschichte des deutschen Theaters. Tübingen u. a. 1993

Flatz, Roswitha: Krieg im Frieden. Das aktuelle Militärstück auf dem Theater des deutschen Kaiserreichs. Frankfurt a. M. 1976

Freydank, Ruth: Theater in Berlin. Von den Anfängen bis 1945. Berlin 1988

Giesing, Michaela: Ibsens «Nora» und die wahre Emanzipation der Frau. Zum Frauenbild im wilhelminischen Theater. Frankfurt a. M. u. a. 1984

Hadamowsky, Franz: Wien. Theater-Geschichte von den Anfängen bis zum Ende des Ersten Weltkriegs. Wien, München 1988

Haida, Peter: Komödie um 1900. Wandlungen des Gattungsschemas von Hauptmann bis Sternheim. München 1973

Hinck, Walter (Hrsg.). Geschichte als Schauspiel. Deutsche Geschichtsdramen. Interpretationen. Frankfurt a. M. 1981

Hinck, Walter (Hrsg.): Handbuch des deutschen Dramas. Düsseldorf 1980

Hoefert, Sigfrid: Das Drama des Naturalismus. Stuttgart, Weimar [4]1993 [überarb. u. erg. Aufl.; 1. Aufl. 1968]

Hoffmeier, Dieter: Die Meininger. Streitfall und Leitbild. Diss. Berlin 1988

Holtus, Günter (Hrsg.): Theaterwesen und dramatische Literatur. Tübingen 1987

Jelavich, Peter: Munich and theatrical modernism. Politics, playwriting, and performance. 1890–1914. Cambridge, Mass. 1985

Kafitz, Dieter (Hrsg.): Drama und Theater der Jahrhundertwende. Tübingen u. a. 1991

Kalcher, Joachim: Perspektiven des Lebens in der Dramatik um 1900. Köln, Wien 1980

Kiefer, Sascha: Dramatik der Gründerzeit. Deutsches Drama und Theater 1870–1890. St. Ingbert 1997

Kindermann, Heinz: Theatergeschichte Europas. Bd. 7: Realismus; Bd. 8: Naturalismus und Impressionismus. Salzburg 1965–1968

Klingsberg Diamond, Deborah: The «Freie Volksbühne» 1890–1896. An experiment in aesthetic education. Diss. Johns Hopkins Univ. 1985

Kord, Susanne: Ein Blick hinter die Kulissen. Deutschsprachige Dramatikerinnen im 18. und 19. Jahrhundert. Stuttgart u. a. 1992

McInnes, Edward: Das deutsche Drama des 19. Jahrhunderts. Berlin 1983
Müller-Michaels, Harro (Hrsg.): Deutsche Dramen. Interpretationen zu Werken von der Aufklärung bis zur Gegenwart. Bd. 2. Weinheim ³1996 [verb. Aufl.; zuerst 1981]
Nestriepke, Siegfried: Geschichte der Volksbühne Berlin. Teil 1: 1890 bis 1914. Berlin 1930
Osborne, John: The Meininger Court Theatre 1866–1890. Cambridge u. a. 1988
Pforte, Dietger (Hrsg.): Freie Volksbühne Berlin 1890–1990. Beiträge zur Geschichte der Volksbühnenbewegung in Berlin. Berlin 1990
Schley, Gernot: Die Freie Bühne in Berlin. Berlin 1967
Sprengel, Peter: Die inszenierte Nation. Deutsche Festspiele 1813–1913. Mit ausgewählten Texten. Tübingen 1991
Stroka, Anna / Marian Szyrocki: Das deutsche Drama des 19. Jahrhunderts. Warschau 1983
Stuhlmacher, Brigitte: Studien und Interpretationen zu Dramen von Holz und Schlaf, Halbe, Sudermann, Hauptmann und Brecht. Diss. Berlin 1987
Szondi, Peter: Das lyrische Drama des Fin de siècle. Frankfurt a. M. 1975
Szondi, Peter: Theorie des modernen Dramas 1880–1950. Frankfurt a. M. ²¹1994 [1. Aufl. 1956]
Uekermann, Gerd: Renaissancismus und Fin de siècle. Die italienische Renaissance in der deutschen Dramatik der letzten Jahrhundertwende. Berlin 1985
Valentin, Jean-Marie (Hrsg.): Das österreichische Volkstheater im europäischen Zusammenhang, 1830–1880. Frankfurt a. M. 1988
Valentin, Jean-Marie (Hrsg.): Volk, Volksstück, Volkstheater im deutschen Sprachraum des 18.–20. Jahrhunderts. Bern u. a. 1986
Wiese, Benno von (Hrsg.): Das deutsche Drama. Bd. 2. Düsseldorf 1958

8.3. Lyrik

Anderle, Martin: Deutsche Lyrik des 19. Jahrhunderts. Ihre Bildlichkeit: Metapher, Symbol, Evokation. Bonn 1979
Bibo, Claudia: Naturalismus als Weltanschauung? Biologistische, theosophische und deutsch-völkische Bildlichkeit in der von Fidus illustrierten Lyrik (1893–1902). Frankfurt a. M. u. a. 1995
Blumberg, Sigrid J.: Die Ballade als künstlerische Notwendigkeit im 19. Jahrhundert (Droste, Hebbel, Meyer, Fontane). Diss. Univ. of California, Davis 1980
Diehl, Rainer: Bürgerliche Lyrik und sozialdemokratische Parteilyrik. Diss. Bonn 1980
Gedichte und Interpretationen. Bd. 4: Vom Biedermeier bis zum bürgerlichen Realismus, hrsg. von Günter Häntzschel; Bd. 5: Vom Naturalismus bis zur Jahrhundertmitte, hrsg. von Harald Hartung. Stuttgart 1983/84
Grimm, Gunter (Hrsg.): Deutsche Balladen. Gedichte und Interpretationen. Stuttgart 1988
Häntzschel, Günter: «In zarte Frauenhand. Aus den Schätzen der Dichtkunst.» Zur Trivialisierung der Lyrik in der 2. Hälfte des 19. Jahrhunderts. In: Zeitschrift für deutsche Philologie 99 (1980), 199–226
Häntzschel, Günter: Bibliographie der deutschsprachigen Lyrikanthologien. 1840–1914. Bd. 1.2. München u. a. 1991
Hinderer, Walter (Hrsg.): Geschichte der deutschen Lyrik vom Mittelalter bis zur Gegenwart. Stuttgart 1983

Hinderer, Walter (Hrsg.): Geschichte der politischen Lyrik in Deutschland. Stuttgart 1978

Kaiser, Gerhard: Geschichte der deutschen Lyrik von Heine bis zur Gegenwart. Teil 1–3. Frankfurt a. M. 1991

Menne, Angelika: Einigkeit und Unité. Die Legitimation politischer Vorgänge mit lyrischen Mitteln in den deutschen und französischen Kriegsgedichten von 1870–71. Diss. Berlin 1980

Muranga, Manuel J. K.: Großstadtelend in der deutschen Lyrik zwischen Arno Holz und Johannes R. Becher. Frankfurt a. M., Bern 1987

Neumann, Bernd Helmut: Die kleinste poetische Einheit. Semantisch-poetologische Untersuchungen an Hand der Lyrik von Conrad Ferdinand Meyer, Arno Holz, August Stramm und Helmut Heißenbüttel. Köln, Wien 1977

Riha, Karl: Deutsche Großstadtlyrik. Eine Einführung. München u. a. 1983

Rischke, Anne-Susanne: Die Lyrik in der «Gartenlaube» 1853–1903. Frankfurt a. M., Bern 1982

Rudorf, Friedhelm: Poetologische Lyrik und politische Dichtung. Frankfurt a. M. u. a. 1988

Schlaffer, Heinz: Lyrik im Realismus. Studien über Raum und Zeit in den Gedichten Mörikes, der Droste und Liliencrons. Bonn ³1984 [1. Aufl. 1966]

Schutte, Jürgen: Lyrik des deutschen Naturalismus (1885–1893). Stuttgart 1976

Vaerenbergh, Leona van: Tanz und Tanzbewegung. Ein Beitrag zur Deutung deutscher Lyrik von der Dekadenz bis zum Frühexpressionismus. Frankfurt a. M. u. a. 1991

Veit, Elisabeth: Fiktion und Realität in der Lyrik. Literarische Weltmodelle zwischen 1890 und 1918 in der Dichtung Max Dauthendeys, Richard Dehmels und Alfred Momberts. Diss. München 1978

Wehner, Walter: Weberelend und Weberaufstände in der deutschen Lyrik des 19. Jahrhunderts. München 1981

Wieland, Klaus: Der Strukturwandel in der deutschsprachigen Lyrik vom Realismus zur frühen Moderne. Bonn 1996

Wiese, Benno von (Hrsg.): Die deutsche Lyrik. Bd. 2. Düsseldorf 1956

Zimmer, Hasko: Auf dem Altar des Vaterlands. Religion und Patriotismus in der deutschen Kriegslyrik des 19. Jahrhunderts. Frankfurt a. M. 1971

8.4. Nichtfiktionale Prosa

Aichinger, Ingrid: Künstlerische Selbstdarstellung. Goethes «Dichtung und Wahrheit» und die Autobiographie der Folgezeit. Bern 1977

Amann, Klaus / Karl Wagner (Hrsg.): Autobiographien in der österreichischen Literatur. Von Franz Grillparzer bis Thomas Bernhard. Innsbruck, Wien 1998

Brenner, Peter J.: Reisen in die Neue Welt. Die Erfahrung Nordamerikas in deutschen Reise- und Auswandererberichten des 19. Jahrhunderts. Tübingen 1991

Daviau, Donald G. (Hrsg.): Österreichische Tagebuchschriftsteller. Wien 1994

Federlein-Leisewitz, Angela: Autobiographien von Arbeitern 1890–1914. Marburg 1987

Fiedler, Stephan: Der Aphorismus. Begriffsspiel zwischen Philosophie und Poesie. Stuttgart 1992

Fischer, Andreas: Studien zum historischen Essay und zur historischen Porträtkunst an ausgewählten Beispielen. Berlin 1968

Frerichs, Petra: Bürgerliche Autobiographie und proletarische Selbstdarstellung. Frankfurt a. M. 1980

Fricke, Harald: Aphorismus. Stuttgart 1984

Grimm, Reinhold / Jost Hermand (Hrsg.): Vom Anderen und vom Selbst. Königstein/Ts. 1982

Haas, Gerhard: Essay. Stuttgart 1969

Hohendahl, Peter Uwe (Hrsg.): Geschichte der deutschen Literaturkritik. Stuttgart 1985

Klańska, Maria: Aus dem Schtetl in die Welt 1772–1938. Ostjüdische Autobiographien in deutscher Sprache. Wien u. a. 1994

Lehmann, Jürgen: Bekennen – Erzählen – Berichten. Studien zu Theorie und Geschichte der Autobiographie. Tübingen 1988

Martens, Wolfgang (Hrsg.): Bibliographische Probleme im Zeichen eines erweiterten Literaturbegriffs. Weinheim 1988

Müller, Klaus: Aber in meinem Herzen sprach eine Stimme so laut. Homosexuelle Autobiographien und medizinische Pathographien im 19. Jahrhundert. Berlin 1991

Müller-Funk, Wolfgang: Erfahrung und Experiment. Studien zu Theorie und Geschichte des Essayismus. Berlin 1995

Neumann, Bernd: Identität und Rollenzwang. Zur Theorie der Autobiographie. Frankfurt a. M. 1970

Neumann, Gerhard (Hrsg.): Der Aphorismus. Darmstadt 1976

Niggl, Günter (Hrsg.): Die Autobiographie. Darmstadt 1989

Scheuer, Helmut: Biographie. Studien zur Funktion und zum Wandel einer literarischen Gattung vom 18. Jahrhundert bis zur Gegenwart. Stuttgart 1979

Stadler, Marina: Rollenbewußtsein und Subjektivität. Eine literartypologische Untersuchung politischer Memoiren am Beispiel von Otto von Bismarcks «Erinnerung und Gedanke». Frankfurt a. M. u. a. 1991

9. Ausgaben und Untersuchungen (nach Autoren)

Altenberg

Altenberg, Peter: Gesammelte Werke in fünf Bänden. Bd. 1.2 (mehr nicht ersch.) Wien, Frankfurt a. M. 1987

Altenberg, Peter: Auswahl aus seinen Büchern von Karl Kraus. Neu hrsg. v. Christian Wagenknecht. Frankfurt a. M., Leipzig 1997

Barker, Andrew W. / Leo A. Lensing: Peter Altenberg. Rezept die Welt zu sehen. Kritische Essays. Dokumente zur Rezeption. Titelregister der Bücher. Wien 1995

Nienhaus, Stefan: Das Prosagedicht im Wien der Jahrhundertwende. Altenberg – Hofmannsthal – Polgar. Berlin 1986

Schaefer, Camillo: Peter Altenberg oder Die Geburt der modernen Seele. Vorwort v. Erwin Ringel. Wien, München 1992

Spinnen, Burkhard: Schriftbilder. Studien zu einer Geschichte emblematischer Kurzprosa. Münster 1991

Wysocki, Gisela von: Peter Altenberg. Bilder und Geschichten eines befreiten Lebens. Hamburg 1994 [zuerst München, Wien 1979]

Andreas-Salomé

Koepcke, Cordula: Lou Andreas-Salomé. Leben, Persönlichkeit, Werk. Eine Biographie. Frankfurt a. M. [4]1994 [1. Aufl. 1986]

Andrian

Andrian, Leopold: Der Garten der Erkenntnis. Mit Dokumenten und zeitgenössischen Stimmen hrsg. v. Walter H. Perl. Frankfurt a. M. 1970
Correspondenzen. Briefe an Leopold von Andrian 1894–1950. Hrsg. von Ferruccio Delle Cave. Marbach 1989
Renner, Ursula: Leopold Andrians «Garten der Erkenntnis». Literarisches Paradigma einer Identitätskrise in Wien um 1900. Frankfurt a. M., Bern 1981

Anzengruber

Anzengruber, Ludwig: Sämtliche Werke. Hrsg. v. Rudolf Lathke u. Otto Rommel. Kritische Gesamtausgabe, Bd. 1–15. Wien 1920–1922

Bahr

Bahr, Hermann: Zur Überwindung des Naturalismus. Theoretische Schriften 1887–1904. Hrsg. v. Gotthart Wunberg. Stuttgart u. a. 1968
Bahr, Hermann: Tagebücher. Skizzenbücher. Notizhefte. Hrsg. von Moritz Csáky. Bd. 1: 1885–1890. Wien, Köln 1994
Berlage, Andreas: Empfindung, Ich und Sprache um 1900. Ernst Mach, Hermann Bahr und Fritz Mauthner im Zusammenhang. Frankfurt a. M. 1994
Daviau, Donald G.: Der Mann von Übermorgen. Hermann Bahr 1863–1934. Wien 1984
Farkas, Reinhard: Hermann Bahr. Dynamik und Dilemma der Moderne. Wien, Köln 1989

Beer-Hofmann

Beer-Hofmann, Richard: Große Ausgabe in sechs Bänden. Hrsg. v. Günter Helmes, Michael M. Schardt u. Andreas Thomasberger. Paderborn 1993 ff.
Borchmeyer, Dieter (Hrsg.): Richard Beer-Hofmann. Zwischen Ästhetizismus und Judentum. Paderborn 1996
Eberhardt, Sören: Der zerbrochene Spiegel. Zu Ästhetizismus und Tod in Richard Beer-Hofmanns «Novellen». Paderborn 1993
Eke, Otto / Günter Helmes (Hrsg.): Richard Beer-Hofmann (1866–1945). Studien zu seinem Werk. Würzburg 1993
Peters, Ulrike: Richard Beer-Hofmann. Zum jüdischen Selbstverständnis im Wiener Judentum um die Jahrhundertwende. Frankfurt a. M. u. a. 1993
Scherer, Stefan: Richard Beer-Hofmann und die Wiener Moderne. Tübingen 1993

Bierbaum

Bierbaum, Otto Julius: Gesammelte Werke. Bd. 1–7. München 1921
Stankovich, Dushan: Otto Julius Bierbaum. Eine Werkmonographie. Bern, Frankfurt a. M. 1971

Böhlau

Böhlau, Helene: Gesammelte Werke. Abt. 1, Bd. 1–4; Abt. 2, Bd. 1–5. Weimar
1929
Becker, Josef: Helene Böhlau. Leben und Werk. Diss. Zürich 1988

Bölsche

Berentsen, Anton: Vom Urnebel zum Zukunftsstaat. Zum Problem der Populari-
sierung der Naturwissenschaften in der deutschen Literatur (1880–1910). Berlin 1986
Hamacher, Klaus: Wissenschaft, Literatur und Sinnfindung im 19. Jahrhundert.
Studien zu Wilhelm Bölsche. Würzburg 1993

Brahm

Brahm, Otto: Kritische Schriften. Hrsg. v. Paul Schlenther. Bd. 1.2. Berlin 1913–
1915
Brahm, Otto / Gerhart Hauptmann: Briefwechsel 1889–1912. Erstausgabe mit
Materialien. Hrsg. v. Peter Sprengel. Tübingen 1985
Claus, Horst: The theatre director Otto Brahm. Ann Arbor, Mich. 1981

Busch

Busch, Wilhelm: Sämtliche Werke. Hrsg. v. Otto Nöldeke. Bd. 1–8. München 1943
Busch, Wilhelm: Sämtliche Bilderbogen. Hrsg. v. Gert Ueding. Frankfurt a. M.
1983
Busch, Wilhelm: Sämtliche Briefe. Hrsg. v. Friedrich Bohne. Bd. 1.2. Hannover
1968/69
Ackerkecht, Erwin: Wilhelm Busch als Selbstbiograph. München 1949
Bonate, Peter: Die Darstellung des Bösen im Werk Wilhelm Buschs. Bern 1973
Ehrlich, Josef: Wilhelm Busch der Pessimist. Sein Verhältnis zu Schopenhauer.
Bern, München 1962
Hetzner, Michael: Identität im Umbruch. Wilhelm Buschs autobiographische
Skizzen im Vorfeld der Moderne. Frankfurt a. M. 1994
Imm, Karsten: Absurd und grotesk. Zum Erwählwerk von Wilhelm Busch und
Kurt Schwitters. Bielefeld 1994
Kraus, Joseph: Wilhelm Busch. Mit Selbstzeugnissen und Bilddokumenten.
Reinbek [12]1994 [1. Aufl. 1970]
Liebl, Waltraut: Bild und Sprache. Modelle der Wirklichkeitsästhetik bei Wil-
helm Busch. Diss. Wien 1990
Pape, Walter: Wilhelm Busch. Stuttgart 1977
Ueding, Gert: Wilhelm Busch. Das 19. Jahrhundert en miniature. Frankfurt
a. M. 1977
Ueding, Gert (Hrsg.): Buschs geheimes Lustrevier. Affektbilder und Seelenge-
schichten des deutschen Bürgertums im 19. Jahrhundert. Frankfurt a. M. u. a.
1982
Vogt, Michael (Hrsg.): Die boshafte Heiterkeit des Wilhelm Busch. Bielefeld
1988

Conrad

Stumpf, Gerhard: Michael Georg Conrad. Ideenwelt, Kunstprogrammatik, literarisches Werk. Frankfurt a. M. u. a. 1986

Conradi

Conradi, Hermann: Gesammelte Schriften. Hrsg. v. Paul Ssymank u. Gustav Werner Peters. Bd. 1–3. München, Leipzig 1911
Conradi, Hermann: Ich bin der Sohn der Zeit. Ausgewählte Schriften. Hrsg. von Rüdiger Bernhardt. Leipzig, Weimar 1983

Dahn

Dahn, Felix: Gesammelte Werke. Erzählende und poetische Schriften, Serie 1, Bd. 1–8; Ser. 2, Bd. 1–8. Leipzig, Berlin 1912
Hovey, Mark A.: Felix Dahn's «Ein Kampf um Rom». Diss. State Univ. of New York at Buffalo 1981

Dauthendey

Dauthendey, Max: Gesammelte Werke. Bd. 1–6. München 1925
Dauthendey, Max: Frühe Prosa. Aus dem handschriftlichen Nachlaß hrsg. v. Hermann Gerstner. München, Wien 1967
Geibig, Gabriele: Der Würzburger Dichter Max Dauthendey (1867–1918). Sein Nachlaß als Spiegel von Leben und Werk. Würzburg 1992
Müller, Joachim (Hrsg.): Die Akten Gustav Falke und Max Dauthendey. Berlin, Weimar 1970

David

David, Jakob Julius David: Gesammelte Werke. Hrsg. v. Ernst Heilborn u. Erich Schmidt. Bd. 1–7. München, Leipzig 1908/09
David, Jakob Julius: Novellen. Hrsg. v. Paul Liessmann. Salzburg, Wien 1995

Dehmel

Dehmel, Richard: Gesammelte Werke. Bd. 1–10. Berlin 1906–1909
Dehmel, Richard: Ausgewählte Briefe aus den Jahren 1883–1920. Bd. 1.2. Berlin 1922/23
Bab, Julius: Richard Dehmel. Die Geschichte eines Lebens-Werkes. Leipzig 1926
Fritz, Horst: Literarischer Jugendstil und Expressionismus. Zur Kunsttheorie, Dichtung und Wirkung Richard Dehmels. Stuttgart 1969

Dohm

Pailer, Gaby: Schreibe, die du bist. Die Gestaltung weiblicher «Autorschaft» im erzählerischen Werk Hedwig Dohms. Zugleich ein Beitrag zur Nietzsche-Rezeption um 1900. Pfaffenweiler 1994
Reed, Philippa: «Alles, was ich schreibe, steht im Dienst der Frauen.» Zum essayistischen und fiktionalen Werk Hedwig Dohms (1833–1919). Frankfurt a. M. u. a. 1987

Singer, Sandra L.: Free soul, free woman? A study of selected fictional works by Hedwig Dohm, Isolde Kurz, and Helene Böhlau. New York u. a. 1995

Dörmann

Schneider, Helmut: Felix Dörmann. Eine Monographie. Wien 1991

Ebers

Ebers, Georg: Gesammelte Werke. Bd. 1–32. Stuttgart, Leipzig 1893–1897
Fischer, Hans: Der Ägyptologe Georg Ebers. Eine Fallstudie zum Problem Wissenschaft und Öffentlichkeit. Wiesbaden 1993

Ebner-Eschenbach

Ebner-Eschenbach, Marie von: Sämtliche Werke. Bd. 1–6. Berlin [1920]
Ebner-Eschenbach, Marie von: Kritische Texte und Deutungen. Hrsg. v. Konrad Polheim. Bonn [ab Bd. 4: Tübingen] 1978 ff.
Brankamp, Agatha C.: Marie von Ebner-Eschenbach. The author, her time, and her critics. Bonn 1990
Polheim, Karl Konrad (Hrsg.): Marie von Ebner-Eschenbach. Bern u. a. 1994
Rose, Ferrel V.: The guises of modesty. Marie von Ebner-Eschenbach's female artists. Columbia, SC 1994
Steiner, Carl: Of reason and love. The life and works of Marie von Ebner-Eschenbach. Riverside, Cal. 1994

Ernst

Ernst, Paul: Gesammelte Werke. Drei Abt. in 21 Bänden. München 1928–1942
Ernst, Paul: Acht Einakter. Hrsg. v. Karl August Kutzbach. Emsdetten 1977
Paul Ernst. Leben und Werk des Dichters im Umbruch der Jahrhundertwende. Bearb. v. Dietrich Uffhausen. Neu-Ulm 1995

Eyth

Eyth, Max: Gesammelte Schriften. Bd. 1–6. Stuttgart, Berlin [1927]

Fontane

Fontane, Theodor: Sämtliche Werke. Hrsg. v. Walter Keitel, Abt. 1, Bd. 1–6; Abt. 2, Bd. 1–3; Abt. 3, Bd. 1–5; Abt. 4, Bd. 1–5. München 1966–1994
Fontane, Theodor: Große Brandenburger Ausgabe. Hrsg. v. Gotthard Erler. Abt. 1–4, Berlin 1994 ff.
Fontane, Theodor: Briefe. Hrsg. v. Kurt Schreinert u. Charlotte Jolles. Bd. 1–4. Berlin 1968–1971
Fontane, Theodor: Briefe an Georg Friedlaender. Hrsg. v. Walter Hettche. Frankfurt a. M., Leipzig 1994
Fontane, Theodor: Briefe an Wilhelm und Hans Hertz. Hrsg. v. Kurt Schreinert. Stuttgart 1972
Fontane, Theodor / Paul Heyse: Briefwechsel. Hrsg. v. Erich Petzet. Berlin 1929
Arnold, Heinz-Ludwig (Hrsg.): Theodor Fontane. München 1989

Aust, Hugo: Theodor Fontane: «Verklärung». Eine Untersuchung zum Ideengehalt seiner Werke. Bonn 1974

Aust, Hugo (Hrsg.): Fontane aus heutiger Sicht. Analysen und Interpretationen seines Werks. 10 Beiträge. München 1980

Bance, Alan u. a. (Hrsg.): Theodor Fontane. Stuttgart 1995

Brinkmann, Richard: Über die Verbindlichkeit des Unverbindlichen. Tübingen [2]1977 [1. Aufl. München 1967]

Daffa, Agni: Gesellschaftsbild und Gesellschaftskritik in Fontanes Roman «L'Adultera». Gießen 1994

Degering, Thomas: Das Verhältnis von Individuum und Gesellschaft in Fontanes «Effi Briest» und Flauberts «Madame Bovary». Bonn 1978

Dieckhoff, Klaus: Romanfiguren Theodor Fontanes in andragogischer Sicht. Frankfurt a. M. u. a. 1994

Dingeldein, Kerstin: Die Konfiguration des Gegenständlichen. Eine Studie zur geschichtlichen Denkintention in den Texten Theodor Fontanes. Frankfurt a. M. 1994

Fontane-Blätter 1 ff. (1965 ff.)

Gault, Rebecca S.: «Erziehung durch Spuk». «Effi Briest» and the ghost of discourse. Ann Arbor, Mich. 1993

Grawe, Christian: Theodor Fontane: «Effi Briest». Grundlagen und Gedanken zum Verständnis erzählender Literatur. Frankfurt a. M. 1985

Grawe, Christian (Hrsg.): Fontanes Novellen und Romane. Stuttgart 1991

Greif, Stefan: Ehre als Bürgerlichkeit in den Zeitromanen Theodor Fontanes. Paderborn u. a. 1992

Guenther, Walter P.: Preußischer Gehorsam. Theodor Fontanes Novelle «Schach von Wuthenow». Text und Deutung. München 1981

Hanraths, Ulrike: Bilderfluchten. Weiblichkeitsbilder in Fontanes Romanen und im Wissenschaftsdiskurs seiner Zeit. Düsseldorf 1991

Hass, Ulrike: Theodor Fontane. Bürgerlicher Realismus am Beispiel seiner Berliner Gesellschaftsromane. Bonn 1979

Jolles, Charlotte: Theodor Fontane. Stuttgart, Weimar [4]1993 [1. Aufl. 1972]

Jung, Winfried: Bildergespräche. Zur Funktion von Kunst und Literatur in Theodor Fontanes «L'Adultera». Stuttgart 1991

Konieczny, Hans-Joachim: Theodor Fontanes Erzählwerke in Presseorganen des ausgehenden 19. Jahrhunderts. Paderborn 1978

Liebrand, Claudia: Das Ich und die andern. Fontanes Figuren und ihre Selbstbilder. Freiburg i. Br. 1990

Loster-Schneider, Gudrun: Der Erzähler Fontane. Seine politischen Positionen in den Jahren 1864–1898 und ihre ästhetische Vermittlung. Tübingen 1986

Meyer, Susanne: Literarische Schwestern: Ana Ozores – Effi Briest. Studien zur psychosozialen Genese fiktionaler Figuren. Aachen 1993

Müller, Karla: Schloßgeschichten. Eine Studie zum Romanwerk Theodor Fontanes. München 1986

Müller-Seidel, Walter: Theodor Fontane. Soziale Romankunst in Deutschland. Stuttgart [3]1994 [1. Aufl. 1975]

Nürnberger, Helmut: Fontanes Welt. Berlin 1997

Nürnberger, Helmut: Theodor Fontane in Selbstzeugnissen und Bilddokumenten. Reinbek [20]1994 [1. Aufl. 1968]

Ohff, Heinz: Theodor Fontane. Leben und Werk. München, Zürich 1995
Ohl, Hubert: Bild und Wirklichkeit. Studien zur Romankunst Raabes und Fontanes. Heidelberg 1968
Paulsen, Wolfgang: Im Banne der Melusine. Bern u. a. 1988
Plett, Bettina: Die Kunst der Allusion. Formen literarischer Anspielungen in den Romanen Theodor Fontanes. Köln, Wien 1986
Preisendanz, Wolfgang (Hrsg.): Theodor Fontane. Darmstadt ^{2}1985
Reuter, Hans-Heinrich: Fontane. Hrsg. v. Peter Görlich. Bd. 1.2. Berlin u. a. 1995 [zuerst München 1968]
Richter, Karl: Resignation. Eine Studie zum Werk Theodor Fontanes. Stuttgart u. a. 1966
Sagarra, Eda: Theodor Fontane: «Der Stechlin». München 1986
Sander, Elke: Theodor Fontane als Kriegshistoriker. Diss. Erlangen-Nürnberg 1992
Schuster, Peter-Klaus: Theodor Fontane: Effi Briest. Ein Leben nach christlichen Bildern. Tübingen 1978
Strech, Heiko: Die Synthese von Alt und Neu. «Der Stechlin» als Summe des Gesamtwerks. Berlin 1970
Voss, Lieselotte: Literarische Präfiguration dargestellter Wirklichkeit bei Fontane. Zur Zitatstruktur seines Romanwerks. München 1985
Wagner, Walter: Die Technik der Vorausdeutung in Fontanes «Vor dem Sturm» und ihre Bedeutung im Zusammenhang des Werkes. Marburg 1966
Weber, Lilo: «Fliegen und Zittern». Hysterie in Texten von Theodor Fontane, Hedwig Dohm, Gabriele Reuter und Minna Kautsky. Bielefeld 1996
Zimmermann, Hans Jürgen: «Das Ganze» und die Wirklichkeit. Theodor Fontanes perspektivischer Realismus. Frankfurt a. M. u. a. 1988
Zuberbühler, Rolf: «Ja, Luise, die Kreatur». Zur Bedeutung der Neufundländer in Fontanes Romanen. Tübingen 1991

François

François, Louise von: Gesammelte Werke. Bd. 1–5. Leipzig 1918
François, Louise von / Conrad Ferdinand Meyer: Ein Briefwechsel. Hrsg. v. Anton Bettelheim. Berlin 1905
Fox, Thomas C.: Louise von François and «Die letzte Reckenburgerin». A feminist reading. New York u. a. 1988
Motekat, Helmut (Hrsg.): Die Akte Louise von François. Weimar 1963
Scheidemann, Uta: Die Wunschbiographien der Louise von François. Dichtung und prosaische Lebenswirklichkeit im 19. Jahrhundert. Frankfurt a. M. u. a. 1993
Schuch, Uta: «Die im Schatten stand». Studien zum Werk einer vergessenen Schriftstellerin: Louise von François. Stockholm 1994

Franzos

Hubach, Sybille: Galizische Träume. Die jüdischen Erzählungen des Karl Emil Franzos. Stuttgart 1986
Kessler, Dieter: Ich bin vielleicht kein genügend moderner Mensch. Notizen zu Karl Emil Franzos (1848–1904). München 1984
Lim, Jong-Dae: Das Leben und Werk des Schriftstellers Karl Emil Franzos. Wien 1982

Sommer, Fred: «Halb-Asien». German nationalism and the Eastern European works of Karl Emil Franzos. Stuttgart 1984

Steiner, Carl: Karl Emil Franzos, 1848–1904. Emancipator and assimilationist. New York u. a. 1990

Wodenegg, Andrea: Das Bild der Juden Osteuropas. Ein Beitrag zur komparatistischen Imagologie an Textbeispielen von Karl Emil Franzos und Leopold von Sacher-Masoch. Frankfurt a. M. u. a. 1987

Freytag

Matoni, Jürgen / Margarete Galler: Gustav Freytag Bibliographie. Dülmen 1990

Freytag, Gustav: Gesammelte Werke. Serie 1, Bd. 1–8; Serie 2, Bd. 1–8. Berlin, Leipzig o. J.

Freytag, Gustav / Herzog Ernst von Coburg: Briefwechsel 1853 bis 1893. Hrsg. v. Eduard Tempeltey. Leipzig 1904

Freytag, Gustav / Heinrich von Treitschke: Briefwechsel. Hrsg. v. Alfred Dove. Leipzig 1900

Herrmann, Renate: Gustav Freytag. Bürgerliches Selbstverständnis und preußisch-deutsches Nationalbewußtsein. Diss. Würzburg 1974

Holz, Claus: Flucht aus der Wirklichkeit. «Die Ahnen» von Gustav Freytag. Frankfurt a. M., Bern 1983

Ping, Larry L.: Gustav Freytag and the Prussian gospel. Novels, liberalism and history. Ann Arbor, Mich. 1994

Fulda

Fulda, Ludwig: Briefwechsel 1882–1939. Hrsg. v. Bernhard Gajek u. Wolfgang von Ungern-Sternberg. Teil 1.2. Frankfurt a. M. u. a. 1988

Ganghofer

Ganghofer, Ludwig: Ausgewählte Romane und Erzählungen. Bd. 1–4. München 1982

Stephan, Rainer: Ludwig Ganghofers Romane. Über mögliche Kategorien einer Ästhetik der Trivialität. Diss. Bonn 1981

Geibel

Geibel, Emanuel: Werke. Bd. 1–8. Stuttgart, Berlin [4]1906

Geibel, Emanuel / Paul Heyse: Briefwechsel. Hrsg. v. Erich Petzet. München 1922

Kaiser, Herbert: Die ästhetische Einheit der Lyrik Geibels. In: Wirkendes Wort 27 (1977), S. 244–257

George

Landmann, Georg Peter: Stefan George und sein Kreis. Eine Bibliographie. Hamburg [2]1976 [1. Aufl. 1960]

George, Stefan: Sämtliche Werke in 18 Bänden. Stuttgart 1982 ff.

Blätter für die Kunst. Begründet von Stefan George, hrsg. v. Carl August Klein, 1892–1919. Repr. Düsseldorf, München 1967

George, Stefan / Hugo von Hofmannsthal: Briefwechsel. München, Düsseldorf ²1953 [erw. Aufl.; 1. Aufl. 1938]

George, Stefan / Ida Coblenz (Ida Dehmel): Briefwechsel. Hrsg. v. Georg-Peter Landmann u. Elisabeth Höpker-Herberg. Stuttgart 1983

Lechter, Melchior / Stefan George: Briefe. Hrsg. v. Günter Heintz. Stuttgart 1991

Braungart, Wolfgang: Ästhetischer Katholizismus. Stefan Georges Rituale der Literatur. Tübingen 1997

Breuer, Stefan: Ästhethischer Fundamentalismus. Stefan George und der deutsche Antimodernismus. Darmstadt 1995

David, Claude: Stefan George. Sein dichterisches Werk. München 1967

Dümling, Albrecht: Die fremden Klänge der hängenden Gärten. Die öffentliche Einsamkeit der Neuen Musik am Beispiel von Arnold Schönberg und Stefan George. München 1981

Durzak, Manfred: Der junge Stefan George. Kunsttheorie und Dichtung. München 1968

Durzak, Manfred: Zwischen Symbolismus und Expressionismus. Stefan George. Stuttgart u. a. 1974

George-Jahrbuch 1 ff. (1996 ff.)

Heintz, Georg: Stefan George. Studien zu seiner künstlerischen Wirkung. Stuttgart 1986

Klieneberger, Hans Rudolf: George, Rilke, Hofmannsthal and the romantic tradition. Stuttgart 1991

Kluncker, Karlhans: Blätter für die Kunst. Zeitschrift der Dichterschule Stefan Georges. Frankfurt a. M. 1974

Klussmann, Paul Gerhard: Stefan George. Bonn 1961

Lauster, Martina: Die Objektivität des Innenraums. Studien zur Lyrik Georges, Hofmannsthals und Rilkes. Stuttgart 1982

Mattenklott, Gerd: Bilderdienst. Ästhetische Opposition bei Beardsley und George. Frankfurt a. M. ²1985 [1. Aufl. München 1970]

Mettler, Dieter: Publikationspolitik. Buchkonzeption und verlegerisches Engagement. München 1979

Meuthen, Erich: Bogengebete. Sprachreflexion und zyklische Komposition in der Lyrik der «Moderne». Interpretationsansätze zu George, Rilke und Celan. Frankfurt a. M. u. a. 1983

Morwitz, Ernst: Kommentar zu dem Werk Stefan Georges. München, Düsseldorf ²1969 [1. Aufl. 1962]

Rieckmann, Jens: Hugo von Hofmannsthal und Stefan George. Signifikanz einer ‹Episode› aus der Jahrhundertwende. Tübingen u. a. 1997

Simons, Gabriel: Die zyklische Kunst im Jugendwerk Stefan Georges, ihre Voraussetzungen in der Zeit und ihre allgemeinen ästhetischen Bedingungen. Köln 1965

Stefan George. 1868–1968. Der Dichter und sein Kreis. Eine Ausstellung des Deutschen Literaturarchivs Marbach a. N. München 1968

Strodthoff, Werner: Zivilisationskritik und Eskapismus. Bonn 1976

Tiedemann-Bartels, Hella: Versuch über das artistische Gedicht. Baudelaire, Mallarmé, George. München 1990

Wertheimer, Jürgen: Dialogisches Sprechen im Werk Stefan Georges. München 1978

Winkler, Michael: Stefan George. Stuttgart 1970

Wolters, Friedrich: Stefan George und die Blätter für die Kunst. Berlin 1930
Wuthenow, Ralph-Rainer (Hrsg.): Stefan George. Dokumente zur Wirkungsgeschichte. Bd. 1.2. Stuttgart 1980/81

Greif

Greif, Martin: Gesammelte Werke. Bd. 1–5. Leipzig ²1909–1912
Geelen, Albert van: Martin Greif als Dramatiker in seinen Beziehungen zu Laube und zum Burgtheater unter Wilbrandt und Dingelstedt. Graz 1934

Halbe

Halbe, Max: Sämtliche Werke. Bd. 1–14. Salzburg 1945
Kleine, Werner: Max Halbes Stellung zum Naturalismus innerhalb der ersten beiden Dezennien seines dramatischen Schaffens (1887–1900). Zeulenroda 1937

Harden

Harden, Maximilian / Frank Wedekind u. a.: Briefwechsel. Hrsg. v. Ariane Martin. Darmstadt 1996
Weller, Bjoern Uwe: Maximilian Harden und die «Zukunft». Bremen 1970
Young, Harry F.: Maximilian Harden, Censor Germaniae. Ein Publizist im Widerstreit von 1892–1927. Münster 1971

Hart, Heinrich und Julius

Hart, Heinrich: Gesammelte Werke. Hrsg. v. Julius Hart. Bd. 1–4. Berlin 1907
Arndt, Johanna: Das kulturgeschichtliche Epos bei Adolf Friedrich von Schack, Heinrich Hart, Josef Pape. Königsberg i. Pr. 1928
Kaiser, Dagmar: «Entwicklung ist das Zauberwort». Darwinistisches Naturverständnis im Werk Julius Harts als Baustein eines neuen Naturalismus-Paradigmas. Mainz 1995

Hartleben

Hartleben, Otto Erich: Ausgewählte Werke. Hrsg. v. Franz Ferdinand Heitmüller. Bd. 1–3. Berlin 1913
Hock, Fritz: Die Lyrik Otto Erich Hartlebens. Berlin 1931

Hauptmann, Carl

Hauptmann, Carl: Sämtliche Werke. Hrsg. v. Eberhard Berger, Hans-Gert Roloff u. Anna Stroka. Bd. 1 ff. Stuttgart-Bad Cannstatt 1997 ff.

Hauptmann, Gerhart

Hoefert, Sigfrid: Internationale Bibliographie zum Werk Gerhart Hauptmanns. Bd. 1.2. Berlin 1986–1989
Hauptmann, Gerhart: Sämtliche Werke. Centenar-Ausgabe. Hrsg. v. Hans-Egon Hass u. a. Bd. 1–11. Frankfurt a. M. u. a. 1962–1974
Hauptmann, Gerhart: Notiz-Kalender 1889–1891. Hrsg. von Martin Machatzke. Frankfurt a. M. u. a. 1982

Hauptmann, Gerhart: Tagebuch 1892–1894. Hrsg. v. Martin Machatzke. Berlin 1985

Hauptmann, Gerhart: Italienische Reise 1897. Tagebuchaufzeichnungen. Hrsg. v. Martin Machatzke. Berlin 1976

Hauptmann, Gerhart: Tagebücher 1897–1905. Hrsg. v. Martin Machatzke. Frankfurt a. M., Berlin 1987

Hauptmann, Gerhart / Ludwig von Hofmann: Briefwechsel 1894–1944. Hrsg. v. Herta Hesse-Frielinghaus. Bonn 1983

Baseler, Hartmut: Gerhart Hauptmanns soziales Drama «Vor Sonnenaufgang» im Spiegel der zeitgenössischen Kritik. Diss. Kiel 1993

Behl, Carl F. / Felix A. Voigt: Chronik von Gerhart Hauptmanns Leben und Schaffen. Bearb. v. Mechthild Pfeiffer-Voigt. Würzburg 1993 [zuerst: 1942]

Bialik, Edward / Eugeniusz Tomiczek / Marek Zybura (Hrsg.): Leben – Werk – Lebenswerk. Ein Gerhart Hauptmann-Gedenkband. Legnica 1997

Cowen, Roy C.: Hauptmann-Kommentar zum dramatischen Werk. München 1980

Cowen, Roy C.: Hauptmann-Kommentar zum nichtdramatischen Werk. München 1981

Engel, Walter / Jost Bomers (Hrsg.): Zeitgeschehen und Lebensansicht. Die Aktualität der Literatur Gerhart Hauptmanns. Berlin 1997

Guthke, Karl S.: Gerhart Hauptmann. Weltbild im Werk. München ²1980 [vollst. überarb. u. erw. Aufl.; 1. Aufl. 1956]

Hilscher, Eberhard: Gerhart Hauptmann. Berlin 1996 [1987 publizierte Neufassung der erstmals 1969 erschienenen Biographie]

Hoefert, Sigfrid: Gerhart Hauptmann. Stuttgart ²1982 [überarb. Aufl.; 1. Aufl. 1974]

Marshall, Alan: The German naturalists and Gerhart Hauptmann. Reception and influence. Frankfurt a. M., Bern 1982

Marx, Friedhelm: Gerhart Hauptmann. Stuttgart 1998

Mast, Peter (Hrsg.): «Es steckt Ungehobenes in meinem Werk …». Zur Bedeutung Gerhart Hauptmanns für unsere Zeit. Bonn 1993

Oberembt, Gert: Gerhart Hauptmann: «Der Biberpelz». Paderborn u. a. 1987

Praschek, Helmut (Hrsg.): Gerhart Hauptmanns «Weber». Eine Dokumentation. Berlin 1982

Schumann, Barbara: Untersuchungen zur Inszenierungs- und Wirkungsgeschichte von Gerhart Hauptmanns Schauspiel «Die Weber». Düsseldorf 1982

Sprengel, Peter: Die Wirklichkeit der Mythen. Untersuchungen zum Werk Gerhart Hauptmanns aufgrund des handschriftlichen Nachlasses. Berlin 1982

Sprengel, Peter: Gerhart Hauptmann. Epoche – Werk – Wirkung. München 1984

Sprengel, Peter / Philip Mellen (Hrsg.): Hauptmann-Forschung. Neue Beiträge. Frankfurt a. M. 1986

Tschörtner, H. D. (Hrsg.): Gespräche und Interviews mit Gerhart Hauptmann (1894–1946). Berlin 1994

Wirklichkeit und Traum. Gerhart Hauptmann. 1862–1946. Ausstellung der Staatsbibliothek Preußischer Kulturbesitz Berlin. Berlin 1987

Ziesche, Rudolf: Der Manuskriptnachlaß Gerhart Hauptmanns. Bd. 1 ff. Wiesbaden 1977 ff.

Herzl

Herzl, Theodor: Briefe und Tagebücher. Hrsg. v. Alex Bein. Bd. 1–7. Berlin u. a.
1983–1986
Dethloff, Klaus (Hrsg.): Theodor Herzl oder der Moses des Fin de siècle. Wien
1986
Kornberg, Jacques: Theodor Herzl. From assimilation to Zionism. Bloomington
1993
Leser, Norbert (Hrsg.): Theodor Herzl und das Wien des Fin de siècle. Wien
u. a. 1987

Heyse

Martin, Werner: Paul Heyse. Eine Bibliographie seiner Werke. Hildesheim 1978
Heyse, Paul: Gesammelte Werke. Hrsg. v. Markus Bernauer u. Norbert Miller.
   Reihe 1, Bd. 1–5; Reihe 2, Bd. 1–5; Reihe 3, Bd. 1–5; Reihe 4, Bd. 1–6. Hildes-
   heim, Zürich 1984 1995
Heyse, Paul / Gottfried Keller: Briefwechsel. Hrsg. v. Max Kalbeck. Hamburg
   u. a. 1919
Boehme, Julia: Bürger zweier Welten. Deutschland und Italien in Paul Heyses
   «Italienischen Novellen». Essen 1995
Paul Heyse. Münchner Dichterfürst im bürgerlichen Zeitalter. Ausstellung in
   der Bayerischen Staatsbibliothek. München 1981
Kroes-Tillmann, Gabriele: Paul Heyse – Italianissimo. Über seine Dichtungen
   und Nachdichtungen. Würzburg 1993
Spies, Bernhard: Der Luxus der Moral. Eine Studie zu Paul Heyses Novellen
   werk. In: Literatur für Leser 15 (1982), S. 146–163

Hille

Hille, Peter: Gesammelte Werke. Bd. 1–6. Hrsg. v. Friedrich u. Michael Kien-
   ecker. Essen 1984–1986
Hille-Blätter. Heft 1 ff. (1984 ff.)
Kienecker, Friedrich (Hrsg.): Peter Hille. Dokumente und Zeugnisse zu Leben,
   Werk und Wirkung des Dichters. Paderborn 1986
Pohlmann, Bernward: Spontaneität und Form. Romanstrukturen im deutschen
   Impressionismus, untersucht an den Romanen «Die Sozialisten» und «Die
   Hassenburg» von Peter Hille. Frankfurt a. M. u. a. 1985

Hillebrand

Hillebrand, Karl: Geist und Gesellschaft im alten Europa. Literarische und politi-
   sche Porträts aus fünf Jahrhunderten. Hrsg. v. Julius Heyderhoff. Leipzig 1941
Hillebrand, Karl: Unbekannte Essays. Übers. u. hrsg. v. Hermann Uhde-Bernays.
   Bern 1955

Hofmannsthal

Weber, Horst: Hugo von Hofmannsthal. Bibliographie. Werke, Briefe, Gespräche, Übersetzungen, Vertonungen. Berlin 1972

Stock, Karl F. / Rudolf Heilinger / Marylène Stock: Hofmannsthal-Bibliographien. Graz 1992

Hofmannsthal, Hugo von: Gesammelte Werke in zehn Einzelbänden. Hrsg. v. Bernd Schoeller. Frankfurt a. M. 1979/80

Hofmannsthal, Hugo von: Sämtliche Werke. Kritische Ausgabe. Hrsg. v. Heinz Otto Burger u. a. Frankfurt a. M. 1975 ff.

Hofmannsthal, Hugo von: Briefe. Bd. 1.2. Berlin 1935–1937

Hofmannsthal, Hugo von / Leopold von Andrian: Briefwechsel. Hrsg. v. Walter H. Perl. Frankfurt a. M. 1968

Hofmannsthal, Hugo von / Edgar Karg v. Bebenburg: Briefwechsel. Hrsg. v. Mary E. Gilbert. Frankfurt a. M. 1966

Hofmannsthal, Hugo von / Arthur Schnitzler: Briefwechsel. Hrsg. v. Therese Nickel u. Heinrich Schnitzler. Frankfurt a. M. 1964

Hofmannsthal, Hugo von: Briefe an Marie Herzfeld. Hrsg. v. Horst Weber. Heidelberg 1967

Schmujlow-Claassen, Ria / Hugo von Hofmannsthal: Briefe, Aufsätze, Dokumente. Hrsg. v. Claudia Abrecht. Marbach a. N. 1982

Alewyn, Richard: Über Hugo von Hofmannsthal. Göttingen ⁴1967 [1. Aufl. 1958]

Brodeßer, Günter: Kunstgestalt und Sinngehalt. Ein Beitrag zur Verskunst Hofmannsthals. Frankfurt a. M. u. a. 1995

Dengler-Bangsgaard, Hertha: Wirklichkeit als Aufgabe. Eine Untersuchung zu Themen und Motiven in Hugo von Hofmannsthals Erzählprosa. Frankfurt a. M. u. a. 1983

Derungs, Werner: Form und Weltbild der Gedichte Hugo von Hofmannsthals in ihrer Entwicklung. Zürich 1960

Erken, Günther: Hofmannsthals dramatischer Stil. Untersuchungen zur Symbolik und Dramaturgie. Tübingen 1967

Exner, Richard: Hugo von Hofmannsthals «Lebenslied». Heidelberg 1964

Frink, Helen: Animal symbolism in Hofmannsthal's works. New York u. a. 1987

Gerke, Ernst-Otto: Der Essay als Kunstform bei Hugo von Hofmannsthal. Lübeck, Hamburg 1970

Hahn, Erika: Leben, Traum und Tod. Ihre symbolische Gestaltung in den Gedichten Hugo von Hofmannsthals. Diss. Erlangen-Nürnberg 1962

Hirsch, Rudolf: Beiträge zum Verständnis Hugo von Hofmannsthals. Frankfurt a. M. 1995

Hofmannsthal. Jahrbuch zur europäischen Moderne 1 ff. (1993 ff.)

Hofmannsthal-Blätter 1–7 (1971–1992)

Hoppe, Manfred: Literatentum, Magie, Mystik im Frühwerk Hugo von Hofmannsthals. Berlin 1968

Janz, Marlies: Marmorbilder. Weiblichkeit und Tod bei Clemens Brentano und Hugo von Hofmannsthal. Königstein/Ts. 1986

Koch, Hans-Albrecht: Hugo von Hofmannsthal. Darmstadt 1989

Kraemer, Eckhart: Die Metaphorik in Hugo von Hofmannsthals Lyrik und ihr Verhältnis zum modernen Gedicht. Marburg/Lahn 1963

Kümmerling-Meibauer, Bettina: Die Kunstmärchen von Hofmannsthal, Musil und Döblin. Köln u. a. 1991

Le Rider, Jacques: Hugo von Hofmannsthal. Historismus und Moderne in der Literatur der Jahrhundertwende. Wien u. a. 1997

Matala de Mazza, Ethel: Dichtung als Schau-Spiel. Zur Poetologie des jungen Hugo von Hofmannsthal. Frankfurt a. M. u. a. 1995

Mauser, Wolfram: Hugo von Hofmannsthal. Konfliktbewältigung und Werkstruktur. Eine psychosoziale Interpretation. München 1977

Mayer, Matthias: Hugo von Hofmannsthal. Stuttgart, Weimar 1993

Meyer-Wendt, Hans-Jürgen: Der frühe Hofmannsthal und die Gedankenwelt Nietzsches. Heidelberg 1973

Muerdel-Dormer, Lore: Hugo von Hofmannsthal. Das Problem der Ehe und seine Bedeutung in den frühen Dramen. Bonn 1975

Pestalozzi, Karl / Martin Stern: Basler Hofmannsthal-Beiträge. Würzburg 1991

Pickerodt, Gerhard: Hofmannsthals Dramen. Kritik ihres historischen Gehalts. Stuttgart 1968

Remak, Henry H.: Novellistische Struktur. Der Marschall von Bassompierre und die schöne Krämerin. Bern, Frankfurt a. M. 1983

Renner, Ursula / G. Bärbel Schmid (Hrsg.): Hugo von Hofmannsthal. Freundschaften und Begegnungen mit deutschen Zeitgenossen. Würzburg 1991

Resch, Margit (Hrsg.): Seltene Augenblicke. Interpretations of poems by Hugo von Hofmannsthal. Columbia, S. C. 1989

Sandhop, Jürgen: Die Seele und ihr Bild. Studien zum Frühwerk Hugo von Hofmannsthals. Frankfurt a. M. u. a. 1998

Schels, Evelyn: Die Tradition des lyrischen Dramas von Musset bis Hofmannsthal. Frankfurt a. M. u. a. 1990

Schneider, Jost: Alte und neue Sprechweisen. Untersuchungen zur Sprachthematik in den Gedichten Hugo von Hofmannsthals. Frankfurt a. M. u. a. 1990

Schröder, Friedrich: Die Gestalt des Verführers im Drama Hugo von Hofmannsthals. Frankfurt a. M. 1988

Seeba, Hinrich C.: Kritik des ästhetischen Menschen. Bad Homburg v. d. H. u. a. 1970

Sommerhage, Claus: Romantische Aporien. Zur Kontinuität des Romantischen bei Novalis, Eichendorff, Hofmannsthal und Handke. Paderborn u. a. 1993

Stamm, Ulrike: «Ein Kritiker aus dem Willen der Natur». Hugo von Hofmannsthal und das Werk Walter Paters. Würzburg 1997

Streim, Gregor: Das ‹Leben› in der Kunst. Untersuchungen zur Ästhetik des frühen Hofmannsthal. Würzburg 1996

Tarot, Rolf: Hugo von Hofmannsthal. Daseinsformen und dichterische Struktur. Tübingen 1970

Thomasberger, Andreas: Verwandlungen in Hofmannsthals Lyrik. Zur sprachlichen Bedeutung von Genese und Gestalt. Tübingen 1994

Volke, Werner: Hugo von Hofmannsthal. Mit Selbstzeugnissen und Bilddokumenten. Reinbek [15]1994 [1. Aufl. 1967]

Wiethölter, Waltraud: Hofmannsthal. Oder: Die Geometrie des Subjekts. Psychostrukturelle und ikonographische Studien zum Prosawerk. Tübingen 1990

Wunberg, Gotthart: Der frühe Hofmannsthal. Schizophrenie als dichterische Struktur. Stuttgart u. a. 1965

Wunberg, Gotthart (Hrsg.): Hofmannsthal im Urteil seiner Kritiker. Frankfurt a. M. 1972

Holz

Holz, Arno: Das Werk. Bd. 1–10. Berlin 1924/25
Holz, Arno: Werke. Hrsg. v. Wilhelm Emrich u. Anita Holz. Bd. 1–7. Neuwied, Berlin 1961–1964
Holz, Arno: Briefe. Eine Auswahl. Hrsg. v. Anita Holz u. Max Wagner. München 1948
Arnold, Heinz-Ludwig (Hrsg.): Arno Holz. München 1994
Beimdick, Walter: Arno Holz: «Berlin. Die Wende einer Zeit in Dramen». Untersuchungen zu den Werken des Zyklusfragments. Münster 1965
Berthold, Siegwart: Der sogenannte «Konsequente Naturalismus» von Arno Holz und Johannes Schlaf. Diss. Bonn 1967
Hechler, Manfred: Die soziologische Dimension der Kunsttheorie von Arno Holz. Frankfurt a. M. 1981
Klein, Alfred (Hrsg.): Die Akte Arno Holz. Berlin, Weimar 1965
Möbius, Hanno: Der Positivismus in der Literatur des Naturalismus. Wissenschaft, Kunst und soziale Frage bei Arno Holz. München 1980
Rappl, Hans-Georg: Die Wortkunsttheorie von Arno Holz. Diss. Köln 1955
Reß, Robert: Arno Holz und seine künstlerische, weltkulturelle Bedeutung. Ein Mahn- und Weckruf an das deutsche Volk. Dresden 1913
Scheuer, Helmut: Arno Holz im literarischen Leben des ausgehenden 19. Jahrhunderts. Eine biographische Studie. München 1971
Schulz, Gerhard: Arno Holz. Dilemma eines bürgerlichen Dichterlebens. München 1974
Sprengel, Peter: «Hamlet» in «Papa Hamlet». Zur Funktion des Zitats im Naturalismus. In: Literatur für Leser 17 (1984), S. 25–43

Huch

Huch, Ricarda: Gesammelte Werke. Hrsg. v. Wilhelm Emrich. Bd. 1–11. Köln, Berlin 1966–1974
Huch, Ricarda: Briefe an die Freunde. Hrsg. v. Marie Baum. Neubearb. v. Jens Jessen. Zürich 1986
Koepcke, Cordula: Ricarda Huch. Ihr Leben und Werk. Frankfurt a. M., Leipzig 1996
Peter, Hans-Werner (Hrsg.): Ricarda Huch. Studien zu ihrem Leben und Werk. Bd. 1–3. Braunschweig 1985–1991
Ricarda Huch. 1864–1947. Eine Ausstellung des Deutschen Literaturarchivs. Marbach 1994

Kautsky

Kautsky, Minna: Auswahl aus ihrem Werk. Hrsg. v. Cäcilia Friedrich. Berlin 1965
Minna Kautsky. Beiträge zum literarischen Werk. Hrsg. v. Stefan Riesenfellner u. Ingrid Spörk. Wien 1996

Kegel

Kegel, Max: Auswahl aus seinem Werk. Hrsg. v. Klaus Völkerling. Berlin 1974

Keller

Keller, Gottfried: Sämtliche Werke. Hrsg. v. Thomas Böning, Gerhard Kaiser u. a. Bd. 1–7. Frankfurt a. M. 1985–1996

Keller, Gottfried: Sämtliche Werke. Historisch-kritische Ausgabe unter Leitung v. Walter Morgenthaler. Basel, Zürich 1996 ff.

Keller, Gottfried: Gesammelte Briefe. Hrsg. v. Carl Helbling. Bd. 1–4. Zürich 1950–1954

Amrein, Ursula: Augenkur und Brautschau. Zur diskursiven Logik der Geschlechterdifferenz in Gottfried Kellers «Sinngedicht». Bern u. a. 1994

Anton, Herbert: Mythologische Erotik in Kellers «Sieben Legenden» und im «Sinngedicht». Stuttgart 1970

Boeschenstein, Hermann: Gottfried Keller. Stuttgart ²1977 [1. Aufl. 1969]

Graef, Eva: Martin Salander. Politik und Poesie in Gottfried Kellers Gründerzeitroman. Würzburg 1992

Harnisch, Antje: Keller, Raabe, Fontane. Geschlecht, Sexualität und Familie im bürgerlichen Realismus. Frankfurt a. M. u. a. 1994

Hillebrand, Bruno: Mensch und Raum im Roman. Studien zu Keller, Stifter, Fontane. München 1971

Jeziorkowski, Klaus: Literarität und Historismus. Beobachtungen zu ihrer Erscheinungsform im 19. Jahrhundert am Beispiel Gottfried Kellers. Heidelberg 1979

Kaiser, Gerhard: Gottfried Keller. Das gedichtete Leben. Frankfurt a. M. 1981

Kaiser, Gerhard: Gottfried Keller. Eine Einführung. München, Zürich 1985

Laufhütte, Hartmut: Geschichte und poetische Erfindung. Das Strukturprinzip der Analogie in Gottfried Kellers Novelle «Ursula». Bonn 1973

Menninghaus, Winfried: Artistische Schrift. Studien zur Kompositionskunst Gottfried Kellers. Frankfurt a. M. 1982

Merkel-Nipperdey, Margarete: Gottfried Kellers «Martin Salander» Untersuchungen zur Struktur des Zeitromans. Göttingen 1959

Metz, Klaus-Dieter: Gottfried Keller. Stuttgart 1995

Morgenthaler, Walter: Bedrängte Positivität. Zu Romanen von Immermann, Keller, Fontane. Bonn 1979

Müller, Dominik: Wiederlesen und weiterschreiben. Gottfried Kellers Neugestaltung des «Grünen Heinrich». Bern, Frankfurt a. M. 1988

Muschg, Adolf: Gottfried Keller. Frankfurt a. M. 1980 [zuerst München 1977]

Neumann, Bernd: Gottfried Keller. Eine Einführung in sein Werk. Königstein/Ts. 1982

Renz, Christine: Gottfried Kellers «Sieben Legenden». Versuch einer Darstellung seines Erzählens. Tübingen 1993

Rowley, B. A.: Keller: Kleider machen Leute. London 1960

Spies, Bernhard: Behauptete Synthesis. Gottfried Kellers Roman «Der grüne Heinrich». Bonn 1978

Kerr

Kerr, Alfred: Gesammelte Schriften. Reihe 1, Bd. 1–5; Reihe 2, Bd. 1.2. Berlin 1917–1920

Kerr, Alfred: Wo liegt Berlin? Briefe aus der Reichshauptstadt 1895–1900. Hrsg. v. Günther Rühle. Berlin 1997

Kraus

Kraus, Karl: Frühe Schriften. 1892–1900. Hrsg. v. Johannes J. Braakenburg.
Bd. 1.2. München 1979 (nebst Erläuterungen des Herausgebers, Frankfurt
a. M. 1988)
Arnold, Heinz Ludwig (Hrsg.): Karl Kraus. München 1975
Bilke, Martina: Karl Kraus. Bonn 1986
Bilke, Martina: Zeitgenossen der «Fackel». Wien, München 1981
Fischer, Jens Malte: Karl Kraus. Stuttgart 1974
Kaszynski, Stefan H. / Sigurd Paul Scheichl (Hrsg.): Karl Kraus. Ästhetik und
Kritik. München 1989
Kraus-Hefte H. 1–69 (1977–1994)
Krebs, Gilbert / Gerald Stieg: Karl Kraus et son temps. Asnières 1989
Scheichl, Sigurd Paul / Edward Timms (Hrsg.): Karl Kraus in neuer Sicht. Mün-
chen 1986
Schuh, Franz / Juliane Vogel (Hrsg.): Die Belagerung der Urteilsmauer. Karl
Kraus im Zerrbild seiner Feinde. Wien 1986
Timms, Edward: Karl Kraus. Satiriker der Apokalypse 1874–1918. Wien 1995

Kürnberger

Kürnberger, Ferdinand: Gesammelte Werke. Hrsg. v. Otto Erich Deutsch.
Bd. 1–5. München 1910–1914
Wildhagen, Andreas: Das politische Feuilleton Ferdinand Kürnbergers. Frank-
furt a. M. 1985

Kurz

Kurz, Isolde: Gesammelte Werke. Bd. 1–6. München 1925
Onodi, Marion: Isolde Kurz. Leben und Prosawerk. Frankfurt a. M. u. a. 1989

Landauer

Landauer, Gustav: Werkausgabe. Hrsg. v. Gert Mattenklott u. Hanna Delf. Berlin
1997 ff.
Landauer, Gustav: Signatur: g. l. Gustav Landauer im «Sozialist». Aufsätze
(1892–1899). Hrsg. v. Ruth Link-Salinger. Frankfurt a. M. 1975
Landauer, Gustav / Fritz Mauthner: Briefwechsel 1890–1919. Hrsg. v. Hanna
Delf. München 1994
Fiedler, Leonhard M. u. a. (Hrsg.): Gustav Landauer (1870–1919). Eine Be-
standsaufnahme zur Rezeption seines Werkes. Frankfurt a. M. u. a. 1995
Mattenklott, Gert (Hrsg.): Gustav Landauer im Gespräch. Symposium zum
125. Geburtstag. Tübingen 1997

Langbehn

Behrendt, Bernd: Zwischen Paradox und Paralogismus. Weltanschauliche
Grundzüge einer Kulturkritik in den 90er Jahren des 19. Jahrhunderts am
Beispiel August Julius Langbehns. Frankfurt a. M. u. a. 1984

Laßwitz

Laßwitz, Kurd: Traumkristalle. Utopische Erzählungen, Märchen, Bekenntnisse. Hrsg. v. Ekkehard Redlin. Berlin 1982
Fischer, William B.: The empire strikes out. Kurd Laßwitz, Hans Dominik, and the development of German science fiction. Bowling Green 1984
Schweikert, Rudi: Germanistisches Elend. Wider die Pseudo-Wissenschaftlichkeit. Mit den «Opfern» Arno Schmidt, Kurd Laßwitz und Karl May. Frankfurt a. M. 1985
Wenzel, Dietmar (Hrsg.): Kurd Laßwitz. Lehrer, Philosoph, Zukunftsträumer. Die ethische Kraft des Technischen. Meitingen 1987 (mit Bibliographie)

Lavant

Lavant, Rudolf: Gedichte. Hrsg. v. Hans Uhlig. Berlin 1965

Leuthold

Leuthold, Heinrich: Gesammelte Dichtungen. Hrsg. v Gottfried Bohnenblust. Bd. 1–3. Frauenfeld 1914
Leuthold, Heinrich: Die Schönheit, die ich früh geliebt. Gedichte, Briefe, Prosa. Hrsg. v. Karl Fehr. Zürich 1985
Ernst, Adolf Wilhelm: Neue Beiträge zu Heinrich Leuthold's Dichterportrait. Hamburg 1897

Liliencron

Liliencron, Detlev von: Sämtliche Werke. Bd. 1–15, Berlin, Leipzig 1904–1908
Liliencron, Detlev von: Werke. Hrsg. von Benno von Wiese. Bd. 1.2. Frankfurt a. M. 1977
Liliencron, Detlev von / Theobald Nöthig: Briefwechsel 1884–1909. Hrsg. v. Jean Royer. Bd. 1.2. Herzberg 1986
Dohnke, Kay: Die drei Leben des Detlev von Liliencron. Die Kellinghusener Jahre. Vaale 1994
Kirsten, Wulf (Hrsg.): Die Akte Detlev von Liliencron. Berlin, Weimar 1968
Mainholz, Mathias / Rüdiger Schütt / Sabine Walter: Artist Royalist Anarchist. Das abenteuerliche Leben des Baron Detlev Freiherr von Liliencron 1844–1909. Ausstellung der Staats- und Universitätsbibliothek Carl von Ossietzky. Herzberg 1994
Möller, Kai / Marcus Petersen: Liliencron auf Pellworm. Husum 1982
Royer, Jean: Detlev von Liliencron. Itinéraire et évolution du poète lyrique (1844–1891). Bern u. a. 1993
Spiero, Heinrich: Detlev von Liliencron. Sein Leben und seine Werke. Berlin, Leipzig 1913

Lindau

Eismann-Lichte, Anneliese: Paul Lindau. Publizist und Romancier der Gründerjahre. Diss. Münster 1981

Lorm

Lorm, Hieronymus: Ausgewählte Briefe. Hrsg. v. Ernst Friedegg. Berlin 1912

Mackay

Mackay, John Henry: Gesammelte Werke. Bd. 1–8. Berlin 1911
Mornin, Edward: Kunst und Anarchismus. «Innere Zusammenhänge» in den Schriften John Henry Mackay's. Freiburg i. Br. 1983
Riley, Thomas A.: Germany's poet-anarchist John Henry Mackay. New York 1972

Mann, Heinrich

Zenker, Edith: Heinrich-Mann-Bibliographie. Werke. Berlin, Weimar 1967
Mann, Heinrich: Novellen. Hrsg. v. Volker Riedel. Bd. 1–3. Berlin, Weimar 1978
Mann, Heinrich: Briefe an Ludwig Ewers 1889–1913. Hrsg. von Ulrich Dietzel u. Rosemarie Eggers. Berlin, Weimar 1980
Allison, J. E.: The impact of Nietzsche on the early novels of Heinrich Mann (1894–1909). Diss. Hull 1982
Haupt, Jürgen: Heinrich Mann. Stuttgart 1980
Heinrich-Mann-Jahrbuch 1 ff. (1983 ff.)
Jasper, Willi: Der Bruder Heinrich Mann. Eine Biographie. München u. a. 1992
Koopmann, Helmut / Peter-Paul Schneider (Hrsg.): Heinrich Mann. Sein Werk in der Weimarer Republik. Frankfurt a. M. 1983
Loose, Gerhard: Der junge Heinrich Mann. Frankfurt a. M. 1979
Lundgren, Lars-Eric: Frauengestalten im Frühwerk Heinrich Manns. Interpretationen im Werkzusammenhang. Stockholm 1986
Schäffner, Gerhard: Heinrich Mann – Dichterjugend. Eine werkbiographische Untersuchung. Heidelberg 1995
Schröter, Klaus: Anfänge Heinrich Manns. Zu den Grundlagen seines Gesamtwerks. Stuttgart 1965
Thiede, Rolf: Stereotypen vom Juden – Text und Kontext. Die frühen Schriften Heinrich Manns und seines Bruders Thomas. Ann Arbor, Mich. 1993
Werner, Renate: Skeptizismus, Ästhetizismus, Aktivismus. Der frühe Heinrich Mann. Düsseldorf 1972
Wieler, Michael: Dilettantismus – Wesen und Geschichte. Am Beispiel von Heinrich und Thomas Mann. Würzburg 1996
Wolff, Rudolf (Hrsg.): Heinrich Mann. Werk und Wirkung. Bonn 1984
Winter, Helga: Naturwissenschaft und Ästhetik. Untersuchungen zum Frühwerk Heinrich Manns. Würzburg 1994
Zeck, Jürgen: Die Kulturkritik Heinrich Manns in den Jahren 1892 bis 1909. Diss. Hamburg 1965

Mann, Thomas

Bürgin, Hans: Das Werk Thomas Manns. Eine Bibliographie. Frankfurt a. M. 1959
Potempa, Georg: Thomas Mann-Bibliographie. Das Werk. Morsum/Sylt 1992
Jonas, Klaus W.: Die Thomas-Mann-Literatur. Bd. 1–3. Berlin (Bd. 3: Frankfurt a. M.) 1972–1997

Mann, Thomas: Gesammelte Werke. Frankfurter Ausgabe. Hrsg. v. Peter de Men-
delssohn. Bd. 1–20. Frankfurt a. M. 1980–1986
Mann, Thomas: Briefe. Hrsg. v. Hans Wysling. Teil 1–3. München, Frankfurt
a. M. 1975–1981
Mann, Thomas: Briefe an Otto Grautoff 1894–1901 und Ida Boy-Ed 1903–
1928. Hrsg. v. Peter de Mendelssohn. Frankfurt a. M. 1975
Hansen, Volkmar: Thomas Mann. Stuttgart 1984
Harpprecht, Klaus: Thomas Mann. Eine Biographie. Reinbek 1995
Koopmann, Helmut (Hrsg.): Thomas-Mann-Handbuch. Stuttgart ²1995 [1. Aufl.
1990]
Kurzke, Hermann: Thomas Mann. Epoche – Werk – Wirkung. München
³1997 [1. Aufl. 1985]
Lehnert, Herbert: Thomas Mann. Fiktion, Mythos, Religion. Stuttgart u. a.
²1968 [veränd. Aufl; 1. Aufl. 1965]
Mendelssohn, Peter de: Der Zauberer. Das Leben des deutschen Schriftstellers
Thomas Mann. Teil 1: 1875–1918. Frankfurt a. M. 1975
Ohl, Hubert: Ethos und Spiel. Thomas Manns Frühwerk und die Wiener
Moderne. Eine Revision. Rombach 1995
Thomas-Mann-Jahrbuch 1 ff. (1988 ff.)

Marlitt

Marlitt's gesammelte Romane und Novellen. Bd. 1–10. Leipzig o. J.
Marlitt, Eugenie: Im Hause des Kommerzienrates. Mit einem Vor- u. Nachwort
v. Jochen Schulte-Sasse u. Renate Werner. München 1977
Andermatt, Michael: Haus und Zimmer im Roman. Die Genese des erzählten
Raums bei Eugenie John Marlitt, Thomas Mann u. Franz Kafka. Bern, Frank-
furt a. M. 1987
Arens, Hans: E. Marlitt. Eine kritische Würdigung. Trier 1994
Brauer, Cornelia: Eugenie Marlitt – Bürgerliche, Christin, Liberale, Autorin.
Diss. Erfurt, Mühlhausen 1994
Kienzle, Michael: Der Erfolgsroman. Zur Kritik seiner poetischen Ökonomie
bei Gustav Freytag und Eugenie Marlitt. Stuttgart 1975
Merbach, Günter (Hrsg.): E. Marlitt. Das Leben einer großen Schriftstellerin
aus alten Quellen zusammengestellt. Hamburg 1992
Schönberg, Jutta: Frauenrolle und Roman. Studien zu den Romanen der Euge-
nie Marlitt. Frankfurt a. M. u. a. 1986

Marriot

Byrnes, John: Emil Marriot. A reevaluation based on her short fiction. Bern,
Frankfurt a. M. 1983

May

Plaul, Heiner: Illustrierte Karl-May-Bibliographie. München u. a. 1989
May, Karl: Historisch-kritische Ausgabe. Hrsg. v. Hermann Wiedenroth u. Hans
Wollschläger. Abt. 1–4 nebst 2 Supplementbänden, Bargfeld (zuletzt: Zürich)
1987 ff.
Arnold, Heinz Ludwig (Hrsg.): Karl May. München 1987
Berg, Britta: Religiöses Gedankengut bei Karl May. Hamburg 1984

Biermann, Joachim / Ingmar Winter: Die Insel als Topos im Werk Karl Mays. Hamburg 1988

Böhm, Victor: Karl May und das Geheimnis seines Erfolges. Gütersloh ²1979 [1. Aufl. 1955]

Deeken, Annette: «Seine Majestät das Ich». Zum Abenteuertourismus Karl Mays. Bonn 1983

Eggebrecht, Harald (Hrsg.): Karl May, der sächsische Phantast. Studien zu Leben und Werk. Frankfurt a. M. 1987

Etzold, Eckard: Karl May. Am Ort der Sichtung. Ein literarisches Todesnähe-Erlebnis. Hamburg 1989

Frigge, Reinhold: Das erwartbare Abenteuer. Massenrezeption und literarisches Interesse am Beispiel der Reiseerzählungen von Karl May. Bonn 1984

Gündogar, Feruzan: Trivialliteratur und Orient. Karl Mays vorderasiatische Reiseromane. Frankfurt a. M. u. a. 1983

Hammer, Wolfgang: Bekehrung bei Karl May. Hamburg 1992

Heermann, Christian: Der Mann, der Old Shatterhand war. Eine Karl-May-Biographie. Berlin 1988

Hofmann, Inge / Anton Vorbichler: Das Islam-Bild bei Karl May und der islamo-christliche Dialog. Wien 1979

Ilmer, Walther u. a.: Neues vom «Waldröschen» und seinem Verleger Münchmeyer. Hamburg 1981

Lorenz, Christoph F.: Karl Mays zeitgeschichtliche Kolportageromane. Frankfurt a. M., Bern 1981

Lowsky, Martin: Karl May. Stuttgart 1987

Melk, Ulrich: Das Werte- und Normensystem in Karl Mays «Winnetou»-Trilogie. Paderborn 1992

Müller, Bettina: Zur Darstellung der Frau und der Beziehung der Geschlechter in Karl Mays «Waldröschen». Hamburg 1986

Munzel, Friedhelm: Karl Mays Erfolgsroman «Das Waldröschen». Eine didaktische Untersuchung. Hildesheim u. a. 1979

Schmiedt, Helmut (Hrsg.): Karl May. Frankfurt a. M. 1983 (mit Bibliographie)

Schmiedt, Helmut: Karl May. Studien zu Leben, Werk und Wirkung eines Erfolgsschriftstellers. Königstein /Ts. 1979

Schmiedt, Helmut: Karl May. Leben, Werk und Wirkung. Frankfurt a. M. ³1992 [1. Aufl. 1983]

Stolte, Heinz: Der schwierige Karl May. Husum 1989

Sudhoff, Dieter / Hartmut Vollmer (Hrsg.): Karl Mays «Old Surehand». Paderborn 1995

Sudhoff, Dieter / Hartmut Vollmer (Hrsg.): Karl Mays «Winnetou». Studien zu einem Mythos. Frankfurt a. M. 1989

Ueding, Gert (Hrsg.): Karl-May-Handbuch. Die Zeit, der Mensch, das Werk, die Wirkung. Stuttgart 1987

Winter, Ingmar: Jugendstilmotive bei Karl May. Hamburg 1986

Wollschläger, H.: Karl May. Grundriß eines gebrochenen Lebens. Dresden 1989

Meyer

Gerlach, U. Henry: Conrad-Ferdinand-Meyer-Bibliographie. Tübingen 1994

Meyer, Conrad Ferdinand: Sämtliche Werke. Historisch-kritische Ausgabe. Hrsg. v. Hans Zeller u. Alfred Zäch. Bd. 1–15. Bern 1958–1996

Meyer, Conrad Ferdinand: Briefe. Bd. 1.2. Hrsg. v. Adolf Frey. Leipzig 1908

Meyer, Conrad Ferdinand / Julius Rodenberg: Ein Briefwechsel. Hrsg. v. August Langmesser. Berlin 1918

Spyri, Johanna / Conrad Ferdinand Meyer: Briefwechsel. Hrsg. v. Hans u. Rosmarie Zeller. Kilchberg 1977

Böschenstein, Renate: Das Gespräch mit der Muse in Conrad Ferdinand Meyers Gedichten. In: Jahrbuch des Freien Deutschen Hochstifts 1991, S. 207–237

Bungert, Klauspeter: Die Felswand als Spiegel einer Entwicklung. Der Dichter C. F. Meyer als Gegenstand einer psychologischen Literaturstudie. Berlin 1994

Bünter, Jean P.: «Lebendig abgeschieden». C. F. Meyers Berglyrik sub specie mortis. Biographie und Metaphantasie. Bern u. a. 1991

Chisholm, David / Steven P. Sondrup: Konkordanz zu den Gedichten Conrad Ferdinand Meyers mit einem Versmaß- und Reimschemaregister. Tübingen 1982

Evans, Tamara S.: Formen der Ironie in Conrad Ferdinand Meyers Novellen. Bern, München 1980

Fehr, Karl: Conrad Ferdinand Meyer. Stuttgart ²1980 [1. Aufl. 1971]

Fehr, Karl: Conrad Ferdinand Meyer. Auf- und Niedergang seiner dichterischen Produktivität im Spannungsfeld von Erbanlagen und Umwelt. Bern, München 1983

Franchini, Patrizia Noémi: Italienische Dichter und Schriftsteller im Werk Conrad Ferdinand Meyers. Bern u. a. 1984

Grinstein, Alexander: Conrad Ferdinand Meyer and Freud. The beginnings of applied psychoanalysis. Madison, Conn. 1992

Hansen, Uffe: Conrad Ferdinand Meyer: «Angela Borgia». Zwischen Salpetrière und Berggasse. Bern 1986

Henel, Heinrich: The poetry of Conrad Ferdinand Meyer. Madison 1954

Huber, Walter: Stufen dichterischer Selbstdarstellung in Conrad Ferdinand Meyers «Amulett» und «Jürg Jenatsch». Bern u. a. 1979

Isaak, Gudrun: Der Fall Conrad Ferdinand Meyer. Außerliterarische Faktoren bei der Rezeption und Auswertung eines Autors. Frankfurt a. M. u. a. 1980

Kittler, Friedrich A.: Der Traum und die Rede. Eine Analyse der Kommunikationssituation Conrad Ferdinand Meyers. Bern, München 1977

Knapp, Gerhard P.: Conrad Ferdinand Meyer: «Das Amulett». Historische Novellistik auf der Schwelle zur Moderne. Paderborn u. a. 1985

Laumont, Christoph: Jeder Gedanke als sichtbare Gestalt. Formen und Funktionen der Allegorie in der Erzähldichtung Conrad Ferdinand Meyers. Göttingen 1997

Lund, Deborah S.: Ambiguity as narrative strategy in the prose work of C. F. Meyer. New York u. a. 1990

Lutz, Sabine Beate: Vom Ereignis zur Erzählung. Ein Vergleich zwischen Conrad Ferdinand Meyers Geschichtsdichtung und der zeitgenössischen Geschichtsschreibung. Diss. Univ. of California, Davis 1986

Massey, G. R.: The Italian Renaissance as cultural history and literature in the writings of Jakob Burckhardt and Conrad Ferdinand Meyer. Diss. London 1986

McCort, Dennis: States of unconsciousness in three tales by C. F. Meyer. Lewisburg, Pa. 1988

Mugge-Meiburg, Beth L.: Words ciseled into marble. Artworks in the prose nar-
ratives of Conrad Ferdinand Meyer. New York u. a. 1991
Oberprieler, Gudrun: Untersuchungen zu Symbolik und Metaphorik im erzäh-
lerischen Werk Conrad Ferdinand Meyers. Diss. Johannesburg 1986
Osborne, John: Meyer or Fontane? German literature after the Franco-Prussian
war 1870/71. Bonn 1983
Osborne, John: Vom Nutzen der Geschichte. Studien zum Werk von Conrad
Ferdinand Meyer. Paderborn 1994
Salloch, Michael: Der Verlust der existenztragenden Wahrheit als Grundidee
der Novellen Conrad Ferdinand Meyers. Diss. Bochum 1980
Sand, Christian: Anomie und Identität. Zur Wirklichkeitsproblematik in der
Prosa von Conrad Ferdinand Meyer. Stuttgart 1980
Zobel, Klaus: Unerhörte Begebenheiten. Conrad Ferdinand Meyer, «Der Schuß
von der Kanzel», Achim v. Arnim, «Der tolle Invalide auf dem Fort Raton-
neau», Jeremias Gotthelf, «Die schwarze Spinne». Northeim 1994

Mombert

Mombert, Alfred: Dichtungen. Hrsg. v. Elisabeth Herberg. Bd. 1–3. München 1963
Mombert, Alfred: Briefe 1893–1942. Hrsg. v. B. J. Morse. Heidelberg, Darmstadt
1961
Mombert, Alfred: Briefe an Richard und Ida Dehmel. Hrsg. v. Hans Wolffheim.
Mainz 1955

Morgenstern

Morgenstern, Christian: Werke und Briefe. Stuttgarter Ausgabe unter der Lei-
tung v. Reinhardt Habel. Bd. 1 ff. Stuttgart 1987 ff.
Kretschmer, Ernst: Christian Morgenstern. Stuttgart 1985
Platritis, Christos: Christian Morgenstern. Dichtung und Weltanschauung.
Frankfurt a. M. u. a. 1992

Nietzsche

Reichert, Herbert William / Karl Schlechta (Hrsg.): International Nietzsche
Bibliography. Chapel Hill, NC 1968
Nietzsche, Friedrich: Kritische Gesamtausgabe. Begr. v. Giorgio Colli u. Maz-
zino Montinari. Abt. 1–8. Berlin 1967 ff.
Nietzsche, Friedrich: Sämtliche Werke. Kritische Studienausgabe in 15 Bänden.
München sowie Berlin, New York 1980
Nietzsche, Friedrich: Sämtliche Briefe. Kritische Studienausgabe in 8 Bänden.
Hrsg. v. Giorgio Colli u. Mazzino Montinari. München 1986
Bauer, Roger: «Décadence» bei Nietzsche. Versuch einer Bestandsaufnahme. In:
Joseph P. Strelka (Hrsg.): Literary theory and criticism. Festschrift presented
to René Wellek. Bern u. a. Bd. 1, S. 35–68
Bauschinger, Sigrid (Hrsg.): Nietzsche heute. Die Rezeption seines Werks nach
1968. Bern, Stuttgart 1988
Bennholdt-Thomsen, Anke: Nietzsches «Also sprach Zarathustra» als literari-
sches Phänomen. Eine Revision. Frankfurt a. M. 1974
Beyer, Uwe: Christus und Dionysos. Ihre widerstreitende Bedeutung im Denken
Nietzsches. Münster, Hamburg 1992

Boening, Thomas: Metaphysik, Kunst und Sprache beim frühen Nietzsche. Berlin u. a. 1988

Bouda, Roland: Kulturkritik und Utopie beim frühen Nietzsche. Frankfurt a. M. u. a. 1980

Borsche, Tilmann / Federico Gerratana / Aldo Venturelli (Hrsg.): «Centauren-Geburten». Wissenschaft, Kunst und Philosophie beim jungen Nietzsche. Berlin u. a. 1994

Bräutigam, Bernd: Reflexion des Schönen – Schöne Reflexion. Überlegungen zur Prosa ästhetischer Theorie: Hamann, Nietzsche, Adorno. Bonn 1975

Duhamel, Roland / Erik Oger (Hrsg.): Die Kunst der Sprache und die Sprache der Kunst. Würzburg 1994

Fallon Duncan, Linda: Musical reverberations. Echoes of Friedrich Schlegel and Heinrich Heine in Nietzsche's Dionysian aesthetics. Diss. Louisiana State Univ. 1988

Fleischer, Margot: Der «Sinn der Erde» und die Entzauberung des Übermenschen. Eine Auseinandersetzung mit Nietzsche. Darmstadt 1993

Fleiter, Michael: Wider den Kult des Realen. Die Kritik des werdenden Nietzsche an gründerzeitlichem Kulturbetrieb, positivistischer Geschichtswissenschaft, pessimistischer Aufklärung und metaphysisch begründeter Moral. Frankfurt a. M. 1986

Gasser, Peter: Rhetorische Philosophie. Leseversuche zum metaphorischen Diskurs in Nietzsches «Also sprach Zarathustra». Bern u. a. 1992

Gebhard, Walter (Hrsg.): Friedrich Nietzsche – Willen zur Macht und Mythen des Narziß. Frankfurt a. M. u. a. 1989

Gerhardt, Volker: Friedrich Nietzsche. München 1992

Gilman, Sander L. (Hrsg.): Begegnungen mit Nietzsche. Bonn 1981

Gremmler, Claudia: Erkenntniskritik als ästhetisches Prinzip. Zum Verhältnis von Sprache und Kunst bei Nietzsche. Munster 1985

Groddeck, Wolfram: Friedrich Nietzsche – «Dionysos-Dithyramben» Bd. 1.2. Berlin, New York 1991

Grundlehner, Philip: The poetry of Friedrich Nietzsche. Oxford 1986

Happ, Winfried: Nietzsches «Zarathustra» als moderne Tragödie. Frankfurt a. M. u. a. 1984

Higgins, Kathleen M.: Nietzsche's Zarathustra. Philadelphia 1987

Hillebrand, Bruno (Hrsg.): Nietzsche und die deutsche Literatur. Bd. 1.2. Tübingen 1978

Hudek, Franz-Peter: Die Tyrannei der Musik. Nietzsches Wertung des Wagnerschen Musikdramas. Würzburg 1989

Köhler, Joachim: Zarathustras Geheimnis. Friedrich Nietzsche und seine verschlüsselte Botschaft. Reinbek 1992

Kopperschmidt, Josef / Helmut Schanze (Hrsg.): Nietzsche oder «Die Sprache ist Rhetorik». München 1994

Kremer-Marietti, Angèle: Nietzsche et la rhétorique. Paris 1992

Kunnas, Tarmo: Nietzsches Lachen. Eine Studie über das Komische in Nietzsches Werken. München 1982

Lionnet-McCumber, Françoise: Autobiographical tongues. (Self-)Reading and (Self-)Writing in Augustine, Nietzsche, Maya Angelou, Marie Cardinal, and Marie-Therese Humbert. Diss. Univ. of Michigan 1986

Man, Paul de: Allegorien des Lesens. Frankfurt a. M. 1988

Makarushka, Irena: Religious imagination and language in Emerson and Nietzsche. New York 1994

Marti, Urs: «Der große Pöbel- und Sklavenaufstand». Nietzsches Auseinandersetzung mit Revolution und Demokratie. Stuttgart u. a. 1993

Martin, N. C.: Untimely aesthetics. A critical comparison of Schiller's «Ästhetische Briefe» and Nietzsche's «Die Geburt der Tragödie». Diss. Oxford 1992

May, Keith M.: Nietzsche and the spirit of tragedy. London u. a. 1990

Meyer, Theo: Nietzsche und die Kunst. Tübingen u. a. 1993

Meyer, Theo: Nietzsche. Kunstauffassung und Lebensbegriff. Bern 1991

Montinari, Mazzino: Nietzsche. Eine Einführung. Berlin u. a. 1991

Müller, Daniel: Wider die «Vernunft in der Sprache». Zum Verhältnis von Sprachkritik und Sprachpraxis im Schreiben Nietzsches. Diss. Bern 1993

Nietzsche-Studien 1 ff. (1972 ff.)

Nolte, Ernst: Nietzsche und der Nietzscheanismus. Berlin u. a. 1990

Pfotenhauer, Helmut: Die Kunst als Physiologie. Nietzsches ästhetische Theorie und literarische Produktion. Stuttgart 1985

Pieper, Annemarie: «Ein Seil geknüpft zwischen Tier und Übermensch». Philosophische Erläuterungen zu Nietzsches erstem «Zarathustra». Stuttgart 1990

Plumpe, Gerhard: Ästhetische Kommunikation der Moderne. Bd. 2: Von Nietzsche bis zur Gegenwart. Opladen 1993

Politycki, Matthias: Umwertung aller Werte? Deutsche Literatur im Urteil Nietzsches. Berlin 1989

Pütz, Peter: Friedrich Nietzsche. Stuttgart [2]1975 [1. Aufl. 1967]

Reibnitz, Barbara von: Ein Kommentar zu Friedrich Nietzsches «Die Geburt der Tragödie aus dem Geist der Musik» (Kapitel 1–12). Stuttgart u. a. 1992

Reichel, Norbert: Der Traum vom höheren Leben. Nietzsches Übermensch und die Conditio humana europäischer Intellektueller von 1890 bis 1945. Darmstadt 1994

Ross, Werner: Der wilde Nietzsche oder die Rückkehr des Dionysos. Stuttgart 1994

Salaquarda, Jörg (Hrsg.): Nietzsche. Darmstadt 1980

Sallis, John: Crossings. Nietzsche and the space of tragedy. Chicago 1991

Schacht, Richard: Nietzsche. London u. a. 1983

Schaefer, Alfred: Friedrich Nietzsche zur Rechtfertigung des Daseins. Berlin 1987

Scheier, Claus-Arthur: Nietzsches Labyrinth. Das ursprüngliche Denken und die Seele. Freiburg, München 1985

Schirmacher, Wolfgang (Hrsg.): Schopenhauer, Nietzsche und die Kunst. Wien 1991

Schneider, Ursula: Grundzüge einer Philosophie bei Nietzsche. Berlin u. a. 1983

Schrift, Alan D.: Nietzsche and the question of interpretation. Between hermeneutics and deconstruction. London u. a. 1990

Schulte, Günter: Ecce Nietzsche. Eine Werkinterpretation. Frankfurt a. M. u. a. 1995

Shapiro, Gary: Nietzschean narratives. Bloomington 1989

Sloterdijk, Peter: Der Denker auf der Bühne. Nietzsches Materialismus. Essay. Frankfurt a. M. 1986

Stack, George J.: Nietzsche and Emerson. An elective affinity. Athens 1992

Sünner, Rüdiger: Ästhetische Szientismuskritik. Zum Verhältnis von Kunst und Wissenschaft bei Nietzsche und Adorno. Frankfurt a. M. u. a. 1986
Tebartz van Elst, Anne: Ästhetik der Metapher. Zum Streit zwischen Philosophie und Rhetorik bei Friedrich Nietzsche. Freiburg i. Br. u. a. 1994
Thomas, R. Hinton: Nietzsche in German politics and society, 1890–1918. Manchester 1983
Thönges, Bernd: Das Genie des Herzens. Über das Verhältnis von aphoristischem Stil und dionysischer Philosophie in Nietzsches Werken. Stuttgart 1993
Thumfart, Stefan: Der «Leib» in Nietzsches «Zarathustra». Frankfurt a. M. u. a. 1995
Tönnies, Ferdinand: Der Nietzsche-Kultus. Eine Kritik. Hrsg. v. Günther Rudolph. Berlin 1990
Türcke, Christoph: Der tolle Mensch. Nietzsche und der Wahnsinn der Vernunft. Frankfurt a. M. 1989
Vattimo, Gianni: Nietzsche. Eine Einführung. Stuttgart, Weimar 1992
Vogel, Martin: Apollinisch und Dionysisch. Geschichte eines genialen Irrtums. Regensburg 1966
Wuthenow, Ralph-Rainer: Nietzsche als Leser. Drei Essays. Hamburg 1994
Young, Julian: Nietzsche's philosophy of art. Cambridge 1992
Zwick, Jochen: Nietzsches Leben als Werk. Ein systematischer Versuch über die Symbolik der Biographie bei Nietzsche. Bielefeld 1995

Otto-Walster

Otto-Walster, August: Leben und Werk. Hrsg. v. Wolfgang Friedrich. Berlin 1966
Mathes, Klaus: August Otto-Walster. Schriftsteller und Politiker in der deutschen Arbeiterbewegung. Studien zum erzählerischen Werk. Frankfurt a. M. u. a. 1987

Panizza

Bauer, Michael / Rolf Düsterberg: Oskar Panizza. Eine Bibliographie. Frankfurt a. M. u. a. 1988
Panizza, Oskar: Das Liebeskonzil und andere Schriften. Hrsg. v. Hans Prescher. Neuwied, Berlin 1964
Panizza, Oskar: Der Korsettenfritz. Gesammelte Erzählungen. Mit einem Beitrag von Bernd Mattheus. München 1981
Bauer, Michael: Oskar Panizza. Ein literarisches Porträt. München, Wien 1984
Boeser, Knut (Hrsg.): Der Fall Oscar Panizza. Ein deutscher Dichter im Gefängnis. Eine Dokumentation. Berlin 1989
Brown, Peter D. G.: Oskar Panizza. His life and works. Frankfurt a. M. u. a. 1983
Chiarini, Giovanni: Vagabondi, «Sonderlinge» e marionette nella narrativa di Oskar Panizza. Napoli 1989
Düsterberg, Rolf: «Die gedruckte Freiheit». Oskar Panizza und die «Zürcher Diskußjonen». Bern u. a. 1988
Müller, Jürgen: Oskar Panizza. Versuch einer immanenten Interpretation. Diss. Würzburg 1991
Steinlechner, Gisela: Fallgeschichten. Krafft-Ebing, Panizza, Freud, Tausk. Wien 1995

Pfau

Pfau, Ludwig: Ausgewählte Werke. Hrsg. von Rainer Moritz. Stuttgart 1993
Ludwig Pfau. Ein schwäbischer Radikaler, 1821–1894. Bearb. von Michael
Kienzle u. Dirk Mende. Marbach a. N. 1994
Ullmann, Reinhold: Ludwig Pfau. Monographie eines vergessenen Autors.
Frankfurt a. M. u. a. 1987

Polenz

Polenz, Wilhelm: Gesammelte Werke. Bd. 1–10. Berlin 1909
Salyámosy, Miklós: Wilhelm von Polenz. Prosawerke eines Naturalisten. Buda-
pest 1985

Przybyszewski

Przybyszewski, Stanislaw: Werke, Aufzeichnungen und ausgewählte Briefe in
acht Bänden und einem Kommentarband. Studienausgabe. Hrsg. von Michael
M. Schardt. Bd. 1 ff. Paderborn 1990 ff.
Klim, George: Stanislaw Przybyszewski. Leben, Werk und Weltanschauung im
Rahmen der deutschen Literatur der Jahrhundertwende. Biographie. Pader-
born 1992
Marx, Jörg: Lebenspathos und «Seelenkunst» bei Stanislaw Przybyszewki.
Frankfurt a. M. u. a. 1990
Matuszek, Gabriela: «Der geniale Pole»? Stanislaw Przybyszewski in Deutsch-
land (1892–1992). Paderborn 1996
Steltner, Ulrich: Überlegungen zur Literarität. Am Beispiel von Stanislaw Przy-
byszewskis Romantrilogie «Homo sapiens». Gießen 1989
Über Stanislaw Przybyszewski: Rezensionen – Erinnerungen – Porträts – Stu-
dien (1892–1995). Rezeptionsdokumente aus 100 Jahren. Paderborn 1995
Zolman, Hanna Ann: Stanislaw Przybyszweski and his lyrical universe. Diss.
Univ. of California, Los Angeles 1980

Raabe

Raabe, Wilhelm: Sämtliche Werke. Hrsg. v. Karl Hoppe u. a. Bd. 1–20 nebst
Erg.-Bd. 1–5. Freiburg i. Br., Braunschweig (ab 1962: Göttingen) 1951–1994
Bachmann, J. P.: Narrative technique in selected works of Wilhelm Raabe, with
special reference to the technique of characterization. Diss. Aberystwyth
1987
Bertschik, Julia: Maulwurfsarchäologie. Zum Verhältnis von Geschichte und
Anthropologie in Wilhelm Raabes historischen Erzähltexten. Tübingen 1995
Denkler, Horst: Neues über Wilhelm Raabe. 10 Annäherungsversuche an einen
verkannten Schriftsteller. Tübingen 1988
Denkler, Horst: Wilhelm Raabe. Legende, Leben, Literatur. Tübingen 1989
Detering, Heinrich: Theodizee und Erzählverfahren. Narrative Experimente
mit religiösen Modellen im Werk Wilhelm Raabes. Göttingen 1990
Eisele, Ulf: Der Dichter und sein Detektiv. Raabes «Stopfkuchen» und die Frage
des Realismus. Tübingen 1979
Fuld, Werner: Wilhelm Raabe. Eine Biographie. München u. a. 1993

Giegerich, Wolfgang: Der verlorene Sohn. Vom Ursprung des Dichters Wilhelm Raabe. Essen 1987

Hampl, Ingeborg: «Grenzfälle». Familien- und Sozialstrukturen im Erzählwerk Wilhelm Raabes. Passau 1995

Heldt, Uwe: Isolation und Identität. Die Bedeutung des Idyllischen in der Epik Wilhelm Raabes. Frankfurt a. M. 1980

Helmers, Hermann: Wilhelm Raabe. Stuttgart ^{2}1978 [1. Aufl. 1968]

Henkel, Gabriele: Studien zur Privatbibliothek Wilhelm Raabes. Vom «wirklichen Autor», von Zeitgenossen und «ächten Dichtern». Braunschweig 1997

Henzler, Rosemarie: Krankheit und Medizin im erzählten Text. Eine Untersuchung zu Wilhelm Raabes Spätwerk. Würzburg 1990

Jahrbuch der Raabe-Gesellschaft 1960 ff.

Klein, Arpad: Versuch einer Interpretation von Wilhelm Raabes Werk. Braunschweig 1983

Kolbe, Hans: Wilhelm Raabe. Vom Entwicklungs- zum Desillusionierungsroman. Berlin 1981

Koller, Ulrike: Wilhelm Raabes Verlegerbeziehungen. Göttingen 1994

Lee Clement, Elizabeth: The interrelation between chapter divisions and other narrative structures in selected works of Wilhelm Raabe. Diss. Univ. of Pennsylvania 1980

Lensing, Leo A. / Hans-Werner Peter (Hrsg.): Wilhelm Raabe. Studien zu seinem Leben und Werk. Braunschweig 1981

Meyer-Krentler, Eckardt: «Unterm Strich». Literarischer Markt, Trivialität und Romankunst in Raabes «Der Lar». Paderborn u. a. 1986

Mojem, Helmuth: Baucis ohne Philemon. Wilhelm Raabes Roman «Das Odfeld» als Idyllenumschrift. Stuttgart 1989

Mojem, Helmuth: Der zitierte Held. Studien zur Intertextualität in Wilhelm Raabes Roman «Das Odfeld». Tübingen 1994

Radcliffe, Stanley: Der Sonderling im Werk Wilhelm Raabes. Braunschweig 1984

Roebling, Irmgard: Wilhelm Raabes doppelte Buchführung. Paradigma einer Spaltung. Tübingen 1988

Sammons, Jeffrey L.: Raabe, «Pfisters Mühle». London 1988

Sammons, Jeffrey L.: The shifting fortunes of Wilhelm Raabe. A history of criticism as a cautionary tale. Columbia, SC 1992

Schedlinsky, Walter: Rolle und industriegesellschaftliche Entwicklung. Die Vergegenständlichung eines sozialgeschichtlichen Phänomens im Werk Wilhelm Raabes. Frankfurt a. M. 1980

Schottelius-Winter, Lotti: Der funktionale Aspekt der Träume im Werk Wilhelm Raabes. Teil 1.2. Egelsbach 1993

Schrade, Dorothea: Kontinuität und Veränderung in Wilhelm Raabes Weltanschauung und Werk um 1871. Der Roman «Drei Federn» und die «Krähenfelder Geschichten». Diss. Leipzig 1986

Schwanenberg-Liebert, Claudia: Von der Gemeinschaft der Einsamkeit. Studien zum Auftreten eines literatursoziologischen Phänomens im Werk Wilhelm Raabes. Frankfurt a. M. u. a. 1992

Stocksieker di Maio, Irene: The multiple perspective. Wilhelm Raabe's third-person narratives of the Braunschweig period. Amsterdam 1981

Studnitz, Cecilia von: Wilhelm Raabe, Schriftsteller. Eine Biographie. Düsseldorf 1989

Verzeichnis der Bestände von und über Wilhelm Raabe in Braunschweig. Braunschweig 1981
Vogel, Maria: Dr. med. Wilhelm Raabe. Spezialist für geistig und seelisch Behinderte. Frankfurt a. M. 1993
Vormweg, Uwe: Wilhelm Raabe. Die historischen Romane und Erzählungen. Paderborn 1993
Walbert, Elisabeth: Prinzipien der Reduktion im Werk Wilhelm Raabes. Diss. Bonn 1980
Zirbs, Wieland: Strukturen des Erzählens. Studien zum Spätwerk Wilhelm Raabes. Frankfurt a. M., Bern 1986

Rathenau

Heimböckel, Dieter: Walther Rathenau und die Literatur seiner Zeit. Studien zu Werk und Wirkung. Würzburg 1996

Reuter

Alimadad-Mensch, Faranak: Gabriele Reuter. Porträt einer Schriftstellerin. Bern u. a. 1984
Schneider, Georgia Anne: Portraits of women in selected novels by Gabriele Reuter. Diss. Syracuse 1982

Rilke

Ritzer, Walter: Rainer Maria Rilke Bibliographie. Wien 1951
Rilke, Rainer Maria: Sämtliche Werke. Hrsg. v. Rilke-Archiv, in Verbindung mit Ruth Sieber-Rilke besorgt durch Ernst Zinn. Bd. 1–6. Wiesbaden, Frankfurt a. M. 1955–1966
Rilke, Rainer Maria: Werke. Kommentierte Ausgabe. Hrsg. v. Manfred Engel u. a. Bd. 1–4. Frankfurt a. M., Leipzig 1996
Rilke, Rainer Maria: Tagebücher aus der Frühzeit. Hrsg. v. Ruth Sieber-Rilke u. Carl Sieber. Frankfurt a. M. 1973
Rilke, Rainer Maria / Lou Andreas-Salomé: Briefwechsel. Frankfurt a. M. [2]1975 [neue, erw. Ausgabe; 1. Ausg. Zürich, zugleich Wiesbaden 1952]
Blätter der Rilke-Gesellschaft 1972 ff.
Demetz, Peter: René Rilkes Prager Jahre. Düsseldorf 1953
Panthel, Hans W.: Rainer Maria Rilke und Maurice Maeterlinck. Berlin 1973
Rilke-Studien. Berlin, Weimar 1976
Stahl, August: Rilke-Kommentar zum lyrischen Werk. München 1978
Stahl, August: Rilke-Kommentar [. . .] zur erzählerischen Prosa, zu den essayistischen Schriften und zum dramatischen Werk. München 1979
Webb, Karl Eugene: Rainer Maria Rilke and Jugendstil. Chapel Hill 1978

Rosegger

Rosegger, Peter: Gesammelte Werke. Bd. 1–40. Leipzig 1913–1916
Rosegger, Peter / Ludwig Anzengruber: Briefwechsel 1871–1889. Hrsg. v. Konstanze Fliedl u. Karl Wagner. Wien u. a. 1995
Rosegger, Peter: Lebens-Beschreibung; Die Schriften des Waldschulmeisters. Hrsg. v. Karl Wagner. Salzburg 1993

Anderle, Charlotte: Der andere Peter Rosegger. Polemik, Zeitkritik und Vision im Spiegel des «Heimgarten» 1876–1918. Wien 1983
Anderle, Charlotte: Peter Rosegger. Der Dichter, der aus dem Walde kam. Wien 1992
Baur, Uwe / Gerald Schöpfer / Gerhard Pail (Hrsg.): Fremd gemacht? Der Volksschriftsteller Peter Rosegger. Wien u. a. 1988
Hafner, Otfried: Peter Rosegger im Spiegel der Kunst. Graz 1984
Hölzl, Wolfgang: «Der Großdeutsche Bekenner». Nationale und nationalsozialistische Rosegger-Rezeption. Frankfurt a. M. u. a. 1991
Philippoff, Eva: Peter Rosegger. Dichter der verlorenen Scholle. Eine Biographie. Graz u. a. 1993
Ramos, Lilian E.: Peter Rosegger – poet and pedagogue. Ann Arbor, Mich. 1992
Stock, Ursula: «Sehnsuchtslandschaft» Waldheimat. Peter Roseggers Kindheits- und Jugenderinnerungen. Diss. Graz 1989
Stroud, Dean Garrett: The scared journey. The religious function of nature motifs in selected works by Peter Rosegger. Diss. Univ. of Iowa 1984
Wagner, Karl: Die literarische Öffentlichkeit der Provinzliteratur. Der Volksschriftsteller Peter Rosegger. Tübingen 1991

Ruederer

Ruederer, Josef: Werkausgabe in fünf Bänden. München 1987 ff.
Müller-Stratmann, Claudia: Josef Ruederer (1861–1915). Leben und Werk eines Münchner Dichters der Jahrhundertwende. Frankfurt a. M. u. a. 1994

Saar

Saar, Ferdinand von: Sämtliche Werke. Hrsg. v. Jakob Minor. Bd. 1–12. Leipzig 1908
Saar, Ferdinand von: Kritische Texte und Deutungen. Hrsg. von Karl Konrad Polheim. Bd. 1 ff. Bonn 1984 ff.
Saar, Ferdinand von / Marie von Ebner-Eschenbach: Briefwechsel. Hrsg. v. Heinz Kindermann. Wien 1957
Bergel, Kurt (Hrsg.): Ferdinand von Saar. Zehn Studien. Riverside, Calif. 1995
Klauser, Herbert: Ein Poet aus Österreich. Ferdinand von Saar – Leben und Werk. Wien 1990
Polheim, Karl Konrad (Hrsg.): Ferdinand von Saar. Ein Wegbereiter der literarischen Moderne. Bonn 1985
Wenske, Martin: Ferdinand von Saars «Wiener Elegien». Perspektiven zu einem Verständnis. Frankfurt a. M. u. a. 1994

Sacher-Masoch

Sacher-Masoch, Leopold von: Seiner Herrin Diener. Briefe an Emilie Mataja. Hrsg. v. Michael Farin u. Albrecht Koschorke. München 1987
Farin, Michael (Hrsg.): Leopold von Sacher-Masoch. Materialien zu Leben und Werk. Bonn 1987
Kore, Clea Elfi: Decadence and the feminine. The case of Leopold von Sacher-Masoch. Diss. Stanford Univ. 1983
Koschorke, Albrecht: Leopold von Sacher-Masoch. Die Inszenierung einer Perversion. München, Zürich 1988

Treut, Monika: Die grausame Frau. Zum Frauenbild bei de Sade und Sacher-
Masoch. Basel, Frankfurt a. M. 1984

Scheerbart

Kohnle, Uli: Paul Scheerbart. Eine Bibliographie. Steinweiler 1994
Scheerbart, Paul: Gesammelte Werke. Hrsg. v. Thomas Bürk u. a. Bd. 1–10. Lin-
kenheim 1986–1996
Scheerbart, Paul: Meine Tinte ist meine Tinte. Prosa aus Zeitschriften. Hrsg. v.
Horst Hussel. Hanau/Main 1988
Scheerbart, Paul: 70 Trillionen Weltgrüsse. Eine Biographie in Briefen 1889–
1915. Hrsg. v. Mechthild Rausch. Berlin 1991 [mit Bibliographie]
Popiol, Khoder: Kunst und Genialität. Eine Interpretation des Werkes «Tarub,
Bagdads berühmte Köchin» von Paul Scheerbart. Diss. Berlin 1988
Rausch, Mechthild: Von Danzig ins Weltall. Paul Scheerbarts Anfangsjahre
1863–1895. München 1997
Ruosch, Christian: Die phantastisch-surreale Welt im Werke Paul Scheerbarts.
Bern 1970
Über Paul Scheerbart. 100 Jahre Scheerbart-Rezeption. Teil 1–3. Paderborn
1992–1998
Wolff, Eva: Utopie und Humor. Aspekte der Phantastik im Werk Paul Scheer-
barts. Frankfurt a. M., Bern 1982

Schlaf

Kafitz, Dieter: Johannes Schlaf – Weltanschauliche Totalität und Wirklichkeits-
blindheit. Ein Beitrag zur Neubestimmung des Naturalismus-Begriffs und zur
Herleitung totalitärer Denkformen. Tübingen 1992
Scheidweiler, Gaston: Gestaltung und Überwindung der Dekadenz bei Johannes Schlaf. Eine Interpretation seines Romanwerks. Frankfurt a. M. u. a.
1990

Schnitzler

Allen, Richard Harry: An annotated Arthur Schnitzler's Bibliography 1879–
1965. Chapel Hill 1966
Berlin, Jeffrey B.: An annotated Arthur Schnitzer Bibliography 1965–1977. Mün-
chen 1978
Kawohl, Birgit: Arthur Schnitzler. Personalbibliographie 1977–1994. Gießen
1996
Schnitzler, Arthur: Gesammelte Werke. Bd. [1]–[4]. Frankfurt a. M. 1962–1977
Schnitzler, Arthur: Medizinische Schriften. Hrsg. v. Horst Thomé. Wien, Darm-
stadt 1988
Schnitzler, Arthur: Tagebuch 1879–1931. Hrsg. v. Werner Welzig. Bd. [1]–[10].
Wien 1981–1999
Schnitzler, Arthur: Briefe. Hrsg. v. Therese Nickl u. Heinrich Schnitzler.
Bd. 1.2. Frankfurt a. M. 1981
Schnitzler, Arthur: Letters to Hermann Bahr. Hrsg. v. Donald G. Daviau.
Chapel Hill, NC 1978
Schnitzler, Arthur / Richard Beer-Hofmann: Briefwechsel 1891–1931. Hrsg. v.
Konstanze Fliedl. Wien, Zürich 1992

Schnitzler, Arthur / Otto Brahm: Briefwechsel. Vollständige Ausgabe. Hrsg. v. Oskar Seidlin. Tübingen 1975

Abels, Norbert: Sicherheit ist nirgends. Judentum und Aufklärung bei Arthur Schnitzler. Königstein/Ts. 1982

Allerdissen, Rolf: Arthur Schnitzler. Impressionistisches Rollenspiel und skeptischer Moralismus in seinen Erzählungen. Bonn 1985

Baumer, Franz: Arthur Schnitzler. Berlin 1992

Bender, Petra: Raum und Zeit. Kategorien des Seins und des Bewußtseins. Untersuchungen an ausgewählten Dramen Arthur Schnitzlers. Diss. München 1976

Butzko, Ellen: Arthur Schnitzler und die zeitgenössische Theaterkritik. Frankfurt a. M. u. a. 1991

Farese, Giuseppe (Hrsg.): Akten des Internationalen Symposiums «Arthur Schnitzler und seine Zeit». Bern u. a. 1985

Farese, Giuseppe: Arthur Schnitzler. Una vita a Vienna. Milano 1997

Fliedl, Konstanze: Arthur Schnitzler – Poetik der Erinnerung. Wien u. a. 1997

Fritsche, Alfred: Dekadenz im Werk Arthur Schnitzlers. Bern 1974

Gilbert, Karin D.: The erotic triangle in Schnitzler. A study of selected narratives. Diss. Harvard Univ. 1990

Glogauer, Walter Franz: Kritische Literatur und literarische Ambivalenz. Zum Zusammenhang von Stil und Mythos der Wiener Moderne am Beispiel Arthur Schnitzlers. Diss. Washington Univ. 1985

Hinck, Valeria: Träume bei Arthur Schnitzler. Feuchtwangen 1986

Hoffmann, Carl James: Consciousness and morality in the narrative works of Arthur Schnitzler. Diss. Washington Univ. 1981

Janz, Rolf Peter / Klaus Laermann: Arthur Schnitzler. Zur Diagnose des Wiener Bürgertums im Fin de Siècle. Stuttgart 1977

Johnson, Linda S.: The reception of Arthur Schnitzler's dramatic works in Berlin and Vienna, 1893–1914. Diss. Northwestern Univ. 1990

Keiser, Brenda: Deadly dishonor. The duel and the honor code in the works of Arthur Schnitzler. Bern u. a. 1990

Keller, Ursula: Böser Dinge hübsche Formel. Das Wien Arthur Schnitzlers. Berlin, Marburg 1984

Kilian, Klaus: Die Komödien Arthur Schnitzlers. Sozialer Rollenzwang und kritische Ethik. Düsseldorf 1972

Knorr, Herbert: Experiment und Spiel – Subjektivitätsstrukturen im Erzählen Arthur Schnitzlers. Frankfurt a. M. u. a. 1988

Lindgren, Irène G.: Arthur Schnitzler im Lichte seiner Briefe und Tagebücher. Heidelberg 1993

Lindken, Hans-Ulrich: Arthur Schnitzler. Aspekte und Akzente. Frankfurt a. M., Bern 1984

Low, D. S.: Arthur Schnitzler's «Sterben», «Frau Berta Garlan» and «Der Weg ins Freie». A study in literary impressionism. Diss. Aberystwyth 1981

Offermanns, Ernst L.: Arthur Schnitzler. Das Komödienwerk als Kritik des Impressionismus. München 1973

Perlmann, Michaela L.: Arthur Schnitzler. Stuttgart 1987

Perlmann, Michaela L.: Der Traum in der literarischen Moderne. Zum Werk Arthur Schnitzlers. München 1987

Roosen, Claudia: «Helden der Krise» in den Erzählungen Arthur Schnitzlers. Frankfurt a. M. u. a. 1994

Scheible, Hartmut: Arthur Schnitzler. Mit Selbstzeugnissen und Bilddokumenten. Reinbek [9]1994 [1. Aufl. 1976]
Scheible, Hartmut (Hrsg.): Arthur Schnitzler in neuer Sicht. München 1981
Scheible, Hartmut: Liebe und Liberalismus. Über Arthur Schnitzler. Bielefeld 1996
Schiffer, Helga E.: Die frühen Dramen Arthur Schnitzlers. Dramatisches Bild und dramatische Struktur. Amsterdam u. a. 1994
Schnitzler, Heinrich / Christian Brandstätter / Reinhard Urbach (Hrsg.): Arthur Schnitzler. Sein Leben, sein Werk, seine Zeit. Frankfurt a. M. 1981
Schwarzinger, Heinz: Arthur Schnitzler, auteur dramatique. 1862–1931. Paris 1989
Surowska, Barbara: Die Bewußtseinsstromtechnik im Erzählwerk Arthur Schnitzlers. Warszawa 1990
Tax, P. W. / R. H. Lawson (Hrsg.): Arthur Schnitzler and his age. Intellectual and artistic currents. Bonn 1984
Thompson, Bruce: Schnitzler's Vienna. Image of a society. London u. a. 1990
Urbach, Reinhard: Schnitzler-Kommentar zu den erzählenden Schriften und dramatischen Werken. München 1974
Wagner, Renate: Arthur Schnitzler. Eine Biographie. Frankfurt a. M. 1984 [zuvor Wien u. a. 1981]
Wagner, Renate: Frauen um Arthur Schnitzler. Wien, München 1980
Weinzierl, Ulrich: Arthur Schnitzler. Lieben – Träumen – Sterben. Frankfurt a. M. 1994
Werner, Ralph Michael: Impressionismus als literaturhistorischer Begriff. Untersuchungen am Beispiel Arthur Schnitzlers. Frankfurt a. M., Bern 1981
Yates, W. E.: Schnitzler, Hofmannsthal, and the Austrian theatre. New Haven u. a. 1992

Spielhagen

Fischbacher-Bosshardt, Andrea: Anfänge der modernen Erzählkunst. Untersuchungen zu Friedrich Spielhagens theoretischem und literarischen Werk. Bern u. a. 1988
Lamers, Henrike: Held oder Welt? Zum Romanwerk Friedrich Spielhagens. Bonn 1991

Spitteler

Spitteler, Carl: Gesammelte Werke. Bd. 1–10. Zürich 1945–1958
Stauffacher, Werner: Carl Spittelers Lyrik. Zürich 1950

Spitzer

Nöllke, Matthias: Daniel Spitzers «Wiener Spaziergänge». Frankfurt a. M. 1994

Storm

Sobel, Alfred: Theodor-Storm-Bibliographie 1967–1991. Hrsg. von Bernadette Benedikt. Wiesbaden u. a. 1993
Storm, Theodor: Sämtliche Werke. Hrsg. v. Karl Ernst Laage u. Dieter Lohmeier. Bd. 1–4. Frankfurt a. M. 1987/88

Storm, Theodor: Briefwechsel. Kritische Ausgabe. Bd. 1–14. Berlin 1969–1995

Bollenbeck, Georg: Theodor Storm. Eine Biographie. Frankfurt a. M. 1988

Burns, B.: Theory and patterns of tragedy in the later Novellen of Theodor Storm. Diss. St. Andrews Univ. 1991

Carnaby, R. M.: Kitsch in the prose works of Theodor Storm. Diss. Sheffield 1985

Choi, Byungje: Realismus und Lyrik. Untersuchungen zum Gedichtwerk Theodor Storms. Diss. Passau 1994

Chowanietz, Siegfried Fritz Karl: Jung und Alt im Konflikt. Generationsprobleme im Leben und in ausgewählten Novellen Theodor Storms. Diss. Univ. of Waterloo 1988

Coghlan, Brian / Karl Ernst Laage (Hrsg.): Theodor Storm und das 19. Jahrhundert. Berlin 1989

Dysart, David L.: The role of the painting in the works of Theodor Storm. New York u. a. 1992

Ebersold, Günther: Politik und Gesellschaftskritik in den Novellen Theodor Storms. Frankfurt a. M., Bern 1981

Fasold, Regina: Die Rezeption der Dichtung Theodor Storms [...] zwischen 1850–1890. Diss. Leipzig 1983

Fasold, Regina: Theodor Storm. Bildbiographie. Leipzig 1988

Fasold, Regina: Theodor Storm. Stuttgart, Weimar 1997

Freund, Winfried: Theodor Storm. Stuttgart u. a. 1987

Freund, Winfried: Theodor Storm: «Der Schimmelreiter». Glanz und Elend des Bürgers. Paderborn u. a. 1984

Heidling, Gunter H.: Theodor Storms «Meisterschuß» «Aquis submersus». Der Künstler zwischen Determiniertheit und Selbstvollendung. Würzburg 1995

Hildebrandt, Klaus: Theodor Storm, «Der Schimmelreiter». Interpretation. München 1990

Laage, Karl Ernst: Theodor Storm. Studien zu seinem Leben und Werk. Berlin ²1988 [erw. u. verb. Aufl; 1. Aufl. 1985]

Laage, Karl Ernst (Hrsg.): Theodor Storms Welt in Bildern. Heide/Holstein 1987

Laage, Karl Ernst: Theodor Storm – Leben und Werk. Husum ⁶1993 [erw. u. überarb. Aufl.; 1. Aufl. 1979]

Lorenz, Hildegard: Varianz und Invarianz. Theodor Storms Erzählungen: Figurenkonstellationen und Handlungsmuster. Bonn 1985

Pastor, Eckart: Die Sprache der Erinnerung. Zu den Novellen von Theodor Storm. Frankfurt a. M. 1988

Paulin, Roger: Theodor Storm. München 1992

Peischl, Margaret T.: Das Dämonische im Werk Theodor Storms. Frankfurt a. M., Bern 1983

Pennington, Lillian Doris: The ultimate silence. The death motif in the poetry of Theodor Storm. Diss. Ohio State Univ. 1983

Peter, Hans-Werner: Individuum, Familie, Gesellschaft in Theodor Storms «Der Schimmelreiter» und Wilhelm Raabes «Die Akten des Vogelsangs». Braunschweig 1989

Sachs, Bonnie Melinda: The changing community in Theodor Storm's novellas. Diss. Princeton 1989

Schuster, Ingrid: Theodor Storm. Zeitkritische Dimension der Novellen. Bonn ²1985 [1. Aufl. 1971]

Tschorn, Wolfgang: Idylle und Verfall. Die Realität der Familie im Werk Theodor Storms. Bonn 1978
Weinreich, Gerd: Theodor Storm, «Der Schimmelreiter». Grundlagen und Gedanken zum Verständnis erzählender Literatur. Frankfurt a. M. 1988
White, Alfred D.: Storm: «Der Schimmelreiter». London 1988
Zimorski, Walter (Hrsg.): Theodor Storm. Studien zur Kunst- und Künstlerproblematik. Bonn 1988

Sudermann

Rix, Walter T. (Hrsg.): Hermann Sudermann. Werk und Wirkung. Würzburg 1980
Stroinigg, Cordelia: Sudermann's «Frau Sorge». Jugendstil, archetype, fairy tale. New York u. a. 1995

Suttner

Suttner, Bertha von: Kämpferin für den Frieden. Lebenserinnerungen, Reden und Schriften. Hrsg. v. Gisela Brinker-Gabler. Frankfurt a. M. 1982
Biedermann, Edelgard: Erzählen als Kriegskunst. «Die Waffen nieder!» von Bertha von Suttner. Studien zu Umfeld und Erzählstrukturen des Textes. Stockholm 1995
Braker, Regina: Weapons of women writers. Bertha von Suttner's «Die Waffen nieder!» as political literature in the tradition of Harriet Beecher Stowe's «Uncle Tom's Cabin». New York u. a. 1995
Grossmaier-Forsthuber, Christa: Bertha von Suttner: «Die Waffen nieder!» Die Geschichte einer Frau und ihres Romans. Diss. Salzburg 1991
Hamann, Brigitte: Bertha von Suttner – ein Leben für den Frieden. München 1986

Viebig

Durand, Michel: Les romans berlinois de Clara Viebig. Bern u. a. 1993
Krauß-Theim, Barbara: Naturalismus und Heimatkunst bei Clara Viebig. Darwinistisch-evolutionäre Naturvorstellungen und ihre ästhetischen Reaktionsformen. Frankfurt a. M. u. a. 1992

Vischer

«Auch einer». Friedrich Theodor Vischer zum 100. Todestag. Katalog zur Ausstellung. Ludwigsburg 1987
Haverkamp, Wendelin: Aspekte der Modernität. Untersuchungen zur Geschichte des «Auch einer» von F. T. Vischer. Aachen 1981
Stenger, Karl Ludwig: Die Erzählstruktur von Friedrich Theodor Vischers «Auch einer». Wesen und Funktion. New York u. a. 1986

Wedekind

Jones, Robert A. / Leroy R. Shaw: Frank Wedekind. A bibliographic handbook. Teil 1.2. München u. a. 1996
Wedekind, Frank: Werke. Hrsg. v. Manfred Hahn. Bd. 1–3. Berlin, Weimar 1969

Wedekind, Frank: Werke. Hrsg. v. Erhard Weidl. Bd. 1.2 München 1996 [Zuerst: 1990]

Wedekind, Frank: Werke. Darmstädter Ausgabe. Studienausgabe in 8 Bänden unter Leitung v. Elke Austermühl u. a. Darmstadt 1994 ff.

Wedekind, Frank: Die Tagebücher. Ein erotisches Leben. Hrsg. von Gerhard Hay. Frankfurt a. M. 1986

Arthur, Douglas Reed: Frank Wedekind's social theatre. Diss. Stanford 1979

Austermühl, Elke (Hrsg.): Frank Wedekind. Texte, Interviews, Studien. Darmstadt 1989

Boa, Elizabeth: The sexual circus. Wedekind's theatre of subversion. Oxford 1987

Bograd, Angelika B.: Eros und Sexualität im Werk Frank Wedekinds. Eine psychoanalytische Untersuchung. Diss. Univ. of California, Los Angeles 1990

Florack, Ruth: Wedekinds «Lulu». Zerrbild der Sinnlichkeit. Tübingen 1995

Forschungsstelle Frank Wedekind (Hrsg.): Frank Wedekind. Darmstadt 1994

Gallati, Alfons: Individuum und Gesellschaft in Frank Wedekinds Drama. Drei Interpretationen. Diss. Zürich 1981

Graves, Paul G.: Frank Wedekinds dramatisches Werk im Spiegel der Sekundärliteratur 1960 bis 1980. Ein Forschungsbericht. Diss. Univ. of Colorado at Boulder 1982

Ham, Jenifer M.: The ideological structure of Frank Wedekind's dramatic works. Diss. New Brunswick, NJ 1990

Höger, Alfons: Hetärismus und bürgerliche Gesellschaft im Frühwerk Frank Wedekinds. München 1981

Irmer, Hans Jochen: Der Theaterdichter Frank Wedekind. Werk und Wirkung. Berlin [2]1979 [erg. Aufl.; 1. Aufl. 1975]

Kieser, Rolf: Benjamin Franklin Wedekind. Biographie einer Jugend. Zürich 1990

Kim, Kwangsun: Die Lieder in Frank Wedekinds Dramen. Frankfurt a. M. u. a. 1993

Knobloch, Ursula M.: Die Spekulation als Drahtseilakt. Vitalität und Kommerz im Werk Frank Wedekinds. Diss. Würzburg 1993

Kuhn, Anna Katharina: Der Dialog bei Frank Wedekind. Untersuchung zum Szenengespräch der Dramen bis 1900. Heidelberg 1981

Medicus, Thomas: «Die große Liebe». Ökonomie und Konstruktion der Körper im Werk von Frank Wedekind. Marburg/Lahn 1982

Mennemeier, Franz Norbert: Modernes deutsches Drama. Bd. 1: 1910–1933. Mit einem Anhang: Frank Wedekind, ein großer Vorläufer des modernen Dramas. München [2]1979 [erw. u. verb. Aufl.; 1. Aufl. 1975]

Muylaert, Marc: L'image de la femme dans l'œuvre de Frank Wedekind. Stuttgart 1985

Sattel, Ulrike: Studien zur Marktabhängigkeit der Literatur am Beispiel Frank Wedekinds. Diss. Kassel 1976

Schröder-Zebralla, Josephine: Frank Wedekinds religiöser Sensualismus. «Die Vereinigung von Kirche und Freudenhaus?» Frankfurt a. M. u. a. 1985

Slattery, Charles Edward: Frank Wedekind. Isolation in the dramas before 1900. Diss. Univ. of Iowa 1980

Vinçon, Hartmut: Frank Wedekind. Stuttgart 1987

Vinçon, Hartmut u. a. (Hrsg.): Frank Wedekind's Maggi Zeit. Reklamen und Briefe. Darmstadt 1992

Wildenbruch

Wildenbruch, Ernst von: Gesammelte Werke. Hrsg. v. Berthold Litzmann. Bd. 1–16. Berlin 1911–1924
Litzmann, Berthold: Ernst von Wildenbruch. Bd. 1.2. Berlin 1913–1916

REGISTER

Adler, Friedrich (1857–1938)
Gedichte
Den Deutschen in Österreich 621
Nach dem Strike 624
Aischylos (525–456 v. Chr.) 224, 388,
495
Der gefesselte Prometheus 224
Die Perser 388
Alberti, Conrad (eig. Sittenfeld)
(1862–1918) 20, 76, 111, 145–146,
380–382, 392, 432
Ablösung vor! 21
Brot! 432
Das Recht auf Liebe 37, 349, 381
Der Kampf ums Dasein 76, 380
Die Alten und die Jungen 20, 56,
146, 364, 380, 425
Eine wie Tausend 349
*Herr L'Arronge und das Deutsche
Theater* 425
Im Suff! 432
Majestätsbeleidigung 376–377
Maschinen 28, 381
Mode 381
Natur und Kunst 76, 85, 112
Plebs 380
Riesen und Zwerge 380
Schröter & Co. 381
*Was erwartet die deutsche Kunst
von Kaiser Wilhelm II.?* 20
Wer ist der Stärkere? 48, 76, 188,
382
Alberti, Eduard (1827–1898) 164
Alexander der Große (356–323 v.
Chr.) 683
Alexander II., Zar von Rußland
(1855–1881) 549
Alexander VI., Papst (1431–1503) 529
Alexis, Willibald (eig. Georg Wilhelm
Heinrich Häring) (1798–1871)
182
Alma-Tadema, Laurence (1836–
1912) 177

Altenberg, Peter (eig. Richard Eng-
länder) (1859–1919) 115, 118, 169,
296–298, 409
Akolés Gesang 298
Am Lande 115
Ashantee 298
At Home 115
Die Zuckerfabrik 298
Selbstbiographie 297
Was der Tag mir zuträgt 297
Wie ich es sehe 115, 169, 296, 298
Zwölf 297
Anderson, Maria (1842–1917) 616
Andreas-Salomé, Lou (1861–1937)
36, 83, 455, 602–603, 721
Der Mensch als Weib 36
Eine Ausschweifung 165
Fenitschka 165
*Gedanken über das Liebespro-
blem* 83
Andrian-Werburg, Leopold von
(1875–1951) 118, 294–296, 648
Der Garten der Erkenntnis 171,
292, 294, 296, 298, 649
Annunzio, Gabriele d' (1863–1938)
56, 118, 720–721
Isottèo 117
Anonym
Gedichte
Die Arbeiterpoesie 31
Antoine, André (1858–1943) 433
Anzengruber, Ludwig (1839–1889)
41, 101–102, 142, 192–194, 385,
426–427, 436, 459–466, 475
Alte Wiener 464
Berta von Frankreich 463
Das vierte Gebot 428, 431, 464, 466
Der Einsam 460
Der Fleck auf der Ehr 466
Der G'wissenswurm 462
Der kewige Jud 41
Der ledige Hof 463
Der Meineidbauer 461

Der Pfarrer von Kirchfeld 15, 460
Der Schandfleck 193
Der Sternsteinhof 193–195
Die Gschicht von der Maschin 28
Die Kreuzelschreiber 192, 462
Die Märchen des Steinklopfer-
hanns 192
Doppelselbstmord 462, 466
Dorfgänge 193, 460
Elfriede 463
Gott und Welt (Aphorismen) 689
Hand und Herz 463
Jaggernaut 60
Stahl und Stein 460
Wie der Huber ungläubig ward 193
Wissen macht Herzweh 460
Appia, Adolphe (1862–1928) 430
Apuleius, Lucius (125–180)
Der goldene Esel 226
Ardenne, Elisabeth von (geb. Freiin
von Plotho) (1853–1952) 352
Arent, Wilhelm (geb. 1864) 619–620,
628, 665
Aus tiefster Seele 624
Gedichte
À la Gabriel Max 623–624
À la Makart 623–624
Fieberglut 623
Im Zecherkreis 623
Aretino, Pietro (1492–1556) 457
Aristophanes (ca. 445–385 v. Chr.)
427, 462
Die Vögel 637
Lysistrate 462
Arnim, Bettina von (1785–1859) 685
Arnim, Ludwig Achim von (1781–
1831)
Isabella von Ägypten 709
Auerbach, Berthold (1812–1882) 166,
268, 342
Die Frau Professor 248
Augspurg, Anita (1857–1943) 36
Augusta, deutsche Kaiserin (1811–
1890) 12
Augusti, Brigitte (eig. Auguste Plehn,
geb. Bresler) (1839–1930) 244
Die letzten Maltheims 244

Babeuf, François (1760–1797) 32
Baechtold, Jakob (1848–1897) 565

Bahr, Alois (1834–1898) 32, 716
Bahr, Hermann (1863–1934) 12, 18,
32, 37, 52, 55, 57, 87–88, 92–93,
111, 116, 118–120, 122, 125–126,
132, 283–284, 287–289, 399, 409,
424, 477–478, 590, 593, 597, 713–
714, 716–719, 721
Das unrettbare Ich 87
Der Antisemitismus 43
Dialog vom Tragischen 87
Die Einsichtslosigkeit des Herrn
Schäffle 32
Die gute Schule 111, 114, 160,
172, 287–289, 590, 714
Die Krisis des Naturalismus 92
Die Moderne 55
Die neue Psychologie 52, 93, 116,
288, 713–714
Die Überwindung des Naturalis-
mus 108, 477
Feuilleton 717
Henrik Ibsen 713
Impressionismus 87, 93
Loris 718–719
Russische Reise 120
Studien zur Kritik der Moderne
121
Suggestionen 716
Wahrheit, Wahrheit! 88, 477
Ball, Hugo (1886–1927)
Nero 440
Balzac, Honoré de (1799–1850) 101,
342, 381, 404
Bandau, Adelheid
Zwölf Jahre als Diakonissin 680
Barlach, Ernst (1870–1938) 507
Barnay, Ludwig (1842–1924) 427
Barrès, Maurice (1862–1923) 477,
593
Bartels, Adolf (1862–1945) X
Bassompierre, François de (1579–
1646) 294
Baudelaire, Charles (1821–1867) 25,
118, 120, 571, 577, 589–590, 596,
644, 654
Gedichte
Correspondances 118
Elévation 577
L'Albatros 575, 637, 647
La Vie antérieure 644, 651

Rêve parisien 563, 646
Les Fleurs du Mal 118, 644
Petits poèmes en prose 297
Baudius, Auguste (verh. von Wilbrandt) (geb. 1844) 439
Bauer, Erwin (1857–1901) 57–58
Die ‹Modernen› in Berlin und München 57
Bauer, Ignaz 706
Bauernfeld, Eduard von (1802–1890) 125, 144, 720–721
Baumbach, Rudolf (1840–1905) 223, 539, 627, 629
Lieder eines fahrenden Gesellen 539
Spielmannslieder 539
Von der Landstraße 539
Zlatorog 223
Bebel, August (1840–1913) 699–700
Die Frau und der Sozialismus 35
Beck, Oscar (1850–1924) 687
Becker, Johann Philipp (1809–1886)
Abgerissene Bilder aus meinem Leben 681
Beckett, Samuel (1906–1989) 450
Beer-Hofmann, Richard (1866–1945) 43, 88, 93, 116, 118, 125, 144, 160, 243, 289, 292, 475, 600
Camelias 289
Das Kind 289
Der Tod Georgs 96, 116, 290, 291
Beers, Jan van (1852–1927) 521
Beethoven, Ludwig van (1770–1817) 566, 716
Behrisch, Ernst Wolfgang (1738–1809) 337
Bellini, Jacopo (um 1400–1470) 224
Benjamin, Walter (1892–1940) 25, 557
Benn, Gottfried (1886–1956) 570
Berg, Leo (1862–1908) 72, 109, 126
Der Naturalismus 107–108
Berger, Alfred von (1853–1912) 422, 476
Bernard, Claude (1813–1878)
Introduction à l'étude 85
Bernd, Adam (1676–1748) 682
Bernheim, Hippolyte (1837–1919) 89–90
Bernstein, Elsa (Ps. Ernst Rosmer) (1866–1949) 517
Dämmerung 518

Bertrand, Aloysius (1807–1841)
Gaspart de la Nuit 297
Bibel 35, 307–308, 316, 348, 389, 405, 458, 490, 492, 547, 629, 635, 696
Bie, Oskar (1864–1938) 133
Bielschowsky, Albert (1847–1902) 687
Goethe 687
Bierbaum, Otto Julius (1865–1910) 54, 129, 137, 173, 230, 394, 480, 631, 657, 667–669, 672
Der Bunte Vogel 668
Erlebte Gedichte 667
Gedichte
Die moderne Muse 54
Ehetanzlied 668
Fin de siècle 667
Mit dem Ring am Finger 668
Rosenopfer 668
Sommerglücksmusik 667
Sub rosa Veneris 668
Traum (Groteske) 667
Irrgarten der Liebe 667–668
Kaktus 173
Letzte Musterung 173
Nemt, Frouwe, disen Kranz 667
Stilpe 173, 405
Studenten-Beichten 173
Biermann, Wolf (geb. 1936) 549
Biese, Alfred (geb. 1856)
Philosophie des Metaphorischen 721
Bilt, Cornelius van der (1794–1877) 615
Bismarck, Otto Fürst von (1815–1898) XI, 3, 7, 9–10, 13–15, 18–20, 32, 44–45, 56, 64–66, 103–104, 106, 172, 178, 192, 232–233, 255, 299, 305, 310, 324, 326, 340, 353, 359, 363, 418, 438, 441–442, 447, 486, 488, 541, 554, 566, 579, 613, 620, 679–680, 686, 692, 700–702, 706, 708
Gedanken und Erinnerungen (Erinnerung und Gedanke) 679–680
Björnson, Björnstjerne (1832–1910) 111, 392, 430
Bleibtreu, Georg (1828–1892) 6
Bleibtreu, Karl (1859–1928) 6, 32, 51, 64, 108, 132, 134, 375, 608, 620–621

Dies irae 6
Gedichte
  Weisheit des Orients 621
  Größenwahn 18, 26, 51, 126, 171,
  180
  Nacht und Morgen in London 25
  *Paradoxe der konventionellen Lü-
  gen* 51
  Revolution der Litteratur 108, 134
  Schicksal 432
Bleuler-Waser, Hedwig (1860–1940)
397
Bloch, Ernst (1885–1977) 203
Blos, Wilhelm (1849–1927) 555
Blücher, Gebhard Leberecht von
(1742–1819) 232
Blumenthal, Oskar (1852–1917) 148,
427–428, 447, 488
  Der Raub der Sabinerinnen 437
  Die große Glocke 447
  Ein Tropfen Gift 447
  Großstadtluft 428
  Philosophie des Unbewußten 428
Bluntschli, Marie 254
Blüthgen, Victor (1844–1920)
  Die sieben Hulegeisterchen 243
Boccaccio, Giovanni (1313–1375) 162
  Decamerone 163, 396
Böcklin, Arnold (1827–1901) 104,
106–107, 374, 395, 476, 480, 482,
509, 610
Bodelschwingh, Friedrich von (1831–
1910) 418
Bodenhausen, Cuno (1852–1931) 521
Bodenstedt, Friedrich von (1819–
1892) 138, 540, 543–544, 629
  *Aus dem Nachlasse Mirza Schaf-
  fy's* 544
  Erinnerungen aus meinem Leben
  677
  Gedichte
    Spätherbst 543
    Zwischen Ruinen 544
  Lieder des Mirza-Schaffy 544
Böhlau, Helene (verh. Al Raschid
Bey) (1859–1940) 36, 245
  Das Recht der Mutter 204
  Ferdös 245
  Halbtier! 174
  Herzenswahn 51

  Rathsmädelgeschichten 245
  Reines Herzens schuldig 204
Bohne, Johannes
  Gedichte
    Gebet an den Sturm 622
Bölsche, Wilhelm (1861–1939) 25,
33, 55, 109, 127–128, 186, 509,
659
  Das Liebesleben in der Natur 83
  Der Zauber des Königs Arpus 180
  Die Mittagsgöttin 47, 115, 186
  *Die naturwissenschaftlichen Grund-
  lagen der Poesie* 76, 85, 112
  Entwicklungsgeschichte der Natur
  82
  Hinter der Weltstadt 81
  Paulus 180
  *Wege und Ziele der modernen
  Ästhetik* 55
Bondi, Georg (1865–1935) 136
Bonifatius (eig. Winfrid) (um 673–
754) 300
Boor, Helmut de (1891–1976) XVII
Borchardt, Rudolf (1877–1945) 598
Borgia, Cesare (1475/76–1507) 66
Borstell, Friedrich (1837–1912) 155
Bosse, Friedrich (1848–1909) 435
  Die Alten und die Neuen 434
  Im Kampf 435
Bourget, Paul (1852–1935) 57, 92,
120–121, 265, 287–288, 399, 401,
402, 478, 535, 593
  Cosmopolis 402
  *Essais de psychologie contempo-
  raine* 120
  La Terre promise 402
  Le Disciple 402
  Nouveaux Essais 642
Boyen, Hermann von (1771–1841)
683
Brahm, Otto (eig. Abrahamsohn)
(1856–1912) 34, 52, 55, 57, 111, 113,
130, 132–133, 254, 288, 356, 425–
426, 431–433, 441, 443, 467, 489,
499, 503–504, 508, 517, 687, 713
  Gottfried Keller 713
  Henrik Ibsen 111
Brandenberger, Heinrich
  *Allerlei Notizen aus meinem
  30jährigen Fabrikleben* 681

Brandes, Georg (eig. Morris Cohen) (1842–1927) 71, 215, 234, 711
Emile Zola 112
Braun, Otto (1824–1900)
Gedichte
Epheu und Lilie 536–537
Brecht, Bertolt (1898–1956) 500–501, 549
Buckower Elegien 572
Die heilige Johanna der Schlachthöfe 260
Brecht, Walther (1876–1950) 476
Breden, Adalmar von (gest. 1903) 588
Breuer, Josef (1842–1925)
Studien über Hysterie 91
Über den psychischen Mechanismus 91
Bromme, Moritz William Theodor (1873–1926) 203, 682
Brouwer, Adriaen (ca. 1606–1638) 616
Bruant, Aristide (1851–1925) 453
Bruder Rusche 223
Bruno, Giordano (1548–1600) 128
Bucher, Lothar (gest. 1892) 680
Büchner, Georg (1813–1837) 127, 282–283, 388
Dantons Tod 127, 436
Lenz 127, 265, 389
Woyzeck 282, 389
Buckle, Henry Thomas (1821–1862)
History of Civilization in England 62
Bunge, Gustav (1844–1920)
Die Alkoholfrage 493
Bunge, Rudolf (1836–1907)
Der Tag von Sedan 418
Nero 440
Burckhard, Max Eugen (1854–1912) 423, 472
Burckhardt, Jacob (1818–1897) 68, 291, 575, 577, 684
Die Kultur der Renaissance 105, 262, 396
Bürger, Gottfried August (1747–1794) 545
Bürger, Hugo (eig. Lubliner) (1846–1911) 445
Busch, Wilhelm (1832–1908) 95, 157, 237–241, 616, 675–676
Balduin Bählamm 240

Der Heilige Antonius 240
Der Partikularist 240
Der Schmetterling 240
Die fromme Helene 239–240
Diogenes 239
Eduards Traum 94–95
Gedichte
Die Affen 618
Die Liebe war nicht geringe 618
Es sitzt ein Vogel auf dem Leim 618
Ich meine doch, so sprach er mal 617
Mein kleinster Fehler ist der Neid 617
Sahst du das wunderbare Bild von Brouwer? 616–617
Sie hat nichts und du desgleichen 618
Sie stritten sich beim Wein herum 75, 618
Ungenügend 618
Wenn mir mal ein Malheur passiert 617
Kritik des Herzens 616
Maler Klecksel 240
Max und Moritz 238 239
Plisch und Plum 239–240
Schein und Sein 616
Was mich betrifft 675–676
Wie man Napoliums macht 240
Zu guter Letzt 616
Busse, Carl (1872–1918) 561
Gedichte
Auf der Felsenterrasse zu Berlin 561
Byron, George Gordon Lord (1788–1824) 219, 236
Childe Harold's Pilgrimage 234

Cagliostro, Alexander Graf (eig. Giuseppe Balsamo) (1743–1795) 698
Calderón de la Barca, Pedro (1600–1681) 355
Caligula, römischer Kaiser (12–41) 683
Camões, Luis Vaz de (ca. 1525–1580) 66
Campanella, Tommaso (1568–1639)
Der Sonnenstaat 522

Carlyle, Thomas (1795–1881) 685
Carossa, Hans (1878–1956) 573
Cäsar, Gajus Julius (100–44 v. Chr.)
    129, 429, 488, 571, 675
Cauer, Minna (1841–1922) 36–37
Cervantes Saavedra, Miguel de
    (1547–1616) 162
Chamberlain, Houston Stewart
    (1855–1927) 704–705
    Die Grundlagen des Neunzehnten
    Jahrhunderts 704–705
Chamisso, Adalbert von (1781–
    1838) 313
Chapelle-Robool, Suze de
    Trotzkopf als Großmutter 245
Charcot, Jean Martin (1825–1893)
    84, 89–90, 283
Chiavacci, Vinzenz (1847–1916) 193,
    427
    Einer vom alten Schlag 427
Chirico, Giorgio de (1888–1978) 107
Chladni, Ernst (1756–1827) 656
Chopin, Frédéric (1810–1849) 719
Christen, Ada (eig. Christiane von
    Breden, geb. Frideriks) (1844–
    1901) XVI, 167, 587–590
    Aus dem Leben 167
    Aus der Asche 588
    Aus der Tiefe 588
    Ella 588
    Gedichte
        Dein Vers hat nicht das rechte
        Maß 588
        Warum sie lieben? 588–589
    Lieder einer Verworfenen 587
    Schatten 588
    Vom Wege 167
Cober, Gottlieb (1682–1717)
    Der auffrichtige Cabinet-Prediger
    340
Coblenz, Ida (verh. Auerbach, verh.
    Dehmel) (1870–1942) 649, 660, 663
Comte, Auguste (1798–1857) 84–86
    Cours de philosophie positive 84
Conrad, Michael Georg (1846–1927)
    20–21, 34, 37, 51, 70, 111–112,
    129, 134–136, 216, 378–380, 537
    Bismarck der Künstler 66
    Deutschlands junger Kaiser und
    seine Friedenspolitik 20

    Die Beichte des Narren 379–380
    Die Emanzipirten 37
    Die gute Haut 380
    Die klugen Jungfrauen 379
    In purpurner Finsterniß 73, 216, 380
    Jenseits 380
    Lutetias Töchter 378
    Majestät 379
    Totentanz der Liebe 378
    Was die Isar rauscht 115, 379–380
Conrad-Ramlo, Marie (Pseud. L.
    Willfried) (1848–1921) 37
Conradi, Hermann (1862–1890) 139,
    145–146, 168, 172, 565, 619–620,
    623–624
    Adam Mensch 77, 146, 172
    Brutalitäten 168
    Gedichte
        Das verlorene Paradies 624
        Empörung 623
        Müde 623
        Triumph des Uebermenschen 72
        Verlassen 623
    Lieder eines Sünders 624
    Wilhelm II. und die junge Genera-
    tion 22
Constant, Benjamin (1767–1830)
    Adolphe 92
Cooper, James Fenimore (1789–
    1863) 206
Corinth, Lovis (1858–1925) 443
Cornelius, Peter von (1783–1867) 351
Costenoble, Anna (1866–1930) 407
Courbet, Gustave (1819–1877) 578
Croissant-Rust, Anna (1860–1943)
    Der Bua 518
Cromwell, Oliver (1599–1658) 579

Dahn, Felix (1834–1912) XVIII,
    104, 106, 140, 155, 180, 255, 438,
    492–493, 540, 545, 629
    Deutsche Treue 438, 443
    Ein Kampf um Rom 155, 178–
    180, 451, 545
    Erinnerungen 106, 677
    Gedichte
        Epistel an Josef Victor Scheffel
        545
    Julian der Abtrünnige 178
    König Roderich 438

Odhin's Trost 63
Sühne 438
Dante Alighieri (1265–1321) 219,
236, 262
Divina Commedia 262, 264
Darwin, Charles Robert (1809–
1882) 74–78, 82, 84, 247, 340,
441, 609, 618
Die Abstammung des Menschen 75
Die Entstehung der Arten 74, 212
Daudet, Alphonse (1840–1897) 100,
111, 265
Daumer, Georg Friedrich (1800–
1875) 96
Das Geisterreich 323
Dauthendey, Max (1867–1918) 70,
115, 118, 141, 654
Die schwarze Sonne 654
Gedichte
Schmerzstimmung 654
Vision 654
Im Paradies 95, 654
Schwarz 654
Sehnsucht 449, 655
Ultra Violett 95, 654
David, Claude (geb. 1913) XII
David, Jakob Julius (1859–1906) 126,
164
Die Tochter Fortunats 164
Die Troika 164
Ein Poet? 164
Dawison, Bogumil (1815–1872) 164
Defregger, Franz von (1835–1921)
521
Dehmel, Richard (1863–1920) 71,
84, 97–98, 128, 137, 394–395, 405,
514, 545, 549, 562–563, 598, 600,
606, 649, 658, 665, 667
Aber die Liebe 660–662
Die Verwandlungen der Venus 659
Erlösungen 97, 549, 562, 659–661
Gedichte
Bastard 661
Dahin . . . (Anno domini 1812)
549
Der Arbeitsmann 658
Der Wunsch (Der Wunschgeist)
562
Drei Ringe 659
Drohende Aussicht 27
Erfüllung 661
*Erste Begierde (Venus Primi-
tiva)* 661
Lebensmesse 661
Ohnmacht 660
Predigt ans Großstadtvolk 563
Radlers Seligkeit 659
Venus Bestia! 662
Venus Consolatrix 662
Venus Mamma 662
Venus Natura 662
Venus Pandemos 662
Weib und Welt 660
Zwei Menschen 659–660, 662–663
Delbrück, Hans (1848–1929) 130, 683
Dembowski, Eduard (1822–1846) 269
Derleth, Ludwig (1870–1948) 129
Dernburg, Luise 653
Dessoir, Max (1867–1947)
Das Doppel-Ich 97
Devrient, Otto (1838–1894) 416–
417, 439
Kaiser Rotbart 416
Dickens, Charles (1812–1870) 101
David Copperfield 161
Dilthey, Wilhelm (1833–1911) 684
Leben Schleiermachers 684
Dingelstedt, Franz (1814–1881) 12,
423, 430
Diogenes von Sinope (4. Jh. v. Chr.)
24
Döblin, Alfred (1878–1957) 379
Berlin Alexanderplatz 722
Dohm, Hedwig (1833–1919) 36, 175
Christa Ruland 36, 175
Der Frauen Natur und Recht 36
*Die wissenschaftliche Emancipation
der Frau* 36
Schicksale einer Seele 36
Werde, die du bist 38
Döllinger, Ignaz von (1799–1890) 462
Dörmann, Felix (eig. Biedermann)
(1870–1928) 120, 589–591
Gedichte
Madonna Lucia 590
Satanella 590–591
Was ich liebe 591
Neurotica 589–590
Sensationen 537, 589, 591
Tuberosen 591

Dostojewski, Fedor Michailowitsch (1821–1881) 101, 111, 405
Aufzeichnungen aus einem Toten-haus 560
Dou, Gerhard (1613–1675) 455
Drachmann, Holger (1846–1908) 128
Dranmor (eig. Ferdinand Schmid) (1823–1888) 565–566
Gedichte
Dämonenwalzer 565
Requiem 565
Dreyer, Max (1862–1946) 436, 517
Der Probekandidat 517
Winterschlaf 517
Dreyfus, Alfred (1859–1935) 43, 707
Droste-Hülshoff, Annette von (1797–1848) 535
Die Judenbuche 345
Droysen, Johann Gustav (1808–1884) 683
Du Bois-Reymond, Emil (1818–1896)
Über die Grenzen des Naturerken-nens 87
Duboc, Karl Julius (1829–1903) 460
Dühring, Eugen Karl (1833–1921) 701, 707
Die Judenfrage als Racen-, Sitten-und Culturfrage 39, 703
Dulk, Albert (1819–1884) 389
Dumas, Alexandre (1824–1895)
La dame aux camélias 444

Ebermann, Leo (1863–1934) 144
Die Athenerin 424
Ebers, Georg Moritz (1837–1898) 177, 255, 629
Eine ägyptische Königstochter 155, 177
Homo sum 178
Uarda 177–178
Ebner-Eschenbach, Marie Freifrau von (1830–1916) XIII, 61, 101, 131, 154, 267–272, 423, 689, 691, 693
Aphorismen 688–689
Božena 267–268
Comtesse Muschi 270
Comtesse Paula 270
Das Gemeindekind 268–269, 272
Der Kreisphysikus 268–269

Der Muff 269
Die Freiherren von Gemperlein 270
Die Poesie des Unbewußten 270
Die Spitzin 268
Dorf- und Schloßgeschichten 268
Ein Spätgeborner 271
Er laßt die Hand küssen 270
Ihr Traum 271
Jakob Szela 268
Krambambuli 268
Lotti, die Uhrmacherin 131, 154, 271
Neue Dorf- und Schloßgeschich-ten 268
Unsühnbar 268
Eckhart, Meister (ca. 1260–1327) 707
Eckstein, Ernst (1845–1900)
Die Claudier 180
Nero 180
Edda 221
Egidy, Moritz von (1845–1898) 707
Ernste Gedanken 707
Eichendorff, Joseph Freiherr von (1788–1857) 313
Gedichte
Wünschelrute 81
Elias, Pater
Germania 529
Eliot, George (eig. Mary Ann Evans) (1819–1880)
Middlemarch 160
Elisabeth, Kaiserin von Österreich (1837–1898) 105
Eloesser, Arthur (1870–1938) 679
Elßler, Fanny (1810–1884) 716
Emerson, Ralph Waldo (1803–1882) 685
Essays 695
Empedokles (483–423 v. Chr.) 196
Engel, Eduard (1851–1938) 134
Engels, Friedrich (1820–1895) 37, 700
Anti-Dühring 701
Dialektik der Natur 701
Ernst II., Herzog von Sachsen-Co-burg und Gotha (1818–1893) 301
Ernst, Otto (eig. Otto Ernst Schmidt) (1862–1926) 109, 436
Ernst, Paul (1866–1933) 37, 73, 113, 451–452, 633
Der Tod 452

Im Chambre séparée 451–452
Lumpenbagasch 452
Streckverse 633, 667
Wenn die Blätter fallen 452
Zum ersten Mal 452
Eschstruth, Nataly von (1860–1939)
Gänseliesel 203
Hofluft 203
Polnisch Blut 203
Esmarch, Ernst (1794–1875) 611
Evers, Franz (1871–1947) 665
Eva. Eine Überwindung 665
Fundamente 665
Gedichte
Leib und Licht 665
Sprüche aus der Höhe 665
Exter, Julius (1863–1939) 507
Eyth, Max (1836–1906) 29–30
Berufstragik 29
Der Schneider von Ulm 29
Hinter Pflug und Schraubstock 29

Falieri, Marino (1274–1355) 441
Falke, Gustav (1853–1916) 141, 610
Gedichte
Die Bahnstation 610
Mynheer der Tod 610
Neue Fahrt 610
Tanz und Andacht 610
Zwischen zwei Nächten 610
Falkenhorst, C. (eig. Stanislaus von
Jezewski) (1853–1913) 241
In Kamerun 241
Faulkner, William (1897–1962) 282
Favre, Claude-Gabriel-Jules (1809–
1880) 700
Fechner, Gustav Theodor (1801–
1887) 96, 218, 410
Fels, Friedrich Michael (eig. Mayer)
(geb. 1864) 56–57, 111, 120
Naturalistische Literatur 111
Fels, Guido von (eig. Paul Walter)
(geb. 1859) 154
Ferdinand, Herzog von Braun-
schweig-Wolfenbüttel (1721–1792)
184, 340
Ferdousi (940 – um 1020) 230
Schah-Nameh 229
Feuerbach, Anselm (1829–1880) 104,
577

Ein Vermächtnis 676
Feuerbach, Ludwig (1804–1872) 246,
461, 463, 568, 570
Fidus (eig. Hugo Höppener) (1868–
1848) 665
Fischer, Carl (1841–1906) 682
Fischer, Johann Georg (1816–1897)
Auf dem Heimweg 543
Fischer, Samuel (1859–1934) 124,
132–134, 291, 296, 399, 468
Fischhof, Adolf (1816–1893) 11
Firger, Arthur (1840–1909) 441
Adalbert von Bremen 438
Die Hexe 438, 441
Von Gottes Gnaden 441
Flaischlen, Cäsar (1864–1920) 55,
79, 137, 633
*Aus einem Mönchguter Skizzen-
buch* 633
Von Alltag und Sonne 633
Flammarion, Camille (1842–1925)
Urania 97
Flaubert, Gustave (1821–1880) 92,
101, 116 118, 265, 291, 343
Madame Bovary 116, 352, 354
Salammbô 116, 179, 408
Fleming, Paul (1609 1640)
Geist- und Weltliche Poëmata 640
Fließ, Wilhelm (1858–1928) 94
Foerder, Marta 467
Fontane, Emilie (geb. Rouanet-Kum-
mer) (1824 1902) 102
Fontane, Louis Henri (1796–1867)
343, 678–679
Fontane, Theodor (1819–1898) 7–8,
19, 24, 29, 47, 57, 94, 100–102,
129, 131, 140, 142, 156, 161, 182–
183, 185, 188–191, 200–201, 206,
238, 255–256, 267, 309–310, 313,
321, 326, 329, 342–349, 351–363,
432, 437–439, 466, 487, 494, 498,
502, 510, 545–547, 554, 611, 678–
679, 681, 711, 714, 717
Allerlei Glück 344, 358
Aus den Tagen der Okkupation 7
Cécile 350, 366
Der deutsche Krieg von 1866 7
*Der Krieg gegen Frankreich 1870/
71* 7
Der Stechlin 8, 47, 70, 359–363, 548

Die Poggenpuhls 359–360, 424
Die preußische Idee 613
Effi Briest 19, 47, 131, 309, 347, 352–356, 359, 537
Ellernklipp 201, 345–346
Frau Jenny Treibel 131, 189–190
Fünf Schlösser 711
Gedichte
　Admiral Herluf Trolles Begräbnis 546
　An Klaus Groth 547, 612
　An meinem Fünfundsiebzigsten 614
　Arm oder reich 615
　Auch ein Stoffwechsel 613
　Auf der Treppe von Sanssouci 613
　Butterstullenwerfen 615
　Die Alten und die Jungen 614
　Die Balinesenfrauen auf Lombok 612
　Die Brück' am Tay 29, 612
　Drehrad 615
　«Es soll der Dichter mit dem König gehn» 614
　Herr von Ribbeck auf Ribbeck 547, 612
　Hoffest 614
　Ja, das möcht' ich noch erleben 615
　John Maynard 546–547, 612
　Jung-Bismarck 19
　Kaiser Blanchebart 554
　Lebenswege 614
　Letzte Begegnung 547, 554
　Letzte Fahrt 554
　Summa Summarum 614
　Swend Gabelbart 547
　Wo Bismarck liegen soll 554
　Würd' es mir fehlen, würd' ich's vermissen? 615
Graf Petöfy 347–350, 678
Grete Minde 344–345
Irrungen Wirrungen 188, 191, 206, 356–357
Kriegsgefangen 7, 681
L'Adultera 19, 188, 347–349
Mathilde Möhring 188, 359
Meine Kinderjahre 678–679
Melusine 47

Oceane von Parceval 47, 361
Quitt 201–202, 345, 358
Schach von Wuthenow 134, 346–347, 351
Stine 8, 356, 358–359
Unsere lyrische und epische Poesie 99–100
Unterm Birnbaum 201, 345
Unwiederbringlich 347, 350–352
Von Zwanzig bis Dreißig 678–679
Vor dem Sturm 94, 161, 182–183, 344–346, 678
Wanderungen durch die Mark Brandenburg 182, 360, 547, 711
Forel, Auguste (1848–1931) 89–90, 500
　Der Hypnotismus 90
Förster-Nietzsche, Elisabeth (1846–1935) 655, 675
Franckenstein, Clemens von (1875–1942) 598
François, Marie Louise von (1817–1893) 141, 569, 573
　Die letzte Reckenburgerin 181–182
　Frau Erdmuthes Zwillingssöhne 181
　Stufenjahre eines Glücklichen 181
Frank, Leonhard (1882–1961) 175
　Die Räuberbande 208
Franken, Constanze von (eig. Helene Stökl) (geb. 1845)
　Wovon soll ich reden? 715
Franz Joseph I., Kaiser von Österreich (1830–1916) 105
Franzos, Karl Emil (1848–1904) 32, 166–167, 268, 278, 281–282, 321
　Aus der großen Ebene 166, 282
　Aus Halb-Asien 166–167, 281
　Der deutsche Teufel 282
　Der Pojaz 42, 167, 281, 283
　Der Präsident 282
　Die Juden von Barnow 166, 281
　Ein Kampf um's Recht 281–282
　Judith Trachtenberg 282
　Leib Weihnachtskuchen 281
　Moschko von Parma 282
　Ohne Inschrift 167
　Vom Don zur Donau 166

Frapan, Ilse (eig. Levien) (1852–1908)
  Hamburger Bilder für Kinder 244
Freiligrath, Ferdinand (1810–1876)
  416, 552–553
  Gedichte
  *Der Trompeter von Vionville
  (Der Trompeter von Grave-
  lotte)* 552
  Hurra, Germania! 552
Frenzel, Karl (1827–1914) 432, 445
Freud, Sigmund (1856–1939) 89–94,
  463, 692
  Bruchstück einer Hysterie-Analyse
  92
  Die Traumdeutung 94, 283
  Studien über Hysterie 91
  *Über den psychischen Mechanis-
  mus* 91
  Zur Auffassung der Aphasie 89
  Zur Übertragung der Dynamik
  174
Freund, Wilhelm Alexander (1833–
  1917) 322
Freytag, Gustav (1816–1895) XIII,
  6–7, 9, 14, 99, 101, 104, 164, 244,
  255, 267, 299–305, 381, 708
  Aus einer kleinen Stadt 300–301
  *Bilder aus der deutschen Vergan-
  genheit* 217, 300
  Das Nest der Zaunkönige 300
  *Der Kronprinz und die Kaiser-
  krone* 6, 9
  Die Ahnen XIII, 104, 171, 176,
  244, 299–303
  *Die Brüder vom Deutschen
  Hause* 300, 302
  Die Geschwister 300
  Die Technik des Dramas 164
  Die verlorene Handschrift 155
  Ingo und Ingraban 176, 244, 299
  Marcus König 300, 302
  Soll und Haben 99, 155, 183, 302,
  381
Friedjung, Heinrich (1851–1920) 584
Friedlaender, Georg (1843–1914) 156,
  614, 679
Friedrich I. (Barbarossa), deutscher
  Kaiser (1125–1190) 233, 416–417
Friedrich II., deutscher Kaiser (1194–
  1250) 232, 264

Friedrich II., König von Preußen
  (1712–1786) 244, 341, 613, 683
Friedrich III., deutscher Kaiser
  (1831–1888) 6, 9, 17, 20, 547, 554
Friedrich Wilhelm III., König von
  Preußen (1770–1840) 369
Friedrich Wilhelm IV., König von
  Preußen (1795–1861) 351, 683
Friedrich, Wilhelm (1851–1925) 134–
  135, 139, 145–146
Frischlin, Philipp Nikodemus (1547–
  1590)
  Julius redivivus 434
Fritsche, Paul (1863–1888) 621
Fritze, Ernst (eig. Luise Reinhardt)
  (1807–1878) 199
Füßli, Johann Heinrich (1741–1829)
  323
Fuchs, Eduard (1870–1937) 557
  Gedichte
  Dichter, da ist dein Platz! 557–
  558
Fulda, Ludwig (1862–1939) 436, 449
  Der Talisman 142
  Die Aufrichtigen 450
  Die Sklavin 449

Gaboriau, Emile (1835–1873) 200
Gallén, Axel (1865–1931) 657
Ganghofer, Ludwig Albert (1855–
  1920) 129, 199, 476
  Das Gotteslehen 199
  Der Dorfapostel 199
  Der Jäger von Fall 199
  Der Klosterjäger 199
  Die Martinsklause 199
  Schloß Hubertus 199
Garborg, Arne (1851–1924)
  Müde Seelen 121
Garibaldi, Giuseppe (1807–1882) 304
Garschin, Wsewolod Michajlowitsch
  (1855–1888)
  Die Künstler 497
Garve, Christian (1742–1798)
  Über die Maxime Rochefoucaults
  712
Gast, Peter (eig. Heinrich Köselitz)
  (1854–1918) 643
Gauguin, Paul (1848–1903) 298
Gauss 656

Gautier, Théophile (1811–1872) 405
Gazert, Elisabeth (verh. Ruederer) 384
Geib, August (1842–1879)
Gedichte
  Der Rebell 557
  Die Kommune 557
Geibel, Emanuel (1815–1884) 54, 417, 540–543, 545, 551, 627, 629
Gedichte
  Am dritten September 551–552
  An Deutschland 552
  An König Wilhelm 551
  Aus Travemünde 541
  Der Bildhauer des Hadrian 541
  In der Frühe 542
  Spätherbstblätter 541–542
Geiger, Ludwig (1848–1919) 40
Genet, Jean (1910–1986) 450
Georg II. von Sachsen-Meiningen (1826–1914) 123, 429–430
George, Stefan (1868–1933) XII–XIII, 73–74, 106, 117–118, 129, 136, 477, 479, 481, 571, 575, 592, 596–597, 603, 643, 654, 658, 696
  Algabal 116, 408, 575, 596, 645–646, 653, 657
  Das Jahr der Seele 643–644, 649–652
  Der Siebente Ring 643
  Der Teppich des Lebens 650–651, 662
  Die Bücher der Hirten- und Preisgedichte . . . 646–647
  Gedichte
    Becher am boden 645
    Böcklin 106
    Der Erkorene 651
    Der Herr der Insel 575, 647, 657
    Der Infant 479
    Der Schleier 650
    Der Teppich 650–651
    Der Verworfene 651
    Des sehers wort ist wenigen gemeinsam 643–644
    Die gärten schliessen 645
    Die Spange 644
    Erfinder rollenden gesangs 652
    Es lacht in dem steigenden jahr dir 650
    Franken 644
    Gesichte I 644
    Hernieder steig ich eine marmortreppe 645
    Ihr hallen prahlend in reichem gewande 645
    Jean Paul 651
    Komm in den totgesagten park und schau 649–650
    Lilie der auen! 647
    Mein Garten bedarf nicht Luft und nicht Wärme 596, 646
    Meine weissen ara haben safrangelbe kronen 647
    Neuländische Liebesmahle I 644
    Nicht ohnmacht rät mir ab 645
    Nietzsche 73
    So war sie wirklich diese runde? 652
    Südliche Bucht 651
    Tretet weg vom herde 650
    Vogelschau 646
    Weihe 644
    Wenn um der zinnen 645
    Wir jagen 27
    Wir seligen! 652
  Hymnen 116, 644–645
  Lobrede auf Jean Paul 651
  Pilgerfahrten 27, 644
Gérardy, Paul (1870–1933) 117, 648, 652–653
Gedichte
  Basilea 653
Gerhardt, Dagobert von (Pseud. Amyntor) (1831–1910) 142
  Die Cis-Moll-Sonate 142
Gerok, Karl (1815–1890)
  Deutsche Ostern. Zeit-Gedichte 4
Gerstäcker, Friedrich (1816–1872) 206
Gerstel, Gustav (1844–1889)
Gedichte
  Und also ward's 417
Gervinus, Georg Gottfried (1805–1871) XI–XII
  Geschichte der poetischen National-Literatur XI
  Leben 676
Geßner, Salomon (1730–1788) 315, 325, 330, 340

Gildemeister, Otto (Pseud. Giotto)
(1823–1902) 712, 721
Freuden des Lebens 712
Vom Reichtum 712
Von Höflichkeit 712
Giorgione (1476/77–1510) 371
Giraud, Albert (1860–1929) 118
Gedichte
Gebet an Pierrot 667
Rot und Weiss 667
Pierrot lunaire 656, 667
Glagau, Otto (1834–1892) 39, 154–
155
Glaser, Adolf (1829–1916) 49, 335
Gleyre, Charles (1806–1874) 261,
577
Glümer, Marie (Mizi) (1873–1925)
470, 473
Gneisenau, August von (1760 1831)
683
Goethe, Johann Wolfgang von (1749–
1832) 13, 64, 66, 81, 83, 85, 87,
159, 181, 219, 228, 234, 294, 337,
363, 415, 423–424, 457, 477, 511,
539, 568, 570, 572, 586, 592, 595,
600, 643, 666, 669, 685, 687, 700
Des Epimenides Erwachen 228
Dichtung und Wahrheit 676
Die Leiden des jungen Werthers
42, 82, 92, 277, 395, 401
Die Wahlverwandtschaften 348, 355
Faust 87, 223, 228, 234, 290, 324,
373, 423, 473, 481, 508, 520,
525, 670
Gedichte
An Behrisch 337
Der neue Amadis 333
Lied der Parzen 598
Mignon 597, 629, 638
Prometheus 540, 659
Götz von Berlichingen 487
Herrmann und Dorothea 237
Iphigenie auf Tauris 598
Italienische Reise 457
Pandora 226
Römische Elegien 586, 666
Scherz, List und Rache 637
Torquato Tasso 138, 486, 606
*Unterhaltungen deutscher Ausge-
wanderten* 294

Wilhelm Meisters Lehrjahre 42,
181, 712
Zahme Xenien 637
Göhre, Paul (1864–1928) 681
Drei Monate Fabrikarbeiter 681
Goldsmith, Oliver (1728–1774) 330
Goncourt, Edmond Huot de (1822–
1896) 111, 431, 642
Goncourt, Jules Huot de (1830–
1870) 111, 431, 642
Gorki, Maxim (1868–1936)
Sommergäste 497
Goßler, Gustav von (geb. 1838) 142
Gottfried von Straßburg (um 1200)
Tristan und Isolde 223
Gottschall, Rudolf (1823–1909) 281,
439, 551
Der photographische Zeitroman
100
Gedichte
*Wie ein Leichnam sollt ihr wer-
den!* 16
Herzog Bernhard von Weimar
438
Grabbe, Christian Dietrich (1801–
1836) 335
Gracchus, Tiberius (162–133 v. Chr.)
548
Gradnauer, Georg (geb. 1866) 621
Graefe, Albrecht von (1828–1870)
518
Graetz, Heinrich (1817–1891) 703
Grazie, Marie Eugenie delle (1864–
1931)
Robespierre 230
Greif, Martin (eig. Friedrich Her-
mann Frey) (1839–1911) 423, 441
Corfiz Uhlfeldt 441
Das erste Blatt 441
Ludwig der Bayer 441
Marino Falieri 441
Nero 440
Prinz Eugen 423
Grelling, Richard (geb. 1853) 147
Greulich, Hermann (1842–1925)
Gedichte
Den Racheopfern der Reaktion
557
Griepenkerl, Robert (1810–1868)
335

Griesinger, Carl Theodor (1809–1884) 199
Griesinger, Wilhelm (1817–1868)
Die Pathologie und Therapie 89
Grillparzer, Franz (1791–1872) 12, 124, 143–144, 468, 583
Der arme Spielmann 313
Sappho 583
Selbstbiographie 677
Grimm, Friedrich Melchior, Baron von (1723–1807) 712
Grimm, Herman (1828–1901) 66–67, 685, 712
Das Leben Raphael's 685
Fragmente 685
Fünfzehn Essays 712
Goethe 685
Leben Michelangelo's 66, 105–106, 685
Werth und Wirkung der Kunstkritik 712
Grimm, Jacob (1785–1863) 366, 640, 648
Grimm, Wilhelm (1786–1859) 366, 640, 648, 685
Grisebach, Eduard (1845–1906) 233–234
Tanhäuser in Rom 233
Grosse, Eduard (1858–ca. 1922) 126
Grosse, Julius Waldemar (1828–1902)
Kaisermärchen 417
Grosse, Werner 154
Groth, Klaus (1819–1899) 142, 547, 612
Gruner 140
Gryphius, Christian (1649–1706) 442
Guigno, Karl 427
Guigno, Martin 427
Guillaume-Schack, Gertrud 35
Gumpert, Thekla von (verh. Schober) (1810–1897) 241
Gumppenberg, Hanns von (1866–1928) 129
Das dritte Testament 98, 670
Gundacar, Arthur (1850–1902) 51
Gundolf (eig. Gundelfinger), Friedrich (1880–1931) 651
Günther, Johann Christian (1695–1723) 141
Gustav II. Adolf (1594–1632), König von Schweden 256, 260

Guttzeit, Johannes (1853–1935) 389
Gutzkow, Karl (1811–1878)
Die Ritter vom Geiste 161, 379
Guyon de Chesnoy, Jeanne Marie Bouvier de la Motte (1648–1717) 572
Les torrens spirituels 572

Habermas, Jürgen (geb. 1929) 91
Hacke, Gräfin 613
Haeckel, Ernst (1834–1919) 75, 77, 80–82, 290, 370, 395, 441, 618, 634
Anthropogenie 82
Die Welträthsel 80
Generelle Morphologie der Organismen 75
Kunstformen der Natur 81
Natürliche Schöpfungsgeschichte 82
Haessel, Hermann (1819–1901) 255, 577
Halbe, Max (1865–1944) 450, 514–517, 523
Der Strom 515
Eisgang 515
Freie Liebe 515
Jugend 144, 428, 515–516
Mutter Erde 516
Scholle und Schicksal 515
Halm, Margarethe (eig. Alberta von Maytner) (1835–1898)
Wetterleuchten 111
Hamann, Richard (1879–1961) XIII
Hamerling, Robert (1830–1889) 11, 106, 111, 158, 218, 226–227, 234–235, 586
Ahasverus in Rom 106, 226, 235, 440
Amor und Psyche 226
Aspasia 177
Der König von Sion 106, 226
Gedichte
Für eine Studentenvorstellung in Graz 11
Homunculus 41, 75, 219, 226, 234–235
Hansson, Ola (1860–1925) 37, 127, 719
Hanstein, Adalbert von (1861–1904)
Das jüngste Deutschland XII, 625
Menschenlieder 625

Harden, Maximilian (eig. Witkowski, Pseud. Apostata) (1861–1927) 19–20, 55, 140, 426, 556, 706–709
Apostata 708
Des Großvaters Uhr 708
Phrasien 20, 708
Pudelmajestät 708
Hart, Heinrich (1855–1906) 32, 57, 71, 73, 110–111, 126–128, 135, 159–160, 171, 221, 229–230, 431, 444–445, 509, 533, 536, 538–539, 619–620, 659, 689
Das Lied der Menschheit 229–230
Ein Lyriker à la mode 533, 538–539
Friedrich Spielhagen 159
Gedichte
  Lucifer 32
  Meinem Bruder Julius 622
  Meeresleuchten 230
  Neue Welt 111
  Sedan 6
Hart, Julius (1859–1913) 32–33, 111, 126, 135, 159–160, 171, 222, 431, 444–445, 503, 509, 533, 536, 538–539, 619–620, 659
Der neue Gott 81
Der Sumpf 431, 490
Ein Lyriker à la mode 533, 538–539
Friedrich Spielhagen 159
Gedichte
  Anna 623
  Auf der Fahrt nach Berlin 26, 622
  Berlin 562
  Gewitter 622
  Hört ihr es nicht? ... 622
  In der Einsamkeit 622–623
  Nebeltag in Berlin 48
Julius Wolff und die «moderne» Minnepoesie 222
Kein Ideal 65, 76
Hartleben, Otto Erich (1864–1905) 118, 128, 173, 410, 436, 449, 665–667, 669
Angele 450
Der bunte Vogel 449
Der Frosch 449
Die Befreiten 450
Die Geschichte vom abgerissenen Knopfe 173
Die sittliche Forderung 451
Gedichte
  Alte Zeiten ... 623
  Ehemals glaubt' ich im Rausch 666
  Ein schlechter Vers 666
  Es lebt ein Gott ... 625
  Gottvertraun zum Bajonette 666
  Leise, ganz leise vor Scham 666
  Moderne Oden 665
  Morgenklagen 666
  Prosa der Liebe 666
  Wohin du horchst 665
Hanna Jagert 148, 449
Meine Verse 666
Rosenmontag 449
Studenten-Tagebuch 666
Hartmann, Eduard von (1842–1906) 62, 67, 88, 428
Aphorismen über das Drama 63
Das Unbewußte vom Standpunkt der Physiologie 62
Phänomenologie des sittlichen Bewußtseins 67
Philosophie des Unbewußten 62
Spiritismus 97
Harun al Raschid (gest. 809) 409
Haschka, Lorenz Leopold (1749–1827)
Gedichte
  Gott erhalte 629
Hasenauer, Karl von (1833–1894) 423
Hattenbach, Erna 450
Hauptmann, Carl (1858–1921) 124, 126, 495, 519
Ephraims Breite 519
Waldleute 519
Hauptmann, Gerhart (1862–1946) XIII, 18, 21, 55, 58, 86, 89, 95, 106, 110–111, 113, 124, 126–127, 132, 134, 138, 140, 143–144, 147, 199, 234, 381, 387–389, 406–407, 423, 425–427, 429, 431–432, 436, 442–443, 488, 491–495, 497–511, 515–519, 523, 545, 622, 659, 690
Bahnwärter Thiel 27–28, 90, 135, 168, 387, 510
College Crampton 505

Das Abenteuer meiner Jugend 89,
619
Das bunte Buch 548
Das Erbe des Tiberius 492
Das Friedensfest 132, 451, 495–
497, 517, 523
Der Apostel 160, 168, 389
Der arme Heinrich 143
Der Biberpelz 213, 504–506, 519,
537
Der Ketzer von Soana 98, 375
Der Mutter Fluch 407, 508
Der Narr in Christo Emanuel
Quint 389
Der rote Hahn 506
Die Insel der Großen Mutter 388
Die Ratten 110, 493, 513
Die versunkene Glocke 47, 72,
142, 223, 472, 491, 508–509, 659
Die Weber (De Waber) 21, 109,
116, 147, 381, 404, 426, 433,
436, 442, 494, 497–504
Dorothea Angermann 113
Einsame Menschen 37, 472, 495–
497, 517, 584
Fasching 387–388
Florian Geyer 442–443, 491, 498,
508, 512
Fuhrmann Henschel 143, 388,
495, 509
Gedichte
Der Tod des Gracchus 548–549
Im Nachtzug 26
Germanen und Römer 492–493
Hanneles Himmelfahrt 95, 142–
143, 425, 492, 504, 507, 509
Helios 407, 508
Kaiser Karls Geisel 98
Michael Kramer 456
Mutterschaft 502
Promethidenlos 233
Rose Bernd 495
Sonnen 655
Veland 106
Vor Sonnenaufgang 80, 110–111,
135, 431–432, 449, 488, 492–494,
497, 502, 510–511, 517
Hausrath, Adolf (Ps. George Taylor)
(1837–1909)
Antinous 180

Haydn, Joseph (1732–1809) 716
Haym, Rudolf (1821–1901) 684
Herder nach seinem Leben 684
Heartfield, John (eig. Helmut Herz-
feld) (1891–1968) 563
Hebbel, Christian Friedrich (1813–
1863) 141
Heckenast, Gustav (1811–1878) 196
Hegel, Georg Wilhelm Friedrich
(1770–1831) 62, 160, 303, 551,
610, 684
Hegeler, Wilhelm (1870–1943)
Ingenieur Horstmann 30
Mutter Bertha 33
Heimburg, Wilhelmine (eig. Bertha
Behrens) (1850–1912)
Lore von Tollen 203
Lumpenmüllers Lieschen 203
Hein, Julius (1821–1879)
Barbarossa 417
Heine, Heinrich (1797–1856) 196,
219, 235, 618, 629, 635–636
Heine, Thomas Theodor (1867–
1948) 555
Heinrich I., deutscher König (876–
936) 438
Heinrich II., deutscher Kaiser (973–
1024) 300
Heinrich II., König von England
(1133–1189) 260
Heinrich IV., deutscher Kaiser (1056–
1106) 16
Held, Franz (eig. Herzfeld) (1862–
1908)
Gedichte
Auf der Weidendammer Brücke 562
Trotz Alledem! 562
Heliogabalus, römischer Kaiser (204–
222) 645
Helm, Clementine (verh. Beyrich)
(1825–1896)
Backfischchen's Leiden und Freu-
den 244
Hemsen, Wilhelm (1829–1885) 567
Henckell, Karl (1864–1929) 124,
370, 523, 558, 560–561, 619–621,
625–626
Amselrufe 625
Buch der Freiheit 625
Diorama 625

Gedichte
  Am Brückenrande 25
  An das Proletariat 48, 625
  Berliner Abendbild 560–561
  Das Lied vom Arbeiter 624, 658
  Der Väter werth 621
  Es ist ein Kampf . . . 623
  Familien 537
  In vollen Zügen 623
  Nachtfahrt 26
  Reif ist die Frucht und muß
    geschnitten sein 622
  Poetisches Skizzenbuch 560
  Strophen 625
  Trutznachtigall 625
Hendrich, Hermann (1856–1931) 656
Herder, Johann Gottfried (1744–1803) 684
Hérédia, José-Maria (1842–1905)
Gedichte
  Dogaresse 644
Hermand, Jost (geb. 1930) XIII
Hermann, Georg (eig. Georg Her-
  mann Borchardt) (1871–1943) 192
Herrig, Hans (1845–1892), Nero 440
Hertz, Wilhelm (1822–1901) 182, 223
  Bruder Rausch 223
  Hugdietrichs Brautfahrt 223
  Lanzelot und Ginevra 223
Herwegh, Georg (1817–1875) 551,
  554–555
Gedichte
  Der schlimmste Feind 555
  Epilog zum Kriege 554
  Neue Gedichte 555
Herzfeld, Marie (1855–1940) 121,
  477, 711
  Fin-de-siècle 121
Herzfelde, Wieland (1896–1988) 563
Herzl, Theodor (1860–1904) 14, 39,
  42–43, 215, 703
  Altneuland 215
  Das lenkbare Luftschiff 215
  Das neue Ghetto 43
  Der Judenstaat 38, 214–215, 703, 710
Hesse, Hermann (1877–1962) 144
Hevesi, Ludwig (1842/43–1910) 105
Heym, Georg (1887–1912)
Gedichte
  Der Gott der Stadt 562

Heyse, Anna (geb. Schubart) (1850–
  1930) 368
Heyse, Paul (1830–1914) XIII, 23,
  54, 101, 104, 138, 141–143, 155,
  161–165, 182, 204, 223, 313, 318,
  322, 325, 343, 363–372, 437–438,
  450, 540, 542–543, 545, 690
  Alkibiades 141
  Anfang und Ende 364
  Auf Tod und Leben 322, 368
  Beatrice 365
  Beppe der Sternseher 367
  Colberg 438
  Das Mädchen von Treppi 365
  Das Seeweib 367
  Die Frau Marquesa 365
  Die Hexe vom Korso 366
  Die Nixe 367
  Die Sabinerinnen 438
  Die schwerste Pflicht 450
  Ein Wintertagebuch 543
Gedichte
  Alte Möbel 543
  Im neuen Reich 542
  Letzte Blüten 543
  Peregrina 542
  Himmlische und irdische Liebe
    368
  Im Paradiese 368–369
  Jorinde 366
  Judith Stern 367
  *Jugenderinnerungen und Bekennt-
    nisse* 677–678
  Kinder der Welt 23, 60, 155, 368–
    369
  L'Arrabiata 365
  Melusine 367
  Merlin 369, 437
  Nerina 366
  Novellen vom Gardasee 368
  Troubadour-Novellen 366
  Über allen Wipfeln 73
  Unter Brüdern 450
  Villa Falconieri 366
Hildebrand, Adolf (1847–1921) 396
Hille, Peter (1854–1904) 118, 169,
  173, 610, 689
  Aphorismen 689–690
  Banger Traum 170
  Die Sozialisten 32

Gedichte
  Seegesicht 610
  Kinderliebe 170
  Weltwiese 170
Hillebrand, Karl (1829–1884) 684,
  712–713
  Herder 684
  Zeiten, Völker und Menschen 712
  Zwölf Briefe eines ästhetischen
    Ketzers 685
Hinckeldey, Karl Ludwig Friedrich
  von (gest. 1856) 147–148
Hindersin, Friedrich von (1858–1936)
  Nero 440
Hirsch, Franz (1844–1920) 176
Hirschfeld, Georg (1873–1935) 144,
  517
  Die Mütter 517
  Steinträger Luise 517
  Zu Hause 451, 517
Hirschfeld, Max (1860–1944)
  Ja, Mama! 137
Hirth, Georg (1841–1916) 56, 137
Hobbes, Thomas (1588–1679) 226
Höcker, Oskar (1840–1894) 244
  Das Ahnenschloß 244
Hoffmann von Fallersleben, August
  Heinrich (1798–1874) 507, 553
  Gedichte
    Deutschlandlied 555
    Die schöne Hannele 509
    Frisch auf, frisch auf! 553
    Herbstlied 553
    Wer ist der greise Siegesheld? 553
Hoffmann, E. T. A. (1776–1822) 200,
  243, 271
  Die Bergwerke zu Falun 483
Hofmann, Friedrich (1813–1888)
  Drei Kämpfer 418–419
Hofmann, Karl
  Yella, die Zirkuskönigin 526
Hofmann, Ludwig von (1861–1945)
  403, 603, 651
Hofmannsthal, Hugo von (Pseud.
  Loris) (1874–1929) XIII, 23, 43,
  52–53, 56–58, 73, 82, 88, 105–106,
  114, 117–122, 125–126, 132, 134,
  243, 272, 290–294, 450, 453–455,
  463, 467, 475–484, 571, 645–649,
  651–652, 690, 716, 718–721

Ad me ipsum 593
Age of Innocence 291
Algernon Charles Swinburne 720
Ascanio und Gioconda 475
Aufzeichnungen 92
Augenblicke in Griechenland 595
Christinas Heimreise 482–483
Das Bergwerk zu Falun 483
Das Gespräch über Gedichte 599,
  649
Das kleine Welttheater 453, 483,
  599
Das Märchen der 672. Nacht 96,
  291, 293, 719
Der Abenteurer und die Sängerin
  132, 482–483
Der Dichter und diese Zeit 595
Der Geiger vom Traunsee 96
Der goldene Apfel 293
Der Kaiser und die Hexe 454,
  483
Der Tod des Tizian 73, 106, 129,
  453, 475–477, 479, 482, 600
Der Tor und der Tod 23, 73, 129,
  471, 475–476, 480–482, 600
Der weiße Fächer 454, 483
Die Frau im Fenster 132, 433,
  454, 482–483
Die Hochzeit der Sobeide 132,
  483
Eduard von Bauernfelds dramati-
  scher Nachlaß 720–721
Ein Brief (Chandos-Brief) 53, 597
Erlebnis des Marschalls von Bas-
  sompierre 294
Ferdinand von Saar, «Schloß
  Kostenitz» 720
Gabriele d'Annunzio 56–57, 720–
  721
Gedichte
  Auf den Tod des Schauspielers
    Hermann Müller 600
  Ballade des äußeren Lebens 549,
    594, 719
  Botschaft 599
  Denkmal-Legende 600
  Der Jüngling in der Landschaft
    599
  Der Jüngling und die Spinne
    599, 609

Der Kaiser von China spricht
453, 596, 599
Der Prophet 596
*Der Schatten eines Todten fiel
auf uns* 717
Die Beiden 599
Die Töchter der Gärtnerin 119,
597
*Dieses ist zwar nicht mein Vers-
maß* 600
Ein Knabe 294, 599
Ein Traum von großer Magie
96, 272, 595, 598
Einem der vorübergeht 596, 696
Epigonen 592
Epigramme 598
Erfahrung 475
Erlebnis 597
Gedankenspuk 53
Gesellschaft 599
Gespräch 599
Großmutter und Enkel 595,
599
Lebenslied 598
*Manche freilich . . . (Schicksals-
lied)* 290, 598–599
Mein Garten 119, 596
Nox portentis gravida 598
Prolog (Strobl) 600
*Prolog und Epilog zu den leben-
den Bildern* 600
Prolog zu dem Buch «Anatol»
600
*Prolog zu einer nachträglichen
Gedächtnißfeier für Goethe*
600
Prolog zu Mimi, Schattenbilder
600
Psyche 597, 599
Regen in der Dämmerung 593
Reiselied 597
Siehst du die Stadt? 23, 475,
593
Sonett der Seele 82–83
Sonett der Welt 83
Spaziergang 559–560
Tobt der Pöbel in den Gassen
592
Über Vergänglichkeit 125, 454,
594–595

Vorfrühling 593–594
Weltgeheimnis 597–598
Widmung 272
Wolken 593–594
*Zum Gedächtnis des Schauspie-
lers Mitterwurzer* 600–601
Gestern 53, 88, 475, 477–478,
481, 543
Idylle 475, 482
Kunst und Leben 592
Philosophie des Metaphorischen
721
Reitergeschichte 96, 293, 295, 601
Soldatengeschichte 293
Walter Pater 720, 601
Hohenlohe-Schillingsfürst, Chlodwig
Fürst zu (1819–1901) 507
Hohenlohe-Schillingsfürst, Marie von
(1837–1920) 138, 273
Hohoff, Curt (geb. 1913) XII
Hölderlin, Friedrich (1770–1843) 544
Der Tod des Empedokles 696
Gedichte
Menons Klagen um Diotima 649
Holitscher, Arthur (1869–1941)
Der vergiftete Brunnen 348
Hollaender, Felix (1867–1931)
Jesus und Judas 35
Holtei, Karl von (1798–1880)
Der alte Feldherr 357–358
Holz, Arno (1863–1929) 21, 58, 75
76, 82, 85–87, 105, 110–113, 127,
132, 137, 139–140, 160, 168, 222,
237–238, 389–394, 420, 432, 443,
492, 509–510, 512, 514–515, 553,
621–622, 626, 637, 662–664
Dafnis 140
Das Buch der Zeit 54, 111, 139,
538–539, 544, 554, 561, 628–630,
635
Der erste Schultag 392
Der geschundne Pegasus 139, 237–
238, 389
Deutsche Weisen 554, 627
Die Blechschmiede 140, 627, 663
Die Dichtkunst der Jetztzeit 627
Die Familie Selicke 113, 238, 393, 432
Die kleine Emmi 390, 392
*Die Kunst. Ihr Wesen und ihre Ge-
setze* 85–86, 112, 139, 391, 630

Die papierne Passion 168, 393
Ein Tod 390
Emanuel Geibel. Ein Gedenk-buch 627
Gedichte
   An die Conventionellen 629
   An Joseph Victor von Scheffel 629
   Ballade 629
   Berliner Schnitzel 628
   Donner und Doria! 629
   Ecce Homo 629
   Ein Andres 561
   Ein Bild 561
   Ein Tagebuchblatt 629
   Eine Düne 631
   Einem Gartenlaubendichter 553
   Emanuel Geibel I-II 629
   F. v. B. 544, 629
   Felix Dahn 629
   Frühling 628
   Gnothi sauton! (Erkenne dich selbst!) 629
   Großstadtmorgen 25, 561, 629
   Hinter blühenden Apfelbaum-zweigen 631–632
   Ich bin der reichste Mann der Welt 632
   Im Thiergarten, auf einer Bank 634
   Nacht 630
   Niepepiep 21
   Phantasus 394, 562, 628–631
   Programm 628
   Selbstporträt 630
   Stoßgebet! 629
   Stoßseufzer 539
   Ueber den Gipfel des Fuyi-no-yama 634
   Zum 2. September 554
   Zum Eingang 538–540, 629
   Zwischen Alt und Neu 111
Ignorabimus 87, 140, 512
Klinginsherz 626–627
Krumme Windgasse 20 168
Neue Gleise 139, 389, 392–393, 512
Papa Hamlet 112–114, 160, 390–392, 394, 492, 510, 614
Phantasus 82, 114, 140, 227, 236,
512, 581, 606, 626, 630–634, 662, 664
Revolution der Lyrik 140, 606, 631, 659
Socialaristokraten 33, 128, 140, 435, 512, 581
Sonnenfinsternis 140, 512
Traumulus 139
Unterm Heilgenschein 111, 630
Zola als Theoretiker 86
Homberger, Emil (1838–1890)
   Der realistische Roman 101
Homer (8. Jh. v. Chr.) 219, 221–222, 230, 299, 334
   Ilias 221
   Odyssee 221, 398
Hopfen, Hans (1835–1904) 417, 430
Hopffer, Ludwig Bernhardt (1840–1877) 417
Horaz (65 v. Chr.–8 n. Chr.) 330, 541
Horváth, Ödön von (1901–1938) 472
Hübner, Carl Wilhelm (1814–1879) 500
Huch, Ricarda (1864–1947) 124, 395, 397–398
   Der Mondreigen von Schlaraffis 397
   Die Maiwiese 397
   Erinnerungen von Ludolf Ursleu 398
   Fra Celeste 397
   Haduwig 397
   Teufeleien 397
Huch, Richard (1850–1912) 398
Hückinghaus, Karl August (geb. 1861)
Gedichte
   Memnons Lied 621
Hugenberg, Alfred (1865–1951) 619
Gedichte
   Es tagt . . . 619
Hugo, Victor (1802–1885) 219
Hus, Jan (ca. 1369–1415) 66
Hutten, Ulrich von (1488–1523) 149, 231–232, 434–435, 442, 573, 683, 705
Hutter, Theodor (1860–1932)
Gedichte
   Ein Feind ist da 704
Huysmans, Joris-Karl (1848–1907) 118, 120–121, 288, 406

A rebours 120–121, 172, 296, 408, 589, 591, 645
Hypatia (gest. 415) 178

Ibsen, Henrik (1828–1906) 50, 70, 80, 111–112, 125, 392, 404, 423, 426, 430–431, 436, 444, 448–449, 465, 489, 493, 495, 518, 524, 713
Baumeister Solness 508
Die Stützen der Gesellschaft 50
Die Wildente 50
Gespenster 79–80, 372, 431, 451, 486
Nora 35, 205, 349, 428, 449, 464
Peer Gynt 49
Ilg, Albert (1847–1896) 68, 125
Immermann, Karl
Die Epigonen 540
Innozenz X., Papst (1574–1655) 686–687
Ionesco, Eugène (1909–1994) 450

Jacob, Hans (1896–1961) 297
Jacobowski, Ludwig (1868–1900) 42
Werther, der Jude 42–43
Jacobsen, Jens Peter (1847–1885)
Niels Lyhne 92
Jacoby, Leopold (1840–1895) 556–557
Es werde Licht 556
Gedichte
Klage 556
Jahn, Bertha (1839–1894) 669
Jahn, Hermann Eduard (1857–1933) 623
Jahnke, Hermann (1845–1908) 44
Jahnn, Hans Henny (1894–1959) 522
Janitschek, Maria (1859–1927)
Aus der Schmiede des Lebens 174
Gedichte
Ein modernes Weib 36
Irdische und unirdische Träume 36
Janke, Otto (1818–1887) 155
Jean Paul (eig. Johann Paul Friedrich Richter) (1763–1825) 235, 254, 277, 281, 304, 326, 330, 633, 651
Des Feldpredigers Schmelzle Reise nach Flätz 688
Des Luftschiffers Giannozzo Seebuch 94, 235
Flegeljahre 667
Leben Fibels 262

Rede des todten Christus 694
Titan 235
Jenatsch, Georg (Jürg) (1596–1639) 257–258
Jensen, Wilhelm (1837–1911) 40–41, 49, 63, 328, 334
Die Juden zu Cölln 40
Jerschke, Oskar (1861–1918) 76, 139–140, 620–621, 623, 627
Deutsche Weisen 554, 627
Elsässische Lieder 621
Gedichte
An die oberen Zehntausend 624
Traumulus 139
Joachim, Jacques (1868–1925) 135
Jordan, Wilhelm (1819–1904) 111, 218, 220–221, 230
Das Kunstgesetz Homers 221
Demiurgos 234
Epische Briefe 221
Nibelunge 104, 220–221, 230
Joyce, James (1882–1941) 287
Juel, Dagny (verh. Przybyszewski) (1867–1901) 128, 406
Julianus Apostata, römischer Kaiser (332–363) 178
Julius II., Papst (1443–1513) 599
Jung-Stilling, Johann Heinrich (1740–1817) 586
Jungnickel, Karl Wilhelm 214
Justi, Carl (1832–1912) 685, 687
Diego Velazquez und sein Jahrhundert 685, 687
Winckelmann und seine Zeitgenossen 68, 685–686

Kadelburg, Gustav (1851–1925)
Der Raub der Sabinerinnen 437
Großstadtluft 428
Kafka, Eduard Michael (1868–1893) 53, 135
Kafka, Franz (1883–1924) XVIII, 160, 304, 395
Die Verwandlung 395
In der Strafkolonie 30
Kahapka, Carlo
Memoiren eines österreichischen Handwerksburschen 681
Kaiser, Georg (1878–1945) 476
Kaiser, Karl (geb. 1868) 557

Kalbeck, Max (1850–1921) 371
Kamp, Otto (1850–1922)
    Armeleutslieder 625
Kana, Heinrich (1857–1891) 717
    Gedanken eines Einäugigen 717
Kant, Immanuel (1724–1804) 84, 218
Kapff-Essenther, Franziska von
    (Franziska Blumenreich) (1849–
    1899)
    Eva's Erziehung 174
    Versorgung 174
Karl I. (der Große), deutscher Kaiser
    (742–814) 230, 264
Karl I., König von England (1600–
    1649) 548, 579
Karlweis, C. (eig. Karl Weiß) (1850–
    1901)
    Der kleine Mann 427
    Einer vom alten Schlag 427
Karpeles, Gustav (1848–1909) 40, 346
Kastan, Isidor 432
Katharina die Große, Kaiserin von
    Rußland (1729–1796) 712
Kaulbach, Wilhelm von (1805–1874)
    511
Kautsky, Karl (1854–1938) 210
Kautsky, Minna (Ps. Eckert) (1837–
    1912) 210, 213
    Die Alten und die Neuen 211–213
    Helene 211
    Herrschen oder Dienen? 211
    Stefan vom Grillenhof 211
    Victoria 211
Kayssler, Friedrich (1874–1945) 656
Kegel, Max (1850–1902) 555, 558
    Gedichte
        Drei Worte des Wahns 555
        _Zum Gedächtnis der Pariser
            Kommune_ 557
    Preß-Prozesse 434
Keil, Ernst (1816–1878) 204
Keller, Gottfried (1819–1890) XIII,
    101–102, 123, 131, 156, 163–164,
    204, 246–247, 249–255, 261–262,
    267, 313, 316, 319, 342, 378, 415,
    461–462, 566–570, 713
    _Das Fähnlein der sieben Aufrech-
        ten_ 249
    Das Sinngedicht 247–248, 280, 567
    Das verlorne Lachen 251, 566

Der Apotheker von Chamounix
    235, 567
Der grüne Heinrich 155, 159,
    170, 246, 249, 251, 253–254,
    264, 570, 678
Der Landvogt von Greifensee 249
Die Johannisnacht 415
Die Leute von Seldwyla 246,
    250–251, 397
Dietegen 251
Galatea 247
Gedichte 567
    Abend auf Golgatha 569
    Abendlied 568
    _Auf das eidgenössische Schützen-
        fest_ 566
    Das große Schillerfest 567
    Das Weinjahr 568
    _Der Narr des Grafen von Zim-
        mern_ 566
    Die Entschwundene 569
    Die kleine Passion 568
    Die öffentlichen Verleumder
        567
    Dynamit 567
    Ein Festzug in Zürich 567
    Frühgesicht 566
    Geistergruß 569
    Has von Überlingen 568
    Land im Herbste 567
    Napoleons Adler 566
    _Prolog zur Feier von Beethovens
        hundertstem Geburtstag_ 566
    Rheinbilder 566
    Stutzenbart 568–569
    Tafelgüter 566
    Tod und Dichter 568
    Venus von Milo 567
    Wegelied 566
    Winternacht 367
Gesammelte Gedichte 235, 567
Hadlaub 248
Kleider machen Leute 250
Martin Salander 251
Neuere Gedichte 567
Romeo und Julia auf dem Dorfe
    314, 377
Sieben Legenden 246–247
Ursula 249–250
Züricher Novellen 248

Kempner, Friederike (1836–1904)
535, 548
Gedichte
Wie wüßtet ihr 536
Kerr, Alfred (eig. Kempner) (1867–
1948) 133, 488, 518, 535, 719, 722
Arthur Schnitzler 719
Berliner Briefe 722
Herr Sudermann, der D ... Di ...
Dichter 491
Keyserling, Eduard von (1855–1918)
374, 382–383, 387
Die dritte Stiege 382–383
Kielland, Alexander Lange (1849–
1906) 100, 111
Kingsley, Charles (1819–1875) 178
Kippenberg, Anton (1874–1950) 293
Kirchbach, Wolfgang (1857–1906)
191, 375
Gedichte
Das Butterbrod 624
Ingenieur 432
Kinder des Reiches 40, 191
Reichshauptstadt 191
Was kann die Dichtung 76
Klaar, Ernst (1861–1920) 557
Klages, Ludwig (1872–1956) 128,
652–653
Aus einer Seelenlehre des Künst-
lers 653
Klein, Carl August (1867–1952) 136,
648
Kleist, Heinrich von (1777–1811)
141, 293
Michael Kohlhaas 282
Klinger, Friedrich Maximilian von
(1752–1831)
Betrachtungen und Gedanken 689
Klopstock, Friedrich Gottlieb (1724–
1803) 544, 690
Knoop, Gerhard Ouckama (1861–
1913)
Die Dekadenten 98
Koegel, Fritz (1860–1904)
Frauen- und Goldschnittliteratur
537
Kolumbus, Christoph (1451–1506)
66, 100, 638
Kommerell, Max (1902–1944) 651
Kompert, Leopold (1822–1886) 166

Kortum, Carl Arnold (1745–1824)
Jobsiade 237
Kosegarten, Ludwig Gotthard (1758–
1818)
Legenden 246
Krafft-Ebing, Richard von (1840–
1902) 280, 671, 682
Psychopathia sexualis 93, 148,
280, 682
Kralik, Richard (1852–1934) 421–
422, 623
Adam 422
Das Mysterium vom Leben und
Leiden des Heilands 422
Das Mysterium von der Geburt
des Heilands 421
Kraus, Karl (1874–1936) 43, 125,
136, 525, 592, 705, 707–710
Die demolirte Litteratur 709–710
Die letzten Tage der Menschheit 295
Eine Krone für Zion 43, 704, 710
Literatur und Lüge 49
Zur Überwindung des Herrn
Bahr 122
Krenn, Leopold (geb. 1850) 427
Kretzer, Max (1854–1941) 141, 186–
187, 375–378, 439
Bürger ihrer Zeit (Sonderbare
Schwärmer) 186
Das Gesicht Christi 35, 187, 376
Der Millionenbauer 189
Die beiden Genossen 376
Die Bergpredigt 35, 376
Die Betrogenen 375
Die Verkommenen 154, 186–187,
376, 490
Drei Weiber 189
Im Sturmwind des Sozialismus
376
Meister Timpe 28, 191, 376–378
Krupp, Alfred (1812–1887) 325
Kruse, Heinrich (1815–1902) 441
Krzyzanowska, Josepha 37
Kügelgen, Wilhelm von (1802–1867)
Jugenderinnerungen eines alten
Mannes 676
Kulke, Eduard (1831–1897) 167
Kürnberger, Ferdinand (1821–1879)
11, 61, 221, 714
Am Grabe eines Selbstmörders 61

Die Achsen des Optimismus und Pessimismus 61
Ich suche im Nebel meinen Weg 714
Judas Ischariot und sein großer Krach 714
Kurz, Hermann (1813–1873) 162, 396
Kurz, Isolde (1853–1944) 164, 395–397
Anno Pestis 396
Das Mittagsgespenst 396
Der heilige Sebastian 396
Unsere Carlotta 397
Küster, Conrad (1842–1931) 126

L'Arronge, Adolph (eig. Aaron) (1838–1908) 425, 428
Hasemann's Töchter 428, 438
Mein Leopold 428
La Rochefoucauld, François VI., Duc de (1613–1680) 689, 691, 712
Lachmann, Hedwig (1865–1918) 84, 660
Gedichte
Unterwegs 561
Lagarde, Paul Anton de (eig. Bötticher) (1827–1891)
Deutsche Schriften 704
Lamarck, Jean Baptiste de Monet de (1744–1829) 74
Land, Hans (1861–1938)
Der neue Gott 33, 35, 158
Landauer, Gustav (1870–1919) 705–707
Christentum und Anarchismus 707
Eines Anarchisten Antwort 706
Wie nennen wir uns? 706
Landsberg, Hans (1875–1920)
Die moderne Literatur 57
Langbehn, Julius (1851–1907) 70
Rembrandt als Erzieher 69–70
Lange, Helene (1848–1930) 35
Langen, Albert (1869–1909) 137, 148, 189, 524, 672
Langmann, Philipp (1862–1931) 144
Bartel Turaser 144, 427
Ein Unfall 30
Lanner, Josef (1801–1843) 721
Laplace, Pierre Simon (1749–1827) 84
Lasker, Eduard (1829–1884) 306

Lasker-Schüler, Else (1869–1945) 135, 298, 535
Gedichte
Ein alter Tibetteppich 668
Lassalle, Ferdinand (1825–1864)
Franz von Sickingen 435
Laßwitz, Kurd (Ps. Velatus) (1848–1910) 217–218
Apoikis 217
Auf zwei Planeten 217–218
Bilder aus der Zukunft 218
Bis zum Nullpunkt des Seins 217
Die Unbeseelten 218
Gegen das Weltgesetz 217
Psychotomie 217
Vom Tropfen 218
Last, Albert (1826–1889)
Der Einfluß der Leihbibliotheken 155
Ueber Romane und Verleger 155
Laube, Heinrich (1806–1884) 260, 423
Lauff, Joseph von (1855–1933) 222
Lautenburg, Sigmund (1852–1918) 428, 516
Lavant, Rudolf (eig. Richard Cramer) (1844–1915) 558
Ein verlorener Posten 213
Gedichte
An unsre Gegner 558–559
Pro domo 558
Leander, Richard (eig. von Volkmann) (1830–1889) 242
Träumereien an französischen Kaminen 242
Lechter, Melchior (1865–1937) 650–651
Lehmann, Ernst Henriet
Die Kunst und der Sozialismus 32
Lehmann, Max (geb. 1845) 683
Leibniz, Gottfried Wilhelm (1646–1716) 95
Leixner (von Grünberg), Otto (1847–1907) 127
Lemaître, Jules (1853–1914) 717
Lemmermayer, Fritz (1857–1932) 621
Gedichte
Entschluß 623
Lenau, Nikolaus (eig. Niembsch

Edler von Strehlenau) (1802–1850) 219, 231, 357, 582
Faust 481
Gedichte
Nach Süden 349
Lenbach, Franz von (1836–1904) 104, 708
Lenin, Wladimir Iljitsch (1870–1924) 198
Lenz, Jakob Michael Reinhold (1751–1792) 620
Lenz, Max (geb. 1850)
Geschichte Bismarcks 683
Lenz, Rudolf 126
Leopardi, Giacomo (1798–1837) 366
Lepsius, Sabine (1864–1942) 648
Lermontow, Michail (1814–1841) 544
Lespinasse, Julie de (1732–1776) 570
Lessing, Gotthold Ephraim (1729–1781) 14, 247, 415, 432, 687
Emilia Galotti 350
Minna von Barnhelm 368
Leuthold, Heinrich (1827–1879) 227, 551, 565–566
Die Schlacht bei Sempach 227
Gedichte
Der Chassepot schweigt 551
Einem Freunde 533
Nachts 566
Hannibal 227
Penthesilea 227
Liebknecht, Wilhelm (1826–1900) 31–33
Brief aus Berlin 34
Zur Grund- und Bodenfrage 434
Liliencron, Detlev von (1844–1909) XIII, 106, 114, 141, 236, 545, 554, 585, 603–604, 660–661, 667
Adjutantenritte 5, 545, 604–605
Der Narr 169
Gedichte
Acherontisches Frösteln 607
An der Grenze 607
An meinen Freund, den Dichter 538, 604
Auf einem Bahnhof 610
Ballade G-Moll 605
Betrunken 606
Bismarck 554
Der Handkuß 607

Die Anbetung der heiligen drei Könige 605
Die Musik kommt 606–607
Die Rache der Najaden 610
Drei grüne Fleckchen 610
Einer Toten 608
Es lebe der Kaiser! 554
Festnacht und Frühgang 605
Four in hands (Viererzug) 604–605
Gespräch mit dem Tode 607
Ich war so glücklich 608
In einer Winternacht 554
Kalter Augusttag 608
Ländler 605–606
Notturno 608–609
Rückblick 609–610
Schwalbensinflut 607
Sommertag 608
Tod in Ähren 607
Über ein Knicktor gelehnt 609
Verbannt 604
Vision (Sturmstoß) 610
Poggfred 236–237
Unter flatternden Fahnen 168
Lindau, Paul (1839–1919) XV, 130, 188, 299, 345, 445–446, 535, 589, 620, 708
Der Schatten 490
Der Zug nach dem Westen 188
Diana 445
Gräfin Lea 446
Maria und Magdalena 445–446
Marion 445
Linde, Otto zur (1873–1938) 632–633
Lindner, Christian Albert (1831–1888) 141, 429, 441
Brutus und Collatinus 439
Die Bluthochzeit 438–439
Linger, Friedrich Wilhelm (geb. 1787) 521
Lingg, Hermann (1820–1905) 220, 540, 629
Die Völkerwanderung 220
Gedichte
Am Weiher im Walde 543
Im Abenddämmern 543
Schlußrhythmen und Neueste Gedichte 543
Linke, Oskar (1854–1928) 623

Lipiner, Siegfried (1856–1911) 218, 224–226
Der entfesselte Prometheus 224–225, 233
Renatus 225
Littrow, Heinrich von (1820–1895) 588–589
Livius, Titus (59 v. Chr.–17 n. Chr.) 580
Loeb, Clara (Pseud. Mimi) (1875–1951)
Schattenbilder aus einem Mädchenleben 600
Logau, Friedrich von (1604–1655) 247
Lombroso, Cesare (1836–1909) 78, 146, 583
Lorm, Hieronymus (eig. Heinrich Landesmann) (1821–1902) 61
Contemplative Lyrik 61
Der grundlose Optimismus 61
Der Naturgenuß 672
Nachsommer 543
Philosophisch-kritische Streifzüge 61
Lossow, Heinrich (1843–1897) 521
Lotze, Rudolf Hermann (1817–1881) 333
Louis Ferdinand von Preußen (1772–1806) 485
Loyola, Ignatius von (1491–1556) 231
Lublinski, Samuel (1868–1910)
Bilanz der Moderne XII, 57
Ludwig I. (der Fromme), Kaiser (778–840) 231
Ludwig II., König von Bayern (1845–1886) 379, 420, 646
Ludwig XIV., König von Frankreich (1638–1715) 14, 261
Ludwig, Otto (1813–1865) 101
Der Erbförster 519
Lueger, Karl (1844–1910) 39
Luise, Königin von Preußen (1776–1810) 369
Lukács, Georg (1885–1971)
Erzählen oder Beschreiben? 101
Luther, Martin (1483–1546) 66, 131, 147, 300, 302, 439, 528, 696
Lyon, Paul Otto (geb. 1855) 66
Macaulay, Thomas B. (1800–1859)
Frederic the Great 683

Mach, Ernst (1838–1916) 82, 88, 93, 283, 593, 692
Beiträge zur Analyse der Empfindungen 87–88
Populär-Wissenschaftliche Vorlesungen 88
Machiavelli, Niccolò (1469–1527) 262
Mackay, John Henry (1864–1933) 513, 626
Arma parata fero 625
Die Anarchisten 25, 560
Gedichte
Anarchie 626
Selbstfindung 626
Sturm 625–626
Maeterlinck, Maurice (1862–1949) 118–119, 125, 450, 454–456, 475, 508
L'intruse 118
Les aveugles 450, 455
Mainländer, Philipp (eig. Batz) (1841–1876)
Die Philosophie der Erlösung 62
Makart, Hans (1840–1884) 104–106, 291, 423, 440, 521, 623
Mallarmé, Stéphane (1842–1898) 117–118, 475, 644
Pages 297
Malthus, Thomas Robert (1766–1834) 74, 217
Manet, Edouard (1832–1883) 288, 348
Mann, Carla (1881–1910) 399
Mann, Heinrich (1871–1950) 57, 97, 118, 120, 342, 350, 398–399, 401–405, 488, 698, 704
Bilderbuch für artige Kinder 399
Contessina 403
Das Stelldichein 97, 137, 403
Das Wunderbare 97, 402–403
Der Hund 403
Der Löwe 403
Der Untertan 405, 705
Doktor Biebers Versuchung 97, 404
Eine Erinnerung 399
Enttäuschung 398
Gedichte
Bekehrungsgeschichte 71
Haltlos 399, 401–402
Im Schlaraffenland 188, 399, 404–405, 504
In einer Familie 399, 402

Ist sie's? 97, 403
Professor Unrat 405
Vor einer Photographie 399, 402
Mann, Thomas (1875–1955) 78–79,
129, 134, 144, 350, 363, 398–401,
404, 509, 642, 704
Bilderbuch für artige Kinder 399
Buddenbrooks 64, 78, 378, 398–
400–401, 584
Der Bajazzo 400–401
Der Kleiderschrank 64, 401
Der kleine Herr Friedemann 64,
277, 400, 404
Der Tod 97
Der Tod in Venedig 371, 480
Der Wille zum Glück 400
Der Zauberberg 404, 575
Doktor Faustus 338
Enttäuschung 53, 399
Gefallen 135, 399
Gerächt 400
Luischen 400
Ostmarkklänge 704
Tobias Mindernickel 400
Tristan 64, 404
Vision 399
Marcks, Erich (geb. 1861) 683
Marées, Hans von (1837–1887) 104
Marholm, Laura (eig. Mohr) (1854–
1905) 36–37, 127
*Die Frauen in der skandinavischen
Dichtung* 37
Buch der Frauen 37
Mark 126
Marlitt, Eugenie (eig. John) (1825–
1887) XIII, 155–156, 204–206,
208, 210–211, 489
*Die Frau mit den Karfunkelstei-
nen* 206
Goldelse 155, 205
Heideprinzeßchen 205
Im Hause des Kommerzienrates
203–205
Reichsgräfin Gisela 204–205
Marr, Wilhelm (1819–1904)
*Der Sieg des Judenthums über das
Germanenthum* 39
Marryat, Frederick (1792–1848) 206
Marschalk, Margarete (verh. Haupt-
mann) (1875–1957) 407, 508

Marshall, James (1838–1902) 505
Martens, Kurt (1870–1945)
Roman aus der Dekadenz 97–98,
172–173
Martens, Rolf Wolfgang (1868–1928)
Befreite Flügel 633
Martini, Fritz (1909–1991) XV
Marwitz, Friedrich August Ludwig
von der (1777–1837) 182
Marx, Karl (1818–1883) 331, 434,
498, 700
*Address of the General Council
(Der Bürgerkrieg in Frankreich)*
700–701
Das Kapital 700
Mataja, Emilie (Pseud. Emil Marriot)
(1856–1938) 144
Familie Hartenberg 174
Matkowsky, Adalbert (1858–1903)
424
Matthisson, Friedrich von (1761–
1831) 586
Maupassant, Guy de (1850–1893) 373
Bel Ami 404
Mauthner, Fritz (1849–1923) 42,
178, 189, 363
Der neue Ahasver 42
Der Villenhof 189
Die bunte Reihe 189
Die Fanfare, 1888 189
Fin de siècle und kein Ende 131
Hypatia 178
Quartett 189
Max, Gabriel (1840–1915) 623–624
May, Karl (1842–1912) 154, 195, 202–
203, 207–209, 211, 241
Ardistan und Dschinnistan 207
Auf der See gefangen 202
Der Ölprinz 208
Der Schatz im Silbersee 208
Der Schut 207
Der verlorene Sohn 202–203
Durch das Land der Skipetaren
207
Durch Wüste und Harem 207
Durchs wilde Kurdistan 207
Giölgeda padishanün 207
Old Firehand 208
Old Surehand 208–209
Und Friede auf Erden 208

Waldröschen 206
Winnetou 208–209
Mayreder, Rosa (1858–1938) 588, 721
Medici, Katharina von (1519–1589)
439
Medici, Lorenzo de (1449–1492) 396,
712
Meerheimb, Richard von (1825–
1896) 455
Mehring, Franz (1846–1919) 31, 33–
34, 109, 435–436, 503, 705–708
Die Lessing-Legende 687, 706
Ein Schicksalswort 706
Kunst und Proletariat 33
Mehring, Walter (1896–1981)
Der Kaufmann von Berlin 167
Meier-Graefe, Julius (1867–1935) 173
Der Fall Böcklin 107
Meinecke, Friedrich (1862–1954) 683
Mendel, Gregor Johann (1822–1884)
Versuche über Pflanzenhybriden 77
Mendès, Catulle (1841–1909)
La Femme-Enfant 526
Menzel, Adolph (1815–1905) 613
Messalina, Valeria (gest. 48) 423, 440,
490, 523, 589
Meyer 126
Meyer, Conrad Ferdinand (1825–
1898) XIII, XVII, 17, 58, 101,
104, 118, 123, 131, 142, 164, 180–
181, 224, 231–232, 250, 254–260,
262–264, 311, 343, 351–352, 365,
371, 396, 439, 441, 545, 548, 566,
580, 583, 635, 686
Angela Borgia 254, 263–264, 368,
578
Bilder und Balladen 573
Das Amulett 254, 258, 579
Das Leiden eines Knaben 131, 261
Der Heilige 131, 256, 259–260, 569
Der Schuß von der Kanzel 261
Die Hochzeit des Mönchs 256, 262
Die Richterin 263–264
Die Versuchung des Pescara 256,
262–263
Engelberg 223, 232
Gedichte 66, 569, 571, 573, 576
Auf dem Canal grande 575, 643
Auf Goldgrund 578
Das Ende des Festes 577

Das Heiligtum 17
Das Joch am Leman 577
Das verlorene Schwert (Caesars
Schwert) 571
Der deutsche Schmied 4, 579
Der Gesang des Meeres (Kom-
met wieder!) 575
Der Mars von Florenz 262
Der Reisebecher 578
Der Rheinborn 579
Der Ritt in den Tod (Der Zwei-
kampf) 580
Der römische Brunnen 571–573,
597
Der schöne Tag 576–577
Der tote Achill 574–575
Die alte Brücke 17, 579
Die Füße im Feuer 548, 579
Die gezeichnete Stirne 264, 578
Die Karyatide 258, 579
Die Rose von Newport 579
Die Schlacht der Bäume 17, 579
Firnelicht 578, 636
Himmelsnähe 578
Hohe Station 579
Ich bin der Krankenwärter 569
Im Spätboot 576, 607, 636
Lutherlied 131
Michelangelo und seine Statuen
576
Möwenflug 575, 646, 657
Nicola Pesce 577
Noch einmal 578
Ohne Datum 570
Pentheus 261
Schwarzschattende Kastanie 575
Stapfen 574
Trinklied 579
Venedig 578
Zwei Segel 571–572
Gustav Adolfs Page 256, 260
Huttens letzte Tage 4, 231–232,
255, 442, 573
Jürg Jenatsch 155, 164, 254, 256,
258, 261, 263, 569
Plautus im Nonnenkloster 261
Romanzen und Bilder 575
Zwanzig Balladen 545, 580
Meyer, Elisabeth (Betsy) (1831–
1912) 4, 264, 569–570

Meyer, Elisabeth (geb. Ulrich) (1802–1856) 569, 575
Meyer, Luise (1837–1915) 569
Meyer, Richard Moritz (geb. 1860)
  Goethe 687
Meyrink, Gustav (eig. Meyer) (1868–1932)
  Der Golem 98
Meysenbug, Malwida von (1816–1903) 677
  Der Lebensabend einer Idealistin 677
  Memoiren einer Idealistin 676–677
Michelangelo Buonarroti (1475–1564) 66, 106, 595, 599, 685
Mill, John Stuart (1806–1873) 86
  A System of Logic, Ratiocinative and Inductive 86
Millet, Jean-François (1814–1875) 578
Milton, John (1608–1674) 237, 683, 712
Minor, Jakob (geb. 1855) 687
Miquel, Johannes (1828–1901) 10
Mitterwurzer, Friedrich (1844–1897) 600–601
Molière (eig. Jean-Baptiste Poquelin) (1622–1673)
  Le Tartuffe 462, 589
Möller, Heinz 559
Möllhausen, Balduin (1825–1905) 206
Moltke, Helmuth Graf von (1800–1891) 103, 613
Mombert, Alfred (1872–1942) 663, 664
  Der Glühende 664
  Die Schöpfung 664
  Gedichte
    An diesen blauen Gestaden 664
    Mondaufgang 664
    Wann der Zug einrollt 664
    Tag und Nacht 664
Mommsen, Theodor (1817–1903) 703
Monet, Claude (1840–1926) 115
Montesquieu, Charles-Louis de Secondat, Baron de (1689–1755) 712
  Considération sur les causes 119
Montesquiou, Robert de (1855–1921) 591
Morel, Auguste Bénédicte (1820–1874) 78
Morgenstern, Christian (1871–1914) 71, 133, 411, 560, 655–656, 658
  Auf vielen Wegen 656–657
  Eine humoristische Studie 655
  Gedichte
    An Friedrich Nietzsche 71
    Andre Zeiten, andre Drachen 655
    Der Urton 656
    Die Flamme 656
    Eine Großstadt-Wanderung 560
    Malererbe 656
    Meeresbrandung 656
    Mensch und Möwe 657
    Singende Flammen 656
    Sonnenaufgang 655 656
    Wolkenspiele 656
    Ich und die Welt 656
    In Phanta's Schloß 655
    Palmström 655
Mörike, Eduard (1804–1875) 570–571
  Gedichte
    Peregrina 542
    Maler Nolten 542
Moritz, Karl Philipp (1756–1793)
  Anton Reiser 42, 572
Morre, Karl (1832–1897) 466
  's Nullerl 466
Morris, William (1834 1896) 117
Moscherosch, Johann Michael (1601–1669) 442
Most, Johann Joseph (1846–1906) 32, 556, 680
  Acht Jahre hinter Schloß und Riegel 680
Mozart, Wolfgang Amadeus (1756–1791)
  Die Zauberflöte 356
Müller, Hermann (1860–1899) 600
Müller, Wilhelm (1794–1827) 539
Müller-Guttenbrunn, Adam (1852–1923) 125, 426–427
  Irma 432
Munch, Edvard (1863–1944) 128, 405, 407, 514
Münchhausen, Börries Freiherr von (1874–1945) 545
Münchmeyer, Heinrich Gotthold (1836–1892) 154, 203, 207
Münter, Balthasar (1735–1793)
  Gedichte
    Mein Gott! du bist's 635

Murad Effendi (eig. Franz von Werner) (1836–1881) 441
Murger, Henri (1822–1861)
  Scènes de la vie de bohème 173, 375
Murillo, Bartolomé Esteban (1618–1882) 455
Musäus, Johann Karl August (1735–1787) 457
Musil, Robert (1880–1942)
  Beitrag zur Beurteilung der Lehren Machs 89
Musset, Alfred de (1810–1850) 477

Napoleon I. Bonaparte (1769–1821) 172, 181, 183, 300, 374, 477, 488, 549, 566, 712
Napoleon III. (1808–1873) 488, 566
Nero, römischer Kaiser (37–68) 180, 235, 440
Nestroy, Johann (1801–1862) 427
  Zu ebener Erde und erster Stock 465
Neupauer, Siegmund von (gest. 1868) 588
Newald, Richard (1894–1954) XVII
Newes, Tilly (verh. Wedekind) (1886–1970) 525
Nibelungenlied 222
Nietzsche, Franziska (geb. Oehler) (1825–1897) 71, 675
Nietzsche, Friedrich (1844–1900) 13–14, 36, 38, 50, 53, 67–74, 88, 104, 118, 120, 216, 224, 309, 374, 380, 399–400, 420, 458, 477, 520, 583, 593, 603, 634, 655, 665, 668, 675–677, 684, 690–698, 719
  Also sprach Zarathustra 70–73, 216, 508, 520, 640–641, 690, 693–698, 719
  Der Fall Wagner 698
  Der Wanderer und sein Schatten 690, 693–694
  Der Wille zur Macht 71, 697
  Die fröhliche Wissenschaft 72, 636–637, 691, 694
  Die Geburt der Tragödie 71, 73, 117, 224, 479, 635, 697
  Dionysos-Dithyramben 634–635, 639, 641–642, 655, 696
  Ecce Homo 636, 643, 675
  Fünf Vorreden 67

  Gedichte
  Abschied (Vereinsamt) 638–639
  Am Gletscher 636
  An den Mistral 637–638
  An der Brücke stand (Venedig) 634, 643
  Antwort 639
  Columbus novus 638
  Der Freigeist 638–639
  Der geheimnissvolle Nachen (Das (nächtliche Geheimniss) 636
  Der Wanderer 637
  Dichters Berufung (Vogel-Urtheil) 637
  Die Krähen schrei'n Siehe *Abschied (Vereinsamt)*
  Die sieben Siegel 696
  Die Sonne sinkt 642
  Gegen die Hoffahrt 637
  Im Süden (Prinz Vogelfrei) 637
  Klage der Ariadne 640–642
  Liebeserklärung (Vogel Albatross) 637
  Lied der Schwermuth 640
  Nach neuen Meeren 72, 638
  Noch einmal eh ich weiter ziehe 635
  Nur Narr, nur Dichter! 640–641
  Unter Töchtern der Wüste 642
  Urteile der Müden 637
  Zwischen Raubvögeln 637, 642
  Götzen-Dämmerung 692–693
  Idyllen aus Messina 636
  Jenseits von Gut und Böse 71, 692
  Lieder des Prinzen Vogelfrei 636–637, 694
  Menschliches, Allzumenschliches 224, 690, 693
  Morgenröthe 690–694
  Scherz, List und Rache 637, 694
  Ueber Wahrheit und Lüge im aussermoralischen Sinne 50
  Unzeitgemäße Betrachtungen 13, 68–70
  Vermischte Meinungen und Sprüche 690, 693
  Zur Genealogie der Moral 692, 698

Nisard, Jean Marie Napoléon Désiré (1806–1888) 120
Nissel, Franz (1831–1893)
Agnes von Meran 141
Nordau, Max (eig. Südfeld) (1849–1923) 51, 78–79, 583
Die conventionellen Lügen der Kulturmenschheit 50
Entartung 78–79
Novalis (eig. Georg Philipp Friedrich von Hardenberg) (1772–1801)
Heinrich von Ofterdingen 222
Hymnen an die Nacht 575

Oppenheimer, Paula (verh. Dehmel) (1862–1918) 660–661
Oskar II., König von Schweden (1829–1907) 547
Ostini, Fritz von (1861–1927)
Anti-Fin de siècle 122
Otto-Peters, Louise (1819–1895)
Erinnerungsbilder eines deutschen Frauenlebens 680
Otto-Walster, August (1834–1898) 185, 213, 434
Am Webstuhl der Zeit 212
Braunschweiger Tage 185
Ein verunglückter Agitator 434
Eine mittelalterliche Internationale 185
Overbeck, Franz (1837–1905) 695
Ovid (43 v. Chr.–ca 17 n. Chr.)
Tristia 586

Paetel, Gebrüder 130
Palladio, Andrea (1508–1580) 351
Panizza, Oskar (1853–1921) 124, 136, 145, 148, 370, 519, 528–529
Das Liebeskonzil 145, 528–529, 670
Der heilige Staatsanwalt 528–529
Dialoge im Geiste Hutten's 148–149
Ein guter Kerl 528
Johannes 528
Nero 440
Parisjana 22
Psichopatia Criminalis 148
Pankok, Bernhard (1872–1943) 632
Paracelsus (1493–1541) 595, 598
Pater, Walter (1839–1894) 117–118, 720

Pecht, Friedrich (1814–1903)
Der Krieg und die deutsche Kunst 103
Perls, Richard (1873–1898) 652–653
Gedichte
Vom neuen Bunde 653
Perty, Maximilian (1804–1884) 96
Mystische Erscheinungen 323
Pescara, Fernando d'Avalos (1490–1525) 263
Peschkau, Emil (1856–193?) 156
Pestalozzi, Johann Heinrich (1746–1827) 252
Petrarca, Francesco (1304–1374) 712
Pfau, Ludwig (1821–1894)
Emile Zola 112
Lichtbild und Kunstbild 100
Philipp IV., König von Spanien (1605–1665) 686
Philippson, Ludwig (1811–1889) 40
Pilatus, Pontius (gest. 39 n. Chr.) 629
Piper, Reinhard (Pseud. Ludwig Reinhard) (1879–1953)
Meine Jugend 633
Pistor, Fanny 280
Platen, August Graf von (1796–1835) 141, 227, 544, 570, 582, 666
Gedichte
Sonett nach Camoens 577
Platon (427–347 v. Chr.) 383, 577, 595, 684, 721
Phaidon 476
Symposion 476
Ploetz, Alfred (1860–1940) 494
Plümacher, Olga (1839–1895) 672
Plutarch (um 46–nach 120)
Biographien 457
Poe, Edgar Allan (1809–1849) 120, 405
The Prematurial Burial 709
Poggio (eig. Gian Francesco Bracciolini) (1380–1459) 261
Facetiae 261
Polenz, Wilhelm von (1861–1903) 198
Der Büttnerbauer 196, 198
Der Grabenhäger 198
Der Pfarrer von Breitendorf 198
Die Zielbewußten 34, 198
Poppenberg, Felix (1869–1915) 132

Pötzl, Eduard (1851–1914) 167
   Herr von Niggerl 167
   Wiener Skizzen 167
Preczang, Ernst (1870–1949) 436
Prel, Carl du (1839–1899) 96–97, 514
   Die Entdeckung der Seele durch
   die Geheimwissenschaften 96
Prévost d'Exiles, Antoine-François
   (1697–1763)
   Histoire du chevalier des Grieux et
   de Manon Lescaut 92
Proelß, Johannes (geb. 1853) 675
Proust, Marcel (1871–1922)
   A la recherche du temps perdu 591
Przybyszewski, Stanislaw (1868–
   1927) 98, 118, 128, 133, 173, 405–
   407, 513–514, 654, 670, 720
   Am Meer 406
   Androgyne 405
   Chopin und Nietzsche 719
   De profundis 98, 405
   Die Synagoge des Satans 98
   Epipsychidion 405–406
   Homo Sapiens 406–407
   Im Malstrom 407
   Ola Hansson 719
   Satans Kinder 407
   Sonnenopfer 406
   Totenmesse 84, 406
   Ueber Bord 407
   Unterwegs 407
   Vigilien 405
Puccini, Giacomo (1858–1924)
   Tosca 319

Quidde, Ludwig (1858–1941) 683
   Caligula 21, 683

Raabe, Wilhelm (1831–1910) 8–10,
   18, 23–24, 27, 40–41, 47, 49, 58,
   63, 75, 101–102, 131, 139, 141,
   159, 184, 187, 190, 200–201, 205,
   252, 255–256, 267, 303, 313, 322,
   325–331, 333–338, 341, 343, 373,
   688–689
   Abu Telfan 10, 63
   Alte Nester 70, 187, 332–333, 335
   Altershausen 95, 341–342
   Aphorismen 688
   Christoph Pechlin 326

Das Odfeld 183–184, 330, 340
Der Dräumling 10, 106, 327
Der Hungerpastor 63, 171, 204,
   252, 383, 615
Der Lar 75, 335–336
Der Schüdderump 63
Deutscher Adel 8–9, 328–329
Die Akten des Vogelsangs 24, 49,
   75, 171, 187, 252, 326, 336–340
Die Chronik der Sperlingsgasse 10
Die Innerste 46
Die Leute aus dem Walde 367
Fabian und Sebastian 329
Gutmanns Reisen 10
Hastenbeck 184, 330, 340–341
Horacker 200, 328–331
Höxter und Corvey 41, 328
Im alten Eisen 187, 328, 331
Kloster Lugau 9
Meister Autor 27, 332, 338
Pfisters Mühle 252, 333–336
Prinzessin Fisch 332–333
Schüdderump 205, 331
Stopfkuchen 63, 171, 200–201,
   322, 326, 330, 338–340
Unruhige Gäste 63, 328, 331
Villa Schönow 9, 131, 328–329
Vom alten Proteus 330
Zum wilden Mann 327–328, 331, 337
Radetzky, Joseph (1766–1858) 12
Raffael (eig. Raffaello Santi) (1483–
   1520) 83, 383, 685
Raimund, Ferdinand (1790–1836) 427
Ramses II. (1290–1224 v. Chr.) 178
Ranke, Leopold von (1795–1886) 683
Rathenau, Walther (1867–1922) 708–
   709
   Der Wahrheit Rache 708
   Die Resurrection Co. 709
   Höre, Israel! 38, 710
   Rabbi Eliesers Frau 709
   Farben 633
Redwitz, Oskar von (1823–1891)
   Gedichte
   Das Lied vom neuen deutschen
     Reich 4
Reicher, Emanuel (1849–1924) 428
Reinhardt, Max (eig. Goldmann)
   (1873–1943) 476, 499, 519
Reißner, Karl (1848–1907) 390

Rembrandt (Harmensz van Rijn) (1606–1669) 69
Renan, Ernest (1823–1892) 389
Reß, Robert (1871–1935) 140, 633
    Farben 633
Retcliffe, John (eig. Hermann Goedsche) (1815–1878) 206
    Das Ende des Cäsaren 180
Reuter, Gabriele (1859–1941) 3, 36
    Aus guter Familie 3, 174, 245
Reventlow, Franziska Gräfin zu (1871–1919) 128, 611
Reventlow, Theodor (1862–1878) 611
Reznicek, Ferdinand von (1868–1909) 671
Rhoden, Emmy von (eig. Emmy Friedrich, geb. Kühne) (1829–1885)
    Trotzkopf 245
    Trotzkopfs Brautzeit 245
Richepin, Jean (1849–1926) 287
Richter, Emil 238
Richter, Ludwig (1801–1870)
    Lebenserinnerungen eines deutschen Malers 676
Riehl, Wilhelm Heinrich (1823–1897) 110, 162
Rilke, Rainer (René) Maria (1875–1926) 36, 118, 455, 571, 606
    Am Leben hin 168
    Das tägliche Leben 456
    Die Hochzeitsmenuett 97, 455
    Die weiße Fürstin 118, 455
    Dir zur Feier 603
    Duineser Elegien 650
    Florentiner Tagebuch 603
    Gedichte
    Das Volkslied 602
    Die armen Worte, die im Alltag darben 602
    Einmal, am Rande des Hains 603
    Freiheitskämpfer 602
    Ich fürchte mich so vor der Menschen Wort 603
    Königslied 603, 657
    Römische Fontäne 573
    Höhenluft 456
    Im Frühfrost 456
    Jetzt und in der Stunde unseres Absterbens 455
    Larenopfer 602
    Leben und Lieder 602
    Mir zur Feier 601, 603
    Murillo 97, 455
    Mütterchen 456
    Ohne Gegenwart 456
    Traumgekrönt 603, 657
    Vigilien. Ein Nachtstück 456
    Wegwarten 602
Rittershaus, Emil (1834–1897) 553
Rittner, Rudolf (1869–1943) 426, 428, 443
Rochau, August Ludwig von (1810–1873) 64
Rodenbach, Georges (1855–1898) 286
    La Brugge morte 286
Rodenberg, Julius (eig. Levy) (1831–1914) 130–132, 156, 182, 255, 266, 271, 334–335, 352, 546, 566
    Bilder aus dem Berliner Leben 722
    Die Heimkehr 417
Rohde, Erwin (1845–1898) 637
Rolicz-Lieder, Waclaw (1866–1912) 648
Rolland, Romain (1866–1944) 677
Rops, Félicien (1833–1898) 405
Roquette, Otto (1824–1896) 164
Rosegger, Peter (1843–1918) 192, 194–197, 199, 678
    Als ich das erstemal auf dem Dampfwagen saß 195
    Als ich noch der Waldbauernbub' war 195, 242
    Am Tage des Gerichts 466
    Die Schriften des Waldschulmeisters 196–197
    Erinnerungen eines Siebzigjährigen 678
    Jakob der Letzte 197–198
    Mein Weltleben 678
    Nun kenne ich Heine gut genug 196
    Waldheimat 195, 678
    Wie ich mit der Thresel ausging 195
Rosenkranz, Karl (1805–1879)
    Von Magdeburg bis Königsberg 676
Rosenplüt, Hans (ca.1400–ca.1460) 613

Rossetti, Dante Gabriel (Gabriel Charles) (1828–1882) 648
Rousseau, Jean-Jacques (1712–1778) 298, 355, 415, 682
 Les Confessions 669
Rückert, Friedrich (1788–1866) 416
Rudolf, Kronprinz von Österreich-Ungarn (1858–1889) 423
Ruederer, Josef (1861–1915) 384–385, 436
 Die Fahnenweihe 518
 Ein Verrückter 384–385
Rümelin, Anna (1845-ca. 1906) 280
Ruskin, John (1819–1900) 117
Rutenberg, Adolf (geb. 1808) 200
 Der Criminalroman 200
Ruttmann, Walter (1887–1941) 25

Saar, Ferdinand von (1833–1906) XIII, 13, 19, 58, 101, 125, 137–138, 144, 237, 267, 272–277, 423, 540, 544, 582, 596
 Das Haus Reichegg 273
 Der Brauer von Habrovan 276
 Der General 273
 Die Geigerin 62–63, 277
 Die Steinklopfer 272
 Die Troglodytin 79, 272, 585
 Fridolin und sein Glück 277
 Gedichte 582
  An eine junge Holländerin 585
  Arbeitergruß 584, 588
  Auf einen alten Schloßpark 586
  Aufflug 544
  Austria 13
  Belvedere in Wien 582, 586
  Chaos 583
  Das Judenweib 583
  Das junge Weib 584
  Der Trauermantel 585
  Der Ziegelschlag 583
  Die Entarteten 583
  Die Post-Elevin 584–585
  Die Zigeunerin 584
  Einem Zeitgenossen 586
  Fin de siècle 583, 585
  Germania 13
  Grillparzer (Ode) 583
  Grillparzer (Stanzen) 583
  Italien 583
  Kontraste 561
  Miserere! 585, 587
  Nachtbild 561
  Nänie 544–545, 585
  Neue Kunst 586
  Novemberlied 585
  Taedium vitae 585, 587
 Geschichte eines Wienerkindes 276, 482, 587–588
 Hermann und Dorothea 219, 237
 Innocens 277
 Leutnant Burda 275
 Marianne 277
 Nachklänge 582
 Ninon 139, 277
 Novellen aus Österreich 144
 Sappho 276
 Schloß Kostenitz 274, 586, 720
 Seligmann Hirsch 41, 275
 Wiener Elegien 13, 68, 582, 586–587
Sacher-Masoch, Karl von 278
Sacher-Masoch, Leopold von (1836–1895) 61, 103, 138, 166, 195, 200, 211, 268, 277–278, 280–281, 439
 Basil Hymen 279
 Das Testament 279
 Das Vermächtniß Kains 60, 76–77, 278–279
 Das Volksgericht 279
 Der Capitulant 77, 280
 Der Hajdamak 279
 Der Judenraphael 166
 Der neue Hiob 281
 Der Wanderer 279
 Die Ideale unserer Zeit 103, 278
 Don Juan von Kolomea 280
 Ein weiblicher Sultan 177
 Hasara Raba 279
 Judengeschichten 166
 Polnische Ghetto-Geschichten 166
 Polnische Judengeschichten 166
 Venus im Pelz 139, 177, 280
 Zur Ehre Gottes 16, 76
Sachs, Hans (1494–1576) 434, 442, 613
Salm-Reifferscheidt, Elisabeth zu (1832–1894) 138, 585
Salten, Felix (1869–1947) 125
Samarow, Gregor (eig. Oskar Meding) (1829–1903)

Der Todesgruß der Legionen 180
Sandrock, Adele (1863–1937) 448
Sardou, Victorien (1831–1908) 364, 372
Feodora 448
Fernande 444–445
Savonarola, Girolamo (1452–1498) 396
Schabelitz, Jakob (1827–1899) 124,
370
Schack, Adolf Friedrich Graf von
(1815–1894) 4, 106, 229, 408, 509,
610
Ein halbes Jahrhundert 677
Gedichte
Gebet des Künstlers 540–541
Heliodor 438
Lotosblätter 540
Nächte des Orients 40, 227–228
Timandra 438
Schäfer, Wilhelm (1868–1952) 659
Schäffle, Albert Eberhard (1831–
1903) 32
Schanz, Frida (verh. Soyaux) (1859–
1944)
Gustas Kur 245
Scharnhorst, Gerhard von (1755–
1813) 683
Schaukal, Richard (1874–1942) 645
Meine Gärten 591
Scheerbart, Anna (geb. Sommer,
verw. Scherler) (1858–1936) 409
Scheerbart, Paul (1863–1915) 21, 118,
128, 170, 173, 298, 403, 407–411,
657–658, 667
Astropsychologischer Dithyrambus
410
Das Paradies 410
Der Tod der Barmekiden 409–411
Dichtermacht 408
Gedichte
Das Königslied 657
Die andre Welt 657
Indianerlied 657–658
Kikakokú! 411, 658
Ich liebe Dich! 411, 658
Ja ... was ... möchten 410
Machtspäße 408
Na, prost! 411
Rebellenmacht 408
Tarub, Bagdads berühmte Köchin
21, 408–409

Weltmacht 408
Scheffel, Joseph Victor von (1826–
1886) 219, 509, 545, 629
Ekkehard 155, 176–177, 231
Trompeter von Säckingen 231
Scheidegger, Luise (1843–1866) 569
Schenkendorf, Max von (1783–1817)
Wacht am Rhein 418
Scherenberg, Christian Friedrich
(1798–1881) 232
Hohenfriedberg 232
Ligny 232
Waterloo 232
Scherenberg, Ernst (1839–1905)
Fürst Bismarck 18
Scherer, Georg (1824–1909) 317
Scherer, Wilhelm (1841–1886) 180,
225, 686–687
Scherl, August (1849–1921) 699
Scherr, Johannes (1817–1886) 14
Schickele, René (1883–1940)
Gedichte
Großstadtvolk 563–564
Schiller (Seff), Josef (1846–1897) 680
Bilder aus der Gefangenschaft 681
Schiller, Friedrich von (1759–1805)
10, 31, 54, 140–144, 157, 189, 271,
327, 334, 430, 435, 439, 508, 511,
585, 685, 687
*Der Verbrecher aus verlorener
Ehre* 282, 345
Die Jungfrau von Orleans 260,
357, 614
Die Räuber 282, 359
Gedichte
Das Lied von der Glocke 508,
567
Der Taucher 577
Kabale und Liebe 211, 357–358,
425, 435, 474, 508
Schlaf, Johannes (1862–1941) 82, 97–
98, 110, 112–113, 137, 140, 160,
168–169, 237, 389–395, 432, 436,
450, 494, 509–510, 512, 514–515,
633
*Am Wahlabend in Berlin N.
(Volksversammlung)* 34
Der Bann 514
Der geschundne Pegasus 139, 237–
238, 389

Die Familie Selicke 113, 238, 393, 432
Die Feindlichen 514
Die kleine Emmi 390, 392
Die papierne Passion 168, 393
Ein Dachstubenidyll 391
Ein Tod 390
Eine Mainacht 510
Frühling 82, 394–395
Gedichte
    Das Wort 561–562
    Revolution 51
Gertrud 514
Helldunkel 561
In Dingsda 169, 393–394
Junge Leute 51
Krumme Windgasse 20 168
Meister Oelze 462, 513, 517
Neue Gleise 139, 389, 392–393, 512
Papa Hamlet 112–114, 160, 390–392, 394, 492, 510, 614
Siesta 393
Sommertod 34
Weigand 514
Schlaikjer, Erich (1867–1928) 148
Schlegel, Friedrich (1772–1829) 54, 391
Schleiden, Karl Heinrich (1809–1890) 315
Schleiermacher, Friedrich (1768–1834) 684
Schlenther, Paul (1854–1916) 356, 516
Schliepmann, Hans (1855–1929)
    Gefallen 400
Schlögl, Friedrich (1821–1892) 464
    Wiener Blut 167
Schlosser, Friedrich Christoph (1776–1861) 684
Schmidt, Arno (1914–1979)
    Sitara 209
Schmidt, Erich (1853–1913) 143, 268, 313, 316, 323–324, 706
    Lessing 687
Schmidt, Julian (1818–1886) 14, 99
    Bilder aus dem Leben unserer Zeit 14
Schmidt, Karl
    Geschichte der Pädagogik 534
Schmidt-Cabanis, Richard (1838–1903) 75

Schmidt-Weißenfels, Eduard (Ps. Ernst Hellmuth) (1833–1893) 199
Schmitz, August (1824–1897)
    Nero 440
Schnitzler, Arthur (1862–1931) 43, 52, 58, 88, 90, 93, 125–126, 134, 144, 160, 164, 168, 243, 256, 283–284, 286–287, 289, 291, 293, 347, 373, 423, 426, 436, 449, 452–453, 467–469, 471–474, 478–479, 589, 597, 719
Ägidius 467
Alkandi's Lied 468
Amerika 284
Anatol 52, 90, 114, 173, 452, 467–471, 474, 478, 600
Das Märchen 470, 472
Der Andere 284
Der einsame Weg 91
Der grüne Kakadu 453
Der Sohn 284
Der Weg ins Freie 43
Der Witwer 452
Die Blasierten 471
Die Braut 284
Die Gefährtin 452
Die kleine Komödie 285, 467
Die Nächste 93, 286
Die Toten schweigen 286
Die überspannte Person 471
Erbschaft 284
Familie 472
Freiwild 474
Frühlingsnacht im Seziersaal 283
Halbzwei 471
Jugend in Wien 90
Komödiantinnen 467
Lebendige Stunden 452
Leutnant Gustl 160, 284, 286–287
Liebelei 144, 357, 467, 472, 474
Marionetten 452
Mein Freund Ypsilon 284
Paracelsus 90, 452
Reigen 284, 467, 471, 591
Sterben 284–286
Schönerer, Georg von (1842–1921) 39
Schönherr, Karl (1867–1943) 144, 427
Schönlank, Bruno (geb. 1859) 172
Schopenhauer, Arthur (1788–1860) 46, 48, 60–64, 71, 77, 233, 235,

260, 272, 277, 280, 284, 331, 421, 424, 585, 593, 595, 609, 617, 635, 677, 697–698
Die Welt als Wille und Vorstellung 60–61, 64, 617
Parerga und Paralipomena 60, 272
Transscendente Spekulation 94, 272
Versuch über das Geistersehn 272
Schubert, Franz (1797–1828) 716, 721
Schuler, Alfred (1865–1923) 128, 652
Schwarzburg-Sonderhausen, Friederike, Fürstin von (geb. 1814) 204
Schwarzkopf, Gustav (1853–1939) 125
Schweichel, Robert (1821–1907) 185, 214
Die Tullner von St. Vigil 185
Die Weber von Obergeiersdorf 214
Florian Geyers Heldentod 185
In Acht und Bann 214
Um die Freiheit 185
Schweitzer, Jean Baptiste von (1834–1875) 434
Ein Schlingel 434
Eine Gans 434
Schweninger, Ernst (geb. 1850) 680
Schweitle, Hans (eig. Hans Ernst Schneider) (geb. 1909) XIII
Scott, Sir Walter (1771–1832) 161, 162, 300, 498
Scribe, Eugène (1791–1861)
Le verre d'eau 444
Seidel, Heinrich (1842–1906)
Die grüne Eidechse 243
Leberecht Hühnchen 30, 191
Leberecht Hühnchen als Großvater 191
Neues von Leberecht Hühnchen 191
Semper, Gottfried (1803–1879) 422
Servaes, Franz (1862–1947) 114, 126, 405
Jung-Berlin 126
Jung-Wien 126
Shaftesbury, Anthony Ashley Cooper, Earl of (1671–1713) 85
Shakespeare, William (1564–1616) 391, 423, 430, 521
Der Kaufmann von Venedig 167, 446

Hamlet 391, 614
Julius Cäsar 429
Macbeth 29
Sommernachtstraum 508
Siegfried, Walther (1858–1947) 264, 266
Fermont 266
Tino Moralt 265–266
Um der Heimat willen 46, 266
Silcher, Friedrich (1789–1860) 669
Simmel, Georg (1858–1918) 73–74, 721
Rosen 721
Zur Psychologie der Frauen 36
Simrock, Karl (1802–1876) 223
Soergel, Albert (geb. 1880) XII
Sokrates (469–399 v. Chr.) 217, 383
Speidel, Ludwig (1830–1906) 716
Fanny Elßlers Fuß 716, 720
Spencer, Herbert (1820–1903) 74, 86
System of Synthetic Philosophy 86
The Development Hypothesis 86
Spielhagen, Friedrich (1829–1911) XIII, 46–47, 101, 106, 140, 158–161, 204, 253, 257, 267, 305–306, 308–310, 373
Beiträge zur Theorie und Technik des Romans 101, 159
Der Held im Roman 160
Der neue Pharao 308
Die epische Poesie und Goethe 159
Faustulus 73
Finder und Erfinder 305
Frei geboren 309
Opfer 308–309
Problematische Naturen 305
Sturmflut 45, 156, 160, 278, 305–307, 309
Was will das werden? 64, 171, 307–308
Wie ich zu dem Helden von «Sturmflut» kam 160
Zum Zeitvertreib 309, 352
Spinoza, Baruch de (1632–1677) 82, 309, 395
Spitteler, Carl (1845–1924) 226, 580
Eugenia 581
Gedichte
Der Adler in der Tanzstunde 581
Der Kritiker 581

Des Epikers Morgensprüchlein 581
Die traurige Geschichte vom goldenen Goldschmied 581
Kamille 581
Nur ein König 580
Pfauenauge 581
Schwalbenschwanz II 581
Literarische Gleichnisse 580–581
Prometheus und Epimetheus 225, 580
Schmetterlinge 581
Spitzer, Daniel (1835–1893) 11, 714–716, 722
Letzte Wiener Spaziergänge 715
Wiener Spaziergänge 714–715
Spitzweg, Carl (1808–1885) 628
Spyri, Johanna (geb. Heusser) (1827–1901) 243
Heidis Lehr- und Wanderjahre 243
Sina 243
Staackmann, Ludwig (1830–1896) 195
Stadler, Ernst (1883–1914)
Gedichte
Im Treibhaus 348
Steiger, Edgar 33
Stein, Karl Freiherr vom und zum (1757–1831) 683
Stein, Peter (geb. 1937) 497
Steinhauser, Robert (geb. 1852)
Der Übermensch 73
Stempel, Max (1857–1929)
Morphium 432
Stendhal (eig. Marie-Henri Beyle) (1783–1842) 342
Stephany, Friedrich (1830–1913) 343, 352
Stern, Maurice Reinhold von (1860–1938) 625–626
Exzelsior 625
Gedichte
Praktischer Beweis 625
Höhenrauch 625
Proletarierlieder 625
Stimmen im Sturm 625
Sterne, Lawrence (1713–1768) 325
Sternheim, Carl
Die Hose 359
Stettenheim, Julius (1831–1916) 717–718

Wippchens sämmtliche Berichte 718
Stevenson, Robert Louis (1850–1894)
The Strange Case of Dr. Jekyll and Mr. Hyde 601
Stiassny, Robert (geb. 1862)
Hans Makart 105
Stichlhuber (Ps.)
Der Staatsstreich von Galgenhausen 434
Stifter, Adalbert (1805–1868) 196
Das Haidedorf 314
Der Condor 694
Die Narrenburg 313
Die Sonnenfinsterniß 694
Stinde, Julius (1841–1905)
Die Familie Buchholz 18, 155, 192
Frau Wilhelmine Buchholz' Memoiren 192
Stirner, Max (1806–1856) 626
Stöcker, Helene (1869–1943) 38
Stoecker, Adolf (1835–1909) 39, 362, 446
Stolzenberg, Georg (1857–1941)
Neues Leben 633
Storm, Constanze (geb. Esmarch) (1825–1865) 311, 611
Storm, Dorothea (geb. Jensen) (1828–1903) 313
Storm, Hans (1848–1886) 315
Storm, Karl (1853–1899) 611
Storm, Theodor (1817–1888) XIII, 46, 101–102, 104, 131, 156, 163–164, 204, 253, 276, 310–317, 319, 321–325, 343, 364, 369, 378, 388, 399, 567–568, 589, 611–612
Aquis submersus 317, 319–320
Beim Vetter Christian 312
Bötjer Basch 311, 321
Carsten Curator 46, 79, 315
Der Herr Etatsrath 315
Der Schimmelreiter 46, 92, 104, 223, 311–313, 323–324
Die Söhne des Senators 270, 313, 316, 377
Draußen im Heidedorf 311, 313
Eekenhof 313, 319–320
Ein Bekenntniß 96, 311, 322, 368
Ein Doppelgänger 311, 320–322
Ein Fest auf Haderslevhuus 311, 313, 319

Ein stiller Musikant 311, 313
Eine Halligfahrt 312
«Es waren zwei Königskinder» 311
Gedichte
   Geh nicht hinein 611–612
   Über die Heide 611
Hans und Heinz Kirch 315–316
Im Brauer-Hause 311, 321
Im Nachbarhause links 311, 314
John Riew' 322
Pole Poppenspäler 242, 311, 317
Psyche 317–318
Renate 319–320
Schweigen 322
Viola tricolor 312
Waldwinkel 313
Zur Chronik von Grieshuus 163,
   311, 313, 319–321
Zur «Wald- und Wasserfreude» 317
Strachwitz, Moritz Graf von (1822–
   1847) 545–546
Strauß und Torney, Lulu von (1873–
   1956) 545
Strauß, David Friedrich (1808–1874)
   389, 683
Strauß, Johann (1825–1899)
   Die Fledermaus 426
Strauss, Richard (1864–1949) 523
Streckfuß, Adolph (1823–1895)
   Der Sternkrug 200
Strindberg, August (1849–1912) 37,
   111, 127–128, 450, 455
   Die Stärkere 450
   Mystik – bis auf weiteres 97
   Nach Damaskus 507
Strousberg, Bethel Heinrich (1823–
   1884) 306
Stuck, Franz (1863–1928) 521
Sudermann, Hermann (1857–1928)
   138, 144, 372–375, 427, 447, 449,
   488–491
   Das Glück im Winkel 491
   Der Katzensteg 373–374
   Der Mustersohn 373
   Die drei Reiherfedern 491
   Die Ehre 142, 428, 448, 465, 488–
   491, 499
   Die Schmetterlingsschlacht 491
   Es war 372–373
   Frau Sorge 155, 373

Heimat 428, 446, 451, 491
Im Zwielicht 373
Johannes 491
Morituri 451
Sodom's Ende 490
Suttner, Bertha von (geb. Kinsky)
   (1843–1914) 210–211, 213, 218
   Das Maschinenalter 211
   Die Waffen nieder! 210–212
   Wahrheit und Lüge 51
Swift, Jonathan (1667–1745)
   Gullivers Reisen 94
Swinburne, Algernon Charles (1837–
   1909) 117–118, 590, 610, 720

Taine, Hippolyte (1828–1893) 79, 86
   Histoire de la Littérature Ang-
   laise 85
Tausendundeine Nacht 291, 293, 410,
   483, 562
Tegnér, Esaias (1782–1846) 219, 231
Tennyson, Alfred Lord (1809–1892)
   219, 231
Thackeray, William Makepeace
   (1811–1863) 343
Theoderich der Große (454–526) 179
Theokrit (ca. 310–250 v. Chr.) 330
Thiers, Louis-Adolphe (1797–1877)
   700
Thumann, Paul (1834–1908) 158,
   226–227, 521
Tieck, Ludwig (1773–1853) 391, 457
   Der junge Tischlermeister 377
Tintoretto (eig. Jacopo Robusti)
   (1518–1594) 347–348, 351
Tizian (ca. 1477–1576) 224, 368, 479–
   480, 578
Toller, Ernst (1893–1939) XVIII
Tolstoi, Leo (1828–1910) 111, 266,
   343, 431
   Anna Karenina 352, 354
   Die Kreutzersonate 142
   Macht der Finsternis 111
Tönnies, Ferdinand Julius (1855–
   1936)
   Gemeinschaft und Gesellschaft 321
Tovote, Heinz (1864–1946)
   Fallende Tropfen 169
Träger, Albert (1830–1912) 533, 538–
   539, 620

Trakl, Georg (1887–1914) 570
Treitschke, Heinrich von (1834–1896) 39, 67, 104, 130, 446, 683, 702–704, 706
  Der Socialismus und seine Gönner 67, 702
  Deutsche Kämpfe 703
  Milton 683
  Unsere Aussichten 703
  Was fordern wir von Frankreich? 702
Troll-Borostyáni, Irma von (1849–1912) 37
Tschechow, Anton Pawlowitsch (1860–1904)
  Der Kirschgarten 252
Türcke, Gustav 128
Turgenjew, Iwan (1818–1883) 163, 281, 318
Türk, Julius (1865–1926) 126

Uhde, Fritz von (1848–1911) 35
Uhland, Ludwig (1787–1862) 351, 545
  Gedichte
    Das Schloß am Meere 351
Uhlig, Theodor (1822–1853) 420
Ury, Lesser (1861–1931) 115

Vasari, Giorgio (1511–1574) 685
Vauvenargues, Luc de Clapiers, Marquis de (1715–1747) 689
Veith, Eduard (gest. 1925) 427
Velazquez, Diego de Silva (1599–1660) 685–686
Vergil (70 v. Chr.–19 n. Chr.) 219
Verlaine, Paul (1844–1896) 118, 133
Veronese, Paolo (eig. Caliari) (1528–1588) 605
Viebig, Clara (1860–1952) 383, 385–387
  Barbara Holzer 518
  Das Weiberdorf 385–387
  Die Pharisäer 518
  Die Schuldige 385
  Die Zigarettenarbeiterin 386
  Kinder der Eifel 385, 518
  Simson und Delila 386
Viktoria, deutsche Kaiserin (1840–1901) 299

Vischer, Friedrich Theodor (1807–1887) 239, 299, 303–304, 610
  Auch Einer 303–304, 334, 678
Volkelt, Johannes (1848–1930) 224
Voß, Johann Heinrich (1751–1826) 330, 340
Voß, Richard (1851–1918) 142, 363, 370–372, 427, 429–430, 448
  Alexandra 142, 448
  Brigitta 142
  Dahiel, der Konvertit 371–372
  Der Muth der Sünde 370–371
  Eva 448
  Luigia Sanfelice 448
  Magda 448
  Medusa 371
  Mutter Gertrud 448
  Nachtgedanken auf dem Schlachtfelde von Sedan 5, 370
  San Sebastian 371
  Savonarola 448
  Scherben 370–371
  Unfehlbar 448
  Villa Falconieri 372
  Visionen 370
  Zwei Menschen 371, 448

Wacht, Gustav (eig. Friedrich Algardi) (1841–1918)
  Emile Zola 112
Wagner, Cosima (gesch. von Bülow) (1837–1930) 420, 639, 642
Wagner, Eva (1867–1942) 704
Wagner, Richard (1813–1883) 12, 63, 73, 104, 120, 221–222, 224, 234, 237, 276, 299, 348, 400, 420–422, 629, 642, 677, 697–698, 704
  Das Bühnenfestspielhaus zu Bayreuth 420
  Der Ring des Nibelungen 63, 420
  Götterdämmerung 421
  Kunst und Religion 421
  Lohengrin 400
  Mein Leben 676
  Parsifal 12, 63, 421
  Tristan und Isolde 63–64, 404, 522
Waiblinger, Wilhelm Friedrich (1804–1830)

Gedichte
  Der Kirchhof 351
Waldauer 126
Walloth, Wilhelm (1856–1932) 145–146, 441
  Der Dämon des Neides 146
Wallraff, Günter (geb. 1942) 681
Walser, Karl (1877–1943) 521
Walser, Robert (1878–1956) 397, 718
Walther von der Vogelweide (um 1170–um 1230) 667
Warens, Françoise Louise-Eléonore de (1699–1762) 669
Washington, George (1732–1799) 357
Watteau, Jean-Antoine (1684–1721) 720
Weber, Friedrich Wilhelm (1813–1894) 230–231
  Dreizehnlinden 231
  Herbstblätter 543
Wedekind, Frank (1864–1918) 22, 124, 129, 145, 148, 297, 355, 495, 519–529, 545, 549–550, 555, 668–672
  Bethel 523
  Das Sonnenspectrum 216, 522, 671
  Der Brand von Egliswyl 166
  Der Dichter 523
  Der Erdgeist 524, 526
  Der Kammersänger 527
  Der Liebestrank 522
  Der Marquis von Keith 490
  Die Büchse der Pandora 520–521, 524–525, 527
  Die Büchse der Pandora (Manuskript 1894) 148, 524–525
  Die Flöhe 523
  Die Fürstin Russalka 165, 671
  Die große Liebe 215, 522
  Die Jahreszeiten (Die vier Jahreszeiten) 671–672
  Die Kaiserin von Neufundland 522–524
  Elin's Erweckung 526
  Frühlings Erwachen 148, 158, 354–355, 520–521, 671
  Gedichte
    Alice (Ilse) 671
    An Madame Warens 669
    Ännchen Tartini, die Kunstreiterin 669
  Auf die Ermordung Alexanders II. 549
  Brigitte B. 550, 671
  Confession (Gott und Welt) 670
  Das arme Mädchen 671
  Das neue Vater Unser 98, 669–670
  Das tote Meer 672
  Der Tantenmörder 550
  Der Zoologe von Berlin 672
  Die Hunde 671
  Die Jahreszeiten 671
  Die Keuschheit 671
  Die neue Communion (Unterm Apfelbaum) 670–671
  Ein letztes Ende 672
  Felix und Galathea 669–670
  Franziskas Abendlied 671
  Fürstin Russalka (Lulu) 671
  Im Heiligen Land 22, 672
  Krafft-Ebing (Perversität) 671
  Meerfahrt 22, 672
  Reaktion 555
  Kinder und Narren (Die junge Welt) 523
  Lulu 525–526
  Marquis von Keith 520
  Mine-Haha 215, 522
  Muckenprinz 523
  Rabbi Esra 165
  Seelenergüsse (Feuerwerk) 165–166
  Zirkusgedanken 520
Weeningh, Wilhelm (1831–1912) 230–231
  Wittekind 231
Wehl, Feodor von (1821–1890)
  Kaiser Rotbarts Erwachen 416
Weigand, Wilhelm (1862–1949)
  Der Vater 80, 451
Weininger, Otto (1880–1903) 168
Weinland, Christoph David Friedrich (1829–1915) 244
  Rulaman 244
Weiser, Karl (1848–1913)
  Nero 440
Weismann, August (1834–1914) 77
Weltrich, Richard (1844–1913) 687
Wengraf, Edmund (1860–1933) 125
  Die gebildete Welt 125
Werner, Anton von (1843–1915) 9, 104

Werner, Wilhelm 513
Werner, Zacharias (1768–1823)
  Der vierundzwanzigste Februar
  321
Wertheimstein, Josephine von (1820–
  1894) 124–125, 594
Wesendonck, Mathilde (1828–1902)
  579
  Gedichte
    Im Treibhaus 348
Westermann, George (1810–1879) 333
Whitman, Walt (1819–1892) 82
Wichert, Ernst (1831–1902)
  Die Realisten 65
  Heinrich von Plauen 180
Widmann, Joseph Victor (1842–
  1911) 71, 397, 457, 566, 718
  Der geraubte Schleier 457
  Der Heilige und die Tiere 457–
  458
  Die Muse des Aretin 457
  Iphigenie in Delphi 457
  Lysanders Mädchen 457
  Maikäferkomödie 457–458
  Oenone 457
  Rektor Müslin's italienische Reise
  718
  Tokajer 718
Widukind (gest. um 810) 231
Wieland, Christoph Martin (1733–
  1813) 690
Wilbrandt, Adolf von (1837–1911)
  54, 345, 423, 439–440, 443
  Arria und Messalina 423, 440, 490
  Der Graf von Hammerstein 438
  Der Meister von Palmyra 424, 439
  Die Maler 439
  Die Osterinsel 73
  Gracchus, der Volkstribun 439
  Kriemhild 141
  Nero 440
Wilde, Oscar (1854–1900)
  The Picture of Dorian Gray 117
Wildenbruch, Ernst von (1845–1909)
  XIII, 5, 140, 142, 232, 424–425,
  429–430, 443–444, 485–488, 545,
  621, 690
  Christoph Marlow 486
  Das heilige Lachen 485
  Das neue Gebot 438

Der Generalfeldoberst 487
Der Menonit 443
Der neue Herr 487
Die Danaide 5
Die Haubenlerche 485–486
Die Karolinger 430, 438, 443,
  486–487
Die Quitzow's 142, 424, 487
Gedichte
  Bismarck 19
  Der Emir und sein Roß 621
  Jung Bismarcks Bild 19
  Harold 141, 443
  Heinrich und Heinrichs Geschlecht
  142, 443
  Meister Balzer 485
  Schwester-Seele 430
  Sedan 232
  Väter und Söhne 487
  Vionville 5, 232
  Willehalm 487
Wilder, Thornton (1897–1975) 450
Wildhagen, Else (geb. Friedrich) (geb.
  1863)
  Trotzkopfs Ehe 245
Wilhelm I., deutscher Kaiser (1797–
  1888) 5, 20, 103, 141–142, 232,
  308, 325, 416–418, 439, 487, 551,
  553–554, 613, 683, 706
Wilhelm II., deutscher Kaiser (1859–
  1941) 20–22, 56, 130, 142, 148,
  178, 409, 485, 487–488, 680, 683,
  705–709
Wille, Bruno (1860–1928) 33, 126–
  128, 419, 435–436, 513, 563
  Die Philosophie des reinen Mittels 72
  Einsiedelkunst aus der Kiefern-
  haide 563, 626
  Einsiedler und Genosse 626
  Gedichte
    Die Straße 563
    Die Wolkenstadt 563
    Einsamer Baum 626
    Entzauberung 563
    Im Kiefernforste 626
Wille, François (1811–1896) 579
Wilmanns, Carl 39
Winckelmann, Johann Joachim
  (1717–1768) 68, 209, 685–686
Winter, Joseph (1857–1916) 621

Gedichte
  Abschied 623
Wittgenstein, Ludwig (1889–1951) 463
Wittich, Manfred (1851–1902) 435
  Ulrich von Hutten 434
Wolff, Eugen (1863–1929) 54, 126
  Die jüngste deutsche Literaturströmung 54
Wolff, Julius (1834–1910) 63, 222, 430, 627, 629
  Der Rattenfänger von Hameln 222
  Tannhäuser 222
Wolfram von Eschenbach (1170–1220)
  Parzival 223, 421
Wolfskehl, Karl (1869–1948) 129, 571, 651–653
  Der Priester vom Geiste 653
  Gedichte
    Zum klaren berg der blauen seligkeiten 653
  Ulais 653
Wolgast, Heinrich (1860–1920) 241–242
  Das Elend unserer Jugendliteratur 241
Wolter, Charlotte (1834–1897) 423, 440
Wolzogen, Ernst Freiherr von (1855–1934) 129, 523, 668
  Das Lumpengesindel 128
Wolzogen, Hans Freiherr von (1848–1938) 63–64
Wörishöffer, Sophie (eig. Andresen) (1838–1890) 241
  Das Naturforscherschiff 241–242
  Die Diamanten des Peruaners 241
  Ein Wiedersehen in Australien 241
  Im Goldlande Kalifornien 241
  Lionel Forster 241

  Robert des Schiffsjungen Fahrten und Abenteuer 241
Wundt, Wilhelm (1832–1920) 93
  Grundriss der Psychologie 93

Yorck von Wartenburg, Ludwig (1759–1830) 683

Zetkin, Clara (1857–1933) 35
Ziegler, Theobald (1846–1918) 65
Ziel, Ernst (1841–1921)
  Gedichte
    O bleib ein Kind! 536
Zieten, Hans Joachim von (1699–1745) 613
Zimmermann, Wilhelm (1807–1878)
  Geschichte des großen Bauernkriegs 442
Zola, Emile (1840–1902) 6, 70, 77, 85–86, 100, 102, 110–112, 114, 141, 160, 198, 265, 284, 321, 348, 375, 378, 380–387, 392
  Au bonheur des dames 377
  Germinal 112, 384, 386, 498
  J'accuse 707
  L'assomoir 112
  L'œuvre 121, 265
  La curée 348
  La débâcle 6
  Le docteur Pascal 77
  Le roman expérimental 85, 112
  Les Rougon-Macquart 77, 111, 379
  Nana 112, 526
Zollern, Hans von
  Nach Canossa 17
Zolling, Theophil (geb. 1849) 130, 568
Zuckerkandl, Bertha (1863–1945) 721
Zwingli, Ulrich (1484–1531) 231, 250

GESCHICHTE DER DEUTSCHEN LITERATUR

Band 1: Die deutsche Literatur von Karl dem Großen
bis zum Beginn der höfischen Dichtung. 770–1170
Von Helmut de Boor
9. Auflage. 1979. Bearbeitet von Herbert Kolb. VIII, 342 Seiten. Leinen

Band 2: Die höfische Literatur
Vorbereitung, Blüte, Ausklang. 1170–1250
Von Helmut de Boor
11. Auflage. 1991. Bearbeitet von Ursula Hennig. 494 Seiten. Leinen

Band 3: Die deutsche Literatur im späten Mittelalter. 1250–1350
1. Teil: Epik, Lyrik, Didaktik, geistliche und historische Dichtung
Von Helmut de Boor
5. Auflage. Neubearbeitet von Johannes Janota. 1997. 568 Seiten. Leinen

2. Teil: Reimpaargedichte, Drama, Prosa
Herausgegeben von Ingeborg Glier. 1987. XIII, 533 Seiten. Leinen

Band 4: Vom späten Mittelalter bis zum Barock
1. Teil: Das ausgehende Mittelalter, Humanismus und Renaissance. 1370–1520
Von Hans Rupprich
2. Auflage. Neubearbeitet von Hedwig Heger. 1994. XII, 927 Seiten. Leinen

2. Teil: Das Zeitalter der Reformation. 1520–1570
Von Hans Rupprich. 1973. XII, 554 Seiten. Leinen

Band 6: Aufklärung, Sturm und Drang, Frühe Klassik. 1740–1789
Von Sven Aage Jørgensen, Klaus Bohnen und Per Øhrgaard
1990. XII, 665 Seiten. Leinen

Band 7: Die deutsche Literatur zwischen Französischer Revolution
und Restauration
1. Teil: Das Zeitalter der Französischen Revolution. 1789–1806
Von Gerhard Schulz. 1983. XIII, 763 Seiten. Leinen

2. Teil: Das Zeitalter der napoleonischen Kriege und der Restauration
1806–1830
Von Gerhard Schulz. 1989. XIV, 912 Seiten. Leinen
Sonderausgabe: 1995. 2 Bände im Schmuckschuber

Band 12: Geschichte der deutschen Literatur von 1945 bis zur Gegenwart
Herausgegeben von Wilfried Barner. 1994. XXIV, 1116 Seiten. Leinen

VERLAG C.H.BECK MÜNCHEN

LITERATURWISSENSCHAFT

Thomas Anz
LITERATUR UND LUST
Glück und Unglück beim Lesen
1998. 287 Seiten. Broschur

Gisela Brinker-Gabler (Hrsg.)
DEUTSCHE LITERATUR VON FRAUEN
Band 1: Vom Mittelalter bis zum Ende des 18. Jahrhunderts
1988. 563 Seiten mit 53 Abbildungen. Leinen
Band 2: 19. und 20. Jahrhundert
1988. 591 Seiten mit 53 Abbildungen. Leinen

Karl S. Guthke
IST DER TOD EINE FRAU?
Geschlecht und Tod in Kunst und Literatur
2., durchgesehene Auflage. 1997
309 Seiten mit 58 Abbildungen. Broschiert

Walter Scherf
DAS MÄRCHENLEXIKON
1995. 1621 Seiten. Zwei Bände im Schmuckschuber. Leinen

Gerhard Schulz
EXOTIK DER GEFÜHLE
Goethe und seine Deutschen
1998. 223 Seiten. Leinen

Peter Sprengel
GERHART HAUPTMANN
Epoche – Werk – Wirkung
1984. 298 Seiten mit einer Abbildung. Broschiert
Arbeitsbücher zur Literaturgeschichte

VERLAG C.H.BECK MÜNCHEN

Im vorliegenden Buch bietet Peter Sprengel eine Gesamtdarstellung der deutschsprachigen Literatur vom Beginn des deutschen Kaiserreichs (1870/71) bis zur Jahrhundertwende. Literaturgeschichten pflegen ihren Gegenstand in Epochen einzuteilen. Selten ist jedoch eine klare Trennung zwischen den konkurrierenden Richtungen und Schulen so schwer wie bei der deutschsprachigen Literatur vor der Wende zum 20. Jahrhundert. Diese bisher umfangreichste Darstellung der Literaturentwicklung jener Zeit stellt daher zunächst die übergreifenden Zusammenhänge in den Vordergrund: die Folgen der Reichsgründung, die Industrialisierung und Urbanisierung, die Arbeiter- und Frauenbewegung sowie die unvollkommene Integration der seit 1871 rechtlich gleichgestellten Juden. Die literarischen Texte werden in den Zusammenhang der Gattungsentwicklung (Erzählprosa – Drama – Lyrik) gestellt. Die zunehmende Trennung der nationalstaatlichen Sphären (Schweiz – Österreich – Deutschland) findet dabei ebenso Berücksichtigung wie die Entwicklung des Buchhandels und die Reformbemühungen auf dem Theater. Im Zentrum der Darstellung steht der Durchbruch der Moderne in Berlin, Wien und München. Neben den literarischen Großmeistern Gerhart Haupt-